U1014913

中國大百科全書

鄧小平

中国大百科全书

（第三版）

园艺学

中国大百科全书出版社

©《中国大百科全书》第一版，中国大百科全书出版社，1980~1993
©《中国大百科全书》第二版，中国大百科全书出版社，2009
©《中国大百科全书》第三版，中国大百科全书出版社，2021~

图书在版编目 (CIP) 数据

中国大百科全书：第三版．园艺学 / 中国大百科全书（第三版）总编辑委员会著．-- 北京：中国大百科全书出版社，2022.11

ISBN 978-7-5202-1224-3

Ⅰ．①中… Ⅱ．①中… Ⅲ．①百科全书—中国—现代②园艺—百科全书 Ⅳ．①Z227②S6-61

中国版本图书馆 CIP 数据核字（2022）第 190827 号

中国大百科全书

（第三版）

园艺学

中国大百科全书出版社出版发行

（北京阜成门北大街 17 号　　邮编：100037）

http://www.ecph.com.cn

北京雅昌艺术印刷有限公司印制

2022 年 12 月第 1 版　2022 年 12 月第 1 次印刷

开本：889×1194　1/16　印张：42.75　字数：1995 千字

ISBN 978-7-5202-1224-3　　定价：580.00 元

中国大百科全书（第三版）
总编辑委员会

主　任　陈奎元

副主任（按姓氏笔画顺序）

王　元　王永志　王伟光　王志刚　王晓晖　厉以宁　白春礼　曲爱国
刘　昆　许嘉璐　孙家正　李小鹏　李学勤　杨传堂　杨牧之　杨学军
吴良镛　吴孟超　闵恩泽　陈　雷　陈宝生　胡和平　侯建国　袁行霈
聂辰席　徐匡迪　桑国卫　黄志坚　韩启德　谢伏瞻

委　员（按姓氏笔画顺序）

丁亚平　于润洋　马永生　马费成　王　巍　王一川　王天凯　王文章
王玉庆　王英杰　王绶琯　方汉奇　方精云　龙以明　叶　朗　包为民
冯长根　冯惠玲　宁津生　邢贲思　吕达仁　任继周　庄松林　刘　伟
刘丹青　刘秀梵　刘国辉　刘祚臣　汝　信　安来顺　许宁生　许智宏
孙宝国　苏纪兰　杜永臣　李　未　李　扬　李树峰　李树深　李衍达
李家春　李培林　李维安　李维森　李慎明　李静海　杨　卫　杨　桦
杨国桢　杨善林　吴文科　吴孔明　吴朝晖　汪　勇　汪懋华　宋超智
宋新潮　张　侃　张　涛　张守攻　张来斌　张伯礼　张卓元　张柏春
陈　骏　陈光中　陈传夫　陈众议　陈运泰　陈宜瑜　陈翰馥　邵大箴
武　寅　林建华　欧阳自远　欧建平　卓新平　罗锡文　周健民
郑　度　郑哲敏　孟兆祯　赵　刚　郝时远　胡正荣　南志标　钟甫宁
俞　峰　俞建勇　姚建年　袁　卫　袁亚湘　顾国彪　顾明远　柴之芳
柴晓明　钱七虎　钱永昌　徐　翔　徐建中　郭　雷　席南华　唐启升
唐绪军　黄伯云　黄宝生　黄路生　曹诗权　曹健林　龚　克　龚　莉
崔向群　矫　勇　盖钧镒　蒋长瑜　鲁晓波　管华诗　雒建斌　廖向红
谭亚东　翟明国　薛　澜　戴　逸　戴厚良　瞿林东

中国大百科全书（第三版）
园艺学编辑委员会

主　编　杜永臣

分支编写组

果树学

主　编　韩振海

副主编　林顺权

成　员　王　忆　叶春海　刘孟军　张志宏　陈昆松　陈厚彬　陈清西　陈维信　郑少泉　郝玉金

茶学

主　编　江用文

副主编　梁国彪

成　员　于良子　成　浩　刘　新　阮建云　陈　亮　林　智　周智修　袁海波　韩文炎

蔬菜学

主　编　雷建军

副主编　曹家树

观赏园艺学

主　编　张启翔

副主编　吕英民　葛　红

前　言

党的十八大以来，以习近平同志为核心的党中央高度重视文化建设，把坚定文化自信，推动社会主义文化繁荣兴盛，建设社会主义文化强国，提到前所未有的战略高度。《中国大百科全书》第三版作为新时代中国一项重大文化工程，编纂出版适逢其时。习近平总书记对《中国大百科全书》第三版编纂出版工作高度重视，作出重要指示，寄予殷切期望，勉励学术界、出版界将《中国大百科全书》第三版打造成一个有中国特色、有国际影响力的权威知识宝库。

国运兴则文化兴。《中国大百科全书》的编纂出版，与时代发展、科技进步、文化繁荣密不可分，体现了中华文明与时俱进的创新精神。1978年，中央决定编纂出版《中国大百科全书》，并为此项工作的开展，专门成立了中国大百科全书总编辑委员会和中国大百科全书出版社。《中国大百科全书》第一版按学科或知识门类分卷编纂，总计74卷，选收条目7.8万个，共1.3亿字，1993年出齐。《中国大百科全书》第一版是中国第一部大型现代综合性百科全书。它的出版结束了中国没有百科全书的历史，被誉为“中华文化的丰碑”。

1996年，《中国大百科全书》第二版开始编纂，总计32卷，选收条目6万个，共6000万字，2009年出版。《中国大百科全书》第二版在第一版的基础上，充分反映了中国改革开放后各方面取得的巨大变化和最新成果，在体例上按条目标题的汉语拼音字母顺序统一编排，使读者更加便于寻检查阅。

2014年，顺应互联网技术新变革、出版融合发展新趋势，《中国大百科全书》第三版正式启动编纂工作，同步编纂出版网络版、纸质版，并适时推出外文条目。《中国大百科全书》第三版，以马克思列宁主义、毛泽东思想、邓小平理论、“三个代表”重要思想、科学发展观、习近平新时代中国特色社会主义思想为指导，认真贯彻落实习近平总书记重要指示精神，以社会主义核心价值观为引领，坚持守正创新、实事求是、开放包容，汇聚科技界、社科界等各方面专家，系统总结国际国内各领域科学文化最新成果，力求构建有中国特色、有世界影响力的权威知识宝库。在《中国大百科全书》第三版总编委会主任委员陈奎元同志和总编委会的组织协调下，近3万名专家、学者和研究人员精心编制、倾力奉献，于2021年7月完成首批条目编纂出版并公开发布，实现纸网同步。网络版最终上线条目将达到50万条，纸质版、外文条目依托网络版陆续出版，并不断创新传播方式，改善读者体验，更好满足读者高品质、多方面、个性化的知识需求。

《中国大百科全书》第三版纸质版以科学知识体系分类为基础，其条目从网络版专业版块条目中精选，按学科分卷的形式编纂加工，分批出版。每卷按各学科的体系、层次设计框架，以条目的形式编写。所收条目力求详尽地叙述和介绍各学科的专业基本知识，适合于高中以上文化程度的广大读者使用。每个学科卷前设置概观性文章，介绍该学科的历史，描述现在的发展状况，展望该学科的发展前景。同时配以适当的图片和地图，以期达到图文并茂的效果。

在党中央的关怀下，《中国大百科全书》第三版的编纂工作得到国家各有关部门、科研机构、学术团体、大专院校等单位的大力支持，全国各学科、各领域、各部门专家、学者积极参与，凝聚了各方面的智慧与心血，在此谨致以诚挚的感谢，并衷心希望广大读者对书中疏漏之处给予批评指正。

《中国大百科全书》编辑部

凡　例

一、编　　排

1. 全书按学科（知识门类）分类分卷出版。一个学科（知识门类）辑成一卷或数卷，或几个学科合为一卷。

2. 条目是全书的主体，一般由条目标题、释文和相应的插图、表格、扩展阅读等组成。

3. 条目按条目标题的汉语拼音字母顺序并辅以汉字笔画、起笔笔形顺序排列。第一字同音时按声调顺序排列；同音同调时按汉字笔画由少到多的顺序排列；笔画数相同时按起笔笔形横（一）、竖（丨）、撇（丿）、点（丶）、折（包括乛、𠃌、乚、<等）的顺序排列。第一字相同时，按第二字排列，余类推。条目标题中夹有外文字母或阿拉伯数字的，依次排在相应的汉字条目标题之后。以拉丁字母、希腊字母和阿拉伯数字开头的条目标题，依次排在全部汉字条目标题之后。

4. 各学科（知识门类）卷在条目分类目录之前，都有一篇介绍本学科（知识门类）内容的概观性文章。

5. 各学科（知识门类）卷均列有本学科全部条目的分类目录，以便读者了解本学科的全貌。分类目录还反映出条目的层次关系，例如：

6. 学科（知识门类）与学科（知识门类）之间相互交叉的知识主题在有关学科卷中均设有条目，例如“滴灌”在《园艺学》卷和《水利工程》卷均设有条目，但释文内容分别按各学科的要求有所侧重。

二、条目标题

7. 条目标题一般为词或词组，例如“蔬菜”“花期调控”“再加工茶产品”。

8. 同一概念具有不同名称时，根据检索需求，分别设条，例如“无核”与“无籽”。

9. 条目标题一般由汉语标题和与汉语标题相对应的外文两部分组成，例如：

花卉　flowers

10. 条目标题有两个以上对应外文的，中间用分号（;）隔开，植物拉丁学名用斜体表示，例如：

番茄　tomato；*Solanum lycopersicum*

11. 条目标题外文主要为英文，例如“茶叶　tea”，少数为法文、德文、西班牙文、意大利文等，或与其相应的拉丁字母转写。

三、释　　文

12. 释文力求使用规范化的现代汉语。条目释文开始一般不重复条目标题。

13. 释文一般依次由定义和定性叙述、词源、简史、基本内容、研究状况、插图、表格和扩展阅读等构成，视条目的性质和知识内容的实际状况有所增减或调整。

14. 条目释文较长时，设置层次标题，并用不同的字体和排式表示不同的层次标题。

15. 一个条目的内容涉及其他条目并需由其他条目的释文补充的，采用“参见”的方式。所参见的条目标题在释文中用楷体字排印，例如“按冬季叶幕特性，可分为落叶果树和常绿果树；按植株形态特征，可分为草本果树、木本果树和藤本果树”；所参见的条目标题未在释文中出现的，另用括号加“见”字标出，例如“植物学特征、生物特性及栽培技术等均与薄皮甜瓜相近（见甜瓜）”。

16. 释文中的外国人名，在姓的前面加上外文名字的缩写，即名字的第一个字母，例如 C. 林奈、E.H. 威尔逊。

四、插　　图

17. 条目释文中配有必要的随文插图，包括照片、线条图等。

18. 插图附图题、图注等说明文字。植物类条目根据释文内容选配全株、根、茎、叶、花、果实、种子、栽培场景及主要品种等图片，并依序编号排列，释文中不再标注图片序号。

五、扩展阅读

19. 在重要条目的释文后附有扩展阅读书目，供读者选阅。

20. 附设纸网关联方式，读者使用媒体终端扫描二维码或登录网址，可以扩展查阅网络版的内容。

六、大事年表

21. 条目正文后附有学科大事年表。表中内容设为“参见”的，以楷体字表示。

七、索　　引

22. 各学科（知识门类）卷均附有条目标题汉字笔画索引、条目标题外文索引和内容索引。

八、其　　他

23. 全书所用汉字，除必须用繁体字和异体字的以外，以国务院 2013 年 6 月公布的《通用规范汉字表》为准。

24. 全书所用科学技术名词以各学科有关部门审定的为准，未经审定和尚未统一的，从习惯。

25. 全书所用数字，执行国家标准 GB/T 15835—2011《出版物上数字用法》。

26. 全书所用地名，除历史地名外，一般以中国地名委员会审定的为准（含中国地名、外国地名）。历史地名后一般括注今地名。

目　录

园艺学

林顺权　韩振海　杜永臣

园艺学是以农业生物学、农业工程学等主要理论和技术为基础，研究园艺作物起源与分类、种质资源收集保存与评价、遗传与育种、生理与栽培、病虫害防治、采后处理、贮藏和加工等应用技术与原理的综合性学科。

发展史

园艺一般指**果树**、**蔬菜**、**观赏植物**和茶的栽培与繁育技术，是农业的一个重要组成部分。与大田作物相比，果树、蔬菜、观赏植物和茶的种植常局限于范围相对较小的园地之内，且管理精细、集约化程度较高。相应地，园艺可分为果树园艺、蔬菜园艺、观赏园艺和茶园艺。

园艺学科出现于近现代。园艺的英文为 horticulture，是由拉丁文 hortus（园圃植物）与 cultura（栽培）合并而成。1621 年，中国明代王象晋所著《群芳谱》“原叙”中出现“园”和“艺”这两个字，前者指“园圃”，后者在书里有一义为“种艺”，指育苗、嫁接等技艺，可惜书中并无“园艺”一词。1866 年，由德国传教士 W. 罗存德编纂的《英华字典》收入“园艺”一词，将其解释为“种园之艺”，从此汉语中开始有“园艺”一词。

中国园艺　中国园艺栽培的历史可以追溯到6000年前的仰韶文化时期。原始农业产生以后，蔬菜、果树等园艺作物与谷物作物一样逐渐被人们栽培，但在很长的时期内，园艺作物大多与谷类作物混种在一起，后来才逐渐有所区分。专门种植蔬菜、果树的园圃可能产生于商代，至迟在西周末年园圃已专门化。中国是茶树的起源地，是最早发现、利用和种植茶树的国家。民间流传着“神农尝百草，日遇七十二毒，得荼而解之”的传说，“荼”即为“茶”的古字。**陆羽**《茶经》记载：“茶之为饮，发乎神农氏，闻于鲁周公。”说明茶的发现和利用源于神农时代，具有 5000 余年的悠久历史。对于茶最初是作药用还是饮用人们有不同观点，但普遍认为茶的利用经历了药用、食用、饮用三个阶段。

西周初年至春秋时期　中国第一部诗歌总集《诗经》（前 11 ～前 6 世纪）中涉及的植物共 132 种，作为蔬菜食用的有 50 多种，其中瓜、瓠、菽、韭、葵、大葱、**芋**和**姜**等近 10 种当时已有栽培。例如**韭菜**，《诗经・豳风》记载：“四之日（夏历二月）其蚤（早），献羔祭韭。”《周礼・天官》记载：

"朝事之豆，其实韭菹。"说明韭菜栽培时间久远，不仅可食用，而且也作为祭品。又如瓜，《诗经·小雅》描写西周田野景象："中田有庐，疆场有瓜，是剥是菹。"还有瓠，又称"壶"，即**瓠瓜**、瓠子、葫芦，是世界上最古老的作物之一。《诗经·豳风》有"七月食瓜，八月断壶"，指7月吃瓜，8月采瓠。在西周的蔬菜栽培中，瓜类占有重要地位。

《诗经》中还提到许多果树，有些是**野生果树**，例如杜（杜梨）、枸（枳椇）等；此外栗、**枣**、**桃**、**梨**、**李**等果树当时已有人工栽培。例如《诗经·魏风》有"园有桃，其实之殽"，"殽"就是食。《诗经·鄘风》有"树之榛栗"，"树"就是人工栽植。《诗经·秦风》有"隰有树檖"，意为在湿润的地方栽植梨树。《尔雅》（前2世纪）中记载了许多果树的优良品种，涉及果树种类有30多种，其中有不少枣、梨、桃、李的品种，如"旄"（即冬季成熟的冬桃）、"皙"（即"无核枣"或称"空心枣"）等。此外，《尔雅》还记载了不少野生果树。中国在2000多年前已有如此丰富的品种资源，是世界果树史上少有的。根据古代文献记载，中国南部原产的**龙眼**、**荔枝**、**橄榄**、**枇杷**、**杨梅**等的栽培历史都在3000年左右。

根据考古分析推测，中国花卉栽培应有7000年的历史。《诗经》中有桃、梅、**荷花**、**芍药**、棠棣、紫葳等**花卉**的记述，如《诗经·郑风》有"山有扶苏，隰有荷华""维士与女，伊其相谑，赠之以勺药"的诗句，"荷华"即荷花，"勺药"即芍药。屈原《离骚》有"朝饮木兰之坠露兮，夕餐秋菊之落英"，明确提到木兰、**菊花**等花卉。

茶叶最初兴于巴蜀。东晋常璩所著《华阳国志·巴志》记载："武王既克殷，以其宗姬於巴，爵之以子，……土植五谷，牲具六畜，桑、蚕、麻、纻、鱼、盐、铜、铁、丹、漆、茶、蜜……皆纳贡之。"说明周朝巴国的茶叶生产已有一定的规模。

秦汉时期 随着大田作物栽培管理技术的成熟、丝绸之路的开辟，以及各民族融合所带来的农业文化交流，中国园艺也得到相应的发展。栽培的蔬菜作物种类进一步增加，黄河中下游地区栽培有蓼、薤、芥（芥子菜和叶用芥菜）、苏、胡葱（丝葱）、芜菁、豍豆（**豌豆**）、胡豆（**豇豆**）、苜蓿（紫花苜蓿）、蘘荷等，其他地区栽培有**菱**、**莲藕**、**冬瓜**等。这一时期从国外引入的蔬菜如大蒜、苜蓿、胡葱等已有文献记载。栽培蔬菜中已出现一些优良品种或名特产，据《吕氏春秋·本味》记述，敦煌之瓜、昆仑之苹、阳华之芸、云梦（今属湖北）之芹、具区（今太湖）之菁、阳朴（今属四川）之姜、招摇之桂、越骆之菌、荔浦之冬筍（冬笋）等都是当时各地的蔬菜名产。《汉书·召信臣传》记载了利用生火提高温度的蔬菜室内栽培技术："太官园种冬生葱韭菜茹，覆以屋庑，昼夜然蕴火，待温气乃生。"这是关于温室栽培最早的文字记载。

据西汉司马迁《史记·货殖列传》（前1世纪前期）记载，当时在今山西夏县、运城一带出现枣树特产区，今陕西和河北北部一带出现栗树特产区，今四川、陕南和湖北一带出现橘树特产区。这一时期，中国陕西、甘肃一带原产的桃、杏等果树，通过历史上著名的“丝绸之路”传到伊朗，又从伊朗传至欧洲各国；与此同时，葡萄、核桃、石榴等果树被引入陕西长安（今西安），然后传播到西北、华北各地。

茶叶的生产、饮用于先秦时期在巴蜀地区传播，茶树开始人工栽培。秦朝统一中国后，巴蜀地区的茶业在两汉时期进一步发展，饮茶风尚盛行，开始出现有关茶的专门记述。西汉王褒的《僮约》是现存最早记载茶的文献，其中载有“烹茶尽具”“武阳买茶”。《茶经》记载：“苦茶……生益州川谷山陵道旁，凌冬不死，三月三日采干。”从“采干”推断，当时茶叶主要是采摘茶树上的鲜叶直接干燥而成。茶叶生产、饮用开始从巴蜀地区向长江中下游传播，但茶叶生产的重心仍在巴蜀地区。

魏晋南北朝时期 这一时期是中国历史上一次大分裂，以种植业为主的农业结构和精耕细作的农业生产方式经受住巨大的冲击并继续向前发展。农业科学技术巨著《齐民要术》在这一时期问世。该书记载了30余种栽培蔬菜，以及当时黄河中下游地区31种蔬菜栽培技术，其要点是强调精耕细作，包括增加复种指数、提高土地利用率、精细整地、畦作、粪大水勤、适时中耕与收获等。

《齐民要术》中对果树嫁接技术有详细的记载，并且达到较高的水平。书中记载了9种植物的嫁接，包括蔷薇科李、梨等3种，柿树科2种，桑科、鼠李科和石榴科各1种，以及葫芦科的瓠。对于嫁接的目的和效果、砧木和接穗的选择、嫁接时令、操作要点，以及不同亲缘关系的嫁接组合结果等皆有论述。书中不仅出现了同属不同种间的嫁接，如梨与棠、杜，桃与杏、李等，还出现了不同科、不同属间的嫁接，如梨与桑、枣、石榴，葡萄与枣等，获得不同结果。

三国时菊花已作药用，晋朝时菊花则多作庭院花卉栽培供观赏。东晋陶渊明“采菊东篱下，悠然见南山”，表现出一派文人雅士向往的田园风光。在陶渊明的诗集中有“九华菊”的记载，据考证系复瓣、白色、花朵较大的栽培菊花品种。宫廷栽培观赏芍药已经很普遍。至西晋时已有观赏用的花莲出现，且有不同颜色和花型的品种。

茶叶生产技术水平有较大提高，三国时魏人张揖《广雅》载：“荆、巴间采茶作饼成，以米膏出之。”表明三国时将茶叶加工成饼。这一时期国家基本上处于南北分裂状态，茶叶生产和饮用进一步向长江中下游传播，荆楚地区逐步成为茶叶生产的重心。南北朝时期，长江下游地区的茶叶生产有较大发展，地位提升。

隋唐五代时期 中国的园艺植物种类大为增加。蔬菜中的茼蒿、恭菜、茴香、莴苣、菠菜、百合、枸杞、薯蓣、构菌、黄精、决明、牛膝、牛蒡等在这一时期首次见诸史籍记载，其中莴苣、菠菜、恭菜、茴香是从国外引入的。另外，竹笋是自先秦时期即已食用的蔬菜，五代后期食用的竹笋种类已相当多，并且人们掌握了采收鞭笋的方法，反映出这一时期竹笋的栽培已相当普遍。

许多异域果类植物在隋唐五代时期的文献中首次出现，如波斯枣（海枣）、西瓜、扁核桃（巴旦杏）、庵罗（杧果）、婆那娑（波罗蜜）、阿驿（无花果）、齐暾（油橄榄）、阿月浑子等。这一时期，人们开始利用温泉进行蔬菜瓜果的促成栽培。

唐代时花卉种植业已有较大发展，例如在都城长安，王室宫苑种花、赏花之风盛行，并影响到社会风尚。城郊已有花农出现，他们种花、卖花，获利高于普通农民。唐时已有花市应运而生。珍稀的牡丹价格高昂，以至有“牡丹一朵值千金”的说法。当时长安几乎是“家家有芍药”“四邻花竞发”。唐代还被认为是中国盆景走向成熟和昌盛的重要时期。

在唐代始有“茶”字，出现在唐玄宗所撰的《开元文字音义》中。在此之前，茶有 10 多种称谓，如“荼”“槚”“蔎”“茗”等，其中用得最多、最普遍的是“荼”（“荼”字最早见于《诗经》，但“荼”不仅指茶，也指苦菜；《尔雅》明确把“荼”字释义为茶）。唐代是中国茶业发展兴盛的时期，茶叶产区明显扩大，分布区域接近近代茶区，茶叶生产中心转移到长江中下游地区；茶叶生产、加工技术和饮茶技艺有明显提升；建立了湖州紫笋贡茶院。唐代茶叶主要是蒸青团饼茶，也有极少量散茶；炒青制法萌发雏形。饮茶风尚从贵族阶层向平民普及。饮茶方式主要采用煮茶法，对饮茶的器、具、水有深入的认识，对煮茶程序有一定要求。陆羽撰写了第一部茶书——《茶经》，该书全面总结了茶树起源、茶叶产区、茶叶采制、茶叶饮用等内容，反映了当时茶叶生产的技术水平。同时，唐代文人墨客以茶为题材，创作出许多茶诗、茶画等文艺作品。

宋元时期 增加的蔬菜种类有芥蓝、丝瓜、胡萝卜、豆芽菜、荸荠、慈姑、甘露子、蒟蒻（魔芋）、蒲（香蒲）、香菇、香芋等。宋代开始有用豆芽作蔬菜的记载，林洪的《山家清供》（约 13 世纪中叶）中描述了大豆芽的生产方法。这一时期蔬菜育苗技术已经具备较高的水平。元鲁明善撰《农桑衣食撮要》（即《农桑撮要》）有利用粪肥发酵热进行育苗的记载。北宋时期已产生韭黄软化促成技术，文字记载见于元代的《王祯农书》：“至冬，移（韭）根藏于地屋荫中，培以马粪，暖而即长，高可尺许，不见风日，其叶黄嫩，谓之韭黄。比常韭易利数倍，北方甚珍之。”

北宋蔡襄所著的《荔枝谱》是中国现存最早的荔枝专著，也是最早的果树学专著。南宋韩彦直的《橘录》是中国最早的柑橘专著，也是世界上第一部完整的柑橘栽培学著作。《农桑衣食撮要》记载了关于果树繁殖、栽培、采收等方面的宝贵经验，如石榴的空中压条技术等。这一时期果树嫁接技术又有进一步提高，《王祯农书》对嫁接方式、使用工具、适宜时间等均有具体、详细的记载。

嫁接技术在宋元时期被广泛应用于花卉的繁育，有力地促进了品种的多样化，使宋代牡丹品种繁多。宋欧阳修的《洛阳牡丹记》中描述了洛阳牡丹名品 24 种。当时扬州盛行芍药栽培，据宋孔武仲《芍药谱》载：“扬州芍药名于天下，与洛阳牡丹俱贵于时，四方之人尽皆赍携金帛，市种以归者多矣。”除了牡丹、芍药外，菊花、梅花和兰花也有很大的发展。栽培的其他花卉有文字记载的有200多种。

茶叶生产、品饮技艺得到进一步发展。宋代时饮茶已在民间广泛流行，王安石的《议茶法》记载：“夫茶之为民用，等于米盐，不可一日以无。”适应民众对茶叶的要求，茶叶类别主要有团饼茶和蒸青散茶，炒青茶极少，萌发茶叶与鲜花一起烘焙增香的技术。朝廷在福建建安（今建瓯）设立北苑贡茶院，不断改进茶叶采制技术。宋代饮茶更加讲究，创立点茶法。

明清时期　中国引进了一批重要的园艺作物，包括辣椒、番茄、马铃薯、菜豆、南瓜、洋葱、荷兰豆、花椰菜、青花菜、西葫芦等蔬菜，以及西洋苹果、木瓜、菠萝、番荔枝、番石榴、草莓等水果。早春蔬菜冷床育苗移栽已是蔬菜栽培中普遍采用的方法，《便民图纂》（1501年或稍后）中共记述了40余种蔬菜的栽培方法，其中半数以上采用育苗移栽，不仅有喜温的春播蔬菜，也有喜冷凉的秋播蔬菜。清祁寯藻《马首农言》（1836）记载了瓜类作物的整蔓技术，说明当时已掌握各种瓜类作物的结果习性，并分别采取不同的整蔓方法。早在汉唐时期已有利用温室栽培蔬菜的记载，但具体方法不详；明中叶以后谢肇淛的《五杂组》中有利用火室火坑生产黄瓜、韭黄等蔬菜的具体记载。

明王象晋《群芳谱》（1621）中记述了大量园艺植物，包括100多种花卉，阐述其种植、制用、疗治、典故等；该书还辑录了许多果树的栽培技术，如葡萄扦插、石榴压枝等。徐光启的《农政全书》（1639）从果园绿篱到果树移植、繁殖（包括播种、分株、压条、扦插、嫁接）、病虫防治（包括防霜、防冻害等）、施肥泄水、采收、贮藏，以及品种、选种等都有详细的记述。

花卉栽培种类进一步丰富，菊花从宋代《菊谱》所列35个品种增加到明代《艺菊书》所列222个品种，牡丹从宋代的109个品种增加到《群芳谱》所列185个品种。同时，花卉繁殖技术、嫁接技术及盆景技术等均有较大发展。由于海运开通，花卉的国际交流加快，中国的月季、牡丹、菊花、杜鹃、茶花等相继被引到欧美各国，同时其他国家的花卉不断引入中国落户，使中国花卉种类更为丰富。这一时期有关花卉的农书大量涌现，除《群芳谱》外，清陈淏子《花镜》（1688）共记载花木约300种，被认为是花卉园艺最重要的著作之一。

明代的茶叶生产取得明显进步。1391年，明太祖朱元璋下旨“罢造龙团，惟采芽茶以进”。圣旨的发布推动了明朝散茶快速发展，各地创制出种类繁多的散状名茶，散茶替代团饼茶成为主流。绿茶加工取得重大改进，炒青绿茶制法日臻完善并规模化生产。另外，明代还创制出黄茶、黑茶、白茶等茶类和花茶。在茶园种植技术方面，开始出现育苗移栽技术。清代在明代的基础上，茶区、生产规模进一步扩大，茶叶加工技术进一步改进，茶类增加，先后创制出红茶、青茶，名茶数量增加。

茶叶对外贸易先创造辉煌，后又走向衰落。英国从中国窃取茶籽、茶树种植技术和茶叶加工技术，在其殖民地印度等地发展茶业取得成功，19 世纪末印度取代中国成为茶叶最大出口国。

1896 年，清政府设立官书局，园艺方面的科技书籍开始翻译传入中国。《农学报》译载的《蔬菜栽培法》《甘蓝栽培法》等在中国产生较大的影响。进入 20 世纪，上海新学会社编译了《蔬菜栽培篇》《蔬菜教科书》等。这期间，各地兴办了一些试验机构，如直隶农事试验场（1902）、山东农事试验场（1903）、中央农事试验场（1906）、奉天农事试验场（1906）、吉林农事试验场（1908）等，开始以引进的果树和蔬菜新品种试种为主的科学试验活动。

中国的园艺虽然栽培历史悠久，植物种类丰富，在世界上具有重要影响，但直至 19 世纪末仍无专门的园艺教育机构，也未建立专业的园艺学科体系。1898 年林迪臣在杭州创办蚕学馆、张之洞在湖北设立农务学堂，开创了中国新式农业教育。1902 年在保定设立直隶农业学堂，1906 年在京师（今北京）设立高等农业学堂，同年在山东、四川、奉天（今沈阳）设立多所农业学堂，随后建立京师大学堂农科大学，标志着中国高等农业教育的起步和形成。伴随高等农业教育的起步，中国高等园艺教育也初具雏形。1907 年，四川省在灌县创办通省茶务讲习所，后迁往成都并改名为四川省立高等茶叶学校。1908 ～ 1909 年，京师大学堂农科大学率先开设果树园艺课程。

中华民国时期　中国开始加快兴办农业学校和建立试验农场，讲授和引进西方近代园艺理论及技术。有识之士为振兴华茶，积极创办茶业实验场、改良场，开展茶业科技研究和示范，创办茶业讲习所，培养专业人才，对促进茶业发展有一定成效。

1912 年苏州府官立农业学堂（今苏州农业职业技术学院）开设园艺课，成为园艺专业的前身。1916 年，中国省级以上的综合试验场已有 18 所。1928 年金陵大学创建园艺系实科并开始招生。1937 年，中国设立园艺系的高等农业院校从 1927 年的 5 所发展到 12 所，如北京农业大学、中山大学、金陵大学、东南大学、浙江大学等，并设立了园艺试验场，主要围绕农家肥使用方法、不同园艺作物施肥技术、轮作复种制度、设施促成栽培及病虫害防治等开展研究。这些都标志着中国园艺开始从传统的经验农业向近代实验农业转变。此后，山西私立铭贤学堂、东北大学农学院、国立西北农林专科学校（1938 年北平大学农学院并入后更名为国立西北农学院）、复旦大学于 1939 年在重庆北碚设立的园艺系，湖北省农学院于 1940 年设立的园艺系，以及山东农业大学于 1946 年设立的园艺系等，皆开始进行园艺专业的招生。30 ～ 40 年代，部分茶叶主产省开始兴办茶叶中等教育。1936 年福建省在福安设立茶业职业学校，1938 年并入高级农业职业学校。1940 年，江西省创办婺源茶业职业学校，安徽省立农业职业学校设立茶叶专科。在茶学高等教育方面，1930 年中山大学农学院成立茶蔗部，招收茶作专科，1933 年招收本科生。1940 年，中国茶叶公司与复旦大学合作成立了茶叶系、茶叶专修科。在此时期，一批留学日、美、英、法等国的中国学者回国，在大学里开展中国园艺作物的研究，开始进行中国种质资源的整理、栽培经验与技术的总结等；同时，介绍引进国外园艺学新知识和技术，并着手编写教材，研究确定本科园艺研究方向。由此，形成了中国近代园艺学科的基本格局。

中华人民共和国成立后 中国园艺学科快速发展，逐渐形成了包括果树学、蔬菜学、观赏园艺学、茶学等二级学科在内的完整的学科体系，科学研究也获得很大进展。早在1948年，位于东北解放区的哈尔滨就成立了哈尔滨农学院，设有果蔬教研室。1949年沈阳农学院成立并设果蔬教研室，1950年与哈尔滨农学院合并成立东北农学院后组建了新的果蔬教研室，开始招收果蔬专业学生。同年，西南农学院园艺系成立，武汉大学农学院成立茶叶专科。1952年，28所农学院（今为农业大学）设立了园艺及相关专业，北京农业大学园艺系设果树和造园两个专业。同年，全国院系调整，金陵大学园艺系和南京大学园艺系调入山东农学院，组建新的园艺系；复旦大学农学院北上沈阳，与合并到东北农学院的原沈阳农学院部分专业合并，成立沈阳农学院，并组建园艺系，开始招收果蔬专业学生，1954年又开始招收园林绿化专业学生；复旦大学茶叶专修科调整到安徽大学农学院；武汉大学农学院调整成立华中农学院，其茶叶专修科调整进入华中农学院，森林系和园艺系与湖南、江西、广东和广西等农学院园艺专业合并，组建园林系，1956年开始招收果蔬专业学生；西南贸易专科学校茶叶专科并入西南农学院园艺系。1954年，安徽农学院单独建院，华中农学院茶叶专修科并入浙江农学院。1956年，安徽农学院、浙江农学院、湖南农学院、西南农学院设立茶叶本科专业。1958年西北农学院园艺系和林学院合并，更名为园林系，1960年开始招生。与此同时，根据国家布局和实际需要，中国农业科学院及各省（自治区、直辖市）先后建立了园艺或果树、蔬菜、花卉、茶叶等研究机构，其中，中国农业科学院蔬菜科学研究所、果树科学研究所（兴城）、郑州果树科学研究所、柑橘科学研究所、茶叶研究所等属于国家级研究机构。至此，中国园艺科学研究的基本框架形成，中国园艺教育、人才培养和学科体系成形。

1978年中国实行改革开放政策后，高考制度的恢复和国家科教兴国战略的实施，使园艺教育和园艺学科建设得到迅速恢复，并创建了园艺学专科、本科、硕士、博士和博士后的人才教育和培养体系。中央和地方园艺科研资助项目的大幅增加，一批新的科技研发机构和平台的陆续建立，加快了中国园艺学科和科研体系的完善与发展。除果树学、蔬菜学、观赏园艺学等二级学科方向得到加强外，还新设立了设施园艺学二级学科方向，并得到快速发展。茶学在一些农业大学如福建农林大学归入园艺学科（系或学院），在另一些大学则独立办学或暂归农学。随着教育部于1999年将茶学归入园艺学二级学科，大多数学校也将茶学归入园艺学院，90年代末全国有10所农业院校设立了茶学本科专业。

进入21世纪，特别是2015年之后，中国园艺学科、园艺教育和人才培养体系建设进入高质量健康发展阶段，学科实力不断增强，师资队伍不断壮大，教学和人才培养条件达到世界先进水平。截至2021年底，中国园艺学博士学位授权点已有26个（高等学校25个，中国农业科学院1个），硕士学位授权点近50个；每年招生规模为园艺本科生约8000人、硕士（含学术性和专硕）研究生约1900人、博士研究生近300人，为中国园艺事业的发展源源不断地提供高层次科技人才。随着国家高等教育“双一流建设”的进展，一些学科已实现了与国际同类先进学科“并跑”；华中农业大学园艺学科、浙江大学园艺学科进入国家“一流学科”建设序列，20余所高校园艺学科进入国家“一流专业”建设点序列。

世界园艺 世界四大古代文明的园艺都较发达，除中国外的其他三大文明分别是古巴比伦（位于西亚，今地域属伊拉克）、古埃及（位于西亚及北非交界处，今地域属埃及）和古印度（位于南亚，地域范围包括今印度、巴基斯坦等国）。

公元前5000年，古巴比伦人和亚述人已认识到枣椰（即伊拉克蜜枣）有雌雄之分。公元前2000年，为获得枣椰丰收而每年进行一次人工传粉的仪式第一次被石刻永久地保存了下来。与枣椰同时代栽种的还有无花果、油橄榄、葡萄和洋葱。公元前6世纪，亚述王西拿基立建造了古巴比伦空中花园（又称悬园）。考古发现，其位于古巴比伦以北约500千米外的尼尼微古城。2世纪时，希腊学者在品评世界各地著名建筑和雕塑品时，把“空中花园”列为“世界七大奇迹”之一。空中花园据说采用立体造园手法，园中种植各种花草树木，远看犹如花园悬在半空中。

在诸多古代文明中，古埃及人比其他文明的大多数人享有更好的食物，这要归功于尼罗河。尼罗河流经古埃及人定居的大部分地区，流域土地异常肥沃，并为灌溉农作物和牲畜提供了水源。古墓壁画、医学检测和考古研究揭示了古埃及人的食物组成：他们种植和食用的蔬菜最常见的有洋葱、韭菜、大蒜和生菜，豆类包括羽扇豆、鹰嘴豆、蚕豆和小扁豆；种植和食用最广泛的水果有甜瓜、无花果、枣椰、椰子、苹果和石榴。古埃及文明极盛时期，园艺生产更趋发达，园艺作物扩展至香蕉、柠檬、葡萄、黄瓜、胡萝卜、莴苣、蔷薇等。

古印度文明为哈拉巴文化，大致出现在公元前3000～前1750年，鼎盛时期为公元前2300～前2000年。哈拉巴文化的主要经济部门是农业，栽种的作物有大麦、小麦等。除田间作物外，枣椰、果品也是人们喜爱的食物。

在四大文明之外，西半球的园艺也发端较早。公元前10世纪左右，美洲玛雅人已在墨西哥、危地马拉等地培育了番茄、南瓜、辣椒等。公元前后，南美洲印加人培植了芋类、菠萝等。此外，古罗马时期的农业著作中已提到果树嫁接和果品贮藏等，并且当时已采用云母片盖成的原始型温室进行蔬菜促成栽培。贵族庄园除栽有苹果、梨、无花果、石榴等果树外，还栽培各种观赏用花草，如百合、玫瑰、紫罗兰、鸢尾、万寿菊等。中世纪时期园艺一度衰落。文艺复兴时期，园艺首先在意大利再次兴起，并传至欧洲各地。新大陆发现后，那里的玉米、马铃薯、番茄、甘薯、南瓜、菜豆、菠萝、油梨、腰果、长山核桃等园艺作物被广泛引种。

近现代，世界园艺的发展取得很多成就，例如：美国植物育种家L.伯班克培育出许多果树、蔬菜、观赏植物和其他作物品种，著有《如何培育植物为人类服务》。苏联植物育种家I.V.米丘林培育出300多个果树新品种，并提出定向培育、远缘杂交、无性杂交和驯化等改变植物遗传性的原则和方法，著有《米丘林全集》。1902年，德国植物学家G.哈伯兰特首次提出细胞培养的概念，他也是第一个用人工培养基对分离的植物细胞进行培养的人。1929年，美国加利福尼亚大学教授W.F.格里克用营养液栽培番茄、萝卜、胡萝卜等获得成功，被认为是无土栽培技术实用化的开端。1958年，美国康奈尔大学的植物生理学家F.C.斯图尔德等利用悬浮培养的胡萝卜细胞再生出完整植株，证明了植物细胞具有“全能性”。1959年，国际园艺学会正式成立。1960年，法国的G.M.莫雷尔在《美国兰花学会通讯》上发表题为《生产无病毒兰花》的论文，开启兰花离体繁殖的工业化生产。1989年，世界性盆景组织——“世界盆栽友好联盟”成立。1992年，美国卡尔京（Calgene）公司育成耐贮运转基因番茄“佳味”（Flavr Savr），这是世界上第一个商业化的转基因作物品种。1998年，美国批准转番木瓜环斑病毒外壳蛋白基因的番木瓜商业化种植。

研究内容及关联学科

研究内容 园艺学的主要研究内容包括：

园艺植物起源、演化与分类 主要通过研究来阐明各种园艺植物的原产地是哪里？其分布和传播的途径为何？经过何种演化过程由野生植物驯化成栽培植物？种群结构和相互亲缘关系如何？这些问题对种质资源开发利用、遗传育种及栽培技术研究均具有重要意义。

园艺植物种质资源 主要研究种质资源的考察调查、采集搜集、保存保护，以及评价利用等方面的基础理论与技术方法，进行优异资源挖掘和种质创新。园艺植物中相当多的种类依靠营养体繁殖，其种质资源研究的理论和技术相较于依靠种子繁殖的植物有很多不同。例如，保存营养体繁殖的植物资源必须建立田间资源保存圃，并通过组织培养或扦插进行扩繁，个别野生种类还要求进行原地保护。

园艺植物遗传育种 主要研究园艺植物遗传改良及种子、种苗生产的理论、方法与技术。内容包括研究重要性状的遗传规律与基因调控机制，各种常规育种和生物技术育种的基础理论与技术，选育优良新品种和砧木，研发种子、种苗的繁育和质量控制技术等。种子繁殖的蔬菜和花卉主要采用杂交育种；而营养繁殖的园艺植物在采用杂交育种的同时，还采用实生选种和芽变选种。组学技术、基因编辑技术及生物信息学的快速发展，正在推动园艺植物育种向人工智能设计育种方向发展。

园艺植物栽培 研究园艺植物生长发育、产量和品质形成规律及其与温、光、水、气等环境条件的关系，探索实现高产、优质、高效及可持续发展的栽培理论、方法与技术。园艺植物栽培研究涉及范围较广，包括园地规划设计、耕作制度、土壤管理、水分养分管理、播种育苗、嫁接、植株调整和修剪、产品收获，以及设施环境调控、病虫害流行规律和综合防治等。基于大数据和人工智能的生产全过程机械化、智能化和信息化，以及智能决策管理正在成为园艺植物栽培新的研究重点。

园艺产品采后处理与加工 主要研究园艺产品成熟衰老及采后品质变化的机理和特性，研发产品采后分级、包装、保鲜处理、采后病害防控、贮藏和流通以及产品加工技术，开发新的加工产品。该领域高品质保持技术、生物保鲜技术、营养强化加工产品、保健功能加工产品等正在成为新的研究热点。

园艺产品市场流通与营销 以园艺产品质量和价格为中心，应用现代商品学的理念，结合园艺产品的特点和实践，研究园艺产品质量控制、园艺产品商品化策略、园艺产品定价策略、园艺商品流通策略、园艺商品促销策略以及园艺商品的国际市场开发等内容。

关联学科 园艺学作为一门综合性技术学科，与之密切相关的基础学科和应用学科较多，主要有：化学的一系列子学科，包括无机化学、有机化学、分析化学、生物化学、农业化学等；生物学的一系列分支，包括遗传学、植物学、植物生理学、植物生态学、细胞生物学、分子生物学、生物信息学等；资源环境方面的一些学科，如土壤学、气象学等；植物保护方面的一些学科，如植物病理学、农业昆虫与害虫防治、农药学等；农业工程方面的一些学科，如农田水利建设，农业机械工程，农业设施工程，农副产品的加工、储藏、运输工程等；经济方面的学科，主要为农业经济与农产品营销等。

园艺植物种类

园艺植物一般指进行集约栽培的具有经济价值的植物，主要包括果树、蔬菜、观赏植物和茶树。对于广义的园艺植物，在一些情况下，果树还包括华山松、甘蔗等，蔬菜还包括食用菌、少数藻类、食用蕨及各种瓜类，观赏植物还包括草坪用的草类；在另一些情况下，园艺植物还包括蜜源植物、香料植物和药用植物等。各国各地区对园艺植物的分类习惯也不完全一致，例如有些国家将马铃薯和甜玉米作为园艺作物，而美国则将其列为农作物；欧洲把香料植物、药用植物归入园艺作物，而中国则习惯将其连同烟草、咖啡等作为特种经济作物归入广义的农作物。由此可以看出，园艺植物的分类并不简单。

自然分类 自然分类是区分园艺植物种类的基础。据不完全统计，园艺植物现在至少有1300多种，分属于5个门，涉及100多个科600多个属。这5个门从低等植物到高等植物分别是褐藻门、真菌门、蕨类门、裸子植物门和被子植物门。褐藻门和真菌门属于低等植物，褐藻门海带目中的海带和昆布是蔬菜。真菌门担子菌纲下的伞菌目、木耳目、银耳目和多孔菌目4个目包括金针菇、香菇、松茸、木耳和猴头菇等食用菌。蕨类门中有雀巢蕨、阴地蕨等数十种蕨类观赏植物和卷柏、石松、中华桫椤、满地红等植物，此外还有一些食用蕨属于蔬菜。裸子植物门中约10个科有园艺植物，其中银杏科中的银杏、红豆杉科中的香榧、松科中的华山松等属于果树，松科、柏科、杉科、南洋杉科、罗汉松科和苏铁科有数十种观赏植物。大多数园艺植物属于被子植物门，其中双子叶植物纲有数十个科，居主导地位，占园艺植物种类的80%以上；单子叶植物纲也有若干个科。蔷薇科是双子叶植物纲中较大的植物科之一，科内有数十种果树和观赏植物，例如桃、李、梅、苹果、梨、山楂、草莓、枇杷、蔷薇、月季、玫瑰、海棠、梅花、桃花等。十字花科有数十种蔬菜。葫芦科有数十种瓜果。单子叶植物中果树不多，仅有香蕉、菠萝等；蔬菜也仅有茭白、生姜、慈姑、荸荠等种类；但其拥有大量的观赏植物，如观赏凤梨、百合、水仙、兰花、万年青、马蹄莲、小苍兰、唐菖蒲等。

园艺学分类 园艺植物除上述基础性的自然分类外，为便于研究和栽培管理，更多的是按照相关植物的用途、生长习性、产品类型、栽培特点或者立地生态条件等对其进行分类。

以园艺植物的用途为主要分类标准进行的人为分类即为园艺分类法。园艺分类法把相关植物分为果树、蔬菜、观赏植物和茶四大类别，每个类别又可以分为更多的种类。

果树分类 按冬季叶幕特性，果树可分为落叶果树（如苹果、葡萄）和常绿果树（如柑橘、荔枝）。按植株形态特征，果树可分为草本果树（如香蕉、菠萝）、木本果树（如苹果、柑橘）和藤本果树（如葡萄、猕猴桃）。按果实结构，果树可分为仁果类（如苹果、梨）、核果类（如桃、李、梅）、坚果类（如板栗、核桃）和浆果类（如葡萄、草莓）等。按适宜气候条件，果树可分为寒带果树（如醋栗）、温带果树（如苹果）、亚热带果树（如荔枝、龙眼、枇杷）和热带果树（如菠萝、杧果）。此外，还可以对果树进行综合分类。

蔬菜分类 按收获的产品器官，蔬菜可分为根菜类、茎菜类、叶菜类、花菜类和果菜类等。这种分类法可反映同类蔬菜在经济用途上的共性，但对有些蔬菜则较难反映其栽培技术的共性。按生长发育对环境条件及栽培技术的要求，蔬菜可分为14类，包括白菜类、甘蓝类、根菜类、叶菜类、葱蒜类、茄果类、瓜类、豆类、薯芋类、水生蔬菜类、多年生及杂类蔬菜类、芽苗菜类、食用菌类、香草类。这种分类法中同类蔬菜不仅食用器官相同，而且栽培技术亦多相似，对蔬菜生产具有较大的指导意义，应用较广。此外，还可按蔬菜对温度、水分、光照的要求以及对土壤酸度的要求等进行分类。

观赏植物分类 按生长习性，观赏植物可分为观赏树木、观赏灌木、观赏竹、观赏藤本、宿根观赏植物、球根观赏植物、一二年生草本观赏植物。按园林用途，观赏植物可分为行道树、园景树、垂直绿化植物、地被植物等。观赏植物中的花卉，按自然地理分布，可分为热带花卉、温带花卉、寒带花卉、高山花卉、水生花卉、岩生花卉及沙漠植物；按生活型与生态习性，可分为露地花卉和温室花卉；按应用范围，可分为花坛花卉、花境花卉、水生和湿生花卉、岩生花卉、藤蔓类花卉、草坪草、地被植物、庭院花卉、室内花卉、切花花卉和专类花卉。

茶分类 茶与果树、蔬菜和观赏植物的分类有一个根本性的不同，即茶除了园艺学（植物学）的分类外，还有茶产品的分类。茶的园艺学（植物学）分类相对简单，通常分为大叶种和小叶种两类。而茶的产品主要是加工品。根据加工后茶产品的外观形态和作为原料的茶树器官的可识别性，可将中国茶产品分为基本加工茶产品和深加工茶产品两大类。其中，基本加工茶产品可分为初加工产品和再加工产品，主要包括六大茶类（红茶、绿茶、青茶、黄茶、黑茶、白茶）、花茶、紧压茶、袋泡茶等；深加工茶产品主要包括茶饮料、速溶茶、茶多酚、茶籽油、茶皂素等。

园艺产业

世界园艺产业 世界园艺的发展在全球形成了三个大的产业中心——亚洲中心、欧洲中心和美洲中心，其中亚洲中心规模最大，占全球园艺产业总量的2/3以上。亚洲园艺产业主要国家有中国、印度、土耳其、日本、韩国、越南、泰国、马来西亚、伊朗等。欧洲园艺产业主要国家有西班牙、荷兰、意大利、法国等。美洲园艺产业主要国家有美国、墨西哥、巴西、厄瓜多尔、哥伦比亚等。

果树产业 据联合国粮食及农业组织数据，2020年全世界水果生产总面积为7493万公顷，总产量10.45亿吨。水果生产面积排名前5位的国家为中国、印度、巴西、尼日利亚和墨西哥。水果产量排名前5位的国家为中国、印度、巴西、墨西哥和美国。2020年世界产量较大的水果包括：①柑橘。栽培面积693万公顷，总产量1.14亿吨，其中中国产量最大，其他主要生产国家还有印度、巴西、西班牙和墨西哥等。②香蕉。栽培面积520万公顷，总产量为1.2亿吨，其中印度产量最大，其他主要生产国家还有中国、印度尼西亚、巴西、菲律宾和厄瓜多尔等。③苹果。栽培面积462万公顷，总产量8644万吨，其中中国产量最大，其他主要生产国家还有美国、土耳其、波兰、印度和意大利等。④葡萄。栽培面积695万公顷，总产量7803万吨，其中中国产量最大，其他主要生产国家还有意大利、西班牙、法国、美国和土耳其等。⑤梨。栽培面积129万公顷，总产量2310万吨，其中中国产量最大，其他主要生产国家还有意大利、美国、阿根廷、土耳其和南非等。⑥桃（包括油桃）。栽培面积149万公顷，总产量2456万吨，其中中国产量最大，其他主要生产国家还有西班牙、意大利、土耳其、伊朗和美国等。2020年全世界水果出口总量为1.12亿吨，出口额1319亿美元，出口量大的国家有西班牙、厄瓜多尔、荷兰、中国和美国等。全世界水果进口总量为1.11亿吨，进口额1392亿美元，进口量大的国家有美国、德国、荷兰、中国和俄罗斯等。

蔬菜产业 2020年全世界蔬菜生产面积为5830万公顷，总产量11.5亿吨。蔬菜产量排名前5位的国家为中国、印度、美国、土耳其和越南。产量最大的蔬菜作物是番茄，2020年总产量为1.86亿吨，其余依次为洋葱、黄瓜、甘蓝、**茄子**、甜辣椒、大蒜和莴苣等。2020年西瓜生产面积为305万公顷，总产量为1.02亿吨，其中中国产量最大，其他主要生产国家还有土耳其、印度、伊朗、阿尔及利亚和巴西等。2020年全世界蔬菜出口总量为7153万吨，出口额870亿美元，出口量大的国家有中国、墨西哥、西班牙、荷兰、意大利和美国等。蔬菜进口总量为6938万吨，进口额867亿美元，进口量大的国家有美国、德国、英国、法国、荷兰和加拿大等。美国是世界加工番茄生产大国，约占全球产量的1/3；其次是意大利、中国和西班牙。

蔬菜**设施栽培**在园艺作物设施栽培中占比最大，据统计全球设施蔬菜面积已超过400万公顷。从区域分布看，东、南亚地区温室面积占世界总面积的近90%，地中海沿岸国家约占6%，非洲占2.1%，欧美及其他地区占2.2%；从设施类型构成看，塑料薄膜大棚占58.3%，塑料薄膜温室占39.6%，玻璃温室占2.1%。中国设施蔬菜面积占世界总面积的85%，其他设施蔬菜面积较大的国家有意大利、土耳其、日本、韩国及西班牙等。荷兰设施蔬菜面积不大，约为5000公顷，但基本上都是现代化大型玻璃温室，温室环境调控实现自动化、智能化，几乎全部采用无土栽培技术，单位面积产量位居世界第一，其设施蔬菜现代化高科技生产处于领先水平。

花卉产业 包括**鲜切花**、盆栽花卉、花坛花卉、观赏植物以及种苗、种球的生产和繁殖等。2015年全球花卉生产面积达到1500余万公顷，产值900多亿美元。2017年全球出口切花77亿欧元，进口67亿欧元。2019年荷兰出口切花46亿美元，占市场总额的48.9%；哥伦比亚、厄瓜多尔和肯尼亚分别占国际切花出口市场的14.9%、9.3%和7.5%；泰国是兰花出口大国，出口额超过8000万美元。月季、菊花和康乃馨依次占据切花出口贸易额的前3位。切花月季出口主要来自荷兰、厄瓜多尔、埃塞俄比亚、肯尼亚和哥伦比亚等。切花菊花出口主要来自荷兰、哥伦比亚、马来西亚、立陶宛和中国等。切花康乃馨出口主要来自哥伦比亚、荷兰、土耳其、中国和西班牙等。进口切花最多的国家有美国、德国、英国、荷兰、俄罗斯、法国、日本以及瑞士等。月季栽培面积大的国家有印度、中国、厄瓜多尔、哥伦比亚、墨西哥等。康乃馨栽培面积大的国家有中国、哥伦比亚、意大利、土耳其和墨西哥等。

百合栽培面积大的国家和地区有中国、肯尼亚、日本、中国台湾、墨西哥和荷兰等。菊花栽培面积大的国家有印度、中国、日本、墨西哥、意大利和哥伦比亚等。切叶植物栽培面积大的国家有中国和意大利等。荷兰虽然花卉栽培规模不是很大，但是生产水平一直位居世界第一，无论产品质量还是单位面积产量都处于世界领先水平，在鲜切花及花卉种苗、种球的国际贸易中具有重要地位。另外，荷兰拥有世界最大且管理最先进的花卉交易批发市场，是国际花卉贸易的中枢。

茶叶产业　全世界共有 50 多个国家生产茶叶，根据国际茶叶委员会统计，2020 年全球茶树种植面积为 515 万公顷，茶叶产量 621.5 万吨。茶叶生产主要集中在亚洲，亚洲茶园面积和茶叶产量分别占全球的 91.1% 和 85.6%；其次是非洲，分别占 8.1% 和 12.7%。茶叶产量排名前 5 位的国家为中国、印度、肯尼亚、土耳其、斯里兰卡，分别占世界茶叶总产量的 47.2%、20.2%、9.2%、4.5%、4.5%。红茶是世界第一大茶类，2020 年红茶产量为 334 万吨，占总产量的 53.7%；绿茶为第二大茶类，2020 年绿茶产量为 220.7 万吨，占总产量的 35.5%。2020 年世界茶叶出口总量为 182.5 万吨，出口量排名前 5 位的国家为肯尼亚、中国、印度、斯里兰卡、越南，分别占世界茶叶出口总量的 28.4%、19.1%、14.4%、11.1%、7.1%。

中国园艺产业　现代园艺产业在中国农业经济和社会发展中占据重要地位。

果树产业　中国是世界水果生产大国，果树栽培历史悠久，品种资源丰富。改革开放后，中国水果产业持续发展。与 1978 年相比，2020 年全国果园总面积增长了 7.6 倍，总产量增长了 43.4 倍，每公顷产量增长了 5.6 倍。2020 年中国水果种植面积为 1264.6 万公顷，比 2019 年增长 3.0%；总产量 28 692.4 万吨，比 2019 年增长 4.7%。

中国是世界上果树栽培种类最多的国家，栽培种类多达 50 余种。栽培面积较大的果树作物有柑橘、苹果、梨、桃、香蕉、葡萄、荔枝等，其中梨、桃的产量占世界总产量的 50% 以上，苹果产量占世界总产量的 40% 以上。2020 年，中国柑橘产量为 5121.9 万吨、苹果产量为 4406.6 万吨、梨产量为 1781.5 万吨、桃产量约 1500 万吨、葡萄产量为 1476 万吨、香蕉产量为 1151.3 万吨。苹果主要分布在中国北方的山东、陕西、河南、河北、辽宁 5 省，5 省的苹果产量占全国苹果产量的 80% 以上。柑橘主要分布在浙江、福建、湖南、广东、湖北、广西、四川等省（自治区）。梨的主产地是河北、河南、山东、湖北、辽宁、陕西等省。桃总产量前 5 位的地区依次为山东、河南、山西、河北和安徽。香蕉主产地是广东、广西、海南、云南、福建、重庆等省（自治区、直辖市），其中广东是香蕉的最大产地。广东也是荔枝的最大产地，荔枝产量为 200 多万吨，占世界总产量的 70% 左右。中国红枣、板栗、核桃等干果的生产规模在世界上均位居第一。2020 年中国红枣产量超过 600 万吨，占世界总产量的 95% 以上；板栗产量为 232 万吨，占世界总产量的 66.9%；核桃产量为 110 万吨，占世界总产量的 33%。由于这些干果耐瘠薄、耐干旱，管理省工，产品耐贮运，加工链长，所以成为中国许多边远地区农民脱贫致富的主导产业。另外，龙眼、杨梅、枇杷等虽然栽培面积不大，但都是中国的特色水果。

中国也是世界上设施果树栽培规模最大的国家。中国从 20 世纪 50 年代开始进行**果树设施栽培**研究。进入 21 世纪以来，中国设施果树产业发展迅猛，规模迅速扩大，栽培总面积和总产量分别由 21 世纪初的 7 万公顷和 100 多万吨发展到 20 年代的 50 多万公顷和 900 多万吨。其中，设施葡萄栽培面积最大，约 23 万公顷，占葡萄栽培总面积的 30% 以上；设施草莓栽培面积约 13 万公顷，占草莓栽培总面积的 90% 左右；设施桃栽培面积约 2.7 万公顷；设施**樱桃**栽培面积约 2 万公顷。

21 世纪 10 年代以来，中国水果进出口呈现双向快速增长态势，但由于进口增长快于出口增长，贸易逆差不断扩大。2020 年水果出口额为 70.69 亿美元，比 2014 年增长了 63.7%；进口额为 120.16 亿美元，比 2014 年增长了 1.3 倍。2020 年水果进出口贸易逆差 49.47 亿美元，比 2014 年增加了 41.23 亿美元。

蔬菜产业 中国是世界蔬菜生产大国，生产面积大，栽培种类多，种植模式和种植制度丰富多样。改革开放以来，中国蔬菜产业实现了快速发展，与 1978 年相比，2020 年蔬菜种植面积增长了 5.5 倍，总产量增长了 8 倍。2019 年中国食用菌总产量达 3933 万吨，是 1978 年产量 5.7 万吨的 600 多倍，占世界总产量的 70%以上。2020 年中国蔬菜种植面积和产量与 2019 年相比略有增加，蔬菜种植面积为 2148.5 万公顷，比 2019 年增长 3.0%；总产量 74 912.9 万吨，比 2019 年增长 3.9%。中国蔬菜生产经过多年的发展在全国形成了 6 个大的优势区域，即华南与西南热区冬春蔬菜优势区域、长江流域冬春蔬菜优势区域、黄土高原夏秋蔬菜优势区域、云贵高原夏秋蔬菜优势区域、北部高纬度夏秋蔬菜优势区域和黄淮海与环渤海设施蔬菜优势区域。全国蔬菜栽培面积较大的地区有河南、山东、江苏、广西、河北等。栽培面积较大的蔬菜作物有辣椒、大白菜、不结球白菜、番茄、黄瓜、萝卜、茄子、甘蓝、大蒜、**芹菜**、菜豆、豇豆、大葱、莴苣、菠菜等。中国是西甜瓜生产大国，2020 年西瓜产量为 6008 万吨，占世界总产量的 59.1%；甜瓜产量为 1383.8 万吨，占世界总产量的 48.6%。中国西甜瓜产业通过多年生产布局与市场化演变，形成了 5 个主要优势产区，即华南优势区、黄淮海设施栽培优势区、长江流域优势区、西北优势区及东北优势区。河南、山东、江苏、新疆等是西甜瓜生产规模较大的省（自治区）。中国也是水生蔬菜生产大国，栽培面积约 80 万公顷，其中莲藕栽培面积最大，超过 40 万公顷。

中国是世界设施蔬菜生产大国，全国每年各种设施蔬菜栽培面积约 350 万公顷，产量超过全国蔬菜总产量的 1/3。设施蔬菜的发展使中国实现了蔬菜周年均衡供应，结束了中国北方冬季蔬菜市场只有**白菜**、萝卜和马铃薯的历史。与荷兰设施蔬菜生产高投入、高能耗、高产出的发展路线不同，中国设施蔬菜发展走的是低投入、低能耗、低成本的途径。中国蔬菜生产的主要设施类型是节能型日光温室和各种塑料棚室，现代化的大型玻璃温室只占很小的比重。节能型日光温室结构简单、造价低，完全依靠科学合理的结构采光蓄热，不需要人工加温就可以在中国北方广大地区冬季生产喜温的果菜类蔬菜。中国发明的**温室**被认为是20世纪园艺生产中的一大奇迹。中国有100多万公顷节能型日光温室，不仅用于生产蔬菜，还用于栽培果树和花卉。中国甜瓜绝大部分都采用设施栽培，西瓜设施栽培面积也在日益增加。

蔬菜是中国最具有国际竞争力的优势农产品，蔬菜国际贸易一直保持顺差状态。根据2019年联合国商品贸易统计结果显示，中国蔬菜出口占国际蔬菜贸易额的11.3%。2020年，中国蔬菜出口额为149.3亿美元，占农产品出口总额的19.5%；进口额为10.4亿美元，顺差138.9亿美元。中国西甜瓜虽然生产规模很大，但是进出口贸易相对较小，2019年出口额为1.6亿美元，进口额仅为4000多万美元。

花卉产业 中国花卉园艺产业起步于20世纪80年代，经过40余年的发展已经形成一定的产业规模。2017年中国花卉（包括观赏、药用及工业用植物）生产面积139.2公顷，销售额1533.2亿元。其中，鲜切花类销售额194.7亿元，盆栽植物类381.4亿元，观赏苗木类653.1亿元，食用与药用类花卉193.1亿元。鲜切花生产中，月季生产面积最大，2017年为17 790公顷，生产规模在世界上仅次于印度；其次为百合，2017年栽培面积7321公顷；之后依次为菊花7213公顷，**非洲菊**4756公顷，**香石竹**3788公顷。盆栽植物主要是兰花类，2017年生产面积为11 664公顷，之后依次为观叶芋类6218公顷，凤梨类4607公顷，花烛属类3271公顷，杜鹃花类2204公顷，中国兰花类1706公顷，蝴蝶兰类571公顷。经过多年的发展，中国基本形成了稳定的花卉生产布局。鲜切花和**鲜切叶**生产重点区域为云南和广东，盆栽花卉生产重点区域为广东、福建和海南，球根花卉种球生产地区主要是辽宁，草花种子生产地主要在甘肃、湖南和浙江。

中国花卉产业虽然已经具有较大的规模，但是花卉出口贸易量仍然非常小。2020年中国花卉进出口贸易额6.22亿美元，其中出口3.87亿美元，进口2.35亿美元。盆花（景）和庭院植物、鲜切花、鲜切枝（叶）和种苗是中国花卉出口的主体，出口额占95%以上，其中盆花（景）和庭院植物占出口额的41.7%。出口市场主要包括日本、韩国、荷兰、越南、美国、中国香港、澳大利亚、泰国、缅甸和德国等10个国家或地区。从进口情况看，约90%的进口额集中在荷兰、日本、厄瓜多尔、泰国、智利、新西兰、南非、肯尼亚、越南、西班牙等10个国家。种球、盆花（景）和庭院植物、鲜切花三大品类占进口总额的87.5%。

茶叶产业 21世纪以来，茶叶消费需求增长，拉动中国茶业取得快速发展，茶园面积、茶叶产量实现年年增长。2006 年中国茶叶产量超过印度，成为世界最大产茶国。2020 年中国茶园面积、茶叶产量为 321.7 万公顷、293.2 万吨，分别比 2000 年增长 1.95 倍、3.29 倍。中国茶类丰富，绿茶是中国第一大茶类，其次为青茶、红茶、黑茶。2020 年绿茶产量为 197.6 万吨，占茶叶总产量的 67.4%；青茶产量为 31.3 万吨，占茶叶总产量的 10.7%；红茶产量为 28.8 万吨，占茶叶总产量的 9.8%；黑茶产量为 19.6 万吨，占茶叶总产量的 6.7%。同时，白茶发展迅速，2020 年白茶产量达到 5.9 万吨，比 2015 年增长 1.9 倍。茶叶是中国重要出口农产品，21 世纪 10 年代以来茶叶出口量呈现缓慢增长，从 2010 年的 30.3 万吨增加到 2019 年的 36.7 万吨，2020 年略有下降，为 34.9 万吨。茶叶出口额、出口单价逐年提高，2019 年以来茶叶出口额突破 20 亿美元，2020 年出口单价达到 5.94 美元 / 千克，均超过其他主要出口国。21 世纪以来，茶叶产区向中西部转移，2020 年茶园面积排名前 6 位的地区依次为云南、贵州、四川、湖北、福建和浙江，茶叶产量排名前 6 位的地区依次为云南、福建、湖北、四川、湖南和贵州。茶叶产业的快速发展对促进农民增收，特别是贫困地区农民脱贫发挥了重要作用。

产业作用 在人们的日常生活和经济社会发展中，园艺产业发挥着极其重要的作用。

园艺产品作为重要食物源的营养保健作用 蔬菜、水果富含多种维生素和矿物质，是人体不可或缺的多种维生素和常量、微量矿物质的主要来源。其所含的矿物质被人体消化后产生生理碱性，可以中和食用肉类、蛋白类等产生的生理酸性，从而维持体内的酸碱平衡。蔬菜、水果还含有黄酮类、多糖类、萜类、有益有机硫类以及叶黄素等物质，越来越多的研究证明这些物质具有抗氧化、改善体内循环、增强肌体免疫、预防多种疾病、减缓器官衰老等功能。另外，有很多蔬菜、水果甚至花卉属于“药食同源”，在中医中药及食物治疗中具有重要地位。

有的园艺产品可以部分替代主粮，保证粮食供给安全，如香蕉、薯蓣等富含淀粉，在一些国家和地区是重要乃至首要的主食。园艺植物亦是许多饮品、果品加工的重要原料。

园艺环境美化与精神文化作用 园艺植物是美化环境的重要载体。园艺是现代城市发展中的重要元素，全国文明城市评选的多项指标与城市绿化和园艺密切相关。观赏植物兼具绿化观赏、覆盖土地、降低城市热岛效应、保持水土、改善空气质量、屏蔽噪声等多重生态功能，可为人们提供舒适安全的生活环境。人们还可以在家里种植或摆放各类花卉、绿植等园艺植物，不仅能感受大自然的气息，还能释放内心的压力，获得精神的愉悦。

园艺生态是农旅康养的重要载体。随着观光农业、都市农业和旅游农业发展，园艺的新兴业态为市民提供了一种联系乡村、融入自然、体验农作的崭新方式。与普通农业相比，观光旅游农业集旅游、采摘、娱乐、餐饮于一体，属于多产业融合发展的新业态，能够通过多功能定位满足市民的多方面需求。

园艺疗法（horticultural therapy，又译园艺体验）逐渐成为新的消费方式，可以帮助病人减轻压力、减轻疼痛和改善情绪，起到辅助治疗的作用。

园艺产品是丰富文化生活的重要载体。例如，中国的**茶文化**源远流长、内涵丰富、享誉世界，**插花**压花由“小众文化”逐渐发展为受到更多人喜爱的文化活动，各种各样以园艺植物为载体的节庆活动如苹果节、葡萄与葡萄酒节、柑橘节、香蕉节、西瓜节、牡丹节等，均丰富了人们的生活。

园艺产业对经济社会发展的支撑作用 园艺是农村发展、农民增收的支柱产业。园艺植物是集约化栽培作物，单位面积的效益高于一般作物，因此成为乡村振兴、产业升级的主导产业。以蔬菜为例，与粮棉油产品相比，蔬菜生产的经济效益明显更高。据中国《全国农产品成本收益资料汇编 2018》数据显示，种植蔬菜的平均净利润为每亩 2265.47 元，成本利润率高达 50.15%，而种植粮棉油产品的平均净利润均较低。据统计，2019 年中国 800 多个贫困县的蔬菜种植面积超过 2500 万亩，带动 200 多万贫困人口脱贫增收，蔬菜产业成为贫困地区农民脱贫致富的重要途径。

园艺产业是城乡就业的重要渠道，其集约性是与劳动力密集性紧密相连的，可以有效解决部分城乡居民就业难题，推动灵活就业。一方面，园艺产业从生产、加工到销售均需要大量劳动力，园艺产业对劳动力的需求量远大于其他大宗农产品产业；另一方面，日益发展的观光园艺新业态也为城乡居民提供了新的就业渠道，城郊结合区域优势和资源优势发展种赏一体的特色生态观光园艺产业，创造了大量就业岗位。

中国园艺资源与科技

园艺资源 中国南北温区跨度大，气候类型多，地形地貌多样，拥有丰富的生态类型，是世界上最重要的植物起源中心之一，有众多园艺植物起源于中国。起源于中国的温带落叶果树有桃、杏、中国李、白梨、砂梨、山楂、**柿**、枣、板栗等，热带亚热带果树有猕猴桃、荔枝、枇杷等；此外，中国也是草莓的三大起源中心之一。原产于中国的蔬菜有大型萝卜、**山药**、草石蚕、芋、牛蒡、芥菜类、白菜类、韭、薤、大葱、茼蒿、莴笋、**荠菜**、大豆、越瓜、瓠瓜、莼菜、莲藕、茭白、**水芹**、菱、慈姑、荸荠、卷丹百合、黄花菜、竹笋、香椿，以及大量野生蔬菜等。花卉中的月季、百合、菊花、茶花、牡丹、芍药、兰花、杜鹃、**报春花**、**丁香**、**萱草**等均起源于中国。茶树起源于中国，中国是世界上最早进行茶树栽培的国家。据考证，茶树起源于中国西南地区，云南、广西和贵州是地理起源中心。中国园艺作物栽培历史悠久，小农自给自足式经济持续时间长，各地农业生产长期处于封闭状态，使不同生态区域人们长期驯化、改良的植物得以世代传承保留下来，形成丰富的种内亚种、变种和类型，如起源于中国的白菜在不同区域经过长期驯化、改良形成了结球、半结球和不结球以及薹用等不同的变种和类型。中国还是一些重要园艺植物如豇豆、甜瓜、南瓜的次生起源中心。

中国的园艺植物通过各种渠道被广泛引种到世界各地，为世界园艺发展做出了重要贡献。公元前138年，汉武帝时张骞出使西域，经丝绸之路给欧洲带去了中国的桃、梅、杏、茶、芥菜、萝卜、甜瓜、白菜和百合等。中国是茶的故乡，世界各国的茶叶生产都是直接或间接从中国传入的，南北朝时期中国茶籽传入朝鲜、韩国，唐朝时传入日本，17世纪起逐渐传入东南亚、南亚国家。17世纪以后，欧美诸国先后多次派员来中国考察采集园艺植物样本，并引走大量园艺植物。最具代表性的是英国植物学家E.H. 威尔逊曾5次来中国考察采集植物样本，前后共收集各种野生观赏植物1000多种引到欧洲，并于1929年出版专著《中国，园林之母》（*China, Mother of Gardens*）。英国爱丁堡皇家植物园拥有的中国园林植物多达1527个种及变种。

中国非常重视园艺资源的保护与利用。改革开放以来，中国共建成了21个国家级**果树种质资源圃**，保存**果树种质资源**达2万余份，居世界第2位。建成的国家蔬菜资源库共收集、保存蔬菜品种资源4万余份，居世界第4位。保存的资源中有许多优异的种质，如抗寒金红苹果、砀山酥梨、灰枣、赞皇冬枣、巫山脆李、南华李、妃子笑荔枝、富平尖柿、衡阳伏地尖椒、兰州百合、马家沟芹菜、玉田包尖大白菜、长春密刺黄瓜等。这些资源有的可以直接用于生产，有的可作为优良育种材料，均具有重要的应用价值。

园艺科技 中国现代园艺科技发展虽然起步于20世纪20年代，但直到中华人民共和国成立后，才真正形成完整的园艺科技创新体系。

中华人民共和国成立至改革开放初期 中国的园艺科学研究主要集中在资源收集与保存、新品种选育和栽培技术推广应用等方面。

果树上，20世纪50年代开展了果树种质资源普查工作，发现了隔年核桃、软籽山楂、四季柑、苹果梨、冬桃，以及新疆野苹果林、海南岛野荔枝林、湖南野柑橘林等一批具有特殊性状的珍贵果树资源和优异地方品种；中华人民共和国成立后的30年间收集保存了柑橘、苹果、桃、葡萄、枣等31种果树的3000余个品种或类型，筛选和培育出一大批果树良种，如柑橘优良品系先锋橙和锦橙及其优系、苹果秦冠等新品种。此外，在果树造园和**授粉树**配置，以及适宜不同区域的果树丰产树型构建、高产稳产修剪技术等方面开展了系列研究。

蔬菜上，50～60年代，在广泛调研总结生产经验的基础上，开始进行合理施肥、种子消毒及生长调节剂利用等新技术的引进和研究。食用菌生产广泛推广“人工培养纯菌丝，打孔接种”技术，研制和推广了改良式单屋面玻璃温室、玻璃覆盖的阳畦和温床、小拱棚、塑料大棚等设施及其蔬菜栽培技术。**蔬菜育种**研究逐步展开，多次组织开展蔬菜资源调查、收集和整理，在广泛收集国内资源和引进国外资源的基础上，先后育成早粉 2 号、农大 23 号、沈农 4 号番茄和农大红萝卜等一批优良的常规品种，以及无籽 3 号西瓜新品种。

观赏园艺上，开展了花卉种质资源调查工作，重点开展了梅花、牡丹、月季、菊花、山茶、杜鹃等中国传统名花资源和区域性特色花卉资源的调查、收集、保存和整理工作，初步建立了重点花卉的核心种质资源圃，并初步应用于花卉育种及园林应用。部分花卉育成了一些新品种。露地花卉生产技术得到一定提高，温室花卉生产技术开始研究和应用。

茶叶上，中华人民共和国成立初期，安徽、四川、云南、湖南、福建、江西、贵州等产茶省相继成立茶叶研究机构。1958 年在杭州成立中国农业科学院茶叶研究所。60 ～ 70 年代茶叶主产省陆续将现有茶叶试验场改名为茶叶研究所或新成立茶叶研究所。1978 年中华供销合作总社成立杭州茶叶蚕茧研究所，后改名为中华供销合作总社杭州茶叶研究所。50 ～ 60 年代先后研制出炒青绿茶、**珠茶**初精制设备和**工夫红茶**初精制设备，萎凋槽、滚筒杀青机是最成功的两种设备。

1978 年改革开放至“十五”时期 中国的园艺科学研究进入快速发展轨道。

果树上，进行了多次果树资源考察，于 1990 年建成苹果、梨、柑橘、葡萄、桃、李、杏、柿、枣、栗、核桃、龙眼、枇杷、香蕉、荔枝、草莓等 19 个果树树种的 16 个国家果树种质资源圃，保存有 1 万余份果树种质资源；开展了庞大、积极的国外引种工作，截至 1995 年，从 40 余个国家和地区引进 28 科 36 属 131 种果树的 1100 多个品种，910 余份已入园保存，740 多份在生产上应用，如富士苹果、玫瑰香和巨峰葡萄、纽荷尔柑橘等；育成了一批果树品种，如秦冠、辽伏、寒富等苹果，锦丰、早酥、黄花等梨，京早晶、早玫瑰等葡萄，雨花露、麦香等桃，台农 4 号、闽农 1 号等菠萝等，特别是寒富苹果将优质大苹果栽培纬度线向北推移了 2 个纬度。这一时期，果树栽培面积迅速扩大、规模快速扩张，针对生产需求，栽培方面开展了苗木繁育技术、新品种引种示范、幼树整形技术、幼树越冬性、果园土壤改良、早期丰产技术和病虫害防控技术等研究。同时，随着科技投入的增加，开始聚焦果树基础研究，从分子生物学层面解释生长发育机理，发表了许多高水平论文。

蔬菜上，蔬菜种质资源保存、评价与利用得到重视，到 1995 年中国入库保存的**蔬菜种质资源**达到 28 000 多份。开展蔬菜作物杂交优势利用育种，培育出了甘蓝、大白菜、黄瓜、茄果类、瓜类、甘蓝类、白菜类、芥菜类、根菜类蔬菜等一代杂交种。相继开展白菜、甘蓝、辣椒、胡萝卜等蔬菜作物雄性不育利用的研究和白菜、甘蓝、番茄、辣椒、黄瓜等蔬菜作物的抗病育种，到 20 世纪末育成了抗 2 ～ 4 种病害的蔬菜品种约 200 个。先后在辣椒、白菜、茄子、甘蓝、萝卜、芥菜和黄瓜上开展的**单倍体育种**，育成了海花辣椒、北京橘红心白菜、豫白菜 7 号等多个蔬菜品种，并已在生产上推广应用。从 80 年代末开始进行蔬菜转基因研究，获得了抗病毒病的番茄、辣椒等转化株系，

1996～1999年中国批准了转基因耐贮藏番茄华番1号、转基因抗黄瓜花叶病毒番茄8805R、转基因耐储番茄大东9号和甜椒双丰R进入产业化生产。在**蔬菜育苗**方面，70年代末开始研发和推广以利用电热线加温土壤为核心的蔬菜专业化育苗技术，80年代末在引进借鉴国外技术的基础上，中国开始研究和推广蔬菜工厂化（集约化）育苗技术，**穴盘育苗**、**基质栽培**、机械作业自动装盘、精量播种、控温催芽、环境分期精细调控迅速在全国推广。这一时期，蔬菜无土栽培技术研究主要集中在固态基质栽培、深层营养液栽培（DFT）和浅层营养液栽培（NFT）技术，以及90年代出现的不靠营养液供给养分、以有机基质添加固态肥料作为栽培基质等方面。在设施栽培方面，70～80年代围绕塑料棚的结构与建材、塑料棚栽培模式与管理技术、塑料棚栽培病虫害防治、适宜塑料棚栽培的品种等开展了广泛的研究，形成了一系列内容丰富、特色各异的塑料棚栽培技术，迅速在全国推广普及，为解决中国早春和晚秋蔬菜生产淡季、促进蔬菜市场全年均衡供应发挥了重要作用。80年代，第一代节能型日光温室及其蔬菜栽培技术由沈阳农业大学研发成功，能够在北纬41°的冬季不加温生产喜温类蔬菜；此后，又研制成功第二代节能型日光温室及其蔬菜生产技术，能够在北纬42°的冬季不加温生产喜温类蔬菜，且蔬菜产量增产30%以上。节能型日光温室的普及推广彻底改变了中国北方冬季蔬菜市场果菜类蔬菜短缺的局面，改变了长期以来冬季南菜北运的流通格局。在此期间，食用菌产业高速发展，继1978年料袋用于银耳栽培制作出第一个人工菌棒后，陆续开发了木屑、棉籽壳、啤酒精、甜菜渣、中药渣、废棉等配料堆料，形成了“代用料栽培，无菌接种”的中国食用菌生产技术。西瓜和甜瓜生产与科研在这个时期均得到迅速发展。1986年建成国家作物种质库（国家长期库），“九五”结束时完成西瓜和甜瓜编目入国家长期库近2000份。80～90年代，西瓜育种开启了由常规品种向杂优一代品种的转变及以抗枯萎病育种为主攻方向的抗病育种，90年代育成并推出了郑抗系列、京抗系列、苏抗系列和西农8号等抗枯萎病新品种。厚皮甜瓜品种的改良经历了由以红心脆、炮台红等**地方品种**为主栽品种到以皇后等常规新品种为主栽品种，再到以新皇后、早皇后等杂交种为主栽品种的三次品种更新。薄皮甜瓜育种工作起步较晚，90年代以前主要开展地方品种提纯复壮和品种的系统选育，90年代后新品种才陆续涌现。在西瓜和甜瓜栽培方面，80年代起陆续研发并推广露地**地膜覆盖栽培**、小棚栽培、**大棚栽培**和**日光温室栽培**技术，高畦、立架、小拱棚为特色的厚皮甜瓜东移设施栽培技术，西瓜、甜瓜与粮棉作物间作套种栽培技术。

观赏园艺上，70～80年代起，在青海、湖北、广西、新疆、北京等地相继建立了自动控制温、湿度的花卉种质库，随后开展了花卉种质资源调查工作，特别是对梅花、牡丹、月季、菊花、山茶、杜鹃等中国传统名花资源的种质调查，建立和完善了一批重点花卉的核心种质资源库，筛选出一批重要的花卉资源并初步应用于花卉育种及园林应用。在此期间，中国加入国际植物新品种保护联盟

（UPOV），花卉育种进入了产权保护时代。1999年，中国在昆明首次承办了A1级世界园艺博览会。这一时期，中国大力引进切花月季、百合、菊花等和盆花蝴蝶兰、大花蕙兰、一品红等来自美国、日本、欧洲的一二年生花卉等高档花卉种质资源。在引进国外品种的基础上，不断加强国内特色花卉种类的育种工作，并建立了中国的种苗繁殖和制种基地。在花卉繁殖技术方面，除了扦插、嫁接等传统无性繁殖技术不断进步以外，花卉组织培养、容器苗育苗等技术不断创新，利用离体组织快繁技术不仅成功实现了许多草本花卉的高效繁殖，而且实现了蜡梅、东北红豆杉、梅花、柽柳、鹅掌楸、枫香等许多难繁木本观赏植物的高效繁殖，并成功应用于商业化生产。此外，花卉采后保鲜技术取得较大进步，鲜切花、球根、种苗等鲜活观赏植物产品的采后衰老调控、采后贮藏、采后运输、采后预处理、采后保鲜等技术研究与开发取得重要进展。

茶叶上，开展茶树种质资源考察收集，1990年在浙江省杭州市建立了国家茶树种质资源圃、在云南省勐海县建立了分圃。茶树育种根据每个时期的茶叶生产需要调整主攻目标，90年代前茶树育种以高产为主要目标，90年代以后茶树育种目标转向优质、特色、高抗。初步明确中国茶树主要病虫害的种类与区域分布，探明茶树主要病虫害的生物学特性、发生规律和茶树害虫的种群演替规律。80年代前提出多种茶树病虫害化学防治技术，90年代以来茶树病虫害防治逐步向无害化综合防治方向发展，研究提出茶树主要害虫的物理防治、生物防治和生态防治新技术。70年代研制出花茶、紧压茶加工设备，研制出速溶茶制备技术和关键设备并实现产业化；80年代完成乌龙茶等加工设备研制，并研制出多种茶碳酸饮料；90年代开展名优茶加工机械的研制，并研制出纯茶饮料、调味茶饮料加工技术。茶天然产物的提取与利用起步于80年代，主要开展茶皂素、茶多酚的提取分离技术与应用研究，研制出茶皂素乳化剂、茶多酚食品抗氧化剂等产品；90年代茶天然产物分离纯化技术取得重要进展，产品纯度明显提高，从制备某一成分向同时系统制备多种成分发展。

“十一五”时期以来　中国园艺科研进入高质量发展阶段。园艺科研队伍人数增多、水平提升，研究团队实力增强，启动了国家现代农业产业技术体系建设和一系列国家重点项目，极大地促进了园艺科技的高速发展。

新品种选育方面，以提高商品品质、增加耐贮运性、多抗新型病害为主要目标，育成了一批优良园艺作物新品种，减少了对国外品种的依赖。育种技术研究发展迅速，如在国际上率先实现了甘蓝杂交制种由利用自交不亲和向利用雄性不育的变革；主要蔬菜、果树作物几乎所有重要性状都获得了分子标记，并用于育种辅助选择。基础研究快速进步，如中国申请获批果树方面的专利约2000项，中国果树学领域发表的国际刊物论文和高水平论文均仅次于美国，居世界第二位。2007年中国主导发起了黄瓜基因组测序计划，2009年在《自然－遗传学》期刊上发表了世界上第一个蔬菜作物基因组测序和分析的重要论文；此后，中国先后主导或参与完成了近 90 种园艺作物的基因组测序分析，在国际学术界产生了重大影响，标志着中国在园艺作物组学研究领域进入世界先进甚至领先的行列。国家茶树种质资源圃保存茶树种质资源 3700 多份，已成为世界上遗传多样性最丰富的茶树种质资源保存中心。通过对种质资源进行系统的鉴定评价，发掘出一批优异资源，优异资源的利用取得重要成效，选育出一批茶树优良品种。累计认（鉴）定国家级茶树品种 134 个，其中无性系茶树品种 117 个；省级审（认）定茶树品种 213 个，其中无性系茶树品种 175 个。

栽培技术方面，园艺作物生产中的化肥、农药“双减”技术获得明显成效；根据不同作物需肥规律、土壤供肥特性及其肥料效应，建立园艺作物大、中、微量及有益元素精准平衡施用技术，以及有机肥替代化肥综合增效技术、秸秆原位还田技术、交替轮作和共生间作栽培模式与技术等。系统揭示了土壤连作障碍高发的成因与规律，研发出了物理吸附和微生物降解消除土壤连作障碍自毒物质的关键技术，建立了高温 - 高湿 - 生物质耦联土传病菌消毒技术，构建了以障因消除、抗性增强、精准施肥为主要措施来减少土壤次生盐渍化的“三位一体”连作障碍防控技术体系。应用设施高采光、高蓄热、高保温设计的理论与方法，研制出新一代节能日光温室和新一代塑料大棚、设施高效双保温系统和高效蓄热系统，以及基于统一物联网平台的设施综合环境监测与调控系统。明确了主要设施蔬菜水肥需求规律，研发出多通道的水肥精量施用设备以及基于设施内环境、土壤水分和养分状况、蔬菜种类及生育阶段的水肥精准量化管理技术，实现了土壤 - 环境 - 作物在线监测与预警。食用菌工厂化生产模式普及并高速发展，实现了食用菌生产的机械化、周年化、标准化，颠覆了传统只依季节生产的农业模式。茶树栽培践行绿色发展理念，更加注重提质、适产与保护土壤质量相协调，先后提出老茶园更新改造技术、茶树密植高产栽培技术、提高名优茶产量和质量的茶树树冠培养技术、茶树设施栽培技术、遮阴栽培技术。在茶树营养方面提出不同生产模式茶园适宜氮素用量指标和氮磷钾配比、优质高产茶园的土壤肥力指标、低产低质茶园土壤综合治理技术，研制出茶树专用复混肥、复合肥、生物活性有机肥、控释专用肥。

机械化技术与装备研发方面，研制出整地、育苗、除草、灌溉、供肥、施药、采收等几乎全链条的机械装备，构建了部分园艺作物，特别是设施蔬菜的宜机化农艺方案。开展茶园机耕机采栽培模式的研究。21 世纪以来，重点研制突破名优茶做形机械，先后研制出扁形、条形、针形、卷曲形等名优茶加工机械，解决了名优茶不能机械化加工的难题。10 年代以来，大宗茶、名优茶加工机械和生产线走向自动化、智能化。

病虫害控制技术方面，在香蕉枯萎病抗病育种、柑橘黄龙病传播媒介柑橘木虱（亚洲种）线粒体全基因组测序及木虱种群流行学分析、桔小实蝇生物学生态学特性及种群动态与为害规律、苹果腐烂病发生规律及防治技术等方面取得明显进展。蔬菜病虫害生物防控上，首次发现了世界重大农业害虫烟粉虱通过水平基因转移方式获得植物源解毒酶基因 *BtPMaT1*，并利用该基因代谢植物中的有毒酚糖；还发现转基因番茄沉默 *BtPMaT1* 表达可以完全控制烟粉虱为害。针对长期难以解决的韭蛆防控问题，开发出高温覆膜防治技术。构建了小麦－麦长管蚜－烟蚜茧蜂和小麦－麦长管蚜－短翅蚜小蜂载体植物系统释放天敌防治蔬菜蚜虫新技术。

采后保鲜与加工技术研究方面，在重要园艺产品采后绿色防病保鲜、品质控制和贮藏物流技术研发上取得明显进展，研发了园艺产品安全快速检测技术及微生物防控技术，开发出果蔬中 260 种农药同时定性定量的快速检测方法，提高了检测效率。在明确主要病变、水渍化、褐变等诱因和机制的基础上，研发出相应的品质保持、保鲜、延长货架期技术，开发了鲜切花、鲜切菜、果脯、汁、醋、酒、脆片等多样化园艺加工产品。配合茶叶机械化，茶叶加工工艺向标准化、精准化方向发展。在茶叶新产品开发领域，先后研制出绿碎茶、低咖啡碱茶、超微绿茶粉、高 γ－氨基丁酸茶、冷泡茶等新产品。调味茶饮料的种类不断增加。茶饮料制备技术水平不断提高，研制出高香冷溶速溶茶、脱苦味速溶绿茶。茶天然产物制备由传统工艺向安全、绿色、高效方向发展，茶天然产物制备技术水平和产品品质大幅提高。

科研平台建设方面，中国现有细胞育种工程实验室、国家蔬菜工程中心、国家花卉工程中心、国家苹果工程中心、国家柑橘工程中心等国家园艺科研平台 5 个；有教育部系统园艺学科重点实验室 5 个；农业部组建的园艺方面的创新平台 24 个，其中园艺作物改良中心 7 个，重点实验室 17 个；国家级茶叶研究机构 2 家，省级茶叶研究所 14 家，另外还依托茶叶科研机构、涉茶高校建立国家茶产业工程技术中心、茶树生物学与资源利用全国重点实验室、国家茶树改良中心等国家级科技创新平台和一批省部级科技创新平台。这些平台的建设使中国园艺科技创新条件得到显著改善，创新能力得到大幅度提升，为今后进一步强化科技创新、支撑园艺产业发展奠定了坚实的基础。

发展趋势

世界园艺产业总量供需日趋平衡，生产规模日趋稳定，正在进入一个新的发展时期，优质化、多样化、绿色化、智能化是园艺产业总的发展趋势。①产业结构继续优化。各种形式的设施种植进一步发展，多种多样的栽培模式进一步增加，稀、特、优等特色资源进一步被挖掘利用，产品更加丰富多样。②产品质量持续提高。新品种和新技术的应用将显著改善产品的安全品质、感官品质和营养品质，园艺产品的保健功能和相关加工产品得到进一步开发。③生产的现代化水平快速提升。种植和收获机械化关键技术将取得突破，生产全程机械化水平迅速提高，基于大数据、信息技术和人工智能的智能作业、智能预警和智能管理系统在主要园艺作物生产中试验应用将加快，使生产效率和效益得到显著提升。④生产过程更加安全、绿色，并注重减少碳排放。水肥精准调控技术及产品将显著提高水分和营养利用效率，减少水和化肥的用量。精准可靠的病虫害预警技术和更加安全有效的生物防治技术将大幅度减少化学农药的施用。⑤产业功能进一步拓展。以园艺产品、园艺景观、园艺文化、园艺医疗及园艺体验等为载体和内涵的园艺观光游览、康养保健、度假休闲等业态蓬勃兴起。

园艺产业新的发展方向和目标对园艺科技提出了新的需求和挑战；同时，基础学科和相关学科在理论和技术上的进步也将有力推动园艺学的理论创新和技术革命。

在生物育种领域，越来越多的园艺作物完成了基因组测序和重测序，许多重要农艺性状的形成和调控机制得到解析，野生资源得到更加充分的开发利用。利用基因组学技术、基因编辑技术和转基因技术等现代生物育种技术，对与园艺作物产量、品质及抗性相关的主要性状进行精准、高效的改良，将为园艺生产不断提供新的突破性品种。在育种目标上，为满足园艺生产的需求，虽然高产、多抗、外观品质好、耐储运仍是重点，但是风味品质与营养品质将更加受到重视。园艺作物育种正向多样化方向发展。

在肥料营养管理研究领域，为实现园艺作物养分精准管理，将围绕精准化、智能化、自动化、机械化开展关键技术攻关，构建基于生长阶段与植株养分状况实时监测评价以及结合光照、气体、温度等环境因素的施用策略体系，以实现作物生长各阶段肥水供应与需求的精准同步，大幅提高肥水利用率。用于提高园区土壤健康质量的技术研发越来越深入，包括土壤健康指标与评价、高质量根层土壤的构建技术、土壤碳高效固存技术等，园区土壤养分管理技术趋向多元化融合发展。利用作物微生物组学和合成菌群学构建生态稳定的多菌种复合微生物肥料，以及通过互作信号调控增强微生物肥料在植物根际的定殖与作用效果，将是未来新的重要研究领域。

在生产机械化、智能化领域，园艺作物播种、移栽等环节已初步实现智能化应用，机器人用药、摘叶、收获等田间操作取得进展。未来的智能收获机械不仅能够精准采收，还能够通过集成视觉系统对产品的成熟度与病害进行判断，自动丢弃不符合产品要求的部分。在园艺生产智能管理与服务方面，深度神经网络与机器视觉等技术已开始广泛应用于园艺作物生长、田间生产、病虫害等的监测、预测研究中。基于大数据、云平台、互联网的区域生产管理技术与系统的研究也将日益深入。在设施结构与环境调控方面，设施结构主要追求采光、蓄热、保温性能的不断优化；环境调控主要研究如何提高能源利用效率、如何利用再生能源，以及调控过程智能化。园艺植物工厂技术进入快速发展阶段，进一步提高全智能化水平和降低成本是重要的研发目标。

在虫害防控技术方面，园艺作物害虫生物防治从利用单一种类天敌防治扩展到多天敌综合防治，包括蜜源植物、储蓄植物、驱避植物在内的功能多样性植物等生物因子对天敌昆虫控制害虫的促进作用将成为研究热点。国际上相继开发出一批结构新颖的绿色农药并投入使用。害虫病原微生物及作物根际叶际优势共生微生物拮抗剂的资源挖掘迅速兴起，以此为基础研发新型高效的精准靶标产品将成为未来园艺作物害虫生物防治的重要发展趋势。此外，还将通过深入研究害虫与寄主植物之间的互作关系开拓新的防治途径。在病害防控方面，将利用拮抗微生物、病原物的寄生物、交互保护作用、免疫诱抗剂、免疫蛋白制剂等技术进行绿色防控，以有效防治多种病害。基于农业微生物组学原理的病害绿色防控技术研究将成为热点，主要研究作物微生物组结构，解析作物－病害－微生物组的系统功能及其调控网络中的信息识别、解码、传递和控制过程，揭示在不同耕作制度和栽培条件下，土壤微生物组结构、功能与病害发生、成灾的关系及驱动机制；然后结合不同调控措施下微生物组结构、功能和病害动态演变特征及其与环境条件变化的关系，阐明微生物组调控病害消长的原理，研发定向调控作物微生物组结构和功能的生物防治新技术及微生物菌剂产品。

在保鲜加工领域，国际上主要研究园艺作物品质保持和提升以及高效智能化控制技术。例如，闪蒸浓缩、低温高速气流速冻、高温短时杀菌、无菌灌装等先进技术的研发和应用，提高了加工产品的品质，并逐步实现了高效智能化精准控制。在冷链技术研发方面，主要集中于品质保持的精准控制。在营养与健康研究方面，对果蔬产品摄入与疾病干预的研究成为热点。园艺产品－活性成分－生物功能之间的构效关系，营养活性物质干预靶向调控代谢性疾病的分子机制，果蔬膳食配方对人体健康的改善作用，以及开发基于活性物质的相关特医特膳食品和功能性产品等，将是重要的研究方向。

条目分类目录

说　明

1. 本目录供分类查检条目之用。

2. 目录中凡加〔××××〕的名称，仅为分类集合的提示词，并非条目名称。例如：〔果树生物技术育种〕〔蔬菜田间管理〕。

A

图2 阿月浑子的叶和果实

图1 矮牵牛

阿月浑子 pistachio; *Pistacia vera* 漆树科黄连木属落叶小乔木。俗称开心果。属坚果类果树。阿月浑子原产于中亚细亚，规模化生产主要集中在美国、伊朗、土耳其、叙利亚、希腊、意大利、澳大利亚、黎巴嫩等国家。中国新疆喀什地区有少量栽培。

形态特征 成年树高4～6米，枝干萌芽率高而成枝率低。主根极发达，侧根稀少。叶为奇数羽状复叶，小叶3～5片，多倒卵形，革质光亮。芽分为叶芽、雄花芽、雌花芽三类。花芽多着生于新梢的中、下部，雄花芽大而饱满，雌花芽多呈细圆锥状，叶芽小而细长。实生树雌、雄株比例约为1∶1。成年雌株大小年结实明显。雌、雄花序均属圆锥花序。在新疆喀什地区开花期为4月下旬至5月初，果实成熟期为8月底至9月上旬。

生长习性 阿月浑子抗寒、抗旱、耐贫瘠，喜光性强。夏季高温、干旱有利于种仁发育和增加坚果开裂度。阿月浑子在深厚的壤土或砂壤土上生长良好，地下水位4米以上时根系发育不良。新疆阿月浑子生产中除发生根茎腐烂病、螨类之外，尚未发现有其他病虫害。

栽培方法 阿月浑子多采用嫁接苗培垄栽植，株行距（4～5）米×（5～6）米，雌、雄株配置比例为（10～15）∶1。整枝

图3 阿月浑子的种仁

采用自然开心形或主干分层形。提倡滴灌，忌夏季大水漫灌和积水，以免根茎腐烂病发生。秋季施有机肥，生长期叶面追肥，病虫害综合防控。新疆产区果实采收主要采取人工用长杆打落方法，但提倡使用液压式震落机进行果实采收，并及时脱皮干燥。阿月浑子以销售带壳坚果和不带壳种仁为主。

用途 阿月浑子种仁含有丰富的脂肪、蛋白质、糖、灰分及多种维生素。种仁味道鲜美，具特有香味，可供鲜食、盐渍和炒食，广泛用于食品工业。

（李 疆）

图1 阿月浑子

矮牵牛 garden petunia; *Petunia hybrida* 茄科碧冬茄属多年生草本花卉。矮牵牛原产于南美洲的阿根廷，自1835年由W.赫伯特育成以后，1849年又出现重瓣矮牵牛品种，1876年通过自然突变育成四倍体大

图2 矮牵牛的叶

花矮牵牛系列。园艺品种极多。

花形有单瓣、重瓣，瓣缘皱褶或呈不规则锯齿等。花色有红、白、粉、紫及带斑点、网纹、条纹等。采用种子繁殖，属长日照植物，生长期要求阳光充足。在正常光照条件下，从播种至开花需100天左右。

图3 矮牵牛的花（红色）

图4 矮牵牛的花（白色）

图5 矮牵牛的花（粉色）

图6 矮牵牛的花（紫色带条纹）

矮牵牛属花坛花卉，广泛用于街旁美化和家庭装饰，常作一、二年生栽培，播种后当年可开花，花期长达数月。

（吕 彤）

安吉白茶 Anji white tea 原产于中国浙江省安吉县的绿茶。安吉白茶是中国国家地理标志保护产品。2020年，被列入中欧地理标志协定保护名录。

自然环境 安吉县地处浙江西北部天目山北麓，地形为西南和东南地势崛起，中部和东部低缓凹陷，三面环山，原始植被丰富，竹林茂密，森林覆盖率达70%以上。安吉属典型的亚热带季风性气候，气候温和，热量资源丰富，四季分明，雨量充沛，空气湿润，冬有寒潮，夏有伏旱。年平均气温16.1℃，无霜期295天左右。年平均降水量1509毫米，全年平均光照时数2005小时，空气相对湿度81%，大气负氧离子平均浓度达8000个/厘米^3。安吉县土地资源丰富，土地多为高山、丘陵

图1 安吉白茶

图2 安吉白茶茶汤

红壤，土层深厚，有机质含量达6%左右，土壤pH为4.3～6.5。

安吉县自然条件有利于茶树生长，有利于茶叶中氨基酸等含氮化合物与芳香物质的形成和积累，为安吉白茶香郁味鲜的品质奠定了基础。

加工工艺 加工工艺流程为：摊青→杀青→理条→初烘→摊凉回潮→复烘→整理。产品分为精品、特级、一级、二级4个等级。

品质特征 干茶外形条索紧结，形似凤羽，色如玉霜，光亮油润；香气鲜爽馥郁，具有兰花香，滋味鲜醇；汤色鹅黄，清澈明亮；叶底芽叶完整，叶白脉绿，堪为一绝。

（赖建红）

安祖花 flamingo flower; *Anthurium scherzerianum* 天南星科花烛属植物。安祖花原产于哥斯达黎加、危地马拉。要求高温多湿的栽培环境。20世纪60年代盛行于欧美各国，70年代末传入中国。荷兰、以色列、美国夏威夷是安祖花的主要栽培中心。

图1 安祖花

图2 安祖花的叶

图3 安祖花的花序和佛焰苞

高30～50厘米，直立。叶阔披针形，深绿色，革质。根略肉质，近无茎。叶自根颈抽出，单生，长圆状心形或卵圆形，纸质。单花顶生，佛焰苞蜡质，卵圆形，色彩丰富。肉穗花序扭曲呈螺旋状，花两性，花被具4裂片，雄蕊4。果实为浆果。几乎全年开花。园艺品种很多，花色丰富。稍喜光，忌夏季强光。温度高时停止生长，适宜温度为20～25℃。

安祖花花形独特，佛焰苞明艳华丽，花期长，叶形别致，观叶、观花俱佳，适于室内观赏栽培。

（王 雁）

澳蜡花 Geraldton wax; *Chamelaucium uncinatum* 桃金娘科风蜡花属多年生观赏花卉。又称蜡花、风蜡花、淘金彩梅、玉梅。澳蜡花原产于澳大利亚西部地区，是澳大利亚最重要的乡土野生木本花卉，也是澳大利亚主导性出口商品花卉。已广泛种植。除澳大利亚本土的昆士兰、西澳及南部地区外，以色列、墨西哥和美国南部等地也是其产地。中国于21世纪初引进种源，在云南昆明、玉溪，北京及上海均有少量栽培。此外，北京、上海、广州及香港等城市已有国产鲜切花供应。

多年速生常绿灌木，植株可高达10米左右。叶片为对生线形叶，似松针，四季常青。花形呈梅花状，花瓣蜡质有光泽，为粉红色或白色，花心紫色或金黄色。在15～35℃条件下生长最好，雨热同期的地

图1 澳蜡花

图 2　澳蜡花的叶

图 3　澳蜡花的花

区生长最旺。耐旱，耐瘠薄，适应性强。能耐 −3℃的低温和40℃的高温，在严寒地区可在温室大面积栽培；但不耐霜冻。霜使花和花芽受冻，从而影响花的质量，霜冻还可能导致幼苗死亡。一般采用播种繁殖和无性繁殖。

澳蜡花多用于切花，是国际知名的切花和盆花材料，在国际市场上非常受欢迎，年需求量巨大，是欧洲销售量前20位的植物品种之一。产量高，瓶插期长，特别适合作为插花或花束的填充，以及盆花家庭栽培。　（张敬丽　刘云礼）

澳洲坚果　macadamia nut; *Macadamia integrifolia*　山龙眼科澳洲坚果属常绿乔木果树。又称夏威夷果、澳洲核桃、昆士兰坚果。澳洲坚果属仅两种可供食用，即光壳种（*M. integrifolia*）和粗壳种（*M. tetraphylla*）。

起源与分布　澳洲坚果原产于澳大利亚昆士兰东南海岸雨林和新南威尔士北部河谷地带。1857年被发现并命名；1858年首次人工种植成功；1881年传入夏威夷，当地于20世纪40年代末率先发展澳洲坚果；60年代，澳大利亚开始发展。中国于1910年引种实生苗，1979年中国热带农业科学院从澳大利亚引进基霍（Keauhou）等

图 1　澳洲坚果

图 2　澳洲坚果的果实

图 3　澳洲坚果的种子

9个品种，80年代末开始发展种植。2016年，世界上有30多个国家或地区栽种澳洲坚果，总面积约33万公顷，带壳果产量约15万吨。中国种植面积约16万公顷，主要分布在滇、桂、粤、黔等省（自治区）的热带、南亚热带区域。澳洲坚果最大的生产地和消费市场是中国，其次是澳大利亚、南非、美国、巴西、肯尼亚、哥斯达黎加、危地马拉等国家。因适于栽培地区有限，产量供不应求，价格比较昂贵。

形态特征　澳洲坚果树冠幅高达18米、宽15米，经济寿命40～60年。主根不发达，侧根庞大，约70%的根系集中分布在0～40厘米土层。主干直立，分枝较多，树皮粗糙，木质坚硬。叶3～4片轮生，革质有光泽，窄椭圆形或披针形，叶全缘或有坚硬小齿。叶片主脉、侧脉和细网脉明显可见。总状花序腋生悬垂，花乳白色或淡紫色，有香气。花序轴长100～300毫米，着生100～300朵小花，成对或三四朵为一组规律间隔排列。果实绿色，圆球形，顶部有或无乳状突起。种子浅棕色，圆球形，种壳坚硬，种仁乳白色。

栽培方法　栽培以优良品种嫁接苗为主，扦插苗亦可。以澳洲坚果实生苗作砧木，常用劈接法或切接法嫁接繁殖。选择土层深厚、排水良好、无台风和霜冻的地域种植。株距4～6米、行距5～8米。品种混栽，以保证授粉。一般定植3～4年结果，通常每年3月开花，9～10月果实成熟掉落，人工或机械收捡。

主要用途　澳洲坚果食用部分为果仁。果仁营养丰富。每100克干果仁含油量高达78%（不饱和脂肪酸占84%），碳水化合物和蛋白质含量分别达13.38%和7.79%，亦含钙、磷、铁、锌、钠、硒等多种矿质营养，以及维生素B_1、维生素

图 4　澳洲坚果栽培以优良品种嫁接苗为主

B_2、维生素B_3、维生素B_5、维生素B_6和维生素B_9等6种B族维生素。不含胆固醇，长期食用具有预防心血管疾病、改善内分泌和益智等功效。果仁可生吃、加工或榨油。烤制品风味颇佳，带奶油香味，常作小吃，也作烹调或食品加工的配料。油质清香、熔点低，属高级食用油，可用作美容化妆品。　（陆超忠　杨为海）

B

图2　八角金盘的叶

图4　八角金盘的果实

八宝盖碗茶　eight-treasure tea　将茉莉花茶、冰糖、红枣、芝麻、枸杞、桂圆肉、核桃仁、葡萄干等一起放在盖碗杯里冲泡出来的茶饮。八宝盖碗茶源于中国唐代。当时人们受阿拉伯等地吃甜食习惯的影响，逐步形成自己的饮茶习惯——喝糖茶。八宝盖碗茶能驱寒健胃、提气补益、明目清心，是很好的养生饮料之一。

“客人远至，盖碗先上”，八宝盖碗茶是回族待客的最高礼节。泡盖碗茶要当着客人的面将盖碗揭开，先用开水温一下碗，再放入茶叶及配料，然后冲水加盖。泡茶时间一般为2～3分钟，泡好后双手端送给客人。回族喝八宝盖碗茶时有许多讲究：喝时用左手拿起杯托，右手拿着盖轻轻“刮”几下，刮一下喝一口，不能取掉上面的盖子，也不能用嘴吹漂在水面的茶料，正如俗语所说“吃油香要掰，喝盖碗茶要刮”。一刮甜，二刮香，三刮茶露变清汤。每刮一次后，把盖子盖得稍微倾斜一些，一口一口地慢饮。如果喝完一碗还想再喝，则要留一点茶水在碗底，主人便会继续倒水；如果不想再喝，则把茶水喝干，或拿起碗里泡的红枣、桂圆吃，或用手把碗口捂一下，主人便不再继续倒水了。（段文华）

八角金盘　Japanese fatsia; *Fatsia japonica*　五加科八角金盘属常绿灌木。又称五加皮。八角金盘原产于日本暖地近海的山中林间。中国早年引种，后来广泛栽培于长江以南地区作为城市绿化和庭园观赏植物，江南一带和台湾地区尤多。

图1　八角金盘

茎高达4～5米，常数干丛生。叶掌状7～9裂，径20～40厘米，基部心形或截形，裂片卵状长椭圆形，缘有齿，表面有光泽，叶基部膨大，无托叶，叶柄长10～30厘米。花两性或杂性，多个伞形花序形成顶生圆锥花序，花朵小，白色。果实近球形，黑色，肉质，径约0.8厘米。花期11月，果期翌年4～5月。

栽培变型有白边八角金盘（f. *albamarginata*）、黄斑八角金盘（f. *aureovariegata*）、白斑八角金盘（f. *variegata*）、波缘八角金盘（f. *undulata*）。亚热带树种，喜阴湿温暖气候，不耐干旱，不耐严寒，以排水良好且肥沃的微酸性土壤为宜，中性土壤亦能适应。萌蘖力尚强。以扦插繁殖为主，亦可播种和分株。扦插行于3～4月。以砂土作基质，选2～3年生枝近基部剪下，截成15厘米长，插入土中2/3，按实紧压，充分浇水，经常保持土壤湿润。插穗先萌芽，后发根，约有1个月假活期，须搭棚遮阴，加强管理，成活率较高。6～7月扦插，发根快，但管理难度大。播种繁殖在4月下旬进行，种子采收后堆放后熟，用水洗净，稍阴干即可播种，出苗率高。如不能当年播种，须拌沙层积，低温贮藏。播前应先搭好荫棚，播后1个月左右发芽出土，及时揭草，保持床土湿润。入冬后幼苗须防寒，留床一年或分栽培大。培育地应选择庇荫且湿润之处，在旷地栽培须搭荫棚。移植在翌年3～4月进行，须带泥球。在栽培中，不供采种的植株开花后要及时剪除花梗，以减少养分消耗。八角金盘也可盆栽，冬季室温保持在5℃以上，如达不到，则须放入温室越冬。

图3　八角金盘的花序

八角金盘绿叶扶疏，托以长柄，状似金盘，为重要的阴生观叶树种。适于配植在庭前、门旁、窗边、墙隅及城市高架桥下、建筑物背阴面。点缀在溪流跌水之旁、池畔桥头树下，亦幽趣横生。若在草坪边缘、林地之下成片群植，尤为引人入胜。对二氧化硫抗性较强，可供厂矿等处用作绿化；亦可盆栽供室内观赏。（陈发棣）

八仙花　hydrangeas; *Hydrangea* spp.　八仙花科八仙花属观赏植物的统称。八仙花属有200多种，主要分布于亚洲和美洲。中国有46种10变种，主要分布在西南部至东南部各地。

形态特征　常绿或落叶亚灌木、灌木或小乔木，少数为木质藤本或藤状灌木。叶2片对生。顶生伞形状聚伞花序、伞房状聚伞花序或圆锥状聚伞花序。具有二型花，包括装饰花和可孕花。生于花序外侧的装饰花2～5片，分离，没有花瓣和雄蕊，萼片花瓣状，具有长柄，花大。生于花序内侧的可孕花较小，花瓣4～5片，镊合状分离排列，花萼筒与子房贴生，雄蕊10～25枚，子房上位或完全下位，2～5室，胚珠生于子房室的内侧，多数；花柱2～4个，少有5个，分离或基部连合，具顶生或内斜的柱头，宿存。蒴果2～5室，种子多数，极其细小，种皮具脉纹膜质。

花型分类　不同品种的八仙花具有不同的花色、花型、开花习性等。八仙花的花型分为四类：第一类是花序中间为可育花、周围为装饰花的蕾丝边八仙花花型。

第二类是花序全部为装饰花的绣球花花型。蕾丝边八仙花花型更原始，绣球花花型是蕾丝边八仙花花型变异的结果。第三类是圆锥绣球花花型。第四类是蕾丝边圆锥八仙花花型。

图1 蕾丝边八仙花花型

图2 绣球花花型

图3 圆锥绣球花花型

图4 蕾丝边圆锥八仙花花型

品种群 八仙花属中常用观赏种类有以下品种群：①大叶八仙花（*H.macrophylla*）。该品种群有大量品种，花色有白、粉、蓝、紫、红等，伞房状聚伞花序全部为装饰花。能够耐－12℃的低温。存在新枝和老枝开花两类品种，最新培育的无尽夏品种可以实现新枝和老枝都开花。在冬季比较寒冷的地区往往地上部分受冻，因此仅老枝能开花的品种不能露地栽培。该品种群的花色受土壤pH的影响，在碱性条件下呈粉色，在酸性条件下呈蓝色。②圆锥八仙花（*H. paniculata*）。花色有白色及粉色，圆锥状聚伞花序。能够耐－36℃的低温。新枝开花，因此不怕冬季受冻。喜全日照，花色不受土壤pH的影响。③乔木八仙花（*H.arborescens*）。花色白色或粉红色。能够耐－36℃的低温。该品种群能够在当年新枝上开花，所以在冬季或早春修剪时可以把整株平茬；即使冬季地上部受冻，也不会影响第二年正常开花。④栎叶八仙花（*H.quercifolia*）。花色白色。原产于北美洲，能够耐－24℃的低温。⑤粗齿八仙花（*H. serrata*）。花色有白、粉红、蓝、紫色。能够耐－12℃的低温。花型为蕾丝边八仙花花型。⑥重瓣八仙花。花色有白、粉红、蓝、紫色。能够耐－8℃的低温。

用途 八仙花可以作盆花、切花栽培，亦可应用于园林绿地中的八仙花专类园或八仙花花境。

（吕 彤）

图5 圆锥八仙花

图6 八仙花盆花

巴达大茶树 Bada Dachashu 原生长于中国云南省勐海县贺松乡巴达村大黑山海拔1960米次生原始森林中的**野生茶树**。属大理茶（*Camellia taliensis*），野生型，乔木。1962年2月由云南省科技人员张顺高、刘献荣发现，当时测量树高32.1米。1967年被狂风折断，树高变为23.6米，树幅8.8米×8.2米，基部干径100厘米，最低分枝高0.8米，从根颈部生成5个分枝。芽叶黄绿带微紫色，无毛。大叶平均叶长宽14.7厘米×6.4厘米，叶色绿，叶身平，叶面平，叶尖渐尖，叶缘下部1/3～1/2无齿，叶脉11～12对。萼片5～6片，无毛。花大，花冠直径6.6～7.1厘米，花瓣11～14枚，花瓣颜色白色现黄晕或红晕，子房多毛、5室，花柱长1.5～2.1厘米，柱头5浅裂。2012年9月，因树干朽空倒塌而死亡。

（马春雷）

巴南银针茶 Banan Yinzhen tea 产于中国重庆市巴南区白象山生态茶园的**绿茶**。清末，曾国藩走访故交途经渝中，闻此茶味醇、香浓，形似银针，刚直不阿，但无"名"，遂登山拜饮，赞不绝口，仰首叹道"天下有定心，我心存止水"，由此定名"定心巴渝银针"。20世纪80年代，在众多茶叶专家的指导下，以巴渝特早茶鲜叶为原料，恢复试制了定心巴渝银针。因茶叶基地建在风景秀丽的重庆市巴南区，故又将其命名为巴南银针。

地理环境 巴南区位于重庆市主城区南部，位于东经106°30′、北纬29°24′。属亚热带湿润气候，四季分明，春早秋迟，夏热冬暖；初夏有梅雨，盛夏多伏旱，秋季有绵雨，冬季多云雾；霜雪甚少，无霜期长，日照少，风力小，湿度大；年均气温18.5℃，年均降水量1187毫米，年均雾日37.4天，年均日照1168.9小时，年均相对湿度81%，年均无霜期351天。土壤类型有水稻土、紫色土、荧壤土、潮土等，以黄壤类型为主，pH在5.0～5.5。

加工工艺 巴南银针茶原料以**巴渝特早**和**福鼎大白茶**等中小叶品种为主，分为单芽、雨水、明前、特级4个等级。单芽以春茶第一批芽头为原料，其余级别以清明节前采摘的芽头和一芽一叶初展鲜叶为原料。

巴南银针茶传统加工方法是手工制作，采用拓、抖、抓、推、捺、磨、压等十几种手法反复炒制而成，但因手工制作数量少，不能满足市场需求，后改为机制生产。其机制工艺为：鲜叶摊放→杀青→揉捻→脱水→理条提毫→烘干→精制→提香。①鲜叶摊放。鲜叶采回后薄摊于专用不锈钢网上，定时鼓风，摊放4～8小时，其间应进行轻翻，使叶子失水均匀，到叶子除去部分青气略有清香时进行杀青。②杀青。采用小型名优茶滚筒杀青机（一般为40型），采用“高档叶老杀，中档叶嫩杀”原则，温度150℃，时间2.5～3.5分钟，杀青叶应达到显露清香，富有弹性。③揉捻。采用小型名优茶揉捻机进行，按“先轻压、中重压、后轻压”的加压原则，揉捻时间为10～15分钟。④脱水。采用小型名优茶烘干机脱水，温度为100±10℃，至含水量为20%～30%时结束。⑤理条提毫。采用往复式振动理条机理条，温度为100～110℃，时间15～20分钟，至茶条挺直、稍有利手感时结束。⑥烘干。采用名茶烘干机烘干，温度80℃，烘至九成干。⑦精制。采用筛分、色选、拣剔和拼配定级等方法进行精制。⑧提香。采用名茶提香机提香，温度120℃，待手捻茶条成粉末（含水量约为6.0%）时起锅摊凉，密封包装放入2～9℃恒温冷库保存。

品质特征 巴南银针茶外形紧秀挺直，色泽绿润披毫；汤色绿亮，香气清香鲜浓，滋味鲜醇；叶底嫩绿匀整。

（童华荣）

巴渝特早 Bayutezao; *Camellia sinensis* cv. *Bayutezao* 由中国重庆市农业技术推广总站于1975～2004年从福鼎大白茶群体种中采用单株育种法育成的茶树无性系品种。又称福选9号。2005年由重庆市农作物品种审定委员会审定为茶树市级品种。在重庆市、四川省有大面积种植。

无性系，小乔木型，中叶类，特早生种。植株较高大，树姿半开张，分枝较密。叶片呈上斜状着生，椭圆形，叶色深绿，叶面微隆，叶身内折，叶缘微波，叶尖渐尖，叶齿较深，叶质较硬。萼片5枚、无毛，花瓣白色、6～7瓣，子房茸毛中等，花柱3浅裂。结实性弱。

巴渝特早是适制绿茶的茶树优良品种。在重庆种植区，一芽三叶期在3月上旬。芽叶生育力强，绿色，茸毛较多，产量高。花香明显高锐，滋味鲜爽浓醇，品质优。抗寒性强。

（成 浩）

白菜 Chinese cabbage; *Brassica campestris* 十字花科芸薹属一、二年生草本植物。以柔嫩的叶球、莲座叶或花茎供食用，是重要的蔬菜。白菜原产于地中海沿岸和中国，除中国种植面积最大外，日本、朝鲜、韩国及东南亚国家种植较多，欧、美各国也有种植。包括结球和不结球两大类群。由芸薹（*Brassica campestris*）演变而来。中国人常说的“白菜”指大白菜和普通白菜，分别属于芸薹的两个亚种。古名“菘”，最早见于4世纪初晋郭璞的《方言注》。

形态和类型 根为浅根系，主根粗大，侧根发达，水平分布。营养生长时期茎为短缩茎；生殖生长时期短缩茎顶端抽生花茎，分枝1～3次，花茎淡绿至绿色。除薹用和分蘖类型外，腋芽不发达。叶片有毛或无毛，形态变异丰富，着生于短缩茎或花茎上，叶色黄绿、灰绿、浅绿至深

图1 白菜

图2 白菜的根

图3 白菜的叶

图4 白菜的花

图5 白菜的果实

绿、紫红色等。总状花序，虫媒花，完全花；花萼、花瓣均为4枚，十字形排列；花冠黄白、淡黄至深黄色；4强雄蕊（共6枚雄蕊，其中2枚退化），雌蕊1枚。果实为长角果，成熟时易开裂。种子球形，微扁，有纵凹纹，红褐色至深褐色，少数黄色，无胚乳，千粒重2.0～4.0克。常温下种子使用年限为2～3年。

结球白菜 结球白菜（*B. campestris* ssp. *pekinensis*）又称大白菜、黄芽菜。根据叶球抱合程度，主要分为4个变种：①散叶变种（var. *dissoluta*）。叶片披张，不形成叶球。生产上已淘汰。②半结球变种（var. *infacta*）。叶球松散，球顶开放，呈半结

球状态。生产上也已淘汰。③花心变种（var. *laxa*）。球叶以裥褶方式抱合成叶球，但叶球顶不闭合，叶片顶端向外翻卷。④结球变种（var. *cephalata*）。是结球白菜进化的高级类型，球叶抱合形成坚实的叶球，球顶钝尖或圆，闭合或近于闭合。叶球一般有卵圆型、平头型、直筒型。

图6 结球白菜

不结球白菜 不结球白菜（*B. campestris* ssp. *chinensis*）的叶有明显的叶柄，无叶翅。不形成叶球。有5个变种：①普通白菜（var. *communis*）。又称小白菜或青菜，据叶柄颜色可分为青梗和白梗两种类型。②塌菜（var. *rosularis*）。分为塌地类型和半塌地类型。③菜薹。包括菜心（var. *parachinensis*）和紫菜薹（var. *purpurea*）两个变种。④薹菜（var. *taitsai*）。分为圆叶薹菜和花叶薹菜。⑤分蘖白菜（var. *multiceps*）。又称多头菜。

图7 不结球白菜

生长习性 喜凉爽、湿润的气候条件，适宜在水分充足、肥沃的土壤中生长。完成世代交替需要低温通过春化阶段，萌动种子或绿体植株经过一定时期15℃以下的低温通过春化。在长日照及较高温度条件下抽薹、开花，但不同品种对温度和长日照的要求有差异。

栽培 结球白菜生长适温为12～22℃，高于25℃时生长不良，10℃以下生长缓慢，5℃以下生长停顿，在−7～−5℃的持续低温下受冻害。春、夏、秋季种植所需品种不同。品种类型丰富，从大棵型到小棵型均有。直播或育苗移栽均可。种植密度1500～3000株/亩。一般早熟种比中、晚熟品种稍密。移栽适宜苗龄为15～20天。施肥时有机肥和无机肥配合使用。有机肥和磷肥主要作基肥施入，无机肥和速效有机肥作追肥。生长期追肥3～4次，重点施肥期在莲座末期至结球初期。生长期土壤水分以维持田间持水量的80%～90%为宜，收获前几天停止浇水，有利于提高耐贮性。

普通白菜生长适温为15～20℃，较耐寒，−3～−2℃下能安全越冬。普通白菜对低温的感应性因品种而异，春、夏、秋季均有适宜种植的品种。塌菜一般能耐−10～−8℃低温，但耐热性较弱。菜心对温度的适应范围广，在10～30℃条件下生长良好；紫菜薹适于在10～20℃下生长，要求较强的光照强度。薹菜耐寒性最强，生长适温为10～20℃，在25℃以上的高温及干燥条件下生长衰弱，易发生病害。白菜病害以病毒病、霜霉病和软腐病为害严重，此外还有根肿病、干烧心病、白斑病、黑斑病、黑腐病、炭疽病、菌核病等。主要虫害有蚜虫、菜青虫、小菜蛾、小地老虎等，南方还有黄条跳甲、菜螟等害虫。

用途 结球白菜以叶球为产品器官，产量高且适于长期贮藏，是中国北方冬季和早春的主要蔬菜之一。结球白菜中含有较多的维生素C和钙、磷，还含有少量的胡萝卜素、铁、粗纤维、脂肪、蛋白质等。品质柔嫩，宜于炒食、煮食及生食，并可做馅及加工成酸菜、腌菜等。

普通白菜以绿叶为产品器官，因类型和品种繁多、适应性广、生长期短、高产且省工易种而在蔬菜周年生产供应上具有重要地位。营养丰富，维生素A、维生素B、维生素C以及钙和铁的含量比结球白菜高，鲜食、腌渍皆宜。菜心以菜薹为食用器官，是华南的特产蔬菜，在广东、广西栽培历史悠久，品种资源丰富，一年四季均可栽培。乌塌菜以深绿色叶片为食用器官，主要分布在长江流域，以秋冬季栽培为主；叶片中叶绿素含量较高，较耐低温，遇霜雪后味道更美。薹菜以嫩叶、叶柄、嫩茎和肉质根为食用器官，主要分布在黄淮流域。（申书兴）

白茶 white tea 由中国茶农创制的传统名茶。属轻微发酵茶。六大茶类之一，为中国所特有，由宋代绿茶三色细芽、银丝水芽演变而来。

主要种类 传统白茶主要包括白毫银针、白牡丹、贡眉、寿眉等，主产于福建福鼎、政和、松溪和云南景谷等地。新白茶于19世纪70年代研制成功，是采用新工艺制作的白茶，主产于福建福鼎、广西桂林、江西上饶等地，代表产品有太姥银针、漓江春白茶、月牙白茶、仙台大白等。根据白茶原料嫩度和外形特点，白茶主要分为白芽茶和白叶茶两类。

白毫银针

加工工艺 新白茶的加工工艺与传统白茶类似，但在萎凋后须经轻度揉捻处理，促进部分细胞组织破碎，以提高产品香气和滋味浓度。白茶加工工艺类似于绿茶，主要包括采摘、萎凋、干燥等加工工序。①采摘。采摘一芽一叶初展鲜叶，做到早采、嫩采、勤采、净采。芽叶成朵，大小均匀，留柄要短。②萎凋。主要有室内自然萎凋、复式萎凋（自然萎凋加日光萎凋）、加温萎凋等方式，可根据气候条件灵活掌握萎凋方式。就品质而言，春秋季节晴天时以室内萎凋或复式萎凋为最佳。具体操作时，将鲜叶均匀摊放于洁净竹筛上，摊放厚度1～2厘米，随后在通风透光的室内进行自然萎凋，或置于微弱阳光下进行日光轻晒（复式萎凋）。萎凋过程应尽量少翻，免受机械损伤。当鲜叶达七八成干时，采用室内自然萎凋或复式萎凋作业的样品应进行并筛处理。萎凋时间一般为10～40小时，至含水率20%左右，叶张色泽由浅绿转灰绿或暗绿、嫩梢呈“翘尾”状、叶张垂卷，青气消失、茶香溢出为适度。③干燥。以烘干为主，分两次进行。初烘温度100～120℃，历时10分钟左右，烘至含水率10%～12%；初烘叶应进行摊晾处理，摊晾时间15分钟左右；复烘温度80～90℃，烘至足干。

品质特征 成品茶外形芽毫完整，满身披毫，色白隐绿，毫香清鲜；汤色黄亮、浅淡，滋味鲜醇回甘，透毫香；叶底嫩匀。白茶性清凉，具有退热降火之功效。

（袁海波）

白茶初制 white tea primary processing 鲜叶经萎凋、干燥两道工序制成白茶毛茶的过程。又称白茶初加工。

加工类型 白茶属轻微发酵茶，萎凋是形成白茶品质的关键工序。伴随着长时间的萎凋，鲜叶发生一系列的化学变化，形成干茶色白隐绿，毫香显，汤色杏黄明亮，滋味甘醇爽口的品质特征。按照鲜叶采摘标准和加工工艺分为白毫银针、白牡丹、贡眉和寿眉等花色种类。

加工工艺 基本工艺有两种：①全萎凋，即全程自然萎凋至干燥。②半萎凋，即将鲜叶萎凋至七八成干，然后烘焙（干燥）至足干。

萎凋 其目的是通过长时间的萎凋，以蒸发鲜叶水分，提高细胞膜透性和酶活性，促进叶片内含物发生缓慢的水解和氧化作用，挥发青草气，发展茶香，形成白茶的品质。萎凋方式主要有室内自然萎凋、复式萎凋和加温萎凋三种。白茶萎凋历时较长，一般室内自然萎凋历时48～60小时，不宜超过72小时；热风萎凋20～36小时。

烘焙（干燥） 其目的一是通过高温烘焙，破坏酶活性，终止酶促氧化，固定烘焙前形成的色香味品质；二是去除水分，紧缩茶条，促使内含物发生转化，发展白茶品质。方法有烘干机烘焙和焙笼烘焙两种。烘焙适度指标：手捻茶叶呈粉末，茎梗一折即断，含水率在6%以下。

（林 智）

白茶品饮 white tea savoring 一种白茶饮茶方式。白茶属于不炒不揉，轻微发酵的茶叶。主产于中国福建福鼎、政和等地，基本工艺过程是萎凋、晒干或烘干。白茶常选用芽叶上茸毛多的品种制作，干燥后的成品茶满披白色茸毛。白茶有芽茶和叶茶之分，单芽制成的称为银针，叶片制成的称为寿眉，芽叶不分离制成的称为白牡丹。白茶品质特征为芽叶壮嫩，形态自然，白毫满披，汤色浅杏黄，滋味清鲜爽口，香气清芬。

白茶的品饮方法较多，主要有杯泡法、盖碗法、壶泡法、大壶法和煮饮法。①杯泡法。适合一人独饮。取3～5克白茶投入200毫升瓷杯或玻璃杯中，先用约90℃开水温润泡闻茶香，再用开水直接冲泡白茶，冲泡时间根据个人口感自由掌握。②盖碗法。适合二人对饮。取3克福鼎白茶投入盖碗，用90℃开水洗茶温润闻香。之后的泡法类似工夫茶，第一泡30～45秒，以后依次递减，该方法品饮能品到白茶的清新口感。③壶泡法。适合三五人雅聚。宜使用大肚紫砂壶茶具或大容量飘逸杯，取5～6克福鼎白茶投入其中，用约90℃开水洗茶温润闻香，45秒后即可品饮，特点是毫香醇厚。④大壶法。适合群体共饮和长时间饮用。取10～15克白茶投入大瓶瓷壶中，用90～100℃开水直接冲泡，喝完续水。白茶具有耐泡、长时间搁置口感依然淡雅醇香的特点，可从早喝到晚，适合作为夏天家庭消暑用茶。⑤煮饮法。适合保健用途。取10克陈3年以上的陈年老白茶，用清水煮3分钟形成浓汁，滤出茶水，待凉至70℃时添加大块冰糖或蜂蜜趁热饮用。常用于治疗嗓子发炎、水土不服和退烧，口感醇厚奇特。夏天冰镇后饮用别有一番风味。

（周智修）

白毫乌龙茶 Pekoe oolong tea 产于中国台湾地区的半发酵青茶。又称东方美人、椪风乌龙茶、膨风茶。为中国台湾地区名茶。白毫乌龙茶之名因其外观白毫显著而来，是半发酵青茶中发酵程度最高的茶品。一般的发酵度为60%，也有些多达75%～85%。主要产地在中国台湾地区的新竹、苗栗一带，台北坪林、石碇一带亦是新兴产区。

原料采摘 原料采摘主要品种为青心大冇，尤以茶小绿叶蝉叮咬为害后采制的为上品。一般在谷雨到端午期间采摘的质量最优。选用一芽一叶或一芽二叶之幼嫩芽叶制作，且必须用手采。采摘心芽肥大具白毫者佳。越高级的白毫乌龙茶，外观白毫越多，如果茶青原料太老，通常显现不出心芽白毫。

加工工艺 制作工艺与闽北乌龙茶相似，选用一芽一叶或一芽二叶的鲜叶作原料，通过重萎凋、重摇青与热化学发酵等过程有效地利用和控制酶的活性，形成其独特的品质风格。白毫乌龙茶的加工工艺流程为：鲜叶采摘→日光萎凋或热风萎凋→晾青→摇青→炒青→热化学发酵→造形→干燥。

品质特征 成品茶外观白毫肥大，一心两叶，自然弯曲，红、黄、白三色相间，不讲究条索。因成品茶显白毫，于乌龙茶中为少见，故称为白毫乌龙。其汤色黄红如琥珀，有果味香，茶汤入口滋味浓厚，甘醇而不生涩，过喉徐徐生津，滋味甜醇。也由于冷热饮皆宜，待茶汤稍冷时，滴入一点白兰地等浓厚的好酒，可使茶味更加浓醇，而以此被誉为“香槟乌龙”。

典型的白毫乌龙茶品质特征应香气带有明显的天然熟果香，滋味具蜂蜜般的甘甜后韵，外观艳丽多彩，形状自然卷缩宛如花朵，泡出来的茶汤呈鲜艳的琥珀色。其品质比较趋近于红茶，而介于冻顶乌龙茶及红茶之间。由于白毫乌龙茶是半发酵茶类当中发酵程度最深的一种茶类，所以品质不同于轻发酵茶类，如文山包种茶，很容易带有一种令人不快的“生青臭味”。又由于白毫乌龙茶需以低温炒青和较低温干燥，通常不做再加热烘焙处理，因此不会像冻顶乌龙茶带有明显的焙火韵味。

（江用文）

白桦 Asian white birch; *Betula platyphylla* 桦木科桦木属乔木。白桦产于中国东北、华北、河南、陕西、宁夏、甘肃、青海、四川、云南、西藏东南部。

图1 白桦

高可达27米。树皮灰白色，分层剥裂。枝条暗灰色或暗褐色，无毛。小枝暗灰色或褐色，无毛亦无树脂腺体，疏被毛和疏生树脂腺体。叶厚纸质，三角状卵形、菱形，顶端锐尖、渐尖，基部截形，边缘具重锯齿。叶柄细瘦，无毛。果序单生，圆

图2 白桦的茎

图3 白桦的叶

柱形或矩圆状圆柱形，下垂，长2～5厘米，直径6～14毫米。序梗细瘦，长1～2.5厘米，密被短柔毛，成熟后近无毛。果苞长5～7毫米，背面密被短柔毛，至成熟时毛渐脱落，边缘具短纤毛，基部楔形或宽楔形，中裂片三角状卵形，顶端渐尖或钝，侧裂片卵形或近圆形，直立、斜展至向下弯。小坚果狭矩圆形、矩圆形或卵形，长1.5～3毫米，宽1～1.5毫米，背面疏被短柔毛，膜质翅较果长约1/3。

适应性强，分布甚广，尤喜湿润土壤，为次生林的先锋树种。

木材可供一般建筑及制作器具之用，树皮可提桦油，在民间白桦皮常用以编制

图4 白桦的果序

图5 白桦的果实

日用器具。本种易栽培，可为庭园树种。

（包满珠　傅小鹏）

白鹃梅　common pearl-bush; *Exochorda racemosa*　蔷薇科白鹃梅属灌木。白鹃梅分布于中国江苏、浙江、江西、湖南、湖北等地。

高3～5米。全株无毛。单叶互生，叶片椭圆形或倒卵状椭圆形，长3.5～6.5厘米，宽1.5～3.5厘米，先端钝或具短尖，基部楔形或宽楔形，全缘或上部有钝锯齿，背面粉蓝色。花白色，6～10朵成顶生总状花序，花直径2.5～3.5厘米。苞片小，宽披针形。萼筒浅钟状，萼片宽三角形。

图1 白鹃梅的茎

图2 白鹃梅的枝

花瓣倒卵形，先端钝，基部有短爪。雄蕊15～20枚，3～4枚一束，着生在花盘边缘，与花瓣对生。蒴果倒卵形，具5棱，熟时5瓣裂，每瓣具1～2粒有翅种子。花期4～

图3 白鹃梅的叶

图4 白鹃梅的花

图5 白鹃梅的果实

5月，果期8～9月。

白鹃梅性强健，喜光，耐半阴。喜肥沃、深厚土壤。耐寒性颇强，在北京可露地越冬。宜作基础栽植，或于草地边缘、林缘路边丛植。其花蕾连带嫩梢具有较高的营养价值，是一种健康的森林蔬菜。

（于晓南）

白毛茶　Baimao tea　产于中国广西壮族自治区贺州市的条形**炒青绿茶**。原产于中国广西壮族自治区贺州市开山镇萌渚岭山脉的庙塘冲、高田冲、寨岩冲、公胆冲一带。开山镇为典型的高寒山区，山高林密，是长江支流流域水系和珠江流域水系的分水岭，属高含银量多矿床地带，平均海拔890米，以山地为主。全年气候温和，水源充足，年均气温17.3℃，年均降水量1823.1毫米，全年无霜期305天，土壤类型及气候条件适宜发展茶叶生产。开山白毛茶的茶园位于海拔1000米以上，三面环山，一年四季云雾缭绕，冬暖夏凉。

一般清明前三四天嫩梢长到一芽至二叶初展时采摘，采一芽一叶或一芽二叶。经摊放→杀青→揉捻→炒干→搓条提毫→足火等加工工艺制作而成。开山白毛茶分特级、一至六级。外形条索紧细、匀整，呈螺形卷曲，银绿隐翠，白毫显露；汤色黄绿清澈，叶底嫩黄匀整，香气清醇持久，滋味浓爽回甘。主销中国广西壮族自治区。

（韦静峰）

白牡丹茶　White Peony tea　主产于中国福建省北部和东部地区，包括宁德市的福鼎、柘荣、福安，南平市的政和、建阳、松溪等地的**白茶**。中国六大茶类之一白茶中的一个品类。以大白、福鼎大毫茶或福建水仙等茶树品种的一芽一叶或一芽二叶初展为原料制成。因其叶张灰绿，叶背呈银白光泽，夹以白毫，形似花朵，冲泡后绿叶托着嫩芽宛如蓓蕾初放，故得名白牡丹。20世纪初叶，中国福建水吉（当时属建瓯县，今属南平市建阳区）茶农创制了白牡丹茶工艺，后慢慢传至政和、福鼎等地。

白牡丹茶的采摘标准以一芽一叶、二叶初展为主。其工艺流程与白毫银针基本一致：鲜叶采摘→萎凋→烘焙→毛茶。适合制白牡丹茶的茶树品种有福鼎大毫茶、**福鼎大白茶**、福安大白茶、**政和大白茶**、九龙大白茶、福建水仙及歌乐茶等。原料要求白毫显，芽叶肥壮。

优质的白牡丹茶干茶毫心肥壮，叶背多茸毛，匀整，色泽灰绿润；香气鲜嫩、纯爽、毫香显，滋味清甜醇爽，毫味足，汤色黄而清澈；叶底芽心多，叶张肥嫩明亮。

（孙威江）

白牛茶　Bainiu tea　产于中国广西壮族自治区金秀瑶族自治县的**烘青绿茶**。据《金秀瑶族自治县志》记载，清朝平南官府曾以白牛茶作为贡品进贡朝廷。白牛茶产于金秀瑶族自治县罗香乡白牛村。属亚热带山地气候，平均气温17℃，1月平均气温7.7℃，7月平均气温23.9℃，年平均无霜期278天。平均年降水量1824毫米，多集中在5～9月。土壤深厚肥沃，为森林土，有机质含量丰富，土壤酸性，适宜**茶树**生长。主销中国广西壮族自治区。

外形色泽翠绿，显白毫，香气清高，滋味甘甜醇厚，汤色明亮。

采摘一芽二、三叶及嫩**对夹叶**，经摊放→低温杀青→揉捻→烘干等加工工艺制作而成。

（韦静峰）

白千层　cajeput-tree; *Melaleuca leucadendron*　桃金娘科白千层属常绿乔木。又称脱皮树、千层皮、玉树、玉蝴蝶等。白千层因树皮能一层层剥落而得名。民间形容它“树皮一层层的，仿佛要脱掉旧衣换新裳一般”“千层万层的树皮脱也脱不完”。原产于澳大利亚。中国广东、台湾、福建、广西等地均有栽种。

高可达18米。树皮灰白色，厚而松软，呈薄层状剥落；嫩枝灰白色。叶互生，叶片革质，披针形或狭长圆形，两端尖，多

图1　白千层的茎

图2　白千层的叶

油腺点，香气浓郁；叶柄极短。花白色，密集于枝顶成穗状花序，长达15厘米。蒴果近球形，直径5～7毫米。每年有多次花期。

用种子繁殖，育苗移栽，种子随采随播，亦可晒干袋藏备用。喜温暖潮湿环境，要求阳光充足。适应性强，能耐干旱高温及瘠瘦土壤，亦可耐轻霜及短期0℃左右低温。对土壤要求不严。

图3　白千层的花

图4　白千层的果实

茶树油是从白千层的枝叶中加工提炼出的一种芳香油，具有抗菌、消毒、止痒、防腐等作用，是洗涤剂、美容保健品等日用化工品和医疗用品的主要原料之一，需求广泛。白千层树一次栽培，当年见效，年年收枝叶，每年可采2次，每亩可采枝叶2000～3000千克。同时，白千层还是优良的绿化树种。园林观赏方面，白千层树皮美观并具芳香，可作屏障树或**行道树**；但因树皮易引起火灾，不宜用于造林。

（王　雁）

白扦　meyer spruce; *Picea meyeri*　松科云杉属乔木。又称麦氏云杉、毛枝云杉。中国北京、河北秦皇岛北戴河、辽宁兴城、

河南安阳等地有栽培。常见的伴生树种有青扦、华北落叶松、臭冷杉、黑桦、红桦、白桦及山杨等。

高达30米，胸径约60厘米。树皮灰褐色，呈不规则薄片块脱落。大枝近乎平展，小枝密或疏被短毛或无毛，淡黄褐、红褐或褐色，一年生枝黄褐色。芽褐色，多圆锥状或卵圆锥状，微有树脂，上部芽鳞的先端常微向外反曲，小枝基部宿存芽鳞的先端微反卷或开展。叶四棱状条形，微弯曲，长1.3～3.0厘米，宽约2毫米，先端钝尖或钝，横切面四棱形，四面有白色气孔线。球果成熟前绿色，熟时褐黄色，矩圆状圆柱形，长6～9厘米，径2.5～3.5厘米。种鳞倒卵形，先端圆或钝三角形，基部宽楔形或微圆，鳞背露出部分有条纹。种子倒卵圆状，长约4～5毫米，种翅淡褐色，倒宽披针形。花期4月，球果9月下旬至10月上旬成熟。

耐阴性强，耐寒，喜空气湿润气候，喜中性及酸性土壤，也可生于微碱性土壤中。采用种子繁殖，幼苗生长很慢。

可栽培作庭园树。北京庭园多有栽培，生长很慢。木材黄白色，材质较轻软，纹理直，结构细。可供建筑、家具及木纤维工业原料用材。宜作华北地区高山上部的造林树种。（于晓南）

图1　白扦

图2　白扦的叶

图3　白扦的果实

白沙绿茶　Baisha green tea　产于中国海南省白沙黎族自治县的炒青绿茶。白沙绿茶以云南大叶群体品种、水仙茶、福鼎大白茶等主要品种的芽叶为原料，采用传统的摊青、杀青、揉捻、烘干、车色等工艺加工而成。

加工工艺　白沙绿茶鲜叶原料的分级标准：特级为一芽一叶初展，芽叶夹角度小，芽长于叶，芽叶匀齐肥壮；一级为一芽二叶初展；二级为一芽二叶至一芽三叶，一芽二叶在30%以下。

白沙绿茶初制工艺有摊放→杀青→揉捻→烘干→车色→割末等工序，这些工序前后衔接，相辅相成。①摊放。采用萎凋槽摊放，一般厚度不超过15厘米，雨水青鼓风吹干表面水后再鼓风2～3小时，摊放时间10～18小时，不超过24小时。②杀青。采用连续滚筒杀青机，温度300～350℃，时间1.5～2.5分钟。③揉捻。杀青叶摊凉后进揉捻机。揉捻用65型或55型揉捻机，投叶量分别为50千克或25千克，时间25～35分钟，采用轻—重—轻加压。④烘干。揉捻叶解块后上烘干机干燥。毛火温度在进风口测量应为110～120℃，不超过130℃；足火温度100～110℃，不超过120℃。⑤车色和割末。足火后趁热立刻进八角车色机车色40～60分钟，待绿润起霜后下机过平面圆筛机割末。白沙绿茶产品不分级。

品质特征　外形紧结、绿润起霜、匀整，香气清高持久，滋味浓醇爽口，汤色黄绿明亮，叶底黄绿明亮。

（苗爱清）

白叶1号　Baiye 1; *Camellia sinensis* var. *sinensis* cv. *Baiye* 1　原产于中国浙江省安吉县天荒坪镇大溪村，自然突变而成的茶树无性系品种。又称大溪白茶。1998年由浙江省茶树良种审定小组认定为省级品种。在浙江、江苏、江西、安徽、湖北、湖南等省有大面积栽培。

无性系，灌木型，中叶类，中（偏晚）生种。植株较矮小，树姿半开张，分枝部位低密，密度中等。叶片呈水平或上斜状着生。叶片长椭圆形，叶色淡绿，叶面平，叶身稍内折，叶缘平，叶尖渐尖，叶齿浅，叶质较薄软。花冠直径3.4厘米，花瓣白色4～6瓣，子房茸毛少，花柱3裂。

春季萌发期特早，芽叶生育力中等，持嫩性强。春季幼嫩芽叶呈玉白色，叶脉淡绿色，随着叶片成熟和气温升高逐渐转为浅绿色，夏秋季芽叶均为绿色，芽叶茸毛中等，一芽三叶百芽重40.5克。春茶一芽二叶含茶多酚13.7%、氨基酸6.3%、咖啡碱2.3%、水浸出物49.8%。产量较低。适制绿茶。所制的安吉白茶色泽翠绿，香气似花香，滋味鲜爽，叶底玉白色，特色明显，品质优良。抗性较弱。扦插成活率高。

（王丽鸳）

白竹山茶　Baizhushan tea　产于中国云南省楚雄自治州双柏县法脿镇境内的炒青绿茶。产地位于东经101°44′～101°50′、北纬24°26′～24°40′，范围涉及法脿、烂泥、石头、铺司、六街、双坝、者柯哨、麦地、雨龙、法甸、古木、红栗、折苴等13个社区和行政村。种植总面积667公顷，年产量50万千克。是中国农产品地理标志产品。

自然环境　白竹山茶产地地处低纬度、高海拔山区，海拔在2500～3500米，属典型的北亚热带大陆性季风气候，年均降水量1000毫米，适宜茶树生长。茶树平均株高0.9～1.0米，树冠1.5～2.0米，呈水平状或弧形。

加工工艺　以优质的大叶种鲜叶作为原料。加工工艺流程为：鲜叶采摘→摊晾→杀青→揉捻→解块→烘干→足火→提香→筛选→分选分级→检测化验→包装→成品→出厂抽检→出厂。鲜叶杀青温度180～220℃，要求杀透、杀匀，微量焦边，无红梗红叶出现，保持茶叶色泽、汤色、叶底三绿。

品质特征　茶叶成品条索紧实、造型雅致、匀整、有嫩茎，色泽微灰绿润；开汤香气清高，香味浓郁持久，滋味鲜醇爽口；汤色清绿明亮，叶底黄绿嫩匀。白竹山茶含茶多酚20.0%以上，咖啡碱高于2.5%，游离氨基酸高于3.1%，茶氨酸高于1.5%。（吕才有）

白族三道茶　three-course tea of Bai nationality　烤茶中的一种。三道茶有三道不同的风味，即先苦后甜再回味。白族三道茶是通过茶的滋味来寓意人生。制作三道茶时，每道茶的制作方法和所用原料都不一样。

第一道茶为"苦茶"，寓意做人"要立业，就要先吃苦"。制作时，先将水烧开，再将一只小砂罐置于文火上烘烤。罐烤热后取适量茶叶放入罐内，不停地转动砂罐，使茶叶受热均匀。待罐内茶叶"啪啪"作响，叶色转黄，发出焦糖香时，立即注入已经烧沸的开水。少顷，主人将沸腾的茶水倾入茶盅，再用双手举盅献给客人。由于这种茶经烘烤、煮沸而成，因此看上去色如琥珀，闻起来焦香扑鼻，喝下去滋味苦涩，故而谓之苦茶，通常只有半杯，客人应一饮而尽。

第二道茶为"甜茶"，寓意"人生在世，无论做什么事，只有吃得了苦，才会有甜香来"。当客人喝完第一道茶后，主人重新用小砂罐置茶、烤茶、煮茶，同时在茶盅内放入少许红糖、乳扇、核桃等，将煮好的茶汤倾入茶盅八分满为止。

第三道茶为"回味茶"，告诫人们凡事要多"回味"，切记"先苦后甜"的哲理。其煮茶方法虽然与前面相同，但茶盅中放的原料已换成蜂蜜、花椒、生姜、桂皮等，茶容量通常为六七分满。这杯茶喝起来甜、酸、苦、辣各味俱全，回味无穷。（段文华）

百合　lily; *Lilium* spp.　百合科百合属多年生草本植物的总称。其地下鳞茎由许多肉质鳞瓣相互抱合而成，可供食用。百合是著名的**球根花卉**。全属80余种，中国产41种。中国汉代《神农本草经》中就有百合可供药用的记述，西方则一直把百合花当作圣洁的象征。远古时代欧洲克里特岛人的花瓶和壁画上绘有百合花，以后在匕首柄和寺庙柱顶上也屡见百合花的雕刻装饰。16世纪末英国植物学家整理了欧洲原产的百合种类。17世纪初至18世纪后，美国和中国原产的百合先后传入欧洲，尤其是20世纪初中国的王百合等传去后，在欧美掀起了百合栽培与育种的高潮。中国的百合栽培以南京、宜兴、兰州较著名。

形态和种类　地下鳞茎外无皮膜，鳞瓣肉质。地上茎不分枝。叶披针形或线形。花漏斗状，单生或总状花序。花被6裂，颜色有白、红、橙、橘红、洋红或紫色，有的具赤褐色斑点。常有芳香。

图1　百合

图2　百合的鳞茎

图3　百合的叶

中国的主要栽培种类有：①百合（*L. brownii* var. *viridulum*）。鳞茎白色，鳞片狭长肥厚，散展。茎高0.7～1.5米。花1～4朵，乳白色，略带紫褐晕，芳香。产于中国南北广大地区，作食用百合栽培。②兰州百合（*L. davidii* var. *unicolor*）。茎高1～2米，鳞茎扁圆，味甜。花序有花10～40朵，花朵下垂，反卷，鲜红或橘红色，有香气。原产于甘肃南部，作食用百合栽培。③卷丹（*L. lancifolium*）。鳞茎广卵状球形，白色微黄。味微苦。茎高0.8～1.5米，夏季开花，橙红色，内具紫黑斑点。中国广泛分布，以太湖流域栽培较多；也见于朝鲜、日本及西伯利亚南部。作食用百合栽培。④麝香百合（*L. longiflorum*）。鳞茎球状或扁球形，较小，黄白色。茎高0.4～1米。叶多，散生。夏季开花，白色，基部洒绿晕，具浓香。原产于琉球群岛，中国华南、华东、北京有栽培。⑤王百合（*L. regale*）。鳞茎大而带红色。茎高1.0～1.8米，纤细，洒紫晕。夏季开大喇叭状花2～9朵，近水平，乳白而外面略洒浅紫晕，芳香。抗病性强。原产于中国四川西北山谷中。⑥山丹（*L. concolor*）。鳞茎卵形，白色，可食。茎高30～60厘米，有毛。花数朵，较小，向上开放，呈星形，夏季开花，红色而无斑点。原产于中国中部及东北。

栽培　百合耐寒而不耐热，多数喜冷凉、湿润的半阴环境。适宜富含腐殖质、排水良好的微酸性土，其中王百合略能耐碱性土。卷丹较耐阳光照射。以分球繁殖为主。可用经2～3年培养、已达花龄的子球作种球。有些种类能形成种子的，可播种繁殖，一般需5～6年才能达花龄，

图4　百合的花

少数种类（如王百合、麝香百合等），1～2年即可开花。如采用促成栽培（提前或缩短栽培周期的一种栽培方式），须在秋季栽于温室内，保持10℃左右的较低温度；新芽出土后给以全光照并升温至15℃，12～13周后可开花。病害很多，主要有细菌性软腐病、立枯病等。

用途　百合用作园林**观赏植物**时，高大者宜与灌木等配植成丛，栽于常绿树前；中高者适于在疏林下成片栽植，也可栽作**花境**背景；低矮者宜配植作花境、**花坛**前沿或散植于林缘、**岩石园**；也可盆栽观赏。因其梗长花大，还适合作切花；但须剪除花药，以免污染衣服。鳞茎富含营养，其干、鲜品及加工制品可供食用或入药。

（侯喜林　张昌伟）

百日菊　youth-and-old-age; *Zinnia elegans*　菊科百日菊属一年生草本植物。百日菊原产于北美洲、南美洲等地。是阿拉伯联合酋长国的**国花**。同属全世界有17种，中国栽培有3种，各地广泛栽培应用。

茎直立，高30～100厘米，被粗毛或长硬毛。叶对生，全缘，无柄，基部抱茎。头状花序，单生枝端。舌状花红、黄、紫或白等色，舌片倒卵圆形，先端2～3齿裂或全缘，上面被短毛，下面被长柔毛。管状花黄色或橙色，先端裂片卵状披针形，上面有黄褐色密绒毛。瘦果。花期6～9月，果期8～10月。种子千粒重4.67～9.35克。

百日菊性强健，喜光照，要求肥沃且

图1　百日菊

图2　百日菊的茎和叶

图3　百日菊的花

排水良好的土壤。一般播种、扦插繁殖。

品种类型多，有单瓣、重瓣、卷叶、皱叶和各种不同颜色的品种200余个。高型品种可用于切花，水养持久；矮型品种用于布置**花坛**、**花境**、花带等，也可作盆栽观赏，是夏秋两季园林和绿化不可缺少的**花卉**。

（葛　红）

百子莲　African lily; *Agapanthus africanus*　石蒜科百子莲属多年生草本植物。百子莲原产于南非。中国各地多有栽培。

形态和种类　株高25～70厘米。具短缩根状茎。叶二列基生，长而呈带状，全缘，光滑无毛，革质，浓绿色。花葶自叶丛中抽出，高40～80厘米。伞形花序，一个花序有20～50朵小花。花被6片联合呈钟状漏斗形，浅蓝色至深蓝色，质地

图1　百子莲

图2　百子莲的叶

图3　百子莲的花

图4　百子莲的果实

厚实。每片花瓣中心有一条深蓝色条纹，亦有纯白色品种。蒴果，含多数带翅种子。自然花期7～9月。果熟期8～10月。百子莲的园艺品种有600余个，主要由英国、新西兰、澳大利亚、法国、美国等国家培育而成。由于没有中间隔离，因此杂交育种是该类群主要的育种方法。

生长习性　喜温暖、湿润和阳光充足的环境。要求夏季凉爽、冬季温暖，5～10月温度为20～25℃。基质选用富含腐殖质的砂质壤土，在使用前最好先灭菌杀虫。性喜微潮土壤环境，但要避免浇水过多和积水。积水易引起根系腐烂。可施用骨粉和腐熟的鸡粪、羊粪等有机肥作基肥，平时薄肥勤施，花蕾形成前用多元素的水溶肥料“花多多2号”浇灌有助于催蕾。喜全光照，也耐半阴。对植株进行全日照能增加花量，但高温天气要注意遮阴，避免因暴晒导致叶片焦枯。不耐低温，越冬温度不宜低于5℃，冬季低温时停止浇水。繁殖主要采用播种和分株法。播种时，种子用湿纸巾催芽后撒在育苗土里，半个月左右发芽，养护3年以上即可开花。分株繁殖最好选择春秋季，分株的苗若栽培得当，翌年即可开花。病虫害相对较少，偶有蚜虫和叶斑病，喷药防治即可。

用途　百子莲花型秀丽，花枝亭亭玉立。适用于**花坛**、**花境**，可作为**岩石园**和花境的点缀植物、中景植物，也适于盆栽和作为切花在室内、庭院观赏。

（吴沙沙）

柏塘山茶　Baitangshan tea　产于中国广东省惠州市博罗县柏塘镇及周边镇的炒青绿

茶。柏塘山茶为历史名茶、中国国家地理标志保护产品，是以柏塘客家群体品种的芽叶为原料，采用传统的摊青、杀青、揉捻、炒干等工艺加工而成。

柏塘山茶的鲜叶原料一般以一芽二三叶为主，含少量同等嫩度**对夹叶**。初制工艺及手工加工工艺见**客家炒茶**。柏塘山茶外形紧实、绿润起霜、匀整，香气炒香高持久，滋味醇爽，汤色黄绿明亮，叶底黄绿明亮。（苗爱清）

板栗　Chinese chestnut; *Castanea mollissima*　壳斗科栗属植物。壳斗科栗属植物共分为7个种，分别是板栗、锥栗（*C. henryi*）、茅栗（*C. seguinii*）、日本栗（*C. crenata*）、欧洲栗（*C. sativa*）、美洲栗（*C. dentata*）和美洲榛果栗（*C. pumila*）。板栗是中国驯化利用最早的**果树**之一。中国26个省（自治区、直辖市）均有板栗分布，其中燕山山脉、大别山、沂蒙山、长江中下游和太白山等所在的河北、山东、湖北、湖南、江苏、浙江、河南、陕西等地是中国板栗的主要产区，也是中国板栗特有的种质资源库和优质板栗地方品种的重要来源。

形态特征　落叶大乔木，高可达20米，通常6～10米。实生树树冠高大、丰满，呈圆头形至高圆头形；嫁接树树冠较小，较开展，呈半圆头形至圆头形。树皮深灰色，幼时光滑，成年树呈不规则深纵裂。结果枝颜色为灰褐、黄褐或红褐。小枝有短毛或散生长绒毛，有时光滑无毛。皮孔明显。先端芽肥大，扁卵圆形，密被短绒毛，侧芽较小，三角形。单叶互生，成

图1　板栗

图2　板栗的茎

图3　板栗的枝

图4　板栗的叶

图5　板栗的雄花序

图6　板栗的雌花簇

图7　板栗的刺苞

图8　板栗的坚果

1/2或2/5叶序排列。叶片形状为椭圆、长椭圆、披针状、卵状或倒卵状。叶片长6～20厘米，宽4～10厘米，先端渐尖或急尖，基部楔形、钝形或心形。叶缘具短尖或锯齿，锯齿方向为内向、直向或外向。叶柄长1～2厘米。幼态叶叶背光滑无毛，成熟态叶叶背密被灰白色星状毛。雄花序为直立柔荑花序，由3个或5个小花集合成簇排列在花序轴上，长8～20厘米，着生在叶腋；雄花序脱落后有花序轴痕，节上无芽。雌花3朵，聚生于密被鳞片的总苞内（雌花簇），着生在枝条先端雄花序的基部，之后成长为刺苞（球果），刺苞脱落后形成果痕，果痕前面的枝被称为果前梢。刺苞形状为短椭球、椭球、扁椭球、尖顶椭球或蚕茧形，密被有分支的刺；通常含3个坚果，因授粉的影响，有时仅有1个或2个发育的坚果，偶尔有5～7个坚果的类型。坚果大小因品种而异，小的约重5克，大的重达25克以上。坚果形状以边果为标准可分椭圆形、圆形或三角形。外果皮颜色大多为红棕或红褐，也有黄褐、红或紫褐；果皮表面通常有

光泽；上面着生绒毛，绒毛颜色为灰白或棕黄，其分布、密度及长短因品种而不同。坚果基部附着于总苞的部分称为底座或种脐，底座与坚果胴部连接处为接线，其底座的大小及接线的弯曲形状亦因品种而异。

生长习性　板栗不耐盐碱，根系适宜生长在pH小于7、含盐量低于0.2%的弱酸性土壤中。板栗根系具有典型的外生菌根，喜透气性土壤。板栗耐旱、耐贫瘠，对栗疫病等真菌病害抗生强，被广泛用作育种亲本以改善坚果质量和抗病性。

用途　坚果炒后具有特殊的香味，味甘甜，有养胃健脾、补肾强筋的功用，其主要成分包括淀粉、可溶性糖、脂肪、蛋白质、维生素，以及多种矿质元素如钾、钙、铜、铁、锌、镁等，具有较高的营养价值和经济价值。坚果可生食、炒食，作为菜肴或点心的原料，或制栗粉、栗干以代粮。涩皮具有美白作用。其木材材质优良，树皮、壳斗、嫩枝、雄花序、木材均含有鞣质，具有抗氧化性和抑菌性，可提制栲胶等产品。通过**实生选种**、**芽变选种**等培育出品质优良、适应性和抗性强的板栗品种，有较为丰富的板栗深加工产品。

（秦　岭）

半预冷曲线　curve of half-precooling　园艺产品采后预冷降温过程中，温度降至其最初温度与冷空气温度差的一半时所需时间的曲线。又称半预冷时间。园艺产品采收后或贮运前应尽快预冷降温，降温速率由产品温度与冷空气的温度差决定，开始时产品降温速度较快，越接近终点时降温速度越慢。降温过程可用半预冷期表示。例如，产品最初温度为30℃，空气温度为0℃，产品由30℃降至15℃是第一个半预冷期；第二个半预冷期的时间约等于第一个半预冷期，但由于产品温度与冷空气温度差只有第一个半预冷期温度差的一半，所以实际降低的温度数只有第一个半预冷期的一半；大多数产品以3个半预冷期或4个半预冷期时间为预冷终点。

园艺产品收获后，特别是气温较高时采收的园艺产品常带有大量田间热，其呼吸作用旺盛，会释放大量**呼吸热**，易导致品质变劣和产品腐烂。通过降温可降低其采后生理代谢水平，抑制病原微生物活动，有利于更好地保持品质并减少腐烂。

半预冷时间与园艺产品种类、包装、空气流速、冷库温度、冷却方式（冷库预冷、强制冷风预冷、水预冷和真空预冷等）、库存量和初始品温等因素有关。掌握半预冷时间的温度变化规律对延长园艺产品保鲜时间有重要意义。在一定范围内，贮运温度每降低10℃，产品贮藏寿命延长一倍。

（陈维信　李雪萍）

半枝莲　Barbat skullcap; *Scutellaria barbata*　唇形科黄芩属多年生草本植物。又称赶山鞭、瘦黄芩、牙刷草、田基草、水黄芩、狭叶韩信草。半枝莲产于中国河北、山东、陕西南部、河南、江苏、浙江、台湾、福建、江西、湖北、湖南、广东、广西、四川、贵州、云南等地。印度东北部、尼泊尔、缅甸、老挝、泰国、越南、日本及朝鲜也有分布。生于水田边、溪边或湿润草地上，海拔2000米以下。此种植物在中国别名很多，四川成都称为赶山鞭，四川普格称为瘦黄芩，江苏苏州称为牙刷草，江苏宜兴称为田基草，江苏南京称为水黄芩，广东广州称为狭叶韩信草。

根茎短粗，生出簇生的须状根。茎直立，高12～35（55）厘米，四棱形，基部粗1～2毫米，无毛或在序轴上部疏被紧贴的小毛，不分枝或具或多或少的分枝。叶具短柄或近无柄，柄长1.0～3.0毫米，腹凹背凸，疏被小毛。叶片三角状卵圆形或卵圆状披针形，有时卵圆形，长1.3～3.2厘米，宽0.5～1.0（1.4）厘米，先端急尖，基部宽楔形或近截形，边缘生有疏而钝的浅牙齿，上面橄榄绿色，下面淡绿有时带紫色，两面沿脉上疏被紧贴的小毛或几无毛，侧脉2～3对，与中脉在上面凹陷下面凸起。花单生于茎或分枝上部叶腋内，具花的茎部长4～11厘米。苞叶下部者似叶但较小，长达8毫米；上部者变为更小，长2.0～4.5毫米；椭圆形至长椭圆形，全缘，上面散布小毛、下面沿脉疏被小毛。花梗长1～2毫米，被微柔毛，中部有一对长约0.5毫米具纤毛的针状小苞片。花萼开花时长约2毫米，外面沿脉被微柔毛，边缘具短缘毛，盾片高约1毫米；果时花萼长4.5毫米，盾片高2毫米。花冠紫蓝色，长9～13毫米，外被短柔毛，内在喉部疏被疏柔毛。冠筒基部囊大，宽1.5毫米，向上渐宽，至喉部宽达3.5毫米。冠檐二唇形，上唇盔状，半圆形，长1.5毫米，先端圆；下唇中裂片梯形，全缘，长2.5毫米，宽4毫米；两侧裂片呈三角状卵圆形，宽1.5毫米，先端急尖。雄蕊4，前对较长，微露出，具能育半药，退化半药不

图1　半枝莲

图2　半枝莲的茎

图3　半枝莲的叶

图4　半枝莲的花

明显；后对较短，内藏，具全药，药室裂口具髯毛。花丝扁平，前对内侧后对两侧下部被小疏柔毛。花柱细长，先端锐尖，微裂。花盘盘状，前方隆起，后方延伸成短子房柄。子房4裂，裂片等大。小坚果褐色，扁球形，径约1毫米，具小疣状突起。花果期4～7月。

半支莲丛生密集，花繁艳丽，花期又长，是装饰草地、坡地和路边的优良配花，亦宜**花坛**边缘和**花境**栽植。盆栽小巧玲珑，可陈列在阳台、窗台、走廊、门前、池边和庭院等多种场所观赏。民间用全草煎水服，治妇女病，以代益母草。热天生痱子可用全草泡水洗。此外，半支莲也可用于治各种炎症（肝炎、阑尾炎、咽喉炎、尿道炎等）、咯血、尿血、胃痛、疮痈肿毒、跌打损伤、蚊虫咬伤，并试治早期癌症。

（王　雁）

邦崴大茶树　Bangwei Dachashu　生长于中国云南省澜沧拉祜族自治县富东乡邦崴村海拔1990米高山上的**野生茶树**。属大理茶（*Camellia taliensis*），过渡型，乔木，树姿开张。树高12米，基部干径114厘米，主干分13枝。芽叶绿色、多毛。大叶，平均叶长宽13.3厘米×5.3厘米，叶色绿，叶面微隆起，叶背、主脉、叶柄多毛。花冠直径4.6厘米，花瓣9～12枚，子房多毛，柱头4～5裂。可制**绿茶**。经检测，芽叶中具有栽培茶树芽叶所含的化学成分，茶多酚、儿茶素含量丰富。经镜检观察，它的细胞学组织结构也与栽培茶树相同，说明是栽培型家种茶树，但它花冠大、花柱4～5裂、花粉粒特大、茶果皮特厚、果仁有胚痕等特征，与野生茶树接近，由此证明它是介于野生型与栽培型茶树之间的过渡类型。

（马春雷）

宝洪茶　Baohong tea　以中国云南省昆明市宜良县地方良种宝洪茶为原料生产的**绿茶**。据《中国茶经》记载，宝洪茶由唐代宝洪寺开山和尚引种，明清年间最为昌盛，已传承千年。明代陈霆其著《雨山默谈》卷九（1539）称："宝洪茶为天下第一。有司包贡之余，例馈权贵与朝士之故旧者。"

自然环境　宝洪山海拔1000多米，常年平均气温16℃；海拔1000米以上低于14℃；春秋气温凉爽温和，4月和10月平均气温分别为15.4℃、16.7℃。年平均无霜期210～220天，平均初霜日为11月5日，终霜日为3月29日；温度高于10℃的初日为4月15日，终止于11月4～9日；不小于0℃积温5085～5500℃；不小于10℃积温4384～4750℃。年日照时数2000～2230小时。年降水量1200～1400毫米，年平均降水天数为125.6天，常年相对湿度80%，干燥度0.8以下，属湿润地带。土壤类型比较复杂。中山区（内山区）主要是黄棕壤，即普通黄棕壤与山地黄棕壤，母质多为花岗岩、花岗片麻岩、角闪片麻岩。土壤厚达1.5米以上，有机质含量高，土壤肥力和通透性好，pH4.8～5.5。外山丘岗地区（外山区）以成土母质分化而成的黄棕壤为主；土层虽厚，但耕作层浅薄，质地黏重，底层常有不透水黏盘层，肥力和通透性较差；pH5.0～6.5；其余少部分沿河两岸及谷地，多为冲积土类，即砂质壤土（乌砂土），土层深厚，肥力高，通透性好。

加工工艺　宝洪茶采摘精细，采摘标准为一芽一叶和一芽二叶初展。采回的鲜叶薄摊在竹簸箕上，摊放3～5小时，使其散发部分水分、去除青草气味，便于炒制。炒制主要工艺为：杀青→摊凉回潮→辉锅三道工序。炒制手法有抖、捞、抓、扣、揿、压、推、磨八种。

品质特征　外形扁直平滑，形似杉松叶，隐毫稀见。色泽绿翠，香气高锐，味浓鲜爽。汤色黄绿清澈，叶底肥嫩成朵。宝洪茶中含有蛋白质19.10%、氨基酸4.70%、茶多酚25.04%、咖啡碱4.75%、维生素0.82%。

（吕才有）

保靖黄金茶1号　Baojing Huangjincha 1; *Camellia sinensis* var. *pubilimba* cv. *Baojinghuangjincha* 1　由中国湖南省农业科学院茶叶研究所、湖南省保靖县农业局从保靖黄金茶群体种中采用单株育种法育成的茶树无性系品种。2010年由湖南省农作物品种审定委员会认定为省级品种。湖南省保靖县有较大面积种植，湖南长沙、古丈、沅陵、石门等地有引种。

无性系，灌木型，中叶类，特早生种。树姿半开张。叶片呈半上斜状着生，长椭圆形，叶面隆起，叶身稍内折，叶尖渐尖，叶齿浅，叶质厚脆，叶脉12对，锯齿33对。花白色，花瓣5瓣，花柱3裂，5萼片。

春季萌发特早，芽叶生育力强，黄绿色，茸毛中等，持嫩性强。发芽密度大，整齐，芽数型，一芽二叶百芽重32.4克。春茶一芽二叶干样含茶多酚14.6%、氨基酸5.8%、咖啡碱3.7%、水浸出物45.5%。4～6龄茶树鲜叶每亩产量208千克。适制绿茶、红茶，品质优良。制绿茶，色泽翠绿，汤色黄绿明亮，香气高长，回味鲜醇。制红茶，乌黑油润显金毫，滋味醇和甘爽，香气高长。

（王丽鸳）

报春花　primroses; *Primula* spp.　报春花科报春花属多年生草本植物。报春花为泛称，指报春花类植物，或称樱草类。报春花属植物约有500种，主要分布于北半球温带和高山地区，仅有极少数种类分布于南半球。沿喜马拉雅山两侧至中国云南、四川西部是该属的现代分布中心。中国是报春花属植物资源最丰富的国家，约占世界总数的3/5，有很多种为中国所特有。

图1　报春花

报春花是世界著名观赏**花卉**，因其花色多样、观赏价值高，被誉为"世界三大园艺植物"之一。报春花也是中国盛产的传统花卉，栽培历史悠久。明清时期已作为云南民间传统盆花和云南八大名花之一。其他国家报春花属植物的栽培历史也有数百年，其中阿尔卑斯山原产的高山报春（*P. auricula*）已经有400余年的栽培历史。1820年，中国的报春花传入英国。据统计，由中国引入欧洲栽培的种类多达110余种，其中不少已广泛栽培于欧美各国庭园，并培育出许多美丽的园艺品种。

形态和种类　报春花属植物为基生叶，多数簇生成莲座状叶丛。花葶1至多枚，自叶丛中抽出，由数朵小花排成伞形

图2　报春花的叶

图3 报春花的花

图4 报春花的果实

花序或总状花序，花色有红、白、黄、蓝、紫等色。花冠漏斗状或高脚碟状，5裂，广展，花眼明显。蒴果球状或圆柱形，种子细小多数。花期为每年12月至翌年5月。

中国学者将报春花属植物分成30个组，观赏价值高的有中国报春花组、鄂报春组、藏报春组、灯台报春组、钟花报春组等。常见栽培的报春花属植物有报春花（*P. malacoides*）、藏报春（*P. sinensis*）、鄂报春（*P. obconica*）、欧洲报春（*P. vulgaris*）、多花报春（*P.*×*polyantha*）等。

栽培和繁殖　多喜温凉、湿润环境，以含腐殖质多而排水良好的酸性壤土为宜。通常作温室花卉栽培，但较耐寒。作温室盆花的，如鄂报春和藏报春等，均生长于海拔相对较低的石灰岩上，宜用中性土栽培，不耐霜冻，花期早。鄂报春在冬暖地区可陆地栽培，用于**花坛**、**花境**等。作陆地花坛布置的欧洲报春类多为中海拔或高纬度地区落叶林下的植物，适生于阴坡或半阴的环境，以及吸排水良好、腐殖质多的土壤。灯台报春组、钟花报春组的种类多生于高山湿草地、沼泽草甸和林缘，喜肥沃、潮湿但不积水的土壤，生长期须保持凉爽、空气湿度大的环境，夏季需半阴。常见的病害为灰霉病，主要虫害有蚜虫和红蜘蛛等。报春花一般用播种繁殖，有的种类亦可扦插和分株。种子寿命较短，宜采后即播。分株多用于特殊园艺变种，通常在秋季进行。

用途　报春花株丛雅致，花姿艳丽，花量大，花期长，寓意吉祥，且正值中国的元旦和春节开放，可以增添喜庆气氛。宜盆栽，适合装点客厅、居室及书房；在温暖地区的陆地，还可点缀于花坛、假山、**岩石园**、野趣园、水榭旁，也可片植或带植形成连片景观。亦有种类可作切花之用。根可入药。

（张启翔　罗　乐）

抱子甘蓝　Brussel sprout; *Brassica oleracea* var. *gemmifera*　十字花科芸薹属甘蓝种二年生草本植物。以腋芽形成的小叶球为食用器官。抱子甘蓝原产于地中海沿岸，由甘蓝进化而来。最早于18世纪出现在比利时的布鲁塞尔，从19世纪开始逐渐成为欧洲、北美洲国家的重要**蔬菜**之一，在英国、德国、法国等国家种植面积较大。清末，抱子甘蓝由荷兰引入中国，在中国大中城市近郊有小面积栽培。

形态特征　主根不发达，须根多。茎直立高大，顶芽和侧芽均发达，顶芽开展生长，形成同化叶，叶柄较长，叶片稍狭，叶缘上卷，呈勺子形。腋芽可形成许多绿色的小叶球，由于生长在叶腋间的叶球很符合“子附母怀”的意境，所以被称为“抱子甘蓝”。总状花序，异花授粉；完全花，花萼、花瓣均为4枚，十字形排列；4强雄蕊（共6枚雄蕊，其中2枚退化），雌蕊1枚。果实为角果，种子圆球形，黑褐色无光泽，千粒重3克左右。

生长习性　喜冷凉，耐霜冻，不耐高温，生长发育适温为12～20℃。幼苗对温度适应性强，能忍受－15℃的低温和35℃的高温。结球适温为10～15℃，高于23℃不利于叶球形成。小叶球的形成需充足的阳光、较短的日照。对土壤的适

图1 抱子甘蓝

图2 抱子甘蓝的小叶球

应性广，适宜在土层深厚、有机质丰富、pH6.0～6.8的砂壤土和黏壤土栽培。不耐旱，要保持土壤湿润，但不能积水。抽薹开花需要较长时间的长日照。

栽培　常采用育苗移栽，适宜苗龄为35～45天。移栽后的生长前期，田间应进行中耕松土、除草，并结合中耕进行培土，防止植株倒伏；生长中期，水分管理以土壤见干见湿为原则。当下部小叶球开始形成时，要经常灌溉，使土壤保持充足水分。当植株茎中部形成小叶球时，要把下部老叶、黄叶摘去，有利于通风透光，促进小叶球发育，也便于小叶球采收。当小叶球紧实后，由下而上逐渐采收。生长期内主要病害是菌核病、霜霉病、软腐病和黑腐病。虫害主要有蚜虫、菜粉蝶、小菜蛾和甘蓝夜蛾等。

图3 采收后的抱子甘蓝

用途　抱子甘蓝的小叶球鲜嫩，可炒食、凉拌、腌制**泡菜**或加工制罐；也可作汤菜、火锅菜用。小叶球营养丰富，蛋白质含量高，居甘蓝类蔬菜之首，维生素C和微量元素硒的含量也较高。

（申书兴）

《北苑十咏》 *Ten Poems about Beiyuan Tea* 五言古诗。中国北宋蔡襄作。蔡襄（1012～1067），北宋书法家、政治家、茶学家。字君谟，兴化仙游（今属福建）人。工于书法，诗文清妙，其书法浑厚端庄，淳淡婉美，自成一体，为“宋四家”之一。

此为组诗，共十首：①《出东门向北苑路》。“晓行东城隅，光华著诸物。溪涨浪花生，山晴鸟声出。稍稍见人烟，川原正苍郁。”②《北苑》。“苍山走千里，斗落分两臂。灵泉出地清，嘉卉得天味。入门脱世氛，官曹真傲吏。”③《茶垄》。“造化曾无私，亦有意所加。夜雨作春力，朝云护日华。千万碧玉枝，戢戢抽灵芽。”④《采茶》。“春衫逐红旗，散入青林下。阴崖喜先至，新苗渐盈把。竟携筠笼归，更带山云写。”⑤《造茶》。“屑玉寸阴间，抟金新范里。规呈月正圆，势动龙初起。焙出香色全，争夸火候是。”⑥《试茶》。“兔毫紫瓯新，蟹眼青泉煮。雪冻作成花，云闲未垂缕。愿尔池中波，去作人间雨。”⑦《御井》。“山好水亦珍，清切甘如醴。朱幹待方空，玉璧见深底。勿为先渴忧，严扃有时启。”⑧《龙塘》。“泉水循除明，中坻龙矫首。振足化仙陂，回睛窥画牖。应当岁时旱，嘘吸云雷走。”⑨《凤池》。“灵禽不世下，刻像成羽翼。但类醴泉饮，岂复高梧息。似有飞鸣心，六合定何适。”⑩《修贡亭》。“清晨挂朝衣，盥手署新茗。腾虬守金钥，疾骑穿云岭。修贡贵谨严，作诗谕远永。”

组诗依次综述了北苑的山水和贡茶的采制品尝等情况，展示了一幅琳琅满目的北苑制茶长卷。 （刘伟华）

北照茶 Beizhao tea 产于中国广西壮族自治区三江县牙已村、北照乡一带的条形烘青绿茶。又称牙已茶。1946年《三江县志》载：“北照茶原产三江县北照乡北照屯，其地产特色红茶，味较他茶越出一等。”从20世纪70年代开始，茶产地改制烘青绿茶。采摘一芽二、三叶为原料，经摊青→杀青→揉捻→烘干等加工工艺制作而成。分六级，四、五、六级茶多供打油茶用。茶品滋味鲜爽甘醇、浓厚持久，有花香。主要销行广西壮族自治区和湖南省。 （韦静峰）

倍性嵌合体 ploidy chimera 自然界发生或诱变剂诱导产生的体细胞染色体倍性存在异质性的个体、器官或组织。倍性嵌合体有周缘嵌合体、扇形嵌合体、混合嵌合体等多种嵌合方式。植物顶端分生组织横切面呈现分层结构，分别为L1、L2和L3层。若仅其中1层或2层的整层细胞发生染色体倍性变异，称为周缘倍性嵌合体；如果其中的某1层、2层或3层的部分细胞发生染色体倍性变异，称为扇形倍性嵌合体；如果周缘倍性嵌合体和扇形倍性嵌合体同时出现在一个个体、器官或组织中，则称为混合嵌合体。

（张新忠）

荸荠 water chestnut; *Eleocharis dulcis* 莎草科荸荠属多年生浅水草本植物。又称马蹄、地栗。以球茎作蔬菜食用。荸荠在中国长江以南各省普遍栽培，广西荔浦和贺州、浙江余杭、江西南昌和湖北团风等地为主产地。

形态特征　萌芽后先形成短缩茎，其顶芽和侧芽向上抽生的绿色叶状茎细长如管而直立。叶片退化成膜片状，着生于叶状茎基部及球茎上部。光合作用靠绿色叶状茎进行。从母株短缩茎向四周抽生根状茎，按功能可分为两类：一类是前期抽生的根状茎，形成新的分株；另一类是生长后期抽生的根状茎，其顶端膨大为球茎。

栽培　用球茎繁殖。种荠于10～15℃左右萌芽，25℃开始分蘖，30℃植株旺盛生长，气温降至20℃以下时球茎形成。一般在早春选顶芽和侧芽健全的种荠在室外苗床育苗，经常保持湿润；15～20天即可成苗，供大田栽植。分蘖和分株期间保持一定水层并追施氮肥。球茎形成前追施磷肥和钾肥，对提高产量和改进品质有显著效果。于12月下旬后采收地下球茎，

图1　荸荠的叶状茎

此时球茎表皮转为红褐色，含糖量高，味甜多汁。

用途　荸荠球茎含有丰富的水分、碳水化合物和蛋白质等，可生食或熟食；也

图2　荸荠的根状茎

图3　荸荠的球茎

图4　荸荠的小穗

图5 荸荠的花

能加工罐藏或作提取淀粉的原料。中医药学认为荸荠有止渴、消食、解热的功效。

（别之龙）

薜荔 climbing fig; *Ficus pumila* 桑科榕属常绿藤木或匍匐灌木。薜荔分布于中国福建、江西、浙江、安徽、江苏、台湾、湖南、广东、广西、贵州、云南东南部、四川及陕西等地。借气根攀缘，含乳汁。小枝有褐色绒毛。单叶互生，叶两型。不结果枝节上生不定根，叶卵状心形，长约2.5厘米，薄革质，基部稍不对称，尖端渐尖，叶柄很短。结果枝上无不定根，革质，卵状椭圆形，长4～10厘米，宽2.0～3.5厘米，先端急尖至钝形，基部圆形至浅心形。全缘，上面无毛，背面被黄褐色

图1 薜荔的叶

图2 薜荔的果实

柔毛，基部3主脉，表面光滑，背面网脉隆起并构成显著小凹眼。雌雄同株，花小，生于中空的肉质花序托内，形成隐头花序。隐花果梨形或倒卵形，肉质，内具小瘦果。花期5～8月，果期9～10月。

喜温暖湿润气候，抗逆性较强。耐阴、耐旱，不耐寒。在酸性、中性土上都能生长。可点缀假山石及绿化墙垣和树干，以结果枝为主的植株可以修剪作为绿篱使用。果实富含果胶，可加工成凉粉食用。根、茎、叶、果均可药用，有祛风除湿、活血通络、消肿解毒、补肾、通乳等功效。

（于晓南）

避雨栽培 rain-shelter cultivation 在多雨、高温、高湿而易诱导作物病虫多发及品质产量下降的夏、秋季，采用温室、大棚保护设施，或仅在设施顶部覆盖透明覆盖材料使作物免受雨水直接淋袭而四周侧壁为开放式、仅扣防虫网的栽培方式。避雨栽培设施称为避雨棚或防雨棚，主要功能是避雨，以防设施内空气湿度及土壤含水量过高，便于控制病虫害的发生，且四周开放、通风良好，可维持与外界相同的二氧化碳浓度。利用避雨棚，即使雨天也能及时进行各种田间管理作业，显著提高劳动生产率。

产生与发展　避雨栽培历史悠久，中国南方地区及东南亚等国夏季往往受到暴雨频繁、不时有台风的影响，尤其是梅雨季节多雨、潮湿、高温等，对蔬菜等作物的生育非常不利。为创造一个相对适宜蔬菜作物生育的小环境，从古代开始就有利用秸秆、芦帘、草苫等避雨覆盖栽培的传统。农用塑料薄膜的制造和利用，使避雨材料轻量化、柔软化，使用方便、成本降低、效果提高，极大地促进了避雨棚的栽培利用和发展。1953年日本开始搭建利用塑料薄膜拱棚，随即出现了塑料薄膜避雨栽培。中国20世纪70年代开始使用薄膜避雨棚，与遮阳棚、防虫网一起成为中国热带、亚热带地区夏季设施栽培的显著特色，已广泛推广应用。

主要类型　①小拱棚型避雨栽培。主要用于露地西瓜、甜瓜早熟栽培，塑料小拱棚顶部扣膜、两侧通风，可使西瓜、甜瓜开雌花部位不被雨淋，有利于授粉、受精。也可用于春季蔬菜育苗，前期两侧膜封闭实行促成早熟栽培，是一种常见的先促成后避雨的栽培方式。②大棚型避雨栽培。塑料大棚顶上的天幕不揭除，仅揭除四周裙幕，以利通风，也可挂上20～22目的防虫网防虫，用于各种蔬菜的夏季栽培和欧亚种葡萄防雨栽培。③温室型防雨栽培。多台风、暴雨、高温地区，可建立玻璃温室型的防雨棚；玻璃温室型的防雨棚的顶部为玻璃屋面并设太子窗，四周玻璃可开启，适用于夏季蔬菜育苗等。

应用　热带、亚热带地区年均降水量达1500～2000毫米，且60%～70%集中在6～9月，多数蔬菜、欧亚种葡萄和某些花卉等在多雨、潮湿、高温、强光的条件下病虫多发，很难正常生长，采用防雨棚进行避雨栽培可有效防湿、防病，延长采收期，减少畸形果、裂果与花腐现象的发生，具有在多雨潮湿季节促进作物优质稳产高产的功能。

部分喜温性蔬菜如番茄、黄瓜等，在春末夏初多雨季节栽培需要采用避雨栽培；另外，越夏栽培的不结球白菜、番茄、黄瓜、甜瓜等，采用避雨栽培效果也较理想。

（郭世荣）

扁桃 almond; *Amygdalus communis* 蔷薇科李亚科桃属扁桃亚属落叶乔木。又称普通扁桃，别称巴旦木、巴旦杏。属坚果类果树。扁桃起源于中亚细亚。扁桃亚属约有40个种，有6个种分布于中国，分别为普通扁桃、矮扁桃（新疆野扁桃）、西康扁桃、蒙古扁桃、长柄扁桃、榆叶梅。其中具有栽培价值的只有普通扁桃，主要分布在新疆天山以南的喀什地区，有20多个品种，近800平方千米栽培规模。

形态特征　树干及多年生骨干枝的树皮为深褐色，一年生枝皮绿色。枝叶繁茂，根系发达，入土深。叶淡绿色，单生，披针形。花两性，虫媒花，异花授粉。花瓣顶裂，白色或粉红色，花瓣、萼片5～6枚，

图1 扁桃的果实

多体雄蕊（25～40枚），单雌蕊，湿型柱头。子房上位，1个心皮。果实单生，核果，着生在短果柄上。果实形状纵扁，长卵形或椭圆形，顶部钝或尖，成熟时果皮干燥裂开。内果皮（即核壳）具有不同的厚度和硬度，通常内含核仁1粒，有时呈双仁，白色，多数味甜。开花后4～5个月成熟。

图2 扁桃的核仁

栽培技术 扁桃适宜栽培的主要生态条件是光照强，降水少，昼夜和年温差大，通透性好的中性砂壤土。较抗寒，落叶迟，在休眠期可忍耐－22～－18℃的低温，但花期低温对授粉受精和果实发育不利。扁桃多采用嫁接苗定植建园，株行距（3～4）米×（5～6）米，整枝采用疏层形或自然开心形。采用滴灌，秋施有机肥，生长期叶面追肥，病虫害综合防控。产区主要使用长杆敲落采收果实，但提倡使用液压式震落机进行果实采收。

主要用途 按品种用途分别加工，剥食品种不去壳，其他品种须去壳取仁。用作制糖果、糕点的辅助原料，也可加工成扁桃油、饮料及化妆品等。

（李 疆）

扁竹兰 bamboo iris; *Iris confusa* 鸢尾科鸢尾属多年生草本植物。又称扁竹根、扁竹。扁竹兰产于中国广西、四川、云南。生于林缘、疏林下、沟谷湿地或山坡草地。

根状茎横走，直径4～7毫米，黄褐色，节明显，节间较长。须根多分枝，黄褐色或浅黄色。地上茎直立，高80～120厘米，扁圆柱形，节明显，节上常残留有老叶的叶鞘。叶10余枚，密集于茎顶，基部鞘状，互相嵌叠，排列成扇状。叶片宽剑形，长28～80厘米，宽3～6厘米，黄绿色，两面略带白粉，顶端渐尖，无明显的纵脉。花茎长20～30厘米，总状分枝，每个分枝处着生4～6枚膜质的苞片。苞片卵形，长约1.5厘米，钝头，其中包含有3～5朵花。花浅蓝色或白色，直径5～5.5厘米。花梗与苞片等长或略长。花被管长约1.5厘米。外花被裂片椭圆形，长约3厘米，宽约2厘米，顶端微凹，边缘波状皱褶，有疏牙齿，爪部楔形。内花被裂片倒宽披针形，长约2.5厘米，宽约1厘米，顶端微凹。雄蕊长约1.5厘米，花药黄白色。花柱分枝淡蓝色，长约2厘米，宽约8毫米，顶端裂片呈缝状。子房绿色，柱状纺锤形，长约6毫米。蒴果椭圆形，长2.5～3.5厘米，直径1～1.4厘米，

图1 扁竹兰

图2 扁竹兰的叶

图3 扁竹兰的花

图4 扁竹兰的果实

图5 扁竹兰的种子

表面有网状的脉纹及6条明显的肋。种子黑褐色，长3～4毫米，宽约2.5毫米，无附属物。花期4月，果期5～7月。

扁竹兰可在园林中丛植作为花境，或在草地、林缘种植，也可点缀于路边或用作林下地被。根状茎可供药用，治疗急性扁桃腺炎及急性支气管炎。

（王 雁）

变叶木 variegated leaf-croton; *Codiaeum variegatum* 大戟科变叶木属小乔木。又称变色月桂、洒金榕。变叶木原产于亚洲

图1 变叶木

图2 变叶木的叶

图3 变叶木的花

马来半岛至大洋洲区域。中国南部、热带区域多有栽培。

枝条无毛，枝上有明显叶痕。叶薄革质，形状变异多样，叶形有线状披针形、披针形、长圆形、椭圆形、卵形、匙形、提琴形至倒卵形。叶片有时在中部被中脉分割为上下两片。叶长5～30厘米，宽0.5～8.0厘米，顶端短尖、渐尖至圆钝，基部楔形、短尖至钝，边全缘、浅裂至深裂，两面无毛，绿色、淡绿色、紫红色、紫红与黄色相间、黄色与绿色相间，或有时在绿色叶片上散生黄色或金黄色斑点或斑纹。叶柄长0.2～2.5厘米。总状花序腋生，雌雄同株异序，长8～30厘米。蒴果近球形，稍扁，无毛，直径约9毫米。种子长约6毫米。花期9～10月。

变叶木是热带、亚热带地区常见的观叶植物，可配植于**花坛**、**花境**中。

（于晓南）

冰菜 crystalline ice plant; *Mesembryanthemum crystallinum* 番杏科日中花属一年生草本植物。又称水晶冰菜。以叶片和嫩茎作**蔬菜**食用。冰菜原产于南非，因叶子表面有盐颗粒，看似冰霜，故名冰菜。在非洲、亚洲西部和欧洲都有分布。

形态特征 株高30～50厘米，须根系，根系发达。茎为圆柱形，半蔓生，生长初期直立型，后期匍匐生长，分枝力强，从叶腋发生侧枝，新枝再次形成多级侧枝。叶片扁平，互生，为肉质叶，卵形或

图1 冰菜

图2 冰菜叶表面有盐颗粒

长匙形，基部几乎呈心形，紧抱茎，边缘波状，有发亮颗粒，下部叶有柄。花单个腋生，直径约2.5厘米；几乎无梗；花瓣多数、线形，比萼片长，带白色或浅玫瑰红色；花柱数5，丝状，柱头数5。蒴果5室，裂瓣脊有翅。

栽培 露地或设施栽培。土壤选用砂壤土与草炭土混合，华北地区可在2～3月春播，也可在8～9月秋播。春栽时，若室外温度低于种子发芽要求的温度，可先在温室内育苗，待长出2片真叶后移植室外。秋季栽培时，若收获期前室外温度已不适合冰菜生长，为保证正常收获，可进行防寒保温处理。由于冰菜的种子小且较硬，所以在播种前宜将种子在20～30℃的温水中浸泡3小时左右再播种。播种5天即可发芽。如果是直播，发芽后，幼苗长出多片叶子时开始间苗。播种后半月左右根系长出，长度可达15厘米；播种30天后根部变粗变壮。当幼苗长出2～3片叶时进行选苗，初选每穴留2株，待长出4片叶时保留1株长势最好的，其余疏除。定植时株距保持在30～50厘米。播种后的日间温度以20℃左右为宜，温度较低时可使用透明塑料薄膜覆盖，促进升温。秋天播种时会受高温的影响导致发芽率降低，须保持育苗棚室经常通风，使环境温度适当下降。幼苗期注意水分管理，遵循“见干才浇，浇则浇透”的原则。

冰菜喜光照，在光强3000～14 000勒克斯条件下均可生长。适度强光可促使叶片增厚，增强植株长势。栽培过程中，在正常的环境温度下应进行全光照栽培。冰菜生长适宜温度为15～30℃，不耐高温，夏季栽培可采用遮阳网降温，注意及时通风、降温、除湿。冰菜较耐干旱，不耐涝，栽培过程中要注意控制水分，浇水以“见干见湿”为宜。如果栽培期间水分过大，则形成的结晶颗粒少，作为食材自身咸味淡，口感差。定期用200毫摩/升氯化钠（NaCl）溶液进行灌溉处理，可促进冰菜植株生长，并提高其口感和食用价值。土耕栽培以基肥作为主要肥力来源，在生长期穴施少量复合肥。水耕栽培后期应每15天左右结合浇水补充液体肥料，浓度以2%左右为宜。冰菜苗期栽培过程中主要出现猝倒病，表现为幼苗基部出现水渍，并很快扩展、溢缩变细呈细线状，病部不变色，病势发展迅速，子叶仍为绿色，萎蔫前即从茎基部（或茎中部）倒伏而贴于床面。细菌性、真菌性病害表现为基部真叶腐烂，茎秆黄化，皮层水渍化，同时腐烂向上蔓延，严重时导致植株死亡。

用途 冰菜作为功能性蔬菜的新特品种，由于对盐碱土地具有极强的适应性，加之茎叶脆嫩多汁、滑润不腻、香味独特，且含有丰富的氨基酸和抗氧化剂，对人体有较强的保健功能而日益受到消费者的青睐。冰菜的主要食用部分是嫩茎叶，鲜嫩多汁，可拌沙拉、蘸酱、炒食等，含有对人体有益的松醇、芒柄醇和肌醇等多羟基化合物，黄酮类化合物，氨基酸，抗酸化物及钠、钙、钾等矿物质，是具备高营养价值的蔬菜，特别是其中所含的低钠盐具有良好的保健作用。

（郭仲东）

冰温贮藏 ice-temperature storage 新鲜果蔬产品在冰温范围内进行贮藏的方式。是传统冷藏保鲜之外的一种低温保鲜技术。标准大气压下，纯水的冰点温度为0℃。由于生物组织体内含有可溶性糖、蛋白质、矿物质等多种溶质，因此冰点（又称冻结点）温度均低于0℃。所谓冰温，是从0℃起至生物组织即将开始结冰时为止的温度带。对于生物组织来说，当环境温度高于冰点时，细胞一般处于活体状态。果蔬组织含有较高浓度的可溶性糖、有机酸、矿物质等溶质，冰点温度在−3～−1℃。当贮藏温度缓慢冷却临近冻结点（冰点）时，果蔬产品达到一种近似“冬眠”的状态，这时产品新陈代谢率最小，所消耗的营养物质最少，从而达到维持产品品质、延长保鲜期的效果。

采收后的果蔬产品仍然是活着的有机体，还在进行着一系列的生命活动。温度是影响采收后果蔬衰老和品质劣变的最重要因素。较低的贮藏温度可以减缓果蔬产品的新陈代谢，降低呼吸强度，延长果蔬贮藏寿命，果蔬冷藏保鲜技术就是基于这一原理提出的。利用冰温技术贮藏果蔬，不但可以最大限度地抑制其新陈代谢、抑制贮藏病害的发展，而且能使果蔬产品处于活体状态。因此，与冷藏贮藏技术相比，冰温贮藏可大大延长贮藏期，无论是在色、香、味、口感还是在营养物质的保存方面都优于冷藏。

冰温贮藏是一项全新的采收后果蔬保

鲜技术，克服了冷藏和冻藏的种种缺陷，可以很好地维持果实产品的风味、口感和新鲜度。但冰温贮藏技术诞生之后却没有得到广泛应用，因为有些果蔬产品对温度敏感，在贮藏温度远高于冰点温度之前，就会出现冷害现象。例如，荔枝果肉的冰点温度范围虽然为－3～－2℃，但果实在低于3℃时即会出现冷害，表现为严重的果皮褐变。因此，只有在克服果皮褐变的基础上才能采用冰温贮藏。此外，果蔬冰温贮藏要求有较高的技术，方法不易控制，一旦失误会造成很大的经济损失；适合冰温贮藏技术的配套器材的研究与开发滞后也限制了该技术的推广应用。

（张昭其）

波罗蜜 jackfruit; *Artocarpus heterophyllus* 桑科波罗蜜属植物。又称菠萝蜜、树菠萝、牛肚子果、木菠萝。波罗蜜起源于印度高止山脉地区，唐代传入中国，在中国热带、亚热带地区的海南、广东、广西和云南、福建等地均有分布，以广东、海南两地栽培较多。因其果实挂在树上像菠萝，故又称树菠萝；因其形状像牛的蜂窝胃，故在云南又被称为牛肚子果。

种质资源与分类 根据波罗蜜果实的果肉质地特性，可将波罗蜜品种分为湿包类型和干包类型两大类。湿包类型又称软肉型，果实完全成熟后能徒手剥开，果肉质地软，果包难成形，果汁多。干包类型又称脆肉型，果实成熟后不易用手剥开，须用刀来剖开果实，果肉爽脆，更受消费者欢迎。根据波罗蜜植株的花期及结果习性，可将波罗蜜品种分为双造波罗蜜及单造波罗蜜。双造波罗蜜每年开花、结果两次，由于花、果期相连，似四季均有果，故又称四季波罗蜜。单造波罗蜜立春开花，夏至至大暑前后成熟。

过去中国波罗蜜以庭院房前屋后种植较多，以实生繁殖为主；进入21世纪后一些大规模的商业化果园才逐渐出现，以种植优良品种的嫁接苗为主。在品种上，有引进泰国、马来西亚、越南等国的，也有逐步自主选育出的一些品种，如常有、海大1号、海大2号、海大3号等。

形态特征 波罗蜜嫁接植株一般种植3年后即可开花结果。波罗蜜的花属于茎生花。雄花序和雌花序着生在短的腋生具叶枝条上。在主干、主枝、粗枝、小枝甚至近地表的侧根上，都能抽生花枝（结果枝）开花结果。雌花序授粉受精后，发育为聚合果。可食部分称“果包”，是由花瓣裂片发育而成的假种皮。未受精或受精不全的雌花发育成“腱”，食味差。波罗蜜一般开花后3～4个月果实成熟。在印度，优良单株可产150个大果，尽管某些植株可挂果250～500个，但其果实多为中等大小或小型。单株产量随着树冠增大而增加，最高可达400千克以上。波罗蜜果实是典型的呼吸高峰型果实。

栽培与管理 栽培上主要采用嫁接苗。波罗蜜或尖蜜拉（*Artocarpus champeden*）都可用作波罗蜜的砧木。根据接穗不同分为芽接或枝接，嫁接方法主要是切接或靠接，但最常用的是芽片切接。

波罗蜜树高大，株行距一般为6米×6米，或可更宽（7～8米）。波罗蜜对水分的需求量大，特别是花期及果实发育期，若久旱，则小果脱落或发育停滞，果小畸形，包小肉薄，品质差。因此，花期及果期若过于干旱，应设法灌溉。但雨季易涝，也应做好排水，防止积水烂根。波罗蜜幼树施肥以促进枝梢生长、迅速形成树冠为目的，除冬施有机质肥外，每次抽新梢前施速效肥促梢、壮梢。结果树在采果后重施有机质肥，配施少量速效肥，以恢复树势，提高叶片功能，促进花芽分化。在初春发芽、抽花序前施速效肥，促进新梢生长，花序发育。在果实迅速增大时再施壮果肥，促进果实发育。波罗蜜自然生长易形成自然圆头形树冠，但一般在1米高后打顶促进分枝，形成3～4个主枝的树冠。成年树修剪需要去除直立旺枝，在收获后，需要疏除内膛枝和结过果的花果枝。结果树需要在采收后周期性地去除老枝，以增加内膛透光量。

价值与用途 波罗蜜果实含丰富的营养物质，果肉具有独特的香甜味，主要用于鲜食，亦可加工成脆片或罐头、果脯、果汁。种子富含淀粉，少量的钙、铁，以及维生素B_1和维生素B_2，可煮、烘、炒或炸食。未成熟果实的果肉可炒食、煮汤或腌制。波罗蜜在斯里兰卡被称作“大米树”，可替代粮食。

（叶春海）

菠菜 spinach; *Spinacia oleracea* 藜科菠菜属一年生或二年生草本植物。又称菠薐、赤根菜、波斯草、波斯菜、菠柃、鹦鹉菜、红根菜、飞龙菜。以叶片及嫩茎供食用。菠菜原产于伊朗，2000年前已有栽培。后传到北非，由摩尔人传到西欧的西班牙等国。菠菜种子在唐太宗时期作为贡品从尼泊尔传入中国。

形态和类型 主根发达，肉质根红色，味甜可食。根群主要分布在25～30厘米的土壤表层。茎直立，中空，脆弱多汁，不分枝或有少数分枝。叶戟形至卵形，

图1 菠菜

图2 菠菜的根

图3 菠菜的叶

图4 菠菜的花

图5 菠菜的种子

鲜绿色，柔嫩多汁，稍有光泽，全缘或有少数牙齿状裂片；叶簇生，抽薹前叶柄着生于短缩茎盘上，呈莲座状，深绿色。一般4～5月抽薹开花，单性花，雌雄异株，也有雌雄同株；雄花呈穗状或圆锥花序，雌花簇生于叶腋。胞果，每果含1粒种子，果壳坚硬、革质。

按果实外苞片的构造可分为有刺种和无刺种两个类型。前者叶片呈戟形，果实（习称种子）外壳有刺，耐寒性较强，对长日照敏感，故抽薹较早；后者叶片肥厚近似卵圆形，果实外壳无刺，耐寒性一般较弱，对长日照不敏感，故抽薹稍迟。由有刺种与无刺种配制的一代杂种（F_1）具有抗寒、丰产、耐储藏等特性，为越冬栽培的主要品种。

栽培　属耐寒性长日照植物。对土壤要求不严格，酸碱度以pH7～8为宜。对氮肥需求较多，磷肥、钾肥次之。春秋两季均可播种，以秋播为主。生长期约60天。菠菜抗寒性很强。生长适宜温度为15～20℃。在越冬期间，可忍耐－10℃的低温。菠菜耐热性差，如温度超过21℃，再遇干旱，则生长不良，叶片窄小，品质降低。菠菜对光照条件要求不严格，适宜冬季或早春大棚栽培。留种菠菜通常在秋季播种，次年6月采种。主要病害有霜霉病、病毒病、炭疽病，主要虫害有蚜虫、潜叶蝇等。

用途　菠菜茎叶柔软滑嫩、味美色鲜，含有丰富的维生素C、胡萝卜素、蛋白质，以及铁、钙、磷等矿物质。除以鲜菜食用外，还可脱水制干和速冻。

（巩振辉）

菠萝 pineapple; *Ananas comosus* 凤梨科凤梨属多年生草本植物。又称凤梨、王梨、黄梨。菠萝果实香气诱人，风味独特，而且富含粗纤维、膳食纤维和菠萝蛋白酶，具有肠道保健作用，深受人们喜爱。

栽培历史　菠萝原产于美洲热带地区，确切起源地域和驯化利用时间尚无定论。大量研究表明菠萝起源中心位于南美洲的巴西和圭亚那，这些地区发现了多个菠萝野生种。栽培菠萝存在两个多样性的驯化中心。第一个位于圭亚那地盾（Guiana Shield）东部地区。该地区凤梨属物种具备广泛的核和细胞质的多样性，有野生的野凤梨（*A. ananassoides*）、菠萝（野生）（*A. comosus*）、光凤梨（*A. lucidus*）、巴拉圭凤梨（*A. parguazensis*）和矮凤梨（*A. nanus*）等种类；并发现许多果实大小不一的中间类型，可能是*A. comosus*和野生的*A. ananassoides*的杂交后代，表明该地区可能是果实驯化的第一中心。第二个中心位于亚马孙河上游流域。该地区没有发现野生及中间类型的菠萝，可能是栽培菠萝的多样化中心区域。

菠萝最早由印第安人群中的图皮－瓜拉尼语人驯化、种植。此后，加勒比人视其为极妙的水果（加勒比语Anana），在南美和加勒比海地区广为栽培。他们带着菠萝向北迁徙到达安的列斯群岛、安第斯山北部及中美洲。1493年，哥伦布第二次航海探险到达新大陆，在瓜得路普发现了菠萝，海员们被这种风味奇特的果实所吸引；把菠萝当作一种抗坏血病的食品整株带上船，有时把它作为名贵的礼物馈赠沿途重要客人，并在其非洲殖民地不断介绍和展示这种果实。自从被哥伦布等人发现后，菠萝被引入许多国家。西班牙人于16世纪初将菠萝引进菲律宾、夏威夷和关岛。葡萄牙商人从摩鹿加群岛将菠萝带入印度及非洲东西部沿岸。法国人在1602年前将菠萝种苗输入法属几内亚等地，英国人则在1637年将种苗运到马来西亚，荷兰人也从爪哇将种苗运到南非栽种。全球已有80多个国家与地区生产菠萝，分布于南北纬30°以内的地区，尤以南北纬25°以内为多。

菠萝于明末传入中国。在明崇祯十二年（1639）的《东莞县志》、清康熙二十六年（1687）的《台湾纪略》中，都有关于黄梨的记述。咸丰元年（1851）的《文昌县志》也有关于菠萝的记载，文中称其“甘香无核，叶刮麻作布”。在道光二十六年（1846）吴其濬所著《植物名实通考》中，载有“露兜子产于广东，一名波罗（菠萝在汉语中的早期书写方式）”，又载“在云南别名为打锣锤，顶有丛芽，分生之无不生者”。中国菠萝主产区有广东、海南、广西、云南、福建等省（自治区），其中广东省栽培面积和产量约占全国的50%和60%。中国菠萝平均单产略高于世界平均水平，但不同地区差别很大。广东省的单产远高于世界平均水平，与世界平均单产第五位的墨西哥相当；海南省的单产略高于世界平均水平；而其他产区的产量则远远低于世界平均水平。

形态特征　株高0.8～2米。根为须根，从茎节上的根点长出，好气浅生，多集中在10～25厘米土层，细根密生根毛并共生菌根，有利于吸收养分和水分。茎短，直径2～6厘米。叶40～80片，莲座式排列，革质、剑形，长40～90厘米，宽4～7厘米，顶端渐尖，全缘或有锐齿。头状花序，顶生，长6～8厘米，状如松球，基部着生多个总苞片，花序由100～200个小花聚合而成，自基部向顶端螺旋状顺序开放。小花为完全花，无柄，雄蕊6枚，雌蕊1枚，柱头3裂，子房下位、3室。花瓣3片，长椭圆形，端尖，长约2厘米，上部紫红至蓝紫色，下部白色。小花外有一苞片，三角状卵形。萼片3个，宽卵

图1 菠萝

图2 菠萝的花序与小花

图3 菠萝的果实

形，肉质，长约1厘米。果实为聚花果，有50～130个小果。聚花果顶部着生一个冠芽，偶见双冠芽或者多冠芽。

主要类群 菠萝是凤梨科中最重要的经济作物。凤梨属有7～8个种，分为凤梨组（2n=2x=50）和长齿凤梨组（2n=4x=100）。虽然凤梨属植物果实均可食用，但主要用作果树栽培的只有菠萝一种。经过长期选育，全世界已有数百个栽培品种，通常分为无刺卡因类（Smooth cayenne group）、皇后类（Queen group）、西班牙类（Spanish group）、伯南布哥类（Pernambuco group）和佩罗莱拉类（Perolera group）5个类群。现有的菠萝栽培种与野生种多为二倍体，少见三倍体和四倍体。体细胞高度杂合，自交不结实，杂交后代存在大量的分离，导致育种效率不高。

生长习性 菠萝病虫害少，易行绿色、有机生产，具有节水抗旱抗风等特点。可与甘蔗、香蕉等作物轮作，也可在荔枝、龙眼、橡胶、桉树等林下间种。宜栽气候条件为年平均气温≥21℃，最冷月（1月）平均气温12℃以上，冬季极端最低温度多年平均值≥2℃，≥10℃的年有效积温6500～9000℃，年降水量1000～2000毫米，年日照时数≥1600小时。土壤以土层深厚、透气性好和排水良好的轻黏土、壤土和砂壤土为宜，土壤pH以4.5～5.5为佳。

菠萝是景天酸代谢植物（CAM植物），气孔在晚上打开，黎明时气孔张开达到高峰，日出后关闭，下午三点以后再重新打开，因此蒸腾作用小。加上叶片特殊的着生方式与组织结构有利于集水保水，使其具有抗旱和水分高效利用的特性。其水分利用率是C_3作物的4～19倍，C_4作物的2～7倍。种植菠萝可节约水资源，减少地下水的过分抽取。

栽培技术 种植时间一般在3～10月。植前须充分整地，使土地平整，以防积水。坡地须建等高梯田。种苗可用冠芽、裔芽、吸芽、组培苗、叶芽扦插苗等。种苗要求健壮且大小一致，苗高25厘米以上，茎粗2.5厘米以上为宜。可单行、双行或多行式种植，大行距65～80厘米，小行距35～50厘米，株距30～45厘米，每公顷种植40 000～60 000株。种植需浅而稳。施肥分基肥、攻苗壮株肥、催蕾肥、壮果肥和壮芽肥五个关键时期，按照前期勤施、薄施，中期重施，后期补施的原则进行。施肥方法有撒施、条施、滴灌施肥、施肥枪注施和叶面喷施等。菠萝对水分要求不高，但干旱季节适当灌溉可获高产优质，需水关键时期是植后恢复期、花蕾抽生期和果实发育期。为便于管理和产期调控，常用乙烯利、电石进行催花。催花的植株大小标准为：皇后类品种长度大于35厘米的叶（又称标准叶或成年态叶）多达30片以上，卡因类品种长度大于40厘米的叶达到35片以上。

灾害类型 主要病害为凋萎病、心腐病、黑腐病、黑心病。主要害虫有菠萝粉蚧、蛴螬。广东中部、广西和福建产区冬季需要防寒。

贮藏与加工 菠萝是非呼吸跃变型果实，采后后熟过程不明显。但果实含水量大，可溶性固形物含量高，组织松软，常温下不耐贮运，温度过低易受冷害，适宜在5～8℃贮藏。成熟的菠萝果实在4～11月品质最好，但由于缺少保鲜技术，中国菠萝收获的高峰期却是在菠萝品质最差的冬春季节。随着采后处理及贮运技术的完善和冷链物流体系的建设，菠萝生产将朝着周年应市的方向发展。

在商业化生产早期，因没有冷藏运输技术，长距离运输腐烂损失严重，制约了鲜果贸易，菠萝罐头产业应运而生。菠萝罐头能基本保持鲜果的色香味且富含膳食纤维，被誉为"罐头之王"，是全球产量最大、品质最好的水果罐头之一。20世纪初，都乐（Dole）公司发明了菠萝削皮去心机，促进了菠萝罐头业的机械化、规模化发展。1933年以后，菠萝果汁成为一种主要的副产品开始批量生产。菠萝罐头与浓缩果汁是最主要的加工产品，传统加

图4 菠萝罐头生产线

图5 菠萝干

工产品还有菠萝蛋白酶、菠萝干、果酱、果脯等。

用途与价值 果实可鲜食，每100克新鲜果肉中含碳水化合物13.5克、蛋白质0.5克、脂肪0.1克、膳食纤维1.4克、维生素C 47.8毫克、维生素$B_1$0.8毫克、维生素$B_3$0.5毫克、维生素$B_6$0.1毫克、叶酸18克、β-胡萝卜素35微克、钾109毫克、钙13毫克、铜0.1毫克、铁0.3毫克、锰0.9毫克、锌0.1毫克。

从叶片中分离出的纤维，经脱胶改性处理，可与棉、毛、蚕丝以及合成纤维混纺，生产具有杀菌除臭功能的高档纺织品。茎或果实加工残渣提取的菠萝蛋白酶可用于食品和医药行业。菠萝叶主要含酚类成分，菠萝叶酚具有抗癌和促进胆固醇降解的功能。

新业态 世界菠萝鲜果贸易增长迅速，而品质是鲜果市场竞争的基础。各主产国积极研发高产优质综合栽培技术，建立零农药健康栽培体系。随着速冻、低温真空干燥等技术的完善与应用，速冻菠萝、菠萝脆片等新产品不断涌现，利用菠萝特有香气调味增香的混合果汁、混合罐头也日益增多。

随着综合利用技术的发展，将逐步实现菠萝蛋白酶和叶纤维等的综合加工利用，以及叶渣医药化、能源化、饲料化、肥料化利用。既能减少废弃物环境污染，

又能拉长产业链条，增加产业效益。

（孙光明　何业华）

菠萝黑心病　pineapple blackheart　菠萝患病果外部无感病症状，但剖开后可见紧靠中轴的果肉变褐的生理病害。又称内部褐变病。是菠萝贮藏过程中普遍发生的病害。病斑初期呈半透明水浸状斑点，不久变为褐色，范围逐渐扩大，后期病斑变黑。发病严重时，全部果肉和果心变黑。发病果肉或有特殊香气，但果皮颜色变暗，严重时冠芽萎蔫或容易脱落。

菠萝黑心病发病情况因采收季节不同而有差异，秋冬季菠萝在田间受到低温影响，可诱导该病发生，而夏收菠萝相对较少发生。不同生长季节和品种之间也存在差异，对中国的主栽品种巴厘而言，一般秋冬采收的菠萝在20℃贮藏

菠萝黑心病

1周就开始发病，而夏收菠萝可能贮藏10～14天才发病。有些菠萝采收时就有黑心病，但有些菠萝采后常温放置10天以上才发生黑心病。菠萝黑心病的严重程度因栽培措施不同而有差异，在果实膨大期喷施植物生长调节剂赤霉素（GA_3）的菠萝采后易发黑心病，采前喷施乙烯利催熟也会加重黑心病。关于菠萝在何温度下易发生黑心病存在不同观点。有人认为低温导致黑心病，采前、采后低温都能诱发菠萝果实黑心病。贮藏温度低于6℃易出现黑心病，低温导致的冷害可能是黑心病的诱因。菠萝黑心病严重制约鲜果贮藏物流，给菠萝产业造成很大的经济损失。菠萝黑心病防治是世界性难题，科研人员已经研发出有效控制菠萝黑心病的技术，有待推广应用。

（朱世江）

不夜侯　Buyehou　中国茶的别称。所谓不夜，指茶提神醒脑、不思睡眠的作用。宋陶谷《茗荈录》载："胡峤《饮茶诗》曰：'沾牙旧姓余甘氏，破睡当封不夜侯。'"不夜侯是古人以拟人化的语言对茶的描述，比较直白易懂。

（于良子）

C

《采茶词》 *A Poem about Picking Tea Leaves* 七言古诗。中国明代高启作。高启（1336～1374），明初诗人。字季迪，长洲（今江苏苏州）人。元末曾隐居吴淞江畔的青丘，故自号青丘子。与杨基、张羽、徐贲合称“吴中四杰”。

诗为：“雷过溪山碧云暖，幽丛半吐枪旗短。银钗女儿相应歌，筐中摘得谁最多？归来清香犹在手，高品先将呈太守。竹炉新焙未得尝，笼盛贩与湖南商。山家不解种禾黍，衣食年年在春雨。”

这首诗表现了诗人对人民生活极大的同情与关怀。诗的开篇是一派欢快场面：雨过天晴，溪山渐暖，茗吐新芽，幽丛夺目。但是，采摘的茶叶还未来得及自己品尝，就要将最好的贡献给官吏。为了生存，茶农把茶叶供官后，其余全部卖给商人，自己却舍不得尝新。最后两句明写“山家”，实则指向茶农生活贫苦的现实。采茶之喜和山家之苦，清茗之香和盘剥之恨，形成了鲜明对照。

（刘伟华）

采茶歌 tea-picking songs 中国民间歌舞体裁。又称茶歌。起源于民歌小调。采茶歌流行于中国南方采茶地区，如广东、广西、江西、福建、浙江、江苏、安徽、湖南、湖北及云贵等地。

从现存茶史资料来看，茶叶成为歌咏的内容最早见于西晋孙楚《出歌》中的“姜桂茶荈出巴蜀”。茶歌的来源一是由诗而歌，即文人作品演变为民间歌词；二是由谣而歌，即民谣经过文人的整理配曲再返回民间；三是完全由茶农和茶工自己创作的山歌或民歌。

现在流传下来的采茶歌有《采茶》《采茶歌》《五月采茶》《十月采茶》《倒采茶》《采茶十二月》等。采茶歌所言不一定都是茶事，只是以茶编词，以茶叙事，借茶谈情，具有鲜明的艺术特点和强烈的感染力。①采茶歌以茶叙事，真实反映了茶农的生活。“采茶去，去入云山最深处。年年常作采茶人，飞蓬双鬓衣褴褛，采茶归去不自尝，妇姑烘焙终朝忙，须臾盛得青满筐，谁其贩者湖南商。好茶得入朱门里，瀹以清泉味香美。此时谁念采茶人，曾向深山憔悴死。采茶复采茶，不如去采花。采花虽得青钱少，插向鬓边使人好。”这首清康熙年间就开始在湖北五峰、恩施土家族人聚居地流传的《采茶歌》，真实地再现了土家族人艰辛的采茶生活。②采茶歌以茶言情，表达了茶乡人民的真实情感。如流行于湖北、湖南的《采茶》：“正月采茶是新年，伙计约我进茶园，一班伙计约齐了，挑起担担瞧姣莲，瞧得姣莲进茶园。二月采茶百花开，收拾打扮看乖乖，自从今日看了你，伙计约我做买卖，十天半月不回来。三月采茶是清明，收拾打扮看情人，我到茶山半年春，莫把鲜花许别人。四月采茶茶园开，收拾打扮看乖乖，床上莫共鸳鸯枕，踏板上莫共两双鞋，留个脸面我回来。五月采茶是端阳，提瓶打酒进绣房，情郎多喝雄黄酒，山里老树老蛇多，恐怕咬了我情哥。六月采茶三伏热，年年路上走不得，园田路上无人走，早落店子早借歇，弯头弯垴小心些。……”以男女二人的口吻，从正月唱到腊月，表达出情人之间的深沉相恋、牵挂，真实感人。③采茶歌以茶言义，具有教化功能。借茶歌或歌咏批判历史、戏剧里的人物，表达茶农们的爱憎与是非观念，教人修行尽孝，有很多采茶歌本身就与茶无关，只是借茶歌的形式予以表达。如《采茶》：“采茶采到日头红，三国英雄赵子龙，长坂坡前救阿斗，万马军中逞英雄。采茶采到日当中，诸葛孔明借东风，三气周瑜丧柴桑，舌战群儒在江东。采茶采到月亮升，杨家有个杨总兵，全家都是英雄汉，一门几代当忠臣。”

采茶歌从不同侧面反映了茶农的生活、道德情操、忠实信仰和当时的社会生活情况。“农人随口唱山歌，北陌南阡应鼓锣。”茶农们在辛勤的劳作中获得了乐，获得了趣，获得了爱，也获得了美。他们质朴的吟唱就是他们难以言说的感悟。他们借茶歌歌颂自己的爱情，借茶歌咏叹生活的艰辛，借茶歌表达对人生的认知，借茶歌展示豪爽、淳朴、诚实、坚韧的品格。可以说，各种茶歌就是一幅灿烂的民俗文化长卷，既是劳动人民现实生活场景的再现，更是他们对待生活的激情，对待理想的期冀。

（刘伟华）

采茶舞 tea-picking dance 以茶事为内容的民间舞蹈。采茶舞是茶农农事活动的艺术呈现，既将茶农采茶活动的肢体动作艺术化，又体现了民间具有乡土味道的文化景观。采茶舞内容丰富、舞姿优美、富有情趣，具有很强的娱乐性，受到人们喜爱。

主要类型　采茶舞发轫与起源于何时，史籍中少见记述。大约在明、清时期，民间流行与地方茶民歌、茶戏曲相结合的采茶舞形式，如采茶调、采茶戏、茶灯、采茶灯等。①采茶调。为汉族民歌。在西南少数民族中也演化出“打茶调”“敬茶调”“献茶调”，这些采茶调常伴以舞蹈动作。②采茶戏。根据流行地区的不同，有江西采茶戏，闽西采茶戏，湖北阳新采茶戏、黄梅采茶戏、蕲春采茶戏，粤北采茶戏，桂南采茶戏，不同地区的采茶戏各具特色。③茶灯、采茶灯。是汉族以前比较流行的民间舞蹈形式，根据地域不同，又称作“茶篮灯”“灯歌”“采茶”“茶歌”“壮采茶”“唱采舞”等。

表演形式　作为民间舞蹈，采茶舞的叫法不同，跳法也因地而异，但一般情况下是男女演员身着民族特色服饰，腰缠绸带，手拿麒麟、凤凰、花篮、花伞、彩扇、铜钱鞭等道具舞动。茶公舞步轻快潇洒，动作诙谐，富有情趣；茶娘羞涩含蓄，舞步细碎轻盈。以采茶调、花鼓调、看相调、紫竹调、古人头调、鲜花调等伴奏，边歌边舞，气氛热烈，具有较强的娱乐性。

采茶舞是浙江省杭州市茶乡的传统歌舞；在台州市三门县石马村、衢州市开化县等地，每逢新春元宵佳节或农历六月廿二日，族人都要举行采茶活动，欢庆丰收，祈求风调雨顺、国泰民安。广西崇左民间采茶队一般在正月初一至二月上旬演出采茶舞，以茶恭新年、庆贺丰收、祈求太平为表演目的，采茶舞有开台茶（恭茶）、乃茶、十送茶、老正茶、洋红茶等10多种表演形式。广西玉林的许多地方在春节期间几乎是无村不唱、无圩不舞，用采茶舞表现人们的生产劳动过程，有时插以反映青年男女爱情的故事情节。云南彝族、白族打歌时，也都有端着茶或酒边舞边走边歌的形式。

动作特点　最早的采茶舞反映了先民对自然的崇拜敬仰，是对日常生活的戏曲再现，表达了他们达观开朗的生活态度和精神追求。采茶舞的动作特点是朴实大方、富于幽默感，内容多以劳动生产、生活、爱情为主旋律，伴奏乐器以二胡、笛子、唢呐为主，再伴以锣、鼓、钹为主的打击乐。

以赣南采茶舞为例，赣南采茶舞是在明朝中叶从采茶歌演化过来的，有鲜明的茶歌特色。当时茶女采茶时常唱茶歌，慢慢形成“十二月采茶歌”，后来这种歌唱月份的“四季歌”便被引入采茶舞中。由于歌曲和舞蹈存在差别，采茶歌在被应用到采茶舞中时加入了许多乐器，包括唢呐、大锣、大鼓等，使采茶舞更有气氛和节奏感。随着历史的发展，采茶舞又吸收了西方的管弦乐器与和声复调，使采茶舞的音乐更加丰富。赣南采茶舞的伴乐既有中国传统的乡土音乐，又兼具西方的现代主义风格，有十分鲜明的民族特点。

明朝中叶是赣南采茶舞的初始时期，舞蹈动作相对单一，而且动作幅度也较小。到清康乾（1662～1795）时，赣南采茶舞加入矮子步、扇子花、单袖筒等舞蹈动作，使赣南采茶舞的动作特点更加鲜明。矮子步其实是一种象形的动作，是对茶农上山采茶动作的模仿。这些动作从本质上来讲并不具有美感，但是赣南采茶舞却从"丑中见美"，让平常茶事中司空见惯的动作有了审美特征。扇子花同样是茶事中演化出来的行为艺术，在明清之前为保证茶叶品质，传统的制茶作坊要使用大蒲扇扇动茶叶来保证茶叶的温度，而在平时的摘茶过程中也会用蒲扇消暑纳凉，因此扇子就进入赣南采茶舞的表演中。采茶舞艺人常说"采茶没扇子，等于吃饭没筷子"，可见扇子在采茶舞中的重要地位。

（刘伟华）

采后商品化处理 postharvest commercial treatment 园艺产品从**采收**到上货架的过程中，根据种类、贮藏时间、物流方式及销售目的不同，通过一系列采后处理使参差不齐的农产品转变为整齐划一的商品的过程。许多园艺产品的商品化处理可在包装车间的机械化生产线上一次性完成，这种处理方式为全自动商品化处理；在设备条件不完善，不能完全实现自动化流水作业的情况下，可通过简单的机械或手工作业完成，这种处理方式为人工商品化处理。园艺产品的采后处理，可根据产品种类选用适合的处理措施，处理措施主要包括整理与挑选、预冷、清洗和涂蜡、品质分级、产品包装、预贮、防腐和保鲜、催熟和脱涩等环节。

整理与挑选 目的是剔除有机械伤、病虫害、外观畸形、着色不良等不符合商品要求的产品，以改进产品的外观、改善商品形象，便于包装贮运，有利于销售和食用。挑选并清除残叶、败叶、枯枝，以及不可食用的部分（如根、叶、老化部分）等。叶菜采收后的整理特别重要，单株体积小、重量轻的叶菜还要进行捆扎。其他茎菜、花菜、果菜也应根据产品特点进行相应的整理，以获得较好的商品性和贮藏保鲜性能。

预冷 是园艺产品在运输、贮藏或加工前迅速除去田间热，将产品温度降低到适宜温度的过程。大多数园艺产品都需要进行预冷，恰当的预冷可减少产品腐烂，最大限度地保持产品的新鲜度和品质。预冷是农产品低温冷链保藏运输中必不可少的环节，预冷措施必须在产地采收后尽早进行。

清洗和涂蜡 园艺产品表面常带有大量泥土污物，严重影响其商品外观，在上市销售前常须进行清洗和涂蜡。其目的是改善商品外观，提高商品价值；减少表面病原微生物；减少水分蒸腾，保持产品新鲜度；抑制呼吸代谢，延缓衰老。

品质分级 园艺产品收获后，将大小不一、色泽不均、感病或受到机械损伤的产品按不同销售市场的分级标准进行品质分级。产品经过分级后，商品性大大提高，减少了贮运过程中的损失，并便于包装、运输及市场的规范化管理。果品可按果实的形状、色泽、内在品质、大小在分选包装线上进行自动分级，形成整齐一致的商品，剔除肉眼不可见的内部褐变、病虫等缺陷农产品。

产品包装 园艺产品包装是实现标准化、商品化，保证安全运输和贮藏的重要措施。包装可减少相互摩擦、碰撞、挤压而造成的机械损伤，减少病害蔓延和水分蒸发，避免园艺产品散堆发热而引起腐烂变质。包装箱可使园艺产品在流通中保持良好的稳定性，提高商品率和卫生质量。

预贮 收获后的园艺产品如薯类受到机械损伤，需要在预贮过程中愈合伤口。人为创造适宜的条件可加速产品愈伤组织的形成，该过程为愈伤处理。愈伤处理能增强薯类和葱蒜的耐贮性和抗病性，获得很好的贮藏效果。葱、蒜通过预贮使表面失水形成柔软的凋萎状态，可抑制内部水分继续蒸发散失，有利于保持产品的新鲜状态。

防腐和保鲜 为延缓衰老和减少腐烂，可在采收后对园艺产品进行保鲜防腐处理，主要采用杀菌物质和生长调节物质。防腐和保鲜物质应选用高效、低毒、低残留的药剂，以保证食品安全。园艺产品使用**1-甲基环丙烯**（1-MCP）处理，是一项经济有效的保鲜措施。

催熟和脱涩 催熟是销售前采用人工方法促使果实成熟的技术，香蕉、苹果、梨、番茄等果实多用乙烯利催熟。柿子成熟时有涩味，需要脱涩才能食用，产业中常用高浓度二氧化碳（CO_2）处理。

（惠 伟）

采后生理病害 postharvest physiological disorders 果实**采收**后由于不适宜的环境条件或理化因素所造成的生理障碍。有些采前理化因素导致的生理障碍在采收后才表现出症状，这些生理病害也是采后生理病害。采后生理病害是由非生物因素诱发，不是由病原菌侵染引起的。其病状因病害种类而异，大多表现为果实**褐变**、凹陷、水渍状、黑心、异味、果肉组织木质化及不能正常后熟等。导致采后生理病害的致病因素主要有采收前因素和采收后因素两类。

采收前因素 果实生长发育期间营养失调，即果实总体上或某一部分营养物质的含量偏高或偏低，以及元素之间的比例失调，平衡关系遭到破坏而出现的病状，主要有钙营养失调、氮素营养失调等。

栽培管理措施不当，如施肥、灌溉、修剪、喷药等措施不当，也会直接或间接地造成营养失调，引起一些生理病害。如缺钙容易导致苹果苦痘病、氮素过多容易导致柑橘汁胞粒化枯水等。

采收成熟度不当，在贮藏过程中也会出现一些生理病害，如苹果采收过早，易发生**虎皮病**，采收过晚，易出现**水心病**、果肉粉绵病等。

气候异常，如温度、光照、降水等异常也会导致病理病害。如苹果采收前持续高温干旱，贮藏中易发生水心病和红玉斑点病，而采收前长期低温阴雨，贮藏中易发生虎皮病；采前高温和强日照，易出现"日灼症"，而光照不足，会导致着色不良，固形物积累少，贮藏中易出现生理病害；采前降水少，长期干旱，正常生长发育受阻，发育不良，贮藏中易出现缺钙性生理病害，干旱后遇骤雨，甜橙贮藏中易发生枯水。

采收后因素 贮藏物流温度不合适会引发生理病害。一是温度过高而导致过早衰老和异常成熟的现象，如糠心、内部褐变、粉绵化、"青皮熟"等病状；二是温度过低引起的**冷害**和冻害。冷害指果实在冰点以上的不适低温所造成的伤害，多出现在原产于热带、亚热带的水果，表现为内部组织变黑或变褐，表面出现凹陷斑，表皮局部组织坏死、变色、水渍状、有异味、果肉组织木质化，或者不能正常后熟；冻害指冰点以下低温时由于冻结对组织造成的伤害。

湿度不当会引发生理病害。湿度过低导致果实失水过度，使果皮皱缩，褐变，外观差，出现异味等病状。

气体也会引发伤害。贮藏环境二氧化碳（CO_2）浓度过高，会导致果实出现

CO_2伤害，导致有异味、表皮呈褐烫状褐变、果心和果肉出现水渍状、褐变等症状；而较长时间处于缺氧气（O_2）的环境也会导致低O_2伤害，表现为表皮凹陷、褐变、软化、产生酒精味或异味、不能正常后熟等。贮藏环境乙烯浓度不当也会引起乙烯伤害，表现为果皮变暗变褐、失去光泽、软化腐败快等病状。部分果实采后使用二氧化硫（SO_2）处理或使用SO_2进行库房消毒时，若处理不当也会引起SO_2伤害，出现漂白、褐变、水渍斑、果肉变色等。在以氨为制冷剂的冷藏库中，若库内出现氨气（NH_3）泄漏，也会导致NH_3伤害，导致变色、凹陷等病状。

控制措施　首先要对采后病害进行正确的判断，确定是否为生理病害；其次要对导致生理病害的因素进行分析，弄清导致病状的原因，若无法确认也可采用排除法或人工诱发法等进行检验。确定原因后，可有针对性地采取相应的措施进行防控。

（吴振先　朱世江）

采收　harvest　利用人工或机械将园艺产品采摘下来的生产技术措施。采收是园艺生产上的最后一个环节，也是采后处理、贮藏物流的第一个环节，采收工作质量的好坏，直接影响到最终产品的品质和采后贮藏物流效益。确定园艺产品采收质量关键是要做好采收期的判断，把握合适的采收时间和适宜的采收方法。

确定采收期　确定园艺产品的采收期，要考虑其采后的用途、产品类型、贮藏时间的长短、物流距离的远近和销售期的长短等因素。一般就地销售的，可适当晚采收；而需要长期贮藏或长途物流的，应适当提早采收；一些呼吸跃变型园艺产品应在呼吸高峰启动前采收。根据园艺产品采后用途的不同，成熟度可分为园艺成熟度、生理成熟度、食用成熟度等类型。园艺成熟度指产品达到上市要求时的成熟度。如一些果实达到可食用时采收，豆芽菜在子叶刚张开时即可采收，绿叶菜类在嫩叶或成熟叶时均可采摘，一些具有后熟作用的园艺产品一般在呼吸跃变开始前采收。这时的成熟度称为园艺成熟度。生理成熟度为园艺产品器官已经充分发育成熟，其种子已经可以用以繁殖下一代，但此时的园艺产品食用品质往往开始下降，出现退糖等现象，有些开始出现衰老症状，果肉变软，出现纤维化、风味变差等现象，这时的成熟度称为生理成熟度。食用成熟度指园艺产品最适宜食用时的成熟度，此时该产品具有独特风味，食用价值、口感品质最佳。一般非跃变型园艺产品要达到食用成熟度时采收，否则影响最终产品的品质，而跃变型园艺产品一般采收时并不能马上食用，在采后贮运过程中通过后熟使之达到最佳食用品质。

采收方法　园艺产品的采收有人工采收和机械采收两种方式。

人工采收　是国际上鲜食用途的园艺产品采收使用的主要方法，需要长期贮藏和长途物流的产品最好采用人工采收。人工采收可以根据产品成熟程度分期、分批进行采收，采收时可以做到轻拿轻放，减少或避免机械损伤，并可根据产品的要求保留或去掉果梗、成穗或整串采收，采收时也可直接剔除一些腐烂和畸形产品等。但人工采收存在成本高、效率较低、劳动强度大、采收的产品品质受采收人员影响等问题。人工采收时，可借助一些辅助机械来提高采收效率，减轻劳动强度，扩大采收范围，如可借助梯子、采果平台、果剪、采果袋或采果篮等。

采收时应采取各种措施尽可能避免或减少产品的机械损伤。采收时受到机械损伤的果实，在采后贮藏、物流和销售中易变质，加快衰老、腐烂和变色等，导致损失。因此采收时可利用圆头果剪等进行采摘，避免以拉扯等方式采摘；通过衬垫一些柔软的材料来避免碰撞挤压而导致的机械伤；采用适当大小的专用采果袋做临时包装。例如，柑橘类果实可采用一果二剪法，先离果蒂较远处剪下第一剪，再齐萼剪平果蒂，避免在包装框内由果梗将其他果实刺伤。香蕉采收时，用刀先切下假茎，由一人扶母株使其缓缓倒下，在蕉穗着地前切断蕉轴，将整串香蕉挂在索道上运回加工厂，或者落梳后在蕉梳间用海绵纸或气泡袋隔开，再装入周转筐运回加工厂作下一步的处理。桃、李、杏等成熟时果肉变软，采收前应剪短指甲，再戴上手套进行采收。龙眼采收时一般采用整穗采收，使用果剪将整穗果实剪下，尽量不要用手直接折断果枝。

机械采收　成熟时果柄与果枝之间形成离层的一些果实，可采用机械采收。如桃、杏、李、番茄、橄榄、苹果、葡萄等，有时为了便于机械采收，在采收前可使用催熟剂或脱落剂来加速离层的形成。机械采收常见的有利用强风压来迫使离层分离脱落、利用强力机械来振动或摇动主枝使果实振动脱落等。由于机械采收的果实易受机械损伤，因此这种方法采收的果实一般用于加工。随着科技的发展，已研发出采摘机器人、采摘机械手等，通过颜色识别和传感器等技术，也可用于鲜食果实的采收。

采收时，要注意采收时间和采收天气。要进行贮藏或运输的果实，一般需要在清晨或上午10点前采收，避免在正午烈日下采收，避免在雨天、台风天等不良天气下采收。

（吴振先）

采穗圃　cutting orchard　以繁殖大量优良插条、接穗为目的建立的园圃。又称无性繁殖圃。采穗圃是以优良品种、优树或优良无性系为材料，为生产遗传品质优良的无性繁殖材料而建立的良种繁育基地，用于繁殖优良苗木和推广良种，满足园艺作物育苗的需要。无论是嫁接、扦插还是根蘖繁殖的果树品种，只要无性繁殖能力强，都可建立采穗圃。

基本要求　采穗圃要求选择地势平坦、土层深厚、排水良好、适宜栽植树种的环境。通常与栽培园要有一定的空间隔离，以减少病虫害传播的风险。采穗圃面积的大小，要与苗木的生产规模和市场需求相匹配。商业采穗圃种植的品种应是经过审（认）定的优良品种，获得植物新品种权授权的品种，以及具备市场发展潜力的储备品种。根据采穗的需要设置株行距，并设置相应的配套措施。

采穗圃生产的穗条要求品种纯正、生长健壮、粗细适中，生根/发芽率较高，嫁接成活率高。

管理措施　采穗圃以生产和收获一年生枝等材料用于砧木和接穗繁殖为目的，因此树形、修剪方式、土肥水管理等都需要进行相应的匹配。穗条的采集是采穗圃的收获环节，采集的穗条须按品种、长短、粗细分别扎捆，挂好标签，标明品种/品系、采集人、采集圃地、采集时间等信息。

主要作用　采穗圃是提供优质插条、接穗和砧木的果树良种基地。采穗圃通过集约管理可以提高产量、质量，降低成本，相比从果园直接采穗，具有品种纯度高、质量好、生产量大等优势。

（张新忠）

彩叶树　color-leafed tree　在生长季节或生长季节的某一阶段，可以较稳定地呈现红色、黄色、紫色等异于绿色且具有较高观赏价值的叶色的观赏树木树种。因生理失调、病虫害、栽培失当等环境条件造成的非绿色除外。又称色叶树。彩叶树种的叶色表现主要与叶绿素、胡萝卜素、叶黄素和花青素的含量及比例有关，而这些色素的含量及比例又往往与气候和环境有关，其中尤以秋色叶树种和春色叶树种为甚。气候因素如温度因子，环境条件如光强、光质，栽培措施如肥水管理等，均可引起叶内各种色素尤其是胡萝卜素和花青素比例的变化，从而影响彩叶树种的色彩表现。

彩叶树种的种类很多，可以分别按照彩叶时间、色素分布、色素种类和生长习性划分。

根据彩叶时间划分　可分为常色叶彩叶植物和季节性彩叶植物。

常色叶彩叶植物　叶子从发出到脱落一直为彩色。常见的栽培常色叶树种中，红色的如红枫（*Acer palmatum* ‘Atropurpureum’）等，紫色、紫红色的如紫叶李（*Prunus cerasifera* f. *atropurpurea*）、美人梅（*Prunus*×*blireana* ‘Meiren’）、紫叶小檗、红花檵木（*Loropetalum chinense* var. *rubrum*）等，黄色的如金叶女贞、金叶假连翘（*Duranta repens*‘Golden Leaves’）等。

季节性彩叶植物　叶子从发出到脱落，在某一季节是彩色的。包括：①春色叶类。春色叶树种指春季新生发的嫩叶呈现显著不同叶色的树种。有些常绿树的新叶不限于春季生发，一般称为新叶有色类，但为方便起见，也统称为春色叶树种。春色叶树种的新叶一般呈现红色、紫红色或黄色，常见的栽培春色叶树种如石楠（*Photinia serrulata*）、臭椿（*Ailanthus altissima*）、垂柳、朴树（*Celtis sinensis*）、石砾（*Lithocarpus glaber*）、猴樟（*Cinnamomum bodinieri*）、光叶石楠（*Photinia glabra*）、椤木石楠（*Photinia davidsoniae*）、桂花、香椿（*Toona sinensis*）、栾树（*Koelreuteria paniculata*）等。②秋色叶类。秋色叶树种指秋季树叶

图1　石楠

图2　臭椿

图3　三角槭

图4　金钱松

图5　白桦

图6　榉树

图7　鹅掌楸

变色较均匀一致，挂叶期长、观赏价值高的树种。常见的栽培秋色叶树种有**银杏**、**枫香**、三角槭（*Acer buergerianum*）、金钱松（*Pseudolarix amabilis*）、水杉（*Metasequoia glyptostroboides*）、**白桦**、榉树（*Zelkova serrata*）、**鹅掌楸**等。

根据色素分布划分 可分为：①单色叶类。叶片仅呈现一种色调，如黄色或红色。②双色叶类。叶片表面与背面的颜色显著不同，如银白杨（*Populus alba*）、胡颓子（*Elaeagnus pungens*）、红背桂（*Excoecaria cochinchinensis*）等。③斑叶类或花叶类。叶片上呈现不规则的彩色斑块或条纹，如洒金桃叶珊瑚（*Aucuba japonica* var. *variegata*）、花叶复叶槭（*Acer negundo* var. *variegatum*）、**变叶木**等。④彩脉类。叶脉呈现彩色，如红脉、白脉、黄脉等。⑤镶边类。叶片边缘为彩色，通常为黄色。

根据色素种类划分 可分为：①黄（金）色类，包括黄色、金色、棕色等。②橙色类，包括橙色、橙黄色、橙红色等。③紫（红）色类，包括紫色、紫红色、棕红色、红色等。④蓝色类，包括蓝绿色、蓝灰色、蓝白色等。⑤多色类，叶片同时呈现两种或两种以上的颜色，如粉白绿相间或绿白、绿黄、绿红相间。

根据生长习性划分 可分为：①常绿彩叶植物，如金心黄杨（*Euonymus japonicus* var. *aurea-marginatus*）、金边黄杨（*Buxus megistophylla* var. *aurea-marginatus*）、红花檵木、金叶女贞、洒金柏等。②落叶彩叶植物，如红枫、紫叶李、紫叶小檗等。

彩叶树可以在城市园林或风景区中用来点缀、配色或与其他园林要素合理配置，创造出层次丰富、多姿多彩的园林景观，体现出园林的季相色彩，烘托园林气氛。园林景观中配置彩叶树种时应满足园林景观的功能与观赏性，遵循园林景观的色彩调和美学，充分利用彩叶树种的色彩季相变化，适应彩叶树种的生理生态特性。

彩叶树种应用中还应注意其生长所需的土壤、光照、温度等因素，如土壤的酸碱性、光照的强度、温度的高低等；还要注意病虫害的防治，及时修剪、施肥、管理等，保证植株的正常生长，使色彩表现充分。

（于晓南）

菜豆 kidney bean; *Phaseolus vulgaris* 豆科菜豆属一年生草本植物。又称四季豆、芸豆、芸扁豆、刀豆、敏豆。以嫩荚或豆粒供食用。菜豆原产于中南美洲，16世纪末传入中国，后传至日本，广泛分布于世

图1　菜豆

界各地。普通菜豆在中国经过长期选择，其荚果产生了失去荚壁上硬质层、可食用的基因突变，演变成食荚菜豆（*Phaseolus vulgaris* var. *chinensis*），因此中国是菜豆的次生起源中心，中国也是世界上最大的菜豆生产国和消费国。

形态和类型 根系较发达，但再生能力较弱。茎蔓生、半蔓生或矮生。初生真叶为对生单叶，以后的真叶为三出复叶，近心形。总状花序腋生，蝶形花，花冠白、黄、淡紫或紫色。荚果长10～20厘米，形状直或稍弯曲，横断面圆形或扁圆形，表皮密被绒毛；嫩荚呈深浅不一的绿、黄、紫红（或有斑纹）等颜色，成熟时黄白至黄褐色。种子着生在豆荚内，通常4～9粒，形状有肾形、长或短筒形等，颜色有黑、白、紫、黄等单色和带有条纹的复色。按茎的生长习性可分为蔓生种、矮生种和半蔓生种；按熟性可分为早熟型、中熟型、晚熟型品种；按荚果结构可分为硬荚菜豆和软荚菜豆；按用途可分为荚用种和粒用种。

栽培 菜豆喜温，不耐霜冻，生长适宜温度为15～25℃，开花结荚适温为20～25℃，35℃以上高温或15℃以下低温都会降低花粉活力，引起落花落荚。属短日照植物，多数品种对日照长短的要求不严格，但对光照强度要求较高，光照充足则光合能力强，开花结荚就多。菜豆忌重茬，栽培时宜实行2～3年轮作。应选择土层深厚、松软、腐殖质多且排水良好的土壤栽培，土壤pH以6～7为宜。对肥料的需求以氮、钾肥为主，磷、钙肥需求相对较少。

菜豆在中国南北方均广泛种植，露地在西北和东北地区为春夏栽培，在华北、长江流域和华南为春播和秋播。除露地外，还可利用人工保护设施进行周年生产，均衡供应。播种密度因类型和品种而异，矮生菜豆亩用种量6～7千克，蔓生或半蔓生菜豆亩用种量4～5千克。直播或育苗移栽均可，每穴留苗3株，蔓生菜豆在幼苗4～5片真叶时要及时搭架引蔓。一般开花10～15天后，嫩荚充分长大，豆粒刚开始发育时即可采收嫩豆荚。矮生菜豆可连续采收20～30天，蔓生菜豆可连续采收45～60天。菜豆主要病害有炭疽病、锈病、根腐病、病毒病；主要虫害有豆蚜、豆荚螟、地蛆、白粉虱、斑潜蝇。

图2　菜豆的茎和叶

用途 食荚菜豆营养丰富，食味鲜美，富含蛋白质2～3.2克/100克嫩荚，还含有丰富的矿质元素、糖、维生素、氨基酸等其他成分；干豆粒富含蛋白质20～25克/100克干样、淀粉59.6%。鲜嫩荚可作**蔬菜**食用，也可制**脱水蔬菜**、**速冻蔬菜**或罐头。菜豆含多种有生物活性的物质，具有降脂、降糖、抗氧化等保健功效。

（郭世荣　束　胜）

菜瓜 snake melon; *Cucumis melo* var. *flexuosus* 葫芦科甜瓜属甜瓜种的一个变种。为一年生攀缘或匍匐状草本植物。又称蛇甜瓜、酱瓜。以嫩果供食用。菜瓜原产于中国，中近东、南亚也有分布。中国自古就有种植，明代《学圃杂疏》中有菜瓜的记载。中国南北方均有栽培。

植物学特征、生物特性及栽培技术等均与薄皮甜瓜相近（见**甜瓜**）。根系强大。

图1 菜瓜的花

图2 菜瓜的果实

茎蔓生，有棱角，被有多数刺毛，分枝力强，子蔓结瓜。叶互生，叶片为卵圆形或肾形，叶缘浅波状。花单生，黄色，雌雄同株异花。果实肉质，长圆筒形，外皮光滑，有纵长线条，绿白色或淡绿色。果肉白色或淡绿色，汁多、质脆。种子长卵圆形，浅黄白色，千粒重15克。喜温暖，耐热。喜光但也耐阴。耐旱，也能适应多雨气候。按果实颜色有花皮和铁皮（黑绿色）两类。采用种子繁殖。多进行夏季栽培，育苗移栽。

菜瓜甘寒，瓜肉清甜，是夏季极佳的消暑蔬菜，含丰富的矿物质钙、磷、铁，还含糖、柠檬酸和少量的维生素A原、B族维生素、维生素C等。菜瓜质脆肉厚、口味清爽，适食嫩瓜，可榨汁、腌制、凉拌、炒食等。（叶志彪）

菜园土壤管理 soil management of vegetable garden 蔬菜从播种（或定植）至收获完毕前，为改善土壤条件、达到高产优质而采取的管理措施。菜园土壤管理措施主要包括中耕、培土、灌溉、排水、施肥和地面覆盖等。

中耕 在雨后或灌溉后进行松土，调整土壤结构的田间管理作业。通过中耕打碎土壤板结层，切断土壤毛细管，减少水分的蒸发，增加土壤透气性，促进根系呼吸和土壤养分的分解，使土壤有机物易于释放二氧化碳，促进植物进行光合作用。多数蔬菜作物根系分布浅，与杂草的竞争力弱；根系呼吸需氧量高，要求土壤疏松，有较好的透气性。如土壤空气中氧气的浓度降到10%以下，番茄的生育就显著恶化；豆类蔬菜由于根瘤菌属好气性细菌，对土壤的透气性要求更高。中耕的次数、深浅因蔬菜种类、土壤状况和季节而异。对于根系再生能力较弱的蔬菜（如辣椒、芋等），生长中、后期不宜中耕。暴雨前亦应停止中耕，否则会加剧水土流失，加重雨害。果菜定植后如遇早春地温偏低，土壤偏湿，一般多行深中耕，有利于水分蒸发，以创造松、暖的土壤条件，促进生根结果；干旱季节则行浅中耕，在降低地温的同时防旱保墒，保护根系。生长期长的蔬菜作物中耕次数较多，反之较少。

培土 是在植株生长期间将行间土壤分次培于植株根部的作业方法，一般结合中耕除草进行。对茄子、辣椒等株型较大的蔬菜进行培土，可增强抗风能力，防止倒伏。在降水集中季节，蔬菜根系常因水土流失而裸露于土表；雨过天晴后及时培土护根，可避免暴晒伤根引起死亡。冬季对露地蔬菜如甘蓝、萝卜等进行培土，可预防冻害。对易生不定根的蔬菜如番茄、南瓜、冬瓜等培土可扩大根群，增强吸收能力。对于薯芋类蔬菜如芋、马铃薯、生姜等培土可降低地温，创造黑暗环境，利于地下茎（球茎、块茎或根茎）的发育。培土也是使某些蔬菜作物的器官软化，提高其食用品质的重要措施。

灌溉 蔬菜食用器官一般含水分90%以上，这是其食用时柔嫩多汁的重要原因。但蔬菜根部的吸水能力都较弱，如黄瓜根的吸水力为4个大气压，胡萝卜和甘蓝为6～8个大气压，番茄为8～10个大气压，仅相当于多数植物平均值（15个大气压）的27%～67%。土壤水分不足不仅会影响蔬菜的出苗，还会导致产量下降，品质变劣。一般作物出苗期必须保持土壤湿润，以利种子吸水萌动和发芽；幼苗期耗水虽不多，但因叶片的角质层和根系尚不发达，对缺水敏感，干旱时要注意轻浇勤浇；移植栽培的蔬菜，定植前数日进行控水炼苗，可增强抗旱力；定植时浇水则有利于恢复生长；旺盛生长期由于植株渐大，耗水增多，供水要相应增加；产品形成期耗水最多，缺水对产量和品质影响最明显，要保持土壤有充足的水分。但对收获后要进行贮藏的产品，收获前则应适当控水，以减少产品含水量，提高贮藏性。蔬菜灌溉技术有地面畦灌、沟灌、穴浇、喷灌等。对需水量大、耐涝性强的蔬菜，包括芋、蕹菜等，可行漫灌。

排水 土壤中的空气随含水量的增加而减少，当氧气量减到一定程度（因种而异），会导致作物根系呼吸困难，肥水吸收受阻。排水有利于保持土壤的透气性，无论在湿润地区或半湿润地区，都是菜园管理上的一项重要作业。中国长江以南是以深沟高畦为主要形式的明沟排水法，由于投资少、简便易行而得到普遍应用。从20世纪60年代起，高畦栽培从江南向华北迅速推广。综合性的排水措施包括：疏通河道；在汛期易倒灌的地区建设排涝泵站和控水闸，必要时进行强制排水；雨季监测内河水位，必要时采取预降措施；菜田普遍筑成高畦和短畦，使小沟、大沟、河流连成一体等。70年代以来，一些国家发展了暗排（暗管排水）技术和井排技术，中国也开始采用。

施肥 由于蔬菜生产的高度集约化，施肥受到特别重视。施肥方法因蔬菜种类和需肥特性而异：①速生型蔬菜。包括生长期较短的绿叶菜。由于栽种密集，根系分布浅，植株生长快，对土壤速效养分要求较高。施肥以追肥和速效氮肥为主。②先形成同化器官（叶片），后形成产品器官的蔬菜。包括薯芋类、根菜类和白菜类等。进入产品器官形成旺期后，茎、叶生长渐趋停止。其中，以淀粉为主要贮藏物质的蔬菜，宜以充分腐熟的有机肥作基肥，早施追肥，重施钾肥；对于以含氮有机物为主要贮藏物质的蔬菜，则宜在施用基肥的基础上勤施氮肥，促进发棵，在叶球（或花球）开始形成时施重肥。③同化器官与产品器官同时发育的蔬菜。包括茄果类、瓜类、豆类等。进入开花结果期后，茎叶生长并不停止，而是营养生长与生殖生长并进。为了保证植株发棵与结果协调进行，宜多施基肥，勤施追肥，氮磷钾配合。施肥的种类、数量和时期根据植株长相诊断或营养诊断确定。

地面覆盖 是减少土壤水分蒸发和提高地温的重要方法。中国传统的地面覆盖多以藁秆、砂石等为覆盖材料。20世纪60年代末以来，塑料薄膜覆盖得到发展，除可减少土壤水分蒸发外，兼能防止养分流失和改善株间光照状况。用特种地膜进行覆盖还有灭草、避蚜等功能。日本是应用这项技术较早的国家，欧洲国家于60年代开始应用，中国自70年代后期迅速推广。地膜覆盖的效果，早熟品种一般比中、晚熟品种好，喜温性蔬菜一般比耐寒性蔬菜好，水肥条件较差的地块比水肥条件较好的地块效果明显。在温室、塑料棚等设施内结合覆盖地膜，是节水、降低室内空气湿度、抑制病虫害发生的有效措施。

（王统正 撰 周艳虹 修订）

蚕豆 broad bean; *Vicia faba* 豆科野豌豆属一二年生草本植物。又称胡豆、佛豆、川豆、倭豆、汉豆、罗汉豆。以嫩、老豆粒和嫩荚作**蔬菜**食用。蚕豆是人类栽培的最古老的食用豆类作物之一，一般认为蚕豆起源于欧洲地中海沿岸、亚洲西南和非洲北部，西汉时从西域引入中国，世界各地均有分布和生产。中国蚕豆分秋播和春播两种生态类型，从热带至北纬63°地区均有栽培，其中以四川省最多，其次为云南、湖南、湖北、重庆、江苏、浙江、青海等省（直辖市）。

形态和类型 株高30～180厘米。主根系发达，入土深度可达1米以上，根系为圆锥形。茎为草质茎，四棱形，中空，直立生长，有绿色和紫红色两种。分枝能力强。子叶不出土，羽状复叶，顶端小叶退化呈刺状，无卷须。短总状花序，着生于叶腋间，蝶形花，每花梗有花2～9朵，花色有白、紫、紫红、浅紫等色，自下而上开花。全株一般结荚10～30个，每荚2～8粒种子，荚果外被细绒毛，果壁内层有海绵状绒毛。种子扁平，略呈矩圆形或近球形，种皮乳白、黄、褐和青色等。

按蚕豆籽粒大小分为大粒种、中粒种和小粒种3个变种：①大粒种（*V. faba* var. *major*）。种子宽而扁，百粒重120克以上，成熟晚，具有高产、优质、粒大等特点，适合作蔬菜或粮食。②中粒种（*V. faba* var. *equina*）。籽粒和茎叶产量较高，一般作粮食或用于食品加工。③小粒种（*V. faba* var. *minor*）。百粒重50～60克，具有高产、优质、小粒等特点，一般用作畜禽饲料或绿肥作物。

栽培 蚕豆喜温凉，不耐热，不同生育阶段对温度的要求不同，发芽适温为16～25℃，出苗适温为9～12℃，开花结荚期适温为16～20℃。属长日照作物，也有对光周期不敏感的中间类型。南种北引，生育期缩短；北种南引，生育期延长。对土壤要求不严格，但以土层深厚、保水保肥能力强、富含有机质的黏土、粉砂土为好。适宜的土壤pH为6.2～7.5。蚕豆能与根瘤菌共生固氮，可少施或不施氮肥。忌连作，常与大麦、小麦等非豆科作物进行轮作。

一般露地栽培，点播、条播或撒播均可。在中国南方秋播地区，一般宜在10月上旬至11月上旬播种；北方春播地区，一般宜在3月上旬至4月中旬播种。亩播种量应根据种子大小、植株分枝能力及种植方式等确定，一般为8～20千克。除露地外，也可利用设施进行早熟栽培，江苏苏南地区在立秋至寒露时通过人工春化处理，鲜蚕豆荚采摘时间可提前至元旦和春节期间，经济效益十分明显。蚕豆主要病害有锈病、赤斑病和褐斑病等；主要虫害有蚜虫和蚕豆象。

图1 蚕豆

图2 蚕豆的花

图3 蚕豆的种子

用途 蚕豆籽粒富含蛋白质，是植物蛋白的重要来源之一，具有人体必需的8种氨基酸。嫩、老豆和嫩荚均可作蔬菜食用，也可制酱和酱油等。蚕豆淀粉可用工业化生产方法提取，是食品、化工、医药的重要原料。小粒蚕豆及茎叶是家畜的蛋白质饲料。蚕豆可专门种植作绿肥，也是良好的蜜源植物。花、荚果及种壳可入药。籽粒及花粉含蚕豆毒素（巢菜碱苷），个别人因血红细胞中缺乏葡萄糖-6-磷酸脱氢酶，在吃蚕豆或吸入其花粉后血红细胞被大量破坏，发生溶血性贫血，即蚕豆病。

（郭世荣 束 胜）

草本果树 herbaceous fruit tree 果树中具有草质茎的种类。属于多年生草本植物。草本果树是果树分类中一个与**木本果树**相对的概念。草本果树和木本果树最显著的区别在于它们茎的结构，包括茎中维管束分布及其组织结构差异。草本果树的茎为“草质茎”，茎基部有少量木质部，茎干软弱，茎中密布很多相对细小的维管束，维管束之间有大量的薄壁细胞。而木本果树茎的木质部发达，细胞壁多数木质化，茎坚硬。草本果树维管束多分布在茎的外层，韧皮部分布在内层，而木本果树恰好相反。草本果树的维管束没有束中形成层，不能进行次生增粗生长，只能依靠其茎内初生加厚分生组织的分裂活动进行有限增粗；而木本果树的木质部维管束与韧皮部之间多具有形成层，能逐年变粗。

种类 常见的草本果树有**香蕉**、**菠萝**、**番木瓜**、**草莓**、**火龙果**、**西番莲**、**树番茄**等。香蕉、菠萝和番木瓜被称为热带三大草本果树，而草莓则是果树科学研究中经典的模式植物之一。

生长习性 草本果树多数是多年生，一般生长周期较长，多年结果。草本果树大多是无性繁殖，但不同的草本果树其生长结果更替方式却不同。香蕉结果后，基部球茎长出吸芽，吸芽长成新的植株；菠萝靠其植株吸芽或果实顶部吸芽繁殖生长，从而达到多年结果。有些草本果树是宿根草本，地上部分每年死亡，第二年春地下根茎或走茎又长出新枝，开花结果，如草莓等；另有一些草本果树为多年生常绿草本，开花、结果后地上部分仍不枯死，并能多次结果，如番木瓜、人参果、火龙果等。近代发展起来的快繁技术首先在草本果树上得到成功应用，因为草本果树一般较易离体再生，因而离体快繁育苗较普遍，在香蕉上已基本取代了吸芽繁殖的耕作模式。采用每年新植的方式，并与其他作物轮作，可以避免病虫害和土壤中有害物质累积。

栽培　草本果树一般根系较浅，不耐涝，不耐过高或过低温度，也不耐肥。种植草本果树的土壤要求疏松肥沃、保水性强、透水性好、团粒结构优良、腐殖质含量高。

应用　尽管在草本植物里，草本果树生长周期较长，但相比木本果树，草本果树童期和营养生长期通常较短，种植后开花结果时间较早，而且植株较矮小，整形修剪相对简单，适合设施栽培，因此种植草本果树的经济效益一般较高。草本果树冬季都不落叶，植株四季常绿，具有较高的观赏价值。（何业华　谢江辉）

草本花卉　herbaceous ornamental plant　花卉中地上茎中木质部不发达，木质化细胞较少的草本植物。根据植物学分类，花卉可分为草本花卉和木本花卉。一般草本花卉的茎比木本花卉的茎相对柔软和矮小，不发育为永久性的木质化的组织。根据其生活周期的不同，草本花卉又可分为一年生花卉、二年生花卉和多年生花卉。①一年生花卉。在当年的生长季内完成生活史的植物，即当年播种，当年萌发，当年开花结籽，植株随之枯萎死亡。如鸡冠花、观赏向日葵、矮牵牛等。②二年生花卉。第一年播种后萌发产生幼苗并长大，到第二年再开花和产生种子，然后植株枯萎死亡。如三色堇、石竹、羽衣甘蓝等。③多年生花卉。地上部分在冬季枯萎死亡，地下的部分则保持活性，并处于休眠状态，至第二年又重新长出地上的茎和叶，因此可以生活多年。如鸢尾、菊花、君子兰等。（包满珠　傅小鹏）

草菇　Chinese mushroom; *Volvariella volvacea*　伞菌目光柄菇科小苞脚菇属菌类。又称兰花菇、苞脚菇、秆菇、麻菇、中国菇。草菇起源于中国广东韶关的南华寺，200年前中国已开始人工栽培。在20世纪30年代由华侨传入菲律宾、马来西亚及其他东南亚国家，被称作“中国菇”。草菇是重要的热带亚热带菇类，中国的草菇产量居世界之首，主要分布在广东、福建、台湾等地。

草菇

形态特征　草菇的子实体由外膜、菌盖、菌柄、菌褶、菌托等构成。外膜又称包被、脚包，顶部灰黑色或灰白色，往下渐淡，基部白色，未成熟子实体被包裹其间，随着子实体增大，外膜遗留在菌柄基部而成菌托。菌盖张开前呈钟形，展开后呈伞形，最后呈碟状，直径5～12厘米，大者可达21厘米；鼠灰色，中央色较深，四周渐浅。菌柄中央生，顶部和菌盖相接，基部与菌托相连，圆柱形，直径0.8～1.5厘米，长3～8厘米，充分伸长时可达8厘米以上。菌褶位于菌盖腹面，由280～450个长短不一的片状菌褶相间地呈辐射状排列，与菌柄离生，子实体未充分成熟时菌褶白色，成熟过程中渐渐变为粉红色，最后呈深褐色。

生长习性　草菇是草腐性菌类。草菇属于高温型菌类，生长发育温度10～44℃，对温度的要求因生长发育时期不同而异，担孢子萌发温度为30～40℃，菌丝生长的最适温度为33～35℃，子实体生长发育的最适温度为28～32℃，低于20℃或高于35℃均难以形成子实体。草菇是喜湿性菌类，只有在高温高湿的条件下才能出菇。菌丝生长阶段，空气相对湿度以80%～85%为宜，子实体生长发育阶段则以85%～95%为宜，低于80%时子实体生长缓慢，高于96%时子实体易坏死和发病。在菌丝体阶段和子实体阶段都需要较高的培养料含水量，以废棉为原料的含水量为65%～70%，以稻草做培养料的含水量为72%。草菇是好气性菌类，在菌丝体和子实体生长阶段都需要良好的通风条件。菌丝体生长阶段不需要任何光照，但子实体发育阶段需要一定量的散射光刺激才能更好地促进菌丝扭结和原基形成，一般每天需要50勒克斯的散射光照射6～8小时。草菇喜欢偏碱性环境，在pH4.0～10.3的条件下菌丝均能生长，最适pH为7.5～8.0。

栽培　在草菇栽培中，根据栽培季节和用途选用不同的品种。一般而言，当地月平均温度在22℃以上，日夜温差变化不大，空气相对湿度较大的气候条件下均可栽培。室内草菇栽培以废棉、蔗渣、稻草为主要原料，可根据当地的实际情况选择适宜的材料和配方。将废棉、蔗渣、稻草等材料调湿后加入其他辅助材料，充分混匀后进行预堆，待培养料温度下降至38℃后即可播种。每平方米投入培养料约7.5千克，每100千克培养料用种12～15瓶（500～750毫升瓶），穴播、撒播或分层条播种。播种后，关闭门窗，保证4天内室温维持在30℃左右，料温保持在35℃。通常在播种后前3天，要求湿度达95%以上，从第4天开始降至95%左右。接种后5～6天，菌丝体开始扭结，产生子实体原基。子实体发育期，最适温度为28～32℃。子实体原基形成时，要及时增加料面的湿度，打好出菇水，增加室内光照，加强通风换气，促进子实体形成。子实体形成期间的空气湿度宜控制在80%～90%。结菇期间，应及时进行通风换气，以保持菇房有充足的新鲜空气。在适宜的温、湿度条件下，一般播种后6～7天可见少量幼菇，11～12天可开始采收。草菇生长迅速，必须及时采收。

用途　新鲜的草菇肉质肥嫩，风味鲜美，是宴席上的美味佳肴。草菇营养丰富，含有丰富的蛋白质、氨基酸；含有磷、钾、钙等多种矿质元素；还含有多糖和异构蛋白，经常食用可增强人体的免疫能力，降低胆固醇和高血压，并能预防癌症。因此，草菇作为一种保健食品和高档蔬菜深受人们喜爱，产品可以鲜售，也可以制罐、速冻和干制，是一种极具发展前途的食用菌，也是中国出口创汇的重要农产品。（杨　暹）

草害　weeds damage　田园杂草与栽培作物争夺水、肥、空间而造成作物产量和品质下降等方面的危害。杂草是在人工生境中自然繁衍种族并影响到此生境维持的一类植物，也是一些病菌和害虫的中间寄主。果园杂草主要有禾本科杂草如马唐、牛筋草、狗牙根、早熟禾、茅草类等，莎草科杂草如香附子、碎米莎草等，阔叶杂草如藜科、蓼科、苋科、菊科、茄科、旋花科、玄参科、石竹科杂草等。按杂草生物学特性又可分为一年生、越年生和多年生杂草，按子叶数目也可分为单子叶和双子叶杂草。

草害的发生与季节和温湿度息息相关。南方果园草害周年均可发生，北方果园草害在春夏季发生。

草害治理方法主要有：①物理防治，如人工、机械、覆盖秸秆或地膜等措施。②农业防治，如耕作、间作、套作、清洁果园等措施。③生物防治，如喷洒生物除草剂或释放天敌、种植绿肥或生草替代、果园畜禽养殖等措施。④化学除草，如通过除草剂土壤处理或茎叶处理选择性地杀死杂草，保护作物。⑤综合防治，因地制宜地运用物理、化学、生物、生态等手段和方法，将草害控制在生态经济阈值之下。

化学除草是治理草害迅速快捷且经济有效的方法。可根据杂草类型、果树品种等因素选择适合的除草剂。防除一年生单、双子叶杂草可采用土壤处理除草剂，如敌草隆、除草通（二甲戊乐灵）、扑草净、果尔（乙氧氟草醚）、西玛津、秀去津、氟乐灵等；也可采用苗期处理除草剂，如选择性防除禾本科杂草的盖草能（吡氟氯草灵）、禾草克（喹禾灵）、稳杀得（吡氟禾草灵）、收乐通（稀草酮）等；又如选择性防除阔叶杂草的2甲4氯、使他隆（氯氟吡氧乙酸）、2,4-滴等；再如非选择性防除禾本科及阔叶杂草的草甘膦、草铵膦、苯嘧磺草胺等除草剂。

（邱学林　曾黎辉）

草莓　strawberry; *Fragaria×ananassa*
蔷薇科蔷薇亚科草莓属多年生常绿草本植物。在园艺学分类上属浆果类果树。草莓营养价值高，含有多种营养物质，且有保健功效。草莓色泽艳丽，浆果芳香多汁，酸甜适口，营养丰富，是果树中上市最早的鲜果，素有“早春第一果”的美称。

栽培历史　野生草莓在世界范围内分布较广，欧洲、美洲和亚洲是其三个起源及分布中心。欧洲是野生草莓资源广泛分布及最早种植野生草莓的地区。早在14世纪，欧洲人就开始在庭院种植草莓，由于其果实较小，多以观赏为主要目的，兼作食用。16世纪，欧洲的野生草莓实现了规模化种植，出现关于草莓分类、形态和栽培管理等方面的文献记载。由于当时还没有通过杂交选育大果草莓新品种的意识，到17世纪末，主要种植的还是森林草莓（*F. vesca*）和麝香草莓（*F. moschata*）。

现代大果型栽培草莓（八倍体的凤梨草莓，*F. ananassa*）起源于法国，源自两个八倍体野生草莓弗州草莓（*F. virginiana*）和智利草莓（*F. chiloensis*）的杂交后代。弗州草莓于17世纪初自北美引入欧洲，而智利草莓则由法国人于1714年自智利引入法国。智利草莓果大，但当时最初引入的智利草莓全为雌株，不能正常结果，且果实味道不佳。1750年前后，法国人从二者杂交后代中筛选出了大果凤梨草莓，即现代栽培种，遗传了智利草莓的大果性状，以及弗州草莓的抗寒性强、香味浓郁等优良性状，很快便引种到英国、荷兰等地栽培，并逐渐传播到世界各地。

图1　草莓的叶

中国的现代大果型栽培草莓于20世纪初自国外引入。中国最早的现代草莓引种时间为1915年，是俄罗斯侨民自莫斯科引入黑龙江亮子坡种植的“维多利亚”品种。同时，在上海、河北、山东青岛等地也由传教士陆续引入一些现代栽培品种种植。中华人民共和国成立前，中国草莓仅在大城市市郊零星栽培，未形成规模。中华人民共和国成立后，中国的草莓栽培陆续发展起来，并选育或培育出一些综合性状的优良品种。自20世纪80年代起，中国草莓生产快速发展，栽培形式出现多样化，经济效益大大提高。在全国范围内，北至黑龙江，南至海南，东至浙江，西至新疆、西藏均有草莓商业化生产。中国的草莓栽培面积和产量均居世界第一位。草莓产业也成为中国许多地区农村经济中典型的致富项目。但草莓存在连作障碍，实行草莓与其他果树间作、与蔬菜轮作等方式可以解决连作问题，取得较好的经济效益。

种质资源　草莓属共25个种，其中14个种原产于中国。中国是草莓三大起源中心之一，野生草莓资源具有多样性。草莓染色体基数x=7，自然界中倍性分布广，存在二倍体、四倍体、五倍体、六倍体、八倍体等。现代栽培草莓为八倍体和十倍体，起源于欧洲，20世纪初引入中国。草莓的基因组研究相比其他物种有一定难度，其原因是栽培草莓为八倍体，四个染色体组分别起源于不同的野生草莓种。已完成二倍体野生种森林草莓（2n=2x=14）的测序，基因大小约240兆碱基对（Mb），注释基因34 809个。在此基础上，有研究者对八倍体草莓基因组展开研究，但由于杂合度过高，组装难度大，只完成了部分组装。

中国野生草莓资源丰富，主要分布于东北的长白山区、西北的秦巴山区和天山山脉，以及云贵高原和青藏高原等地区。80年代，中国着手建立国家草莓资源圃，进行草莓野生资源和品种的引进、鉴定与保存。中国有两个国家草莓资源圃，分别位于北京（北京市林业果树科学研究院）和南京（江苏省农业科学院园艺研究所），各保存草莓品种、资源400余份；吉林省蛟河市草莓研究所（民营）也保存有500多份草莓资源。

形态特征　草莓为须根系，在土壤中分布浅，集中分布在0～30厘米土层内。根系生长与土壤的温度、水分、通气、酸碱度等条件有关。一年有2次或3次生长高峰，一般为4～6月和9～10月。草莓的茎根据形态和功能可分为新茎、根状茎和匍匐茎。新茎为当年萌发或一年生的短缩茎，节间密集，着生叶片。根状茎为多年生短缩茎，叶片已脱落，是营养物质的贮藏器官，也可发生不定根。2年以上的根状茎会逐步衰老死亡，因此根状茎越老，地上部生长也越差。匍匐茎是草莓的主要繁殖器官，促成栽培一般在果实采收后开始发生，露地栽培一般在果实开始成熟时开始发生。匍匐茎的发生能力与品种、长势、日照与温度、低温量等有关。草莓叶为基生三出复叶，具长叶柄，叶柄的基部2片托叶，合成托叶鞘包于新茎上。叶片寿命一般为80～130天。草莓绝大多数为两性花，完全花品种可以自花结实。草莓的花序为有限聚伞花序，通常为二歧聚伞花序和多歧聚伞花序。打破自然休眠后，当平均气温达10℃以上时开始开花，一朵花可开放3～4天，整个花序的花期为20～30天。开花期低于0℃或高于40℃时，会严重阻碍授粉受精过程，产生畸形果。开花期和结果期最低忍耐温度为5℃。草莓的果实由花托膨大发育而成，从开花到果实成熟一般需要30天，果实生长曲线呈典型的S形。同一花序上的果实会互

图2 草莓的花

图3 草莓的果实

图4 草莓设施栽培

相竞争养分和水分，应及时疏除高级花序的花蕾和畸形果。草莓种子实际上是受精后的子房膨大形成的瘦果，附着在膨大花托的表面。种子产生生长素，促进果实膨大。

主要品种 草莓品种按果实颜色主要分为红色和白色两大类；按来源可分为日系品种、欧美品种和中国产品种；按花芽分化对日照长度的反应，分为短日草莓、四季草莓和日中性品种。草莓种质资源既可按照“种”来分类，也可按照倍性、起源地、果实颜色进行分类。

中国草莓生产上主栽品种是红颜、甜查理、丰香和章姬等。已育出许多优异的国产品种，如京藏香、京桃香、艳丽等。世界上一些国家已研发出采用种子繁殖草莓品种，值得借鉴学习。

栽培技术 草莓具有匍匐茎成苗的习性，因此生产上最常用的育苗方法就是匍匐茎繁殖，具有保持品种特性、易繁殖、根系发达、生长迅速等优点。匍匐茎苗当年秋季定植，第二年即可开花结果。为培育壮苗及促进花芽分化，育苗时常采用假植育苗、营养钵育苗等措施。在气温较高的南方地区，为满足其花芽分化所需的环境条件，常采用高山育苗及冷藏育苗等措施。草莓茎尖组织培养育苗繁殖系数高、后代整齐一致，且能脱除母株所携带的病毒，因此在一些地区得到推广。试管苗（脱毒原原种苗）不能直接用于育苗生产，应使用无病毒和病虫害的一代（原种苗）或二代种苗进行育苗。

草莓根系较浅，具有喜光耐阴、喜水怕涝等特点，在种植园地选择时应优先选择地势较高、地面平坦、排灌方便、土质疏松肥沃、通风良好的地块。避免在风口或易遭受寒流霜害的地带建园。草莓栽培方式有露地栽培和设施栽培两种。设施栽培虽需要一定投入，但较露地栽培的果实上市早、产量高、品质好，生产中多采用此种栽培方式。草莓设施栽培可分为日光温室及大、中、小棚栽培等几种形式。根据调控方式的不同，设施栽培又可分为促成栽培和半促成栽培两种，前者草莓果实上市时间最早。生产中应根据不同的栽培方式选择适宜的栽培品种。

草莓虽为多年生草本植物，为保证果实产量和品质，生产中多采用一年一栽。草莓多在秋季定植，采用起垄栽植便于管理及采摘。随着草莓观光采摘园等新生产销售方式的出现，高架栽培等立体栽培方式逐渐得到推广。在草莓设施栽培中，定植后的温度、光照管理对果实的上市时间、产量和品质至关重要。

病虫害 为害草莓生产的病虫害较多，常见病害有灰霉病、白粉病、炭疽病、根腐病等，虫害有螨类、蚜虫类、蝽类、粉虱类等。设施生产中的连作重茬会加重草莓病虫害的发生，土壤消毒可有效减轻病虫危害。

贮藏与加工 草莓采后的主要问题是机械伤，采摘时用拇指和食指夹住果柄，然后带果柄和花萼轻轻摘下，轻拿轻放避免机械伤。有条件的使用草莓剪可以较好地保护果实免受伤害，并提高采摘效率。采摘过程中依果实大小进行分级，尽可能减少倒箱次数。

草莓的包装材料主要有纸箱/盒、塑料盒、泡沫托盘、木制托盘等。草莓质地较软，一般采用单包装单层码放的形式。包装底部和果实表面衬垫缓冲材料。草莓冰点为−1.0～−0.5℃，适宜贮藏温度为0～2℃，视不同品种及含糖量而定，相对湿度保持在85%～95%。人工提高二氧化碳浓度可以抑制灰霉病的发生，延长贮藏期。草莓除鲜食外，还可以制成草莓酱、草莓汁、草莓酒等，亦可加工成冻干粉、冻干片、速冻草莓等产品。草莓幼叶和萼片可制作草莓叶茶。

价值与用途 草莓具有较高的营养价值、医疗价值和保健价值。草莓浆果营养价值高，素有“水果皇后”的美称。在各种常见水果中，草莓的维生素C和钙、磷、铁的含量均较高。每100克草莓鲜果中，含磷41.0毫克、钙32.0毫克、铁1.1毫克、维生素C50～120毫克。草莓中含有许多活性物质，具有临床医疗价值。例如，草莓中的鞣花酸是一种天然可食用的抗突变和抗癌成分，能减少肿瘤的数量；草莓中的草莓胺对治疗白血病和障碍性贫血有较好的疗效。草莓是美容养颜、延年益寿的保健佳品。

草莓种质资源丰富，海拔分布范围广，在中国西藏、新疆等均有分布，具有重要的生态价值。既可作为果园间作物种、公园地被绿化植物，也可庭院栽培观赏，应用前景广泛。2012年2月18～22日，第七届世界草莓大会在北京成功召开，极大促进了中国草莓产业的发展，北京、上海等城市的草莓观光采摘业发展迅速。草莓观光采摘成为市民休闲生活的一种时尚和文化，也是中国现代农业的一大亮点。草莓已成为中国西部地区农民脱贫致富的首选作物。在中国北部山区及云贵高海拔地区，利用夏季冷凉气候特点发展四季草莓生产，实现鲜草莓周年供应，并为糕点产业提供鲜草莓已成为新业态。

（张运涛）

草坪 lawn　以禾本科草与莎草科及其他质地纤细的植物为覆盖，并以其根和匍匐茎充满土壤表层的地被。是用多年生矮小草本植株密植并经修剪的人工草地。是使用种草的方式形成的地坪。草坪具有美化环境、调节温度、净化空气、保持水土、缓和阳光辐射、提供户外活动和体育运动场所等作用。它一般设置在屋前、广场、空地和建筑物周围，可作为建筑、树木、**花卉**等的背景衬托，形成清新和谐的景色。草坪覆盖面积是现代城市环境质量评价的重要指标，常被誉为“有生命的地毯”。

草坪植物种类的选择宜根据当地的气候、土壤等条件确定。草坪的土地要求排水方便、稍有坡度，一般以壤土为宜。草坪植物主要有结缕草、野牛草、狗牙根草、地毯草、假俭草、黑麦草、早熟禾、剪股颖等。按气候类型分为冷季型草坪草和暖季型草坪草两大类。

草坪按用途分为游憩草坪、观赏草坪、运动场草坪、交通安全草坪和保土护坡草坪。按植物材料的组合可分为：①单播草坪，即用一种植物材料的草坪。②混播草坪，由多种植物材料组成的草坪。③缀花草坪，以多年生矮小禾草或拟禾草为主，混有少量**草本花卉**的草坪。

（车代弟）

草坪

插花 flower arrangement　将剪切下来的植物枝、叶、花、果作为素材（切花），经过一定技术（修剪、整枝、弯曲等）和艺术（构思、造型、配色等）加工，配置成一件精致完美、富有诗情画意、能再现自然美和生活美的花卉艺术品的工作。插花的基本形式分为东方式插花和西方式插花，因其起源和发展历史不同而具有不同的特点。

起源和发展历史　东方式插花起源于中国。最早的诗歌总集《诗经》中青年男女相爱采摘花枝互赠对方，表达爱意，可见切花应用起源之早。东汉末年，佛教开始传入中国，插花便成为佛事活动中的供养物之一，此后很长一段时间插花都带有浓郁的宗教色彩。后经魏晋南北朝和唐朝，插花艺术进入了繁盛的阶段。五代十国（907～979）民间插花风格有很大转变，突破唐代讲求庄重和排场的旧风，不拘一格，就地取材，名花佳卉、山花野草均可使用，插花容器更加广泛，出现了吊挂、壁挂形式。插花艺术在宋元时期进入精雅期，宋人多喜爱梅花，讲求高雅韵致，以清雅素淡为美。明代是中国插花艺术复兴、昌盛和成熟的阶段。在技艺上、理论上都形成了完备系统的体系。插花艺术在清代历经了由兴旺期到衰微期的过程。直到20世纪80年代初，随着改革开放和中国园艺事业的发展，才得以复苏并迅速发展起来。日本的插花艺术源自唐朝，结合日本的特色，形成了独特的插花艺术流派——宏道流。后又根据不同的表现形式和插法，衍生出了诸多流派。

图1　插花

西方式插花也具有悠久的历史，始于古埃及，随着文化的传播，插花艺术先后传到希腊、罗马、比利时、荷兰、英国、法国等国家，得到进一步的发展。14～16世纪文艺复兴运动后，插花艺术摆脱宗教束缚，插花类型多样化，瓶花、**花束**、**花篮**、果盘等成为室内陈设和社交活动的常用品。并初步形成几何型大堆头式风格。17～18世纪，随着航海事业发展及战争、贸易往来，各地花材得以广泛交流，促进了园艺的发展。大量园艺书籍出版，促进了园艺与插花知识的传播。顺应服装装饰需要，胸花应运而生。19～20世纪维多利亚女王时期为英国昌盛时期，花卉中心移至英国，铁丝使用很普遍，西方式插花逐渐系统化、理论化。同时，20世纪西方式插花吸收了一些东方式插花的特点，更进一步完善和丰富了西方式插花艺术的风格。

特点　东方式插花和西方式插花所展现的艺术魅力均是独特的。东方式插花的艺术特点：①重视思想内涵的表达，东方绘画“意在笔先，画尽意在”的构思特点，使得插花作品不仅仅具有装饰的效果，而且达到“形神兼备”的艺术境界。②以线条造型为主，追求线条美。充分利用植物材料的自然姿态，抒发情感，表达意境。③在构图上崇尚自然，青枝绿叶，着重于天然姿态美，采用不对称式构图法则，讲究画意，布局上要求主次分明，虚实相同，俯仰相应，顾盼相互。④注重花材的人格化意义，赋予作品以深刻的思想内涵，用自然的材料来表达作者的精神境界，非常重视花的文化因素。⑤色彩以清淡、素雅、单纯为主，以幽雅见长，提倡轻描淡写，花枝数量较少，简洁。⑥表现手法上多以3个主枝作为骨架，高、低、俯、仰构成各种形式，如直立、倾斜、下垂等。

西方式插花艺术的特点：①作品讲究装饰效果以及插作过程的怡情悦性，不过分地讲究思想内涵。②讲究几何图案造型，追求群体的表现力，与西式建筑艺术有相似之处。③构图上多采用均衡、对称

图2 艺术插花

的手法，表达稳定，规整，体现人文力量的美，使花材表现出强烈的装饰效果。④非植物性材料的大量使用。⑤表现手法上注重花材和花器的协调，插花作品同环境场合的协调。⑥在技法上，常使用铺陈、粘贴、捆绑、缠绕、组合、串串等。

类型 插花的类型十分丰富，可根据用途、所用花材和艺术风格等划分为不同的形式。根据用途大致可以分为礼仪插花和艺术插花。①礼仪插花。指用于社交礼仪，喜庆婚丧等场合具有特定用途的插花。它可以传达友情、亲情、爱情，可以表达欢迎、敬重、致庆、慰问、哀悼等，形式常常较为固定和简单。②艺术插花。指不特别的要求，具备社交礼仪方面的使用功能，主要用来供艺术欣赏和美化装饰环境的一类插花。根据所用花材的不同可分为鲜花插花、干花插花、人造花插花和混合式插花。根据艺术风格可分为东方式插花、西方式插花和现代自由式插花。

（王 雁）

茶百戏 chabaixi; tea acrobatics 使茶汤汤纹水脉幻变出多种物象的游戏技法。又称汤戏。中国古代对乐舞、杂技等艺泛称“百戏”。至中唐茶事兴盛，民间流行起耍玩茶汤之技，还被列入百戏之行。

茶百戏技法，五代宋初陶谷《清异录·茗荈》专列“茶百戏”一则：“茶至唐始盛，近世有下汤运匕，别施妙诀，使汤纹水脉成物象者，禽兽虫鱼花草之属，纤巧如画，但须臾即就散灭。此茶之变也，时人谓之茶百戏。”《清异录》另有“生成盏”一则，记述了一个精于玩茶百戏的沙门福全：“馔茶而幻出物象于汤面者，茶匠通神之艺也。沙门福全生于金乡，长于茶海，能注汤幻茶，成一句诗，并点四瓯，共一绝句，泛乎汤表。小小物类，‘唾手办耳’。檀越日造门求观汤戏。全自咏曰：‘生成盏里水丹青，巧画工夫学不成。却笑当时陆鸿渐，煎茶赢得好名声。’”

《清异录》再有“漏影春”一则：“漏影春，法用镂纸贴盏，糁茶而去纸，伪为花身。别以荔肉为叶，松实、鸭脚之类珍物为蕊，沸汤点搅。”此为茶百戏的又一种妙诀技法。

2017年1月茶百戏入选福建省非物质文化遗产名录。

（阮浩耕）

茶产品 tea products 茶树的可利用器官、组织或其制品经过加工而制成的产品的总称。茶叶，俗称茶，别名荼、槚、茗、荈。茶叶主要成分为儿茶素、胆甾烯酮、咖啡碱、肌醇、叶酸、泛酸，有益健康。茶叶制成的茶饮料，是世界三大饮料之一。

发展简史 中国东晋常璩著《华阳国志·巴志》载有：“周武王伐纣，实得巴蜀之师，……茶、蜜……皆纳贡之。”这是中国有关茶产品的最早记载。唐宋时期是中国茶产品的发展期，饮茶风气浓厚，贡茶和斗茶活动刺激了茶产品的发展，例如茶饼发展为小龙团、蒸青团茶发展为蒸青散茶、纯茶发展为加料茶，拓展了产品类型，扩大了茶区，使茶产品及其加工技术在长期生产实践中得到发展和提高。唐代陆羽在总结前人经验和自身调查研究的基础上，撰写了世上第一部茶叶专著《茶经》(758年前后)。明代从绿茶衍生出诸如白茶、黑茶、红茶和青茶类的产品，且花茶已有小批量生产。明代李时珍《本草纲目》(1578)中载有“茶有种生，野生。种质者，其子大如指顶，正圆色黑。其仁入口初甘后苦，最戟人喉，而闽人以榨油食用”，可见明代的茶产品已扩大范围，除利用枝叶外，还对茶籽进行加工。清代茶产品进一步发展，奠定了中国六大茶类的划分基础，且出现诸如西湖龙井、太平猴魁茶、铁观音等种类繁多的名茶。近代以来，随着茶叶出口量的增加，出现精制工艺加工的精茶或成品茶。1942年武夷山的贸易部茶叶研究所设置了化验组，利用灼烧法提取咖啡碱获得成功，开创茶叶成分利用的先例。20世纪60年代开始，茶叶深加工产品的研究逐步开展。90年代，中国的名优茶进入快速发展阶段。进入21世纪后，茶产品已广泛应用于食品、轻化工、建材、医疗等行业，并形成中国特色

图1 西湖龙井

图2 铁观音

的茶产品及其深加工技术体系。

主要类别 根据加工后茶产品的外观形态和作为原料的茶树器官的可识别性，可将中国茶产品分为基本加工茶产品和深加工茶产品两大类。①基本加工茶产品。可分为初加工和再加工产品。特点是经过各种加工工艺后，产品本质不变，或多或少保留着茶树可利用器官或组织的形态。主要包括六大茶类（红茶、绿茶、青茶、黄茶、黑茶、白茶）、花茶、紧压茶、袋泡茶等。②深加工茶产品。特点是产品形态结构发生深刻改变，难以寻觅茶树可利用器官或组织形态的踪迹，成为原料截然不同的新型产品，包括茶饮料、速溶茶、茶多酚、茶籽油、茶皂素等。

发展趋势 中国“十三五”规划（2016～2020）以来，茶叶生产规模持续扩大，茶园面积从2015年的264.1万公顷增至2020年321.6万公顷，增长约21.8%。全国干毛茶年产量从228万吨增至293万吨，增长约28.5%。在六大茶类中，绿茶产量稳定增长，居主导地位，约占茶叶总产量的2/3；青茶、红茶、黑茶分别约占总产量的11%、9%、7%。中国茶叶第一产业产值从2015年的1300多亿元增至2020年的1900亿元。中国居民有消费绿茶的习惯，2020年中国绿茶内销量为127.91万吨，占总销量的58.1%；其次为红茶31.48万吨，占比14.3%；内销量最低的为黄茶1.23万吨，占比0.6%。

中国茶叶深加工产业快速发展，产业升级规模逐步扩大，向速溶茶、茶浓缩液、

茶多酚、茶黄素、茶氨酸等提取物，以及抹茶、超微茶粉等全茶粉主导的茶制品加工产业集聚优势明显，产业整体技术居于世界领先水平，带动中国茶资源综合利用率稳步攀升。茶叶深加工的产品可以应用到人类健康、动物保健、植物保护、日用化工等多个领域。中国茶叶深加工和综合利用产业经过近40多年的发展，茶叶深加工技术体系基本成熟，产业的规模、层次、效益都得到了明显提升。开发了具有更高附加值的天然药物、保健食品、含茶食品、食品添加剂、日化用品、动物健康产品、植物保护剂、建材添加剂等功能性终端产品。

扩展阅读

江用文.中国茶产品加工.上海：上海科学技术出版社，2011.

（袁海波）

茶道 chadao; teaism 在茶的品饮生活中，由习俗认知、技能体验、艺术鉴赏而内向自省所感悟到的精神哲思。茶道是茶文化的核心部分。中国茶道一说出于中唐。皎然《饮茶歌诮崔石使君》云：“一饮涤昏寐，情来朗爽满天地。再饮清我神，忽如飞雨洒轻尘。三饮便得道，何须苦心破烦恼”“孰知茶道全尔真，唯有丹丘得如此”。唐人饮茶有感而发，言及茶道者不止皎然。陆羽在《茶经·一之源》中说：“茶之为用，味至寒。为饮，最宜精行俭德之人。”提出茶与人的德行相宜，应在事茶中践行人的俭约品德。颜真卿于大历八年(773)拜湖州刺史，与皎然、陆士修等在杼山妙喜寺有《月夜啜茶联句》，颜真卿有句：“流华净肌骨，疏瀹涤心原。”元和六年（811）调任湖州刺史的裴汶，为顾渚茶所撰《茶述》中说：“茶，起于东晋，盛于今朝。其性精清，其味浩洁，其用涤烦，其功致和。参百品而不混，越众饮而独高。”一位高僧、一位“茶神”、两任刺史同在顾渚山下论茶说道，茶之道在：“清神”“俭德”“致和”“涤心原”。

茶之道并非来自茶，而来自喝茶品茗者，即事茶的人。茶道的感悟在于事茶人的文化修养，其核心是审美能力。历代事茶人对茶道各有自己的感悟。宋代文士在生命情感上，对茶道茗理有新的感悟。范仲淹《和章岷从事斗茶歌》曰：“众人之浊我可清，千日之醉我可醒。”苏轼《次韵曹辅寄壑源试焙新芽》云：“要知冰雪心肠好，不是膏油首面新。戏作小诗君一笑，从来佳茗似佳人。”他又在《书黄道辅〈品茶要录〉后》称赞黄君道辅是位“有道之士”：“作《品茶要录》十篇，委曲微妙，皆陆鸿渐以来论茶者所未及。非至静无求，虚中不留，乌能察物之情如此其详哉？昔张机有精理而韵不能高，故卒为名医，今道辅无所发其辩，而寓之于茶，为世外淡泊之好，此以高韵辅精理者。”宋徽宗赵佶在《大观茶论》中说：“茶之为物，擅瓯闽之秀气，钟山川之灵禀，祛襟涤滞，致清导和，则非庸人孺子可得而知矣，中澹间洁，韵高致静。则非遑遽之时可得而好尚矣。”明清两代爱茶的文人学士和归隐仕子，他们寄情于茶，则是以茶砺节，以茶砥名，在品茗茶事活动中抒发自己的素心品洁和清苦心志。明朱权（朱元璋第十七子)《茶谱·序》云：“予法举白眼而望青天，汲清泉而烹活火。自谓与天语以扩心志之大，符水以副内炼之功。得非游心于茶灶，又将有裨于修养之道矣。”晚明李贽终生爱茶，须臾不离。常年嗜茶使他不但习惯了茶的清苦，更从中参悟人生哲理。他作有《茶夹铭》云：“我老无朋，朝夕唯汝。世间清苦，谁能及子？逐日子饭，不辨几钟，每夕余酌，不问几许。夙兴夜寐，我愿与子终始。子不姓汤，我不姓李。总之一味，清苦到底。”明末清初张岱曾撰有《茶史》一书，因明末清初战乱，书稿散佚，仅留《茶史·序》一文，文中提出“茶理”一说：“因出余《茶史》细细论定，罽之以授好事者。使世知茶理之微如此，人毋得浪言茗战也。”及至近当代，对茶道茗理有别样的体悟。周作人在《喝茶》一文中谈到自己的喝茶观：“我的所谓喝茶，却是在喝清茶，在赏鉴其色与香与味，意未必在止渴，自然更不在果腹了”“喝茶当于瓦屋纸窗下，清泉绿茶，用素雅的陶瓷茶具，同二三人共饮，得半日之闲，可抵十年的尘梦。喝茶之后，再去继续修各人的胜业，无论为名为利，都无不可，但偶然的片刻优游乃正亦断不可少”。吴觉农在评述陆羽《茶经》时说：“他饮茶的目的主要是在于‘品’茶。因此，在理解‘涤昏寐’的作用时，就不能单纯理解它在生理和药理方面的作用。也就是说，《茶经》作者侧重的是把饮茶看作是精神生活的享受，这个观点是十分明显的。”庄晚芳1989年撰《中国茶德——廉、美、和、敬》一文，首刊于上海茶叶学会《茶报》1989年第3期，后接连为香港《新晚报》和《人民日报》海外版等转载。文中提出：“中国茶德，四字守则，四句浅释：廉俭育德、美真康乐、和诚处世、敬爱为人。”

古来也有把“茶道”当作茶叶采制或品饮的一种技能。陈继儒《白石樵真稿》：“第蒸、采、烹、洗，悉与古法不同，而喃喃者犹持陆鸿渐之《经》、蔡君谟之《录》而祖之，以为茶道在是。”完全是指茶的制作之法。张岱《陶庵梦忆·禊泉》云：“董日铸先生常曰：浓、满、热三字尽茶理，陆羽《经》可烧也。”张岱评曰：“两先生之言，足见绍兴人之村之朴。”张源《茶录》中最后列“茶道”一节云：“造时精，藏时燥，泡时洁。精、燥、洁，茶道尽矣。”

（阮浩耕）

茶多酚测定 determination of tea polyphenols content 对茶叶中茶多酚的含量进行测量计算的过程。茶多酚是茶叶中30多种酚类物质的总称，主要由儿茶素、黄酮类物质、花青素和酚酸四类物质组成。其中含量比重最高的是儿茶素类物质，约占茶多酚总量的70%。茶多酚的总含量约占鲜叶干物质的1/3，茶多酚是一类生理活性物质。

检验原理 茶叶磨碎样中的茶多酚用70%的甲醇在70℃水浴中提取，福林酚试剂氧化茶多酚中—OH基团显蓝色，最大吸收波长为765纳米，用没食子酸作校正标准定量茶多酚。

检验方法 称取0.2克均匀磨碎的试样于10毫升离心管中，加入在70℃预热过的70%甲醇溶液5毫升，用玻璃棒充分搅拌均匀湿润后立即移入70℃水浴中；浸提10分钟（隔5分钟搅拌一次），浸提后冷却至室温；转入离心机在3500转/分钟转速下离心10分钟，将上清液转移至10毫升容量瓶中；残渣再用5毫升的70%甲醇溶液提取一次，重复以上操作。合并提取液定容至10毫升，摇匀，过0.45微米膜；移取试液1.0毫升于100毫升容量瓶中，用水定容至刻度，摇匀；用移液管移取测定液1毫升于刻度试管内；在试管内加入5.0毫升的福林酚试剂，摇匀；反应3～8分钟内加入4毫升7.5%碳酸钠（Na_2CO_3）溶液，加水定容至刻度，摇匀；室温下放置60分钟。用10毫米比色皿在765纳米波长条件下用分光光度计测定吸光度，并用没食子酸标准液制作标准曲线，根据样品的吸光度在标准曲线上计算结果。

（陈利燕）

茶花加工产品 production of *Camellia japonica* 采用茶树花为主要原料，应用特定加工技术加工而成的产品。茶树鲜花富含蛋白质、茶多酚、茶多糖、茶皂素、黄酮类、氨基酸、维生素、微量元素和超氧化物歧化酶（SOD）等多种有益成分和活性物质，与芽叶的主要化学成分大体相同。其中，蛋白质、茶多糖含量高于茶叶

图1　茶树花

图2　茶树花茶

平均值。茶花具有调节内分泌、提高免疫力、解毒、抑菌、降脂、降低血糖和抗氧化等功效。

20世纪后期，中国学者就对茶树花的主要活性、成分及其利用开展过研究。2013年1月15日，中国国家卫生和计划生育委员会（今国家卫生健康委员会）发布的第1号文件将茶树花作为新资源食品，自此茶树花可以作为一般性食品进行生产和销售。截至2016年，采用茶树花为原料加工的产品主要包括：茶树干花、茶树花茶、茶树花粉、茶树花提取物及其终端产品等。（尹军峰）

茶会　tea meeting　以茶会友或款待友人的社交活动。又称汤社。茶会一词出于中国唐诗。钱起《过长孙宅与朗上人茶会》："偶与息心侣，忘归才子家。玄谈兼藻思，绿茗代榴花。"钱起另有《与赵莒茶宴》："竹下忘言对紫茶，全胜羽客醉流霞。"前者以榴花酒代绿茗，后者以紫茶代美酒。诗人会朗上人与赵莒的形式类同，只是称法上的区别。

中国宋代有一种同乡相聚的活动称茶会。朱彧《萍洲可谈》卷一记："太学生每路有茶会，轮日于讲堂集茶，无不毕至者，因以询问乡里消息。"宋徽宗《文会图》，把文人相聚称"会"。明代文徵明《惠山茶会图》，则径直称作"茶会"。近现代称茶话会。20世纪30年代，漫画家鲁少飞创作一幅《文坛茶话图》，有鲁迅、刘半农、徐志摩、林语堂、茅盾、巴金等30多位文艺人物集聚一堂品茶叙谈，反映了当时茶话会这种社交形式的时尚。这种茶会或茶话会以相聚叙谈为主，只清茶一杯，或有几样茶食果品。（阮浩耕）

《茶经》（陆羽）　*Tea Classics* of Lu Yu　中国第一部茶学著作。唐代陆羽所著《茶经》，既是其躬身实践取得的关于茶叶生产、品饮等的第一手资料，又是其遍稽群书、广采博收历史经验的结晶，被誉为茶叶百科全书。

主要内容　《茶经》原文共7000多字，分三卷，并分之源、之具、之造、之器、之煮、之饮、之事、之出、之略、之图十章。卷上：一之源，论茶的性状、名称和品质；二之具，论茶叶的采制用具；三之造，论茶叶的采制方法。卷中：仅四之器一章，论烹饮用具及其材质、功能。卷下：五之煮，论烹茶方法和水的品第；六之饮，论饮茶风俗及饮茶功效；七之事，杂录关于茶的故事、产地、药方等；八之出，列举当时有名的茶产地及所产茶叶的等次；九之略，论采制用具和烹饮用具的灵活使用原则；十之图，建议用绢把上述内容抄写并悬挂起来，"目击而存"便于随时对照学习。

史料价值　《茶经》的史料价值表现在以下两个方面：其一，由于《茶经》内容不少是陆羽亲历所得，所以奠定了该内容的真实可靠性。如《茶经》对当时全国茶区分布作了记述，同时对各地茶叶品质的高下作了评价，其中不少名茶由《茶经》首次挖掘记录。从陆羽《茶经》记述的产茶地域可见唐代的茶业已遍及当今大部分茶区，为考察唐代茶业提供了详尽的第一手历史资料。其二，《茶经》发掘、记录了自传说中的上古时代到魏晋南北朝及隋时有关茶的人文故事和典籍记载，可谓对唐代之前茶文化的总结。如"七之事"中的史料涉及面非常广，有关于茶起源的神秘文化色彩、茶与社会伦理、茶的神奇功效、茶的流通形式等。这些资料不仅对于茶的历史文化研究具有特殊意义，也为训诂学、音韵学、文字学、文学等诸多学科保留了不可多得的宝贵材料。例如《四库总目提要》记载："言茶者莫精于羽，其文亦朴雅有古意。七之事所引多古书，如司马相如凡将篇一条三十八字，为他书所无，亦旁资考辨之一端矣。"

文化意义　《茶经》不仅记述了茶叶的制作方法与品饮方法，更重要的是在茶饮的物质特性与人文精神中找到了契合点。其文化性具体表现在注重茶饮的艺术性和提升茶饮的哲学意念。《茶经》不仅把茶当作健身益思的饮料，同时也提示从中可以得到身心的愉悦和美的享受。例如，对煮茶沫饽变化的描述犹如观赏景色："华之薄者曰沫，厚者曰饽。细轻者曰花，如枣花漂漂然于环池之上，又如回潭曲渚，青萍之始生；又如晴天爽朗，有浮云鳞然。其沫者，若绿钱浮于水渭，又如菊英堕于樽俎之中。"陆羽主张茶艺至美，技术至精，饮茶者在"精""美"之中陶冶情性、升华品德。率先提出饮茶者的道德修养："茶之为用，味至寒，为饮，最宜精行俭德之人。"

《茶经》是中国茶文化史上一部划时代的著作，也是世界上第一部关于茶的专门著作。《茶经》的出现，标志着茶学体系的初步构成。（于良子）

《茶经》（张谦德）　*Tea Classics* of Zhang Qiande　中国明代茶书。张谦德著。张谦德（1577～1643），字叔益，后改名丑，字青父，号米庵，又号蘧觉生，昆山（今属江苏）人。撰有《名山藏》《清河书画舫》《真迹日录》《朱砂》《鱼谱》等书。

该书撰于万历二十四年（1596）。主要刊本有：①明万历本。②八千卷楼旧藏明抄本（与"野服考""瓶茶谱""朱砂""鱼谱"合订为《山房四友谱》）。③美术丛书本。《四库全书》存目。该书分上、中、下篇，记载古人论述之间多以当时实用与审美作对比，简要而时出新意。

其著述的宗旨有如"自序"所说："古今论茶事者，无虑数十家，要皆大暗小明，近鬯远泥。若鸿渐之《经》，君谟之《录》，可谓尽善尽美矣。第其时法用熟碾细罗，为丸为挺，今世不尔。故烹试之法，不能尽与时合。乃于暇日，折衷诸书，附益新意，勒成三篇，借名《茶经》，授诸枣而就正博雅之士。"（于良子）

《茶经述评》　*Review of The Tea Classics*　中国茶书。吴觉农主编。1987年5月由农业出版社出版。吴觉农（1897～1989），浙江上虞丰惠人，原名荣堂，著名农学家、农业经济学家，现代茶叶事业复兴和发展的奠基人。吴觉农所著《茶经述评》为研究陆羽《茶经》的重要著作。据作者介绍："这本书从1979年开始撰写，由于出现了一些曲折，因而花费了较预想为多的时间。最初，因为《茶经》原文较为古涩，于是用了较多的时间来对照它的版本，研究它的文字，这样，当时所写出的内容，就较侧重于《茶经》的注释，后来才陆续加入了一些新的评述的内容，搞出了第一稿。但这一稿的内容，有的已超越了评述的范围，所以，又加以精简，把述评突出出来，写成第二稿。最后，再加以修改补充，这便是现在出版的第三稿。同时，在第三稿修改过程中，又不时发现新问题需予解决。……这本书的撰写过程，大体可分为三个阶段，每一阶段，大都是我提出个人的看法，委托几位老友执笔。第一阶段的执笔人是张堂恒同志，他所完成的是内容比较简要的《茶经》的译文和注释，另邓乃朋同志，也在《茶经》的译文和注释方面提供了不少意见；第二阶段先由钱梁、陈君鹏两位同志执笔，他们所完成的是内容比较广泛的第一稿，嗣由陈舜年同志执笔，主要是删繁就简，完成了第二稿；第三阶段亦即第三稿定稿阶段的执笔人是冯金炜、恽霞表两位同志，特别是冯金炜同志对最后定稿的撰写和补充工作出力较多。"（吴觉农《茶经述评·前言》）

全书体例以陆羽《茶经》为纲，各章由译注和述评两部分构成，并有相应的线描和照片插图。述评内容丰富且有新意，以发展的眼光对茶叶研究提出新课题，为进一步研究茶叶提出了方向；对《茶经》所记唐代之前和唐代之后的茶叶史料也做了不少重要的补充，为研究茶史提供了方便。（于良子）

《茶具图赞》 *Diagrams of Tea Sets* 中国宋代茶书。中国第一部茶具图谱。审安老人著。作于1269年。审安老人其真实姓名不详。该书版本近十种。

《茶具图赞》以白描的方法画有十二种茶具，内容有竹炉、茶臼（带椎）、茶碾、茶磨、茶勺、茶筛、拂末、茶托、茶盏、汤瓶、茶筅、茶巾，简洁而传神。一画一咏，按宋时官制冠以职称冠以名号，生动形象地描述了十二种茶具的材质、形制、作用等，并在"赞"中将各茶具的文化意义做了进一步的阐述。

明人朱存理序曰："饮之用，必先茶，而茶不见于《禹贡》，盖全民用而不为利。后世榷茶立为制，非古圣意也。陆鸿渐著《茶经》，蔡君谟著《茶录》，孟谏议寄卢玉川三百月团，后侈至龙凤之饰，责当备于君谟。制茶必有其具，锡具姓而系名，宠以爵，加以号，季宋之弥文。然清逸高远，上通王公，下逮林野，亦雅道也。赞法迁、固经世康国斯焉攸寓，乃所愿与十二先生周旋，尝山泉极品以终身，此闲富贵也，天岂靳乎哉？野航道人长洲朱存理题。"

《茶具图赞》在形式和内容上均有其特别的价值。著述形式新颖，绘画技法精良；对茶具的形象命名、拟人状物十分贴切；赞语用典准确，文辞质朴而寓意深刻，表现出很高的文学价值和很深的文化意蕴。（于良子）

茶寮 chaliao; a place to drink tea in China 中国品茗喝茶的斋室小屋。泛指品茗的环境与场所。"元屠兼善嗜茶，筑茶屋，贝琼为记。"（清光绪《浙江通志》卷四一《古迹》）这是茶寮的初起形态。明代江南地区文人高士饮茶蔚成风尚，他们依据自己的创意构想设计出品茗斋室。早先是陆树声，他撰有《茶寮记》，并筑有自己的茶寮："园居敞，小寮于啸轩埤垣之西，中设茶灶，凡瓢汲、罂注、濯拂之具咸庀。择一人稍通茗事者主之，一人佐炊汲。""时杪秋既望，适园无诤居士与五台僧演镇、终南僧明亮，同试天池茶于茶寮中谩记。"后屠隆撰《考槃余事》，有"茶寮"一则云："构一斗室，相傍书斋。内设茶具，教一童子，专主茶役。以供长日清谈，寒宵兀坐。幽人首务，不可废者。"许次纾《茶疏》中列"茶所"一节："小斋之外，别置茶寮。"

寺庙中的品茶小斋称茶寮。明杨慎《艺林伐山·茶寮》："僧寺茗所曰茶寮。寮，小窗也。"

市井茶馆、茶坊亦有称茶寮的。孔尚任《桃花扇·访翠》："一带板桥长。闲指点，茶寮酒舫。"魏秀仁《花月痕》第六回："俯瞰柳阴中，渔庄稻舍，酒肆茶经，宛如天然图画。"郁达夫《病间日记》："和他们出去访问同乡叶君，不遇，就和他们去北门宝汉茶寮吃饭。"

21世纪初兴起的茶艺馆品茗雅室，以及爱茶人居家饮茶空间的设计构建，是传统茶寮和当代文化生活的一种融合。（阮浩耕）

茶楼 chalou; a shop that serves tea and tea snacks in China 中国经营茶水和茶食点心供应服务的店铺。"茶楼"一词，早在宋代咏茶诗词中就曾出现，戴复古《临江小泊》有句："舣舟杨柳下，一笑上茶楼。"这里的"茶楼"指临江茶肆的楼座。近现代有些规模较大设有楼座的茶馆，多称为茶楼。陈无我《老上海三十年见闻录》（1928）有《二十年前上海英租界茶坊录》，罗列了当年的一大批上海名茶楼：英大马路上有鸿福楼、江海朝宗一笑楼、五云日升楼、三元同庆楼等，后马路上有得志楼、太阳星月楼、四海萍萃楼等，三马路上有九皋鹤鸣楼等，四马路上有群芳花萼楼、金波玉泉楼、沪江第一楼等。20世纪90年代兴起的都市茶艺馆中有许多仍以茶楼命名，如杭州的湖畔居茶楼、心源茶楼和西安的福宝阁茶楼等。（阮浩耕）

《茶录》（蔡襄） *Records on Tea* of Cai Xiang 中国宋代茶书。蔡襄著。作于1051年。蔡襄（1012～1067），北宋兴化仙游（今福建仙游）人，字君谟。宋仁宗庆历（1041～1048）年间任福建转运使，负责监制北苑贡茶，创制了小团茶，闻名于世。

蔡襄有感于"昔陆羽茶经，不第建安之品；丁谓茶图，独论采造之本，至于烹试，曾未有闻"（蔡襄《茶录·序》）。因此，蔡襄把北苑贡茶的制作品鉴及所用茶具整理归纳，写成上下两篇。《茶录》全文约800字，有前、后序，后序为治平元年（1064）五月重新修订时所作。

全书分"论茶"和"论器"两部分，对茶的质量鉴定与藏茶、点茶各种要求做了精当独特的论述。如对茶色的论述："茶色贵白，而饼茶多以珍膏油其面，故有青黄紫黑之异。善别茶者，正如相工之瞟人气色也，隐然察之于内。以肉理润者为上，既已末之，黄白者受水昏重，青白者受水鲜明，故建安人开试，以青白胜黄白。"对香的论述："茶有真香。而入贡者微以龙脑和膏，欲助其香。建安民间皆不入香，恐夺其真。若烹点之际，又杂珍果香草，其夺益甚。正当不用。"对味的论述："茶味主于甘滑。惟北苑凤凰山连属诸焙所产者味佳。隔溪诸山，虽及时加意制作，色味皆重，莫能及也。又有水泉不甘能损茶味。前世之论水品者以此。"此外，对点茶、斗茶的要点及评判标准作了简明介绍："茶少汤多，则云脚散；汤少茶多，则粥面聚。钞茶一钱匕，先注汤调令极匀，又添注入环回击拂。汤上盏可四分则止，视其面色鲜白，著盏无水痕为绝佳。建安斗试，以水痕先者为负，耐久者为胜，故较胜负之说，曰相去一水两水。"

关于茶器，所论有茶焙、茶笼、砧椎、茶钤、茶罗、茶盏、茶匙。其中对茶盏的论述尤具历史价值："茶色白，宜黑盏，建安所造者绀黑，纹如兔毫，其坯微厚，熁之久热难冷，最为要用。出他处者，或薄或色紫，皆不及也。其青白盏，斗试家自不用。”在“后序”中，又对《茶录》的失而复得做了详细记述。

（于良子）

《茶录》（张源） *Records on Tea* of Zhang Yuan　中国明代茶书。张源著。又称《张伯渊茶录》。成书于万历中（1595年前后）。张源，字伯渊，号樵海山人，包山（今江苏震泽）人。“志甘恬澹，性合幽栖，号称隐君子。其隐于山谷间，无所事事，日习诵诸子百家言。每博览之暇，汲泉煮茗，以自愉快。无间寒暑，历三十年，疲精殚思，不究茶之指归不已。故所著《茶录》，得茶中三昧。”（顾大典《茶录·引》）该书刊本仅见《茶书全集》本（乙本），《茶书全集》目录题为《茶录》，而正文题为《张伯渊茶录》。其内容简明扼要而切实，细微精妙之处对后来的制茶、鉴茶、泡茶技术研究很有帮助和启发。

（于良子）

茶马政策　tea and horse trade policy　中国唐代以来各朝制定推行的以茶和其他货币与边疆少数民族易马的政策。茶马交易早在唐代就已出现，但未形成一种定制，更没有确立为一种政策，收购边马，或付金帛，或以茶兑，完全视对方的需要而定。

宋初仍是一般的以茶易马。神宗熙宁七年（1074），遣李杞入蜀置买马司，于秦、凤、熙河诸州设官茶场，规定以四川的茶叶交换西番各族的马匹。茶、马初为两司，其间矛盾重重，后合并为茶马司，并于崇宁元年（1102）升格为都大提举茶马司，秩比都转运使。北宋买马年额为15 000～20 000匹，天圣（1023～1032）年间最高易马记载为34 900匹。最初易马茶用一驮（100斤）易一马，后比价不断上升，至南宋数十驮茶尚换不到一匹善马。南宋时，每年的买马额为10 000匹。

宋以后，除元朝因其本部蒙古产马没有采取这种政策外，明、清两代也都沿用宋制。明朝基本处于战争之中，军马尤为需要。明太祖朱元璋实行“以（茶）制戎狄”的政策，“国家榷茶，本资易马”。因此，对茶马互市贸易更臻重视，建立巡视监察制度。各州官员“纵放私茶出境处以极刑，家迁化外”。万历二十二年（1594）定茶易马，上等马匹120斤（60千克），中等马匹70斤（35千克），下等马匹50斤（25千克）。

清朝把茶马互市定为“实我秦陇三边之长计”。顺治元年（1644）在西北设立五个茶马司。定茶易马，每茶一篦十斤，上马给茶篦十二，中马给九，下马给七。至雍正（1723～1735）年间，大规模战事已平息，军马不显紧缺。雍正十三年停茶马互市贸易。

古代长期推行茶马政策，原本意图是以内地的茶叶来控制边区，并利用边马来强化对内地的统治。但在客观上，茶马互市贸易对于促进内地与周边少数民族经济、文化交流，起到了一定的积极作用。

（阮浩耕）

茶梅　sasanqua camellia; *Camellia sasanqua*　山茶科山茶属常绿小乔木或灌木。茶梅分布于中国长江以南地区。

高3～13米。分枝稀疏，嫩枝有粗毛。芽鳞表面有倒生柔毛。单叶互生，革质，椭圆形至长卵形，长3～8厘米，宽2～3厘米，先端短尖，基部楔形，叶表有光泽，脉上略有毛，边缘有细锯齿。花大小不一，径4～7厘米，略有芳香，无柄。花瓣6～7片，阔倒卵形，近离生，大小不一，红色。雄蕊多数，2轮，外轮花丝连合，着生于花瓣基部，内轮花丝分离。子房密被白色毛。苞及萼片6～7，被柔毛。蒴果球形，室背开裂，宽1.5～2.0厘米，略有毛，无宿存花萼，内有种子3粒。花期11月至次年3月。

茶梅性强健，喜光，也稍耐阴，但在阳光充足处花朵更为繁茂。喜温暖气候和富含腐殖质且排水良好的酸性土壤。有一定抗旱性。可作基础种植及常绿篱垣材料，亦可盆栽观赏。种子可榨油。

（于晓南）

图1　茶梅（小乔木）

图2　茶梅（灌木）

图3　茶梅的茎

图4　茶梅的叶

图5　茶梅的花

《茶梦轩》 *Seal Carving of Cha Meng Xuan*　茶事篆刻。中国清代赵之谦作。赵之谦（1829～1884），浙江会稽（今浙江绍兴）人，咸丰举人，卒于江西南城县知县任内，归葬杭州。赵之谦是晚清著名的艺术家和金石学家，诗书画印、碑刻考证无一不精。著有《补寰宇访碑录》《六朝别字记》等。其篆刻初学浙派、邓派，继而上溯秦汉古印。约在35岁之后立志变法，广泛地将战国钱币、秦权诏版、汉碑额篆、汉灯、汉镜、汉砖以及天发神谶碑、祀三公山碑等文字融合入印，终于自立门户，开一派新风，对后来的篆刻艺术创作产生了巨大的影响，实现了他“为六百年摹印家立一门户”的志愿。

赵之谦中年早逝，流传作品相对较少。但就在这为数不多的篆刻作品中，有一方白文印《茶梦轩》及其边款对茶文化研究颇有参考价值。该印的章法虚实对比强烈而线条匀实，用刀稳健，结字朴茂，有汉印遗风。与其印艺之精美相较，其边款文字更值得一提。赵之谦的篆刻艺术特点之一，就是常将金石考证文字刻记于印款上，这些边款可以视作他金石论著的一种特殊形式。该印的边款中寥寥三十字，却是一篇对“茶”字字源的考证美文。

关于茶字字源，多数人认为是自中唐始由荼字减笔为茶字。清代学者顾炎武在《唐韵正》等著作中曾论及“梁以下始有今音，又妄减一画为茶字”，但未能注明出处。又称“此字变于中唐以下也”。顾氏所论当指真书而言，而“茶”字在汉代篆书中已初具萌芽之事，在赵之谦之前尚未有人提出。故赵之谦的印跋是第一次将“茶”字的形变历史上溯到汉代。汉印之省略为“茶”，无疑为茶叶之“茶”的确立开了先河。赵之谦的《茶梦轩》及边款，不仅是篆刻艺术创作的优秀范例，而且也是**茶史**、**茶文化**研究的宝贵资料。

（于良子）

茶浓缩汁　tea concentrated juice　以各类成品茶、半成品茶、茶叶副产品或茶鲜叶等为主要原料，通过提取、澄清（转溶）、浓缩、灭菌和包装等工艺流程加工而成的液体浓缩茶产品。茶浓缩汁主要应用于各类**液态茶饮料**和含茶食品的调配加工，也有少量作为终端产品直接销售。美国和日本是开展茶浓缩汁研究与开发较早的国家，20世纪90年代，日本在中国福建省建设茶浓缩汁生产厂，将茶浓缩汁产品运回日本各地分散调配灌装茶饮料。80年代中后期，中国就有相关的研究报道，但一直没有产业化生产。2001年，中国农业科学院茶叶研究所研究完成了国家发展和改革委员会重点产业化前期项目“茶浓缩汁加工关键技术与成套装备”，实现了高品质茶浓缩汁加工技术的突破，开始了中国茶浓缩汁产业化生产，中国已逐渐发展成为茶浓缩汁主要生产国。

茶浓缩汁的浓度一般为20波美度左右，也有50波美度左右的高浓度产品。按原料的不同，可分为红茶浓缩汁、绿茶浓缩汁、乌龙茶浓缩汁、花茶浓缩汁等产品；按风味需求，主要分为纯茶浓缩汁和调味茶浓缩汁。茶浓缩汁的出现，实现了“集中生产主剂，分散灌装产品”的现代饮料生产方式，较好地解决了茶叶规模化加工茶饮料过程中品质不稳定、难控制等问题，是高品质茶提取物的发展方向之一。

（尹军峰）

茶人　tea man　中国古代种茶、采茶、制茶之人，近现代泛指从事茶叶产销及科技试验研究等的茶业同人。“茶人”一词最早见于**陆羽**《茶经·二之具》：“籯……茶人负以采茶也。”唐皮日休有《茶人》诗：“生于顾渚山，老在漫石坞。语气为茶荈，衣香是烟雾。”描述的是一个茶人的采茶情景。陆龟蒙和诗有句：“雨后探芳去，云间幽路危。唯应报春鸟，得共斯人知。”宋周必大有《送陆务观赴七闽提举常平茶事》：“暮年桑苎毁茶经，应为征行不到闽。今有云孙持使节，好因贡焙祀茶人。”诗人称陆游到任后，可以用新贡焙的闽茶祭祀茶人陆羽。清屈大均《广东新语》记述珠江之南多业艺茶，“其采摘亦多妇女。予诗：春山三二月，红粉半茶人”。此处“茶人”指采茶女。

（阮浩耕）

《茶山诗》　*A Poem about Tea Mountain*　五言古诗。中国唐代袁高作。又称《焙贡顾渚茶》。袁高（727～786），字公颐，恕己之孙，擢进士第。唐建中（780～783）中拜京畿观察使。坐累贬韶州刺史，复拜给事中。宪宗时，特赠礼部尚书。

诗为：“禹贡通远俗，所图在安人。后王失其本，职吏不敢陈。亦有奸佞者，因兹欲求伸。动生千金费，日使万姓贫。我来顾渚源，得与茶事亲。氓辍耕农耒，采采实苦辛。一夫旦当役，尽室皆同臻。扪葛上欹壁，蓬头入荒榛。终朝不盈掬，手足皆鳞皴。悲嗟遍空山，草木为不春。阴岭芽未吐，使者牒已频。心争造化功，走挺麋鹿均。选纳无昼夜，捣声昏继晨。众工何枯栌，俯视弥伤神。皇帝尚巡狩，东郊路多堙。周回绕天涯，所献愈艰勤。况减兵革困，重兹固疲民。未知供御余，谁合分此珍。顾省忝邦守，又惭复因循。茫茫沧海间，丹愤何由申。”

此诗是中唐以来现实主义茶诗的代表作品，描述了劳动人民的疾苦，揭露了封建统治者的奢侈腐化和地方官吏的贪婪残暴，表达了诗人袁高对统治者昏庸无道的不满与愤激之情。

（刘伟华）

茶史　tea history　**茶叶**生产、加工、贸易、科技、教育及品饮文化生成与发展的历史。**茶树**为山茶科山茶属植物，约5000年前中国炎帝神农时代被发现并野生采集利用；约3000年前周代时为人工驯化发明茶树栽培技术；约2000年前由药用、食用扩展至饮用，并成为可交换的商品。至唐代，**陆羽**《茶经》的广泛传播标志着古代传统茶学的成就，带来茶叶生产流通、品饮的发展高潮。此后1000多年来，随着经济、社会、文化的发展和进步，茶叶的概念不断扩展和丰富，从最初仅为一种植物的茶，演变为一种经济作物、日常生活必需品。由于文人的喜好，饮茶升华为一种生活艺术，晚清以降又成为重要出口商品。至21世纪初，已形成一个包括第一产业、第二产业、第三产业深度融合的茶叶产业链。因此，中国茶史既是一部从茶叶商品化到现代茶产业构成的茶业经济史，又是一部从发明茶树栽培技术到现代茶叶科学研究的茶叶科技史，还是一部茶叶饮用方式演变、历代茶事艺文创作不断丰富的**茶文化**生成史。

（阮浩耕）

茶事戏曲　songs and dramas for tea　以茶事命名的剧种。由**采茶歌**、**采茶舞**发展而来的戏曲类别，为中国独有。这一剧种地区性较强，名称繁多，大致形成于清代中期至清末这一阶段。主要流行于中国江西、湖北、湖南、安徽、福建、广东、广西等产茶区。

往往以流行地区的不同，冠以各地的地名来加以区别。如广东的“粤北采茶戏”、湖北的“阳新采茶戏”“黄梅采茶戏”等。而其中尤以江西流传较广，名称也多，如“赣南采茶戏”“抚州采茶戏”“南昌采茶戏”“武宁采茶戏”“赣东采茶戏”“吉安采茶戏”“景德镇采茶戏”和“宁都采茶戏”等。

采茶歌、采茶舞要演化发展为戏曲，首先要产生与之相关的曲牌。采茶戏最早的曲牌，即是“采茶歌”。单有曲牌还不行，采茶戏必须还要有舞，有人物表演。采茶戏的人物表演与民间的“采茶灯”极其相似。茶灯舞的舞者一般由男女三人（二男一女或一男二女）组成，所以最初的采茶戏也叫“三小戏”（三小戏由二小旦一小生或一旦一生一丑演出）。另外，有些地方的采茶戏，如湖北蕲春采茶戏，在演唱形式上多少保留了过去民间采茶歌、采茶舞的一些传统。其特点是一唱众和，即台上一名演员演唱，其他演员和乐师在演唱到每句句末时，和唱“啊嗬”“咿哟”之类的帮腔，再加上锣鼓伴奏，使采茶戏的曲调更婉转，节奏更鲜明，风格独具，也更带有泥土的芳香。

采茶戏不只脱颖于采茶歌、采茶舞，还和花灯戏、花鼓戏的风格十分相近，与之有交互影响的关系。花灯戏是流行于云南、广西、贵州、四川、湖北、江西等省区的花灯戏类别的统称，以云南花灯戏的剧种为最多。其产生时间较采茶戏和花鼓戏略迟，多半形成于清代晚期。花鼓戏以湖北、湖南两省的剧种为多，其形成时间较采茶戏有的稍早或相差不多。这两种戏曲也是起源于民歌小调和民间舞蹈。因为采茶戏、花灯戏、花鼓戏的来源、形成和发展时间、风格等都比较接近，所以在它们之间自然也就存在一种相互吸收、互为营养和互相促进的交叉关系。

茶对戏曲的影响不仅表现在产生了采茶戏，对戏曲的其他方面也有影响，比如剧作家、演员、观众都喜好饮茶。茶叶文化浸润到人们生活的各个方面，以至戏剧也须臾不能离开茶。茶与戏曲的紧密关系还反映在演出场地上。旧时弹唱、相声、评书等曲艺都是在茶馆演出，各种戏剧起初也是在茶馆演出。到清末民初，中国各地营业性的戏剧演出场所一般还都称“茶园”“茶楼”。另外，茶的生产、贸易和消费一旦发展成为中国社会生产、文化和生活的重要组成部分，就不可避免地被戏剧吸收和反映。所以，很多名戏、名剧都有茶事内容和场景，如南戏《寻亲记》第二十三出《茶坊》就是昆剧的传统剧目；中国古典传奇故事《鸣凤记》《水浒记》《玉簪记》中有关茶的剧情，在昆剧演出中分别改编为《吃茶》《借茶》《茶叙》的折子戏；郭沫若创作的话剧《孔雀胆》将武夷工夫茶搬上了舞台；老舍著名话剧《茶馆》以茶馆的兴衰为背景，从中折射出一个时代、一个社会的兴衰历史。

（刘伟华）

茶事艺文 art works about tea 所有反映和表现茶文化的艺术作品的总称。茶事艺文是包括以文学、书法篆刻、绘画、工艺美术、曲艺、戏剧、歌舞等各种艺术形式记录、吟诵、书写、镌刻、表演茶的各方面内容的作品。价值在于有丰富的文化信息，是茶文史资料的一部分，对于科技和文化方面的研究都显得相当重要。所具有的历史性和艺术性，生动地展现了中国茶文化的发展历程。作为茶文化的重要载体，茶事艺文的形式为人们所喜闻乐见。

茶事艺文中的历史人文信息有良好的借鉴价值。中国茶文化历史悠久，在这条历史的长河中，每一个转折似乎都会有标志性的作品出现，这些标志往往是以文学性很强的诗赋、散文乃至作为美术的书法、绘画等著作形式为主要内容，而这些作品多具有史料和艺术的双重身份。如晋代杜育的《荈赋》完整地表现了茶的种植规模和环境、采摘季节，以及烹茶用水用具、茶汤美感和对人体的功效。唐代袁高笔下的《茶山诗》则在于揭示名重一时的贡茶背后茶农的苦难及负担。北宋名臣蔡襄的小楷《茶录》端严而俊秀，超逸绝伦，是其平生得意之作。因书法之妙，曾经为人所窃，后来蔡襄在治平元年（1064）“辄加正定，书之于石，以永其传”。《茶录》可谓艺为书传，茶因墨香。《茶录》是进呈宋仁宗的一篇关于茶的烹试之法及论茶器的文章，目的是使仁宗了解北苑贡茶，并补陆羽《茶经》之缺憾。它所涉及的内容包括茶叶品质、茶叶保存、鉴评技巧、制茶工具、品茶器具等方面，对于了解宋代茶事及品茶审美具有重要的借鉴意义。

茶事艺文中的技术信息具有一定的开发价值。作为茶叶文献的一个组成部分具有重要的技术信息，同样具有很好的开发价值。作为艺文作品，它所具有的形象性可以帮助我们理解以往纯技术著作中“语焉不详”的一些重要内容，也可以补充缺失的技术信息，如对茶叶历史上一些重要的科技问题的研究，对历史名茶的开发，对茶饮方法及茶饮风格的探索，对古代茶具的恢复等。

茶事艺文中的艺术信息具有独特的审美价值。作为艺术作品，它的主要功能就是通过美的结构、美的色彩、美的形态、美的意境，在得到自我价值实现的同时，使人产生美的感受、美的联想。正因为有了作品的审美价值，所以对茶文化的扩大交流、提升品位起到了不可替代的作用。同时，更突显出一种特定的文化性格，这种文化性格对于艺术作品的格调、审美取向和民族性产生了相当大的牵引力。

（于良子）

茶书 tea book 以茶及其相关事物为内容的书籍。茶书是最集中地记载茶的历史的形式，也是传承茶技术和文化的主要载体。中国茶书记录了中国茶产业和茶文化在不同历史阶段的发展状况、特点和成就，阐述了中国茶文化的理论基点和发展脉络，传承着中国茶文化的精神，是各时期茶叶生产、经济和文化的反映和总结。自从唐代陆羽著《茶经》后，有关茶及其相关事物如泡茶用水和器具的著作便层出不穷，延绵至今。茶书的著述形式和体裁多样，有些开始是一篇短文，因为被独立刊印，或曾编入某部丛书，所以也被视为茶书。据清陆廷灿《续茶经》所列，“茶事著述名目”为67种；万国鼎于1958年所编《茶书总目提要》，共列茶书98种。1999年出版的《中国古代茶叶全书》（阮浩耕、沈冬梅、于良子编）共收入茶书64种（其中有7种为辑佚），书后附一佚存目茶书60种，总共为124种。后又有朱自振等编撰相关著作，略有增减。

唐及五代茶书　中国茶书产生的最早时期是在唐代，陆羽《茶经》是世界上第一部有关茶的专著。陆羽《茶经》在唐永泰元年（765）已具初稿，建中元年（780）付梓。《茶经》的出现，标志着中国茶学系统的初步形成。

陆羽之后，唐代记述茶事之书不断出现，还出现了有关煮茶用水及茶叶、茶汤的专题性著作，如裴汶的《茶述》，张又新的《煎茶水记》（825年前后撰），温庭筠的《采茶录》（860年前后撰），苏廙的《十六汤品》（900年前后撰），五代毛文锡的《茶谱》（935年前后撰）。还有如王敷《茶酒论》这样带着文学色彩的“变文”。唐及五代有茶书10余种。

宋元茶书　宋代饮茶由“煮茶法”发展为“点茶法”，并盛行“斗茶”“分茶”，其点饮方法的讲究和茶具的制作选用显得尤为突出。由于茶叶经济的发展，中唐之际就颁布施行了茶法，但茶法专著的出现却是在宋代。沈括《本朝茶法》（1091年左右撰）及沈立《茶法易览》（1057年左右撰，已佚）是中国茶叶发展史上最早的茶法专著。此外，宋代茶书最显著的特点是地域类和专题类的茶书独多，出现了如黄儒《品茶要录》（1075年前后撰）这样的茶叶检验专著，以及丁谓《北苑茶录》（999年左右撰）、蔡襄《茶录》（1049～1053年撰）、宋子安《东溪试茶录》（1064年前后撰）、唐庚《斗茶记》（1112年撰）、熊蕃《宣和北苑贡茶录》（1121～1125年撰，1158年熊克增补）、赵汝砺《北苑别录》（1186年撰）、审安老人《茶具图赞》（1269年撰）等茶书，从贡茶的生产到点饮及茶具一应俱全。这正反映了该时代茶事的实际情况。元代茶著不多见，但也出现了如杨维桢《煮茶梦记》这样的小品美文，具有一定的审美价值。宋、元两代有茶书30余种。

明清茶书　明清茶业发展到一个崭新

的时期，茶饮的普及程度更为广泛，除少数民族地区外，所用茶叶基本上是以烘、炒青为主的散茶。同时，**白茶**、**黑茶**、**红茶**、**黄茶**、**青茶**等茶类也已基本形成。茶的饮用习惯也与此前的唐、宋、元有本质的变化，即由团饼茶碾碎“煮茶”“点茶”发展为散茶“冲泡”的新方法，茶饮一事显得艺术而又不失方便。新的茶类和饮法的产生，促进了品茶艺术的发展。茶的爱好者有了更大的扩展，对茶的研究也随之日益深入。明清茶事中的种种变革促进了当时茶书著述的兴盛，反过来，明清茶书对这一切所起到的推动作用也十分重要。此时期茶书的主要特点：①有较强的民间性和人文特色。由于茶饮风格的改变、茶类的增多，以及茶文化的进一步演进，明清茶书与唐宋时期重于宫廷茶文化的现象不同，从内容来看最大的特点是充分体现了较强的民间性。尤其是明代，对民间新出现的茶饮及其文化现象有着敏锐把握，对撰写茶书较为热衷，其内容主题主要包括茶、水、具、茶艺及茶的文学研究，此外对茶人和茶法的专题研究等都有着详细的记载。诸如陈师的《茶考》、张源的《茶录》、许次纾的《茶疏》、朱权的《茶谱》、田艺蘅的《煮泉小品》等。②专论著作及资料汇编类均有建树。诸如明代周高起的《阳羡茗壶系》是专门研究紫砂茶具历史的专著；清代程淯的《龙井访茶记》，是古代有关**龙井茶**的唯一专著，记述了龙井茶的产地及采摘、炒制方法等内容；程雨亭的《整饬皖茶文牍》，详录清末外销出口茶叶“着色掺杂”，以及进口茶机、改进品质的一段史实。明清茶书对于史料的研究、搜集和汇编也做出了很大的成就。如孙大绶、吴旦辑张又新《煎茶水记》、欧阳修《大明水记》及《浮槎山水记》而成《茶经水辨》，又辑陆羽《六羡歌》、卢仝《茶歌》等而成《茶经外集》；屠本畯摘录唐宋多种茶书资料编成《茗笈》；夏树芳杂录南北朝至宋金茶事而成《茶董》；陈继儒摘录类书、杂考等又编成《茶董补》；更有喻政结集了前人茶书26种，合为颇具规模的《**茶书全集**》；陆廷灿依陆羽《茶经》原目，“采摭诸书以续之”而成10万字的《续茶经》，资料丰富，是古代茶书中规模最大的一部著作。明清著作数量众多，特别明代是茶书著述最多的时期，250年间共出书近70种；清代共有茶书近20种。

现当代茶书　现当代茶书的著述范围随着时代发展有了很大拓展，特别是现代科学的发展，茶叶研究从宏观到微观、从人文科学到自然科学，其体裁有科技文化专著、教材、书画摄影集、译著、各种会议论文集乃至小说、散文、诗词、戏剧等文学作品集。其中有不少著作承前启后，对当代茶业和茶文化起到重要的影响和推动作用。如1923年吴觉农的《茶树栽培法》、1931年赵烈的《中国茶业问题》、1933年程天绶的《种茶法》、1934年吴觉农和胡浩川的《中国茶叶复兴计划》、1937年朱美予的《中国茶业》、1941年胡山源的《古今茶事》、1949年陈椽的《茶叶制造学》、1951年陶秉珍的《栽茶与制茶》及俞寿康的《红茶的制造》、1957年庄晚芳的《茶树生物学》和对外贸易部商品检验总局的《茶叶检验手册》(财经出版社出版)。20世纪60年代，浙江农业大学、安徽农学院率先主编出版了茶叶栽培学、检验学、生物化学、育种学、商品学、病虫害防治等一系列教材。70年代相对出版较少，其间出现一些关于地方特色茶类的著作，如1973年云南勐海茶叶试验场的《云南茶叶生产技术手册》、1974年信阳地区茶叶试验站的《河南茶叶生产技术》和祁门县《红茶》编写组的《祁红》、1975年湖南省农业科学院茶叶试验站的《湖南茶叶技术》、1977年《四川茶叶》编写组的《四川茶叶》等。80年代开始，随着茶文化的复兴，有关茶史、茶文化的著作不断增多，如1980年中国台湾地区朱小明的《茶史茶典》、陈彬藩的《茶经新篇》等。1981年11月陈祖椝、朱自振主编，由农业出版社出版的《中国茶叶历史资料选辑》，是较为集中的古代茶叶研究史料。1987年5月由农业出版社出版的吴觉农主编的《**茶经述评**》，将《茶经》放在传统茶文化史的大背景下进行考释，获得了学界的高度赞誉。1988年12月，王泽农主编的《中国农业百科全书·茶业卷》由农业出版社出版。该书以汇总茶业自然再生产和经济再生产的知识为内容，在概述基础理论的同时，重视应用技术的介绍，具有一定的专业技术性和实用性。1989年8月钱时霖选注的《中国古代茶诗选》由浙江古籍出版社出版。1991年姚国坤、王存礼、程启坤的《中国茶文化》由上海文化出版社出版，系最早以“中国茶文化”为名的著作。同年，滕军的《日本茶道文化概论》由东方出版社出版，比较系统地介绍了东瀛茶道的思想源流和发展历史。1995年浩耕、梅重主编的《中国茶文化丛书》一套8种，包括《纪茗》《习茶》《说泉》《览壶》《谈艺》《问俗》《数典》《研书》，由浙江摄影出版社出版，为当代最早的一套涉及面较广的茶文化丛书。1999年阮浩耕等编著的《中国古代茶叶全书》是当代对古代茶书的首次集中整理和汇编。2007～2008年丁以寿等编著的《中华茶道》《中华茶艺》和夏涛等编著的《中华茶艺》等作为系列教材由安徽教育出版社出版。此外，2011年，全国茶界、文化界及相关行业专家学者70余人，在1992年版的基础上扩展修订撰成了《**中国茶经**》。现当代各类茶书的出版面世，在茶文化的综合性、资料性和学术性建设上有了丰富的补充。（于良子）

《茶书全集》 *Collecting Works on Tea*　中国明代**茶书**。茶书汇编类著作。喻政编辑。喻政，字正之，江西南昌人。明万历二十三年(1595)进士，曾任南京兵部郎中，出知福州府，升巡道。万历四十年（1612）在福建编印《茶书全集》(甲本)。

《茶书全集》的版本，有明万历壬子(1612)谢肇淛序刊本(万历壬子周子夫序)和万历癸丑（1613）喻政自序刊本两种，前者常称为甲本，后者称为乙本。乙本在甲本的基础上作了不少增补。现藏南京图书馆的丁丙八千卷楼旧藏《茶书全集》即是乙本；甲本在日本国立公文书馆有藏，国内未见。该书原名只《茶书》二字，周、谢二序及喻政自序中也均作《茶书》，其总目中亦载“茶书目录”，“全集”二字估计为后人所加。《茶书全集》保存了不少茶书，有些只有此刊本，有些是初版，流传至今，弥足珍贵。但该书对某些茶书的编删增补未加说明，且校勘欠精，是其不足。

（于良子）

茶树　tea plant; *Camellia sinensis*　山茶科山茶属茶种灌木或小乔木或乔木。植物分类学家推论，茶树是由第三纪宽叶木兰经中华木兰进化而来，距今已有数千万年。茶树原产于中国，云南省的东南部和南部、广西壮族自治区的西北部、贵州省的西南部是茶树的地理起源中心，云南省的中南部和西南部是茶树的栽培起源地。

种质资源　**茶树种质资源**是培育茶树新品种时最初利用的植物材料，包括栽培型的茶树品种、品系、单株、**野生茶树**及近缘植物。资源类型有野生种、栽培品种、**地方品种**、选育品种和品系、野生栽培过渡型资源、遗传材料等。中国是野生茶树资源最多的国家，初步统计，在云南、贵州、四川、广西、重庆、江西、湖南、广东等10多个省（自治区、直辖市）发现并登记的野生大茶树约500株，有的树高达26.5米，有的树幅达22米，有的基部干径达1.85米。

生物学特性　个体及其器官的生长发育和变异的基本规律，包括茶树的形态结构、生育规律、适宜环境、叶片、新梢、花果等。

形态结构　为多年生常绿木本植物。按分枝性状的差异，植株形态分为乔木型（主干明显）、小乔木型（主干较明显）和灌木型（主干不明显）三种树型。按分枝角度大小的不同，树冠可分为直立状（分枝角度$\alpha<35°$）、半披张状（$35°\leqslant\alpha\leqslant45°$）和披张状（$\alpha>45°$）三种形状。自然生长状态下，乔木型茶树树高一般为4米左右，如云南大叶种、崇庆枇杷茶等，野生茶树高度可达10米以上；小乔木型茶树树高一般为3米左右，如**福鼎大白茶**、江华苦茶等；灌木型茶树树高一般为2米左右，如鸠坑种、**铁观音**等。在栽培条件下，手采茶园一般树高控制在80～100厘米，机采茶园树高控制在70～90厘米。

生育规律　茶树的生长发育有一生的总发育周期和一年的年发育周期。按照茶树的生育特点，有性繁殖茶树一生可分为幼苗期、幼年期、成年期、衰老期四个生物学年龄期。从茶籽萌发到茶苗第一次生长休止时为幼苗期，一般历时4～5个月；若是无性系茶树的扦插繁殖，相当于插穗的苗圃期。茶树地上部第一次生长休止到第一次开花为幼年期，一般历时3～4年；相当于扦插繁殖中茶苗移栽到茶叶第一次开采投产的时期。茶树第一次开花到树冠第一次更新改造为成年期，一般历时30～50年；相当于扦插繁殖中茶树第一次开采投产到树冠第一次更新改造的时期。树冠第一次更新改造到茶树丧失生产能力为衰老期，一般历时100年左右。中国大部分茶区，茶树枝条一年有三次生长和休止，第一次生长的新梢为春茶，第二次生长的新梢为夏茶，第三次生长的新梢为秋茶。茶树10月左右开花，翌年4～5月茶果开始生长发育，10月果实成熟。一年中茶树上既有当年开的花，又有上年结的果，这是茶树的生物学特点之一。

适宜环境　研究表明，茶树是喜酸性土壤的植物，土壤pH4.5～6.5最适合茶树的生长；砂壤土、壤土、黏壤土都适合茶树生长，茶园土层厚度要达到80～100厘米，田间持水量达到60%～75%，土壤孔隙度达到30%～50%，土壤氧气含量达到10%。茶树是耐阴植物，漫射光多、云雾缭绕的生长环境有利于茶叶品质，“高山出好茶”具有科学道理。茶树对低温敏感，茶树生长的适宜温度为20～30℃，**茶树新梢萌发温度**≥10℃。

叶片　茶树是叶用植物。茶树叶由叶芽（营养芽）发育而成，单叶互生，可分为鳞片、鱼叶和真叶。鳞片一般会脱落；鱼叶因外形像鱼鳞而得名，是新梢生长过程中的头一片或头几片叶；真叶由叶面、叶尖、叶缘组成，其大小、色泽、着生角度可作为鉴别品种的重要依据。叶片形状有圆形、椭圆形、长椭圆形、披针形等。叶面具革质，有光泽、暗晦、粗糙、平滑之分，通常有不同程度的隆起。叶尖分为急尖（较短而尖锐）、渐尖（较长呈逐渐尖）、圆尖（近圆形），其形状是茶树分类的重要特征之一。叶缘多数平展，也有波浪形或向背翻转者。叶缘上的锯齿是茶树叶片的鉴别特征之一。叶脉分为主脉、侧脉和细脉。主脉和侧脉成45°～80°，侧脉伸展至边缘2/3处即向上弯曲呈弧形并与上方侧脉相连，构成网状闭锁叶脉，这也是茶树叶片鉴别特征之一。叶片茸毛又是一个特征，是芽叶嫩度和茶叶品质的标志，多者为上。茸毛多少与品种、季节、枝条部位等有关，如福鼎白毫品种茸毛多而粗，**龙井**43品种茸毛少；一般春季茸毛多于夏秋季；芽上茸毛多于幼叶，幼叶多于嫩叶，茸毛随叶片成熟而脱落，老叶已无茸毛。叶片大小因品种而异，长度一般为3～25厘米，宽度一般为2～15厘米。叶片色泽因品种、季节、生态条件等因素而异，多数为绿色，其他有白色、紫色、紫绿色、黄色。

新梢　收获对象是嫩梢。茶芽萌发生长而成的枝条称为新梢，按生长季节分为春梢、夏梢、秋梢；按顶芽活动状态分为正常新梢和异常新梢（驻梢）。从正常新梢上采下的嫩梢，按芽下的叶数值称为一芽一叶、一芽二叶、一芽三叶等；从异常新梢上采下的嫩梢，按芽下的叶数值称为对夹二叶、对夹三叶。

花果　**茶树花**为两性花，微有芳香，一般为白色，少数粉红色，大的直径50毫米左右，小的直径25毫米左右。茶树花含有儿茶素类、儿茶素衍生物（儿茶素糖苷和儿茶素二聚体）、黄酮苷类、皂素、多糖、维生素、精油、氨基酸、蛋白质、茶花皂素等多种营养成分，可加工成茶花茶饮用，利用内含成分可生产保健品和日用消费品。茶果为蒴果，外表光滑，形状视其中发育的茶籽数而异，有圆形、椭圆形、三角形、方形、梅花形。果壳未成熟时为绿色，成熟后为棕绿色或绿褐色。茶籽可加工为食用油，提取茶皂素等。

茶树品种　茶树品种是具有经济价值、遗传性状相对一致的栽培茶树群体。根据不同的分类依据，茶树品种可分为农家品种（地方品种）、群体品种；育成品种、引进品种；有性系品种、无性系品种；绿茶品种、红茶品种、乌龙茶品种等；特早生种、早生种、中生种、晚生种；大叶种、中叶种、小叶种；国家级品种、省级品种。同一个品种可能有多种称呼，如龙井43，可称为育成品种、无性系品种、绿茶品种、特早生种、中叶种、国家级品种。

茶树保护　以最大程度降低有害生物、有害植物和自然灾害对茶树的危害为目标，综合利用科学和经济有效的治理技术，提高茶树生产能力，维护生态环境，确保茶产业可持续发展。危害茶树的有害生物有茶树病害和茶树害虫。世界上有记载的茶树病害140多种，其中中国约100种（主要的有24种）。世界上有茶树害虫1000多种，其中中国约500种（主要的有73种）。茶园有害植物为杂草，种类数百种，有草本、木本、藤本杂草，也有一年生、二年生、多年生杂草。茶树可能遭受的自然灾害有旱害、湿害、冻害、强风、冰雹等。

对茶树病害的防控主要采取选用抗病品种；加强茶园管理，增施磷、钾肥和有机肥，增强树势；适时选用药剂防治等方法。对茶树虫害的防控主要采取选用抗虫品种、物理防治、人工捕杀、生物防治和化学防治等方法，如使用杀虫灯、黏虫板、病毒制剂，茶园养鸡吃虫，引进和保护天敌控虫等。对杂草的控制以耕作除草为主。针对不同的自然灾害，可分别采取种植遮阴树和施绿肥、茶园铺草、灌溉等措施抗旱，新茶园土地平整和深垦、完善茶园排水沟系统是防止湿害的重要措施；茶园塑料大棚、树冠覆盖、洒水、熏烟、茶园安装风扇等措施都有防冻作用。在茶树保护中，要提倡绿色防控，坚持综合防治，尽可能地采用农业措施、物理方法和生物方法，少用或不用农药，以保证茶叶产品质量安全和茶区生态环境友好。

（梁国彪）

茶树地方品种　tea local variety　在当地自然或栽培条件下，经长期自然或人为选择形成的茶树品种。又称农家茶树品种、茶树土种、地区性茶树品种。茶树地方品种对当地自然或栽培环境具有较好的适应性。除一些无性系品种外，一般多为较混杂的群体，发芽期、芽叶色泽和叶形均有多种变异，是系统育种的原始材料。茶树地方品种还指限于局部地区栽培的品种，如乌龙茶品种等。　（韦　康）

茶树分类法　tea classification　依据茶树表型、化学成分、染色体组型、花粉形态等特征，对茶树的种类或类群或亲缘关系进行划分的方法。按照茶树形态分类法确定的系统，茶树属于被子植物门（Angiospermae）、双子叶植物纲（Dicotyledoneae）、山茶目（Theales）、山茶科（Theaceae）、山茶属（*Camellia*），属分为亚属、组、系、种、亚种、变种等。

自瑞典博物学家C.林奈于1753年将茶树定名为*Thea sinensis* Linn.起，对茶树的分类一直存在着学术争议，茶树先后曾有20多个学名，直至1935年的国际植物学会上将*Camellia sinensis*（L.）O. Kuntze规定为茶树的学名，茶树在植物学上才有了明确的分类地位。会议还决定把茶属归入山茶属后成立单独的茶组。至此，茶树学名得到大多数学者的认同，分类的争议主要聚焦于种以下的变种上。

茶组植物的形态学分类主要是从各个茶组植物的花、果实、种子等生殖器官，兼顾树型、叶片等营养器官来进行研究。1958年，英国植物学家T.艾登将茶树分为3个变种：茶（var. *sinensis*）、阿萨姆茶（var. *assamica*）和柬埔寨茶（var. *cambodia*）。1971年，苏联茶树育种家将茶树分为2个地理亚种、10个变种：茶（ssp. *sinensis*）包括日本茶、茶和大叶茶3个变种；阿萨姆茶（ssp. *assamica*）包括阿萨姆茶、老挝茶、那伽山茶、马尼坡茶、缅甸茶、云南茶和锡兰茶7个变种。1981年，中国专家庄晚芳等认为茶树分类的范畴是介于种以下、品种之上。它既不同于一般的植物分类，也不同于茶树品种分类，但两者有密切联系。根据茶树类型间的亲缘关系、利用价值和地理分布，认为所有茶树都是一个种——茶（*C. sinensis*），同时根据种内个体之间的差异程度，在种之下分为2个亚种、7个变种。同年，中国张宏达将茶树分为17个种、3个变种，1985年又修订为37个种、3个变种。1992年，中国闵天禄在张氏分类系统基础上，又归并为12个种、6个变种。2000年，中国陈亮等以子房室数、花柱分裂数和子房茸毛的有无、花冠大小、树型、枝叶形态等形态学为依据，提出将茶组植物分成大厂茶（*C. tachangensis*）、大理茶（*C. taliensis*）、厚轴茶（*C. crassicolumna*）、秃房茶（*C. gymnogyna*）和茶（*C. sinensis*），在茶下再分阿萨姆茶（*C. sinensis* var. *assamica*）、白毛茶（*C. sinensis* var. *pubilimba*），共5个种、2个变种。 （马春雷）

茶树个体生育周期 individual growth cycle of tea plant 茶树萌芽或生根、生长、开花、结果、衰老、更新直到死亡的整个生命周期。又称总生育周期。有性繁殖的茶树，个体生育周期指茶树从种子萌芽、生长、开花、结果、衰老、更新直到死亡的整个生命周期，经历数十年到数百年甚至数千年。无性繁殖的茶树用其自身营养体的一部分，历经插穗生根、生长、开花、结果、衰老、更新，直到死亡。

茶籽在适宜的环境条件下萌发，胚根向土壤深处伸展形成主根，胚芽向上突破土层形成主干，至植株第一次停止生长前为时4～5个月，这期间的营养主要依赖于子叶内贮存的养分，部分来自绿色幼叶的光合产物。茶树地上部从第一次生长休止开始至第一次孕育花果，历时3～4年，根系和地上部迅速扩大，营养生长十分旺盛，此为幼年期。栽培型茶树在此期间进行定型修剪，抑制主干生长，促进侧枝粗壮，以形成丰产型树冠的骨架枝。此后，茶树开始进入定型阶段的青年期，营养生长和生殖生长均进入旺盛期，茶叶品质、产量迅速提高。定型以后，茶树进入稳产、高产的壮年期，栽培管理水平高的茶园，壮年期持续年限达到20～30年甚至更长。随着年龄的增长，根系养分吸收能力减低，树冠着叶稀小，“鸡爪枝”和枯枝增多，茶树新梢生长减弱，如节间缩短、芽叶变小、对夹叶大量出现，产量品质明显下降，开始进入衰老期。茶树具有较强的再生能力，经自然或人为更新仍可复壮，保持一定的生产能力。但从人工栽培效益来看，改造、管理成本增加而经济价值很低时，可以挖除老茶树，进行换种改植，重新建园。 （阮建云）

茶树菇 southern poplar mushroom; *Agrocybe cylindracea* 伞菌目锈伞科田头菇属菌类。又称茶新菇、杨树菇、柳环菌、柳松茸。中国于20世纪80年代起进行茶树菇生物特性及栽培技术的研究，并开始零星栽培。中国福建、江西、上海等地的茶树菇已形成规模栽培。

形态特征 茶树菇单生、双生或丛生。菌盖直径2～10厘米，表面光滑，初为半球形，暗红褐色；后渐变为扁平，淡

茶树菇

褐色或土黄色。成熟之后，菌盖上卷，边缘有破裂。菌肉污白色，略有韧性，中部较厚，边缘较薄。菌褶片状，细密，几乎直生，初白色，成熟后咖啡色。菌柄长3～8厘米，直径3～15毫米，中实，纤维质，脆嫩，表面有纤维状条纹，近白色，基部呈污褐色。菌环膜质，生于菌柄上部。孢子呈锈褐色。

生长习性 茶树菇属于木腐性菌类，木质素酶的活性较弱，没有虫漆酶活性，利用木质素的能力比平菇、香菇、金针菇等弱，所以一般在培养料装袋前须先经过发酵，使木质素得到有效的降解；但其蛋白酶的活性很高，利用氮素的能力很强。茶树菇菌丝在4～33℃下均能生长，适宜温度为20～28℃；子实体分化温度为10～24℃。菌丝在培养料含水量为65%～70%时生长较快，发菌期间要求空气相对湿度为60%～70%，出菇期间要求空气相对湿度为85%～95%。茶树菇是一种好气性真菌，在发菌期和出菇期均要有良好的通风。菌丝生长不需要光照，原基形成和子实体发育时需要500～1000勒克斯的较强光线，子实体生长期间需要250～500勒克斯的散射光照，子实体还具有明显的趋光性。

栽培 茶树菇的人工栽培有段木栽培和代料栽培，以代料栽培为主。代料栽培又包括瓶栽、袋栽和箱栽几种形式，其中以袋栽最为普遍。袋栽时，选择适合当地栽培的优良品种，并根据当地实际情况选择适宜的培养原料配制培养料。培养料均匀混合后装袋灭菌，灭菌后待温度降至30℃以下，即可在无菌条件下进行接种。接种后，保持培养室内温度24～28℃，以利于菌种萌发定植。接种后20天，保持室温23～25℃。发菌期要保持室内黑暗，可有微弱的散射光照，但不能有直射光照。发菌室要通风换气，保持室内空气新鲜。子实体生长阶段要加大通风换气，但室内空气流动不可过于强烈，保持温度在15～25℃，空气相对湿度保持在90%～95%，增加散射光照。当子实体生长7～15天，约八分成熟，菌盖颜色逐渐变淡，转为浅黄色，并逐渐开伞，直径达2～3厘米，菌膜即将破裂时为适宜采收期。

用途 茶树菇含有18种氨基酸，其中8种为人体必需氨基酸，还含有丰富的B族维生素、矿质元素以及鲜味物质和一系列挥发性八碳化合物，有清热、平肝、明目、补肾壮阳、利尿、渗湿、健脾、止泻等功效。现代医学研究表明，茶树菇含有大量抗癌真菌多糖，更有试验数据显示

其还具有良好的抗癌作用。可炒、炸、腌、煎、拌、烩、烤、焖、清蒸或做汤。

（杨　暹）

茶树国家级品种　tea national variety　经中国农作物品种审定委员会审（认）定的品种。截至2017年，中国已有国家审（认、鉴）定茶树品种134个，其中无性系品种117个。自2017年5月1日起，茶树国家级品种的审（认）定制度已停止，改为非主要农作物品种的登记制度。

（韦　康）

茶树国家级品种审定　confirmation, registration or evaluation of tea national variety　根据中华人民共和国农业部（今农业农村部）《全国农作物品种审定办法》，茶树新品种经国家级品种区试及生产试验，来确定新品种的表现性状、品质、产量、抗性、适应性、适制性等性状，最终由中国农作物品种审定委员会组织委员和邀请有关专家、学者进行审定的制度。审定合格的茶树新品种才能推广，同时发布公告和发给审定合格证书。实行品种审定制度是国家加强品种管理、促进品种合理推广的强制手段。《全国农作物品种审定办法》规定："未经审定或审定不合格的品种不得繁殖，不得经营、推广，不得宣传，不得报奖，更不得以成果转让的名义高价出售。"截至2017年，中国已有国家审（认、鉴）定茶树品种134个，其中无性系品种117个。自2017年5月1日起，茶树国家级品种的审（认）定制度已停止，改为非主要农作物品种的登记制度。

（韦　康）

茶树花　tea blossom　山茶科山茶属茶树的生殖器官。2013年1月18日根据《中华人民共和国食品安全法》和《新资源食品管理办法》有关规定，中国卫生部（今国家卫生健康委员会）批准茶树花为新资源食品。

生物学特性　茶树一般从第3～5年就开始开花结实，直到植株死亡。在生物学形态上，茶树花属于两性花，着生于新梢叶腋间，单生或数朵丛生，一般有1～3朵腋生花，中等大小，有花柄，2个苞片，生于花柄中部，早落。每朵由6～11片花瓣组成，花瓣中有200～300雄蕊，雄蕊3～4轮，外轮近离生；雌蕊位于雄蕊群中央，大小因品种而异，一般为白色，少数为淡黄色或粉红色。花朵基部有腺体，可分泌蜜汁和香气，吸引昆虫为其传播花粉。茶树的开花习性因品种、环境条件不同而有差异，同时还受茶树年龄等因素影响。在一般情况下，中国大部分茶树9月至10月下旬为始花期，10月中旬至11月中旬为盛花期，11月中旬至次年2月为终花期。中国南部茶区的花期则更长，可延续至次年2～3月，个别地区甚至全年可见茶花开放。所以，茶树具有开花期长、花量大、资源丰富等特点。

生化成分　茶树花的生化成分主要包括：约11%茶皂苷、30%蛋白质、35%总糖、7%～15%茶多酚、1%～4%氨基酸、1%～3%黄酮类化合物、小于1%的咖啡碱。其中，缬氨酸、甲硫氨酸、异亮氨酸、亮氨酸、苯丙氨酸、赖氨酸等人体必需氨基酸含量较为丰富，并且含有多种维生素，如维生素A、维生素D、维生素B_1、维生素B_2、维生素C、维生素E、维生素K。茶树花锰的含量比一般花粉高20～30倍，锌的含量比一般花粉高10倍。

茶树鲜花香气主成分为芳香醇类、萜烯醇类、脂肪醇类和芳香酮类化合物，占精油总含量的84.1%～95.6%。茶树花中主要物质为苯乙酮、芳樟醇、α-苯乙醇、2-苯乙醇、香叶醇、水杨酸甲酯等，其中苯乙酮、α-苯乙醇、2-戊醇、2-苯乙醇、芳樟醇为茶树花的主要香气成分。

功效及应用　茶树花的功效有：①抗氧化作用。茶花提取物可以很好地清除羟自由基和1,1-二苯基-2-三硝基苯肼（DPPH）。②提高人体免疫力和抗肿瘤活性。茶树花多糖具有很好地提高人体免疫力和抗肿瘤的活性。③减肥和降血脂。④用于皮肤保水、锁水，保护弹性蛋白质和胶原蛋白质。

茶树花产品具有很好的应用前景，已经开发出茶树花系列化妆品有：茶树花美白护肤面膜，免洗茶树精华睡眠面膜；防晒护肤茶树精华乳，抗过敏茶油身体乳；茶树花果清洁系列产品；茶树花婴儿皂，茶树花女性皂；防脱发洗发液。

（屠幼英）

茶树年生育周期　annual growth cycle of tea plant　茶树在一年中的生长发育过程。茶树年生育周期主要表现在新梢的轮性生长、花果和根系生长的季节性变化等方面。自然生长条件下，越冬芽于2～3月萌发开始，经历3次生长，分别形成春梢、夏梢和秋梢；人工采摘条件下，全年可萌发5～6轮新梢，大致可分为春茶、夏茶和秋茶。在大部分茶区，茶树9～10月陆续进入冬季休眠，但在四季温差较小的中国华南茶区，新梢在冬季只有短暂的生长休止期。根系生长也具有明显的季节性节律，与地上部交错生长，出现多次高峰与低峰，体现了茶树有机体的协调与统一性。大部分茶区茶树5～6月开始出现花芽分化，9月中下旬开始开花，10～11月为盛花期，至12月花期基本结束。茶花受精后进入休眠越冬，至翌年春天气温回升继续生长发育，茶果在4月后开始快速生长，6～9月为茶果体积增加和内含物累积的高峰期，至10月中下旬茶籽成熟。从花芽分化到茶籽成熟需460～500天时间。成熟茶籽直径0.5～1.8厘米，平均1.2～1.5厘米，千粒重500～2000克，平均1000克左右。正常采收和保存种子（含水率保持为30%～40%）的发芽率为75%～85%。

（阮建云）

茶树省级品种　tea provincial variety　经中国各省（自治区、直辖市）农作物品种审定委员会审（认）定，在本区域范围内推广的品种。茶树省级品种一般具有较高的经济价值，遗传性状相对稳定，适于本区域的自然条件和生产条件，并有较大的种植面积。自2017年起，茶树省级品种的审（认）定制度已停止，改为非主要农作物品种的登记制度。

（韦　康）

茶树省级品种审定　confirmation, registration or evaluation of tea provincial variety　根据中华人民共和国农业部（今农业农村部）《全国农作物品种审定办法》或当地农作物品种审定办法，茶树新品种在省（自治区、直辖市）范围内组织品种区试及生产试验，来确定新品种的表现性状、品质、产量、抗性、适应性、适制性等性状，最终由省（自治区、直辖市）农作物品种审定委员会组织委员和邀请有关专家、学者进行审定的制度。审定合格的茶树新品种才能推广，同时发布公告和发给审定合格证书。实行品种审定制度，是国家加强品种管理、促进品种合理推广的强制手段。《全国农作物品种审定办法》规定："未经审定或审定不合格的品种不得繁殖，不得经营、推广，不得宣传，不得报奖，更不得以成果转让的名义高价出售。"

（韦　康）

茶树树冠培养　crown cultivation of tea plant　根据茶树生长发育习性及其生理代谢规律、外界环境条件变化和人们对茶园栽培管理要求，通过人为地剪除茶树部分枝条来调控茶树的分枝习性，改善营养物质的运输和分配，促进营养生长，塑造"壮、宽、齐、密、茂"的优化型理想树冠的栽培措施。茶树树冠培养是茶园管理的主要栽培技术措施之一，需要通过修剪技术措施，使茶树形成骨干枝粗壮、分枝层次分明；高度合理，降低枝干比例，提高光合产物向茶叶经济产量分配，并适于农事操作；树冠广阔，覆盖度达到80%～90%；叶层厚度（中小叶种10～15厘米，大叶种20～25厘米）和叶面积指数适当的树冠结构，延长茶树的经济年龄，从而达到持续优质、高产、高效目的。

技术包括茶树品种选择、修剪技术、施肥技术、采摘技术。随着茶园生产管理进入机械化和信息化时代，茶园管理方面可利用不同茶树品种的树冠结构、大小、叶片绿色程度和成熟度等方面的差异，表现出独特的光谱特征，根据树冠显现的特征选择优良品种，制定合理的培育制度，培养合适的树形和树冠。同时可将灰色系统理论中的建模方法用于时间序列差分方程模型，预测不同茶树品种树冠的生长状况，以更好地指导茶园管理。

（石元值）

茶树双无性系品种 biclonal variety of tea plant 将两个茶树无性系品种按比例种在一起进行自然杂交所产生的杂种一代群体。茶树是自交不亲和植物，不可能形成纯系，因此杂合度较高，所有的有性系品种都是有性状分离的。世代用无性繁殖方法繁衍的品种称为无性系品种，一般指由同一植株的营养器官采用扦插、压条或组织培养等方法繁殖的品种。因为它们不涉及两性细胞的结合，所以不发生基因重组，不会有性状分离，个体间性状相对一致。

茶树双无性系组合杂交育成的品种可以综合双亲的优点，特别是在发生旱害和病虫害时，双无性系杂交种子培育的品种自我调节能力较强，具有减少产量损失的优势。但因为茶树是杂合的，不可能产生一致的配子，所以经过有性过程的茶树双无性系品种也是杂合的，有性状分离现象。

（王丽鸳）

茶树特早生种 tea extra-early sprouting variety 越冬芽生长发育和春茶开采特别早的茶树品种。茶树根据春季发芽时间的早晚，分为特早生种、早生种、中生种和晚生种。因各茶区气候条件和茶类不同，一般不用萌发日期或春茶开采期确定，而是用一定的物候标志所需的有效积温或活动积温来确定。在中国江苏、浙江茶区，将一芽三叶展需有效积温低于60℃的品种称为特早生种，如中茶108和乌牛早等。

（韦 康）

茶树晚生种 tea late sprouting variety 越冬芽生长发育和春茶开采期均迟的茶树品种。茶树根据春季发芽时间的早晚，分为特早生种、早生种、中生种和晚生种。因各茶区气候条件和茶类不同，一般不用萌发日期或春茶开采期确定，而是用一定的物候标志所需的有效积温或活动积温来确定。在中国江苏、浙江茶区，把一芽三叶展需要有效积温大于120℃的品种称为晚生种，如政和大白茶和福建水仙等。

（韦 康）

茶树新梢 tea shoot 由茶树的营养芽生长发育而成的幼嫩树梢。茶树的新梢由芽、新展开叶片和嫩茎组成，含有丰富的物质，如游离氨基酸、类黄酮、咖啡碱等，是茶树种植生产的主要收获对象，可根据制茶标准要求采摘不同嫩度的新梢加工茶叶。新梢的发育一般根据新展开叶片的数量进行命名，如一芽一叶、一芽二叶、一芽三叶新梢等。自然条件下，中国大部分四季分明的茶区在春、夏、秋季从芽萌发到生长休止共形成3轮新梢，分别为春梢、夏梢和秋梢。在正常人工采摘条件下，新梢的轮性生长时间缩短，而轮次明显增加，一年中可发5～6轮。

（阮建云）

茶树修剪 tea pruning 为培养高产优质树冠，剪除茶树部分枝叶的措施。以茶树品种的生物学特性为基础，运用不同程度的修剪，刺激、调节和控制茶树分枝习性，使分枝直径增粗、数量增加、排列有序，树势扩展，促进营养生长。修剪方法有定型修剪、轻修剪和深修剪以及重修剪、台刈（含抽刈）等。不同茶区和茶类的修剪要求和形式都不一样。例如，华南茶区、西南茶区的大叶和半乔木型茶树气温高、生长旺，以生产红茶为主，定型修剪用分段修剪或弯枝法，轻修剪树冠宜剪成水平形，重修剪高度应降低；江南茶区、西南茶区中小叶种灌木型茶树，以生产红茶、绿茶为主，要求树冠新梢密度大、芽叶重，各种修剪均应促进分枝数增加、分枝粗壮；边销茶与黄大茶产区的茶树以培养主枝为目的，应以定型修剪或深修剪为主；名茶产区要求树冠芽密芽壮，生产枝多、对夹叶少，应采取深修剪与轻修剪结合的办法不断复壮树冠。

在茶树的生长发育过程中，营养生长与生殖生长、地上部与地下部、主枝与侧枝的生长是相互促进、相互制约的关系。为了促进茶树的生长，复壮树势，延长丰产期，必须正确运用修剪技术。茶树修剪方法包括幼年茶树的定型修剪和成年茶树的周期修剪。

幼龄茶树的定型修剪　一般在幼苗长足2年才开始进行第一次修剪。如果水肥充足，茶树长势好，多数高度达到25厘米以上并有两个分枝，到一足龄的也可进行第一次定型修剪。在第一次定型修剪的基础上只要加强管理，茶树便会生长旺盛；一般在第二年需进行第二次定型修剪，高度可在第一次剪口上提高10～15厘米；第三次定型修剪在第二次剪口上再提高10～15厘米，使茶树高度控制在40～45厘米，基本形成骨架。

成年茶树的周期修剪　周期修剪包括轻修剪和深修剪。①轻修剪的深度要在上半年采摘面上提高3～5厘米，剪去新梢的上段，这样既可以将受冻害和病虫害的枯焦叶和无发芽能力的鸡爪枝剪去，又可以保留已木质化或半木质化的一段新梢基部。轻修剪的周期以一年一次为宜。对于多数茶园，特别是早春采制名优茶的茶园来说，以秋茶后或春茶后轻修剪为宜。对于一些冬季发生低温冻害或早春发生倒春寒、茶树树冠表层枝叶明显受冻的茶园，则应在早春轻修剪。②深修剪一般是剪去绿叶层10～15厘米。成年采叶茶树由于每年轻修剪和每年多次采摘的刺激，树冠上形成许多浓密而细弱的结节枝，这些结节枝有碍营养运输，导致芽叶瘦小、对夹叶增多，因此必须进行较深程度的修剪，重新培养树冠。一般2～3次轻修剪后采取一次深修剪。考虑当年茶叶产量，修剪时期多在春茶后或秋茶后进行。修剪的形状多为水平形或弧形。修剪后的树高，长势旺盛的为100厘米，长势较弱的为80厘米，长势差的为80厘米以下。

（石元值）

茶树遗传育种 tea genetics and breeding 研究茶树的遗传变异规律，并应用研究成果探讨如何有效地创造、鉴定和筛选优良遗传性状，从而培育具有优质、高产、多抗等特性的茶树新品种的学科。茶树遗传育种包括茶树遗传与茶树育种这两个既独立又相互联系的部分。①茶树遗传学研究主要包括茶树质量遗传性状的分离、组合和连锁规律，茶树数量遗传性状的遗传规律，茶树的基因组和功能基因研究等方面内容。②茶树育种学研究主要包括茶树的选择育种、杂交育种、诱变育种、生物技术育种和分子育种，茶树的种质资源研究，茶树的引种驯化，品种鉴定与新品种保护，良种繁育与推广等方面内容。

中国的现代茶树育种研究始于20世

纪30年代对茶树品种资源的调查；1964年制订了相关的育种程序，开始全国性的茶树育种工作；1981年成立了中国茶树良种审定委员会，1989年改名为中国农作物品种审定委员会茶树专业委员会，并在全国主要产茶省设立区域试验点，先后审（认）定茶树品种95个。2003年成立了中国茶树品种鉴定委员会，先后对29个茶树品种进行了自愿鉴定。21世纪后，从各种分子标记开始，在茶树遗传学研究中大量应用分子生物学技术，克服了多年生和高度杂合问题带来的困境，使得茶树遗传研究从少量的杂交观测进入基因功能研究的发展阶段。

（王丽鸳）

茶树育种方法 tea breeding methods 利用茶树原有的自然变异或采用各种常规和生物技术手段人工创造变异，从而形成新的茶树品种类型的方法。常用的育种方法主要包括常规育种技术和非常规育种技术两大途径。

常规育种技术 主要包括选择育种和杂交育种，是茶树育种的主要方法。

选择育种 又称系统选种。在长期的种植与演化过程中，植物有性群体内往往会出现一些自发的遗传突变，或者由于异交引起基因重组而出现一些新的个体类型。选择育种就是从大量的群体中鉴定和筛选出符合育种目标与需求的变异个体或基因型，从而进一步繁育成新的品种。因为茶树是多年生木本植物，生长周期长，杂合度高，杂交结实率不高，所以选择育种是茶树育种上应用最广泛的方法。已经审定或鉴定过的几百个茶树品种中，通过选择育种方法育成的品种占一半左右。

杂交育种 是以基因型不同的配子进行交配而形成杂种，通过对后代杂种比较、鉴定、选择和培育来获得新品种的育种方法。茶树上一般把基因型不同的亲本在自然状态下交配而产生杂种后代，并加以选择形成新品种称为自然杂交。把根据育种目标选择父母本，采用人工授粉方式使母本卵细胞受精的杂交方法称为人工杂交。由于茶树人工杂交的结实率不高，往往只有百分之十几或二十几，杂交试验过于费时费力，杂交育种方式培育而成的品种只占现有品种的约1/4，其中还有近一半是自然杂交而来的，没有通过更为目标明确的人工杂交方式培育。

非常规育种技术 主要包括诱变育种、生物技术育种和分子育种等方法。

诱变育种 人为地利用物理或化学方法，诱变生物产生可以遗传的变异，然后根据育种目标对突变体进行选择和鉴定，培育成新品种的方法。物理因素诱变主要是通过各种辐射，如X射线、γ射线和紫外线等；化学因素诱变主要是利用各种化学诱变剂，如烷化剂类或各种核酸碱基类似物。诱变的实质就是使生物体的DNA发生结构变化，从而导致基因的变异。

用物理或化学方法使茶树的染色体倍数增加，然后培育成新品种的方法称为多倍体育种，也是诱变育种的一种，可以使植物组织和器官变大，改变其生化成分，或克服远缘杂交的不孕性。

生物技术育种 生物技术育种包括单倍体育种、细胞突变体筛选和体细胞杂交等技术手段。①凡是具有正常植物染色体数一半的植物就是单倍体植物，因此单倍体只有一套基因，而不是普通体细胞的两套基因。培养单倍体的好处在于一旦将它的染色体加倍，就立刻能得到一个所有基因位点都没有杂合现象的纯合株系，可以使一些有益的隐性基因得到表达。这解决了茶树基因杂合度高且很难进行大量回交，导致没有基因纯合个体的问题，是一条获得纯合体植株的捷径。②细胞突变体筛选实际上就是细胞水平上的诱变育种。将细胞在离体条件下分离培养，然后进行物理或化学诱变处理，再进行筛选和植株再生，最后获得新品种。③体细胞杂交是细胞水平上的杂交育种。将不同品种的细胞去壁变成原生质体后，通过物理化学方法诱导它们融合成为一个细胞，然后进行筛选和再生，成为具有两个品种特点的杂合品种。

分子育种 包括基因工程和分子标记辅助育种技术。①基因工程就是转基因技术，是将其他来源的外源基因按照育种的需要转移到茶树的细胞内，然后通过筛选和鉴定，找出具有所需外源基因性状的细胞，并再生成植株，从而育成新品种。②分子标记辅助育种技术是借助与目的基因紧密连锁的遗传标记的基因型分析来鉴定分离群体中含有目标基因的个体，也就是采用标记辅助选择手段来减少育种过程中的盲目性，加快育种进程。

（王丽鸳）

茶树栽培 tea cultivation 以利用为目的，人工种植培养和采收茶树的过程。中国是世界最大的产茶国，茶园面积和产量均居世界第一。中国茶园主要分布在北纬18°～37°，东经94°～122°的广阔范围内，20个省（自治区、直辖市）的1000多个县产茶。中国现有绿茶、红茶、青茶、黑茶、白茶和黄茶六大茶类。

中国是世界上第一个发现、利用、栽培茶树的国家。唐代陆羽对种植、土壤、采摘、制茶等方面积累的经验进行了系统总结，完成了世界第一部茶叶专著《茶经》。中华民国时期，设立了茶叶研究试验机构和教学单位，以近代茶叶科学奠基人吴觉农为代表的一代茶人开始系统深入地开展茶树栽培研究。中华人民共和国成立后，茶树栽培充分吸收植物生物学、土壤学、肥料学、生态学、遗传育种、植物保护学等学科的成果，使茶树栽培学科体系逐渐发展完善，成为茶学最基本和重要的组成部分。茶树栽培学是研究茶树生长发育、产量和品质形成规律及其与环境条件的关系，探索通过栽培管理、生长调控和优化决策等途径，实现茶叶高产、优质、高效、安全及可持续发展的理论、方法和技术的科学。茶树栽培学的主要内容包括茶树生长发育规律和优质高产的生物学基础、茶树繁殖原理与技术、茶园建设与改造、茶树矿质营养与施肥、茶园土壤和水分管理、非生物灾害治理、树冠培养和鲜叶采摘、设施栽培、茶园作业机械化等方面。

经过几代科技人员的努力，在茶树栽培方面取得了一大批成果，主要体现在以下三方面：①建立了较完善的茶树栽培学科体系。建立了国家级、省级科研机构，在大学设立茶学专业，培养从大中专、本科到硕士、博士的学位教育体系，设立有专门的茶树栽培学科研究团队和学科专业方向。②茶树生物学和栽培生理基础性研究取得突破，特别是现代分子生物学技术的应用达到了一个新的高度。中国茶树栽培学科在国外主流期刊发表了大量研究论文，论文数量和质量都居国际领先地位。编辑出版了以《中国茶树栽培学》为代表的大量优秀的茶树栽培专著和教材，对栽培学科和技术的发展进行了系统的总结，为培养人才、普及茶树栽培的知识做出了贡献。③突破了一批优质、高产、绿色栽培关键技术。如建立了衰老茶园改造和新茶园建设技术体系，推广茶树无性系良种和良种良法，系统建立茶树树冠培养和采摘技术，提出土壤管理和养分调控技术，开发茶园作业机械实现农机农艺融合，将现代信息技术等新技术融合茶树栽培学的发展，栽培技术的标准化、机械化、信息化水平得到明显提升，在中国茶叶生产发展中发挥了十分重要的作用。

扩展阅读

杨亚军.中国茶树栽培学.上海：上海科学技术出版社，2005.

（阮建云）

茶树早生种 tea early sprouting variety 越冬芽生长发育和春茶开采较早的茶树品种。茶树根据春季发芽时间的早晚，分为特早生种、早生种、中生种和晚生种。因各茶区气候条件和茶类不同，一般不用萌发日期或春茶开采期确定，而是用一定的物候标志所需的有效积温或活动积温来确定。在中国江苏、浙江茶区，把一芽三叶展需有效积温为60～90℃的品种称为早生种，如福鼎大白茶、迎霜等。

（韦 康）

茶树中生种 tea medium sprouting variety 越冬芽生长发育和春茶开采期介于早生种和晚生种之间的茶树品种。茶树根据春季发芽时间的早晚，分为特早生种、早生种、中生种和晚生种。因各茶区气候条件和茶类不同，一般不用萌发日期或春茶开采期确定，而是用一定的物候标志所需的有效积温或活动积温来确定。在中国江苏、浙江茶区，把一芽三叶展需要有效积温为90～120℃的品种称为中生种，如浙农12号和黔湄502号等。

（韦 康）

茶树种质更新 regeneration of tea germplasm 利用扦插、修剪等技术方法对茶树种质资源进行更新复壮的过程。由于茶树属于异花授粉的多年生木本植物，为了保持每份茶树种质资源的遗传完整性和稳定性，一般根据资源个体所处的不同生育周期，可采用轻修剪、深修剪、重修剪或台刈等方式对资源进行更新复壮。如资源经过多次更新后逐步加速衰老，新生枝条越来越少，应采用短穗扦插技术对资源进行扩繁，并重新移植入圃。

（马春雷）

茶树种质利用 utilization of tea germplasm 在对茶树种质资源进行深入鉴定的基础上，根据不同种质资源的特征特性，将其用于科学研究、育种实践和产品开发的过程。优异茶树种质资源是开展茶叶基础研究的物质基础。例如特异基因的克隆、功能性成分的发现，以及一些重要基础理论的突破都依赖于对种质资源的深入鉴定，特别是突变体、野生资源或其他特异种质。研究人员了解的种质资源信息越充分、掌握的资源数量和类型越丰富，越有希望在短时间内从源头创新上取得突破性成果。利用突出性状的亲本材料作为基因供体，是茶树育种工作取得突破的关键。中国通过对117个国家级无性系茶树品种的分析发现，其中51个品种是由地方群体种中的优异种质直接选育而来的。此外，随着经济的发展，人们对茶产品多样化的需求逐年增加，而特色茶产品的开发离不开茶树种质资源的发掘和利用。中国的茶树种质资源遗传多样性丰富，通过对茶树种质资源的深入发掘，可为茶产业提供一些特异资源用于茶产品的生产、加工。例如云南“紫娟”、广东“可可茶”、浙江“安吉白茶”、湖南“保靖黄金茶”等特异资源的开发已产生较好的社会和经济效益。

茶树种质资源收集保存的最终目的是为了科学合理利用。自2008年起，由国家种质杭州茶树圃牵头，联合云南、广东、广西、重庆和贵州等省（自治区、直辖市）茶树资源保存单位，开展了全国茶树种质资源共享平台的建设工作。各参与单位依据统一的资源描述符和鉴定评价标准整理数据信息，并录入统一的数据库，以促进资源鉴定数据的共享利用。此外，隶属于国家科技基础条件平台中心的国家茶树种质资源平台也于2012年挂牌成立，该平台以国家种质杭州茶树圃和国家种质勐海茶树分圃积累的几十万条鉴定数据为基础，为茶产业相关的科研机构和企业提供基础性服务，建立了从实物到数据再到服务的茶树种质资源共享服务平台。国家茶树种质资源平台每年向全国科研、教育和生产单位分发茶树种质100多份，提供鲜叶、插穗、脱氧核糖核酸（DNA）等材料100多份。这些资源和材料被广泛用于品种选育、基础研究和产品开发，有力地促进了茶叶科研项目的实施和产业的发展。

（马春雷）

茶树种质资源 tea genetic resources; tea germplasm 携带并可传递茶树遗传信息给子代的一切植物材料。茶树种质创新、育种和新产品开发的物质基础，茶叶科技创新和产业可持续发展离不开丰富多样的种质资源。从基因水平看，两株不同基因型的茶树就是两份不同的种质资源。

形成 中国是茶树的原产地，是世界上最早发现和利用茶树的国家，经历了从药用到饮用，从利用野生茶树到人工栽培茶树，从无选择的栽培到有意识地选择优良植株栽培的发展过程，长期的自然进化和人工选择造就了千姿百态的茶树资源，使中国成为世界上茶树种质资源最丰富、栽培品种最多的国家。

类型 包括野生茶树、地方品种、育成品种、品系和其他遗传材料等。

野生茶树 非栽培状态下的茶树。当代野生茶树形成的原因有：①原野生茶树在自行繁衍过程中范围不断扩大，并产生新的变异体，多为具有原始性状的茶树。②早年人工栽培后丢荒的茶树，大多是生长在人类活动区域内的地方品种。

地方品种 在当地自然或栽培条件下，经长期自然或人为选择形成的品种对当地自然或栽培环境具有较好的适应性。又称农家品种。除一些无性系品种外，由于茶树异花授粉，世代借由种子繁衍，导致杂合体后代分离或同代个体间近交衰退。所以这类品种是一个组成复杂的群体，如发芽期、芽叶色泽和叶形均有多种变异，但由此也为品种选育提供了丰富的基因源，如适制绿茶的优良品种龙井43就是从龙井群体中选育而成的。

育成品种 根据特定的育种目标，通过系统选种、杂交育种以及其他育种方法育成的新品种。截至2017年，中国已有134个茶树品种通过国家审（认/鉴）定，成为国家级品种。育成品种采用无性方式繁殖，具有个体间表现型一致的特点，是当前生产上的主要推广品种，如龙井43、浙农113、福云6号、云抗10号等。

品系 经过系统的育种程序，形态特征一致，具有一定的经济价值，遗传性稳定，且有一定的繁殖后代，在未完成区域试验之前，生产上也无成片栽培面积的育种材料，统称品系。

茶树近缘植物 茶的同属不同种植物，只要不存在生殖隔离，即种间甚至属间互交有可孕性，就可视为近缘植物。

（马春雷）

茶树资源保存 conservation of tea germplasm 利用天然或人工环境，以动态繁衍或静态贮藏的方式对茶树种质资源进行保存的过程。茶树资源保存的目的是最大程度地保持茶树种质资源的遗传完整性和生活力，并将其遗传特性传递下去。

茶树种质资源的保存方法不同于其他果树、林木和粮食作物，有一定的特殊性。首先，茶树是异花授粉作物，基因型的世代遗传漂变累积使得种子杂合度较高，子代个体间的差异十分明显。其次，茶树种子属于“顽拗型”，不宜在低水分含量和低温下长期贮藏。此外，很多茶树种质资源并不结实，无法通过采籽的方式进行资源保存。因此，根据茶树的遗传特性和生长特点，茶树种质资源保存主要采用原生境保护、迁地保存和离体保存三种方式。

原生境保护 指通过建立国家公园或自然保护区，对茶树种质资源所处的自然生态环境进行保护的措施。这是保持资源遗传多样性和遗传稳定性最可靠的方法。

大多数的野生种质资源都是通过这样的方式进行保存的，如中国云南千家寨野生茶保护区、勐库野生茶群落保护区、澜沧邦崴大茶树保护点等。

迁地保存　是将植物体或种子保存在植物原产地之外的地方。国内外大多数茶树资源都是采用迁地保存的方法，即通过建立种质资源圃的方式保存茶树种质资源。其优点是完整保存资源活体，可以观察到植株生长发育的全过程，便于研究利用，并且通过集中管理，可有效防止资源流失。但对于多年生作物的茶树来说，长期生长在异地生态环境中，也会导致部分表型的改变，如中国南方大叶茶在浙江省杭州市生长，其叶片变小，叶质变厚，茶多酚降低，有些资源甚至在异地无法生存，这些问题在茶树的迁地保存中应引起重视。

离体保存　指利用营养体或繁殖体来保存种质资源的技术方法。具有遗传稳定性好，节省人力、物力，以及免受自然环境威胁等优点。茶树离体保存尚处于试验探索阶段。截至20世纪末，已有将茶树子叶、成熟胚、未成熟胚、茎尖、叶片、花粉成功培养成植株的报道。随着技术的不断进步，组织培养结合干燥技术和超低温技术，有望为茶树种质资源的长期保存提供可能。

（马春雷）

茶树资源鉴定评价　identification of tea germplasm　利用植物学、遗传学、细胞学、分子生物学和生物化学等多学科的研究方法，对茶树种质资源的特征特性进行标准化整理和数字化表达的过程。茶树种质资源的鉴定评价是优异种质资源发掘和利用的前提，通过开展资源的系统鉴定评价，可充分了解不同茶树资源的特性，从而为茶树品种创新提供支撑。

标准体系的建立　鉴定评价方法和技术的标准化是资源研究的基础，对种质资源的信息交流和材料共享起着重要的促进作用。为解决茶树资源的鉴定评价缺乏统一的描述性状、鉴定方法和评价标准问题，2005年中国农业科学院茶叶研究所等承担制定了《茶树种质资源描述规范和数据标准》和NY/T 2943—2016《茶树种质资源描述规范》，对110个资源描述符进行了定义和标准化，并制定了相应的性状分级标准、数据标准和质量控制方法，包括45个形态学特征和生物学特性、29个品质特性、7个抗逆性和抗病虫性以及3个其他特征特性。此后，中国农业科学院茶叶研究所又陆续制定了农业行业标准NY/T 1312—2007《农作物种质资源鉴定技术规范　茶树》，对茶树64个重要性状的鉴定方法进行了规范；NY/T 2031—2011《农作物优异种质资源评价规范　茶树》进一步界定了优异茶树种质资源的评价指标。这些标准和规范的出版为茶树种质资源的鉴定评价提供了参考依据，解决了鉴定数据缺乏可比性的难题。

鉴定数据　截至2017年，中国国家茶树种质资源平台已完成2000多份茶树资源共性数据的标准化整理，形成标准化共享数据72 000多个；同时完成了1500多份茶树资源特性数据的标准化整理，形成标准化特性数据99 000多个，为更好地利用茶树资源打下了坚实的基础。

（马春雷）

茶肆　chasi; a shop that operates tea supply services in China　中国经营茶水供应服务的店铺。近现代通称茶馆，唐宋时期习常称作茶肆。《旧唐书》卷一百六十九《列传》“王涯”记：唐文宗大和九年（835）十一月，兼领江南榷茶使的王涯在“甘露之变”中，“苍惶步出，至永昌里茶肆，为禁兵所擒”。这是茶肆的最早记载。至宋代，茶肆在社会生活中已具有相当影响力。宋欧阳修《唐陆文学传》有记：“至今俚俗卖茶肆中，尝置一瓷偶人于灶侧。”宋吴自牧《梦粱录》卷十六专设“茶肆”一节：“今之茶肆，列花架，安顿奇松异桧等物于其上，装饰店面，敲打响盏歌卖，止用瓷盏漆托供卖，则无银盂物也。”茶肆既是富家子弟等学习乐器、上教曲赚之所，也是士大夫期朋约友会聚之处，还是诸行借工卖伎人会聚寻找中介的地方，谓之“市头”。

元明后，“茶肆”称呼虽仍有沿袭，但已渐少，多以茶坊、茶馆称之。

（阮浩耕）

茶汤饮料　tea beverage　一种纯茶饮料。它是以茶叶的水提液或其浓缩液、速溶茶等为原料，可添加少量的食糖和（或）甜味剂，经加工制成的保持原茶汁应有风味的液体饮料。

产品标准　中国国家标准GB/T 21733—2008《茶饮料》规定了茶饮料的产品分类、技术要求、试验方法、检验规则、标志、包装、运输和贮存。茶汤饮料除对风味有要求以外，对茶多酚和咖啡因含量也有明确要求，具体要求为：绿茶茶多酚含量大于500毫克/千克，乌龙茶茶多酚含量大于400毫克/千克，红茶、花茶和其他茶茶多酚含量大于300毫克/千克；绿茶咖啡因含量大于60毫克/千克，乌龙茶咖啡因含量大于50毫克/千克，红茶、花茶和其他茶咖啡因含量大于40毫克/千克。

主要类型　产品主要包括绿茶饮料、乌龙茶饮料、红茶饮料、花茶饮料、普洱茶饮料等。日本和中国台湾地区大部分茶饮料以茶汤饮料为主。

工艺流程　生产工艺流程一般为：茶汁浸提→过滤→调配→灭菌→灌装。①茶汁浸提。除了受茶叶内质因素影响外，还与浸提方式、水质、温度、时间、水量、茶水比等有关。②过滤。常用高速离心和膜过滤等方式，将茶汁中悬浮颗粒物质去除。③调配。是茶汤饮料成品的关键工序。将所需要的物质按比例装配混合，为了保护色泽、提高口感，经常添加少量的抗氧化剂和甜味剂。④灭菌和灌装。经常结合在一起，超高温瞬时灭菌和冷灌装是高品质茶汤饮料生产最常用的灭菌灌装方式。

（许勇泉）

茶文化　tea culture　人类社会历史实践过程中围绕茶叶创造的物质财富和精神财富的总和。茶叶从药用、食用进入到饮用后，在喝茶品茗中形成或衍生发展起来的生活文化，呈现出民族地域风情、审美情趣和道德精神，包括品饮技能、茶事艺文以及在品饮中感悟的精神哲思。

内容　以物质为载体，反映出明确的精神内容，是物质文明与精神文明高度和谐统一的产物。包括茶的历史发展、茶区人文环境、茶业科技、千姿百态的茶类和茶具、饮茶习俗，以及茶道、茶艺、茶书、茶画、茶诗词等文化艺术形式，以及茶道精神与茶德、茶对社会生活的影响等诸多方面。

结构体系　包括有关茶的物质文化、精神文化和制度文化三个层次。其物质形态表现为茶的历史文物、遗迹、茶书、茶画、各种名优茶、茶馆、茶具、茶歌舞、饮茶技艺和茶艺表演等。精神形态表现为茶德、茶道精神、以茶待客、以茶养廉、以茶养性等。还有介于中间状态的表现形式，如茶政、茶法、礼规、习俗等属制度文化范畴的内容。

社会功能　茶文化发展至今，其社会功能主要表现形式为：①以茶营生。茶是重要的经济作物，发展茶业生产与茶叶贸易，是促进经济增长的主要一环。②以茶会友。调节社会人际关系，促进和平事业发展。③以茶代酒。以茶倡廉，提高人类群体的思想道德水平，促进社会文明建设。④以茶为诗为画。以茶献艺，倡导高雅的艺术享受，美化人们生活。⑤以茶为食。以茶设宴，丰富人们的饮食生活。⑥以茶健身。发挥茶的保健功效，提高人们的健康水平。⑦以茶为媒。以茶祭祀，发挥茶的媒介作用和精神寄托作用。

（阮浩耕）

茶学 theaology 人类在发现、种植、制作、利用茶叶和发展茶产业的活动中形成的科学技术和文化知识体系。茶学重点在于研究茶树生长、发育规律与环境条件的关系及其调控途径，茶叶品质形成机理与工艺条件的关系及其调控方法，茶叶活性成分功能及其功能化开发，茶产业中经济关系和经济活动规律，以及茶文化的发展规律和作用，把茶文化、茶产业、茶科技统筹起来。其内涵包括茶叶历史文化、茶树种质资源、茶树品种、茶树栽培、茶树保护、茶树生理生态、茶叶生物化学、茶叶加工、茶叶机械、茶叶审评检验、茶叶质量安全、茶叶标准、茶业经济、茶叶综合利用、茶艺、茶与健康等方面。按照中国学科分类标准，属于农业科学门类一级学科园艺学中的二级学科。

中国是茶的故乡，是茶树的原产地，是种植、利用茶叶最早的国家。中国茶叶历史悠久，中国古代文献中有“神农尝百草，日遇七十二毒，得茶而解之”的记载。东晋常璩于347年所写的《华阳国志·巴志》中说，周武王于公元前1066年联合当时四川、云南等地的“方国部落”共同伐商纣王时，当地就兴“土植五谷，牲具六畜，桑、蚕、麻、纻、鱼、盐、铜、铁、丹、漆、茶、蜜……皆纳贡之”。此外，还有“园有芳蒻、香茗”的记载。而记载茶叶作为饮料有史可考的最早资料是公元前59年王褒的《僮约》一文。它是一张对佣人的契约，其中提到“武阳买茶”(武阳即今四川成都附近的彭山区)、“烹茶尽具”等内容，同时可见当时茶叶已经进入流通市场。

人类的一切茶事活动是茶叶知识的源泉，茶叶知识又反映茶业的发展阶段、发展水平。中国茶发现于神农氏，闻于鲁周公，尤其到唐代中期已经积淀了丰富的茶叶知识，为茶叶知识体系的形成奠定了坚实的基础。唐代陆羽在总结前人的茶叶生产实践经验、收集整理茶叶知识、走访各处茶地茶事的基础上，并结合自身对茶叶的体验活动，历时数载，写成了世界历史上第一部具有系统知识的茶叶著作——《茶经》，形成了中国茶学的雏形，为茶学的发展迈出了决定性的第一步。在此基础上，随后的历代以继承、创新的方式在某些方面有所发展，如宋代的《大观茶论》《茶录》、明代的“四书”(《茶录》《茶谱》《茶疏》《茶解》)、清代的《续茶经》等。

19世纪后期至20世纪初，现代科技的进步促进了茶叶科学和茶叶生产的发展，为现代茶学的形成奠定了基础。20世纪三四十年代，湖南、江西、福建、安徽、浙江、云南等地建立了茶叶改良场，开展良种选育和生产、加工技术试验研究；同时，福建、江西、湖南等省还创办了茶业学校和茶业班。1930年中山大学农学院设立茶蔗部，开设“茶作学”课程。1940年迁至重庆的上海复旦大学在农艺系内建立茶学专业组。1941年财政部贸易委员会茶叶研究所在浙江衢州万川成立，标志着茶学开始步入科技发展的轨道。50年代，全国农林院校经院系调整后，相继在安徽、浙江和湖南等高等农林院校建立茶学专业，并在主产茶省建立一批专业研究机构，加速了中国茶学的发展进程。80年代末，中国茶文化迅速发展，成为中国茶学发展的重要内容。特别是1978年改革开放以来，中国茶产业不断发展壮大，茶学进入一个崭新的发展阶段。

中国有50余所院校开设茶学专业（方向)，能培养茶学博士、硕士、本科、专科各层次人才；有国家级茶叶科研单位2家，省级茶叶科研单位13家，地、市级茶叶研究单位10多家，部分高校、茶叶企业也设有茶叶研究机构，还有一些民营茶叶科研机构。中国茶学已发展成一门以农学为基础，包含食品学、经济贸易学和茶文化学，并涉及农、工、商、文综合性交叉的独立学科。

（梁国彪）

茶宴 reception with tea 中国以茶宴请款待宾客的社交礼仪。茶进入宴饮的历史最早可追溯到三国时期，吴国末代君主孙皓曾为朝臣韦曜“密赐茶荈以当酒”。茶真正成为宴饮中心的茶宴至迟出现在东晋初年，那时称茶果宴。以茶果宴款待宾客，意在表示节俭的品性。

“茶宴”一词最初出现在中晚唐诗人的篇什中。李嘉祐《秋晚招隐寺东峰茶宴送内弟阎伯均归江州》：“万畦新稻傍山村，数里深松到寺门。幸有香茶留稚子，不堪秋草送王孙。”钱起《与赵莒茶宴》：“竹下忘言对紫茶，全胜羽客醉流霞。尘心洗尽兴难尽，一树蝉声片影斜。”鲍君徽《东亭茶宴》：“闲朝向晓出帘栊，茗宴东亭四望通。”唐大历（766～779）年间长兴顾渚设贡茶院，紫笋茶必须在清明前贡到，宫廷有一年一度的清明茶宴。唐代是诗的年代，茶宴便是以茶代酒的诗会雅集。

宋代，以茶和茶果宴客在文人、士大夫间更加流行。宋徽宗《文会图》、刘松年《撵茶图》、马元《西园雅集图》等都有茶宴雅集场景的描绘。宴席在品茗间，有诗词吟唱、书画创作和音乐鉴赏等艺文活动。茶宴还被禅宗寺院所吸收，南宋余杭径山兴圣万寿禅寺开创径山茶宴。日本来华留学僧南浦绍明回国时将之传入日本，成为日本茶道的缘起。

明清时期，茶宴雅集多在青山环抱、林木苍翠的自然山水胜地举行。从文徵明《惠山茶会图》、唐寅《事茗图》、仇英《烹茶论画图》、担当《烟云供养图卷》、萧见龙《秋贤论古图》等作品都可见出。明清茶人对佐茶果品的选择殊为讲究。如屠隆《茶笺》在“择果”中说：“凡饮佳茶，去果方觉清绝，杂之则无辨矣。若必曰所宜，核桃、榛子、菱米、榄仁、栗子、鸡豆、银杏、新笋、莲肉之类精制或可用也。”

近现代，以茶和茶果宴客仍流行，但多不称茶宴，而称茶会、茶话会。20世纪90年代为开发茶制食品，创新提出以茶入菜，烹调出许多茶菜，并将诸多茶菜集合一桌，称之为茶宴，如上海的“秋萍茶宴”。另有一种茶宴是重在品茶，佐以茶食果品及宜茶菜肴，即以茶为主配伍果品、菜肴，如杭州的“西湖茶宴”。

（阮浩耕）

茶叶 tea 收获的茶树鲜叶及以此加工而成的干茶（毛茶）或成品茶。制作茶叶的原料为茶树鲜叶，茶叶采摘是从茶树当年萌发的新梢上采下符合制茶要求的鲜叶的作业。中国大部分茶区一年可分春茶、夏茶、秋茶采摘，华南茶区可采冬茶，海南可全年采摘，但一些茶区每年只采春茶。鲜叶采摘分为手工采摘和机器采摘两种，名优茶一般用手工采摘，大宗茶可以用机器采摘。

生化成分 茶鲜叶中的水分占75%～78%，干物质占22%～25%。茶叶中经过分离鉴定的化合物有600多种，其中90%以上是有机化合物。在茶叶干物质中，有机化合物含量占90%以上，无机化合物含量占4%～7%。茶叶中化合物多，化学成分复杂，主要成分为茶多酚、蛋白质、氨基酸、咖啡碱、香气物质、茶叶色素、维生素、碳水化合物与茶皂素、果胶素、有机酸、脂多糖、糖类、酶类等。

茶多酚 是茶叶中30多种多酚类物质的总称。又称茶鞣质、水溶性鞣质、茶单宁。主要由儿茶素、黄酮类物质、花青素和酚酸等四大类物质所组成，含量（占茶叶干物质的比例，下同）为20%～35%，是茶树新陈代谢的重要特征，是一类生理活性物质，是形成茶叶品质的重要成分之一。①儿茶素。含量一般为10%～25%，占茶多酚总量的50%～80%，是茶多酚中含量最高的成分。儿茶素主要有6种化学结构：L-表没食子儿茶素（简称L-EGC）、D.L-没食子儿茶素（简称D.L-GC）、L-表儿茶素（简称L-EC）、D.L-儿茶素（简称D.L-C）、L-表没食子儿茶素没食子酸酯（简称L-EGCG）、L-表儿茶素没食子酸酯（简称L-ECG）。后面2种为酯型儿茶素或复杂儿茶素，前面4种为非酯型儿茶素或游离儿茶素或简单儿茶素。茶鲜叶中酯型儿茶素含量最高，L-EC和D.L-C含量最低。②黄酮类物质。又称花黄素。在茶叶中多以糖苷的形式存在，都为黄酮和黄酮醇类，其含量为1%～2%。绿茶中的黄酮及其糖苷有21种、黄酮醇10多种。黄酮类物质是构成绿茶黄绿色茶汤的主要成分。③花青素。又称花色素。紫色芽叶中的含量为0.5%～1%，具有苦味，是影响茶叶品质的不利因素。④酚酸。主要包括没食子酸、茶没食子素、鞣花酸、绿原酸、咖啡酸、对香豆酸等，在茶叶中的含量较低。

蛋白质　茶叶中的蛋白质由谷蛋白、白蛋白、球蛋白、精蛋白组成，含量为20%～30%，其中谷蛋白含量最高，约占蛋白质总量的80%。茶叶中的蛋白质绝大部分不溶于水，只有1%～2%的白蛋白能溶于水。

氨基酸　茶叶中已发现的氨基酸主要有茶氨酸、天门冬氨酸、天门冬酰胺、谷氨酸、谷氨酰胺、精氨酸、丝氨酸、丙氨酸、赖氨酸、组氨酸、苏氨酸、甘氨酸、缬氨酸、苯丙氨酸、酪氨酸、亮氨酸、异亮氨酸等，一般茶树品种中的含量为1%～4%，也有含量较高的特异品种，如浙江安吉白叶一号一芽二叶中的含量达6.2%，湖南保靖黄金茶春茶一芽一叶中的含量达7.47%。在这些氨基酸中，又以茶氨酸、谷氨酸、天门冬氨酸、精氨酸等含量较高，尤以茶氨酸含量最为突出，茶氨酸一般占氨基酸总量的50%以上，而保靖黄金茶茶氨酸占氨基酸总量的70%。茶叶中的氨基酸极易溶解于水，多数氨基酸都有一定的香气和鲜味，对茶汤品质影响较大。

咖啡碱　是茶树体内的一种生物碱，含量为2%～5%。在茶树嫩梢中含量高，是茶树特征物质之一，又是茶叶的重要滋味物质。除咖啡碱外，茶叶中还含有少量的茶叶碱和可可碱等。

香气物质　是组成各类茶叶香气的芳香物质，多达300多种。一般鲜叶中含量小于0.02%，绿茶中含量为0.005%～0.02%，红茶中含量为0.01%～0.03%。鲜叶中的芳香物质有50种左右，以醇类、醛类、酸类等化合物为主；绿茶中的芳香物质约110种，以碳氢化合物、醇类、酸类和含氟化合物为主；红茶中的芳香物质有200多种，以醇类、醛类、酮类、酯类、酸类化合物为主。茶叶中的香气，大部分是在制茶过程中产生的。

茶叶色素　是茶树体内固有的色素成分和茶叶加工过程中所形成的色素成分。又分为脂溶性色素（如叶绿素、叶黄素、胡萝卜素，对干茶色泽和叶底色泽具有很大影响）、水溶性色素（如黄酮类物质、花青素、茶黄素、茶红素、茶褐素，对茶汤的色泽起决定作用）。茶叶中的叶绿素含量一般为0.3%～0.8%，胡萝卜素含量一般为0.02%～0.1%。茶黄素、茶红素、茶褐素是红茶加工中茶多酚氧化聚合形成的有色物质，三者又统称茶色素或红茶色素。①茶黄素。红茶中茶黄素含量为0.3%～2%，呈橙黄色，与红茶品质关系密切，是决定红茶汤色明亮度的主要成分。②茶红素。茶红素含量为5%～11%，呈红色，是形成红茶汤色的主要物质。③茶褐素。茶褐素含量为4%～9%，呈暗褐色，是红茶汤色发暗的主要成分。

维生素　茶叶中含有多种维生素，分水溶性和脂溶性两类，含量为0.6%～1.0%。①水溶性维生素。包括维生素C（抗坏血酸）、维生素B_1（硫胺素）、维生素B_2（核黄素）、维生素B_3（泛酸）、维生素B_5（烟碱酸）、维生素B_{11}（叶酸）、类维生素P（儿茶素和黄酮类物质）和肌醇等。茶叶中含量最多的是维生素C，高档绿茶中的含量可达0.5%。②脂溶性维生素。有维生素A、维生素D、维生素E和维生素K等，其中以维生素A含量较多。

碳水化合物与茶皂素　碳水化合物又称醣或糖类，包括单糖、双糖和多糖三类。茶叶中的碳水化合物有几十种，一般含量为20%～30%。单糖和双糖易溶于水，总称为水溶性糖，具有甜味，是茶叶滋味物质之一。①单糖。包括葡萄糖、甘露糖、半乳糖、果糖、核糖、木酮糖、阿拉伯糖等，含量为0.3%～1.0%。②双糖。包括麦芽糖、蔗糖、乳糖等，含量为0.5%～3.0%。③多糖。茶叶中的多糖通常指的是淀粉、纤维素、半纤维素和木质素等物质，含量为20%左右。④茶皂素。由木糖、阿拉伯糖、半乳糖等糖类和其他有机酸等物质结合成的大分子化合物，是与糖有关的物质。又称茶皂苷。茶皂素存在于茶树种子（茶籽皂素）、叶（茶叶皂素）、根、茎、花（茶花皂素）中，其中茶籽皂素含量最高，为1.5%～4.0%。

其他成分　茶叶中含有多种含量较少的游离有机酸。茶叶中的酶类非常复杂，有水解酶、磷酸化酶、裂解酶、氧化还原酶、移换酶和同分异构酶等几大类，多酚氧化酶属于氧化还原酶，在制茶过程中起着重要作用。茶树种子和叶片中含有类脂物质（脂肪、磷脂、蜡三类），叶片中脂类化合物含量约为8%，茶籽油脂含量约为20%，叶片表面含有蜡质。茶叶中的无机物含量为4%～7%，经高温灼烧碳化后称“灰分”。能溶于水的部分称水溶性灰分，占总灰分的50%～60%，品质较好的茶叶水溶性灰分含量相对较高。无机成分中含量多的是磷、钾，其次为钙、镁、铁、锰、铝、硫，微量成分有锌、铜、氟、钼、硼、铅、铬、镍、镉等。

加工工序　茶叶制作是将茶鲜叶经过一定的加工工序，被转化为干毛茶或成品茶的过程。一般分为初制、精制和再加工。六大茶类初制工艺流程如下。

绿茶　绿茶的初制工艺：①**炒青绿茶**。鲜叶采摘→摊放→（干）热气杀青→揉捻→解块分筛→干燥（长炒青：二青→炒三青→辉炒。圆炒青：炒二青→炒小锅、对锅、大锅）。扁炒青（以西湖龙井为例）：鲜叶采摘→摊放→青锅（杀青和初步成条）→簸筛→回潮→辉锅。②**烘青绿茶**。鲜叶采摘→摊放→（干）热气杀青→揉捻→解块分筛→烘干（毛火→足火）。③**蒸青绿茶**（以中国煎茶机制法为例）：鲜叶采摘→贮放→蒸汽杀青→除湿→散叶→粗揉→揉捻→中揉→精揉→烘干。④**晒青绿茶**。鲜叶采摘→摊放→（干）热气杀青→揉捻（初揉→复揉）→解块→日光晒干。

红茶　红茶的初制工艺：①**工夫红茶**。鲜叶采摘→贮青→萎凋→揉捻→发酵→烘干（毛火→足火）。②**红碎茶**。鲜叶采摘→贮青→萎凋→揉切→发酵→烘干（一次烘干或两次烘干）。③**小种红茶**。鲜叶采摘→贮青→萎凋→揉捻→转色→过红锅→复揉→熏焙→复火。

青茶　青茶的初制工艺：①闽北青茶。鲜叶采摘→萎凋（晒青→晾青）→做青（手摇或机摇）→静置（反复5～7次，历时6～8小时）→炒青→揉捻→烘焙与簸拣（毛火→摊放和簸拣→足火）。②闽南青茶。鲜叶采摘→萎凋（晾青→晒青）→摇青（机摇→摊凉，反复4～5次，历时10小时左右）→炒青→揉捻与烘焙（初揉→毛火→包揉→复焙→复包揉→足火）。③广东青茶。鲜叶采摘→晒青→晾青→做青（手工碰青→静置，反复5～7次，历时8～12小时）→

炒青→揉捻→烘焙（毛火→足火）。

白茶 白茶的初制工艺：①传统白茶。鲜叶采摘→萎凋→烘焙（初烘→摊放→复焙）→拣剔。②新工艺白茶（新白茶）。鲜叶采摘→萎凋（与传统白茶相同，但多采用室内自然萎凋）→揉捻→机器烘焙→精制。

黄茶 黄茶的初制工艺：①黄小茶（芽茶）。鲜叶采摘→杀青→摊放→初烘→摊放→初包（闷黄）→复烘→摊放→复包（闷黄）→干燥→分级。②黄大茶（叶茶）。鲜叶采摘→杀青与揉捻（生锅→二青锅→熟锅）→初烘→堆积（闷黄）→烘焙。

黑茶 黑茶的初制工艺：鲜叶采摘→杀青→揉捻→渥堆→干燥（机器烘干或日光晒干）。

品质特征 茶叶品质即茶叶质量，包括外形和内质两个方面，概括为色、香、味、形四个因素，在感官审评中分为外形、香气、汤色、滋味、叶底五个项目，具体又细化为嫩度、条索、色泽、净度、香气、汤色、滋味、叶底八项因子。

色泽 包括干茶色泽、茶汤色泽和叶底色泽，是区分茶类的重要依据，也是评定茶叶品质的重要因子。茶叶色泽与鲜叶中的叶绿素、胡萝卜素、叶黄素、黄酮类物质、花青素等有色物质及其在制茶过程中的变化有关。茶叶色泽的类型大体可分为绿色型、黄色型、褐色型、红色型、黑色型等。茶叶色泽丰富多彩，不同茶类、不同花色品种的茶叶色泽各异，如高档绿茶的色泽为干茶翠绿，汤色浅绿，叶底嫩绿；高档工夫红茶的色泽为干茶乌黑，汤色和叶底红艳；中上档的红碎茶的色泽为干茶棕红，汤色和叶底红亮；高档黄茶的色泽为干茶金黄，汤色杏黄，叶底黄亮；青茶（铁观音）的色泽为干茶砂绿，汤色金黄，叶底青褐；白茶（白牡丹茶）的色泽为干茶灰绿，汤色橙黄，叶底黄绿；黑茶的色泽为干茶黑褐，汤色黄红，叶底暗褐。

香气 是茶叶品质的重要因素，在茶叶感官审评中的评分权重达0.25～0.35。茶叶香气是由茶鲜叶及加工过程中形成的数十种上百种芳香物质按比例混合而成的。茶叶香气可分为毫香型，如白毫银针、碧螺春等；嫩香型，如各种毛尖、毛峰等；花香型，有兰花香、栀子花香、珠兰花香、玉兰花香、桂花香、玫瑰花香等，如铁观音、凤凰单丛、小兰花茶等；果香型，有蜜桃香、李子香、雪梨香、橘子香、菠萝香、香橼香、杏仁香等，如武夷肉桂、永春佛手、白毫乌龙等；清香型，这是典型的绿茶香型，多数品质正常的绿茶应具有清香；甜香型，这是普通红茶的香型；松烟香型，在茶叶干燥工序中直接采用松柴明火干燥的茶叶具有此香气，如小种红茶、黑毛茶等；其他香型，随着制茶工艺的创新和加工技术的发展，人们消费观念的转变以及对茶的品质、健康作用的认识的不断深化，将会产生和形成茶叶新的香型，如陈香、高火香等。

滋味 是影响茶叶品质最重要的因素，在茶叶感官审评中的评分权重达0.30～0.35。茶叶滋味是人们的味觉器官对茶叶中的呈味物质的综合反映，与鲜叶中的呈味物质及在制茶过程中的变化有直接关系。茶叶中的呈味物质比较复杂，其种类、含量及组成比例都深刻影响着茶叶滋味。茶叶中的主要呈味物质有茶多酚、氨基酸、咖啡碱、糖类和果胶物质、有机酸、茶色素等。根据日本的研究结果，呈苦涩味的儿茶素总量与绿茶滋味的相关系数达0.929，呈鲜味带甜的氨基酸总量与绿茶滋味的相关系数达0.788，呈苦味的咖啡碱与绿茶滋味的相关系数达0.864。茶叶滋味的类型可分为浓烈型，如高档名优绿茶、高档炒青；浓强型，如高档红碎茶；浓醇型，如高档工夫红茶，中档毛尖、毛峰绿茶，中档青茶；醇爽型，如高档黄茶、中上档工夫红茶；醇甜型，如白茶；醇和型，如黑茶、中档工夫红茶；平和型，如各类中下档茶；淡薄型，如各类低档茶。

形状 包括干茶形状和叶底形状，是茶叶品质的重要项目之一，也是区分茶叶花色品种的主要依据。茶叶形状主要是在加工过程中形成的，但与茶树品种和栽培条件也有关系。中国茶叶花色品种丰富多彩，茶叶形状绚丽多姿，有的具有艺术性，有的具有观赏性，有的赋予时代性，有的具有实用性等。干茶形状可分为条型，如长条形的炒青、烘青、晒青、工夫红茶、黑毛茶、水仙、信阳毛尖等，卷曲条形的碧螺春、高桥银峰、都匀毛尖茶等；圆型，如圆珠形的珠茶等；螺钉型，如铁观音、乌龙等；扁平型，如龙井等；松针型，如安化松针、南京雨花茶等；花朵型，如白牡丹茶、小兰花等；还有砖型、饼型、片型、碗型、梭型、颗粒型等。叶底形状可分为芽型、朵型和叶型等。

特征 中国茶叶按制作工艺分为绿茶、黄茶、黑茶、白茶、青茶（乌龙茶）、红茶六大茶类。各茶类有不同的花色品种，若按茶叶的产品名称统计，估计有近千种。虽然茶叶产品琳琅满目，品质各异，但各类茶产品的基本品质特征是一致的。①绿茶。清汤绿叶，干茶绿、茶汤绿、叶底绿，俗称三绿。以清香为主，要求香气高长，滋味鲜醇。②黄茶。黄汤黄叶。以清香为主，要求香高味醇厚。③黑茶。褐汤褐叶。以陈香为代表，要求香气纯正，滋味醇厚。④白茶。黄汤（杏黄）绿叶（浅绿）。以毫香为代表，要求香气清鲜明显，滋味鲜醇。⑤青茶。黄汤（金黄或橙黄）绿叶红边。以花香为主，要求香气馥郁芬芳，滋味浓醇鲜爽。⑥红茶。红汤红叶。以甜香为主，要求香气馥郁，滋味浓醇。

（梁国彪）

茶叶氨基酸检验 tea-determination of free amino acids content 测定茶叶水浸出物中呈游离状态存在的具有α-氨基的有机酸含量的过程。茶叶中氨基酸是组成蛋白质的基本物质，一般含量占茶叶干物质总量的1%～5%。茶叶中有25种以上的氨基酸，其中主要有茶氨酸、谷氨酸、天门冬氨酸、天门冬酸胺、精氨酸、丝氨酸、丙氨酸、组氨酸、苏氨酸、谷氨酰胺、苯丙氨酸、甘氨酸、缬氨酸、酪氨酸、亮氨酸和异亮氨酸等。

检验原理 氨基酸在pH8.0条件下与茚三酮共热，形成紫色络合物，用分光光度法在特定的波长下测定其含量。

检验方法 称取3克磨碎茶样于500毫升锥形瓶中，加沸蒸馏水450毫升后立即移入沸水浴中浸提45分钟（每隔10分钟摇动一次）。浸提完毕后立即趁热减压过滤，滤液移入500毫升容量瓶中，残渣用少量热蒸馏水洗涤2～3次，并将滤液滤入上述容量瓶中，冷却后用蒸馏水定容至刻度。准确吸取试液1毫升注入25毫升容量瓶中，加pH8.0磷酸盐缓冲液0.5毫升和2%茚三酮溶液0.5毫升，在沸水浴中加热15分钟，待冷却后加水定容至25毫升。放置10分钟后，用5毫米比色杯在570纳米处，以试剂空白溶液作参比测定吸光度，用谷氨酸或茶氨酸标准液制作标准曲线，再根据样品的吸光度在标准曲线上计算结果。

（陈利燕）

茶叶标准样 tea reference sample 用于生产、销售过程中对照定级的实物样品。实物标准样依据文字标准为茶叶提供品质、等级的实际参考。标准样茶应有规定的合格包装形式，以便运输和保质，包装容器上应有标准样品的标签，并附有标准样品证书。标准样茶的保管应由专人负责，应保存在干燥、清洁、无异味的橱、柜、箱或缸内，防止样品茶变质。标准样品的有效期为3年。

茶叶标准样主要分为毛茶收购标准样、精制茶加工标准样和茶叶贸易标准样等。①毛茶收购标准样是茶叶在收购或验收时，对样审评茶叶产品的外形和内质，以确定茶叶产品的质量等级和价格。毛茶收购标准样主要由各茶叶企业自行制定，作为本企业毛茶收购的依据。②精制茶加工标准样是毛茶按其对样加工成精制茶的实物依据，使各花色的精制成品茶品质达到规格化和标准化，亦是茶叶交易双方对样评审茶叶产品质量交收检验的重要依据。当前，茶叶加工标准样由各茶叶企业自行制定。③茶叶贸易标准样是茶叶贸易中作为成交计价和货物交接的实物依据。以中国茶叶出口的主要品种眉茶和珠茶为例，每个花色按品质优次分成若干等级，每个等级编一个号码，用茶号代替茶叶的花色和等级。茶叶经营出口业务已放开，中国有几百家公司从事茶叶出口业务，很难制定统一的贸易标准样茶。

（龚淑英）

茶叶采摘 tea plucking 从茶树上采收鲜叶的作业。又称摘山、摘茶、采茶。由于中国茶区气候、生态条件差异明显，茶树品种繁多，茶类丰富，茶区广大，采摘习惯不一，从而形成了采摘方法的多种多样。按采摘方式，可分为手工采、机采、铗采；按采摘部位，可分为打顶养蓬、留顶养标、留叶采等；按采摘嫩度，可分为嫩采、中采、开面采、粗采、割采等；按采摘手法，可分为双手采、提手采、强采等。中国茶区采摘多有季节性，根据茶芽生长与休止时间，可分为春茶、夏茶、秋茶，华南茶区还有冬茶；按新梢萌发轮次，可分为头轮茶、二轮茶、三轮茶。全年采摘茶叶时间长短取决于气候条件，江北茶区全年可采5～6个月，中部的江南、西南茶区可采7～8个月，华南茶区的滇南、粤南、闽南等地可采9～10个月，海南几乎全年可采摘。

合理的茶树采摘是茶叶获得稳产、高产、优质的重要措施之一。采摘必须处理好采与养的关系，做到分批、及时、合理留叶采。根据所加工的茶类和品类的鲜叶标准要求进行采摘，如采制针型茶要求采摘单芽，采制螺型茶（如碧螺春）和扁型茶（如西湖龙井）要求采摘一芽一叶初展，采制毛峰茶为一芽一至二叶，采制乌龙茶则以采摘小开面至中开面二、三叶为宜，采制绿茶时，10%～20%芽梢达到采摘标准时即可开采。同时，要根据不同的树龄、树势制定相应的留养标准。

幼龄茶树的采摘 在正常肥水管理条件下，幼龄茶树在正常生长后均可采用“打顶留叶，采顶留侧”的方法采茶。其采留标准是：春茶留二、三叶，采一芽一、二叶；夏茶留二叶，采一芽一、二叶；秋茶留一叶，采一芽一、二叶。在幼龄茶树采摘过程中，应注意遵循“采顶养边、采高养低、采密养稀”的原则。经过三次定型修剪和打顶留叶，采摘后的幼龄茶树在树高达60～80厘米、树幅达130厘米左右时，即可用成年树采摘措施管理。

成年茶树的采摘 成年茶树应坚持“以采为主、采留结合、及时开采”的原则，才可能在较长时间内获得较高的经济效益。春茶采名优茶原料，多为单芽，一芽一叶初展或一芽一叶展，如有5%达到开采标准时即可采茶。采名茶要求原料细嫩匀整，一般采摘一芽一叶初展、一芽一叶展或采单芽。大宗红条茶、绿茶、红碎茶要求原料为中等嫩度，一般以采一芽二、三叶为主及采嫩的对夹叶。打油茶和六堡茶则要求采基本成熟的新梢和对夹二至三叶。一般可采用“全年留鱼叶”或“春、夏茶留鱼叶，秋茶留一叶，及时、分批、按标准采留”的方法采茶。

机械采茶 中国推广了适宜名优茶采摘的采茶机，机械采茶主要有双人担架式、机动型、螺旋滚刀切割式采茶机及水平旋转刀切割式采茶机两种。这两种采茶机采摘质量好，操作方便，能适应各种地形的茶园作业，比手工采茶提高工效约10倍。在试用推广采茶机采茶的茶园，其肥培措施须适当加强。

名优绿茶的机械化采摘以一芽二叶及对夹叶以上嫩度的芽叶为目标鲜叶。机采名优绿茶时，春茶时期，当树体上一芽一、二叶及对夹叶的比例达到70%～80%时进行机采较为适宜，不仅可获得最高比例的适宜名优绿茶生产的原料，而且鲜叶的采摘量较大；夏茶时期，以树体上一芽一、二叶及对夹叶的比例达到60%～70%时进行机采较适宜；秋茶时期，当40%～50%的树体新梢符合采摘标准时即可进行机采作业。

（石元值）

茶叶初制 tea primary processing 将茶树新梢芽叶加工成毛茶的过程。又称茶叶初加工。不同种类的茶叶采用不同的初制工艺流程（见图），可分为绿茶初制、红茶初制、乌龙茶初制、白茶初制、黄茶初制、黑茶初制等。毛茶是还需要精细再加工的茶叶。毛茶一般都含有不同程度的次质茶和非茶类夹杂物，并且形状比较复杂，长短粗细、厚薄轻重不一致。

（林 智）

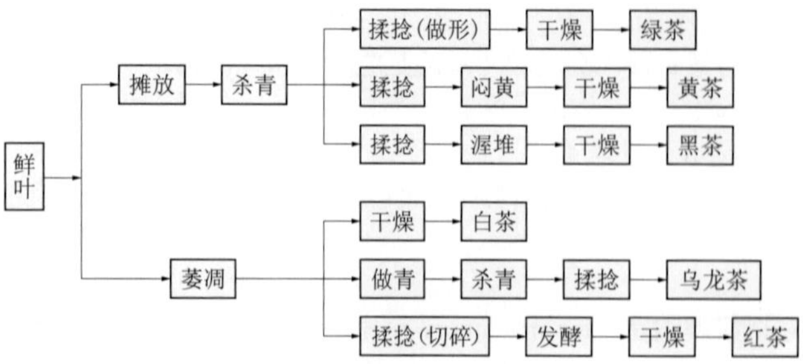

六大茶类初制工艺流程图

茶叶功能成分制品 tea functional component products 由茶叶功能性成分参与制作除营养（一次功能）、感觉（二次功能）之外，具有调节生理活动功能（三次功能）的茶制品。茶叶中除含有蛋白质、糖类、脂类、维生素、矿物质等营养成分外，还含有茶多酚、茶氨酸、茶多糖、茶色素、茶皂素、咖啡碱等多种功能性成分，可对人体产生抗衰老、抗辐射、消食、解腻、利尿、减肥、降血脂、降血压、降胆固醇等保健作用。从发现野生茶树鲜叶可食用，到将茶叶作为一种饮品，再到发现其具有多种保健功能并广泛开发利用为茶叶功能成分制品，历经数千年。

对茶叶功能性成分制品的开发与应用集中在以下几个方面：①在食品上应用。生产保健茶制品，如减肥茶等。还可作为天然抗氧化剂、功能性茶食品、食用色素、食品除臭剂等。②在医疗上应用。如从低档茶及茶叶副产品中提取茶多酚、茶氨酸等功能成分作为制药原料。③在日化上应用。如天然色素用于染料，茶皂素用作新型洗涤剂原料。还可用于防龋齿牙膏、茶面膜等，以及用于空气净化器吸收异味。

（郑红发）

茶叶灰分检验 tea-determination of ash content 对茶叶中灰分含量的测定。茶叶中的无机化合物经高温灼烧后的无机物质称为总灰分。茶叶中无机化合物占干物质总量的3.5%～7.0%，分为水溶性和水不溶性两部分。

检验原理 测定灼烧至恒重时所得无机氧化物的重量。

检验方法 称取混匀的磨碎试样2克于坩埚中，置于电热板上加热，使试样充分碳化至无烟；将坩埚移入525～575℃高温炉内灼烧4小时；待炉温降至200℃左右时取出坩埚，置于干燥器内冷却30分钟后称量；移入高温炉内，以上述温度灼烧1小时，取出称量。重复此操作，直至连续两次称量差不超过0.5毫克为止，以最小称量为准，根据样品的残留量计算结果。（陈利燕）

茶叶机具设备 tea machinery 用于茶叶生产的工具、机械及设施。中国是使用茶叶工具最早的国家，唐代陆羽在《茶经》中就介绍了当时采茶、蒸茶、做饼、干燥、贮茶的工具，如籯、灶、釜、甑、杵、臼、焙、贯、棚等。后来，出现了人力、水力驱动的茶叶机械，如水力揉茶机等。20世纪30年代，开始学习国外机械制茶技术，引进茶机，吸收改进。到60年代，逐渐步入研究创新，自主开发符合中国茶类生产的各种茶叶机械。茶机种类繁多，从生产环节可分为茶园作业机械和茶叶加工机械。

茶园作业机具 可分为茶园耕作机（如开辟新茶园的茶园垦殖机和茶园中耕机、茶园深耕机、茶园开沟机等）、茶园施肥机、茶树保护机械（如手动或机动喷雾器、土壤消毒机、茶园除草机、茶园吸虫机、茶园防霜风扇）、茶树修剪机（如茶树轻修剪机具、茶树深修剪机、茶树重修剪机、茶树台刈机、茶树修边机、茶树修枝剪）、茶叶采摘机具（如单人采茶机、双人采茶机、行走采茶机、乘坐采茶机、采茶剪等）、茶园喷灌系统等。

茶叶加工机具 按茶叶加工程序，主要分为茶叶初制机具和茶叶精制机具。除此之外，还有茶叶再加工机具、茶叶深加工设备和新型茶加工设备等其他加工机具。

茶叶初制机具 茶叶初制是经过各道不同的制作工序将鲜叶加工成毛茶的过程。其制作机具设备包括鲜叶处理机具设备（如鲜叶分选机、鲜叶脱水机、贮青机、鲜叶摊放设备等），萎凋机具（如红茶的萎凋机、萎凋槽、萎凋架，青茶的麻布埕等），青茶的摇青机、做青机等，杀青机具（如锅式杀青机、滚筒杀青机、微波杀青机、电磁杀青机）；蒸青茶的蒸青机、蒸叶冷却机、叶打机等，揉切机具（如揉捻台、揉捻机），青茶的望月式揉捻机、包揉机，蒸青茶的初揉机、中揉机、精揉机，红碎茶的盘式揉切机、转子揉切机、洛托凡机、齿切机（CTC机）、锤切机（LTP机）等，解块机、解块分筛机等；红茶发酵机具设备，如发酵筐、发酵车、发酵斗、发酵槽、床式发酵设备、自动发酵机等；茶叶干燥机具设备，如烘笼（焙笼）、百页烘干机、链板烘干机、振动烘干机、沸腾烘干机、远红外烘干机、微波烘干机等烘干机具设备，炒青茶的锅式炒干机、槽式炒干机、滚筒炒干机和珠茶炒干机等炒干机具，以及茶叶冷冻干燥机等。在名茶生产发展中，中国研制出了各种名茶加工机具，如龙井茶电炒锅、名茶杀青机、名茶理条机、扁茶炒制机、提香机、提毫机等。随着科技的不断进步和中国茶产业的快速发展，茶叶加工设备的科技含量和自动化、智能化水平有了较大的提升，加快了中国茶叶加工迈向自动化、连续化、清洁化、智能化的进程，如绿茶自动化生产线、红茶自动化生产线、毛峰茶自动化生产线、扁茶生产线等的开发与应用。

茶叶精制机具 茶叶精制是通过不同的处理方法将毛茶制成商品茶的过程。其加工机具有杂物剔除设备、平面圆筛机、抖筛机、飘筛机、切茶机、风选机、拣梗机、色选机、车色机、复炒机、茶叶拼配设备，以及绿茶精制连续化设备和红碎茶精制连续化设备等。茶叶精制机械最早由英国在20世纪初期研制成功，中国在20世纪30年代有少量引进应用。60年代以来，中国研制生产出了成套茶叶精制机械，并在广大茶区推广应用。

其他加工机具 主要包括茶叶再加工机具、茶叶深加工设备、新型茶加工设备和茶叶包装设备。茶叶再加工机具有紧压茶的蒸茶设备、压砖（饼、沱）机（设备）、筑包机，花茶的茶花拼合机、窨花机、花茶起花机，袋泡茶机等。茶叶深加工设备有速溶茶加工设备、茶浓缩汁加工设备、粉茶加工设备、茶多酚等功能成分提取设备等。新型茶加工设备有低咖啡碱茶加工设备、γ-氨基丁酸茶加工设备。茶叶包装主要是应用食品等行业通用的适合机械设备。（梁国彪）

茶叶加工 tea manufacturing 以茶树的新梢芽叶为原料，采用不同的加工工艺，制造各种成品茶或半成品茶的过程。又称茶叶制造、制茶。茶树新梢芽叶（鲜叶）中含有茶多酚、氨基酸、咖啡碱、维生素、矿质元素等多种有益于人体健康的成分，但不能直接饮用，又不耐贮藏，因此必须及时加工。

可分为初制、精制和再加工。茶树新梢芽叶（鲜叶）经过不同的加工工序，制成各种色、香、味、形的半成品茶（毛茶）的过程称为初制。毛茶经过筛分、风选、拣剔、复火、色选、拼配等加工工序，制成各种花色和等级符合商品茶品质规格要求的成品茶，这个制茶过程称为精制。成品茶经过窨制、蒸压成型、提取制备等工序，制成花茶、砖茶、速溶茶等产品的过程称为再加工。经不同工艺制成的商品茶可分为绿茶、红茶、青茶（乌龙茶）及黑茶、黄茶、白茶等六大基本茶类。

中国是世界上最早发现和利用茶叶的国家。中国制茶最原始的方法是将茶鲜叶晒干收藏。南北朝时期开始出现制茶作坊，将茶鲜叶蒸制，加工成饼茶。唐代以蒸青团饼茶为主，少数地方有蒸而不捣或捣而不拍的散茶和末茶，个别地方出现炒青茶。宋代蒸青工艺进一步发展，创制出各种大小不同的龙团和凤饼茶；中后期散茶兴起，替代团饼茶，居主导地位。元代以制造散茶和末茶为主，出现了类似近代蒸青绿茶的生产工艺。明代炒青绿茶兴起，新创制的茶叶有黑茶、熏花茶、乌龙茶、红茶等。清代制茶工艺有了进一步发展，茶叶品类已从单一的炒青绿散茶发展成为品质特征各异的绿茶、黄茶、黑茶、白茶、红茶、乌龙茶、花茶等多种茶类，此时的中国已成为世界上制茶工艺最精湛和茶类最丰富的国家。

中国是制茶技术的发源地。815年蒸青制法传到日本，1191年又传去釜熬茶（炒青）制法。19世纪上半叶，中国的制茶技术，主要是红茶制造技术，先后传到印度尼西亚、印度、锡兰（今斯里兰卡）和俄罗斯等国家。（林 智）

茶叶检验 tea test 对茶叶产品或制品的一项或多项质量特性进行观察、测量、试验，并将结果与规定的质量要求进行比较，以判断每项质量特性合格与否的过程。茶叶检验主要是根据技术标准、产品标准样、作业（工艺）规程或订货合同、技术协议的规定，采用相应的检测、检查方法，观察、试验、测量产品的质量特性，判定产品质量是否符合规定的要求。

茶叶检验的发展 中国最早于1915年在浙江省温州市设立茶叶检验处，查验茶叶是否掺假，禁止假茶出口。1931年实行全国性的茶叶出口检验，品质检验除按商品检验最低标准实行感官审评外，还对茶叶出口的水分、灰分、粉末含量等实施法定检验。1950年中央贸易部制定了全国统一的输出茶叶检验暂行标准，同时开办边销茶检验。1953年建立全国茶叶产地检测网，开展驻厂检验，建立健全了茶叶检验制度。1960年对外贸易部批准试行第二次茶叶检验暂行标准，使茶叶检验标准和方法不断完善。出口茶检验制度比内销茶检验制度更加完善，除按国内标准检验外，还要按输入国的要求进行检验。20世纪60年代安徽农业大学编写了茶叶检验学，形成了专业课程。

茶叶检验的方法　茶叶检验主要通过感官审评和理化检验来完成。①感官审评是审评人员运用正常视觉、嗅觉、味觉、触觉的辨别能力，对茶叶产品外形、汤色、香气、滋味和叶底等品质因子进行审评，从而达到鉴定茶叶品质的目的。审评人员经过培训后拥有了一定的经验，对茶叶各项指标有正确的识别和辨别能力，并能熟练使用茶叶术语准确评价茶叶的质量指标。②理化检验是通过物理或化学分析方法对茶叶品质成分和安全指标进行测定，并根据产品标准进行茶叶评判的过程。茶叶理化检验方法常见的有容量法、重量法、滴定法、色谱法、光谱法、质谱法等。通过理化检验可对茶叶品质和安全单一成分进行定性和定量分析，科学性更强。

（刘　新）

茶叶检验类型　the type of tea testing　监督与管理茶叶质量的检查类型。茶叶检验主要根据检验目的来分类，在生产过程中有鲜叶进厂检验，加工过程有各工序的在线检验。针对加工产品，可分为进厂检验、出厂检验、出口检验、进口检验。

进厂检验　主要对进厂加工原料实施检验，检验的对象多以鲜叶、毛茶或精制茶为主，检验方法以感官审评为主，重点对进厂原料的质量是否符合要求展开检验，对安全指标和其他理化指标可以采取索取本批次检测报告的方式实现。

出厂检验　产品出厂前对产品的质量和安全进行全面的检验。上市场销售的产品按产品执行的标准逐项进行检验，重点对感官指标、含水率进行检验，对安全指标采取送检（有资质的机构）的方式进行，包装完成后按食品标签的要求进行检验。供给其他方的产品按供货合同要求进行检验。

出口检验　中国产品销售到境外地区时需要对产品进行出口检验。出口检验包括执行标准、感官、理化、安全、检疫、包装等检验，实施检验是由产地商品检验检疫机构、口岸商品检验检疫机构进行。出口茶除符合中国茶叶出口相关的质量和安全检验指标外，还要根据进口国的要求进行检验，以满足进口商的要求。

进口检验　茶叶从境外进口到中国时需要对产品进行质量检验，茶叶中的安全指标必须符合中国食品安全国家标准GB 2762《食品中污染物限量》和GB 2763《食品中农药最大残留限量》的要求，其质量指标要符合中国茶叶标准或进口企业的要求。

（刘　新）

茶叶精制　tea refining processing　将毛茶加工成商品茶的过程。又称茶叶精加工。

目的　整理外形，分成不同花色和等级；除杂选优，提高纯净度；适度干燥，调和内质。

工艺　主要包括筛分、切细、风选、拣剔和再干燥等作业。①筛分。采用不同类型的筛子将毛茶按照大小分离，使茶叶外形相近似的作业过程。主要分为园筛和抖筛。园筛起分离长短的作用，筛是圆周运动，茶叶旋转的方向与筛的运动方向相反，沿着筛面作回转滑动，通过不同的筛孔分开不同的长短。抖筛起分离粗细的作用，筛是前后来回摆动，茶叶在筛面跳动而形成垂直状态，通过不同的筛孔，把粗细分离开来。②切细。采用不同的切轧机将体积较大的毛茶或通不过筛孔的头子茶切断与轧细的作业过程。切轧机分为切断式、轧细式、齿切式和螺切式等。切断式适合切条形茶，轧细式适合轧圆形茶。③风选。利用风扇产生的风力将轻重不同的茶叶分离，去除黄片、碎片、茶末以及轻质夹杂物的作业过程。风选机的风扇分为吹风式和吸风式两种类型。④拣剔。拣出和剔除毛茶中粗叶、老叶、茎梗以及其他夹杂物的作业过程。分为手工拣剔和机器拣剔。拣剔机器主要有阶梯式拣梗机、静电拣梗机和色选机三种。⑤再干燥。采用烘、炒等方式去除多余水分，紧结外形，提高茶叶色香味的作业过程。干燥机械主要有烘干机、滚筒和锅式炒干机等。

（林　智）

茶叶咖啡碱检验　tea-determination of caffeine content　对茶叶中咖啡碱含量的测定。咖啡碱是茶叶中的一种生物碱，其含量为2%～5%，咖啡碱可作为鉴别真假茶的特征之一。

检测原理　茶叶中的咖啡经沸水和氧化镁混合提取后，经高效液相色谱仪、C_{18}分离柱、紫外检测器检测，与标准系列比较定量。

检测方法　称取1.0克磨碎茶样置于500毫升烧瓶中，加4.5克氧化镁及300毫升沸水，于沸水浴加热，浸提20分钟（每隔5分钟摇动一次），浸提完毕后立即趁热减压过滤，滤液移入500毫升容量瓶中，冷却后用水定容至刻度。取一部分试液，通过0.45微米滤膜过滤，准确吸取制备液10～20微升，注入高效液相色谱仪，进行色谱测定，并用咖啡碱标准液制作标准曲线，根据样品的峰面积在标准曲线上计算结果。

（陈利燕）

茶叶理化成分检验　tea physical and chemical inspection　在一定的实验室环境条件下，利用各种仪器、器具和试剂来测定茶叶中物理和化学成分的过程。茶叶理化成分包括水分、灰分、水浸出物、水溶性灰分、水不溶性灰分、酸不溶性灰分、氨基酸、咖啡碱、茶多酚、粗纤维、花青素、茶黄素、茶红素、茶褐素、叶绿素、脂肪、蛋白质、总黄酮等。通过采用科学的方法分析，其结果用数据定量表示，使检验结果更为客观和准确；检验要有一定的设备和条件，同时对检验人员的知识和操作技术也有一定的要求。

基本程序大致为：样品的采集和保存→样品的制备和预处理→分析和测定→数据处理和分析→出具检验报告。

（陈利燕）

茶叶品饮　tea savoring　一种饮茶的方式。与喝茶不同，品饮的重点不在于解渴或满足生理上的需要，而在于通过人的眼、耳、鼻、舌、身、意，品尝和欣赏茶的外形、汤色、香气、滋味，从而得到感官上的满足，进一步产生心理和身体的愉悦感和满足感。

六大茶类的茶叶有千姿百态的外形和丰富的色泽。形状有扁形、针形、卷曲形、颗粒形、条形、兰花形，外形以匀整、一致为上；色泽以鲜亮、油润为佳。茶汤的色相较广，由嫩绿、嫩黄到红黄、红艳，绿茶、红茶、青茶（乌龙茶）、黑茶汤色不同，没有优劣之分，重点欣赏茶汤的清澈度、饱和度，以清澈、饱满为佳。

品赏茶叶的香气和滋味是品茶的精彩之处。绿茶有毫香、嫩香、花香、清香、栗香；白茶有毫香、鲜醇、清鲜、鲜纯；黄茶有清鲜、清高、清纯、板栗香；乌龙茶有花香、果香、花果香、乳香、清高、清香；红茶有花香、甜香、蜜香、果香、焦糖香、松烟香、足火香；黑茶有陈香。品赏茶香的重点在于品茶香的浓郁、馥郁和持久程度。欣赏茶香的程序是：一般先闻干茶香，再闻汤前香。汤前香是器具用开水烫洗以后投入茶叶，借器具的热量烘托出的茶香，与干茶香不同。茶叶泡开后可以热闻叶底，辨别香气类型；温闻叶底，辨香气的浓郁程度和类型；冷闻叶底，品香气的持久程度。香气高的茶，品茶汤时还可以品出汤中香。最后再闻杯底香，茶香高，杯底留香足。

茶汤滋味可分为浓、淡、鲜、醇、爽、

厚、薄、清、涩、青、回甘等。喝一口茶汤，吸气，让茶汤在舌头表面慢慢往咽喉部流入，让舌头表面的味蕾细胞感受茶味，通过神经传导到大脑，从而形成茶汤适口还是不适口的判断。（周智修）

茶叶深加工 tea deep processing 采用生物、物理和化学工程的原理和技术，从茶树鲜叶、成茶、茶叶生产过程中产生的副产品及其废弃物中提取、制备其中有效活性成分，并应用于食品、医药、轻工业和畜牧业等行业的过程。茶叶深加工自20世纪80年代兴起，至今已发展为中国重要的产业。包括茶叶功能性成分提取制备和深加工产品开发两大方面。①茶叶功能性成分提取制备的产品主要有茶多酚、咖啡碱、茶氨酸、茶多糖、茶色素等。②产品开发主要有茶饮料、茶食品、茶药品、茶酒、茶日化用品、茶纺织品、茶饲料添加剂等。（林 智）

茶叶深加工产品 tea deep processed products 以茶鲜叶、半成品茶、成品茶或清洁的茶叶副产物等为主要原料，采用各类现代加工新技术、新工艺进行深度加工而成的一类有别于传统茶叶功能的含茶制品。为了拓展茶叶用途和适应消费市场的需求变化，茶叶深加工产品在20世纪中叶在国际上逐渐发展起来。茶叶深加工产品具有显著的方便性、时尚性和功能性特征，是国际上较为流行的健康功能产品。中国、日本、美国、印度、肯尼亚，以及欧洲、东南亚一些国家和地区是茶叶深加工产品的主要生产国。

茶叶深加工产品品类较多，主要包括茶叶全成分利用产品和茶叶功能成分利用产品两大类，从茶叶利用程度上又可分为中间原料制品和终端产品。其中，全成分利用产品主要包括速溶茶、茶浓缩汁等工业用原料制品，以及液态茶饮料、含茶食品、固态速溶茶等终端产品；茶叶功能成分利用产品主要包括茶多酚、儿茶素、茶色素、茶多糖、茶皂素等功能成分中间体原料，以及以此为原料加工的含茶保健品、日化品和轻化品等终端茶制品。（尹军峰）

茶叶审评 tea sensory evaluation 根据审评人员正常的感官感受，使用规定的评茶术语或参照实物样，对茶叶产品的感官品质特性（外形、汤色、香气、滋味、叶底）进行描述，鉴定茶叶品质的过程。中国茶叶品类丰富，花色繁多，每个产品都有其感官特征和要求，鉴别茶叶真伪、评价品质优次、划分质量等级和判定价值高低等都必须通过感官审评来帮助确定。

依靠评茶人员完成。人的感觉在形成过程中极易受各种内在（自身）和外在（环境）因素的影响，也遵循着感觉的适应、对比、延后等一些人体心理学方面的规律。

通过茶叶感官审评，可以明晰对茶叶感官品质的要求与标准，准确地发现茶叶品质存在的问题与产生的原因。因此，茶叶感官审评与检验对从事茶叶科学研究、指导茶叶生产和改进茶叶生产技术等方面具有重要作用。（龚淑英）

茶叶审评器具 tea sensory evaluation appliance 进行茶叶审评活动所用的专门器具。中国国家标准GB/T 23776—2018《茶叶感官审评方法》中对审评器具做了明确的规定。主要的审评器具包括审评盘、审评杯、审评碗、叶底盘、茶匙、网匙、水壶、天平、定时器、直尺等。

审评盘 用于盛装茶样的方形木盘，又称样盘、茶样盘。木板或胶合板制成，正方形，外围边长230毫米，边高33毫米，盘的一角开有缺口，缺口呈倒等腰梯形，上宽50毫米，下宽30毫米。涂以白色油漆，要求无气味。

审评杯 白色瓷质，大小、厚薄、色泽一致。包括三种：①初制茶（毛茶）审评杯（碗）。杯呈圆柱形，高76毫米，外径80毫米，内径76毫米，容量250毫升。具盖，杯盖上有一小孔，与杯柄相对的杯口上缘有一呈月牙形的滤茶口。口中心深5毫米，宽为15毫米。碗高60毫米，上口外径114毫米，上口内径110毫米，底外径65毫米，底内径60毫米，容量350毫升。②精制茶（成品茶）审评杯（碗）。杯呈圆柱形，高65毫米，外径66毫米，内径62毫米，容量150毫升。具盖，盖上有一小孔，杯盖上面外径72毫米，下面内圈外径60毫米。与杯柄相对的杯口上缘有3个呈锯齿形的滤茶口，口中心深3毫米，宽2.5毫米。碗高55毫米，上口外径95毫米，上口内径90毫米，下底外径60毫米，下底内径54毫米，容量250毫升。③乌龙茶审评杯（碗）。杯呈倒钟形，高52毫米，上口外径83毫米，上口内径80毫米，底外径46毫米，底内径40毫米，容量110毫升。具盖，盖外径70毫米。碗高46毫米，上口外径94毫米，上口内径92毫米，底外径44毫米，底内径40毫米，容量150毫升。

审评碗 用于审评汤色和滋味的广口白瓷碗，色泽一致。碗高55毫米，上口外径95毫米，内径90毫米，容量为250毫升。审评杯、碗应配套使用，若规格不一，则不能交叉匹配使用。

叶底盘 黑色小木盘和白色搪瓷盘。小木盘为正方形，外径边长100毫米，边高15毫米，供审评精制茶用。搪瓷盘为长方形，外径长230毫米，宽170毫米，边高30毫米，一般供审评初制茶和名优茶叶底用。

茶匙 舀取茶汤品评滋味的白色瓷匙，也称汤匙。

网匙 捞取茶汤内的碎片末茶的小匙。

水壶 用于制备沸水的电茶壶，水容量2.5～5升。忌用黄铜或铁制茶壶，以防异味或影响茶汤色泽。

天平 用于茶样审评时的取样和鉴定茶样重量的仪器。常用感量为0.1克的托盘天平和电子天平，速溶茶审评使用感量为0.01克的天平。

定时器 定时钟或特制秒时计，精确到秒。

直尺 测量某些压制茶样的外形规格的仪器。长度为300毫米；最小刻度为1毫米。

此外，还应有记录审评结果的审评表、放置审评器具的杯碗柜、存放有保存价值的茶叶的茶样贮存桶、冷柜、收纳评茶时出现的茶渣茶液的铁桶或塑料桶、紧压茶分解工具、电磁炉、蒸锅、直径100毫米的玻璃培养皿等审评辅助器具。（龚淑英）

茶叶审评人员 tea taster 专门对茶叶品质进行感官审评的高级专业技术人员。茶叶感官审评对评茶人员的道德素质、业务水平、感官识别力和健康状况要求较高，要求感觉器官正常，无色盲、嗅盲、味盲等遗传性疾病。中国从事茶叶品质审评的人员应具有评茶员国家职业资格证书，并有多年从事茶叶生产和感官检验的工作经验。

由于审评结果受评茶人员自身感知水平的影响较大，因此评茶人员要具备良好的身体素质，注意保持感官的灵敏度；平时要有意识地积累各种茶或非茶的香味感受，有计划地、长期地进行系统感官训练；要深入了解制茶工艺、茶机性能、产区特点、季别特征、市场情况和饮茶习惯等知识，才能正确地评定茶叶的品质。

评茶人员工作前和工作中不得吸烟饮酒，不接触刺激性物品。在开展工作时，茶叶审评人员应做到：①切实恪守审评工作规范和职业道德，做到科学客观、公平公正。②摒弃个人喜好，根据不同茶类要求评定质量级别。③严格遵循审评方法和流程进行操作，杜绝人为失误。

（龚淑英）

茶叶审评设施 tea sensory evaluation facilities 鉴定茶叶品质时需要具备的场地环境和操作台。开展茶叶审评工作需要专门的审评设施，为规范茶叶感官审评的工作环境，中国已发布实施相应的国家标准GB/T 18797《茶叶感官审评室基本条件》。

茶叶审评场地应独立设立在环境安静、平坦整洁的房间内，场地面积应根据工作量而定，以15～30平方米为宜，最小使用面积不低于10平方米。房间由北面自然采光，但要避免阳光直射，采光面积至少为墙体面积的1/3。室内光线应明亮柔和，墙壁和房顶为乳白色或接近白色。若审评室自然光不足，可使用辅助光源，保证干评台工作面照度不低于1000勒克斯，湿评台工作面照度不低于750勒克斯。如条件允许，审评室应设在二层楼以上，配置通风和温控设施，保证干燥无潮气。东西向墙面不开窗；南面开门与气窗，保持空气流畅。评茶时，室内温度保持在15～27℃，室内相对湿度不高于70%，环境噪声不超过50分贝。审评环境要尽量让茶叶审评人员感觉舒适，各种设备无杂异气味。

审评时操作的工作台包括干评台和湿评台：①干评台。检验干茶外形的黑色审评台。也用于放置茶样盘、天平等。高800～900毫米，宽600～750毫米，长度可依工作室情况而定。外观光洁不反光，无杂异气味。②湿评台。审评茶叶内质的白色审评台。高度750～800毫米，宽度450～500毫米，不渗水，台面水痕可擦除，无杂异气味。

（龚淑英）

茶叶审评用水 tea sensory evaluation water 鉴定茶叶品质时供冲泡茶汤使用的水。审评用水的优劣对茶叶汤色、香气和滋味影响极大。中国茶叶审评用水应符合国家标准GB/T 5749《生活饮用水卫生标准》的规定，清洁无味。具体要求为：浑浊物不超过5毫克/升，无色透明；原水和煮沸水中无气味，不得有游离氯、氯酚等；总硬度不得超过5度；pH6.5～7.0，为防止水的酸碱度对审评造成干扰，不得使用碱性水冲泡审评；含铁量低于0.02毫克/升。

为确保不同批次茶叶审评结果的一致性，建议使用纯净水。评茶用水必须随时抽样检查，如审评用水不符合上述要求时，要对水进行相应的净化或软化处理，然后才能使用。

（龚淑英）

茶叶水分测定 tea-determination of moisture content 对茶叶水分含量进行测定的过程。

检测原理　在常压下，测定茶叶经100℃左右的温度加热至恒量时损失的质量。

检测方法　称取充分混匀的试样5克于已知重量的烘皿中，置于101～105℃干燥箱内（皿盖斜置皿边）加热4小时。加盖取出，于干燥器内冷却30分钟后称量。再置于干燥箱中加热1小时，加盖取出后于干燥器内冷却30分钟，称量。重复加热1小时的操作，直至连续两次称量差不超过0.002克，即为恒量。以最小称量为准，根据样品重量的损失量计算结果。

（陈利燕）

茶叶水浸出物测定 tea-determination of water extracts content 在规定条件下，测定用沸水浸出茶叶中可水溶性物质的量的过程。

检验原理　用沸水回流提取茶叶中可水溶性物质，再经过滤、冲洗、干燥，称取干燥后的茶渣，计算水浸出物含量。

检测方法　称取2克磨碎试样于500毫升锥形瓶中，加沸蒸馏水300毫升后立即移入沸水浴中浸提45分钟（每隔10分钟摇动一次）。浸提完毕后，立即趁热减压过滤（使用经干燥处理的滤纸）。残渣用约150毫升沸蒸馏水洗涤茶渣数次，将茶渣连同已知重量的滤纸移入铝盒中，然后移入118～122℃的恒温干燥箱内，皿盖打开斜置皿边，烘干1小时，加盖取出冷却1小时后再烘1小时。烘干后立即移入干燥器内冷却至室温，称量，根据原茶叶样品的重量与茶渣重量之间的差值计算结果。

（陈利燕）

茶叶汤色审评 sensory evaluation of tea liquid color 利用人的视觉对茶汤特性进行的评价。审评时，对冲泡后茶汤的颜色类型与色度、明暗度和清浊度等进行评价。汤色是茶叶中所含的各种水溶性色素溶解于沸水中表现出来的色泽，在审评过程中变化较快，为了避免色泽变化过快，审评中要先看汤色或嗅香气与看汤色结合进行。审评时应注意光线、评茶用具对茶汤审评结果的影响，可随时调换审评碗的位置，以减少环境对汤色审评的影响。

汤色随茶树品种、鲜叶老嫩、加工方法而变化，但各类茶均有一定的色度要求，如绿茶嫩绿明亮、红茶红艳明亮、乌龙茶橙黄明亮、白茶浅黄明亮等。茶汤以清澈明亮为好，低档茶汤色一般欠明亮；酸馊劣变茶的汤色浑浊不清；陈茶的汤色发暗变深；杂质多的茶，杯底会出现沉淀。

（龚淑英）

茶叶外形审评 sensory evaluation of tea appearance 利用人的视觉和触觉对干茶特性进行的评价。在茶叶感官审评中，视觉判断占有重要位置。触觉审评是通过人的手表面接触茶叶产生的感觉，来分辨、判断茶叶的质量特性。

外形审评时，将有代表性的茶样100～200克置于评茶盘中，双手握住茶盘对角，用回旋筛转法使茶样按粗细、长短、大小、整碎顺序分层并顺势收于评茶盘中间，呈圆馒头形，根据上层（又称面张、上段）、中层（又称中段、中档）、下层（又称下段），用目测、手感等方法，通过翻动茶叶、调换位置，反复察看、比较外形。

外形审评的内容包括干茶的形状、嫩度、色泽、整碎和净度。①形状，指产品的造型、大小、粗细、宽窄、长短等。②嫩度，指产品原料的生长程度。③色泽，指产品的颜色与光泽度。④整碎，指产品的完整及断碎程度。⑤净度，指茶梗、茶片及非茶叶夹杂物的含量。压制成块、成个的茶（如沱茶、砖茶、饼茶）的外形审评主要看产品压制的形状规格、松紧度、匀整度、表面光洁度、色泽。分里茶、面茶的压制茶，审评是否起层脱面，包心是否外露等。

（龚淑英）

茶叶香气审评 sensory evaluation of tea aroma 利用人的嗅觉对茶叶香气进行评价。嗅觉是辨别各种气味的感觉。审评香气时，一手持杯，一手持盖，半开杯盖，靠近鼻孔，嗅评从杯中散发出来的香气，每次持续2～3秒后随即合上杯盖。可反复1～2次后判断香气的质量；热嗅（杯温75℃左右）、温嗅（杯温约45℃）、冷嗅（杯温接近室温）结合进行。

香气由茶叶冲泡后随水蒸气挥发出来的各种气味分子共同作用于嗅觉器官而产生。审评时，对冲泡后茶叶所散发香气的纯异、香型、高低和持久状况等进行评定。①香气纯异指香气与茶叶应有的香气是否一致，是否夹杂其他异味。②茶类、产地、季节、加工方法的不同会形成与这些条件相应的香气。如红茶的甜香、绿茶的清香、乌龙茶的果香或花香、高山茶的嫩香、祁门红茶的砂糖香等。③香气高低可用浓、鲜、清、纯、平、粗来区分。④香气长短是指香气的持久性，香高持久是好茶；烟、焦、酸、馊、霉是劣变茶。

茶叶香气审评以香型高雅纯正悦鼻、余香经久不散为好；以淡薄、低沉、粗老为差；有焦、霉、馊气者为次品或劣变茶。

（龚淑英）

茶叶叶底审评 sensory evaluation of brewed tea leaves 利用人的视觉和触觉对冲泡后的叶底进行评价。审评叶底时，精制茶采用黑色木质叶底盘，毛茶与名优绿茶采用白色搪瓷叶底盘，操作时应将杯中的茶叶全部倒入叶底盘中，其中白色搪瓷叶底盘中要加入适量清水，让叶底漂浮起来。用目测、手感等方法审评叶底。

冲泡后的茶叶，从嫩度、色泽、完整度和均匀性等方面进行评定（包括嫩度的匀整度和色泽的匀整）。主要以芽与嫩叶含量的比例和叶质的软硬来衡量，芽或嫩叶的含量与鲜叶成熟度密切相关。通常好茶的叶底幼嫩芽叶含量多，质地柔软，色泽明亮均匀一致；差的叶底表现为暗、粗老、单薄、摊张、花杂等，焦叶、劣变叶、掺杂叶则不允许存在。

（龚淑英）

茶叶优势区域 tea area with advantage conditions 具有茶产业发展的资源禀赋和比较优势，生产的茶叶品质优良，茶产业基础良好、产业链较完善，经济效益较好的茶叶生产聚集区。在中国茶园面积持续扩大、茶叶产量供大于求、经济效益不断压缩的情况下，建立茶叶优势区域显得尤为重要。优势区域划分可以促进地方政府优先扶持、做大做强本地特色产业，引导农民调整生产结构，推动供给侧结构调整和农民增收。同时，能引进社会资本进入特色产品的生产、加工、仓储、物流、营销等各个环节，促进茶产业的持续健康发展。

可以划分为国家级、省级和地方优势区域。国家级优势区域是选择特色明显、对全国影响力大、辐射带动能力强、在国内外市场具有竞争力、出口优势明显的优势茶叶产区。省级优势区域是在国家优势区域的基础上，进一步选择省内影响力大、区域竞争力强、在全国具有较高知名度的特色茶叶生产区域。

中国茶叶生产经过长期发展，依靠独特的自然环境和资源禀赋，形成了四大茶叶生产优势区域：①长江中下游名优绿茶重点产区，包括浙江省的东部、西部和南部茶区，福建省的闽东茶区，江苏省的苏南茶区，安徽省的皖南、皖西茶区，江西省的赣北茶区，湖北省的鄂东南茶区和河南省的豫南茶区。以发展高品位名优绿茶为主，进一步发展深加工，建设外向型出口绿茶拼配厂，继续发展出口和转口绿茶为目标。主要名茶有西湖龙井、黄山毛峰、洞庭碧螺春茶、六安瓜片茶、太平猴魁茶、庐山云雾茶和信阳毛尖茶等。②长江上中游特色和出口绿茶重点产区，包括川西绿茶区、川南优质早茶区、川东北特色茶区，黔中茶区，重庆茶区，陕南茶区，湖北省的武陵山、三峡及西北部茶区，湘东北、湘西南茶区。以发展出口绿茶和名优绿茶、稳定边茶生产为目标。主要特色名茶有蒙顶甘露茶、竹叶青茶、君山银针、都匀毛尖茶、采花毛尖、恩施玉露茶、紫阳富硒茶等。③东南沿海优质乌龙茶重点产区，包括闽南乌龙、闽北乌龙、台湾地区和粤东乌龙茶区。以发展优质乌龙茶、提高乌龙茶香气、发展乌龙茶深加工业、建设中国最大的乌龙茶出口基地为目标。主要名茶有铁观音、大红袍、凤凰单丛等。④西南红茶和特种茶重点产区，主要由云南省的滇西、滇南茶区以及广西壮族自治区的桂西南茶区组成，以红茶和普洱茶为主。主要名茶有普洱茶、六堡茶、滇红等。

优势区域是产业发展的长期结果。在各优势区域进一步加强资源禀赋、产业发展、科技支撑、质量控制、品牌建设、利益联结和绿色发展等方面的系统推进，有利于推动优势区域建设，促进茶产业持续健康发展。

（韩文炎）

茶叶质量安全检验 test of tea safety 对茶叶中危害人体健康的因子的测定。茶叶是以鲜叶为原料，采用特定工艺加工、不含任何添加物、供人们饮用或食用的产品。涉及食品安全的因子有农药残留、污染物和生物毒素等。茶叶作为食品中的饮料于2005年开始列入中国食品安全国家标准中，GB 2763《食品中最大农药残留限量》已多次修订，经2021年修订后，涉及茶叶中农药残留的限量共有106项；GB 2762《食品中污染物最大残留限量》涉及茶叶的限量只有铅。此外，GB 19965—2005《砖茶含氟量》规定了中国砖茶允许的含氟量和检测方法。茶叶在进入市场销售前，必须对茶叶进行质量安全检验，主要检验茶叶中的农药残留和污染物，砖茶增加氟的检验。随着中国食品质量安全水平的提高，对茶叶中的质量安全因子将提出越来越高的要求，检验的参数是动态变化的。

茶叶农药残留检验包括对茶叶中农药残留检测和标准的符合性判定。茶叶农残检测包括样品前处理和仪器分析，其分析方法有相应的国家标准，通常采用固相萃取前处理、改良快速轻便（QuEChERS）样品前处理技术提取农药，使用气相色谱、液相色谱、气相色谱－质谱联用、液相色谱－质谱联用等仪器设备检测茶叶中的农药残留，根据国家标准GB 2763进行合格与否判定，得出检验结果。茶叶中铅的检测方法有石墨炉原子吸收光谱法、氢化物原子荧光光谱法、火焰原子吸收光谱法等，应用电感耦合等离子体发射光谱（ICP-AES）和电感耦合等离子体质谱（ICP-MS）光谱仪进行多元素和铅的分析具有较高的灵敏度，分析结果根据国家标准GB 2762进行合格与否判定。茶叶中氟的检测方法主要有扩散－氟试剂比色法、灰化蒸馏－氟试剂比色法和氟离子选择电极法，常用氟离子选择电极法，该方法操作简单方便。

茶叶出口时，应按进口国的要求进行质量安全检验，美国、日本、欧盟等国家和地区对茶叶提出更严格的要求，有些国家除对农药残留、重金属元素提出要求外，还对茶叶中的大肠菌群、黄曲霉毒素等提出要求，这些均属于质量安全检验范围。

（刘　新）

茶叶贮藏 tea storage 保存茶叶，防止或减缓其品质下降的方法。茶叶贮藏的方法主要有：常温贮存法、脱氧包装保鲜技术、抽气充氮保鲜技术、低温冷藏保鲜技术、生石灰贮存保鲜技术。

常温贮存　常采用防潮性能较好的铝箔复合袋、各种金属罐及茶箱、茶袋等贮藏。用复合袋、金属罐贮存茶，要求茶叶含水量控制在3%以下，只要容器的气密性好，保存效果就不会差，但在30℃以上高温季节，茶叶品质很难得到保证，尤其是难以防止色泽褐变。茶箱、茶袋的防潮性能较差，2～3个月茶叶内质就会变化，一般只在茶厂大批调拨货物时使用。

脱氧包装保鲜技术　把茶叶放置在密封的容器内，再投入脱氧剂除尽容器内的氧气，从而抑制茶的品质陈化。这种方法贮存茶叶要求容器高度密封，不能漏气。只要容器不漏气，投入脱氧剂后经24小时，容器内氧气浓度能降到0.1%以下，茶叶基本处于无氧状态下，贮藏保鲜效果不错。

抽气充氮保鲜技术　把装有茶叶的容器内部的空气抽出后，再灌入氮气保存茶叶品质的一种方法。因为氮气是惰性气体，氮气本身能抑制微生物活动，可达到防霉保鲜的目的。这种方法效果较好。实践中有的只抽出空气，使容器内保持真空；也有的抽出空气后充入氮气，两种方法都有应用。

低温冷藏保鲜技术　利用降低贮存环境的温度来降低茶叶内化学成分与氧化反应的速度，从而减缓茶叶陈化劣变的一种保鲜方法。低温冷藏以冷库为主。茶叶企业、商店都有应用，正常情况的库房温度设置在−18～2℃。一般在5℃以下贮藏8～12个月，茶叶品质基本不变；在−10℃以下贮藏2～3年，茶叶品质基本不变。冷库贮存时，库房相对湿度必须控制在60%以下，保鲜效果才好。另外，茶叶的导热性差，库房内茶叶需分层堆放，每件之间留有空隙，使冷气在室内得到循环，以便茶叶快速均匀降温；茶叶出库后的保存宜结合脱氧、抽气充氮的方法，保鲜效果更好。

生石灰贮存保鲜技术　是龙井茶区的传统保存茶叶方法。以前是采用陶瓷罐，先将成块状的生石灰放置于布袋内，扎紧袋口并放置于陶瓷罐底部，然后用毛边纸把茶叶一斤一包包好放置在罐内，罐口用盖盖实。每年在梅雨季后，生石灰化成粉状时更换一次生石灰，用这种方法可保持茶叶品质一年基本不变。这种保存法在龙井茶区仍在应用，不过有的将容器改成铁皮筒（箱），效果基本相同。

（段文华）

茶叶滋味审评　sensory evaluation of tea taste　利用人的味觉对茶汤滋味进行评价。味觉的感觉受体是味蕾，主要分布在舌上。不同类型和部位的味蕾对不同的味敏感性不同。从刺激味感受器到出现味觉一般需1.5～4.0毫秒。味觉与温度的关系很大，相同的味刺激物、相同的浓度也会因温度不同而感觉不同。

审评茶叶滋味时，用茶匙取适量（约5毫升）茶汤于口内，用舌头让茶汤在口腔内循环打转，使茶汤与舌头各部位充分接触，并感受刺激，随后将茶汤吐入吐茶桶中或咽下。审评滋味最适宜的茶汤温度在50℃左右。

各茶类虽然香气变化多端，但茶汤的滋味特点较为相似，主要有浓、淡、苦、涩、爽、钝、甘、鲜等特点。审评时对冲泡后茶汤的浓淡、醇涩、爽钝、新陈等特点进行评定。滋味审评以浓、醇、鲜、甜为好；淡、苦、粗、涩为差；出现烟焦味、霉味或其他被沾染的异味，表明已是劣变或残次茶。不同茶类的滋味评价标准一致，但应注意辨别浓度和苦涩度的差别，茶汤浓而不苦涩也是好茶的特征之一。

（龚淑英）

茶艺　tea art　茶的品饮技艺。茶艺主要通过择茶、选水、配具和烹煮沏泡技艺、环境空间经营，呈现技艺之美，是茶文化的重要组成部分。中国晋代杜育《荈赋》中就提出：煮水烹茶要“水则岷方之注，挹彼清流。器择陶简，出自东隅。酌之以匏，取式公刘”。陆羽在《茶经》中为煮好茶设计了24种茶器，从生火、取水到盛物、摆设一应俱全。对茶碗的选择，陆羽首推越窑青瓷碗，“越瓷青而茶色绿”，“青则益茶”。宋代由点茶衍生出斗茶、分茶，更富技艺之美。宋徽宗赵佶《大观茶论》有《点》一则，详述点茶注汤技法。晚明至清朝康乾盛世，爱茶文人多撰文著书，阐述茶事经验，传授烹茶品饮技艺。概括起来为：择茶、选水、火候、配具、泡法、人品、茶所。

1999年5月，中国国家劳动部正式将茶艺师列入《中华人民共和国职业分类大典》，明确茶艺师是指“在茶楼、茶室根据茶叶品质，进行茶水艺术冲泡的人员”。从事的工作主要包括：鉴别茶叶品质；根据茶叶品质，选择相应的水质、水量、水温和冲泡器具，进行茶水艺术冲泡；选配茶点；向顾客介绍名茶、名泉及饮茶知识、茶叶保管方法等茶文化知识；按不同茶艺要求，选择或配置相应的音乐、服装、插花、熏香等环境。由此，在全国开展了茶艺师职业技能的培训和鉴定工作。

由于茶类丰富，当代茶艺根据不同茶类的特性，有各具特色的冲泡技艺。大体分为以龙井茶、碧螺春、庐山云雾等为代表的绿茶品饮技艺，以祁门工夫、坦洋工夫、九曲红梅等为代表的红茶品饮技艺，以闽北武夷岩茶、潮汕凤凰单丛、闽南铁观音和台湾乌龙茶为代表的乌龙茶品饮技艺，以云南普洱、安化茯砖等为代表的黑茶品饮技艺，以莫干黄芽茶、白牡丹茶等为代表的黄、白茶品饮技艺。

（阮浩耕）

茶园管理　tea garden management　在茶树种植后，根据茶叶高产综合栽培技术要求而实施的深耕、中耕除草、施肥、灌溉、铺草、修剪、病虫害综合防治、合理采摘等技术措施的总称。

发展历史　中国自1979年以来，茶叶生产持续增长，茶园面积和总产量均列世界第一，单位面积的产量水平也有极大提高。茶园生产能力的提高除了采用新品种和植保技术外，与中国茶园栽培管理技术的巨大进展是分不开的。20世纪70～80年代，中国提出了高产茶园的栽培技术指标：合理密植，种植密度每公顷6万株左右；剪、采、养相互配合，树冠覆盖度80%～90%，树高70～80厘米，叶层厚度达15厘米以上；培肥土壤，土层厚度60厘米以上，土壤有机质含量1.5%以上，pH为4.0～5.5等；形成了更新换植优良无性系品种、修剪复壮树冠、增施肥料等丰产栽培改造技术。丰产栽培技术使茶园的产量水平比同期全国水平提高了10多倍。90年代以来，中国茶叶生产体系发生了重大转折，生产目标从过去的重“量”改为“质、量”并重。针对名优绿茶以采摘春茶为主的特点，在上述丰产技术基础上适时提出了调整修剪时间、早采嫩采等技术，促进了名优茶的快速发展。进入21世纪以来，随着劳动力的日益紧缺，茶园管理技术又融入了机械换人的元素，以机器为核心的智能采茶技术研究日益增多，高地隙茶园管理机械、智能采茶机器人、空气动力驱动型悬浮式采茶机、茶园多功能耕作施肥机械、无人机技术喷药等日趋完善。随着互联网技术的发展，茶园管理中也逐步引入了物联网技术，为茶园远程和精细管理提供了一条新途径，在茶园环境监测、病虫害测报和智能喷灌等方面已取得了一定的应用。同时，中国茶园的栽培管理逐渐向标准化、绿色清洁化方向发展，实现源头上的控制。中国已制定并修订了NY/T 5199—2002《有机茶产地环境条件》、NY/T 5197—2002《有机茶生产技术规程》、NY/T 853—2004《茶叶产地环境技术条件》、NY/T 5337—2006《无公害食品　茶叶生产管理规范》、GB/Z 26576—2011《茶叶生产技术规范》、NY/T 5018—2015《茶叶生产技术规程》等系列标准和规程，构成了指导中国茶树绿色标准化栽培的纲领性科技文件。未来中国茶园栽培管理技术的目标将主要围绕改善茶叶品质、降低生产成本、提高卫生质量和保持环境安全等方面。

茶园管理的措施　茶树种植后能否快速成园及持续高产与茶园的管理水平密切相关，茶园管理主要包括茶园耕作除草、茶园施肥、茶园灌溉、茶园修剪、茶园病虫害防控、茶园采摘等内容。

茶园耕作除草　茶园耕作有浅耕（2～5厘米）、中耕（10～15厘米）、深耕（大于15厘米）三种方式。耕作的次数和时间虽然各地不尽相同，但基本上都是在生产季节应用浅耕和中耕，在非生产季节应用深耕。通常可分为春茶前中耕、春茶后和夏茶后浅锄、秋茶后深耕。长江中下游地区春茶前浅耕时间宜在惊蛰至清明期间进行，越往南部的茶区耕作时间应适当提前，如广东南部地区可于2月上旬进行；越向北部的茶区耕作时间应适当推迟，如山东半岛茶区应推迟到4月初。长江中下游茶区春茶后浅耕多在5月中下旬进行，其耕作深度应根据土壤板结情况和杂草根系深浅决定，一般浅于春茶前的中耕。夏茶后浅耕一般是在7月上中旬。浅耕的深度：幼龄茶树为4～7厘米，成龄茶树8～12厘米。不采秋茶的茶园宜在8月份深耕。而采秋茶、管理又较好的茶园应在秋茶结束后的10～11月进行。深耕的深度为20～35厘米。

茶园施肥　施肥是为茶树提供矿质营养元素和改良土壤、提高肥力的手段。施肥种类有底肥、基肥、春肥（催芽肥）、夏肥、秋肥、叶面喷肥等。基本原则是：有机肥与化肥相结合；基肥与追肥相结合，以氮肥为主，氮、磷、钾及其他大量、微量元素相结合。目的是改良土壤理化性质，提高土壤肥力，增加茶叶产量，优化茶叶品质，提高茶叶生产效益。肥料选择、施用数量、使用时间、施肥位置、开沟深度及施肥次数等应按当地茶园类型、土壤种类、肥料品种、气候条件、所产茶类和栽培管理水平等因地制宜，合理施用。防止过量、流失与污染环境。

茶园灌溉　茶树对水分的持续需求非常大，由于中国大部分茶区都存在伏旱和秋旱，如不能及时适量合理地进行灌溉，就会出现旱热灾害而影响茶树的生长发育，降低茶叶品质与产量，甚至导致茶树死亡。合理灌溉是解除茶园旱热灾害最直接有效的方法。茶园灌溉方式有浇灌、流灌、喷灌、滴灌等，在中国主要采用的是流灌和喷灌。获取灌溉用水需要利用雨季水或引入外源水。茶园灌溉适期是决定灌溉效益的一个重要因素，通常由茶树的水分代谢状况、土壤水分状况和气象变化状况三个方面综合确定。常用的茶树生理指标包括新梢细胞液浓度和新梢细胞水势，茶树生理指标是确定茶园灌溉时期的参考标准。当上午10时茶树新梢细胞水势在-1.0～-1.1兆帕时，或茶园土壤水势达到-85千帕时，或当茶园土壤含水率下降至田间持水量的70%时，或当日平均气温在30℃左右、水面蒸发量在9毫米以上的情况持续一周时，茶园土壤水分供应受阻，土壤干旱，需要进行灌溉。一般可以按每7～10天灌水一次，每次每公顷茶园灌水800立方米左右来估算。

茶园修剪　是为培养高产优质树冠而剪除茶树部分枝叶的措施。以茶树品种生物学特性为基础，运用不同程度的修剪，刺激、调节和控制茶树分枝习性，使分枝直径增粗、数量增加、排列有序，树势扩展，促进营养生长。修剪方法有定型修剪、轻修剪和深修剪以及重修剪、台刈（含抽刈）等。

病虫害综合防治　宜以生态学和经济学为依据，利用自然条件，从茶园生态系各组成部分错综复杂的关系中选用适当和必要的防治措施，把病虫种群数量控制在不足以危害植物的水平。把病虫综合防治提高到综合治理的水平，通过控制茶园生态环境，使之不利于病原、害虫的生长和繁殖，且有利于天敌的生长和繁殖；使病虫种群数量减少，天敌数量增多；提高茶树对病原和害虫的抵抗力。按其作用性质，茶树病虫防治的方法可以分为四种，即农业防治、生物防治、化学防治和物理机械防治。

合理采摘　合理的茶树采摘是茶叶获得稳产、高产、优质的重要措施之一。采摘中必须处理好采与养的关系，做到分批、及时、合理留叶采。按采摘方式，可分为手工采、机采、铗采。按采摘部位，可分为打顶养蓬、留顶养标、留叶采等。按采摘嫩度，可分为嫩采、中采、开面采、粗采、割采等。按采摘手法，可分为双手采、提手采、强采等。中国茶区采摘多有季节性，根据茶芽生长与休止时间可分为春茶、夏茶、秋茶，华南茶区还有冬茶。按新梢萌发轮次可分为头轮茶、二轮茶、三轮茶。全年采摘茶叶时间长短取决于气候条件，**江北茶区**全年可采5～6个月，中部的**江南茶区**、**西南茶区**可采7～8个月，**华南茶区**的滇南、粤南、闽南等地可采9～10个月，海南几乎全年可采摘。

（石元值）

茶园建设　construction of new tea garden　将林地、园地改成茶园，或老茶园经改造规划重新种植**茶树**的过程。茶园建设包括选址与规划、生态建设、园地开垦、茶树品种选择和种植、幼龄茶园管理等环节。

基地选择　基地选择需要考虑茶树正常的生长发育要求，并能取得良好的经济效益。主要从气候、土壤和地形地势方面考虑，要求年平均气温在13℃以上，极端最低气温高于-10℃，年降水量1000毫米以上；土壤pH为4.0～6.5，土壤有效深度至少60厘米，地下水位1米以下；以平地和缓坡地为宜，坡度不大于25°。南方茶区海拔不超过1800米，长江中下游及北方茶园不超过800米。另外，还要求基地远离污染源、交通方便、劳动力相对丰富等。

基地规划与建设　基地规划与建设应有利于保护和改善茶区生态环境，维护茶园生态平衡，发挥茶树良种的优良性状，便于茶园灌溉和机械作业等。茶园道路建设应结合基地的规模、地形和地貌等条件，设置主道、支道、步道和地头道。大中型茶场以总部为中心，与各区、片、块有道路相通。规模较小的茶场只需设置支道、步道和地头道。主道一般宽4米，支道宽2.5米，步道宽1米以上。

茶园水利系统　茶园水利系统应做到能蓄能排。茶园沟渠应与道路网紧密配合，以水土保持为中心，做到小雨不出园、中雨能蓄、大雨能排。茶园与四周荒山陡坡、林地和农田交界处应设置隔离沟，有条件的茶园宜建立节水灌溉系统，以保证茶树生长具有良好的水肥条件。

茶园生态建设　茶园生态建设包括坡度25°的地方保留原有植被，南方热带茶园宜在园中种植遮阴树，遮光率控制在20%～30%；其他茶园建议在茶园四周、主要道路和沟渠两侧种植行道树或防护林，梯壁坎边种草。无论是行道树还是遮阴树，选择的树种应该是病虫害较少、树型漂亮的乔木，具有较高的经济或观赏价值，如桂花、香樟、无患子、樱花、大叶冬青和海棠等。在茶园四周植树时，应考虑不妨碍机械行走和掉头。

园地开垦　园地开垦分为初垦和复垦。初垦是用挖掘机深翻60厘米以上，挖高填壑，将竹子、金刚刺、蕨类、茅草等再生能力强的宿根性植物的根茎彻底清除出园；复垦深度30厘米左右，平整地面。坡度在15°～25°的丘陵山地应建立等高梯级园地。种植前应按茶树种植规格划行，挖底肥沟，沟深宽30～40厘米，施有机肥1000～2000千克、磷肥100～200千克，施后覆土至地平。

水土保持　茶园水土保持是茶园建设最重要的内容之一，主要从土壤、植被和工程技术三个方面考虑。①在土壤方面，主要通过增加有机质，改良结构及其物理特性，来增进蓄水及渗透能力，增强土壤的抗蚀性能，所以多施有机肥、地表覆盖等均有利于提高茶园水土保持能力。②在植被方面，茶树等高条植、营造防护林、免耕和保护性耕作、坎边地头种草、提高茶树覆盖度等均是良好的水土保持方法。③在工程技术方面，应因地制宜建立隔离沟、排水沟渠和等高梯级园地等。

茶树品种　茶树品种应选择无性系良种，并要有较好的抗病虫和抗逆境能力，应适应当地环境条件、适制当地茶类，有利于优质茶机采等。规模稍大的茶场应合理搭配发芽迟早不同的良种，一般为特早生品种50%、早生和中生品种40%、晚生品种10%，以有利于合理安排劳动力，提高机器设备的利用率。

种植规格　茶树种植规格主要有两种，即单行条栽或双行条栽。单行条栽的行距1.5米，丛距0.33米，每丛种2～3株；双行条栽的大行距1.2～1.3米，小行距和丛距分别为0.3米左右，每丛1～2株。土壤条件较好的平地和缓坡以单行条栽为好。茶苗移栽的适宜时间以秋末冬初和早春2～3月为好，种植后应浇足定根水，符合标准的茶苗离地15～20厘米时进行第一次定型修剪。

幼苗管理　茶苗种植后，幼苗期护理是争取全苗、壮苗，提早成园的关键，主要措施有：①铺草或覆盖地膜，起保水和防止杂草的作用。②抗旱保苗，特别是夏季要勤浇水，保持土壤湿润。③茶苗成活后应及时施肥，以稀薄人粪尿为好，也可以在茶树四周撒施少许尿素或硫酸钾型复合肥，以促进茶苗早发快长。④加强病虫草害防治，对杂草做到除早、除净，严禁使用除草剂。⑤有条件的茶园可套种绿肥，春季种毛豆、伏花生、茶肥1号、田菁、乌豇豆、印尼大绿豆、日本龙爪稷、猪尿豆、高丹草等，秋季种紫云英、黄花苜蓿或白花肥田萝卜等。种植的绿肥不要太接近茶苗，以免影响茶苗生长，绿肥长高后应及时刈青。茶苗经过一个冬春夏或春夏的生长会不同程度地出现缺丛断行现象，在当年秋季要用同龄茶苗及时补缺，以提高茶园覆盖度和整齐度。

（韩文炎）

茶园施肥　tea garden fertilization　为茶树提供矿质营养元素，改良土壤，提高肥力的措施。茶园施肥种类有底肥、基肥、春肥（催芽肥）、夏肥、秋肥、叶面喷肥等。基本原则是：有机肥与化肥相结合；基肥与追肥相结合，以氮肥为主，氮、磷、钾及其他大量、微量元素相结合。目的是：改良土壤理化性质，提高土壤肥力，增加茶叶产量，优化茶叶品质，提高茶叶生产效益。肥料选择、施用数量、使用时间、施肥位置、开沟深度及施肥次数等应按当地茶园类型、土壤种类、肥料品种、气候条件、所产茶类和栽培管理水平等因地制宜，合理施用。防止施肥过量、流失及污染环境。

茶园施肥是茶业生产持续发展的物质基础，是增加茶叶产量和提高茶叶品质的一项重要技术。茶园施肥方法主要包括基肥和追肥。

基肥　一般宜施用迟效性肥料，通常以有机肥料为主，宜在地上部停止生长后立即施用，要注意的是不能在冬季施用基肥。具体施用时间因茶区不同而有差异，江北茶区因冬季比较寒冷，一般在白露前后施基肥；江南茶区、西南茶区一般宜于9月底至10月底前施下；华南茶区茶树生长期较长，宜于11月中下旬至12月上旬施下。

肥料施用量为：①幼年茶园的基肥每年每公顷可施厩肥堆肥15～25吨或饼肥1.5～2.5吨，并配施过磷酸钙250～350千克、硫酸钾肥250～300千克。②成年采摘茶园基肥的施用量一般每公顷施有机肥25～30吨，磷肥375～750千克，钾肥300～400千克。

追肥　一般施用速效性肥料，以化肥为主。全年追肥的时期、次数各地不一，通常可在采春茶前30天左右施用。华南茶区约在2月上中旬，江南、西南茶区宜在2月中下旬至3月初，江北茶区一般自2月底至3月上旬。夏秋茶追肥通常在前一季茶结束后的生长间隙期间施用。追肥的用量：幼龄茶园每公顷施用纯氮100～150千克，成龄生产茶园施纯氮200～250千克。追肥分两次施用的，第一次可施下全年用量的60%，第二次施下全年的40%；分三次施用的则比例分别为50%、20%、30%。氮、磷、钾的最佳配比以（2～4）:1:（1～2）为宜。

追肥还可通过叶面喷施的方法进行，其效果与肥料浓度有较大关系，浓度过低效果差，浓度过高容易使叶片灼伤。使用叶面肥时应掌握以下技术要点：①喷施叶面肥时，要把肥料喷洒到叶片的背面。②喷施时间一般选择在傍晚为宜。③喷施时期一般宜选在茶树萌动之前，且需要多次喷施，每次喷施的间隔时间为7天左右。④促进春茶早发的叶面肥应避免过早或过迟使用，通常在采茶一个月左右施用效果较好。

（石元值）

茶皂素制品　tea saponin products　利用茶皂素具有良好的稳泡性、乳化性和湿润性等特点开发出的产品。泡茶籽饼的水是一种天然洗涤用品，中国古代劳动人民很早就将其用于洗衣洗发，洗过的头发松、软、光亮。在中国古代药学巨著《本草纲目》中，载有："茶籽捣仁洗衣去油腻。"1979年，中国茶皂素工业产品首次试产成功，经过40年的发展，已开发出多种茶皂素制品。

茶皂素可使互不相溶的气－液、液－液、固－液体系产生发泡、乳化、分散及湿润等现象。茶皂素制品研发主要集中在以下几个方面：①茶皂素石蜡乳化剂。茶皂素具有对石蜡乳化力强、分散性好、乳液稳定、破乳快和适应性广的特点。在纤维板成型前将茶皂素石蜡乳化剂加入浆料中，可使石蜡变成具有微小颗粒的乳液；经沉淀剂破乳后，石蜡与木质纤维黏合，可使板材吸水率明显降低，提高防水性能。②茶皂素农药湿润剂。茶皂素具有良好的湿润作用，其湿润作用优于其他植物皂素。将固体的化学农药原药加工成液体农药时，加入茶皂素制成可湿性粉剂，可大大提高固体农药的悬浮率，使用效果更好。③茶皂素洗涤用品。茶皂素是天然表面活性剂，对蛋白质纤维类无损伤，因而在毛、丝及羽毛等洗涤方面具有优势。利用茶皂素表面活性高的特点制成的洗涤用品，泡沫量高，稳定性强，去污能力强。制成的洗发水可止痒去屑，洗后头发易梳理，有光泽。④茶皂素稳泡剂。利用茶皂素配制的加气混凝土料浆添加剂可降低溶液的表面张力，加固气泡膜的机械强度，提高加气混凝土料浆浇注的稳定性。⑤鱼塘、虾池清洁剂。茶皂素对鱼类具有一定的毒害作用，但对虾不产生毒害，并在一定程度上能刺激虾生长。在虾池喷洒一定浓度的茶皂素，对虾池内害鱼的杀灭率达95%左右，并可在一定时间范围内自行降解失活，无污染。

（郑红发）

茶政　tea affairs　中国历代政府管理茶叶种植、加工、购销、赋税等各项政务的总称。包括政令、政策的制定颁行，管理机构的设置调整等。古代茶政主要有贡茶、茶税、榷茶和茶马互市四项。

贡茶　茶叶作为一种纳贡远可追溯到西周之初。一直到唐前，贡茶均无定制。唐代建立定区进贡制度，大历五年（770）在浙西道湖州顾渚设官焙贡茶院，每年春茶期间，常、湖两州刺史上山督造，急程递进，取清明到京。贡茶便成为一项茶政事务。贡茶作为一种实物纳税制度历代沿袭，直至清末。

茶税　茶叶征收税赋始于唐。唐德宗建中元年（780）纳户部侍郎赵赞议，为置常平仓充本钱，税天下茶漆竹木十取一。兴元元年（784），常平仓本钱储积，罢茶税。贞元九年（793）从诸盐铁使张滂奏："今之国用，须有供储。伏请出茶州县及茶山外商人要路，委所由定三等时估，每十税一。""是岁得钱四十万贯。茶之有税自此始也。"大中六年（852）盐铁转运使裴休立“税茶十二法”，唐代茶法初具规模。所谓“茶法”，初起于税茶，此后各朝成为典制。

榷茶 这种由朝廷对茶叶实行专营专卖的制度，唐文宗大和九年（835）曾短暂推行。榷茶制的实施始于宋太祖乾德二年（964）。全国相继建六榷货务、十三场，并在两浙、江南、福建、荆湖等茶产地置买茶场。凡园户生产的茶叶一部分当作租税缴纳，其余必须全部卖给官茶场。茶商购茶须向榷货务纳钱请引，凭引到指定茶场取茶。此后至南宋，再及之明清各代均循此法，只是具体施行办法上有过不同变革。

茶马互市 以茶易马是古代长期推行的茶政。茶马交易早在唐代就有，但未有定制。茶马互市真正成为制度是在宋代，神宗熙宁七年（1074）遣李杞入蜀置买马司，于秦、凤、熙河诸州设官茶场，以四川的茶交换西番各族的马。起初茶、马分设两司，后合为茶马司。北宋每年买马1.5万～2万匹，南宋约1万匹。宋以后，除元朝本部蒙古产马没有采取这种政策外，明、清二代都沿用宋制。一代典制一直延续到清雍正十三年（1735）。

（阮浩耕）

《茶中杂咏并序》 *Ten Poems and Preface about Tea* 五言古诗。中国唐代皮日休作。皮日休（834？～883？），晚唐文坛上具有重要地位的文学家、古文巨擘。字逸少，后改袭美。居鹿门山，自号鹿门子，又号间气布衣、醉吟先生。湖北襄阳（一说襄阳竟陵）人。

诗前有序，全文为：“案《周礼》酒正之职，‘辨四饮之物’，其三曰浆。又浆人之职，‘供王之六饮：水、浆、醴、凉、医、酏，入于酒府’。郑司农云：‘以水和酒也。’盖当时人率以酒醴为饮，谓乎六浆，酒之醨者也。何得姬公制。《尔雅》云：‘槚，苦荼。’即不撷而饮之，岂圣人纯于用乎？抑草木之济人，取舍有时也。自周已降，及于国朝茶事，竟陵子陆季疵言之详矣。然季疵以前，称茗饮者必浑以烹之，与夫瀹蔬而啜者无异也。季疵之始为经三卷，由是分其源、制其具、教其造、设其器、命其煮，俾饮之者除痟而去疠，虽疾医之不若也。其为利也，于人岂小哉！余始得季疵书，以为备矣，后又获其《顾渚山记》二篇，其中多茶事；后又太原温从云、武威段碣之，各补茶事十数节，并存于方册。茶之事，由周至于今，竟无纤遗矣。昔晋杜育有《荈赋》，季疵有《茶歌》，余缺然有怀者，谓有其具而不形于诗，亦季疵之遗恨也。遂为十咏，寄天随子。”

十咏即：①《茶坞》。“闲寻尧氏山，遂入深深坞。种荈已成园，栽葭宁记亩。石洼泉似掬，岩罅云如缕。好是夏初时，白花满烟雨。”②《茶人》。“生于顾渚山，老在漫石坞。语气为茶荈，衣香是烟雾。庭从颣子遮，果任獳师虏。日晚相笑归，腰间佩轻篓。”③《茶笋》。“褎然三五寸，生必依岩洞。寒恐结红铅，暖疑销紫汞。圆如玉轴光，脆似琼英冻。每为遇之疏，南山挂幽梦。”④《茶籯》。“筤篣晓携去，蓦个山桑坞。开时送紫茗，负处沾清露。歇把傍云泉，归将挂烟树。满此是生涯，黄金何足数。”⑤《茶舍》。“阳崖枕白屋，几口嬉嬉活。棚上汲红泉，焙前蒸紫蕨。乃翁研茗后，中妇拍茶歇。相向掩柴扉，清香满山月。”⑥《茶灶》。“南山茶事动，灶起岩根傍。水煮石发气，薪然杉脂香。青琼蒸后凝，绿髓炊来光。如何重辛苦，一一输膏粱。”⑦《茶焙》。“凿彼碧岩下，恰应深二尺。泥易带云根，烧难碍石脉。初能燥金饼，渐见干琼液。九里共杉林，相望在山侧。”⑧《茶鼎》。“龙舒有良匠，铸此佳样成。立作菌蠢势，煎为潺湲声。草堂暮云阴，松窗残雪明。此时勺复茗，野语知逾清。”⑨《茶瓯》。“邢客与越人，皆能造兹器。圆似月魂堕，轻如云魄起。枣花势旋眼，蘋沫香沾齿。松下时一看，支公亦如此。”⑩《煮茶》。“香泉一合乳，煎作连珠沸。时看蟹目溅，乍见鱼鳞起。声疑松带雨，饽恐生烟翠。尚把沥中山，必无千日醉。”

这是中国第一组咏茶组诗。作者以浙江长兴顾渚山为背景，逐一对茶具、茶园、采茶、煮茶等茶事进行描写，构成一幅形象化的品茗画卷。尤其《茶籯》《茶灶》《茶焙》《茶鼎》《茶瓯》五首是中国茶诗史上第一次详细描写茶具的诗作，可以说是一部简明的中国茶史。

（刘伟华）

茶籽加工产品 tea seed processed products 以茶叶籽为主要原料，采用特定加工技术加工而成的深加工产品。茶叶籽即茶树种子，一般为棕褐色或褐色，形状大多接近球形，也有半球形及肾形。茶叶籽中不仅含有优质天然抗氧化剂（茶多酚、维生素E和亚油酸等营养物质），还含有10%以上的天然活性表面剂（茶皂素及丰富的淀粉、蛋白质和可溶性糖）。茶叶籽含油率一般为15%～35%，不饱和脂肪酸含量高达80%以上，其中亚油酸含量高于大多数天然食用植物油。

茶叶籽中富含多种生物活性物质，通过深加工技术可形成多元化增值利用产品，主要包括茶叶籽油及各类日化护肤品。2009年12月22日，茶叶籽油被中国卫生部确定为新资源食品，自此茶叶籽油作为一般性食品正式进行生产和销售。此外，茶叶籽仁粉是茶叶籽脱油后磨成的粉末产品，可当作天然洗涤剂代替传统的化学洗涤剂；茶叶籽经脱油、提取、纯化等加工工序制造出的茶皂素产品，可广泛应用于各类日化产品。

（尹军峰）

产期调节 regulation of harvest period 根据市场需求，通过不同产地的气候条件或应用设施栽培，采用不同品种和不同种植期，运用栽培技术手段调控果树的内在生理状态，使果树在更长的时间范围内开花结实，从而延长果实收获期的方法。传统的果树产期调节是在同一地区利用不同品种果实成熟期的差异，或同一品种在不同地区（海拔高度、纬度）果实成熟期的差异来延长鲜果供应期；现代的产期调节则主要是利用各种物理、化学、栽培的技术，让果树在非正常季节开花结果，从而改变鲜果供应期。

基本原理 果树产期调节的关键在于控制花芽分化，而温带果树和热带亚热带果树实现产期调节的主要障碍并不完全相同。温带果树产期调节的关键技术是打破芽的休眠、促进花芽分化，热带亚热带果树产期调节的关键技术是诱导枝梢停长、促进花芽分化。由于温带气候条件下的果树生长期相对较短，一般较少进行产期调节，即便有进行产期调节的树种（如葡萄），也大多是在设施栽培条件下或在生长期相对较长的热带、亚热带气候条件下进行；与之相反，热带亚热带果树较多开展了产期调节的实践，如杧果、龙眼等。

调节方法 产期调节多采用打破芽休眠或诱导花芽分化技术，其中所涉及的原理也各不相同。

葡萄 葡萄的花芽较易形成，且一年内两次或多次花芽分化所需的时间较短，具有一年多次结果的能力，因此制约葡萄产期调节的关键技术是芽休眠的打破。生产上的关键技术是利用氰胺类化学物质，如用0.5%～4.0%的单氰胺涂抹芽眼即可打破芽休眠；同时，在芽眼前0.5～1.0厘米进行枝条刻伤可以起到促进作用。

杧果 杧果的花芽分化并非集中于短期内完成，而是持续2～5个月，为产期调节提供了很好的基础。通过环割、环剥、断根等物理措施，能够提高果树地上部碳水化合物的累积，增加碳氮比，促进花芽分化，环割后应喷施乙烯利抑制新梢的生长。为延后采收，可对已开的花进行摘花处理，摘花后须同时抹除萌发的新梢以避免养分竞争，再次开花后须灌溉。采用培养二次秋梢并结合叶面喷施乙烯利控制冬梢，可以促进开花。不同时期在叶面及顶梢喷洒硝酸钾，7～11天后也可诱导开花。

龙眼　在长期的人工栽培和选择过程中，形成了种类繁多的龙眼品种或类型，主要分为南亚热带生态型和热带生态型两个龙眼类群。①南亚热带生态型龙眼。龙眼成年树一年开一次花，南亚热带生态型龙眼成花难，低温是诱导其花芽分化的重要环境因子。进行产期调节时，可利用氯酸钾来代替低温，与环割或拉枝等技术配合可以诱导花芽分化。其中的作用机制可能涉及细胞内胁迫响应，进而调控芽内的激素平衡朝花芽分化的方向发展，最终激发花芽分化相关基因的表达。②热带生态型龙眼。热带生态型龙眼的花芽分化不需要低温诱导，极易成花，而且能一年多次开花结果。进行产期调节时，将夏梢培育成结果母枝，在其末次梢叶片转绿期向叶面喷布适当浓度的多效唑和乙烯利，即可诱导抽穗成花。

配套技术　实现果树的产期调节需要一系列的技术相配套，在利用物理、化学和栽培措施打破芽休眠、抑制冬梢生长、促进花芽分化后，还应通过其他技术保障花果的发育，直至果实成果、收获。这些配套技术中最为关键技术的是新梢的控制。大量发生的新梢会竞争营养，导致已经生理分化的花芽停止进一步的形态分化，可通过喷施乙烯利、多效唑等化学药剂抑制新梢的生长。此外，采收期为冬季的产期调节面临另一个问题，即果实发育期的低温可能导致果实没有充分生长发育，果形较小，无法达到固有的果实品质。

最终效益　产期调节的主要目的是延长果实的收获期，能在正常果实采收期之外的时期采收鲜果。产期调节最终达成的效益包括：①延长作物产期或使作物在非正常季节可以收获产品，平衡市场供需，稳定价格，提高产值，增加收益。②可减轻恶劣天气对作物产品品质的不利影响，如避开夏季高温、台风、病虫害和冬季低温寒害等。③提高作物产品品质。④可集中产期，有利于贮藏加工和栽培管理。

（姚　青　张海岚）

昌宁红茶　Changning black tea　产于中国云南省昌宁县的红茶。是中国国家地理标志保护产品。

自然环境　昌宁县处在滇西大理白族自治州、临沧市、保山市三地结合部，位于东经99°16′～100°02′、北纬24°14′～25°12′，隶属于保山市。昌宁县地处中国西南部，属亚热带季风气候，有低热、温热、温凉、高寒四个气候带，年平均气温14.5℃。山地占97%，地势起伏较大（603～2876米），具有“一山分四季，十里不同天”的立体自然气候特点。特殊的地理环境为茶树生长提供了天然的生态优势。

加工工艺　昌宁红茶采摘一芽一、二叶茶鲜叶作为原料，经萎凋、揉捻、发酵、烘干制成。

品质特征　外形条索紧结，色泽乌润光泽显金毫，汤色红艳明亮，具有浓郁的栗糖香，滋味甜醇，叶底红亮匀整。主要多酚类没食子酸（GA）含量0.16%～0.20%，表没食子儿茶素（EGC）含量0.89%～1.10%，儿茶素（C）含量0.61%～0.87%，表儿茶素（EC）含量0.29%～0.33%，表没食子儿茶素没食子酸酯（EGCG）含量0.15%～0.19%，表儿茶素没食子酸酯（ECG）含量0.82%～0.99%。传统昌宁工夫红茶茶黄素含量约0.3%。通过工艺的创新，春茶茶黄素含量提高到0.65%，夏茶茶黄素含量提高到0.95%，秋茶茶黄素含量提高到1.10%。

（吕才有）

长春花　Madagascar periwinkle; *Catharanthus roseus*　夹竹桃科长春花属多年生草本或亚灌木植物。长春花原产于非洲东部。中国各地有栽培，在长江以南地区栽培较为普遍。

图1　长春花

图2　长春花的叶

图3　长春花的花

略有分枝，株高达60厘米。叶对生，膜质，倒卵状长圆形，先端圆。聚伞花序顶生或腋生，有花2～3朵；花冠高脚碟状、5裂，向左卷旋，花冠筒圆筒状；花红色、黄色、白色等。蓇葖双生，直立；种子黑色。花期、果期几乎全年。

性喜阳光充足、高温高湿，耐半阴，不耐严寒，适宜温度为20～33℃。怕涝，以排水良好、通风透气的砂质或富含腐殖质的土壤为好，盐碱土壤不宜栽培。

长春花花期长，栽培品种多，育种以花朵大为趋势。常作花坛、花境、庭园栽培或盆栽观赏。全株具毒性，入药有止痛、消炎、安眠、通便及利尿等功效。

（葛　红）

长寿花　flaming Katy; *Kalanchoe blossfeldiana*　景天科伽蓝菜属多年生常绿肉质草本。长寿花原产于马达加斯加北部的察拉塔纳纳山相对冷凉的高山草甸上。20世纪30年代，欧洲开始对其进行广泛的栽培和观赏。长寿花是国际花卉市场中发展最快的盆花之一。其花期长达4个月，故名

图1　长寿花

图2 长寿花的茎

图3 长寿花的叶

图4 长寿花的花

长寿花。

形态与种类 株型小巧，株高10～50厘米。茎直立。叶肉质交互对生，密集，长圆状匙形，长4～8厘米，宽2～6厘米，肉质，光滑无毛，叶缘上部具波状钝齿，有光泽，叶边略带红色，叶脉不明显。花序圆锥聚伞状，挺直，长7～10厘米。每株具花序5～7个，着花60～250朵。花小，高脚碟状，花径1.2～1.6厘米，花瓣4片。花朵色彩丰富，有绯红、桃红、橙红、黄、橙黄和白等。花冠长管状，基部稍膨大。蓇葖果。种子多数。花期1～4月。

中国栽培的长寿花有近100个品种。按花型，分为单瓣、重瓣和宫灯长寿花；按叶片形态，分为裂叶、羽叶和玫瑰叶三类；按颜色，分有白色、粉色、红色、绿色、双色等品种。同属观赏种有玉吊钟（*K. fedtschenkoi*）、褐斑伽蓝（*K. tomentosa*）和棒叶落地生根（*K. tubiflora*）等。

栽培与管理 喜温暖稍湿润和阳光充足的环境，每天6小时左右的光照，忌暴晒和过度荫蔽。不耐寒，生长适温为15～25℃，夏季高温超过30℃则生长受阻，适宜的冬季室内温度为12～15℃。温度低于5℃，则叶片发红，花期推迟。冬、春开花期如室温超过24℃，会抑制开花；如温度在15℃左右，则开花不断。耐干旱，对土壤要求不严格，以肥沃的砂壤土为佳。长寿花耐干旱，忌积水，旺盛生长季不能缺水，每隔2～3天浇水一次，花期忌将水喷到花朵上。生长旺盛初期要注意及时摘心，促使多分枝，以利株形丰满，提高观赏效果。长寿花的繁殖方法主要为扦插和组培，且组培技术链已经成熟。

用途 长寿花叶片肥大、光亮、翠绿，植株小巧玲珑，株形紧凑。花期临近圣诞和春节，且花期长，花色丰富，簇拥成团，是惹人喜爱的理想的室内盆栽花卉。讨彩的“长寿”之名更使其成为元旦、春节期间走访亲友、馈赠长辈的理想盆花。室内可摆放在桌面、窗台、阳台等处观赏。也常在公园、商业区的花坛、种植槽中摆放观赏。

（吴沙沙）

长兴紫笋茶 Changxing Zisun tea 产自中国浙江省长兴县顾渚山的半炒烘型绿茶。又称湖州紫笋。紫笋茶历史悠久，早在春秋时期就有“吴王弟夫概顾其渚而宜茶”之说，是中国著名的上品贡茶。

自然环境 主产区长兴县属亚热带季风气候，年平均气温15.6℃，年降水量1309毫米，年日照时数1810.3小时，光照充足。长兴县隶属于湖州市，地处太湖流域，平原河港交织，湖荡密布；水系主要有西苕溪、泗安溪、箬溪和乌溪，由西向东入太湖，全长417.4千米；流域面积约为1735平方千米，水资源丰富。土壤分为红壤土、水稻土、潮土、岩性土四个土类，红壤土类占50.84%。森林覆盖率为40.1%。

图1 长兴紫笋茶

图2 长兴紫笋茶茶汤

加工工艺 鲜叶极为幼嫩，标准为一芽一叶初展或一芽一叶。鲜叶采回后，需经5～6小时摊放，待含水量降至72%左右，发出清香时炒制。加工工艺分为杀青→二次理条整形→摊凉→初烘→复烘等，最后烘干至含水量为5%左右时下烘，稍经摊凉，包装收藏。

品质特征 干茶芽形如笋，条索紧直细嫩，色泽翠绿，锋苗显露，匀净整齐。茶叶舒展后，呈兰花状；汤色清澈明亮，香气清高，滋味鲜醇回味甘甜。茶性温和，品质优异，风格独特。

（赖建红 钟心饶）

长叶白毫 Changye Baihao; *Camellia sinensis* var. *assamica* cv. *Changye-baihao* 由中国云南省农业科学院茶叶研究所于1973～1985年从勐海县南糯山茶树群体中采用单株育种法育成的茶树无性系品种。1985年由云南省农作物品种审定委员会认定为省级品种。在云南西双版纳、思茅、临沧等地有较大面积栽培。

无性系，乔木型，大叶类，中生种，二倍体。植株较高大，树姿开张，分枝密。叶片呈下垂状着生，叶片特大，长椭圆形，叶色绿，有光泽，叶面平，叶缘平，叶尖渐尖，叶齿细浅，叶质较厚软。花冠直径3.3厘米，花瓣6瓣，子房茸毛中等，花柱3裂。

春茶开采期在3月中旬。芽叶生育力强，芽叶黄绿色，肥壮，茸毛特多，一芽三叶百芽重154克。春茶一芽二叶含茶多酚34.8%、氨基酸3.1%、儿茶素总量12.5%、咖啡碱5.1%。产量高，每亩可达200千克。适制绿茶，品质优良。所制云海白毫满披，香气高、清鲜，滋味浓爽。抗寒性弱。扦插繁殖力较强。

（王丽鸳）

常绿果树 evergreen fruit tree 树叶寿命较长，不年年落叶，树冠四季常绿的果树。常绿果树包括多种**果树**，如柑橘类、荔枝龙眼类、波罗蜜和番荔枝聚复果类、枇杷、杨梅、杧果，以及多年生**草本果树**香蕉、菠萝和**藤本果树**西番莲等。

常绿果树主要分布在热带和亚热带地区，因而是“热带亚热带果树”的近义词。在中国，常绿果树有时还是“南方果树”的近义词，但均不是同义词。在中国北方，温带乃至寒带地区，也有少数的常绿果树，如越橘、红松树；反之，在南方热带、亚热带地区，也有少数的冬季**落叶果树**，如余甘。

常绿果树在冬季不落叶，整个叶幕四季常绿，甚至浓荫如幄，景观效果和生态效益不同于落叶果树。

常绿果树因四季常绿而形成的年生长周期，与落叶果树分为休眠期和生长期的情况不同，其树体管理乃至耕作制度也不同于落叶果树。例如，常绿果树不像落叶果树那样采用秋冬修剪，而是采用夏剪或采后剪。

（林顺权 韩振海）

常山银毫茶 Changshan Yinhao tea 产于中国浙江省衢州市常山县的卷曲形**绿茶**。常山银毫茶属于创新名茶，于1982年创制。常山县地处浙江省西部，大部分为山区。属亚热带季风气候，四季分明，雨量充沛，森林覆盖率72.8%；全年平均气温17.3℃，全年降水量1750毫米，无霜期239天。土壤以黄壤土为主，母质为花岗岩、石英砂岩等风化物残积、堆积物，质地为砂质壤土，土层厚50～80厘米，pH4.5～5.5，有机质含量2%以上，腐殖质层厚10厘米以上。常山特定的气温、光照、雨量等气候条件及地理环境，十分适合茶树生长。茶树茶已烯醛、全氮量含量特高，酯型儿茶素与L-表没食子儿茶素比值较高，使常山银毫茶品质独特。

常山银毫茶采制考究、制作精良。多用鸠坑加工，以生长肥厚、茸毛显露的一芽一叶为采摘标准，经摊青→杀青→揉捻→初干→理条→提香→复干等加工工艺制成。茶品外形挺直如矛，色泽翠绿显毫，香气馥郁持久，滋味鲜醇带甘，汤色嫩绿明亮，叶底完整成朵。

为强化常山银毫茶的标准化生产，当地农业部门制定了《常山银毫》市级地方标准。随着常山银毫茶知名度的提高，茶品产量由少到多，市场由小到大。1990年年产量仅1500千克，1995年增加到2.9万千克，到2010年已有基地600多公顷，年产量12万千克，产值突破1200万元，产品主要销往本省及北京、上海等。

（冯海强 罗列万）

常温流通 normal temperature transportation 园艺产品采收后在自然常温条件下进行的商品运输。中国的冷链物流发展迅猛，对提高新鲜园艺产品物流的保鲜效果发挥了重要作用。但是，受冷藏车船数量和成本等因素的限制，常温物流在中国园艺产品商品流通中仍普遍使用，如香蕉的商品流通仍以常温运输为主。园艺产品常温流通的方式主要有公路、铁路、水路和航空四种。

采前措施 园艺产品流通要求送达消费地时保持良好的新鲜度和品质，因此要充分考虑产品的生物学特性、采收成熟度和流通特性，采前相应的技术措施。如果是长途运输，应适当提早采收，成熟度太高的产品在流通过程中易腐烂变质。园艺产品流通的基本要求是快装快运、堆码合理牢固，尽量减少运输过程产品的震动，轻装轻卸，防止机械损伤。

基本要求 在园艺产品常温流通中，无论采用何种运输工具，其温度都受外界温度的影响，因此要防热、防冻和防雨。常温长途运输前将园艺产品放在冷库充分预冷，降低产品品温；装车时用保温被等保温材料对已充分预冷的产品进行覆盖保温。由于已预冷产品的蓄冷作用，再加上保温材料的保温效果，品温在常温运输条件下上升很慢，可显著提高园艺产品常温流通的保鲜效果，适用于1～3天的常温运输。

（陈维信 李雪萍）

常温贮藏 normal temperature storage 将园艺产品放在较为适中的温度条件下，不用冷藏但也不能暴晒的贮藏方法。又称一般温度贮藏或室温贮藏。中国国家标准未对常温做出明确规定，一般定义为25℃；工程上的常温按20℃计算，这是中国大多数地方春、秋季节的温度，因此一般将常温定义为20～25℃。针对园艺产品而言，其常温贮藏的温度也没有明确标准，产业中园艺产品常温贮藏的温度随外界空气温度的变化而变化。常温贮藏库亦没有明确的温度要求，一般将库区温度控制在10～30℃。

在园艺产品贮藏保鲜领域，有的产品包装上标注为“常温保存”，而有的产品包装上则标注为“干燥阴凉处保存，避免暴晒”，二者基本为同义，没有大的差别。常温贮藏是投资小、成本低、操作方便的贮藏方法，也是降低园艺产品损耗、提高经济效益的途径之一。

（程运江）

超低温保存 cryopreservation 在液氮（−196℃）或液氮蒸汽相（−180～−130℃）的超低温条件下保存器官、组织、细胞等生物材料，解冻后其生命力、形态发生潜力和遗传稳定性仍能保持的技术。

基本原理 超低温保存的基本原理是生物材料在极低的温度下，调节和控制细胞生长代谢的各类酶生化活动受到极大抑制，代谢活动基本停止，生命处于“暂停”状态，从而达到长期保存的目的。理论上可以无限期保存生物材料。已有近千种植物成功进行了超低温保存，一些植物种质资源也实现了规模化应用，如苹果、桑树休眠芽和马铃薯茎尖等。

分类 依据不同方法原理可将超低温保存方法分为两类：一类是根据冷冻脱水的原理，使用程序降温仪等设备来控制降温速度，称为程序降温法，也称慢速降温法。程序降温法存活的关键在于降温速率环节。另一类是根据生物细胞及冷冻保护液的玻璃化原理，采取快速降温方式的技术方法，称为玻璃化法，也称快速冷冻法。玻璃化法是将生物材料用玻璃化溶液进行渗透平衡和脱水处理，然后直接投入液氮，使生物材料与玻璃化液发生玻璃化转变，形成玻璃态，避免低温对生物材料造成损伤。也有根据程序降温法和玻璃化法的原理，将两者相结合的方法，称为程序降温玻璃化法。该方法在枇杷种质超低温保存上已成功运用。

基本程序 材料准备→预处理→降温冷冻→保存→解冻→再生培养等。

应用 超低温保存已成为21世纪一个研究热点领域。它以更加安全、稳定、长期、经济的显著优势，成为与离体培养保存、野外保存并行且互补的有效保存方式，已应用于众多学科，其中以园艺学科较多，其次为农作物、生物、水产与渔业、林业、畜牧与动物、医药卫生等。成功进行超低温保存的植物材料类型有：茎尖、种子、花粉、体细胞胚、愈伤组织、分生组织、悬浮细胞和原生质体等。一些国家非常重视植物种质资源的超低温保存研究，如印度、美国、日本、德国、韩国、加拿大、俄罗斯等国家已建立了植物种质资源超低温保存库。这在粮食和农业植物遗传资源安全保存，以及珍稀濒危植物保护方面发挥重要作用。

（刘义存）

超亲遗传　transgressive inheritance　在数量性状遗传中，不同的两个亲本杂交由于基因重组，其后代群体中出现超越双亲的性状的现象。又称越亲遗传。若杂种后代某性状值超越高值亲本，称为正向超亲；若杂种后代某性状值低于低值亲本，称为负向超亲。育种中将根据植物性状具体分析选择正向超亲还是负向超亲，例如，单果重性状选择正向超亲对增产有利，株高性状选择负向超亲对抗风有利。超亲遗传包括单项性状超亲和综合性状超亲两种情况，综合性状超亲可视为多个单项性状超亲的聚集。

关于超亲遗传的理论有两个假说。

多基因假说　该假说认为，超亲遗传是由于数量性状受多个彼此独立的基因（包括增效基因和非增效基因）的共同作用，增效基因的表现型效果较大，非增效基因的表现型效果较小；同时还假定，两类基因的效果分别相等，等位基因之间没有显隐性关系，各基因的作用是累加的，呈剂量效应。因此，基因的数量越多，极端类型或基因的累加作用就越突出。例如，一品种株高100厘米，其基因型是$A_1A_1A_2A_2a_3a_3$，另一品种株高80厘米，其基因型是$a_1a_1a_2a_2A_3A_3$，则二者杂交的子一代（F_1）基因型为$A_1a_1A_2a_2A_3a_3$，株高为双亲的平均值90厘米；其子二代（F_2）由于基因的分离和重组，可能出现高于高值亲本的类型$A_1A_1A_2A_2A_3A_3$（株高120厘米）和低于低值亲本的类型$a_1a_1a_2a_2a_3a_3$（株高60厘米）。

基因互作假说　该假说认为，基因之间存在互作关系，超亲优势来源于等位基因或非等位基因之间的互作。由于超亲遗传是杂种后代通过基因分离和重组实现的，因此亲本间的遗传差异越大，异质基因的数目越多，则分离与重组的范围就越广，分离世代中出现超亲遗传的机会也就越多。例如，籼稻与粳稻亚种间的杂交，出现超亲遗传的概率就明显高于品种间杂交。（刘成明）

朝鲜蓟　globe artichoke; *Cynara scolymus*　菊科菜蓟属多年生草本植物。又称菜蓟、洋蓟、菊蓟、荷花百合、法国百合。以未开放花蕾的花托和肥嫩的苞片为主要食用部分。朝鲜蓟原产于地中海沿岸。19世纪从法国引进中国，至21世纪在云南、浙江、湖北等省有较大面积的栽培。

形态特征　直根系，肉质，主根上有3～5条侧根，根上具有瘤疤，质脆。植株分蘖力强，茎直立，抽薹前为短缩茎，植株高100厘米以上，高者可达200厘米，

图1　朝鲜蓟

图2　朝鲜蓟的总苞

图3　朝鲜蓟的花

图4　朝鲜蓟总苞和花托剖面

开展度140厘米左右，茎秆粗壮，有灰白色蛛丝状绒毛。基部叶莲座状，叶形自下而上由椭圆形渐成披针形，下部叶片较大，羽状深裂；无叶柄，叶面光滑，绿色，叶背密披绒毛。头状花序，管状花，红紫色，两性，管状花有雄蕊5枚，聚药；萼片退化形成冠毛；子房1室，下位。总苞卵形或近球形，总苞片光滑，硬革质，基部肉质。瘦果，褐色，椭圆形。种子形似小麦籽粒，种皮褐色，千粒重45克左右。

栽培和采收　喜温凉气候，耐热，耐寒能力较差，耐轻霜，种子发芽适宜温度20℃，植株生长最适温度13～17℃，高于34℃生长受抑制，低于3～4℃停止生长，能耐－2℃暂时低温，气温低于－7℃即枯萎。较耐干旱，不耐湿涝，生长旺季若畦沟积水，易引起烂根死亡，因此要选择疏松、肥沃、排水良好的壤土或轻壤土栽培。需肥量大，抽花茎现蕾期为水分临界期，要求光照条件较强。

以总苞开放前1～2天采收为宜。采收标准是：花蕾已生长充分，花蕾外部萼片变淡绿色且具有光泽，而花瓣尚未展开时为最佳。外形标准是：花苞不开裂，鳞片苞片排列紧密，抱合成心形或拳形。采收宜在早晨进行，用剪刀从蕾苞下方剪下。鲜食在显蕾后15天采收，制罐头则在显蕾后7～10天采收。

用途　花蕾总苞片和花托作为蔬菜食用，可生吃，也可切成薄片油炸，或制成罐头食品；叶也可煮食或凉拌。叶片中含有多种咖啡酰奎尼酸及其衍生物类、黄酮类和萜类功能性化合物，具有治疗消化不良、促进胆汁分泌、抗氧化、降低胆固醇等功效。（巩振辉）

炒青绿茶　roasted green tea　茶鲜叶经过摊放、杀青、揉捻、炒干等工序制成的茶产品。因采用炒干的干燥方式而得名。炒青绿茶始于明代，明许次纾著《茶疏》中载：“生茶初摘，香气未透，必借火力以发其香；然性不耐劳，炒不宜久；多取入铛，则手力不匀，久于铛中，过熟而香散矣。”通过由湿热向干热杀青的改造，发挥茶叶的香味，提升绿茶品质。21世纪以来炒青绿茶制茶方法由传统手工炒制向机械化生产发展，中国产茶区均有生产炒青绿茶。根据产品外形形态，可分为长炒青绿茶（如眉茶）、圆炒青绿茶（如珠茶）、扁炒青绿茶（如龙井茶）等。

长炒青绿茶　原产于皖南茶区，因外形呈长条状，略曲灰白，形似眉毛，又称为眉茶。传统产区位于皖浙赣的毗邻茶区，随着产区逐步扩大，中国各主要产茶地区均有生产。较出名的有安徽省的“屯绿”和“舒绿”，江西省的“婺绿”和“绕绿”，浙江省的“遂绿”等。

加工工艺　长炒青绿茶初制过程经摊放、杀青、揉捻、干燥等工序加工制作而

成。①摊放。将鲜叶摊成薄层，使水分蒸发，促使叶内酶类的活化和苦涩味物质的转化降解和鲜爽味物质的产生。摊放时间在8～12小时，含水率70%左右最佳。②杀青。是长炒青绿茶加工的关键工序，通过高温杀青，彻底钝化茶鲜叶中酶的活性，防止茶叶中多酚类物质氧化，获得绿茶应有的翠绿色泽，同时适当蒸发叶内的水分，使叶子变软，为揉捻和做形奠定基础。杀青应掌握“高温杀青，先高后低”和“嫩叶老杀，老叶嫩杀”两个原则，锅式杀青机和筒式杀青机均可。③揉捻。作用在于破坏叶细胞，揉出茶汁，使茶汁流出黏附于叶表，利于冲泡，并使茶叶初步成形，卷曲成条，缩小体积，形成美观外形，增强成茶的色泽和滋味，揉捻叶细胞破坏率一般为45%～55%。④干燥。长炒青绿茶加工和品质形成的最后一道工序，除了去水分达到足干便于贮藏以外，还对茶叶色香味的形成起重要作用。长炒青绿茶需经3次干燥：二青，以散失水分为主要目的，也可以结合做条形，多采用烘干机进行，至含水率40%～45%为宜；三青，以做形为主要目的，失水与成形同步进行，多采用锅式炒干机进行，至含水率15%～20%为宜；辉干，目的是发展香气和滋味，进一步收条做形，散发水分，采用锅式和筒式炒干机均可，至含水率6%左右为宜。

品质特征　各地长炒青茶的品质特征虽各有差异，但总体的品质特征较一致：外形条索紧直、匀整、有锋苗、无断碎，色泽绿润，调和一致，净度优；内质香高持久，有熟栗香为佳；汤色黄绿明亮、清澈；滋味浓醇爽口，无苦涩味；叶底绿亮，无红梗红叶，无焦斑青叶。

圆炒青绿茶　因原产于浙江嵊州平水，故又称平炒青。因外形浑圆紧结，又称珠茶。是中国主要外销茶之一。中国主要产区在台湾地区和浙江省，尤以浙江省所产最为出名。

加工工艺　圆炒青绿茶初制过程整体与长炒青绿茶较一致，炒干工序有所不同，须经过二青、小锅、对锅、大锅等四道工序。二青一般采用筒式炒干机进行，至含水率40%左右为宜，夏茶要求含水率45%为宜。小锅、对锅和大锅均在珠茶炒干机中进行，是圆炒青塑性的关键工序，既有共同技术措施，又有独特的目的要求：小锅在蒸发水分的同时，使较细嫩的叶子成圆，至含水率30%～35%为宜；对锅是大部分叶子成圆的过程，至含水率15%～20%为宜；大锅则是进一步干燥，固定和紧细对锅时形成的颗粒，同时使叶张较大的叶子成圆，至含水率6%～7%为宜。

品质特征　圆炒青绿茶外形为颗粒状、圆紧重实、匀齐，色泽墨绿油润；香气纯正，滋味浓醇；汤色黄绿明亮，叶底绿亮，完整、无红梗红叶。

扁炒青绿茶　又称扁形茶。以西湖龙井茶的工艺最精细。

加工工艺　加工制作工序为：摊放→青锅→回潮→辉锅等。①摊放。与长炒青绿茶的要求一致。②青锅。在15分钟内使茶叶初步成型为扁平，茶叶被炒至七八成干。③回潮。将青锅后的茶叶摊平在竹筛中回潮回软。④辉锅。将回潮后的茶叶加入锅中炒干，至含水率6%以内，并进一步定型。

品质特征　成品茶扁平光滑、色泽翠绿，香气馥郁、滋味甘鲜。因产地不同，茶品主要分为龙井、旗枪、大方三种。

（袁海波）

成熟度　maturity　果实成熟的程度。果实成熟经历一系列生理生化变化，最终质地、色、香、味等达到最适食用的状态，这一过程中的不同阶段为不同成熟度。判断果实成熟度的主要指标有表面色泽、果肉硬度、果实形态、果实生长发育期、主要化学物质及其他指标。

表面色泽　果皮的颜色可作为判断果实成熟度的重要指标之一。果实成熟时，大多首先表现出表皮色泽的变化，如苹果成熟时，底色的叶绿素逐渐分解，面色的花青素和类胡萝卜等色素积累，果实呈现出其固有的色泽。

果肉硬度　果实的硬度是果肉抗压能力的强弱，抗压力愈强，果实的硬度就越大。一般未成熟的果实质地坚实，硬度较大，达到一定成熟度后变得松软多汁，硬度会逐渐下降。

果实形态　果实的形态也可作为判断成熟度的指标。每种果实都具有其固有的形状和大小，过小达不到品质标准。如香蕉成熟度的判断方法为：果面圆满无棱为九成熟以上，果面圆满但尚现棱角为八成熟，果面接近平满为七成熟，果棱角明显突出为七成熟以下。

果实生长发育期　果实自盛花期至采收称为果实生长发育期。有些果实在成熟时外观的变化不明显，可以根据其生长发育期判断采收成熟度。例如猕猴桃、西瓜等。

主要化学物质　与成熟度有关的化学物质有糖、淀粉、有机酸、维生素及可溶性固形物含量等。生产中常以可溶性固形物含量的高低判断成熟度，或以可溶性固形物含量与总酸含量之比（固酸比），来衡量果实的风味品质及成熟度。例如，菲律宾以固酸比作为柑橘品种的采收标准，四川甜橙采收以固酸比10∶1、糖酸比8∶1作为采收成熟度的最低指标。

其他指标　一些果实可根据种子的颜色、果实表面果粉的形成、蜡质层的薄厚、果实**呼吸高峰**的进程及核的硬化等来判断成熟度。

成熟度的确定比较复杂，不是某一个因素或者某一种方法就能确定的，上述指标只能作为一个参考，在实际应用中，要结合具体的果实种类、品种、采后特性、气候条件、田间栽培管理技术、市场情况、采后用途及贮藏环境条件等多方面综合考虑进行确定。（张婷　饶景萍）

成熟与后熟　mature and ripening　果实形成典型外观和食用品质的过程。果实成熟是生理生化变化的总和。随着果实成熟，出现果实颜色褪绿、硬度下降、甜度和香味增加等现象。有些种类果实在采后贮藏过程中依然可以成熟，这个过程为后熟。对于具有后熟过程的果实而言，既可以在树体上充分成熟形成特征品质后采收，也可以适当降低成熟度提早采收以用于采后贮藏和物流，如猕猴桃、香蕉和柿子。对于没有后熟能力的果实，则需要在树上充分成熟达到完熟状态，形成典型的品质性状后才能采收，如柑橘、草莓和枇杷。

具有后熟能力的果实，通常属于跃变型果实，在采后贮藏过程中具有**呼吸高峰**和乙烯释放高峰。例如香蕉果实，采后低温贮藏物流可延长货架时间，提高温度和采用乙烯等处理可加速果实后熟过程，表现为叶绿素降解、纤维素和果胶分解、淀粉转化为可溶性糖等生理生化变化，进而促进成熟果实色泽、质地和风味等典型品质性状的形成，以达到销售和食用要求。

（陈昆松）

成枝力　branching ability　一年生发育枝的芽萌发后抽生长枝的能力。成枝力是**果树**的一种遗传特性，当芽萌发后抽生长枝比例大，意味着成枝力强；反之，表示成枝力弱。成枝力的强弱主要与树种、**品种**特性有关，但也受树龄、栽培管理、修剪方法与程度、砧木类型、环境条件等因素的影响。①成枝力强的品种一般年生长量大，生长势强，整形比较容易。一般桃的成枝力强于苹果，苹果的成枝力强于梨。短枝型品种的成枝力弱于普通型品种。②成枝力的强弱与芽的发育程度和构成也有一定的关系。一般长枝上侧芽小、芽鳞片少、芽轴短的品种或树种，成枝力多表现较强。成枝力随树龄的增长而逐渐减弱，随短截程度的加重而增加。③在土层深厚肥沃、水分充足、通气良好的生长条件下，成枝力有所提高。

成枝力强的品种或树种，幼树整形容易，但总枝量不足，尤其中、短枝数量不足，可采用较大的冠型，**骨干枝**级次可多一些，以便于充分利用各类枝条尽快培养树形，使树体结构牢固。成枝力弱的品种，生长量一般较小，生长势也比较缓和，且树冠紧凑，光照良好，整形和修剪比较容易，成花易，结果早，在树形上可选用小冠型，骨干枝级次要少。

（郝玉金　由春香）

程序降温贮藏 programmed chilling storage　在果蔬正式冷藏前，将产品置于略高于冷害温度范围的贮藏温度下预贮一段时间，然后再转入规定低温下进行较长时期贮藏的方法。又称低温锻炼处理贮藏。**冷害**是在冷敏果蔬贮藏、运输和包装中造成严重损失的问题之一。热带亚热带果蔬大都对低温敏感，尽管在较高的温度下贮藏不会出现冷害，但与低温相比，其生理代谢活跃且易受病菌侵染，成熟与衰老进程加快，达不到较长时间贮藏保鲜的目的。应先将果蔬置于高于冷藏适温的温度下进行预贮，低温锻炼可使果蔬组织中自由水含量相对减少，束缚水含量相对增加，可溶性糖和脯氨酸等作为植物组织的环境信号渗透调节剂和冷冻保护剂相应积累，自由基清除酶活性提高以减轻果蔬膜脂过氧化程度，同时诱导特定冷驯化基因、蛋白的调控表达，增强果蔬的抗冷性，从而减轻后续低温贮藏期间冷害的发生。

香蕉果实经15℃预贮锻炼3天后，贮于6℃下，比未经冷锻炼的果实延迟3～5天发生冷害。番木瓜于12.5℃中处理4天，也可减轻贮于2℃下的冷害。杧果于2℃中贮藏8天时发生轻微冷害，贮藏15天已出现严重冷害；但当杧果在15℃低温中贮藏7天进行低温锻炼后，再于2℃中贮藏，则在贮藏21天时出现轻微冷害，贮藏28天时才出现严重冷害。番茄先经12℃贮藏4天，再经8℃贮藏4天，可减轻贮于5℃下的冷害。（胡位荣）

吃讲茶 chijiangcha; talk over tea　中国为调解民间纠纷而召集的饮茶方式。近代茶俗。曾在京、沪、苏、浙、川等地流行。吃讲茶初起时，为调节民间一般纠纷，双方当事人常会请有威望的长者或地方上有权势的头面人物为“中人”，三方到茶馆坐下来，边喝茶，边申述，边评理规劝。若调解成功，执持茶壶的中人便在双方当事人的茶杯中斟上红、绿混合茶，双方一饮而尽，表示认可调解结果。北京吃讲茶，若调解成功了，便吃碗烂肉面，并由理亏方付茶资面钱。

这种原本淳朴的吃讲茶后来走样变味了，一些帮会道门或黑道人物参与其中，把持调停。老舍《茶馆》里那个流氓头子黄胖子便属于此类。他一进茶馆便吆喝：“掌柜的，预备烂肉面，有我黄胖子，谁也打不起来！”北京那年头常有调解不成而大打出手的。

沙汀写于1940年的短篇小说《在其香居茶馆里》，讲述的是发生在四川某县回龙镇上的一台“讲茶”。吃讲茶为的是一件兵役纠纷，一方是横行乡里的土豪邢幺吵吵，另一方是贪婪狠毒的联保主任方治国，调解中人是陈新老爷。冲突双方因调解不成，互相打得鼻青脸肿，闹得这个小镇沸反盈天。其香居茶馆里展现的一场别开生面的“讲茶”，带有鲜明的川蜀地方色彩。

昔日的上海滩充斥着各种恶势力，他们为争夺权利，到茶馆“吃讲茶”屡有发生。漫画家丁聪作有组画《茶馆画旧》，其中一张《“吃讲茶”的“英雄”》，再现了旧上海茶馆中“吃讲茶”的一个场景。

（阮浩耕）

《吃茗粥作》 *A Poem after Having Tea and Porridge*　五言古诗。中国唐代储光羲作。储光羲（约707～约763），盛唐田园山水诗人。官至监察御史。安史之乱后被贬谪，死于岭南。

诗为：“当昼暑气盛，鸟雀静不飞。念君高梧阴，复解山中衣。数片远云度，曾不蔽炎晖。淹留膳茶粥，共我饭蕨薇。敝庐既不远，日暮徐徐归。”

这首诗就是写一段闲适的时光：正当盛夏时节，作者在友人家做客，酷暑逼人，连鸟雀都倦怠得躲避起来。朋友家虽有高大的梧桐树可以遮阴，但山中仍然热得要宽解衣服纳凉。远处的天空中，几片闲云移动，却遮不住烈日。主人一再挽留我多待一会儿，邀请我一起吃茗粥（即茶粥）和蕨薇。我破旧的房子也不太远，索性等到日暮时分，慢慢走回去。

据唐《膳夫经手录》：“茶，古不闻食之，近晋宋以降，吴人采其叶煮，是为茗粥。”从这首诗中可以看出，在盛唐以前，人们还保留着“吃茗粥”的饮茶习俗。“淹留膳茶粥，共我饭蕨薇”，也足见用茶煮饭是流传千年的民风民俗。

（刘伟华）

冲梢 leafing out　在发育中的混合花序中，因较高的温度和湿润的土壤条件，花序上的叶原基或雏形叶迅速发育、展开，而花序上的侧花序原基或侧花序停止发育、萎缩脱落的现象。混合花序即包含有花原基和叶原基的花序。**龙眼**、**荔枝**和**杧果**等果树常发生冲梢。冲梢可以表现出不同的形态特征。例如龙眼，如果花序基部叶片发育而侧花序不发育，但顶部的花发育，形成下部为叶、上部为花的带叶花穗，这称为叶包花；如果花序基部的侧花序发育而叶片不发育，上部的叶片发育而花不发育，这称为花包叶。

冲梢是导致果树大小年结果的原因之一。发生冲梢的花穗，叶片可抑制侧花序原基发育，使花量变少，花质变差，进而影响坐果和果实发育。

控制氮素施用和减少灌溉量，一定程度上可以减缓冲梢的发生。在冲梢发生初期，可以利用化学或物理手段控制花穗上叶片发育。①化学方法。可以喷施多效唑、烯效唑等药剂延缓花穗上的叶片生长，也可喷施乙烯利等药剂，使叶片干枯脱落。②物理方法。可以采用人工摘除花穗上的叶片，或者采用机具剪除叶片。

（周碧燕）

重庆沱茶 Chongqing tuo tea　产于中国重庆市的**紧压茶**。重庆沱茶创制于1953年，最早从云南、贵州等地调入部分原料拼配本地原料加工生产。从20世纪50年代后期，逐步采用重庆本地原料生产。1983年，重庆沱茶荣获第22届世界优质食品评选大会金质奖。

地理环境　重庆市位于中国西南部、长江上游地区，为青藏高原与长江中下游平原的过渡地带，面积82 402.95平方千米。年均温16～18℃，热量丰富。无霜期多数地区325～345天，冬季温暖，霜雪较少。年平均降水量大部分地区在1000～1350毫米，降水多集中在5～9月，占全年降水总量的70%左右，降水充沛。年平均相对湿度70%～80%，属中国高湿区。年均雾日104天，有雾重庆、雾都之称。年日照时数1000～1400小时，日照百分率为25%～35%，为中国全年日照最少的地区之一。因此，重庆市主要气候特点可概括为冬暖春早，夏热秋凉；空气湿润，降水充沛；太阳辐射弱，日照时间短；多云雾，少霜雪，无霜期长。茶树主要种植在海拔400～1400米的低山区域，年均温15.5～17.5℃，有效积温4600℃以上，土壤类型主要为黄壤，pH4.0～6.5。

加工工艺　基本工艺流程为：毛茶→

精制→拼配→称茶→蒸茶→揉袋→压型→定型→干燥。①原料。重庆沱茶原料为中小叶种和大叶种晒青、烘青、炒青毛茶。②精制。毛茶经过筛分、风选、拣剔等将原料规格化，除去黄片、末茶。③拼配。根据产品品质要求，按照晒青、烘青和炒青茶比例和各筛号茶比例进行拼配。④称茶。根据拼配好的沱茶原料的含水量和产品的标称重量，计算每个产品的原料重量，定量称茶。⑤蒸茶。将称量好的原料装入蒸茶桶中，使用蒸汽使茶叶变软。多使用低压蒸汽或常压蒸汽，根据蒸汽量和压力的不同，蒸茶的时间也不同，一般为10～20秒。蒸茶后的茶叶含水量以13%～14%为宜。⑥揉袋。将蒸制好的茶叶倒入蒸茶袋中，收紧袋口，左手拇指紧夹袋口，右手掌按住茶袋在台桌上轻轻揉转数次，使袋内茶团成圆形，然后将袋口结紧塞进茶团的中心。⑦压型。将揉好的茶团袋口结朝上，放入沱茶模具中，用沱茶机压制成型。沱茶模具内部呈碗臼型，压头呈圆形。⑧定型。将蒸压成型的沱茶放在木盘内冷却定型后脱袋，然后放置于木架上自然晾晒2～3天（温度20～25℃，环境相对湿度45%～65%）。⑨干燥。将定型后的在制品整齐地放在架子上或烘茶盘内，在烘房内进行干燥。烘房温度一般在60℃以下。干燥后的沱茶含水量以9%左右为准。

品质特征　重庆沱茶外形圆正呈碗状，暗绿油润；汤色黄亮，香气陈香，滋味醇厚甘和；叶底匀尚亮。

（童华荣）

稠李　European bird cherry; *Padus avium* 蔷薇科稠李属落叶乔木。稠李分布于中国

图1　稠李

图2　稠李的茎

图3　稠李的枝

图4　稠李的叶

黑龙江、吉林、辽宁、内蒙古、河北、山西、河南、山东等省（自治区）。

高可达15米。树皮粗糙而浅纵裂，呈灰褐色或黑褐色。老枝呈黑褐色，有浅色皮孔。小枝红褐色或带黄褐色，有毛或

图5　稠李的花

图6　稠李的果实

无毛。单叶互生，叶片卵状长椭圆形至倒卵形，长4～14厘米，宽2.0～4.5厘米，先端尾尖，基部圆形或宽楔形，边缘有不规则锐锯齿，上面深绿色，下面淡绿色，无毛或仅背面脉腋有毛。总状花序多花，基部通常有2～3叶，叶片与枝生叶同形，通常较小。花小，白色，径1.0～1.6厘米，芳香。萼筒钟状，比萼片稍长。萼片三角状卵形，先端急尖或圆钝，边有带腺细锯齿。花瓣白色，长圆形，先端波状，基部楔形，有短爪，比雄蕊长近1倍。雄蕊多数，雌蕊1。核果卵球形，顶端有尖头，红褐色至黑色，光滑，核有褶皱。花期4～5月，果期9～10月。

性喜光，尚耐阴，耐寒性较强，－30℃气温下可以越冬。喜湿润土壤，在河岸砂壤土上生长良好。不耐干旱瘠薄，微惧积水涝洼。

花序长而美丽，秋叶变黄红色，果成熟时亮黑色，是一种耐寒性较强的观赏树。树皮可提炼单宁。木材优良，可作建筑或家具用材。花、叶、果可食用或药用。是集药用、保健、蜜源经济植物资源于一身的优良珍稀树种。

（于晓南）

出汗　sweating　园艺产品采后贮藏过程中内部水分迁移使表面出现液态水珠的现象。由于与人出汗的表象一致，因此称为出汗。出汗是因为环境温度低于贮品温度，环境相对湿度为100%，但是其绝对含水量仍低于饱和水汽压更大的贮品细胞间隙，贮品自由空间与环境间存在水汽压差，驱使内部水汽迁移至表面，但因空气无法容纳，温度又达到其冷凝点而液化，

以水珠的形式存留于贮品表面。

这种液态水的出现与另一种表象——“结露”一致，但结露是因为环境温度高于贮品温度，环境中水汽接触到低温的贮品表面达到其冷凝点而液化形成水珠，与出汗的情形完全不同。结露往往发生在贮品出库之时，出汗往往发生于贮品入库之初。这两种情况下在贮品表面都出现大量液态水珠，对产品贮藏或货架存放都是极为不利的，因为液态水的存在有利于病原菌的快速滋生而引起腐烂。因此，入库后快速散发田间热，使贮品温度在短时间内达到与库温平衡，避免出汗，是贮藏管理的重要环节。正式贮藏前预冷是有效的防控措施之一。（马惠玲）

初选 original selection 果树育种群体尤其是杂交群体很大，为提高育种效率，果树育种专业人员到果树育种现场调查核实时，根据已制定的育种目标剔除明显不符合育种要求的单株的过程。初选时，如以矮化为育种目标，首先剔除的是树体长势旺、株高较高的单株；以早结丰产为育种目标，保留下来的应是**童期**较短的单株。对有希望入选的单株进行主要性状指标如冠幅、树高、树姿、树势、丰产性、果实大小、果实品质等的观测记载，通过对观测数据整理分析和对比，初步筛选出符合育种要求的单株，并对其进行标记编号或定位，作为预选树，即初选单株的候选树。（蒋际谋）

川红工夫茶 Sichuan Congou black tea 主产于中国四川省宜宾市高县、筠连县、宜宾县（今叙州区）、珙县等地的**工夫红茶**。简称川红。川红工夫茶即四川工夫红茶，创制于20世纪50年代，以其香高、味浓、形美而著名，可与祁红、滇红媲美，是中国三大工夫红茶之一。2020年宜宾市红茶产量1.25万吨，产值超过10亿元。川红种类以工夫红茶为主，川红工夫茶主产基地高县和筠连县入选“中国茶业百强县”，川红工夫茶被国际茶叶委员会授予“世界名优红茶”。

采制技术 适制川红工夫茶的主要茶树品种以四川中小叶群体种为主，还包括从四川中小叶群体种中先后选育出的无性系茶树良种，或云南大叶种与四川中叶种杂交后选育的适制红茶及红绿兼制的蜀永系列，如天府红2号、早白尖群体种、早白尖5号等。按所制品类的规格要求采摘茶树新梢，采后的鲜叶原料按嫩度、匀度、净度、新鲜度等进行分级。川红工夫茶有特种川红工夫和优质川红工夫两大类型。

特种川红工夫 特种川红工夫分为川红工夫名优红茶和川红工夫红毛峰两类。①川红工夫名优红茶。鲜叶规格以一芽一叶初展为主，芽叶夹角度小，芽稍长于叶，不带鱼叶、鳞片，芽叶完整、匀净、鲜嫩，芽叶长度不超过3厘米。②川红工夫红毛峰。鲜叶规格为一芽一叶和一芽二叶初展，以一芽一叶为主，一芽二叶初展不超过30%，芽叶完整，芽稍长于叶，芽叶长度不超过3.5厘米。

优质川红工夫 优质川红工夫红茶分为特级、一级、二级、三级。原料要求为：相对匀净、新鲜、黄绿色，无劣变或异味，无非茶类物质。

加工工艺 川红工夫茶自问世以来，在国际市场上享有较高的声誉，多年来畅销法国、英国、德国及罗马尼亚等国，堪称中国工夫红茶的后起之秀。川红工夫茶制作技艺于2014年成为四川省非物质文化遗产。

特种川红工夫 川红工夫名优红茶加工工艺流程为：萎凋→揉捻→解块→发酵→初烘（动态干燥）→摊凉→复烘（二烘）→摊凉→足火→筛分→风选→色选→匀堆→补火→清风→成品茶。川红工夫红毛峰茶加工工艺流程为：萎凋→揉捻→解块→发酵→初烘（动态干燥）→摊凉→复烘（二烘）→摊凉→足火→筛分→风选→色选→匀堆→补火→清风→成品茶。川红针形红芽茶加工工艺流程为：萎凋→揉捻→解块→发酵→初烘（动态干燥）→初理条→摊凉→复理条→复烘（二烘）→摊凉→足火→筛分→风选→色选→匀堆→补火→清风→成品茶。

萎凋 萎凋方式主要有自然萎凋、日光萎凋和热风萎凋。大都采用自然萎凋与热风萎凋相结合的复式萎凋，根据气温、湿度、阳光等环境因素而定。在茶鲜叶室内薄摊自然萎凋5～8小时，日光萎凋1小时，室外遮阴或室内摊叶1小时，再次日光萎凋0.5～1小时，室内摊叶1小时。热风萎凋采用热风萎凋槽进行，进风口温度控制在35℃，鲜叶摊青厚度5～10厘米，叶温掌控在30～32℃；萎凋后期要避免持续高温热风，防止叶子失水过快，芽尖、叶缘枯干。萎凋至叶质柔软、光泽消失、茎梗折而不断，青气减退、透出清香为适度。萎凋叶含水率掌控在58%～60%，以保证揉捻时有足够的茶汁外溢，便于后续做形。

揉捻 采用35型、40型或55型揉捻机揉捻50～60分钟，转速45～55转/分，使用“轻—重—轻”的加压原则。揉捻开始不加压，使叶片初步成条，之后逐步加压收紧茶条，分次加压，加压与减压交替进行，如空揉10分钟，加压7～10分钟，减压3～5分钟，重复两次，再空揉10分钟，既达到揉捻效果又减少芽叶断碎。

发酵 采用温湿度及空气可调控的发酵室进行设施化发酵，发酵室内控温28～30℃，相对湿度90%～95%，叶温掌控在30～32℃，中途翻拌1～2次，使之均匀发酵，发酵时间3～4小时，避免出现花青、暗条。发酵程度以叶嫩茎泛红色，青草气消失，透出花果香为适度。

初烘（川红针形红芽茶、川红工夫红毛峰） 由于发酵叶含水率较高，应采用斗式烘焙机或烘干机，温度控制在100～110℃快速烘胚脱水，初烘后茶坯含水量控制在30%～35%。既要避免因排湿不畅、湿热作用过强而导致氧化过度，也要避免川红针形红芽茶茶坯失水过多过快，不利于后续的做形作业。

做形 川红针形红芽茶初理条使用阶梯式理条机或往复理条机，锅温100～120℃，炒至茶坯含水率约30%。下机摊凉约60分钟，进行复理条，使用往复理条机，锅温90～100℃，炒至茶坯含水率15%～20%，条索基本收紧，手捏可折断，略有粘连。

复烘（二烘） 做形后的茶坯采用斗式烘焙机或箱式提香机，温度80～90℃进行热风烘干，进一步散发水分、固定品质，烘至含水率9%～12%。

足火 复烘叶经完全摊凉后进行烘焙，采用箱式提香机低温慢烘焙香，温度50～60℃，烘焙1.5～2小时，烘至含水率4.0%～5.0%。

筛分、风选、色选等 干燥完成后，再采用筛分、风选、色选等方式去除茶梗、茶碎、茶片、茶末等次茶杂物，然后划分花色等级。

成品茶 成品茶外形要保持芽叶完整，减少断碎，使名优川红的品相达到匀整、净度好。

优质川红工夫 优质川红工夫加工工艺流程包括初制工艺和精制工艺。

初制工艺 初制工艺流程为：萎凋→揉捻→发酵→干燥→提香。①萎凋。萎凋采用设施萎凋和自然萎凋两种方式进行。设施萎凋流程为：鲜叶分级萎凋，摊放厚度不超过20厘米，要求鲜叶抖散摊平呈蓬松状，厚薄均匀；鲜叶摊放好后，用鼓风机送自然风，室温低于25℃时用鼓风机送热风，待叶层温度达25～30℃时停止鼓热风，改为鼓自然风；风量以不吹散叶层、不出现“空洞”为宜；时间4～6小时，每1.5～2小时对萎凋叶进行一次

表1 川红工夫名优红茶各等级产品的感官品质指标

级别	外形				内质			
	条索	色泽	整碎	净度	汤色	香气	滋味	叶底
特一级	细嫩	披金毫透乌润	匀齐	洁净	橙红明亮	鲜嫩甜香馥郁高长	嫩甜鲜爽	芽肥柔嫩红亮匀齐
特二级	细紧	金毫显露乌黑油润	较匀齐	净	红明亮	鲜嫩甜香	甜醇鲜爽	显芽肥嫩红亮匀整
一级	紧细	显金毫乌黑油润	匀整	尚净	红亮	甜香浓郁	醇厚甘爽	嫩匀多芽红匀亮

翻抖，以抖得松、翻得透、不损伤芽叶为宜。当室温大于25℃，相对湿度60%～70%时，宜采用自然萎凋。自然萎凋流程为：将鲜叶分级萎凋，摊放厚度3～5厘米，嫩叶、雨水叶和露水叶薄摊；要求抖散摊平呈蓬松状，厚薄均匀，时间8～12小时，每3～4小时对萎凋叶进行一次翻抖，以抖得松、翻得透、不损伤芽叶为宜；萎凋叶含水率控制在嫩叶58%～60%，老叶62%～64%，防止焦边焦叶。感官标准为叶面失去光泽，叶色暗绿，青草气减退；叶形皱缩，叶质柔软，折梗不断，手握成团，松手即缓慢松散。②揉捻。不但要求揉捻叶具有较高的细胞破损率，而且要尽可能保持揉捻叶的完整性，以便塑造出匀齐的产品外形。投叶量以疏松、装满揉桶为宜。加压采取"轻—重—轻"逐渐加压的原则。揉捻程度以细胞损伤率达到80%以上，叶片成条率达到90%以上，条索紧卷，茶汁充分外溢并黏附于茶条表面，用手紧握时茶汁溢而不成滴流为度。③发酵。在发酵室或发酵箱等发酵设备中进行。揉捻叶摊叶厚度8～12厘米，嫩叶或小叶型宜薄摊，老叶或大叶型厚摊。摊叶叶层厚薄均匀，不要紧压，保持通气良好。环境温度控制在30～33℃，叶温控制在26～30℃，空气相对湿度达80%以上，时间控制在3～4小时。发酵程度以色泽由鲜绿经黄绿、绿黄到红黄，二级以上鲜叶色泽红匀、青草气消失、花香显露，三、四级鲜叶色泽红里泛青、青草气消失、果香显露即为发酵适度。④干燥。川红工夫茶干燥分毛火和足火，采用链板式烘干机进行。毛火要求进风温度110～120℃，时间10～15分钟，摊叶厚度1～2厘米；以在制品含水量18%～20%，条索收紧，有较强刺手感，手捻成片为适度，及时摊凉。足火要求进风温度85～95℃，时间15～20分钟，厚度3～4厘米。以在制品含水量6%～7%为适度，梗折即断，用手指碾茶条即成粉末。⑤提香。川红工夫茶提香在提香机中进行。温度控制在70～75℃，时间40～60分钟，含水量控制在5%左右。

精制工艺 精制工艺流程包括三级及以上毛茶精制工艺流程、三级以下毛茶精制工艺流程。三级及以上毛茶精制工艺流程为：初分（滚筒圆筛）→毛抖→分筛（平面圆筛）→紧门→毛撩→剖扇→净撩→精扇→光电色选→匀堆→补火→清风→成品茶。三级以下毛茶精制工艺流程为：复火→初分（滚筒圆筛）→毛抖→分筛（平面圆筛）→剖扇→紧门→撩筛→精扇→光电色选→匀堆→补火→清风→成品茶。

品质特征 外形秀丽，锋苗显露，色泽乌润，香高味醇（橘糖香），汤色红艳，叶底红亮。不同类型川红工夫茶各等级产品的感官品质指标见表1～3。

（王　云）

表2 川红工夫红毛峰各等级产品的感官品质指标

级别	外形				内质			
	条索	色泽	整碎	净度	汤色	香气	滋味	叶底
特一级	紧结卷曲重实	乌润显锋苗	匀整	净	红明亮	鲜甜高锐	醇厚甘爽	嫩匀多芽红匀亮
特二级	较紧结卷曲	乌润多锋苗	匀整	净稍含嫩茎	红亮	甜香持久	醇厚爽口	嫩匀有芽红亮尚匀
一级	尚紧结卷曲	尚乌润有锋苗	较匀整	尚净有嫩茎	红尚亮	有甜香	醇厚	较嫩匀尚红匀亮

表3 优质川红工夫红茶各等级产品的感官品质指标

级别	外形				内质			
	条索	整碎	净度	色泽	香气	滋味	汤色	叶底
特级	细紧显锋苗	匀齐	净	乌润多金毫	甜香持久	醇厚甘爽	红明亮	嫩匀有芽红匀亮
一级	紧细有锋苗	较匀齐	净稍含嫩茎	乌润有金毫	甜香	醇尚厚爽口	红亮	嫩匀红尚亮
二级	尚紧细	匀整	尚净有嫩茎	乌尚润	有甜香	醇和	红明	尚嫩匀尚红亮

荈 Chuan　中国茶的名称。本义为较粗老的茶，后泛指茶。陆羽《茶经》："其字，或从草，或从木，或草木并。其名，一曰茶，二曰槚，三曰蔎，四曰茗，五曰荈。"其原注："周公云：'槚，苦茶。'杨执戟云：'蜀西南人谓茶曰蔎。'郭弘农云：'早取为茶，晚取为茗，或一曰荈耳。'"《集韵》《韵会》："尺兖切，音舛。茶叶老者。"《类篇》："茶晚取者名荈。"《吴志·韦曜传》："孙皓每飨宴坐席，无不率以七胜为限。虽不尽入口，皆浇灌取尽，曜饮酒不过二升，皓初礼异，密赐茶荈以代酒。"

（于良子）

《荈赋》 *The Tea-Chuan*　茶事文学作品。杜育撰。杜育，中国西晋末年人，先后任汝南太守、右将军、国子监祭酒。

在现存的中国古代茶事文学作品中，《荈赋》是最早以茶为主题的文学作品，其中写道："灵山惟岳，奇产所钟。瞻彼卷阿，实曰夕阳。厥生荈草，弥谷被岗。承丰壤之滋润，受甘霖之霄降。月惟初秋，农功少休，结偶同旅，是采是求。水则岷方之注，挹彼清流。器择陶简，出自东隅；酌之以匏，取式公刘。惟兹初成，沫成华浮，焕如积雪，晔若春敷。"短短90余字，第一次记述了茶树种植的规模，秋茶的采摘，煮茶的方式和器具，用水及茶汤的审美。其内容涉及茶事的多个方面，因此具有较高的学术价值，是研究茶文化史的珍贵资料。

宋代诗人苏东坡《寄周安孺茶》曾赞美杜育《荈赋》的首创之功："赋咏谁最先，厥传惟杜育。唐人未知好，论著始于陆。"宋代文人吴淑也有言赞美："清文既传于杜育，精思亦闻于陆羽。"可见其突出的文化地位。

（于良子）

垂柳 weeping willow; *Salix babylonica*　杨柳科柳属落叶乔木。又称柳树。垂柳分布于中国长江流域与黄河流域，各地普遍栽培。

高12～18米，胸径1米，树冠开展而疏散。树皮灰黑色，不规则开裂。枝细长下垂，淡褐黄色、淡褐色或带紫色，嫩枝

图1 垂柳

图2 垂柳的花序

无毛。芽线形，先端急尖，无顶芽。叶互生，狭披针形或线状披针形，长9～16厘米，宽0.5～1.5厘米，先端长渐尖，基部楔形，具羽状脉，无毛或微有毛；叶上面绿色，下面色较淡，边缘有细锯齿；叶柄长3～10毫米，有短柔毛。花序先于叶开放，或与叶同开。雄花序长1.5～3厘米，有短梗，轴有毛，雄蕊2，花丝分离，花药红黄色，苞片披针形，外面有毛，腺体2；雌花序长2～5厘米，有梗，基部有3～4小叶，轴有毛，花柱短，柱头2～4深裂，苞片披针形，长1.8～2.5毫米，外面有毛，腺体1。蒴果2裂，长3～4毫米，带绿黄褐色。花期3～4月，果期4～5月。垂柳喜光，较耐寒，耐水湿，也能生于干旱处，对土壤要求不严。根系发达，萌芽力强，生长迅速。抗有毒气体，可吸收二氧化硫。常种植于道旁、水边等，为优美的绿化树种，也适用于工厂绿化，还是固堤护岸的重要树种。木材韧性大，可用于制作家具；枝条可编篮、筐、箱等；树皮含鞣质，可提制栲胶；叶可作羊饲料；枝、叶、花、果及须根均可入药。

（于晓南）

垂丝海棠 hall crabapple; *Malus halliana* 蔷薇科苹果属落叶小乔木。垂丝海棠分布于中国江苏、浙江、安徽、陕西、四川、云南等地。

高达8米，树冠开展。小枝细弱，微弯曲，圆柱形，最初有毛，不久脱落，紫色或紫褐色。冬芽卵形，先端渐尖，无毛或仅在鳞片边缘具柔毛，紫色。叶片卵形或椭圆形至长椭卵形，长3.5～8厘米，宽2.5～4.5厘米，基部楔形至近圆形，边缘有圆钝细锯齿，中脉有时具短柔毛，其余

图1 垂丝海棠

图2 垂丝海棠的枝和叶

图3 垂丝海棠的花

图4 垂丝海棠的果实

部分均无毛，上面深绿色，有光泽并常带紫晕；叶柄长5～25毫米，幼时被稀疏柔毛，老时近于无毛；托叶小，膜质，披针形，内面有毛，早落。伞房花序，具花4～6朵，花梗细弱，长2～4厘米，下垂，有稀疏柔毛，紫色；花直径3～3.5厘米；萼筒外面无毛；萼片三角卵形，长3～5毫米，先端钝，全缘，外面无毛，内面密被绒毛，与萼筒等长或稍短；花瓣倒卵形，长约1.5厘米，基部有短爪，粉红色，常在5数以上；雄蕊20～25，花丝长短不齐，约等于花瓣之半；花柱4或5，较雄蕊为长，基部有长绒毛，顶花有时缺少雌蕊。果实梨形或倒卵形，直径6～8毫米，略带紫色，成熟很迟，萼片脱落；果梗长2～5厘米。花期3～4月，果期9～10月。

可播种、嫁接繁殖。适应性强，喜光，也耐半阴。

早春期间嫩枝、嫩叶均带紫红色，花粉红色，下垂，甚为美丽，各地常见栽培供观赏用。有重瓣、白花等变种。秋季赏果，果可食用。

（肖建忠）

春剑 cymbidium longibracteatum; *Cymbidium goeringii* var. *longibracteatum* 兰科兰属植物春兰的变种之一。春剑分布于中国四川、贵州和云南。生长于海拔1000～2500米杂木丛生山坡上的多石之地。喜半阴环境，忌空气干燥。

地生草本。根粗细均匀。假鳞茎比较明显，圆形。叶5～7枚，带形，长50～70厘米，宽1.2～1.5厘米，质地坚挺，直立性强，边缘具细锯齿，下部无关节。花

图1 春剑

图2 春剑的花葶

图3 春剑的花

葶直立，长20～35厘米，花序具3～5（7）朵花。花苞片长于花梗和子房，宽阔，常包围子房。花直径5～6厘米，淡黄绿色，常有变化，具杂色脉纹或斑点，有香气。萼片长圆状披针形，长3.5～4.5厘米，宽1.0～1.5厘米。中萼片直立，稍向前倾，侧萼片稍长或等长于中萼片，左右斜向下开展。花瓣比萼片短，长2.5～3.1厘米，宽1.3厘米，基部有3条紫红色条纹，与萼片均不扭曲。唇瓣长而卷曲，端钝。花期1～4月。

春剑是中国西南地区独特的兰种，拥有正宗川兰的美称，其颜色鲜艳富丽，花色有红、黄、白、绿、紫、黑及复色，叶姿挺拔苍健，香浓味纯，深受人们喜爱。

（王　雁）

慈姑　arrowhead; *Sagittaria sagittifolia*　泽泻科慈姑属多年生水生草本植物。又称茨姑、藉姑、白地栗、剪刀草、燕尾草。以地下球茎作**蔬菜**食用。慈姑原产于中国。据《本草纲目》载：“慈姑，一根岁生十二子，如慈姑之乳诸子，故以名之。”栽培的慈姑是慈姑的一个变种（*S. trifolia* var. *sinensis*）。

形态特征　挺水植物，植株高约1米。叶戟形，长25～40厘米，宽10～20厘米，为根出叶，具长柄。短缩茎，秋季从各叶腋间向地下四面斜下方抽生根状茎，长40～60厘米，粗1厘米，每株10多枝；根状茎顶端着生膨大的球茎，高3～5厘米，横茎3～4厘米，呈球形或卵形。生长中的植株从叶腋抽生花梗1～2枝。总状花序，雌雄异花。

栽培　喜温喜光植物，根状茎抽生期需28℃左右，球茎膨大期需20℃左右。用顶芽繁殖，气温15℃时萌芽生根；栽插期和茎叶生长期适温为白天25℃，夜间15℃；球茎形成期适温为10～20℃。球茎自膨大至成熟需25～40天。长日照有利于地上部生长，短日照有利于球茎膨大。生长期适宜的水深为5～10厘米。栽培时切取球茎成熟、肥壮的顶芽进行扦插

慈姑

育苗，苗3～4片叶时定植大田。11月当植株地上部遇霜枯萎后，即可陆续采收地下部球茎。

用途　慈姑球茎含丰富的碳水化合物、蛋白质及钙、磷等营养物质。有特殊的食疗作用，对夜盲症、胰腺炎、糖尿病、气管炎、尿路感染等有一定的辅助治疗作用。

（别之龙）

雌性系　gynoecious line　在雌雄同株异花植物中没有或具有极少量雄花的株系。雌性系一般只存在于瓜类作物中，通过选育可获得具有这种稳定遗传能力的系统。

分类　瓜类作物一般为雌雄同株异花植物，即花的类型有雌花和雄花两种，少数情况下花的类型有三种：雌花、雄花和两性花。植株的性别类型有八种：纯雌株、强雌株、雌全株、雌雄全株、雌雄株、完全花株、雄全株和纯雄株。群体（系统）的性别类型也有八种：纯雌株系、雌株系、强雌株系、雌全株系、雄全株系、完全花株系、纯雌雄株系（普通）和纯雄株系。雌性系中绝对无雄花的情况很少，只是相对来说雄花数极少时称为雌性系，较多时则称为强雌系。

应用　雌性系可用于杂种一代（F_1）种子生产，大幅减少人工去掉雄花的工作量。利用纯雌性系生产杂种一代种子时，按3∶1的行比种植雌性系和父本。由于雌性系不是绝对无雄花，因此在雌性系开花前（6～7片真叶时）应拔除弱雌性植株。强雌株上如果出现雄花也应摘除。在F_1制种隔离区（无同种植物其他品种的1500～2000米以内的区域）内任其自由授粉，母本株上收获的种子即为杂种一代种子（F_1）。由于雌性系几乎没有雄花，繁殖母本时，须在真叶展开后向叶面喷洒赤霉素（1000毫克/升）或硝酸银（200毫克/升）水溶液，每隔5天喷一次，连续喷洒2～3次，以诱导其产生雄花，进行繁殖。

（雷建军）

雌株系　line without male plants　在雌雄异株植物中只有雌株的系统或株系。在雌株系选育初期会出现个别雌两性株（既有雌花，也有完全花的植株），用雌两性株给纯雌株授粉，下一代便可得到接近100%的纯雌株。雌两性株自交后代仍是雌两性株。雌株系只存在于**菠菜**中。

分类　菠菜花的性别类型有三种：雌花、雄花和完全花。植株的性别类型有四种：雄两性株、雌两性株、纯雌株和纯雄株。群体（系统）的性别类型有四种：雌雄异株系（雌雄株比多数为1∶1）、两性株

系（群体内多数为两性株，但两性株上有极少量雌花或雄花）、雄株系（雄株和雄两性株）和雌株系（纯雌株和少数雌两性株）。菠菜的雌株系一般全为纯雌株，有时有少数雌两性株出现。

应用　制种时，雌株系（母本）与父本按3∶1的行比种植在隔离区内（用于生产杂种一代种子的地块，周围2000米之内不能种植其他留种菠菜品种）。开花前认真鉴别和去除雌株系中的雌两性株，任其自由授粉，在雌株系上收获的种子即为杂种一代（F_1）种子。

（雷建军）

刺葵　mountain date palm; *Phoenix loureiroi* 棕榈科刺葵属植物。刺葵产于中国台湾、广东、海南、广西和云南等地。生长于海拔800～1500米的阔叶林或针阔混交林中。

图1　刺葵

图2　刺葵的茎

图3　刺葵的花序

图4　刺葵的果实

茎丛生或单生，高2～5米。叶长达2米，羽片线形。雌花序分枝短而粗壮，雄花近白色，花瓣圆形。果实长圆形，长1.5～2厘米，成熟时紫黑色，基部具宿存的杯状花萼。花期4～5月，果期6～10月。

刺葵采用播种繁殖，可用普通沙床播种；丛生植株也可分株繁殖。喜光，耐水湿，耐旱。

刺葵树形美丽、抗盐碱、抗风、耐水湿、耐旱、生长缓、果序生长慢，是热带、亚热带地区海岸绿化的优良树种，也可作为庭园绿化植物、**行道树**、**园景树**；可对植、丛植或群植。果可食，嫩芽可作**蔬菜**，叶可作扫帚。

（蔡邦平）

刺梨　roxburgh rose fruit; *Rosa roxburghii* 蔷薇科蔷薇属植物。刺梨是原产于中国西南地区的特有**落叶果树**，在中国贵州、云南、重庆、四川等地和广西北部、湖南湘西、陕西汉中等地有野生分布，其中贵州的野生刺梨资源分布量最大。迄今，国外尚无刺梨分布的报道。

形态特征　刺梨为落叶小灌木，树高2米以下，根系在土层中的分布较浅，垂直根不发达。多年生枝为灰褐色，其上着生0.8～1.0厘米长的扁形皮刺，新梢上的皮刺着生于叶柄两侧。芽为裸芽。叶片为奇数羽状复叶，复叶长10～13厘米，宽4～5厘米，复叶上有椭圆形小叶11～15枚；除先端小叶外，其他小叶对生。花为单生或2～7朵聚生，花梗长不足1厘米，粉红或深红色，罕见白色；雌蕊40～60枚，聚生于花冠中央；雄蕊25～30枚；花冠直径6～8厘米，花瓣及萼片均5枚，萼片及花托表皮着生细密小皮刺。子房下位，果实为假果，由花托发育而成；果实扁圆形或近圆球形，少有纺锤形；果径2.5～6厘米，单果鲜重15～30克；成熟后果面金黄色；果面有皮刺，萼片缩存。果实内有20～40粒种皮骨质化的坚硬种子。4～6月开花，少数可延迟至9月。8～10月果实成熟。

生长习性　在中国南方，刺梨根系在土壤温度高于5.8℃时开始缓慢生长，25～28℃生长较快。芽于1月初开始萌动，随即开始花芽分化，花芽为混合芽。2月下旬至3月中旬展叶，然后抽生春梢。刺梨萌发力强，新梢芽具有早熟性，在生长季能多次抽生新梢。刺梨具有早实特性，实生苗的**童期**3年，扦插苗栽植后第2年就能开花结果，3～4年进入盛果期。刺梨具有自花授粉结实特性，但异花授粉坐果率高、果实大。

刺梨喜湿，耐涝性极强，极不抗旱，较喜光，在微酸性至微碱性的土壤上都能正常生长，但对肥水的要求较高。气温过高不利于刺梨生长结果，在－10℃以下低温条件下容易发生冻害，因此贵州海拔1000～1800米气候湿润的地区最适宜刺梨的生长发育。刺梨在中国夏季气温过高的华南地区生长发育不良，在长江以北冬季气温达到－10℃以下地区难以越冬。

栽培技术　中国刺梨的研究始于20世纪40年代，但在80年代中期后才开始进行人工栽培。以贵州的栽培面积为最大，已超过15.5万公顷，此外重庆、湖南、四川、广西、云南、陕西等省（自治区、直辖市）也有少量栽培。栽培品种主要有贵州大学农学院选育的贵农1号、贵农2号、贵农5号和贵农7号。

栽培刺梨时应选用优良品种，并配置授粉品种，其中贵农1号与贵农2号、贵农5号与贵农7号的花期一致，授粉亲和力强，可互为授粉。主栽品种与授粉品种配置比例为4∶1。苗木选用1～2年生扦插苗，11～12月栽植。株距2.5～3.0米，行距3米。栽植前要在苗木上部20～25厘米处截干，栽植后只留15～20厘米露出地面。植苗后浇足定根水。对1～3年生的刺梨幼树，每年施肥3次。11～12月，围绕树冠滴水线下挖30厘米深的环状施肥沟施基肥1次，每株施10～15千克有机肥；3月和6月分别进行追肥，每次每株施有效氮、磷、钾含量各15%的硝硫基复合肥100～150克，在树冠滴水线下挖浅沟施入后立即盖土。对4年生以上的盛果期树，各次的施肥量增加2～3倍。做好新建刺梨园的土壤管理，间作矮秆作物进行果园覆盖，在改良土壤的同时控制杂草。刺梨属于丛生灌木，自然生长的树冠呈丛生状圆头形，果实产量不高，且不便于管理，因此栽培时要将树形整理成单干或2～3个干的圆头形。幼树期整形时，插竿将1～3个生长茂盛的枝扶直，培养成主干，主干上离地面60～70厘米以下的分枝剪除，3年左右树冠可成形。在生长季要及时剪除根颈部长出的萌蘖枝，冬季修剪时剪去枯枝、病虫枝、过密枝和细弱枝，对衰老枝组及时回缩修剪。刺梨果实进入成熟期后各种营养和保健物质迅速积累，因此果实必须充分成熟后才能采收。判断果实完全成熟最直观的标志是果顶部的萼片干枯，果肉的绿色全部退去变为浅黄色或乳白色。

价值与用途　刺梨果实中含有丰富的维生素C、酚酸类、类黄酮、三萜和多糖类营养及保健物质，其中酚酸类物质主要有单宁酸、没食子酸、原儿茶酸、咖啡酸、丁香酸、对香豆酸、绿原酸、阿魏酸、香草酸等，类黄酮物质主要有儿茶素、表儿茶素、芦丁、槲皮素、槲皮苷、异槲皮苷、木犀草素、杨梅素、山柰酚、芹菜素、原花青素、柚皮苷等，三萜类物质主要有刺梨苷、野蔷薇苷、蔷薇酸、熊果酸等，多糖类物质主要有蔗糖、果糖、葡萄糖、甘露糖、鼠李糖、木糖、阿拉伯糖、半乳糖、葡萄糖醛酸等。每100克鲜果的维生素C含量高达2000毫克以上，居各种水果之冠，是沙棘的4倍以上、猕猴桃的10倍以上、柑橘的50倍以上、苹果的500倍以上。在100个烘干的刺梨果肉中，总酚的含量高达7456.38～9867.61毫克/100克，其中类黄酮含量为1369.85～1765.19毫克、三萜类物质含量可达5433.17～7523.21毫克；多糖类物质中，蔗糖含量为0.15%～2.68%、果糖含量为3.25%～9.90%、葡萄糖含量为3.57%～6.58%、其他多糖成分含量为1.12%～1.43%。以上物质成分对改善心脑血管功能、降血脂、抗病毒、抗炎症、抗疲劳、增强人体免疫力、预防多种恶性肿瘤发生及糖尿病等均有良好的功效。刺梨是人类珍贵的健康营养果品及保健果品，但由于刺梨果实中维生素C、酚酸类和类黄酮含量很高，滋味酸涩，鲜食口感不好，因此其果实主要用于加工果汁、果酒、口服液等保健品及医药制品。

（樊卫国）

刺桐　coral tree; *Erythrina variegata*　豆科刺桐属大乔木。刺桐分布于中国台湾、福建、广东、广西等地。

图1　刺桐

图2　刺桐的叶

图3　刺桐的花序

高可达20米。树皮灰褐色，枝有明显叶痕及短圆锥状的黑色直刺。叶大，长20～30厘米，叶柄长10～15厘米，通常无刺。羽状复叶具3小叶，常密集枝端，膜质，宽卵形或菱状卵形，先端渐尖而钝，基部宽楔形或截形。基脉3条，侧脉5对。小叶柄基部有一对腺体状的托叶。总状花序顶生，长10～16厘米，上有密集、成对着生的花。总花梗木质，粗壮，长7～10厘米，花梗长约1厘米，具短绒毛。花萼佛焰苞状，长2～3厘米。花冠红色，旗瓣椭圆形，长5～6厘米，先端圆，瓣柄短。翼瓣与龙骨瓣近等长，短于萼。荚果黑色、厚，种子间略缢缩，长15～30厘米，宽2～3厘米，稍弯曲，先端不育。种子肾形，暗红色。花期3月，果期8月。

喜温暖气候和阳光，不耐寒。多用扦插法繁殖。

可栽作观赏树木，常见于树旁或近海溪边，或栽于公园。树皮富纤维可制绳索也可入药，有祛风湿、舒筋通络和治风湿麻木、腰腿筋骨疼痛、跌打损伤、松弛横纹肌等功效。对中枢神经有镇静作用，但有积蓄作用，毒性主要表现为对心肌及心脏传异系统的抑制。

（于晓南）

葱　Welsh onion; *Allium fistulosum*　百合科葱属多年生宿根草本植物。以叶鞘和叶片供食用。葱在中国自古栽培，2000多年前的《尔雅》中已见记载。

形态和类型　叶片管状，中空，绿色，先端尖，叶鞘圆筒状，抱合成为假茎，色白，通称葱白。分生组织在叶鞘基部，葱叶收割后仍能继续生长。茎短缩为盘状，

图1　葱

图2　葱的根

图3　葱的叶

图4　葱的花序

茎盘周围密生弦线状根。伞形花序球状，位于总苞中。花白色，每花结种子6粒，千粒重3～3.5克。

葱可分为普通大葱、分葱、楼葱和胡葱。①普通大葱（*A. fistulosum*）。中国的主要栽培种为普通大葱，可按假茎的高度

图5　葱露地栽培

分为长白葱（梧桐葱）、中白葱（鸡腿葱）和短白葱（秤砣葱）3个类型。②分葱（*A. fistulosum* var. *caespitosum*）。叶色浓，葱白为纯白色，辣味淡，品质佳。③楼葱（*A. fistulosum* var. *viviparum*）。又名龙爪葱。洁白而味甜，葱叶短小，品质欠佳。④胡葱。多在南方栽培，质柔味淡，以食葱叶为主。

栽培　普通大葱耐寒，－10℃可不受冻害，在中国东北部也可露地越冬。生长适温为20～25℃。根系弱，极少根毛。适宜肥沃的砂质壤土。采用种子繁殖。以收葱白为目的的，多在秋季或早春育苗，入夏开沟栽植，生长期间分次培土并结合追肥，以利葱白形成，冬初收获。以收绿葱为目的的，则从春到秋随时可以播种。分葱多在秋季分株繁殖，第二年早春收获。常见病害有紫斑病、霜霉病、软腐病和锈病，虫害有葱蛆和蓟马等。

用途　葱含有挥发性硫化物，具特殊辛辣味，是重要的解腥、调味品。葱白甘甜脆嫩。葱叶和葱白含维生素C、胡萝卜素和磷较多。中医学认为葱有杀菌、通乳、利尿、发汗和安眠等药效。

（侯喜林　张昌伟）

酢浆草　creeping woodsorrel; *Oxalis corniculata*　酢浆草科酢浆草属植物的统称。亦作为植物*Oxalis corniculata*的中文名。酢浆草原产于南非及南美热带地区。酢浆草属植物有800余种，中国栽培的有500多种（含品种）。

形态和种类　高10～35厘米，全株被细软绒毛。叶基生或茎上互生，托叶小，边缘密被绒毛。叶柄长1～13厘米，基部具关节。3小叶，倒心形。花单生或数朵聚集成伞形花序状，腋生。花瓣5片，黄色。蒴果长圆柱形，具5棱。种子长卵形，褐色或红棕色。花、果期2～9月。

根据种植时间的不同，可将酢浆草属植物分为春植酢浆草、秋植酢浆草及四季

图1　酢浆草

图2　酢浆草的叶

图3　酢浆草的花

图4　酢浆草的果实

酢浆草。园林中常用作地被或缀花草坪观赏的酢浆草属植物为关节酢浆草（*O. articulata*）、紫叶酢浆草（*O. triangularis* subsp. *papilionacea*）等。该属园林中常见的杂草除开黄色花的酢浆草（*O. corniculata*）外，还有开粉色花、花心为

绿色的红花酢浆草（*O. debilis*）。

生长习性　适应性强，繁殖能力较强，常作为杂草出现在花盆、草坪、花园中。抗旱，不耐寒，对土壤适应性较强，一般园土均可生长，尤以富含腐殖质的砂壤土为佳。夏季高温时期会表现出短暂的休眠。生长迅速，花期长。酢浆草的种子具有自播繁殖能力，蒴果成熟后自然炸开，将种子弹射出去，种子在适宜的土壤、温湿度环境中即可萌发长成新的植株。同时，横生的根状茎在节处会长出不定根，切断后同样具备繁殖能力，即分株繁殖。

用途　酢浆草叶形小巧，具有昼开夜合的特性，花色明丽可爱。在花盆中可作为铺面材料，在园林景观中可作为地被，具有一定的观赏价值。但其亦为园林中的杂草，广泛存在于花盆、花境、草地、树池等园林空间，难以完全拔除。同时，该植物全草入药，有清热解毒、消肿散疾的效用。　（吴沙沙）

醋栗　gooseberry; *Ribes* spp.　虎耳草科茶藨子属醋栗亚属多年生小灌木。浆果类果树。茶藨子属植物主要分布在北半球温带。醋栗果实近圆形或椭圆形，成熟时果皮黄绿色，光亮而透明，几条纵行维管束清晰可见，比较小，很像灯笼，故又被称为灯笼果。

栽培历史　醋栗在欧洲有700多年的栽培历史，19世纪中叶后开展了选种、育种及栽培技术的研究，逐渐成为寒带和温带栽培的重要果树。1917年前后，人工栽培类型从俄国引入中国黑龙江省。1981～1985年，中国从美国、波兰引入一些新品种，仅东北地区中北部有栽培。醋栗主要栽培于气候冷凉地区，全世界产量主要出自德国、波兰、俄罗斯、英国、挪威等国家。

主要品种　茶藨子属植物全世界有150种以上，中国记载的有50余种，均为二倍体（2n=16）。欧洲栽培品种主要来自欧洲醋栗（*R. grossularia*）。欧洲醋栗自花结实力强，抗寒力较差，易感白粉病。北美洲的醋栗以美洲醋栗（*R. hirtellum*）为主。美洲醋栗抗寒力强，抗白粉病。到20世纪初醋栗栽培到达昌盛时期，90年代时有4800余个品种，果色有白色、绿色、黄色和红色，其中红色最多。中国栽培的品种很少，主要有小醋栗（别名小灯

醋栗

笼果）、大醋栗（别名大灯笼果）、坠玉（原名Pixwell）、白葡萄醋栗（别名白葡萄灯笼果）、红醋栗（别名红灯笼果）。分布在中国东北、华北地区的野生种刺果茶藨子（*R. burejense*）虽果实具大刺，但风味较佳，植株健壮，须根多，抗旱、抗寒，可用于抗寒育种。

形态特征　醋栗株丛高1.0～2.0米，开张。实生苗形成主根、侧根和须根，无性繁殖苗可产生大量不定根，无明显主根。小枝具刺毛和三叉刺或无刺，刺长4～18毫米。叶互生。单叶，3～5裂，宽2～6厘米，无毛或有短绒毛，无腺体。花杯形，带绿色。果为多汁浆果，球形至卵球形，绿色、黄色或红色。种子小，褐色。

根系发达，较抗旱，须根主要分布在地面以下10～40厘米土层内。地上部由不同年龄的基生枝组成株丛。不生根蘖，由地表附近进茎上的基生芽萌发出基生枝。果实产量主要来自2年生和3年生的基生枝，基生枝达5～6年生时产量急剧下降。当年发出的基生枝上的芽多为叶芽，由基生枝上生长的一级侧枝形成混合花芽，结果后发出短果枝或形成短果枝群。春季混合芽萌发后可长出1～3个花序，每花序有1～3朵花，花为两性花。在中国东北地区5月中、下旬开花，7月中、下旬果实成熟。

繁殖与栽培　醋栗属于耐寒植物，不耐高温。喜湿润，不耐水浸，在沿岸低地容易烂根。喜腐殖质丰富的黏质壤土，不适于在盐碱地和强灰化土上生长。

醋栗枝条具有发生不定根的特性，采用压条法、分株法和绿枝扦插法繁殖苗木。定植行株距多用（2～2.5）米×（1～1.5）米。可于春季4月上旬土壤化冻后而未萌动前进行定植，也可于10月秋栽，秋栽后须埋土防寒越冬。其方法是上冻前在株丛基部培土堆，再将枝条压伏地面，由行间取土掩埋至枝条不外露，春季萌芽前将防寒土撤除干净。定植前或定植后需修剪，留枝长度10厘米左右。每年修剪在春季萌芽前进行，成年株丛留16～20个基生枝，每年疏除4～5个生长衰弱的基生枝，同时选留4～5个新基生枝，并在1/4～1/3处短截。应多施肥，特别是有机肥，可使枝条生长健壮，结果多；但生长末期不宜施肥过多，以免徒长导致冬季遭受冻害。结合埋土防寒施基肥，每年追施化肥2～3次。

病虫害　主要病害为醋栗白粉病，为害幼果、幼叶、嫩枝，注意剪除病枝叶烧毁。在发病初期每隔20天喷20%粉锈宁800～1000倍液2次。

用途　醋栗果实可鲜食或可加工成罐头、果酱、果酒等，采收时期因用途而异。青熟果含酸多，适宜加工罐头；半熟果适宜做果酱；完熟果含糖量达12%，风味佳而有香气，适宜鲜食和酿酒。

（张志东）

撮泡法　tea pinching-brewing　泡饮茶的一种方法。又称瀹茶法。撮泡法为散茶泡饮法。中国唐、宋以生产团饼茶为主，在茶叶的饮用上，唐朝以煮茶法、宋朝以点茶法为主。到了明朝，明太祖朱元璋于洪武三十一年（1398）发布诏令“罢造龙团，唯采茶芽以进”，改团饼茶为散茶，改蒸青为炒青，这是茶叶加工历史上的重大改革。

撮泡法是将散茶直接放入茶盏或茶壶中，用沸水直接冲泡，然后将茶汤与茶渣分离。茶的上投、中投、下投泡法起源于明代，张源《茶录》记载：“投茶有序，毋失其宜。先茶后汤，曰下投；汤半下茶，复以汤满，曰中投；先汤后茶，曰上投。春、秋中投，夏上投，冬下投。”四季喝茶用不同的泡法，春、秋季用中投泡法，夏季用上投泡法，冬季用下投泡法。明朝的瀹茶法演变为现在的盖碗、壶泡和玻璃杯泡法，一直沿用至今，成为当今主流的冲泡方式。

明代撮泡法的主要特点为汤渣分离，追求茶叶的色香味形，而对泡沫不再强调，也不在茶汤中加盐及其他的配料，更侧重于品赏茶叶的原味真香。这是中国饮茶技艺发展中的重大改革。

（周智修）

D

《答族侄僧中孚赠玉泉仙人掌茶并序》 *A Poetry and Preface of Thanks to Zhongfu Monk for Giving Cactus Tea* 五言古诗。中国唐代诗人李白作。李白（701～762），字太白。此诗约作于天宝（742～756）年间。

诗前有序："余闻荆州玉泉寺近清溪诸山，山洞往往有乳窟，窟中多玉泉交流。其中有白蝙蝠，大如鸦。按仙经，蝙蝠一名仙鼠，千岁之后体白如雪，栖则倒悬，盖饮乳水而长生也。其水边处处有茗草罗生，枝叶如碧玉。惟玉泉真公常采而饮之，年八十余岁，颜色如桃花。而此茗清香滑熟，异于他者，所以能还童振枯，扶人寿也。余游金陵，见宗僧中孚，示余茶数十片，拳然重叠，其状如手，号曰'仙人掌茶'，盖新出乎玉泉之山，旷古未觌。因持之见遗，兼赠诗，要余答之，遂有此作。后之高僧大隐，知仙人掌茶，发乎中孚禅子及青莲居士李白也。"

全诗云："常闻玉泉山，山洞多乳窟。仙鼠如白鸦，倒悬清溪月。茗生此中石，玉泉流不歇。根柯洒芳津，采服润肌骨。丛老卷绿叶，枝枝相接连。曝成仙人掌，似拍洪崖肩。举世未见之，其名定谁传。宗英乃禅伯，投赠有佳篇。清镜烛无盐，顾惭西子妍。朝坐有余兴，长吟播诸天。"

此诗以浪漫和丰富的想象力，生动描述了湖北当阳玉泉寺仙人掌茶，系名茶入诗最早的诗篇。作者对仙人掌茶的生长环境、品质、外形、功效、定名均做了详细的描述，诗风瑰丽，不愧为咏茶名篇。"曝成仙人掌"交代了仙人掌茶独特的制法与外形特征。一代诗仙也留下了重要的茶叶历史资料。（刘伟华）

鞑靼忍冬 Tatarian honeysuckle; *Lonicera tatarica* 忍冬科忍冬属落叶灌木。又称新疆忍冬。鞑靼忍冬分布于中国新疆北部，黑龙江和辽宁等地有栽培。

高3米，全体近无毛。小枝中空，老枝皮灰白色。冬芽小，鳞片约4对。单叶对生，叶纸质，卵形或卵状矩圆形，有时矩圆形，长2～5厘米，顶端尖，稀渐尖或钝形，基部圆形或近心形，稀阔楔形，两侧常稍不对称，边缘有短糙毛，两面无毛，全缘。叶柄长2～5毫米。花通常成对着生，总花梗较细，长1～2厘米。苞片条状披针形或条状倒披针形，与萼筒近等长或较短。小苞片分离，近圆形至卵状矩圆形，长为萼筒的1/3～1/2。相邻两花的萼筒分离，长约2毫米。花冠唇形，粉红色或白色，长约1.5厘米，筒比唇瓣短，长5～6毫米，基部常有浅囊，上唇两侧裂深达唇瓣基部，开展，中裂较浅。雄蕊5，和花柱均稍短于花冠。花柱被短柔毛。浆果红色，圆形，直径5～6毫米，双果之一常不发育。花期5～6月，果熟期7～8月。

图1 鞑靼忍冬

图2 鞑靼忍冬的枝

图3 鞑靼忍冬的花

图4 鞑靼忍冬的果实

抗旱、抗寒，对土壤要求不严，耐瘠薄，耐修剪。生于石质山坡或山沟的林缘和灌丛中，海拔900～1600米处。花美叶秀，可栽植于庭园观赏，适合布置庭园夏景；或用来点缀草坪、岩石及假山，配植于庭中堂前，墙下窗前；也可作为厂矿绿化树种。（于晓南）

大百合 giant Himalayan lily; *Cardiocrinum* spp. 百合科大百合属多年生草本球根花卉。大百合属共有3个种，分布于中国和日本。中国的2个种为大百合（*C. giganteum*）和荞麦叶大百合（*C. cathayanum*），产于秦岭以南各省。日本大百合（*C. cordatum*）是日本特有种。虽然全球在大百合资源分布、引种栽培、繁殖方法及利用价值等方面已经有过研究，但该类植物总体上仍主要处于野生状态，尚未开发。

基生叶的叶柄基部膨大形成鳞茎，但在花序长出后即凋萎。小鳞茎数个，卵形，具纤维质的鳞茎皮，无鳞片。茎高大，无

图1 大百合

毛。叶基生和茎生，通常卵状心形，向上渐小，叶脉网状，具叶柄。花序总状，有花3～16朵；花狭喇叭形，白色，具紫色

图2 大百合的鳞茎

图3 大百合的花

图4 大百合的果实

条纹；花被片6，离生，多少靠合，条状倒披针形，有芳香。蒴果，种子多数，扁平，红棕色，周围有窄翅。花期5～7月，果期9～10月。

大百合属植物以分球繁殖为主。性喜湿润冷凉、有一定遮阴的环境。适宜富含有机质、排水性好的土壤。有一定耐寒性，不耐强光直射。

大百合具有很高的观赏价值和食用价值。因其植株高大、花大优美且有芳香，在欧洲有“百合王子”的美誉。在庭院绿化中，大百合叶片油亮且硕大，颜色丰富，耐密植，未抽生花葶时宜作林下地被；花茎粗壮挺立，是难得的竖线条材料。冬季地上部分枯萎后，其花茎持续挺立，蒴果宿存在花茎顶端，可以在冬季形成独特景观或制作干花。兼有食用和药用功能，鳞茎和嫩叶可食用，果可入药。

（吕英民）

大方海马宫茶 Dafang Haimagong tea 产于中国贵州省毕节市大方县老鹰岩脚下海马宫乡的黄茶。大方海马宫茶是贵州黄茶类代表性产品。清乾隆（1736～1795）年间被列为贡品。

产地环境 茶园海拔高1500米左右，山高云浓，溪水纵横。属亚热带湿润季风气候，年均气温13℃左右，年降水量1000～1200毫米；全年有效积温4670℃，无霜期260天，月平均相对湿度80%以上。土壤pH4.6～4.9。自然环境适于茶树生长。

加工工艺 采于当地小叶群体品种，谷雨前后开采。鲜叶具有茸毛多、嫩性强的特性。采摘标准一级茶为一芽一叶初展，二级茶为一芽二叶，三级茶为一芽三叶。大方海马宫茶的加工工艺流程为：杀青→初揉→渥堆→复揉→复炒→再复揉→烘干→拣剔。

品质特征 成品茶外形条索紧结卷曲，毫显，香高味醇，汤色绿黄明亮，叶底嫩黄匀亮。

（郑文佳）

大红袍 Dahongpao; *Camellia sinensis* cv. *Dahongpao* 由中国福建省武夷山市茶业局通过繁育武夷山风景区天心岩九龙窠岩壁上的母树选育而成的茶树无性系品种。大红袍是武夷传统五大珍贵名丛之一。2012年通过福建省农作物品种审定委员会审定。在福建省武夷山茶区有较大面积种植应用。

无性系，灌木型，中叶类，晚生种。植株中等，树姿半开张，分枝较密。叶片呈稍上斜状着生，椭圆形，叶身或稍内折，叶色深绿，有光泽，叶面微隆，叶齿浅尚明，叶缘平或微波状，叶尖钝尖、略下垂，叶质较厚脆。花瓣6瓣，花萼5片，子房茸毛中等，花柱3裂。

春季萌发迟，一芽三叶盛期为4月中下旬。发芽较密、整齐，育芽能力较强，持嫩性强。芽叶淡绿色，茸毛较多。产量中等。适制闽北乌龙茶，品质优。制得的乌龙茶外形条索紧结，色泽乌润，匀整、洁净；内质香气浓长；滋味醇厚、回甘、较滑爽；汤色深橙黄；叶底软亮，朱砂色明显。抗旱、抗寒性较强。扦插繁殖力强，成活率高。

（成 浩）

大花葱 giant onion; *Allium* spp. 具有观赏价值且花朵硕大的葱属多年生球根花卉。又称硕葱。大花葱原本属百合科植物，2003年修订的《被子植物APG Ⅱ分类法》将百子莲科和石蒜科合并到葱科中，《被子植物APG Ⅲ分类法》(2009) 则将其并入石蒜科中。一些原来属于葱属的种被合并到紫灯花科中。

图1 大花葱

图2 大花葱的鳞茎

图3 大花葱的花

葱属植物有500～850种，中亚为其分布中心，世界各国园林中多有种植。荷兰为主要鳞茎出口国。

大花葱鳞茎肉质，具葱味，花朵硕大。中国科学院植物研究所北京植物园1979年曾从荷兰引种鳞茎，中国多地均有栽培。表现较好的种类主要有：大花葱（*Allium giganteum*）、阁下（His Excellency）、勃朗峰（Mont Blanc）、角斗士〔Gladiator（*A. hollandicum*×*A. stipitatum*）〕、球王〔Globemaster（*A. cristophii*×*A. macleanii*）〕、珠峰〔*A. stipitatum*'White Giant'（Mount Everst）〕、大使（Ambassador）、露西球〔Lucy Ball（*A. macleanii*×*A. hollandicum*）〕等。

大花葱通常采用鳞茎繁殖，亦可播种繁殖，种子低温发芽较好。

（赵惠恩）

大花蕙兰 cymbidium orchid; *Cymbidium hybridum* 兰科兰属中的园艺栽培类群。大花蕙兰由原产于中国西南部及印度、缅甸、泰国、越南等国兰属中的大花附生种、小花垂花种及一些地生兰经多代人工杂交育成，品种数量过千。中国原产的碧玉兰（*C. lowianum*）和独占春（*C. eburneum*）等种类参与了大花蕙兰的育成。

图1 粉色大花蕙兰

图2 白色大花蕙兰

大花蕙兰花大而多，花期长，有白、红、黄、绿等多个色系。依据花型大小分为大、中、小花品种群。迷你小花系和垂花系两大新系列较受市场欢迎。一般用分株、组培方式繁殖。

大花蕙兰适应性强，观赏期长，栽培相对容易，常用作高档盆花，也可作切花。大花蕙兰既有国兰的幽香典雅，又有洋兰的丰富多彩，在国际花卉市场十分畅销，是兰花产业中较流行的种类之一。

（葛 红 贾瑞冬）

大花秋葵 swamp rose mallow; *Hibiscus grandiflorus* 锦葵科木槿属多年生草本植物。大花秋葵原产于北美洲。

株高1～2米。茎粗壮直立，基部半木质化，具有粗壮肉质根。单叶互生，具有叶柄。叶3浅裂或不裂，基部圆形或卵状椭圆形，长8～22厘米，边缘具齿，叶背及叶柄密生灰色星状毛。花序为总状花序，朝开夕落。花大，单生于枝上部叶腋处，花瓣5枚，花径可达20～30厘米，有白、粉、红、紫等颜色。蒴果扁球形，种子褐色。花期6～9月，果期9～10月。

喜阳光充足、温暖的环境，耐寒，耐热，耐旱，耐盐碱，对土壤要求不严。广泛用于园林绿化，可丛植、列植于道路两旁或点缀于草坪，或用作背景植材，观赏效果较好。

（于晓南）

图1 大花秋葵

图2 大花秋葵的叶

图3 大花秋葵的花

图4 大花秋葵的果实

大丽花 dahlia; *Dahlia pinnata* 菊科大丽花属多年生草本植物。又称大理花、地瓜花、东洋菊等。大丽花属植物约有15种。属名Dahlia是为纪念瑞典植物分类学家A.达尔。大丽花系天然种间杂种，16世纪初墨西哥人将野生大丽花从山地移至庭园。1789年传到欧洲，育成许多新品种，并于1842年由荷兰引入日本。20世纪30年代由日本传入中国。

有巨大棒状块根。茎直立，多分枝，高1.5～2米，粗壮。叶1～3回羽状全裂。

图1　大丽花

图2　大丽花的叶

图3　大丽花的花（紫色）

图4　大丽花的花（粉红色）

头状花序大，有长花序梗，常下垂。花序由中间管状花和外围舌状花组成，舌状花1层至多层，白色、红色或紫色，为单性花，顶端有不明显的3齿，或全缘。管状花多黄色，为两性花，有时在栽培中全部为舌状花。总苞片外层约5个，卵状椭圆形，叶质。内层膜质，椭圆状披针形。瘦果褐色，多长椭圆形，有2个不明显的齿。花期6～12月，果期9～10月。

园艺栽培上常用栽培品种的花型主要有单瓣型、环领型（领饰型）、复瓣型、圆球型、绣球型（蜂窝型）、装饰型、睡莲型（半重瓣型、牡丹型）、仙人掌型（蟹爪型）、菊花型（折瓣仙人掌型）、毛毡型（毛章型、裂瓣仙人掌型）、半仙人掌型（星星型）和白头翁型。全属有27种。

性喜冷凉和通风良好，在气候凉爽、昼夜温差大的地区生长开花尤佳。喜光，但阳光过强不利于开花，过弱则花色浅而不艳，花朵变小。既不耐寒又畏酷暑，以10～30℃为适温。不耐旱、涝，在年降水量500～800毫米的地区栽培较好。要求疏松、排水良好的肥沃砂质壤土。

最常用的繁殖方法为分株，也可扦插、播种繁殖。露地栽培一般于晚霜后进行。盆栽宜选用矮生优良品种的扦插苗。

大丽花花色娇艳，花期甚长，且适应性强，易于栽培，故成为世界名花。可用于布置花坛、花境或盆栽，也可作为切花。

（包满珠　傅小鹏）

大棚栽培　tunnel cultivation　利用大棚设施进行蔬菜栽培的技术方法。大棚是利用竹、木、钢材等作为骨架材料，以塑料薄膜作为透光覆盖材料搭成的供栽培蔬菜的拱形棚。用于提早或延迟供应蔬菜，可提高单位面积产量，有利于防御自然灾害，特别是在北方地区有助于在早春和晚秋淡季供应鲜嫩蔬菜。

类型　根据大棚的屋面形状，可分为拱形和屋脊形两种类型。生产中拱形大棚较为多见。根据国家标准GB/T 51057—2015《种植塑料大棚工程技术规范》，大棚的脊高不小于2.4米，跨度不小于6米。根据大棚的建设材料，可分为竹木结构、钢筋焊接结构、钢筋混凝土结构、混合结构、镀锌钢管结构大棚等。

对于镀锌钢管结构大棚，要求塑料大棚主体钢结构设计使用年限为10年。塑料大棚总体尺寸包括跨度、脊高和长度，跨度不宜大于20米，宜以1米为模数取值；脊高不应低于2.4米，宜以0.2米为模数取值；长度不宜小于30米，也不宜大于100米；带肩大棚肩高不应低于1.6米。侧面通风口应配置卷膜开窗机，并应根据种植作物的防虫要求选择适宜目数的防虫网，种植喜阴作物或食用菌的塑料大棚应安装遮阳网。塑料大棚栋间距在跨度方向宜为1～2米，在长度方向不应小于3米。

应用　大棚是中国设施蔬菜栽培的主要设施类型之一，南方和北方均有大棚栽培，主要用于蔬菜的春季提早栽培、秋季延后栽培。大棚栽培也常与小拱棚和中棚栽培结合使用，和露地相比，其春季提早和秋季延后栽培能分别实现春季提前和秋季延后1个月以上。也可用于蔬菜育苗和越夏栽培（夏季覆盖遮阳网），在雨水较多的地区还可实现避雨栽培。

（别之龙）

大薸　water lettuce; *Pistia stratiotes*　天南星科大薸属浮水植物。又称水白菜。大薸在中国福建、台湾、广东、广西、云南等热带地区有野生分布，湖南、湖北、江苏、浙江、安徽、山东、四川等省有栽培。全球热带及亚热带地区广布。

大薸为水生漂浮草本植物。有长而悬垂的根多数，须根羽状，密集。叶簇生成莲座状，叶片常因发育阶段不同而形异，包括倒三角形、倒卵形、扇形及倒卵状长楔形，长1.3～10.0厘米，宽1.5～6.0厘米，先端截头状或浑圆，基部厚，两面被毛，

图1　大薸

图2 大藻的根

图3 大藻的叶背面

图4 大藻的花和佛焰苞

基部尤为浓密。叶脉扇状伸展，背面明显隆起成折皱状。佛焰苞白色，长0.5～1.2厘米，外被绒毛。花期5～11月。喜高温多雨的环境，适宜在平静的淡水池塘、沟渠中生长。在温暖的热带和亚热带地区是水田中常见的杂草，在有霜地区则作为青绿饲料进行人工放养。主要采用分株繁殖。中国华东地区4～10月为生长期。夏季晴天高温时一株大藻在10天左右可增殖7～8株，一个月可增殖60株左右；每亩水面平均每天可产250～500千克，最多可达1000千克，如管理得当，全年产量可达50 000千克以上，高温多雨的热带地区亩产远超此数。

大藻全株可作青绿饲料，主要用于饲养猪。也可入药，外敷治无名肿毒；煮水可洗汗瘢，治疗血热作痒，消跌打肿痛；煎水内服可通经，治疗水肿、小便不利、汗皮疹、臁疮、水蛊等。

（张敬丽　刘云礼）

大树移植　big tree transplant　对胸径在20厘米以上的落叶乔木和胸径在15厘米以上的常绿乔木进行移植的工作。又称壮龄树木移植、成年树木移植。

特点　大树移植的特点：①大树移植成活困难。②大树移植技术要求较高，移栽时间长。③消耗大量人力、物力，成本高。④绿化效果快，大树移植能在短时间内迅速显现绿化效果，较快地发挥城市绿地的景观功能和生态、社会效益，可以缩短城市绿化建设的周期。

方法　大树移植的方法：①移植时间。树木休眠期，春季萌芽前和秋季树木落叶后为最佳时间。②整形修剪。主要是为了保持树木地下、地上两部分的水分代谢平衡。③挖掘和包装。带土球软材料包扎适用于胸径10～15厘米的大树、带土块方箱包装适用于胸径15～20厘米或更大的树木、裸根软材料包扎法只适用于落叶乔木和萌芽力强的常绿树木。④吊装运输、栽植及后期养护。

意义　大树移植的意义：①调整绿地树木的种植密度。可在短时间内优化城市园林绿地的植物配置和空间结构，及时满足重点和大型市政工程的绿化、美化要求，最大限度地发挥城市绿地的生态效益和景观效益。②对建设用地上不能避让的树木进行保护迁移。对建设用地上的树木，应该尽可能地保留和避让。对实在不能避让或原地保留价值不大的树木，也需要进行迁移作业，使其得到再利用。③特殊景观建设需要。在绿化用地较为紧张的城市中心区域或城市绿化景观的重要地段，适当考虑小量的或个别的大树移植以促进景观效果的早日形成。

（吕英民）

图1 大王椰子营造的景观

大王椰子　Cuban royal palm; *Roystonea regia*　棕榈科大王椰属高大乔木。又称王棕。大王椰子原产于中美洲加勒比海群岛及沿岸。中国热带、亚热带地区广泛引种栽培。植株高大挺拔，树形奇特，叶片巨大；树干两头细、中间粗，基部膨大，形如导弹，是热带风光的典型代表植物，被古巴定为**国树**。

茎单生，高10～20米，径粗50～80厘米，基部膨大，灰色，有环纹。叶片簇生于顶端，叶片长3～6米，全裂，羽片呈长披针形，长50～90厘米，宽3～5厘米，先端尖锐，2裂。叶鞘长约2米。雌雄同株。花序生于冠茎下。果近球形，长0.9～1.5厘米，基部稍狭，成熟时为红褐色或带紫色。种子卵球形，棕黄色。大王椰子喜温暖，生育适温为25～30℃。在潮湿、光照充足、排水良好、土质肥沃、土层深厚的环境中长势最佳。一般采用播种繁殖，种子采收后随采随播。5～10月为最佳播种期，30天左右开始发芽。4～9月定植成活率较高。病害有叶斑病、疫霉病、叶枯病等，虫害有椰心叶甲、蛴螬、白蚁等。

大王椰子叶片巨大、树干挺直，常作为庭园观赏树种运用于园林景观的布置。可栽植于道路分隔带、广场，或三五株不规则地种植在**草坪**上、湖边，创造出具有热带风情的景观。中国科学院西双版纳热带植物园王莲池畔的“导弹基地”即是利

图2 大王椰子的茎

图3 大王椰子的叶

图4 大王椰子的花序

图5 大王椰子的果实

用大王椰子营造的景观。

（刘 勐）

袋泡茶 teabag 利用袋泡茶包装机，采用特殊的包装滤纸（滤布），将一定规格的茶叶或保健茶包装成袋的再加工茶制品。袋泡茶因饮用时带袋冲泡而得名，具有使用简便、易于冲泡、清洁卫生、健康时尚等特点，深受消费者欢迎。

生产简史 袋泡茶于1904年在美国出现，最初用纱布作为包装袋。1920年袋泡茶作为商品出现在市场上，并逐步被欧美市场所接受。20世纪90年代，袋泡茶已风靡全世界。2020年，全球袋泡茶销量占世界茶叶贸易总量的25%左右。袋泡茶成为一种常见的茶叶包装和饮用方式，广泛用于家庭、旅馆、餐馆、咖啡屋、办公室和会议场所。中国袋泡茶产量占全国茶叶总产量的5%左右，与国际袋泡茶消费量相比仍有较大的发展潜力。

主要类型 袋泡茶按内含原料类型可分为纯茶型袋泡茶、保健型袋泡茶和混合型袋泡茶等。根据包装的茶类不同，纯茶型袋泡茶又分为袋泡红茶、袋泡绿茶、袋泡乌龙茶、袋泡黑茶、袋泡花茶等。根据包装的天然饮料植物种类不同，保健型袋泡茶包含多种类型，如杜仲茶、银杏茶、苦丁茶、菊花茶、绞股蓝茶、金银花茶等。混合型袋泡茶可以是茶叶和保健茶的混合，也可以是不同茶叶类型或不同保健茶类型的混合。袋泡茶包装形式多样，主要分为单室袋、双室袋和金字塔包三大类型。在包装量上，传统袋泡茶一般为2克/袋；为适应不同需求，出现了不同重量的包装，如适合公共场所集体冲泡的大包装形式，最大为500克/袋。

加工工艺 袋泡茶加工包括茶原料加工和包装两个阶段，其中茶原料加工的主要工艺为：茶叶检测→分筛→风选→拼配→待包装原料茶。袋泡茶原料应注意滋味、香气、汤色等感官品质要求，含水率一般不得超过7%。包装加工的主要工艺为：内包装→外包装→检验→装箱→成品。

（郑红发）

单倍体育种 haploid breeding 利用花药培养等方法诱导产生单倍体，经染色体加倍获得能正常结实的纯合体，从而选育出新品种的育种方法。单倍体是具有配子体染色体组的生物个体。人工诱导产生单倍体的途径主要为：①花药、花粉培养。②离体雌核发育（未授粉子房培养）。③远缘花粉刺激孤雌生殖。④辐射处理的花粉诱导孤雌生殖。对于二倍体生物而言，单倍体植株经染色体加倍后，在一个世代中即可获得纯合的二倍体，从中选出的优良纯合系后代不分离，表现整齐一致，可缩短育种年限。

（洪德林 撰 张志宏 修订）

单丛 single bush 介于全发酵的红茶与不发酵的绿茶之间的半发酵乌龙茶。又称单丛茶。单丛茶在历史上是“单株采制”的特定名称。现代概念的单丛茶是原有“单株采制”的延伸，有单株采制的，也有单丛品系、单丛品种采制的。现代单丛茶主要产地在中国广东省，其中以凤凰单丛、岭头单丛最为出名，其他各地也有陆续推广。单丛成品茶既有绿茶的清香，又有红茶的浓厚滋味，是集花香、蜜香、果香、茶香于一体的浓香型茶叶。独特的制作工艺形成了它特殊的品质——条索紧结，呈乌褐色或灰黄褐色，油润，具有自然的花香、山韵蜜味；汤色橙黄（初制茶）或金黄（精制茶），透彻明亮；滋味醇爽、持久、回甘力强；极耐泡等。

（韦 康）

《澹庵坐上观显上人分茶》 *A Poem of Watching Tea Acrobatics by an Old Monk on a Matting with Dan'an* 七言古诗。中国南宋诗人杨万里作。杨万里（1127～1206），字廷秀，号诚斋，吉水（今江西省吉安县）人。绍兴进士，曾任秘书监。与尤袤、范成大、陆游齐名，称“南宋四大家”。

诗为：“分茶何似煎茶好，煎茶不似分茶巧。蒸水老禅弄泉手，隆兴元春新玉爪。二者相遭兔瓯面，怪怪奇奇真善幻。纷如擘絮行太空，影落寒江能万变。银瓶首下仍尻高，注汤作字势嫖姚。不须更师屋漏法，只问此瓶当响答。紫微仙人乌角巾，唤我起看清风生。京尘满袖思一洗，病眼生花得再明。汉鼎难调要公理，策勋茗碗非公事。不如回施与寒儒，归续茶经传衲子。”

分茶，又名“茶戏”“汤戏”或“茶百戏”。分茶是建立在饮用末茶基础上的技艺。明代以前，中国人大多饮用碾碎的末茶，分茶就是在往茶碗里注水的同时用茶筅击拂拨弄，使茶汤表面的泡沫幻化成鸟兽虫鱼、花草、流云等各种图案。作为一种游戏，分茶有很强的技巧性。宋代陶谷《清异录》：“茶至唐始盛，近世有下汤运匕，别施妙诀，使汤纹水脉成物象者，禽兽虫鱼花草之属，纤巧如画，但须臾即就散灭。此茶之变也，时人谓之茶百戏。”茶百戏与琴、棋、书、画均是士大夫们喜爱与崇尚的文化活动。

到了明代，全叶冲泡取代了末茶点饮，分茶技艺就退出了历史舞台。但是作为一种历史遗存，我们从当代日本抹茶道依稀可见它的面貌。

这首诗不仅写出了显上人分茶技艺的

高超，还将“怪怪奇奇”变幻莫测的物象，以及生清风、洗京尘、明病眼的功效写得别有情趣。（刘伟华）

德宏酸茶 Dehong acid tea 主产于中国云南省德宏州德昂族的特色茶类。又称湿茶或沽茶。酸茶是德昂族长期饮用和食用的一种乳酸菌发酵茶，风味独特。从原料加工和品质等分析，一般认为其是“古老普洱茶”中的一类。德昂族被认为是云南最早的土著民族“濮人”的后裔。德昂族擅长种茶和喜好饮浓茶，几乎家家周围都会种植茶树，因此德昂地区有很多古茶树。德昂族被誉为“古老的茶农”，其最著名的就是德昂族酸茶。

加工工艺 有两种：①土坑法。人类尚未发明使用陶器前，将鲜茶叶采摘后，用新鲜芭蕉叶包裹茶叶，放入事先挖的深坑内埋7天左右，然后将茶叶取出在阳光下揉搓并晒2天，待茶叶稍干时又将其包裹放回深坑内3天，取出晒干便可泡饮。泡饮时使用沸水，其味酸苦，有清洁口腔、清热解暑的功效。做菜用的酸茶则要在第二道工序时多放几天，取出后要在碓臼舂碎晒干。食用时用水泡发后凉拌，其味酸涩回味，使人增加食欲。②陶器法。陶器创制后，便直接利用陶罐腌制酸茶。经采摘、鲜叶验收、装罐密封进窖池发酵等工艺加工制成。

品质特征 为条索状外形，条索规整、圆润、显毫，叶底清晰。由于特殊的发酵制作工艺，致使香气和滋味中拥有的独特酸香（随着年份的增长显现出乳香、桂花香、奶酪香），既有生茶的清香，又有熟茶的柔和，无苦涩感，汤色偏暗红，香气微酸清郁；入口轻柔舒爽，口感丰富，滋味醇厚，过喉温润，柔和清新；饮后回甘生津，类似滇橄榄的回味。

（吕才有）

低咖啡碱茶 low caffeine tea 采用特定技术和方法脱除大部分咖啡碱，并尽可能保留原有效成分和风味的茶叶。低咖啡碱茶是一种适合于对咖啡碱敏感的特定人群，如神经衰弱者、孕妇、老人、儿童等饮用的新型茶类。对于低咖啡碱茶中的咖啡碱含量尚无统一标准，欧美等国家一般要求咖啡碱含量低于0.5%，中国、日本则将咖啡碱含量低于1.5%的茶叶称为低咖啡碱茶。

发展简史 20世纪80年代，低咖啡碱茶首先由德国开发成功，并开发出多种低咖啡碱茶产品。日本于1985年开发出低咖啡碱茶热水浸渍法生产方法。中国于90年代开始研究低咖啡碱绿茶加工技术，并研制成功热水浸渍原理的茶叶咖啡碱脱除机，咖啡碱脱除率为70%左右，其他有效成分可保留90%以上。低咖啡碱茶在欧美市场较为流行，意大利茶叶市场上低咖啡碱茶占30%左右，达到约4000吨；加拿大低咖啡碱茶的销售量占茶叶总销售量的4%，达到500多吨。

生产方式 生产低咖啡碱茶的主要生产方式有热水浸渍法和超临界二氧化碳（CO_2）萃取法两种。

热水浸渍法 利用茶叶中所含有效成分在热水中的溶解速度差异，将茶叶中的咖啡碱脱除，而使其他有效成分尽可能保留的一种方法。茶叶中的可溶性成分咖啡碱特别易溶于80℃以上的热水中，且溶出速度快，而茶多酚、茶多糖、茶氨酸等其他成分溶出速度较慢。将适量鲜叶摊放，投入茶叶咖啡碱脱除机的热水浸渍槽内，当槽内水温达到85℃以上甚至95℃左右时，可使茶叶中的咖啡碱在2～3分钟内快速脱除；同时，由于叶温快速升高，酶活性被钝化，可抑制多酚类物质氧化，完成杀青，保持浸渍叶翠绿。为防止浸渍叶变黄，当温度很高的浸渍叶从热水中捞出后，立即落入浸渍叶冷却机的冷却槽内，槽内装有足够多的冷水，浸渍叶很快被冷却至室温。将冷却叶捞出后装入脱水布袋，投入离心机转筒内，随着转筒高速旋转，浸渍叶大部分叶面水在约1分钟内被甩除。随后送上热风脱水机工作网带的前段，由风温130℃左右的热风穿透叶层蒸发脱水，翻叶装置不断翻叶，以保证脱水均匀。含水率降至60%～65%时进入脱水机网带的后段，由风机吹入冷风进行冷却。当叶温降至30℃左右，浸渍叶便可进行揉捻，然后按各种类型绿茶工序进行加工。例如，揉捻叶用茶叶烘干机进行烘干，可获得具有中国绿茶传统风味的低咖啡碱烘青绿茶；揉捻叶用茶叶烘干机烘二青，然后按炒青绿茶加工工艺进行炒干，则可生产出品质良好，具有绿茶传统风味的低咖啡碱炒青绿茶。热水浸渍法用于低咖啡碱绿茶的加工，成本低、操作简单，缺点是损失了少部分茶叶有效成分，对成品茶的感官品质稍有影响，仅可用于低咖啡碱绿茶的加工。

超临界CO_2萃取法 利用CO_2流体在超临界状态下对咖啡碱溶解度有特殊增加的特性，将超临界状态下的CO_2流体不断在萃取釜和分离釜间循环，从而有效地将咖啡碱从茶叶中分离出来。超临界CO_2萃取法生产低咖啡碱茶的流程为：①将待

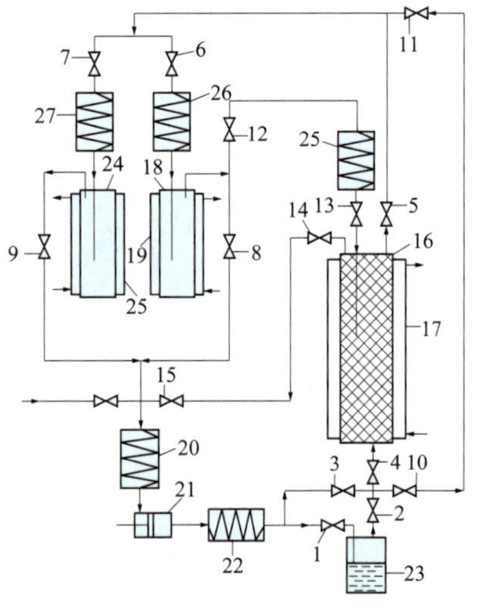

1-15 阀门 16 萃取釜 17,19,25 夹套 18 分离釜1 20,22,26,27 热交换器 21 压缩机 23 水储罐 24 分离釜2

超临界CO_2萃取法从茶叶中脱除咖啡碱流程图

处理的茶叶置于萃取釜中，用不含水的CO_2在萃取压力40兆帕、温度45℃、分离压力6.5兆帕条件下通过第一回路，循环萃取茶叶，可将大部分芳香物质萃取出来收集在分离釜1中。②通过阀门切换，接通与第二个分离釜连通的回路。在第二回路中，超临界CO_2先通过水储罐再进入萃取釜，对原料茶叶继续萃取。在压力25兆帕、温度50℃的条件下，含水CO_2仅溶解咖啡碱，在分离釜2中得到纯度为95%～97%的咖啡碱浅黄色粉末。③切换到第三回路，用压力30兆帕、温度40℃的CO_2带出分离釜1中的芳香物质进入萃取釜，在压力4.5兆帕、温度10℃条件下，其携带的芳香物质释放出来被茶叶吸收，恢复茶叶原有的香味。采用该工艺生产的茶叶仅失去了咖啡碱，而保留了原香、原味和原状（见图）。超临界CO_2萃取法的咖啡碱脱除率高达80%～90%，并基本保持了茶叶原有的品质风味，适用于多种茶类成品茶中咖啡碱的脱除；缺点是设备投资大，生产成本高。

（权启爱）

低温贮藏 cool storage 将园艺产品放在适宜的低温环境中，以延长其贮藏寿命、保持产品品质的贮藏方法。低温贮藏能最大限度地保持园艺产品原有的色、香、味及外观和质地，是各国贮藏园艺产品普遍采用的方法。气调贮藏良好的保鲜效果也须在适宜的低温下才能实现。适当降低贮藏温度可显著降低园艺产品呼吸强度、乙烯的释放量和其他生理生化代谢水平，抑制病原菌活动，延缓成熟与衰老，减少腐烂。

贮藏温度 低温贮藏一般指在机械冷藏库中贮藏，是通过机械制冷来人为控制适宜产品贮藏的温度和湿度。根据不同产品对温度要求的不同，机械冷库分为高温库（0℃左右）和低温库（低于－18℃）两类。用于贮藏新鲜园艺产品的冷库为0℃左右的高温库。

园艺产品在低温环境中贮藏时呼吸强度下降，随着贮藏温度上升，呼吸作用增强，通常在5～35℃时温度每上升10℃，呼吸强度增大1～1.5倍。但不能简单认为贮藏温度越低越好，温度过低则易发生冷害，导致园艺产品品质变劣，腐烂变质，贮藏期缩短。不同种类或品种的园艺产品由于原产地和遗传特性不同，其冷藏适温也有很大差异。一般对低温冷害不太敏感的园艺产品，如苹果、梨、葡萄、甘蓝、花椰菜、豌豆等，最佳贮藏温度为0℃左右；而热带亚热带水果如香蕉、杧果、番木瓜和凤梨等，对低温较为敏感，适宜的冷藏温度为12～15℃。同一种园艺产品，成熟度高的比成熟度低的耐低温能力更强，如未成熟的青香蕉适宜的冷藏温度为13～15℃，但黄熟的香蕉存放在10℃也不会发生冷害。

管理措施 冷库温度管理的宗旨是维持适宜、稳定、均匀的温度，切忌温度波动太大。此外，冷库的湿度、通风换气、产品的合理入贮和堆放对贮藏保鲜效果也有重要影响。

温度管理 为尽快降低产品温度，入库前最好在专门的预冷库预冷后再放进冷库贮藏，以利于产品在贮藏冷库中尽快降温。产品每天的入库量对冷库温度有很大影响，通常设计每天的入库量占库容量的20%左右，超过此限量会明显影响降温速度。园艺产品在冷库堆集过大过密会严重阻碍降温速度，易使堆垛中心的产品较长时间处在高温环境中，缩短贮藏寿命。

通风换气 是机械冷库管理中的重要环节。新鲜园艺产品在冷库贮藏过程中仍在进行各种生命活动，消耗氧气，产生大量二氧化碳和乙烯，不利于贮藏保鲜，因此须将这些不良气体除去。简单易行的方法就是通风换气。通风换气的频率和持续时间视产品的种类和贮藏时间的长短而定，对于新陈代谢旺盛的产品，通风换气的次数要多一些。产品贮藏初期，可适当缩短通风换气间隔时间，如10～15天换气一次；当库温稳定后，可1个月通风换气一次。通风换气要求做到充分彻底。换气一般在库内外温差最小的时间进行，以防止库内外温度不同引起过热或过冷，对产品造成不利影响。生产上常在每天温度相对最低的晚上至凌晨这一时间段进行通风换气，雨天、雾天等外界湿度过大时不宜通风换气，以免库内湿度变化太大。

堆放方式 产品入库的堆放方式会影响产品的散热和冷库降温，堆放的要求是"三离一隙"。"三离"指产品离墙、离地、离天花板，一般产品堆垛距墙20～30厘米；不能直接堆放在地面上，要用地台板架空，以利冷空气在垛下形成循环，有利于产品各部位散热，保持库房各部位温度均匀一致；顶部产品一般离天花板0.5～0.8米，或者低于冷风管道送风口30～40厘米。"一隙"指堆垛与堆垛之间及堆垛内要留有一定空隙。"三离一隙"的目的是使冷库内空气循环畅通，及时排除田间热和呼吸热，保证冷库各位置的产品温度恒定均匀，有利于提高园艺产品贮藏保鲜的效果。（陈维信 李雪萍）

滴灌 drip irrigation 利用专门的设备（滴头）将灌溉水以水滴的形式缓慢湿润作物根部土壤的节水灌溉方法。根据不同的果树种类和种植地区，滴灌系统可分为固定式和半固定式。固定式滴灌包括地面固定式和地下固定式。滴灌的开始和关闭可采用手动控制、半自动控制和全自动控制。

系统组成 滴灌系统由首部、管路和滴头组成。①首部。包括水泵、施肥罐、过滤器、控制与测量仪表等。其作用是抽水、施肥、过滤，以一定的压力将一定数量的水送入干管。②管路。包括干管、支管、毛管，以及必要的调节设备（如压力表、闸阀、流量调节器等）。其作用是将加压水均匀地输送到滴头。③滴头。分为内置式滴头和外置式滴头。根据使用环境（如地表的坡度）和具体的果树树种、树龄等，选择滴头的种类和每小时的出水量。其作用是使水流经过微小的孔道，以点滴的方式滴入土壤中。

管护要求 滴灌对系统管护要求较高，需要注意首部过滤系统的维护，对肥料溶解性的要求也较高。水肥一体化灌溉后需要清水冲洗管道，以防止肥料结晶、藻类生长等造成滴头堵塞。

作用 滴灌与漫灌、喷灌等灌溉方式相比，滴灌更节水，非常适合在缺水地区使用。滴灌也有很高的灌溉效率，无论是人工、半自动还是自动化的滴灌，都能显著降低灌溉者的劳动强度和管护面积，特别适合进行水肥一体化灌溉。中国园艺作物栽培面积大、需水量大，传统的灌溉技术不能满足生产需要。在水资源缺乏、经济发展较快的地区，滴灌技术的应用不仅能够节约用水、提高劳动生产率，还能降低环境空气湿度，减少病虫害的发生，为园艺作物的种植提供良好的环境。

（姜远茂）

涤烦子 Difanzi 中国茶的别称。茶有解渴益思、爽神消烦的功效。唐代李肇《唐国史补》记载："常鲁公使西蕃，烹茶帐中。赞普问曰：'此为何物？'鲁公曰：'涤烦疗渴，所谓茶也。'"唐代诗人施肩吾也有诗句称："茶为涤烦子，酒为忘忧君。"

（于良子）

底圩茶 Dixucha 产于中国云南省广南县底圩乡底圩村的茶树有性系品种。又称广南白毛茶。底圩茶是广南县特有的地方优良茶树品种，具有200多年历史。底圩乡位于云南省东南部，滇、桂交界处。地处东经104°34′，北纬25°17′。地势西高东低，山脉呈南北走向，总面积397平方千米。最高海拔1915米，最低海拔698米，平均海拔1224米。属亚热带大陆季风气候，年平均气温17.9℃，降水量1150毫米；全年气候温和、温差小、霜期短，相对湿度80%～90%，干湿分明；年平均气温17.9℃，有效积温在2000℃以上，无霜期在355天左右。

底圩茶树为灌木型，大叶类，中生种。树势开张。叶形椭圆，叶色深绿，叶面隆起，叶较厚。叶芽黄绿色，茸毛多，一芽三叶，百芽重69.3克。花萼有毛。花小，花冠直径1.8～2.8厘米，花瓣5～6瓣，子房多毛，花柱3裂。果径2.7～3.0厘米，种径1.6厘米。产量中等。抗寒性弱。春茶一芽二叶，含氨基酸20.0%，茶多酚40.4%，咖啡碱5.3%，儿茶素总量13.0%。适制红茶、滇绿茶，品种优良。适宜在滇东南和桂西茶区种植。

（吕才有）

地被植物 cover plant 在林下和林间等环境中能覆盖地面，具有植株低矮、枝叶繁密、枝蔓匍匐、根茎发达和繁殖容易等特点的低矮植物。地被植物不仅包括多年生低矮草本植物，还有一些适应性较强的偃伏性、半蔓生性的灌木和藤本植物。

功能 园林地被植物是园林绿化的重要材料，其功能主要为：①保护环境。包括净化大气，减少尘埃、细菌和风沙的为害，调节温度、湿度和日光辐射，保持水土、固堤护坡、减少杂草丛生等。②观赏。除提供大面积的园林景观外，小面积的园林地被植物栽植于树下、湖边、石畔及花坛边，还可起到增加植物层次，陪衬、装饰园景的作用。③提供经济收益。有的园林地被植物兼可提供药材（如麦冬等）、香料（如留兰香等）、纤维（如马蔺等）、蔬菜（如金针菜等）等产品，从而增加园林收益。

类别　常按生态习性划分不同类型，为选择应用提供依据。一般是喜光、耐践踏的种类宜植于坡脚、路边人流较多处，如马蔺等；喜光又稍耐阴的种类宜作花坛、树坛等的边饰和在石际栽植，如萱草、鸢尾、葱兰、韭兰等；耐半阴的半蔓性或典型藤木，可植于土坡、石际、岸边、林缘等处，如偃柏、铺地柏、薜荔、金银花等；耐阴湿的种类宜树下栽植，如常春藤、石菖蒲等。此外，还有耐干旱、贫瘠环境的沿阶草、石蒜、苔草和百里香等。按主要功能及栽植地点，可分为防护地被，固堤护坡地被，林下阴生地被，树坛、花坛、花带镶边地被，岩石、假山地被，观花及其他特殊地被。按植物生活型，可分为宿根地被，球根地被，一、二年生地被，灌木地被和藤本地被等。

繁殖栽培　多采用播种、扦插、分株等方法繁殖。栽培较粗放，关键在于选用合适的植物种类和恰当的栽植地点。

（车代弟）

地方品种　local cultivar　在当地自然或栽培条件下，经长期自然或人为选择形成的品种。又称农家品种、传统品种、地区性品种。地方品种对当地自然或栽培环境具有较好的适应性。例如河北定州鸭梨、山东莱阳仕梨、安徽砀山酥梨、重庆江津锦橙、广东新会甜橙、广东潮州蕉柑、广东龙门年橘、广东阳春马水橘、广东紫金春甜橘、广东四会砂糖橘、广东四会贡柑、广东新会大红柑、广东化州化橘红、福建闽侯雪柑、福建漳州改良橙、广西容县沙田柚、江西南丰蜜橘、浙江黄岩本地早橘、浙江常山胡柚、广东郁南无核黄皮、浙江楚门文旦、福建漳州乌叶荔枝、福建莆田陈紫荔枝、福建永春岵山晚荔荔枝、广东阳东双肩玉荷包荔枝、广东高州马贵荔荔枝、广东高州荷花大红荔荔枝、广东东莞岭丰糯荔枝、广东东莞唐夏红荔枝、广东东莞观音绿荔枝、广东珠海御金球荔枝、广东增城北园绿荔枝、广东惠来红脆糯荔枝、广东普宁玲珑荔枝、福建普明庵龙眼、福建东壁龙眼、广东高州储良龙眼、广东普宁冬节圆橄榄、河北赞皇大枣等。

（胡桂兵）

地锦　Boston ivy; *Parthenocissus tricuspidata*　葡萄科地锦属木质藤本。地锦分布于中国吉林、辽宁、河北、河南、山东、安徽、江苏、浙江、福建等省及台湾地区。

小枝圆柱形，几无毛或微被疏柔毛。卷须5～9分枝，相隔2节间断与叶对生。卷须顶端嫩时膨大呈圆珠形，后遇附着物扩大成吸盘。叶为单叶，倒卵圆形，通常3裂，幼苗或下部枝上叶较小，长4.5～17厘米，宽4～16厘米，顶端裂片急尖，基部心形，边缘有粗锯齿，上面绿色，无毛，下面浅绿色，无毛或中脉上疏生短柔毛。叶柄长4～12厘米，无毛或疏生短柔毛。花序着生在短枝上，基部分枝，形成多歧聚伞花序。萼碟形，边缘全缘或呈波状，无毛。花瓣5，长椭圆形。果实球形，有种子1～3颗。种子倒卵圆形，顶端圆形，基部急尖成短喙。种脐在背面中部呈圆形，腹部中棱脊突出，两侧洼穴呈沟状，从种子基部向上达种子顶端。花果期5～10月。

图1　地锦

图2　地锦的叶

图3　地锦的卷须

图4　地锦的花

图5　地锦的果实

图6　地锦的种子

喜阴，耐寒，对土壤及气候适应能力很强，生长快。对氯气抗性强。常攀附于岩壁、墙垣和树干上。

地锦是著名的垂直绿化植物，既能美化墙壁，又能防暑隔热，可在宅院墙壁、围墙、庭院入口处、桥头石垅等处配置。根、茎入药，能祛瘀消肿。

（于晓南）

地膜覆盖栽培　plastic mulch cultivation　将专用塑料薄膜（地膜）贴盖于栽培地表面以促进作物生长发育的栽培方式。主要用于蔬菜、果树、花卉等园艺作物，玉米、马铃薯等粮食作物，以及棉花等经济作物的栽培。1951年日本开始试验用塑料薄膜代替油纸和玻璃铺于地面或搭成塑料大棚，进行蔬菜栽培。此后，美国、法国、意大利等国先后将其用于栽培园艺作物。1978年中国从日本引进地膜覆盖栽培技术，地膜覆盖在中国已经普及到园艺作物、经济作物和粮食作物的栽培。

作用　地膜覆盖栽培对农作物耕作层的生态环境能起到综合改善的作用，协调水、热、气和生物等因子间的关系。其效应主要表现在：①提高地温。由于地膜的阻隔，可减少热量向大气中散失。春季覆盖地膜可使耕作层地温提高2～4℃。②保墒。地膜覆盖后阻止土壤水分蒸发到大气中，有利于保持土壤水分，达到保墒效果。③改善土壤理化性状。覆盖后由于土壤温度和水分状况得到改善，促使土壤有机质分解，养分增加，容重减轻，孔隙度增加。④改善株行间光照条件。地膜有一定的反光作用，能增强植株中、下部光照强度，有利于果实着色。应根据不同栽培季节和栽培目的选择合适的地膜，春季栽培宜用白色地膜以提高地温，夏秋季栽培宜用黑色地膜达到除草效果，银灰色地膜具有驱避蚜虫的效果。2018年5月起实施的中国国家标准GB 13735—2017《聚乙烯吹塑农用地面覆盖薄膜》规定，地膜厚度不得小于0.01毫米，偏差不得高出0.003毫米、低出0.002毫米。

应用　地膜覆盖栽培方式主要有高畦（或高垄）和平畦覆盖两种。高畦是地膜覆盖的基本形式，一般畦高10～15厘米。栽培豆类蔬菜和绿叶蔬菜等多采用直播，可盖膜后打孔播种，也可先播种后盖膜。茄果类、甘蓝类和瓜类蔬菜等多采用育苗移栽方式，可先移栽后盖膜，也可先盖膜后移栽；若采用机械化移栽，则都是先盖膜后移栽。作畦（垄）、平整畦面（垄面）、镇压、铺设滴灌带、盖地膜、压土封膜等作业最好一次连续完成，以减少土壤水分散失。覆盖地膜可采用人工覆盖和机械覆盖，后者多用地膜覆盖机，可大大提高工作效率。

生产实践表明，地膜覆盖栽培技术一般可增产30%～50%，有的可增产一倍以上。春季地膜覆盖后，可提早7～15天上市；而且农产品的质量也有所提高，如蔬菜商品果率提高，**西瓜**、**甜瓜**等瓜果含糖量提高等。　（别之龙）

帝王花　king protea; *Protea cynaroides*
山龙眼科帝王花属多年生常绿灌木。又称普蒂亚花。帝王花分布于南非，是南非共和国的**国花**，南非民众非常喜爱并普遍种植。可以适应不同的土壤类型，从海平面到海拔2000米的高山均有分布。

植株成熟时高约1米。具有粗壮的茎和有光泽的叶片。其鲜花实际是一个花球，直径12～30厘米，有许多花蕊，苞叶较大，色彩鲜艳，在乳白色到深红色之间变化。在一个生长季内，一株大而粗壮的帝王花植株能开出6～10个花球，个别植株能开出40个花球。喜温暖、稍干燥和阳光充足的环境，不耐寒，宜爽水，忌积水，要求疏松和排水良好的酸性土壤。冬季温度一般不低于7℃，个别品种可耐零度左右的低温。幼苗的土壤需要排水好。在生长期中，夏季需要凉爽干燥的气候，烈日时适当遮阴，适宜生长温度为27℃；冬季需要温暖、充足的阳光，以及稍高的空气湿度环境。

图1　帝王花

图2　帝王花的叶

图3　帝王花的花

帝王花可用于盆栽观赏、**鲜切花**和干花，具有较高的观赏价值。此外，花可入药，具有促进消化、松弛神经、发汗利尿、降血压、改善睡眠的作用，对减轻感冒发烧、缓解鼻黏膜炎、喉痛及预防动脉硬化等有作用。　（张敬丽　刘云礼）

滇红工夫茶　Yunnan Congou black tea
产于中国云南茶区的条形**红茶**。中国著名红茶，是中国**工夫红茶**的后起之秀，以外形肥硕紧实，金毫显露和香高味浓的品质独树一帜。滇红工夫茶创制于1939年，是以云南大叶种为原料生产加工的红茶。

分布范围　滇红产于滇西、滇南两个自然区。滇西茶区包括临沧、保山、德宏、大理四个州（地区），系滇红的主产区，其中风庆、云县、双江、临沧、昌宁等县，占滇红产量的90%以上。滇南茶区是茶叶发源地，含思茅、西双版纳、文山、红河四个州（地区），滇红产于西双版纳和景洪、普文等地。

自然环境　滇红茶产地群峰起伏，平均海拔1000米以上。年平均气温17～22℃，年积温6000℃以上，昼夜温差悬殊；年平均降水量1200～2000毫米，相对湿度在80%以上。森林茂密，落叶枯草形成深厚的腐殖层，土壤以砖红壤与赤红壤为主，pH4.5～5.5，疏松腐质土深厚，有机含量高。得天独厚的茶叶生产的自然条件，使茶树高大，芽壮叶肥，着生茂密白毫，即使长至5～6片叶，仍质软而嫩。

加工工艺　制作采用优良的云南大叶种茶树鲜叶，采摘一芽一叶和少量初展的一芽二叶，先经室内匀撒薄摊自然萎凋、揉捻或揉切、发酵、烘烤等工序制成成品茶，再加工制成滇红工夫茶。

滇红茶在加工过程中发生了以茶多酚促氧化为中心的化学反应，鲜叶中的化学成分变化较大，茶多酚减少90%以上，产生了茶黄素、茶红素等新的成分。因采制时期不同，其品质具有季节性变化，一般春茶比夏、秋茶好。春茶条索肥硕，身骨重实，净度好，叶底嫩匀。夏茶正值雨季，芽叶生长快，节间长，虽芽毫显露，但净度较低，叶底稍显硬、杂。秋茶正处干凉季节，茶树生长代谢作用转弱，成茶身骨

图1　滇红工夫茶

图2 滇红工夫茶茶汤

轻，净度低，嫩度不及春、夏茶。滇红工夫茸毫显露为其品质特点之一。其毫色可分淡黄、菊黄、金黄等类。风庆、云县、昌宁等地工夫茶，毫色多呈菊黄；勐海、临沧、普文等地工夫茶，毫色多呈金黄。同一茶园春季采制的一般毫色较浅，多呈淡黄，夏茶毫色多呈菊黄，唯秋茶多呈金黄色。

品质特征　外形条索紧结，肥硕雄壮，干茶色泽乌润，金毫特显，内质汤色红浓透明，滋味浓厚鲜爽，香气鲜郁高长，叶底红匀明亮。

销售区域　内销中国各大城市，外销俄罗斯、波兰等东欧各国和西欧、北美等多个国家和地区。（吕才有）

滇红碎茶　Yunnan broken black tea　产于中国云南茶区的红碎茶。滇红碎茶是以云南大叶种为原料生产加工的红茶，主要有分级红茶和压碎－撕裂－卷曲（CTC）茶。滇红碎茶是一种碎片或颗粒茶叶，是国际茶叶市场的大宗产品。滇红碎茶于1958年试制成功，1964年开始批量生产。因在加工过程中要将条形茶切成短细的碎茶，所以得名红碎茶。

加工工艺　采摘幼嫩的云南大叶种一芽二叶开展、一芽三叶初展和同叶质嫩度的单叶、**对夹叶**为原料，初制经萎凋、揉切、发酵、干燥四道工序；精制视档次品质，经筛、风、拣等手段，把老嫩、粗细、长短、轻重分开，再汰除梗杂，分清叶、碎、片、末，按品质档号装箱出厂。

品质特征　外形颗粒重实、匀齐、纯净，色泽油润，金毫特显；内质香气甜醇，汤色红艳，金圈突出，冲泡牛奶后呈乳色棕红或粉红，滋味鲜爽浓强，香气高锐持久，叶底红匀明亮。

产品分类　毛茶分一至五级，各级分两个等。成品红碎茶分叶茶、碎茶、片茶、末茶四种花色，各花色又视其品质优次，分高、中、低档，各档又视其体型大小、品质特点分1～5号，共17个茶号，其花色有叶一（FOP）、叶二（OP）、碎一（FBOP）、碎二高档（BOP_1A）、碎二中档（BOP_1B）、碎二低档（BOP_1C）、碎三高档（BOP_2A）、碎三中档（BOP_2B）、碎三低档（BOP_2C）、碎四高档（BOP_3A）、碎四中档（BOP_3B）、碎四低档（BOP_3C）、碎五（BOPF）、片一（F_1）、片二（F_2）、末一（D_1）、末二（D_2）。

销售地区　主销西欧、北美、中东等国家和地区。（吕才有）

点茶　diancha; make tea　中国宋代末茶的品饮方法和技艺。唐代盛行末茶煮饮。宋代末茶品饮时不再入锅煮，而是置盏瓯中用沸水冲点。苏轼《和子瞻煎茶》有句：“相传煎茶只煎水，茶性仍存偏有味。”末茶点饮法肇始于晚唐五代。成书于晚唐的苏廙《十六汤品》，就讲到“注汤”“下汤”“汤器”“调茶”，都是有关点茶的技法和器物。

末茶点饮技法，蔡襄《茶录》有记，需经炙茶、碾茶、罗茶、候汤、熁盏、点茶等步骤。点茶优劣在乎沫饽多寡，点茶技法全在注汤和击拂。宋徽宗赵佶《大观茶论》有点茶七法，详述注汤击拂之技：先量茶受汤，将末茶调膏，调如融胶。第一汤环注盏畔，勿使侵茶，先须搅动茶膏，渐加击拂。击拂时要手轻筅重，指绕腕旋，上下透彻，此时茶汤如酵糵之起面，汤面泛起疏星朗月。第二汤自茶面注入，周回一线，急注急止，着力击拂，可见茶汤色泽渐开，汤面若珠玑磊落。第三汤注汤量如前，击拂渐贵轻匀，周环旋复，茶汤表里洞澈，汤面呈现粟文蟹眼。第四汤汤量尚啬，击拂时茶筅上提，以筅梢轻转，宽而勿速，此时汤面焕发清真华彩，云雾渐生。第五汤注汤后，击拂时茶筅可稍纵，动作宜轻匀而透达，汤面浚霭凝雪，茶色尽矣。第六汤注汤后，茶筅只需着居缓绕拂动而已。汤面沫饽丰满，茶筅立于汤面，提起即观乳点勃结。第七汤则视茶汤轻清重浊、稀稠得中，可欲则止。品饮时宜匀其轻清浮合着的沫饽，这是茶汤的精华所在。《桐君录》曰：“茗有饽，饮之宜人。”宋徽宗《大观茶论》中所说的竹制茶筅，此前多家**茶书**中均无记载。其时击拂茶汤多用茶匙。

宋代茶有两大类：一类是团片茶，另一类是芽叶散茶。点茶用盏，从宋代茶事绘画作品中可看到有两种，一种是小盏，另一种是大瓯。宋徽宗赵佶《**文会图**》下方所绘备茶场景中侍童手托的茶盏，南宋林庭珪、周季常《五百罗汉图·喫茶》中罗汉手中所执茶盏，都是小盏。南宋刘松年《**撵茶图**》桌上置的是大茶瓯。

明代废团饼盛行芽叶散茶**撮泡法**后，点茶不再流行。2015年杭州市上城区茶文化研究会将点茶申报非物质文化遗产保护项目并获批准，列入区级非物质文化遗产名录。（阮浩耕）

点地梅　rock jasmine; *Androsace* spp.　报春花科点地梅属植物的统称。点地梅属约有100种，广布于北半球温带。中国有71种和7变种，主要产于四川、云南和西藏等省（自治区），西北、华北、东北、华东及华南亦有少量种类分布。

点地梅

多年生或一二年生小草本。叶同型或异型，基生或簇生于根状茎或根出条端，形成莲座状叶丛，极少互生于直立的茎上。叶丛单生、数枚簇生或多数紧密排列，使植株成为半球形的垫状体。花组成伞形花序生于花葶端，很少单生而无花葶。花萼钟状至杯状，5浅裂至深裂。花冠白色、粉红色或深红色，少有黄色，筒部短，通常呈坛状，约与花萼等长，喉部常收缩成环状突起，裂片5，全缘或先端微凹。雄蕊5，花丝极短，贴生于花冠筒上。花药卵形，先端钝。子房上位，花柱短，不伸出冠筒。蒴果近球形，5瓣裂。种子通常少数，稀多数。

点地梅属的许多种类是典型的高山植物，植株矮小，形成密丛或垫状体，花色艳丽，适合布置**岩石园**或作为盆栽供观赏。亦有少数种类作为民间草药。（王　雁）

吊兰　tufted bracketplant; *Chlorophytum comosum*　天门冬科吊兰属多年生草本植物。吊兰原产于南非，中国各地均有栽培。常见的栽培变种有金心吊兰、银边吊兰、金边吊兰等。

根状茎，茎短，具簇生的圆柱形肉质须根。叶条形至条状披针形，基部抱茎，

图1 吊兰

图2 吊兰的根

图3 吊兰的花

图4 吊兰的果实

较坚硬。花葶从叶腋抽出，弯垂，花后变成匍匐枝，顶部萌发出带气生根的新植株。总状花序单一或分枝，花白色。花期春、夏间，冬天室内如温度适宜也可开花。

吊兰喜温暖、半阴和空气湿润的环境。适宜疏松、肥沃的砂质壤土。夏季忌强光直射。在温度15～25℃时生长迅速，冬季不低于5℃能安全越冬。通常分株繁殖。换盆时，可将过密的根状茎劈开栽植，也可随时剪取花葶带气生根的幼枝直接栽于基质中。冬天应放入室内，并注意保温。春天可移出室外，置于半阴处，夏、秋季要避强光直射。

吊兰是最常见的室内盆栽观叶植物，宜置于架上或吊盆内供人观赏。

（葛　红　贾瑞冬）

丁香 lilac; *Syringa* spp. 木犀科丁香属落叶灌木或小乔木的统称。丁香全属约20种，中国产16种，以秦岭及西南地区所产种类较多。野生种多分布在山地，栽培地区则主要在北方各省。丁香是中国传统庭园花木，有关丁香花较早的文字记载见于唐代诗词。因花筒细长如钉，且花芳香而得名。

图1 丁香

图2 丁香的叶

图3 丁香的花

图4 丁香的果实

植株高2～8米，叶对生，全缘或有时具裂，罕为羽状复叶。花两性，呈顶生或侧生的圆锥花序，花色紫、淡紫或蓝紫，偶见白色。花冠细漏斗状，具深浅不同的4裂片。蒴果长椭圆形，室间开裂。

喜充足阳光，也耐半阴。适应性较强，耐寒、耐旱、耐瘠薄，病虫害较少。以排水良好、疏松的中性土壤为宜，忌酸性土，忌渍涝、湿热。对氟化氢有较强的抗性，对煤气和其他有害气体也有一定的抵抗力。以播种、扦插繁殖为主，也可用嫁接、压条和分株繁殖。

丁香花为冷凉地区普遍栽培的花木，花序硕大、开花繁茂、花淡雅芳香，习性强健，栽培简易，适于种在庭园、居住区、医院、学校等园林绿地及风景区。可孤植、丛植或在路边、草坪、角隅、林缘成片栽植，也可与其他乔灌木尤其是常绿树种配植，个别种类可作花篱。亦可盆栽、做盆景或做切花。

（陈龙清　赵凯歌）

冬瓜 wax gourd; *Benincasa hispida* 葫芦科冬瓜属一年生攀缘草本植物。又称白瓜、白冬瓜、东瓜。主要以果实供食用。冬瓜原产于中国南部及东南亚、印度等地。中国从秦汉时的《神农本草经》就有栽培记载，3世纪初张揖撰《广雅·释草》也有冬瓜的记载。《齐民要术》中记述了冬瓜的栽培及酱渍方法。日本在9世纪已

图1 冬瓜

图2 冬瓜的花

图3 冬瓜白色的中果皮为可食部分

图4 冬瓜的种子

有记录。16世纪印度有冬瓜的记载，截至1988年已遍及全印度。欧洲于16世纪开始栽培，19世纪由法国传入美国。20世纪70年代以后由中国传入非洲。冬瓜栽培仍以中国、东南亚和印度等地为主。

形态和类型 主根和侧根发达。茎蔓生，五棱，中空被绒毛。茎蔓各节可发生侧蔓、花芽和卷须。叶柄粗壮，叶片宽大，掌状，5～7裂。雌雄异花同株，花单生，个别品种为两性花。瓠果，幼嫩时被有茸毛，成熟时减少，有的还被白色蜡粉。中果皮白色，厚3～6厘米，为可食部分。种子近椭圆形，种皮光滑或有突起边缘，千粒重50～100克。

冬瓜按果实形状可分为扁圆形、短圆

图5 冬瓜支架栽培

图6 干燥的冬瓜果皮可入药

筒形和长圆筒形。按果实表皮颜色和蜡粉有无，分为青皮和白皮（粉皮）。按果实大小分为小果型和大果型。小果型冬瓜早熟或较早熟。第一雌花发生节位一般在第10节左右，个别品种在第3～5节发生雌花。开花至成熟约需30天。每株结果3～5个或更多，多采收嫩果，单果重2～5千克，扁圆、近圆或长圆形，被蜡粉。大果型冬瓜多中熟或晚熟。主蔓一般在15节发生第一雌花，以后每隔5～6节发生一个或两个雌花。开花至成熟需40～50天。每株结果1～2个，一般单果重10～20千克甚至50千克。采收成熟果。短圆柱形或长圆柱形，果皮青绿色或被白色蜡粉。

节瓜是冬瓜的一个变种。别名毛瓜。主要分布于中国台湾地区、广东和广西，以广东栽培最多。形态和生长习性与冬瓜相近。茎蔓较细，叶片较小而薄，主蔓和侧蔓均可结瓜。一般开花后7～10天，果重0.25～0.5千克时采收嫩果食用。

栽培 冬瓜耐热，20～30℃为生长发育适温，35℃仍生长良好。种子发芽适温为30℃左右。10℃以下易受冷害。15℃以下坐果率低，果实发育缓慢。对光周期的反应不敏感，日照长短对开花无明显影响。一般在春暖后播种育苗，华南地区也可在秋季栽培。有爬地、搭棚和支架三种栽培方式。栽培密度因品种、栽培方式及栽培季节而异。一般每亩栽植300～500株，支架栽培栽植700～800株，节瓜栽植2000～3000株。冬瓜的生长期长，从播种到收获结束共需120～150天。须多施基肥，增施磷肥。结果的前、中期更需要充分施肥。主要病害有疫病、炭疽病、白粉病、日灼病等，表面被白粉的果实抗日灼病能力较强。害虫有蚜虫、瓜亮蓟马等。

用途 果实含水分95%～97%，可溶性糖3%～5%，每100克鲜重含维生素C 12～18毫克。味清淡，是盛夏季节深受欢迎的蔬菜。可加工成冬瓜干、脱水冬瓜、糖冬瓜等。 （叶志彪）

冬寒菜 Chinese mallow; *Malva verticillata*
锦葵科锦葵属二年生草本植物。又称冬葵、葵菜、滑菜、冬苋菜。古称“葵”。以幼苗和嫩梢供食用。冬寒菜原产于中国，华北、东北、长江流域、华南、台湾等地均有栽培，其中以湖南、江西、福建等地栽培较多。日本、朝鲜半岛自古以来作为蔬菜栽培，印度、欧洲、埃及等地也有分布。

形态和类型 根系发达，茎直立，株高80～150厘米，分枝性强。叶圆形，基部心形，掌状5～7浅裂，裂片短而广、钝头，叶面微皱褶，叶缘波状，叶柄长，互生。茎叶均被白色绒毛，叶脉基部绒毛更多。花小具短柄，花簇生于叶腋，紫白色或淡红色。蒴果，扁圆形。种子小，黄白色，肾形，扁平，表面粗糙，千粒重约8克。冬寒菜按茎的不同颜色可分为紫梗和白梗两类，如南平红葵菜、福州白梗葵菜等。

冬寒菜

栽培 喜冷凉湿润，不耐霜冻，不抗炎热。喜排水良好、疏松肥沃的土壤，忌连作。采用种子繁殖，春、秋季露地栽培。在冬季温暖地区，春季于2月、秋季于9～10月播种，播后50天左右开始间拔或采摘嫩梢上市。北方地区春季应在终霜后播种，秋季宜在早霜来临前结束生长。也可在冬春季进行设施栽培。

用途 富含胡萝卜素（898毫克/100克鲜样）、维生素C（55毫克/100克鲜样）和钙、磷等矿物元素。性寒，具有清内热、利肝胆、明目及利尿、催乳、润肠、通便等保健功能；脾虚肠滑者忌食，孕妇慎食。可凉拌、炒食、做汤、煮粥，食用时口感滑润。（郭世荣）

冬青卫矛 Japanese euonymus; *Euonymus japonicus* 卫矛科卫矛属常绿灌木或小乔木。又称大叶黄杨。冬青卫矛株高4米。小叶绿色，稍有棱，叶狭椭圆形、卵形或

图1 冬青卫矛

图2 冬青卫矛的叶

图3 冬青卫矛的花序

图4 冬青卫矛的果实

倒卵形，表面浓绿有光，革质，边缘有钝齿，两面无毛。花白绿色，5～12朵花成聚伞状花序，生于枝条上部的叶腋。蒴果扁球形，淡粉红色，熟时开裂，露出橘红色假种皮。

可通过扦插及播种方式繁殖，生长缓慢的品种可用嫁接。喜温暖、背风向阳的环境，稍耐阴。喜生长于肥沃、透水良好的土壤。

冬青卫矛在中国南方各省及华北南部普遍栽培。枝叶繁茂，耐修剪，耐移植，多用作绿篱，或修剪成球形，为上好的绿篱材料。主要栽培品种有银边大叶黄杨（var. *albomarginatus*）、银心大叶黄杨（var. *argenteovariegatus*）、金边大叶黄杨（var. *aureomarginatus*）、金心大叶黄杨（var. *aureovarigatus*）等。

（赵世伟）

冻藏 frozen storage 果蔬沟藏和窖藏的特殊形式。适用于耐寒性强的果蔬，如柿子、苹果以及菠菜、芫荽、油菜、芹菜等。冻藏是在入冬上冻时，在背阴处选择与遮阴物平行的地方挖浅沟，沟宽25～30厘米，深度与菜的高度相同或稍浅，沟与沟之间的距离为20厘米左右。将蔬菜扎捆，根朝下直立摆放在沟内，果实直接放入沟内，以3～4层为宜。将干土撒在果蔬上，土的厚度以刚把果蔬盖住为宜。以后随温度的下降，分次覆土，覆土要做到平实无缝，起到防风保湿作用，使沟内的果蔬产品呈微冻状态。贮藏温度在0℃以下，可以有效地抑制果实的新陈代谢和微生物的活动。冻藏的果蔬在食用或出售前3～5天进行解冻，解冻应缓慢进行，否则果蔬会呈水烂状，汁液外渗。解冻后的产品不能长久贮藏。

虽然冻藏与冷藏都是应用低温对果蔬进行保鲜，然而两者却有明显的区别。冷藏是0℃以上的低温保鲜，果蔬依然有生命活动。冻藏则是放在0℃以下的低温进行保鲜，果蔬产品已经冻结，生命活动基本中止或很微弱。冻藏果蔬与速冻果蔬也有区别。速冻果蔬是新鲜果蔬经挑选、去皮、切分和漂烫等预处理后，在－30℃以下的低温环境中使果蔬产品在30分钟之内迅速冻结，中心温度达到－18℃，并在－18℃以下的低温中贮藏和流通的果蔬加工产品。（张昭其）

冻顶乌龙茶 Dongding oolong tea 产于中国台湾地区南投县鹿谷乡冻顶山的半球形包种茶。属于半发酵茶。冻顶乌龙茶原产地为中国台湾地区鹿谷乡，凤凰村、永隆村、彰雅村（冻顶巷）为核心产区。茶区海拔600～1000米，空气湿度较大，终年云雾笼罩。冻顶山上山高林密土质好，栽种的青心乌龙茶等良种茶树生长茂盛。

生产简史 冻顶山产茶历史悠久，据《台湾通史》载："水沙连之茶，色如松萝，能避瘴去暑，而以冻顶为佳，惟出产无多。"相传，清嘉庆（1796～1820）年间台湾地区南投县鹿谷乡有个叫林凤池的秀才，要渡海到福建考试，当地善士林三显得知他缺乏盘缠便解囊相助，使林凤池得以成行。后来，林凤池得中举人，为报答林三显恩德，从福建武夷山带回36株乌龙茶苗，送给林三显24株栽于冻顶山上，另外12株由林三显栽在"麒麟潭"边的冻顶山上，冻顶乌龙由此得名。经过150多年的精心培育，冻顶乌龙茶已经成为台湾地区精品名茶的代名词。

加工工艺 冻顶乌龙茶一年四季均可采摘。春茶采期从3月下旬至5月下旬，夏茶采期从5月下旬至8月下旬，秋茶采期从8月下旬至9月下旬，冬茶采期从10月中旬至11月下旬。采摘未开展的一芽二、三叶嫩梢。采摘时间每天上午10时至下午2时最佳，采后立即送工厂加工。

冻顶乌龙茶的加工工艺十分讲究。鲜叶为青心乌龙等良种芽叶，经晒青、晾青、摇青、炒青、揉捻、初烘、多次反复团揉（包揉）、复烘、焙火等工艺制作而成。初制以做青为主要程序，做青经轻度发酵，将采下的茶青在阳光下暴晒20～30分钟，使茶青软化，水分适度蒸发，以利于揉捻时保护茶芽完整。萎凋时应经常翻动，使茶青充分吸氧产生发酵作用，待发酵到产生清香味时，即进行高温杀青。随即进行整形，使条状定型为半球状，再经过风选机将粗、细、片完全分开，分别送入烘焙机高温烘焙，以减少茶叶中的咖啡碱含量。

品质特征 茶叶制作过程经过团揉，外观紧结成半球形，色泽墨绿，边缘隐隐金黄色。茶汤金黄亮丽，偏琥珀色，带熟果香或者浓花香，味醇厚甘润，喉韵回甘十足，带明显焙火韵味。茶叶展开，外观有青蛙皮般灰白点，叶间卷曲成虾球状，

叶片中间淡绿色叶底边缘镶红边，称为“绿叶红镶边”或“青蒂、绿腹、红镶边”。入口圆滑甘润，饮后口颊生津、喉韵悠长。头饮浓郁甘醉，高香扑鼻；二饮醉正鲜爽，幽香芬芳；三饮余香不断，仍有茶韵回味。饮过之后，齿颊留芳。根据成茶品质和采制时间的不同，冻顶乌龙茶分为特选、春、冬、梅、兰、竹、菊七个等级产品。其中，春茶品质最佳，香高味浓，色艳；秋、冬茶次之，夏茶品质稍逊。

（江用文）

冻害 freeze damage 植物受0℃以下低温环境影响，因部分器官或整个植株体温下降到其生存所能忍耐的下限温度而造成的灾害。在中国，冻害一般在北方不同地区频繁和严重发生；在长江流域、华南和西南地区，果树冻害在个别较寒冷的冬季和严重寒流时也会发生。东北地区果树越冬期较长，冻害主要发生在10月至次年3月；华北、华中、西北和江淮流域主要发生在11月至次年2月；华南中北部主要发生在12月至次年1月。冻害会造成果树生长延迟或停止、部分组织死亡、产量损失，甚至导致整株、整园果树死亡。

危害类型 果树冻害主要包括：①幼树或嫩枝冻害。因发育不成熟、组织不充实、保护组织不发达，幼树或嫩枝在受冻后变褐并干枯死亡。北方地区休眠幼树和一年生枝的抽条常和冻害相关。南方地区幼树和嫩枝的冻害是严重寒流造成冻害的主要伤害形式。②枝条和丫杈冻害。冬季严寒造成老枝木质部外围及丫杈处发生冻害，表现为皮层下陷或开裂，次年枝条生长不正常。③主枝和主干干裂。冬季昼夜温差过大时，白天南面阳光直射的果树皮层可升至20℃，北面背阴处皮层则与环境气温大致相同，因内外张力不均而导致树干皮层开裂。④根茎和根系受冻。因进入休眠期较晚，或解除休眠较早、气温变化剧烈，果树根茎和根系皮层易受冻变褐或变黑，皮层与木质部分离甚至脱落。不少果树的根系不如休眠枝和休眠芽抗冻，冬季低温造成根系冻死，次年果树不能萌芽。⑤花芽冻害。果树的花芽在冬季或早春遇到冻害，轻则花原基受冻，花器发育迟缓或畸形；重则全部花芽干枯死亡，不能正常开花结果。

冻害指标 不同种类的果树越冬期发生冻害的低温临界指标差异较大，如核桃越冬期可耐－30～－25℃，柿树可短暂耐－20～－18℃；而生长于亚热带的常绿果树枇杷则要求冬季最低气温不低于－9℃。同类果树不同品种间抗冻性也有一定差异。同一株果树的不同器官冬季可耐受的低温临界值也不同。如珠三角杧果遇－1.5～0℃低温时，顶梢和花穗受冻；遇－2.0～－1.5℃低温时，一二年生枝条受冻枯死；遇－3.0～－2.0℃低温时当年无法结果；遇低于－4.0℃低温时，整株成龄树冻死。

防御措施 冻害是农业气象灾害的一种，防御措施主要包括：①农业技术措施。应选择在地势较高、背风向阳的地方栽植果树，每隔50～60米应栽植一道防风林带。通过水肥管理来提高果树防冻抗寒能力。②物理措施。冬季和冻害来临前采用包裹树干和主枝、培土或地表覆盖、果园灌溉、树干涂白等措施，如北方地区葡萄埋土防寒是广泛使用的防止和减少冻害的栽培措施。③化学措施。发生冻害前，在春季果树萌芽前喷施0.1%～0.2%青鲜素液或萘乙酸钾盐（250～500毫克/千克水）溶液，可抑制芽的萌动，推迟花期3～5天；在果树萌芽初期喷施0.5%氯化钙，可推迟花期4～5天，以减少冻害的损失。④生物措施。加强对果树病虫害的防治，科学分析和掌握果树病虫害发生的规律、症状和防治方法，对增强树势、提升果树抗冻能力至关重要。

（管清美）

洞庭碧螺春茶 Dongting Biluochun tea 产于中国江苏省苏州市吴中区太湖的东洞庭山及西洞庭山的炒青绿茶。洞庭碧螺春茶得名于清代（1700年左右），俗称吓煞人香。相传因产于碧螺峰，并经由康熙题名而闻名全国。旧时也作“碧萝春”，有“色玉香兰”之说。是中国国家地理标志保护产品。

产地环境 太湖的东洞庭山和西洞庭山产茶历史悠久。茶园风物清嘉，太湖环绕，山水环抱，果茶间作，生态环境适宜。茶树发芽早，清明前就可开采，谷雨结束。

生产标准 以人工炒制为主，传统炒制工序（1952年前工艺）有杀青（朴）、炒揉（勘）、搓团、沥汁、焙干等五道工序。其中沥汁是在紧握茶叶能挤出茶汁时，将茶叶起锅放在布袋内，在清水中漂洗，这道工序虽然因洗去茶叶表面茶汁，避免炒制结锅焦，但却使茶味淡薄，影响品质。

从20世纪50年代初开始，通过省去沥汁工序、简化加工工艺，提高了产品品质。20世纪50年代后期，采制技术逐步在江苏省内推广。1958年，江苏省制定了碧螺春实物标准样，设5级9等。1961年改设7级14等。1980年，江苏省茶叶学会碧螺春品质风格研究组总结整理了碧螺春采制技术，归纳出采制工艺特点有：采摘细嫩、捡剔严格、炒制精致。1990年以后，加工方式及设备发生了变革，杀青采用小型滚筒杀青机，炒揉由小型揉捻机代替，搓团和焙干改用特制的碧螺春烘干机。这种改革使工效提高3倍以上，香气、色泽都有明显提高。1997年，江苏省技术监督局发布了江苏省地方标准DB32/159—1997《碧螺春茶》。2009年起，洞庭碧螺春茶国家产品质量标准颁布实施，进一步规范生产技术，调整茶叶种植、加工生产、销售消费及政府监管的各个领域。

洞庭碧螺春茶

加工工艺 洞庭碧螺春茶加工工艺，分为手工制作工艺和机械加工工艺。

手工制作工艺 大多采用手工方法炒制，加工工艺流程包括：鲜叶采摘→拣剔→高温杀青→热揉成形→搓团显毫→文火干燥→提香。炒制特点可以总结为：手不离茶，茶不离锅，揉中带炒，炒中有揉，炒揉结合，连续操作，起锅提香。①鲜叶采摘。3月中旬～4月中旬，采摘单芽、一芽一叶初展至一芽二叶，鲜叶分级见表。以分批勤采、提采、不掐采为原则，采摘新鲜有活力的鲜叶，不采雨水叶、

洞庭碧螺春茶鲜叶分级表

级别	芽叶组成	芽叶长度/cm
特一级	一芽一叶初展＞70%，单芽＜30%	1.5～2.0
特二级	一芽一叶初展＞80%，单芽＜20%	2.0～2.5
一级	一芽一叶展开＞80%，一芽二叶初展＜20%	2.5～3.2
二级	一芽一叶展开＞65%，一芽二叶初展＜35%	3.2～3.5
三级	一芽一叶＞50%，一芽二叶＜50%	3.2～3.5

病虫叶、紫芽叶及剥芽苞的叶片。采后鲜叶置于洁净的竹匾内，薄摊2厘米左右。室内要保持空气凉爽通风。②拣剔。把鲜叶摊放在桌面上，通过人工拣去鱼叶、鳞片、老叶、嫩茶籽、空心芽、紫色芽等芽叶，达到芽叶长短、大小、嫩度均匀一致。③高温杀青。当锅温达到150～180℃，锅心初见白时，将500～600克茶叶投入锅中，双手或单手反复抛抖。翻炒时间3～4分钟，做到手感柔软，略失光泽，稍有黏性，始发清香。失重20%～25%。杀青要点：抛闷结合，先抛后闷，多透少闷。做到捞净、抖撒、杀透、杀匀。④热揉成形。要求锅温65～75℃，时间10～15分钟，采用抖、炒、揉三种手法交替进行，边抖，边炒，边揉。随着茶叶水分的减少，条索逐渐形成。炒至揉叶成条，不粘手，叶质尚软，失重55%～60%即可。炒制手法：用双手或单手将叶沿锅壁盘旋揉转，使叶团在手掌与锅壁间滚动翻转，方向一致，不可倒转。揉转3～4转，解块，以蒸发水分，防止结团。炒制要点：先轻后重，边炒、边抖、边揉。⑤搓团显毫。搓团显毫是形成碧螺春外形条索卷曲和茸毛显露的关键步骤。要求锅温55～60℃，时间12～15分钟。炒至茸毫显露，条索紧细卷曲，失重70%～75%即可，炒制要点：揉叶置于两手掌中搓团，每搓4～5转解块一次。边搓团、边解块、边干燥。锅温低一高一低，用力轻一重一轻。⑥文火干燥。要求锅温50～60℃，时间5～8分钟，炒至茶叶有触手感，含水量7%～7.5%即可。手法要点：轻翻，文火烘至含水量7%以内。⑦提香。提香机提香，或将茶叶均匀摊在洁净纸上，放锅中再烘一下，即可起锅，最后将茶摊凉至室温，密封包装冷藏。

机械加工工艺　机械加工工艺流程为：鲜叶采摘与摊放→杀青→初揉→初烘→复揉→复烘→成形提毫→足火。①鲜叶采摘与摊放。鲜叶原料以福鼎、翠峰等多茸毛品种为佳，采摘标准为一芽一叶或一芽二叶初展。鲜叶采回后及时薄摊，摊至叶色转暗，青草气散失，手捏鲜叶有柔软感为适度。②杀青。当筒体温度达到200℃，筒内空气温度达到85℃时可投叶杀青。要求杀匀杀透，出叶后立即薄摊并加冷风冷却，以保持翠绿色泽。杀青叶的含水率在56%～60%。③初揉。每桶投叶量15千克左右，不加压或后期轻微加压，揉捻要充分，并保持芽叶完整，揉捻时间20分钟左右。④初烘。热风温度120℃左右，薄摊勤翻，散发水气，烘至叶子不粘手，手感柔软时即可摊凉。⑤复揉。每桶投叶量15千克左右，揉捻时间10分钟左右，经复揉后可使叶子更加柔软，提高叶细胞组织破碎率，有利于成形。⑥复烘。热风温度120℃左右，烘至手捏成团不结块，稍有触手感为适度，烘后立即薄摊散热，可保持良好的色泽，并使茶叶内外水分趋于一致。复烘叶的含水率35%～40%。⑦成形提毫。这是形成碧螺春茶外形特征的关键工序。采用6CB-160型每锅投叶量5千克，180型每锅投叶量10千克左右。当锅温达到80℃左右时即可投叶，成形时间为30分钟左右。锅内设有吹风装置，可及时散发水汽，有利于保持茶叶的绿色。出锅后再次透风散热。该工序要严格掌握成形提毫时间，时间过长会导致茶叶色泽变黄、白毫脱落，时间过短则外形不够卷曲。茶叶含水率在10%～15%。⑧足火。热风温度80℃左右，在足火过程中应轻翻、勤翻，以保证茶叶受热干燥一致，烘至茶叶色白起霜、手捻茶叶成碎末即可。足火后茶叶的含水率在6%以下。

品质特征　碧螺春的品质特征：①外形特征。条索纤细，茸毛密布，卷曲成螺，色泽银绿隐翠，当地茶农称为“满身毛，铜丝条，蜜蜂腿，银绿隐翠”。②内质特征。汤色碧玉鲜艳，香气鲜嫩似兰，滋味鲜爽甜醇，叶底芽大叶小，幼嫩匀亮。洞庭碧螺春茶以其独特的制茶工艺和奇异的花果香闻名于中外，产品畅销于多个国家和地区，其茶园面积和茶叶产量亦逐年增加。

（王润贤）

兜兰　slipper orchid; *Paphiopedilum* spp.
兰科兜兰属植物。又称拖鞋兰、仙履兰，意指其兜状唇瓣如拖鞋鞋头。兜兰属有79种，全部产于亚洲热带和亚热带地区。

图1　麻栗坡兜兰

中国有27种，主要分布于云南、广西和贵州等地，著名的种类有杏黄兜兰、麻栗坡兜兰、带叶兜兰、硬叶兜兰、白花兜兰等，其中硬叶兜兰和杏黄兜兰曾多次在世界兰花博览会上荣获金奖。由于分布区域狭窄、原产地气候异常、生存环境丧失、资源遭受掠夺性采挖等，导致多种兜兰种群迅速减少而濒临灭绝。在《濒危野生动植物种国际贸易公约》(CITES) 中，此属全部种类均属于一级保护植物。

多数地生，少数附生，根状茎不明显或罕有细长、横走的根状茎，无假鳞茎，

图2　麻栗坡兜兰的茎

图3　麻栗坡兜兰的叶

图4　麻栗坡兜兰的花

具稍肉质的根。

兜兰喜温暖、湿润和半阴的环境，怕强光暴晒。绿叶品种生长适温为12～18℃，斑叶品种生长适温为15～25℃，能忍受的最高温度约30℃，越冬温度以10～15℃为宜。主要以无菌播种方式进行繁殖。栽培基质采用腐殖土、树皮、火山石等。

兜兰花大、艳丽、花型奇特，颇具观赏价值，是世界上栽培最早和最普及的洋兰之一，有单花和多花种类之分，备受人们喜爱。在商业生产中，兜兰以盆花为主，有少量切花。栽培的兜兰分成两类：一类是未经过杂交改良的原生种，另一类是杂交种。一般来说，杂交种花大，容易开花，色泽鲜艳，并且比原生种容易栽培，生长强壮，适合中国大部分地区一般家庭和普通温室种植。

（葛　红　贾瑞冬）

斗茶 doucha; contest in tea-making techniques　中国宋代茶叶品质和冲点技艺的比试较量。是宋代文人士大夫中相当风雅的一项文化娱乐活动，南宋时推及民间。宋代斗茶，起始于福建路焙制贡茶的北苑。范仲淹《和章岷从事斗茶歌》有句：“北苑将期献天子，林下雄豪先斗美。”斗茶所要较量比试的项目，则有前后期的演变。前期是斗味、斗香，所谓“斗余味兮轻醍醐，斗余香兮薄兰芷”。此时碾成的末茶如“绿尘”。点茶用盏多取碧玉般的越窑器，有谓“黄金碾畔绿尘飞，碧玉瓯中翠涛起”。宋代诗人多称赞“越瓯犹借渌”（杨亿句），“越瓷涵绿更疑空”（宋庠句）。点就的茶汤似“轻瓯浮绿乳”（徐铉句），“浅色过于筠”（丁谓句）。

后期斗茶是斗色、斗浮。梅尧臣有句：“造成小饼若带銙，斗浮斗色倾夷华。”蔡襄《茶录》崇尚“茶色贵白”，茶汤“面色鲜白”。宋徽宗《大观茶论》则强调“茶必纯白”。斗茶不仅茶要白，还要沫饽多且着盏长久，即谓斗浮。茶汤沫饽似“乳雾汹涌，溢盏而起，周回旋而不动，谓之咬盏”（《大观茶论》）。斗浮的判别标准是，在沫饽消退后出现的第一缕水痕，“以水痕先者为负，耐久者为胜，故较胜负之说，曰相去一水、两水”（《茶录》）。苏轼云：“沙溪北苑强分别，水脚一线争谁先”“斗赢一水，功敌千钟”。

正是在“茶色贵白”“茶必纯白”和沫饽“咬盏”“争一水”的斗茶茗战中，建安黑釉茶盏应运而生，成为后期斗茶者的新宠。“盏色贵青黑，玉毫条达者为上，取其焕发茶采色也。”（《大观茶论》）“茶色白，宜黑盏，建安所造者绀黑，纹如兔毫，其坯微厚，熁之久热难冷，最为要用。出他处者，或薄或色紫，皆不及也。其青白盏，斗试家自不用。”（《茶录》）南宋审安老人《茶具图赞》赐黑釉茶盏姓陶名宝文，封爵去越。茶盏系陶瓷制作，故姓陶；宝文是美其盏上如兔毫的文采；去越，则是对往昔“越瓷”“越瓯”而言，意在如今是去越瓯、尊建盏的时代了。

南宋宫廷画师刘松年《斗茶图》《茗园赌市图》及元赵孟頫仿《斗茶图》，都描绘了流动售卖茶叶、茶水的商贩歇肩街头，互相比试较量茶汤的场景。可见，南宋时斗茶之风已推及市井民间。

（阮浩耕）

豆瓣菜 watercress; *Nasturtium officinale*　十字花科豆瓣菜属二年生水生草本植物。又称西洋菜、水蔊菜、水田芥。以幼嫩茎叶供食用。豆瓣菜原产于欧洲。栽培种于19世纪引入中国，以广东、广西、福建、台湾等地栽培较多。

图1　豆瓣菜

图2　豆瓣菜的叶

图3　采收的豆瓣菜

形态和类型　株高30～50厘米，须根系植物，再生能力强。茎中空，分枝多，茎节易生不定根，匍匐生长。叶互生，奇数羽状复叶，小叶卵圆形或近圆形。总状花序，花小，白色。荚果，每荚内有种子20～40粒。种子小，扁圆形，黄褐色，千粒重0.15～0.25克。

栽培的豆瓣菜有开花和不开花两类，主要有三个品种：①广州豆瓣菜。小叶卵形，深绿色，在华南地区不开花结实，用种茎无性繁殖，产量较高。②百色豆瓣菜。小叶近圆形，深绿色，春季开花结实，以种子进行有性繁殖，生长快，产量高。③大叶豆瓣菜。从英国引进的品种，植株粗大，叶片大，小叶圆形，春季开花结实，种子繁殖产量高。

栽培　豆瓣菜喜冷凉湿润的环境，不耐旱，不耐热，生长适温为20～25℃，高于30℃或低于10℃生长缓慢。生长期要求充足的光照，喜肥沃、潮湿的砂质壤土，适宜pH为6.5～7.0。栽培时采用嫩茎扦插或种子播种育苗。长江中下游地区，在3月至4月上旬和8月上旬至9月扦插或播种，待幼苗株高达15～20厘米时，开始移栽定植，一般行距10厘米、株距5～6厘米，移栽后30～40天即可采收嫩茎和叶。若温度合适，一年四季均可栽培。设施栽培条件下，冬季保温覆盖，夏季遮阳降温，能实现全年上市供应。主要病害有叶枯病、锈病，主要虫害有小菜蛾、蚜虫和黄条跳甲。

用途　豆瓣菜富含蛋白质、维生素C（80～124毫克/100克鲜样）和矿质元素钙、钾以及微量元素铁、硒等，适合制作沙拉生食、炒食、煲汤或涮食，还可制成清凉饮品或干制品。其性味寒凉，具有清燥润肺、止咳化痰、利尿消肿等保健功效。

（郭世荣　束　胜）

豆薯 yam bean; *Pachyrhizus erosus*　豆科豆薯属一年生缠绕性草质藤本植物。又称地瓜、凉薯、沙葛。以块根供食用。豆薯起源于墨西哥和中美洲，分布于热带美洲和热带亚洲。17世纪末传入中国广东、福建。中国长江以南普遍栽培，以贵州、四川、湖北、湖南、广东、广西、云南、江西、台湾等地生产较多。

图1 豆薯的块根

图2 豆薯的叶和荚

图3 豆薯的花

图4 豆薯的荚

形态特征 根系强大，在主根近茎一端积累养分而形成块根，扁圆形或纺锤形，具浅纵沟，表皮淡黄色，皮薄而坚韧，易剥离。食用部分为薄壁细胞构成的发达的木质部。扁圆形块根一般较小，质地细嫩，较早熟，产于贵州、四川、云南等地；纺锤形块根较大，有的可重达10千克，较晚熟，产量较高，产于广西、广东等地。茎蔓性，长1.5～2米，具右旋性。叶为三出复叶。总状花序，自主茎5～6节起连续着生，一个花序能开十余朵或数十朵紫蓝色或白色蝶形花。一般只有花序下端的花能结荚。

栽培 植株耐旱、耐瘠性强。喜温暖，耐热性强，生长适温为25～30℃，开花结果期尤需较高温度。豆薯栽培以风化程度较高、透气性好、排水良好的黄壤为宜。栽苗时避免主根弯曲或折断。因生长期长，早播或育苗早栽可充分利用温暖季节。块根为纺锤形的品种株行距一般为33厘米×33厘米，块根为扁圆形的品种株行距一般为20厘米×20厘米。基肥以磷钾肥为主，忌施过多氮肥，防止茎叶徒长而影响块根生长。结合中耕适度培土，防止块根裸露见光后皮色变绿。为促进块根肥大，同时利于结荚留种，在植株长出约20片叶后进行摘心或摘除侧枝。对不留种的植株则尽早摘除所有花序。8～10月成熟，可随时采收。病害主要是豆薯青霉软腐病。

用途 块根富含糖分和蛋白质，可生食或炒食。老熟块根中淀粉含量较高，可提制淀粉。种子、茎和叶中含有鱼藤酮，对人畜有毒，可作杀虫药剂。

（刘佩瑛 李锡香）

豆芽菜 bean sprout 用豆类种子培育成的幼芽。以其未展开的子叶和胚轴作蔬菜食用。豆类种子发芽前不含维生素C，在发芽过程中，淀粉水解产生的葡萄糖为维生素C的生物合成提供了原料，因而维生素C含量增加。

常见的豆芽有黄豆芽、绿豆芽，也有黑豆芽、蚕豆芽、豌豆芽等，其中以黄豆芽的营养价值最高。①黄豆在发芽过程中，由于酶的作用，更多的钙、铁、磷、锌被释放出来，特别是天冬氨酸的含量大幅增加，可以减少人体内的乳酸堆积，消疲解乏。②绿豆芽100克鲜重含维生素C20～30毫克，可保持皮肤弹性，防止皮肤衰老变皱。此外，还含有维生素E，可防止皮肤色素沉着，消除皮肤斑点。

黄豆芽

（蒋卫杰）

都匀毛尖茶 Duyun Maojian tea 以采自中国贵州省黔南布依族苗族自治州境内的中小叶茶树群体种或适宜茶树良种的幼嫩芽叶为原料，按特有茶加工技术规程加工而成的卷曲形绿茶。又称白毛尖、细毛尖、鱼钩茶、雀舌茶。都匀毛尖茶是中国十大名茶之一，是中国国家地理标志保护产品，1956年毛泽东亲笔回信命名为毛尖茶。贵州省都匀市是都匀毛尖茶的主要产地。茶树生长环境属亚热带湿润季风气候，四季分明，冬无严寒，夏无酷暑，降水充沛，雨热同季，立体气候明显；年平均气温为16℃，年平均降水量大于1400毫米；属冬日温煦、夏季清凉的气候类型。

清明前后，开采一芽一叶初展及以上，手工制作的加工工艺流程为：摊青→杀青→揉捻→搓团提毫→足干；机械加工的加工工艺流程为：茶青分级→摊青→杀青→摊凉回潮→揉捻→解块→初烘→摊凉→做形提毫→足干。外形色泽翠绿，匀整，白毫显露，条索紧细卷曲。香气嫩香持久、高长。汤色黄绿明亮，滋味鲜醇，叶底明亮嫩匀。

（郑文佳）

独蒜兰 peacock orchid; *Pleione* spp. 兰科独蒜兰属种类的总称。全属有19种，主要产于中国秦岭山脉以南，西至喜马拉雅地区，南至缅甸、老挝、泰国的亚热带地区和热带凉爽地区。中国有16种，主要产于西南、华中和华东地区，也见于广东省、广西壮族自治区北部和台湾地区的山地。独蒜兰为附生、半附生或地生小草本。假鳞茎一年生，常较密集，卵形、圆锥形、梨形至陀螺形，向顶端逐渐收狭成长颈或短颈，或骤然收狭成短颈，叶脱落后顶端通常有皿状或浅杯状的环。叶1～2枚，生于假鳞茎顶端，通常纸质，多少具折扇状脉，有短柄，一般在冬季凋落，少有宿存。花葶从老鳞茎基部发出，直立，与叶同时或不同时出现。花序具1～2花。花苞片常有色彩，较大，宿存。花大，一般较艳丽。萼片离生，相似。花瓣一般与萼片等长，常略狭于萼片。唇瓣明显大于萼片，不裂或不明显3裂，基部常多少收狭，有时贴生于蕊柱基部而呈囊状，上部边缘啮蚀状或撕裂状，上面具2至数条纵

图1 独蒜兰

图2 独蒜兰的叶

图3 独蒜兰的花

图4 独蒜兰小型盆栽

褶片或沿脉具流苏状毛。蕊柱细长，稍向前弯曲，两侧具狭翅，翅在顶端扩大。花粉团4个，蜡质，每两个成一对，每对常有一个花粉团较大，倒卵形或其他形状。蒴果纺锤状，具3条纵棱，成熟时沿纵棱开裂。花型独特、花色艳丽，直立花序高15～25厘米。

独蒜兰适合作为小型盆栽花卉，已有少数品种成为商品兰花。还可进行露地栽培，在园林景观配置中建造丰富多彩的应用形式。独蒜兰是生药山慈菇的基原植物，为传统名贵中药，其假鳞茎具有清热化痰、解毒、消痈散结的作用，可用于治疗肝硬化、黄疸，尤其是对降低γ-球蛋白、升高白蛋白的效果更为显著。独蒜兰药用有效成分秋水仙碱及衍生物秋水仙酰胺，对多种动物移植性肿瘤均有抑制作用，可用于乳腺癌、食道癌等抗癌治疗。

（王 雁）

杜鹃花 azalea; *Rhododendron* spp. 杜鹃花科杜鹃属植物的统称。

种质资源 全球共描述记录杜鹃花约1000种。中国约有600种，是世界上杜鹃花种类最多的国家。杜鹃花在中国分布广泛，除新疆和宁夏外，其他省份均有分布。中国西南地区是该属植物多样化中心，约有410种。在系统分类上，可分为8个亚属即马银花亚属、纯白杜鹃亚属、常绿杜鹃亚属、异蕊杜鹃亚属、羊踯躅亚属、杜鹃亚属、叶状苞亚属、映山红亚属，其中以常绿杜鹃亚属、羊踯躅亚属、映山红亚属等最为普遍；而从栽培应用上，常分为高山杜鹃（常绿杜鹃）和普通杜鹃（落叶杜鹃）两大类，其中普通杜鹃又可分为春鹃、夏鹃、西鹃、东鹃。

分类 栽培的杜鹃花园艺品种都是由映山红原种通过杂交或芽变不断选育出来的后代，世界上已有园艺品种近万个。中国江西、安徽、贵州以杜鹃花为省花，广东的珠海市、韶关市，福建的三明市，江苏的无锡市，湖南的长沙市，云南的大理市，江西的九江市、井冈山市，辽宁的丹东市，台湾地区的新竹市，浙江的嘉兴市和安徽的巢湖市等将其定为**市花**。中国从20世纪20～30年代开始从日本、欧美等国引进园艺品种进行栽培，通过杂交培育出一些新品种，如复色仿西鹃、笑二乔、重瓣紫萼杜鹃、宝玉、春潮、红阳等新品种。园艺品种根据形态、性状、亲本和来源可分为四大品系，即春鹃品系、夏鹃品系、西鹃品系、东鹃品系。

春鹃品系 即通常所说的“毛鹃”，花期4～5月。高2～3米，生长健壮，适应力强，较耐寒，耐高温，不耐积水。幼枝密被褐色刚毛，叶具粗糙毛。花大，单瓣，宽漏斗状，少有重瓣，花色有红、紫、粉、白及复色等。

夏鹃品系 原产于印度和日本，一般在5～6月开花。株型矮壮，高约1米，枝叶纤细，分枝稠密，树冠丰满、整齐。叶片狭小，排列紧密。花冠阔漏斗状，花径6～8厘米，花色、花瓣同西鹃品系一样丰富。

西鹃品系 又称西洋杜鹃、比利时杜鹃。花色、花型最丰富。株型矮壮，树冠紧密，叶片厚实，深绿少毛，叶有光叶、尖叶、扭叶、长叶与阔叶之分。花色多样，有单色、镶边、点红、亮斑等。多为重瓣，少有单瓣，花瓣狭长、圆阔、平直、后翻、波浪、皱边、卷边等。花径6～8厘米，也有超过10厘米的。习性娇嫩，怕晒怕冻。已育出大量杂交新品种。

东鹃品系 引自日本，又称东洋鹃。高1～2米，分枝散乱，叶薄色淡，毛少有光亮，花朵繁密，花径2～4厘米，最大的6厘米，花色丰富，单瓣或由花萼瓣化而成套筒瓣，少有重瓣。

形态特征 杜鹃花为灌木或乔木，有时矮小成垫状，地生或附生；植株无毛或被各式毛被或被鳞片。叶常绿或落叶、半落叶，互生，全缘，稀有不明显的小齿。花芽被多数形态大小有变异的芽鳞。花显著，形小至大，通常排列成伞形总状或短总状花序，稀单花，通常顶生，少有腋生。花萼5～6（～8）裂或环状无明显裂片，宿存。花冠漏斗状、钟状、管状或高脚碟状，整齐或略两侧对称，5～6（～8）裂，裂片在芽内覆瓦状。雄蕊5～10，通常10，稀15～20（～27），着生花冠基部，花药无附属物，顶孔开裂或为略微偏斜的孔裂。花盘多少增厚而显著，5～10（～14）裂。子房通常5室，少有6～20室，花柱细长劲直或粗短而弯弓状，宿存。蒴果自顶部向下室间开裂，果瓣木质，少有质薄者开裂后果瓣多少扭曲。种子多数，细小，纺锤形，具膜质薄翅，或种子两端有明显或不明显的鳍状翅，或无翅但两端具狭长或尾状附属物。

用途 杜鹃花是国际著名**花卉**，也是中国传统十大名花之一，被誉为“花中西施”。花叶兼美，地栽、盆栽皆宜。在国际上杜鹃花也有着重要地位，英国甚至有“无鹃不成园”的说法。杜鹃花色泽艳丽，姿态优美，应用观赏价值极高，不仅可用作**绿篱**、地被、**花境**等常规园林绿化形式，也可作专类园和主题花展的布置，同时还是非常优良的盆栽花卉。另外，许多种类如髯花杜鹃（*R. anthopogon*）、迎红杜鹃（*R. mucronulatum*）、羊踯躅（*R. molle*）

图 1　毛鹃代表性品种玉蝴蝶

图 2　夏娟代表性品种太湖之春

图 3　西鹃代表性品种横笛

图 4　东鹃代表性品种小桃红

等还广泛应用于医药、食品和化工等许多领域。　（赵宏波）

杜松　needle juniper; *Juniperus rigida*　柏科刺柏属常绿灌木或小乔木。又称刚桧、崩松、棒儿松、普圆柏、软叶杜松。杜松分布于中国黑龙江、吉林、辽宁、内蒙古、

图 1　杜松的果实

图 2　杜松的种子

河北北部、山西、陕西、甘肃及宁夏等省区。朝鲜、日本也有分布。

高达10米，树冠圆柱形，老时圆头形。大枝直立，小枝下垂。三叶轮生，条状刺形，质厚，坚硬，端尖，叶面凹下成深槽，槽内有一条窄白粉带，背面有明显的纵脊。球果，成熟时呈淡褐黄色或蓝黑色，被白粉。种子近卵形，顶端尖，有四条不显著的棱。

强阳性树种，稍耐阴、耐干旱、耐严寒，喜冷凉气候。深根性，对土壤的适应性强，耐干旱瘠薄土壤，能在岩缝中顽强生长，可以在海边干燥的岩缝间或沙砾地生长。一般以播种繁殖。将果实晾晒十几天后，用石块进行揉搓，除去果皮、果肉，选出种子。杜松的种皮坚硬，透水性差，所以用强迫高温浸种的方法打破种子的休眠。首先用高锰酸钾溶液浸种灭菌后，捞出洗净，用80℃的热水进行浸种。浸种3天后，再用40℃的温水浸种7～10天后进行沙藏。其间可以进行变温混沙或低温层积催芽。种子经过一冬的沙藏后已吸水膨胀，3月下旬可将种子搬出室外。随着气温回升，种子很快萌动，有部分种子裂开后即可播种。

可作为园林绿化树种，其枝叶浓密下垂，树姿优美。北方各地栽植为庭园树、风景树、行道树和海崖绿化树种。适宜于公园、庭园、绿地、陵园墓地的孤植、对植、丛植和列植，还可以栽植绿篱、盆栽或制作盆景，供室内装饰。果实入药，有利尿、发汗、祛风等效用。木材坚硬，边材黄白色，心材淡褐色，纹理致密，耐腐力强。可作工艺品、雕刻品、家具、器具及农具等用材。

（赵宏波）

断蕾　male bud removal　香蕉出现两性花时，除去雄花序的措施。香蕉的花序为穗状无限花序，因其种类、品种及开花季节等因素不同，花序基部一般发育4～15节雌花，中部着生几节两性花（中性花），尾部则均为雄花，节数多达150节以上。雌花子房发育成果实，而两性花和雄花不能形成果实。

香蕉在自然状态下，随着花序轴不断生长，雄花可连续开放直至采收，如果让雄花自然生长会消耗大量的养分从而影响产量和质量。断蕾可使营养相对集中地供应给果实，从而提高产量，减少无谓的消耗，节约肥水。

实施断蕾时，要根据香蕉品种、蕉园肥水条件、种植密度等因素保留6～9果梳，然后将多余的果梳（如果有的话）及后部的两性花和雄花一并切除。为避免果穗轴因伤口而感染腐烂，一般会割去两梳左右的果指（最后一梳保留1～2根果指，保留轴）后再断轴。　（徐春香）

对夹叶　clip leaf　茶树上靠近顶芽的两片呈对生状态、茎节短的叶子。又称不正常新梢、异常芽叶。对夹叶有着比正常芽叶较为完善的光合结构和输导结构，栅栏组织发达，栅栏组织与海绵组织比值大，净光合强度较大，呼吸强度较小，有光合产物的积累，为茶树更早转化成“代谢源”

的一类先行功能叶。与组织年龄相似的正常芽叶相比，对夹叶内含物质如水浸出物、茶多酚及儿茶素、氨基酸、咖啡碱等均显著低于正常新梢，而粗纤维含量较高。（阮建云）

多倍体诱变 polyploid mutagenesis 利用物理方法或化学方法进行人工诱变，将细胞染色体组加倍获得多倍体材料的方法。物理方法主要有低温、高温、机械损伤、电离辐射、射线处理等。化学方法主要有浸渍法（用于种子、茎尖、芽等）、涂布法（用于幼苗和枝条等）、滴液法、滴注法、组织培养法等。

化学方法主要利用秋水仙碱、萘嵌戊烷、吲哚乙酸、氧化亚氮、二甲戊乐灵等作为诱变剂。化学诱变的关键步骤为：①材料的选择。一般选择正处在细胞旺盛分裂期的器官（茎尖、幼芽等）或愈伤细胞。在离体条件下，材料需要消毒。②药剂处理。适宜的药剂种类、浓度和处理时间因物种、器官等不同而异。秋水仙碱是多倍体诱变的常用药剂，一般浓度为0.01%～1%。通常在秋水仙碱溶液中添加1%～4%的二甲基亚砜可提高诱变效率。用秋水仙碱处理时需要避光操作，以免秋水仙碱分解。③倍性检测。首先根据形态学表现，初步选出疑似变异的植株，再利用流式细胞术或染色体计数法检测植株的染色体倍性。（刘　平）

多倍体育种 polyploid breeding 利用人工诱变或自然变异等使染色体组加倍获得多倍体育种材料，用以选育符合要求的优良品种的育种方法。多倍体指含有3套或3套以上完整染色体组的生物体。所有被子植物都是古老的多倍体，在其祖先世代中经历了一次或数次多倍化过程。基因组测序表明，果树中的葡萄、番木瓜、苹果等存在大量复制基因，其演化过程中发生过两轮或三轮全基因组复制。

植物特点　果树多倍体一般具有生长旺盛、枝粗、叶厚、果大、少核或无核等优点。果树多倍化不仅使植株基因活性及酶的差异性增强，还可增强植株的生态适应性、对逆境的抗耐性，降低蒸腾作用，提高光合效率。利用无性繁殖方式可固定其优良性状，从而在生产上长期利用。多倍化的遗传效应涉及细胞增大导致表型的协同进化、染色体和基因的快速重构、基于遗传和表观遗传机制的基因表达上的变化等。不同果树树种各有其适宜的染色体倍性。

品种来源　多倍体来源主要包括从自然实生苗中发掘，从扇形倍性嵌合体中分离，有性杂交培育，从组织培养过程中产生，人工诱变加倍，胚乳培养，原生质体融合和利用未减数配子等途径。特别是利用已有的多倍体品种进行杂交，如用二倍体和四倍体杂交育成三倍体最为有效。

鉴定方法　多倍体的鉴定有直接鉴别和间接鉴别法两种。直接鉴别法包括染色体计数法和流式细胞术法；间接鉴别法是根据植株和花粉粒形态特征、气孔大小、保卫细胞叶绿体数目及生理特征等进行多倍体鉴定。

育种成果　柑橘、草莓、枣、猕猴桃、葡萄、香蕉、枇杷、柿、苹果、越橘、山楂、梨、杏、桃、栗、树莓、醋栗、菠萝、核桃、无花果、杨桃、黄皮、罗汉果、鳄梨、西番莲、果桑等果树上已成功诱导出多倍体植株。果树多倍体育种成果主要有三倍体无籽香蕉、三倍体苹果、三倍体枇杷、四倍体枣、四倍体葡萄和八倍体草莓等。（梁国鲁）

多聚半乳糖醛酸酶 polygalacturonase; PG 分解果胶或果胶酸的酶。多聚半乳糖醛酸酶（PG）存在于高等植物、霉菌、细菌及蜗牛消化液中。按作用方式，PG分为内切多聚半乳糖醛酸酶（endo-PG）和外切多聚半乳糖醛酸酶（exo-PG）。植物中PG由基因家族编码，在拟南芥基因组中共有66个*PG*成员。PG的多基因家族成员在植物发育不同阶段和不同组织中表达，表现为功能多样性，主要参与果实成熟，也与细胞伸展、细胞分离、发育和木质化等有关。

作用机理　在果实软化过程中，PG是细胞壁的主要水解酶之一。它能水解细胞壁中果胶质的基本结构多聚半乳糖醛酸，生成半乳糖醛酸。PG定位于细胞壁的中胶层中。果实软化时，伴随有PG活性的增强，可溶性果胶相应增高，果胶链的长度相应缩短。用纯化的PG处理未熟果实，可使果实细胞壁溶解，并有果胶和半乳糖醛酸从细胞壁中析出。这种变化与果实成熟时的变化一致。exo-PG水解果胶分子的非还原端，产生半乳糖醛酸，但不能作用于果胶分子中的鼠李糖残基和被酯化的糖醛酸。endo-PG可随机地在不同部位水解切开α（1-4）半乳糖糖苷键，断裂多聚半乳糖醛酸链，将果实细胞壁中多聚半乳糖醛酸降解为寡聚半乳糖醛酸和半乳糖醛酸，使细胞壁中胶层结构解体，从而导致果实软化。

生物影响　虽然PG在果实的软化中起重要作用，但PG并不是影响果实成熟软化的唯一因子。如在反义*PG*转基因番茄果实中，*PG*的信使核糖核酸（mRNA）积累受阻，PG活性下降99%，果胶的降解也受到抑制，但果实仍能正常成熟软化，与野生型相比只有轻微的减缓。番茄完熟突变体*rin*中，*PG*基因的转录受到严重抑制，不能正常成熟变软。但将一个*PG*结构基因连接在*E8*启动子后面，然后导入*rin*突变体番茄中，*PG*基因得到表达，PG活性也能恢复到野生型番茄的水平，但果实仍然不能成熟变软，果实成熟的其他特性如色素积累、乙烯生成也未改变，表明果实成熟软化过程是一个多因素影响的过程。

植物组织中PG活性影响植物抗病性。病原真菌侵染植物组织时，PG能水解植物细胞壁产生低聚半乳糖醛酸，低聚半乳糖醛酸作为激活因子激活植物自身的防卫响应。当植物受侵染时，PG抑制蛋白（PGIP）及PGIP的mRNA在侵染组织周围迅速、优先增多。PGIP在植物防御病原菌入侵和扩展过程中起着不可忽视的作用，而PG的反应产物在激活植物防卫反应中发挥重要作用。（张少颖　饶景萍）

多肉植物 succulent plant 具有肥厚多汁的肉质茎、叶或根的植物。又称多浆植物。多肉植物多分布在非洲、美洲，少数分布于其他各大洲的一些地区。非洲主要集中在南非和纳米比亚、加那利群岛和马德拉群岛，以及马达加斯加岛和东非的索马里、埃塞俄比亚等。美洲大陆不仅是仙人掌类的故乡，也是许多重要多肉植物的原

图1　虎刺梅

图2　金手指

图3　昙花

图4　蟹爪兰

图5　碰碰香

产地。在中国西藏和朝鲜、日本均有广泛分布，但很少栽培。根据生长期不同，可以分为喜好稳定暖和气候的春秋型、喜好高温的夏型及喜好寒冷气候的冬型三种类型。根据贮水组织在植株中的不同部位，可以分为叶多肉植物、茎多肉植物和茎干类多肉植物三种类型。

多肉植物有10 000余种，分属40多科，主要集中在仙人掌科、番杏科、景天科、大戟科、萝藦科、百合科、龙舌兰科、马齿苋科等。多肉植物有一些共同的特征，即叶有共同的旱生结构——叶肥厚、表皮角质，或被蜡、毛、白粉等。有鲜明的生长期和休眠期（雨季5～9月生长，旱季每年10月至翌年4月休眠）。植物适应性强，尤耐干燥环境。形态奇特，易于繁殖。很多种类可在春季分株繁殖，扦插也极易生根。多数种类也可用播种繁殖。栽培宜用排水良好的沙质土。

图6　金琥

图7　玉扇

多肉植物有多种用途。有的肉质茎可作饲料，有的也可作蔬菜或制作蜜饯，有的果实可供鲜食，有的种类可入药，有的可用于制作日化用品。除此之外，多肉植物还可用于植物专类园景观营造，其种类繁多，形态奇特，在园林造景上能够展示出浓郁的异国情调，营造出优美的园林艺术效果。既可以地栽，如以金琥、瓶干树、象腿树等作为主景框架，同时搭配植株低矮、株形各异的类群辅助主景，丰富植物景观；又可以景箱栽培或盆栽，用于室内装饰。常见的多肉植物有虎刺梅、雷神、金手指、昙花、蟹爪兰、碰碰香、金琥、令箭荷花、玉扇等。

（吴沙沙）

朵贝茶　Duobei tea　产于中国贵州省安顺市普定县化处镇朵贝村的绿茶。朵贝茶属贵州历史名茶，自明初洪武年间便作为贡品供奉皇室，清代尤甚。产地范围为贵州省普定县所辖11个乡镇区域。是中国国家地理标志保护产品。

产地环境　海拔1100～1300米，属亚热带高原季风湿润气候，全年气候温和，冬无严寒，夏无酷暑。年平均气温15.1℃，年降水量1330毫米，无霜期长，降水充沛。土壤质地为黄壤土，土壤pH4.5～6.0，土层厚度50厘米以上，土壤有机质含量大于1.0%。独特的气候和土壤条件造就了茶叶的良好生长环境。

加工工艺　春茶采摘单芽至一芽二叶，秋茶采摘单芽至一芽二叶。严禁采摘雨水和露水芽叶、紫色芽叶、病虫芽叶。朵贝茶有卷曲形茶和扁形茶两种。卷曲形茶的加工工艺流程为：茶青→摊青→杀青→揉捻→足干等。扁形茶的加工工艺流程为：茶青→摊青→杀青→理条→足干等。

品质特征　卷曲形朵贝茶外形卷曲，白毫显，汤色嫩绿明亮，嫩香持久，滋味鲜爽回甘；叶底鲜活明亮，嫩匀完整。扁形朵贝茶外形扁直，色泽翠绿润亮，匀整，香气栗香持久，滋味鲜爽醇厚，叶底黄绿明亮，嫩匀完整。

（郑文佳）

E

鹅耳枥 hornbeam; *Carpinus turczaninowii* 桦木科鹅耳枥属乔木。鹅耳枥产于中国辽宁、山西、河北、河南、山东、陕西、甘肃。朝鲜、日本也有分布。生于海拔500～2000米的山坡或山谷林中，山顶及贫瘠山坡亦能生长。

高5～10米。树皮暗灰褐色，粗糙，浅纵裂。枝细瘦，灰棕色，无毛。小枝被短柔毛。叶卵形、宽卵形、卵状椭圆形等，长2.5～5厘米，宽1.5～3.5厘米，顶端锐尖或渐尖，基部近圆形或宽楔形，边缘具规则或不规则状重锯齿，上面无毛或沿中脉疏生长柔毛，下面沿脉通常疏被长柔毛。叶柄长4～10毫米，疏被短柔毛。果序长3～5厘米。序梗长10～15毫米，序梗、序轴均被短柔毛。果苞变异较大，长6～20毫米，宽4～10毫米，被疏短柔毛，顶端钝尖或渐尖。小坚果宽卵形，长约3毫米，无毛，有时顶端疏生长柔毛，无或有时上部疏生树脂腺体。

图1 鹅耳枥的茎

图2 鹅耳枥的叶

图3 鹅耳枥的果序

鹅耳枥可用于庭院观赏种植。其木材坚韧，可制农具、家具、日用小器具等。种子含油，可供食用或工业使用。

（包满珠 傅小鹏）

鹅掌楸 Chinese tulip tree; *Liriodendron chinense* 木兰科鹅掌楸属乔木。鹅掌楸分布于中国浙江、江苏、安徽、江西、湖南、湖北、四川、贵州、广西、云南等地。

高可达40米，胸径1米以上，小枝灰色或灰褐色。叶马褂状，长4～12（18）厘米，近基部每边具1侧裂片，先端具2浅裂，叶背面苍白色，叶柄长4～8（～16）厘米。花杯状，花被片9，外轮3片绿色，萼片状，向外弯垂，内两轮6片、直立，花瓣状倒卵形，长3～4厘米，绿色，具黄色纵条纹，花药长1.0～1.6厘米，花丝长0.5～0.6厘米，花期时雌蕊群超出花被之上，心皮黄绿色。聚合果长7～9厘米，具翅的小坚果长约6毫米，顶端钝或钝尖，具种子1～2颗。花期5月，果期9～10月。

喜光及温和湿润气候，较耐旱，在-15℃低温可不受伤害。喜深厚肥沃、适湿而排水良好的酸性或微酸性土壤，在干旱土地上生长不良，忌低湿水涝。多用种子繁殖，但发芽率较低。也可扦插繁殖，成活率较高。

树干挺直，树冠伞状，叶形奇特，是优美的庭荫树和行道树树种。花淡黄绿色，适宜种植于园林中安静休息区的草坪上。

图1 鹅掌楸

图2 鹅掌楸的叶

图3 鹅掌楸的花

图4 鹅掌楸的果实

秋色呈黄色，是极佳的赏叶树种。可孤植或群植，也可与木荷、山核桃、板栗等混交栽植。木材淡红褐色，材质细致、纹理通直，易加工，不易干裂变形或少变形，可供建筑、家具及细木工使用。叶和树皮可入药。 （于晓南）

鳄梨 avocado; *Persea americana* 樟科鳄梨属常绿高大乔木。又称油梨、牛油果、酪梨、幸福果等。鳄梨原产于中美洲及墨西哥南部的高山亚热带湿润地区，是热带、亚热带营养价值极高的水果及木本油料树种之一。

栽培历史与地理分布 2000年出版的《进化的幽灵》一书作者C.巴洛指出：人类大约在13 000年前到达美洲，鳄梨作为营养丰富、含油量高的果实，在热带低地和热带高原中美洲森林已有着悠久的进化史，在中美洲被土著居民食用了至少9000年。墨西哥等主产国商业化生产鳄梨已超过100年。鳄梨主要分布于南北纬30°之间地区，16世纪后期开始在全球各洲传播。据联合国粮食及农业组织（FAO）2017年统计，全世界有70多个国家和地区种植鳄梨。除美洲作为主要生产地以外，非洲、大洋洲、欧洲的发展空间越来越大，鳄梨已成为世界性的水果。

1918年，中国台湾地区引进鳄梨。1925年，鳄梨被引入广东的广州、潮汕，后又逐渐引入福建、海南、广西、云南、四川、浙江、贵州等省（自治区）。20世纪80年代后期，鳄梨被列入中国南亚热带水果发展之列，开始连片生产和种植，并开展了引种试种、选育种、丰产栽培、病虫害防治及果实保鲜加工等方面的系统研究。中国在鳄梨优良品种选育、种苗繁育、丰产栽培、病虫害防治及产品深加工等方面的研究已取得重大进展，为中国鳄梨快速发展奠定了基础。鳄梨在中国云南、广西、海南、四川、贵州、广东、福建等省（自治区）适宜种植。

图1 鳄梨

种类与品种 根据鳄梨原产地自然分布的适生环境及主要生物学特性，可将鳄梨分为3个种类，即西印度系（*P. americana* var. *americana*）、危地马拉系（*P. nubigena* var. *guatemalensis*）和墨西哥系（*P. americana* var. *drymifolia*）。3个种类因生态起源不同，对气候的适应性也不同，尤其是抗寒力差异较大。

西印度系 起源于中美洲加勒比海一带的安的列斯群岛。自然分布在海拔800米以下低地。耐高温高湿，抗寒性较弱，能耐－2～－1℃，但一般0℃以下就会受害，适于热带地区栽培。果实较大，开花至果实成熟6～9个月，果肉味较淡、口感微甜，果肉脂肪含量7%～10%，果实耐贮性较差，适合鲜食。花少有纤毛，新叶揉碎无茴香味。主要有波洛克（Pollock）、特雷普（Trapp）、红心圆、清进1号（黑美人）等品种。

图2 鳄梨种质资源

危地马拉系 原产于危地马拉和墨西哥南部海拔1800米以下的山地丘陵，属中、南亚热带生态型的种系。耐寒能力较强，3年生以上植株在辐射低温降至－2.2℃时才会出现冻害，－6.1℃时才会严重受害，可视为亚热带果树。开花至果实成熟9～11个月，果肉较香、肉质细腻，果肉脂肪含量为10%～30%。果实耐贮性较强，适合鲜食和加工。花少有纤毛，嫩叶揉碎没有茴香味。主要有平克顿（Pinkerton）、里德（Reed）、桂垦大2号等品种。

墨西哥系 原产于墨西哥中部、北部高原亚热带地区，自然分布可达海拔2400～2800米。属亚热带生态型，耐寒性最强，辐射低温达到－10～－6℃时才会出现幼芽和枝叶冻害，可视为半亚热带果树。果实较小，果肉香，腻滑，含油量高达18%～30%，可作为杂交育种的亲本，培育抗寒和优质的品种。花多纤毛，嫩叶红色，揉碎有强烈的茴香气味，其为区别于西印度系鳄梨和危地马拉系鳄梨最重要的特征之一。主要有谢泼德（Shepard）、卡门（Carmen）、墨西科拉（Mexicola）等品种。

杂交种系 鳄梨的杂交系品种较多，根据用途分为鲜食品种、加工品种和砧木品种。全球主栽品种和砧木品种主要为杂交种系。主要有哈斯（Hass）、露拉（Lula）、玛露玛（Maluma）、福尔特（Fuerte）及杜克（Duke）系列等品种。

形态特征 常绿阔叶高大乔木，自然条件下实生树高达10～20米，嫁接树高约10米。树冠宽阔，一般冠径6～8米。自然寿命可达100年以上，经济寿命为40～50年。树皮灰绿色，纵裂。单叶互生，螺旋状排列。叶全缘、革质，成熟叶面绿色，光滑，叶背灰白色，有绒毛，嫩叶颜色因品种不同而异，有紫红色、古铜色和淡绿色。叶长8～20厘米，宽5～12厘米，叶形为长椭圆形、椭圆形、卵形或倒卵形，先端极尖或渐尖，基部楔形。叶幼时上面疏被、下面极密被黄褐色短柔毛，老时上面变无毛，下面疏被微柔毛。羽状脉，中脉在上面下部凹陷、上部平坦，下面明显凸出；侧脉每边5～7条，上面微隆起，下面却十分凸出；横脉及细脉在上面明显，下面凸出。叶柄长2～5厘米，腹面略具沟槽，略被短柔毛。

聚伞状圆锥花序，长8～14厘米，着生于枝条的顶端或叶腋间。花小而密，淡黄带绿，直径约1厘米。花柄淡绿色，长5～7毫米，花被外多绒毛，完全花。花萼与花瓣连成花被共6枚，分内外两层排列。雄蕊12枚，排列成3轮，其中9枚发育正常（外轮6枚，内轮3枚），退化的3枚与内轮雄蕊对生。花药4室，上面2室较小，每室都具有透明的花粉室盖。外轮雄蕊的药室多为向内着生，内轮雄蕊的药室则多向外着生。内轮雄蕊基部着生6个蜜腺，橙黄色，有黏性，与外轮雄蕊相间着生。花柱细长，浅绿色，长5～7毫米，伸直或弯曲，有极细小的白色绒毛。子房1室上位，

图3 鳄梨的茎

图4 鳄梨的叶

图5 鳄梨的花序

图6 鳄梨的花

图7 鳄梨的果实

图8 鳄梨的果肉和种子

具有一侧生胚珠，花柱细长，密被疏柔毛，柱头1个，盘状。鳄梨花根据雌雄蕊成熟时间不同，可分为A型、B型两类。

果实为肉质核果，形状因品种而异，有梨形、卵形、椭圆形、球形、茄子形等。单果重因品种不同差异较大。小型果实重20～30克，大型果实重约1500克，最大型果实质量超过2000克。果面光滑或粗糙，有的有许多瘤状突起。果皮革质，成熟时一般为绿色或黄绿色，后熟后有黄绿、乳黄、褐色和紫色等。果肉乳白色至深黄色，近似黄油状，靠近外果皮部分因含有叶绿素而略带青色。内果皮与种皮结合在一起，褐色，果实成熟时有的紧黏在种子上，有的则较疏松，易从种子上剥离。

生长习性 不同类型鳄梨起源于不同的气候环境，不同种系的鳄梨品种对气温的要求差异较明显，特别对低温的适应性有较大区别，而对土壤、雨量、通风和光照等的要求基本一致。最适宜生长条件为海拔1600米以下，年降水量500～1800毫米，最适宜生长温度25～30℃，极端低温0℃以上。以通气与排水良好，土层深1米以上，地下水位1.5米以下，1.2米以内的土层没有不透水的硬盘或岩石，pH为5.0～7.0，含有丰富有机质的土壤最为适宜。可种植于平地和坡地，超过10°的坡地在种植前要先修好水平梯田，以防水土冲刷。

栽培与管理 鳄梨开花时因雌蕊、雄蕊成熟时间不同，分为A、B两类花型。在品种选择时要注意两种花型品种的搭配，以提高坐果率。

鳄梨为浅根系乔木，以菌根代替根毛，且不容易形成不定根。在土层深厚、排水良好的土壤中，根系最多能深入土下1.2～1.5米处，而主要根系（70%～80%）则生长在土下0～60厘米的区域，因此不宜在株行间开沟深耕。可用稻草、地布等覆盖树盘区域，控制杂草发生及减少水分蒸发。1～3年生幼树株行间可套种花生、豆类或绿肥，并定期刈割。尽量不使用除草剂，以免对根系造成伤害，影响树体生长。鳄梨根系具有好气性，如果长时间灌水过量或连续降雨，土壤含水量过多，会造成根系生长不良，严重时会引起根系腐烂，甚至整株死亡。鳄梨园灌溉时不宜采用漫灌方式，应建立排水系统，确保大雨时园内不积水。

鳄梨土壤管理包括除草、合理间作、树盘覆盖、清洁田园。树体管理包括整形修剪、花果期管理等技术措施。鳄梨宜采用水肥一体化技术等对根系影响小的方法进行肥水管理。不同鳄梨种类和生长期对养分的需求有差别，在施肥管理中可根据不同的品种类型进行适当调配。

鳄梨病虫害防控贯彻“预防为主，综合防治”的植保方针。鳄梨病害有30多种，其中危害性最大、传播范围最广的是樟疫霉等侵染引起的根腐病。炭疽病、蒂腐病、茎溃疡病、疮痂病及轮枝孢萎蔫病等也是常见的鳄梨病害。危害鳄梨的害虫有30多种，其中以红蛛、樟脊网蝽、角盲蝽、红带蓟马、金龟子、介壳虫类和蛾类为主。

鳄梨树速生快长，木质松脆，枝叶茂密，树冠高大浓重，且主根不发达，侧根大多分布在土层30厘米左右，因而抗风能力差，遇大风容易引起植株倒伏，甚至连根拔起。在选择种植区域时应避开风力较大的地区和沿海地区。

价值与用途 鳄梨有“森林黄油”和“水果粮食”的美称，被誉为21世纪最营养、最健康的水果之一，其营养、保健、美容效果居全球果蔬之首。果肉主要由蛋白质、脂肪、矿物质和维生素组成。每100克果肉含脂肪18.7克、蛋白质2.5克、糖5.2克、粗纤维2.1克，以及20多种人体必需的维生素和矿物质。是唯一含有不饱和脂肪酸的水果，不饱和脂肪酸占80%，其中人体必需且不能在体内合成的亚油酸和亚麻酸含量高达27.5%。其营养价值可以和深海鱼油相媲美，还有降低胆固醇、防治心脑血管疾病的作用。食用鳄梨，可提高人体脂溶性营养素（α-胡萝卜素、β-胡萝卜素、叶黄素、维生素A、维生素D、维生素E、维生素K）的吸收率。鳄梨蛋白质含量是普通水果的2.5～10倍，热能达到191千卡，而一般水果只含热能16～87千卡，发热值比谷物高出75%以上，为美洲、非洲一些国家的主食之一。鳄梨果仁具有丰富的营养物质和活性物质，富含碳水化合物、蛋白质、脂肪、黄酮、单宁酸、皂苷等多种营养及活性成分。其中，碳水化合物、蛋白质分别约占鳄梨果仁干重的44.7%和23%，是优良的抗性淀粉和蛋白质来源；含有的类黄酮（0.11毫克/克）、单宁酸（1.41%）、皂苷（4.44%）等活性成分，其提取物的总抗氧化能力可达44.65%。

鳄梨食用方法有很多，果肉可鲜食、制作饮料、入菜和加工成果粉、油等产品。鳄梨油富含不饱和脂肪酸和维生素A、维生素D、维生素E等，可作为高级植物食用油、食品工业用油、医药用油和工业用油，还可作为食品、日化用品等的高级添加剂。

（马蔚红）

恩施玉露茶 Enshi Yulu tea 产于中国湖北省恩施市的蒸青绿茶。原称玉绿。恩施玉露茶为中国国家地理标志保护产品，产地范围为恩施市全境，包括舞阳坝街道、六角亭街道、小渡船街道、龙凤镇、崔家坝镇、板桥镇、白杨坪镇、三岔镇、新塘乡、红土乡、沙地乡、太阳河乡、屯堡乡、白果乡、芭蕉侗族乡、盛家坝乡、恩施大峡谷风景管理处。

生产简史 恩施玉露茶于清康熙（1662～1722）年间由恩施一蓝姓茶商垒灶研制，其焙茶炉灶与当今的玉露茶焙炉极为相似，所制茶叶称为玉绿。1900年前后，玉绿茶传到日本。1938年，恩施实验茶厂在恩施玉绿的基础上进行改进完善，改进后的茶汤色、叶底绿亮，鲜香味爽，外形色泽油润翠绿，毫白如玉，故更名为恩施玉露。1938～1942年为恩施茶叶生产出口盛期。日本茶叶专家松下智到恩施考察回国后著有《中国名茶の旅》一书，载有：“恩施玉露有极好的香气，并且其浓郁的味道比起日本的玉露有过之而无不及。”20世纪60年代以来，恩施玉露茶先后被评定或认定为“中国十大名茶”“湖北第一历史名茶”等。

加工工艺 恩施玉露茶生产工序为：蒸青→扇凉→铲头毛火→揉捻→铲二毛火→整形上光→提香→拣选。①蒸青。采用特制蒸青灶进行。蒸青灶上架普通铁锅，锅上置木制蒸青箱，箱内装可抽插活动的蒸青屉。蒸青时，待锅内水充分沸腾，迅速将鲜叶均匀薄摊在屉中，以叶片互不重叠为宜，每平方米约摊鲜叶0.20～0.25千克。蒸青时间40～55秒，蒸青适度的叶子呈灰绿色，手捏叶质柔软，叶面光滑并发出清香。②扇凉。将蒸青叶迅速扇凉，迅速降低叶温，散发水分，避免余热和水汽积聚闷黄杀青叶。③铲头毛火。将2.0～3.0千克蒸青叶投放在温度100～140℃的焙炉盘上，双手迅速捧叶高抛抖散，使水分蒸发。翻抖动作要勤，并随时将炉盘上散叶收拢，使之受热均匀，失水一致。抛炒至叶色暗绿，嫩梗主脉出现“鸡皮皱纹”；手捏茶坯，以既能成团又不粘手为适度。全程需要时间12～15分钟。④揉捻。在焙炉上进行。一为回转揉，两手握住适量茶叶，在焙炉盘上从左向右或从右向左朝同一方向周而复始地滚团揉。二为对揉，2人、4人或6人对站在焙炉两边，双手推揉茶团；相对站立操作，应协调动作，往返配合推揉，使茶团成一圆柱状，在炉盘上滚转。回转揉和对揉交替操作，其间夹以铲法，解散团块，揉捻后成条率达85%以上。⑤铲二毛火。继续蒸发水分、卷紧条索，初步整理形状。在100～110℃的焙炉盘上投放3～5千克揉捻叶，两人对站焙炉两边，两手手心相对，动作协调一致，左右来回揉茶，使茶坯成团随手如滚球般翻动。动作由慢至快，并随时将散落在炉盘边的零星茶叶收拢，使其受热受力均匀。经8～10分钟后，以手捏成团，柔软而稍有刺手感为适度，即下炉摊放10分钟左右。⑥整形上光。全过程分为两个阶段，第一阶段为悬手搓条。取铲二毛火叶0.8～1.0千克，放在炉温70～80℃的焙炉盘上，两手掌心相对，悬空捧起茶叶，右手朝前，左手向后，不断地顺着一个方向搓转茶叶。搓动幅度不宜过大，直到茶条呈细条长圆形，色泽油绿。约七成干时，转入第二阶段，即依托炉盘搓茶，采用“搂”“搓”“端”“扎”四种手法搓制上光，直至适度。在整形上光过程中，搓茶用力原则为轻—重—轻。第一阶段悬手搓用力应轻，当转入第二阶段炉盘搓后，前期茶坯约八成干，茶条互不粘连时，用力搓条，使茶条紧细挺直。到茶条达九成干时，应减轻搓力，借以焙干，固定外形，谨防搓断茶条和使茶叶色泽变灰（俗称跑光）。整形上光过程40～50分钟，茶叶含水量以7%～8%为适度，手捻茶叶能成末，梗能折断，即可下炉。⑦提香。经整形上光，再用烘焙或红外线提香机进行提香，至茶叶含水量5%～6%时下机摊凉。⑧拣选。提香并经冷却后用筛簸扬，手工拣剔，除去碎片、黄片、粗条、老梗及其他夹杂物。

品质特征 恩施玉露茶条索紧细匀整，紧圆光滑，色泽鲜绿，匀齐挺直，状如松针，白毫显露，色泽苍翠润绿；茶汤清澈明亮，香气清高持久，滋味鲜爽甘醇；叶底嫩匀明亮，色绿如玉。三绿（茶绿、汤绿、叶底绿）为恩施玉露茶的显著特点。观其外形，赏心悦目；饮其茶汤，沁人心脾。

主销地区 恩施玉露茶主销湖北省，尤其是武汉、恩施。另外，还销往北京、上海、广州、西安、郑州等大城市，部分远销日本、欧洲等国家和地区。

（郑鹏程 桂安辉）

二球悬铃木 London planetree; *Platanus acerifolia* 悬铃木科悬铃木属落叶乔木。又称英国梧桐、悬铃木。悬铃木于1640年前后发现于英国伦敦，是美桐（单球悬铃木，*P. occidentalis*）和法桐（三球悬铃木，*P. orientalis*）的天然杂种。因果实球形，下垂如铃，故名。悬铃木树大

图1 二球悬铃木

图2 二球悬铃木的果球

浓荫，抗性强，能适应城市街道的不良条件，是理想的**行道树**和**庭荫树**，为“世界五大行道树”之一。在欧美得到广泛栽培，在日本被誉为“街树之王”。19世纪末引入中国上海，在“法国租界”种植较多，叶似梧桐，因而又常被误称为“法国梧桐”。

树高可达35米，胸径可达1.3米左右。树皮呈不规则大片块状脱落，内皮灰绿色而光滑，幼枝及幼叶密生灰黄色绒毛。叶阔卵形，掌状3～5裂。花单性，雌雄同株，头状花序。果球通常2枚，生于长柄上。

喜光，不耐阴，较耐寒。萌芽力强，耐修剪，生长迅速。对土壤要求不严，但以排水性良好、肥沃的中性或微酸性壤土最适宜，在微碱性或石灰性土中常生长不良。在中国，长江和淮河流域为适宜栽培地区。以扦插繁殖为主，也可用种子繁殖。春播前将种子低温砂藏20天后播种。

悬铃木广泛用作行道树和庭荫树，也可孤植于**草坪**、空旷地或列植甬道两旁，任其自然生长，尤为壮观。除氯气和氯化氢外，对其他多种有毒气体抗性较强，可用于工矿区绿化。木材硬度适中，纹理平滑，削面光泽，适于旋刨单板，为胶合板、刨花板、纤维板家具和建筑等用材。修剪下的枝条可用于人工培养银耳。

（包满珠 傅小鹏）

二月兰 Chinese violet cress; *Orychophragmus violaceus* 十字花科诸葛菜属二年生草花。又称诸葛菜、二月蓝。二月兰在中国辽宁、河北、山西、山东、河南、安徽、江苏、浙江、湖北、江西、陕西、甘肃、四川等地均有分布。

第一年秋季播种或自播种，出苗只进行营养生长，经过冬季低温春化成花诱导，第二年春季4～5月开花。二型叶。花紫色，直径2～4厘米。花梗长5～10毫米。花萼筒紫色，萼片长约3毫米。长角果线形，长7～10厘米。

图1 二月兰

图2 二月兰的叶

图3 二月兰的花

图4 二月兰的果实

图5 二月兰林下栽培

由于二月兰有自播繁殖特性，在园林中广泛应用，作为**开花地被植物**。

（吕 彤）

F

发酵茶饮料 fermented tea beverage 在茶叶或茶提取物为主的基质中接种特定微生物，通过它们的代谢等作用使茶叶发生深度生理生化变化后制成的饮料。按照茶叶种类不同，发酵茶饮料分为发酵绿茶饮料、发酵红茶饮料、发酵黄茶饮料、发酵白茶饮料、发酵乌龙茶饮料和发酵黑茶饮料。按接种微生物种类不同，发酵茶饮料分为细菌发酵茶饮料、酵母菌发酵茶饮料、霉菌发酵茶饮料和食药用真菌发酵茶饮料。主要的发酵茶饮料包括红茶菌饮料、保健茶饮料、冠突散囊菌发酵茶饮料、茶啤酒饮料和茶酒饮料等。

红茶菌饮料　红茶菌是红茶水、白糖酿成含酵母菌、醋酸菌和乳酸菌的菌液。因菌膜酷似海蜇皮，被誉为海宝。红茶菌具有帮助消化的功能，可治疗多种胃病，被称为胃宝。红茶菌含有多糖、茶多酚、低聚异麦芽糖、醋酸、乳酸、柠檬酸和益生菌等，具有多种保健功能。

保健茶饮料　在特定茶汁中，按一定比例接种保加利亚乳杆菌或嗜热乳酸杆菌等一种或多种特定菌种，在特定温度下发酵一定时间后，制得的具有茶香、营养丰富、风味独特的茶饮料。

冠突散囊菌发酵茶饮料　利用冠突散囊菌直接发酵茶汁所得的茶饮料，汤色红艳透明、甜香味浓郁、滋味醇和，且具有黑茶的保健功能。

茶啤酒饮料　利用茶叶提取物、麦芽糖及其他辅料接种啤酒酵母制得的茶啤酒饮料。是具有啤酒风味且有茶保健功能的茶啤酒。

茶酒饮料　以茶汁或茶提取物为底物，添加少量的糖类物质作为碳源，接种酵母进行发酵，然后经过陈酿、调配而成的具有茶风味和保健功能的含酒精饮料。

（许勇泉）

发菜 fa-tsai; *Nostoc flagelliforme* 念珠藻科念珠藻属食用藻类。又称仙菜、头发菜、毡毛菜、地毛。发菜产于中国内蒙古自治区、宁夏回族自治区、新疆维吾尔自治区和甘肃、青海、陕西等省的干旱和半干旱

图1　发菜

地区。俄罗斯、蒙古国、法国、美国、墨西哥、摩洛哥、索马里和阿尔及利亚等国也有分布。生于荒地、岩石块、岩屑周围的土表和草丛中。

形态特征　藻体毛发状，平直或弯曲，棕色，干后呈棕黑色，往往许多藻体绕结成团，最大藻团直径达0.5米；单一藻体干燥时宽0.3～0.51毫米，吸水后黏滑而具有弹性，直径可达1.2毫米。藻体内的藻丝直或弯曲，许多藻丝几乎纵向平行排列在厚而有明显层理的胶质被内；单一藻丝的胶鞘薄而不明显，无色。细胞球形或略呈长球形，直径4～5微米，内含物呈蓝绿色。

图2　发菜的藻体呈毛发状

生长习性　适应性强，耐旱、耐高温、耐寒。以采集野生发菜为主，人工栽培较少。发菜是一种在特殊生态条件下生活的藻类，具有独特功能，是一种既能进行光合作用又能固氮的微生物，是干旱地区荒漠草原和草原化荒漠地带生态平衡的维护者，为国家一级重点保护植物。中国已严禁掠夺式采集，以保护发菜资源和生态环境。

用途　发菜富含蛋白质、碳水化合物、钙、铁、磷及氨基酸等成分。在中医上有清热化痰、解毒、通便利尿、益肾助阳等作用。

（别之龙）

番荔枝 sugar apple; *Annona squamosa* 番荔枝科番荔枝属多年生热带果树。又称佛头果、释迦果。番荔枝起源于中南美洲，在世界热带地区广泛栽培。番荔枝引入中国已有400余年历史，在海南、福建、台湾、广东、广西、云南等地有栽培。番荔枝属有120个种，多数起源于南美洲，如刺果番荔枝（*A. muricata*）、牛心番荔枝（*A. reticulata*）、圆滑番荔枝（*A. glabra*）、毛叶番荔枝（秘鲁番荔枝，*A. cherimolia*）等。人们通过番荔枝种间杂交形成新的栽培种，著名的杂交种是阿蒂莫耶番荔枝（*A. atemoya*）。

形态特征　番荔枝为半落叶小乔木，高3～5米；树皮薄，灰白色，多分枝。单叶互生，叶薄革质，全缘、椭圆状或长圆形，长6～17.5厘米，宽2～7.5厘米，顶端急尖或钝，基部阔楔形或圆形，叶背苍白绿色，初时被微毛，后变无毛；侧脉每边8～15条，基部略凸起。花单生或2～4朵聚生于枝顶或与叶对生，长约2厘米，

图1　番荔枝

图2　番荔枝的果实

图3　番荔枝的果肉及种子

青黄色，下垂；花蕾披针形；萼片三角形，被微毛。外轮花瓣狭而厚，肉质，长圆形，顶端急尖，被微毛，镊合状排列，内轮花瓣极小，退化成鳞片状，被微毛。雄蕊长圆形，药隔宽，顶端近楔形；雌蕊多，球状排列，心皮长圆形，无毛，微相连易于分开，柱头卵状，每心皮有胚珠1颗。果实为聚合果，圆球状或心状圆锥形，直径5～10厘米，重约350克，无毛，黄绿色，外面被白色粉霜。聚合果由数十个小瓣组成，每个瓣里含有一颗乌黑晶亮的种子，呈卵形。果肉为假种皮，乳白色，呈乳糕状。花期5～6月，果期6～11月。

栽培与管理　番荔枝嫁接苗种植第二年即可坐果，5年后进入盛产，无明显大小年。栽培要点包括：①建园与定植。选择避风向南的坡地或具有防护林的平地建园。定植穴直径1米、深0.8米，添加充足的腐熟有机肥、钙镁磷等矿物基肥。定植时浇足定根水，并在周围覆草保墒。定植时间以2～4月为宜。②土肥水管理。在枝梢生长和花果发育期间，保证速效营养的均衡供应。营养生长期间注意氮肥供应，花前适度叶面喷施硼、锌、钙元素，果实发育特别是快速膨大前应追施钾肥。番荔枝根系怕积水，多雨季节应及时排水防涝，防止根腐病的发生。③整形修剪。主枝与主干夹角要大，形成主枝分层式平展树形，尽量使永久枝向外均匀伸长。主枝剪短一定长度，促使产生亚主枝，使该主枝上每年萌发多数侧枝，增加着果面与部位。冬剪在采果后进行，为控制生长势，应剪除徒长枝与结果后残枝，短截主枝，留主干，使植株保持矮化树形，促进萌芽及生长整齐。夏剪则主要剪除密生枝、细弱枝等，以改善通风透光条件，减少养分消耗。④产期调节。7月下旬至9月下旬进行轻剪，短截并摘除枝条上2～4片叶，使其再萌发新梢、开花结果，12月至翌年2月果实成熟；冬季采果后进行重剪，翌年9～11月果实成熟。⑤花果管理。番荔枝需要人工授粉保证坐果。花瓣半张开时花药未开裂，而雌蕊已经成熟，可用毛笔从花瓣完全张开、花药自然裂开的花上蘸取花粉授于花瓣半张开的花柱上。在小果期果径达2厘米时疏除畸形果、病虫果、密生果，使每条结果枝留1个果，以减轻树体负担，维护树势，提高大型果和优质果比例。⑥采收。番荔枝有后熟现象，可在硬熟期采收。一般在果实表面鳞沟展开后7天采收，以选择果实外观鲜丽、硕大，成熟度明显者为佳。采后须后熟3～6天方可食用。

病虫害　番荔枝主要病害有炭疽病、叶疫病、叶斑病、软腐病、蒂腐病、酸腐病、根腐病等，主要虫害有蓟马、天牛、木蠹蛾、柑橘小实蝇、铜绿金龟子、介壳虫、红蜘蛛等。在果实直径2～3厘米时进行套袋，可提高品质，防止病虫、鸟为害。

价值与用途　番荔枝果实富含营养，每100克果肉含脂肪0.14～0.3克、总糖15.3～18.3克、矿物质0.6克、有机酸为0.42克、维生素C0.26克、蛋白质1.55克。果实可食率67%，果肉清甜绵密，略带微酸，并具芳香，风味甚佳，深受消费者欢迎，经济效益显著。（黄旭明）

番木瓜　papaya; *Carica papaya*　番木瓜科番木瓜属多年生常绿草本果树。又称万寿果、木瓜、树瓜、乳瓜。是番木瓜属中唯一的种。番木瓜是果树中单产最高的树种之一，在中国主要种植于广东、广西、海南、云南、福建、台湾等地。

种质资源　番木瓜原产于中、南美洲，自明清时期传入中国，已有近400年的栽培历史。由于番木瓜用途广泛，在长期的发展过程中，逐渐形成果用型、果菜两用型、菜用型和割酶用型四大用途类型品种。其中，果用型品种多为单果重1千克以下的小果型品种，如美中红、红日2号、日升等；果菜两用型、菜用型及割酶用型品种多为单果重1千克以上的大果型品种，如穗中红48、红铃2号、广蜜等。果用型品种主要在海南省、云南省南部、广东省珠江三角洲地区种植，果菜两用型、菜用型品种以粤东、闽南地区为主要产区，割酶用型品种则集中在粤西及广西南部地区种植。由广州市果树科学研究所承担的农业农村部番木瓜种质资源圃于2010

图1　番木瓜

图2　番木瓜的花

图3　番木瓜的果实和种子

年正式成立，收集保存有国内外近300份番木瓜种质资源。

形态特征　植株高2～10米，具乳汁。实生植株具肉质主根和侧根，须根多，根系发达，可深达地下75厘米；组培繁殖植株不具主根，仅有侧根、须根。茎直立，不分支或在顶端折断后萌生分支，叶片脱落后留下叶柄痕。叶大，自茎顶端聚生，掌状缺刻，直径可达90厘米；叶柄中空，长60～100厘米。根据植株开花性别的差异，番木瓜植株可分为雄株、雌株与两性株。雄株主要开雄花，雄花子房退化；雄蕊10，5长5短；花冠呈细管状，长1.6～5厘米；圆锥花序，下垂，长可达1米；偶尔在最早开花的节位会开可结果的两性花。雌株开雌性花，雌性花花冠4～8厘米，子房上位，卵球形。两性株主要开长圆形两性花与雄花，偶尔开雄型两性花或雌型两性花；两性花雄蕊5或10，花冠1.9～5厘米。浆果，成熟时果皮橙黄色或黄色，长多为10～50厘米；两性花发育的果实多为长圆形，雌性花发育的果实多为圆形、近圆形或椭圆形；果肉黄色、橙黄色或橙红色，柔软、多汁、香甜。种子数量多，卵球形，成熟时黑褐色，外种皮肉质，内种皮木质，具皱纹。

生长习性　番木瓜喜高温，不耐寒，12℃以下植株即停止生长，2℃以下出现冻害，最佳生长温度在30℃左右。需水量大，但不耐涝，浸水超过4小时就可能出现涝害。因此，番木瓜果园须具备较高的积温、无霜冻、良好的排灌、较好的土壤疏水性等条件。同时，番木瓜生长量大、产量高、需肥量大，要求均衡、合理的肥

图4 番木瓜果园

料供给才能保障高产。

栽培技术 生产中多使用实生苗或组织培养苗种植。实生苗植株会出现株性分离，两性株和雌性株的比例约各半；组培苗植株可控制一致的株性。果用型番木瓜因市场偏爱两性果而常用组培苗，其余类型的番木瓜生产则常用实生苗。

番木瓜在中国热带气候区种植时，可周年定植，全年开花结果。在中国亚热带气候区种植时，多采用“秋播春植”模式进行种植，每年秋季播种育苗，次年2～3月定植，4～6月始花，9～10月始收。受番木瓜环斑型花叶病毒病（PRSV）的影响，非抗病品种往往只能收获1年，须采用轮作避病；抗病品种则可实现一次种植，连续收获2～3年。

病虫害 番木瓜主要病害包括番木瓜环斑型花叶病毒病、疫病、枯萎病、白粉病等，主要虫害包括蚜虫、红蜘蛛、小实蝇等。

用途 番木瓜果实营养丰富，富含氨基酸、维生素和微量元素，综合营养价值高。肉质嫩滑多汁、香甜可口，是极具特色的热带水果。此外，番木瓜也可作菜用和加工用，加工产品包括水果罐头、果脯、干果等，青果乳汁还被加工成番木瓜蛋白酶，广泛应用于食品、化妆品、药品、制革等行业。

图5 番木瓜牛奶饮料

随着社会经济的发展和生活水平的不断提高，消费者对番木瓜产品的需求不仅在总量上有所增加，而且更注重果品的健康、安全和营养。番木瓜产业也应市场的需求，种植生产向绿色有机、规模化、设施化和标准化方向发展。同时，番木瓜作为“短平快”的经济作物，也是休闲观光农业的首选作物，可为市场提供多元化和多层次的产品。此外，随着番木瓜的营养价值和保健功能被越来越多的消费者熟悉，产品的消费市场也正不断拓展。

（陈 健）

番茄 tomato; *Solanum lycopersicum* 茄科茄属一年生草本植物。在热带地区为多年生。又称西红柿。主要以成熟果实作蔬菜或水果食用。番茄原产于南美洲的秘鲁、厄瓜多尔等地，后传至墨西哥，驯化为栽培种。在安第斯山脉至今还有原始野生种。有研究结果表明，栽培番茄是由一种叫作醋栗番茄的野生番茄驯化而来的。16世纪中叶，由西班牙、葡萄牙商人从中、南美洲带到欧洲，再由欧洲传至北美洲和亚洲各地。初以其鲜红的果实作为庭园观赏用，后才逐渐食用。中国、印度、美国、土耳其、埃及、伊朗、意大利、西班牙、巴西和墨西哥等是世界上番茄栽培面积较大的国家。

形态和类型 植株按照主茎是否不断向上生长分为无限生长类型和有限生长类型。无限生长类型植株较高大，生长不受限制，节间较长，蔓生；有限生长类型植株矮小，节间较短，生长势弱，茎为蔓性或半直立。番茄根系发达，茎节易生不定根。叶为不整齐羽状分裂或羽状复叶。茎、叶表面均被柔毛，还有能分泌具有浓烈气味物质的腺毛。总状花序或复总状花序，每个花序有花数朵至数十朵。浆果，有圆形、扁圆形、椭圆形、长圆形、梨形及倒卵形等，大的可达500克以上，小的不到10克。幼果含叶绿素，呈绿色；成熟果实有红色、粉红色、黄色及紫色等不同颜色，红色和粉红色果实含有番茄红素。生产上栽培的番茄可分为三大类：鲜食番茄、樱桃番茄和加工番茄。

图1 番茄

图2 番茄的茎

图3 番茄的叶

中国栽培的番茄品种，有从荷兰、以色列、美国、日本、法国、意大利等国引进的，也有中国自己育成的。鲜食品种绝大多数为无限生长类型，果实较大，成熟果实为大红色或粉红色，风味浓郁，甜酸可口。樱桃番茄既有无限生长类型，也有有限生长类型，果实10～30克，可溶性固形物含量可达8%以上。加工品种均为有限生长类型，果实一般较小，果皮坚韧耐压，番茄红素及可溶性固形物含量高。适宜机械采收的加工番茄还要求果实成熟期

图4 番茄的花

图5 番茄的果实

一致，果柄没有离层。

栽培和采收 番茄为喜温作物，生长的适宜温度为20～25℃，结果期以昼温25～28℃、夜温16～20℃为宜。夜温低于15℃或高于30℃会妨碍正常授粉受精，引起落花。对日照长短不敏感，若温度适宜，则一年四季均可栽培。中国北方以早春茬和秋冬茬**日光温室栽培**及春夏茬和秋茬塑料大棚栽培为主，也有部分区域有大棚及露地越夏栽培。长江流域春大棚栽培较多，华南及西南部分区域以越冬露地栽培为主。番茄对土壤的适应性较广，土壤pH以6～6.5为宜。耐涝性差，要求有良好的排水条件。对肥料的需求量较大，除要求充足的氮肥外，增施磷、钾肥有利于提高果实的产量和品质。

番茄栽培普遍采用育苗移栽，并越来越多地采用工厂化穴盘育苗。苗龄30～60天，因季节不同而异。若是嫁接育苗，苗龄要长一些。栽培密度为2000～4000株/亩。植株长大后要支架或吊蔓，及时整枝打杈、绑蔓，并根据茬口安排适时摘心。加工番茄栽培不用支架，也很少整枝。番茄的主要病害有病毒病、青枯病、早疫病、晚疫病、叶霉病、灰霉病、叶斑病等；主要虫害有蚜虫、烟粉虱、蓟马和烟青虫等。

番茄的成熟采收标准因用途而异，就地鲜销的，一般在红熟初期采收；供加工用的，在完全红熟时采收；长途运销的，则在果实充分膨大后的转色期采收。为了提高品质，无论是就近销售还是远距离销售，越来越倾向于完全转色后采收。鲜食番茄果实多用手工分次采摘，加工番茄在生产上几乎全部采用一次性机械化采收。

用途 番茄是食物中维生素C的重要来源，每100克鲜果中一般含有维生素C20～30毫克，β-胡萝卜素（维生素A原）1000国际单位。所含的糖分主要是葡萄糖和果糖，酸味主要来自柠檬酸，其次是苹果酸。果实糖酸含量和比例及芳香物质含量是决定食用风味的重要因素。种子含脂肪20%～30%、蛋白质20%，可制取高级食用油、番茄蛋白。鲜食番茄果实既可作为蔬菜也可作为水果，既可生食也可熟食。加工番茄用来加工制作番茄酱、番茄汁和番茄丁等，还可从中提取番茄红素作为保健品。 （杜永臣）

番石榴 guava; *Psidium guajava* 桃金娘科番石榴属植物。又称芭乐、花稔、拔仔、鸡矢果。番石榴原产于热带美洲，是热带亚热带多年生**常绿果树**。因源自南美洲，果实状如**石榴**而得名番石榴。16世纪由西班牙人和葡萄牙人传入菲律宾，后引进中国，成为中国热带、南亚热带地区较重要的经济果树。在中国广东、广西、福建、海南、台湾、云南、四川等地有露地栽培，北方温室栽培也已获得成功。

种质资源 番石榴属植物资源丰富，约有100个种（含变种），其中番石榴是分布最广、栽培最多的种，中国仅有番石榴和草莓番石榴（*Psidium cattleianum*）2个种。番石榴种质资源圃（广西南宁）种植保存了80多份种质。引种、实生选种和芽变选种是番石榴品种改良的主要途径，台湾、广东等地都选育出一些新品种，其中，品种“珍珠”的育成和推广对番石榴生产具有里程碑意义。

形态特征 番石榴树高可达10米，根浅，侧根、小根多而密。主干不甚直立，树皮平滑，片状剥落，嫩枝有棱，单叶对生，全缘，革质。花两性，白色或红色，

图1 番石榴

单生或2～3朵排成聚伞花序，生于叶腋间。花瓣4～5枚，雄蕊多数，花丝长而纤细，雌蕊1枚，子房下位，3～5室，每室有多数胚珠，与萼合生，花柱与雄蕊同长。浆果球形、卵形或梨形，由花托及子房壁发育而成，顶端常宿存萼片，果肉白色、黄色或红色。种子细小、坚硬，每果可达100～300粒，但也有少核或无核的品种。

生长习性 番石榴喜温，最适生长发育温度为23～28℃，幼树在－2～－1℃、结果树在－4℃下即冻死。芽具早熟性，成枝力强。花芽属于多次分化型，难成花的品种类型一般在4～5月开花，7～8月果实成熟，8～9月又有少量开花，能二次结果；易成花的品种类型只要温度适宜、水分和养分充足，一年四季都可抽梢、成花、坐果，可人为调节产期。番石榴可周年开花结果，是较容易调节产期、产量的果树种类。

繁殖与栽培 树可用实生、压条、扦插、根蘖和嫁接繁殖，结果早，定植后1～2年可投产，较丰产、稳产，经济效益较

图2 番石榴的花

好。栽培品种按果肉颜色分为白肉、黄肉和红肉三类，按采收时果肉质地分为硬熟和软熟两类。生产上种植的多为易成花、白肉、硬熟类型品种，矮化密植，集约栽培，定植株行距（2～3）米×（3～4）米。肥水充足供应，并通过摘心、短截枝条、疏蕾、疏花和疏果等栽培措施调节产期。采用果实套袋提高果实品质。

图3　红肉番石榴

图4　黄肉番石榴

图5　白肉番石榴

图6　番石榴矮化密植栽培

红肉、硬熟类型品种正在兴起，黄肉类型较少见，白肉类型品种鲜食品质、口感普遍优于红肉类型品种。主要栽培品种有胭脂红、新世纪、珍珠、翡翠、水晶、汕红、金斗香等。

价值与用途　番石榴鲜果口感、风味佳美，维生素C丰富，热量低，是老少

图7　番石榴果汁

皆宜的大众化水果。果实味甘微涩，性温，可食部分高达97%以上，每100克可食部分中一般含可溶性固形物（TSS）8～13克、蛋白质1.1克、脂肪0.4克、碳水化合物14.2克、不溶性纤维5.9克、维生素C68毫克、钾235毫克、能量53千卡（222千焦）。果实除鲜食外，还可制作果汁、果酱、果粉等。叶片和未成熟果实可制成番石榴茶，民间用于糖尿病的辅助治疗。

新业态　番石榴果实富含果胶，叶、未成熟果实含有降血糖、抗病毒及抗菌等活性物质，利用番石榴叶、未成熟果实等副产品粗加工成番石榴茶已成为番石榴生产的新业态。通过深加工提取活性物质用于保健品和食品工业，有望成为番石榴生产的另一种新业态。

（徐社金）

反交　reciprocal cross　与正交相对的一种杂交方式。A和B分别代表参与杂交的两个亲本，如果A×B为正交，则B×A为反交。由于在雌雄配子结合的时候，卵细胞提供细胞质遗传物质和细胞核遗传物质，而精细胞只提供细胞核遗传物质，所以如果两个亲本的细胞质遗传物质有所不同，则反交后代与正交后代的表型有所不同。这也是进行正反交的意义所在。

（张志宏）

梵净山翠峰茶　Fanjingshan Cuifeng tea　产自中国贵州省印江土家族苗族自治县的绿茶。印江土家族苗族自治县种茶历史悠久，历来盛产名茶。据明朝《明实录》记载：“思州方物茶为上。”21世纪初，团龙村仍有15世纪种植的老茶树30多棵，其中一棵茶树被誉为“中国茶树王”。为中国国家地理标志保护产品。

产地环境　产地位于梵净山西麓的贵州省铜仁市印江土家族苗族自治县辖区内，因主产于该县境内武陵山脉主峰——梵净山而得名。产地海拔800～1300米，受梵净山自然小气候的影响，年降水量达800～1300毫米，年平均气温16～18℃，年日照时间1200～1300小时，无霜期近300天；常年出现多云间晴或阴天天气，雾多，空气湿度大。土壤类型为黄壤、黄棕壤和红壤，pH4.5～6.5，土壤有机质含量丰富。

加工工艺　梵净山翠峰茶的加工工艺流程为：茶青→摊青→杀青→理条→摊凉回潮→二炒整形→摊凉回潮→辉锅足干→冷却包装→入库冷藏保鲜。

品质特征　梵净山翠峰茶属扁形绿茶。茶外形扁平直、尖削、匀整，色泽嫩绿、鲜润洁净；香高持久、栗香显，滋味鲜醇；汤色嫩绿清澈，叶底嫩匀、明亮。

（郑文佳）

非加性效应　non-additive effect　由于基因之间的交互作用而影响表型值的效应。由于等位基因或非等位基因间的相互作用，使控制数量性状的等位基因之间存在显性和隐性关系，或非等位基因之间存在上位效应，因此对于特定的基因型，不同基因对性状表型的遗传效应值（基因型值）表现为并非累加关系。例如，某数量性状受AA和BB两对等位基因控制，A对B表现为上位性；A对其等位基因a表现为完全显性，基因型值AA=Aa=5，aa=0；B对其等位基因b为不完全显性，BB=4，Bb=3，bb=0，则AABB=AaBb=Aabb=5，aaBB=4，aaBb=3，aabb=0。对于非加性效应为主的数量性状，杂种后代的表型分离常表现为非正态分布，后代表型平均值与中亲值偏差较大。

（张新忠）

非洲菊　Barberton daisy; *Gerbera jamesonii*　菊科大丁草属簇生状多年生草本植物。非洲菊原产于非洲东南部。中国各地广泛栽培。

形态特征　株高可达60厘米，宽幅45厘米左右。根状茎短，为残存的叶柄

所围裹，具较粗的须根。叶基生，莲座状，叶片长椭圆形至长圆形，顶端短尖或略钝，叶柄具粗纵棱，多少被毛。花葶单生，少量有数个丛生，高于叶丛。头状花序单生于花葶之顶。舌状花1～2轮或多轮，倒披针形。管状花较小，常与舌状花同色。花朵直径4～5厘米。花期11月至次年4月。品种多达几千种。花色丰富，有红色、白色、黄色、橙色、紫色等。以鲜切花生产供应市场时，可通过花期调控实现周年开花。

栽培与管理 喜温暖通风、阳光充足、空气流通的环境。喜疏松、肥沃、排水良好的砂质土壤。生长适宜温度为20～30℃，冬季适温12～15℃。可采用播

图1 非洲菊

图2 非洲菊的叶和花葶

图3 非洲菊的花

种、组织培养或分株繁殖。播种繁殖需要人工辅助授粉，成熟后及时播种，避免种子过于干燥而丧失萌发力。组培繁殖常用叶片作为外植体，针对性状较好的品种进行规模化繁殖。分株繁殖针对分蘖能力强的品种，栽培3年盛花期过后对繁茂的株丛进行分株。

用途 非洲菊风韵秀美，花色艳丽，周年开花，装饰性强，且耐长途运输，可用于切花、盆栽及庭院装饰。切花瓶插单花期14～21天，为理想的切花花卉。栽培良好时，每株1年平均可切取30枝切花。在中国北方地区多盆栽观赏，用于装饰厅堂、门侧，点缀窗台、案头。在南方地区，可将非洲菊作为**宿根花卉**，应用于庭院丛植、布置**花境**、装饰**草坪**边缘等均有极好的效果。（吴沙沙）

分茶 fencha; etiquette of serving tea 由中国宋代**点茶**、**斗茶**衍生的玩茶游艺。宋代末茶冲点讲究沫饽，要“乳雾汹涌，溢盏而起”。斗茶斗的是沫饽着盏长久，以先见水痕者为负。分茶，则是冲点击拂末茶时，要使茶汤沫饽幻变出图形或字迹。

这种玩茶的游艺，类似于五代北宋初年的**茶百戏**。但北宋年间从皇室宫廷、文人雅士到民间百姓，热衷于斗茶的多。在北宋文人诗文中鲜见记咏分茶的。至南宋斗茶降温，玩分茶渐多。向子諲有《浣溪沙》一首，题云：“赵总怜以扇头来乞词，戏有此赠。赵能著棋、写字、分茶、弹琴。”由此可见，当时文人喜爱分茶，与琴、棋、书等艺相并列。陈与义有《与周绍祖分茶》诗：“何以同岁暮，共此晴云碗”“异时分忧虞，小勺勿辞满”。曾几《迪侄屡饷新茶二首》有句：“兴来吾不浅，送似汝良勤。欲作柯山点，当令阿造分。”华岳《赠楞枷老瑛上人》云：“拂床展卷呈诗稿，炙盏分茶当酒杯。”

杨万里《**澹庵坐上观显上人分茶**》，称得上是宋人记咏分茶最翔实之作：“分茶何似煎茶好，煎茶不似分茶巧。蒸水老禅弄泉手，隆兴元春新玉爪。二者相遭兔瓯面，怪怪奇奇真善幻。纷如擘絮行太空，影落寒江能万变。银瓶首下仍尻高，注汤作字势嫖姚。不须更师屋漏法，只问此瓶当响答。紫微仙人乌角巾，唤我起看清风生。京尘满袖思一洗，病眼生花得再明。汉鼎难调要公理，策勋茗碗非公事。不如回施与寒儒，归续茶经传衲子。”诗人在澹庵亲见弄泉老禅显上人分茶，茶水相遭，在兔毫盏面上呈现出有如太空、寒江的画卷或似嫖姚的草书，得心应手，善幻能变。银瓶注汤瞬间至妙，何须当年茶百戏先师的“屋漏法”。

从陆游诗作中可知，他热衷玩分茶。最著名的是那首作于杭州的《临安春雨初霁》：“小楼一夜听春雨，深巷明朝卖杏花。矮纸斜行闲作草，晴窗细乳戏分茶。”诗人把“戏分茶”与“闲作草”并提，可见这不是寻常的品茗别茶。陆游常玩分茶，以致他年仅十五的儿子也擅长。《疏山东堂昼眠》云：“香缕萦檐断，松风逼枕寒。吾儿解原梦，为我转云团。”另有《入梅》诗云：“墨试小螺看斗砚，茶分细乳玩毫杯。”还有《北窗》诗云：“玉麈消长日，风漪可一床。盏分新作茗，炉拨欲残香。”（阮浩耕）

分子标记辅助选择育种 breeding via marker assisted selection 在**果树育种**实践中研究开发目标性状的分子标记，利用分子标记对目标性状进行间接选育新品种的育种方法。果树作物的分子标记指可以稳定遗传、容易检测并与某性状连锁的蛋白质、核糖核酸（RNA）或脱氧核糖核酸（DNA）等序列多态性或表达量多态性。蛋白质标记和RNA标记也称基因表达标记，DNA标记是最常用的分子标记。分子标记与形态标记、细胞学标记、生化标记等均属于遗传标记。

分子标记辅助选择育种包括分子标记辅助选择亲本和分子标记辅助选择后代两种方式。①分子标记辅助选择亲本。是利用与目标性状紧密连锁的分子标记进行亲本选择和组合选配，选择具有育种目标性状的亲本和合适的杂交组合。②分子标记辅助选择后代。是利用分子标记对杂种后代群体或其他育种材料进行早期选择。

通过分子标记辅助选择育种可以大幅提高育种效率。首先，分子标记辅助选择可以在幼苗期对多个性状同时进行早期选择；其次，可以识别基因型的纯合或杂合；再次，可以测算遗传效应值。（张新忠）

分子设计育种 molecular breeding by design 以生物信息学为平台，以基因组学和蛋白组学等数据库为基础，综合育种学流程中的遗传、生理、生化、栽培、生态、生物统计等学科的有用信息，根据育种目标和生长环境在计算机上设计出最佳方案，然后在田间开展作物育种试验的育种方法。分子设计育种分三步进行：①研究目标性状基因以及基因间的相互关系，即找基因（或生产品种的原材料）。这一步骤包括构建遗传群体、筛选多态性标记、构建遗传连锁图谱、进行数量性状的表型鉴定和遗传分析等内容，以期获得控制目标性状的主（有）效基因。②根据不同生态环境条件下的育种目标来设计目标基因型，即找目标（或设计品种原型）。这一步骤利用已经鉴定出的各种重要育种性状的基因信息，包括基因在染色体上的位置、遗传效应、基因到性状的生化网络和表达途径、基因之间的互作、基因与遗传背景和环境之间的互作等，模拟预测各种可能出现的基因型及表现型，从中选择并确定符合特定育种目标的基因型。③选育目标基因型的育种途径分析，即找途径（或制定生产品种的育种方案），形成优化的育种方案并付诸育种实践。

分子设计育种的核心是建立以分子设计为目标的育种理论和技术体系，通过各种技术的集成与整合，在育种家进行田间试验之前，在计算机上对育种程序中的各种因素进行模拟、筛选和优化，确立满足不同育种目标的基因型，然后根据具体育种目标来设计品种蓝图，提出最佳的亲本选配与后代选择的策略，结合田间育种实践培育出符合设计要求的植物新品种，从而能够大幅提高育种的精度与效率，实现从传统的“经验育种”向定向、高效的“精确育种”转变。

（刘成明）

分子遗传图谱 molecular genetic map 以脱氧核糖核酸（DNA）分子标记为主体构建的遗传图谱。又称分子标记连锁图谱。遗传图谱又称连锁图谱或遗传连锁图谱，是对遗传重组结果进行连锁分析得到的基因标记或其他遗传标记在染色体上相对位置的排列图。

分子遗传图谱构建的理论基础是染色体上多态性DNA片段（即分子标记）的交换和重组。在细胞减数分裂时期，非同源染色体上的分子标记相互独立、自由组合，而同源染色体上的两个非姊妹染色单体之间的分子标记发生交换，导致非等位分子标记间的重新组合，形成重组子。重组型配子数占总配子数的比例称为重组率，用r表示。重组率的高低取决于交换的频率，两对分子标记之间的交换频率则取决于它们之间的直线距离。重组率的值介于完全连锁时的0到完全独立时的50%之间。重组率可用来表示分子标记间的遗传图距，图距单位用厘摩（centi-Morgan; cM）表示，1厘摩的图距大致相当于1%的重组率，但不同生物1厘摩图距所对应的实际物理距离（碱基对数量）存在很大差异。一般而言，生物越低等或越简单，其1厘摩图距平均对应的碱基对数量就越少。就玉米和人类而言，1厘摩图距大约对应1 000 000个碱基对（base pairs; bps）。

（刘成明）

酚氨比 ratio of tea polyphenols to amino acids 茶树新梢或成品茶中茶多酚总量与游离氨基酸总量之比。酚氨比是茶叶品质成分中茶多酚和氨基酸这两大主要品质成分的配比情况，在一定程度上可作为判定鲜叶品质或成茶优劣的标准。当茶多酚与游离氨基酸达到一定水平时，较低的酚氨比可使茶叶滋味鲜醇。茶多酚与游离氨基酸总量一般用沸水提取，分别经福林酚和茚三酮试剂显色后，用分光光度比色法测定（相关标准检测方法参照GB/T 8313—2018和GB/T 8314—2013）。

影响茶叶酚氨比的主要因素有茶树品种、气候条件（季节）和栽培措施等。按春茶一芽二叶的标准，适制绿茶优良品种要求酚氨比较低，如福鼎大白茶的酚氨比为3.7，龙井43的酚氨比为3.5，安吉白茶的酚氨比为2.2；适制红茶的品种要求酚氨比较高，如云抗14号的酚氨比为7.0，英红9号的酚氨比为6.7。与春茶相比，夏秋茶的酚氨比要高，如黄金茶1号一芽二叶，春茶（3月14日）酚氨比为4.9，夏茶（6月8日）酚氨比为10.8，秋茶（9月24日）酚氨比为11.4。

（阮建云）

粉茶加工 tea powder processing 以茶树鲜叶或干茶为原料，经加工后研磨或直接研磨成粉状茶产品的生产过程。按生产工艺不同，粉茶产品分为绿茶粉、红茶粉、黄茶粉、乌龙茶粉、白茶粉和黑茶粉等。粉茶产品的品质特征是粉状、均匀、无结块，具有产品固有的干茶粉颜色，无杂质；具有与原茶类产品相符的香气和滋味，无异味。

绿茶粉加工 原料：选择叶绿素含量较高、嫩茎梗较少的原料，不宜选用紫芽品种，以生长过程中采用遮阴覆盖的更佳。

杀青：可采用蒸汽、滚筒和锅式三种杀青方式，通过高温（100～300℃）破坏茶叶中酶的活性，抑制多酚氧化酶的活性，使粉茶半成品干燥叶原料中保留更多的叶绿素、多酚类物质及维生素C等有效成分，使绿茶粉产品色泽更绿、有效成分含量更高。

干燥：将杀青叶直接用烘干方式除去水分，进行两次烘干（第一次烘干温度100～120℃，第二次烘干温度90～110℃），使粉碎前半成品原料叶含水量不大于6.0%。

去茎梗：将直接烘干后的绿毛茶或成品茶用揉捻机轻揉，使嫩茎梗和叶肉大部分脱离，再经筛分弃去嫩茎梗。

研磨粉碎：采用球磨、气流、冷冻、石磨和直棒等粉碎方法，对弃去嫩茎梗后的半成品进行研磨，粉碎成孔径小于75微米的茶粉颗粒（含量≥90.0%），即为粉茶。

绿茶粉也可用色泽较绿的炒青绿茶、烘青绿茶或蒸青绿茶作原料，直接研磨粉碎而成。

其他粉茶加工 红茶粉、黄茶粉、乌龙茶粉、白茶粉和黑茶粉等茶粉的加工，一般是以红茶、黄茶、青茶（乌龙茶）、白茶和黑茶等毛茶或成品茶为原料，去茎梗后直接研磨而成。

（金寿珍）

风味品质 flavor quality 蔬菜所具有的口感和气味。蔬菜中既含有令人喜欢的香、甜、酸、鲜、清凉等风味物质，也含有令人不愉快的苦、涩、臭等风味物质，还含有辛香、辛辣、麻辣等特殊嗜好性风味物质。风味是构成蔬菜品质的主要因素之一，蔬菜因其独特的风味而备受人们的青睐。不同蔬菜所含风味物质的种类和数量各不相同。风味主要由滋味和气味两部分组成，涉及生理、化学、心理、生物和物理等多门学科，是个复杂的指标。

味道是舌头和鼻子感知的感觉的组合。人类的记忆中储存了大量不同的口味和香气。在蔬菜中，味道通常以甜味和酸味相结合的方式表示，是产品成熟度和食用品质的标志。总体上，风味品质主要由糖、酸含量决定。有机酸（柠檬酸、苹果酸、草酸、酒石酸）是味觉的重要成分，随着果实成熟趋于减少；而糖含量（可溶性固形物）趋于增加。可溶性固形物含量可通过测定总糖含量获得，酸度用可滴定酸含量表示。可溶性固形物与有机酸的比率不同，表现出不同的风味。高糖高酸风味优美，高糖低酸则失去应有的风味而味淡；高酸低糖味酸，低酸低糖则果实淡而无味，品质差。

决定风味品质的因素有以下几种：

香味物质　蔬菜的香气源于人类对许多挥发性物质的感知。香味物质主要包括酯类、醇类、醛类、酮类及萜类等挥发性物质。香气值即某种物质的含量与该化合物的香气阈值的比值，当香气值（lg）>0时，认为该物质对香气贡献大，能代表蔬菜产品的特征香气。

冷藏蔬菜的芳香度较低，因为挥发性释放会随着温度的降低而减弱。同样，组织完整性失去使许多香气被释放而味道变差。

甜味物质　主要是可溶性糖，其中果糖、葡萄糖和蔗糖及其衍生物的比例决定蔬菜的甜味。除此之外，一些氨基酸及短肽也是甜味的构成因素。果实甜度的判断方法：含糖量测定。其中，精确度量指测定含糖量，粗略测量多指测定可溶性固形物含量。

酸味物质　酸味作为风味品质重要的组成因素之一，在口感方面起重要作用。酸味物质主要由有机酸组成，如柠檬酸、苹果酸和酒石酸，以及少量的草酸、琥珀酸和水杨酸。有机酸含量的测定常用滴定法：用热水将果实中的游离酸和酸式盐提取出来，滤液用0.1摩尔/升氢氧化钠溶液滴定，然后算出100克鲜果中的含酸量。

苦味物质　主要包括生物碱、萜类、糖苷类、苦味肽类和某些无机盐类。苦味物质常见于葫芦科蔬菜中的葫芦素，是一类葫芦烷型四环三萜化合物。葫芦烷类不仅有苦味，还可能有甜味，且苦味、甜味因苷元C_{11}—OH的组成或构型而异。C_{11}—OH处于β构型或转成羧基时，其苷味苦；而C_{11}—OH为α构型时，其苷味甜。

辣味物质　蔬菜中的辣味物质主要包括辣椒碱、含硫化合物、邻甲氧基酚基烷基酮和硫代葡萄糖苷类物质。辣椒碱是一种香草基胺的酰胺衍生物，包括辣椒素、二氢辣椒素、降二氢辣椒素、高辣椒素和高二氢辣椒素，是辣椒主要的辣味物质。

有些蔬菜（如大蒜和洋葱）的辛辣，是负责味道的酶和底物在健康组织细胞中被分室隔离，当将其切割、咀嚼或粉碎时酶和底物接触而生成特定味道。葱蒜类蔬菜的辣味物质主要是含硫化合物，如大蒜素。生姜类蔬菜的辣味物质主要是邻甲氧基酚基烷基酮。十字花科类蔬菜的辣味物质主要是硫代葡萄糖苷类物质。

此外，辣度可分为表观辣度和真实辣度。①表观辣度是辣椒及辣椒制品直接在人的感觉器官上表现出的辛辣程度，一般通过感官检验进行评价。②真实辣度是测定辣椒及辣椒制品中辣椒素的含量，通常用精密仪器进行定量测定。

涩味物质　蔬菜中的涩味多由含量较多的单宁、儿茶素所致；此外，有机酸对涩味也有作用，涩味受到酸度调节。植物单宁又称植物多酚，是相对分子质量在500～3000的黄酮类化合物，根据结构特征分为缩合单宁和水解单宁两大类。

生活中常把“苦涩”二字连用，但涩味与苦味本身并无直接联系。苦味是一种基本的味觉，由舌头上的味觉受体细胞感知；而涩味本身更偏向于一种主观感受，是某种物质引起的口腔内发干、收缩的触觉感受。其中，单宁分子与口腔中的唾液蛋白结合产生沉淀，导致唾液润滑性减弱，口腔上皮组织收缩，产生涩感，且其涩性与单宁的分子量大小成正比。当果蔬中的单宁含量达到1%时，可感觉到明显的涩味；当含量在0.03%～0.1%时，有强化酸味的作用，涩味基本可忽略不计。

鲜味物质　主要包括氨基酸（鸟氨酸、天冬酰胺、瓜氨酸、谷氨酸、脯氨酸、缬氨酸及亮氨酸等）、核苷酸（腺苷酸）、短肽、碳水化合物、部分维生素、有机酸和不饱和脂肪酸等物质。鲜味是由这些物质的相互作用而形成的。

（叶志彪）

风信子　hyacinth; *Hyacinthus orientalis* 风信子科风信子属植物。又称洋水仙、西洋水仙、五色水仙。风信子原产于地中海沿岸及小亚细亚一带，后传入荷兰。全世界风信子的园艺品种有2000个以上，可分为荷兰种和罗马种两类。荷兰种绝大多数每株只生长1支花葶，体势粗壮，花朵较大；而罗马种多数每株能着生2～3支花葶，体势幼弱，花朵较细。根据其花色，可分为蓝色、粉红色、白色、鹅黄色、紫色、黄色、绯红色、红色等8个品系。

图1　荷兰种风信子

图2　罗马种风信子

图3　风信子的叶

多年草本生球根类植物。鳞茎球形或扁球形，有膜质外皮，外被皮膜呈紫蓝色或白色等，皮膜颜色与花色成正相关。未开花时形如大蒜。叶4～9枚，狭披针形或带状披针形，肉质，基生，肥厚，具浅纵沟，绿色有光。花茎肉质；花葶高15～45厘米，中空，端部着生总状花序。小花10～20朵密生上部，多横向生长，少有下垂，漏斗形；花被筒形，上部4裂；花冠漏斗状，基部花筒较长，裂片5枚，向外侧下方反卷。原种为浅紫色，具芳香。蒴果。花期早春，自然花期3～4月。

（王　雁）

枫香　Chinese sweet gum; *Liquidambar formosana*　金缕梅科枫香树属落叶乔木。枫香分布于中国黄河以南，西至四川、贵州，南至海南，东至中国台湾地区。生长在平原或丘陵地区。名出《南方草木状》。

单叶，互生，宽卵形，掌状3裂，边缘有锯齿。有长叶柄，托叶条形，红色，早落。花单性，雌雄同株。雄花成柔荑花序，无花被，雄蕊多数，花丝和花药近等长。雌花25～40，排列成头状花序。萼齿5，钻形，长约8毫米，花后增长。无花瓣，退化雄蕊4，心皮2，合生，子房半下位，2室，胚珠多数，花柱2。聚花果圆球形，直径2.5～4.5厘米，宿存花柱和萼齿针刺

图1 枫香的叶

图2 枫香的果实

状。花期3～4月，果期9～10月。

树脂可入药，能解毒止痛，止血生肌；根、叶、果有祛风除湿、通经活络之效。多栽培为荫蔽树及风景树，其叶秋季变红，为著名的红叶树。

（包满珠 傅小鹏）

凤冈锌硒茶 Fenggang zinc-selenium tea 产于中国贵州省遵义市凤冈县的绿茶。产地位于贵州省东北部乌江北岸、大娄山南麓的锌硒高含量地带。海拔800～1200米，且多为黄壤，土层深达80～200厘米，pH4.5～6.5，肥力中等，有机质含量丰富。凤冈县土壤中锌含量为95.3毫克/千克，硒含量为2.5毫克/千克；茶叶中锌含量为40～100毫克/千克，硒含量为0.25～3.50毫克/千克，且完全来源于茶树对土壤中锌硒的天然吸附。是中国国家地理标志保护产品。

每年3～9月采摘单芽、一芽一叶初展、一芽一叶、一芽二三叶为原料。鲜叶的嫩度、匀度、净度应基本一致。凤冈锌硒茶的加工工艺流程为：茶青→摊青→杀青→做形→烘炒→造形→足干提香→精选→成品。高档成品茶外形条索紧结匀整、显锋苗，色泽灰绿油润，栗香高长，滋味鲜爽甘醇，汤色黄绿明亮，叶底嫩绿匀整。

（郑文佳）

凤凰单丛茶 Fenghuang Dancong oolong tea 以凤凰水仙群体种加工出具有优异品质的成茶或从中选育出优异单株的品种、品系和株系，采用凤凰单丛茶加工工艺制成的天然花香浓郁的乌龙茶。多指纯无性系凤凰单丛茶品种加工而成的产品。凤凰单丛有213个品系（株系），有以叶片形态命名的，如山茄叶、橘子叶、竹叶、柿叶、柚叶等25种；有以花香命名的，如黄枝香、桂花香、米兰香、芝兰香、茉莉香、玉兰香、杏仁香、肉桂香、夜来香、暹朴香十大香型；有以树形命名的，如石堀种、娘伞种、金猴子、哈古捞种等15种；有以成茶外形命名的，如丝线茶、大骨贡、幼骨子、大叶乌、大白叶等26种；还有一些特殊的命名，如宋种、八仙过海、海底捞针、兄弟茶等。凤凰单丛茶产地以中国广东省潮州市为多，梅州市亦较多，其他地市零星分布，湖北、西藏一些地区也有分布。

凤凰单丛茶

凤凰单丛茶的加工工艺见**广东乌龙茶**。凤凰单丛茶是历史名茶，外形条索壮直、紧结匀嫩，色泽褐润；内质酽香袭人，具有天然优雅花香，香气高锐持久；滋味浓醇爽口回甘；汤色金黄似茶油，茶汤清澈；叶底肥厚软亮，绿叶红镶边，极品茶有特殊的山韵味。被近现代茶人誉为茶中香精。

（苗爱清）

凤庆红茶 Fengqing black tea 产于中国云南省凤庆县的**红茶**。凤庆县种茶、制茶历史悠久，凤庆红茶为传统云南红茶（滇红）的典型代表。地处云南省西南部，跨东经99°31′～100°13′、北纬24°13′～25°03′，总面积3335平方千米。

自然环境 境内受澜沧江及其支流顺甸河、黑惠江、迎春河切割，从北至南形成四大峡谷。澜沧江从西北入境，由东南出境，穿过县城北部，过境长度59.4千米。由于澜沧江西部地势起伏和缓，呈波浪式向西延伸，形成以营盘为中心的中山丘陵盆地。凤庆县平均海拔1578.8米，气候属中亚热带季风气候，有雨热同季和干凉同季的特点，气候温和，日照充足，冬暖夏凉，雨量集中，干湿分明，年平均气温16.5℃。

加工工艺 采摘一芽二、三叶的芽叶作为原料，经萎凋、揉捻、发酵、干燥而制成。滇红茶在加工过程中发生了以茶多酚促氧化为中心的化学反应，鲜叶中的化学成分变化较大，茶多酚减少90%以上，产生了茶黄素、茶红素等新的成分。因采制时期不同，其品质具有季节性变化，一般春茶比夏、秋茶好。春茶条索肥硕，身骨重实，净度好，叶底嫩匀；夏茶正值雨季，芽叶生长快，节间长，虽芽毫显露，但净度较低，叶底稍显硬、杂；秋茶正处干凉季节，茶树生长代谢作用转弱，成茶身骨轻，净度低，嫩度不及春、夏茶。

品质特征 毫色多呈橘黄，外形条索完整，金毫显现；冲泡茶香四溢，汤色红艳透亮，品饮香高味重，口齿留香；叶底发酵匀称完整，经久耐泡。

（吕才有）

凤仙花 garden balsam; *Impatiens balsamina* 凤仙花科凤仙花属一年生草本植物。又称指甲花。凤仙花原产于中国、印度、马来西亚。同属植物约600种，中国约180种。

植株高50～100厘米。茎肉质，下部节部膨大，青绿色或红褐色至深褐色。叶互生，狭或阔披针形，边缘有锯齿。花腋生，单朵或数朵，有膨大中空向内弯曲的距，花瓣5枚，旗瓣有圆形凹头，翼瓣宽大二裂，有白、粉、红、玫瑰红、紫等色或带斑点色彩。

植株健壮，生长迅速，喜炎热，畏寒

图1 凤仙花

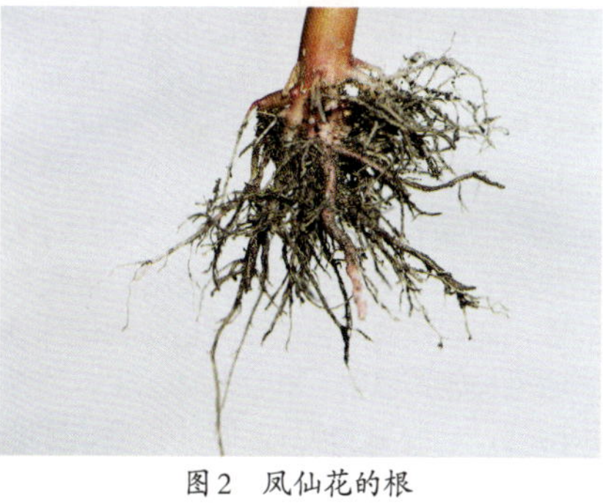

图2 凤仙花的根

图3 凤仙花的叶和花

图4 凤仙花的果实和种子

冷，耐瘠薄土壤。通常用播种方法繁殖。栽培品种较多，除花色多样外，亦有半重瓣、重瓣品种。

凤仙花是花坛、篱旁、花境、庭前常见的草花，矮生重瓣品种适于盆栽。红色花瓣加明矾捣碎可染指甲，种子入药名为“急性子”，茎入药称“凤仙透骨草”。同属常见栽培的除凤仙花外，还有包氏凤仙（*I. balfourii*）、何氏凤仙（*I. holstii*）、水凤仙（*I. noli-tangere*）、紫凤仙（*I. roylei*）、苏丹凤仙（*I. sultanii*）等。

（葛　红）

凤眼蓝　water hyacinth; *Eichhornia crassipes* 雨久花科凤眼莲属浮水植物。又称水葫芦、水浮莲、凤眼莲。凤眼蓝原产于巴西，多生于海拔200～1500米的水塘、沟渠及稻田中。广泛分布于中国长江、黄河流域及华南地区。亚洲热带地区也已广泛生长。

浮水草本，高30～60厘米。须根发达，棕黑色，长达30厘米。茎极短，具长匍匐枝，匍匐枝淡绿色或带紫色。与母株分离后可长成新植物。叶在基部丛生，莲座状排列，一般5～10片。叶片圆形、宽卵形或宽菱形，长4.5～14.5厘米，宽5～14

图1 凤眼蓝

厘米，顶端钝圆或微尖，基部宽楔形或在幼时为浅心形，全缘，具弧形脉，表面深绿色，光亮，质地厚实，两边微向上卷，顶部略向下翻卷。叶柄长短不等，中部膨大成囊状或纺锤形，内有许多多边形柱状细胞组成的气室，维管束散布其间，黄绿色至绿色，光滑。叶柄基部有鞘状苞片，长8～11厘米，黄绿色，薄而半透明。花葶从叶柄基部的鞘状苞片腋内伸出，长34～46厘米，多棱。穗状花序长17～20厘米，通常具9～12朵花。花被裂片6枚，花瓣状，卵形、长圆形或倒卵形，紫蓝色。花冠两侧略对称，直径4～6厘米，上方1枚裂片较大，长约3.5厘米，宽约2.4厘米，3色（四周淡紫红色，中间蓝色，在蓝色的中央有一黄色圆斑）；其余各片长约3厘米，宽1.5～1.8厘米，下方1枚裂片较狭，宽1.2～1.5厘米。花被片基部合生成筒，外面近基部有腺毛。雄蕊6枚，贴生于花被筒上，3长3短，长的从花被筒喉部伸出，长1.6～2.0厘米，短的生于近喉部，长3～5毫米。花丝上有腺毛，长约0.5毫米，顶端膨大。花药箭形，基着，蓝灰色，2室，纵裂。花粉粒长卵圆形，黄色。子房上位，长梨形，长6毫米，3室，中轴胎座，胚珠多数。花柱长约2厘米，伸出花被筒的部分有腺毛；柱头上密生腺毛。

图2 凤眼蓝的叶

图3 凤眼蓝的花

图4 凤眼蓝的果实

蒴果卵形。花期7～10月，果期8～11月。

喜温暖湿润、阳光充足的环境，适应性很强，具有一定耐寒性。适宜水温为18～23℃，超过35℃也可生长，气温低于10℃停止生长。喜生于浅水中，在流速不大的水体中也能生长，随水漂流。开花后花茎弯入水中生长，子房在水中发育膨大。繁殖迅速。

凤眼蓝是世界恶性入侵植物，在中国被列为一级入侵植物，有诸多危害，如破坏原本水生态、污染水资源、阻塞航运等。也具有绿肥、食用、饲用、观赏和药用等价值，也可适量种植用于净化水体。

（张敬丽　刘云礼）

《奉和袭美茶具十咏》　*Ten Poems about Tea-Sets of Ximei*　五言古诗。中国唐代陆龟蒙作。陆龟蒙（？～881？），晚唐文学家。江苏吴江人，字鲁望，别号天随子、江湖散人、甫里先生。举进士不中，曾为湖州、苏州从事。后以高士召，不赴。去世后，唐昭宗光化三年（900）追赠右补阙。陆龟蒙与皮日休为文友，世称“皮陆”。

诗为十首：①《茶坞》。“茗地曲限回，野行多缭绕。向阳就中密，背涧差还少。遥盘云髻慢，乱簇香篝小。何处好幽期，满岩春露晓。”②《茶人》。“天赋识灵草，自然钟野姿。闲来北山下，似与东风期。雨后探芳去，云间幽路危。唯应报春鸟，得共斯人知。”③《茶笋》。“所孕和气深，时抽玉苕短。轻烟渐结华，嫩蕊初成管。寻来青霭曙，欲去红云暖。秀色自难逢，倾筐不曾满。”④《茶籝》。“金刀劈翠筠，织似波文斜。制作自野老，携持伴山娃。昨日斗烟粒，今朝贮绿华。争歌调笑曲，日暮方还家。”⑤《茶舍》。“旋取山上材，架为山下屋。门因水势斜，壁任岩限曲。朝随鸟俱散，暮与云同宿。不惮采掇劳，只忧官未足。”⑥《茶灶》。“无突抱轻岚，有烟映初旭。盈锅玉泉沸，满甑云芽熟。奇香袭春桂，嫩色凌秋菊。炀者若吾徒，年年看不足。”⑦《茶焙》。“左右捣凝膏，朝昏布烟缕。方圆随样拍，次第依层取。山谣纵高下，火候还文武。见说焙前人，时时炙花脯。”⑧《茶鼎》。“新泉气味良，古铁形状丑。那堪风雪夜，更值烟霞友。曾过赪石下，又住清溪口。且共荐皋卢，何劳倾斗酒。”⑨《茶瓯》。“昔人谢坻埞，徒为妍词饰。岂如珪璧姿，又有烟岚色。光参筠席上，韵雅金罍侧。直使于阗君，从来未尝识。”⑩《煮茶》。“闲来松间坐，看煮松上雪。时于浪花里，并下蓝英末。倾余精爽健，忽似氛埃灭。不合别观书，但宜窥玉札。”

该诗对茶具作了叙述，包括茶坞、茶人、茶笋、茶籝、茶舍、茶灶、茶焙、茶鼎、茶瓯、煮茶等十项，有的为《茶经》所不见，可与之对照研究。

《奉和袭美茶具十咏》是对皮日休《茶中杂咏》十首同名诗的和诗，均以浙江长兴顾渚山为背景，比较全面地以艺术的形式反映了茶叶自生长、采制到烹饮的过程，并且包括这个过程中的有关细节和具体内容，具有较高的审美价值。皮日休和陆龟蒙的一唱一和所注入的感情色彩，更进一步丰富了诗咏的文化内涵和艺术魅力。两组诗详尽地记述了事茶的方法，对唐代茶叶研究来说有着极为重要的史料价值。在整个中国茶诗史上，将茶的各方面作如此规模的唱和也十分少见，所以皮、陆的唱和，具有“史”和“艺”的双重价值。

（刘伟华）

奉化曲毫茶 Fenghua Quhao tea 产于中国浙江省奉化区四明山茶区的卷曲形绿茶。奉化雪窦山是浙东四明山支脉的最高峰，海拔800米，有“四明第一山”之誉。

图1 奉化曲毫茶园

图2 奉化曲毫茶

图3 奉化曲毫茶茶汤

生产简史 奉化雪窦山山上有寺，始建于唐代。据《寺志》记载，唐宋时期雪窦寺先后受几代皇帝的41道敕谕，故千百年来香火旺盛、高僧辈出，南宋时被称为“天下禅宗十刹之一”。北宋景祐（1034～1038）年间，雪窦寺住持广闻禅师所著《御书应梦名山记》中载：“茶荠不同亩，曲毫幽而独芳。”可见当时雪窦山一带已产曲毫茶。此后雪窦山一带虽栽茶不断，但曲毫茶却失传，直到1999年，奉化曲毫才成功恢复。2002年奉化市成立雪窦山茶叶专业合作社经营生产奉化曲毫。有基地800余公顷，主要分布在四明山茶区尚田镇、大堰镇、溪口镇、莼湖镇、西坞街道、松岙镇和裘村镇等镇，年产量200多吨，销售额突破4500万元，主要销往宁波、上海、南京、深圳、沈阳等地。

加工工艺 奉化曲毫采摘标准为一芽一叶至一芽二叶初展，经摊青→杀青→揉捻→初烘→摊凉回潮→大小锅炒制→分筛→足烘等加工工艺制成。

品质特征 茶品外形肥壮盘曲、绿润显毫，清香持久，滋味鲜爽回甘，汤色绿明，叶底成朵、嫩绿明亮。

（冯海强 罗列万）

佛甲草 needle stonecrop; *Sedum lineare* 景天科景天属多年生肉质草本植物。佛甲草原产于中国和日本，在中国分布很广。生于低山或平地草坡上。

株高10～20厘米，茎多分枝，幼时直立，后下垂呈丛生状。叶线形或线状披针形，常3叶或4叶轮生，横截面较圆，宽不超过2毫米，先端钝尖，基部无柄。

图1 佛甲草

图2 佛甲草的叶

图3 佛甲草的花

聚伞花序顶生，疏生花，着生花无梗；萼片5，线状披针形；花小，花瓣5，黄色，披针形，长4～6毫米，先端急尖，基部稍狭；雄蕊10，较花瓣短。花期4～5月，果期6～7月。

喜温暖湿润、光照充足环境。生性强健，耐寒、耐旱力强，对土壤要求不严，但以疏松肥沃、排水良好的土壤为佳，忌涝。在中国北方地区栽培，严寒期地上部茎叶冻枯，翌年土壤解冻后可萌发新芽，早春便能覆盖地面。在长江以南地区栽种，则四季常绿。常采用播种或扦插繁殖。

佛甲草植株整齐美观，可作盆栽观赏，也可作为园林地被，是良好的屋顶绿化材料。全草可药用，有清热解毒、散瘀消肿、止血的功效。

常见的栽培品种还有松叶佛甲草金丘（*Sedum mexicanum* 'Gold Mound'），又称金叶佛甲草。其叶条形，常4叶或5叶轮生，横截面常宽而扁，宽至3毫米，叶片金黄色亮丽，可广泛应用于屋顶绿化、道路绿化、居住区绿化等，是布置花坛、花境的优良植物。

（夏宜平　李世琦）

佛手瓜 chayote; *Sechium edule* 葫芦科佛手瓜属多年生宿根草本植物。又称瓦瓜、拳头瓜、安南瓜、寿瓜、丰收瓜、洋丝瓜、合手瓜、土耳瓜、万年瓜。以果实、嫩茎叶、卷须、块根供食用。佛手瓜原产于墨西哥、中美洲和西印度群岛。19世纪初由日本传入中国，中国南方地区均有种植，以云南、贵州、浙江、福建、广东、四川、台湾地

图1 佛手瓜

图2 佛手瓜的叶

图3 佛手瓜的花序

图4 佛手瓜的果实

区居多，全国其他地区也有种植。

形态特征　根系发达，一年生侧根长达2米以上；根系分布范围广，吸收肥水能力强，耐旱。多年生的佛手瓜生长进入第2年后，在不十分炎热的地区可形成多个肥大的块根。茎蔓性，攀缘性强，主蔓可长达10米以上。分枝能力强，几乎每节上都有分枝，分枝上又有2次、3次分枝。节上着生叶片和卷须。叶片互生，掌状五角形，全缘，叶面粗糙，有绒毛。雌雄同株异花；雄花一般出现在子蔓上，雄花序的轴长8～18厘米，为瘦长的总状花序，花色浅绿色或白色，雄蕊3枚，离生，每花序一般着生雄花10朵；雌花开花迟于雄花，一般开在孙蔓上，单生，每节位上只有1朵，少量有2～3朵，萼片、花冠均5裂，冠缘淡绿色，子房上位。果实为梨形果，有5条长须状沟，似握起的拳头；果皮为白色或绿色，果肉有香味，单果重50～500克，单株结瓜可多达900个以上，通常单株结瓜200～500个。种子粒大、扁平、卵形，单个果实内只含1粒种子。

栽培　喜温暖，不耐热，不耐寒。适宜的生长温度为20～23℃，高于35℃植株生长受到明显抑制，地温5℃以下根即枯死。属于短日照植物，长日照条件下花芽不分化，不能开花结实。较耐阴喜湿，土壤须保持潮湿；对光照要求不严，弱光下也能正常生长；适于在土质肥沃、保水保肥的土壤上栽培。生产上常采用育苗移栽。坐瓜后15～20天要及时采收，一般每2～3天采收一次。选择开花后40～50天完全成熟果作为留种瓜。采收嫩梢时，在15～20厘米处摘下。

用途　以嫩瓜为主要食用器官。嫩茎叶也可食用，称为龙须菜。地下块根富含淀粉，也是食用器官。可炒食、凉拌、做汤、做馅。蛋白质、钙、维生素、矿物质含量丰富，热量较低，且属于低钠食品，经常食用可利尿排钠，有扩张血管、降压的功效。

（巩振辉）

扶芳藤 wintercreeper; *Euonymus fortunei* 卫矛科卫矛属常绿或半常绿藤本、灌木。

图1 扶芳藤（藤本）

图2 扶芳藤（灌木）

图3 扶芳藤的叶

图4 扶芳藤的花序

图5 扶芳藤的果实

扶芳藤原产于中国江苏、浙江、安徽、江西、湖北、湖南、四川、陕西等省。多生长于山坡丛林、林缘。

株高可达数米。小枝方梭不明显。叶椭圆形，长方椭圆形或长倒卵形，革质、边缘齿浅不明显，聚伞花序；小聚伞花密集，有花，分枝中央有单花，花白绿色，花盘方形，花丝细长，花药圆心形。子房三角锥状，蒴果粉红色，果皮光滑，近球状，种子长方椭圆状，棕褐色。6月开花，10月结果。

性喜温暖、湿润环境，喜阳光，亦耐阴。对土壤适应性强，酸碱及中性土壤均能正常生长，可在砂石地、石灰岩山地栽培，适于疏松、肥沃的砂质壤土生长。可采用扦插方式繁殖。

扶芳藤在温暖地区终年常绿，在寒冷地区半常绿。生长旺盛，是庭院中优良灌木或**攀缘植物**。其变种爬行卫矛（*Euonymus fortunei* var. *radicans*）为匍匐至攀缘藤本，常绿或半常绿，易生不定根，利于攀缘。常攀附于树干、墙面。耐阴，可作为优良常绿耐阴**地被植物**，繁殖容易。 （赵世伟）

扶桑 Chinese hibiscus; *Hibiscus rosa-sinensis* 锦葵科木槿属常绿灌木。扶桑原产于中国南部，中国福建、广东、广西、云南、四川及台湾等地均有分布。

图1 扶桑

图2 扶桑的叶

图3 扶桑的花

图4 扶桑的雄蕊柱和花柱

高可达6米，温室栽培高约1米。叶广卵形至长卵形，长4～9厘米，先端尖，缘具粗齿，基部近圆形且全缘，两面无毛或沿背面叶脉被疏毛，表面有光泽。黄冠常鲜红色，径6～10厘米。雄蕊柱和花柱长，伸出花冠外。花梗长3～5厘米。近顶端有关节。蒴果卵球状，径约2.5厘米，顶端短尖。夏秋开花。

喜光，喜温暖湿润气候，不耐寒。喜肥沃湿润、排水良好的土壤。常用扦插法繁殖。

扶桑花大色艳，花期长，可栽植于庭院，也可盆栽观赏，还可用于节日公园、**花坛**、宾馆、会场的布置。根、叶、花均可入药，有清热利水、解毒消肿的功效。 （于晓南）

芙蓉葵 hardy hibiscus; *Hibiscus moscheutos* 锦葵科木槿属的多年生草本。又称草芙蓉、紫芙蓉。芙蓉葵原产于北美洲，引种中国北部地区后可露地越冬。

株高1～2米。茎直立粗壮，光滑背白粉。单叶互生，叶阔卵形或卵状椭圆形，叶缘多变，常3裂或多裂、不裂，具疏锯齿，叶背及叶柄密生灰色星状毛。花大，单生于茎上部叶腋处，花紫色或粉色，瓣基部深红色，花萼宿存。花期6～8月。

图1 芙蓉葵

图2 芙蓉葵的叶

图3 芙蓉葵的花

图4 芙蓉葵的果实

芙蓉葵性强健、耐寒，管理粗放，喜温暖及阳光充足，不择土壤。早春分株或春季播种繁殖。是很好的竖线条花卉材料，可作为园林背景材料用于**花境**或丛植。

（于晓南）

茯砖茶 fuzhuan tea 采用黑毛茶为原料再加工制成的紧压型**黑茶**。又称泾阳砖、伏砖茶。曾称府茶、附茶。茯砖茶是中国六大茶类之一黑茶中一种最具特色的茶，有发酵茶始祖之称。传统的茯砖茶是典型的全发酵茶，也归类于后发酵茶。

生产简史 明洪武元年（1368），陕、甘等地茶商将湖南安化黑毛茶运往陕西泾阳，在当地茶坊手工筑成砖茶，称为泾阳砖。因在伏天加工，故又称伏茶；又因其药效似土茯苓，故美称为茯茶或福砖。由于系用官引制造，清代前期须在兰州府缴纳三成至五成砖茶作为税金，这批茶交给官府销售，又称官茶、府茶；其余的砖茶由茶商按照政府指令在指定的销区销售，故称为附茶。湖南第一块手筑茯砖茶于1951年在安化加工成功，随后又在益阳发花成功，1956年改为机制，自此改变了将安化黑毛茶原料运至陕西制作加工的历史。20世纪80年代初期，湖北蒲圻羊楼洞茶场引用湖南茯砖制法获得成功。

产地及品种 茯砖茶主产于湖南益阳、陕西咸阳等地，四川省也有部分生产。产品主销新疆、青海、甘肃、宁夏、陕西等地，蒙古国也是茯砖茶消费市场。按原料等级的不同，茯砖茶分为特制茯砖和普通茯砖两个级别。特制茯砖全部使用三级黑毛茶做原料；在普通茯砖的原料中，三级黑毛茶只占40%～45%、四级黑毛茶占5%～10%、其他茶占50%。按筑制工艺的不同，分为手筑茯砖和机压茯砖。

加工工艺 采用三级或四级黑毛茶为原料，经毛茶筛分、半成品拼配、蒸汽沤堆、压制定型、发花干燥制成。发花须在特制的烘房内进行，发花温度25～45℃，发花湿度75%～90%，发花时间15～22天。发花工序对茯砖茶品质风味的形成至关重要，除对烘房温湿度有要求外，还要求砖体松紧适度，便于微生物的繁殖活动。烘干速度不要求快，整个烘干时间比黑砖茶长一倍以上，以求缓慢发花。

品质特征 外形规格为长方砖形，湖南茯砖大小为35厘米×18.5厘米×5厘米，每块重2千克；四川茯砖大小为35厘米×21.7厘米×5.3厘米，每块重3千克。市场上还有800克、1千克等不同规格的茶砖。茯砖茶外形要求砖面平整，棱角分明，厚薄一致，发花普遍茂盛；砖面色泽特茯呈褐黑色，普茯呈黄褐色，砖内无黑霉、白霉、青霉、红霉等杂菌；汤色橙黄或橙红，菌花香纯正，滋味特茯醇和，普茯纯正，叶底黄褐，显梗，叶片尚完整。泡饮时要求汤红不浊，香清不粗，味厚不涩，口劲强，耐冲泡。

（郑红发）

浮梁茶 Fuliang tea 产于中国江西省浮梁县境内的**绿茶**。浮梁产茶始于汉晋，盛于唐。唐《膳夫经手录》中记载："饶州浮梁茶，今关西、山东闾阎村落皆吃之。"唐王敷所作《茶酒论》中记载："浮梁歙州，万国来求。"唐朝诗人白居易在《琵琶行》中的"商人重利轻别离，前月浮梁买茶去"，更是生动记叙了浮梁茶叶贸易盛况。从宋末到明清时期，浮梁茶产量和质量都逐步衰退；中华人民共和国成立后，浮梁茶生产得到恢复和发展。

浮梁茶采摘单芽、一芽一叶、一芽二叶、一芽三叶及以上鲜叶，经摊放→杀青→揉捻→整形（炒青）→烘干（炒干）等工艺加工制成。品质分特级、一至四级。形似松针（单芽形似银针），多锋隽秀，绿中隐翠，香郁幽兰，鲜爽醇厚。

浮梁茶

浮梁茶的特级和一至二级茶主销中国大中城市，三至四级茶主要作为精制眉茶的原料。

（杨普香）

福鼎白茶 Fuding white tea 产于中国福建省福鼎市的**白茶**。由**福鼎大白茶**品种制作而成。福鼎白茶是福建省宁德市下辖福鼎市的特产，为中国国家地理标志保护产品。2009年5月，福鼎白茶国家地理标志证明商标经国家工商总局商标局核准注册，商标的专用权属福鼎市茶业协会。在2015年意大利米兰世博会中国茶文化周暨百年世博中国名茶评选颁奖晚会上，"福鼎白茶"一举摘下"百年世博中国名茶金奖"的桂冠，成为此次博览会中国唯一获奖的白茶类公共品牌。

福鼎白茶的制作工艺，主要通过采摘、萎凋、烘干、保存四个步骤完成。因茶树品种、原料（鲜叶）采摘的标准不同，主要品种分为白毫银针、白牡丹、贡眉、寿眉，以及**紧压白茶**等。福鼎白茶成品的外形以芽洁白肥壮、茸毛多最为特色，茶色白隐绿，毫香显，汤色杏黄明亮，滋味甘醇爽口，叶底柔软明亮。

（李远华 叶江华）

福鼎大白茶 Fuding Dabaicha; *Camellia sinensis* cv. *Fuding-dabaicha* 原产于中国福建省福鼎市点头镇柏柳村的茶树无性系品种。又称白毛茶。简称福大。福鼎大白茶已有100多年栽培史。1985年由中国茶树良种审定委员会认定为第一批国家级茶树品种。广泛种植于江南、江北及华南茶区。

无性系，小乔木型，中叶类。植株较高大，树枝半开张，主干较明显，分枝较密。叶片呈上斜状着生，椭圆形，叶色绿，叶面隆起，有光泽，叶缘平，叶身平，叶尖钝尖，叶齿锐较深密，叶质较厚软。花瓣7瓣，子房茸毛多，花柱3裂。

春季萌发期早，属早生种。芽叶生育力强，发芽整齐、密度大，持嫩性强，芽叶黄绿色，茸毛特多。适制绿茶、红茶、白茶，品质优。制**烘青绿茶**，色翠绿，白毫多，香高爽似栗香，味鲜醇，是窨制**花茶**的优质原料。制**工夫红茶**，色泽乌润显毫，汤色红艳，香高味醇。制**白茶**，芽壮色白，香鲜味醇，是制作白毫银针、白牡丹的优质原料。抗性强，适应性广。扦插繁殖力强，成活率高。

（成 浩）

福鼎银针白毫茶 Fuding Yinzhen Baihao tea 产于中国福建省福鼎市的**白茶**类针型传统工艺名茶。又称福鼎白毫银针、白毫。简称银针。福鼎银针白毫茶芽长近寸，覆被白毫、银光闪烁，香气清鲜、滋味醇和，冲泡杯中，条条挺立、上下交错，为白茶中之珍品。宋、明、清历朝均将其列为贡品。福鼎银针白毫茶除在中国国内销售外，部分产品外销东南亚各国市场。

生产简史 福鼎银针白毫茶的生产溯源于唐宋，盛于前清，历史悠久，工艺精致独特。唐**陆羽**《茶经》载有“永嘉县东三百里有白茶山”，经考证系指福鼎大姥山。在明田艺蘅著《煮泉小品》(1554)中，记载芽茶制法为：“茶者以火作者为次，生晒者为上，亦更近自然，且断烟火气耳。”明末清初，周亮工所著《闽小记》载：“太姥山古有绿雪芽，今呼白毫。”

加工工艺 采摘标准为春茶嫩梢萌发一芽一叶时将其采下，然后用手指将真叶、鱼叶轻轻地剥离；剥出的茶芽均匀地薄摊于竹筛上（勿重叠），置微弱日光下或通风阴凉处，晒晾至八九成干；用焙笼以文火焙至足干即成。也有用烈日代替焙笼晒至全干的。

品质特征 福鼎银针白毫茶属北路银针，在大白茶茶树上只采肥壮芽头制成的茶条紧圆挺直、两端略尖、周身白毫满布的针型茶。茶品外形优美，挺直似针，芽肥壮，茸毛厚，富光泽，色白如银；汤色晶亮、呈浅杏黄色，味清鲜爽口，香清淡。具有清肺消炎、健胃明目之药用效能，受到好饮者品茗珍藏。

（李远华 叶江华）

复选 multiselection 果树育种专业人员对**初选**优株进行复合鉴定的过程。通过初选的优株，经连续2～3年对产量、品质、抗性等的复核鉴定，并从植物学特征、生物学特性及分子特征等方面与对照品种进行比较分析，将其中表现优良、性状稳定且与对照品种有较大差异的单株确定为复选优株。对复选优株要及时进行嫁接育苗或高接扩繁，作为后代遗传稳定性测试（**决选**）的试验树。

（郑少泉）

富贵竹 lucky bamboo; *Dracaena sanderiana* 天门冬科龙血树属常绿小乔木。富贵竹原

富贵竹

产于加那利群岛及非洲和亚洲的热带地区。20世纪80年代后期大量引进中国。

茎干粗壮、直立，植株细长，上部有分枝。根状茎横走，结节状。叶互生或近对生，纸质，叶长披针形，似竹叶，有明显的3～7条主脉，具短柄，叶片浓绿色。叶长13～23厘米，宽1.8～3.2厘米，边缘白色或黄白色，叶柄长7.5～10厘米。伞形花序有花3～10朵，生于叶腋处或与上部叶对生，花被片6，花冠钟状，紫色。浆果近球形，黑色。株高可达2米。

性喜阴湿、高温，耐涝，耐肥力强，抗寒力强。适宜生长于排水良好的砂质土、半泥沙及冲积层黏土中。对光照要求不严，适宜在明亮散射光下生长。引种中国后常用作室内观赏花卉，具有较好的寓意。

（于晓南）

G

干果　dry fruit　果实含水分较少的坚果和经过晾晒、烘干使其水分减少的干制果。泛指经过干制的坚果果实或种子、鲜果、果肉和种仁。中国干果栽培历史悠久，种质资源非常丰富，许多干果树种起源于中国。据古代文献《诗经》(前11～前6世纪)、《夏小正》(前9世纪)和近代考古发掘资料，中国干果的栽培历史在3000年以上，其中枣、酸枣、栗、柿、君迁子、东北杏、西伯利亚杏、核桃、野核桃、泡核桃、山核桃、板栗、茅栗、锥栗、榛、银杏、香榧等均原产于中国。其中许多干果树种，自汉代起先后引种到世界各地，为世界干果发展做出了重要贡献。中国也从其他国家引入了一些干果树种，如澳洲坚果、美国山核桃、日本栗等。

坚果指外被坚硬壳皮，须剥去硬壳方能食用的果实或种子，主要食用种仁，如核桃、板栗、扁桃、杏仁、榛子、香榧、阿月浑子等。干制果指食用部分经晾晒或高温烘烤，减少水分含量后制成的果干、果脯等食品，如枣、葡萄干、杏干、柿饼、罗汉果、龙眼等。

生产干果的树种是一类以适应性强和果实（种子）富含营养著称的**果树**，在热带、亚热带、温带和寒带均有分布。中国是世界干果生产第一大国，其中枣、核桃、板栗、仁用杏、柿等主要干果的面积和产量均占世界60%以上。干果在中国山沙碱旱贫困地区脱贫致富、生态重建和出口创汇方面有重要作用。

（刘孟军）

甘草癖　Gancaopi　中国古人陆羽的别称。茶有甘醇之味，因此亦称甘草。因中国唐代茶学家、诗人**陆羽**爱茶，故有“甘草癖”之称。宋陶谷著《**茗荈录**》载：“宣城何子华邀客，酒半，出嘉阳严峻画陆鸿渐像。子华因言：‘前世惑骏逸者为马癖，泥贯索者为钱癖，耽于子息者为誉儿癖，耽于褒贬者为《左传》癖。若此叟者，溺于茗事，将何以名其癖？’杨粹仲曰：‘茶至珍，盖未离乎草也。草中之甘，无出茶上者。追宜目陆氏为甘草癖。’坐客曰：‘允矣哉！’”

（于良子）

甘露　Ganlu　中国茶的别称。甘露本为天降的美露，被认为是大自然的精华。因茶的滋味甘醇养人，故借称之。《老子》：“天地相合，以降甘露。”《汉书·宣帝纪》：“乃者凤皇集泰山、陈留，甘露降未央宫……获蒙嘉瑞。”李时珍《本草纲目》引《瑞应图》：“甘露，美露也。神灵之精，仁瑞之泽，其凝如脂，其甘如饴，故有甘、膏、酒、浆之名。”唐代**陆羽**《茶经·七之事》引《宋录》：“新安王子鸾、豫章王子尚，诣昙济道人于八公山。道人设茶茗，子尚味之曰：‘此甘露也，何言茶茗。’”

（于良子）

柑橘　citrus; *Citrus*　芸香科柑橘亚科下6个属的**常绿果树**。恩格勒－施文格分类系统将柑橘分为亚洲系统的柑橘属（*Citrus*）、金柑属（*Fortunella*）和枳属（*Poncirus*），以及澳洲系统的澳沙檬属（*Eremocitrus*）、多蕊橘属（*Clymenia*）和澳指檬属（*Microcitrus*）。通常栽培的品种均属于亚洲系统的3个属。

起源　对柑橘原产地，早期学者意见并不统一。瑞士植物学家A.P.de康多尔认为柑橘原产于中国，美国园艺学家W.T.斯温格尔则认为原产于东南亚、澳大利亚、新西兰一带，也有学者认为柑橘原产于印度。中国云南、四川、湖南、广西等省（自治区）20世纪均发现有成片的野生柑橘林。其中，在湖南道县发现的道县野橘（*C. daoxianensis*）被认为是柑橘亚属的野生祖先。中国西部高原特别是云贵高原既有柑橘类的原生植物，如在云南南部海拔800～2000米山区发现红河大翼橙（*C. hongheensis*）百年老树，也有宜昌橙（*C. ichangensis*）和香橙（*C. Junos*）的野生种，还有野生柚（*C. grandis*）、枸橼（*C. medica*）、檬檬（*C. limonia*），以及近缘属的枳（*P. trifoliata*）和金柑（*F. hindsii*）等。经过考证，公认原产于中国的柑橘植物有宽皮柑橘区〔Sinocitrus (Tseng)〕中的柑组（Macroacrumen）和橘组（Microacrumen），金柑、枸橼和宜昌橙等；公认中国为原产地之一的柑橘种类有柚、甜橙（*C. sinensis*）、酸橙（*C. aurantium*）等。世界上主要栽培的柑橘种类，除柠檬（*C. limon*）原产于印度外，其余的原产地或原产地之一均为中国。

主要分布　全世界有138个国家和地区生产柑橘，主要分布在亚洲、美洲、非洲和欧洲，产量处于前十位的主产国为中国、巴西、印度、美国、墨西哥、西班牙、埃及、尼日利亚、土耳其和阿根廷。中国有4000多年的柑橘栽培历史，《禹贡》《周礼·冬官考工记》《吕氏春秋》中都有记载。

中国柑橘分布于北纬16°～37°，海拔最高达2600米（四川巴塘），南起海南省三亚市，北至陕、甘、豫，东起台湾地区，西达西藏的雅鲁藏布江河谷，但中国柑橘的经济栽培区主要集中在北纬20°～33°，大多在海拔500米以下。已形成长江上中游甜橙带、赣南湘南桂北脐橙带、浙南闽西粤东宽皮柑橘带、鄂西湘西宽皮柑橘带及特色优势柑橘基地等“两横两纵五点”格局的柑橘优势产业布局，优势区域产量占90%以上。全国有20个省（自治区、直辖市）的980多个县（市、区）种植柑橘，其中主产地有广西、广东、湖南、湖北、江西、四川、福建、重庆、浙江和台湾地区等10个，其次云南、陕西、贵州、上海、海南等地，河南、江苏、安徽、甘肃和西藏等地也有零星种植。

种质资源　柑橘种类甚多，中国在柑橘分类方面早有建树，战国时期即知橘、香橙、枳等属于同一类果树。近代柑橘分类大致形成了斯温格尔系统、田中系统和曾勉系统。现代分类还融入核酸等分子特征和数字化信息等。经过长期栽培和品种选育，柑橘栽培种类及品系繁多，中国、法国、美国等国家建立了保存有超过1000个种类（**品系**）的柑橘种质资源圃；中国还离体保存有100余份柑橘种质资源的胚性愈伤组织库。

柑橘种间易于杂交，杂柑类主栽品种主要有默科特橘橙、诺瓦橘柚、沃柑、贡柑、金秋砂糖橘等。柑橘细胞工程技术日趋成熟，成功创制了雄性不育胞质杂种新品种华柚2号和一批三倍体无核新品种。甜橙、柚、克里曼丁橘等柑橘类型的全基因组序列信息已发布，为基因组辅助育种等奠定了基础。

形态特征　柑橘根系的主要功能是固定植株，吸收水分和矿质营养。与其他植物不同的是，柑橘根系的根毛稀少甚至缺失，主要依靠菌根吸收水分和养分。柑橘根系在13℃左右开始生长，最适生长温度为25～28℃，生长与枝梢交错。柑橘根系水平分布可达树冠的2～3倍以上，垂直分布则取决于土壤条件和砧木种类，大多数须根分布在地下20～50厘米。

柑橘没有顶芽，只有腋芽，存在顶芽自枯现象，即枝条生长到一定时期后，先端停止生长，近顶端1～4节处发生自动脱落，称为“自剪”。因柑橘无顶芽，顶端优势削弱，下部多个腋芽代替其生长，所以柑橘丛生性强。柑橘芽为裸芽，芽外无厚鳞片，由几片不发达的芽鳞包裹；芽鳞具绒毛，组织粗糙，油胞粗大。柑橘枝梢由于顶芽自枯现象，呈假合轴分枝。枝条大多带刺，以原始种、实生树和徒长枝上较多。柑橘一年多次发梢，按发生时期可分为春梢、夏梢、秋梢、冬梢。按枝梢一年中是否继续生长、抽枝，可分为一次梢、二次梢、三次梢等。

柑橘中除枳叶片为三出复叶外，金柑属和柑橘属的叶片均为单身复叶，由本叶、翼叶和叶柄组成。红河橙、宜昌橙翼叶极大，几乎等于本叶大小，有时超过本叶。柚类、橙类、宽皮柑橘类次之，金柑较小，枸橼类如柠檬几乎无翼叶。柑橘类叶片大多数无毛，柚类叶片较大，橘类较小。叶片均具有透明油胞点，内含挥发性芳香油，可作为提取精油的材料。

柑橘属的花着生于叶腋，呈单生或伞房状总状花序，金柑属、枳属等一般为单花或少数丛生于叶腋。柑橘花为完全花，由花萼、花瓣、雄蕊、雌蕊和蜜盘组成。一般有花瓣4～8枚，花萼4～5浅裂，宿存。花瓣有光泽或呈蜡质状，可看见油胞。雄蕊数目一般为花瓣数的4倍，为20～40枚，花丝白色，花药黄色有4隔，每隔具腔室，内有花粉母细胞。柑橘的花有蜜盘（蜜腺），呈盘状，分泌蜜汁。柑橘果实为柑果，由子房发育而成。外果皮富含油胞，又称油胞层，由子房外壁发育而成；中果皮（白皮层）由子房中壁发育而成；子房内壁发育成囊瓣，内含汁胞和种子；果实中心有白色的中心柱。柑橘中不同品种果皮厚度差异较大，柚、枸橼类果皮较厚，可达2～3厘米，枸橼中佛手果皮最厚，几乎无果肉。柑橘果实一般幼果时呈绿色，成熟时变为黄色、橙色或橙红色，色泽鲜艳。柑橘果肉由若干囊瓣组成，金柑属一般为3～7瓣，枳常为6～8瓣，柑橘属8～14瓣。

图1　各种柑橘果实

主要类型　生产栽培上的柑橘主要涉及柑橘属、金柑属和枳属3个属。大部分栽培种类和品种都属于柑橘属；金柑属果实最小，果皮果肉皆可食；枳属主要作砧木，果小且酸，不能食用。

枳属　落叶灌木或小乔木，三出复叶，花单生。果小，果实酸苦，不能食用。子房密被绒毛，6～8心室，子叶乳白色。枳属有一个种，即枳，抗寒性强，制干后可药用，主要用作砧木，世界各地均有引种利用。还有一个变种，即飞龙枳，是一种有发展前途的柑橘矮化砧。

金柑属　常绿灌木或小乔木，树冠较小，枝条有刺。单身复叶，叶脉不明显。花小，一年开花多次，花单生或丛生。果小，果皮肉质化，可做蜜饯。子房不被绒毛，3～7心室，子叶和胚为绿色。金柑属有5个种，即山金柑、罗浮金柑、圆金柑、金弹、长叶金柑，杂种有长寿金柑和四季橘等。

柑橘属　常绿乔木或灌木，种类繁多，品种复杂。单身复叶，叶脉明显，翼叶和叶身连接处有关节。花白色或紫色，具芳香气味。果实为柑果，果大，果皮革质，油胞富含精油，果肉由汁胞构成，称囊。子房一般不被绒毛，8～14心室。

柑橘属中具有经济栽培价值的主要有甜橙、宽皮柑橘、柚、葡萄柚和柠檬。①甜橙。是世界上栽培最广的柑橘品种类群，按品种特性可分为普通甜橙类、脐橙类、血橙类和无酸甜橙类，后三类均是普通甜橙的体细胞变异后代。②宽皮柑橘。是世界上最古老的食用栽培柑橘品种类群，栽培品种很多，主栽类型有温州蜜柑、椪柑、砂糖橘、南丰蜜橘、本地早橘、克里曼丁橘等。③柚。果实巨大，皮厚，单胚，自交不亲和性现象普遍，主栽品种有琯溪蜜柚、沙田柚、晚白柚、马家柚等。④葡萄柚。是甜橙和柚的天然杂种，果实大小介于两者之间，果肉多汁，主栽品种有马叙和邓肯等。⑤柠檬。其嫩梢和花蕾均带紫色，果实含酸量高，主要用作加工制汁、提取精油及烹饪，主栽品种有尤利克、里斯本等。

栽培技术　柑橘是好温喜湿的热带常绿树种，栽培时的技术问题包括优选砧木品种、培育脱毒苗、建园与种植、科学施肥、修剪与整形、促花与保果等。

优选砧木品种　柑橘砧木品种对土壤适应性及其与接穗品种亲和性存在差异，砧木可影响接穗品种的果实大小与品质、树体大小及抗逆性等园艺性状。因此，首先应选择适应当地土壤条件并与当地栽培品种亲和的砧木品种，如香橙和枸头橙分别适宜偏碱性的紫色土和盐碱地，红檬檬、枳、红橘、酸橘等适宜红黄壤区域的砂糖橘、贡柑等，尤其枳适宜于大多数栽培品种。

培育脱毒苗　柑橘系统侵染性病害及检疫性病害较多，且多经接穗嫁接传播与种苗远距离传播，消毒砧木种子、培育脱毒苗就非常重要。砧木种子消毒用纱网袋装好，置于50～52℃热水浸5～6分钟，再转入55±0.3℃热水中处理50分钟，取出晾干播种，来自溃疡病疫区的还需经农用链霉素处理。建立脱毒苗圃应选择与柑橘果园有2千米距离、隔离条件较好、环境开阔、交通条件较好的地方，推广应用容器苗。出圃健壮苗木应具备：主干高25厘米，径粗约1.0厘米，有分布均匀的3条一级主枝，6～9条二级分枝；叶片浓绿，略呈龟背形；主根长约20厘米，侧根均匀，须根发达，且不带检疫性病害。

建园与种植　选择土层较深厚肥沃，灌水条件较好的平地或坡地建园，规划好道路、水源、防护林、拦洪环山沟、纵横排水沟，开宽1米，深80～100厘米的撩壕沟或大植穴，每立方米分3～4层压埋绿肥、厩肥等有机肥100～150千克、石灰2～3千克、磷肥0.5～1千克、麸粉0.5千克作基肥。以后随树冠逐年增长，根系扩展，扩穴改土，每年压埋绿肥或有机肥50～100千克/米^3，每株加施石灰0.5～1千克、磷肥0.5～1千克。水田和围田柑橘园地下水位高，必须搞好园区三级排灌工程，起土墩种植，加深排水沟，降低水位，保证有80厘米土层，使常年水位稳定，不受水浸。种植密植要充分利用果园的阳光、空间和地力，采取宽行窄株、带状排列种植，以便于耕作管理。

科学施肥　有条件的可建立水肥一体设施，并进行测土配方施肥；没有条件则勤施薄施肥，幼树每次抽芽前2周施一次肥，抽梢后7～10天视芽势再施一次肥。氮、磷、钾与微量元素合理配合。结果期，上半年宜控制氮肥使用，调整为低氮至中氮、高钾、中磷，以利坐果和抑制夏梢抽吐。在抽秋梢前及果实迅速增大阶段，应为高氮、高钾、中磷，以保证秋梢生长充实、果实的正常发育，以及花芽分化和树体越冬等方面需求。

修剪与整形　柑橘幼年树一年可长梢4次以上，结果树后期一年可长梢2次以上。幼年树修剪重点是整形，少剪枝以扩大树冠，提早结果；结果树以培养秋梢为重，控制夏梢生长；老树一般只生长1～2次梢，即春梢或秋梢，要有足够数量和较好质量的枝梢才能保证产量。生产上统一放梢，柑橘的芽是复芽，将先萌吐的芽抹除后，还可萌吐出更多的芽，待绝大多数树的芽都萌吐整齐，再选择时机一起放梢，这样枝梢生长较为一致，易于做好新梢病虫害防治工作。

促花方法　柑橘开花相对较容易，生长旺盛的树成花较难一些，生产最有效、最经济简便的技术是在12月上中旬花芽生理分化期环割主干或主枝一圈，提高割线以上结果母枝生长点的细胞液浓度，促进生长点叶原基向花芽方向转化。环割15～20天后，如叶片开始褪色，即达到预期促花效果。也可通过控水法促花，即从11月上旬起不再灌水，至叶片中午呈微卷状态维持40天左右，也可达到促花要求。促花剂如2000毫克/升多效唑等也可提高柑橘成花率。幼年柑橘树营养生长很旺，若控制不好，往往春梢生长过旺，夏梢抽吐早而多，会加剧梢果矛盾，造成过度的落花落果，降低坐果率。

保果措施　提高坐果率的措施包括：①花量中等或偏少的壮旺幼树均进行环割保果，提早在谢花后用小刀环割主干或主枝一圈，深度为仅切断皮层。花量中等树，在第一次生理落果完成后环割主干或主枝一圈。②喷激素与根外追肥保果。③抹除夏芽。幼年树夏梢生长较旺，长至3～5厘米便及时抹除，每隔3～4天抹除一次，反复进行，直至定果期为止。喷多效唑对抑制夏梢生长也有一定效果，但会影响果实长大，而且喷射过早还会导致果量过大，果实偏小。

病虫害　柑橘病虫害较多，以推广绿色综防技术为方向，结合人工防治、生物防治、化学防治等措施，依据病虫害经济防治指标，选用经济、高效、低毒的矿物性、植物性等农药，根据病虫害预测预报等办法适时防治。在遭遇黄龙病大病流行时，尚依赖于集中连片对其传媒柑橘木虱开展化学防治，同时砍除病树和使用脱毒苗。

采收与贮藏　采果是柑橘生产上的最后环节，又是商品化处理的最初环节。采收期与果实的产量和质量密切相关，采收质量直接影响到果实的耐贮性和抗病性。一般果皮有70%～80%转变为固有色泽时即宜采收。此外，可根据果汁糖酸比率、果梗上的离层发生、果实大小等决定。采收应在晴天上午露水干后进行。凡遇下雨、落雪、打霜的天气，以及树上水分未干或刮大风时，均不宜采果。采收用的果剪必须是圆头，刀口锋利，以免刺伤果实。果篓以能装10千克左右为宜，容器内壁要柔软、光滑，以减少果皮的碰伤。采果时应由下而上、由外到内，用采果剪“一果两剪”（第一剪在果柄3～4毫米处剪断，第二剪则齐果蒂把果柄剪去）。

从田间采收的柑橘果实仅仅是农产品原料，必须进行商品化处理。商品化处理后，可以改善产品的外观品质，提高产品的商品性，减少腐烂，延长货架期，提高生产的经济效益。果实商品化处理包括防腐保鲜、预贮、洗果、涂蜡、分级、包装等一系列过程。①防腐保鲜。果实采后常须选用高效、低毒、安全的化学防腐保鲜剂进行处理，以减少损失。防腐保鲜剂需经卫生部门批准，严格按规定剂量使用。②预贮。为降低果实在贮藏中的枯水与腐烂，果实需经预冷、愈伤、催汗（软化）处理。从田间进入包装场的果实温度较高，呼吸和蒸腾作用旺盛，要及时散热，使果温降低，延长贮藏期。预贮室宜选通风良好、干燥、不受阳光直射、温度较低而稳定的空间。③洗果。利用清洁剂进行洗果，可除去果面的各种污物，使果面清洁美观，减少病原。多用机械洗果，利用传送带将果实送入，通过机械将洗涤液（如1%～2%碳酸氢钠或1.5%碳酸钠溶液）喷至果面，通过一排转动的毛刷将果面洗净，然后经过清水冲淋，用干海绵吸干果面水分，通过烘干装置将果面水分烘干。④涂蜡。经过洗涤的果实清洁度提高，但是果面固有的蜡质层有所破坏，在贮运过程中容易失水萎蔫，所以必须涂符合食品添加剂标准的蜡液，以恢复表面蜡被。涂蜡后能抑制果实内部酶活性，减慢代谢进程，延缓成熟衰老，同时能增加果面光泽，增强商品性。⑤分级。多用光电选果系统，严格按照国家规定的内外销标准进行分级，使果实规格、品质一致，便于包装、贮运和销售，实现柑橘生产、销售的标准化。⑥包装。通过包装可减少果实在运输、贮藏和销售过程中互相摩擦、挤压、碰撞等所造成的损失，减少病害传染，减少水分蒸发，延长货架期和贮藏寿命，提高商品价值。多用瓦楞纸箱或钙塑箱包装，大小整齐，既能提高库容利用率，也便于运输和贮存，容量一般为10～20千克。使用纸箱时，应在箱两侧及箱顶留有一定的通气孔，以利通风换气。装箱完毕应分组堆放，以便在包装箱上做标记，印上果实的品名、组别、重量、包装日期等。

图2　柑橘清洗、分级与包装

加工产品　柑橘加工是通过一定工序和方式将柑橘的果肉或非可食部分转变为目标需求的过程。柑橘果实最适合综合加工利用，从果皮、果肉到种子，各部分均含有丰富的营养和经济价值较高的食品、医药和化工等原料成分，通常可加工成以下系列食品：①果汁。以果实为原料经过物理方法如压榨、离心、萃取等得到的汁液产品。汁用果要求出汁率高、可溶性固形物高、果汁色泽鲜艳芳香、风味浓郁、酸甜适中、无苦涩等异味、混浊度稳定、耐贮、不易变色变味等。以甜橙较为适宜。②罐头。将符合要求的果肉经过处理、调配、装罐、密封、杀菌、冷却，或经过无菌灌装，使其在常温下能够长期保存。做橘瓣罐头要求果实中等偏小、整齐，皮薄易剥、囊衣易脱，瓤瓣整齐、呈半圆形，组织紧密、不易松散，果肉色泽鲜艳、嫩而不软，原料损耗率低等。以温州蜜橘较为适宜。③果酱。把果肉、糖及酸度调节剂混合后，用超过100℃温度熬制而成的凝胶物质，又称果子酱。④果脯。果肉经去皮、取核、糖水煮制、浸泡、烘干和整理包装等主要工序制成的食品，鲜亮透明，表面干燥，稍有黏性，含水量在20%以下。⑤果酒。利用果实的糖分经酵母菌发酵工艺制成含有水果风味与酒精的饮品。⑥果醋。利用现代生物技术将果实酿制成一种营养丰富、风味好的饮品。⑦香精油。柑橘含香精油的器官部分经过蒸馏或化学提取等工艺，提取香精油产品。要求品种含油率和出油率皆高，油质特别芳香，如柠檬、巴柑檬等。现代加工工艺较为成熟，均有系列加工机械产品，皮渣还可加工成饲料等。

经济与生态价值　柑橘果实鲜食、加工兼宜，其皮络可作中药材，深加工提取物可作工业和医药原料；花具有浓郁芸香气味，是良好的蜜源，亦可熏制花茶；陈皮可制作陈皮茶；部分树种如金柑（金橘）等亦可作观赏树种。

柑橘果实不仅外观色泽鲜艳，而且营养丰富，甜酸适口。据测定，每100克柑橘新鲜果肉中约含碳水化合物12克、蛋白质0.9克、脂肪0.1克、钙26毫克、磷15毫克、铁0.2毫克、胡萝卜素0.55毫克，还含有维生素C、维生素B_1、维生素B_2等。柑橘果实中的类胡萝卜素和维生素C是重要的抗氧化剂，可以延缓人体衰老，增强人体免疫力。柑橘果汁每100毫升含维生素C 40毫克，柚可达70毫克。柑橘果实除可鲜食外，果肉还可用于榨汁（橙汁为主）或加工成罐头（橘瓣罐头为主），亦可从果皮中提取精油、果胶、黄酮等。此外，中医学认为柑橘果实具有很高的药用价值，柑橘皮入药称陈皮，可健脾理气、化痰止咳；橘络可通络消痰、顺气活血；青皮即橘幼果皮可疏肝破气，消积化滞。陈皮在中国广东江门一带被制成诸多食品，如陈皮茶、陈皮糕、陈皮醋、陈皮酒等，当地习惯用陈皮烹饪，是广东三宝之首。

图3 柑橘皮入药称陈皮

图4 金橘树

金柑属中的金柑、金豆等因树形矮小，可用于庭院种植和盆栽，具有很高的观赏价值。枳属中的枳枝条多刺，在园林中多作绿篱或屏障树，既可隔离园地，又可观花赏果。柑橘大多为常绿小乔木，四季常青，花香果艳，集赏花、观果、闻香于一体，对提高森林覆盖率、改善生态环境具有重要意义。由于橘与“吉”谐音，因此有些地区还将柑橘作为一种传达祝愿的文化产品。

（周常勇　郭文武　陈杰忠）

橄榄 Chinese olive; *Canarium album* 橄榄科橄榄属常绿大乔木。又称白榄、青果、黄榄、山榄。橄榄产于亚洲及非洲热带、亚热带地区。橄榄属植物中作为**果树**栽培的有橄榄和**乌榄**两个种。

栽培历史　橄榄原产于中国，栽培历史悠久。北魏《齐民要术》中就有关于橄榄的记载。南北朝以前成书的《三辅黄图》载：“汉武帝元鼎六年……起扶荔宫，以植所得奇草异木。……龙眼、荔枝、槟榔、橄榄……皆百余本。”可见，橄榄早在汉代已有栽培。世界橄榄栽培以中国最多，其中福建、广东为首，重庆、四川、云南、广西次之，浙江、海南、台湾地区有少量栽培。

形态特征　树干直立。实生树主根发达，须根少，但根系强大，分布深，抗旱力强。每年可抽2～4次新梢，奇数羽状复叶，互生，螺旋状排列；小叶对生，长圆披针形，全缘或具浅齿。福建橄榄树的花芽分化期在3月下旬至5月下旬，花期5月中下旬至6月中下旬。顶生或腋生总状花序，小花有两性花、雌花、雄花。果实卵圆形或椭圆形，单果重4～20克，黄绿色或淡黄色，9～12月采收。

种质资源　中国橄榄和乌榄的资源丰富，品种繁多，主要发源于福建、广东等地。根据其用途主要分为鲜食、加工和鲜食加工兼用三个品种类型。通过实生选种，福建已选育出惠圆1号、清榄1号等优良品种。育种研究相对滞后，清香、爽口型的果实是鲜食型选育种的方向。

繁殖方法　橄榄生产上主要繁殖方法有小树嫁接、实生育苗两种。实生苗主根发达，须根少，定植成活率低。生产上推广两段式育苗法，以种子撒播，出苗后再移植到营养袋培育。在小苗移植时将其主根短截，促进侧根和须根生长，提高种植成活率。采用小苗嫁接的苗木定植后生长缓慢，前期产量偏低，结果后易衰老，不被生产所接受；而实生树结果迟，变异大。生产上主要采用实生小苗定植2～3年后，在小树离地面50厘米处茎粗达5厘米时再进行良种嫁接。福建闽侯在3月中旬至4月下旬、气温稳定在18～20℃的晴天进行嫁接，单芽切接或2～3芽嵌接的成活率高。为克服单宁和伤流多的问题，操作要快，包扎要全封闭。

栽培技术　橄榄性喜温暖，畏霜冻，温度是限制橄榄经济栽培适宜区的主要因子。中国广东、福建橄榄主产区年均温为19.6～22.2℃，一般认为能承受的极端低温临界温度为−3℃。山地建园宜选择南向或东南向，沿海地区常有台风，宜选西南方向为果园。土壤pH以4.5～6.5为宜。丘陵山地应修筑等高梯田，沿海地区应设置防护林。株行距为（5米×5米）～（7米×7米）。一般采用主枝开心圆头形或变则主干形。丘陵山地果园要做好水土保持工作，推广生草栽培，增施有机肥，注意施用石灰和硼、镁等微肥。

病虫害　主要病害有叶斑病、炭疽病、煤烟病、果实黑斑病、青霉病等，主要虫害有橄榄星室木虱、枯叶蛾、小黄卷叶蛾、叶蝉等。

贮藏与加工　橄榄采后极易失水皱缩、黄化、腐烂，采后果实应及时清洗，采用对人体无害的杀菌剂防腐，晾干后置于开口的聚乙烯袋中，在8～10℃、相对湿度90%～95%的条件下冷藏，或在阴凉、温度相对稳定的仓库或民房中**常温贮藏**。果实可加工成凉果、果汁、复合饮料、果酒以及含片。

价值与用途　每100克橄榄果肉含蛋白质0.77～1.2克、脂肪6.55克、钙204～

图1 橄榄

图2 橄榄的花序

图3 橄榄的果实

400毫克、维生素C21.12～39.89毫克、类胡萝卜素7.52～8.05毫克。含全糖1.7%～2.3%、有机酸0.97%～1.55%、单宁2.57%、可溶性固形物11.2%～14.2%。

鲜果食用时，初感味涩微苦，渐觉回甘无穷，爽口清香。果实具有很高药用价值，对人体健康非常有益。据《本草纲目》载："橄榄果实味涩性温，无毒，生食、煮饮消酒毒；嚼汁咽之，治鱼鲠；生啖、煮汁能解诸毒；开胃下气，止泻，生津液止烦渴，治咽喉痛；咀嚼咽汁，能解一切鱼鳖毒。"此外，橄榄果实还可预防白喉、解煤毒。橄榄果实还可加工利用；花粉富含营养，是驱除疲劳的保健品；果核可以雕刻成工艺品，还可制活性炭。橄榄树姿优美、终年常绿，可作绿化树种，美化环境。

（潘东明）

高接鉴定圃　grafting identification nursery　采用高接换种方式在相同树种成年树上嫁接初选的单株和对照品种，利用成年树树冠大、根系发达的优势达到提早结果、加速鉴定评价目的的圃地。**果树**杂种实生苗的**童期**因不同树种而异，如桃播种后三年以上才能开花，龙眼、枇杷需要五年以上开花，橄榄需要七年以上才会开始结果，童期长是制约果树高效育种的瓶颈。为缩短果树杂交育种周期，提高育种效率，果树育种专家在长期的育种实践过程中总结出一套可促进杂种后代单株提早开花结果的方法。具体做法是：对杂种实生苗进行精心管理，待其生长到一定高度后，从杂种实生苗上采集接穗，高位嫁接到鉴定圃中正常结果树上，利用结果树旺盛的生长量促进杂种后代高接树提早开花结果，达到提早鉴定或初选的目的。例如，龙眼杂种实生苗株高达到50厘米以上时，可从株高20～30厘米处剪取接穗嫁接到鉴定圃中正常结果树二级以上主干上，第三年或第四年就有20%～30%开花结果，达到缩短童期的效果。但该方法并不适用于所有果树，例如将枇杷杂种实生苗上采集的接穗高接在主枝或主干上促进生长，或高接在树冠末级梢上降低生长势，均未取得较明显的缩短童期的效果。

（郑少泉）

高山花卉　alpine flowers　生长在海拔较高（3000米以上）的高山上的**花卉**植物。高山指海拔3000～5000米的山地，但习惯上也把海拔2000米以上的亚高山或亚高山区域纳入高山范围加以考察。高山具有多样化的生境，以及从常绿阔叶落叶混交林到高山流石滩的垂直植被带。

中国的高山主要分布在西南的横断山脉、藏南与南亚诸国交界的喜马拉雅山脉，其次还有昆仑山、秦巴山、祁连山—阿尔金山、天山及阿尔泰山等山脉，山上蕴藏着极其丰富的高山观赏植物类群。其中，中国西南是四大高山花卉**杜鹃花**、**报春花**、**龙胆花**和**绿绒蒿**的现代分布中心，也是蔷薇科、毛茛科、小檗科、唇形科、玄参科、菊科等观赏植物资源非常丰富的地区。

高山花卉形态万千，花色五彩缤纷。春、秋时节各种高山花卉竞相绽放，高山地区犹如一个天然大花园，美不胜收，使人流连忘返。

（张敬丽　刘云礼）

高山蔬菜　high mountain vegetable　在高海拔地区夏季自然冷凉气候条件下生产的天然错季节**蔬菜**产品。中国高山蔬菜产业经过近30年的发展，生产规模逐年扩大，2016年播种面积已达280万公顷。

优势产区　中国的高山蔬菜已经形成三大优势产区，分别是中部长江流域高山蔬菜产区，北部坝上河西走廊、黄土高原冷凉蔬菜产区，西部云贵、青藏高原夏秋蔬菜产区。其中，中部长江流域高山蔬菜产区主产地为湖北、湖南、重庆、四川、安徽、浙江、福建、广西等，海拔为600～2600米；北部坝上河西走廊、黄土高原冷凉蔬菜产区主产地为河北、陕西、山西、甘肃、宁夏、内蒙古等，海拔为1400～2600米；西部云贵、青藏高原夏秋蔬菜主产地为云南、贵州、青海、西藏，海拔为1200～4400米。

特点　与低海拔地区的蔬菜生产相比，高山蔬菜生产和供应具有以下特点：①高山蔬菜的产地均集中在一定区域的海拔高度，充分利用高海拔地区的冷凉气候优势。高山蔬菜上市主要集中在夏季，和低海拔地区的蔬菜生产形成互补。②高山蔬菜的销售以外运为主，而且是由高海拔地区向低海拔地区运输，由高纬度地区向低纬度地区运输的流通模式。通过这种流通方式，解决了中国夏季蔬菜的均衡供应问题。③中国高山蔬菜产区大多集中分布在秦巴山区、武陵山区、大别山区、六盘山区、云贵高原等偏远山区，原来农村经济发展相对滞后，通过高山蔬菜产业的发展实现了脱贫致富，在精准扶贫中发挥了重要作用，涌现了一批全国知名的高山蔬菜产区，如湖北长阳、浙江云和、安徽岳西、贵州毕节、重庆武隆、河北坝上、陕西太白、宁夏固原等。

（别之龙）

高γ-氨基丁酸茶　high γ-amino butyric acid tea　以**茶树**鲜叶为原料，采用特殊加工工艺制成的γ-氨基丁酸（GABA）含量在1.5毫克/克以上的新型茶产品。按照制茶工艺，高γ-氨基丁酸茶可分为高γ-氨基丁酸绿茶、高γ-氨基丁酸红茶、高γ-氨基丁酸乌龙茶、高γ-氨基丁酸白茶、高γ-氨基丁酸黄茶、高γ-氨基丁酸黑茶六大类，以及高γ-氨基丁酸花茶、高γ-氨基丁酸超微茶粉、高γ-氨基丁酸速溶茶等再加工茶类。

生产简史　1987年，日本农林水产省野菜茶业试验场首次开发出γ-氨基丁酸含量增加的**蒸青绿茶**，称作GABARON茶（GABA茶）。该产品要求干茶中γ-氨基丁酸含量必须达到1.5毫克/克以上，是普通蒸青绿茶中γ-氨基丁酸含量的10～20倍。2003年，中国农业科学院茶叶研究所发明一种提高γ-氨基丁酸含量的茶叶加工方法，该项技术可加工高γ-氨基丁酸绿茶、高γ-氨基丁酸红茶和高γ-氨基丁酸乌龙茶三种产品。2011年，中国农业科学院茶叶研究所又发明一种γ-氨基丁酸茶粉的加工方法，该项技术可生产高γ-氨基丁酸超微茶粉和高γ-氨基丁酸速溶茶粉两种产品。2012年，中国农业科学院茶叶研究所和福建省裕荣香茶业有限公司共同发明一种提高白茶γ-氨基丁酸含量的制备方法，该项技术可加工γ-氨基丁酸含量在2.0毫克/克以上的高γ-氨基丁酸白茶。

加工原理　高γ-氨基丁酸茶的加工原理是：首先将茶鲜叶进行处理，使茶鲜叶中L-谷氨酸（Glu）在谷氨酸脱羧酶（GDC）作用下脱去羧基，生成γ-氨基丁酸（图1），然后按正常的制茶工艺加工成品茶。

$$\underset{\text{（L－谷氨酸）}}{HOOC—CH_2CH_2CHNH_2COOH} \xrightarrow[\text{GDC（谷氨酸脱羧酶）}]{} \underset{\text{（γ－氨基丁酸）}}{NH_2CH_2CH_2CH_2COOH} + —COOH$$

图1　高γ-氨基丁酸茶的加工原理

工艺流程　高γ-氨基丁酸茶鲜叶的处理方法包括有厌氧处理、厌氧/好气交替处理、红外线照射、微波照射、谷氨酸钠溶液综合处理等方法。高γ-氨基丁酸绿茶、高γ-氨基丁酸红茶和高γ-氨基丁酸乌龙茶的加工工艺流程见图2。

主要功效　γ-氨基丁酸是一种重要的中枢神经系统抑制性神经递质，是在人脑能量代谢过程中起重要作用的活性氨基

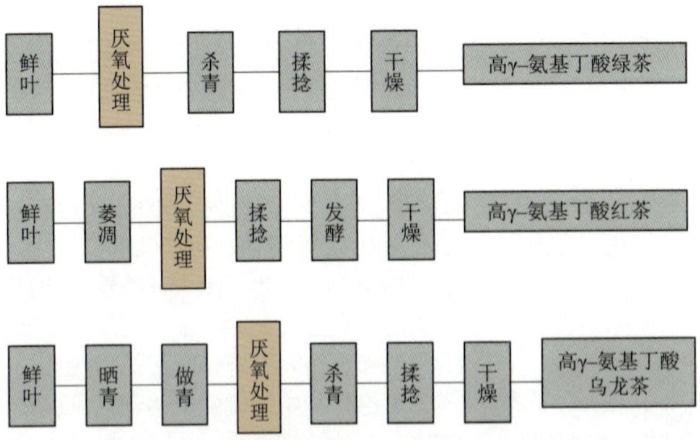

图2 高γ-氨基丁酸茶的加工工艺流程图

酸，具有激活脑内葡萄糖代谢、促进乙酰胆碱合成、降血氨、抗惊厥、降血压、改善脑机能、安定精神、促进生长激素分泌等多种生理功能。动物实验和人体临床试验已证实，高γ-氨基丁酸茶具有显著的降血压功效。（林　智）

根际环境 rhizosphere environment 根际的微域土壤空间中能够影响根系生长发育的所有因素。根际指受植物根系的影响，在物理、化学和生物学特性上不同于远离根表土体的微域土壤空间。根际环境从构成来说，包括根际土壤中的气相、液相和固相；从组分来说，包括非生物因子和生物因子。

无土栽培技术在园艺产业中广泛应用，包括基质栽培和无基质栽培，后者即水培。在无土栽培条件下，植物根系仍然对根表周围的微域空间产生影响。由于营养液的流动性，根际与非根际之间的环境差异有所缩小，但是根面仍然维持明显的根际效应，尤其是在生物学特性方面。

果树根系在生长发育过程中能够向根际土壤释放各种根系沉积物。根系沉积物可以分为根系分泌物、根系渗出物、根系黏液，以及根细胞的分解物与脱落物，其中根系分泌物主要是碳水化合物、有机酸、氨基酸、酶和其他化合物。这些化合物对根际环境中的许多特性产生重要影响，这些受到影响的土壤特性反过来又会影响根系的生长发育。这个过程被称为根系与根际环境的互作，即根际互作。

从**果树栽培**的角度看，研究根际环境至少有三个方面的意义：促进根系养分吸收、减轻土传病害、刺激根系生长。①在养分胁迫条件下，果树根系中有机酸的合成和分泌增加，进而活化根际土壤中无效态养分，促进根系的养分吸收，缓解果树的养分胁迫。②土传病害是果树生产中常见的根系病害，而果树根系分泌物中的某些次生代谢产物对土传病害的病原菌具有抑制作用，例如，苹果根系分泌物中含有苯甲酸、芸香苷、根皮苷、根皮素等酚类化合物，能够抑制多种土传病害，可增加苹果根系的抗病性。③根系分泌物对根系生长的刺激效应通常是间接的，通过能够分泌植物激素、促进植物生长的根际微生物来实现。另外，果树生产中常见的重茬障碍在很大程度上也与根际环境的变化有关，如根系分泌的自毒物质的积累。根系分泌物还能直接或间接地影响土壤团聚体的形成和维持。

果园土壤改良是实现果树可持续生产的重要保障，其本质就是改善果树的根际环境。果园土壤改良（如施用有机肥、生草制、接种有益微生物等）可以增加土壤有机质含量，提高土壤微生物活性，改善土壤团粒结构，促进土壤养分循环，为果树根系的生长发育提供良好的根际环境；反过来，良好的根际环境有助于根系和树体生长，进而促进根系活性，进一步改善根际环境，形成良性循环。因此，对果树根际环境进行科学合理的调控，是实现果树可持续生产的基础。（姚　青）

根域限制 root restriction; root confinement 利用一些栽培措施将**果树**的根系生长控制在一定的空间内，以限制其进一步向外生长的栽培技术。合理利用根域限制技术，可以达到控制树冠大小、增加单位面积产量、提高果品质量等果树栽培的最终目标，是与现代果树栽培中矮化密植模式相适应的一项栽培技术。

根域限制的基本原理是通过限制果树根系的生长范围控制根系的生长活性，进一步调节地上部的营养生长（vegetative growth），协调营养生长和生殖生长（reproductive growth）的矛盾，促进生殖生长。通过根域限制栽培，果树树体生长中庸，植株矮化，树冠较小，有利于果园矮化密植，相应地果园投产早。同时，较小的树冠配合合理的整形修剪技术，可以增加树冠内膛的光照，促进果皮着色、糖分累积，从而实现产量高、品质好、风味色泽优等目标。此外，由于根系限制在有限的、明确的土壤空间中生长，这一空间中的根系密度大、吸收效率高，可以提高肥水的高效利用，减低水果生产的成本。

在生产中，实现根域限制栽培的技术途径较多，包括垄式栽培、箱式栽培、坑式栽培、根系分区灌溉等。①垄式栽培。将无纺布或者塑料膜铺在地面，然后堆积土壤或者栽培基质起垄定植果树。由于根系只能在垄内的有限空间生长，从而达到根域限制的目的。②箱式栽培。在一定容积的箱框中填充土壤或者栽培基质，然后定植果树，适合在需要移动的设施栽培条件下使用。垄式栽培和箱式栽培的缺点是土壤水分和温度受环境影响较大，不稳定。③坑式栽培。在地面挖出一定容积的坑，铺垫无纺布阻止根系穿过，填充土壤或者栽培基质后定植果树。与前两者相比，坑式栽培的土壤水分和温度受环境影响较小，较为稳定。④根系分区灌溉。又称根系分区干旱，即每次仅对一部分根系灌溉，而另一部分根系处于干旱胁迫状态，下一次灌溉则相反，这样总有部分根系处于干旱胁迫，从而使得根系生长受到抑制。根系分区灌溉不仅具有根域限制栽培的优势，还兼具节水栽培的优势，大大降低灌溉的用水量。相比较而言，垄式栽培、箱式栽培、坑式栽培都是利用物理阻断的手段实现对根系生长的限制，而根系分区灌溉则是通过水分亏缺来限制根系的生长。（姚　青）

工夫红茶 Congou black tea 中国特有的条形红茶。18世纪，中国在**小种红茶**的基础上发展研制出工夫红茶。因初制时特别注意条索的完整紧结，精制时工艺复杂，费时费力，技术性强而得名工夫红茶。工夫红茶生产范围广，产量大。

主要类别　根据茶树品种和产地要求不同，工夫红茶分为大叶工夫和中小叶工夫两种产品。每种产品分特级和1～6级共7个级别，每个级别的外形和内质有不同的要求。工夫红茶按产地的不同，有祁红、滇红、宁红、宜红、闽红、湖红等不同的花色，各花色茶品质各具特色，其中以祁门红茶和**滇红工夫茶**较为典型。①祁门红茶。是汉族传统名茶。创制于1875年。经过16道精制工艺制成。产于“中国红茶之乡”安徽省祁门县，在唐朝时就开始流传到海外。祁门红茶制工精细，外形细秀略曲，苗秀显毫，色泽乌润；汤色红艳透明；叶底鲜红明亮；滋味醇厚香气高，具有特殊的甜花香、玫瑰香，这种特殊香型被誉为“祁门香”，是祁红的显著特征。祁门红茶作为世界三大高香茶之一，有“茶中英豪”“群芳最”的美称。②滇红工夫茶。采用云南大叶种茶树鲜叶加工，品种特征明显；条索肥壮、金毫丰富，汤色红艳，香气高醇，滋味浓厚，叶底红匀嫩亮，独具一格。

图1 祁红茶

图2 宁红茶

加工工艺 以细嫩、匀净、新鲜的一芽二、三叶鲜叶为原料，经萎凋、揉捻、发酵和干燥四个基本工序加工而成。①萎凋。萎凋方法主要有日光萎凋、室内自然萎凋、萎凋槽萎凋、萎凋机萎凋及各种形式的加温萎凋方法。其中，萎凋槽萎凋应用最为普遍。萎凋槽的操作技术主要是掌控好温度、风量、摊叶厚度、翻抖、萎凋时间等条件。萎凋叶含水率以60%～64%为适度标准。②揉捻。揉捻过程一般为不加压→轻压→中压→重压→不加压，其投叶量则根据不同机型而定，以在制品自然装满揉桶为宜。③发酵。一般都通过增湿处理获得90%以上的相对湿度，发酵时的温度一般掌握在22～30℃，发酵叶的摊叶厚度一般在8～12厘米，一般嫩叶宜薄摊，老叶宜厚摊，每30分钟通风5分钟左右。发酵时间一般控制在2～5小时，主要根据发酵叶状态以及对最终工夫红茶品质特色要求而定，一般发酵至发酵叶颜色变为浅红黄色，青草气消失，呈现清香或花香、果香或甜糖香时为适度。④干燥。干燥工序可分为毛火和足火两个阶段。毛火：热风式毛火干燥温度110～120℃较为适宜，一般含水率控制在20%～25%。足火：高档工夫红茶，以采用烘笼炭火烘焙为主，温度60～80℃；中低档工夫红茶采用工业化的链板式烘干机，一般温度为80～100℃，足火程度至含水率小于6%为宜。

品质特征 成品茶外形条索细紧，色泽乌润，净度良好，制工精细，具有形质兼优的品质特征。内质香高持久，滋味甜醇，汤色红艳，叶底细嫩。

（江用文）

《宫乐图》 *Entertainment in Palace* 茶事绘画作品。中国唐代佚名之作。《宫乐图》是晚唐时期作品，故宫旧藏，现藏于中国台北故宫博物院。纵长48.7厘米，横长69.5厘米。该图工笔重彩，描绘了宫廷中仕女聚会奏乐饮茶的场面，生动地反映了这一历史阶段特定社会阶层的茶饮生活。图中后宫嫔妃十多人围坐于一张巨型的竹编铺面方桌四周，案上有茶碗，案中一大器皿盛茶汤，一仕女以长勺为众人分酌茶汤。宫女或向背、或正侧、或坐或立等，神态生动多样。有执纨扇者；有弹吹管弦者，所持乐器有筚篥、琵琶、古筝与笙。旁立侍女中还有的轻敲牙板，合着节拍。还有饮茶者、侍奉者等。品茗听乐，意态悠然，各显其妙。表明茶饮在当时已与上层社会生活及高雅艺术有了相当紧密的结合。茶具形制和饮茶环境所具有的浓重的宫廷特色，与民间饮茶环境有着十分明显的区别。从中可以感受到，随着茶叶生产的发展，茶饮的文化气息越来越浓。随着茶的进贡，上层社会特别是宫廷中的饮茶之风日见昌炽。

（于良子）

拱棚栽培 arched tunnel cultivation 利用拱棚设施进行蔬菜栽培的技术方法。拱棚是用竹、木、钢材等作为骨架材料，以塑料薄膜作为透光覆盖材料，内部无环境调控设施的拱圆形单跨结构设施。

类型 根据棚体的高度和跨度，可将拱棚分为小拱棚、中棚和大棚三种类型。小拱棚的脊高低于1.5米，跨度在3米以下；中棚的脊高为1.5～2.4米，跨度为3～6米；大棚的脊高不低于2.4米，跨度不小于6米。小拱棚内部一般不设立柱，竹木结构中棚和大棚内部要设立柱支撑，而装配式镀锌钢管大棚内部无需立柱材料，适合机械化操作。

应用 不同拱棚的高度和跨度具有差异，在**蔬菜**上的应用也有差别。小拱棚、中棚和大棚既是独立的设施类型，可单独使用，也可在**设施栽培**中联合使用，以提高保温性能。小拱棚和地膜覆盖结合就是双膜覆盖模式；在中棚内架设小拱棚，则是中棚加小拱棚加地膜的三膜覆盖方式；而与大棚结合后，则构成大棚加中棚加小拱棚加地膜的三棚四膜覆盖方式，棚体的保温性得到进一步提高。

拱棚覆盖已广泛应用于设施蔬菜栽培，采用拱棚覆盖，可实现春季早熟栽培、提早上市，也可用于秋季延后防霜冻栽培、延迟上市。生产上可根据设施栽培的目的和上市时间选择合适的拱棚栽培模式。小拱棚和中拱棚属于移动式拱棚栽培方式，在栽培结束后，可将小拱棚和中拱棚的骨架和覆盖材料撤掉。如从春季到夏季，随着棚内气温的升高以及设施蔬菜的生长发育，首先撤掉大棚内的小拱棚，之后撤掉中拱棚，最后只保留最外层的大棚。

（别之龙）

贡茶 tribute tea 中国古代名茶产区特定需要供奉给朝廷的茶。是一种实物纳税制度。贡茶起源可追溯到西周之初。晋代常璩撰《华阳国志·巴志》记：“周武王伐纣，实得巴蜀之师，著乎尚书……其地东至鱼复，西至僰道，北接汉中，南极黔涪。上植五谷，牲具六畜，桑、蚕、麻、纻、鱼、盐、铜、铁、丹、漆、茶、蜜……皆纳贡之。”这说明3000多年前，周朝分封的巴国（今重庆、四川以及云南、贵州部分地区）已将所产**茶叶**作为向周朝廷进奉的贡品。

唐代贡茶 唐代之前的贡茶均未定制，至唐代建立定区进贡的制度。中唐后还官办贡茶院。《新唐书·地理志》中提及唐代贡茶的地区，达十七郡之多。其中常州晋陵郡上贡的阳羡茶、湖州吴兴郡上贡的紫笋茶，大历五年（770）在顾渚设官焙贡茶院，以两州刺史主之，于此造茶，急程递进，取清明到京。至贞元十七年（801），刺史李词以院宇隘陋，造寺一所，置茶碓又焙百余所，役工三万人，累月方毕。岁造茶一万八千四百多斤。

宋代贡茶 花色骤增，焙制精巧。宋代，贡茶院移至福建建安北苑。丁谓《北苑茶录》记：“（龙茶）太平兴国二年，遣使造之。规取像类，以别庶饮也。”庆历七年（1047）蔡襄任福建路转运使，太宗朝诏制的龙凤团片茶外，又添创小龙团茶。此后，贡茶追求精细之风渐开。宋初，五代遗存割据政权南唐、吴越、闽均向宋廷大量贡茶。南唐统治建州期间，多次以片茶为贡，很可能是后来北苑茶的雏形。后有一次就贡茶20万斤。各州郡的贡茶十分普遍，北宋两浙路入贡名茶有湖州顾渚紫笋茶，杭州钱塘宝云庵产宝云茶、下天竺香林洞产香林茶、上天竺白云峰产白云茶，会稽产日铸茶、卧龙茶，严州产天尊岩茶、鸠坑茶。

元代贡茶　在武夷九曲溪创焙局，称御茶园，茶园南北五里。朝廷在名茶产区设专门机构掌管内府茶叶供需。《元史·百官志》载："常湖等处茶园都提举司，秩正四品，掌常湖二路茶园户二万三千有奇，采摘茶芽，以供内府。"再有各路州县土贡茶，如湖州路顾渚芽茶、庆元路慈溪开寿寺茶、鄞县十二雷之茶等。

明代贡茶　自洪武二十四年（1391）太祖下诏"罢造龙团，惟采芽茶以进"后，均以芽叶散茶进奉。其品有四：探春、先春、次春、紫笋。谈迁《枣林杂俎》记："计天下贡茶共四千二十二斤，而建宁茶品为上。""福建建宁府建安县芽茶千三百六十斤。内探春二十一斤，先春六百四十三斤，次春六百六十二斤，紫笋二百二十七斤，荐新二百零一斤。"其余有江苏、安徽、浙江、江西、湖广分贡。其中浙江贡茶产地最多，有十八个县入贡。

清代贡茶　据《清会典》记载，全国产茶的江南、福建、浙江、江西、湖广五省计有三十七府贡茶，数量为4230斤（2115千克）。产茶各省每年谷雨后十日起解，定限日期到部，延缓参处。中华民国时，国民政府宣布停止各省向政府进贡茶叶。

古代贡茶产地多在自然生态条件佳美的名山胜地，茶叶品质上乘，加上朝廷的求新求变，迫使茶叶品质不断提升，客观上促使茶叶采制技术改进提高。然而，贡茶大大加重了对广大园户茶农的压迫和剥削，害民不浅。（阮浩耕）

贡熙茶　Gongxi tea　长炒青中的圆形茶。眉茶花色之一。据传早在前清，贡熙茶就以品质优异被作为进贡康熙皇帝的贡品而得名。

贡熙茶由分离出的呈圆形和扁块形茶拼配而成。原料来自筛分机械分出的毛茶头、毛撩头、毛套头、紧门头，拼配是调节其品质的重要措施。要对拼配把关，其筛档必须匀称，颗粒大小必须适当。一般面张不能大于4孔，7孔以下的中、小圆头不得拼入。加工一级贡熙，外形一般以高、中级原料的5～6孔紧门头贡熙为主，适当拼入部分4～6孔毛茶头或毛套头贡熙。成品茶外形卷曲，呈不规则的圆形，颗粒与珍珠茶极为相似；色泽绿润，油润显毫；香气馥郁，清高浓爽，滋味醇厚，甘甜耐泡；汤色绿黄，清澈明亮，叶底杏黄，匀嫩整齐。贡熙分特贡一级和二级、贡熙一至三级和不列级，随级别下降颗粒渐松扁，色泽由绿变黄，匀整度下降。从贡熙中抽提选取的细嫩精品又称抽贡，其外形圆紧重实、色泽绿润，香味醇浓回甜，叶底肥嫩柔软；内质与相应品级的珍眉相比，具有味厚汤清、汁浓耐泡的特点。

（江用文）

狗牯脑茶　Gougunao tea　产于中国江西省遂川县的弯曲形炒青绿茶。又称狗牯脑石山茶、玉山茶。因原产于遂川县汤湖镇形似狗头的狗牯脑山而得名。是中国国家地理标志保护产品。据传，清嘉庆元年（1796）有一梁姓木排工放木筏时被水冲走，流落南京；一年多后携带茶籽重返家园，在狗牯脑山一带种茶，所产茶叶被称为狗牯脑茶。

狗牯脑茶

采摘单芽、一芽一叶、一芽二叶鲜叶，经杀青→初揉→杀二青→复揉→整形提毫→足干等工艺加工制成。狗牯脑茶分为特供特级（特贡）、贡品特级（贡品）、珍品特级（珍品）、特级、一级、统级六个等级。成品茶外形弯曲，条索紧细，色泽黛绿莹润；香气清香或栗香，滋味浓醇鲜爽；汤色黄绿明亮，叶底鲜活明亮。狗牯脑茶主销中国南昌、北京、上海、广州、武汉及中国港澳地区，外销东南亚各国。

（杨普香）

孤雌生殖　parthenogenesis　从未受精卵细胞发育成新的幼体的现象。属于单性生殖。孤雌生殖现象在动物界和植物界均存在，但是在植物界孤雌生殖现象并不广泛。由于孤雌生殖产生的后代属于单倍体，因此孤雌生殖在植物遗传育种中有很重要的利用价值。

在自然情况下，植物孤雌生殖的频率不高，可以通过一些措施诱导孤雌生殖的产生，主要技术措施有两种：①远缘花粉刺激孤雌生殖。即通过异种、异属花粉授粉来诱发孤雌生殖。远缘花粉虽不能与卵细胞受精，但是能刺激未受精卵细胞发育成单倍性的胚。这种技术在茄属、草莓属、烟草属等植物上已取得了成果。②辐射处理花粉诱导孤雌生殖。即用辐射处理过的花粉给正常的柱头进行授粉。虽然辐射处理过的花粉不能与卵细胞结合，但是能刺激未受精卵细胞发育成单倍性的胚。辐射处理的花粉诱导孤雌生殖技术具有广泛应用性，已在苹果、甜瓜、胡萝卜、小麦等多种植物上获得成功。

（张志宏）

古劳茶　Gulao tea　产于中国广东省江门市鹤山市古劳镇丽水、茶山、麦水、下陆等地的炒青绿茶。古劳茶为历史名茶，是以古劳群体品种的芽叶为原料，采用传统的杀青、搓揉、焓炒、焙干等工艺加工而成。古劳茶有古劳茶和古劳银针两个品类。

加工工艺　古劳茶鲜叶原料的分级标准：一级为一芽一叶初展，二级为一芽一叶至一芽二叶初展，三级为一芽二叶、三叶。

初制工艺有摊放→杀青→搓揉→焓炒→焙干→割末等工序，各工序前后衔接，相辅相成。①摊放。采回的鲜叶须在室内薄摊，厚度为3厘米左右，中下级原料可稍厚些。摊放时间6～12小时，摊放场地要求阴凉、洁净、通风。待鲜叶减重15%～20%，含水量达到70%左右即可。②杀青。手工杀青是在锅温150～200℃时投入700克左右摊青叶，以扬炒为主。机械杀青则采用瓶式杀青机，280～320℃，投叶量5～15千克，杀青4～6分钟，当叶质柔软、叶面光泽消失、折梗不断时起锅摊凉。③搓揉和焓炒。在锅内进行，目的是做形和蒸发水分。当锅温80℃左右时投入摊凉叶700克左右，将茶叶置于两手掌间，自上而下轻揉、轻搓，边蒸发水分，边将茶叶搓紧、搓直、搓圆。手势用力由轻到重。当茶条圆直似针，茸毫显露，含水量为30%～35%时，降低锅温至50～60℃进行焙干。焙干时手势应轻，保持芽叶完整。当形状固定并发出沙沙响声时进入焙干过程。④焙干。可直接在锅内烤干，也可起锅在烘笼内烘至足干。机械操作是采用40型揉捻机，投叶量8～12千克，揉捻25～35分钟，加压采用轻—重—轻，至80%成条、茶汁外溢、叶色鲜绿即可。再采用瓶式杀青机，280～320℃炒15～30分钟，炒至七八成干即可起锅。二青起锅后须薄摊回潮40～60分钟。⑤割末。摊凉后进行二青分筛割末，筛底筛面茶分别炒三青。通常两锅二青叶合为一锅炒三青，采用瓶式炒茶机，100℃左右炒至足干。将炒揉好的古劳毛茶放入温度高达300℃以上的滚筒中滚炒，当茶叶发出焦香味，手搓即成叶屑时为宜。

品质特征　形紧结、灰绿，香气高纯持久带火香，滋味醇和回甘，汤色绿黄亮，

叶底匀整明亮。（苗爱清）

古树名木 ancient and famous tree 年代久远或具有重要科研、历史、文化价值的树木。古树指树龄在100年以上的树木。名木指在历史上或社会上有重大影响的中外历代名人、领袖人物所植或者具有极其重要的历史价值、文化价值、纪念意义的树木。

中国古树分为国家一、二、三级，国家一级古树树龄500年以上，国家二级古树树龄300～499年，国家三级古树树龄100～299年。国家级名木不受年龄限制，不分级。

中国地域辽阔，地形复杂，气候差异大，植物资源极其丰富，种类繁多。全国绿化委员会、国家林业局2001年启动的全国范围内古树名木普查建档工作的数据显示，全国共有古树名木2 853 107株，其中古树2 847 349株，名木5758株。从区域分布看，中国古树名木资源分布极不均衡，主要集中在北京、吉林、浙江、福建、江西、山东、湖北、湖南、四川、陕西、青海11省（直辖市）。其中，湖北、山东最多，分别占全国古树名木总量的27.5%和23.4%。国家级名木主要分布在重庆、北京、江苏、四川、河北、浙江等省（直辖市），其中以重庆最多，占全国名木的36.6%。

古树名木的价值：①生态价值。平衡碳氧、净化大气、保持水土、涵养水源、防风固沙、降温减噪以及维护物种多样性等。②经济价值。某些古树本身就是重要的经济作物，果实为食用资源。③景观价值。紫薇、玉兰等是重要的赏花植物，杜英、浙江楠等是良好的庭院树和行道树。④文化价值。有的古树被赋予人文情怀，如黄山的迎客松、送客松。⑤历史价值。某些古树名木与特定的历史时间相联系。⑥科研价值。古树可用于当地自然历史的研究，从而了解当地气候、森林植被与植物区系的变迁，为农业生产区划提供参考。⑦开发价值。一些古树的叶片、果实或种子可以开发成为旅游纪念品，如古菩提的树叶可以加工成书签。⑧旅游价值。凡具有特殊观赏价值、文化价值或历史价值的古树名木均有旅游观光价值。

（吕英民）

古丈毛尖茶 Guzhang Maojian tea 产于中国湖南省湘西土家族苗族自治州古丈县内，选用当地群体品种及适制良种茶树的嫩芽叶加工而成的条形烘炒青绿茶。古丈毛尖茶因产地而得名。是中国国家地理标志保护产品，其保护范围为湖南省湘西自治州古丈县古阳镇、双溪乡、默戎镇、坪坝乡、山枣乡、河蓬乡、高望界乡、高峰乡、罗依溪镇、红石林镇、断龙山乡、岩头寨镇等12个乡镇。1929年古丈毛尖茶在法国博览会上第一次登上世界舞台。2005年被评为湖南十大名茶之一。2017年被中国（国际）茶文化研究会评为中国茶文化名茶。

生产历史 战国时期，巴人种茶、制茶和饮茶习俗因楚巴战争传入古丈。古丈种茶有近2000年的历史，最早的文字记载见于东汉《桐君录》，其载有永顺之南（今古丈县境）列入全国产茶地之一。唐杜佑的《通典》记载溪州（今古丈县罗依溪镇会溪坪）等地均有茶芽入贡。

自然环境 茶树生长的生态环境为海拔250～1500米的山地。土壤为砂岩、板页岩、石灰岩发育成的山地黄壤，以及由紫色砂页岩发育成的紫砂土，土层厚度不小于40厘米，pH5.1～6.5，有机质含量不小于2.0%，氮含量为0.1%～0.2%，磷含量为0.12%～0.18%，钾含量为1.60%～2.74%。年降水量1400毫米，年日照1300～1500小时。

加工工艺 每年清明前采摘芽头至一芽一、二叶炒制而成。工艺流程为：摊青→杀青→清风→初揉→炒二青→复揉→炒三青→做条（理条、拉条、直条）→提毫、收锅。其中做条、提毫、收锅均采用手工制作。

品质特征 茶品外形呈条索状，紧细圆直，白毫满披，色泽翠绿；香气鲜嫩高锐，汤色浅绿清澈，滋味醇爽、回味甘甜，叶底嫩匀明亮。（郑红发）

骨干亲本 core parents 在杂交育种中起骨干作用，产生或衍生的品种（系）数量较多，对育种和生产贡献较大的育种材料。在杂交育种工作中，根据育种目标，亲本的选择和杂交组合的组配应尽可能考虑骨干亲本的某些经济性状与主要目标性状的相近性，这样才能发挥骨干亲本的重要作用。骨干亲本一般具有以下几个特点：①含有优良地方品种、育成品种的基因血统，或优异引进品种、原始材料的基因血统。②突出优良性状的遗传力强。③与其他材料相配组的配合力强。④有较广的适应性。

骨干亲本是果树育种的重要基础材料，为提高果树的育种效率和技术水平，要加强骨干亲本的系谱与演变、表型与基因型多样性、骨干作用的方式、携带优异基因的传递与作用机理等的系统深入研究，为骨干亲本的早期预测、改良或创制提供方法和理论依据，发现和培育更多的骨干亲本用于果树育种。

（郑少泉）

骨干枝 scaffold branch 在树上构成树冠骨架的永久性大枝。构成树体骨干的中心主干、主枝、侧枝、副侧枝等总称为骨干枝。由主干向上直立延伸，位于树冠中心位置的永久性大枝叫中心干，又称中央领导干或中心领导干；密植树中心干较小，类似一个大主枝，且处于中心位置，因此又称为中心主枝。直接着生在中心干上的永久性大枝，称为主枝。着生在主枝上的永久性大枝，称为侧枝。各类骨干枝要从属分明，分布均匀，角度开张，才能使树势平衡，树冠圆满紧凑，结构牢固，通风透光良好，这是达到果树高产、稳产、优质的重要条件之一。枝组主要生长在主枝、侧枝等骨干枝上。枝组配置时应遵循基部中枝组、中部大枝组、梢部和背上部为小枝组。骨干枝和辅养枝上着生许多枝条，按其性质可区分为营养枝与结果枝。营养枝着生叶芽，抽生新梢，不断扩大树冠并形成结果枝或结果枝组。

骨干枝的数量 骨干枝构成树冠的骨架，担负着树冠扩大，水、养分运输和承担果实重量的任务。因为它不直接结果，属于非生产性枝条，所以原则上在能充分占领空间的前提下，骨干枝越少越好，可避免养分过多消耗在建造骨架上。但具体情况要具体分析：①中、大型树冠骨干枝数可多些，以增强树势，有利于树冠扩大和充分利用空间，而且个别骨干枝损伤后对产量影响较小；小冠树形，骨干枝宜少。②成枝力弱的品种骨干枝要多些；成枝力强，骨干枝要少些。③幼树、边行树、坡地栽植，光照条件好，可多一些；成年树特别是平地成片栽植的果树，光照条件差，骨干枝应少一些。④在同一层内骨干枝数一般不宜超过4个，着生距离也不宜过近，以免形成轮生枝。

骨干枝的延伸 骨干枝的延伸有直线和弯曲延伸两种。①直线延伸的，树冠扩大快，生长强，树势不易衰。开张角度小时，容易上强下弱，下部和内部易光秃，不易形成大型枝组或骨干枝。②弯曲延伸枝在弯曲部位容易发生大型枝组或骨干枝，树冠中下部生长相对较强，不易光秃，但常先端生长较弱，树势易衰。因此，骨干枝采用何种方式延伸，要根据具体情况考虑选用。

骨干枝的角度 主枝与中心干的分枝角度对树体骨架的坚固性、结果早晚、产量高低和品质影响很大，是整形的关键之一。角度小，树形直立，冠内郁蔽，光照不良，容易上强下弱，花芽形成少，易落果，早期产量低，后期树冠下部易光秃，影响产量和品质，结合部位易劈裂。一般情况下，主枝基角以不夹皮为限，在30°～75°范围内，分枝基角越大，负重力越大。角度过大，树冠开张，生长势弱，花芽易形成，早期产量高，但易早衰。基角合适结合牢固，腰角大些有利改善光照条件并防止后部秃裸；梢角小些，有利于保持顶端优势，防止主枝衰弱。

骨干枝与骨干枝的关系　骨干枝与骨干枝的关系也存在较大差异，有同级骨干枝和不同级骨干枝之分。①同级骨干枝之间的关系。同级骨干枝是指同名、同等次的骨干枝，它们之间是一种平等互利与独立合作的关系。同级骨干枝在生长发育和结果负载方面的基本要求是相互均衡。例如，疏层形的树体结构，要求基部第一层三大主枝在生长势和结果量方面保持相互平衡。对发生不平衡的偏势生长，就要通过修剪措施进行压强扶弱。侧枝之间也是如此，要保持主枝在结果后不发生扭曲和变形，使侧枝在主枝两侧分布得尽可能匀称平衡。②不同级骨干枝之间的关系。不同级骨干枝是指主干、中心干、主枝和侧枝等具有明显从属关系。为优质高产、简化修剪和提高劳动效率，现代果树树体结构趋向于简单化，骨干枝数目相应减少。越是密植，骨干枝数目越少，如细长纺锤形或高纺锤形，全树骨干枝只有一个，即中心干。树高3.5～4.0米，主干高0.8米左右，中干上着生30个左右螺旋排列的小枝，结果枝直接着生在小主枝上，小主枝平均长度为1米，与中干的平均夹角为110°，同侧小主枝上下间距为0.25米；中干与同部位的小主枝基部粗度之比（3～5）:1。成形后的高纺锤形在春季亩留枝量为6万～8万条，长、中、短枝比例1:1:8。采用这种树形时，必须保持强中干弱主枝，由中心干分生的主枝与着生部位直径之比要小于1/3～1/2。

树势均衡和保持从属关系是果树整形修剪技术中较难掌握的一个方面。树势均衡指各级骨干枝势力之间保持相对平衡，同级骨干枝之间生长势力应当相近。中心干强于主枝，主枝强于侧枝，侧枝强于枝组，这是从属关系。只有从属分明，才能保持树形结构牢固，光照良好。主枝与中心干、主枝与主枝、主枝与侧枝，其中一方出现过强或过弱时，整形修剪中都要进行适当调整。一般骨干枝直径与其着生母枝直径之比不超过0.6时，结合才牢固，如两者粗细相近，则容易劈裂，而且主枝越粗，向外延伸潜力越强。一般要增强某一骨干枝，常采用的方法是适当轻截，多留壮枝，抬高角度，少留花果；削弱时则相反。

（由春香）

瓜叶菊　florist's cineraria; *Pericallis*×*hybrida*　菊科瓜叶菊属多年生草本植物。瓜叶菊原产于非洲西北海域的加那利群岛，最初由野瓜叶菊（*Pericallis cruenta*）和物种*P. lanata*杂交而成，杂交种于1777年在英国首次开花。因植株叶片大如瓜叶而得名。

形态与种类　高30～70厘米。茎直立，密被白色长柔毛。叶具柄，叶片大，肾形至宽心形，叶缘不规则浅裂或钝锯齿状。头状花序直径3～5厘米，多数，在茎端排列成宽伞房状。花色丰富，除黄色外其他颜色均有，还有红白相间的复色品种，常见蓝紫色、白色系列。瘦果长圆形，具棱，初时被毛，后变无毛。花期1～4月。

园艺品种极多，可分为大花型、星型、中间型和多花型四类，不同类型中又有重瓣程度和高度不同的品种。

栽培与管理　喜光性植物，冬季室内栽培需要阳光充足才能叶厚色深、花色鲜艳。性喜凉爽气候，不耐夏季炎热高温，生长适宜温度为15℃，尤其在冬季花蕾形成和开花时要注意保持适当的温度。喜富含腐殖质且排水良好的砂质土壤，pH以6.5～7.5较适宜。喜土壤潮湿，但忌积水，忌叶片高湿不通风。生长期每7～10天施一次2%左右的淡饼肥或1%的氮、磷、钾复合肥，交替使用效果更好。瓜叶菊对栽培养护有相对较高的要求，生长期可能出现的病虫害有白粉病、灰霉病、黄萎病、蚜虫、白粉虱、蓟马等，要注意控制湿度，保持良好的通风。

图1　瓜叶菊

图2　瓜叶菊的茎

图3　瓜叶菊的叶

图4　瓜叶菊的花

用途　瓜叶菊常作一二年生栽培。头状花序顶生，繁密如花球，是冬春时节主要的观赏植物之一。常用于宾馆内庭、会场、剧院、公园入口处的花坛布置，通常采用盆栽摆放的形式；也常作为元旦、春节期间室内的观赏植物，可盆栽置于阳台、窗台、案头、几架等。

（吴沙沙）

《观采茶作歌》　*A Song after Watching Tea-Picking*　七言古诗。中国清代爱新觉罗·弘历作。爱新觉罗·弘历（1711～1799），即清高宗，世称乾隆皇帝。

诗为："火前嫩，火后老，惟有骑火品最好。西湖龙井旧擅名，适来试一观其道。村男接踵下层椒，倾筐雀舌还鹰爪。地炉文火续续（一为徐徐）添，乾釜柔风旋炒。慢炒细焙有次第，辛苦工夫殊不少。王肃酪奴惜不知，陆羽茶经太精讨。我虽贡茗未求佳，防微犹恐开奇巧。防微犹恐开奇巧，采茶揭览民艰晓。”

这首《观采茶作歌》是乾隆第一次游西湖天竺观目睹龙井茶采制之后即兴而作。诗歌对采茶的时间、采摘芽叶标准、热闹忙碌的采茶情景及龙井茶加工的条件、方法、特点以及炒制过程都做了形象生动的描绘。作者目睹龙井茶区采茶、制茶的“辛苦工夫”之后，深深体会到龙井茶采制不易，发出了“村男接踵下层椒”“采茶揭览民艰晓”的感叹，表达了自己虽然享用的是贡茶，但也不必过于求精，要防微杜渐，以免给茶农造成更大的伤害。（刘伟华）

观赏百合 ornamental lily flowers 百合科百合属所有用于观赏的植物的总称。百合属全世界约80种，分布于北温带。常见的百合品种群分为东方百合（Oriental hybrid lily）、亚洲百合（Asiatic hybrid lily）、麝香百合（Longiflorum hybrid lily）和铁炮百合（Trumpet hybrid lily）。这些品种群中只有亚洲百合没有花香，其他品种群都具有花香；其中东方百合最香，麝香百合和铁炮百合香味相对东方百合弱。此外，还有这些品种群间的品种群，包括LA品种群（Longiflorum × Asiatic）、OT品种群（Oriental × Trumpet）、LO品种群（Longiflorum × Oriental）和OA品种群（Oriental × Asiatic）。

百合为多年生草本植物，是地下部分变态为鳞茎的**球根花卉**。叶散生或轮生。花单生，总状花序、伞形花序或伞房花序。花色有红、粉、白、黄等，香气有或无。花被片2轮或多轮。离生，花冠形态为喇叭形、钟形，花被片平展、强烈反卷，基部有蜜腺。雄蕊6，子房圆柱形，柱头3裂。蒴果矩圆形，室背开裂。种子扁平、有翅，多数。

百合是重要的切花和**盆花**，在园林中也广泛栽培。（吕 彤）

图1 东方百合

图2 重瓣东方百合

图3 亚洲百合

图4 麝香百合

图5 LA百合

观赏凤梨 ornamental bromeliad 凤梨科多年生**草本花卉**。凤梨科有50多个属，常见的种类有6个类群，分别为凤梨科珊瑚凤梨属（*Aechmea*）、水塔花属（*Billbergia*）、果子蔓属（*Guzmania*）、彩叶凤梨属（*Neoregelia*）、铁兰属（*Tillandsia*）和莺歌属（*Vriesea*）。根据对环境的要求，可划分为地生种类、附生种类和气生种类三大类型，以附生种类为主。附生种类凤梨附生于树干或石壁上，性喜温暖、潮湿的半遮阴环境。繁殖以分吸芽为主。

观赏凤梨以观花或观叶为主，或者既可观花又可观叶。有2500多个品种，主要做**盆花**，常见的大火炬、丹尼斯、红星、紫星、黄星和小火炬等都属于观赏凤梨。水塔花属观赏凤梨有60多种，其中水塔花穗状花序上密生深红色小花，苞片粉红

图1 观赏凤梨

图2 水塔花

图3 铁兰属空气凤梨

图4 大黄星果子蔓

图5 紫星凤梨

色，花朵十分艳丽。

（吕 彤）

观赏蕨类 ornamental ferns 具有观赏价值的蕨类植物。蕨类植物是介于苔藓植物和种子植物之间的一大类群，具有独特的生活史。全世界蕨类植物有12 000多种，中国是世界上蕨类植物资源最丰富的地区之一，有2000余种。蕨类植物分布很广，从高山到海滨，从寒带到热带都有生长，生态类型也极其多样，主要为土生、石生或附生，少数为水生或沼生。

大多数蕨类植物具有较高的观赏价值，它们虽然没有鲜艳夺目的花与果实，却以千姿百态的叶形、叶姿和青翠碧绿的色彩，让人赏心悦目，在观赏植物中占有重要地位。常见的观赏蕨类植物包括：松叶蕨、蛇足石松、卷柏、翠云草、福建莲座蕨、紫萁、华南紫萁、芒萁、中华里白、海金沙、金毛狗、桫椤、井栏边草、蜈蚣草、西南凤尾蕨、银粉背蕨、荷叶铁线蕨、铁线蕨、耳叶金毛裸蕨、峨眉凤丫蕨、羽节蕨、翅轴蹄盖蕨、普通针毛蕨、延羽卵果蕨、披针新月蕨、长叶铁角蕨、对开蕨、巢蕨、荚果蕨、狗脊蕨、红盖鳞毛蕨、刺齿贯众、对马耳蕨、肾蕨、大叶骨碎补、圆盖阴石蕨、光石韦、友水龙骨、扇蕨、江南星蕨、瘤蕨、崖姜蕨、二叉鹿角蕨、槲蕨、掌叶线蕨、盾蕨等。

图1 海金沙

植物特征 观赏蕨类植物的特征包括：①拳芽。蕨类植物的幼叶在展开前呈拳状卷缩，拳芽展开后分为叶柄和叶片两部分，叶柄或叶轴密被褐色、棕色或金黄色鳞片，如鳞毛蕨、蹄盖蕨、荚果蕨、桫椤、金毛狗、线鳞耳蕨等。②根状茎。蕨类植物的茎除少数具有高大直立的树状地上茎外，其余大部分为地下茎，又称根状茎。③叶片。蕨类植物的叶片形状奇特又多种多样，具有较强的观赏性。④孢子囊群。蕨类植物在叶背或叶缘着生的孢子囊组成的孢子囊群，色彩艳丽且形状各异，具有独特的观赏性。

图2 鳞毛蕨

生长环境 观赏蕨类植物生长发育的环境条件包括：①光照。不同的蕨类植物对光照的需求不同，大多数蕨类植物为喜阴植物，有较强的耐阴能力，在半阴的散射光下生长良好，忌强光直射。②温度。大多数蕨类植物喜欢温暖的生长条件，在18～24℃条件下生长良好。不同种类的蕨耐寒性差异很大，根据原产地的不同可分为耐寒、半耐寒和不耐寒三种类型。③水分。由于蕨类植物生长的自然环境条件不同，对水的需求也不同。叶片小、革质或叶表和叶背密生绒毛的种类抗旱能力较强，需水量较少，有肥大的根状茎或其他贮水器官的种类，也有较强的抗旱能力，而叶片大、羽片细裂的种类，水分蒸发量大，需要较高的空气湿度。④基质。适于栽培蕨类的土壤应有良好的团粒结构，疏松肥沃，保水和排水性能良好，并含有丰富的腐殖质和适宜的土壤酸碱度。

繁殖和栽培 观赏蕨类植物的繁殖方式包括无性繁殖和孢子繁殖，其中无性繁殖包括分株繁殖、珠芽繁殖、组培快繁等。

观赏蕨类植物常见的栽培方式包括：①庭院栽培。根据地域及蕨类植物的适应性和耐寒性差异，应选择适合该地区露地生长的种类。②室内盆栽。盆栽是蕨类植物的主要栽培方式。③特殊栽培方式。如吊篮栽培、瓶景等。

（董 丽 徐 昉）

观赏园艺学 ornamental horticulture 以**观赏植物**为主要对象，研究其资源评价、分类、繁殖、栽培、育种、改良、生产、经营管理和应用于园林建设理论与实践及相关产业的学科。观赏园艺是传统园艺的三个组成部分之一，与**果树**、**蔬菜**鼎足而立，同是以进行集约栽培为主的植物生产事业。

历史 观赏植物是供人类栽培、欣赏的对象，具有防护、美化和生产等多方面的功能。将其应用于城乡绿化美化和园林建设还会产生生态效益、社会效益和经济效益等综合效益。中国古代是从植物的观察、欣赏到引种、栽培与布置应用，现代以经济实用为主要选择条件，后逐步发展为观赏园艺。观赏园艺萌芽于周、秦时期，渐盛于汉、晋、南北朝时期，兴盛于隋、唐、宋，至明、清、中华民国时期出现起伏停滞。

中国的观赏园艺具有悠久的历史和广泛的物质文化基础，以其优质、丰富、特产的观赏植物种类和精湛的栽培技艺为世界园艺做出了巨大贡献。现代观赏园艺的经营内容大为扩展，如观赏植物种苗、种球、种子、切花（含切叶等）、**盆花**、**地被植物**与**草坪**植物的生产、改良和经营，**花卉**等鲜活观赏产品的保鲜、贮运与加工，**插花**等花卉装饰（含干燥花制作与配置）及**盆景**制作与经营，野生观赏植物资源的开发利用，以及园林建设有关的内容等。

学科 就学科而言，观赏园艺学是农业生物科学与风景园林学等相结合，以自然科学为主，兼及园林应用艺术以及社会科学的一门综合性学科。它以观赏植物为主要对象，并涉及小尺度的园林景观规划设计。在观赏园艺科学研究方面，19世纪后基础学科与相关学科内容不断完善和扩充，现代实验技术与分析方法不断改进，观赏园艺学的内涵也不断扩大更新。观赏园艺学研究逐步由总结传统生产技艺与造园手法的经验科学上升到以近代生物学、遗传学为基础的实验科学阶段。在插花、盆景和造园等方面，提倡将科学与艺术结合起来，既要发扬优秀的民族传统，又应反映出鲜明的时代精神。

相关的科学研究有：观赏植物资源调查与评价研究、观赏植物起源与分类研究、观赏植物种质保存研究、观赏植物引种和育种研究、观赏植物分子生物学基础研究、园林树木区划与城市树种规划研究、观赏植物生态功能评价与园林生态效益研究、观赏植物繁殖与栽培技术研究、观赏植物采后处理研究、中国传统名花及新花卉的系统研究、观赏植物景观配置研究、庭院设计施工与管理研究（植物方面）

以及中国新园林风格的研究等。

产业　观赏园艺产业即广义的花卉产业，其经济效益高、市场潜力大。从观赏植物应用方面来看，中国从20世纪90年代开始发展甚快，花卉苗木企业如雨后春笋般出现并形成一定的产品品牌，全国形成多个具有特色和规模的花木产区，中国花卉协会及各分会举办国际级、全国级的花卉园艺展、园艺博览会、插花展（竞赛）、主题花展等各种精彩的花事活动，高档温室切花、盆花进入市场和家庭，草坪、地被与球根生产发展迅速，干花生产与加工发展速度甚快，还精分了**花境**、花海等草花种子业等。应用于园林绿化的观赏植物生产随着经济建设发展而逐步增长。从国际上看，观赏园艺产业是世界上最有活力的产业之一，其发展速度已大大超过经济发展的速度，呈不断上升之势。中国部分地区观赏园艺业已逐渐形成基地化和集约化生产体系、科技开发支撑体系、市场营销体系、配套物资生产和物流体系，观赏园艺产业正朝着集生产、研发、文化、旅游、娱乐为一体的方向发展。

扩展阅读

陈有民.园林树木学.2版.北京：中国林业出版社，2011.

（张启翔　罗　乐）

观赏植物　ornamental plant　具有一定观赏价值和生态效应，可应用于花艺、园林及室内外环境布置和装饰，布置园林绿地、风景名胜区，改善或美化环境的草本和木本植物（含林木和经济植物）的总称。按照生长习性，观赏植物可以分为观赏树木、观赏灌木、**观赏竹**、观赏藤本、宿根观赏植物（见**宿根花卉**）、球根观赏植物（见**球根花卉**）、一二年生草本观赏植物（见**一二年生花卉**）。按照园林用途，观赏植物可以分为**行道树**、**园景树**、垂直绿化植物、**地被植物**等。（吕　彤）

观赏竹　ornamental bamboo　禾本科竹亚科中可供观赏的竹类植物的统称。竹是多年生木质化植物，具地上茎（竹秆）和地下茎（竹鞭）。竹秆常为圆筒形，极少为四角形，由节间和节连接而成。节间常中空，少数实心；节由箨环和秆环构成，每节上分枝。叶有两种，一为茎生叶，俗称箨叶；一为营养叶，披针形，大小随品种而异。竹花由鳞被、雄蕊和雌蕊组成。果实多为颖果。根据竹类植物地下茎的生长情况，可分为单轴散生型、合轴丛生型、复轴混合型三种生态型。

竹类的种类繁多，中国有500余种，

图1　紫竹

图2　佛肚竹

图3　茶竿竹

大多可供庭园观赏。常见栽培观赏竹有散生型的紫竹、毛竹、刚竹等，丛生型的佛肚竹、孝顺竹等，混生型的箬竹、茶竿竹等。（于晓南）

罐装蔬菜　canned vegetable　选择合适的蔬菜品种进行适当预处理后放入马口铁罐、玻璃罐、塑料袋或其他包装容器中，采用真空与密封、杀菌、冷却等工艺制成的商业无菌的**蔬菜**产品。分别称为蔬菜罐头、瓶装蔬菜罐头和软包装蔬菜罐头（软罐头）。将蔬菜进行罐装处理后可调节地区和季节的差异，实现周年供应，具有保质期长、可常温贮藏和流通、不须添加防腐剂、食用方便等优点。但传统加热杀菌也会导致部分热敏性成分如维生素C的损失、质地软化等。

罐装蔬菜的加工工艺一般包括挑选、清洗、分级、去皮、切分、烫漂（预煮）、装罐（瓶、袋）、真空与密封、杀菌、冷却、装箱等。大部分蔬菜的自然pH在4.6以上，属低酸性食品，须高压杀菌，一般温度在121℃。为了降低杀菌温度，保持较好的质地，有时可加入酸化剂降低pH，这种产品称为酸化食品。常用的酸化剂有醋酸、乳酸、柠檬酸等。

为达到罐装蔬菜的高品质，某些种类的罐装蔬菜须有加工专用种，如**番茄**、青刀豆、**豌豆**、甜玉米、**蘑菇**等。这些加工专用品种与鲜食品种在品质要求上有所不同，一般需要质地致密，耐煮制。

根据处理方法，罐装蔬菜有清渍类、醋渍类、调味类、酱渍类等。由于许多种蔬菜须烹饪后食用，因此通过各种烹饪调味后再进行罐装处理，可增加罐装蔬菜的花色品种。（叶兴乾）

广东万年青　China green; *Aglaonema modestum*　天南星科广东万年青属多年生常绿草本植物。又称开喉剑、冬不凋草、粗肋草、亮丝草、粤万年青。广东万年青原产于印度、马来西亚，中国、菲律宾也有少量分布。在中国分布于广东佛山市南海区。生长于海拔500～1700米的地区，多生于密林中。

根茎粗短，节处有须根。叶基部丛生，宽倒披针形，质硬而有光泽。4～5月开花，穗状花序顶生，花小而密集，花色白而带

图1　广东万年青

图2　广东万年青的叶

图3　广东万年青的花序和佛焰苞

图4　广东万年青的果实

绿。浆果球形，由绿转红，经冬不落。同属常见品种有银后亮丝草。

通常采用分株繁殖法，也可用播种繁殖法。喜温暖、湿润的环境，耐阴性强，忌阳光直射，不耐寒，冬季越冬温度不得低于12℃。生长温度为25～30℃，相对湿度在70%～90%。要求疏松肥沃、排水良好的微酸性土壤。

除盆栽点缀厅室外，也可剪叶作插花配叶或装饰室外环境。用广东万年青制作观叶盆景简单易行，并能突出自然美感。根据其极耐阴之特性，陈设居室观赏，能保持四季苍翠，经久不衰。全株入药，据《岭南采药录》载：取其叶和精肉同煲，可治热血、咳血、大肠结热、小儿脱肛等症。　　（陈发棣）

广东乌龙茶　Guangdong oolong tea　产于广东省境内的乌龙茶的统称。又称广东青茶。广东是中国三大乌龙茶主产区之一。广东乌龙茶主产于粤东、粤北地区，包括粤东潮州市的潮安区、饶平县，揭阳市的揭东区、揭西县、普宁市、惠来县，汕头市的澄海区、潮南区、南澳县，汕尾市的海丰县、陆河县；粤北梅州市的丰顺县、蕉岭县、平远县、大埔县、兴宁市、五华县；以及粤西的廉江市。主要产品有凤凰水仙茶、**凤凰单丛茶**、**岭头单丛茶**、石古坪乌龙茶、奇兰茶、色种、金萱茶等。以潮安的凤凰单丛茶和饶平的岭头单丛茶最为著名。

加工工艺　广东乌龙茶原料以驻芽二三叶为主，中开面采摘。采用传统的人工晒青、晾青、做青、杀青、揉捻、烘干工艺加工而成。广东乌龙茶的采制分为春、夏、暑、秋、冬五个时期。各季节茶的品质不同，春茶香、味均衡，品质最好；秋、冬茶次之，香气突出；夏、暑茶色香味较差。

采摘　春季以中开面或大开面为宜，秋冬季则以中开面或小开面为宜。采摘要做到“三不带”，即不带梗蒂、不带单叶、不带鱼叶。还要做到“三分开”，即不同品种分开，早、午、晚青分开，不同嫩度分开。采摘时尽可能不伤原料，进厂后勿摊放过厚（不大于20厘米），摊放时尤其要注意不能使茶青“流汗”，否则会极大地影响品质。

晒青　是乌龙茶初制的第一道工序，是形成乌龙茶品质的重要工序之一。通过晒青散发部分水分，提高叶子韧性，便于后续摇青工序的进行；同时，伴随着失水，鲜叶发生一系列化学变化，酶的活性加强，散发部分青草气，有利于香气透露。晒青在下午4～5时进行，太阳斜射，光线柔和，气温在20～25℃，晒青时间25～30分钟。烈日下不宜晒青，以免日光灼伤鲜叶发生红变和死青。摊叶宜均薄，以叶叶不重叠为宜；光线强烈或鲜叶厚摊的，晒青过程中应及时轻翻2～3次。晒青力求均匀一致，必要时采用“二晒二晾”的办法。晒青后，须将茶青拼筛，放置于阴凉处所的晾青架继续晾青。晒青程度一般是晒至叶片失去光泽，叶色较暗绿，顶叶下垂，梗弯而不断，手捏略有弹性感。鲜叶失水率在5%～15%。

晾青　又称复式萎凋。是将晒青后的茶青移置阴凉处的晾青架上摊晾。晾青属静置阶段，一般以1～2小时为宜，厚度10厘米以下。

做青　又称浪青、摇青、碰青。摇青和静置交替进行，是乌龙茶品质形成的特有工序，也是形成“绿叶红镶边”等品质特征的关键工序。摇青的主要目的是进一步蒸发水分，擦破叶缘细胞，促进多酚类的氧化，形成滋味醇厚、具有花香的品质特点。摇青的适宜温度一般为18～22℃，相对湿度一般为75%。时间从晚上6～7时开始，直到第二天天亮，历时10～14小时；约隔2小时摇一次，全过程须摇青3～7次；每次适度摇青，逐次加重。摇青要掌握循序渐进的原则，转数由少渐多，用力先轻渐重，摇后摊叶先薄后厚，晾青时间先短后长，发酵程度由短渐长。摇青还要掌握“看青摇青、看茶做茶”的原则，根据产地的品质要求、茶树品种、季节、晒青程度等具体情况灵活掌握。这个过程宜慢不宜快，谨防发酵不足或发酵过度。当叶片出现“叶缘二分红，叶腹八分绿”（俗称绿叶红镶边），叶脉透明，叶形呈汤匙状，花果香气浓郁时，则达到做青适度的标准。

炒青　又称杀青。做青结束堆放1小时后才能进行炒青。锅式手工炒青的锅温为250～280℃，投叶量为2千克左右。一般先闷、中透再后闷，约4～7分钟。瓶式杀青以闷炒为主，抛闷结合；110型瓶式杀青机温度为260～300℃，投叶量5～15千克，炒5～6分钟达适度；部分地区瓶式杀青机杀青时，采用加盖闷炒4分钟后下机。炒青要坚持炒熟，以柔软有粘手感、手握成团、青臭味转为清香味为适度标准。

揉捻　应掌握趁热、适量、快速、短时的原则，用高转速（60～75转/分）揉捻机揉捻，时间5～8分钟。揉捻过程中采用轻—重—轻方式加压，待茶叶基本成条时即可下机解块干燥。揉好的叶子要及时干燥，如来不及干燥，则应摊凉，不宜堆积，尤其是夏、暑茶，更不宜堆积过久，以免闷黄。

烘焙　干燥方法分为毛火（初焙）、足火（复焙）和吃火。干燥是为抑制氧化，散发水分，塑造外形，并起热化作用，消除苦涩味，促使滋味醇厚，巩固品质。有烘笼烘焙与烘干机两种。烘焙温度应先高后低。烘笼毛火（初焙）100～120℃，每笼摊叶0.5～0.75千克，每隔4～5分钟翻拌一次，烘到7～8成干时起焙摊凉，再簸拣去除杂质。烘笼足火80℃左右，每笼摊叶1.5千克左右，每隔20分钟翻拌一次，时间1～2小时，烘到足干。发出纯正茶香后再将两笼并一笼，烘笼上加盖，以105℃左右烘15～20分钟或60℃烘2～4小时，称为吃火或焙火功，吃火必须在足干后进行。下焙后趁热厚堆密闭收藏。链板式烘干机毛火温度110～130℃，摊叶厚度1～3厘米。毛火经1～2小时的摊凉，再足火。烘干机足火温度110℃左右，摊叶厚度以3～5厘米为宜，用中速约18分钟。足火后入库储藏。

广东乌龙茶的精制一般仅通过色选去除黄片及碎末，然后复焙包装。一般不分级，亦有地区制定了分级标准。

品质特征　广东乌龙茶以花果香浓郁持久、滋味浓醇回甘为特点；汤色以橙黄明亮为主，亦有橙红明亮、黄绿明亮；外形以条形为主，亦有颗粒形、半球形等。

（苗爱清）

广玉兰　southern magnolia; *Magnolia grandiflora*　木兰科木兰属常绿乔木。又称荷花玉兰。广玉兰原产于北美洲东南部。中国长江流域以南各城市有栽培。

在原产地株高可达30米。树皮淡褐色或灰色，薄鳞片状开裂。小枝粗壮，具横隔的髓心。小枝、芽、叶下面、叶柄均密被褐色或灰褐色短绒毛（幼树的叶下面无毛）。叶厚革质，椭圆形、长圆状椭圆形或倒卵状椭圆形，长10～20厘米，宽4～7厘米，先端钝或短钝尖，基部楔形，叶面深绿色，有光泽，侧脉每边8～10条。叶柄长1.5～4.0厘米，无托叶痕，具深沟。花大，白色，状如荷花，芳香，直径15～20厘米。花被片9～12，厚肉质，倒卵形，长6～10厘米，宽5～7厘米。雄蕊长约2厘米，花丝扁平，紫色，花药内向，药隔伸出成短尖。雌蕊群椭圆形，密被长绒毛。聚合果圆柱状长圆形或卵圆形，长7～10厘米，径4～5厘米，密被褐色或淡灰黄色绒毛。蓇葖背裂，背面圆，顶端外侧具长喙。种子近卵圆形或卵形，长约14毫米，径约6毫米，外种皮红色。花期5～6月，果期9～10月。

适生于湿润肥沃土壤，对二氧化硫、氯气、氟化氢等有毒气体抗性较强，也耐烟尘。可用于园林绿化。木材黄白色，材质坚重，可作装饰用材。叶、幼枝和花可提取芳香油，叶入药治高血压，种子可榨油。

（于晓南）

图1　广玉兰

图2　广玉兰的叶

图3　广玉兰的花蕾

图4　广玉兰的花

龟背竹　Swiss cheese plant; *Monstera deliciosa*　天南星科龟背竹属常绿藤本植物。龟背竹原产于墨西哥南部热带森林，南至巴拿马。被引入许多热带地区，并已成为夏威夷、塞舌尔、阿森松岛和社会群岛的轻度入侵物种。偶尔在澳大利亚东部的暖温带、亚热带和热带地区归化。作为室内植物在温带地区广泛种植。

图1　龟背竹

图2　龟背竹的茎

图3　龟背竹幼苗的叶

形态特征　在野外可长到20米高，但在室内生长时高度仅为2～3米。茎干粗壮，下部常生有褐色气生根。叶革质，幼苗的叶子较小且完整，没有裂片或孔洞，但随着生长叶片会出现深裂和孔洞。花为黄白色的肉穗花序，外具白色的佛焰苞。果实为绿色柱状聚果。

生长习性　龟背竹在热带和亚热带地区作为观赏植物在户外种植，需要较大的空间和肥沃、疏松的土壤。露地栽培应用时最好将其种在大树附近，以利于攀缘。不耐寒，温度低于10℃时停止生长。喜明亮的散射光且需要保持一定的空气湿度，忌强光暴晒。在其热带和亚热带栖息地易开花，理想条件下种植后约3年可开花，

图4 龟背竹的叶

图5 龟背竹的花序和佛焰苞

图6 龟背竹的果实

但室内种植时很少开花。主要通过扦插进行繁殖。

用途 温带地区常将其作为室内观叶植物进行栽培，常见于家庭和办公室等，可美化室内环境、净化空气，是重要的室内观叶植物。气生根在秘鲁被用作绳索，在墨西哥被用来制作篮子。在马提尼克，其根被用来治疗蛇咬伤。

（吴沙沙）

规模化周年生产 large-scale all year-round production 采用先进的育苗设施、设备装备和种苗生产车间，将现代生物技术、环境调控技术、施肥灌溉技术、信息管理技术贯穿果树生产过程，以现代化、企业化的模式组织果树生产和经营的生产方式。气候条件、果树种类及品种是造成中国南北各地果树淡旺季差别的主要原因，对果树进行规模化周年生产是解决水果淡旺季的主要途径。规模化生产与传统的育苗方式相比，用种量少，占地面积小；缩短苗龄，节省育苗时间；尽可能减少病虫害发生；提高育苗生产效率，降低成本；有利于统一管理和推广新技术，可以做到周年连续生产。它是现代农业发展的重要组成部分，是农业规模化经营、专业化生产、机械化和自动化程度不断提高的显著标志。

规模化周年生产的途径主要有：①建立稳产高产的果树生产基地，增加果树种类及品种，合理安排品种结构。②因地制宜地发展设施生产，做到春提早、夏排开、秋延后。③抓好规模化果树生产，提高产业化经营水平。④主攻单产，提高科学栽种水平。要抓好果树的良种化，充分利用优良品种和杂交种，提高抗热和耐寒果树的栽培技术水平，保证淡季水果稳产保收。⑤优化栽培制度，包括因地制宜地扩大复种，采用轮作和间、混、套作等技术来安排果树栽培的次序，并配以合理的施肥和灌溉制度、土壤耕种和休闲制度。⑥合理安排田间结构。在间、混、套作后，单位面积上的总株数增加，须处理好果树间争光线、争空间和争肥水的矛盾。要分清主副，合理配置；合理安排株行距；合理安排共生期。

（吕英民）

贵定云雾贡茶 Guiding Yunwu tribute tea 产于中国贵州省贵定县的特种绿茶。又称鸟王茶。贵定云雾贡茶是唐、宋、元、明、清五朝皇家贡品。其成分含量为：氨基酸3.32%，茶多酚34.40%，咖啡碱4.70%，水浸出物44.40%。是中国国家地理标志保护产品。以贵定县境内生长的本地鸟王群体种和其他优良茶树品种的鲜叶为原料，经摊青→杀青→揉捻→做形提毫→干燥等加工工序制作而成。外形紧细卷曲、绿润显毫、匀整，汤色黄绿明亮，香气嫩香显露，滋味鲜爽回甘，叶底嫩匀、鲜活明亮。

（郑文佳）

桂花 sweet osmanthus; *Osmanthus fragrans* 木犀科木犀属常绿灌木或乔木。又称木犀、岩桂、九里香等。中国特有树种，原产于中国西南、中南地区，今湖北咸宁等地尚有野生桂花林。在长江流域广泛分布。春秋时代，古人已用桂花酿酒；汉初上林苑中栽植有桂花；明代衡山神祠前的山路和夹道皆松、桂相间，长达20千米，蔚为壮观。18世纪从中国传至欧洲。因其叶脉形如“圭”而得名。

形态和种类 高可达20米。自然株形随树龄增长而有不同变化，从椭圆到圆球形，最后成扁圆形。叶对生、革质，椭圆形至椭圆状披针形，全缘或上半部疏生锯齿。叶腋间芽叠生，上层芽常分化为花芽。花小，簇生于叶腋，淡黄、乳白或橙红色，极芳香。核果椭圆形，熟时灰蓝色，含种子1粒。

主要变种有：①金桂（*O. fragrans* var. *thunbergii*），花黄色至深黄色，香味浓或极浓。②银桂（*O. fragrans* var. *latifolius*），花近白色，香味浓或极浓。③丹桂（*O. fragrans* var. *aurantiacus*），花橙色、橘红至浅橙，香味常较淡。④四季桂（*O. fragrans* var. *semperflorens*），植株较矮且萌蘖较多，花香不及上述品种浓郁，但每年花开数次或连续不断。

生长习性 性喜光，喜温暖通风环境，

图1 桂花

图2 桂花的茎

图3　桂花的叶

图4　桂花的花

图5　桂花的果实

能耐高温，成年植株有一定耐寒力。要求排水良好、富含腐殖质的砂壤土。喜肥，忌积水和黏重土壤，怕煤烟。用压条、扦插、嫁接或播种繁殖均可，常用嫁接繁殖。

用途　树形圆整，四季常青，开花时正值中秋季节，香气四溢，沁人心脾，是中国传统园林花木。可孤植、对植、列植、丛栽或成片种植。淮河以北地区多作盆栽。花朵是食品和轻工原料，枝、叶、花可入药。木质坚实细密，是雕刻良材。

（陈龙清　赵凯歌）

桂林桂花茶　Guilin osmanthus tea　选用中国广西壮族自治区桂林市的金桂、银桂、丹桂桂树鲜花与茶坯窨制加工而成的茶。属再加工窨花茶类。桂花产地广西壮族自治区桂林市属“湘桂走廊”，海拔500～1200米。为亚热带季风区，年平均温度17.9℃，极端最低温度−6.6℃，极端最高温度40.4℃，全年无霜期299天，年降水量1506.4毫米，适宜桂花树生长。

桂林桂花茶主要品种有桂花绿茶、桂花红茶、桂花乌龙茶等。加工工艺流程为：原料配比→茶胚处理→鲜花处理→窨花拌和→通花散热→筛除花渣→复烘干制→包装贮存。成品茶外形圆曲匀整，茶与花协调美观；香气香浓持久，滋味鲜醇；汤色金黄。除畅销桂林等中国内地市场外，还销往中国港澳地区和日本、欧洲等国家。

（韦静峰）

桂林毛尖茶　Guilin Miaojian tea　产于中国广西壮族自治区桂林市的绿茶。20世纪80年代初，由中国广西桂林茶叶科学研究所研制成功。桂林毛尖茶产地海拔163.9米；属亚热带季风气候，年均气温19.8℃，年降水量1733.9毫米，相对湿度79.8%；土质为缓坡地黄红壤类型。桂林毛尖茶采用尧山秀绿、桂绿1号、福鼎大毫、福鼎大白茶、福云6号、福云7号等国家级茶树良种鲜叶为原料，加工工艺流程为：鲜叶采摘→摊青→杀青→揉捻→解块→毛火初烘→手工提毫→足火烘干→成品审评→定级包装。成品茶外形色泽翠绿，白毫显露，条索紧细；汤色清澈明亮，香气高远，味醇甘爽，叶底嫩绿。产品主要销往北京、上海、广州等城市并出口欧洲。

（韦静峰）

桂平西山茶　Guiping Xishan tea　产于中国广西壮族自治区桂平市西山一带的条形烘青绿茶。桂平西山又名思灵山，是佛教圣地。从南梁王朝设桂平郡治于西山起，渐成为游览胜地。地处北回归线上，海拔700多米，坐西向东，阳光充足，气候温暖，雨量充沛，终年云雾缭绕，谓之“叶映朝暾”；西山为花岗岩结构，砂岩土壤极富矿物质，土地肥沃，谓之“根吸石髓”；西山沟壑纵横，甘泉四溢，谓之“御以灌溉”。1951年，桂平西山茶经桂平西山庵宽能法师和昌慧法师研制定型。

采摘一芽一叶初展，经摊青→杀青→轻揉→初烘→烘干→提香等加工工艺制作而成。茶品叶嫩条细，条索紧结，纤细匀整，呈龙卷状，锋苗显露，色泽绿翠润泽；香气栗香持久；汤色碧绿清澈，滋味醇和，回甘鲜爽，叶底嫩绿明亮。主销中国的广西、广东及香港地区。

（韦静峰）

国花　national flower　通过沿用传统及民间约定、或政府确定、或法律确定等各种形式得到确认，最终被本国民众广泛认可，可以作为国家和民族文化象征的花卉。一个国家可以选择一种或多种花卉作为国花，即有“一国一花”或“一国多花”的形式。国花与国家的传统文化艺术、历史、宗教、习俗等有着很多关联，具有高度的群众性和文化传统特性。国花属于文化范畴，具有丰富的精神内涵，在特定的历史阶段代表了一个国家和民族的文化传统、审美观和价值观。与国旗、国歌和国徽相比，国花的文化性和稳定性更为突出，一般不会因时代变迁和政体改变而改变，是集中反映人民文化传统和爱好的重要象征和纽带。

国家用一种或几种花作为其国家的表征，是自18世纪以来全球性的优良传统之一。截至2020年，世界上195个国家中，有127个国家拥有国花，占国家总数的2/3。如美国的国花是月季，德国的国花是矢车菊，法国的国花是香根鸢尾，荷兰的国花是郁金香，巴西的国花是卡特兰，埃及的国花是睡莲，日本的国花是菊花和樱花，葡萄牙的国花是薰衣草和香石竹等。有的国家用其所生长的某一树种作为国家的表征，就从国花发展为国树，如加拿大的糖槭、希腊的油橄榄。各国对国花的选择标准有所不同，一般而言具备以下多个特征：①一般为本国独有，特色鲜明。②一般原产于本国。③国花的自然花期内一般包含本国重要的节日或民俗。④一般在本国广泛栽植，甚至在世界范围内普遍推广。⑤一般为观花类花卉，具有丰富的观赏价值。⑥普遍具有各种产业价值。⑦一般具有积极的精神内涵。⑧一般由民间约定俗成。⑨一般具有广泛的群众基础。

评选确认国花和对国花的研究与栽培，对鼓舞人民爱祖国、爱自然、尊重并发展传统文化和保护天然资源有重要意义。清代以前，中国没有任何一种花卉被称为现代意义上的国花。清朝末年，慈禧太后懿定牡丹为国花。1915年出版的《辞源》首次阐释了“国花”的概念为“一国特著之花，可以代表其国性者，如英之玫瑰，法之百合，日本之樱，皆是”，并在释义中指出“中国向以牡丹为国花”。1928年，中华民国政府将梅花定为国花。1986年《园林》杂志社编辑部与上海园林学会、上海文化出版社和上海电视台“生活之友”栏目联合主办了“中国传统十大名花评选”活动，按得票数高低评出中国传统十大名花，依次为：梅花、牡丹、菊花、兰花、月季、杜鹃、山茶、荷花、桂花、水仙。2005年9月，中国花卉协会在成都召开了全国花卉协会秘书长和全国花卉专家座谈会，专题讨论国花问题。中国的国花至今仍未经官方确定，但从1982年中国著名花卉专家陈俊愉院士建议确定梅花为国花以来，从未有人质疑过牡丹和梅花作为中国历史上国花的地位。在民间，牡丹和梅花也被公认为中国的国花。

（张启翔　罗　乐）

国家种质杭州茶树圃　China National Germplasm Hangzhou Tea Repository　中华人民共和国农业部（今农业农村部）授权，位于中国浙江省杭州市的国家级茶树种质资源收集保存平台。国家种质杭州茶树圃于1990年正式挂牌。主要任务是在对现有资源安全保存的基础上，有计划地开展国内外**茶树种质资源**的收集保存、鉴定评价，以及优质资源的发掘利用工作，同时为国内外的茶树育种、生产、科研等提供基础性服务。截至2017年底，已收集保存中国19个省市、8个国家的茶组植物资源2246份，是世界上保存茶树资源类型最多、遗传多样性水平最丰富的茶树圃。

建圃简史　茶树种质资源是生产利用、品种创新和生物技术研究的物质基础，种质资源收集与保存数量的多寡和质量优劣直接影响着茶树育种和茶树生物学研究的深度和广度。中国作为世界茶树的起源中心，一直对茶树资源的考察和收集工作十分重视，为了使分散在各地的资源能长期安全地集中保存、方便利用，1987年在国家科技攻关子专题“茶树资源圃的建立及保存技术研究”等项目的支持下，“国家种质杭州茶树圃”在位于浙江省杭州市的中国农业科学院茶叶研究所开工建设，1990年春开始资源入圃，同年11月由农业部主持正式挂牌。建圃以来，国家有关部门每年下拨经费用于资源的收集、整理、保存和鉴定评价等工作。经过多年发展，茶树圃的面积得到了扩大，保存量得到了增加，资源不断更新复壮，鉴定评价深入到分子学水平，资源采用信息化管理，构建了资源共享平台。

概况　位于浙江省杭州市西湖风景区内，地处东经120°06′，北纬30°12′，海拔20米。属中亚热带季风气候。由于东濒西湖，南临钱塘江，受“一湖一江”水汽调节和东南季风的影响，常年温暖湿润。年平均温度16.1℃，无霜期250天，年平均相对湿度80%，年降水量1500毫米左右。适宜中小叶茶树种质资源的保存。有试验场约5公顷、自动控制温室600平方米、玻璃温室3000多平方米、植物组织培养室100多平方米、大棚7000多平方米，并拥有完备的茶叶加工厂和**茶叶深加工**试验车间。

（马春雷）

国家种质勐海茶树分圃　China National Germplasm Tea Repository Menghai Branch　国家种质茶树圃设在中国云南省勐海县曼真镇的茶树种质资源收集保存的分支平台。中国最大的大叶茶种质资源保存基地，1990年正式挂牌。截至2017年，已收集保存茶组植物资源1685份，其中国外引进资源15份。

建圃简史　云南省是重要的茶树起源中心地带，省内资源丰富多样。为摸清云南省**茶树种质资源**的类型和分布状况，20世纪80年代，中国农业科学院茶叶研究所与云南省农业科学院茶叶研究所共同开展了云南省茶树资源考察征集工作，先后对云南省15个地（州）的61个产茶县进行全面的资源调查，共征集到茶树资源410份、标本339份，发现野生大茶树189处。为妥善保存云南省的茶树种质资源，该圃于1983年在云南省科委的支持下开工建设，1990年正式挂牌。建圃以来，持续开展了以云南大叶茶种质资源为核心的收集、整理、保存和鉴定评价工作，已成为中国**野生茶树**资源观测研究的重要基地。

概况　位于云南省勐海县曼真镇，地处东经100°25′，北纬21°59′，海拔1176米，年平均温度18.1℃，年平均相对湿度82%，年降水量在1400毫米以上，属亚热带西南季风气候。气候条件优越，土壤肥沃，雨量充沛，适合茶树生长。占地面积2公顷，繁殖更新区面积1.6公顷，建有大棚4000多平方米，并配有抽水、喷灌设备。

（马春雷）

国树　national tree　被选作一个国家的象征的树木。国树是一个国家在植物资源或传统栽培发展方面的一个象征，更是一个国家在自然文化积淀和精神风范方面的象征。世界许多国家都选定了自己的国树，如俄罗斯的白桦山楂、澳大利亚的桉树、挪威的云杉、希腊的油橄榄等。

有的国家通过立法程序确定喜爱的树为国树，有些国家的国树则由人们约定俗成的喜爱而来。国树对本国人民来说具有特别的亲切感，可以唤起人们对祖国和故乡的热爱之情，还能够反映出一个民族的文化传统、审美观念。评选国树可以激发人民的爱国热情，增强民族进取心、凝聚力和自豪感。

（张启翔　罗　乐）

果胶裂解酶　pectate lyase; PL/PEL　能降解植物细胞壁中的果胶物质，导致植物组织软化甚至死亡的果胶酶。果胶作为细胞壁重要的组成成分，能与纤维素和半纤维素作用形成复杂的细胞壁结构。细胞壁中果胶含量的变化能影响细胞的松弛和扩张，从而使植株生长发育受到影响。

作用机理　果胶裂解酶与果胶水解酶的区别在于其通过β-消除作用催化相邻的α-(1,4)-半乳糖醛酸形成短链的果胶分子，并在其非还原C末端产生一个双键。果胶裂解酶包括内切果胶酸裂解酶（Endo PL）、外切果胶酸裂解酶（Exo PL）和内切果胶裂解酶（Endo PNL）。Endo PNL是已发现的主要类型。Endo PNL主要裂解高甲基化的同聚半乳糖醛酸（HG），Endo PL裂解去甲酯化的HG。

生物影响　果胶裂解酶（PL）活性最先在植物病原菌的研究中发现，PL在侵染过程中不仅使植物细胞壁降解，而且激活植物的保卫系统。PL是一个多基因的家族酶，有很多同工酶，不同酶性质有所差别。PL功能主要体现在花粉发育、果实成熟、植物抗病和生长发育等方面。此外，PL在工业上应用广泛，例如在水果脱汁、纤维素脱胶中都起到非常重要的作用。

影响花粉、花药、雌蕊的发育　高等植物的*PL*基因首先在番茄花粉中得到克隆，番茄果胶裂解酶基因*LAT56*和*LAT59*在未成熟的花药中表达量较低，在成熟的花药和花粉中表达量最高，表明PL与花粉发育过程中果胶物质的降解有关。此外，在烟草、玉米、日本柳杉、日本雪松、苜蓿、鱼尾菊中相继发现PL影响花粉、花药和雌蕊的发育。

影响果实成熟软化　果实软化与细胞壁的降解有很大关系，其中对细胞壁中果胶物质的修饰是果实成熟软化的主要过程。对果实成熟的研究最早在番茄中进行，研究发现果皮中多聚半乳糖醛酸酶（PG）活性很高。该酶一直被认为是果实成熟软化的关键酶，然而反义*PG*转基因番茄果实仍能正常成熟软化，表明果实成熟软化是一个多因素影响的过程。之后的研究确定果胶裂解酶在果实成熟软化中起到非常重要的作用。

与果实软化相关的果胶裂解酶基因在香蕉、草莓、葡萄和杧果中相继分离出来。果胶裂解酶活性首次在香蕉果肉中检测到，香蕉中存在两个差异表达果胶裂解酶基因（*Pel Ⅰ*和*Pel Ⅱ*），其中*Pel Ⅰ*基因表达量与香蕉成熟度呈显著正相关。反义*PL*基因草莓果实中果胶物质积累，果实硬度增加，成熟延迟。同样，杧果中果胶裂解酶基因*MiPe11d*的表达量随着杧果的成熟逐渐升高，且*MiPe11*活性升高依赖于钙离子（Ca^{2+}）的增加。

影响植物抗病性能 2002年从拟南芥中克隆了一个易感白粉病基因*PMR6*，该基因编码一个果胶裂解酶蛋白，当*PMR6*基因突变后导致拟南芥对白粉病的抗性增加。进一步的研究表明*PMR6*基因突变后导致突变体中果胶含量升高，果胶的积累增强了细胞壁大分子间的结合密度，从而阻碍了病原菌的入侵，提高了对白粉病的抗性。*pmr6*的抗性机制与其他抗病基因有很大不同，它通过对细胞结构的改变提高植物抗病性，是一种不依赖于水杨酸（SA）或乙烯/茉莉酸（JA）的新防卫机制。 （殷学仁 陈昆松）

果梅 Japanese apricot; *Prunus mume* 蔷薇科李属多年生木本小乔木。又称青梅、干枝梅。属亚热带**落叶果树**。果梅原产于中国云贵川交界地带的横断山区，有3000多年的栽培历史。中国主要栽培区域为云南、广东、广西、贵州、福建、四川、浙江、江苏、安徽和台湾等地。日本、韩国、朝鲜、泰国等国家也有栽培。

形态特征 树势中庸，树冠开张。根系为浅根性。一年生枝条绿色，两年生以上大枝褐色至古铜色，以短果枝结果为主。叶倒卵形或广圆形，基部广楔形，先端长尾尖，常歪向一边，叶柄细长紫红色，托叶小，叶质厚，锯齿较细，不规则。纯花芽，单花，花瓣一般5枚，多白色，碟形或碗形，具香气，存在雌蕊发育不良的不完全花。萼片中大，多紫红色，基部连合。雌蕊常1枚，粗壮且高于雄蕊；雄蕊长，45～54枚，花药黄色。子房上位，核果。果实近圆形，平均单果重20克左右。青梅类果实成熟时黄绿色，红梅类果实表面着不同程度红色，缝合线细、浅，果实两侧较对称，可食率一般90%，香气浓，味酸。在中国江苏地区，花期一般在2月中上旬至3月上旬，生理成熟期在6月上旬。

生长习性 果梅喜温，不耐寒，要求年平均温度为13～23℃，积温为4500～8000℃。若花期遇到−5℃以下低温或幼果期遇−4℃低温，均会导致花果的冻害

图1 果梅

图2 果梅的果实

图3 梅酒

而减产。果梅喜光，对土壤要求不高，以偏酸性土壤为佳，但不耐干旱，要求年降水量为600～2000毫米。梅树对大气污染敏感，尤其是氟化物和二氧化硫。果实采收分为嫩梅采收期、青梅采收期和黄梅采收期。

主要用途 果实有机酸含量高，营养丰富，具有抑菌、抗肿瘤、驱虫、解毒、抗过敏、镇咳和止泻的作用。除了加工品乌梅作为重要的中药成分外，其果实还常被加工成蜜饯、话梅等休闲食品，以及具有独特口味的梅酒、饮料、青梅精等深加工品。 （高志红）

果品 fruit and nuts 从果树上采收下来的果实或种子。果品是一个市场营销学的概念，属于农产品的范畴，为一类特殊的农产品。果品作为商品提供给市场，被人们使用和消费，并满足人们的某种需求。与果树生产过程中（即采前）的果实概念不同，果品一词只在采后各环节中使用，包括采后处理、品质分析、包装、贮运、加工、销售等。

按成熟后果皮或食用部分水分含量，通常将果品分为**水果**和**干果**两大类。①水果。鲜嫩多汁，味酸甜，含有丰富的糖、有机酸和水溶性维生素等，主要包括苹果、梨、柑橘、葡萄、杧果、桃、李、猕猴桃、菠萝、荔枝、香蕉、番木瓜、枇杷、石榴、柠檬等。②干果。成熟果实显见干燥，食用部分常为种仁（胚、胚乳），含有丰富的蛋白质和油脂等，常见的有板栗、锥栗、核桃、榛子、腰果、松子、仁用杏、银杏、开心果、美国山核果、香榧、巴旦木、澳洲坚果等。果品的品质由外观品质和内在品质构成，直接影响其商品性能，每一种果品的具体评价指标也不一样。

在大多数情况下，水果采收后即进行果品分级、果品品质鉴定、果品贮藏保鲜、果品包装，再通过果品物流进入果品市场进行销售，供消费者直接食用。干果和部分用于加工用水果，在采收后通过果品物流到达果品加工厂进行果品加工，生产果干、果汁、果酒、罐头、蜜饯等类型的产品，再供消费者食用。由于经过了加工过程，这类由果实加工成的产品即果实加工品，也被认为属于广义的果品。

（何业华）

果品质量安全 fruit quality and safety 果品质量必须符合保障人体健康、安全的要求。

分类 果品质量安全分为质量要求和安全要求两个方面。①质量要求。包括果实色泽、果实形状、果形指数、果实大小、果点、果粉、果锈、水锈、**日灼**、药斑、机械伤、虫伤、病害等外观品质要求，以及果实硬度、香气、含水量、可溶性固形物、可滴定酸、有机酸、可溶性糖、糖组分、蛋白质、氨基酸、脂肪、脂肪酸、石细胞、矿质元素、维生素、酚类物质、类胡萝卜素、多糖、果胶、膳食纤维等内在品质要求。②安全要求。包括重金属含量、农药残留量、真菌毒素含量、致病菌、过敏原成分等五个方面。其中，重金属含量、农药残留量、真菌毒素含量和致病菌是影响果品安全的主要方面；过敏原成分主要针对澳洲坚果、巴西坚果、扁桃仁、核桃、开心果、杏仁、腰果、榛子等坚果。

国际果品质量安全标准 果品质量安全标准是果品质量安全评价、果品质量安全监管和果品生产经营不可或缺的重要依据。果品质量是否符合要求以果品产品标准为评判依据，果品安全是否符合要求以果品安全限量标准为评判依据。国际食品法典委员会（CAC）、国际标准化组织（ISO）、欧盟（EU）、联合国欧洲经济委员会（UNECE）等国际/区域组织，中国、美国、日本等许多国家均制定有果品产品标准；CAC、EU、东盟（ASEAN）等国际/区域组织，以及中国、美国、日本等许多国家均制定有包括农药残留限量在内的果品安全限量标准。

中国果品质量安全标准 中国现行有效的果品产品国家/行业标准近170项，覆盖澳洲坚果、板栗、扁桃、槟榔、菠萝、草莓、番荔枝、番木瓜、番石榴、柑橘、橄榄、枸杞、黄皮、核桃、红毛丹、火龙

果、罗汉果、蓝莓、梨、李子、荔枝、莲雾、龙眼、杧果、毛叶枣、猕猴桃、木菠萝、枇杷、苹果、葡萄、葡萄干、桑葚、沙棘、山楂、山竹、石榴、柿子、树莓、松子、酸角、桃、西番莲、香榧、香蕉、杏、杨梅、杨桃、腰果、椰子、银杏、樱桃、枣、榛子、杏仁等50余种果品。中国果品农药残留限量执行中华人民共和国国家标准GB 2763《食品中农药最大残留限量》，该标准经过多次修订，已制定果品中1200多项农药残留限量，涉及农药230余种。中国果品污染物限量执行中华人民共和国国家标准GB 2762《食品中污染物限量》，该标准的最新版本制定了果品中重金属铅和镉的限量。中国果品真菌毒素限量执行中华人民共和国国家标准GB 2761《食品中真菌毒素限量》，根据其最新版本，该标准制定有熟制坚果及籽类中黄曲霉毒素B_1的限量。

（聂继云　刘凤之）

果品质量安全检测 determination of fruit quality and safety　按照程序确定果品一个或多个质量安全特性的活动。程序指检测方法，特性指检测参数。根据检测参数，果品质量安全检测可分为两类，一类是果品质量检测，另一类是果品安全检测。

果品质量检测　包括外观品质检测和内在品质检测两个方面。

果品外观品质检测　果品外观品质检测参数主要有果实色泽、果实形状、果形指数、果实大小（果实横纵径或单果重）、果点、果粉、果锈、水锈、日灼、药斑、机械伤（碰压伤、刺伤、划伤、枝磨、叶磨）、虫伤、病害等。

在果品外观品质检测参数中，除果形指数、果实大小等少数参数用仪器测量外，其余参数通常采用目测法。

果品内在品质检测　果品内在品质检测参数可分为营养品质参数和功能成分参数两类，前者主要有果实硬度、香气、含水量、可溶性固形物、可溶性糖、糖组分（如葡萄糖、果糖、蔗糖等）、可滴定酸、有机酸（如苹果酸、柠檬酸、酒石酸等）、蛋白质、氨基酸、脂肪、脂肪酸、石细胞、矿质元素等；后者主要有维生素、酚类物质（如单宁、类黄酮、花青苷、白藜芦醇等）、类胡萝卜素、多糖、果胶、膳食纤维等。

果品营养品质检测方法因参数而异，常见方法有滴定法、色谱法、分光光度法等。果品功能成分检测以液相色谱法居多，其次是液相色谱–串联质谱法和分光光度法。果品元素（包括重金属和矿质元素）检测采用原子吸收光谱法、原子荧光光谱法、分光光度法、电感耦合等离子体发射光谱法和电感耦合等离子体质谱法，后两种方法主要用于多元素同时检测。

果品安全检测　参数主要有重金属（如汞、镉、铅、铬、砷、镍、锌、铜、钴、锡等）、农药残留（含农药转化物、代谢物、反应产物、杂质等）、真菌毒素（如黄曲霉毒素、链格孢菌毒素、展青霉素、赭曲霉毒素、T–2毒素、玉米赤霉烯酮、脱氧雪腐镰刀菌烯醇等）、致病菌（如阪崎肠杆菌、产气荚膜梭菌、肠出血性大肠埃希氏菌O157∶H7、肺炎克雷伯氏菌、福氏志贺氏菌、霍乱弧菌、金黄色葡萄球菌、空肠弯曲菌、蜡样芽孢杆菌、肉毒梭菌、沙门氏菌等）、过敏原等。

果品农药残留检测以气相色谱–质谱法和液相色谱–串联质谱法为主，气相色谱法、液相色谱法和气相色谱–质谱法也较多应用。果品真菌毒素检测可采用液相色谱法（含免疫亲和层析净化液相色谱法、离子交换固相萃取柱净化液相色谱法、液相色谱–柱前衍生法、液相色谱–柱后衍生法）、液相色谱–串联质谱法（含同位素稀释液相色谱–串联质谱法）、酶联免疫吸附法、荧光光度法等。果品致病菌和过敏原果品成分检测以环介导等温扩增（LAMP）法和聚合酶链式反应（PCR）法为主。除上述检测方法外，还可利用声、光、电、图像视觉技术等手段，对果品进行成熟度、含糖量、糖酸比、水分、内部病变等的无损检测。

（聂继云　刘凤之）

果品贮藏 fruit storage　降低果实采后生理代谢水平，抑制采后病原物活动，延缓果实成熟和衰老，以保持果实品质和减少采后损失的综合贮藏保鲜技术措施。果品贮藏的方式可分为常温贮藏、机械冷库贮藏、气调贮藏、冰温贮藏和减压贮藏等。此外，果品贮藏的辅助措施有辐射处理、电磁处理和化学药剂处理等。

果品种类繁多，生长发育与贮藏特性各异。其中很多特性与果树采前的生物学特性和采后的成熟衰老生理生化变化特性密切相关。果品贮藏是采前技术与采后技术紧密结合的系统工程技术，一是要根据各种果树的生物学特性，选择优良的品种，并重视加强栽培管理，以获得优质、耐贮运的产品；二是要熟悉各种果品的贮藏特性，采取相应的贮藏保鲜技术，做好商品化处理及贮藏管理各项工作，才能更好地保持果品的品质和减少损失。

以下介绍生产中栽培数量较大，生产上比较常见的几种果品贮藏知识与技术。

苹果贮藏　包括贮藏特性和贮藏条件两个方面。

贮藏特性　苹果属于仁果类呼吸跃变型水果，在生产中贮藏量大，贮藏时间长，但品种间耐贮性差异较大。红富士、秦冠、小国光等晚熟品种在贮藏过程中硬度下降和品质劣变比较缓慢，适合长期贮藏。元帅系等中晚熟品种在贮藏过程中易后熟果肉发绵，一般作为中短期贮藏。早熟品种一般只用作短期周转贮藏。金冠（黄元帅）苹果贮藏过程中果皮容易失水皱缩，贮藏病害较多，应注意贮藏环境温度和相对湿度的控制。红富士苹果在贮藏过程中易遭受二氧化碳（CO_2）伤害，一般应将气调贮藏环境的CO_2浓度控制在2%以下。苹果的侵染性贮藏病害主要是由青霉菌和绿霉菌引起的青霉病和绿霉病。轮纹病也是贮藏期间较常见的病害。

贮藏条件　贮藏温度：−1～0℃。相对湿度：90%～95%。气体成分：红富士苹果氧气（O_2）达到3%～5%，CO_2达到1%～2%；元帅系苹果O_2达到2%～4%，CO_2达到3%～5%；金冠苹果O_2达到2%～3%，CO_2达到6%～7%。

机械冷库加简易气调贮藏，即塑料袋包装或塑料大帐冷藏，是中国苹果贮藏中应用最普遍的一种方式，且贮藏效果良好，贮藏期较长。气调贮藏对苹果有极好的效果，在条件允许的前提下应尽量采用气调贮藏。

梨贮藏　包括贮藏特性和贮藏条件两个方面。

贮藏特性　梨属于呼吸跃变型水果。雪花梨、鸭梨、酥梨、皇冠梨、香梨等中晚熟品种较耐贮藏，生产中贮藏量较大，贮藏时间较长。拟长期贮藏的梨应在成熟度八九成时采收。80%的种子达到种子变褐，果皮中带绿色时即是八九成熟。梨采收时果实可溶性固形物参考含量为：早熟品种≥9%，中熟品种≥11%，晚熟品种≥12%。香梨、皇冠梨、鸭梨、雪花梨和酥梨的早熟品种贮藏期可达5～7个月，其他中晚熟品种贮藏期一般在4～6个月。大部分的梨在贮运过程中果皮、果心和果肉容易发生褐变。引起梨褐变的原因主要有三个：一是冷害；二是低氧、高二氧化碳；三是衰老引起的褐变。某些品种如鸭梨对低温敏感，采后入库急速降温常引起黑心病。

皇冠梨、酥梨、丰水梨、鸭梨等品种采用专用微孔保鲜袋包装，能明显降低果梗的干枯程度，增加新鲜饱满度。大多数梨品种可以尽快进入冷库预冷并在0℃下贮藏，但是鸭梨采后不能直接进入0℃冷库，否则易产生黑心病。防止鸭梨黑心病的简易有效方法是采用梯度降温，一般控制入库温度在10℃以上，起初每7天降温1℃，降至7℃后，每隔3天降低1℃，直至降到0℃左右，这段过程需要近40天。梨的采后侵入性病害主要是青绿霉、褐腐病和轮纹病。梨采后病害的综合防治措施包括良好的果园管理、精心采收和采后处理，避免机械损伤，控制适宜的贮藏温度和相对湿度。

贮藏条件　贮藏温度：西洋梨、库尔勒香梨-1～0℃；鸭梨和皇冠梨应采用不同等级的缓慢降温工艺。相对湿度：90%～95%。气体成分：巴梨（成熟度低）O_2达到2%，CO_2达到3%～5%；库尔勒香梨O_2达到4%～5%，CO_2达到1%～2%；黄金梨、丰水梨O_2达到3%～5%，CO_2<1%。

柑橘贮藏　包括贮藏特性和贮藏条件两个方面。

贮藏特性　柑橘类果实较耐贮藏，生产中贮藏量较大，贮藏时间较长。不同的种类和品种间耐贮性差异很大，耐贮性由强到弱大致次序为柠檬、柚、橙、柑和橘。柑、橘、橙类采收期的确定，应以果皮色泽、果汁可溶性固形物含量、果汁固酸比作为采收指标。果实达八成五至九成熟时采收。宽皮橘类中，蕉柑较耐贮，椪柑耐贮性中等，砂糖橘和红橘不耐贮藏。甜橙类果肉相对致密，果皮较厚，因此贮藏性能一般良好。柠檬在柑橘类水果中属于最耐贮藏的种类。椪柑、蕉柑等宽皮橘果实贮藏后期容易出现枯水（即果肉水分干枯），尤其是大果和果皮粗糙的果实更容易出现枯水。砂糖橘果皮薄，不耐贮藏，容易受机械损伤，一般用于短期贮藏。

不适宜冷藏温度可起柑橘褐斑病、水肿病、果肉变味等生理病害。柑橘类果实对低氧和高二氧化碳敏感，容易产生生理病害，因此不适宜采用气调贮藏。柑橘侵染性病害主要有青霉病和绿霉病、酸腐病、蒂腐病和炭疽病。青霉病和绿霉病多从伤口入侵，在贮藏初期很容易发病；酸腐病常发生在贮藏中后期；炭疽病和蒂腐病多发生在贮藏后期，蒂腐病的发生与果蒂脱落密切有关。柑橘侵染性病害综合防治措施包括良好的果园管理、采收和采后处理各环节防止机械损伤、采后及时杀菌防腐处理、单果保鲜袋包装防止病果相互传染等。

贮藏条件　甜橙：1～3℃，相对湿度90%～95%。蕉柑：7～9℃，相对湿度80%～90%。椪柑：10～12℃，相对湿度80%～90%。脐橙：4～8℃，相对湿度90%～95%。砂糖橘：6℃，相对湿度90%～95%。沙田柚：6～8℃，相对湿度80%～85%。柠檬：12～14℃，相对湿度90%～95%。

香蕉贮藏　香蕉是中国重要的热带水果。香蕉可周年生产，收获季节有淡旺季之分，通过贮藏保鲜可调节市场供应。香蕉采后问题主要是解决商品流通和销售中的贮运保鲜问题，减少香蕉贮运过程中品质劣变和腐烂。

贮藏特性　香蕉是有典型呼吸跃变的果实。香蕉刚采收时，果实硬、果皮绿色，呼吸强度低，随着果实成熟，呼吸强度逐渐增强，乙烯释放量逐渐增加，果实逐渐变软转黄，当出现呼吸跃变时，果实很快变软成熟，表现出香蕉应有的色、香、味。一般情况下，香蕉果实在绿硬未成熟时，耐贮性好，但一旦变软成熟，抗病性下降，果实不耐贮运，很快变质腐烂。因此，通过控制香蕉呼吸强度和呼吸跃变及乙烯等保鲜技术，延缓果实软化成熟，是延长香蕉贮藏寿命的关键。香蕉是热带水果，喜温怕冷，当贮运温度或田间生长的温度低于11℃，容易发生冷害，香蕉冷害典型症状是果皮变灰暗或暗褐，严重时变黑，果肉变硬，不能正常变软成熟，遭受冷害的果实容易被病原菌侵染而腐烂增加。在高温季节，香蕉采后几天就变软成熟，但温度高于25℃时，香蕉可以自然变软成熟，但果皮颜色仍是绿色，被称为青皮熟。

贮运保鲜　香蕉贮运保鲜关键技术。香蕉贮运保鲜是一项系统工程技术，各环节的技术必须配合才能取得良好的贮运保鲜效果。①良好的栽培和病虫害防治技术，生产病虫害少、优质耐贮的香蕉。②果实采收饱满度要适当，一般要求饱满度在七成至七成五，根据贮运时间的长短和采收季节确定适当的果实采收饱满度。③采收、采后保鲜处理和运输期间避免机械损伤。④采后及时进行杀菌防腐处理和包装。⑤使用乙烯吸收剂。⑥低温贮运适当的温度为13～15℃，常温贮运要注意防寒和防热。

其他几种果品的贮藏条件　葡萄、猕猴桃、桃、荔枝、杧果、火龙果等果品的贮藏条件为：

葡萄贮藏　温度：-1～0℃。相对湿度：90%～95%。气体成分：O_2达到3%～5%，CO_2达到1%～3%。各国在商业上较少使用葡萄气调贮藏。

猕猴桃贮藏　温度：-0.5～0.5℃。相对湿度：90%～95%。气体成分：O_2达到2%～3%，CO_2达到3%～5%。

桃贮藏　温度：-0.5～0.5℃。相对湿度：90%～95%。气体成分：O_2达到4%～6%，CO_2达到2%～4%。

荔枝贮藏　温度：1～3℃。相对湿度：90%～95%。气体成分：O_2达到5%，CO_2达到3%～5%。荔枝气调贮藏在商业上很少使用，塑料袋包装的自发气调贮藏对延缓荔枝褐变和保持荔枝新鲜度有较好的效果。

杧果贮藏　温度：绿熟果13℃，黄熟果10℃。相对湿度：85%～90%。气体成分：O_2达到3%～5%，CO_2达到3%～6%。

火龙果贮藏　温度：5～6℃。相对湿度：90%～95%。（陈维信）

果实机械伤　fruit mechanical wounding　果实受到的各种物理性损伤的统称。采收、分级包装、贮藏运输和销售等环节均易产生果实机械伤。果实机械伤会破坏表皮对果实的保护作用，并为病原微生物入侵提供方便之门，是导致采后果实腐烂的最主要原因。每年因机械伤引起的果实损耗高达其总重量的30%～40%。根据果实机械伤产生的原因不同，可将其分为擦伤、划伤、碰伤、挤压伤、震动伤等。果实机械伤不只是对表皮产生损伤，也有可能伤及果实内部。有时尽管表皮损伤不明显，但果实内部组织却因损伤而发生褐变；有时果实表皮和内部组织均受到严重伤害，如碰伤、挤压伤、震动伤等，易造成果实开裂、流汁等现象。

机械伤不仅使果实本身丧失商品价值，其导致的外流汁液还极易滋生病原微生物而致使其他果实感病、腐烂。此外，果实机械伤还可刺激果实乙烯的释放，致使呼吸强度增强，衰老加速，品质劣变加快，从而降低耐贮性，缩短货架期。尽管有时果实机械伤的伤口可自行愈合，不立即腐烂，而是在果面留下褐色或黑色的斑痕，但这些斑痕严重影响果实外观品质，降低果实商品价值，从而导致经济损失。因此，避免果实机械伤是减少贮藏物流损耗、维持商品品质的有效途径。

（朱世江）

果实枯水　fruit granulation　柑橘类果实汁胞失水变硬、不规则膨大、干枯，果肉出汁率下降，口感干燥无味，食之如嚼败絮的生理病害。在柚类上也称粒化、返生和打渣。果实枯水在成熟后期和贮藏期易发生。柑橘果实发生枯水时形态结构发生显著变化。正常果实果皮结构紧密，果皮与果肉紧连，果心较小，囊瓣间结合紧密，砂囊饱满多汁，化渣；而发生枯水的果实汁胞异常膨大、变硬、汁味变淡，后期还可表现为汁胞少汁、干瘪，严重影响果实的食用品质，但外果皮与正常果无明显区别。

关于柑橘枯水发生的机理，倾向于认为柑橘果肉组织衰老和果皮组织相对再生长是枯水的主要原因。果肉组织的衰老伴随有果肉糖分和有机酸的丧失，以及木质素和纤维素等细胞壁物质的合成。

枯水在多种柑橘上均有发生，但好发于柚类和宽皮柑橘类。此外，砧木、果实中种子的有无、栽培管理、采收期、贮藏措施等因素对枯水的发生也有影响。采后用生长素类和赤霉素类处理，有助于减轻贮藏期枯水的发生。

（胡位荣　徐昌杰）

果实软化　fruit soften　果实在成熟衰老过程中逐渐变软的过程。果实软化是部分果实成熟衰老的主要特征之一，其外在表现是果实硬度下降、质地变软。果实软化直接影响贮藏物流品质和产品货架寿命、贮藏期限等。可以通过采前、采后处理等手段影响果实的软化进程。

果实软化机理　果实软化是一个复杂有序的过程，其间经历一系列生理生化的变化，包括细胞壁的解聚和降解、淀粉等内含物的变化、呼吸速率、乙烯敏感性以及其他彼此相联系的一些代谢变化。细胞壁解体是果实软化的主要原因。细胞壁解体与木葡聚糖与纤维素间的网络松弛和果胶溶解有关。伴随细胞壁组分的降解，细胞壁结构改变，使采后的果实从细胞壁中层密度降低到开始松散，再逐渐降解消失。继而细胞壁纤维松散，细胞壁膨大，但质膜和细胞器仍完好。此时果实开始软熟，是最佳食用时期。再进一步降解，最后纤维素分解，胶质液化，细胞壁溶解，引起整个细胞液化解体，果实彻底软化。果实衰老崩溃，失去商品价值。淀粉作为内容物对细胞起支撑作用，并维持细胞膨压。当淀粉被水解转化为可溶性糖后，进而被代谢，从而引起细胞张力的下降，也导致果实软化。

果实软化与商品性　软化影响和决定果实的贮藏期和货架寿命。软化可削弱果实抵御外界不良因素的能力，使果实容易受到机械伤害和病菌侵染，导致其耐贮性和抗病性下降，缩短货架寿命。软化果实不宜贮藏和物流。以新红星苹果为例，刚采收时硬度是17千克/厘米^2，当硬度低于3千克/厘米^{2}时果实触感绵软，失去商品价值。

影响软化的因素　采后维持果实在适宜而稳定的低温高湿环境，再结合气调包装、涂膜、保鲜剂处理等多种手段，可最大限度地延缓果实软化。

（惠　伟　任小林）

果实衰老　fruit senescence　在果实个体发育的最后阶段，果肉组织开始分解，生理上发生一系列不可逆的变化，最终细胞崩溃乃至整个器官死亡的过程。果实衰老通常发生于采后，也可能出现在采前。呼吸跃变型果实在成熟过程中会出现呼吸高峰，即标志着衰老的开始，但有的果实则无明显的成熟与衰老界限。果实衰老是一个复杂的生理过程，伴随着许多物质的代谢，受诸多内源因子调控和外源因素影响。衰老果实会出现软化、絮化、色变和变味等特征，最终失去食用价值。

衰老机理　果实衰老的本质是蛋白质趋于降解和细胞膜结构破坏。衰老组织的细胞失去补偿和修复能力，胞间层果胶物质降解，细胞彼此分离，细胞间物质代谢和交换减少，膜脂发生过氧化作用，膜透性增加，最后导致细胞功能丧失及降解死亡。活性氧（ROS）是引起果实衰老的重要诱因。在果实自然衰老过程中，大量ROS积累诱发线粒体蛋白羰基化，导致线粒体膜破坏并产生功能紊乱，从而加速果实衰老。

衰老的控制　使用外源物质调控抗氧化酶活性减少氧化损伤，或通过清除羟自由基、阻碍羟自由基形成影响ROS代谢，均可延缓果实衰老。细胞分裂素和赤霉素有延缓衰老的作用，生长素也能使某些组织的衰老延缓；而脱落酸能加速衰老，乙烯则有诱导衰老的作用。采用低温贮藏、气调贮藏也可抑制果实衰老。

（周会玲）

果蔬贮藏　fruit and vegetable storage　采收后的果品或蔬菜在食用或加工前通过采取一定措施或提供一定的环境条件，以达到延缓衰老、减少腐烂、保持风味和品质的措施或方法。果蔬贮藏是果蔬生产的重要环节。通过科学合理的贮藏可有效调节果蔬生产的淡旺季，缓解果蔬的供求矛盾，延长果蔬产品的供应期，增加农民的收入。果蔬产品在贮藏期间仍具有生命活动，但由于离开了土壤或母体，没有水分和营养的供应，因此在贮藏期间易发生萎蔫、褐变、黄化等衰老现象，甚至长霉腐烂，使果蔬失去新鲜度和商品价值。

影响果蔬贮藏期的因素　影响果蔬贮藏保鲜期长短的因素有很多，最主要的是果蔬本身呼吸作用的高低。在贮藏期间呼吸作用高，则衰老快，贮藏寿命短；反之则贮藏寿命长。因此，降低呼吸作用是果蔬贮藏技术的关键。影响呼吸强度的因素有：①温度。在一定范围内，果蔬的呼吸强度随温度的降低而减弱，因此低温可推迟衰老期的到来，从而延长贮藏期。②相对湿度。贮藏中的果蔬不断蒸发水分。一般来说，当果蔬损失其原有重量5%的水分时，就明显呈现萎蔫状态。③气体成分。一般地，减少贮藏库内的氧气（O_2）含量，增加二氧化碳（CO_2）含量，可降低呼吸强度，延长贮藏时间。此外，果蔬贮藏期间可向贮藏环境释放乙烯，会引起呼吸加速，从而缩短贮藏时间。

除呼吸作用外，下述因素也影响果蔬贮藏期的长短：①果蔬的种类和品种。例如在相同条件下，荔枝、龙眼的贮藏期远远短于苹果。②栽培管理措施。过多施用氮肥和过量灌水都会降低耐藏能力。③采收时间。适时采收可使果蔬充分发挥其固有的耐贮能力。下雨天或烈日当空时采收的果蔬保鲜期严重缩短。④机械伤。机械伤也可提高呼吸作用速率，并降低果蔬抗病性，使果蔬感染腐烂，极大缩短贮藏保鲜期。因此，在采收和采后处理过程中采取措施减少机械伤，有利于延长保鲜期。⑤采后处理。采后立即预冷，可及时降低果蔬温度，降低呼吸强度，延长贮藏时间。适当的化学药剂处理可使果蔬降低呼吸强度，杀死果蔬表面病原菌，减少腐烂。⑥病虫害。带有病虫害的果蔬容易腐烂，不耐贮藏。

果蔬贮藏方法　常见贮藏方法有：①常温贮藏。通常指在构造相对简单的贮藏场所，利用环境条件中的温度随季节和昼夜变化的特点，通过一定人为措施使贮藏场所的贮藏条件达到或接近果蔬贮藏要求的一种方式。常温贮藏方式在中国园艺产品上应用历史悠久，包括沟藏、窖藏、通风库贮藏。②机械冷藏。指将果蔬贮藏在有良好隔热性能和机械制冷装置的冷库中。贮藏过程中，果蔬温度保持相对稳定，不受外界环境条件的影响。③气调贮藏。气调贮藏是调节气体成分贮藏的简称，是改变新鲜果蔬产品贮藏环境中气体成分的一种贮藏方法。正常空气中O_2和CO_2的浓度分别为20.9%和0.03%，其余为氮气（N_2）。气调贮藏通常是增加CO_2浓度和降低O_2浓度，以及根据需求调节其他气体成分（如乙烯）浓度。气体贮藏对贮藏库的气密性要求很高。在适合的低温和高湿条件配合下，可最大限度地降低呼吸强度，延长某些果蔬（比如苹果、番茄）的贮藏寿命。如果采用塑料薄膜袋（帐）密闭，果蔬通过呼吸作用降低贮藏环境中的

O_2浓度，提高CO_2浓度，这种贮藏方法称为自发气调贮藏。对不同的果蔬种类，适合的O_2和CO_2的浓度和比例不同。但需要注意，过低的O_2和过高的CO_2浓度反而会缩短贮藏寿命。

（朱世江）

果树　fruit tree　能生产可供鲜食或加工的果实、种子和衍生物的木本或多年生草本植物及其砧木等经济作物的总称。以果树为对象的园艺生产称为果树（产）业。中国地域辽阔，气候、土壤、地形、地貌多样，果树种质资源丰富。据田中长三郎（1951）统计，世界栽培果树共有134科659属2792种。俞德浚（1979）统计，中国果树涉及59科158属670余种，尤以蔷薇科、芸香科、葡萄科、鼠李科、无患子科、桑科等种类多、经济价值高，比较重要的约300种。

发展历史　中国果树有文字记载和考古佐证的栽培历史已有4000余年。现存的古农书记载了中国果树产业曾经的辉煌，如宋仁宗嘉祐四年（1059）蔡襄所著《荔枝谱》是中国最早的果树学专著；世界上最早的柑橘栽培学专著《橘录》成书于宋孝宗淳熙五年（1178），系南宋韩彦直所著。此外，贾思勰的《齐民要术》和徐光启的《农政全书》是现存两部最有影响的综合性农书，反映了当时中国乃至世界农业（包括果树产业）科学的最高水准。

中华人民共和国成立后，中国果树产业在曲折中发展。1949～1978年，老一代果树科技工作者主要以应用技术和应用基础研究为主，尤其是一批从欧美日等发达国家留学回国的学者，借鉴国外经验建立了具有中国特色的果树产业技术和人才培养体系。但由于历史等原因，当时中国整体的果树产业尚落后于国际先进水平。改革开放以后，随着国家综合国力的增强和各级政府对果树产业发展的重视，果树产业进入快速发展阶段。主要果树栽培面积和年产量均居世界第一，在多组学（multi-omics）和生物技术等研究领域开始与世界同类研究“并驾齐驱”。但在种质资源保存评价、遗传改良体系、苗木繁殖、标准化优质安全生产、采后处理装备研发等方面，仍与世界先进水平存在差距。

特点　果树及果树业的特点有：①多年生。果树均为多年生木本或草本植物。在第一次开花结果前有明显的童期（实生繁殖）或幼树期（营养繁殖）。果树定植后长期在同一地点生长、开花和结果，因此在建园时须慎重考虑适宜的种类和品种，并力求对未来的市场变化做出准确判断。②砧穗复合体。现代果树生产除少数采用自根苗之外，大多采用嫁接繁殖。通过嫁接繁殖的果树既非接穗也非砧木，而是由接穗和砧木构成的“砧穗复合体”，砧穗互作对其产量、品质和适应性均有一定影响。③集约化经营。果树多年生、个体高大，地上/地下部以及各器官或组织间存在复杂的相互关系，使果树产业具有高度集约化经营的特点。例如：葡萄通过赤霉素处理实现无核栽培，应用套袋、摘叶和转果等技术提高苹果外观品质，以及通过根域限制控制树势和提高糖度的果树栽培模式等，与大田作物有明显区别。④产品以鲜活状态流通。果树不仅种类、品种丰富，果实含水量高、色泽艳丽、次生代谢产物多，而且通常在鲜活状态下流通和消费。因此，不仅采前管理重要，采后技术研究和应用也非常重要。⑤经济、社会和生态效益兼备。中国果树产值位居种植业第三位，是农业增效、农民增收和农村经济发展的支柱产业之一。此外，果树产业对保护生态环境具有重要意义。

（罗正荣）

果树矮化栽培　dwarfing culture of fruit tree　促使果树比正常生长显著矮小的栽培技术措施。矮化栽培的目的是降低树体高度，使树形紧凑，以充分利用光能，减少不必要的养分消耗。矮化栽培可以改善种植密度，充分利用空间和土地，提早结果、提高产量、改善品质，降低耗水率。矮化栽培便于修剪、采收等生产管理和降低管理成本，在品种更新、抗风害、抗倒伏、抗病等方面有优势，也适合果园机械化生产，已成为现代果园集约栽培的重要方法。此外，矮化栽培也可应用于小型化、紧凑型的果树观赏盆景，使株型丰满，植株低矮，易于造型，增强观赏效果。矮化栽培在苹果、梨、桃、柑橘、荔枝、龙眼、香蕉、核桃、樱桃、橄榄、柿、椰子、银杏、板栗、枇杷和番木瓜等果树栽培上应用较多。

主要矮化途径有：①利用矮化砧木。果树生产中如苹果广泛采用英国东茂林系（M系）、茂林-茂登系（MM系）作为矮化砧，柑橘以枳壳为矮化砧，西洋梨以榅桲作矮化砧。但矮化砧因根系浅，固地性差，抗寒力弱，在多风害和寒冷地区可作为中间砧使用。②选育紧凑型品种。利用自然芽变，或转矮化相关基因获得遗传稳定的矮化植株，或采用物理（利用各种射线、微波或激光诱变，或通过航天育种方式接受空间射线诱变等）和化学诱变（使用秋水仙素、叠氮化钠、甲基磺酸乙酯等化学诱变剂），通过筛选获得矮化突变体。③树体控制。果树生产中多采用整形修剪措施如环剥、倒贴皮、断根、曲枝等延缓植株生长势，通过水肥控制根域限制等方法限制树体生长。④使用生长调节剂。如使用多效唑、烯效唑、丁酰肼、乙烯利和矮壮素等可使树体矮化。这些途径可单独应用或综合应用，以达到矮化效果。

（王　平）

果树矮化砧　dwarfing rootstock of fruit tree　能实现改良树形、抑制树势和矮化树体，达到矮化密植栽培的砧木。嫁接在矮化砧上的果树，具有树体矮小、适于密植、群体光能利用率高、便于修剪、抗倒伏、提早结果、早期丰产等特点。矮化砧地上部生长量小、节间短、短枝多，叶片栅栏组织/海绵组织比例大，气孔密度小；地下部根系浅、根毛短；根部与基部具有韧皮部发达、筛管多，木质部相对小、导管细小的特征。

矮化机制　导致矮化的可能机制是砧穗组织部位的解剖结构差异影响生理功能代谢，降低生长势，致使树体表现矮化。主要涉及以下几个方面：①组织解剖结构与砧木矮化密切相关。矮化砧的韧皮部发达，皮层较厚，而木质部导管数量少，密度小；叶片栅栏组织/海绵组织比例大，气孔密度小。矮化砧的组织结构特点限制了根系的水分吸收与无机营养输导，阻碍光合产物向根系运输，影响根系生长发育，导致矮化。②生理功能差异。矮化砧呼吸强度和蒸腾强度低，组织细胞内电解质含量较多，电阻小；矮化砧木的矮化效应与过氧化物酶（POD）、超氧化物歧化酶（SOD）和过氧化氢酶（CAT）等酶活性密切相关，如柑橘、苹果和桃等果树的POD酶活性与树体矮化呈显著正相关。③内源激素的合成与代谢平衡系统紊乱。根系中的生长素（IAA）、细胞分裂素（CTKs）等激素水平发生改变，是矮化砧木致矮的重要因素。例如：M9自根砧致矮原因是根系中基因*IPT3*的表达量减弱，细胞分裂素合成量减少，地上部IAA合成减少，导致树体营养生长减弱，表现为矮化。M9矮化自根砧茎皮中基因*MdPIN1a*和*MdPIN8b*的弱表达限制IAA的运输，导致其在茎皮大量积累。矮化砧中基因*IPT5b*表达量较低，且其启动子区的两个*CpG2*与*CpG4*高度甲基化引起根系中反式玉米素含量减少，导致矮化。

选育方法　矮化砧木的选育方法是通

过对原种圃中自然矮化资源进行调查、比较，选择生长正常、树形矮小的变异植株，通过压条、扦插、嫁接等无性繁殖，培育出营养系砧木苗。如苹果M系、MM系矮化砧木已广泛应用于矮化苹果生产，梨属矮化砧PDR54、R18和水栒子等具有促矮、早实、丰产的优良特性。生产上也常采用异种嫁接筛选具有矮化效应的优良单株，如酒饼簕嫁接柚、雪柑表现矮化，金豆、宜昌橙对蕉柑矮化显著。亦可通过基因工程或细胞工程等生物技术方法获得矮化资源，如在苹果、枳、梨和猕猴桃中转入*rolA*、*rolB*或*rolC*基因，表现为树体顶端优势减弱、分枝增多、节间缩短、树冠紧凑，矮化效应显著。

（陈发兴）

果树保护地育苗 propagation of nursery stock in protected structures 在气候环境不适宜果树幼苗生长的条件下，人为创造适宜的环境（保护地）来培育苗木的方法。番木瓜、香蕉等草本果树一般需要进行保护地育苗；组培苗的袋苗培育阶段也常采用保护地设施；其他果树采用保护地育苗可缩短育苗周期，提高育苗成活率；柑橘等培育无毒苗时，最好采用保护地设施。

为给幼苗提供适宜的生长条件，保护地育苗需要具备必要的设施。一般的保护地育苗设施有塑料大棚或温室、阳畦、温床等。

塑料大棚 用竹木、钢材或钢管等材料制成拱形或屋脊形骨架，覆盖薄膜建成。大棚结构较复杂，需要专业人员修建，或在专业人员指导下完成。大棚防寒保温效果好，但仍存在低温霜冻的危险，当环境温度高时还存在热害的危险，需要采取适当措施加强管理。如在寒冷的冬季或早春时，可采用多层覆盖，在棚内吊挂一层薄膜进行防寒，白天将棚内的薄膜拉开受光，夜间将其盖严保温。也可以采用大棚内加盖小棚，畦面用地膜覆盖。为防止棚内温度过高造成热害，当外界气温升高时，要及时加大通风量。

阳畦 又称冷床，是利用太阳光热能来保持畦温。晴天时，阳畦内温度可比露地高10～20℃。阳畦一般宽1.5～2米，长6～8米，畦的上面需要立竹竿并覆盖塑料薄膜，如果夜间气温下降幅度大，应及时增加覆盖物。

温床 是一种简易的育苗设施。它除具有阳畦这种保温防寒的设备外，还增添了加热设备。根据加热方式可分为酿热、火热、水热和电热等方式。温床一般分为三层，底层铺碎草或其他透水材料；中层铺酿热物或热辐射管/线，约40厘米厚；上层为床土，一般8～12厘米厚。火热加热的温床常在底部以火炕形式加热。

（周碧燕）

果树保花保果 flower vitality and fruit setting protection 在稳产负荷能力范围内提高果树坐果率的综合栽培技术。坐果率是产量构成的重要因子，而大量落花落果是导致产量低的重要原因之一，因此提高坐果率，尤其是在花量少的年份提高坐果率，是保证丰产的重要环节。

目的 多数植物的自然坐果率都较低，如苹果、梨为15%左右，桃、杏为5%～10%，柑橘为1%～4%，而枣仅为0.13%～0.4%。如遇不良环境且未采取保花保果措施，则坐果率会大大降低，显著影响果实产量。造成落花落果的主要原因有树体因素和环境因素，应根据具体情况采取相应的措施保花保果。保花保果除增加坐果率外，还可以稳定植株的生长势，减少徒长，取得营养生长与结果的平衡，在幼年果树上尤其重要。

措施 不同果树保花保果措施不尽相同，主要措施包括提高营养水平、提高授粉质量、施用生长调节剂与矿质元素及改善环境条件。

提高营养水平 植株贮藏的营养水平对花芽质量有很大影响，通过加强土、肥、水管理，合理修剪，秋季保护叶片和加强后期营养积累可提高植株营养水平、改善花器发育情况。这是提高坐果率的基本方法。

提高授粉质量 遇不良天气条件或采用设施栽培都会影响昆虫和风的授粉与传粉，不良的天气条件还会影响花粉的活力，导致坐果率低，可以通过辅助授粉提高授粉质量，从而提高坐果率。辅助授粉的方法有人工点授、机械授粉及花期放蜂等。在授粉树配置合理、花期气候条件良好的情况下，苹果、梨等果树的自然坐果率可达54%～85%，辅助授粉能将坐果率再提高15%左右。在授粉树配置不足、花期天气状况不良（如阴雨、低温、大风、沙尘暴等）及花期短的情况下，果树的自然坐果率很低，这种情况下进行辅助授粉，坐果率可提高20%～50%，甚至更多。

施用生长调节剂与矿质元素 落花落果的直接原因是果柄离层的形成，而离层形成与内源激素（如生长素）不足有关。一般在花前、花期和花后喷布植物生长调节剂和微肥，如生长素、赤霉素等，通过改变树体内源激素水平和不同激素间的平衡关系来促进坐果。矮壮素、多效唑等也可促进某些种类坐果。不同的植物生长调节剂或同一种植物生长调节剂在不同的树种上使用，其作用相差很大，应用时必须先进行试验，以免造成损失。用于喷施的矿质元素主要有硼酸、磷酸二氢钾、硫酸亚铁等，生长季节使用浓度为0.1%～0.5%。一些微量元素与尿素混喷，有增效作用。

改善环境条件 对风害引起的落花落果，可以通过营造防护林来降低风力。植物花期对气象条件很敏感，预防花期霜冻和花后冷害、干旱、水涝等也是保花保果的重要措施。

（黄坚钦 撰 王金政 修订）

果树倍性育种 fruit tree ploidy breeding 应用改变染色体组的数量或质量或二者兼用的手段快速高效产生不同变异，进而选择优良变异个体培育新品种的育种方法。染色体组的数量变化是整倍体，质量变化是非整倍体。

整倍体 整倍体分为同源多倍体和异源多倍体两大类。一般果树为二倍体，即具有2个染色体组。个体细胞仅具有1个染色体组的为单倍体，具有3个以上染色体组的为多倍体，后者又根据染色体组数目的多少而被称为三倍体、四倍体等。由2个或2个以上物种的染色体组综合而成的为异源多倍体，也称双二倍体或双倍体。

非整倍体 非整倍体所增、减的染色体如属于本染色体组，则任何一个染色体的数目可从0、1、2、3、4到多个，分别称为缺体、单体、二体、三体、四体和多体。如增加或取代的染色体不属于本染色体组，则增加的个体称附加系，替代的称代换系。根据倍数性的分类，育种方法可相应分为单倍体育种、同源多倍体育种、异源多倍体育种和非整倍体育种。

（梁国鲁）

果树大小年 on-off bearing of fruit tree 果树每年的产量呈现明显的忽高忽低，一年结果特别多，下年结果很少或几乎不结果的植物生理现象。又称隔年结果、周期性结果。大年和小年分别指产量较高和较低的年份。大小年的严重程度通常用以下方法来衡量：大小年幅度数＝连续两年产量之差/连续两年产量之和×100%。一般来说，果树连续两年的产量相差在20%以上，就认为出现大小年现象。

表现程度 在果树生产上，大小年现象对果品产量和果园经济收入造成很大影响。不同的果树种类，其大小年的轻重程度有很大差异，如苹果、梨、柑橘等的大小年表现程度较重，核果类、葡萄等果树则较轻。同一种果树不同品种的大小年表现也各异。即使是同一个果园里的同一个品种，也往往出现同一年份有些植株是大年而另一些是小年；甚至在同一植株上出现一个或几个主枝是大年，而其他几个主枝是小年，不同主枝的大小年表现有相对的独立性。成熟期的早晚和果树的年龄与大小年的程度有一定关系，一般是晚熟品种比早、中熟品种重，成年和老年树比幼年树重。

产生原因　对大多数果树来说，造成大小年的一个直接原因是大量结果抑制了花芽形成，过多的果实生长发育消耗了大量养分，以致不能有足够的养分供给花芽形成。另外，大小年的出现还与果树的生长环境和栽培管理条件有关。在适宜的环境条件下，大小年的表现较轻，反之则重。花期气象条件不利，冬季低温或春季晚霜导致花芽严重受伤。幼果生长期的低温或高温、干旱、涝害、病虫害等引起大量落果或落叶，都可使一定地区内当年的果树生产成为小年，从而引发大小年的恶性循环。

控制措施　防止果树大小年结果，最有效的措施是进行合理的疏花疏果，科学控制留果量。这一措施既可减少由种子所产生的抑制花芽孕育的物质，又可增大叶果比例。由于叶片除产生果实生长和花芽形成所必需的营养物质外，还产生花芽孕育所必需的某些激素，适当的叶果比例是形成足够花芽的重要条件。这个比例因果树的种类和品种而异。苹果一般为每一果实平均30～40片叶。短果枝型和矮化砧苹果的叶片在一天内受阳光直射的时间比乔化砧树长，光合作用效率高，最适叶果比例可比乔化砧树小。除疏花疏果外，克服大小年的其他措施包括：选用最适合该地区环境条件且大小年程度轻的果树种类和品种，加强果园土壤管理，注意整形修剪，预防病虫害等。此外，也可用植物生长调节剂来调节花芽的形成和坐果。

通过合适的修剪调整大小年植株的枝叶量，也是控制树体大小年的重要措施。①大年树的修剪特点。大年树指果树上花芽过多，超过了树体正常负载量，消耗过多的营养，使花芽分化受限，数量减少。修剪的主要任务是疏果促花芽。大年树花芽量大，长、中、短果枝以及腋花芽枝均着生大量花芽。根据树体负载能力，短枝花芽足够时，对中长果枝行短截去掉花芽，使其成为预备枝，回缩串花枝，腋花芽枝留下部花芽短截，去掉枝组上部花芽，保留枝组下部花芽，过于冗长的结果枝组回缩于壮枝、壮芽处；对衰弱结果枝组和弱果枝组复壮修剪，抬高角度，增强枝组生长势。外围发育枝要适当疏剪，使内膛通风透光；冬季修剪时，中庸、平斜发育枝少截多缓，或在盲节处短截等轻剪缓放，使生长势缓和，形成较多的中短枝，促成花芽，增加翌年的花量；中、长果枝破顶芽，以花换花；对要保留的无花芽旺枝或辅养枝缓放不剪，刻芽或环割促短枝形成花芽，确保翌年小年期结果量。②小年树的修剪特点。小年树指花芽量不足，远远满足不了树体负载量。果枝修剪以轻剪为主。冬剪时认为是花芽的就要保留，并使其坐果。中、长果枝不打头或轻短截；串花枝轻打头；重叠枝有花芽的多保留，影响较大的可短截；有花芽的果台枝应保留，剪截无花芽的果台枝；细长和弱小花枝为保留花芽而不回缩更新；外围发育枝要疏除过旺的，其余枝条中截，促进营养生长，减少翌年花芽形成数量；内膛多年生大枝轻剪，疏除过密枝，以减少盲花枝，复壮树势；下垂枝抬高角度，但前端有花芽的宜缓放。对于有花芽的枝组，回缩更新要轻，尽量不去花芽，待结果后的第二年进行更新；对于无花芽的枝组，疏除过密枝，回缩更新衰老枝。回缩枝组内多年生枝不但可以复壮更新，还可减少翌年的花量，并降低养分的消耗，提高结果能力，使翌年花量不过多，降低大小年变动幅度。

（郝玉金　王小非）

果树繁殖 fruit tree propagation　利用播种、嫁接、扦插等方法生产果树种苗的技术措施。果树繁殖可采用有性繁殖方法和无性繁殖方法，前者主要是采用种子进行繁殖，即实生繁殖；后者包括嫁接繁殖和自根繁殖。

实生繁殖　是直接将果树种子播种后使其长成植株的方法。自种子长成的苗木称为实生苗。实生苗根系发达，对环境适应性较强；实生繁殖方法简便，技术要求不高，但实生苗个体之间存在遗传差异，而且童龄期较长，一般不宜直接作为生产栽培种苗，但可作为砧木利用。

嫁接繁殖　是将接穗（优良品种植株上的枝条或芽）嫁接在砧木（实生苗或自根繁殖苗）上，二者融合后长成新植株的繁殖方法。通过嫁接技术繁殖的果树种苗称为嫁接苗。嫁接苗同时利用了砧木的根系和接穗的地上部，具有提高果树植株的抗逆性和适应性、保持接穗品种的优良性状等特点，是果树生产中最常用的种苗繁殖技术。其培育过程包括砧木培育、嫁接、嫁接后管理等环节，按接穗材料不同可分为枝接和芽接，按嫁接方法不同可分为切接、合接、嵌芽接、T字形芽接等。嫁接繁殖需要过硬的嫁接技术并在适宜的季节开展，同时要求砧木和接穗具有良好的嫁接亲和力。

自根繁殖　包括扦插繁殖、压条繁殖、分株繁殖、组培繁殖等。

扦插繁殖　是将优良品种植株上的枝条剪下，插在育苗床上，使其生根并长成新植株的繁殖方法。根据所采取插条的不同，果树繁殖常用的扦插分为硬枝扦插（充分老熟、木质化的枝条）、嫩枝扦插（半木质化的当年生枝条）、芽叶插（带一芽的叶插）。扦插繁殖技术简单，但繁殖系数低。除用于繁殖优良品种外，某些砧木也需要通过扦插繁殖。扦插繁殖的基本步骤包括：插条采集与处理、插床整理、扦插、扦插后管理。扦插成活的关键是插条长出不定根，使用植物生长调节剂处理插条、采用透气性扦插基质、使用全光照迷雾管理技术等都可促进插条生根。

压条繁殖　是将母株上的枝条部分埋于生根基质中，使其生根，再与母株分离，通过培育后长成新植株的方法。果树种苗繁殖常用的压条技术分为高空压条（圈枝）和地面压条，后者又可分为直立压条和曲枝压条等。压条繁殖系数低，常用于扦插不易生根的树种或品种。

分株繁殖　是利用果树的根蘖苗或地上部的吸芽、匍匐茎等营养繁殖器官，将其与母株分离后培育成新植株的繁殖方法。枣、石榴、银杏等果树根系可产生不定芽，萌发后长成根蘖苗，将其与母株分离即成为新植株；菠萝、香蕉等果树腋芽或地下茎萌发后，可形成吸芽，自母株分割后经培育成苗（菠萝）或直接成苗（香蕉）；草莓等果树茎部腋芽萌发后，可形成匍匐茎，匍匐茎着地后自节或分枝处长根、上部长叶，与母株切离后，即成独立植株。分株繁殖利用植物自然生长习性，繁殖技术简单。

组培繁殖　是将果树植株的器官、组织、细胞或原生质体在无菌的条件下接种至特定的人工培养基上，通过诱导使其直接生长出不定芽或愈伤组织经分化长芽，再生根长成新植株的繁殖方法。组培繁殖系数大、繁殖周期短、不受自然天气影响等，在香蕉、草莓等果树繁殖上的应用较为广泛。其基本步骤包括：外植体选择、无菌培养、继代增殖、生根成苗等。使用组织培养方法繁殖种苗时须控制变异率，适度降低繁殖代数，防止变异体进入后续的继代繁殖。

（叶春海　李映志）

果树分株繁殖 division propagation of fruit tree 将果树植株分生出来的吸芽、萌蘖、匍匐茎等进行分离或分割，使之脱离母株，另行栽植而形成独立植株的繁殖方式。又称分生繁殖。分株是一种简单易行、容易成活、成苗快的果树种苗无性繁殖方法。

吸芽分株繁殖 在果树中，香蕉、菠萝可利用吸芽进行分株繁殖。香蕉位于地下球茎上的腋芽萌发后形成吸芽，吸芽露土后展叶、长根。生产上常使用吸芽代替母株结第二、三造果，也可直接挖出吸芽作为香蕉种苗，但由于这种方式繁殖系数低、种苗带菌等，香蕉生产上的种苗基本上都使用组培苗。菠萝茎或果实上的腋芽或顶芽常萌发形成吸芽，根据其在植株上的着生位置，从低至高可依次分为蘖芽、吸芽、裔芽（果柄）和冠芽（果顶）。可直接采集菠萝吸芽用于定植，这是菠萝生产的主要种苗类型。

萌蘖分株繁殖 萌蘖又称根蘖苗，是自根系上产生不定芽萌发而成。一些果树可使用萌蘖进行分株繁殖，如枣、石榴、银杏、树莓等。

匍匐茎分株繁殖 草莓可采用匍匐茎育苗。其短缩茎上的腋芽萌发后可形成匍匐茎，匍匐茎长而平卧地面，其茎节和分枝处生根。将匍匐茎上的小苗分离母株后，即可用于定植。同样，由于这种方式繁殖的种苗易带菌等，草莓种苗也常以组培苗为主。（李映志）

果树共砧 fruit tree rootstock of the same species 嫁接繁殖时与接穗同属于一个种的砧木。又称本砧。果树共砧可以是同一个种内的不同品种，也可以是同一个品种。例如，黑叶荔枝作桂味荔枝的砧木，黑叶作黑叶的砧木。共砧与接穗的亲缘关系近，亲和力强，嫁接成活率高。以往在苹果、梨、桃、柑橘、樱桃、柿、核桃、板栗、枣、枇杷等许多果树上常用。但共砧的抗性相对较差，利用抗性强或具特殊作用的近缘野生种和半野生种材料作砧木的日益增多。例如，杜梨根系发达、耐旱、耐湿、抗盐碱，与中国梨及西洋梨嫁接，亲和力强，结果早，丰产；又如，利用抗寒性极强的山荆子、抗性强的海棠果砧木作苹果的砧木。

共砧中也有不少优良的砧木，一些梨的栽培品种如冬香梨、故园梨、巴梨和安久梨等都是西洋梨较好的砧木。南方的荔枝、龙眼、杧果、波罗蜜、枇杷等以利用共砧为主，但甜橙多用异种或异属的红橘、红柠檬、枳等作砧木。共砧可以是实生苗，也可以是自根苗。实生苗的抗逆性强，繁殖系数大。自根苗的抗逆性相对差，繁殖系数低。生产上多用实生苗。（吕庆芳）

果树旱害 drought damage of fruit tree 长期降水偏少造成空气干燥、土壤缺水，导致果树体内水分亏缺，影响果树正常生理代谢和生长发育的农业气象灾害。

旱害类型 根据旱害发生的季节，可将旱害分为春旱、夏旱、秋旱和冬旱四种类型。从气候学角度考虑，中国除青藏高原属于高寒地区外，其他地域可分为西北干旱区和东南湿润区，全年偏旱的地区均在西北干旱区内。根据水分短缺的情况，可将旱害分为土壤干旱和大气干旱两种类型。通常所说的旱害一般指土壤干旱。大气干旱与土壤干旱之间互相联系，大气干旱常常是土壤干旱的前兆，土壤干旱往往是大气干旱的延续。

土壤干旱 指在长期无雨或少雨的情况下，土壤中含有的有效水分消耗殆尽，植物生长发育得不到正常水分供应的情况。发生土壤干旱时，气象要素仍呈正常的日变化，白天作物体内水分平衡虽遭破坏，晚上却可得到一定程度的恢复。如无降水、灌溉或地下水补充，土壤干旱将逐渐加剧。

大气干旱 指空气过度干燥（相对湿度低于20%），或大气干燥伴随高温，有时还伴有一定风力的情况。发生大气干旱时土壤水分可能尚有不少，但由于空气极度干燥，农作物蒸腾耗水剧增，而根系从土壤中吸收的水分来不及供应蒸腾的需要，致使作物体内水分平衡遭受破坏，茎叶呈现卷缩、枯萎，甚至死亡。气象要素的日变化不一定正常，白天和夜晚均可出现高温、低湿，有时还伴有较大的风速。白天丧失水分而萎蔫的植株，晚上也几乎不能恢复。当大气干旱发生时，如果伴有较高的气温和较大的风速，通常被称为干热风。

旱害对果树的影响 果树具有强大根系和较强的抗旱能力，正常条件下果树根系吸水和叶片蒸腾保持平衡关系，但因为本身需水量和蒸腾耗水量大，所以干旱易使二者之间的均衡关系遭到破坏。干旱胁迫对果树生长发育的影响主要表现在以下五个方面：①果树萎蔫初期，叶中淀粉和蔗糖水解为单糖，作为呼吸基质被消耗。蛋白质合成受阻，分解过程加强，使有机质合成和分解的正常代谢过程遭到破坏。当严重缺水时，细胞壁和原生质发生脱水收缩，甚至发生原生质破裂、死亡。②干旱引起气孔保卫细胞膨压降低，气孔变小，二氧化碳进入叶片的阻力增大，光合作用减弱。③在干旱条件下，由于光合作用减弱和呼吸强度增大，果树体内有机营养积累减少，生长衰弱，花芽分化不良，产量降低。④干旱造成果树根系木质化加快，自疏现象加重。⑤长期供水不足和干旱胁迫造成叶片萎蔫、变黄，早期落叶，部分枝条干枯直至全树死亡。不同果树种类的抗旱能力差别较大，根系分布深、根量大、叶片多绒毛或角质和蜡质厚的树种，抗旱能力强。同一品种不同砧木的抗旱能力也有所差别。

果树对干旱的适应性 果树通过多种方式适应干旱胁迫，以保持体内水分和提高水分利用效率，维持其正常的生命活动，避免生理伤害。①逃避干旱。指植物在干旱胁迫发生之前完成其生命周期的能力。逃避干旱的植物通常表现出早花、较短的生活史及发育可塑性等性状。②避免干旱。指植物保持组织水分的能力，是高水势下的抗旱性。植物有两种用于抵抗干旱的重要策略：第一种是增加自身对土壤水分的吸收，即根系性状，如根系生长速度、根系体积、根系深度和根系干重等；第二种是减少植物自身水分散失，即气孔特征和形态特征，如卷叶、较多表皮毛、厚的表皮和表皮蜡层、严重木质化的组织、较小的叶肉细胞和较少的细胞间隙、生长停滞和叶片衰老。③耐旱。指植物脱水时正常存活的能力，是低水势时的耐旱、耐干燥性。植物可以通过渗透调节、抗氧化防御机制、脱落酸响应、耐干燥性和提高水分利用效率等方式增强其耐旱能力。

果树抗旱措施 包括灌水抗旱、覆盖抗旱、补充养分、病虫防治等措施。

灌水抗旱 结合实际情况采取不同的方法及时灌水抗旱，保持土壤适当含水量。有条件的采取喷灌、滴灌方式，节水效果好。不要在中午等高温时期进行灌水，尤其不能在土壤温度高的时候浇灌冰冷的井水、水库和江河深层水，以免引起落叶、落果甚至死树，灌溉应在上午9：00之前和下午5：00之后进行。不要进行漫灌，旱情严重的果园土壤表面结皮，漫灌水分很难渗入5厘米以下的土层，且易蒸发，水分利用率低。处在挂果期的果园严重干旱后，为防止落果，不宜过量灌溉，可采用穴灌抗旱技术，即在果树滴水线内侧1/3处开挖30厘米×30厘米×30厘米的相邻孔穴2个，依次灌水50升以上，盖草覆盖减轻蒸发损耗，利用根系的趋水性和强大的吸水功能可满足柑橘等果树3天以上的需水要求。

覆盖抗旱　为减少果园土壤水分蒸发，提高土壤保水力，增加土壤通气性，改善土壤结构，促进果树根系生长，应进行地表覆盖。可采用树盘盖草或行间铺草的覆盖方式，厚度10～15厘米。主要覆盖物可选秸秆、稻草、砻糠、木屑、割下的生草等。受阳光直射的主干和大枝要用稻草、山草或报纸等包扎，或喷涂石灰浆等，防止日灼曝皮。正在挂果的果园可进行地膜覆盖及遮阳网遮阴，以减少阳光直射，减轻叶片、果实日灼的发生。对幼树及更新树等，要用10%的石灰水涂白树干，对减少树体水分蒸发和防止日灼有一定效果，也可防止树干树皮被日灼伤害后继发流胶病。

补充养分　对于幼龄园及灾情较重的果园，可适当施肥补充养分，提升果树自身抗逆能力。最好选用腐熟稀薄的农家肥进行浇施，也可用0.5%磷酸二氢钾水溶液进行根外施肥，做到薄肥勤施。不要过量施用氮肥，否则会使叶色深绿，加重高温热害。

病虫防治　干旱期间易发生病虫害，要尽量避免旱灾和病虫害重叠发生，重点防治好红蜘蛛、黄蜘蛛、潜叶蛾、炭疽病、树脂病等病害虫。可采用农业、物理、生物等措施进行绿色综合防控，以在阴天，晴天上午或傍晚时间施药为宜，不要在温度高的时候进行喷药作业，否则容易落叶。

灾后恢复措施　旱灾以后，对果树实行科学管理可减少经济损失，主要措施包括：①防止裂果。果树受旱后树体衰弱，果实含水量少，灾后下雨易产生裂果。要适时加强生产管理，及时增施一次氮肥，并喷施一次0.2%～0.4%的磷酸二氢钾、0.5%的硝酸钾等钾肥，提高树体含钾量，恢复树势，防止雨后大量裂果带来二次损失。②排水剪枝。大旱防大涝，如遇持续大雨，果园应及时开沟排水防止内涝，排水沟深度要达到60厘米以上。及时剪除枯枝，对于枝梢枯死量较多、切口较大的果树，要及时用防腐剂处理切口。同时，摘除秋花芽和秋花枝，以减轻营养消耗，保障明年果树正常生长。③增施肥料。下透雨后部分果树可能萌发较多的秋梢，因萌发时间较晚，为保证秋梢安全越冬，可在新梢叶片展开后喷1～2次0.3%～0.5%的磷酸二氢钾，以加速秋梢老熟，确保第二年可正常开花结果。

（管清美）

果树花芽分化　floral differentiation of fruit tree　生长至一定阶段的果树受到内外因子促进后，在生理上由营养生长向生殖生长转化，在形态上茎生长点分化出花序和花的过程。一般花芽分化可分为生理分化、形态分化两个阶段。芽内生长点在生理状态上向花芽转化的过程，称为生理分化。从花原基到花器官发育完成的过程称为形态分化。果树花芽分化全过程包括成花诱导或花芽孕育、花芽发端、花芽形态建成或花芽发育阶段。①芽内生长点由叶芽生理状态向花芽生理状态转变的过程称为成花诱导或花芽孕育。②花芽生理分化完成之后出现花序或花原始体（原基）的状态称为花芽发端。③花序原基或花原基进一步发育形成花萼、花瓣、雄蕊、雌蕊等完整花器官的过程为花芽形态建成或花芽发育阶段。花芽分化变化规律与果树种类、品种、外界环境条件和农业技术措施密切相关。因此，掌握其规律并在适当的农业技术措施配合下，充分满足其对内外条件的要求，使每年形成数量足够和质量好的花芽，对提高产量具有重要意义。

特点　果树包括木本果树和草本果树，而木本果树又包括常绿果树和落叶果树。常绿果树多为热带亚热带果树，如柑橘、荔枝、龙眼、杨梅、枇杷、杧果、人心果、杨桃、山竹、榴莲等。落叶果树主要是温带和寒带果树，如苹果、桃、李、梅、杏、梨、柿子等。草本果树主要有草莓、香蕉、菠萝、番木瓜等。这些不同类型的果树花芽分化既有共同的特点，也有不同的特点。多数木本果树需要在特定环境条件下进行花芽分化，而某些草本果树如香蕉、菠萝，在达到一定的营养面积后可进行花芽分化。有些果树一般情况下一年只分化一次，如苹果、桃、李、梅、荔枝等；有些果树如常绿热带果树杨桃、杧果、莲雾、番石榴等，一年可多次分化；一些温带落叶果树在热带、亚热带地区也可出现多次分化现象，如葡萄、李、苹果等。

果树花芽分化通常可以划分为夏秋型、冬春型、一年多次分化型和随时分化型四种类型，因树种品种和生态条件而异。①夏秋型果树花芽分化是在温度较高的夏秋季进行，包括多数落叶果树和少数常绿果树。②冬春型果树花芽分化是在温度较低的冬春季进行。③一年多次分化型对温度没有严格的要求，一年可进行多次分化。④随时分化型果树的花芽分化主要取决于植株的生长状况，当植株达到一定的营养面积或质量后，在任何时间均可进行花芽分化。

阶段　分为花芽诱导期、花芽发端期、花芽分化期三个阶段。

花芽诱导期　仁果类果树在6～9月，核果类果树在5～9月，柑橘类果树在12月～翌年2月，荔枝类果树在9月～翌年1月。果树为能接受成花诱导，营养体（叶片）须处于感受态，经过环境信号诱导之后，植株即使转移离开诱导条件，仍能继续完成花分化过程，这种状态称为决定态。

花芽发端期　成花诱导信号自叶片等部位转移至茎端，引发顶端分生组织（SAM）发生花序和花的形态分化，进入发端期。花芽发端是果树从生理分化转入形态分化的转折点，此时生长点增大变圆，以后又逐渐变平变宽。对于有花序结构的果树，生长点进一步发育，在中央和周缘产生突起，进而产生花序分枝的原基，以后进一步发育成中心花序及侧花原基，再进行花各器官的发育；对于无花序结构的单花，在发端后花芽即进行花器官各部分原基分化。

花芽分化期　无论是花序花还是单花，花器官的分化均由外向内依次产生花萼、花瓣、雄蕊和雌蕊原基。当花芽进入形态分化期后，各类原基的分化速度和程度因树种、品种和果园条件而异，同一品种、同一植株也有差异，同株树花穗上端与下端花芽形态分化各时期可能相互重叠，表现出花芽分化的长期性。

影响因素　果树花芽分化受到内在因素如遗传、个体营养水平、激素水平、近似昼夜节律等，以及外在因素如光照、光周期、温度、水分条件等的影响。

果树能否开花、何时开花，要受到遗传程序的调控，以确保果树在进入生殖生长前获得足够的营养，这使植物具有一段足够长的时间对外界成花诱导条件不敏感，这段时间为幼年期或童期。在童期，实生果树在正常的自然条件下不能稳定持续地开花。

果树进入成年期后可接受外界环境因子诱导进行花芽分化。温度、光照和水分是影响果树花芽分化的主要环境因素，长期适应在冬季温度较低的温带或寒带生长的落叶果树，花芽分化多属于夏秋分化型，即其花芽诱导与分化需要较高的温度，如苹果的花芽分化要求日平均温度达到20～27℃。多数热带亚热带常绿果树需要在较低温度下进行花芽诱导，属于冬春分化型，即冬季低温有利于花芽诱导，在春季气温回升时完成花芽分化。光照影响包括光周期、光照强度和光质的影响。根据成花转变对光周期的反应可将植物分为三种类型，即长日植物、短日植物和日中性植物。在花芽诱导临界期，短期适度控水，有利于抑制新梢生长、促进光合产物积累，从而有利于果树的生理分化；但进入形态分化期，花序原基的分化和花器官的分化则需要足够的水分。

机制　关于果树花芽分化，有成花物质、营养物质、激素平衡和遗传控制等假说。在叶片中产生的成花物质FT（Flowering Locus T）蛋白自叶片通过韧皮部转移至顶端分生组织，在顶端分生组织，FT和FD（Flowering Locus D）结合，进而激活*AP1*（*APETALA1*）、*SOC1*（*SUPPRESSOR OF OVEREXPRESSION OF CONSTANTS*）、*SEP3*（*SEPALLATA3*）等基因的转录，促使顶端生长点转变为花的组织结构。花芽生理分化是积累构建花芽的营养物质以及激素调节物质、遗传物质等协调作用的过程和结果。首先取决于植物体内的营养水平，与体内代谢物质的积累和分配相关；其次受体内内源物质（如脱落酸、赤霉素、细胞激动素等）和外源物质（如多效唑、B9、乙烯利、矮壮素等）的调节，外界自然条件和栽培技术措施通过营养物质和调节物质水平产生影响，任何单一因素都不能全面地阐明果树花芽分化的本质。

果树花芽分化通过内在因素和外在因素的相互整合共同完成，受自主途径、赤霉素途径、春化途径和光周期等多途径的调控。这些途径形成复杂的基因调控网络，而这些基因同时还受到组蛋白甲基化、乙酰化、泛素化、磷酸化以及脱氧核糖核酸（DNA）甲基化等表观遗传修饰的精细调节，使果树可以在最恰当的时机开花。

通过合理的栽培管理可促进果树的花芽分化，如合理施肥，提高树体的营养水平；改善果园光照条件，提高光能利用率与光合效率；疏花疏果，合理负载；树干或树枝环割、环剥；合理使用生长调节剂控制营养生长；适度的干旱胁迫等栽培管理措施。常绿果树和落叶果树在花芽分化的调控措施上有所不同，针对不同果树的生长发育特性采用合理的措施，可有效促进花芽分化。

（陈厚彬　周碧燕）

果树嫁接　grafting technique of fruit tree　在适宜的生长环境下，将一种植物的枝或芽（接穗）与另外一种植物的茎或根（砧木）的形成层对接，通过砧木和接穗形成层细胞分裂形成愈伤组织，使接穗和砧木的维管系统相连接，可以进行营养物质和水分的输送，形成一个新的完整的植株的技术。植物繁殖方法之一。嫁接是一种物理组合，并未改变砧木和接穗的基因型，但砧木与接穗会相互影响，砧木对接穗的影响更大，甚至影响某些基因的表达。决定和影响嫁接成活的关键因素有：①接穗和砧木的亲和力。一般来说，砧木和接穗亲缘关系越近，则亲和力越强，同种最强，同属尚可，同科差。例如苹果接于沙果，梨接于杜梨、秋子梨，桃接于毛桃等，**嫁接亲和力**都很好。②嫁接的技术和嫁接后的管理也较重要。嫁接时动作要迅速，并严格按技术要求削好砧木和接穗。接面要平滑，使砧木和接穗的形成层紧密连接，绑扎松紧适度，并适时解绑。

嫁接的方式分为枝接、芽接、根接。

枝接　取母树枝条的一段（枝上须有1～3个芽），基部削成与砧木切口易于密接的削面，然后插入砧木的切口中，注意砧穗形成层对贴吻合，并绑缚，使之结合成活为新复合体。枝接接法有：靠接法、劈接法、切接法、切腹接法、皮下接法、髓心形成层对接法、芽苗砧嫁接法、插接法。

靠接法　将有根系的两植株在易于互相靠近的茎部均削去部分皮层，靠在一起，随即相互接合。待愈合成活后，将接穗接口下部截断，砧木接口上部截断，培育成一棵新植物。适用于切离母株后不易接活的植物。

劈接法　将接穗下芽3厘米处的下端两侧削成2～3厘米长的楔形斜面，然后把穗枝条截成3～8厘米长带有2～3个芽的接穗。当砧木比接穗粗时，接穗下端削成偏楔形，使有顶芽的一侧较厚，另一侧稍薄，有利于接口密接。砧木与接穗粗细一致时，接穗可削成正楔形，不但有利于砧木含夹，而且两者接触面大，有利于愈合。接穗面要平整光滑，这样削面易与砧木劈口紧靠，两面形成层容易愈合。接穗削好后注意保湿，防止水分蒸发。

切接法　适用于较粗砧木。先将砧木于近地面树皮平滑处剪断，在砧木断面一侧下切3～5厘米，然后将保留1～2个饱满芽的接穗削面插入砧木，对准双方形成层，严密绑扎或埋土保湿，接穗外露1～2芽。

切腹接法　嫁接时先将接穗削成楔形，两个切面长宽一致，长度依接穗的粗细而定，粗的2～2.5厘米，细的1.5～2厘米。然后根据接穗切面的长宽在砧木距上口1厘米左右处斜下切开一道长宽与接穗切面基本一致的切口，再将接穗插入砧木的切口中，接穗两面最好都能与砧木切面对齐。最后用塑料膜缚紧即可。

皮下接法　又称插皮接。适用于根部嫁接、近地面嫁接和高接。操作方法是：先将接穗一面削成长度约3厘米的一个切面，在基部对面再削一个长度约0.5厘米的小切面备用。然后在砧木上选择平滑无分枝的一面，用嫁接刀从上口起纵切一刀，深达木质部，长度约2.5厘米。切完后，将削好的接穗自上而下插入砧木的皮层和木质部之间，长切面朝木质部。插入深度以接穗上方露出0.3厘米切面（露白）为宜。最后用塑料膜绑缚紧即可。

髓心形成层对接法　多用于针叶树种的嫁接。接穗从具有健壮顶芽的一年生枝条上剪取，长5～10厘米，除了留下顶芽周围少量针叶（多束针叶）外，其余针叶全部摘除。用锋利刀片在留有针叶的下方（松类自顶芽，水杉留出1～2厘米）斜切到髓心向下纵切，直到接穗末端呈半圆筒形，基部削成舌形。砧木用二至四年生苗，量准切面的长度，并把砧木上的侧芽和针叶全部摘除。然后用刀片按接穗切面的长、宽，沿韧皮部和木质部之间将砧木由上向下切削。削至与接穗切面长度相等时横切一刀，将削断的树皮丢掉，砧木露出形成层。接穗的切面要及时贴在砧木的切面上，使砧穗两者形成层对准贴紧。用塑料薄膜带从下往上绑缚，不要露缝，要绑紧，一直绑到针叶处露出顶芽为止。

芽苗砧嫁接法　未木质化砧苗除去生长点及心叶，在两子叶中间垂直向下切削1～1.5厘米长的裂口。接穗子叶下约0.5厘米处，用刀片在幼茎两侧将其削成1～1.5厘米长的双面楔形，再将上端齐芽尖削断，带一叶一芽，叶片可以全留或削去1/2。把接穗双楔面对准砧木接口轻轻插入，使两切口形成层贴合紧密，可用嫁接夹固定，相对湿度保持在85%以上。

插接法　①直插法。当瓜苗子叶展开后，用竹签去掉瓜苗真叶和生长点，同时将竹签由砧木子叶间的生长点处向下插入0.5～0.7厘米；再将西瓜苗由子叶下1厘米处用刀片削成约0.5厘米的楔形，在拔出竹签的同时将西瓜苗插入。②斜插法。使用与接穗等粗的单面楔形竹签，将竹签的平面向下，从瓠瓜苗一侧的子叶基部斜插向另一侧，竹签尖部顶到幼茎表皮或刺透表皮；再在西瓜苗子叶下1厘米处削成斜茬，在拔出竹签的同时将西瓜苗幼茎斜茬向下迅速插入。接好后移入棚内加强管理，相对湿度保持在85%以上。

芽接　从枝上削取一芽，略带或不带木质部，插入砧木上的切口中，并绑缚，使之密接愈合，形成新的植株。芽接方法有："T"形芽接法、倒"T"形芽接法、嵌芽接法、套芽接法、方块芽接法、微芽嫁接法。

根接　剪取树根作砧木进行枝接。在嫁接方法上可用劈接、腹接或插皮接。依砧根和接穗粗度不同，可以正接（在砧根上劈切接口），也可以倒接，即将砧根削成接穗楔形削面，在接穗枝段的下端劈切接口进行嫁接。嫁接时削面平滑，对准形成层，并使其夹紧，成活率很高。这种方法还可在休眠期（冬季）于室内进行，接好后用麻缠缚接口沙藏，翌春栽植，效果很好。 （黄华明）

果树嫁接繁殖 grafting propagation of fruit tree 将一个植物体上的枝条或芽接到另一个植物体的枝、干或根上，经过愈合后形成一个完整的新植物体的繁殖方式。中国嫁接技术源远流长，公元前1世纪的《氾胜之书》最早记载了嫁接技术。《说文》中记载："椄，续木也，从木，妾声。"意思是今栽花植果者，从彼枝移接此树，而花果同彼树矣。用于嫁接的枝条或芽称为接穗，用于承接接穗的植物体称为砧木。通过嫁接方式繁殖的种苗称为嫁接苗。嫁接苗常表示为砧木加接穗或接穗/砧木，如毛桃加桃或桃/毛桃。嫁接繁殖是一种无性繁殖方式，在果树、蔬菜种苗培育中经常使用。

优点 嫁接繁殖具有以下几个优点：①因接穗采自同一基因型的枝条，嫁接苗可以保持接穗品种的优良性状。②嫁接苗的接穗采自正在开花结果的植株，已进入成年期，因而生长快、结果早，如柑橘、荔枝、龙眼、杧果等常绿果树，种植后第三年便可开花结果，若管理水平高，第二年便可结果。③因砧木通常来自未经改良的种质资源，具有更强的适应性和抗性，嫁接苗可以利用砧木的优良抗性，如抗旱性、抗寒性、耐涝性、抗病虫性、耐盐碱等能力更好地生长。④可以利用砧木调控嫁接苗的树势，如利用矮化砧木或乔化砧木使树体矮化或乔化。⑤因使用种子繁殖砧木，接穗多为芽或短枝段，嫁接的繁殖系数大，可加速新品种的推广应用。⑥通过高接换种的方式，可迅速更新现有果园的种植品种。

嫁接成功的关键是砧木和接穗的维管组织彼此相连。在切削砧木和接穗时，砧木和接穗切口表面的一层细胞会死亡，形成覆盖伤口的薄膜层。当接穗与砧木接合后，在植株愈伤激素的刺激下，伤口周围及形成层的细胞会旺盛分裂，形成愈伤组织。砧木及接穗的愈伤组织增加，穿透死亡细胞形成的薄膜层后，填满接穗和砧木间的空隙，并相互连接。连通后的形成层组织向外分化形成新的韧皮部，向内分化形成新的木质部，使接穗与砧木的韧皮部和木质部得以连接、贯通，两者合为一体，形成完整的新植物体。这一过程常需要数周时间。接穗与砧木能否愈合形成完整植株的能力取决于以下几个因素。

砧木与接穗的亲和力 又称嫁接亲和力，是砧木和接穗经过嫁接后能够愈合并正常生长的能力，即两者在内部组织结构、遗传和生理特性之间的相容性。接穗与砧木之间的亲和力越强，嫁接后的成活率就越高，嫁接苗的生长发育也就越正常。一般情况下，砧木、接穗之间的亲缘关系越近，砧穗之间的组织结构、代谢状况及生理生化特性越相似，砧木与接穗之间的亲和力就越强。嫁接不亲和主要表现为：①愈合不良。嫁接后不能愈合，嫁接苗不成活；愈合差，嫁接苗成活率低。②能够愈合，但生长结果不正常。嫁接苗能够生长，但生长发育差，生长势衰弱，容易枯死；或能够正常生长，但开花结果不正常，花量大坐果少，或果实品质差。③能够愈合，接穗、砧木生长不协调。砧穗接口上下生长不一致，常产生"大脚""小脚"或环缢现象，"大脚""小脚"现象也是嫁接苗矮化的原因之一。④后期不亲和。嫁接苗能够正常生长发育和开花结果，但若干年之后，树势快速衰退甚至整株枯死。

嫁接时期 不同的嫁接时期，气温、土温以及砧木和接穗的活跃状态不同，直接影响嫁接成败。不同树种的最佳嫁接时期及相应的嫁接方法也存在差异。雨季、大风天气均不适宜嫁接。

环境条件 包括温度、湿度、氧气和光照。①温度。不同的树种及嫁接方法所需的最佳嫁接温度存在差异，一般为20～25℃。②湿度。较高的嫁接口湿度能够促进伤口愈伤组织的形成，可提高嫁接成活率。③氧气。植物伤口愈伤组织的形成需要充足氧气，通气良好的绑缚方式有利于提高嫁接成活率。④光照。光照会抑制愈伤组织的形成，降低嫁接成活率。

嫁接方法技术 嫁接技术对嫁接成活率也有很大影响。对嫁接技术的基本要求是快、平、准、紧、严，即嫁接时动作速度要快、削面要平、形成层要对准、包扎捆绑要紧、封口要严。有些树种可能因为特殊的生理问题，比如桃的伤口流胶、核桃春季伤流、杧果溢出胶乳等，而需要更高的嫁接技术。

砧穗质量 接穗及砧木组织充实、贮藏营养物质含量丰富时，容易获得较高的嫁接成活率。

砧木 嫁接苗的砧木对接穗的生长发育和开花结果有较大影响。促进接穗旺盛生长，增加嫁接苗植株高度的砧木称为乔化砧；弱化接穗生长势，降低嫁接植株高度的砧木称为矮化砧。为克服矮化砧根系较弱的缺点，可使用中间砧，即在普通实生砧（基砧）上嫁接一段矮化砧木的枝段，再在其上嫁接接穗品种。一般嫁接在乔化砧上的植株结果迟，品质劣于嫁接在矮化砧上的植株。使用适应性和抗逆性强的野生或半野生种类或类型作砧木时，嫁接植株的抗逆性也得到提升，如抗旱性、抗寒性等。砧木对接穗品种的果实品质也有影响，如红江橙以红柠檬作砧木时，果皮粗糙，果肉化渣性差；以江西红橘作砧木时，果皮光滑，果肉化渣性好，果汁多。

接穗 接穗也会影响砧木根系的生长发育和生理功能。例如：用鸭梨嫁接杜梨时，杜梨根系分布浅，容易产生根蘖苗；用短枝型苹果嫁接MM106砧木时，其根系比用普通型苹果作接穗时要稀疏。

嫁接口部位的砧木和接穗组织偶尔会共同参与形成一个芽，芽萌发后形成的枝条被称为嫁接嵌合体。嫁接嵌合体会同时具有砧木和接穗的一些性状。果树上典型的嫁接嵌合体如红江橙，果实有橘型、橙型、橘橙型。 （吕庆芳）

果树接穗 fruit tree scion 果树育苗或高接换种所采用的携带母体基因型的枝条或芽。是优良品种或品系的直系子代。果树生产中通过嫁接方式，既可利用接穗保持母本优良特性，提早结果，亦可利用砧木耐寒、耐旱、抗病等特性，使新植物体更具抗性。嫁接成活后形成树冠，可直接生产果品，也可继续在其上采集接穗进一步繁殖后代。

接穗与砧木的关系 果树嫁接成苗后，接穗与砧木之间相互作用，彼此影响。

接穗对砧木的影响 接穗影响砧木生长、根系活力以及根系抗氧化活性。嫁接后，接穗会影响砧木根系对无机营养的吸收，进而影响地上部分的生长发育。也有研究表明，接穗会降低砧木根系活力、超氧化物歧化酶（SOD）和过氧化物酶（POD）活性。

砧木对接穗的影响 接穗输导组织会因嫁接到不同砧木上而发生相应的结构变化，接穗的解剖结构可能会向砧木方向发生改变，砧、穗组织结构趋于相似。

砧木与接穗间存在激素、核酸及蛋白物质的互作 接穗中含高浓度赤霉素（GA_3）时，会促进植株生长，浓度越高，植株越高大；若含高浓度脱落酸（ABA），则会抑制植株生长，表现为植株矮化。细胞壁中的多聚半乳糖醛酸酶抑制蛋白（PGIPs）可在植物抵御病害时起防御作用，转*pPGIP*基因的砧木可将PGIPs传递到接穗中。梨砧木上的*PbwoxT1*基因表达产物可经韧皮部传递到接穗中，并对树形发育、树势平衡进行调控。砧木中的*GAI* mRNA可引起苹果、梨等的接穗性状改变。

接穗选择、采集与贮运　接穗在选择、采集与贮运过程中，应遵循以下原则。

选择　选择基因型纯正、发育健壮、丰产、稳产、优质、无检疫对象的成年植株作采穗母树。剪取生长充实、芽体饱满的枝条中段为接穗。春季嫁接一般多用一年生枝条，也可用多年生枝条；夏季嫁接用当年成熟的新梢，也可用贮藏的一年生枝或多年生枝；秋季嫁接选用当年生长充实的春梢作接穗。

采集　剪去枝条上下两端芽眼不饱满的枝段。生长期的接穗应立即剪去叶片，留下与芽相连的一小段叶柄，用湿布等包裹保湿，包扎成束，标明品种名称，存放备用。

贮运　为防止接穗霉烂或失水，应在4～13℃的低温、80%～90%的相对湿度以及适当透气的条件下存放接穗。裹敷湿纸，塑料薄膜包扎，膜的两端留有空隙以便通气和排出多余水分，装箱运输。

（陈发兴）

果树连作障碍　continuous cropping obstacle of fruit tree　在同一园地土壤上，前作果树使后作同一种或同一类果树生长受抑制或发生病害的现象。又称重茬障碍。连作障碍在草莓、葡萄、桃、李、梨、柑橘、樱桃、核桃等**果树**上均有发生。许多果树在前作为同种果树时发生连作障碍，如桃树连作，幼树表现生长停滞或衰弱，叶片失绿，枝干出现流胶，产量低；梨树在培育过两年苹果苗的圃地上连作，其生长量明显减弱。

产生原因　产生连作障碍的原因有多种：①植物自毒物质的积累。很多果树具有通过向环境排除化学物质，对同种或另一种果树造成直接或间接生长抑制的功能，是一种自然生存的竞争手段。例如桃的种子、叶、梢、根中含有α-扁桃腈葡萄糖苷，尤以根皮内含量高，它分解时可产生氢氰酸和苯甲醛，这两种物质均可抑制桃根尖的呼吸，使分生组织细胞坏死，对苹果、桃的幼苗生长都可产生抑制作用，而排水不良的园地和黏重的土壤上氢氰酸发生的量多，连作障碍更为严重。粗柠檬的根可产生类香草酸，它能抑制柑橘根的生长，使其先端异常膨大。②土壤理化性质的变化。同类果树根系在土壤中吸收的营养成分基本相同，连续种植同一果树会形成土壤养分失衡，pH和有机质含量发生变化，土壤理化性质遭到破坏。表现为容重变大，通气孔隙比例下降，土壤酸化，易导致细根减少及根系分布上移，严重影响到植株正常的生长发育。③土壤微生物群落结构失衡。由于土壤理化性质改变，使一些有益微生物（硝化菌等）生长受到抑制，而土传病害菌数量增多，导致细菌型高肥力土壤向真菌型低肥力土壤转变，同时线虫和病原物的数量都有所增加。葡萄、桃和柿子都有线虫病，寄生于植物的根系和地下茎中。有些线虫与病菌共同对果树进行危害，为病菌的进入创造条件。而且线虫也是植物病毒的传播媒介体。连作时，大量线虫危害后作果树根系，导致地上部生长衰弱，对土壤中有害微生物变得敏感，如易感染镰刀菌而使根系腐烂等。

程度强弱　不同树种连作呈现的连作障碍强弱不同。日本平野（1966）提出以连作障碍（忌地）系数表示。

$$连作障碍（忌地）系数=\frac{与前作相同的后作果树生长量}{与前作不同的后作果树平均生长量}\times 100\%$$

同一果树在不同的前作果树下受抑制的顺序见表。如种植桃树时，前作为苹果、枇杷、无花果、葡萄的果园均能对桃树生长产生不同程度的抑制作用，应予以避免。总体来说，无花果、桃、苹果、核桃的连作障碍最为严重，连作时生长量表现为最小1；葡萄次之；而梨、柑橘、枇杷抗性稍强，但生长量也仅为3。

前作果树不同对后作果树生长量抑制的顺序表

后作	前作							
	无花果	桃	梨	苹果	葡萄	柑橘	枇杷	核桃
无花果	①	3	2	5	6	4	7	8
桃	4	①	8	2	5	6	3	7
梨	1	7	③	2	4	8	5	6
苹果	7	2	4	①	6	8	3	5
葡萄	1	6	7	3	②	4	8	5
柑橘	1	7	4	2	8	③	5	6
枇杷	8	5	6	2	1	7	③	4
核桃	6	4	8	3	2	7	5	①
平均	3.6	4.4	5.3	2.5	4.3	5.9	4.9	5.5

注：生长量最小的为1，生长量最大的为8，○表示连作。

治理措施　治理果树连作障碍须因地制宜，采取综合措施：①农艺措施。如合理轮作、间套作以及加强土肥水管理等。为避免连作障碍，老果园更新或苗木出圃后，应尽量消除果树或果苗的残根。最好是种两年以上一、二年生农作物。轮作期间，注意促进土壤排水、通气状况和培肥土壤，然后再重建果园和苗圃。如需立即在原地建立果园，应先进行深耕、整地、清除残根，尽量避免在原栽果树的位置挖定植穴，并在新定植穴内换土。如果不能换土，则必须进行土壤消毒。常采用土壤消毒剂福尔马林、氯化苦、1,3-二氯丙烯等熏蒸土壤，或采用太阳辐射和蒸汽等不对环境造成污染的物理措施。②生物防治。通过引入拮抗菌、接种有益微生物和栽植拮抗植物等方式改善连作土壤的性状，在苹果、葡萄、草莓等果树上均有应用。如再植苹果幼树与葱属植物混作能显著促进二年生苹果幼树的生长，显著改善连作土壤真菌群落结构，降低病原菌的数量，特别是尖孢镰孢菌、层出镰孢菌、腐皮镰孢菌和串珠镰孢菌的数量，同时也避免了长期的轮作时间。③选用脱毒苗或抗性强砧木，可以提高果树对环境的适应性，增强果树对病虫害的抵御能力。例如以甘肃桃作桃的砧木，枳作柑橘砧木，均能提高植株抗根线虫的能力；以河岸葡萄作葡萄砧木，能提高植株抗根瘤蚜的能力；在研究再植桃时发现，无论土壤消毒与否，以GF667作为桃砧木时，树体生长发育最佳，产量也高。

（陈清西）

果树抹砧芽　removing rootstock buds of fruit tree　嫁接后及时用手把砧木上新萌发的嫩芽全部抹除的过程。嫁接结束后，在接穗萌发前后，砧木基部或接口以下常发生大量萌芽，必须及时、反复多次地进行抹除，防止其与接穗争夺养分，影响嫁接苗生长，保证接穗快速愈合并生长，提高成活率。广泛应用于核桃、柑橘、杧果、柿、苹果、桃、龙眼、荔枝、橄榄、杨梅、枇杷、枣、油柰等**果树**中。

不同果树抹砧芽时间有所不同。核桃嫁接10天后砧木上的芽开始萌发，需要每隔5～7天抹除一次，连续抹3～4次，直到接芽生长到30厘米以上，砧木上的芽不再萌发为止。杧果则在剪砧后每3～5天抹砧芽一次。而在高温高湿的夏天，大量砧芽快速萌发，需要缩短抹芽周期。

在抹芽过程中，也有一些需要适当选留砧芽的情况。一是嫁接芽成活与否难以及早判明的，应选留发育健壮、着生部位适宜的2～3个萌发砧芽任其生长，以备来年补接；二是果树体没有留辅养枝的，可适当保留少数砧芽，以平衡养分、水分的运输供应，促进接穗生长。在核桃高接换种中常采用缓抹砧芽，即抹掉2/3的砧芽，留1/3的砧芽作营养枝，兼具抽水枝的功能；控制砧芽的顶端优势，待接芽长到20～30厘米时再全部抹掉砧芽。南方果树枇杷选留砧芽，除平衡水分和营养外，还起遮阴的作用，以防接穗芽在盛夏遭烈日暴晒。

抹砧芽应在阴天进行，过早往往影响成苗，过迟则影响新梢生长。如果气候干旱，供水条件不良，可适当提早。如遇连续阴雨季，则须开挖深沟排水，并适当推迟处理。（陈清西 叶清华）

果树棚架栽植 trellis culture of fruit tree 利用水泥柱、石柱、防锈金属柱、竹竿或木柱以及金属丝等材料搭成固定棚架以支撑植物树冠的栽培方式。果树棚架栽植长期以来应用于蔓生型果树，如葡萄、猕猴桃、百香果等；一些非蔓生型果树或灌木果树也会采用简易架式栽培，如毛叶枣、火龙果等。21世纪以来，在中国、日本及西欧一些国家的冷凉和多风害地区，非蔓生型果树如梨、桃、苹果、龙眼和甜柿等也采用棚架栽培，尤其是在日本和中国台湾地区，继梨的棚架栽培获得成功之后，已扩展到多种果树上应用。棚架栽培能充分利用土地和空间，方便田间操作管理，省工省力，促使植株均衡生长，不仅可以满足这类作物对光照的要求，还可以改善通风条件，减少病虫危害，减轻风害，防止果实日灼，提高果实整齐度和果品质量。棚架还有美化环境的作用，是造园艺术不可缺少的组成部分，能提供阴凉舒适的环境。可在庭院，甚至街道上采用。棚架栽培具有较大的发展潜力。

棚架的架式、形状、高矮和棚面大小应依据作物种类和地区、地势、空间等环境条件的不同而选择。棚架架式可分为水平棚架、倾斜棚架、拱形棚架、屋脊式棚架、丁字形棚架、V字形棚架、漏斗形棚架和造型棚架等。形状有长方形、方形、圆形、扇面形、半圆形等。架面以横杆或金属丝牵引成网状，架面高度在寒冷、干旱、多风地区宜低；温度湿度较高、通风透光条件差的庭院、街道以及公园（或果园）干道则宜高，以便于棚架下作业和观光。棚架栽培需要规范的整形修剪、枝蔓引绑、疏花、人工授粉与疏果、套袋、配方施肥等一体化综合配套技术。

（王 平）

果树缺素症 nutrient deficiency symptom in fruit tree 由于缺乏某种或某几种必需营养元素，或营养元素不能被果树根系吸收利用导致生长发育受阻，显示出某种特殊的变色或畸形，严重缺乏时会导致植物组织死亡的现象。果树缺素症应尽早发现，及时对症处理，以免造成损失。果树常见的缺素症状和防治措施如下：

缺氮（N） 主要表现为果树新梢短而细，叶片变小，老叶逐渐失绿转黄，并不断向顶端幼叶发展，花芽量少，果实小易脱落，须根多、大根少。严重缺氮时，整个叶片乃至新梢都变红，严重的会造成生理落果现象。一般发生在土壤瘠薄、管理粗放的果园中。通常生产上施用氮肥以补充氮素。在枝梢迅速生长期、花果发育期和雨季，树体需要大量氮素，且此时土壤中氮素很容易流失，此期间需要补充氮素。

缺磷（P） 新梢和根系生长减弱，枝条细弱，分枝减少，老叶呈现古铜色，叶片变小，叶脉间出现绿斑，幼叶呈暗绿色，叶柄处呈紫红色。严重缺磷时，老叶会出现黄绿和深绿相间的花叶，甚至出现紫色、红色的斑块，叶缘出现坏死，枝条茎部叶片出现早落，枝条顶端保留成簇叶片。枝条下部的芽不饱满，春天不能萌发，展叶开花迟缓，花芽量减少，果实着色变差。树体抗性减弱，容易引发早期落叶，果树产量降低。果树生长较快的早春或夏季，枝叶呈紫红色，尤其是新梢末端的枝叶表现更为明显，这是缺磷的重要特征。

果园缺磷可因两种情况所致，一是土壤中含磷量少，二是土壤中磷含量正常，但缺乏有效磷。在土壤含钙量多或酸度较高时，土中磷素被固定，不能被果树吸收，从而造成缺磷。另外，在疏松的砂土和有机质多的土壤上，也易引发缺磷现象。对缺磷果树，应多施颗粒磷肥或展叶后叶面喷肥。

缺钾（K） 果树缺钾时，表现为新根变粗，生长减弱，新梢细弱，叶顶端和周缘常发生褐红色枯斑，易产生病害，果实产量和品质降低。严重缺钾时，叶片从周缘向内逐渐变枯，向下卷曲枯死而不易脱落，花芽小而多，果实色泽变差。在有机质含量少及酸性土中，易表现缺钾症。

缺钾果树夏季追施钾肥后，叶片和果实都能逐渐恢复正常；生长期发现果树缺钾，及时用磷酸二氢钾或3%～10%草木灰浸出液叶面喷施，也有良好效果。为避免缺钾，应增施有机肥。

缺钙（Ca） 钙在果树体内起平衡生理活动的作用，适量钙素可减轻土壤中钾、钠、锌、锰、铝等离子的毒害作用，提高果实品质和耐贮性。缺钙症状主要表现在幼叶上，叶片较小，首先出现褪绿与坏死斑点，严重时造成枝条枯死和花朵萎缩。新根粗短弯曲，尖端死亡，这是缺钙的典型症状。缺钙会影响氮代谢和营养物质运输并导致核果类果树的流胶病和根癌病，引发苹果苦痘病和红玉斑点病。当土壤酸度较高时，钙很快流失，导致果树缺钙。另外，前期干旱而后期大量灌水，或偏施、多施速效氮肥，特别是生长后期偏施氮肥，均会降低果实内钙的含量，从而加重苦痘病的发生。

为防治果树缺钙，应增施有机肥和绿肥，改良土壤，早春注意浇水，雨季及时排水，适时适量施用氮肥，促进植株对钙的吸收。在酸性土果园中适当施用石灰，可以中和土壤酸度、提高土壤中置换性钙含量，减轻缺钙症。苹果树对钙的吸收，一般只限于谢花后4～5周的时间内，对缺钙果树，抓紧在生长季节叶面喷施1000～1500倍氯化钙或硝酸钙，一般喷2～4次。当土壤强酸性、含钾过高时，有效钙含量降低，对于酸性土壤可适当施用石灰，减少氮肥用量，砂质土壤可喷施或穴施石膏、硝酸钙、氯化钙。

缺锌（Zn） 苹果缺锌症又称小叶病，典型症状是早春病枝发芽晚，新梢节间极短，从基部向顶端逐渐落叶，叶片狭小、质脆、小叶簇生，数月后可出现枯梢现象，严重时树势衰弱，树冠减小，产量减低。病枝以下可再发新梢，新梢叶片初期正常，以后又变得窄长，产生花斑，花芽形成减少，且病枝上的花显著变小，不易坐果，果实小而畸形。幼树缺锌，根系发育不良，老树则有根系腐烂现象。在沙地、盐碱地以及瘠薄的山地果园缺锌现象较为普遍，土壤含锌盐少且易流失，而在碱性土壤中锌盐常转化为难溶状态，不易被植物吸收。另外，土壤过湿，通气不好，会降低根吸收锌的能力，易引起果树发生缺锌症。锌与叶绿素和生长素的形成有关，缺锌可间接影响生长素的形成，使顶芽和生长素被破坏，枝条下部叶片出现斑纹和黄化，枝条纤细。

对缺锌果树，可在发芽前3～5周，结合施基肥施入一定量的锌肥。在树下挖放射状沟，每株成年结果树施50%硫酸锌1～1.5千克或0.5～1千克锌铁混合肥。第2年即可见效，持效期较长。但在碱性土壤上施锌肥无效。可在萌芽前喷2%～3%的硫酸锌溶液、展叶期喷0.1%～0.2%的硫酸锌溶液、秋季落叶前喷0.3%～0.5%的硫酸锌溶液，重病树连续进行2～3年的叶面喷锌。苹果、梨、桃等，一般在萌芽前的休眠期内喷4%～5%的硫酸锌，病情重的每年都要喷，轻的可隔年喷。

缺硼（B） 硼能促进花粉发芽和花粉管生长，提高维生素和糖的含量，能改善氧对根系的供养，促进根系发展，还能提高细胞质的黏滞性，增强抗病力。缺硼可使花器官发育不良，受精不良，落花落果加重发生，坐果率明显降低。叶片变黄并卷缩，叶柄和叶脉质脆易折断。严重缺硼时，根茎叶的生长点枯萎，出现枯梢，落花落果严重，果实畸形（缩果病）。病果味淡而苦，果面凹凸不平，果皮下的部分果肉木栓化，致使果实扭曲、变形，严重时，木栓化果皮开裂，所以又称猴头果。山地果园、河滩沙地或砂砾地果园，土壤中的硼和盐类易流失，易发生缺硼症。另外，土壤过干、盐碱或过酸，化学氮肥过多时也能造成缺硼。

对于缺硼果树，可于秋季或春季开花前结合施基肥，施入硼砂或硼酸。施肥量因树体大小而异，每株大树施硼砂150～200克，小树施硼砂50～100克，施肥后及时灌水，防止产生肥害。根施效果可维持2～3年，也可喷施，在开花前、开花期和落花后各喷一次0.3%～0.5%的硼砂溶液。碱性强的土壤硼砂易被钙固定，采用喷施法效果好。堆肥、厩肥含有效硼较多，增施有机肥结合施基肥，幼树每株土壤施硼砂或硼酸50～150克，结果树施150～200克，有效期可达3年。如板栗每株施硼150～300克为宜，肥效可延续4年以上。

缺铁（Fe） 果树缺铁首先产生于新梢嫩叶，会影响叶绿素形成，叶片变黄，叶脉为绿色，俗称黄叶病。随病情加重，叶片上除主脉靠近叶柄部分保持绿色外，其余部分出现褐色枯斑，逐渐枯死脱落。随着病叶叶龄增长和病情发展，叶片失去光泽，叶片皱缩，叶缘变褐、破裂。发病后树体衰弱，花芽形成不良，坐果率也较低。一般土壤中并不缺铁。果树缺铁的原因比较复杂，多发生于含钙较多的碱性土壤中，有机质过少、土壤不通透或土壤盐渍化等原因，使表土含盐量增加，土中可以吸收的铁元素变成不能吸收的铁元素。在地下水位过高，土壤湿度较大的情况下，也会发生叶片黄化现象。

防治黄叶病，首先应注意改良土壤条件，排涝，不在地下水位过高和碱性过大的土壤上建立果园。春季干旱时，注意灌水压碱，低洼地要及时排除盐水；增施有机肥料，树下间作豆科绿肥，以增加土中腐殖质，改良土壤。发病严重的树发芽前可喷0.3%～0.5%硫酸亚铁（黑矾）溶液，或在果树中、短枝顶部1～3片叶失绿时，喷0.5%尿素和0.3%硫酸亚铁，每隔10～15天喷一次，连喷2～3次，效果显著。

缺镁（Mg） 幼树缺镁，新梢下部叶片先开始褪绿，并逐渐脱落，仅先端残留几片软而薄的淡绿色叶片。成龄树缺镁，老叶叶缘或叶脉间先失绿或坏死，后渐变黄褐色，新梢、嫩枝细长，抗寒力明显降低，并导致开花受抑，果小味差。在酸性土壤或砂质土壤中镁容易流失，常会引起缺镁症。

轻度缺镁果园，可在6、7月叶面喷施1%～2%硫酸镁溶液2～3次。缺镁较重果园可把硫酸镁混入有机肥中根施，每亩施镁肥1～1.5千克。在酸性土壤中，可施镁石灰或碳酸镁中和土壤酸度。

缺锰（Mn） 锰是果树正常生长发育不可缺少的元素之一，适量的锰可提高维生素C的含量，保证果树各生理过程的正常进行，果树缺锰，叶绿素含量降低，出现缺锰失绿症。失绿从老叶叶缘开始，逐渐扩大到主脉间，在中肋和主脉处出现宽度不等的绿边，严重时全叶黄化，而顶端叶仍为绿色。土壤中的锰以2价离子的形式被果树吸收利用。土壤偏碱时，锰成不溶性状态，从而发生生理缺锰失绿症。

缺锰果园可在土壤中施入氧化锰、氯化锰和硫酸锰等，最好结合施有机肥分期施入，一般每亩施氧化锰0.5～1.5千克、氯化锰或硫酸锰2～5千克。也可叶面喷施0.2%～0.3%硫酸锰，可加入波尔多液或石硫合剂一起喷施。

（王小非）

果树容器苗 fruit tree container seedling 在装入生长基质的容器内种植苗木培育而成的果树种苗。容器苗根据使用容器的类型又可分为袋苗、盆苗等，前者是在营养袋中培育种苗，后者是在营养钵中培育种苗。容器苗在移栽时，由于不伤根或少伤根，因而树苗移栽成活率高，缓苗时间短，植株生长快。

培育容器苗常用的生长基质有泥炭、珍珠岩、蛭石、园土、椰糠、细沙等，可自行配制，也可直接购买商品化育苗基质。育苗基质要求透气、保水，同时具有一定的肥力。培育香蕉组培苗袋苗时，常用珍珠岩、椰糠、缓释肥配成无土基质，育成的种苗带菌少，搬运方便，根系发达。其他**果树**常用园土和有机肥配制成本较低的育苗基质。

容器苗常用的容器材质为塑料、陶瓷和无纺布。塑料轻便，陶瓷较重，因此果树育苗容器的常用材质为塑料。由于塑料难以降解，种植时需要移除塑料袋；加之塑料容器透气性差，不同程度地影响植株根系生长，所以生产上逐步将无纺布制成的容器用于果树育苗。无纺布透水、透气性好，易于降解，种植时不需要去袋的操作，逐渐成为主流容器材质。

培育容器苗时，要避免容器内植株的根系穿过容器进入底层土壤，移苗时造成根系损伤。可在苗床表面铺一层塑料薄膜，或将容器放在水泥等硬质地面上。

（李映志）

果树设施栽培 protected cultivation of fruit tree 利用日光温室、塑料大棚或其他农业工程设施等，人为地改变或控制果树生长发育的环境条件，达到果品生产目标的**果树栽培**方式。17世纪法国柑橘的温室栽培，是最早记载的设施果树生产形式。1886年，日本冈山县进行白玫瑰香葡萄的温室栽培。中国设施果树的发展，始于20世纪50年代北方的辽宁、河北、北京、天津、黑龙江等地。

果树设施栽培的模式有促成早熟栽培、延迟晚熟栽培、减灾防灾保护栽培、简易设施栽培等。果树设施栽培树种有草莓、葡萄、桃（油桃、普通毛桃、蟠桃）、杏、樱桃、李、无花果、早熟梨、枣（毛叶枣、晚熟脆枣）、番石榴、柑橘、佛手、香蕉、番木瓜、火龙果等。

果树设施栽培是区别于露地自然栽培的一种特殊栽培形式，除了绿色无公害、实现新鲜果品提前上市、反季节供应外，在防止灾害环境变化（如倒春寒、冰雹等）、扩大果树适栽范围等方面也有广泛应用。果树矮化密植栽培技术的推广和果品淡季供应的超高效益，使果树设施生产迅速发展，成为果树生产中的高效产业之一。

（陈修德）

果树实生繁殖 fruit tree propagation by seeds 利用有性生殖形成的种子播种培育出果树种苗的繁殖方法。苗木的繁殖分有性繁殖和无性繁殖两类。实生繁殖法即有性繁殖法，果树中一般砧木繁殖多用此法。由种子播种长成的苗称实生苗。实生繁殖的优点：①种子体积小，重量轻；在采收、运输及长期贮藏等工作上简便易行。②种子来源明确，播种方法简便，易于掌握，便于大量繁殖。③实生苗根系发达，生长旺盛，寿命较长。④抗逆性和对环境的适应性强，并有免疫病毒的能力。

实生繁殖的缺点：①木本的**果树**、**花卉**及某些多年生草本植物采用种子繁殖开花结实较晚。②后代易出现变异，个体间差异较大，难以整齐一致地保持亲本的优良性状，在**蔬菜**、花卉生产上常出现品种退化问题。③不能用于繁殖自花不孕植物和无籽植物，如葡萄、柑橘等的部分品种，以及香蕉、菠萝和许多重瓣花卉植物等。

实生繁殖在生产上的主要用途：①大部分蔬菜、**一二年生花卉**及**地被植物**用种子繁殖。②实生苗常用于果树及某些木本花卉的砧木。③杂交育种必须使用播种来繁殖，并且可以利用杂交优势获得比父母本更优良的性状。

实生繁殖的一般程序是：采种→贮藏→种子活力测定→播种→播后管理。每一个环节都有其具体的管理要求。

种子质量的检验　为明确计划播种量，并保证出苗健壮整齐，一般播种前须对种子做质量检查。检测指标主要有种子含水量、净度、千粒重、发芽力、生活力等。

影响种子萌发的因素　种子萌发是种子在适宜的条件下，胚胎利用种子内贮藏的养分生长萌发的过程。这一过程能否正常进行，受诸多内外因素影响。

休眠因素　种子有生活力，但即使在适宜的环境条件下仍不能发芽，此种现象称为种子的休眠。种子的休眠有利于植物适应外界自然环境条件以保持物种繁衍，但给实生播种带来一定的困难。造成种子休眠的原因有种胚发育不完全，种皮或果皮的机械障碍，以及化学物质抑制等因素。具有休眠特性的种子，须经种子后熟解除休眠后才能萌发。

种子质量　主要是指种子的生活力和发芽力，它受采种植株营养状况、采种时期和方法、贮藏条件和贮藏年限等的影响。优良的种子应该是发育充实、大而重、营养丰富、富有生活力、品种纯正而无杂质、无病虫害的种子。

环境因子　只有适宜的温度、湿度、氧气、光照等条件下，种胚才能利用种子内部营养物质萌发生长，任何一个因子不适时，都会影响种子萌发。①水分。种子只有在湿润的条件下，才能使种皮、胚和胚乳吸水膨胀，胚生长发育，最后胚根突破种皮，种子萌发生长。②温度。适宜的温度能促进种子迅速萌发，温度过高或过低均不利于种子的发芽。不同作物的种子萌发要求的适宜温度不同，一般温带植物以15～25℃为宜，亚热带和热带植物以25～30℃为宜。变温处理有利于种子的萌发和幼苗的生长，昼夜温差3～5℃为好。③氧气。种子发芽时要吸收空气中的氧气并释放出二氧化碳，因此必须保证种子通气良好，如播种太深或镇压太紧，或者土壤水分过多，种子会因缺氧而腐烂。④光照。光照对种子发芽的影响因植物种类而异，对大多数植物影响较小。但有些植物种子如莴苣、芹菜、报春花等，种子发芽需要光照；也有些植物种子如水芹、葱、苋和飞燕草等，种子的发芽会被光抑制。

种子播前处理　对需要解除休眠、进行后熟的种子和由于其他原因而发芽困难的种子，为使其能顺利萌发，提高出苗率和种苗质量，播种前要进行一定的技术处理。

机械破皮　破皮是开裂、擦伤或改变种皮的过程，可使坚硬（如桃、杧果等）和不透水（如山楂、樱桃、山杏等）的种皮透气、透水，从而促进发芽。

化学处理　种壳坚硬或种皮有蜡质的种子（如山楂、酸枣及花椒等），可浸入有腐蚀性的浓硫酸（95%）或氢氧化钠（10%）溶液中，经过短时间的处理使种皮变薄，蜡质消除，透性增加，有利于萌芽。浸种后的种子必须用清水冲洗干净。

清水浸种　用水浸泡种子可软化种皮，除去发芽抑制物，促进种子萌发。水浸种时的水温和浸泡时间是重要条件，有凉水浸种（25～30℃）、温水浸种（55℃）、热水浸种（70～75℃）和变温浸种（90～100℃，20℃以下）等，具体浸种时间、温度要根据种子情况而定。

层积处理　许多温带果树种子如苹果、梨、桃、李等在秋季成熟后，含水量降低，贮藏的营养物质已合成不易溶解的高分子物质而处于休眠状态，种子须吸取一定的水分，在低温、通气、湿润条件下经过一定时间的层积处理，在种子内部发生一系列的生理变化，完成后熟，然后种胚开始萌动而发芽。将种子与潮湿的介质（通常为湿沙）一起贮放在低温条件下（0～5℃），以保证其顺利通过后熟的措施称为层积，又称沙藏处理。春播种子常用此方法来促进萌芽。层积处理时所用河沙要清洁，种子与河沙的比例为大粒种子1∶10～1∶5，中小粒种子1∶5～1∶3。层积前先将种子水浸2～4小时，待种子充分吸水后捞出。层积时种子与河沙可分层沙藏也可混合沙藏。沙的湿度以手握成团而不滴水为宜，约为最大持水量的50%。层积日数因种子种类不同而异，层积期间要注意检查温、湿度，春季大部分种子露白时要及时播种。

催芽处理　为促使种子迅速、整齐地发芽，播种前需要进行催芽。催芽过程的关键技术是保持适宜的温、湿度和通气条件。一般温度保持在18～25℃，湿度保持种子湿润而不滴水为宜。

种子消毒　可杀死种子所带病菌，并保护种子在土壤中不受病虫危害。方法有物理消毒和药剂消毒。物理消毒即高温干热消毒；药剂消毒可分为药剂浸种和药粉拌种。

包衣处理　采用种衣剂对种子进行包衣的措施。由于种衣剂中可能含有植物生长调节剂、微量元素、稀土、肥料、杀虫剂、杀菌剂、生物制剂等活性成分，因而可起到促进种子发芽、防病虫、提高幼苗抗逆性等作用。

播种技术　主要包括播种时期的选择、播种方式、播种地选择、播种方法、播种量、播种深度等内容。

播种时期　园艺植物的播种时期很不一致，随种子的成熟期、当地的气候条件及栽培目的不同而有较大的差异。一般园艺植物多为春季播种和秋季播种，春播是从土壤解冻开始，以2～4月为宜；秋播多在8～9月，至初冬土壤封冻为止。果树一般早春播种，冬季温暖地带可晚秋播种。亚热带和热带可全年播种，以幼苗避开暴雨和台风季节为宜。

播种方式　分为大田直播和畦床播种两种方式。①大田直播可平畦播，也可垄播，播后不移栽，就地成苗或供作砧木进行嫁接培养成嫁接苗。②畦床播种一般在露地苗床或室内浅盆集中育苗，培养成苗后再定植田间。苗圃地不能连作，繁殖同一树种苗木，一般需2～3年进行轮作。果树培育砧木苗时，常直接播种于营养袋或钵内。

播种地选择　播种地应选择有机质较为丰富、土地松软、排水良好的砂壤土。播前要施足基肥、整地、作畦、耙平。

播种方法　主要有撒播、点播（穴播）和条播。①撒播。海棠、山定子、韭菜、菠菜、小葱等小粒种子多用撒播。②点播（穴播）。多用于大粒种子，如核桃、板栗、桃、杏、龙眼、荔枝及豆类等的种子。③条播。用条播器在苗床上按一定距离开沟，沟底宜平，沟内播种，覆土填平。条播可以克服撒播和点播的缺点，适宜大多数种子，如苹果、梨、白菜等。果树种子可用双行带状播种，每畦两带四行，便于嫁接时操作。

播种量　单位面积内所用种子的量称为播种量，通常用千克/亩表示。播种量会影响单位面积的出苗数、幼苗质量和栽培效益。因此，播种期必须确定适宜的播种量，其算式为：播种量＝每亩计划育苗数/（每千克种子粒数×种子纯净度×种子发芽率）。实际播种量还应视土壤、气候条件、种子质量、播种方式和方法等实际情况，做适当调整。

播种深度　依种子大小、气候条件和

土壤情况而定。一般播种深度为种子横径的2～5倍，如核桃等大粒种子播种深度为4～6厘米，海棠、杜梨播种深度为2～3厘米，甘蓝、石竹、香椿播种深度0.5厘米为宜，草莓、无花果等播种后不覆土，只需稍加镇压或覆微薄细砂土，不见种子即可。总之，在不妨碍种子发芽的前提下，以较浅为宜。土壤干燥，可适当深播。秋、冬季播种要比春季播种稍深，砂土比黏土要适当深播。在夏季可浅覆土加覆草，种子发芽出土后撤除。

播后管理 主要包括出苗期的管理、间苗移栽、中耕除草、施肥灌水等措施。

出苗期的管理 种子播入土中需要适宜的条件才能迅速萌芽。发芽期要求水分充足、温度适宜，可于播种后立即覆膜、覆草，以增温保湿，当大部分幼苗出土后，应及时划膜或揭膜放苗。出苗前若土壤干旱，应及时喷水或渗灌，切勿大水漫灌，以防止表土板结闷苗。

间苗移栽 出苗后，若出苗量大，应于幼苗长到2～4片真叶时间苗、移苗、分苗，或直接移栽于大田。移栽太晚缓苗期长，太早则成活率低。移栽前要适当干旱炼苗（蹲苗），移栽前1～2天灌透水，以利于起苗带土，同时喷药防病；移栽后灌水1次，以利于根系与土壤充分接触。

中耕除草 为保持育苗地土壤疏松，减少水分蒸发及杂草危害，应勤中耕、勤除草。除草可用人工除草、机械除草或除草剂除草，中耕和除草时注意护根。

施肥灌水 幼苗生长过程中，要适时适量补肥和浇水。迅速生长期以追肥或喷施速效性氮肥为主，后期要增施速效磷、钾肥。由于幼苗根系小，施肥应掌握少量多次。此外，应及时进行喷药防治苗圃病虫害。（张　燕）

果树授粉树配植 pollenizer planting of fruit tree 为提高结实率，对于自花不实、自花结实率低或者雌雄异株的果树，在果园建立时按照一定的比例搭配种植适宜的授粉品种或雄株的栽培措施。柚、苹果、梨等果树，具有自花不实或自花结实率低的特性，需要配植授粉品种；龙眼、荔枝和桃等果树，虽然可以自花结实，但异花授粉能显著提高产量，也需要配植适宜的授粉品种；猕猴桃、杨梅、银杏等果树，为雌雄异株果树，果园必须配植一定比例的雄株。

作为授粉品种的果树，应与主栽品种花期相同或相近，花量大并能产生大量发芽率高的花粉，花粉与主栽品种有强的亲和力，主栽品种经授粉后所结的果实品质有所提高或者没有改变。另外，授粉品种要能与主栽品种同时进入结果期，开花稳定有规律，果实也具有较高的经济价值，成熟期与主栽品种相近或相互衔接，经济结果寿命与主栽品种相近。

授粉树配植主要采用行列式、中心式、等高栽植、随机配植。

行列式 适合大中型果园，一般沿小区的长边成行栽植授粉树，主栽品种和授粉品种隔行栽植。可以栽1行或数行主栽品种，再栽1行授粉品种（一般只栽植1个授粉品种）。主栽品种和授粉树的配植比例需根据果树的开花结果特性而定，在生态最适宜区的果园，比例可以大些，授粉树和主栽品种的间隔距离也可以大些；在生态条件不很适宜的果园，花期可能会受到不良气候条件的影响，比例应低些，间隔的行数应适当减少。

中心式 对于小型的果园，可以采用中心式，授粉树在中间，周围栽种主栽品种，主栽品种与授粉品种的配植比例多为（8～15）∶1。这种方式配植的授粉树数量少，需要授粉品种具备成花易、花量大、花粉多、授粉亲和力强等特性。对于雌雄异株的果树，也可以采用这种方式，如栽植雌株猕猴桃时配植雄株猕猴桃做授粉品种。

等高栽植 适合山地果园，沿等高线栽植授粉树，可以沿等高线栽植1行或数行主栽品种，再栽1行授粉品种。

随机配植 适合地形复杂的山地果园，根据果园的地形综合采用等高栽植、中心式等方式来配植授粉树。如山地果园由于坡度大，只能开辟窄面的梯田，每个梯田只能栽2～3行果树，此时可隔1～2个梯田配植1行授粉品种；或采用近似中心式的配植方式，在需要栽植授粉品种的行中，每隔2～3株主栽品种栽植1株授粉品种。（周碧燕）

果树树冠 fruit tree canopy 主要由主枝、侧枝、结果枝、新梢以及枝梢上着生的叶片构成的果树顶部。树冠与根系是果树的树体中相互依赖的两个重要组成部分，根系向树冠提供吸收的水分和矿质养分、合成的植物激素等，而树冠通过光合作用生成光合产物，运输给根系以支持根系的生长发育和行使各种功能。

树冠承担着多样化的功能：①叶片进行光合作用，为树体的生长发育提供碳水化合物。②叶片进行蒸腾作用，形成蒸腾拉力，促进各种物质从根系向地上部的运移。③新梢和新叶等幼嫩部位合成生长素，运输到根系，促进根系的形态发生。④枝梢进行花芽分化，实现开花结果。⑤叶片还可以承担一定养分吸收功能，补充树体的养分。

随着果树植株从幼年期向成熟期的发展，树冠体积通常也从小到大变化。影响树冠大小的因素很多，包括遗传因素和环境因素。①遗传因素。果树大都为嫁接繁殖，树冠大小同时受到砧木的遗传背景和接穗的遗传背景控制。以苹果为例，同一个品种嫁接在乔化砧MM111上的树冠显著大于嫁接在矮化砧M9上的树冠；同样，即使嫁接在同一种砧木上，嘎拉品种的树冠小于富士品种的树冠。②环境因素。栽培措施中的土壤肥力、病虫害、果实负载量、整形修剪等环境因素能够显著影响树冠的大小。土壤贫瘠、肥力低下的果园，通常树冠小，树体进入盛果期容易早衰；病虫害频繁发生，影响树体生长，也严重抑制树冠的增大；果实负载量过大，容易造成果实发育和枝梢生长对养分的竞争，也会抑制树冠的扩大；整形修剪则是通过去除或者培育部分枝梢，直接对树冠大小进行调控，是果树栽培中塑造良好树冠的主要手段。

树冠的大小能显著影响果树的产量和品质。树冠过大，单株产量高，单位面积的产量可能也高，但是由于树冠内部（即内膛）的光照条件不好，其产量和品质均较差；树冠小，尽管单株产量低，但是内膛的光照条件得到明显改善，果实品质好，且可以通过密植来弥补单株产量低的不足，实现高产。在生产中，树冠的大小通常由所选择的砧木和接穗的组合来基本确定，但会随着树体生长发育、肥水条件等产生变化，因此需要利用整形修剪技术不断对树冠进行调控，以达到最佳的树冠大小，维持最佳的产量和品质的平衡。现代果树生产的趋势之一是矮化密植，通常需要塑造小树冠的整形修剪技术与之配套，实现水果生产的高产和优质的双重目标。（姚　青）

果树脱毒苗 virus-free nursery tree 采用生物技术措施从感染病毒的果树植株中获得无病毒材料，进而培育形成的苗木。脱毒是采用茎尖嫁接、热处理等一种或多种方法相结合，使已受系统性病原感染植株的无病毒部分与原植株脱离而得到无病毒植株的过程。脱毒技术广泛应用于柑橘、苹果、桃、李、梨、葡萄、香蕉等果树中。

脱毒原理与流程 系统性感染植物的病原在一定温度条件下被钝化，利用植物生长点不带毒或带毒量低的特点，通过茎尖嫁接培养可以获得无病毒植株。果树脱毒的一般方法为茎尖嫁接（微芽茎尖培养），主要步骤包括砧木准备、培养基配制、茎尖准备（部分病原脱除须先行热处理）。茎尖嫁接在无菌条件及解剖镜下进行。取2～3个叶原基（约0.15毫米）茎尖嫁接于经液体培养基暗培养的砧木上，置于光照培养箱3～6周，长出2～3片子叶后再嫁接于经营养土培育的无病毒砧木上。经分子检测或指示植物鉴定，确证脱除已知病原，即获得果树脱毒母本植株。

脱毒苗繁育　果树脱毒苗繁育一般有两种形式：嫁接苗繁育和组培苗繁育。

嫁接苗繁育　过程包括：①接穗繁殖。从无病毒母本上采集接穗嫁接于无病毒砧木，繁殖的苗木为采穗母树，用于健壮接穗的培育。②砧木苗培育。用高锰酸钾溶液对种子进行浸种消毒后播种，用消毒营养土覆盖，喷雾浇透水。保持播种地温为25～30℃，大部分苗出土后，用瑞毒霉（铜）或大生M40等杀菌剂消毒，防治砧木苗期立枯病、炭疽病等，每周1次，连续2～3次。砧木分级出土后追施2‰～3‰水肥多次，淘汰弯根苗和弱苗。定植后，及时浇透定根水，进行肥水管理，注意抗旱保湿、病虫害防治与除草。③嫁接及嫁接苗的培育管理。当砧木苗生长到一定粗度和高度后，采用小芽腹接、单芽切接或“T”字形嫁接。翌年春季直接剪砧，待第一次梢老熟后解除嫁接薄膜。春、夏季用利刀将萌蘖或多余接芽削去，每株只留接穗芽一个，对接穗生长角度过大者，立柱扶正。苗期注意肥水管理，加强苗期炭疽病、立枯病及蚜虫、潜叶蛾等病虫害的防治。

组培苗繁育　过程包括：①消毒处理组织。②果树种芽分化。③愈伤组织生根培养。④小苗装杯和炼苗。

脱毒苗效果　脱毒苗繁育与推广是从源头控制系统侵染性病害和检疫类病虫害的基本措施，特别是对防止非虫传病害的危害、蔓延起决定性作用。大面积应用脱毒苗木亦能在相当程度上遏制虫传病害的传播，从而防止病害长距离传播和蔓延。果树脱毒苗的应用能有效减少病害防控用药，提高产品质量安全，降低生产成本。果树脱毒苗根系发达，苗木具有健壮、生长快、投产时间早和抗逆能力强的特点，既可提早结果2～3年，还可显著提高产量和品质。（李太盛　周常勇）

果树无性系砧木　fruit tree clonal rootstock　用扦插、压条、分株、离体培养等无性繁殖方法繁殖的砧木苗。又称自根砧木。无性系砧木能保持母本的性状，但没有主根，根系分布较浅，适应性和抗逆性比实生砧木弱。对于一些果树，由于实生苗的变异大，使作为砧木的优良性状，如使接穗矮化的性状不能保持，一般需要用无性系砧木进行嫁接。对于一些种子数量少或种子发芽率低的树种，也需要用无性系砧木进行嫁接。苹果和梨的矮化砧木通常需要用扦插、压条、分株或离体培养的方法进行繁殖。一些果树具有无融合生殖能力，例如柑橘和杧果等可以产生大量的珠心胚，也可用于繁殖无性系砧木。繁殖无性系砧木的主要方法如下。

扦插法繁殖无性系砧木　扦插的方法一般有硬枝扦插、绿枝扦插和根插。①硬枝扦插。用充分成熟的枝条进行扦插，使之生根长成完整的植株。②绿枝扦插。利用半木质化的新梢在生长期中进行带叶的扦插，使之生根长成完整的植株。③根插。用根段进行扦插，使之长芽而长成完整的植株。

压条法繁殖无性系砧木　对于扦插方法难以生根的树种，可以利用压条的方法繁殖砧木，但是压条繁殖系数低，技术操作也较复杂，在无性系砧木上的应用较少。

分株法繁殖无性系砧木　对于根系容易长出不定芽的树种，如樱桃、枣、山楂、海棠果等，可以利用自然分蘖的方法进行分株繁殖。

离体培养法繁殖无性系砧木　相对于扦插、压条、分株等方法培育无性系砧木，离体培养繁殖苗木繁殖系数高，扩繁速度快，在那些已建立离体再生体系的物种中，可以采用离体快繁无性系砧木的方法。（周碧燕）

果树无性杂交育种　asexual hybridization breeding of fruit tree　采用无性杂交的方法创造遗传变异，选育果树作物新品种的途径。无性杂交又称体细胞杂交、原生质体融合或细胞融合，是通过物理或化学方法使基因型不同的两个细胞的原生质体融合为一个杂合细胞并再生植株的生物技术。常用的原生质体融合方法有聚乙二醇（PEG）诱导的化学融合法和使用电融合仪进行的电融合法。无性杂交可以是双亲完整的原生质体融合的产物，称为对称融合；也可以是亲本一方的细胞核与另一亲本的细胞质融合，称为非对称融合，非对称无性杂种后代称为核质杂种。

果树作物通常存在远缘杂交不亲和现象，由于无性杂交不受亲缘关系限制，克服了远缘有性杂交不亲和障碍，可应用于种间、属间，甚至科间的远缘杂交育种。无性杂交技术已成功应用于柑橘类果树远缘杂交育种实践。（张新忠）

果树性状变异　variation of fruit tree　果树作物性状的遗传变异、表观遗传变异和环境影响的总和。由于果树作物多为多年生植物且多倍体类型较多，果树性状的遗传变异较复杂，通常包括性状的遗传分离、有性倍性变异、无性系变异和表观遗传变异。

遗传分离　指由于父母本杂合基因型在F_1代的基因分离所决定的性状变异。此类遗传变异符合孟德尔遗传规律。

有性倍性变异　指果树作物的有性生殖后代出现染色体倍性的变异。有性倍性变异有两种情况：①有性多倍化，指杂交亲本一方或双方产生可育的2n配子并参与受精，使其杂种后代染色体倍性增加。②不同染色体倍性的亲本杂交后代出现倍性异常分离，例如小金海棠（4x）作母本与山定子（2x）杂交，理论上其杂种后代均为3x，实际上其真杂种后代有2x、3x、4x和5x等倍性分离。

无性系变异　指因长期无性繁殖而积累的体细胞遗传变异（somatic variation）。体细胞遗传变异包括染色体数目变异、脱氧核糖核酸（DNA）结构变异（structure variation; SV）、DNA缺失插入变异（insertion and deletion; InDel）以及单碱基突变（single nucleotide polymorphism; SNP）。无性系变异有时以嵌合体状态存在，通过无性繁殖得以保存和传递。无性系变异是果树芽变选种的遗传变异来源。

表观遗传变异　果树性状的表观遗传变异指不依赖于DNA结构变异，由DNA或组蛋白修饰引起的性状变异，如果树的芽休眠、果树实生树的童性等。（张新忠）

果树选择育种　selection breeding of fruit tree　利用果树现有种类、品种的自然变异群体，通过选择的手段而育成新品种的途径。果树选择育种途径包括自然变异植株的性状鉴定、优株选择和繁殖、品系比较试验、区域试验、生产试验等环节。在人类开展杂交育种以前，所有作物品种都是通过选择育种途径创造出来的。即使是杂交育种普遍开展以后，选择育种仍然为农业生产提供了大量新品种。在未来的果树育种中，选择育种仍然是不可忽视的育种途径。

果树的选择育种主要包括芽变选种

和实生选种两种方式。

（李 贺）

果树学 pomology 研究果树生物学、资源与育种、生产与经营等方面学问的学科。是园艺学的二级学科。果树学的研究内容包括果树的发展简史、学科结构、经济和生态价值、果树分类、种质资源、遗传育种、苗木繁育、生物学特性和生态适应性、果树栽培（从建立果园到果品收获全过程的栽培技术）、主要病虫害、防灾（生物与非生物）减灾、果品采后处理和贮藏加工、果业经营等。各领域均有其独特的术语，形成了一套较完整的术语体系和理论框架。

发展简史 果树学从人类历史的最早期发端，在以采集、渔猎经济为主的原始社会，某些树木的果实已是人类赖以生存的食物来源之一。当时男性出外采集野果带回山洞，食用后将种子丢弃洞外，数年后从众多的实生苗中选出优株培育。中国在一些新石器时代遗址中出土有果实、果核，如浙江河姆渡遗址出土有大量橡子和酸枣核，西安半坡遗址出土有栗、榛和松子等。远在公元前5000年，古巴比伦人和亚述人已认识到枣椰（伊拉克蜜枣）有雌雄之分。公元前2000年，史籍第一次记载了人工授粉（刻在石板上），那时人们已知道为使枣椰获得丰收，需要每年进行一次人工传粉仪式。中国商代已出现栽培果木的园圃，西周至春秋时期园圃已相当普遍，秦、汉之际有了商品性的果树栽培，西汉时成书的《尔雅》中已有"无核枣"和"桑半有葚"等记载，宋朝已有果树学专著《荔枝谱》和《橘录》。在果树学不断发展中，涌现I.V.米丘林（俄罗斯）、R.伯班克（美国）、菊池秋雄（日本）、束怀瑞（中国）、邓秀新（中国）等具有代表性的学者。

近代果树学的发展则有赖于生物学尤其是分类学、遗传学的发展，促成了果树育种学的兴起；同时，化学肥料学的发展推动了果树栽培的进步。果树学科有稳定而系统的科学研究方向，主要包括果树生理生态、果树生物技术和果树种质资源等研究。农业农村部直属的中国农业科学院分设3个果树研究所，即设于辽宁的中国农业科学院果树研究所，设于郑州的中国农业科学院郑州果树研究所，以及设于重庆的中国农业科学院柑橘研究所。这3家研究所分别创办了3个专业刊物——《中国果树》《果树学报》和《中国南方果树》。此外，还有多个省级农科院及其所属果树研究所创办有果树刊物，例如《山西果树》《北方果树》等。

经济和生态价值 果树是中国农业的重要组成部分，其产值居种植业第三位。中国果树种植面积与总产量均居世界第一，分别超过10万平方千米和1000万吨。中国果树种植面积占中国耕地面积的8%，其中67%在山丘地区，有巨大的生态效益。此外，一些果树还被选作行道树、公园观赏植物、庭院植物，对中国的环境保护和生态建设具有重要意义。

果树上收获的果品（包括水果和干果）是重要的副食品，随着生活水平的提高，人们食用水果等副食品的数量和比例日益增大。果品生产不仅在农业经济中占有较大比重，而且对提高居民营养水平、保障生命健康具有重要作用。自古以来，果品有多种多样的加工品，如果酒、果汁、果脯、果冻、果干、果品罐头、果酱制品、蜜饯等。果实加工品不但使果品增值，而且丰富了人民的物质文化生活，现代化的加工技术更使果品的价值倍增。

果树中有不少是优良的蜜、粉源植物，包括蔷薇科的枇杷、苹果、梨、杏和桃，无患子科的荔枝和龙眼，芸香科的柑橘、甜橙、柚子和柠檬，柿树科的柿子、君迁子和油柿，壳斗科的板栗，芭蕉科的芭蕉和香蕉等；优良的粉源植物有猕猴桃和华山松等。连片的果园是养蜂业主的最佳放蜂场地之一，而不少果树是虫媒花，养蜂亦促进果树的授粉受精，所以果树业和养蜂业相得益彰。

此外，一些果树还是重要的药用植物、香料植物和能源植物。药用植物如枇杷和罗汉果是止咳良药，银杏是心血管病药物的原料等。香料植物如芸香科的柑橘、柠檬、香橼、九里香，桃金娘科的蒲桃和桃金娘等。能源植物如油梨果实含油量30%，每百克果肉含热能123～387卡；干椰子肉含油63%～68%；中国选出的50种适合发展的燃料油植物包括欧李和山杏。

果树分类 果树分类的基础是自然分类系统。中国有果树数百种，已经列明种名的果树有84科350种（周其明，1995），另外一种提法是中国有果树59科670多种（俞德浚，1979）。树种数字的较大差别源于对物种定义的宽严不一，以柑橘为例，美国W.T.斯温格尔认为有16种，日本田中长三郎认为有162种，而周其明采用中国自己的分类法认为有28种。

根据某个或某些性状对果树进行人为分类有多种不同的方法。按冬季叶幕特性，可分为落叶果树和常绿果树；按植株形态特征，可分为草本果树、木本果树和藤本果树；按果实结构，可分为仁果类、核果类、坚果类和浆果类等果树；按适宜气候条件，可分为寒带果树、温带果树、亚热带果树和热带果树。此外，还可以进行综合分类。

种质资源 中国是世界作物主要起源中心之一，诸多果树起源于中国，温带寒带果树有桃、杏、中国李、白梨、砂梨、山楂、柿、枣、板栗等，热带亚热带果树有猕猴桃、荔枝、枇杷、橙等。

果树种质资源包括品种资源和砧木资源，前者是栽培的，后者则可能是野生的。野外几百年乃至千年的古树形成"数代同堂"的宝贵种质资源材料，其年轮记录下数百年来的气候变化、古树和生态的互作、基因的漂变。

中国是国际上果树种质资源最丰富的国家之一，十分重视种质资源工作，20世纪50年代，就组织中苏联合考察队对中国的植物（含果树）种质资源进行普查，70年代又对果树种质资源进行了复查，90年代启动了从外国引进果树种质资源的"948"计划。在种质资源保护和保存方面，中国先后设立的400多个自然保护区中多数与植物相关，野生果树是自然保护区的最大受益者之一。在迁地保存方面，中国从1979年开始以农业部与地方投资合办的方式，筹建了兴城梨和苹果圃等18个果树种质资源圃，保存苹果、梨、柑橘、葡萄、桃、李、杏、柿、枣、栗、核桃、龙眼、枇杷、香蕉、荔枝、草莓等20多个主要树种，共收集保存31个科的果树种质资源1万多份，圃地面积超过1.2平方千米。此外，少数仍采用种子繁殖的果树如板栗、榛子等还保存于国家种质库；另有一些果树进行了超低温保存研究。

鉴定是种质资源研究的主要工作之一。以国际上通用的"基因库登记资源的评价及操作程序（CGIAR，1982）"为指导，种质资源鉴定技术正朝着综合化、自动化、计算机化的方向发展。中国还出版了《果树种质资源描述符》和《果树种质资源目录》，使中国对果树种质资源的研究和交流达到世界先进水平。

遗传育种 果树有很长的童期。民谚云："桃三李四梨五年，核桃柿子六七年。"科学家往往需要穷其一生，才能通过杂交揭示其遗传规律。尽管如此，科学家们仍然努力工作，已在童期相对较短的桃上获得越来越多的遗传规律知识。

分子生物学的兴起，尤其是生物技术和基因组测序技术的应用，缩短了果树遗传学研究进度与农作物之间的距离。越来越多的果树完成基因组测序，其中橙、梨、菠萝、荔枝、枇杷等由中国牵头完成。构建**分子遗传图谱**的树种也越来越多，中国在葡萄、荔枝、龙眼上的研究处于国际领先。这为果树的基因定位、图位克隆、挖掘优异基因、分子育种和转基因研究提供了支持。

在果树育种方面，由于育种目标发生变化，产量问题让位于质量问题，21世纪以来育种家们更注重抗逆性问题。在育种方法方面，随着嫁接繁殖技术的普及，**实生选种**渐渐式微，但**芽变选种**仍是果树独特的选育种方式，这是因为果树基本采用无性繁殖。尤其是香蕉这种无籽的能单性结实的果树，芽变选种仍是其重要的育种方式。杂交是大多数果树最基本的育种方式，已在苹果、梨、桃、葡萄、枇杷、龙眼、柑橘等果树上育出了大量品种，其中仅苹果就杂交育出20多个新品种。新的育种技术如诱变育种、倍性育种和生物技术的应用，加速了**果树育种**的进程。

苗木繁育 除了核桃、榛子等经济林尚采用实生繁殖外，中国大多数果树尤其是木本果树均采用嫁接繁殖。此外，扦插、压条和分株等营养繁殖方法也在一些果树种类上应用，甚至成为主要繁殖方式。例如，葡萄、猕猴桃、无花果、石榴等采用扦插繁殖法；无花果、石榴、樱桃等采用空中压条繁殖法；还有利用母树的根蘖、匍匐茎、吸芽生根后切离母体培育成新植株的分株繁殖法，包括用于易发生根蘖的枣、石榴、樱桃、银杏等果树的根蘖繁殖法和易产生吸芽的香蕉、菠萝等果树的分株繁殖法。

离体繁殖又称试管苗繁殖或组培苗繁殖，是现代果树苗木繁殖方法之一，已在一些果树上得到普遍应用，例如香蕉和番木瓜等。香蕉生产普遍采用试管苗繁殖，以至于传统的吸芽苗彻底退出香蕉苗木市场；采用试管苗还使香蕉的耕作方式发生改变，香蕉不再采用宿根种植，而是像大田作物一样进行一年一茬的种植和采收。

生物学特性 果树中多年生的木本果树占大多数，它们具有一些共同的生物学特点。木本果树的生物学特点为：多年生，生命周期长，经历不同的年龄时期，在多年的童期内不能开花结果，进入开花年龄后一般会年年结果，结果年龄可长达数十年。这些特性带来一系列相关问题：①由于几十年“立定不动”，因此根系所处的土壤环境至关重要，好的立地条件能使“根深叶茂、本固枝荣”。②由于童期太长，须多年投入，因此应尽量缩短童期（或营养期）、尽早结果，由此催生了嫁接技术。用无性繁殖的方法既可以缩短童期（或营养期）实现提早结果，又可以保持母本的优良性状。③进入结果期后，每年均会出现既要保证当年结果，又要为来年结果抽发新梢的情况，导致营养生长和生殖生长竞争养分，严重时会出现“大小年”乃至“隔年结果”的现象，因此需要协调营养生长和生殖生长的关系。④大多数果树都是异花授粉植物，基因高度杂合，加上童期长，致使人们长期以来都摒弃实生繁殖而采用嫁接繁殖。

除了银杏、香榧等裸子植物外，大多数果树均为被子植物，花粉传至柱头经历双受精后，胚乳和胚相继发育产生后代，称为交配亲和；但在一些情况下，会出现交配不亲和（孢子体或配子体不亲和），导致胚不能正常发育，不能产生正常的种子。但有些果树种类反而在交配不亲和这种异常情况下，通过单性结实获得无籽果实。

生态适应性 任何果树都是在一定的环境条件下形成、演变和进化的，在其漫长的进化过程中，形成了对一定环境条件的依存性，因此每一种果树都有它特定的自然分布区和相对的适宜引种分布区。研究各种果树对生态条件的反应与适应，不但可以为果树区划和品种区域化提供依据，而且可以为制订合理的栽培措施提供指导。

果树的生态因子包括直接生态因子和间接生态因子。①直接生态因子。温度（高低温、温差、季节变化等）、水分（土壤水分和大气湿度等）、光照（光强、日照长度和光质等）、土壤（土壤固气液三相、土壤酸碱度、土壤肥力等），以上为直接生态因子，在某种情况下也称主导因子。②间接生态因子。包括地形地势、坡向坡度、海拔高度等。直接生态因子和间接生态因子综合起来，可能对果树生存和生长发育产生影响。通过了解各种果树对生态环境的适应性，可为各地选择适栽果树、制订合理的栽培技术措施、防灾减灾、充分发挥果树的生产潜力提供科学依据。

栽培与管理 广义的果树栽培与果树生产基本同义，包括从果树品种、砧木、栽培管理到采收、加工运输、贮藏、包装等环节。狭义的果树栽培则主要指从建立果园到果品收获全过程的栽培技术，具体包括：①果树区划和果园规划，实行“适地适栽”。②建立现代化果园，包括改土和科学的栽植密度。③选用优良品种和优良苗木，例如采用紧凑型品种或矮化砧促进集约栽培。④建立科学的土壤管理制度，科学管理土、肥、水，采用行间生草、株间除草或全园除草免耕或覆盖制。根据营养诊断和土壤诊断的结果，确定合理施肥用量。⑤采用合理的树体管理措施，简化整形修剪技术，使用适于不同目的的植物生长调节剂，特别是旨在促进树体矮化和花芽形成的生长调节剂。⑥加强病虫害控制，采用综合性措施，包括把好检疫关，防控有害生物的入侵，采用抗性强的果树品种，采用有效的农业措施和生物防治等，切实防控严重的病虫害。同时实行“双减”，即减少农药和化肥的施用量。⑦提高机械化水平，采用轻简化栽培。

常见灾害 在果树生产中，常见的灾害或危害有自然灾害、**生物灾害**和人为危害三类。①自然灾害。包括低温冷害，雹害和雪灾，高温、旱害和日灼，台风灾害。②生物灾害。包括病虫害（最为严重）、鸟害和鼠害、杂草危害，其中杂草危害可使产量减少10%～20%。③人为灾害。包括肥害、药害和环境污染。肥害是施用化肥量过多或过于集中对树体造成的伤害。药害指因误用农药或浓度过大而对树体造成的伤害。中国果树面临的肥害、药害已相当严重。环境污染包括大气污染、土壤污染、水质污染和酸雨污染，对果树的危害亦相当严重。

面对频仍的灾害，发展果树业必须做好防灾减灾工作。果树避灾抗灾、防灾减灾是一项复杂的社会系统工程。在果树生产中，应当采取以防为主、防抗结合、综合治理的防灾减灾方针，做到避灾抗灾兼顾，防灾减灾并举，把防减自然灾害与人为灾害结合起来。通过采取政策保障，综合运用工程措施和栽培措施相结合的技术保障体系促进化肥农药双减增效，构建可持续的防灾减灾长效机制，最大限度地减少果树生产因灾损失。

果品采后工作 果品包括水果和干果。水果包括仁果、核果、浆果、柑果、聚合果等。各种各样的果实可能来自不同的植物学部位，如核果类果实来自子房、荔枝和龙眼果实来自假种皮、枇杷果实来自花托和部分子房。干果指果实成熟时果皮呈干燥状态的果实或者人工加工后的果实，包括坚果和晒干的水果。坚果指果皮坚硬，内含可食种子的果实，如板栗、榛子、澳洲坚果、核桃等。晒干的水果如葡萄干、杏干等。果品采后工作涉及采后生物学研究、采后处理（包括分拣、包装、贮藏运输）和果品加工等内容。

采后生物学研究 采后生物学研究的特点：①采后生物学。关注采前对采后的影响，如同研究生殖生长要关注营养生长一样。②综合应用现代研究技术和实验方法研究采前采后的果实，包括分子生物学、蛋白质组学、细胞生物学和代谢组学。采后生物学的核心内容是采后生理、病理学基础和品质保持的调控机制，包括呼吸代谢、果实成熟衰老调控、逆境生物学基础、果实品质调控机制、病原菌致病机理、果实抗病性应答机制和控制病害的生物技术等方面。

采后处理　采后处理包括正确采收和采后商品化处理。按果品质量安全标准处理，包括按标准挑选分拣、清洗（及防腐、灭虫）、打蜡、分级、包装。在贮藏保鲜方面，首先是采用先进的现代化贮运保鲜设备，包括分级包装生产线、真空预冷机、冷藏车船、冷柜、冷库和气调库等；其次是向综合控制的方向发展，包括物理控制、化学控制、农业控制和生物技术控制。采用辐照及静电等新型物理保鲜技术、多功能聚烯烃基保鲜膜等新型材料保鲜，以及微生物拮抗保鲜菌等生物保鲜技术。

果品加工　利用果品可制成各种各样的加工品。千百年来，我们的祖先根据不同果品的特性开发出最适合的加工方式，既能使果品增值，又可供不同地域的人们在非果品成熟季节享用。而现代新技术如微波、生物技术等的应用，更使果品加工业日益发达。较为著名的加工品种类有：果酒中的葡萄酒，果汁中的橙汁和苹果汁，果干中的葡萄干和枣，果品罐头中的梨罐头和桃罐头，果酱中草莓酱和蓝莓酱，蜜饯中的橄榄、余甘，果脯中的苹果脯、杏脯、梨脯、桃脯、果丹皮，果冻中的蜜桃果肉果冻、杧果味布丁、芦荟荔枝味椰果果冻、什锦味果冻等。

果业经营　果业经营包括果业经营的不同业态（设施栽培、观光果园）、果品及其加工品的营销、市场与流通。设施栽培发展较快，南方果树香蕉、枇杷等在北京、辽宁温室大棚内生长良好，果品售价高。北方的果树葡萄在南方广西、广东避雨栽培，一年可两熟，经济效益可观。观光果园遍布大中城市的城郊，广受市民欢迎，同时经营者也收益颇丰。在土地转让等政策的鼓励下，果农们积极探索实行产供销统一的联合企业组织形式，向更集约化、专业化方向发展。

扩展阅读

CHILDERS N F. Modern fruit science. New Brunswick: Horticultural Publications, 1972.

（林顺权　韩振海）

果树野生近缘种　fruit tree wild relatives　与栽培物种亲缘关系近、基本没有生殖隔离的果树野生植物种及它们的野生祖先。是果树栽培作物的野生亲缘植物。果树野生近缘种是相对果树栽培植物种而言的野生种。在自然界处于野生状态，未经人类驯化改良，但其与栽培果树在起源、进化方面有亲缘关系，故称其为栽培果树的野生近缘种。野生近缘种是大多数栽培果树的祖先，在研究果树的起源、演变、分类等方面有重要意义，是现代果树栽培上很重要的砧木资源，又是培育新品种的宝贵遗传资源。野生近缘种长期生存于一定的自然环境中，对比一般栽培种，其形成了对当地环境条件的高度适应性，对不良环境具有较强的抗性。这些遗传特性是经过长期自然选择形成的，表现出稳定的遗传能力，在杂交育种时有较强的遗传给后代的特性。又由于风土条件的差异、异花授粉造成后代的分离，形成许多不同的生态型和变异类型，例如株形的高矮、果实的大小、抗性的强弱等。一般野生近缘种果实的经济价值较低，未经改良前食用品质远较栽培品种差，大多不直接用于果品生产。

在人类生产实践中，对野生果树进行选优汰劣，使那些对人类有利的性状逐渐留传下来，发展成为有栽培价值的树种。例如在中国果树资源调查中，发现野生猕猴桃的大果、无毛等类型，稍加改良就可用于栽培生产。栽培果树中最常用的砧木，大多来自它们的野生近缘种。因其对环境条件的适应性强，在生产上多作为砧木，例如苹果的砧木山荆子、海棠，柑橘的砧木枳、酸橙，梨的砧木杜梨，柿的砧木君迁子等。

野生近缘种在抗性、适应性的遗传上有稳定的遗传传递力，如中国在葡萄抗寒育种中利用野生山葡萄为亲本，育出了抗寒性较强的新品种北醇。野生近缘种的适应性和抗性遗传往往与劣质果实性状相连锁，多数一般在杂交第一代不能被直接利用，还要配合其他方法如回交等技术，逐步改进品质。（王跃进）

果树移栽　fruit tree transplanting　果树或园林植物再次栽植的技术。果树移栽包括育苗期间的小苗移栽（实生苗、营养繁殖苗、试管苗）和定植后的大树移栽。

小苗移栽　包括实生苗移栽、营养繁殖苗移栽和试管苗移栽。

实生苗、营养繁殖苗移栽　培育实生苗时，常采用撒播育苗，可以节约圃地，但容易造成播种密集；同时，由于种子质量差异，往往出苗不整齐，故需要移栽。待幼苗长出3～4枚真叶时，将幼苗掘起，按预定的株行距进行重新栽植。经过移植的苗，垂直主根被切断，有利于苗木水平根系的生长。实生苗应尽可能就近移栽，可以不带土，移栽前一天应充分灌溉，并选择无风的阴天进行。移栽后，随即进行充分的灌溉，并在行间覆盖地膜保墒，提高土温，有利于缓苗。扦插繁殖时，也有从苗床到露地的移栽程序；分株繁殖和高压繁殖时，为了培育壮苗，常需要在苗圃地按预定的株行距假植一段时间，再移栽到果园。

试管苗移栽　利用离体培养技术培育苗木时，须先将试管等容器中的小苗移至栽培盆或苗床进行锻炼，然后再移至露地。当试管苗的根系较充实（例如芽苗的基端出现白色、短粗的不定根）时，将苗取出，用清水冲净根际的培养基，同时摘除试管苗基部萌生的小叶，以免埋入基质中腐烂，滋生有害微生物。移栽的基质可以选择泥炭土、珍珠岩、蛭石等弱酸、低肥、质轻的材料作为炼苗基质，具体的材料和比例因试管苗种类不同而异，但应尽量采用无菌材料，一般选用泥炭土∶珍珠岩∶蛭石为2∶2∶1的培养土，含水量60%左右，即手握成团，一触即散；也可直接购买以椰糠为主体的商业化育苗基质。可移栽到育苗盘、营养钵或小苗床中。移栽时，将试管苗根系舒展后放入基质中，覆好基质，轻轻压实。栽后轻轻喷洒较低浓度的多菌灵试剂，覆盖塑料膜或搭建塑料膜小拱棚，以保持较高湿度。经过两周左右，可以揭去塑料膜。炼苗期间依据天气情况可进行适当遮阳与灌溉。一般小苗在基质床上生长1～2个月，发出较多新根时，即可移栽于露地。移栽时要避免温度过高或过低，以气温适宜的春秋季为好。移栽前加强通风和光照，适当降低基质含水量，以利于大田移栽的成活。

大树移栽　中国清代初成书的《花镜》(1688)即有此叙述，名为《移花转垛法》。乔木果园常有定植过密、早期郁闭的情况，如果间伐损失太大，可行移栽。即在上一年休眠期或相对休眠期，在距树干1～1.5米处挖环沟，并将环沟顺沟内壁铲断根系、削平。然后重新填土，促其另发新根。第二年秋落叶前后，依原来环沟挖起带土块的植株，如土质松散，挖沟后用草绳缠绕土块，就近移栽于已挖好的树穴内，四周填实，然后灌水，覆盖保墒防寒。翌春化冻后，先灌透水，然后覆盖地膜。如树冠较大或是常绿果树，移栽后要以树干为中心，以木柱或绳索加以支撑，防止摇动倒伏影响成活。移出的大树可作老园补缺，也可另开新园。

关键措施　提高成活率的关键措施

有：①移栽时期。适合树木移栽的季节是土壤解冻后到树体发芽之前，或者秋季新梢停止生长后树木开始落叶到土壤结冻之前。此时地上部分停止生长，而根系仍然在活动生长，树木移植后被损伤的根系恢复较快。在非适宜的季节移栽时，应采取相应的技术保护措施，如浇灌ABT生根粉促发新根，或采取喷雾装置减少蒸腾量，可提高移栽成活率。②移栽前处理。首先对树体进行修剪，多年大苗和成龄大树，在不破坏骨干枝和结果枝组的前提下，对树干进行较重修剪，以保持根系与地上部的平衡关系。修剪量的大小要根据移栽大树的根系完整程度、树龄、树势来确定，一般要剪掉全部枝叶的1/4～1/3。树冠越大，伤根越多，树势越弱，越应加重修剪，以减少树冠的蒸腾面积，从而提高成活率。其次对树体进行断根、大树移栽时，应该在移栽树前1～2年进行断根处理，促发新根，以利移栽后成活。移栽前1～2天灌水，以利起苗。③起树及包装。挖树时尽量保持根系完整和根系带土，折损、断伤的根部要修剪平滑，避免斜剪，以利愈合。对大剪锯口应涂保护剂，如塞霉酮膏剂等，也可用100倍多菌灵把全部根系喷一遍，消毒灭菌以防根系腐烂。用塑料袋、草绳和稻草等扎实包装根系土球，草绳要捆至树干主枝下，以免损伤树皮。包扎好后，把捆紧的草绳用水淋湿，既可保湿，又可防止土坨松散。对树上部分的树干和树冠也要用草绳适当包裹，并且喷水保湿，以防止运输和装卸过程中的机械损伤和水分过度蒸发。④移栽技术。最好当天挖运当天栽植，移栽时应提前挖好长100厘米、宽100厘米、深80厘米的栽植坑（依据土球大小和根系幅度灵活调整大小），栽树时边埋土边踏实，尤其根系较大的空隙部位可用木棍将土夯实，使根系与土壤充分接触，埋至地平时修筑浇水坑，然后浇足水，等水充分下渗后扶直树干，覆土至与地面平。种植深度应参照起树前画在树干的标记，种植时对准原生长地的方向，避免树体因采光方位改变导致生长紊乱而延长缓苗期。

栽后管理　移栽后的管理有：①树体固定。为了固定树体和防止根部土壤出现裂隙致使水分散失，可在树干基部堆30～50厘米高的土堆，风大的地区应同时用支架固定树体，一般采用三支架固定法，上支撑点应在树高的2/3处，并加保护垫层，以防擦伤树皮。一年后，待大树根系恢复好方可撤除固定支架。②水肥管理。新移植的大树根系吸水功能减弱，对土壤水分需求量相对较小，应严格控制土壤浇水量。浇水过勤、过多，土壤的透气性差，对发根不利，严重的会导致烂根。一般移栽后浇两遍透水即可，即栽植后浇一次透水，过10天后再浇一次透水。以后应根据土壤水分情况，灵活掌握浇水。同时注意雨季不要积水，做到树盘内雨止水干。刚移栽的大树不宜施肥，树成活后，在7～9月适当追肥，并结合喷药及时进行叶面喷肥。移栽后第一年以叶面肥为主，每年喷施3～5次，前期以0.5%尿素为主，后期（6～8月）以0.4%～0.5%磷酸二氢钾为主。③覆盖保墒。为了减少土壤水分散失和提高地温，栽植后应及时覆膜或覆草。覆膜前应将树盘平整成外部高、内部略低的形状，覆膜范围应大于栽植坑或整行覆膜。覆草可采取树盘覆盖或整行覆盖，覆盖物可选择秸秆、绿草、麦草等，厚度15～20厘米，花点式压土，以防风吹。④病虫防治。按照新建园病虫害防治要求及时防治病虫害，尤其修剪伤口较多的树应特别注意腐烂病的防控。

（陈清西）

果树引种　fruit tree introduction　从外地区或外国引进果树品种，通过本地适应性试验后直接在本地推广种植的行为。引种的品种材料可以是营养器官（如枝条），也可以是有性繁殖器官（如种子）。虽然引种不能创造新品种，但却是迅速解决生产上迫切需要的新品种的有效途径。

引种应遵循基本的生态学原理。为减少引种的盲目性和增强预见性，应注意两地生态条件的差异。影响引种成功与否的生态因子包括温度、日照、降水和湿度、土壤理化性质等，这些因子都会影响果树的生长发育和开花结果，其中温度常是影响引种成败的主导因子。日照主要通过光周期和日照强度对引种效果产生影响。

（张志宏）

果树诱变育种　mutation breeding for fruit tree　根据育种目标选择适宜的品种或种质资源，利用物理或化学方法诱发果树作物产生遗传变异，并对变异体进行选择，选育新品种的育种方法。常用的诱变方法有物理诱变、化学诱变及其他诱变方法。

物理诱变　包括辐射诱变和太空诱变，其中辐射诱变是常用的物理诱变方法。物理诱变常导致缺失，倒位、易位，断裂和交换等染色体畸变；或者由于DNA氢键断裂或产生胸腺嘧啶二聚体等引起基因突变。

辐射诱变　采用的射线种类包括电离辐射和非电离辐射。非电离辐射如紫外线（紫外灯）或激光（二氧化碳、氦氖激光）的能量较低，穿透力弱，适用于对花粉或单细胞等进行诱变。高能电磁辐射或高能粒子穿过介质时，能使介质电离（离子化），故称为电离辐射。电离辐射能量高，穿透力强，诱变效果强，适于处理各种植物材料。电离辐射又可细分为电磁辐射和粒子辐射。粒子辐射包括α射线、β射线、质子和中子等，而电磁辐射常用X射线和γ射线。γ射线是果树诱变育种的常用物理诱变剂，常用辐射源有^{60}Co和^{137}Cs，处理方式常用外照射。60%诱变育成品种是利用γ射线，如砂梨抗黑斑病品种金二十世纪即为利用γ射线慢照射金二十世纪枝条诱导产生突变，并对突变体进行选择育成。

太空诱变　指通过航天器搭载育种材料，利用太空微重力、高能粒子、高真空、缺氧和交变磁场等综合物理诱变因子进行诱变育种的方法，也称航天育种。太空诱变具有诱变作用强，变异幅度大，微突变类型多和有益变异多等优点，对于产量和品质等经济性状改良作用大。

化学诱变　常用的诱变剂有四类，分别为秋水仙素等微管抑制剂，甲基磺酸乙酯（EMS）和亚硝基甲基脲（NMU）等烷化剂，叠氮钠（NaN_3）、5-溴尿嘧啶（5BU）和2-氨基嘌呤（2-AP）等碱基类似物。化学诱变的优点是突变率高，尤其是基因突变率高，对染色体结构的损伤轻，但化学诱变的不足是容易引起生活力和育性下降，体内残留诱变剂有后效。秋水仙素、8-羟基喹啉等微管抑制剂常用于诱导果树作物染色体倍性变异，获得多倍体新品种，如四倍体玫瑰香葡萄及四倍体嘎拉苹果等。EMS常用于诱导产生基因突变，例如用EMS处理曾获得大量森林草莓的单基因突变体。化学诱变的常用方法有浸泡法、涂抹法、注射法、熏蒸法及基质饲喂法等，前三种方法是果树化学诱变育种应用最广泛的方法。

其他诱变方法　诱变育种常用旺盛分裂的植株、花粉、顶端分生组织、离体培养物等作为诱变材料。组织培养、单细胞培养或原生质体培养也曾被作为果树诱变育种的方法，即使培养基中未施加诱变剂，培养物在脱分化与再分化的过程中也存在产生遗传变异的可能性。

诱变处理后采用诱导不定芽技术促进隐芽萌发，采用无性繁殖以及离体培养等方法对突变体进行分离和纯化。然后通过形态学、细胞学以及分子标记等方法对突变体进行鉴定。通过鉴定的遗传变异体再进行初选、复选、品种试验等育种程序，最终选育出新品种。

诱变育种实践中诱变频率与诱变材料存活率之间存在矛盾，且诱变产生的变异方向难以控制。（张新忠）

果树育种 fruit tree breeding 对果树自然发生的或通过人工方法创造的遗传性变异进行选择，进而育成新的优良品种的过程。广义的果树育种还包括引种和良种繁育。

简史 最初阶段都是从自然变异中选择优良类型。中国果树选种至少已有3000年以上的历史。在《齐民要术》的枣树一节就有“常选好味者留栽之”的论述。世界上早期的系统实生选种以18世纪J.-B. van蒙斯在洋梨新品种选育上的工作最为著名。1806年，T.A.奈特第一次通过人工杂交方法培育出果树新品种。19世纪后，果树育种进入人工杂交育种时期，各国科学家通过杂交育种创造出很多有价值的果树新品种。与此同时，芽变选种受到广泛重视。1937年后，开始应用化学诱导变异方法，1944年开始进行物理诱变育种研究。20世纪80年代起，分子辅助育种、基因工程育种等现代育种手段在果树上得到日益广泛的应用。

特点 果树是多年生作物，植株高大，结果晚，其系统发育和个体发育过程均不同于一、二年生作物。果树育种特别是杂交育种与一、二年生作物的育种相比，具有以下特点：①品种多是从高度杂合体中选择的优良类型，且常自花不孕，无法保持自交系，极难得到纯系分离的后代，使得果树遗传分析非常困难。②有些果树在杂交育种过程中不发生配子生殖和受精，出现珠心胚干扰及自发多倍体和混倍体现象，遗传特性复杂。③童期长，杂种实生苗往往需要历经数年乃至十几二十年的童期才能开花结果。这些特点决定了果树育种的难度更大。但果树育种也有其优越性，由于果树多杂合体，遗传基质特别丰富，通过基因的分离和组合，可以出现亲本所没有的新性状而形成新品种，如枇杷果肉颜色均为橙红色的双亲其杂交后代有出现黄白色果肉的优良单株；大多果树是无性繁殖作物，通常可通过无性繁殖来保持种性，使得果树新品种优良性状的固定远比用种子繁殖的作物更容易。

途径 果树育种的主要途径有查（资源调查）、引（引种）、选（选种）、育（育种）四条。资源调查是从自然界天然产生的各类变异中选择符合育种目标的优良类型。引种是从引自国内其他地方或国外的优良品种中选择适宜本地特点的优良品种。选种包括实生选种和芽变选种等。育种包括杂交育种、体细胞杂交育种、倍性育种、诱变育种（包括物理诱变、化学诱变等）、细胞工程育种、基因工程育种、分子辅助育种和基因组辅助育种等。人工有性杂交育种是当前果树新品种培育的最主要途径。自20世纪50年代起，中国陆续已通过杂交育种育成一大批苹果、梨、葡萄、桃、核桃、板栗、猕猴桃、柑橘、枇杷、龙眼等果树的优良品种，珠心胚现象严重的柑橘及胚败育严重的枣树等杂交育种困难的果树也在杂交育种上取得了突破性进展。

程序 主要包括目标制定、选育、试验和繁殖推广四个阶段。①目标制定阶段要针对生产上对品种的需求，制定所要育成品种应具备一系列优良性状的指标要求。②选育阶段是将调查发现、异地引种、系统选择和人工创造的优良类型，在选种圃中进行培育，待开始结果后，连续鉴定评价3年以上，选出有价值的优良单株。③试验阶段是通过品种比较试验和区域适应性试验，做出全面鉴定，提出有推广价值的新品种及其适栽区域和相应的栽培技术。④繁殖推广阶段是有计划地为发展新品种提供优质苗木。

趋势 在育种目标上由强调个大、丰产转向优质、多抗、管理省工、易贮耐运、适应机械化作业、可满足多样化需求等；在育种方法上，多方法融合育种、传统方法与现代方法相结合的分子辅助育种及分子设计育种将成为主流；加代育种、快速育种和工厂化周年育种技术将得到快速发展；统一、权威、标准化的品种比较试验和区域适应性试验体系将建立起来；跨团队、跨单位、跨行业、跨区域、跨国家的果树育种将成为新常态。

扩展阅读

BADENES M L, BYRNE D H. Fruit breeding. New York: Springer, 2012.

（刘孟军 郑少泉）

果树育种程序 procedure of fruit tree breeding 果树新品种选育工作的实施步骤。果树育种周期长，占地大，费工费时，为加快育种进程，提高育种工作效率，使新品种能够在生产上尽快推广应用，建立科学合理的育种程序是必不可少的。

果树育种程序包括四个阶段：①目标制订阶段。针对生产上对新品种的需求，制订所要育成品种应具备一系列优良性状的指标要求，如产量性状、稳产性能、熟期性状、品质性状以及抗逆性等性状改良目标；同时要掌握育种目标的性状遗传规律，正确选配亲本，提高后代优选率。②选育阶段。这个阶段包括从自然界中筛选得到果树实生变异优良单株或芽变优良单系、从国内外引进优良品种（系）以及通过有性杂交或诱变等获得优良单株，并在选种圃中培育；首次结果后，进行连续3年以上的观察鉴定，选出优良类型。③试验阶段。包括品种比较试验、品种区域试验和品种生产试验。其中品种比较试验、品种区域试验阶段是鉴定评价品种优劣的关键性阶段，可弥补选种圃中观察鉴定结果的不足，能对参试株系、品系或优良类型做出较全面客观的分析。④繁育推广阶段。通过品种审（认）定、登记或决选出的品系经过区试表现优良的品种，建立良种母本园或利用生产试验园，保存典型原种。根据新品种繁育任务，严格执行苗木繁育制度，加快良种繁育和推广。

由于果树育种周期长，要采取缩短童期措施加速进入结果期，也要进行相关预选，提高早期鉴定效果。为提高育种效率，在保证质量和遗传稳定的前提下，可灵活掌握育种程序。如筛选的地方实生优株，通过三代无性遗传稳定性测定后，仍能保持母本优良性状的可直接在当地推广；从生态条件相近的地区引种，也可直接应用；此外，在育种实践中常常把品种区域试验和品种生产试验同步进行，以缩短育种年限。（郑少泉）

果树育种目标 fruit tree breeding objective 对所要育成的果树品种在生物学和经济学性状上的具体要求。即新品种在一定的自然、生产和经济社会条件下进行栽培时应该具备的一系列优良特征和特性。果树育种旨在持续培育适应不同生态环境，可满足种植者、经营者（贮运、营销、加工）和消费者多方面需求，综合性状优异，具有更新换代价值的多样化、高级化品种。

为有的放矢地选育新品种，在制定育种目标时应考虑如下问题：①符合优质、高产、省力、节本、安全、高效的果树产业发展方向，选育的新品种能以较少的投入获得较大的经济、社会和生态效益。②育种目标要充分考虑不同地区、不同树种的特色需求，主次分明，不强求完美无缺。如在苹果生产的北缘地带，寒害是影响苹果生存和正常生长发育的主要问题，其育种应将抗寒列为主要目标；在枣上，裂果、缩果和枣疯病对产量和品质影响最大，则应把抗病性作为主要目标。③要尽可能满足种植者、消费者和经营者多方面的需求，既要着眼于现实和近期发展需要，同时也应尽可能兼顾到长远发展的需要。

基于上述考虑，果树育种目标可分为共性目标和个性目标两个层次。

共性目标 共性目标包括矮化易管、早果速丰、高产稳产、优质营养、抗逆抗病虫抗除草剂、易贮耐运、适于机械化生产、适应多样化需求，以及可以改善接穗品种生长结果性状的砧木品种等，可以通俗地称之为好看、好吃、好栽、好管理、好贮运、好加工。其中，矮化易管、早果速丰、高产稳产、抗逆抗病虫抗除草剂、适于机械化生产及优良砧木品种，主要是为满足种植者低投入、高产出和见效快的需求；优质营养和多样化主要是为满足消费者日益挑剔和差异化的需求，优质包括外观漂亮、大小适中、风味浓郁、营养丰富、适口性强等，多样化包括大小、形状、风味多样及成熟期多样等；易贮耐运则主要是为满足经营者的需求，同时也是种植者和消费者的共同需求。

个性目标 果树育种的个性目标因果树种类、用途和栽培地区等不同而有明显差异。如苹果育种比较关注选育优质、高产、耐贮运的晚熟品种，适于集约化生产的紧凑型品种，优质耐贮、果型较大的抗寒品种，耐高温多湿、抗病性强的高产优质品种，适应性强的矮化半矮化砧木品种。

葡萄育种重在选育早熟、大粒、丰产的无核鲜食品种，优质、适应性强的酿酒品种，耐湿、抗病性强的品种，抗逆性强的砧木品种等。

梨育种重在选育早熟和晚熟优质耐贮品种，抗寒抗病（火疫病、黑星病）优良品种，矮化品种和矮化砧木，以及适应机械化生产的品种等。

在桃上，重点关注丰产优质的极早熟鲜食品种，大果型、品质好、抗性强、耐贮运的晚熟鲜食品种，风味甜、不裂果、色浓红、大果型的油桃品种，抗蚜虫和炭疽病、不裂果、丰产耐贮运的蟠桃，以及加工专用和观赏用桃品种。

在核桃上，重点选育早果、高产、稳产、壳厚适中、含油率高的品种，矮化、寡雄、适于密植、便于管理的品种，抗寒、抗晚霜、耐湿热的砧木品种等。

在板栗上，重点选育高产稳产、早果速丰、坚果品质优良的品种，适应性强、对主要病虫害高抗的品种，适于密植栽培的短枝矮化品种和砧木。

在枣上，则更关注适宜枣树分布北缘地区栽培的抗寒、中早熟优良鲜食品种，适应南方高温多湿气候的优良鲜食品种，适宜设施栽培和耐贮运的优良鲜食品种，高抗裂果、缩果和枣疯病三大病害及日本龟蜡蚧、绿盲椿象、桃小食心虫等难防治害虫的优良品种，富含枣特色营养成分（维生素C、环核苷酸、脯氨酸等）的优良品种，便于食用和加工的无核品种，以及矮化易管品种和矮化砧木等。

一个具有革命性的换代型新品种，应该能同时满足果树育种的共性目标及不同树种、不同地区的个性目标。但无论是共性目标还是个性目标，均会随着生产发展、市场变化及科技进步等而不断地提高和完善。

（张志宏 刘孟军）

果树园地规划 orchard planning 在果树栽植前，对果园中的小区分布、树种品种选择、道路及排灌设施等进行科学、缜密、可行的规划设计。

主要依据 果树园地规划可避免盲目栽植后给生产管理带来的混乱和损失。规划设计的主要依据有：①国家相关政策、法规，地区经济、社会发展的方针，特别是农业种植业发展的方针、城乡发展规划等。②自然环境条件和资源，包括降水、温度、日照、湿度、地下水、风向风力、自然灾害等气象条件，地形、地势、土质、土壤利用和植被情况，水、矿产及天然能源，生态与污染现状等。③社会经济及人文条件，包括人口、农业劳动力资源、经济状况、工业和商业、交通的发达与否；种植业水平，特别是已有园艺业水平、有无特优产品；农业劳动力素质等。④市场，特别是园艺产品近地和远销市场的现状与展望，本地、近地人口园艺产品消费水平及特点等。⑤发展生产的投资情况，主要靠本地还是有其他投资方，近期与长期内投资力度等。

主要内容 规划设计的主要内容包括水土保持工程、种植园小区、果树种类与品种的配置、防护林体系（网）、排灌系统、道路以及其他附属建筑等。

水土保持工程 无论是山地、平原还是滩涂地，风蚀、水蚀导致的水土流失都是园地规划中要解决的首要问题。水土保持工程的重点内容是山地修筑拦水坝、梯田，平原或滩涂地营造防风林。山地果园开垦时，可选择省工高效的鱼鳞坑、等高撩壕，也可采用蓄水保土效果显著的梯田。鱼鳞坑是在山坡上挖掘具有一定蓄水能力、交错排列的半圆形或月牙形土坑，坑内可蓄水，适于果树的种植，因外观酷似鱼鳞而得名。等高撩壕是沿坡地等高线挖深、宽40厘米左右的沟，沟内土堆放在下侧，筑成土埂，埂上种植果树，可在蓄水的同时增加栽植穴的土层厚度。梯田包括水平梯田、坡式梯田和隔坡梯田等，高质量的梯田可有效拦蓄降水，实现水不出田、土不下坡，特别是“前埂后沟加梯壁植草加反坡梯田”坡面综合整治技术，蓄水和保土效益显著。

种植园小区 小区是果园种植作业的基本单位，一般小区的面积为10～30公顷，山地地形较复杂时小区面积可以小些，如2～5公顷。小区的形状以长方形较好，长边与防护林主林带平行。山地种植园小区的形状、大小，应综合考虑地形、地势、耕作、等高线走向等进行划分。一般情况下，一个小区内种植一个树种或品种。

果树种类、品种的配置 果树种类、品种配置是决定规划果园长期经济效益的关键要素。要根据果园的土质、土壤肥力、地形地势、自然经济条件、人文文化传统和管理技术水平等进行综合考虑。规划设计时，必须考虑的内容有：①不同成熟期、不同用途的种类、品种选择与配置。②授粉树选择。多数果树在确定主栽品种后都需要选配适宜的授粉品种。授粉品种应具备的条件是，与主栽品种同时开花、花粉量大并与主栽品种授粉亲和性好，产量与品质符合要求，与主栽品种同时进入结果期，且年年开花，经济寿命相当，能生产经济价值高的果实，与主栽品种的果实成熟期相近等。③授粉树配置。常采用中心式和行列式两种方式，前者是在授粉树周围种植主栽品种；后者是栽植1行授粉品种后，栽植1行（等量式）或多行（差量式）主栽品种。以行列式配置方式较为常用，管理较为方便。④种类、品种的隔离。有些种类、品种在栽植时需要适当距离地隔离对其有不良影响的种类、品种。

防护林体系（网） 防护林是果园必不可少的部分，其具有降低风速、减小风雹等自然灾害，调节小气候、缓和温湿度变化等功能。防护林由主林带和次林带组成。主林带，与当地主风向垂直，栽植乔木树种3～6行；次林带，与主林带垂直，栽植乔木树种1～2行。通常林带与种植园小区边界、道路、地上排灌渠系同时规划，可节省土地。

排灌系统 果园排水、灌水系统是种植园管理水平和经济效益的重要保障。现代化果园必须具备包括水源、输水管道、排水管道、供水设施等完善的排灌系统。水源可利用现有的水库、河流等，也可自行修建水井、集水池等。果园灌溉系统要注重节水技术的综合利用，采用硬底渠道输水、管道输水，采用喷灌、滴灌等节水灌溉设施。果园排水系统要形成毛、支、干、主排水管网，确保能够及时排涝、防涝。

道路 道路是果园作业管理和连接外界的主要通道，也是划分种植园小区的界线。果园道路系统包括主路、干路、支路和作业道。主路是种植园通往外界的主要道路，一般为双向车道，允许重载机动车通过，且保证较大的交通流量，一般宽6～8米，两旁为防护林或排灌渠道。干路和支路一般是小区的边界，宽4～6米，在防护林下，与排灌渠道并行。作业道设在小区内，为方便作业所设，不多占地。山区种植园的道路设计，要考虑地形、坡降，并与水土保持工程结合起来进行规划设计。

其他附属建筑 种植园管理者的办公场所、工具与农用物资库房、产品分级包装、田头冷库、产品初选加工等，都需要一定的场所；大型种植园可能还需要规划员工生活、食宿房舍；以休闲为主的种植园还需要与之对应的餐饮、休憩、娱乐等场所，可能还需要配套规划停车场等。

中国果树区划 果园规划的大背景是果树区划。中国果树区划是以中国自然地理特点及果树对生态条件的适应程度为依据而划分的果树带或生产区域。中国分为八个果树带：①耐寒落叶果树带。主要包括东北部的辽宁沈阳以北至黑龙江黑河之间的区域，主要种植小苹果、秋子梨、李、杏、山楂、榛子、越橘、山葡萄、树莓、醋栗、穗醋栗等。②干旱落叶果树带。主要包括内蒙古自治区，新疆维吾尔自治区，河北承德、怀来，北京怀柔以北，宁夏回族自治区吴忠，甘肃兰州，青海西宁以北地区；主要种植杏、梨、沙果、槟子、海棠、葡萄等。③温带落叶果树带。主要包括辽宁省南部、西部，安徽省部分地区，河南省中、北部，陕西省中、北部，四川省西北部，以及河北、山东、山西、甘肃、江苏等省；主要种植苹果、梨、枣、柿、葡萄、杏、桃、板栗、山楂、核桃、石榴、银杏、樱桃等。④温带落叶、常绿果树混交带。主要包括浙江省钱塘江以北，江西上饶、南昌，湖南岳阳，湖北宜昌，四川苍溪、茂县、汉源等区域；主要种植桃、柑橘、李、梨、樱桃等。⑤亚热带常绿果树带。主要包括中国台湾地区的台中，福建泉州、漳州，广东潮汕、佛冈，广西壮族自治区梧州、桂平，云南开远、临沧等区域；主要种植柑橘、龙眼、荔枝、枇杷、橄榄、杨梅、菠萝、香蕉等。⑥热带常绿果树带。主要包括中国台湾地区，海南省及所属南海诸岛；可种植香蕉、菠萝、番木瓜、杧果、树菠萝、黄皮、番荔枝、椰子、人心果、油梨、红毛丹等。⑦云贵高原落叶、常绿果树混交带。包括贵州省全部，云南省绝大部分，以及四川省凉山州；不同海拔高度可种植的果树种类不同，如香蕉、菠萝、杧果、柑橘、荔枝、苹果、梨等。⑧青藏高原落叶果树带。包括西藏自治区全部，青海省绝大部分，以及四川省西部地区；主要种植苹果、桃、核桃、李、杏以及柑橘、梨、枇杷、石榴、葡萄等。

（叶春海 李映志）

果树园地开垦 orchard reclamation 改善种植园土壤理化性状，为果树生长特别是根系的生长发育创造适宜土壤条件的栽培措施。果园的园地开垦内容视果树种植密度而异。

小型、高密度果树 种植菠萝等小型、高密度果树时，园地开垦的内容包括平整土地、施肥、翻地、碎土、作畦等。①平整土地的目的主要是为了便于耕作、播种、灌溉、排水、施肥、打药及收获等作业。平整土地时应清除土壤表层妨碍机械作业、影响果树生长的岩石、树桩及其他杂木等。按照园地规划要求，削高填洼，并与排水毛渠形成斜面，确保果园排水流畅。低洼处填方时要考虑填土的沉陷问题，如细土的沉降系数约为15%。填方时可采取镇压措施，或填土超出设计高度。②高密度种植的果树一般采取全园施肥。施肥与翻地同步进行，先在种植区表面撒施肥料后，全园深翻。菠萝一般深翻40厘米，亩施蔗叶或菠萝残叶等土杂肥或有机肥2000千克、磷肥150千克、钾肥150千克、复合肥375千克。③全园深翻之后，进行碎土、耙平，将翻地形成的大土块压碎、波状地面变平整。④种植菠萝时需要作畦。每畦可种植双行或三行，以双行居多。双行种植时，畦与畦沟宽1.5米、行距50厘米；三行种植时，畦与畦沟宽2米、行距45厘米。

大型果树 种植荔枝、波罗蜜等大型果树时，园地开垦的内容主要包括种植穴或种植沟开挖、施肥、回土填埋等。大型果树因其种植密度低，无须全园深翻。在清除园地原有杂木、异物后，稍做平整即可开挖种植穴或种植沟。其对果园的平整度要求较低，不影响果园作业即可。株距较小的作物，如香蕉，可开挖种植沟；株距较大的作物，如大多数乔木果树，可开挖种植穴。开挖种植穴或种植沟时，最好将表层土壤与底层土壤分开放置，回填时，将表层土壤先回填，底层土壤填至表层。种植穴的深度和直径一般为0.8～1.0米，种植沟的深度和直径一般在0.8～1.0米。开好种植穴或沟后，待其分化1个月左右，分层施入有机肥和钙镁磷肥，回填后，填土高度要高于地面。待种植穴或沟内的回填土壤充分沉降后，再重新挖浅穴种植。

在丘陵山坡地建立果园时，需要修建梯田、鱼鳞坑或等高撩壕等水土保持设施。

（叶春海）

果树园地评价 orchard evaluation 建立果园前为做好果园规划，结合当地环境条件和所栽果树的生物学特性，对园地气候、地势、土壤等进行的综合评定。对果树园地的评价，主要考虑气候、土壤、地下水位、地形、污染、交通条件等。首先要考虑气候条件，尤其是温度。在有灾害性气候的地方，多年经营的果园往往毁于一旦。例如在中国北方年平均温度为6℃以下的地带种植苹果，在南方年平均温度为18℃以下的地带种植柑橘，都不能免于冻害。因此，根据适地适树的原则对园地做出科学评价，慎重选择园地，具有极其重要的意义。

气候与地势 地球上热带、亚热带、温带和寒温带等广大地区的气候条件各不相同，园地所处的纬度、海拔高度、海陆分布及地形等因素也会间接影响果园实际所处气候环境条件，这些都会影响果树萌芽、生长、开花、结实、成熟与休眠等生长发育过程，造成物候期不同。轻则须调整农事活动；重则如前述的苹果和柑橘，分别会在年平均温度以下受冻。纬度越高，温度越低；海拔越低，温度越高；受海洋气流影响的地区，气温变化平缓；盆地和谷地空气容易聚集，无霜期比周围地势略高处要短。

果树园地的气候条件必须适合果树的生长发育，建园选址时应有利于气候的调节。如在冬春气温偏低的地区或干旱地区，宜靠近面积大的水面，以调节气温和湿度，能在一定程度上减轻霜冻和旱害；山地缓坡、丘陵地带光照充足，昼夜温差较大，不易遭受霜害，有利于提高果品品质。

园地气候包括局部小气候环境。小气候又称微气候，是在局部地区内因下垫面局部特性影响造成热量和水分收支差异，从而在小范围内形成的一种与大气候不同的气候，具有“范围小、差别大、较稳定”的特点。果园小气候可通过以下几个方面对果树生产产生不同影响：①光照。规划建园地区的气候类型、果园的坡向和海拔等都会影响光照。②温度。果园内的温度分布主要取决于光照强度的分布，光照强，温度就高。在生产中，要特别注意利用山地小气候和水体小气候，山地小气候夏季升温慢，最高气温低于平地，能避免热害；水体小气候冬季降温慢，最高气温高于陆地，能避免冻害。③空气湿度。果园内的空气湿度与土壤湿度、果树大小、树种蒸腾和天气等因素有关；也与耕作制度有关。果园采用生草栽培可提高土壤湿度，有利于果树的生长，在龙眼、枇杷、葡萄等果树栽培中均有应用。鉴于果园小气候影响果树生长发育和果实产量品质形成，在建园时要注意园地的小气候环境，为果树的生长发育创造优越的气候条件。

气候与地势相互影响，相互制约，地势的差异必然造成温度、光照、水分等生态因子的不同，故应对地势不同的各种地形类型分别进行评价。

山地类型评价 山地指海拔为500米以上的高地，起伏很大，坡度陡峻，沟谷幽深，是中国建立果园、发展果业的广阔基地。在山地生态最适带栽培果树，树体健壮，寿命长，易丰产，品质好。但由于海拔高度、坡向、坡位等条件不同，果树生长表现存在差异。

山地垂直分布带与小气候带 高山的温度、日照、雨量等气候条件的变化，土壤发育过程的差异，形成了高山植物垂直分布带。山地随海拔高度每升高100米，气温下降0.4～0.6℃。随海拔升高，生长季节也相应缩短，表现为春来迟，秋来早。雨量分布也随海拔升高而增加，一般每增加100米，雨量增加30～50毫米，但超过4000米，雨量又逐渐减小。海拔高度不同，光的质量也有变化。一般海拔低，大气中容易成云，水蒸气多时，漫射光较多；随海拔增高，漫射光逐渐减少。在不同的分布带内，果树的种类分布也不同，因而形成了果树的垂直分布带。在垂直分布带中，最适宜某种果树生长发育的地方称为这种果树的生态最适带。各种果树生态最适带的海拔高度在不同地区是不一样的。

山地地形复杂，在同一海拔高度，由于地形本身构造起伏不定，也容易产生小区气候带，即一种果树在同一山区的分布往往不在同一等高地带内，有时错落达数百米，常与垂直分布带相矛盾。

坡度 水土保持学者按每5°分为一级，一般5°以下为缓坡，5°～15°为斜坡，15°～35°为陡坡，35°以上为峻坡。斜坡是发展果树的良好地段，也是山地最具代表性的坡度。在中国，缓坡宜种粮棉作物，陡坡和峻坡宜多造林。

坡向 山地坡向的变化直接影响气候和土壤，因此也影响果树的生长发育。南坡和北坡在一年四季中所受的日照时数及热量不同，一般南坡比北坡暖和，冬季尤为明显，南坡比北坡气温高4～5℃，南坡越陡越暖和，北坡越陡越寒冷。昼夜温差南坡大于北坡，南坡春季温度升高快，物候期开始早，果实品质好，但果树易遭霜害和日灼；北坡易遭冻害，柑橘、枇杷等果树不宜栽在北坡，但福建、广东等热量资源充足的地区，冬季暖和，夏秋高温干旱，北坡湿度大，选择北坡种植柑橘等果树较为有利。

东坡和西坡的气象条件介于南坡和北坡之间，但西坡由于下午日照时间较长，温度较高，故树干的日灼较东坡严重。此外，有风害的地区在选择坡向时要考虑风向，以免遭受风害。

坡形 指斜坡纵断面的形态。由于斜坡纵断面具有直、凹、凸及阶形的不同，坡面上的土层厚度在不同的坡度上分布亦不相同，因此坡形会引起土壤肥力的差异。一般阶形坡平坦或缓斜部分肥力较高，直坡的下部1/2或凹坡下2/3及凸坡偏上2/3部分，肥力较其他部位高。从结构上讲，单斜山（半边山）常为直坡，如有软硬岩层，雨季常易发生滑坡，选择园地时必须注意。在高山的长坡中，下部如有凹地槽谷，在冬季夜间冷空气下沉，聚集在凹地，形成“冷气湖”或“霜眼”，这种地形种植樱桃、杏、李及不耐寒的果树，如柠檬、柑橘、枇杷、香蕉等，常易遭受霜害。反之，在长坡的中下部，夜间由于冷空气下沉，山麓地带热空气上升，在坡上形成“逆温层”，温度反而比坡脚高，所以果园建立在稍高的坡位反而较安全。

坡位 指一个坡面分成若干部分，任何坡地都可以分成上、中、下三个部位，不同坡位的地势不同，土壤、水分及肥力也各不相同。因此，在不同坡位种植适宜的树种，在生产上能收到最大的效益。如坡地上部种葡萄、枣等耐旱果树，坡地中部种柑橘、枇杷以免冬季受冻。一般距山脚100～150米的范围最暖和，50米以下的坡地温度下降最大。

丘陵地类型评价 丘陵地指地表形态起伏和缓，绝对高度在500米以内，相对高度小于200米，介于山地与平原之间的一种地貌类型。中国丘陵约占全国面积的10%。坡度变化大、土层厚薄不均的丘陵地，因地形比较复杂，要求较高，建设果园的成本也较大；但由于土壤风化度浅，母岩营养元素流失较少，有利于果树栽培。

丘陵气候的垂直分布及南北坡上的日照差异不如山地明显。在丘陵地栽培果树的生长结果往往比平地有利，因其排水良好，空气流通，日照充足，昼夜温差大，能使果树寿命长，结果早，丰产，品质好，色泽鲜艳，耐贮藏。

根据相对海拔将丘陵划分为浅丘和深丘，100米的为浅丘，200米的为深丘。浅丘一般范围较大，土层较深，坡度较缓，冲刷程度较轻，顶部与麓部水分肥力差异较小，水利设施省工，易于划分小区，果实品质相差不大；深丘则相反。

平地类型评价 平地指地势比较平坦或坡度不超过5°的缓坡地。同一范围内的平地，土壤和气候基本一致。但不同类型的平地特点不同，果树的生长发育状况和栽培管理措施也有差异。

冲积平原 由山洪形成的冲积扇延伸而来，常含有石砾，近山处常有山洪危害，不宜建立果园。而距山较远的地带水分充足，土粒较细，地面平整，土层深厚肥沃，便于机械耕作和使用大型农机具。此种土地如要栽种果树，其评价则依地下水位高低而定。地下水位高则应在做好排水后方可建立果园，地下水位低则可根据土质、气候情况因地制宜进行规划。

泛滥平原 主要见于中国黄河中下游，最典型的为黄河故道。黄河故道地区中游为黄土，肥力较高；下游为壤土，更多则为纯沙，或与淤泥层相间，土壤肥力较低，很大部分是盐碱化的沙地，必须营造防护林，降低地下水位，排碱洗盐，种植绿肥，增加土壤有机质，然后才能栽种果树。

沙地、水田 沙地土层深，含有机质少，保水保肥力差，易出现缺素症，土温变化大，根系易受冻害和灼伤。大风地区有风蚀现象，易受风害和旱害。通过改沙培肥、设置防护林、地面覆盖等措施，才能栽种果树。水田栽种果树局限性大，根据中国浙江黄岩和广东潮汕等地特有的经验，在水田取淤做墩，墩上栽种柑橘，具有气候稳定、散射光好的优点，但存在土壤透气性不良，根系易受田间高水位抑制的缺点。

海涂、湖滨、滨海 海涂是泥沙随江河水流入海，由海水回流沉积而成。地下水位高，常含盐碱，结构差，肥力低，果树根系发育不良，寿命短。江苏、浙江、福建等省沿海部分有大面积的海涂，必须经土壤改良后才能发展果树。湖滨、滨海地的优点是接近大水体，有利于调节果园温度，果树不易遭受冻害和高温危害；同时水体能调节二氧化碳浓度和大气湿度，促进果树的生长发育，提高产量及果实品质。例如江苏太湖岛上的柑橘冻害较轻，重庆长寿湖中岛上的夏橙产量与品质较湖外为优。但有海潮侵袭或台风登陆的滨海地，事先必须建立防风林，为果树生长结果创造良好的条件。

隙地　又称四旁隙地，为路旁、宅旁、村旁、渠旁等零星散地的总称。利用隙地种植零星果树，是一种经济利用土地、发展农村副业生产的有效措施。由于土地零散、地块不一、目的多样等原因，要因地制宜，适地适树，兼顾经济和环境效益。路旁要以采果、遮阴并重，兼顾防护效益；渠边要选耐湿树种，注意保护水渠；庭园种植要实行多层次立体开发，提高经济效益，绿化美化环境，改善生态条件。

土壤　土壤是果树生长的基础，土壤的理化性质及厚度不同，对果树都有着不同的影响。一般疏松的土壤，通气排水良好，根系发育健旺，适于果树生长。在黏重的土壤中，通气条件不良，根系的生长受到一定限制，对果树生长结实有不利影响；尤其当积水时，果树常因之死亡。但由于各种果树的特性不同，对土壤的要求和适应力也不一样。例如柑橘类适于在较黏重的土壤中生长；而桃树却喜排水良好、土质疏松的砂质土。所以，应根据树种、品种的要求进行土壤选择。

土壤含石砾多时排水良好，但易发生旱害，不便于机械化耕作。因此，石砾过多的土壤结构不良，根系不能深入土层，不适于果树生长。在这种土壤上建园时，注意采用深翻熟化土壤或客土等土壤改良措施。若土壤含石砾适当，形成石砾土壤，即排水通气良好，则仍适宜果树的生长。

选择土壤时，除注意表土外，还应考虑心土的情况。因为果树是深根性作物，如果心土结构不良，将对根系的生长产生不利影响。表土和心土一定要联系起来分析，如果表土是较黏重的土壤，心土最好是排水良好的砂壤土；反之，如果表土是疏松的土层，心土应该要求是保水保肥力较强的黏性土。

土层深度与果树的根系生长有关，山地坡度大、土层薄时，栽植果树易遭旱害，故建园时土层宜深厚，深度最好在1米左右。如土层较薄，则应根据心土及母岩情况，经深翻改良土壤后栽植果树。

土壤条件与地势条件是紧密联系的，在地势复杂的山坡地，土壤随地势而变化。一般随着坡度变陡，土层变薄，石砾增多，有机质变少，肥力降低。平地的地形变化小，土壤基本上是相似的。

水源　果园建立时必须保证水分充足。对园地水源情况的评价包括降水量、地下水位及人工灌溉条件等。

降水量　降水是果树生产用水的重要来源，对果树生长发育影响较大。例如杨梅生长结果期要求年降水量1000毫米以上，但花期和春梢萌发期降水过多会影响授粉，且春梢旺长易造成落果；6月雨水少于100毫米时，杨梅产量明显下降。降水过多时，苹果早期落叶现象较重。此外，了解园地降水规律，对于高效利用果园灌溉技术也具有重要意义。例如渭北旱塬年降水分布符合正态分布，年降水量达到450毫米的概率为80%；5～10月为降水主要阶段，7月为月降水量分布的高峰期且月降水量变异系数最小。针对以上降水规律，建立了四项高效利用降水的综合性可选择技术：①以平整土地、培肥地力为主体的农田基本建设和土壤培肥技术。②以残茬全程覆盖加少耕为主体的蓄、保水和微集水技术。③以微灌、滴灌为主体的果园节水灌溉加生草制或秸秆覆盖技术。④以集水种植和栽植为主体的荒山荒坡综合治理技术。

地下水位　需要对园地的地下水位及全年变化情况进行评价，了解水源的种类、分布位置、水量及常年变化，以确保符合果树生长需求，避免阶段性的旱、涝对果树生长造成影响。地下水位在1.5米以下为好，有利于果树根系扎深，获得较高产量。而水田园地的水位高，透气性差，抑制果树根系呼吸，影响果树的生长发育，严重者可导致果树因涝害而死。水源的水质应符合全国农业灌溉用水的标准，其含盐量、悬浮物、污染物等的数量及全年变化情况不宜对果树生产产生严重影响。水质含盐量高、水位高的果园，早春地温回升慢，土壤返碱，不利于果树生长。

人工灌溉条件　须了解水源利用情况、水利条件等，以及附近单位用水情况及有无用水矛盾等。在果园适当位置修建蓄水池，同时建好排水及灌溉系统，如地面灌溉、喷灌、滴灌等。若在干旱地区建园，应选择地势比较平坦，附近有灌溉水源的地方。确定水源符合建园要求后，再考虑兴修提水或引水的水利工程。

污染　污染是直接危害果树正常生长的有害因素，一般指空气污染、土壤污染和水质污染。须了解果园园地附近有无工厂，如农药厂、炼钢厂、砖瓦厂、石灰厂、煤厂等。这类工厂往往会产生硫化物、氟化物等有害化学物质和废气、粉尘等，污染果园内的空气、土壤和地下水，甚至直接影响果树树体，危害果树正常生长发育，造成果品外观不佳、品质变劣或含有毒物质，严重的直接造成植株死亡。污染导致果品商品价值下降，影响消费者身体健康，导致果树产业减产或绝产。因此，选择建园的地方应在生产布局上注意避开污染源，减少污染。还应对果树生产的禁用农药严格把关，遵照有关农药残留时期、允许残留量的规定。

交通　随着果树生产集约化、良种化的发展，在满足果树生长发育条件的前提下，果园要建在交通方便、靠近消费城市的地方，最好靠近工业发达的地区，以便于果品运输、销售和加工。尤其是不耐贮藏的果品，离市场越近，越能保持果品的新鲜度，联合果品包装、贮藏、加工、运输业务，减少损失和损耗，降低成本，提高经济效益。应根据果品特性、运输数量、目标市场和要求到达时间等选择相应的交通运输形式，如陆地运输、水上运输、航空运输或集装箱运输等。

其他评价　园地评价时，还须考虑果园重茬的问题。在老果园彻底砍伐后的地方重新建立同种果树的新果园，称重茬果园。由于果树的选择吸收，造成根系分布范围内土壤中有害盐类和有毒物质积累，土壤肥力下降，病虫滋生严重。因此，在重新定植果树以前，必须对土壤进行改良。一般多采用改种其他作物，如豆科作物或生草、绿肥作物4～5年，以恢复土壤肥力。在有条件的地区，为争取时间，提前定植果树，也可采用土壤消毒或深翻、客土的方法，以克服重茬园地之弊。

此外，勘查园地时应了解植物群落，因为它是当地环境条件的一种天然记录，土壤酸碱度可根据指示植物来判断。还应了解当地野生或栽培果树的生长情况，可较准确地判断当地适合的树种和品种。因此，选择园地时应将各个方面的条件综合加以分析研究，慎重考虑，选择最适宜的地点及树种、品种，才能保证果树生长、结果良好，丰产、优质。

（陈清西）

果树杂交育种　fruit tree cross breeding　以不同基因型的果树属、种或品种间进行交配结合形成杂种，进而通过培育和选择来获得果树新品种的方法。杂交育种是果树新品种选育的主要途径和最重要、最有效的方法。杂交育种虽然按性质可分为有性杂交育种和无性杂交育种，但通常是指有性杂交育种。有性杂交育种根据亲本亲缘关系的远近，又可分为品种间杂交和属间、种间远缘杂交。杂交育种的方式有简单杂交、回交和复式杂交等。

果树杂交育种一般分以下几个步骤：①确定杂交育种目标和制订育种计划。育种目标的确定要着眼于国家需求和果树生产上存在的问题，育种目标确定后，还要制订详细的育种计划。②亲本选择和选配。这个环节是杂交育种最关键的一环。在掌握果树性状遗传规律的基础上，应选择在重要目标性状上互补性强的基因型作为亲本。③杂交。包括杂交前的准备、花粉的采集、去雄、授粉、套袋和挂标签等过程。④杂交种子处理与杂种培育。杂交果实的采收时间要根据不同的果树树种而定，须种胚挽救的果实要早采，能获得种子的果实可晚采，但也可适当早采收以免果实损失。落叶果树的种子有后熟阶段（休眠期），而常绿果树的种子通常要随采随播。杂种从种子萌芽须经过一段长短不一的童期才能开花结果。杂种小苗期要精细管理，之后可采用不同技术措施来促进杂种树提早结果。⑤杂种后代的选择鉴定。结果前针对杂种实生苗的植物学特征、抗性和生理生化特性进行鉴定，淘汰不符合要求的杂种苗。在结果期要着重对童期短或较短的杂种后代进行重点观测鉴定，主要鉴定评价果实的经济性状指标，经3～5年选出优良单株，之后通过相关的育种程序，最终培育出果树新品种。

（郑少泉）

果树栽培 fruit tree culture 在育苗、建园、树体管理直至采收的整个过程中，根据果树种类、品种研究和采用提高果树产量、品质和促进树体健康生长的农业技术措施。果树栽培是果树生产的主要环节。果树栽培通常被称为“产中”，是连接“产前”的资源与育种、“产后”的采后贮藏加工和销售的中心环节。果树栽培以生产优质、丰产、安全果品，保证树体可持续生产，满足全球市场需要为基本任务。果树栽培决定了果树产量、质量和可持续发展，在建设现代果业，促进农民增收、农业增效中起重要作用。

历史与现状 中国果树栽培历史悠久，早在3000年前就已栽培多种果树。公元前10世纪前后，《诗经》上记载有桃、李、梅、梨、枣等十几种果树。公元前1～2世纪成书的《史记》中有多种果树的记载，例如“淮北、荥阳、河济之间千树梨；安邑千树枣；燕秦千树栗；蜀、汉、江陵千树橘……”“卢橘夏熟，黄甘橙楱，枇杷橪柿……”，可见北方的梨、枣、栗和南方的柑橘和枇杷等很早以前就有大面积的经济栽培。南北朝时期《齐民要术》详细论述了果树繁殖、栽植、管理及虫害防治等技术。宋代出现了果树专著《荔枝谱》和《橘录》。中国土地辽阔，跨寒、温、热三带，果树资源尤为丰富。栽培果树有50多个科，300多种，其中栽培较多的约30种。果树品种也非常丰富，在大量的栽培品种中，很多已成为名优产品，如河北定州鸭梨、山东乐陵小枣、安徽砀山酥梨、新疆库尔勒香梨等。

主要特点 果树栽培与其他作物栽培相比具有明显的特异性，主要体现在以下几个方面：①童期长、多年生。一般果树需3～5年才进入结果期，5年以后进入盛果期，盛果期可持续很多年。②多样性丰富。仅就植株形态结构区分，就既有木本的苹果、梨、柑橘等，又有藤本的葡萄、猕猴桃、西番莲等，还有草本的香蕉、菠萝、草莓和火龙果等，不同的形态结构决定了不同的生长习性，后者则决定了栽培技术差异悬殊。③栽培技术复杂。要统筹考虑树龄、物候期和树体营养状况，涉及土肥水、整形修剪和花果管理等技术。④种植模式多样化。包括乔树稀植与矮化密植以及露地栽培与设施栽培等。功能除果品生产外，还延伸至生态旅游与观光采摘等。⑤集约化经营。对劳动力具有较高的素质要求。⑥产品多样化。不仅要考虑安全优质、高产和市场销售，而且要考虑栽培技术对储藏、加工性能的影响。

主要内容 包括果树育苗与建园、果园土肥水管理、果树整形修剪、花果管理、自然灾害预防和病虫害防治等。①果树育苗。果树苗木是果树栽培的对象，培育和生产纯正、健康的苗木是建立丰产、优质、高效果园的前提。②果园建立。果树栽培的一项重要基础建设，直接关系到果园经营的成败与经济效益的好坏，既要考虑果树对环境的适应性，也要考虑市场、销售和流通。③土肥水管理。监测土壤理化性状，适时补充和调节土壤肥、水含量，不断改善土壤理化性状，提高树体营养水平，是果树丰产、优质栽培的关键。④整形修剪。果树栽培管理中的一项重要技术措施，对调节果树生长发育、增加产量、提高品质、减少用工等方面均具有重要作用。⑤花果管理。对提高果品的商品性状和价值，增加经济收益具有重要意义，也是实现优质、稳产和壮树的重要技术环节。⑥自然灾害预防和病虫害防治。通过品种、工程和化学手段来提高果树的抗逆、抗病虫害能力，是保证果树产量、品质、安全和可持续发展的重要措施。

发展趋势 果树栽培以区域化、良种化、规模化、机械化、标准化和信息化为主要发展趋势。①区域化。根据树种、品种的生物学特性和对环境条件的适应性实施优势产区布局规划，把优良品种种植在最适生态区，发挥其最佳生产效能。②良种化。加快品种的更新换代，淘汰不受消费者欢迎的低效品种，实现良种化生产，提高果品的市场竞争力和经济效益。③规模化。由分散经营向规模化栽培转变，与区域化的品种整合，形成基地化生产模式，发挥规模化的多重优势，提高果品市场占有率和竞争力。④机械化。推广轻简化栽培模式和机械化作业，减少劳动力成本，降低劳动强度，实现果园节本增效。⑤标准化。针对果树生产环节和生产产品制定生产技术规程和产品等级标准，实施标准化栽培。⑥信息化（或IT化）。包括建园和测产的全球定位系统（GPS）应用、病虫害防控、果品网上销售，互联网将逐渐渗透到果树栽培的方方面面。

（郝玉金　陈厚彬）

果树栽培制度 fruit tree cultivation system 一个地区或一个栽培单位在一年或几年内所采用的作物栽培结构、配置、熟制和栽培方式的综合体系。又称果树种植制度。作物的栽培结构、配置和熟制又泛称为作物布局，是栽培制度的基础。主要是根据作物的生态适应性与生产条件确定作物种植结构与布局，作物种植次数即复种与休闲。作物栽培制度主要有单作、间作、混作、套作、连作、轮作等。与作物相配套的技术措施是作物栽培制度的基础与保证，包括农田基本建设、土壤培肥制度、灌溉水管理制度、土壤耕作制度、病虫害杂草防除制度以及农业服务制度等。

中国是一个农业历史悠久和以精耕细作著称的国家，汉代就有了轮作和复种，而西欧在中世纪仍以三圃制（一种典型的休闲制）为主。合理的栽培制度应有利于土地、阳光和空气、劳力、能源、水等各种资源的最有效利用，取得当时条件下作物生产的最佳社会、经济、环境效益，并能可持续地发展生产。参照大农业中粮棉油作物栽培制度的划分，园艺作物栽培制度分为半干旱地区的旱作栽培制度、灌溉栽培制度和水田栽培制度等；而按栽培的季节连续性，园艺作物的栽培制度又可划分为露地栽培和设施栽培（反季节栽培）。熟制是一个地区或一个栽培单位一年内作物栽培茬口（次）的数量和类型。如一年一熟制，即一年只栽培和收获1次；两熟制，即一年栽培和收获2次。蔬菜生产上常以种植系数或复种指数表述熟制，如种植系数2.0，即一年栽培和收获2次；

种植系数1.6，即一年中栽培园整个面积上各种作物栽培和收获的次数平均数是1.6。除设施栽培外，几种主要的栽培制度如下。

连作　是一年内或连续几年内，在同一田地上栽培同一种作物的栽培方式。连作有一定好处：有利于充分利用同一地块的气候、土壤等自然资源，大量栽培生态上适应且具有较高经济效益的作物，没有倒茬的麻烦，产品较单一，管理上简便。但是许多园艺作物不耐连作，连作时病虫害严重、土壤理化性质和肥力均不良化、土壤某些营养元素变得偏缺，而另一些有害于植物营养的有毒物质积累超量。这种同一田地上连续栽培同一作物而导致作物机体生理机能失调、出现许多影响产量和品质的异常现象，即连作障碍。园艺作物种类繁多，不同作物忍耐连作的能力有很大差别。果树中最不宜连作的是桃，其他较不宜连作的果树有樱桃、杨梅、果桑、番木瓜、苹果、葡萄和柑橘等，这些果树一茬几十年，绝对不能在衰老更新时再连作。不管作物是否能忍耐连作，或连作障碍是否显著，从生产效益上考虑应尽量避免连作。克服连作障碍的方法是轮作、多施有机肥、排水洗盐、采用无土栽培等。桃园更新时，砍除老桃树（连根）后连续三四年栽培苜蓿或其他豆科绿肥作物，再种植桃树，能有效地克服桃树连作障碍。

轮作　是同一田地里有顺序地在季节间或年度间轮换栽培不同类型作物的栽培制度。轮作是克服连作障碍的最佳途径。合理轮作有利于防治病虫害，有利于均衡地利用土壤养分、改善土壤理化性状、调节土壤肥力，是一种充分开发土壤资源的生物学措施。轮作周期是轮作的田区内按一定次序轮换栽培作物时，每经一轮所需的年度数。周期短的1年，一年内栽培几茬（种类）作物；周期长的3～7年或更长时间（如果树轮作要几十年以上）。轮作利用植物不同生长期、不同需光（热）和水肥特点，按次序栽培充分利用季节，能提高土地的复种指数。轮作应遵循合理的次序，安排这个轮作次序的原则是：轮作中邻茬作物应不同类、不同栽培方式、病虫害类型差异大，作物的需肥水特性有较大差异等。轮作茬口相接的作物在季节利用上应当符合季节变化的特点。中国华北地区蔬菜轮作已是生产上普遍应用的栽培制度。根据中国的农业形势和可持续发展前景，轮作栽培应当提倡适量加入绿肥作物，这是解决肥料不足、农药与化肥污染等问题的良策。

间作　是同一田地里按一定次序同时栽培两种或几种作物，一种为主，另外一种或几种为间作物的栽培制度。主栽作物、间作物可能都是园艺植物，也可能有的是园艺植物，有的不是园艺植物。如枣树行间间作小麦、玉米地间作马铃薯等。间作能充分利用空间，高矮不同的作物间作，各自能在上下空间充分利用光照，相互提供良好的生态条件，促进主栽作物与间作物的生长发育，取得良好的经济效益。但间作也有一些缺点，主要是管理上比单一作物要复杂一些，用工多，应用机械作业较困难。因此，应当合理地进行主栽作物与间作物种类的搭配，如间作物应尽可能低矮、与主栽作物无共同病虫害、较耐阴、生长期短、收获较早等。栽培间作物，主栽作物的行距应适当加大，主栽作物还应讲究株形较直立、冠幅较小的品种等。园艺生产中有较著名的果粮间作、林粮间作、菜粮间作、菜菜间作，如枣树行间间作小麦、大豆、蚕豆，枣树春季萌芽迟，小麦、蚕豆和大豆能早收获，主栽作物与间作物相互无不良的影响。在设施园艺生产中，为了提高设施生产效益，在温室、塑料大棚中的园艺作物更有必要栽培间作物，如葡萄架下栽草莓或叶菜类蔬菜等。间作栽培，应当始终和确实地体现主栽作物为主、间作物服从主栽作物的原则。

套作和混作　套作又称套种，是在前季作物生长后期的株、行或畦间或架下栽植后季作物的一种栽培方式。不同作物共生期只占生育期的一小部分。原本粮食作物中套作较多，如小麦行间套作玉米、花生；但园艺生产中，由于一些作物可以先集中育苗，套作的应用更普遍，如菜豆套作结球甘蓝、芹菜，玉米套作白菜、萝卜等。套作能更充分地利用生长季节、提高复种指数。

混作是两种或多种生育季节相近的作物按一定比例混合栽培于同一田地上的栽培方式。混作一般不分行，或在同行内混播，或在株间点播。果园生草中，白三叶草与早熟禾混播，比例是1∶2，白三叶草较耐湿不耐旱，早熟禾耐旱不耐湿；早熟禾覆盖快，白三叶草生长后期覆盖率高。园艺生产中混作在减少，但它仍有一定的优点：合适的混作可提高光能和土地利用效率，一些非收获性作物混作并不增加人工管理的费用。

立体栽培　立体栽培或立体农业又称层状栽培，是同一田地上多层次地生长着各种作物的栽培方式。最初的立体栽培是各种植物都不离地面，即都在同一地块土壤中扎根生长，而后来发展到棚架、温室栽培中利用吊盆、山石的多种形式的立体栽培，各种植物不一定在同一地块土壤中扎根生长。现代立体栽培在园艺生产中，更多的是应用于公园绿化、社区或室内外装饰，一些家庭室内、阳台、屋顶也有小型或微型的立体栽培，花样很多。立体农业的发展还不只是植物的不同层次，甚至还包括植物层间或下面的动物和微生物。这种栽培方式即在单位土地面积上利用生物的特性及其对外界条件的不同要求，通过栽培业、养殖业和加工业的有机结合，建立多个物种共栖、质能多级利用的生态系统。

栽培制度的多样性　在园艺生产中还有一些称作栽培方式或种植方式的栽培制度，尤其在设施园艺非常普遍以及设施园艺与常规园艺已经难以截然分开的情况下，这些栽培方式已经得到迅速的发展和普及，主要有以下几种。

促成栽培　是设施栽培中的一种高级方式，即在冬季或早春严寒时节利用有加温设备的温室或塑料大棚栽培蔬菜、花卉或果树，产品比露地常规生产早上市。

延后栽培　又称抑制栽培或晚熟栽培，是延长收获期和产品供应期的栽培方式。用晚熟品种的种子播种、晚期播种，在设施的温室和塑料大棚内栽培，均可以达到延后栽培的目的。应用植物生长调节剂也可以延迟开花或果实的成熟。

黄化栽培　又称黄化处理或软化处理，是将某一生长阶段的园艺植物（主要是蔬菜）栽培在黑暗和温暖潮湿的环境中，使其长出具有独特风味、柔软、脆嫩或黄化产品的栽培方式。中国早在2000多年前就有利用原始温室进行大葱、韭菜黄化栽培的记载。黄化栽培主要有韭黄、蒜黄、菊苣和芹菜等，常用的方法是培土、覆盖、缚叶或将植株移入暗室、地窖等。

微型栽培　又称案头栽培，是在极小的容器上（或之中）栽培观赏性植物的一种栽培方式。随着微型植物种类、品种的增加和不断开发，现在的微型栽培千姿百态，种类繁多。

（张　燕）

果树栽植方式　fruit tree planting arrangement　定植穴或果园果树单株之间呈现的几何图形。不同的栽植方式所形成的果园微气候存在差异，会影响果园的产量和果实品质。果树常用的栽植方式有正方形栽植、长方形栽植、三角形栽植、带状栽植和计划栽植等。在丘陵地区栽植果树时，常采用等高栽植。

正方形栽植　正方形栽植的行距、株距相等。常在稀植果园中使用。稀植时，每株占有一定相对独立的空间，株与株间通风透光好，无行间、株间之分，纵横作业均可；缺点是土地利用不经济。密植时植株树冠相接，果园通风、透光性差，管理不方便。

长方形栽植　长方形栽植的行距大于株距，株距的距离一般是行距的1/2或1/3，株距设计可小于植株冠幅，但行距设计要大于植株冠幅。这种栽植方式可适用于密植，其较大的行距有足够的空间为植株提供良好的光照、通风条件，作业也方便。是大多数果树所采用的栽植方式。

三角形栽植　是正方形栽植方式的一种改良。相邻行的植株位置相互错开，与隔行树相对，相邻3株呈正三角形或等腰三角形，行距与株距可相等也可不相等。这种栽植方式适宜密植，但种植及管理都存在不便，是果树栽植方式中使用最少的一种。

带状栽植　又称宽窄行栽植。2行或3～4行密植，株行距较小，成为一个带，与另一个由2行或3～4行构成的带之间的带距较大，大于带内行距和株距。这种栽植方式的带内适宜密植，由于带间距离较大，因而便于作业，同时又具有一定的透光、通风条件。这种栽植方式也十分适合机械化作业。

计划栽植　又称计划密植或变化栽植，是一种以充分利用土地面积，提高果园早期产量的种植方式。种苗刚开始栽植时的种植密度较大，由于幼树树冠不大，栽植密度大时不会造成相互遮阴；由于每亩植株数增加，果园亩产量也相应增加。待树体长大，果园出现郁闭情况时，再有计划地疏除1行或1列，植株间的间距得以扩大，果园的通风透光条件得以改善。这种栽植方式在生产中运用时，由于植株间生长状况存在差异，最终可能难以按原定计划疏除，导致后期果园通风透光条件变差。

等高栽植　是在丘陵或山地果园沿等高线进行栽植果树的方式。果树采取等高栽植时，可以避免果园耕作对水土流失的负面影响。等高栽植可通过梯田、鱼鳞坑或撩壕等水土保持工程来实现。

建园时，还可直接将砧木或果树种子按照栽植方式所确定的株行距播种至定植穴内，这种建园方式也称直播建园；但在实际生产中，这种建园方式不利于果树幼苗的生长发育和管理，建园成本较高，很少采用，但福建的甜柿栽培多采用砧木直播，生长1～2年后再嫁接的方式。大多数情况下，果园建园所用果苗都是在苗圃内培育1～2年后的种苗，栽植后成活率高，果园投产快。果苗自苗圃出圃后，若不能及时栽植，可先行假植。假植是将果树种苗集中堆土或挖假植沟暂时性埋植的一种种苗处理方式，常用于种苗的临时性贮藏、运输后的生活力恢复等。在假植过程中，通过集中的灌水及防风、防寒管理，可促进种苗根系发育，维持种苗活力，提高定植成活率。

（周碧燕）

果树栽植技术　fruit tree planting technique　将果树种苗种植到果园中规划好的地点的技术措施。又称果树定植。果树栽植包括栽植密度、栽植方式、栽植穴准备、种植前种苗整理、栽植和栽植后管理几个步骤。

栽植密度　指单位土地面积上栽植果树的株数，常用株行距表示。栽植密度与**果树**的种类、**品种**、砧木，以及果园的土壤肥力情况、管理技术水平等有较大关系。合理栽植密度下的果树能最大限度地利用光热和土地资源，同时确保植株间树冠不重叠，产量和品质符合管理效益要求。

栽植方式　指果树植株定植穴之间的几何图形，是栽植密度的具体实施。果树中常用的栽植方式有：①长方形定植。即行距大于株距，株距小于植株冠幅，行距大于植株冠幅。长方形定植可为植株提供良好的光照、通风条件。②带状定植。也称宽窄行定植。即2行或3～4行的行距较小，与另外一个2行或3～4行的行距较大。带状种植的带间距较大，便于作业，有一定的透光、通风条件。此外还有计划密植、正方形种植、三角形种植等，后两种在果树中运用较少。

栽植穴准备　小型果树如菠萝，在全园施肥、深翻后，定植时采用机械或人工作畦或开沟种植。体积大、多年生树木定植前应先挖好定植穴或定植沟，一般0.8～1.0米深，直径0.8～1.0米。挖穴时表土置一边，深层心土放另一边，挖好后下层填原表土和肥料，或加入一些树叶、草皮、河泥等。待虚土下沉、变实后定植。

种植前种苗整理　种植前需要对果树种苗进行整理，主要包括：①种苗分级。种植前将果树种苗按大、中、小分级，分别定植；同时淘汰病苗、弱苗、杂苗、伤苗，提高果园植株的整齐度，便于后续管理。②假植。有些果树种植成活率较低，为提高种苗种植成活率，对经过断根处理或者断根移栽的苗木，暂时集中成束或排壅土栽植在无风害、冻害和积水的小块土地上，以使其根系修复损伤。③植株调整。将一些过长的根系及烂根剪除，促进侧根、新根发生，同时避免根系过长团卷在定植穴内而影响根生长及侧根发生。为减少水分蒸腾，可把树苗的一些叶片或枝条剪除，促进成活，加快缓苗，特别是下部的老叶、病叶和枯萎叶。为削弱顶端优势，促进侧芽萌发，定植时可摘去植株生长点。④药剂处理。为防止病虫害流行和扩散，种植前可对果苗喷施农药或用药物蘸根。为提高某些果树的栽植成活率，可在定植前用生根粉、生长素等蘸根。

栽植　果树栽植时，将种植穴的一半填上表土与肥料（或树叶、草皮）培成土丘，将苗木放入穴内土丘上，使树苗根系顺理分布，然后埋土。埋土过程中不断轻轻提一提树苗，并踩实土，使根系与土壤密接。最后将心土填在表面，再踩实。苗木四周修水盘，以备灌水用。种植时，不能太深，也不能太浅，以原来树苗处于地表的位置不变为宜。定植太深缓苗慢，定植太浅影响成活率。

栽植后管理　果树种植后，因根系破坏，根系吸收水分的能力和地上部失水的平衡被打破，植株易失水萎蔫甚至干枯死亡。种植后随即浇的第一次水称为定根水。定根水一般不宜过大，春季浇水大影响地温，不利于缓苗。定植浇水后数日（春季5～7天，夏季3～5天），要浇数次大水，称为缓苗水。定植后出现缺苗、死苗现象时，要及时补苗。定植浇水后土壤较松软，遇风苗木易倒伏，为防风应用支架或竹竿、木棍固定。为减少植株及树盘水分蒸发，可在植株周围套一蛇皮袋。秋季定植的果树应注意越冬保护，可在入冬前将植株压倒埋土防寒，或在植株周围培土堆或用农作物秸秆、塑料膜包扎树干防寒。

（李映志）

果树栽植密度　fruit tree planting density　在单位面积上按合理的方式种植果树的数量。栽植密度一般以每亩株数或株行距来表示。果树栽植密度应依据**果树**树种、立地条件、品种类型、管理水平、整形修剪树形等综合考虑。根据适地适栽和适度栽植的原则，栽植密度参照以下几点确定：①自然条件。包括土壤、地力、地势、坡向、温度、雨量、风力、风向、日照、紫外线、灾害性天气等。②树种和品种特性。包括拟选用的架势、植株生长势、干性、**成枝力**、萌芽力、枝果比、成花结果难易、丰产稳定性、抗病虫害能力。③砧-穗组合综合生长势、结果特点、整形修剪特点等。④栽植规模大小、资金投入力度、劳力状况、机械化水平等。综合考虑到上述诸点才能确定较合理的栽植密度，使以后数年果园管理不走弯路，达到现代化果园的要求，取得满意的生产效果。

主干型果树　对于苹果、梨、桃、樱桃、柑橘、核桃等主干型果树树种，土层深厚的平原地，栽植密度宜小；山区和河滩地土壤瘠薄，密度宜大；乔砧树密度小，短枝型及矮化砧树密度宜大；管理水平高，肥水条件好，树体发育健壮且生长量大的果树，密度宜小。在栽植时适当加大密度可提高早期产量，增加经济效益，但密植栽培后必须加强栽培管理措施，防止密植园郁闭，降低产量和品质。

砧-穗组合果树　由乔化、矮化砧木栽培的苹果、樱桃等果树，不同砧-穗组合的栽培密度不同。①乔砧-普通型的砧-穗组合。该组合树体生长势最强，树冠高大，长枝量最多，树体难控制。一般行距为4.0～6.0米、株距为2.5～4.0米，具体栽植距离应因地制宜。在水肥条件好的平地或山地丘陵，以行距5.0～6.0米、株距4.0米较好；在肥水条件差的山丘地，以行距4.0～4.5米、株距3.0～4.0米为宜；而在旱塬地和瘠薄地，株行距可以各缩短0.5米。②乔砧-短枝型或矮化中间砧-普通型的砧-穗组合。这种组合的综合生长势显著弱于乔砧-普通型组合，树冠小1/3～1/2，因此株行距可比普通型品种组合小0.5～1.0米，以行距4.0米、株距2.0～3.0米为宜。③矮化中间砧-短枝型和矮化砧-短枝型的砧-穗组合。也称双矮砧-穗组合。这种组合的树势较弱，株行距可以设置在（0.8～1.2）米×（3.0～3.5）米。④矮化自根砧-普通型的砧-穗组合。其综合生长势弱或较弱，树体矮化程度中等。以行距4.0米、株距1.5～2.0米为宜。⑤无病毒砧-穗组合。在相同栽培条件下，无病毒砧-穗组合植株的年生长量要比常规的多30%左右，树势强、树冠大、枝条长、难控制，因而其栽植行、株距比常规砧-穗组合大0.5～1.0米。

蔓生果树　在葡萄、猕猴桃等蔓生果树上，栽培密度和树形关系密切。葡萄架形分为篱架和棚架。篱架中树形主要有：①多主蔓扇形。株行距0.6米×（1.8～2.0）米，每亩栽植555～610株。②单干单臂加直立叶幕/V形叶幕。株行距1.0米×2.0米，每亩栽植333株。③独龙干树形。栽植株行距1.0米×（2.0～2.5）米，每亩栽植266～333株。棚架中树形主要有：①飞鸟架树形。栽植株行距2.0米×3.0米，每亩栽植111株。②T形和H形树形。株行距2.0米×（3.0～5.0）米，每亩栽植66～111株。

猕猴桃的栽植密度与栽培架式有关，篱架树形栽培密度为2米×4米，每亩栽植83株；T形架栽植密度为3米×4米，每亩栽植56株；平顶棚架栽植密度为3米×5米，每亩栽植44株。此外，土壤深厚肥沃的要稀些，土壤瘠薄的可密些；多雨潮湿地区宜稀，干旱少雨地区宜密；生长势强的品种要稀，长势中庸或弱的要密。猕猴桃雌雄异株的树种，雌性品种必须有雄性品种的花粉授粉才能正常结果，因此建园时必须同时定植雄株。雌雄株的配植比例以8：1较为适宜，即每8株雌株配1株雄株，雄株定植以中心式排列为宜。

其他果树　蓝莓的栽培密度，一般高丛蓝莓株行距为1.2米×2.0米，矮丛蓝莓为（0.5～1.0）米×1.0米。起垄栽培的草莓，一般垄畦宽40～60厘米，垄沟宽30厘米，垄高20～30厘米，每垄栽2行，行距25～35厘米，株距15～20厘米。

（郝玉金　由春香）

果树砧木　fruit tree rootstock　果树嫁接繁殖时承受接穗的植物体。又称树体。砧木可以是整株果树，也可以是树体的根段或枝段，用于固着、支撑接穗并与接穗愈合后促进植株生长、结果。

作用　砧木是果树嫁接的基础。嫁接用的砧木，要选择生长健壮，根系发达，适应当地环境条件，具有一定抗性（如抗寒、抗旱、抗盐碱、抗病虫能力等），并且与接穗亲缘较近、具有较强亲和力的植物。砧木可使嫁接树的树体长得高大，也可使树体长得矮小。砧木还对果树接穗枝条的生长速度、开始结果时期、坐果率、产量、果实成熟期、色泽、品质以及贮藏能力等有一定影响。一般嫁接在矮化砧上的树比乔化砧上的树结果早、品质好。幼化的砧木对老化接穗有幼化的作用；同样老化的砧木对幼嫩的接穗有促进成熟的作用，所以为了提早观察到子代的表现，往往采用高枝嫁接方法，也称高接换种。砧木对嫁接树的寿命有很大影响，如石楠作枇杷的砧木，寿命长达80年以上，而本砧仅40～50年。

分类　果树栽培中，根据砧木的性质可有多种不同的分类。根据繁殖特性将砧木分为两类：一类是实生繁殖的砧木，另一类是无性繁殖的自根苗或称无性系砧木。根据利用方式不同，将连同根系用作砧木的称为基砧，只用一段枝条嵌在基砧与接穗之间的称为中间砧。根据嫁接后树体乔化或矮化，将能够使接穗长成5米左右高大树冠的砧木称为乔化砧，使树冠长得比乔化砧树冠小1/3的砧木称为半矮化砧，使树冠长得仅为乔化砧树冠1/2的砧木称为矮化砧。对不良环境条件或某些病虫害具有良好适应能力或抵抗能力的砧木称为抗性砧木，如抗寒砧木、抗盐砧木等。

砧穗互作　嫁接后，砧木与接穗总体上保持自身原有的特性，但砧穗间也存在一定的互作，而互作的程度因树种而异。砧穗在愈合过程中产生的导管和筛管把砧穗双方用来运输水分、矿物质和有机营养的通道连接起来，从而影响嫁接树树体。同一品种嫁接在不同砧木上，树高和树冠体积会有差别甚至相差数倍，枝条萌发量和组成比例、生长物候期及树形等也可能有所不同。砧木的影响还因立地条件不同而异，而且在整个生长季节，砧木对接穗数量性状和质量性状的影响可能并不稳定。

（黄华明）

果树整形修剪　fruit tree training and pruning　运用修剪手段，按特定的栽培方式或经济目的将树体构建成合理的结构和树形，再在果园土肥水管理和整形的基础上，根据各地自然条件、树种品种生长结果习性对养分分配及枝条生长进行合理调整的技术措施。整形修剪是两个不可分割的概念。整形是运用修剪的手段将果树的骨干枝整成一定的树冠形式，以达到早产、高产、稳产、优质、低耗的目的。整形是通过一定的修剪（整枝和剪枝）手段完成，而修剪是在一定的整形基础上根据某种目的要求而实施的。果树多为多年生木本植物，自然生长条件下易出现郁闭、通风不良、枝条紊乱，结果大小年严重，果品质量低。整形修剪就是通过人为管理和调节来解决以上问题。幼树以整形为主（根据树种、品种及立地条件等确定适合的树冠形式），成年树以修剪为主（合理调整枝果比）。

基本原则　整形修剪遵循的基本原则是：有形不死，无形不乱；因树修剪，随枝造型；轻剪为主，轻重结合；平衡树势，从属分明。例如生产中苹果树上主要采用的树形有：小冠疏层形、自由纺锤形和改良纺锤形等。

整形修剪要考虑果树的特点，如果树的萌芽力、成枝力、芽的异质性、干性与层性、顶端优势、分枝角度、枝类组成和梢的系数等，不同的特点采用不同的修剪方式。

基本方法与运用　依据修剪的目的、时期不同，所采用的整形修剪方法有所差异，其反应也有明显不同。主要修剪方法有短截、回缩、疏枝、缓放、复剪、刻芽、拧枝、环剥、环割等。①短截。剪去一部分一年生枝条的修剪方法。从局部看，短截可增加分枝数及生长势。②回缩。又称缩剪。将多年生枝或在适当部位的分枝处留分枝剪截的方法。一般修剪量大，刺激作用强，抑制或加强作用明显，具有更新复壮的作用。③疏枝。把一年生枝或多年生枝从基部剪掉或锯掉。疏枝可明显减少枝量，改善树冠内部或下部枝条养分的积累。④缓放。又称长放、甩放。对一年生枝不剪，任其自然生长。有利于缓和生长势，减少长枝数量，增加短枝数量，促进花芽形成。一般多用在幼旺树的辅养枝上。⑤复剪。在花期前进行，是冬季修剪的一种补充措施，主要用于调整花芽数量。⑥刻芽。又称目伤。即在芽的上方或下方0.5厘米左右处用刀或钢锯条横拉一道，深达木质部，促进刺激（芽上刻）或抑制（芽下刻）该芽萌发成枝的措施。根据不同的目的和要求，刻芽的时间、程度、深度、位置等有所不同。为出长枝，刻芽要早、深、宽、近；为出短枝，刻芽要晚、浅、窄、远。⑦拧枝。又称拿枝。一般是在春季萌芽前、树液流动后对较直立的中庸枝进行软化成花的一项措施。用手握住当年生新梢，拇指向下慢慢压低，食指和中指上托，弯折时以能感到木质部轻轻断裂为度。⑧环剥。即环状剥皮，是将韧皮部枝干上的皮层剥去一环以阻断营养运输的措施。⑨环割。即环状割伤，是在主干、大枝基部枝干上横割一道或数道圆环，刀口深至木质部。环剥、环割可缓和树势，抑制当年新梢营养生长，促进生殖生长，有利于花芽形成和提高坐果率，但对树势削弱作用很大，要酌情使用，有些树种或品种甚至不能使用。

大小年树的修剪特点　①大年树的主要任务是保持结果适量、促进花芽形成。冬剪时尽可能保留所有短枝上的花芽，并保留中庸枝花芽、腋花芽，使翌年花芽不少、产量不小。②小年树的主要任务是保花保果，减少来年花芽量。冬季修剪尽量保留优质短枝花芽，对中庸枝、腋花芽枝修剪要轻，重截发育枝，促进生长势，使翌年花量不过多，以降低大小年变动幅度。

（郝玉金　王小非）

果树中间砧　fruit tree intermediate stock　果树苗木嫁接过程中位于基砧和接穗品种之间的砧木（品种）。采用中间砧进行的果树嫁接不是一次性完成的，而是分两次进行，第一次在基砧（根砧）上嫁接中间砧，第二次再在这段中间砧上嫁接接穗品种。中间砧有矮化中间砧、抗性中间砧等类型，长度一般30厘米左右。有些特性优良的砧木类型繁殖困难或根系不发达，可以用作中间砧，利用根系发达、容易繁殖的砧木作基砧，二者共同作用于接穗品种。也有的是接穗品种与基砧嫁接不亲和，利用与二者嫁接均亲和的类型作中间砧进行苗木繁育。中国利用最多的是矮化中间砧苗木，适于某些地区果园土质瘠薄、有机质含量低、水分供应稳定性差的立地条件。

利用中间砧育苗有以下几种方法：①分次嫁接。先把中间砧嫁接于普通砧木上，待生长至一定长度时在30厘米处嫁接接穗品种。②分段芽接。先在基砧上嫁接中间砧，可多头高接，到8月按中间砧长度在其上芽接接穗品种，翌春剪断，用作接穗枝接到基砧上。③双重枝接。将中间砧枝条剪成一定长度，在其上端嫁接接穗品种接芽，再将中间砧下端接于基砧上。④双芽接。采取芽接方法（丁字形、嵌芽接均可）在基砧距地面5～10厘米处嫁接中间砧芽，再在基砧对侧嫁接接穗品种芽，二者萌生形成新梢，中间砧和接穗品种接芽萌发新梢长至30厘米时靠接两个新梢，愈合后剪去砧梢及接穗品种下段。中间砧育苗由于有两个接口，各砧段易生萌蘖，要及时去除。

（吕德国）

果树种质资源　fruit tree germplasm resources　具有遗传特征并能用以繁殖的果树资源的统称。果树种质资源既包括品种资源、砧木资源、野生果树资源，也包括人工创造的育种材料。与其他植物或作物种质资源的不同点是：由于果树多年生的特性，会在保护区内出现“几代同堂”的现象；而且在遗传上的高度杂合性使果树实生后代变异较大，生产上通常采用营养繁殖，给果树种质资源的采集和保存带来特殊的相关问题。

重要性　种质资源在果树育种中具有基础性与决定性作用，具体表现为：①种质资源是果树育种的物质基础，为果树品种改良提供原材料。②稀有特异种质对育种成效具有决定性的作用。突破性品种的育成及育种上大的突破性成就无一不取决于关键性优异种质资源的发现与利用，例如苹果的短枝型突变、葡萄的抗病基因、诸多果树的矮化基因等。③野生种质资源的重要作用。作物品种是在漫长的生物进化与人类文明过程中形成的。野生植物先被驯化成多样化的原始作物，经种植选育成为各色各样的地方品种，再通过不断地对自然变异、人工变异进行自然选择与人工选择而育成符合人类需求的各类新品种。

现状与问题　衡量种质资源现状的一个重要指标是其多样性，而全球作物种质资源多样性正经受异常严重的破坏与丧失。美国在20世纪的100年间，番茄和苹果的种植品种丧失与更新程度分别达到81%和86%。与野生种、早期驯化种相比，现代品种基因的等位性变异愈来愈少，这已是培育有突破性品种的瓶颈。主要存在两方面的问题：①人类活动及现代科技的发展对种质资源的影响。人类对自然资源的需求日趋增长，逐渐造成生态环境的破坏和生物资源流失；城市、工矿的发展占用大量绿地，造成土壤、水源和大气的污染；过度放牧造成植被的破坏，加剧了生态环境的恶化，反过来又导致生物资源的进一步流失，形成恶性循环。②作物改良理念的片面性造成种质资源的遗传侵蚀。长期以来，人类对品种良种化的要求先是追求产量，后是追求品质，但却忽视了作物对逆境的抗性。传统的品种逐渐被改良品种所取代，减少了种质资源遗传多样性。更大的一致性倾向或遗传单一性，增加了主要作物对流行性病虫害潜在的遗传脆弱性。为解决以上问题，必须采用20字方针——“广泛收集、妥善保存、深入研究、积极创新、充分利用”加以应对。

调查与搜集　调查与搜集是种质资源研究的基础工作。种质资源的调查方法：①文献及标本调查。利用标本馆的能力越强，种质资源学研究水平就可能越高。互联网已成为种质资源文献调查的重要工具。②野外调查。查到实物是种质资源调查的根本，为种质资源的搜集奠定可靠基础。“北斗”等卫星定位系统是种质资源调查的基本装备，不但为种质资源调查者提供了极大的方便，而且其所记录的信息也将为他人所共享。

收集种质资源的途径有四种，即直接考察收集、征集、交换和转引。①直接考察收集。获取种质资源最基本的途径，指全球野外实地考察收集，多用于收集野生近缘种、原始栽培类型与地方品种。考察搜集的一个重点是近缘野生种的搜集，这是由于中国已基本摸清果树栽培种的家底，人们越来越清晰地认识到需要通过近缘野生种给栽培种导入抗性基因，因此近缘野生种的调查就越来越重要。除到作物起源中心和各种作物野生近缘种众多的地区去考察采集外，还可到本国不同生态地区考察收集。多数果树通常采用营养繁殖，果树种质资源采集的材料除种子外，还应包括枝、芽等繁殖材料。②征集。通过通信方式向外地或外国有偿或无偿索求所需要的种质资源。征集是获取种质资源花费最少、见效最快的途径。③交换。育种工作者彼此互换各自所需的种质资源。在法律许可的情况下应进行种质资源交换，使种质资源服务于全人类。④转引。通过第三者获取所需要的种质资源，如中国通过转引方式获得外国种质资源。

由于国情不同，各国收集种质资源的途径和着重点也有差异。资源丰富的国家多注重本国种质资源收集，资源贫乏的国家多注重外国种质资源征集、交换与转引。美国原产的作物种质资源很少，所以从一开始就把国外引种作为主要途径。俄罗斯则一向重视广泛开展国内外作物种质资源的考察采集和引种交换工作。中国的作物种质资源十分丰富，首先着重于收集本国的种质资源，此外也积极发展对外的种质交换，加强国外引种。

砧木种质资源 果树种质资源与其他作物种质资源的区别之一是：砧木种质资源的研究与利用。砧木种质资源对果树产业具有重要作用，凡是产业发展较好、现代化程度高的树种，例如苹果、葡萄、柑橘等，一般都较好地利用了砧木资源。

虽然果树生产上应用最早的砧木是与接穗同种的本砧（又称共砧），但20世纪以来，越来越多地采用近缘植物作为砧木。它们通常根系更强壮、抗逆性更强、适应性更好，还可能具有其他优异性状，例如矮化。虽然砧木资源的研究水平通常要低于接穗品种资源，但是中国有丰富的野生果树种质资源，是砧木种质资源的宝库，潜力巨大。

不同树种的砧木资源情况可能是完全不同的，砧木资源研究可能没有现成的模式。例如：苹果普遍采用的是M系的矮化砧；柑橘较多采用的是较抗寒的枳壳，但在温暖多湿的中国广东省，抗寒问题相对不突出，而多湿对枳壳生长十分不利，因此选择耐涝的酸橘。

种质资源分类 为开展有效的种质资源研究，必须对种质资源进行分类。按种质资源的性质可分为主栽品种、*地方品种*、*原始栽培类型*、野生近缘种和人工育种材料。

主栽品种 是经由现代育种技术改良过的品种，或称改良品种，适应当前新的消费习惯和生产方式。它们是育种的基本材料，具有较好的丰产性和较广的适应性及抗逆性；但其遗传多样性较地方品种单一，即基因库较狭窄。

地方品种 是在局部地区内栽培的品种或古老的农家品种，是长期自然选择和人工选择的结果，大多没有经过现代育种技术的改良。它们可能具有特定的适应性，抗逆性强，适合当地特殊的饮食或观赏消费习惯和栽培习惯，有些材料虽有明显缺点，但往往具有某些罕见的特性。是具有极大遗传价值和育种潜力的种质资源。

原始栽培类型 是具有原始农业性状的类型，是现代栽培作物的原始种或参与种，是经数千年的发展而产生的。不少原始栽培类型已经绝灭，往往要在人们不容易到达的地区才能搜集到。这个类型基因库丰富，对当地的气候条件适应性更强，是难得的育种材料。

野生近缘种 野生种是生物进化长期自然选择的结果。栽培作物近缘种是介于栽培和野生类型之间的不同程度的过渡类型，是先人人工选择的成果。它们具备生物多样性，常带有果树所缺少的某些抗逆基因，在育种上往往作为抗性资源加以利用。在生产上有些野生近缘种也作为嫁接砧木加以利用。由于人类对生态环境的不断干扰和破坏，很多野生近缘种已从开垦地上退走，有些种已濒于灭绝。

人工育种材料 是指通过获得各种育种途径的中间材料。这些材料可以是杂种后代、物理化学诱变育成的突变体，人工诱变的多倍体、体细胞融合材料、远缘杂交材料、转基因材料等。虽然它们具有某些缺点，还不能成为新的品种，但因具有一些明显的优良性状，仍不失为一种优良的亲本或种质资源。这类材料，因育种工作的不断发展会日益增加，这样会大大丰富种质资源的遗传多样性。

种质资源保存与繁殖更新 种质资源的保存和繁殖更新都属于资源保护的范畴。中国对资源保护工作十分重视，进行了建立自然保护区和建立国家级种质资源圃等方面的重要工作。

急剧增加的遗传资源数量给果树种质资源的保存带来很大的困难。建立核心种质势在必行，即以最少的遗传资源份数最大限度地代表该物种的遗传多样性。果树的核心种质研究已涉及蔷薇科的桃、果梅、杏、石榴、山楂和砂梨等，以及柚子、板栗和山葡萄等，建立了初步的核心种质或者进行了初步研究。尽管可以采用核心种质的方法，但要保存数目庞大的种质资源，不但在土地、人力、物力上是较大的负担，而且往往由于人为差错、天然杂交、生态条件的改变和世代交替等原因，易引起遗传变异或导致某些材料原有基因的丢失。因而，世界各国都越来越重视种质资源的离体保存。

广义的离体保存是相对于种植保存这样的活体（整体）保存而言，包括采集种子或枝条进行贮藏保存、离体培养保存和基因文库技术。狭义的离体保存则仅指离体培养保存。

贮藏保存 主要是用控制贮藏时的温、湿条件的方法，来保持种质资源种子乃至枝条的生活力。种质资源库大都采用先进的技术与装备，创造适合种质资源长期贮藏的环境条件，并尽可能提高运行管理的自动化程度，有的种质资源库还分为3级：短期库、中期库和长期库。营养繁殖的果树，极少采用贮藏保存种质。

离体培养保存 利用果树植物的细胞全能性，离体培养再生大量的小植株。可以解决用常规的种子贮藏法所不易保存的果树等园艺植物材料，如具有高度杂合性的、不能异地保存的材料，不能产生种子的多倍体材料和无性繁殖植物等，可以大大缩小种质资源保存的空间，节省土地和劳力，还可避免病虫的危害等。

发展了培养物的超低温（−196℃）长期保存法。在超低温下，细胞处于代谢不活动状态，从而可防止、延缓细胞的老化，由于不需多次继代培养，细胞分裂和DNA的合成基本停止，因而保证资源材料的遗传稳定性。

基因文库技术 从植物中提取脱氧核糖核酸（DNA），用限制性内切酶将其切成许多DNA片段，然后再通过载体把该DNA片段转移到繁殖速度快的大肠杆菌中去，通过大肠杆菌的无性繁殖，产生大量的单拷贝基因。不但可以长期保存果树遗传资源，而且还可以通过反复的培养繁殖筛选，获得各种目的基因，对抢救和安全保存种质资源有重要意义。

种质资源的保存还应包括保存种质资源的各种档案资料。档案中记录有编号、名称、来源、研究鉴定年度和结果。档案按材料的永久编号顺序排列存放，并随时将有关该材料的试验结果及文献资料登记在档案中，档案资料贮存于计算机，建立数据库。

上述各种途径保存的种质资源都需要以一定的方式进行繁殖更新。应该在果树种质没有流失的危险时就繁殖贮备。在一些特殊的情况下，如果需要并且可能，还应进行大量的繁殖，获得足够多的种质材料，回引到原产地，以保留或恢复遗传多样性的原地理格局。

种质资源鉴定评价 对搜集保存的资源，必须进行全面的性状鉴定和研究，做出科学评价。它是有效合理地利用种质资源的重要前提。

种质资源的鉴定内容包括植物学性状和经济质量性状的鉴定、特性的鉴定与评价及细胞学鉴定等。所谓鉴定就是对育种材料做出客观的科学评价。鉴定的内容一般包括：农艺性状，如生育期、形态特征和产量因素、生理生化特性、抗逆性、抗病性、抗虫性、对某些元素的过量或缺失的抗耐性；产品品质，如营养价值、食用价值及其他实用价值。鉴定方法依性状、鉴定条件和场所分为直接鉴定和间接鉴定，自然鉴定和控制条件鉴定（诱发鉴定），当地鉴定和异地鉴定。为了提高鉴定结果的可靠性，供试材料应来自同一年份、同一地点和相同的栽培条件，取样要合理准确，尽量减少由环境因子的差异所造成的误差。能否成功地将鉴定出来的具有优异性状的种质材料用于育种，在很大程度上取决于对材料本身目标性状遗传特点的认识。

评价涉及多层次的研究领域，需要多个学科协作、国际标准化以及编码化的种质资源的评价体系和有效的操作程序。

种质资源利用 上述果树种质资源的搜集保存鉴定等工作，都是为种质资源的利用。由于基因库的建立，使得种质资源的利用更加国际化和系统化。国际上常将储备的具有形形色色基因资源的各种材料称之为基因库或基因银行，其意是从中可获得用于育种及相关研究所需要的基因。保存种质资源的种子库、繁殖圃可称为种质库、基因贮存库或基因库。育种者的主要工作就是如何从具有大量基因的基因库中，选择所需的基因或基因型并使之结合，育成新的品种。

种质资源是果树品种改良的基础，为果树品种改良提供原材料。随着遗传育种研究的不断深入，基因库的建拓工作已成为种质资源研究的重要工作之一。种质库中所保存的一个个种质资源，往往是处于一种遗传平衡状态。处于遗传平衡状态的同质结合的种质群体，其遗传基础相对较窄。为了丰富种质群体的遗传基础，必须不断地拓展基因库。

此外，在世界范围内，野生果树种质资源的利用是当今的一个重要课题。野生果树种质资源除了果实的直接利用外，也是砧木的重要来源。此外，野生果树还可以作为综合利用的原材料，包括作为**观赏植物**、蜜粉源、药材、能源植物等。

（林顺权）

果树种质资源圃 germplasm repository of fruit tree 保存活体果树种质资源的园地。果树种质资源圃可以田间种植保存果树等无性繁殖材料，优点是能够稳定保存无性繁殖材料的遗传多样性和稳定性，便于观察、记载，便于实物材料共享；不足之处是占地面积大，保存成本高。中国建立了22个与果树相关的国家种质资源圃，保存种质约2万份。

发展历史 为了保存果树遗传资源的多样性，加速研究利用步伐，中国农业科学院组织全国果树专家于1979年5月24日至6月2日在重庆召开了全国果树科技规划会议，制定了《1979～1985年全国果树科技发展规划》，规划中要求按照果树自然区划，充分利用现有的基础和条件，建立国家果树品种资源圃。1983年农牧渔业部在重庆召开了果树资源圃建设规划会，根据当时国家财力，确定除考虑自然区划外，按树种分布、栽培历史与现状及资源研究的工作基础，由中国农业科学院柑橘研究所牵头，采取国家和地方合办的方式建设第一批15个国家果树种质资源圃。它们是兴城梨和苹果圃、郑州葡萄和桃圃、重庆柑橘圃、泰安核桃和板栗圃、南京桃和草莓圃、新疆名特果树及砧木圃、云南特有果树及砧木圃、眉县柿圃、太谷枣和葡萄圃、武昌砂梨圃、公主岭寒地果树圃、广州荔枝和香蕉圃、福州龙眼和枇杷圃、北京桃和草莓圃、熊岳李和杏圃。这批资源圃于1987年至1989年分批通过农业部验收。1994年农业部正式批准沈阳农业大学山楂资源圃为国家种质资源圃。20世纪90年代后期，为适应作物种质资源保存的需要将左家山葡萄圃正式列为国家种质资源圃。南京果梅和杨梅圃2008年12月由农业部批复建设，2011年11月通过验收。国家猕猴桃种质资源圃和国家果树种质新疆野苹果圃（伊犁）于2010年获批建设。中国果树种质资源圃的设置，除了吉林公主岭寒地圃、新疆特有果树圃和云南特有果树圃以外，资源圃的设置基本以果树栽培学中的树种为依据。

现状 围绕国家果树科技创新和现代种业发展的重大需求，以“广泛收集、妥善保存、深入评价、积极创新、充分利用”为指导方针。国家果树种质资源圃开展了大量的基础性、公益性的研究工作。在种质资源的考察收集方面，除了参加中国三次农作物种质资源普查外，尚有若干专业性的考察，如西北黄桃种质资源考察、猕猴桃种质资源考察等，基本查清了中国果树遗传多样性本底；建立了果树种质资源圃建设、繁殖更新的技术规程，以田间种质资源植株保存为主，一般每份种质保存3～5株，22个种质资源圃共保存约2万份种质。在鉴定评价方面，各种质资源圃依托单位编制了果树种质资源描述规范和数据标准22套，建立了不同果树树种的共性和特性数据库，完成果树种质资源共性描述种质2万余份，完成的特性数据库也达到70%以上。随着分子生物学的发展，果树种质材料的鉴定评价已不局限于其表型性状特性，基因型精准鉴定也发展迅速。以果树资源圃的种质资源为依托，建立了国家农作物种质资源共享果树子平台，每年为大专院校和科研单位提供大量实物资源和信息资源上万条；建立了果树种质资源基础性、长期性观测站（点），建立了果树新品种的特异性、一致性和稳定性（DUS）测试系统，有效支撑了中国果树学科的发展，奠定了中国植物新品种保护的基础；提供的优异亲本，培育出了很多生产主要栽培品种，例如油桃品种曙光、中农金辉等；同时，原产于中国的地方果树品种资源的直接利用为中国果树业的发展做出了重要贡献，例如梨枣和冬枣、鲜食杏、仁用杏、观赏桃花。果树种质资源圃种质的共享利用有力支撑了中国果树学科和产业的发展。

存在的问题 中国是多种果树的起源中心，但国家果树资源圃保存的资源总量和野生种数量分别约为美国国家圃的50%和40%；检疫制度不够严格，保存方式单一，资源圃地的设置分散；资源评价深度有待加强；资源利用源头创新能力不强。在未来中国果树种质资源研究重点的思路为：加强野生果树种质资源和国外优异资源的收集；通过果树种质脱毒、繁殖技术体系的熟化，建立无病毒资源圃，积极探索新的保存方法；种质资源的评价以发掘野生资源或地方品种的优异基因源为根本目的，向基因组学的深度进行研究；建立以共享为目标的完善的果树种质资源利用技术平台。

（王力荣）

果树种子播种方法 seeding method of fruit tree 果树种子在单位面积土地上的分布方式。一般根据果树种类、品种特性、种植制度、栽培方式及环境条件等因素确定。播种是**果树栽培**措施之一，即适时将种子按一定数量和方式播到一定深度的土层内的综合农事作业。播种方法是否得当，将对幼苗的出苗率、整齐度和生长发育产生直接影响。播种方法以条播、点播、撒播较为常见，播前需做好整地、选种、种子处理等必要的准备工作。

条播 是在苗床内开条沟成行播种，

播种深度一致；行距可根据不同树种育苗的要求决定，种子在行内分布均匀。大多数种子较小的果树如山定子、海棠、杜梨、柑橘、枇杷、橄榄、柿子等采用条播的方法播种，因条播具有幼苗密度合适，生长整齐，嫁接、中耕、除草与起苗较为便利等优势，是生产上广泛应用的方法。播种深度可根据种子大小、土壤质地与气候因素而定，松土深些，黏壤宜浅；经沙藏种子可与湿沙一起播下。播后覆土并轻压，有条件可用草或地膜覆盖，既保墒又保温，出苗快且整齐。

点播　又称穴播，即按一定距离将种子单粒或数粒一起播入苗床或容器穴内，还可结合播种撒入除草剂和农药。此法用种量较省，种子分布均匀，出苗整齐，单株营养面积大，成苗质量好，田间管理亦方便。但单位面积产苗量少，对整地和种子质量要求较高，如桃、杏、板栗、核桃、龙眼、荔枝、梅等籽粒较大的树种，可按一定株行距点播，一般株行距为（15～20）厘米×30厘米，覆土深度为种子直径的1～3倍。穴播一般都是干播，为保土壤墒情，也可整好地立即覆膜，再行穴播。

撒播　对于一些种子较小、生长迅速、植株所占营养面积较小的树种多用此法。其方法是将种子均匀地撒在苗床上，然后撒土覆盖种子。此法省工，单位面积上苗量较多，如枳壳、酸橘、苹果、梨、李、杨梅等树种多采用此法，但幼苗往往密度过大且不均匀、生长较弱，加之中耕除草比较困难、管理不便，现已少用。撒播可以湿播（播前浇底水）或干播（播前不浇底水），前者播后用筛过的细土覆盖，稍埋住种子为宜，后者要播后镇压以利保墒，避免因干旱影响正常出苗。

（吴锦程）

果树种子层积处理　fruit tree seed stratification　将果树种子分层埋在湿沙或草炭、蛭石等类似的潮湿材料中，在1～10℃的低温下放置1～3个月，通过模拟冬季种子自然休眠环境来促进种子种胚后熟以及解除种子休眠、促进种子萌发的播前处理措施。又称沙藏处理。层积处理常用于苹果、梨、桃、山楂等具有种胚休眠特性或其他需要在春季进行播种的果树种子。

处理过程　层积处理的过程大致包括以下几个步骤：①种子浸水。层积处理前，先将种子在清水中浸泡2～24小时，使种子充分吸水。②混合。取出浸水种子，晾干表面明水后与洁净河沙混合。河沙含水量在50%左右，以手握成团不滴水，轻抖即散为宜。中小粒种子的河沙用量一般为种子体积的3～5倍，大粒种子的河沙用量一般为种子体积的5～10倍。③堆放。先在底部铺一层5～10厘米厚的湿沙，然后堆放与河沙混匀后的种子，表面再撒一层5～10厘米厚的湿沙。

层积处理可在室外或室内进行。在室外进行层积处理时可挖沟堆放，沟深50～100厘米，宽40～50厘米，沙堆厚度以不超过50厘米为宜，堆后湿沙高出地面呈丘状或屋脊状，再在湿沙上盖草保护。冬季严寒有冻土层时，沙堆上要盖50厘米厚的土，以保持温度。在室内进行层积处理时，可直接将种子和沙的混合物装入花盆或木箱内，放于冬季无加温设施的房间或地下室内；还可直接堆放于水平地面，盖草保湿。少量种子的层积处理也可使用类似湿沙的其他材料，例如可将种子与3倍于种子的湿润蛭石、滤纸或纸巾密封于塑料袋中，放置在3～7℃的低温环境（如冰箱）中。

不同果树种子层积需要的天数存在差异，如八棱海棠需要40～60天，毛桃需要80～100天，山楂需要200～300天，李子需要80～120天，板栗需要100～180天，猕猴桃需要60～70天。

贮藏功能　层积处理也具有种子贮藏的功能。种子贮藏是将种子保存在相对低温、适宜湿度等环境条件下，防止种子发热霉变和虫蛀，同时保持种子生活力的一种措施。常用的种子贮藏方法有干藏法和湿藏法。①大多数植物种子在母株上成熟后都具有忍耐干燥的能力，可使用干藏法，即在干燥和低温（如20%相对湿度和−20℃温度）的环境下保存。②一些果树种子不能忍受干燥和0℃以下低温，如柑橘、油梨、番木瓜等，需要使用湿藏法，即使用洁净、疏松和保水的材料（如河沙），用类似层积处理的方式进行保存。有些植物的种子，如栎树种子，可在流水中贮藏。

（李映志）

果树组培苗　fruit tree tissue culture seedling　利用植物组织培养技术繁殖而成的果树种苗。因组培技术原来多是用试管作为培养容器进行试验研究，故又称试管苗。植物组织培养技术是依据植物细胞具有全能性的理论，利用植物离体的器官、组织、细胞或原生质体，在无菌、适宜培养基及人工光照和控温条件下，经愈伤组织或不定芽途径增殖，最后经生根诱导形成完整的植株。组培苗的生产过程包括外植体采集与处理、培养基配制、初代培养、继代培养、生根培养、炼苗等几个基本步骤。

外植体　是植物离体培养的器官或组织等材料。用于果树组培苗生产常用的外植体有茎段、茎尖、叶片等。外植体要选自品种纯正、无病虫害的生长健壮植株。外植体的品种类型、采集时期、大小、所处生长发育阶段对外植体培养成功与否有重要影响。外植体采集后，须经过修整、清洗、消毒灭菌后，在无菌条件下接至适宜培养基中。

培养基　是人工配制的含有碳源、氮源、无机盐以及维生素等植物生长发育必需养分的混合物。培养基可分为液体培养基和固体培养基，后者较前者多添加了琼脂或其他能支撑外植体不被浸埋的凝固剂。供植物组织培养的培养基配方有很多种，常用的有MS培养基、MT培养基、B6培养基等。为促进外植体的生长与发育，培养基中还常添加有生长素、细胞分裂素等各种植物生长调节剂。

初代培养　是外植体的首次培养，其主要目的是获得无菌材料和无性繁殖系。在初代培养过程中，外植体被诱导产生愈伤组织、胚状体或茎梢、芽丛和原球茎等无性繁殖系。

继代增殖培养　是将初代培养中获得的材料进行不断切割、分离，更换新鲜培养基，进行进一步增殖的过程。通过继代培养，繁殖材料的数量以几何级数增加，从而实现种苗快繁的目的。继代培养中所使用的培养基、继代次数、培养环境等对培养材料的质量及变异情况产生很大影响。一旦培养材料出现变异，将导致继代变异几何级数增加。在组培苗生产过程中，常用增殖系数衡量组织培养的效率。增殖系数是指通过每代继代培养后，培养材料增加的数量。

生根培养　是将继代培养产生的无根苗在生根培养基上诱导生根，形成完整植株的培养过程。通过生根培养后，形成的组培苗植株仍处于培养瓶内，因此也称其为瓶苗或一级苗。由于瓶苗运输方便，有炼苗设施的育苗商常从组培苗生产商处购置瓶苗用于进一步育苗。

炼苗　是将人工环境下生长的组培苗逐步暴露于室外自然光照和空气中，使其适应外部环境的技术措施。通过炼苗，可大大提高组培苗的移栽成活率。炼苗可在专门的炼苗设施内进行。

移栽　通过炼苗的组培苗要移栽到装有营养土或类似基质的育苗袋或钵中，移栽成活后的营养袋苗又称二级苗。通过进一步培育，生长健壮后直接用作生产用苗。

（叶春海　李映志）

果园建立 orchard establishment 果树栽培前开展的包括园址选择、规划设计、园地建设等在内的一系列活动。果园建立是果树丰产、稳产、优质和高效生产的基础。果园建立需要综合考虑果树种类和品种（含砧木）、气候、土壤、地形地貌、病虫害流行、水源、交通、当地社会经济发展水平和产业发展规划等综合因素，是果树栽培学、果树育种学、气象学、土壤学、测量学、植保学、水利学、地理学、经济学等学科的综合应用。果园建立主要包括果园选址与规划和果园建设。

园地选择与规划 园地选择与规划应遵循以下原则：

园地选择 中国人多地少，土地资源有限，为保护粮棉油生产，长期以来果树生产实行的是“上山下滩，不与粮棉油争地”的策略，果园选址大多在立地条件较差的丘陵山地、河滩和海边滩涂等荒地或半荒地上。有部分果园选址在条件较好的农耕地上。果园选址的原则是因地制宜，适地适栽。

果园规划 确定果园地址后进行果园规划设计，制作果园规划图纸和编写建设方案。规划内容包括：①道路系统。主干道（大型果园）、机耕道、便道。②水利设施。拦洪沟（拦山沟）、沉沙池、排水沟、蓄水设施、引水渠、提灌站、泵站、灌溉管道等。③种植区。行向、整地方式、改土类型等。④防护设施。防风林、绿篱、监控等。⑤附属设施。喷药系统、管理房、库房、参观点、监控、气象哨、农家乐等。

道路规划 果园道路规划因果园大小而异，通常千亩以上的大型果园需要建设可以通行大型车辆的主干道，路面宽度不低于5米，配套建设路面宽度3～4米的机耕道。百亩级的果园一般不需要主干道，但需要建设机耕道。果园不论大小都需要规划便道，宽度1.5～2.0米，方便三轮车和人员通行。

水利设施规划 果园水利设施规划目标是“旱能灌，涝能排”“小雨水不出园，大雨土不出园”。果园规划蓄水设施有水库、水塘和蓄水池。无外来灌溉水源的果园，建设蓄水设施的总蓄水量至少应可满足一般年份果树生长结果的需要。蓄水池用于果园喷药和零星灌溉之用，每1.3～3.3公顷果园建设一个蓄水量50～100立方米的蓄水池。灌溉可选择使用喷灌、滴灌、微灌等方式。

果园建设 包括整地、土壤改良、苗木选择与定植、果园附属设施建设等。

整地 无论是坡地还是平地，建园前都须进行整地。坡度15%以上的坡地需要进行坡改梯，坡改梯的梯壁高度尽量不超过1米；中型和大型树冠的果树品种，梯面宽度不低于4米，小树冠果树品种的梯面宽度不低于2米，梯面外高内低，向内略微倾斜。由于多数坡改梯果园不方便机械通行，因此坡度小于15%的缓坡地可以不进行坡改梯，尽量按南北行向或顺坡行向进行土地整治；平地则结合道路系统和水利系统建设进行整地，挖除杂树、填平沟坎等。

土壤改良 多数木本果树的根系深，需要深厚肥沃的土壤，一般的农耕地土层都较薄，荒地更差。果园土壤改良目标是土层厚度1米左右，活土层厚度0.6米以上，有机质含量2%以上，土壤pH6～7，通气透水性能良好。土壤改良前应进行土壤分析化验，了解土壤理化性质，有针对性进行土壤改良。例如，酸性土壤用石灰、钙镁磷等提高土壤pH，缺镁、缺钙土壤用钙镁磷、镁石灰增加钙镁含量，有机质贫乏土壤增施有机肥等。

果园土壤改良方式主要有壕沟改土、扩穴改土、起垄改土和全园深翻改土。①壕沟改土。用经纬仪放线、撒石灰等标记定植行位置，在定植行位置开挖宽度1～2米、深度0.6～1米的改土壕沟。②扩穴改土。用经纬仪确定果树定植点位置，以定植点为中心，在原来的定植穴外围开挖直径或边长1～2米、深度0.6～1米的改土穴。然后将秸秆、杂草、树枝叶、农家肥、商品有机肥、石灰、磷肥等改土材料与表层土壤混匀后回填到改土壕沟或改土穴中，最肥沃的土壤和肥料应填埋到果树根系密布层深度。③起垄改土。将改土材料均匀撒在地面，旋耕混匀，用经纬仪放线确定起垄位置，然后将耕作层土壤或表土聚拢成垄，待土壤下沉后最终垄面离地平面0.4～0.6米。垄底宽度根据果树树冠大小和栽植方式而确定，一般垄底宽度不小于1.5米，最宽不超过3米。干旱少雨地区应在起垄位置先开挖深度0.4～0.6米的改土沟，从沟底开始回填土壤起垄，同时适度降低垄面高度。④全园深翻改土。将改土材料均匀撒在地面，然后用大马力拖拉机全园深翻0.5～0.8米，再旋耕1～2次。

苗木选择与定植 果树品种的选择首先必须适应当地的生态环境，其次要考虑栽培管理的难度和市场前景，同时要考虑砧木和接穗的亲和性，砧木对生态环境的适用性。要选择品种纯正的无病虫苗木，主根直、根茎不弯曲、根系发达，嫁接口愈合良好、嫁接膜已解除，苗木健壮、枝叶老熟，并尽量采用容器苗。

果树苗木适宜定植季节是土壤温度达到该品种砧木根系生长所需的温度，并至少维持1个月，过高和过低的土壤温度和气温都不适宜定植，即使是容器苗也宜如此。苗木定植前要进行根系和枝叶修剪，将过长的主根适度剪短，枝叶太多的也需要剪掉一部分。裸根苗定植前用黏性生土打泥浆，以泥浆容易粘住根系为度，根系偏少的裸根苗可在泥浆中加入生根粉。容器苗定植前需要抹除一部分与容器壁接触的营养土，使根系伸展后再定植。

苗木定植前，用经纬仪复位，确定定植点，在定植点用腐熟农家肥或商品有机肥培肥定植穴，然后在定植穴栽苗，用细碎肥沃熟土与根系紧密接触，轻轻压实或踩实，然后做树盘，灌足定根水后，覆盖秸秆、杂草或薄膜等保温保湿。

果园附属设施建设 主要进行防风林与绿篱建设，以及其他附属设施建设。

防风林与绿篱建设 防风林可改善果园生态环境，减轻气象灾害和病虫危害。防风林分主林带和副林带，主林带与主要来风的方向垂直，副林带与主林带垂直，林带之间的间距为林带最终高度的8～10倍。防风林尽量种植在道路或沟渠的南面，以减少对果树的遮阴。树木种类以树冠小、高、直，耐修剪，下部枝叶不易枯萎的乔木为宜。

果园周边种植带刺绿篱灌木，将果园隔离保护。绿篱的树种应耐修剪、耐瘠薄、好管理，与果树无共生性病虫害。防风林和绿篱最好提前在建园前1～3年种植。

其他附属设施建设 主要包括：①果园用房。包括管理房、工具农资库房、办公室、接待室、展览室、果实商品化处理车间、果实冷藏库等，根据果园规模和实际需要建设。②喷药系统。果树行间不方便喷药车通行的，可建设管道恒压喷药系统，每0.133～0.267公顷安装一个带阀门的接口，方便喷药软管接驳。③其他。果园参观点、可视监控、气象哨、山地果园运输轨道、运输索道、农家乐等根据需要和经济能力建设。

不同类型果园的建立 不同类型的果园，其建立方式各具特点。

丘陵山地果园 丘陵山地果园道路随地形建设，主干道一般建设在丘陵山脚或中下部，尽量穿行果园大部；机耕道连接主要地块，坡度较大的地方采用迂回上山；上下便道采用阶梯式或斜向上下。

在果园上方建设拦洪沟，拦截上方地表径流，拦洪沟的尺寸依据暴雨天气上方地表径流大小而定；果园下方建设排水沟、沉沙池，拦截果园泥沙，防止泥沙下山，沉沙池宽度和深度均应在1米以上。坡地果园在坡改梯后，在梯壁脚稍外侧开挖背沟，在汇水线开挖排水沟。

建园前沿等高线走向进行坡改地整地，然后在梯面上开挖改土壕沟或改土穴，改土壕沟的中心线或改土穴的中心点在梯面的外1/3处，方便果树长大后人员在梯面上通行。

平地果园 平地果园道路通常采用方格网布局，主干道尽量从果园中部穿行，由机耕道连接主要地块。主干道和机耕道旁开挖排水沟，并在旁边种植防护林或绿篱。

平地果园根据当地降水量、蒸发量、土壤质地、地下水位、果树耐湿性能设置排水沟密度和深度。南方容易积水地块的果园，主排水沟深度1米以上，普通排水沟深度80厘米以上，不易积水地块可浅一些。如果排水沟用砌砖或混凝土，须在沟底和沟壁留足够排水孔。所有排水沟（含背沟）上每隔一段距离要开挖沉沙凼。主要采用起垄改土或全园深翻改土。

冲积土果园（河滩与海涂果园） 河滩、海涂和盐碱地等冲积土果园，通常地下水位高，开沟排水、降低地下水位极其重要，主排水沟深度一般1.5米以上，次排水沟1米以上，并需要适度增加排水沟密度。冲积土果园通常深沟排水和起垄改土栽培相结合，达到降低地下水位、促进果树生长结果的目的。地下水位太高、不能通过排水沟自流降低地下水位的，需要建设排灌站排水。

海涂土壤含有较高盐分，含盐量由高到低顺序一般为近海区、重盐区、轻盐区和脱盐区。海涂区种果树要根据果树的耐盐力强弱选择品种，石榴、无花果、柿、葡萄、桃、梨等果树相对较耐盐碱。同时，果树砧木耐盐碱性能也是重要的选择依据，如梨的砧木杜梨，桃的砧木毛桃，柑橘的砧木枸头橙、红柠檬较耐盐碱。

草地果园 中国草地主要分布在干旱或半干旱荒漠沙地草原，生态环境脆弱，一般不宜进行农耕开垦，果园建设仅限于荒漠草原地带农牧交错的局部地区，并需要事先进行可行性论证、制定规划，得到行业主管部门的批准。

多数草原地区风沙大、降水量小、蒸发量大。草地果园建设前需要事先建设完善的防风林系统，增加防风林带的树木种植宽度，并缩小林带间距，加大林带密度。为了防止草原牧区牛羊损坏果园，在果园周边需要建设护栏。

草地果园建设过程中要尽量保护草地，不宜全园深翻，一般只在果树种植位置进行有限范围的土壤改良，压埋有机质，增施有机肥。树冠下采用黑麦草、高粱、玉米等作物秸秆覆盖，覆盖厚度20～30厘米。果实行间采用生草栽培。采用水肥一体化的地下渗灌或膜下滴灌，减少水分蒸发，提高水肥利用率。

（彭良志）

果园小区规划 orchard plot planning 为便于管理生产，根据果园地形、地势以及土地面积确定栽植小区的总体设计规划。小区又称作业区，是果园的基本单位。中国在2000多年前，《上林赋》(前1世纪）已有园圃设置的记载；在欧洲，古希腊时代就有庭院栽种**果树**的记载。当时的果园规划依园主的兴趣而定，多是供观赏、娱乐的园林。随着商品经济的发展，果树生产基地化发展的趋势日益明显。为使果树生产获取最佳经济效益，果园小区规划的作用也日益重要。

基本要求 中、大型果园要依地形、面积和树种划分栽植小区。小区的形状、大小、方位的规划设计，以方便作业、充分发挥集聚效益、便于果园水土保持以及便于采收运输为原则。

新建果园小区规划的基本要求是：小区内气候和土壤条件应基本一致，小区面积应因地制宜，大小适中。山地、丘陵果园，多按地形分区。当地形复杂、切割明显，气候、土壤差距较大时，每小区可缩小到1～2公顷。平地果园土地平整，小区可以稍大，每小区面积可设计为10公顷左右。低洼盐碱地，可以每一方田或条田为一小区。

小区形状主要考虑作业方便和防风效果，以长方形为好，长边与短边之比为（5∶1.5）～（3∶1)，小区长边应与当地主风向垂直。山地、丘陵地果园小区可呈带状长方形，小区长边与等高线走向一致，以保持小区内气候、土地条件相对一致，提高水土保持工程效益。由于等高线并非直线，因此小区形状也不完全为长方形，两个长边也不一定平行。

果园道路 果园道路一般设干路、支路。干路供车辆机具通行，位于小区之间，路宽按运输量及车辆机具来设计，通常为3～5米。支路设在小区内，将果树的行距加宽1～1.5米即可，供田间作业用。大型果园应设主路，以连接干路和各个分场，以及包装、贮藏、加工场所。在山地、丘陵梯田或撩壕的地形情况下，多用梯田边缘、田埂作为支路，而干路、主路则须顺坡迂回上下，以防止水土流失。小型果园不便用大型机械，可只留田间支路，不必形成明显小区。小区应尽量呈长方形，长边与果园防护林主林带方向一致。果树的行向，在北半球中纬度地区以南北向为宜。道路还应与灌溉系统、水土保持工程、防护林等统一设置，综合施工，尽量少占地，节省费用。

果树品种选择 栽培树种应为最适于当地栽植的果树。**品种**的选择须考虑良种化、区域化，一般同一小区种植同一品种果树，不同小区种植不同品种。根据不同树种、品种的生长特性适度密植，可提高果树早期经济效益。

（陈清西）

H

海菜花 *Ottelia acuminata* 水鳖科海菜花属多年生沉水草本植物。又称海菜、龙爪菜、水白菜、异叶水车前。以花和嫩叶作蔬菜食用。中国特有植物，曾广泛分布于云南、贵州、四川、广东、广西、海南等省区海拔2700米以下的小型湖泊、池塘、沟渠和深水田中，但因受到湖泊污染、湿地破坏、外来食草性鱼类如草鱼引入等多重因素的影响，海菜花种群数量急剧减少。自20世纪80年代开始便从绝大多数湖体中消失，截至2017年已经是濒危植物，为国家三级保护植物。

形态特征 茎短缩。叶基部丛生，一株具50～70个叶片；叶形变化较大，有线形、长椭圆形、披针形、卵形及阔心形；叶柄长短因水深浅而异，深水湖中叶柄长达2～3米，浅水田中叶柄长仅4～20厘米。花单生，雌雄异株；佛焰苞无翅，具2～6棱；雄佛焰苞内含40～50朵雄花，花梗长4～10厘米，花瓣3，白色，基部黄色或深黄色，倒心形，长1～3.5厘米，宽1.5～4厘米；雌佛焰苞内含2～3朵雌花，花梗短，花萼、花瓣与雄花相似。果为三棱状纺锤形，褐色，长约8厘米，棱上有明显的肉刺和疣凸。种子多数，

图1 海菜花

图2 海菜花的叶

图3 海菜花的花

图4 海菜花的果实

无毛。

生长习性 叶从深沉于水下，对环境变化十分敏感，要求水体清晰透明；如果出现富营养化，浮游植物浓度高，透明度低，水下光照不足，会严重影响海菜花的生长发育。一旦水体遭受工业废水或农药污染，则很快衰败灭绝。属喜温植物，种子10℃以上开始萌芽，20～30℃时发芽率随温度升高而上升。

栽培 野生资源已经非常稀少，云南大理、昆明、石屏等地已形成一定规模的人工种植。采用种子繁殖或分株繁殖，生产上常采用分株繁殖。可从种海菜花的老池塘中、水田中采集沉水种子自然萌发生成的秧苗作种苗，现挖现栽。也可在春夏季将种株连根挖起，每株（丛）分成3～5苗，分出的新苗不宜太小，且须保证每株新苗上均有须根。按60～70厘米行距、50厘米株距种植，每亩种植约2000株。水稻田种植全生育期保持水深20厘米左右，池塘种植周年保持水流或每周换一次水，随着海菜花生长，水层逐渐加深，夏季旺长期保持1.5米左右水深。海菜花在温暖地区四季均可开花，盛花期5～10月。在花蕾尚未开放时及时采收，夏季每周可采一次，秋季每10～15天采一次。

用途 兼具观赏价值和食用价值。叶片沉于水中，但黄蕊白瓣小花浮于水面，疏密有致，似天上繁星，具有很高的观赏价值。海菜花营养价值较高，含有丰富的蛋白质、氨基酸和矿质元素，必需氨基酸与非必需氨基酸比值（EAA/NEAA）为0.718（0.6以上即为优质），是优秀的蛋白质源；甘氨酸、谷氨酸、丙氨酸、精氨酸、天冬氨酸5种鲜味氨基酸含量占总氨基酸含量的44%，具有天然鲜味。主要食用花葶和花序，可单独或与芋头、豆腐等煮汤或炒，其味细腻鲜美；亦可在沸水中焯后凉拌，或用蒸熟的米粉与海菜花的花茎拌和腌制成腌菜食用。海菜花可以吸收水中的氮和磷，分泌的化感物质对藻类生长有抑制作用，可净化水体。全草入药，治小便不利、便秘、热咳、咯血、哮喘、水肿等多种疾病。 （张应华）

海萝 *Gloiopeltis furcata* 红藻门隐丝藻目内枝藻科海萝属红藻类植物。海萝盛产于中国南北沿海，分布于中国台湾地区及辽宁、山东、浙江、福建、广东等省。海萝因体内含胶甚多，耐干力强，多生长在中潮带和高潮带下部的岩石上，常丛生成群。

藻体高4～10厘米，自盘状固着器丛生，基部具有一非常短的较细的茎，向上立即膨胀成圆柱形枝，为不规则的叉状分枝，分枝处常缢缩。枝可达4厘米宽，枝端钝形或渐细。藻体紫红色，胶质，干燥后发脆，手切片极易破碎，制成的腊叶标本不完全附着于纸上。生长和繁殖季节因地而异，黄、渤海沿岸生长的海萝，其幼体多见于9～10月，四分孢子和囊果多见于5～7月；东海产的海萝，其四分孢子和囊果多见于3～6月。

干燥的海萝

具有清热、消食、祛风除湿、软坚化痰之功效。中国沿海居民常采集海萝作为食品。主要工业用途是作为浆料制成海萝胶，用于棉制品印染工业。

（周艳虹）

海仙花 Korean weigela; *Weigela coraeensis* 忍冬科锦带花属落叶灌木。又称朝鲜锦带花。海仙花原产于日本。中国华东及华北

图1 海仙花

等地常见栽培。

小枝粗壮，黄褐色或褐色，光滑或疏被柔毛。叶片广椭圆形或椭圆形至倒卵形，长8～12厘米，宽2.5～5.0厘米，先端突尖或尾尖，基部阔楔形，边缘具细钝锯齿。叶面绿色，中脉疏被平贴毛，背面淡绿色，沿中脉及侧脉被平贴毛，侧脉每边4～6条。叶柄长5～10毫米，边缘被平贴毛。聚伞花序数个生于短枝叶腋或顶端。萼筒长柱形，长达1.5厘米，花萼裂片5，狭线形，长约8毫米，基部完全分离。花冠大而色艳，初淡红色，后变深红色或带紫色，长2.5～4.0厘米，漏斗状钟形，基部1/3以下骤然变狭。子房光滑无毛。蒴果长

图2 海仙花的枝

图3 海仙花的叶

图4 海仙花的花

1.5～1.7厘米，顶有短柄状喙，无毛。种子微小而多数，无翅。花期4～5月，果期8～10月。株高约1米。

性喜光，稍耐阴，有一定耐寒力，在北京以南可露地越冬。对土壤要求不严，能耐贫瘠，在土层深厚、肥沃、湿润的地方生长更好。怕水涝，生长快，萌芽力强，但耐旱性和耐寒性均不如锦带花。

（于晓南）

海阳绿茶 Haiyang green tea 产于中国山东省海阳市的绿茶。海阳绿茶产地范围是海阳市现辖行政区，地理坐标为东经120°50′～121°29′，北纬36°16′～37°10′。主要销售区域是山东省内，北京、吉林长春等地也有销售。

产地环境 海阳市地处中国东部黄海之滨，胶东半岛南翼。辖区内四季分明，气候宜人，雨量充沛、光照充足，冬无严寒、夏无酷暑；土壤肥力高，富含有机质和有益矿物质，得天独厚的自然条件为茶树生长提供了适宜的环境。

加工工艺 根据加工制作方法的不同，海阳绿茶分为扁形绿茶和盘花卷曲形绿茶。扁形绿茶的加工工艺流程为：鲜叶摊放→青锅→摊凉回潮→二次压扁成型→摊凉回潮→辉锅→整理。盘花卷曲形绿茶的加工工艺流程为：鲜叶摊放→杀青→摊凉回潮→揉捻→解块→毛火（二青）→摊凉→初炒→摊凉拼堆→复炒→烘干（提香）→整理。

品质特征 海阳茶树越冬期比南方长1～2个月，生长期内昼夜温差大，有利于茶叶内含物的积累，故茶叶内含营养物质丰富。海阳绿茶具有墨玉绿、小米色汤、豆子香等的独特优良品质，其汤色嫩黄明亮、回味甘醇、香气浓郁、耐冲泡。扁形绿茶的品质特征：外形条索扁平光直，色泽墨绿油润；汤色嫩黄明亮，滋味鲜醇回甘，香气嫩香持久，叶底完整成朵、绿黄明亮。盘花卷曲形绿茶的品质特征：外形条索盘花卷曲；汤色绿黄明亮，滋味浓醇回甘，香气栗香持久。

（丁仕波）

海芋 arum; *Alocasia macrorrhiza* 天南星科海芋属大型常绿草本植物。海芋原产于中国华南、西南及台湾地区，东南亚也有分布。

高可达5米。具匍匐根茎，茎粗壮，粗达30厘米。叶互生；叶柄粗壮，长60～90厘米，下部粗大，抱茎。叶片阔卵形，长30～90厘米，宽20～60厘米，先端短尖，基部广心状箭头形，侧脉9～12对，粗而明显，绿色。花雌雄同株；花序柄粗壮，长15～20厘米；佛焰苞的管长3～4厘米，粉绿色，苞片舟状，长10～14厘米，宽4～5厘米，绿黄色，先端锐尖；肉穗花序短于佛焰苞。雌花序长2～2.5厘米，位于下部；中性花序长2.5～3.5厘米，位于雌花序之上；雄花序长3厘米，位于中性花序之上；附属器长约3厘米，有网状槽纹；子房3～4室。浆果红色。种子1～2颗。花期春季至秋季。

采用分株、扦插和播种法繁殖。喜温暖、潮湿和半阴环境，生长适温为20～25℃，越冬温度为10～15℃，夏季盆栽须遮半阴。用一般园土加泥炭土、砂或草皮土和腐叶土栽培。

海芋是大型观叶植物，宜用大盆或木桶栽培，适于布置大型厅堂或室内花园，也可栽于热带植物温室，十分壮观。根茎富含淀粉，可作工业上的代用品，但不能食用。海芋有毒，要避免将其当作芋艿或香芋误食，若舔舐其叶片上渗出的汁液、食用植株其他部位（叶、茎等）或接触眼、口等敏感部位，会引起接触部位肿胀麻木，甚至出现中枢神经中毒症状。如不

图1 海芋

图2 海芋的茎

图3 海芋的叶

图4　海芋的花序和佛焰苞

图5　海芋的果实

图6　海芋的种子

慎误食或中毒，须及时就医。

（陈发棣）

含笑　banana shrub; *Michelia figo*　木兰科含笑属灌木或小乔木。含笑原产于中国华南南部各省区，全国各地均有栽培。

高2～5米，树皮灰褐色，分枝繁密。芽、嫩枝、叶柄、花梗均密被黄褐色绒毛。叶革质，狭椭圆形或倒卵状椭圆形，长4～10厘米，宽1.8～4.5厘米，先端钝短尖，基部楔形或阔楔形，上面有光泽，无毛。花直立，长1.2～2.0厘米，宽0.6～1.1厘米，淡黄色而瓣边缘有时红色或紫色，具香蕉味芳香，花被片6，肉质，较肥厚，长椭圆形。雄蕊长7～8毫米，药隔伸出成急尖头，雌蕊群无毛，长约7毫米，超出于雄蕊群。聚合果长2.0～3.5厘米。蓇葖果卵圆状或球状，顶端有短尖的喙。花期3～5月，果期7～8月。

喜弱阴，不耐暴晒和干燥，否则叶易变黄。喜暖热多湿气候及酸性土壤，不耐石灰质土壤，较耐寒，在-13℃左右的低温下虽然落叶，但不会冻死。可用播种、分株、压条和扦插等方法繁殖。

适宜在小游园、花园、公园或街道上丛植，也可配植于草坪边缘或稀疏林丛下。其花有水果甜香，花瓣可拌入茶叶制成花茶，亦可提取芳香油和供药用。本种花开放时含蕾不尽开，故称“含笑花”。

（于晓南）

图1　含笑

图2　含笑的叶

图3　含笑的花

图4　含笑的果实

含羞草　sensitive plant; *Mimosa pudica*　豆科含羞草亚科含羞草属多年生灌木状草本植物。含羞草原产于美洲热带地区，广泛栽培于世界各地。

植株高可达1米。茎圆柱形，多分枝，有刚毛和皮刺。二回羽状复叶，总叶柄长3～4厘米，由4枚羽片组成掌状复叶，小叶7～24枚，长圆形，先端尖，边缘有纤毛，羽片和小叶被触动后闭合下垂，形似害羞，为有趣的观赏植物。头状花序腋生，花小，淡粉红色，花瓣4裂，钟状，雄蕊4且伸出花冠管外。萼漏斗状，小而不明显。荚果扁形3～5节，每节含1粒圆形种子。花期7～8月，果期8～9月。

适应性强，喜温暖气候，不耐寒。适宜在温暖湿润且肥沃的土壤中生长。多播种繁殖，早春播于苗床，幼苗生长缓慢，苗高7～8厘米时可定植于园地或上盆栽培。

图1　含羞草

图2　含羞草的叶

图3　含羞草的花

图4 含羞草的果实

图5 含羞草的种子

在植物教学上常作为实验材料。全草可供药用，有安神镇静的功能，鲜叶捣碎外敷治带状疱疹。

（肖建忠）

寒害 chilling damage 热带、亚热带植物在冬季生育期间遇到一个或多个低温天气过程（通常在0～10℃），造成生理机能障碍，导致减产或死亡的现象。在北半球，寒害发生期一般为10月至次年3月，主要发生在12月至次年2月。由于寒害发生过程中有可能伴随着冻害的发生，因此寒害又被称为寒冻害。

主要类型 按寒害形成的低温天气过程，一般可分为辐射降温型、平流降温型和混合降温型三种类型。①辐射降温型寒害。主要是白天光照条件较好，夜间辐射降温剧烈，过程日平均气温不是很低，但气温日较差大。形成寒害的主要气象因子是极端最低气温。②平流降温型寒害。一般是冷空气到达后天气出现连续阴天或伴随降水，过程日平均气温比较低，气温日较差小，过程持续时间相对较长。寒害的形成除受降温程度影响外，还与寒冷的时间积累（积寒）有关。③混合降温型寒害。一般是弱冷空气到达后出现低温阴雨天气，其后有较强冷空气补充，天气急转晴，由原来以平流型降温为主转为以辐射型降温为主。

时空分布 寒害的形成具有局地分布规律性，一般高纬度地区比低纬度发生多，海拔高的地方比海拔低的地方发生多；出现时间由高纬度向低纬度，由内陆向沿海逐渐推迟，危害程度呈现北高南低、内陆重沿海轻的分布。在中国，寒害主要分布于华南地区，其中以广东、广西、福建3个省（自治区）为主，云南省南部受害也较重。除局地分布规律性外，寒害年际间常有发生，但年际间分布不均衡，大范围严重寒害会对区域冬季果树生产造成严重危害和经济损失。

植物表现 在低温程度较轻、时间也较短的情况下，寒害会降低细胞原生质的活力，果树表现出生长受阻。恢复常温后，只要及时做好栽培管理，仍能恢复正常生长。如果低温时间持续太长，植株的生理机能就会遭受严重的伤害，最终造成明显的生长抑制和减产。不同植物寒害的症状不同，通常表现为叶片焦枯、产量和果实品质受损，重者整株死亡。寒害对热带、亚热带植物的危害因果树种类不同而异。通常日最低气温低于5℃且持续3天以上时，香蕉、荔枝、龙眼受害。

防御和补救措施 优良的栽培有利于加强果树抵御寒害的能力，以减少损失。①在有条件的地区可采用大型风机、燃烧生物质产生烟雾等方法来减少辐射降温型寒害和混合型寒害的危害。设施栽培和越冬期采用塑料薄膜进行树体覆盖，也可显著减轻寒害的损失。②发生寒害后要做好园区的清理工作，去除冻伤的枝叶，做好施肥和浇水工作，促发新枝，并做好病虫害的防治等。

（霍治国 撰 管清美 修订）

寒兰 cold-growing cymbidium; *Cymbidium kanran* 兰科兰属植物。寒兰产于中国安徽、浙江、江西、福建、台湾、湖南、广东、海南、广西、四川、贵州和云南等地。生于林下、溪谷旁或稍荫蔽、湿润、多石的土壤上，海拔400～2400米处。株型修长健美，叶姿优雅俊秀，花色艳丽多变，香味清醇久远，凌霜冒寒吐芳，实为可贵，因此有“寒兰”之名，为国兰之一。

地生植物，假鳞茎狭卵球形，长2～4厘米，宽1.0～1.5厘米，包藏于叶基之内。叶3～5（～7）枚，带形，薄革质，暗绿色，略有光泽，长40～70厘米，宽9～17毫米，前部边缘常有细齿，关节位于距基部4～5厘米处。花葶发自假鳞茎基部，长25～60（～80）厘米，直立。总状花序疏生5～12朵花。花苞片狭披针形，最下面1枚长可达4厘米，中部与上部的长1.5～2.6厘米，一般与花梗和子房近等长。花梗和子房长2.0～2.5（～3）厘米。花常为淡黄绿色而具淡黄色唇瓣，也有其他色泽，常有浓烈香气。萼片近线形或线状狭披针形，长3～5（～6）厘米，宽3.5～5.0（～7）毫米，先端渐尖。花瓣常为狭卵形或卵状披针形，长2～3厘米，宽5～10毫米。唇瓣近卵形，不明显的3裂，长2～3厘米。侧裂片直立，多少围抱蕊柱，有乳突状短柔毛。中裂片较大，外弯，上面亦有类似的乳突状短柔毛，边缘稍有缺刻。唇盘上2条纵褶片从基部延伸至中裂片基部，上部向内倾斜并靠合，形成短管。蕊柱长1.0～1.7厘米，稍向前弯曲，两侧有狭翅。花粉团4个，成2对，宽卵形。蒴果狭椭圆形，长约4.5厘米，宽约1.8厘米。花期8～12月。

图1 寒兰

图2 寒兰的叶

图3 寒兰的花序

图4 寒兰的花

中国寒兰通常以花被颜色来划分变型，主要有青寒兰、青紫寒兰、紫寒兰和红寒兰四种，其中以青寒兰和红寒兰为珍贵。中国寒兰鉴赏标准主要有三大流派：第一派沿用日本鉴赏标准，以姿、色为重，瓣形、幽香反而其次，鉴赏品评以花色、花型、花舌、花间、轮数为赏评点。花色：注重鲜艳，镶色要对比分明；花型：须单花绽放舒展；花舌：以圆大、色苔素净或落点鲜艳、舌正不歪为上；花间：要求排列疏朗，节距适中、对等，花出叶端。该派以江浙兰友居多。第二派放宽了瓣型标准，向梅瓣、荷瓣、水仙瓣上靠近，甚至提出寒兰不看外三瓣，只注重中宫。该派以江西、广西、四川、云南、贵州兰友居多。第三派倡导寒兰形意美，以寒兰飘逸、空灵的俊秀美，以及瘦硬、挺拔的风骨为赏点。该派以福建兰友为主。

（王　雁）

汉中红茶　Hanzhong black tea　产于中国陕西省汉中市的**红茶**。“汉中红”为汉中市高端红茶公用品牌。外形条索紧秀、色泽黑黄相间，金毫显露，汤色红亮，香气高鲜持久，叶底柔软、匀整，且富含锌、硒等多种微量元素。

加工工艺　加工工艺流程为：鲜叶采摘→萎凋→揉捻→发酵→初烘→复烘→提香。①鲜叶采摘。采自海拔800～1600米云雾缭绕的高山茶区，以一芽一叶初展为主要制茶原料。②萎凋。室内自然萎凋，保持空气流通，间歇输送自然风。③揉捻。以传统古法结合现代设备，在一定的压力下进行旋转运动，使茶汁揉出，便于在酶的作用下的氧化作用，进而增进色香味浓度，更使芽叶紧卷成条，增进外形美观。④发酵。将揉捻叶摊放于特定的发酵盘中，继续氧化变色，使芽叶中的多酶类物质在酶促作用下产生氧化聚合作用，从而形成红茶红叶红汤的品质特点。⑤初烘。自动烘干机的热风温度110～120℃，百叶烘干机的热风温度90～100℃，摊叶厚度1～1.5厘米，烘干时间10分钟左右。烘干至含水量45%左右，手握成团，松手成团，松手即散，不粘手，条索卷缩，叶色乌褐下机摊凉。⑥复烘。温度80～90℃，摊叶厚度3～4厘米，烘时15～20分钟，烘至含水量6%～8%时下机摊凉60分钟即可。⑦提香。在专门提香机中进行，温度60～70℃，摊叶厚度3～4厘米，时间120分钟，至含水量4%～5%，手捻茶条成粉末即可。

品质特征　成品茶外形美观匀称，条索紧秀平伏，锋苗好，色泽乌润，净度好，汤色红艳；有明亮金圈或“冷后浑”（乳凝现象），香气高锐、新鲜持久，滋味醇厚、鲜甜爽口。

（纪昌中）

汉中仙毫茶　Hanzhong Xianhao tea　产于中国陕西省汉中市的**绿茶**。汉中茶区位于中国茶区的北缘，产茶历史悠久，古时就是“茶马交易”的重要集散地，自古至今也是出产**贡茶**和名茶的地方。

生产简史　史料记载的大巴山产茶，在唐代**陆羽**《茶经》的开篇载有：“茶者，南方之嘉木也……其巴山峡川有两人合抱者……”当时的汉中称梁州，已成为全国八大主产茶区之一，并以茶进行“贡赐贸易”。宋代汉中“茶马互市”更为繁荣，有“汉中买茶，熙河易马”之说。明代，不仅有“年以汉中茶三万担易边马三万匹”的记载，而且制定和实行了中国第一部茶法《茶马法》。明清以来，茶与盛世共兴，茶区绵延数百里，茶农制茶“昼夜不止，男废耕，女废织，莫之能办也……”，汉中茶更是远销东南亚、欧、美等许多国家和地区。21世纪初，汉中市茶产业迎来高速发展时期，品牌多达20多个。2005年，汉中市将当地的20多种地方名茶整合为午子仙毫、定军茗眉、宁强雀舌三大品牌。2007年12月10日，全市茶叶整合为汉中仙毫。

产地环境　汉中市位于陕西省西南部，北依秦岭，南屏巴山，全市有8个县产茶。茶区土壤肥沃，有机质含量高，pH4.5～6.5，海拔多在600～1200米；年平均气温14.3℃，年降水量900～1200毫米，昼夜温差大，茶园多为漫射光，云雾缭绕。因产地为高纬度、高海拔，云雾概率高，富含锌硒，无污染环境，使得汉中茶叶具有优异的内在品质。

加工工艺　汉中市的地方茶树品种楮叶种、碑坝群体种、西乡大脚板，以及引进的**福鼎大白茶**、早白尖五号、龙井长叶、平阳特早等良种均适制汉中仙毫茶。汉中仙毫茶以采摘单芽、一芽一叶初展、一芽二叶初展的鲜叶为原料，鲜叶标准为大小匀齐、肥壮、完整，不带紫芽和病虫芽。加工工艺流程为：摊青→杀青→理条→做形→提毫→烘干→精选。①摊青。鲜叶均匀摊放于阴凉通风、不受阳光直射、干净卫生的室内竹质匾盘或凉席上，厚度一般不超过3厘米。每1～2小时轻翻一次，6小时内应付制。鲜叶失去光泽，叶质萎软、失重8%～10%为适度。②杀青。常用微型滚筒杀青机，锅温220～180℃。投叶量因机型而定。青草气消失、茶香显露、叶色变暗，含水量60%左右为适度。③理条。常用五槽和七槽多功能机，锅温90～80℃。投叶量因机型而定。初步成形，含水量40%左右为适度。④做形。同理条用机械。锅温80～70℃。投叶量因机型而定。基本定型，含水量20%～30%为适度。⑤提毫。用炒茶锅手工提毫。锅温70～60℃，投叶量150～200克/锅次。白毫初露，外形固定为适度。⑥烘干。用热风式名茶烘干机，初烘温度100～90℃，摊晾30分钟，复烘温度80～70℃。烘到手捻成末，含水量6%以下为足干。⑦精选。除去碎叶、黄叶、粗条、老梗以及其他夹杂物，保鲜贮藏。

品质特征　成品茶外形微扁挺秀、匀齐显毫，香气嫩香高锐持久；汤色嫩绿清澈明亮，滋味鲜爽回甘；叶底匀齐鲜活，嫩绿明亮。

（纪昌中）

《喝茶》　*Drinking Tea*　以“喝茶”为题的茶事文学作品。鲁迅、周作人、梁实秋、杨绛、苏雪林等均写有以“喝茶”为题的散文，其中最为人熟知的是鲁迅及周作人创作的《喝茶》。

鲁迅不仅在文学创作、文学批评、文学史研究、翻译、美术理论、古籍校勘与研究等多个领域均有贡献，而且对品茶的理解和对茶事的关注也尤为深刻。鲁迅的《喝茶》最初发表于1933年10月2日的《申报》“自由谈”栏目。文中说：“有好茶喝，会喝好茶，是一种‘清福’。不过要享这‘清福’，首先就须有工夫，其次是练习出来的特别的感觉。”“感觉的细腻和锐敏，较之麻木，那当然算是进步的，然而以有助于生命的进化为限。如果不相干，甚而至于有碍，那就是进化中的病态，不久就要收梢。我们试将享清福，抱秋心的雅人，和破衣粗食的粗人一比较，就明白究竟是谁活得下去。”文中以喝茶为例，批判了当时文人矫揉造作的不良习气，可谓味在茶外。

相对于鲁迅的茶外说茶，周作人的《喝茶》属前期随笔，显得恬淡自然，不失性情，作为品茶专论影响颇为深远。他的《喝茶》作于1924年12月，收录于散文集《雨天的书》。（于良子）

合欢 silk tree; *Albizia julibrissin* 豆科合欢属落叶乔木。合欢原产于亚洲及非洲，分布于中国自黄河流域至珠江流域的广大地区。

高可达16米，树冠扁圆形，常呈伞状。小枝有棱角，嫩枝、花序和叶轴被绒毛或短柔毛。2回偶数羽状复叶，总叶柄近基部及最顶一对羽片着生处各有1枚腺体。羽片4～12对，小叶10～30对，线形至长圆形，长6～12毫米，宽1～4毫米，中脉紧靠上边缘，叶背中脉处有毛。头状花序于枝顶排成圆锥花序。花粉红色，花萼管状，裂片三角形，长1.5毫米，花萼、花冠外均被短柔毛。荚果带状，长9～15厘米，宽1.5～2.5厘米，嫩荚有柔毛，老荚无毛。花期6～7月，果期8～10月。

喜光，耐寒性稍差，耐干旱、瘠薄，对土壤要求不严，不耐水涝。常用播种繁殖。

可作城市行道树、观赏树，也可作庭荫树，植于林缘、房前、草坪、山坡等地。树皮及花可入药，有安神、活血、止痛等功效。木材纹理通直，质地细密，可作家具、农具等的材料。（于晓南）

图1　合欢

图2　合欢的花

图3　合欢的果实

荷包牡丹 common bleeding heart; *Dicentra spectabilis* 罂粟科荷包牡丹属植物。又称荷包花、兔儿牡丹、铃儿草、鱼儿牡丹。荷包牡丹原产于中国、西伯利亚及日本。喜散射光充足的半阴环境，比较耐寒。生长于海拔780～2800米的湿润草地和山坡。

多年生直立草本，高30～60厘米或更高。茎圆柱形，带紫红色。叶片轮廓三角形，长（15～）20～30（～40）厘米，宽（10～）14～17（～20）厘米，二回三出全裂，第一回裂片具长柄，中裂片的柄较侧裂片的长，第二回裂片近无柄，2或3裂，小裂片通常全缘，表面绿色，背面具白粉，两面叶脉明显。叶柄长约10厘米。总状花序长约15厘米，有（5～）8～11（～15）朵花，于花序轴的一侧下垂。花梗长1～1.5厘米。苞片钻形或线状长圆形，长3～5（～10）毫米，宽约1毫米。花优美，长2.5～3厘米，宽约2厘米，长为宽的1～1.5倍，基部心形。萼片披针形，长3～4毫米，玫瑰色，于花开前脱落。外花瓣紫红色至粉红色，稀白色，下部囊状，囊长约1.5厘米，宽约1厘米，具数条脉纹，上部变狭并向下反曲，长约1厘米，宽约2毫米；内花瓣长约2.2厘米，花瓣片略呈匙形，长1～1.5厘米，先端圆形部分紫色，背部鸡冠状突起自先端延伸至瓣片基部，高3毫米，爪长圆形至倒卵形，长约1.5厘米，宽2～5毫米，白色。雄蕊束弧曲上升，花药长圆形。子房狭长圆形，长1～1.2厘米，粗1～1.5毫米。胚珠数枚，2行排列于子房的下半部。花柱细，长0.5～1.1厘米，每边具1沟槽，柱头狭长方形，长约1毫米，宽约0.5毫米，顶端2裂，基部近箭形。果未见。花期4～6月。

荷包牡丹叶丛美丽，花朵玲珑，形似荷包，色彩绚丽，是盆栽和切花的优良材料，也适宜布置花境和在树丛、草地边缘湿润处丛植，景观效果较好，亦可庭园栽培供观赏。全草入药，有镇痛、解痉、利尿、调经、散血、和血、除风、消疮毒等功效。（王　雁）

图1　荷包牡丹

图2　荷包牡丹的叶

图3　荷包牡丹的花

荷花 sacred lotus; *Nelumbo nucifera* 莲科莲属宿根水生植物。又称莲、荷、芙蕖、水芙蓉。中国从海南至黑龙江都有野莲分布。在中国栽培历史悠久，中国浙江省河姆渡新石器时代文化遗址中发现有莲花的花粉化石；春秋时吴王夫差曾为西施修筑玩花池，栽荷观赏；明清以后，莲花在中国南北名园中广泛应用并盛行缸、钵、碗栽。南北各地广泛种植，武汉、杭州等城市收集和培育的品种尤多。东南亚各国、日本、美国、澳大利亚等国均栽种荷花。

形态和类型　荷花的地下茎横生，节间肥大，节中有多个气孔道。叶扁圆形，挺立于水面，直径10～70厘米。花单生柄端，花瓣多数，随品种不同而有很大差异，多可至千瓣。花色有红、粉红、白、绿、黄或复色等。花谢后花托膨大，即莲蓬。一个心皮形成一个椭圆形的果实，即莲子。

按花型花莲可分为单瓣型、复瓣型、重瓣型、重台型等。按株型大小可分为大花型和中小花型，其中适于钵、碗栽培的小花型特称碗莲。

生长习性　荷花喜相对稳定的静水，忌涨落悬殊和风浪较大的流水，水深一般不宜超过1.5米。生长季最适气温为25～30℃，5℃以下则易受冻。要求日照充足，土质以富含有机质的黏土为宜，对氟和二

图1　荷花

图2　荷花的地下茎

图3　荷花的花

图4　荷花的花托（莲蓬）

图5　荷花的果实（莲子）

氧化硫等有毒气体有一定抗性。莲子寿命特别长，千年古莲子仍能萌发新株。常以分株方式进行繁殖。

用途　砌池植莲，构成沿水岸线赏荷景观，是中国式园林建筑的传统手法。各地名胜风景均广泛应用，也是净化水体的有效方式。荷花也适用于盆栽。荷花花瓣、嫩叶可食，各部分均可入药。

（陈龙清　赵凯歌）

核桃　walnut; *Juglans regia*　胡桃科胡桃属落叶乔木。又称胡桃、羌桃。据史料推证，核桃起源并非“由张骞出使西域带回胡桃以后，中国始有核桃”。考古和地质发掘证据表明，早在7000年以前，河北省武安县、河南省密县等地已有核桃生长，并且中国也是世界核桃原产地之一。

地理分布　核桃分布范围广，中国核桃主要分布在辽宁、北京、河北、山西、陕西、新疆、云南、西藏等20余个省（自治区、直辖市）。全世界有50多个国家种植核桃。

种植资源　中国核桃种质资源丰富。在中国，栽培的食用核桃主要有核桃（*J. regia*）和铁核桃（*J. sigillata*）两个种，通常说的核桃还包括铁核桃，主要分布在西南云、贵、川等地，其特点是抗寒性差（在中国北方不能越冬），果壳有较深的坑纹，有学者建议将铁核桃划分为核桃种下的一个生态类型。另外，麻核桃（*J. hopeiensis*）是核桃与核桃楸（*J. mandshurica*）的种间杂交种，因坚果壳厚、纹理美观，可用于揉手健身或工艺品加工，而在河北、北京等地有一定的种植

图1　用于揉手健身或工艺品加工的麻核桃

规模。

形态特征　一般树高5～20米，最高可达30米以上。树冠大而开张。树干皮灰白色、光滑，老时变暗有浅纵裂。枝条粗壮，光滑、具白色皮孔，髓心大。混合芽圆形或阔三角形；叶芽为三角形；隐芽很小，着生于新枝基部。奇数羽状复叶，小叶5～11枚。雌雄异花；雄花成柔荑花序，长8～12厘米；雌花序顶生，有花1～4朵或更多，柱头2裂，偶有3～4裂。果实为假核果（园艺分类属坚果），圆形或长圆形，外果皮肉质、绿色。果核多圆形或椭圆形，壳面具刻沟或光滑。种仁沟壑多，似脑状，被浅黄色或黄褐色种皮。一般8～9月成熟。

图2　核桃树

图3　核桃的果实

生长习性　核桃寿命较长，盛果期可达几十年，寿命可达百年以上。按结果早晚，核桃分为早实核桃类群和晚实核桃类群，早实核桃类群在播种后1～3年或嫁接后1～2年结实，晚实核桃类群在播种后6年以上或嫁接后3年以上结实。核桃具有雌雄异熟特性，在栽培中须配置授粉树。核桃枝干受到损伤时易产生伤流，伤流以落叶期至萌芽初期最盛。核桃树喜温、喜光，幼龄树在－20℃条件下易出现“抽条”或冻害。核桃耐旱，但怕涝、不耐盐碱。其树冠大、枝叶多、根系发达，具有涵养水源、保持水土、防尘降霾等良好的生态作用。

主要价值　核桃具有营养价值、药用价值和食疗价值，是深受百姓喜爱的坚果类食品之一。是世界著名的四大干果（还有扁桃、腰果、榛子）之一，核桃营养丰富，每100克核桃仁中含脂肪63克（90%以上

为不饱和脂肪酸）、蛋白质15.4克、碳水化合物10.7克、钙108毫克、磷329毫克、铁3.2毫克、胡萝卜素0.17毫克、维生素$B_1$0.32毫克、维生素$B_2$0.11毫克。核桃在中国古代被称为万岁子、长寿果，在其他国家被称为大力士食品、浓缩的营养包。中医认为核桃仁性温、味甘、无毒，具有润肺、益肾、利肠、化虚痰、止虚痛、健腰脚、散风寒、通血脉、补气虚、泽肌肤等功效。现代医学和营养学研究认为，食用核桃仁具有降血压、降血脂，预防和治疗慢性心血管疾病的作用。核桃对人体有益，一般认为核桃仁的食用量成人以每天食用5～6个核桃，约20～30克核桃仁为宜。核桃仁不宜食用过多，否则易生痰，令人恶心、吐食。阴虚火旺者、大便溏泄者、吐血者、出鼻血者应少食或禁食核桃仁。

图4　核桃的种仁

用途　核桃用途广泛，除核桃仁供食用外，核桃木材色泽淡雅、纹理致密、材性良好、强度适当、耐冲力强，是高档家具、乐器、传统军工的理想用材。坚果壳可制作活性炭，打磨抛光材料，作为污水处理的滤料。核桃雄花可食，经开水焯和冷水泡之后可凉拌或做馅。除此之外，核桃青皮、分心木、枝叶等均可入药。

（郝艳宾）

核心种质　core germplasm　运用科学的分析方法从资源库中挑选出的能够以最少的资源数量和遗传重复，尽可能最大限度地代表整个资源群体遗传多样性的一部分种质样本。核心种质便于种质资源的保存、评价与利用。核心种质概念最早由O. H.弗兰克尔和A.H.D.布朗于1984年提出。核心种质以外的资源材料作为保留资源保存。一般来讲，核心种质是从现有的种质中按照科学的取样方法与技术，选出约10%的样品组成，在一定程度上代表了某一种及其近缘野生种的形态特征、地理分布、基因与基因型最大范围的遗传多样性。

特征　核心种质应当具备四个特征：①多样性和代表性。核心种质组成应包括和体现当前种质资源的主要变异类型。②异质性。核心种质之间要有异质性，最大限度地避免遗传上的重复。③实用性。核心种质应当包含育种和生产实践所需要的优异农艺性状或基因。④动态性。核心种质存在动态交流和调整，而不是一成不变。

构建流程　核心种质构建的流程一般包括：种质资源数据的收集整理、核心种质的取样策略研究和核心种质的评价管理。①完整的种质资源数据包括基本数据、特征数据、评价数据三类。基本数据指种质收集地、起源地的生态地理状况或育种体系、分类体系等有关信息；特征数据包括表征种质特征的形态、生化（同工酶、种子蛋白）、分子标记〔如随机扩增片段长度多态性（RAPD）标记、简单序列重复多态性（SSR）标记等〕，以及基因组数据等；评价数据则指产量、品质及抗耐性等农艺性状数据。形态农艺性状数据是构建核心种质的基本数据，也是传统研究方法中利用的主要数据；而分子标记能够直接反映出脱氧核糖核酸（DNA）序列水平上的变异，且多样性高、不受环境影响，能更好地评价种质资源遗传多样性，进而决定核心样品。因此，应将表型性状与分子信息、基因组数据的验证与补充结合起来运用，才能保证所构建核心种质的代表性。②核心种质的取样策略具体包括取样方法及取样比例两大方面。取样方法大体上分为随机取样法和分层取样法。随机取样法对于一些在整个资源中份数比例小但变异较大的材料缺乏足够的有效性，因此核心种质构建中多采用系统分层的取样方法，将具有相似特点的种质材料进行分组，常见方法有按地理来源及农业生态分组、按分类体系分组、按育种体系分组和按多数据组合分组等。核心种质的取样比例约占该物种全部资源的5%～30%，其中以10%居多。根据资源份数采用相应的取样比例，同时，对于遗传多样性丰富的地区应适当增加取样比例，而对于具有优异性状的特殊种质则应全部入选核心种质库。③核心种质建成后应对其有效性进行检验，对核心种质遗传多样性进行分析，检验其是否能很好地代表原有种质资源群体的生态和遗传多样性。常用的检验指标包括：各性状的均值、方差、标准差、变异系数及变异幅度等参数。此外，生化标记和分子标记也被应用于核心种质遗传多样性的检测。对于果树等多年生木本植物，还需要经过栽培试验来验证核心种质是否合理，对其在生产上的实用性进行评估。

应用　核心种质是整个种质资源中最有代表性的样本，因而可以最大程度地减少运行一个种质库所需的人力和物力，降低运行中所处理的样品数量，从而促进种质资源的保存和利用。大多数核心种质主要应用于两个方面，一是优先利用核心种质对植物遗传资源进行评价，二是优先利用核心种质筛选有用的基因进行遗传育种研究。

（汤浩茹　王小蓉）

《和章岷从事斗茶歌》　*A Poem of Tea Battle with Mr. Zhang Min*　七言古诗。中国北宋范仲淹作。范仲淹（989～1052），北宋政治家、文学家。字希文，谥号“文正”。范仲淹喜好弹琴，然平日只弹履霜一曲，故时人称之为范履霜。

诗为：“年年春自东南来，建溪先暖冰微开。溪边奇茗冠天下，武夷仙人从古栽。新雷昨夜发何处，家家嬉笑穿云去。露牙错落一番荣，缀玉含珠散嘉树。终朝采掇未盈襜，唯求精粹不敢贪。研膏焙乳有雅制，方中圭兮圆中蟾。北苑将期献天子，林下雄豪先斗美。鼎磨云外首山铜，瓶携江上中泠水。黄金碾畔绿尘飞，紫玉瓯心雪涛起。斗余味兮轻醍醐，斗余香兮薄兰芷。其间品第胡能欺，十目视而十手指。胜若登仙不可攀，输同降将无穷耻。吁嗟天产石上英，论功不愧阶前蓂。众人之浊我可清，千日之醉我可醒。屈原试与招魂魄，刘伶却得闻雷霆。卢仝敢不歌，陆羽须作经。森然万象中，焉知无茶星。商山丈人休茹芝，首阳先生休采薇。长安酒价减千万，成都药市无光辉。不如仙山一啜好，泠然便欲乘风飞。君莫羡，花间女郎只斗草，赢得珠玑满斗归。”

《和章岷从事斗茶歌》简称《斗茶歌》，这首脍炙人口的茶诗历来被后人与卢仝的《走笔谢孟谏议寄新茶》(《七碗茶歌》）相提并论。《诗林广记》还引《艺苑雌黄》云：“玉川子有《谢孟谏议惠茶歌》，范希文亦有《斗茶歌》，此二篇皆佳作也，殆未可以优劣论。”全诗以夸张手法对择时采茶、以金玉茶器精制、用水考究、煎茶时泛起的汤沫颜色和香气，以及茶的功效做了详尽的记录。尤其是形象地描述了宋代的斗茶场景，保留了珍贵的茶艺史料。文辞优美生动，用典丰富。

（刘伟华）

褐变　browning　食品及原料加工中发生一系列化学反应形成褐色色素的过程。

分类　褐变影响食品营养、色泽，造成严重经济损失。依据反应类型不同，可分为非酶促褐变（non-enzymatic browning）和酶促褐变（enzymatic browning）。

非酶促褐变 食品加工中不需要酶参与的产生褐色色素的反应。已发现两类主要的非酶促褐变反应，即美拉德反应（Maillard reaction）和焦糖化反应（caramelization）。①美拉德反应。指食品中氨基酸或蛋白的游离氨基与还原糖羧基在受热条件下发生的系列反应。糖与氨基酸经过羟醛缩合与聚合反应，产生多种类型的气味和风味物质，形成褐色含氮聚合物类黑精色素（melanoidins），如面包烘焙和肉制品干燥中产生的风味和色泽。美拉德反应是工业化生产风味添加剂的基础，参与反应的氨基酸决定风味；但天冬酰胺与还原糖作用，可形成有害物丙烯酰胺。②焦糖化反应。指食品加热过程中碳水化合物或糖在高温下分解，释放新的风味成分，形成焦糖风味，产物继续发生复杂聚合反应，最终形成焦糖色素（caramel pigment）。在烹饪、咖啡烘焙中广泛应用；商业化的焦糖色素可作为食品色素和风味剂。

酶促褐变 有氧条件下，由多酚氧化酶（polyphenol oxidase）催化多酚类物质（polyphenol）氧化转变为醌类物质，醌类物质经自动聚合形成不溶性多聚物黑色素（melanin）的过程。酶促褐变在苹果、香蕉、土豆、莴苣等果蔬和虾、蟹、龙虾等水产品中易发生，由酶促褐变引起的损失占果蔬总损失的一半左右。酶促褐变促进茶、咖啡和巧克力形成色泽和风味。①多酚类物质。含有酚羟基结构的系列化合物，广泛存在于果蔬等植物中，不稳定，易发生化学和生物化学反应，特别是酶催化氧化引起的酶促褐变。按结构可分为花色素类（形成果实色泽）、黄酮类（茶和葡萄酒中的儿茶素类和单宁）、非黄酮类（茶叶中的没食子酸）组分。酚类物质在植物中参与色泽形成，是植物中重要的抗氧化、抗菌成分，也是构成苹果汁、茶等饮料风味和滋味的组分。②多酚氧化酶。一类含铜离子辅基，催化酚类物质氧化的加氧酶。催化两步基本反应：羟基化反应和氧化反应。通常存在于植物质体和叶绿体上，当组织成熟或衰老时存在于细胞质中。多酚氧化酶参与植物抗病和抗逆反应，在昆虫和甲壳类动物中有增强抗病性的作用。

控制酶促褐变的措施 控制酶促褐变是食品工业的巨大挑战。有效的抗褐变剂硫化物（亚硫酸盐、二氧化硫等）存在潜在危害，已禁止在生鲜产品中使用，需要寻找新方法或改进技术来抑制酶促褐变，有效延长食品货架期。控制酶促褐变的方法主要有：①热烫处理。产品冷冻前，通过短时热处理破坏或钝化酶。②低温冷藏。低温7℃以下可降低多酚氧化酶催化反应速率，控制褐变。③脱水。通过脱水抑制酶活性。常采用冷冻干燥和添加化学物质（氯化钠、蔗糖和其他糖、甘油、糖浆或蜂蜜等）控制褐变。④高压处理。食品经500～800兆帕超高压处理钝化酶和微生物。高压处理能保持产品风味、外观和营养，对热敏食物效果更佳。⑤辐射。离子辐射（γ射线、X射线、加速电子等）处理可杀死食品中的微生物和降低酶活性。用于肉制品、海产品、蔬菜和谷物制品的长期保存。⑥超临界二氧化碳处理。主要作用是杀灭微生物，也可钝化酶，使虾、土豆多酚氧化酶失活。⑦加入抑制剂。抑制剂可通过钝化酶、去除反应底物和改变产品组分三种途径发挥作用。去除氧的抑制剂有硫化物、抗坏血酸及类似物、半胱氨酸、谷胱甘肽；络合多酚氧化酶铜离子辅基的螯合剂有磷酸盐、乙二胺四乙酸（EDTA）、有机酸；降低pH的酸化剂有磷酸、柠檬酸；酶作用抑制剂有芳香族羧酸、小分子肽、间苯二酚衍生物等。⑧遗传改良。加拿大奥卡诺根特色水果公司通过基因剪切技术降低苹果多酚氧化酶，得到不易褐变的果实。

（彭丽桃 蒋跃明）

黑茶 dark tea 加工过程中有微生物参与品质形成，制造过程中堆积发酵时间较长，成品茶色呈油黑或黑褐色的发酵茶。黑茶产区主要集中在中国湖南、云南、湖北、四川、广西等地，因各地原料特征各异或长期积累的加工习惯等差异，形成各自独特的产品形式和品质特征。

生产简史 早期的蒸青团饼绿茶由于长时间的烘焙干燥和非完全密封运输贮存，湿热氧化作用导致绿茶由绿色变成褐色，随着茶色变深，茶的香气和滋味也慢慢变得浓郁、深沉，产生了黑茶的雏形。北宋熙宁七年（1074），四川采用绿毛茶做色变黑，蒸压成型，制成“乌茶”与西北交换马匹。这种“以茶易马”“以茶治边”的制度自唐朝至清朝延续了千余年。明嘉靖时期（1525年以前），湖南安化采用绿茶湿坯堆积渥堆，松材明火干燥法制作，使干茶色泽变黑变褐，故名黑茶。

主要品种 按照产地和品质特征，黑茶可分为湖南安化黑茶、四川黑茶、云南普洱茶、广西六堡茶、两湖青砖茶和其他黑茶几大类别。安化黑茶包含“三尖三砖一卷”，“三尖”指天尖、贡尖和生尖，“三砖”指茯砖、花砖和黑砖，“一卷”指花卷茶。四川黑茶包括南路边茶和西路边茶，其中南路边茶有康砖（藏茶）、金尖等，西路边茶包括方包和茯砖等。云南普洱茶分生普和熟普两类，包括散茶和各种紧压茶。广西六堡茶也包括散茶和紧压茶。两湖青砖茶包括湖北青砖和湖南临湘青砖。从成品形态上可将黑茶分为紧压砖型、紧压篓装型、紧压沱饼型和紧压柱型。

加工工艺 黑茶初加工包括杀青、揉捻、渥堆、干燥等工序，其中渥堆是黑茶品质形成的关键工序。黑茶的压制包括原料筛分、拼配、压制定型、干燥等工序。

品质特征 不同类别的黑茶因其产地、原料、加工工艺等不同，其品质亦有所不同，但各类黑茶品质也具有共同的特点：①多数黑茶所用鲜叶原料较成熟。②都有渥堆变色过程。有的采用干坯渥堆变色，如两湖青砖和四川茯砖等；有的采用湿坯渥堆变色，如安化黑茶和广西六堡茶。③都要经过高温汽蒸压造成型和缓慢干燥过程。④黑茶成品干茶色泽呈黑色或黑褐色，汤色呈橙黄或橙红，滋味纯正或醇厚，香气纯正无粗青，依品类不同有某些特殊香味，叶底黄褐，相对粗大，具有越陈越香的特性。

对压制黑茶品质的总要求为：外观形状与规格要符合该茶类应有的规格要求，如成型的茶外形平整，个体压制紧实或紧结，不起层脱面，压制的花纹清晰。茯砖茶还要求砖内发花茂盛。各类压制黑茶的色泽具有该茶类应有的色泽特征；内质要求香味纯正，没有酸、馊、霉、异等不正常气味，也无粗、涩等气味。

（郑红发）

黑茶初制 dark tea primary processing 鲜叶经杀青、初揉、渥堆、复揉和干燥等工序制成黑毛茶的过程。又称黑茶初加工。

加工类型 黑茶初制的杀青、揉捻、干燥等工序与绿茶基本相同。不同黑茶的初制工艺流程如下：①湖南黑茶。杀青→揉捻→渥堆→干燥。②湖北老青茶。杀青→初揉→复炒→复揉→渥堆→干燥。③四川南路边茶。杀青→渥堆→蒸茶→揉捻→拣梗、筛分→晒茶（干燥）。④广西六堡茶。杀青→揉捻→渥堆→复揉→干燥。⑤云南普洱茶。杀青→揉捻→晒干（生茶）→渥堆→晾干→筛分。

加工工艺 渥堆是黑茶初制中的特有工序，也是黑毛茶品质形成的关键工序。渥堆是将揉捻叶堆积12～24小时，在湿热和微生物的共同作用下，内含物发生一系列深刻的氧化、分解作用，形成黑毛茶独特品质的过程。渥堆应在室温25℃以上，相对湿度保持在85%左右的条件下进行，堆高一般70～100厘米，茶坯水分含量保持在65%左右。渥堆适度的标准：当茶坯堆积24小时左右，叶温达45℃左右，茶堆表面出现水珠，叶色黄褐，带有刺鼻的酒糟气或酸辣气时，即为适度。

（林　智）

黑茶品饮　dark tea savoring　一种黑茶饮茶方式。黑茶是一种后发酵茶类。一般原料较粗老，加之制造过程中往往堆积发酵时间较长，因此叶色油黑或黑褐，故称黑茶。主产于中国湖北、湖南、四川、云南、广西等地。黑茶是制造紧压茶（砖茶、饼茶等）的原料，主销中国西藏、青海、新疆等地。

用盖碗冲泡黑茶的方法为：取5克茶，100毫升水，水温80℃左右。先温杯，再投入茶叶，注入少量开水润湿所有茶叶，第一泡40秒出汤，用公道杯盛汤，分入品杯中分享。第二泡10秒，第三泡15秒，第四泡30秒，第五泡35秒。由于黑茶耐泡，可以冲泡6～7次，时间均不超过40秒。

（周智修）

黑木耳　Jew's ear; *Auricularia auricula*　木耳目木耳科木耳属菌类。又称光木耳、云耳、细木耳。黑木耳是一种担子菌，属于胶质菌类。木耳人工栽培始于中国，据记载有上千年的悠久历史。黑木耳具有丰富的蛋白质、维生素B、钙和铁，为**蔬菜**之冠，不仅是一种滋味鲜美、营养丰富的高级佐料，而且是一种具有药用价值的保健食品。中国黑木耳的自然分布很广，以湖北、黑龙江等地产量最多，且质量较好。

形态特征　黑木耳单生为耳状，或群生为花瓣状，胶质，半透明，中凹，黑褐色，干后颜色更深，大小为6～12厘米，厚度为1～2毫米，有腹背两面。腹面又称孕面，光滑、色深，成熟时表面密集排列着整齐的担子；背面又称不孕面，长有许多短毛。孢子一般呈腊肠形，无色，光滑。

生长习性　黑木耳是木腐性真菌，可以段木栽培，也可以代料栽培。黑木耳为中温型菌类，担孢子在22～32℃均能萌发；菌丝在6～36℃均能生长，以22～30℃最为适宜；在15～27℃下能分化出子实体，但以20～24℃最为适宜。一般段木栽培木耳的适宜含水量为40%左右，而代料栽培培养料的适宜含水量为55%～60%。菌丝体生长阶段要求栽培场所的空气相对湿度为60%～70%，而子实体生长阶段要求空气相对湿度为80%～90%。黑木耳是好气性真菌，菌丝体和子实体阶段都需要新鲜的空气才能正常生长。黑木耳在菌丝生长阶段不需要光线，在子实体形成和生长阶段则需要较强的散射光和部分直射光。黑木耳适合在微酸性条件下生长，菌丝体在pH4～7的条件下都能正常生长，以pH5.0～6.5最为适宜。

栽培　黑木耳代料栽培既可以节省木材，又可以在无林或少林地区栽培。宜选择适应性强的优良菌种。根据当地资源选用合适的培养原材料，按照培养料配方进行充分混合拌料，拌料时严格控制含水量在55%～60%，然后装袋灭菌。灭菌后待菌袋温度降至28℃以下时进行播种，播种后的菌袋在培养室内按井字形堆放，然后控温发菌。发菌时一定要注意防湿遮阳、通风换气并及时翻堆检查。播种后控制栽培环境，保持培养温度在22～28℃，空气相对湿度在65%左右，黑暗环境下发菌。待菌丝长满菌袋时可进行曝光，以诱发耳芽的形成。在生长发育过程中，每天都需要通风换气1～2次，每次30～40分钟，以保证有足够的氧气维持正常的代谢作用。出耳期，即在子实体生长发育期间，控制温度在20～28℃，湿度保持在85%～90%。当耳片展开，边缘开始内卷，耳腹产生白色孢子粉时，就应及时采收。

用途　黑木耳口味鲜美、营养丰富，是高蛋白、低脂肪的保健食品，还含有丰富的碳水化合物和多种维生素与无机盐养分。黑木耳具有药用价值，中国第一部药典《神农本草经》中就有记载。黑木耳子实体含有丰富的胶质和大量的纤维素酶，不仅对人类消化系统具有良好的清滑作用，能清除肠胃中的积败食物，并对痔疮有较好的疗效，而且还有清肺润肺的作用。黑木耳所含的多糖是酸性异葡聚糖，具有抑制肿痛的作用。除此之外，经常食用黑木耳能降低人体的血液凝块，缓和冠状动脉硬化，有防止血栓形成的作用。

（杨　暹）

图1　黑木耳段木栽培

图2　黑木耳代料栽培

黑心金光菊　black-eyed Susan; *Rudbeckia hirta*　菊科金光菊属一年或二年生草本植物。又称黑心菊、黑眼菊。黑心金光菊原产于北美洲。

高30～100厘米。茎不分枝或上部分枝，全株被粗刺毛。下部叶长卵圆形，顶端尖或渐尖，基部楔状下延，有三出脉，边缘有细锯齿，长8～12厘米。上部叶长圆披针形，顶端渐尖，边缘有细至粗疏锯齿或全缘，无柄或具短柄，长3～5厘米，宽1～1.5厘米，两面被白色密刺毛。头状花序径5～7厘米，有长花序梗。舌状花鲜黄色，舌片长圆形，顶端有2～3个不

图1　黑心金光菊

图2　黑心金光菊的叶

图3　黑心金光菊的花

整齐短齿，管状花暗褐色或暗紫色。总苞片外层长圆形，内层较短，披针状线形，顶端钝，全部被白色刺毛。瘦果四棱形，黑褐色。

中国庭园常见栽培，供观赏。本种变异较大，叶从全缘至具细或粗齿。

（包满珠　傅小鹏）

黑籽南瓜　black-seed squash; *Cucurbita ficifolia*　葫芦科南瓜属一至多年生宿根蔓性草本植物。成熟后瓜瓤很像米线或粉丝，又称米线瓜、粉丝瓜、绞丝瓜。黑籽南瓜因种子外种皮为黑色而得名。原产于拉丁美洲中部，广泛分布于中国西南地区低纬度、高海拔（1600～2000米）的山区，在一些人迹罕至的少数民族散居地区也有半野生种分布。

形态特征　主蔓长18～25米，一年生分枝10余条，多年生分枝可达50余条；节上生不定根。直根系，主根深入土层可超过1米，有发达的须根，水平开展达4～5米。叶片近圆形，缺刻深裂，似无花果叶，故又名无花果叶瓜。茎浓绿，五棱。花白色，雌雄异花同株。侧蔓结瓜为主，主蔓7～8节开始结瓜，侧蔓2～8节开始结瓜，一株可结果20～30个；成熟果长圆形，横径14～18厘米，纵径18～22厘米；表皮光滑，皮色有绿色、白色和花纹（绿白相间）几种类型；单果重2～5千克。种子褐色或黑色，每瓜有种子300～800粒。瓜瓤中含生物碱，对皮肤有一定腐蚀性。

生长习性　喜温作物，忌高温，对低温有一定的忍耐性。种子12℃以上萌发，生长适温为18～25℃，30℃以上生长不良。短日照作物，对光照要求不严，有一定耐阴性。生长期长，从播种到采收老熟瓜需200多天。种子具明显休眠期，当年种子发芽率只有40%左右，第二年最高可达80%。当年种子采用70℃热水烫种，或2～10毫克/升赤霉素、3‰双氧水浸种6～8小时，可明显提高发芽率。

栽培　早春播种育苗，3～4片真叶时定植，定植密度为株距0.8～1米，行距5～6米。黑籽南瓜耐瘠薄，不宜选用过肥土壤种植，坡地种植效果好。生长过程中适当整枝压蔓，栽培管理粗放。

用途　幼嫩瓜肉质淡而多汁，可作菜用，味如瓠瓜。成熟瓜皮厚坚硬，瓤成为白色纤维状，不能食用，但可作猪饲料。抗霜霉病、白粉病、枯萎病和疫病，可用作瓜类的嫁接砧木，在培育抗逆高产瓜类品种方面具有较好的利用前景。

（张应华）

横县茉莉花茶　Hengxian jasmine tea　产自“中国茉莉花之都”中国广西壮族自治区横县的特色名茶。属再加工窨花茶类。横县地处南亚热带，属亚热带季风气候；气候温暖，雨量充沛，年平均气温21.6℃，全年基本无霜，5～10月平均每月日照160～200小时。茉莉花为常绿小灌木或藤本状灌木，高约1米。横县种植的主要是双瓣茉莉花品种，花朵肥硕，洁白油润，花香浓强，花质优；光照好，花期长，从4月中旬开始开花一直到10月下旬，花期长达7个月；产量较高，可以露地越冬。

横县茉莉花茶的加工工艺流程为：原料处理→白玉兰打底与茶花拼和→通花散热→起花→复火干燥→提花→压花→匀堆装箱。成品茶外形条索紧细匀整，略有嫩茎，色泽深绿匀润，有白毫；香气浓郁芬芳、鲜爽、纯正持久，滋味醇厚鲜爽；汤色绿黄明亮，汤味余香悠长。根据制作茉莉花茶所用窨制茶坯不同，其品质特点也各有不同。烘青茉莉花茶为市场主要产品。

（韦静峰）

烘青绿茶　basket-fired green tea　茶鲜叶经过摊放、杀青、揉捻、烘干等工序制成的**茶产品**。因采用烘干的干燥方式而得名。烘青绿茶的产量仅次于**炒青绿茶**。产区分布较广，以中国安徽、浙江、福建三省产量较多。

加工工艺　初制加工工艺分为摊放、杀青、揉捻、干燥等四道工序。其中摊放、杀青、揉捻等工序与炒青绿茶基本一致，但揉捻程度有所差异，且干燥均采用烘干的方式进行。烘青绿茶的外形基本在揉捻工序完成，强调嫩叶冷揉、中档叶温揉、老叶热揉、筛分复揉，保证各等级叶的成条效果和深绿或墨绿色泽的形成，同时筛分复揉可减少碎茶和末茶的形成，保持芽叶的完整性。嫩叶的成条率在90%以上，老叶的成条率在60%以上，细胞破碎率在45%左右。

干燥分初烘和复烘两步，现多采用自动链板式烘干机或手拉百叶式烘干机进行，少量采用烘笼进行。初烘温度120℃左右，摊叶厚度1～2厘米，烘至含水率为15%～25%，时间15～20分钟；摊凉30～60分钟，促使叶梗含水率达到一致。复烘温度85～100℃，摊叶厚度2～3厘米，烘至含水率为6%～7%，时间25～30分钟。

品质特征　高档烘青绿茶外形紧细完整、毫显、匀齐，色泽深绿油润，汤色黄绿明亮，有清香味，香气高长，滋味鲜醇爽口，叶底黄绿完整。

（袁海波）

红茶　black tea　以茶树芽叶为原料，经过萎凋、揉捻（切）、发酵、干燥等工艺加工而成的**茶产品**。红茶属于全发酵茶，素以香高、色艳、味浓驰名世界。

主要种类　世界上最早的红茶由明朝时期福建武夷山茶区的汉族茶农发明，名为正山小种。根据茶的外形，红茶分为**红条茶**和**红碎茶**；红条茶要求醇厚带甜，红碎茶要求浓、强、鲜。根据加工工艺和品质特征，红茶分为**小种红茶**、**工夫红茶**和红碎茶。著名的红茶有安徽祁红、云南滇红、海南红碎茶、福建正山小种等。

加工工艺　红茶的初制工序包括萎凋、揉捻（切）、发酵、干燥等。见**红茶初制**。

品质特征　红茶基本品质特征为红汤、红叶、味甜醇。红茶冷热饮均可，既可单纯“清饮”，又能加糖、奶、果汁“调饮”。

（袁海波　王近近）

红茶初制　black tea primary processing　鲜叶经萎凋、揉捻（切）、发酵和干燥等工序制成红茶毛茶的过程。又称红茶初加工。

加工类型　红茶属于全发酵茶，鲜叶中茶多酚类化合物等成分的氧化、聚合和降解，使绿叶变红是红茶加工过程中最显著的特点。依据加工工艺和品质特征的不同，红茶分为**工夫红茶**、**小种红茶**和**红碎茶**三种。不同类型红茶的初制工艺流程如下：①工夫红茶。萎凋→揉捻→发酵→干燥。②小种红茶。萎凋→揉捻→发酵→过红锅→复揉→熏烟烘焙。③红碎茶（转子机制法）。萎凋→揉捻→解块筛分→转子揉切（3次）→解块筛分（3次）→发酵→干燥。④红碎茶（CTC制法）。萎凋→转子揉切→三联CTC切碎→发酵→干燥（流化床烘干）。

加工工艺　包括萎凋、揉捻（切）、发酵、干燥等工序。

萎凋　工艺的第一道工序。将采摘下的鲜叶均匀地摊放在水筛、萎凋槽、萎凋机等设备上，使鲜叶经过一段时间失水呈萎蔫状的过程。目的是使鲜叶水分蒸发、体积缩小、叶质变软，便于揉捻成条；同时，增强多酚氧化酶活性，引起多酚类、蛋白质、氨基酸、糖类、叶绿素和芳香物质等内含物发生变化，为后续发酵创造条件。主要工艺参数有温度、湿度、通风量、时间等。萎凋方式有日光萎凋、室内自然萎凋和人工控制萎凋（萎凋槽萎凋、萎凋机萎凋等)。萎凋程度一般以萎凋叶含水量60%左右为宜。

揉捻(切) 即借助于机械力的作用对萎凋叶进行搓揉、挤压、剪切，或揉卷成工夫红茶要求的条形，或揉切成红碎茶要求的颗粒形的过程。条形红茶的揉捻一般要求成条率达到90%以上。

发酵 红茶制作的关键工序。将揉捻叶或切碎叶在一定的温度、湿度条件下进行酶促氧化，形成茶黄素、茶红素等有色物质使茶叶变红的过程。发酵室温度一般要求控制在20～30℃，相对湿度90%以上。依据茶树品种、原料老嫩、揉捻程度、温度湿度等因素不同，工夫红茶发酵时间一般为2～5小时，红碎茶为80～90分钟。

干燥 即采用高温中止发酵，去除发酵叶水分，进一步促进红茶特有的色香味品质形成，并达到足干的过程。干燥的原则是分次干燥，中间摊凉；毛火快烘、足火慢烘。工夫红茶干燥的毛火温度要求达到110～125℃，足火温度85～90℃。小种红茶干燥过程还有特殊的“过红锅”和“熏焙”工艺。

（林 智）

红茶品饮 black tea savoring 一种红茶饮茶方式。红茶一般分红碎茶、工夫红茶和小种红茶三类。工夫红茶是中国红茶的代表产品，著名工夫红茶有云南的滇红，安徽的祁红，江西的宁红、浮红，四川的川红，湖北的宜红，福建的坦洋工夫、金骏眉，广东的英红，江苏的竹海金茗等。

红茶的特点 红茶为全发酵茶，加工工艺流程为：萎凋→揉捻(切)→发酵→干燥。红茶因茶多酚在多酚氧化酶的催化作用下氧化成茶黄素、茶红素和茶褐素，从而形成了“红汤红叶”的品质特点。工夫红茶以外形紧结圆直、身骨重实，锋苗(或金毫)显露，色泽乌润调匀，不脱档，净度好为佳。内质中以汤色红亮，碗沿带明亮金圈，有“冷后浑”的品质为好；香气以香高悦鼻，冷后仍能嗅到余香者为好；滋味以醇厚、甜润、鲜爽为好。

品饮方法 首先是选择合适的器具。红茶汤色红艳，器具内壁以白色衬托红茶的汤色。陆羽《茶经》“四之器”中将邢瓷与越瓷作了比较：“若邢瓷类银，越瓷类玉，邢不如越一也，若邢瓷类雪，则越瓷类冰，邢不如越二也，邢瓷白而茶色丹，越瓷青而茶色绿，邢不如越三也。”越瓷青，“青则益茶”，邢瓷白，“茶色丹”，陆羽所描述的是针对当时生产的蒸青团饼绿茶而言；对于红茶则相反，邢瓷衬汤色，越瓷不衬汤色。所以，红茶的品茗杯一般选择内壁白色或透明的玻璃小杯，其他色泽的品茗器均无益于汤色。其次是投茶量、冲泡时间与水温的灵活调控。红茶原料有大叶种、中小叶种之分。大叶种如滇红，含物质丰富，投茶量应适当减少，冲泡时间要缩短，以茶水1：(60～70)、冲泡时间1分钟左右、水温95℃左右为宜；小叶种如祁门红茶，细嫩、紧结，投茶量要适当大些，冲泡的时间适当延长，以茶水比1：(40～50)、冲泡时间2～3分钟、水温85℃左右为宜。在行茶流程设计上，冲泡滇红时，温杯可在冲泡前完成，适当缩短茶叶浸泡的时间；冲泡祁门红茶时，温杯在冲泡后完成，茶叶浸泡的时间可适当延长。

对于因发酵过度而带酸味的茶或发酵不足带青气的茶，水温不宜太高，略开盖，浸泡时间不宜过长。

（周智修）

红毛丹 rambutan; *Nephelium lappaceum* 无患子科韶子属高大常绿树种。热带珍稀水果。红毛丹原产于马来西亚和印度尼西亚，现广泛分布于泰国、缅甸、印度、越南和新加坡等亚洲地区。中国台湾于19世纪初开始引种红毛丹，台湾及海南保亭、三亚和云南西双版纳等地有少量种植。

形态特征 红毛丹雌雄异花，有时有两性花。雌雄同株与雌雄异株的红毛丹植株同时存在，栽培种主要是雌雄异株。雌雄同株的植株在同一花序上同时有雌花和雄花，能授粉，但受精后果实发育经常不正常。雌花不授粉能产生无融合种子。

图1 红毛丹(果皮红色品种)

图2 红毛丹(果皮黄色品种)

图3 红毛丹果实食用部分为假种皮

果实球形、椭圆形或倒卵形，直径5厘米左右，长5～6厘米，具柔软的肉刺，似栗子的外壳。刺的基部膨大，尖端稍微弯曲。

红毛丹有15个以上变种，根据果皮鲜红至橙红色、黄色、绿色等不同颜色来区分不同品种，也可根据果肉和种子是否容易分离来分类。中国海南选育出BR1、BR2、BR3等品系。

生长习性 红毛丹性喜高温多湿，要求年平均温度在24℃以上，不耐旱、寒、瘠薄等，对低温敏感，一般要求最低温度≥10℃。花季如遇干热风会影响坐果，果实发育期间如遇干旱会影响果实发育生长。

繁殖技术 红毛丹可以用种子繁殖或芽接无性繁殖。马来西亚红毛丹苗木一般采取补片芽接法，泰国红毛丹苗木采用劈接法和补片芽接两种方法。除去假种皮并洗净的新鲜种子发芽很快，两周内会长成具有两片真叶的实生苗。红毛丹种子不能在一般的条件下贮存，室温下约几天即失去生活力。

价值与用途 果实通常作水果生食，果实食用部分为假种皮。果肉肥厚多汁，富含磷、镁、硫、钙、锌、铁和锰，风味极佳。果壳含抗氧化和抗菌活性成分，具有极高的食用价值和药用价值。果肉适宜制造果子酱，也可酿酒。种子可以烤食或用于提取油脂。种仁含有与可可脂相类似的可食用脂肪酸，也可用于制作肥皂或蜡烛。果皮、叶、根和树皮可用作草药，新梢可作染料。此外，红毛丹也可作为庭园树和行道树栽植。

（曾黎辉）

红千层 stiff bottle-brush; *Callistemon rigidus* 桃金娘科红千层属常绿乔木。又称瓶刷子树、红瓶刷、金宝树。红千层原产于澳大利亚。中国引进已有百年历史，中国台湾、广东、广西、福建、浙江等地均有栽培。因花形极似瓶刷，所以被称为“瓶刷子树”。

图1 红千层

图2 红千层的叶

图3 红千层的花序

图4 红千层的雄蕊

图5 红千层的果实

树皮坚硬，灰褐色；嫩枝有棱。叶片坚革质，线形，先端尖锐，油腺点明显，叶柄极短。穗状花序生于枝顶；花瓣绿色，卵形；雄蕊长2.5厘米，鲜红色，花药暗紫色，椭圆形。蒴果半球形，3爿裂开，果爿脱落；种子条状，长1毫米。花期6～8月。

红千层以播种繁殖为主，也可扦插繁殖，不易移植成活。属阳性树种，耐－5℃低温和45℃高温，生长适温为25℃左右，幼苗在南方可露地越冬。对水分要求不严，但在湿润条件下生长较快。长江以南自然条件下每年春、夏开两次花。人工催花可在元旦、春节开花。萌发力强，耐修剪。由于极耐旱、耐瘠薄，也可在城镇近郊荒山或森林公园等处栽培。

红千层树姿优美，花形奇特，适应性强，观赏价值高，适用于庭院美化，为高级庭院美化观花树、行道树、园林树、风景树，还可作防风林、切花或大型盆栽，并可修剪整枝成盆景。红千层还是香料植物，其小叶芳香，可供提香精油。鲜叶出油0.75%～1.20%，主成分1,8-桉叶素含量较高为69.56%，与桉油大王桉树不相上下，也是生产桉叶油的植物资源。其精油用作调配化妆品、香皂、日用品、洗涤剂的香精，也用于医药卫生。

（王　雁）

红瑞木　red-barked dogwood; *Swida alba*

山茱萸科梾木属落叶灌木。红瑞木原产于中国，在东北、西北及华东地区多个省份均有分布。朝鲜、俄罗斯及欧洲其他地区也有分布。红瑞木以其树皮呈紫红色而得名，秋叶鲜红，落叶后枝干红艳，是少有的观茎植物。

高可达3米。叶对生，纸质，椭圆形，先端突尖，基部楔形或阔楔形，边缘全缘或波状反卷，上面暗绿色。聚伞花序顶生，花小，白色或淡黄白色，花瓣4，卵状椭

图1 红瑞木

图2 红瑞木的茎

图3 红瑞木的花序

图4 红瑞木的花

图5 红瑞木的果实

圆形。核果长圆形，微扁，果实乳白或蓝白色。花期5～6月，果期8～10月。

性喜光，耐半阴，极耐寒，耐旱，耐潮湿。喜湿润、肥沃土壤，适合种植于弱酸性土壤中，不耐盐碱。生活力强，根系发达，适应性广，极耐修剪。

红瑞木是秋冬季节重要的观茎灌木，秋叶鲜红，小果洁白，落叶后枝干红艳如珊瑚，观茎效果好。也是良好的切枝材料。园林中多丛植**草坪**上或与常绿乔木相间种植，得红绿相映之效果。

（夏宜平　李丹青）

红碎茶　broken black tea　鲜叶经萎凋、揉捻后，用机器切碎呈颗粒形碎片，后经发酵、烘干而成的**红茶**。因其外形细碎而得名。又称红细茶。19世纪印度和斯里兰卡等国，仿效中国红茶的制法后逐渐发展成为将叶片切碎后再发酵、干燥的红碎茶。印度是红碎茶生产和出口最多的国家。红碎茶是世界茶叶贸易的主体，为国际茶叶市场的大宗产品，也是中国外销名茶。中国红碎茶主产地为中国云南、广东、海南、广西、贵州、湖南、四川、福建等省（自治区），其中云南大叶种红碎茶品质为中国之冠。

加工工艺　加工工艺流程为：萎凋→揉切→发酵→烘干等。①萎凋。红碎茶要求适度轻萎凋，萎凋时间为8小时以上，萎凋至含水率为68%左右为宜。②揉切。由于揉切的机械和工艺不同，分为传统揉切法、转子揉切法、齿切机（CTC机）揉切法。传统揉切法首先将萎凋叶用揉捻机打条；再用揉切机揉切，揉切时间为30～40分钟，采用轻—重—轻的加压方式进行多次揉切，分次出茶。转子揉切法常采用转子机和揉捻机组合、转子机组合等方式，将萎凋叶经揉捻卷曲成条后，投入转子机进茶口，螺旋推进器推至切碎口进行挤压、绞切。CTC机揉切法在中国云南、海南、广东等地应用较为广泛，CTC揉切机主要是通过一对相向运动、速度比为1∶10的三角棱齿辊对茶叶进行高速搓撕，其在制品制率较高。③发酵。发酵时常采用增湿供氧的透气发酵法，温度25℃、湿度90%为宜。④烘干。红碎茶体积较小，茶坯含水量高，一般采用大功率干燥机。例如，新型热输送带式干燥机，其输送带进口温度为120℃，烘箱进口温度为95℃。

品质特征　成品茶外形条索紧结、雄壮、肥硕、色泽乌润，汤色红艳明亮，香气纯正持久，滋味醇厚、富有收敛性，叶底红匀。揉切工序作为红碎茶初制的关键工序，形成了红碎茶滋味浓、强、鲜的品质和颗粒形碎片的外形。

主要类型　红碎茶产品分为大叶种红碎茶和中小叶种红碎茶两个品种。大叶种制成的红碎茶分为碎茶1号、碎茶2号、碎茶3号、碎茶4号、碎茶5号、片茶1号、片茶2号、末茶八个花色；中小叶种制成的红碎茶产品分为碎茶1号、碎茶2号、碎茶3号、片茶上档、片茶下档、末茶上档、末茶下档七个花色。不同花色茶的内含成分中，水浸出物的种类、含量以及它们之间的相互比例不同，从而影响红碎茶产品风味。

红碎茶主要有叶茶、碎茶、片茶、末茶四种叶型。①叶茶。为传统红碎茶的一种花色，条索紧结、挺直、匀齐，色泽乌润，内质香气芬芳，汤色红亮，滋味醇厚，叶底红亮多嫩茎。②碎茶。外形呈颗粒状，颗粒重实、匀齐，含毫（或无毫），色泽乌润，内质汤色红浓，香味鲜爽浓强。③片茶。外形呈木耳形片状，外形尚重实、匀齐，汤红亮香味浓爽。④末茶。外形重实、匀齐，色泽乌润，呈砂粒状，内质汤色红浓稍暗，香味浓强微涩。红碎茶体型小，细胞破碎率高，用沸水冲泡后，浸出速度快，浸出完全，易于冲泡，常包装成袋泡茶销售。红碎茶浓度刺激性较强，适合做奶茶，或者调成其他果味茶。

（袁海波）

红条茶　strip-shaped black tea　经萎凋、揉捻、发酵、干燥和毛茶整理作业制成的条形**红茶**。属于中国传统红茶。红茶是世界上产销量最大的茶类，按制法可分为红条茶和**红碎茶**。红条茶具有色泽乌润，汤色红艳明亮，香气鲜郁高长，滋味醇厚带甜、富刺激性，叶底红匀嫩亮，耐冲泡的品质特征。按加工工艺不同，红条茶分为**工夫红茶**和**小种红茶**。

工夫红茶　是中国特有的红茶品种，由萎凋、揉捻、发酵和干燥四个基本工序加工制作而成。其外形条索细紧，色泽乌润，汤色红艳，叶底细嫩，香气馥郁，滋味甜醇。因采制地区、茶树品种、制作技术不同，有祁红、滇红、宁红、宜红、闽红、湖红之分，其中祁门红茶为世界三大高香茶之一。

小种红茶　产于中国福建省，主要初制工艺流程为萎凋、揉捻、发酵、过红锅、复揉、熏焙等工序，具有“松烟香、桂圆汤”等品质特征。根据产地、加工和品质的不同，分为正山小种和烟小种两种产品。①正山小种。创制于17世纪初，是中国最早的红茶，也是世界最早的红茶之一。其茶树鲜叶产于福建省武夷山市星村镇桐木村及武夷山自然保护区域内，采用当地传统工艺制作而成，条形壮实、紧结，滋味醇厚，汤色橙红，独具似桂圆干香味和松烟香。②烟小种。以产于武夷山自然保护区外的茶树鲜叶为原料，采用工夫红茶的加工工艺制作，最后经松烟熏制而成。成品茶条形紧结、乌润，身骨稍轻而短钝，汤色稍浅，滋味醇和，具松烟香味；如加入牛奶和糖块，其汤色与滋味如同咖啡，有“中式咖啡”的美誉。

（袁海波）

猴头菇　bear's head hericium; *Hericium erinaceus*　真菌门担子菌纲多孔菌目猴头菌科猴头菌属菌类。又称猴头、刺猬菌、猴头菌、猴头蘑、花菜菌。猴头菇是中国著名的食用、药用真菌，色鲜味美，风味独特，具有较高的营养保健价值，是中高档保健**食用菌**，素称“蘑菇之王”。它与熊掌、燕窝、鱼翅并列为四大名菜，自古以来被誉为“山珍”。猴头菇多发生于秋季，生长于深山密林中的栎类及其他阔叶树的立木、腐木上。中国于1959年开始人工驯化栽培研究并获成功，各地广泛栽培，产量已居世界之首。

形态特征　猴头菌丝体初时稀疏呈散射状，后变浓密粗壮，呈白色或乳白色，气生菌丝呈粉白绒毛状。猴头子实体肉质，头状或倒卵形，形似猴子的头，直径5～20厘米，不分枝，新鲜时呈白色，干燥时变成黄色至浅褐色。子实体基部狭窄或略带短柄。除基部外，均密布有针形肉质菌刺，菌刺密集下垂，覆盖整个子实体；肉刺圆筒形，刺长1～5厘米，粗1～2毫米。孢子球形或近球形，光滑无色。

生长习性　猴头菇属于木腐性菌类。菌丝生长要求的温度为6～30℃，最适生长温度为23～25℃，子实体生长温度为12～24℃，以18℃左右最为适宜。猴头菇喜湿，菌丝体生长阶段要求培养料的含水量为60%～65%，子实体发育阶段需要水

猴头菇

分较多，培养料的含水量以65%为宜，空气相对湿度以85%～90%较适宜。猴头菇是好气性菌，在生长繁殖过程中需要足够的氧气供应。菌丝体在完全黑暗中可以正常生长，子实体的分化需要少量的散射光。猴头菇是喜酸性食用菌类，菌丝可在pH2.4～5.0的条件下生长发育，以pH4最适宜。

栽培　猴头菇的人工栽培主要有瓶栽和袋栽两种方式。瓶栽时要根据市场需求选择适宜当地栽培的优质菌种。根据当地原料来源就地取材，选择合适的培养料配方。培养料充分拌匀后装袋、灭菌，灭菌后待培养料温度下降至30℃以下，即可在无菌条件下进行接种。接种后菌袋移入培菌室，避光黑暗培养，温度20～25℃，空气湿度60%～65%。在发菌期间要经常进行翻堆、检杂、通风换气。一般经25～30天，菌丝长满菌瓶，即可催蕾出菇，此时温度降至15～18℃，通过空间喷雾、地面洒水及空中挂湿草帘等方法加大湿度，加强通风，并增加散射光照；2天后进行遮阳，同时把菇房温度控制在15～20℃，增加散射光照，空气相对湿度控制在85%～90%，并注意适当通风换气。随着子实体长大，光照强度可控制在200～500勒克斯，使子实体生长健壮，圆整、色泽洁白，商品价值提高。当猴头菇子实体直径达5～10厘米或九成熟，菌刺长到0.5～1厘米时，即可采收。一般每个菌袋可采3潮菇，生物转化率为60%～80%。

用途　猴头菌具有较高的药用价值，可助消化、利五脏，对胃溃疡、十二指肠溃疡及神经衰弱等有特异疗效，并能提高人体的免疫力。猴头菌中含有多糖、多肽类物质，对消化道肿瘤有一定的治疗和抑制作用。野生猴头菌数量稀少，人工栽培不断普及，除供中国国内食用、药用外，还对外出口，发展潜力很大。可鲜食做汤或制成干品。

（杨　暹）

呼吸高峰　respiratory peak; climacteric maximum　有些果实在停止生长后呼吸强度却急剧增加，不久后再次减少的现象。果实后熟的生理名词。随着果实的发育成熟，果实呼吸强度不断发生变化。果实完熟时达到呼吸高峰，随后呼吸强度下降，果实衰老死亡。试验证明，果实后熟期间呼吸高峰的出现与果实中产生的乙烯有关。

对果实的影响　根据果实成熟过程中有无呼吸高峰的出现，将果实分为呼吸高峰型果实（呼吸跃变型果实）和非呼吸高峰型果实（非呼吸跃变型果实）。香蕉、杧果、苹果、梨、番茄、桃、李、杏、猕猴桃、番石榴等属于呼吸高峰型果实。柑橘、柠檬、菠萝、荔枝、龙眼、枇杷、葡萄、草莓等属于非呼吸高峰型果实。

具有呼吸高峰的果实，根据其呼吸强度变化趋势可分为呼吸跃变前期、呼吸高峰和呼吸跃变后期三个阶段。果实呼吸高峰出现时，果实叶绿素分解，果实外观颜色由绿色转成黄色；**果实软化**，果实有机酸含量减少而可溶性总糖含量增加，同时果实香气成分含量增加，意味着果实已经完熟，此时果实的颜色、**质地**、风味、营养等品质最佳，达到可食用状态。果实呼吸高峰出现之后，果实将迅速衰老腐烂而失去食用品质和商品价值。因此，果实呼吸高峰的出现是果实由完熟向衰老转变的标志；果实出现呼吸高峰之后，果实品质将迅速下降，不耐贮藏和运输。

控制措施　生产实践中，采用适宜的**低温贮藏**、**气调贮藏**、新型乙烯受体抑制剂**1-甲基环丙烯**（1-methylcyclopropene; 1-MCP）处理等措施，可降低呼吸高峰型果实的呼吸峰值，延缓呼吸高峰的出现，从而推迟果实后熟，延长果实贮藏保鲜期。为保证安全贮藏保鲜，用于贮藏或运输的果实，如香蕉、杧果、苹果、梨、番茄、桃等呼吸高峰型果实，都需要在呼吸高峰出现之前（呼吸跃变前期）即果实八九成熟时采收，并采取采后保鲜措施，以降低采后果实呼吸峰值，推迟呼吸高峰的出现，从而延长贮藏保鲜时间，以适应并调节市场的供应。

（林河通）

呼吸热　respiration heat　采后园艺产品呼吸过程中，氧化有机物以热的形式释放的能量。采后园艺产品在进行呼吸过程中，呼吸要消耗底物并释放能量。其中一部分能量转移到腺苷三磷酸（ATP）和还原型辅酶Ⅰ（NADH）分子中，用于合成新物质和维持生命活动；另一部分则以热量的形式释放出来，这一部分热量即为呼吸热。园艺产品采后呼吸作用旺盛，释放出大量的呼吸热，采收后及贮藏物流期间必须及时散热和降温，以避免包装内及贮藏物流微环境温度升高。因为温度升高会使呼吸增强，放出更多的热，从而形成恶性循环，缩短贮藏时间。例如，夏天采后的菜心如不及时降温，菜心包装内的温度可达约45℃或更高。为有效降低库温和运输工具的温度，需要计算出呼吸热，以便配置适当功率的制冷机，控制适宜的贮运温度。

每摩尔葡萄糖通过呼吸作用彻底氧化分解为二氧化碳（CO_2）和水，可放出自由能2870千焦。在这个过程中形成36摩尔ATP，每形成1摩尔ATP需自由能30.51千焦，形成36摩尔ATP共消耗1098千焦，约占葡萄糖氧化放出自由能的38%。这就是说，其余62%（1772千焦）的自由能直接以热的形式释放。

根据呼吸反应消耗1摩尔己糖能产生6摩尔（264克）CO_2，并放出2870千焦热能计算；每释放1毫克CO_2，应同时释放10.87焦的热能。假设这些热能全部转变为呼吸热，则可以通过测定果蔬的呼吸强度计算呼吸热。以下是使用不同热量单位计算的公式：

呼吸热[焦/（千克·时）]=呼吸强度[毫克/（千克·时）]×10.87

呼吸热[卡/（千克·时）]=呼吸强度[毫克/（千克·时）]×2.553

呼吸热[千焦/（吨·天）]=呼吸强度[毫克/（千克·时）]×260.88

呼吸热[千卡/（千克·时）]=呼吸强度[毫克/（千克·时）]×61.27

例如，甘蓝在5℃的呼吸强度为24.8毫克/（千克·时），则每吨甘蓝每天产生的呼吸热为6469.824千焦（24.8×260.88）。

（陈建业）

呼吸商　respiratory quotient; RQ　在一定时间内，园艺产品在呼吸作用过程中所释放出二氧化碳（CO_2）量和消耗氧气（O_2）量的比值。即CO_2/O_2，英文简称RQ。又称呼吸系数。反映园艺产品利用的呼吸基质的种类和状态。呼吸商的计算公式为：

$$RQ=CO_{2释放}/O_{2消耗}$$

式中$CO_{2释放}$为园艺产品释放的CO_2；$O_{2消耗}$为园艺产品消耗的O_2；CO_2和O_2为单位摩尔量或标准温度和压力下的体积数。

影响因素：RQ值的大小与呼吸底物有关，己糖为呼吸底物，完全氧化时RQ=1；有机酸为呼吸底物，完全氧化时RQ>1；脂肪、蛋白质为呼吸底物，完全氧化时RQ<1。RQ值也与呼吸状态即呼吸类型（有氧呼吸、无氧呼吸）有关，无氧呼吸时吸入的O_2少，RQ>1，RQ值越大，无氧呼吸所占的比例越大。RQ值还与贮藏温度有关，同种水果在不同温度下RQ值不同，高温下RQ值大。RQ值的大小还能反映能量的释放状态，RQ值越大，需要吸入的O_2越少，氧化过程中释放的能量也越少。如有机酸作为底物或无氧呼吸释放的能量少，蛋白质和脂肪作为底物释放的能量多。园艺产品由于呼吸过程的复杂性，往往多种氧化代谢方式并存，

RQ 只能反映呼吸代谢的总趋势。

（段学武　朱　虹）

呼吸速率 respiration rate　在一定温度下，单位重量园艺植物组织由于呼吸作用在单位时间内吸收氧或释放二氧化碳的量。通常以毫克（微升）二氧化碳/(千克·小时)计算，英文缩写单位为 $mgCO_2$/（kg·h）、μLCO_2/（kg·h）。又称呼吸强度。植物组织的呼吸作用是在一系列酶的作用下把有机物氧化，逐步分解释放能量的过程，是维持植物体正常生命活动的过程。园艺植物组织的呼吸速率可以反映组织呼吸作用的快慢或强弱，是组织新陈代谢的重要指标。

不同种类的园艺产品，采后的呼吸速率存在差异，总体来说，热带亚热带果实＞温带果实，高温季节成熟的＞低温季节成熟的，浆果＞柑橘类和仁果类，切花＞叶菜类＞果菜类＞根菜类。同一种类，不同亚种或栽培种的果实呼吸速率也不同，例如柑橘类果实，宽皮柑橘＞橙＞西柚＞柚子＞柠檬。果实发育过程中呼吸速率与成熟度密切相关，许多果实幼果时期呼吸速率较高，随着果实发育呼吸速率不断下降，后熟期间呼吸速率急剧上升后下降，形成一个呼吸高峰，称为呼吸跃变。

园艺产品采后的呼吸速率还受贮运环境温度、二氧化碳浓度、氧气浓度和乙烯浓度等因素的影响。根据园艺产品采后的呼吸速率，可以估计产品的贮藏潜力。园艺产品的贮藏寿命与呼吸速率呈反比，呼吸速率越大，表明呼吸作用越旺盛，营养物质消耗就越多，产品的风味、品质劣变也越快；同时向环境释放大量的呼吸热，引起呼吸速率进一步升高，导致风味、品质劣变的恶性循环。因此，从保存产品营养物质和品质角度来说，应尽可能降低贮藏运输过程中产品的呼吸速率以降低呼吸消耗。降低环境温度至安全冷藏温度，适当提高环境二氧化碳浓度或降低氧气浓度，或者采用1-甲基环丙烯（1-MCP）抑制乙烯作用等方法，可以降低园艺产品采后的呼吸速率，保持园艺产品采后品质。

测定园艺产品采后呼吸速率的方法有多种，常用的方法有气流法、静置法、红外线气体分析法、气相色谱法等。

（庞学群）

呼吸温度系数 temperature coefficient of respiration　生理温度范围内，当环境温度提高10℃时，采后园艺产品呼吸强度的相对变化。以Q_{10}表示。呼吸温度系数的计算公式为：

$$Q_{10}=(\frac{R_2}{R_1})^{(\frac{10}{T_2-T_1})}$$

式中Q_{10}为呼吸温度系数，无单位；R_1为起始呼吸强度；R_2为温度增加后的呼吸强度；T_1为起始温度；T_2为增加后的温度。温度单位为摄氏温度或开氏温度，而非其他温度单位；T_2和T_1之间的差值不必准确是10℃；呼吸强度的单位必须保持前后一致。

Q_{10}值越高，说明园艺产品呼吸受温度影响越大。不同种类、品种的园艺产品，Q_{10}值差异较大；同一产品，在不同温度段内Q_{10}值有变化，通常较低温度范围内的Q_{10}值大于较高温度范围内的Q_{10}值。

（段学武　蒋跃明）

狐尾椰 foxtail palm; *Wodyetia bifurcata*　棕榈科二枝棕属常绿乔木。又称狐尾棕、狐狸椰子、二枝棕。狐尾椰原产于澳大利亚昆士兰州梅尔维尔角国家公园内，属澳大利亚特有物种。因叶子看起来像毛茸茸的狐狸尾巴而得名。

茎单生，植株高达10～15米，茎干中部膨大，光滑稍呈瓶状，叶痕明显。叶羽状，长3米以上，羽片披针形，再深裂，螺旋状于叶轴上，排列状似狐狸尾巴。雌雄同株。花序穗状，多分枝，花单性，常3朵一组，中部雌花，两侧雄花，雄蕊多数，60～71枚。雌花子房具3心皮、1室，具1胚珠。果实椭圆形或卵圆形，长约6厘米，直径约3.5厘米，熟时橙红色。种子1枚，橄榄状椭圆形，表面有花纹，内果皮具很多粗而硬的纤维。喜温暖潮湿、光照充足的环境，对土壤要求不严格，但在土层疏松肥沃、排水良好的壤土或砂质壤土中长

图1　狐尾椰

图2　狐尾椰的叶

图3　狐尾椰的果实

势最佳。成年树能耐－4℃低温，为棕榈科植物中较耐寒的品种之一。在室温25～30℃下保持足够的湿度，种子1～2个月开始发芽。定植时需掌握好栽植深度，以茎基部露出土面为宜，栽植太深则生长缓慢。病害主要有叶斑病和黑点病等，虫害主要有椰心叶甲、地下害虫蛴螬、蝼蛄及蛀杆虫红棕象甲。

狐尾椰植株婀娜多姿，是极具观赏价值的珍贵园林树种，广泛应用于公园造景、道路绿化。狐尾椰种子坚硬，表皮具有网状纹路，是制作“千丝菩提”的材料。

（刘　勐）

狐尾藻 whorled water milfoil; *Myriophyllum verticillatum*　小二仙草科狐尾藻属多年生粗壮沉水草本植物。又称轮叶狐尾藻。狐尾藻是世界广布种，中国各地池塘、河沟、沼泽中常有生长，常与穗状狐尾藻混在一起。

根状茎发达，在水底泥中蔓延，节部生根。茎圆柱形，长20～40厘米，多分枝。叶通常4片轮生，或3～5片轮生，水中叶较长，长4～5厘米，丝状全裂，无叶柄。裂片8～13对，互生，长0.7～1.5厘米。水上叶互生，披针形，较强壮，鲜绿色，长约1.5厘米，裂片较宽。秋季于叶腋中生出棍棒状冬芽越冬。苞片羽状篦齿状分裂。花单性，雌雄同株或杂性，单生于水

图1　狐尾藻

图2　狐尾藻的叶和花

上叶腋内，每轮具4朵花，花无柄，比叶片短。雌花生于水上茎下部叶腋中，萼片与子房合生，顶端4裂，裂片较小，长不到1毫米，卵状三角形；花瓣4，椭圆形，长2～3毫米，早落；雌蕊1，子房广卵形，4室，柱头4裂，裂片三角形。雄花中雄蕊8，花药椭圆形，长2毫米，淡黄色，花丝丝状，开花后伸出花冠外。果实广卵形，长3毫米，具4条浅槽，顶端具残存的萼片及花柱。喜无日光直射的明亮之处，性喜温暖，较耐低温，在16～26℃的温度条件下生长较好，越冬温度不宜低于4℃。

狐尾藻对富营养化水中的氮磷有较好的净化作用。适合室内水体绿化，是装饰玻璃容器的良好材料。当在室内进行水族箱装饰时，宜选用直径3～5毫米的砾石作为栽培基质。全草可作养猪、养鸭的饲料。具有生态价值、观赏价值和经济价值。

（张敬丽　刘云礼）

胡萝卜　carrot; *Daucus carota* var. *sativa*　伞形科胡萝卜属二年生草本植物。又称红萝卜、甘荀。为野胡萝卜的变种，以肉质根作蔬菜食用。

形态特征　植株高15～120厘米。茎单生，全体有白色粗硬毛。基生叶薄膜质，长圆形。叶柄长3～12厘米。茎生叶近无柄，有叶鞘。复伞形花序，花序梗长10～55厘米，有糙硬毛。总苞有多数苞片，呈叶状，羽状分裂。伞辐多数，结果时外缘的伞辐向内弯曲。小总苞片5～7，线形。花通常白色，有时带淡红色。花柄不等长，长3～10毫米。果实圆卵形，长3～4毫米，宽2毫米，棱上有白色刺毛。花期5～7月。

栽培　喜冷凉气候，生长适宜温度为15～25℃，喜强光和相对干燥的空气条件。土壤要求干湿交替，水分充沛，疏松、通透、肥沃，具有一定形态质地和养分含量。需要具备灌溉条件且交通方便的地块，注意雨涝地块，玉米、胡麻用过除草剂地块，生荒地块不宜种植胡萝卜。较耐旱，尤其是苗期，30%～50%的土壤含水量能正常生长。需较大的温差和充足全面的养分，以利肉质根的发育，同时保证较高的胡萝卜素、茄红素含量。土壤温度稳定在8℃以上时可播种，15℃以上开始萌芽，最适宜生长温度为日温23～25℃，夜温12～15℃。温差大可使胡萝卜糖度增加，品质优胜。

图1　胡萝卜的根

图2　胡萝卜的茎

图3　胡萝卜的叶

图4　胡萝卜的果序

用途　胡萝卜质脆味美、营养丰富，素有“小人参”之称。富含糖类、脂肪、挥发油、胡萝卜素、维生素A、维生素B_1、维生素B_2、花青素、钙、铁等营养成分。每100克胡萝卜中，约含蛋白质0.6克、脂肪0.3克、糖类7.6～8.3克、铁0.6毫克、维生素A1.35～17.25毫克、维生素$B_1$0.02～0.04毫克、维生素$B_2$0.04～0.05毫克、维生素C12毫克、热量150.7千焦，另含果胶、淀粉、无机盐和多种氨基酸。各类品种中，尤以深橘红色胡萝卜含有的胡萝卜素最高。

（蒋卫杰）

胡桃楸　manchurian walnut; *Juglans mandshurica*　胡桃科胡桃属乔木。又称核桃楸。胡桃楸产于中国黑龙江、吉林、辽宁、河北、山西等地。多生于土质肥厚、湿润、排水良好的沟谷两旁或山坡的阔叶林中。

树高达20余米。枝条扩展，树冠扁圆形。树皮灰色，具浅纵裂。幼枝被有短绒毛。奇数羽状复叶，生于萌发条上的长80厘米，叶柄长9～14厘米，小叶15～23枚，小叶长6～17厘米、宽2～7厘米；生于孕性枝上的长40～50厘米，叶柄长5～9厘米，基部膨大，叶柄及叶轴被有短柔毛或星芒状毛，小叶9～17枚，椭圆形至长椭圆形或卵状椭圆形至长椭圆状披针形，边缘具细锯齿，上面初被稀疏短柔毛，之后除中脉外其余无毛，深绿色，下面色淡，被贴伏的短柔毛及星芒状毛。侧生小叶对生，无柄，先端渐尖，基部歪斜，截形至近心形。顶生小叶基部楔形。雄性柔荑花序长9～20厘米，花序轴被短柔毛。

图1　胡桃楸

图2 胡桃楸的叶

图3 胡桃楸的果序

图1 胡颓子的刺

图2 胡颓子的叶

图3 胡颓子的花

图4 胡颓子的果实

雄花具短花柄，苞片顶端钝，小苞片2枚位于苞片基部，花被片1枚位于顶端与苞片重叠、2枚位于花的基部两侧。雄蕊12枚（极少数13或14枚），花药长约1毫米，黄色，药隔急尖或微凹，被灰黑色细柔毛。雌性穗状花序具4～10雌花，花序轴被有绒毛；雌花长5～6毫米，被有绒毛，下端被腺质柔毛，花被片披针形或线状披针形，被柔毛，柱头鲜红色，背面被贴伏的柔毛。果序长10～15厘米，俯垂，通常具5～7果实，序轴被短柔毛。果实球状、卵状或椭圆状，顶端尖，密被腺质短柔毛，长3.5～7.5厘米，径3～5厘米。果核长2.5～5厘米，表面具8条纵棱，其中两条较显著，各棱间具不规则皱曲及凹穴，顶端具尖头。内果皮壁内具多数不规则空隙，隔膜内亦具2空隙。花期5月，果期8～9月。

胡桃楸种子油供食用，种仁可食。木材反张力小，不挠不裂，可作枪托、车轮、建筑等的重要材料。树皮、叶及外果皮含鞣质，可提取栲胶。树皮纤维可作造纸等的原料。枝、叶、皮可作农药。

（包满珠 傅小鹏）

胡颓子 thorny elaeagnus fruit; *Elaeagnus pungens* 胡颓子科胡颓子属常绿灌木。又称蒲颓子、半含春、卢都子、雀儿酥、甜棒子、牛奶子根、石滚子、四枣、半春子、柿模、三月枣、羊奶子。胡颓子产于中国江苏、浙江、福建、安徽、江西、湖北、湖南、贵州、广东、广西。日本也有分布。生长于海拔1000米以下的向阳山坡或路旁。

形态特征 高3～4米，具刺，刺顶生或腋生。幼枝微扁棱形，密被锈色鳞片，老枝鳞片脱落，黑色，具光泽。叶革质，椭圆形或阔椭圆形，稀矩圆形，长5～10厘米，宽1.8～5厘米，两端钝形或基部圆形，边缘微反卷或皱波状，上面幼时具银白色和少数褐色鳞片，成熟后脱落，具光泽，干燥后褐绿色或褐色，下面密被银白色和少数褐色鳞片。果核内面具白色丝状棉毛。花期9～12月，果期次年4～6月。已有一些金叶（叶片边缘金黄色或叶片中间金黄色）、银叶的园艺品种。

生长习性 抗寒力比较强，在华北南部可露地越冬，能忍耐－8℃左右的绝对低温，耐高温酷暑。不怕阳光暴晒，也具有较强的耐阴力。对土壤要求不严，在中性、酸性和石灰质土壤均能生长，耐干旱和瘠薄，不耐水涝。喜高温、湿润气候，其耐盐性、耐旱性和耐寒性佳，抗风能力强。

繁殖方式 胡颓子可采用种子繁殖或扦插繁殖。①种子繁殖。每年5月中下旬将果实采下后堆积，当果实腐烂后，将种子洗干净后，立即播种。采用开沟条播法，行距15～20厘米，覆土厚1.5厘米，播后盖草保墒。播种后已进入夏季，气温较高，一个多月即可全部出齐，应立即搭棚遮阴，当年追肥2次，翌年早春分苗移栽，再培养1～2年即可出圃。②扦插繁殖。扦插多在4月上旬进行，选择发育良好、粗细适中的1～2年生枝条做插穗，插穗每段长8～10厘米，保留1～2枚叶片，入土深1/3～1/2。如在露地苗床扦插须搭棚遮阴，2个月左右生根，可继续在露地苗床培养大苗，也可上盆培养。

用途 胡颓子株型自然，红色果实下垂，有较高的观赏价值，适于草地丛植，也用于林缘、树群外围作自然式绿篱。果实味甜可食用。根、叶、果实均供药用。胡颓子主要化学成分有挥发油、萜类、生物碱、黄酮等，药理活性主要有降血糖、降血脂、抗脂质氧化、抗炎镇痛、免疫等。

（赵宏波）

胡枝子 lespedeza; *Lespedeza bicolor* 豆科胡枝子属直立灌木。又称萩、胡枝条、扫皮、随军茶。胡枝子原产于中国。

高1～3米，多分枝。小枝黄色或暗褐色，有条棱。羽状复叶具3小叶；托叶2枚，叶柄长2～7厘米。小叶质薄，卵形、倒卵形或卵状长圆形，先端钝圆或微凹，具短刺尖，基部近圆形或宽楔形，全缘，

图1 胡枝子

图2 胡枝子的叶

图3 胡枝子的花

图4 胡枝子的果实

上面绿色，无毛，下面色淡，被疏柔毛，老时渐无毛。总状圆锥花序腋生，长于叶片；总花梗长4～10厘米；花梗短，长约2毫米；花冠红紫色，极稀白色，长约10毫米。花期7～8月。

胡枝子耐旱、耐瘠薄、耐酸性、耐盐碱、耐寒，再生能力很强。对土壤适应性强，但最喜疏松肥沃的壤土和腐殖土。常采用播种繁殖或扦插繁殖。播种前3天用“两开一凉”的热水浸种（即用2份开水1份凉水，当水温降到50℃时，边倒水边搅拌种子），浸泡24小时后捞出，放箩筐内，在保持一定温度和湿度的条件下催芽；当种子裂嘴1/3时即可播种，一般采用开沟条播，按20～30厘米间距开播，覆土厚度0.5～1厘米，每亩播种量2千克。扦插繁殖时，选取粗0.5～1厘米的萌条，截成约20厘米长的插穗，在秋季或早春扦插均可。

胡枝子枝叶秀美，开花繁茂，适应性强，是良好的园林绿化与荒山绿化树种；亦可兼作绿肥及饲料，还具有很高的药用价值。（孙宪芝）

湖南黑茶 Hunan dark tea 产于中国湖南省的各种黑茶的统称。包括条索卷折成泥鳅状、色泽油黑、汤色橙黄、叶底黄褐、滋味醇厚的毛茶和以其为原料蒸压成型的紧压茶。湖南黑茶原产于安化，最早产于资江边上的苞芷园，后转至资江沿岸的雅雀坪、黄沙坪、硒州、江南、小淹等地。早期湖南黑茶集中在安化生产，今产区已扩大到桃源、桃江、石门、沅陵、长沙、宁乡、新化、临湘等地。是中国国家地理标志保护产品。

生产简史 “黑茶”一词在明嘉靖三年（1524）《明史·茶法》中有“商茶低伪，悉征黑茶……”的记载。“安化黑茶”首见于文字是在《甘肃边志》中，载有：“黑茶，指的就是安化黑茶。”明万历（1572～1620）年间，安化黑茶被定为官茶，大量远销西北地区，并出口英国、沙俄等国家，形成了东方的茶马古道。而后因为社会动荡等因素，湖南黑茶几度衰落，直到中华人民共和国成立以后，湖南黑茶生产才得到恢复和发展。历经千余年的历史变迁，湖南黑茶形成以益阳安化为中心的产销地。

加工工艺 湖南黑毛茶经杀青→初揉→渥堆→复揉→干燥等工序制造而成。在黑茶独特工艺渥堆过程中，受微生物胞外酶的作用、呼吸代谢产生的热量和茶叶本身湿热作用的协同影响，茶叶内的化合物发生了一系列复杂的化学反应，从而形成了黑毛茶独有的风味特征。

品质特征 湖南黑茶的鲜叶原料，要求根据所生产黑毛茶的品类等级来确定。成品茶除了包括传统黑茶“三尖、四砖、一花卷”外，还衍生出很多新型黑茶产品。

黑毛茶 黑毛茶分为四个级，高档茶较细嫩，低档茶较粗老。一级茶条索紧卷、圆直，叶质较嫩，色泽黑润。二级茶条索尚紧，色泽黑褐尚润。三级茶条索欠紧，呈泥鳅条，色泽紫褐色或柳青色。四级茶条索宽大粗老，松扁皱折，色黄褐。湖南黑毛茶内质要求汤色橙黄、香气纯正、滋味醇厚、叶底黄褐。

“三尖”茶 天、贡、生尖合称“三尖”。天尖、贡尖以一、二级黑毛茶为原料；生尖以三级黑毛茶为原料，经称茶、汽蒸、装篓压紧、捆包、打气针、晾干制成。“三尖”茶篓装规格58厘米×50厘米×35厘米，每篓净重分别为50千克、45千克、40千克。天尖色泽乌润，有清香或纯正松烟香，滋味浓厚，汤色橙黄，叶底黄褐；贡尖色泽黑带褐，香气纯正，滋味醇和，汤色稍橙黄，叶底黄褐带暗；生尖色泽黑褐，香气平淡或带焦香，滋味尚浓微涩，汤色暗褐，叶底黑褐。

“四砖”茶 “四砖”茶指花砖茶、黑砖茶、茯砖茶和青砖茶。①花砖茶。系由“花卷”茶改用机械压制成砖形而来，且砖的正面四周压有花纹，故称为“花砖”。形状为长方形，规格为35厘米×18厘米×3.3厘米，每片砖净重2千克。以三级黑毛茶为原料，经毛茶筛分、半成品拼配、蒸汽沤堆、压制定型、干燥、成品包装制成。花砖砖面平整，花纹图案清晰，棱角分明，厚薄一致。花砖茶色泽黑褐，香气纯正带松烟香，汤色橙黄，滋味醇和。②黑砖茶。采用四级黑毛茶为原料，经毛茶筛分、半成品拼配、蒸汽沤堆、压制定型、干燥、成品包装制成。规格为35厘米×18厘米×3.5厘米，每片砖净重2千克。砖面平整，花纹图案清晰，棱角分明，厚薄一致。黑砖茶色泽黑褐，无黑霉、白霉、青霉等霉菌；香气纯正，或带松烟香，汤色橙黄，滋味醇和。③茯砖茶。采用三级或四级黑毛茶为原料，经毛茶筛分、半成品拼配、蒸汽沤堆、压制定型、发花干燥、成品包装制成，其中“发花”是茯砖茶色、香、味品质形成的关键工序。外形为长方砖形，规格为35厘米×18.5厘米×4.5厘米，每片净重2千克。1986年后又逐步开发了1千克、800克、200克等规格的特制茯砖茶。茯砖茶色泽黑褐色（特级茯砖）或黄褐色（普通茯砖），砖内无黑霉、白霉、青霉、红霉等杂菌；汤色橙黄，香气纯正，滋味醇和。茯砖茶特别要求砖内的冠突散囊菌（俗称“金花”）颗粒大，菌花香突出。④青砖茶。采用老青茶为原料，经筛分、半成品拼配、压制定型、干燥、成品包装制成。青砖外形为长方形，规格为33厘米×17厘米×4厘米，每片净重2千克。青砖茶色泽青褐，香气纯正，滋味尚浓无青气，汤色红亮尚明，叶底暗黑粗老。

“花卷”茶 “花卷”茶原料多为花白梗，包装为竹篾编制，形似花苞，故名。包括千两茶、百两茶和十两茶。将三级黑毛茶精选剔梗拼配，经汽蒸变软后灌入垫有蓼叶和棕片的长圆筒形篾篓中，用棍、锤等筑制工具，运用绞、压、踩、滚、锤等技术，经多次反复锤压和束紧，使茶支达到致密坚实的要求，最后形成呈树干状的圆柱体，然后在自然条件下缓慢干燥而成。千两茶每支净重37.27千克，长166.5厘米，圆周56厘米，紧实似楠木。干茶色泽黑褐，香气纯正带松烟香，汤色橙黄，滋味醇和。

销售区域 湖南黑茶产品主销中国新疆、青海、甘肃、陕西、宁夏、内蒙古等省（自治区），部分产品销往中国香港、澳门和台湾地区，并出口俄罗斯、蒙古国、日本、韩国和东南亚等国家。

（郑红发）

《湖州贡焙新茶》 *A Poetry for the New Tribute Teas from Huzhou* 五言古诗。中国唐代诗人张文规作。张文规，累转吏部员外郎，官终桂管观察使。工书法。少耽墨妙，备尽楷模。

诗为："凤辇寻春半醉回，仙娥进水御帘开。牡丹花笑金钿动，传奏吴兴紫笋来。"唐代"吴兴郡"为湖州下辖县，是紫笋茶核心产区。此诗描述了唐代宫廷生活的一个图景，表达了对贡焙新茶的赞美之情。皇帝后妃踏春醉归，正待要以茶解酒渴，美貌的宫娥们打起御帘传报说湖州紫笋贡茶已到，她们头上簪的牡丹花和装饰的金钿都高兴地颤抖起来。可见湖州紫笋茶已成为皇室爱物，读者可以感受到宫廷中那种因湖州贡焙新茶的到来而欢欣喜悦的气氛。

唐朝时，茶叶的产销中心转移到浙江和江苏。从中唐始，顾渚山已是皇帝的"御茶园"。宰相李吉甫撰《元和郡县图志》中载："贞元以后，每岁以进奉顾山紫笋茶，役工三万，累月方毕。"诠释了唐代贡茶的盛况。唐德宗贞元五年（789），宫廷里为能喝到上等的吴兴紫笋茶，曾传旨吴兴地方官每年贡茶必须日夜兼程，赶在清明节前到京，是为"急程茶"。

中国古代贡茶分两种形式：一种是由地方官员选送，称为土贡；另一种是由朝廷指定生产，称贡焙。湖州就是唐代朝廷设立的历史上第一个专门采制宫廷用茶的贡焙院所在地，可见当时湖州茶叶的品质和名气。唐代贡焙设置于顾渚，既是唐代茶业重心转移到江南或东南的一定反映，也是后来这一带茶叶生产技术长期居于领先地位的一个原因。

（刘伟华）

槲栎 oriental white oak; *Quercus aliena* var. *aliena* 壳斗科栎属落叶乔木。槲栎产于中国陕西、山东、江苏、安徽、浙江、江西、河南、湖北、湖南、广东、广西、四川、贵州、云南等省。

图1 槲栎的茎

图2 槲栎的叶

高达30米。树皮暗灰色，深纵裂。小枝灰褐色，近无毛，具圆形淡褐色皮孔。芽卵形，芽鳞具缘毛。叶片长椭圆状倒卵形至倒卵形，长10～30厘米，宽5～16厘米，顶端微钝或短渐尖，基部楔形或圆形，叶缘具波状钝齿，叶背被灰棕色细绒毛，侧脉每边10～15条，叶面中脉侧脉不凹陷，叶柄长1～1.3厘米，无毛。雄花序长4～8厘米，雄花单生或数朵簇生于花序轴，微有毛，花被6裂，雄蕊通常10枚。雌花序生于新枝叶腋，单生或2～3朵簇生。壳斗杯形，包着坚果约1/2，直径1.2～2厘米，高1～1.5厘米。小苞片卵状披针形，长约2毫米，排列紧密，被灰白色短柔毛。坚果椭圆形至卵形，直径1.3～1.8厘米，高1.7～2.5厘米，果脐微突起。花期3～5月，果期9～10月。

图3 槲栎的花序

图4 槲栎的壳斗和坚果

槲栎可作庭荫树木材坚硬，耐腐，纹理致密，供建筑、家具及薪炭等用材。种子富含淀粉，壳斗、树皮富含单宁。

（包满珠 傅小鹏）

蝴蝶兰 butterfly orchid; *Phalaenopsis* spp. 兰科蝴蝶兰属附生性兰花。蝴蝶兰原产于亚热带雨林地区。该属60余种，其分布范围由北从印度和中国西南地区向南延伸到整个热带的亚洲、澳大利亚、巴布亚新几内亚和太平洋一些岛屿，分布中心在东南亚各国，中国分布14种。英国皇家园艺学会（Royal Horticultural Society; RHS）国际登录的蝴蝶兰杂交种数达3万多个。市场上流通商品品种有上千个，每年都有新品种推出，包括属内品种和异属杂交品种，有白、红、黄色系及斑点花系和条纹花系，均为经多年数代杂交培育的优良品系。

图1 蝴蝶兰

图2 蝴蝶兰的花

茎很短，常被叶鞘所包。叶片稍肉质，常3～4枚或更多。花序轴1个或更多，常具数朵由基部向顶端逐朵开放的花。

蝴蝶兰性喜高温、多湿、散射光、通风良好的环境，忌闷热和强光的环境。原生种多数春季开花，少数夏、秋开花，商业品种通过花期调控可常年开花。但由于蝴蝶兰属单轴型兰花，一年之中只有一个生长点，所以难以通过分株来繁殖，在自然条件下实施播种繁殖也很困难。20世纪80年代以来，蝴蝶兰可通过组织培养等生物技术进行大量繁殖，使得蝴蝶兰工厂化生产成为可能，短期内可培育大量性状一致的品种供应市场。

蝴蝶兰花型奇特、色彩艳丽，花期长，是高档**盆花**和切花，在**年宵花**市场上占据主导地位。主要作为切花和盆花销售，在兰花商品市场上占有相当大的比例。

（葛 红 贾瑞冬）

虎皮病 superficial scald 苹果和梨贮藏后期或**货架期**果皮发生**褐变**的生理病害。发病初期，果皮变淡褐色，呈不规则块状，此后变为褐色至暗褐色，微凹陷。一般果皮下6～7层细胞也变为褐色，但病斑不深入果肉。发病严重的果实，果肉发绵，稍带酒味，果皮可以剥下，病果很易腐烂。

发病机制 普遍认为是由α-法尼烯的氧化物（共轭三烯和6-甲基-5-庚烯-2-酮）诱导产生的一种生理失调。α-法尼烯是果实自然产生的挥发性萜类，易被氧化成各种代谢物，这些氧化产物导致细胞膜的损伤，最终导致果实最外层的细胞死亡。乙烯促进α-法尼烯产生，氧参与法尼烯形成共轭三烯。洗涤贮藏环境中的乙烯和低氧贮藏减少了虎皮病的发生。

发病原因 ①内因。苹果的大部分品种易发生虎皮病，但有少量品种比较抗病，以澳洲青苹、国光发病最重，青香蕉次之，富士、金冠、元帅等易发病，红玉、秦冠等发病较少。采收过早或过晚的果实易发病，可能与果皮组织发育不充分或果实内在品质变差有关。②外因。果园土壤高氮低钙，天气高温、干旱、阳光过强、降水过多，这些因素导致果皮组织发育不充分，果实内在品质较差，易发生虎皮病。此外，贮藏库风道设计不合理，通风不良，库内温差较大；环境中乙烯、二氧化碳（CO_2）浓度过高；堆码不合理，堆码密度大；贮藏温度偏高，未及时预冷入贮；贮藏期过长；磕、碰、压、刺伤果较多，都易发病。

防控措施 主要有：①选择抗虎皮病品种，加强田间管理，提高果实内在品质，适期**采收**。②采后快速预冷和入库。③利用**1-甲基环丙烯**（1-MCP）处理。④加强冷藏库温度、湿度和气体成分管理。⑤采用普通气体贮藏、超低氧气调贮藏或低乙烯气调贮藏。

（任小林）

虎头兰 Hooker's cymbidium; *Cymbidium hookerianum* 兰科兰属附生草本植物。虎头兰产于中国广西西南部、四川西南部、贵州西南部、云南和西藏东南部（察隅）。生于林中树上或溪谷旁岩石上，海拔1100～2700米处。尼泊尔、不丹、锡金、印度东北部也有分布。

假鳞茎狭椭圆形至狭卵形，长3～8厘米，宽1.5～3厘米，大部分包藏于叶基之内。叶4～6（～8）枚，长35～60（～80）厘米，宽1.4～2.3厘米，带形，先端急尖，关节位于距基部（4～）6～10厘米处。花葶从假鳞茎下部穿鞘而出，外弯或近直立，长45～60（～70）厘米。总状花序具7～14朵花。花苞片卵状三角形，长3～4毫米。花梗和子房长3～5厘米。花大，直径达11～12厘米，有香气。萼片与花瓣苹果绿或黄绿色，基部有少数深红色斑点或偶有淡红褐色晕，唇瓣白色至奶油黄色，侧裂片与中裂片上有栗色斑点与斑纹，授粉后唇瓣变为紫红色。萼片近长圆形，长5.0～5.5厘米，宽1.5～1.7厘米。花瓣狭长圆状倒披针形，与萼片近等长，宽1.0～1.3厘米。唇瓣近椭圆形，长4.5～5.0厘米，3裂，基部与蕊柱合生达4.0～4.5毫米。侧裂片直立，有小乳突或短毛，尤其接近顶端处，边缘有缘毛。中裂片外弯，亦具小乳突，有时散生有短毛，边缘啮蚀状并呈波状。唇盘上2条纵褶片从基部延伸至中裂片基部以上，沿褶片生有短毛。蕊柱长3.3～4厘米，向前弯曲，腹面近基部有乳突或少数短毛。花粉团2个，近三角形。蒴果狭椭圆形，长9～11厘米，宽约4厘米。花期1～4月。

图1 虎头兰

图2 虎头兰的叶和花序

图3 虎头兰的花葶

图4 虎头兰的花

虎头兰因花瓣硕大、花朵繁茂、花色鲜艳而闻名。全草可入药，功能主要为止咳化痰、散瘀消肿、止血，主治肺热咳嗽、肺结核、肺炎、气管炎、喘咳、骨折筋伤、风湿痹痛、疮疖肿毒。

（王　雁）

瓠瓜　bottle gourd; *Lagenaria siceraria*　葫芦科葫芦属一年生攀缘草本植物。又称瓠子、蒲仔、蒲瓜、夜开花、葫芦、扁蒲。以嫩果、幼梢、叶供菜食。瓠瓜原产于非洲南部低地，主要分布在热带非洲、印度次大陆、东南亚等地。在中国广泛分布，以长江以南为主，是中国夏季重要的瓜类蔬菜之一。

形态和类型　根系强大，须根发达，对水肥吸收力强。茎为蔓性，长可达3～4米，分枝性强。单叶，互生，叶片呈心形，上面有绒毛。雌雄异花同株，有时也产生两性花。瓠瓜的花夕开晨闭，洁白耀眼，所以又名“夜开花”。果实形状非常丰富，有圆形、梨形、葫芦形、直筒形、长棒形、牛腿形等，还有很多中间类型；皮色有绿白、浅绿、深绿；果实重量可分为极小果、小果、中果、大果。

图1　瓠瓜

图2　瓠瓜的叶

图3　瓠瓜的花

图4　瓠瓜的果实

图5　瓠瓜的种子

按果实形态、大小分为5个变种：①长瓠子或蒲瓜（var. *clavata*）。果实长圆筒状，长50～70厘米，直径6～10厘米，上下粗细几乎相等，也有呈棒槌状的。②长柄葫芦（var. *caugourda*）。果实先端为圆球状，近果梗一端有细长的果颈。③杓蒲。又称大葫芦（var. *depressa*）。果实圆球形至扁圆形，老熟果可作瓢。④细腰葫芦。又称葫芦（var. *gourda*）。果实中段有一“细腰”，两端均呈圆球形。⑤观赏葫芦。又称小葫芦（var. *microcarpa*）。果实长仅10厘米左右，有一“细腰”或一长果颈。

生长习性　喜温、耐热、喜光作物，性喜温暖湿润气候。种子发芽适温为25～30℃，幼苗在20～25℃条件下生长良好；蔓叶生长和开花结果都以25℃左右最为适宜，15℃以下开花授粉不良，影响坐果，或坐果后果实发育缓慢。属短日照作物，但大多数品种对日照要求不严格。根系发达，吸水肥能力强，但蔓叶繁茂，蒸腾面积大，果实大，消耗水分多，生长发育需要充足的水分条件。

栽培　直播或育苗移栽，亩种800～1000株。侧蔓结瓜为主，主蔓长到5～6片叶时第一次打顶摘心，保留上部2～3个健壮子蔓，其余子蔓留1～2个瓜后摘心。瓠瓜生长很快，一般花谢后15天左右，瓠瓜皮色变淡而略带白色，肉质坚实带有弹性时商品性最佳，应陆续采收上市。

用途　营养丰富，嫩果可炒食或煮汤，是夏季餐桌上的日常佳蔬。具有一定的药用价值，可利水通淋、止渴清热，是治疗水肿、痔漏下血、血崩、带下等疾病的良药。种子可治支气管炎、肠炎。熟果壳可制容器、乐器及用于观赏，亦可入药。

（张应华）

花贝母　crown imperial; *Fritillaria imperialis*　百合科贝母属多年生球根花卉。又称皇冠贝母。花贝母原产于喜马拉雅山区及伊朗。

株高1米以上。茎具紫色斑点。叶丛生、轮状，下部叶披针形，上部叶卵形。

图1　花贝母

图2 花贝母的茎和叶

图3 花贝母的花蕾

图4 花贝母的花序

图5 花贝母的花

腋生伞形花序，花大、下垂，紫色或橙红色，花基部深褐色，具白色大型蜜腺。鳞茎大、黄色，具有浓臭味。花期4～5月。

花贝母栽培品种众多，有各色及重瓣类型，常用于花境、自然丛植、切花等。

（于晓南）

花茶 scented tea 由毛茶加工的茶坯与茶，用香花的鲜花拼和窨制而成的茶产品。又称窨花茶、熏花茶、香片茶等。花茶的茶叶吸收了花香，饮之既有茶叶纯正的滋味，又有鲜花馥郁的香气，是中国北方非常适销的一种再加工茶类。主产区为福建、浙江、安徽、江苏等地。

主要种类 根据所用香花品种的不同，花茶可分为茉莉花茶、玉兰花茶、桂花花茶、珠兰花茶等，其中以茉莉花茶产量最大。

加工工艺 花茶加工是根据鲜花有吐香能力和茶坯具有吸附香气的特性，利用独特的加工工艺与技术参数，使茶坯充分吸收鲜花吐出的香气。在一吐一吸的过程中，茶与花发生复杂的生化反应，形成茶味、花香的品质特征。花茶窨制工艺包括茶坯处理、鲜花维护、拌和窨花、通花散热、收囤续窨、出花分离、复火摊凉、转窨或提花、匀堆装箱等工序。窨花是制造花茶的主要作业，是由茶坯、鲜花均匀拌和与堆放组成的工序。在堆放过程中，香花吐出的香气立即被周围的茶坯吸收，茶坯便成为具有浓烈花香的花茶。有的窨花过程中间还要增加一道通花工序，即当窨堆温度上升到一定高度时将窨堆扒开散热降温，然后再收堆继续窨制。当香花不再正常吐香时开始起花，即用筛分方法将花渣与茶坯分开。有的配花量极少，或香花形态与茶坯相似，则不起花。起花后的制品含水量若超过8%～9%，须及时复火降低水分。窨坯复火后冷却再窨花一次，称为二窨。高档茉莉花茶有的多至七八窨。

品质特征 花茶融茶韵与花香为一体。干茶外形条索紧结匀整，色泽黄绿尚润，内质香气鲜灵浓郁，具有明显的鲜花香气，汤色浅黄明亮，叶底细嫩匀亮。花茶宜清饮，不加奶、糖，以保持天然香味。

（袁海波 王近近）

花茶加工 scented tea processing 以绿茶、红茶、青茶（乌龙茶）等各种成品茶为原料，用茉莉、桂花、白兰、玳玳、珠兰等鲜花与茶坯窨制，制成纯正茶味、花香馥郁的花茶产品的过程。花茶属于再加工茶，利于鲜花吐香和茶胚吸香的窨制原理，实现花茶特定的风味品质。根据窨制的香花种类，可分为茉莉花茶、白兰花茶、珠兰花茶、桂花花茶、玳玳花茶、柚子花茶等。其中以茉莉花茶数量最多，约占中国花茶总量的90%。花茶加工工序包括茶坯处理、鲜花处理、茶花拌合、通花散热、收堆续窨、筛分起花、复火干燥、提花增香、匀堆装箱、压花等。

茶坯处理 对茶坯进行复火干燥和摊凉冷却，实现对起窨茶坯的水分和温度控制。干燥温度100～120℃，烘后茶坯含水率在3.5%～5.0%，摊凉至茶叶堆温高于室温1～3℃时才能进行茶花拌合窨制。

鲜花处理 茉莉花一般采午后的花蕾，通过摊花、堆花、筛花作业促进鲜花匀齐适时开放。摊花要薄，一般在10厘米以下，促进鲜花恢复生机、开放吐香。堆花时适当提升鲜花温度，促进鲜花开放吐香，一般堆高15～20厘米。待鲜花开放率在60%左右时即可筛花，分出花的大小，剔除青蕾花蒂及其他杂质。鲜花开放率达到约80%才能进行茶花拌合窨制。

茶花拌合 通过一层茶一层花的方式将鲜花和茶拌和在一起，通过鲜花吐香和茶胚吸香，让香气直接被茶叶吸收。通过配花量、花开放度、温度、水分、厚度、时间等技术参数的调节进行窨花拼和。一般高级茶窨次多、配花量大，如四窨以上的高档茉莉花茶配花量是茶坯的2～5倍。窨堆高度一般为25～35厘米，窨后茶坯含水率以14%～20%为宜。

通花散热 将茶堆翻摊散热降温，通气给氧，促进鲜花恢复生机，继续吐香，同时散发茶堆内部水分和二氧化碳，防止因温度过高引起鲜花和茶坯劣变。方法是把在窨的茶堆扒开摊凉，薄摊至堆高约10厘米，每隔10～15分钟开沟翻动一次，至在窨品温度降至35～38℃时可收堆续窨。

收堆续窨 为充分利用鲜花香气，当堆温降至高于室温1～3℃时进行收堆续窨，窨堆高度较起窨高度高5厘米左右。

筛分起花 又称出花。将窨堆中的花与茶分开，筛出花渣。起花顺序是：多窨次先起，低窨次后起；同窨次先高级茶，后低级茶。起花用孔径6～10毫米的圆孔筛实现茶与花分离。操作要迅速，起花后做到茶叶中无花蒂、花叶，花渣中无茶叶。

复火干燥 起花后的茶坯要及时复火，在技术上复火要求高温、快速、安全烘干，并掌握温度逐窨降低和茶坯含水率逐窨增加的原则。温度一般为110～120℃。茶坯含水率较窨花前增加0.5%～1.0%，复火后的茶坯应及时薄摊冷却，不可热茶闷装，一般装袋后24小时再封口。

提花增香　用少量的优质鲜花再窨一次，增强花茶的表面香气，提升鲜灵度。提花增香的配花量参照茶花拌合，且无须进行复火干燥。提花后的茶坯含水率不应超过8%。

匀堆装箱　匀堆装箱前先拼配小样，经水分、粉末等检验和品质鉴定后符合产品规格标准的产品，才可按比例进行匀堆装箱。

压花　利用起花后的花渣再窨一次低档茶叶，目的在于充分利用花渣的余香压低低档茶的粗老味，增加花香。一般四级以下的烘青茶坯进行压花，花渣用量以100千克茶叶使用60～70千克花渣为宜，压花时间掌握在4～5小时。压花结束后应及时起掉花渣，茶坯也必须及时烘焙。

（江用文　滑金杰）

花茶品饮　scented tea savoring　一种花茶饮茶方式。花茶是将茶叶和香花进行拼和窨制，使茶叶吸收花香制成的，亦称熏花茶。窨制花茶的香花有茉莉花、玫瑰花、珠兰花、米兰花、玳玳花、柚子花、白兰花、桂花、栀子花、金银花等。花茶的花香浓郁程度取决于下花量和窨制次数，下花量大，窨制次数多，则花香更浓郁。窨制各类花茶的品质要求是花香鲜灵、持久纯正，且不损茶坯本身的香味。花茶香气应芬芳清锐，不浊不闷，滋味醇和鲜爽、不苦不涩，汤色黄绿或淡黄，叶底匀亮。著名的花茶产地有中国福州、苏州、金华、桂林、广州、重庆、成都、台北等。花茶主要销往中国华北、东北、山东、四川等地。

花茶大多是绿茶窨花而成，所以在品饮方法上与绿茶有相同之处。根据品饮器具，可分为盖碗冲泡法、瓷壶泡法；对于造型优美的特种茉莉花茶，也可采用玻璃杯冲泡法，以满足观赏叶底的要求。通常茶水比例以1∶50为宜，例如容量150毫升的器具下茶量为3克左右，冲泡时间3～5分钟，水温掌握在90～100℃。级型茶可选用瓷壶泡法，水温要求100℃，冲泡5分钟，将茶汤分斟各杯即可品饮。使用白色瓷杯盛茶可观茶汤色泽，花香也能充分发挥，既清洁又雅致。一壶多杯分饮法是北方居家品饮花茶的常用方法，具有方便卫生的特点。

（周智修）

花车　festooned vehicle　用花材等装饰过的车辆。花车主要在充满欢乐的场合，如节日庆祝、婚礼、运动会和游行等活动中使用。尤为流行的是婚礼花车和游行花车。其制作首先要考虑车的颜色和车身尺寸，装饰车头的花饰以不遮挡司机行车视线为准。婚礼花车的花饰一般多分布于车头、车尾和车顶，游行花车一般整车装饰。

装饰花车时一般选用专用的花泥吸盘来固定花材。因花车是在特殊环境下使用，有风、雨、阳光、暑热、寒冷、振动等方面的影响，因此需要对花车用材进行选择。不宜使用花瓣单薄、易落的花材，例如飞燕草、波斯菊、虞美人、桔梗等。适合装饰花车的花材很多，如月季、百合、马蹄莲、康乃馨、非洲菊、香雪兰、石斛兰、安祖花、鹤望兰、一枝黄花等；对于叶材没有太多限制，常见的都可以使用，如散尾葵、龟背竹、常春藤、文竹、一叶兰等。花车装饰材料的选择，也无太多限定，可根据场合及需要选择。如婚礼花车还可使用婚纱、“囍”字、婚礼娃娃等配饰；游行花车可用雪纱、缎带、气球等配饰。

花车的制作包括以下步骤：①装饰彩带、彩纱等，根据设计图将所需的彩带、彩纱固定在车身上。②制作与固定插花吸盘，将吸盘固定好后，根据需要的造型插制花材。③粘贴周边花材，可以丰富花车，使其更加丰满华丽。

（王　雁）

花粉管通道育种　pollen tube pathway breeding　受体植株的花朵授粉后，用外源脱氧核糖核酸（DNA）片段或携带目的基因的载体侵染花柱，DNA或载体经花粉管通道进入胚囊，有机会将目的基因导入受精前或受精后的卵细胞并发育成合子胚，再从获得的转基因后代中选育出转基因新品种的方法。花粉管通道育种的优势在于不依赖植株再生，不需要特殊设备，操作简单，但能否获得成功与受体材料密切相关。花粉管通道法是植物遗传转化的方法之一，是模式植物拟南芥转基因的常用技术，在玉米、棉花等农作物的DNA导入研究中也有成功案例，但在果树等园艺作物上仍鲜有成功报道。

（张新忠）

花粉培养　pollen culture　当花粉发育到一定阶段，从花药中分出花粉粒接种到特定培养基上，先诱导出愈伤组织，再将愈伤组织移植到分化培养基上诱导分化出完整的植株；或者直接诱导出胚状体，继而发育成完整植株的技术。花粉培养属于细胞培养的范畴，花药培养属于器官培养的范畴。花粉培养技术难度大，但再生植株均为单倍体。花粉培养步骤为：①外植体选择和消毒。选择花粉发育处于单核靠边期的花药，消毒方法同花药培养。②预处理和预培养。将花药进行低温预处理，以增加发育的同步性。将预处理的花药进行预培养，促进花粉粒脱分化启动，提高诱导效率。③花粉分离。花粉分离方法有三种，一是自然散粉法，即将灭菌后的花药接种在培养基上，使花粉自然散出直接培养；二是挤压法，将花药放在6%蔗糖溶液中，用注射器内管轻压花药挤出花粉；三是用电动搅碎器将花药在分离溶液中搅碎，使花粉散出。其中，后两种方法得到的混合液需要经过过滤、离心，获得一定数量的花粉粒，一般1毫升培养基中花粉粒数量达1×10^4～1×10^5个即可进行培养。④液体培养和植株再生。吸取花粉粒悬浮液放入培养皿中，在微弱的散射光下进行薄层培养，也可采用看护培养或微室培养法。20～30天后当见到多细胞团分化成各种形状的胚状体时，将其转移到固体培养基上，在光照条件下培养一段时间后即可形成小植株。

（刘　平）

花卉　flowers　能够开花且具有观赏价值的木本和草本植物。花卉是最多样化的一类植物，人们在生产、栽培、应用中为了方便，需要对花卉进行分类。依据不同的原则对花卉进行分类，就产生了不同的分类方案或系统，可以分别依据自然地理分布、生活型与生态习性、花卉应用、花卉商品对其进行划分。

依据自然地理分布划分　可分为热带花卉、温带花卉、寒带花卉、高山花卉、水生花卉、岩生花卉及沙漠植物。

热带花卉　热带气候特点是周年高温，温差小；雨量丰富，但不均匀。属于该气候型的地区有亚洲、非洲、大洋洲、中美洲及南美洲的热带地区。该地区是一年生花卉、温室宿根、春植球根及温室木本花卉的自然分布中心，如鸡冠花、紫叶秋海棠（*Begonia rex*）等。

温带花卉　温带气候显著的特征是冬冷夏热，四季分明，年温差较大。属于这一气候型的地区包括中国大部分省份，还有日本、北美洲东部、巴西南部、大洋洲东部、非洲东南部等。该区是球根花卉和宿根花卉的分布中心，如中国石竹（*Dianthus chinensis*）、凤仙花、福禄考（*Phlox drummondii*）、宿根天人菊等。

寒带花卉　寒带气候特点为冬季长而冷，夏季短而亮，植物生长期短。属于这一气候型的地区包括寒带地区和高山地区，故形成耐寒性植物及高山植物的分布中心，如绿绒蒿属（*Meconopsis*）、龙胆属（*Gentiana*）、雪莲（*Saussurea involucrata*)、细叶百合(*Lilium tenuifolium*)。

高山花卉 通常指那些分布在海拔3000米以上的植物。高山花卉中有许多珍奇花卉，它们大多分布在人迹罕至的高寒山区而鲜为人知，著名的龙胆科(Gentianaceae)、杜鹃花科(Ericaceae)、报春花科(Primulaceae)中的大部分种类就是高山花卉的典型代表。中国是一个多山的国家，高山花卉资源十分丰富，仅云南西北部高山就汇集了5000多种高山花卉。在中国北方，长白山亦是北温带高山花卉特产地。

水生花卉 泛指生长于水体中、沼泽地、湿地上，观赏价值较高的花卉，与其他花卉明显不同的习性是对水分的要求和依赖远远大于其他各类。依据水生花卉对水分要求的不同，可将其分为以下四类：①挺水花卉。扎根于泥中，茎叶挺出水面，花开时离开水面，是最主要的观赏类型之一。如**荷花**、**千屈菜**、水葱(*Scirpus validus*)等。②浮水花卉。根生泥中，叶片漂浮水面或略高于水面，花开时近水面。如**睡莲**、**萍蓬草**、**王莲**等。③漂浮花卉。根系漂浮于水中，叶完全浮于水面，可随水漂移，在水面的位置不容易控制。如**凤眼蓝**、浮萍(*Lemna minor*)等。④沉水花卉。根扎于泥中，茎叶沉于水中。是净化水质或布置在水下景观的素材。属于这一类的花卉有大茨藻(*Najas marina*)、黑藻(*Hydrilla verticillata*)等。

岩生花卉 指适合在**岩石园**栽种的草本花卉。理想的岩生花卉应该是植株低矮，最好呈垫状；生长缓慢，生活期长；耐贫瘠，抗性强；能长期保持优美和低矮外形的常绿多年生花卉。如银莲花(*Anemone cathayensis*)等。

沙漠植物 指在沙漠环境条件下能生存的植物。沙漠植物多为多浆类植物，如**金琥**、巨人柱(*Carnegiea gigantea*)、**仙人掌**等。

依据生活型与生态习性划分 可分为**露地花卉**和**温室花卉**。

露地花卉 在自然条件下，完成全部生长过程，不需要保护地栽培。露地花卉根据其生活史可划分为以下几类：①一年生花卉。生命周期在一个生长季完成的草本花卉，即从播种到开花、结实、死亡均在一个生长季完成。一般在春天播种，夏秋开花结实，然后枯死，故一年生花卉又称春播花卉。如凤仙花、**鸡冠花**、**孔雀草**等。②二年生花卉。生命周期跨年度才能完成的草本花卉。当年只生长营养器官，次年夏季之前开花、结实、死亡。二年生花卉，一般在秋季播种，次年春至初夏开花，故常称为秋播花卉。如**羽衣甘蓝**、桂竹香(*Cheiranthus cheiri*)、须苞石竹(*Dianthus barbatus*)等。③多年生花卉。个体寿命超过两年的草本花卉，能多次开花结实。又因其地下部分的形态有变化，可分为宿根花卉和球根花卉两类。宿根花卉指地下茎及根系的形态正常，不发生变态肥大的多年生花卉。如**萱草**、**玉簪**、**荷包牡丹**等。球根花卉指地下部具膨大的变态茎及变态根，以其储藏养分度过休眠期的多年生花卉。如**郁金香**、**大丽花**、**风信子**等。根据地下变态的器官及其形态可将球根花卉分为鳞茎类、球茎类、块茎类、根茎类及块根类。鳞茎类指地下茎呈鱼鳞片状，鳞片外被纸质外皮的为有皮鳞茎，如**水仙**、郁金香、**朱顶红**等；鳞片外面没有外皮包被的为无皮鳞茎，如**百合**等。球茎类指地下茎呈球形或扁球形，外面有革质外皮，如**唐菖蒲**、香雪兰(*Freesia refracta*)等。根茎类指地下茎肥大呈根状，上面有明显的节，新芽着生在分枝的顶端，如**美人蕉**、荷花、睡莲等。块茎类指地下茎呈不规则的块状或条状，如**马蹄莲**、**仙客来**、晚香玉(*Polianthes tuberosa*)等。块根类指地下主根肥大呈块状，根系从块根的末端生出，如大丽花等。④水生花卉。泛指生长于水体中、沼泽地、湿地上，观赏价值较高的花卉，与其他花卉明显不同的习性是对水分的要求和依赖远远大于其他各类。依据水生花卉对水分要求的不同，可将其分为挺水花卉、浮水花卉、漂浮花卉、沉水花卉四大类。⑤岩生花卉。指适合在岩石园栽种的草本花卉，如银莲花等。

温室花卉 原产于热带、亚热带及南方温暖地区的花卉，在北方寒冷地区须在温室内培养或冬季须在温室内保护越冬。此类温室花卉通常可分为以下几类：①**一二年生花卉**。如**瓜叶菊**、**蒲包花**、香豌豆(*Lathyrus odoratus*)等。②宿根花卉。如**万年青**、**非洲菊**、**君子兰**等。③球根花卉。如仙客来、朱顶红、马蹄莲等。④兰科植物。依据其生态习性的不同，又可划分为地生兰类，如春兰(*Cymbidium goeringii*)、**蕙兰**等；附生兰类，如石斛属(*Dendrobium*)、万代兰属(*Vanda*)等。⑤多浆植物。指茎叶具有发达的贮水组织，呈肥厚多汁变态状的植物。如缩刺仙人掌(*Opuntia stricta*)、石莲花(*Echeveria glauca*)等。⑥蕨类植物。根据观赏方式不同，可分为庭园绿化蕨类，如翠云草(*Selaginella uncinata*)、桫椤(*Alsophila spinulosa*)等；盆栽观叶蕨类，如石松(*Lycopodium japonicum*)、乌蕨(*Odontosoria chinensis*)、铁线蕨(*Adiantum capillus-veneris*)等；垂吊蕨类，如肾蕨(*Nephrolepis cordifolia*)、巢蕨(*Neottopteris nidus*)等；山石盆景蕨类，如卷柏(*Selaginella tamariscina*)、团扇蕨(*Gonocormus minutus*)等。⑦**食虫植物**。如猪笼草(*Nepenthes mirabilis*)、瓶子草(*Sarracenia purpurea*)等。⑧凤梨科植物。如水塔花(*Billbergia nutans*)等。⑨**棕榈科植物**。如蒲葵(*Livistona chinensis*)、**棕竹**等。⑩花木类。如**一品红**、**变叶木**等。⑪水生花卉。如王莲、睡莲等。

依据花卉应用划分 根据花卉的园林用途不同，可以分为以下几类：

花坛花卉 园林中可以用来布置各类**花坛**的花卉，多为一二年生花卉及球根花卉，如**一串红**、三色堇(*Viola tricolor*)、郁金香等。

花境花卉 园林中可以用来布置**花境**的花卉，多为宿根花卉，如飞燕草(*Consolida ajacis*)、萱草、鸢尾类(*Iris* spp.)等，也可用中小型灌木与宿根花卉混合配置花境。

水生和湿生花卉 可统称为湿生花卉，是用于美化园林水体及布置水体、岸边及潮湿地带的花卉，如荷花、睡莲类(*Nymphaea* spp. & cvs.)、千屈菜及各种水生和沼生的鸢尾类等。

岩生花卉 用于布置岩石园的花卉，常较低矮，生长缓慢，耐瘠薄、耐寒、耐旱，对环境的适应性强，包括各种高山花卉以及人工培育的低矮的花卉品种，如白头翁(*Pulsatilla chinensis*)、**报春花**等。

藤蔓类花卉 主要用于篱垣棚架及垂直绿化的花卉，包括草质藤本及藤木类花卉，如牵牛(*Pharbitis nil*)、茑萝(*Quamoclit pennata*)、**紫藤**、**凌霄**等。

草坪草 用于建植**草坪**的植物，如野牛草(*Buchloe dactyloides*)、结缕草(*Zoysia japonica*)、狗牙根(*Cynodon dactylon*)等。

地被植物 用于覆盖园林地面的植物，如**酢浆草**、葱兰(*Zephyranthes candida*)等。

庭院花卉 用于庭院成片栽植观赏的植物，大多为宿根花卉和木本花卉，如**芍药**、**牡丹**、金鸡菊(*Coreopsis drummondii*)等。

室内花卉 用于装饰和美化室内环境的植物，如仙客来、**杜鹃花**等。根据其观赏部位也可分为观花类、观叶类、观果类以及观茎干类等。这类花卉既可以应用于室内花园，也可以盆栽装饰各种室内空间。后者也常称为盆栽花卉。

切花花卉　剪切花、枝、叶或果用以插花及花艺设计的花卉总称，如现代月季（*Rosa* cvs.）、菊花、唐菖蒲等切花花卉，银牙柳等切枝花卉，以及蕨类、玉簪等切叶花卉。

专类花卉　指具有相似的观赏特性，植物学上同科同属，园艺学上同一栽培品种群，或者具有相似的生态习性，需要相似的栽培生境，且具有较高的观赏价值，常常聚合在一起集中展示的花卉，如仙人掌和多浆类花卉、蕨类植物、食虫植物、凤梨类花卉、兰科花卉、棕榈类植物等。

花卉种类繁多，姿态万千，既可露地栽培，也可室内盆栽。露地栽培的花卉在园林绿化中多应用于花坛、花境、花丛和花群、垂直绿化、草坪等。露地栽培的草本类花卉具有较高的繁殖系数，生长速度快，色彩丰富，可在较短时间内形成景观。盆栽花卉可用于布置会场、装饰厅堂、点缀室内环境等，用来营造绚丽多彩的艺术氛围和效果。

在花卉栽培养护中应该注意深入了解不同花卉的生物学特性和生态习性，掌握不同花卉在不同生长阶段对温、光、水、营养等条件的要求及其对环境的抗性，提前做好病虫害的防治工作，适时施肥、除草，保障花卉的正常生长。

（于晓南）

花卉分生繁殖　division propagation of flower　利用观赏植物自然产生的特殊变态器官进行繁殖的方式。花卉无性繁殖方法之一。分生繁殖是依靠植物体自然形成的带根的小植株或植物上产生的一些无性的特殊器官进行繁殖，所得苗木称为分生苗。小植株已是一个完整的小个体；特殊器官则往往是植株的一种变态形式，具有在一定情况下长成一个正常植株的能力。一般的分生器官有根蘖、茎蘖、吸芽、珠芽、走茎、匍匐茎、鳞茎、球茎、根茎、块茎、块根等。园艺生产上根据所用繁殖器官的不同，将分生繁殖分为分株、分吸芽、分走茎等几种类型。

分生繁殖方法简便，苗木容易成活且成苗时间短，是较为简单可靠的繁殖方式，在观赏植物的繁殖上被广泛采用。

（吕　彤）

花卉拍卖　flower auction　拍卖机构按照特定规则，通过现场公开或密封出价拍卖，将组织来的花卉产品逐批次限期拍卖给最高应价者的交易方式。

拍卖特征　与其他拍卖业务不同，花卉拍卖采用减价拍卖法，又称“荷兰式拍卖”或“估高价拍卖”，事先由质检人员对花卉质量进行级别评定，参考供货商意见后，再设定最高价和最低价。拍卖时，花卉价格从最高价向最低价匀速下跌，买家通过举牌喊价或按键来竞标，最快表示购买意向者才有望取得拍卖标的。在花卉保鲜期内，减价拍卖法可以更好地实现花卉的真实价格、市场供求关系走向。

拍卖规则　花卉拍卖的规则有：①定价规则。花卉的起拍价估价由供货商和拍卖机构事先协商确定，主要依据市场当前浮动价以及花卉的品种、数量、季节、颜色与市场需求量等确定。花卉产品的拍前价格带有育种技术先决性，供货商生产者只要持续培育新品种，开发自主知识产权的花卉产品，其起拍估价绝非低技术含量的一般花卉可比。②拍卖原则。花卉拍卖遵循“价高量大者得”和“随机降价”的原则，拍卖师采取灵活的拍卖方式，价格由高向低幅度不定，在同一价位上，量大者优先获得产品的购买权拍卖时，通过拍卖师报价和竞买者手势或按键，成交价格、数量和成交者便随机产生。

拍卖的一般流程　花卉拍卖一般是在花卉拍卖市场内进行的。它的一般程序包括供货、检验、理货、拍卖、分货、结算、提货、包装、发运。供货商向拍卖市场提交货物之前，必须按照拍卖市场的要求，对照产品质量标准进行采后处理和分级包装，如实填写供货单。检验环节是拍卖市场收到供货商的货物之后，质检部门的人员对照交货单，对货物进行等级与包装的严格检验。检验完毕后，将最终检验结果填在供货单上，交给供货商保存作为结算依据。经检验合格的产品装上运输工具运入理货区。理货环节是将经检验的货物分门别类按拍卖顺序清理、排列，为拍卖做好拍前的最后准备。拍卖环节是拍卖的中心环节，由拍卖师和购货商进行呼应，一笔货物的交易过程与结果在拍卖电子钟上显示。这一环节的主导者是拍卖师，决定者是购货商。分货环节是将拍卖成交的货物送入分货区，根据购货商购买货物的品种、数量等进行分货，为结算后的提货做准备。结算环节关键要做到货款两清，货款无误。拍卖市场要按承诺的时间，通过银行及时将货款扣除相关费用之后打到供货商的账户上。此时，交易行为完成。提货环节对购货商来说十分重要，要检查自己所提货物与所购货物是否一致无错漏。包装、发运环节则是购货者的自主行为，或由自己亲为，或由别人代理。在上述程序中有可能发生供货商与质检部门之间对供货等级及包装方面有争议的问题，也有拍卖环节的流拍问题，对此花卉拍卖市场都有相应的处理规定和程序。

优势　花卉拍卖的优势有：①先进技术的辐射效应。以荷兰为模板的专业花卉拍卖机构是以标准化为基础、以电子技术为手段的交易平台，既能提供每日拍卖品种、数量、成交价和每周、每月的国内外市场行情分析，也能提供往年拍卖记录和市场趋势预测。平均一秒内即可完成单笔交易的高速度、高效率是传统农贸市场望尘莫及的，而科学合理的物流系统又使大量花卉最终在消费节点上适得其所。②合理的价格形成机制。传统的对手交易是一对一出价，而拍卖方式是多对一出价，花卉价值必然在博弈中逐渐变得合理、客观，从而保护了生产者的切身利益和积极性。根据较为公正的市场价格，供货商能更透彻地洞察市场，据此调整生产结构和品种，迎合市场需求。③完善的社会化配套服务体系。以荷兰阿斯米尔花卉拍卖市场为例，海关、植检、商检、运输、银行、工商等相关机构集中驻场，构筑了该市场的“一站式服务通道”。如在冷藏库和存货库里设有产品质检处，由专人对每一批花卉和植物进行质量检验，内设的植物检疫站可检测病虫害等情况。配好的花卉可运到内设的海关进行报关。拍卖成功后，售出的花卉再通过便捷的运输网络运往世界各地。④外显的市场竞争机制。在市场经济体制下，资源配置受到市场机制的支配，人们很难在对手交易现货议价中看到市场机制的推拉作用，尤其难以看到供求的相互牵制和价格引导资源流向的过程。但在拍卖中，供求双方直接面对面竞争，使各方适度对抗、和谐竞争的过程“外化”，显现出市场主体的真实角力过程。

（潘会堂）

花卉设施栽培　protected cultivation of ornamental plant　在不适宜露地花卉生长发育的气候条件下，利用保温防寒或降温防热设施和设备，人为地创造适合花卉生长发育的小气候条件以达到高产的栽培方式。常见的栽培设施类型主要包括温室、荫棚、风障、阳畦、冷床、温床、塑料大棚等。中国的花卉种植面积居世界第一，而花卉出口额很低。要生产出高品质的花卉产品，提高中国花卉产品的竞争力，就必须充分利用先进的设施及栽培技术。在制订花卉设施栽培计划时，需注意投入和产出比例，还需注意花卉市场的发展方向。

设施栽培优势　设施栽培优势有：①种

苗繁殖效率提高。在温室、塑料大棚或阳畦内进行播种或扦插育苗，可以大大提高繁殖速率，保证成活率；组培苗的驯化也可以在设施内进行，根据不同花卉种类对环境条件的需要进行人工控制，培养壮苗。②通过花期调控实现花卉全年供应。随着栽培技术的发展，可利用温室等设施进行花期调控，实现花卉产品的周年供应。③改善栽培条件，提高花卉品质。花卉种类不同，需要不同的适生环境，只有满足其最适的生长条件，才能生产出最高品质的花卉产品。良好的设施可以为不同植物提供合适的温度、湿度、光照和水分等条件。④利用设施条件，突破花卉栽培的地域限制。由于地域限制，常常会出现因温度、湿度不适，导致花卉只能在某区域栽培，而设施栽培可以解决这一问题，打破区域限制。如南方的很多热带花卉具有很高的观赏价值，但大部分都不能在北方露地过冬，利用温室可以解决这一问题。⑤大规模集约化生产，提高劳动生产率。现代温室的发展使花卉生产更加专业化、自动化和集约化，可以减少劳动力使用，提高生产效率。

设施花卉的主要种类　按照生物学特性可以分为**一二年生花卉**、**宿根花卉**、**球根花卉**和木本花卉等。根据观赏用途以及对环境条件的要求不同，可以把设施栽培花卉分为切花、**盆花**和花坛花卉等。①切花。指可以用于**鲜切花**生产的花卉，包括切花、切叶、切枝和切果。切花类包括菊花、非洲菊、月季、唐菖蒲、香石竹等；切叶类包括肾蕨、天门冬、文竹等；切枝类包括松枝、银牙柳等；切果类包括观赏茄、金丝桃等。②盆花。根据耐寒性不同可以分为半耐寒性和不耐寒性种类；半耐寒性花卉指在北方寒冷地区可以在阳畦或温室中安全越冬的种类，如金盏花、紫罗兰等；不耐寒花卉多原产于热带和亚热带地区，需要在高温条件下正常生长，如蝴蝶兰、仙客来、马蹄莲等。③花坛花卉。多为一二年生草本花卉，也有许多多年生宿根花卉和球根花卉作一年生栽培，用于花坛应用。花坛花卉一般抗性和适应性强，可以进行设施栽培，人为控制花期。用于花坛应用的种类包括三色堇、旱金莲、矮牵牛、万寿菊、鸡冠花、凤仙花等一二年生花卉，一品红、四季秋海棠等多年生花卉，以及大丽花、郁金香、风信子等球根花卉。

扩展阅读

刘燕.园林花卉学.3版.北京：中国林业出版社，2016.

（潘会堂）

花卉展览　flower exhibition　采用各种艺术形式，在预定时间和地点对一定数量的优质**花卉**集中进行的露天布置或室内陈列。简称花展。一般以观赏为主，兼有科学普及、展品评比等作用，可以归属于博览业的范畴。

按内容和形式分类　按照花卉展览的内容和形式可分为综合性花展、主题性花展和专类性花展。

综合性花展　展出有明确的主题，规模庞大，布局灵活，花卉种类多样，景观内容丰富。涉及的范围比较广泛，参展单位亦多，展览时间较长。一方面展示花卉的千姿百态、最新的园林成果，普及相关知识技术；另一方面以促进花卉国内外贸易和合作交流为目的，通过参展展示品牌与企业形象，来寻找长期贸易和技术合作机会。如1999年昆明和2019年北京举办的世界园艺博览会以及每4年举办一届的中国花卉博览会。

主题性花展　通常是以一个特定的时间段或节日庆典为契机，使用大量的花卉种类，搭配乔灌木、建筑小品等来营造良好的景观，给人赏心悦目之感。通过展示植物在其最佳观赏期的整体效果，渲染喜庆祥和的气氛，突出表现人们在节日庆典中的欢乐和愉悦。如北京一年一度的国庆天安门大型花展，以及北京于2006年、2007年和2008年分别在紫竹院公园和海淀公园举办的奥运花卉成果展等。

专类性花展　展出的花卉种类以一种或几种为主，主题明确，展现该花卉的品种形态、生态习性、园林用途等。如荷兰每年在柯肯霍夫公园举办的郁金香展，美国山茶花协会每年举办的茶花展览。中国的专类性花展主要为全国性或各省市举办的菊花展、牡丹展、盆景展等，多展示中国原产的名花佳卉，展览历史悠久。展览多依托花卉专业种植园及公园的展厅，除展示盆栽或地栽的植物外，往往利用古色古香的陈设展示相关的诗词书画、插花等艺术作品，表达一定的意蕴。

按规模分类　按照花卉展览的规模可分为国际性花展、全国性花展和地方性花展。

国际性花展　即由国际展览机构（BIE）批准，在世界各地每年一个国家举办的国际园艺博览会。一般来说规模较大，参展国家较多，展出内容比较丰富，展出时间亦长。共分为A1、A2、B1、B2四种类型：A1类为大型国际园艺博览会，每年不超过1个，展期最短3～6个月，需要申办城市提前6～12年申请，要求至少有10个不同国家的参展者参加，展会必须包含园艺业的所有领域；A2类又称国际园艺展览会，每年最多举办两个，当两个展会在同一个洲内举办时，它们的开幕日期至少要相隔3个月，展期为8～20天，要求至少有6个不同的国家参展；B1类为长期国际性园艺展览会，每年度举办一届，展期为3～6个月；B2类为短期国际性园艺展览会，每年举办不得超过两个，展期为8～20天。中国昆明和北京分别于1999年和2019年举办A1类世界园艺博览会。

全国性花展　全国性花展的主要目的是展示本国花卉业的发展水平，以促进其不断交流和提高，如英国皇家园艺学会（Royal Horticultural Society）每年春天都在伦敦举办的切尔西花展（Chelsea Flower Show），夏天在汉普顿宫殿举办的汉普顿宫殿花展（Hampton Court Palace Flower Show）等。中国现在有三种形式的全国性花卉（园林）展，即由国家建设部主办的中国国际园林花卉博览会（简称园博会）、由中国花卉协会主办的中国花卉博览会（简称花博会）和由全国绿化委员会主办的中国绿化博览会（简称绿博会）。参展单位以省市政府部门、科研机构和生产企业为主。有时也会邀请国外有关花卉公司参加。

地方性花展　地方性花展在国际上主要是由一个或几个国家中的区域、州（省）举办，由一个或两个城市承办的区、州（省）园林展。如德国的16个州都有自己的园林展。中国的地方性花展主要是各省市政府部门组织举办的省市级花卉展览。

香港花卉展览

目的是展示地方性花卉事业的发展，交流生产经验，丰富群众的娱乐生活，有时也与招商引资相结合。如北京圆明园的荷花展、北京中山公园的郁金香展、菏泽的牡丹展等。

（王　雁）

花卉种球　flower mother bulb　**球根花卉**进行无性繁殖的地下部分变态器官。球根花卉地下部分有五种变态，因此种球可分为鳞茎（如百合、风信子、郁金香、朱顶红等）、球茎（唐菖蒲、番红花）、块茎（马蹄莲、仙客来）、根茎（鸢尾、荷花、睡

花卉种球

莲）和块根（大丽花）。花卉种球越饱满充实，其质量越好，可根据大小对种球进行分级。种球不能感染任何病虫害。

根据原产地不同，球根花卉分为夏季休眠型和冬季休眠型。花卉种球采收后一般要进行贮藏，因为有些种类需要在低温湿润环境贮藏，经低温处理才能打破休眠开花。

（吕　彤）

花卉专类园　specialized garden of flowers　以某一种或某一类**观赏植物**为主体而建立的花园。营建花卉专类园的目的是集中展示，对特定的植物进行收集、保存、科普和观赏。花卉专类园建立的基本要求为：①选择同科（同属或同种）亲缘关系近的花卉建园。如桃花园、梅园、樱花园、牡丹园、芍药园、杜鹃花园、月季园、丁香园、菊园、海棠园、百合园、玉兰园、竹园等。②选择具有某些相似特征的花卉建园。如芳香花卉园、药用花卉园、蜜源花卉园、食用花卉园、茶用花卉园、多肉花卉园。③选择生长习性相似的花卉建园。如**岩石园**、水生花卉园、宿根花卉园、沙生花卉园、球根花卉园等。

（吕　彤）

花卉装饰　flower decoration　用**盆花**、切花、压花等制成各种装饰品，或将**花卉**经过合理的配置（植）布置成**花坛**、**花境**、花丛等，对室内外环境进行的美化和布置。花卉装饰不仅可以净化空气，提高环境质量，并且花卉所带来的具有生命活力的、有助于人类身心健康的美的享受，极大地满足人们精神生活的需要。

发展历史　纵观国外花卉装饰应用历史，西方的花卉装饰源于埃及和罗马宫廷宴会的布置；或将大束切花进行瓶插，或用绳索把花朵枝叶串编起来，悬挂于墙面、门廊或窗框处。花坛源于罗马时代的文人园林，16世纪意大利园林中广泛应用，在17世纪法国凡尔赛宫中的应用达到高潮。西方插花艺术在16世纪、17世纪欧洲广为流传，19世纪达到辉煌；东方式插花起源于中国，已有4000余年的历史，在唐宋时期达到繁盛，形成了宫廷插花、文人插花、寺庙插花及平民生活插花四大类型。中国插花于唐代传入日本，后经发展形成了日本插花风格和流派。压花艺术源于欧洲，在英国有300多年历史，是上流社会至民间各阶层人士的休闲活动之一。

中国的花卉装饰艺术源远流长，从新石器时代陶器、河姆渡文化和大汶口文化遗址中出土的文物已初现艺术端倪；后从各个历史朝代的书籍中可见花卉装饰艺术的发展历程。其中，明代袁宏道《瓶史》是中国最早的插花专著。自中华人民共和国成立尤其是改革开放以来，国民经济快速发展，花卉装饰应用普遍，适合人居标准的花卉应用受到重视。

武汉东湖樱花园

分类　花卉装饰依其应用场所及功能，有不同的分类方法：①根据室内外空间，可分为室内花卉装饰和室外花卉装饰。②根据花卉装饰对象，可分为环境花卉装饰和人体花卉装饰。③根据花卉装饰用途及作用，可分为商业花卉装饰、生活花卉装饰、园林花卉装饰。

花卉装饰依其应用形式，可划分为：①切花装饰，利用切花花材进行造型，达到艺术创作或装饰效果。②盆花装饰，凡叶、花、果实、茎干具有观赏的植物，都可以以盆栽形式进行种植，用于装饰环境或空间。③水培花卉装饰，即利用水及营养液栽培的花卉。上面花香满室，下面鱼儿畅游，卫生、环保、省事，所以水培花卉又被称为“懒人花卉”。④压花装饰，是将自然界中的植物材料经保色、压制和脱水干燥处理后按花的形态、质感、韵律等特点，借鉴传统与现代的绘画与花艺设计技巧，在某种介质（如纸张、木板、布料、玻璃等）上粘贴，构成一幅幅生动活泼的压花艺术作品。

特点　花卉装饰应用具有以下四个特点：①具有生命力，能生长，有季节性变化，可以随着季节和岁月的变化而改变其颜色、形状、质地等，从而更好地发挥作用。②花卉装饰应用自由度大，可以根据个人需要和喜好随时调整绿化和美化方案，使花卉装饰更加符合使用者的需求，从而适应使用者的情绪，最终使花卉装饰的作用和价值得以充分彰显出来。③装饰范围广，可以充分利用各种空间，进而得以最大化应用。花卉装饰中包括立体装饰，立体装饰在很大程度上提高空间利用率，可以把花卉装饰摆放在楼梯口、阳台上等地方，从而使绿化效果达到甚至超越预期的效果。④花卉种类繁多，观赏特点各异，在装饰应用时可选择的余地较大。使用者可以根据自己的喜好和情感需求，选择合适的花卉进行装饰，满足使用者的精神需求，提高花卉的生态价值和社会效益。

（王　雁）

花境　flower border　园林中以多年生花卉为主呈斑块混交的一种半自然式带状种植形式。花境以表现园林花卉个体所特有的自然美以及花丛自然交错组合的群体美为主题。不同花卉种类的花丛平面上斑块混交，立面上高低错落。花境常以多年生花卉为主，一次设计种植，可多年观赏，四季有景。花境不但具有极佳的景观效果，还具有分隔空间和组织游览线路等功能。

设计形式 花境依设计形式分为：①单面观赏花境。多临近道路设置，并常以建筑物、矮墙、树丛、绿篱等为背景，前面为低矮的边缘植物，整体上前低后高，仅供一面观赏。②双面观赏花境。多设置在道路、广场和草地的中央，植物种植总体上以中间高两侧低为原则，可供两面观赏，没有背景。③对应式花境。在园路轴线的两侧、广场、草坪或建筑周围设置的呈左右二列式相对应的两个花境。在设计上统一考虑，作为一组景观，多用拟对称手法，力求富有韵律变化之美。

花卉色调 花境依花卉主色调分为：①单色花境。由单一色系，但饱和度、明暗度不同的花卉组成的花境。②双色花境。采用两种对比色或相近色花卉构成的花境。③混色花境。由多种颜色的花卉混合组成，具有丰富色彩效果的花境。

植物材料 花境依所用植物材料分为：①灌木花境。花境内所用的观赏植物材料以观花、观叶或观果且体量较小的灌木为主。②宿根花卉花境。花境选用的植物材料以可露地过冬、适应性较强的宿根花卉为主，如鸢尾、芍药、萱草、玉簪、耧斗菜、荷包牡丹等。也可少量搭配部分一、二年生草花与观赏草等。③球根花卉花境。花境内主要栽植球根花卉，如百合、石蒜、大丽菊、水仙、郁金香、唐菖蒲等。也可少量搭配部分一、二年生草花与观赏草等。④专类植物花境。为表现某类植物丰富的花色、叶色等观赏特征，由一类植物不同种/品种布置而成的专类花卉花境。如由叶形、色彩及株型等不同的蕨类植物组成的蕨类花境，由不同颜色和品种的芍药组成的芍药花境，由鸢尾属的不同种类和品种组成的鸢尾花境，由芳香植物组成的芳香花境等。⑤混合花境。以各类耐寒性较强的多年生花卉为主，配以小型灌木而形成的花境，此类花境能够兼顾较长的观赏期与季相景观。

花境因所用植物材料不同而有多种类型，但通常花境宜选择适应性强、耐寒、耐旱、当地自然条件下生长强健且栽培管理简单的多年生花卉为主。根据花境的具体位置，花境植物的选择要考虑花卉对光照、土壤及水分等的适应性。例如，花境中可能会因为背景或上层乔木造成局部半阴的环境，这些位置宜选用耐阴植物，如落新妇、八仙花、酢浆草、玉簪等。

具有很强的观赏性是花境的重要特征。因此，花境一般应选开花期长、株高、株型、花序形态多样、花叶兼美或花谢后叶丛美丽的花卉材料，从而使整个花境的花卉在生长期次第开放，形成色彩丰富、质地有异、观赏期具有连续性和季相变化的优美景观。不仅如此，花境植物在进行种类组合时应考虑立面与平面构图相结合。鼠尾草、羽扇豆与观赏草等纵长花序或竖向线条的植物材料能够丰富竖向轮廓线，与水平方向的花卉交错搭配可形成高低错落有致，富有灵动变化的景观效果。

（董 丽 范舒欣）

花篮 flower basket 本意为盛放花卉的篮子，在花卉装饰中特指以篮子为容器制作的插花。花篮是社交、礼仪场合最常用的花卉装饰形式之一，用于开业、致庆、迎宾、会议、生日、婚礼及丧葬等场合。花篮造型多样，主要有月牙形、三角形、扇形、圆锥形、椭圆形、半圆形和倒T形等。可以划分为礼仪类、艺术类、迎宾类、庆典类和生日类五种类型花篮。

礼仪类花篮 多采用规则造型，具有端庄大方、风韵高雅、瑰丽多彩、五彩缤纷的特点，使人欣赏后有韵律感觉，可单面观赏，也可四面观赏。主要用于重大节日、会见宴请、大型会议庆贺、英雄伟人业绩纪念、文艺演出、部队凯旋、开业庆贺、婴儿满月、升学喜庆等多种场合。

艺术类花篮 制作时要根据功能、场合、受礼者的爱好，来确定花材、花色、造型和体量。为了显示花篮的独特性，也可以在花篮内铺上包装纸，用丝带捆系、打结等进行装饰。

迎宾类花篮 展示主方友好、热情好客，具有端庄大方等特点，在花材选择及花色等方面需尊重客方习俗，在造型、体量上要适合迎宾场所的特点，配合活动主题，烘托迎宾气氛。

生日类花篮 多为小型桌饰花篮。造型及花材的选用应有一定的针对性，主要应根据过生日者的性别、年龄、喜好、要求等确定。

庆典类花篮 一般体量较大，常用规格为1.5～2.5米落地式大花篮。构图多采用对称的扇面形或等腰三角形。上层篮花要求端庄大方，下层腰花的构图可稍微活泼一点。这类花篮体量高大，花材数多，插作时应特别注意重心的稳定，并加固篮把和花泥。

（王 雁）

花圃 flower nursery 生产优良草本花卉的基地。花圃从事花卉的引种、繁殖、培育、生产和销售幼苗、盆花、切花、种子、球根等，以及保存花卉种质资源等工作，有时也附带制作盆景、桩景和开放展览。中国的花圃可分为服务于科研、教育及陈列、展览用的事业性花圃和以生产各类花卉供应市场需要为目的的企业性花圃两大类。如山东菏泽的牡丹花圃、芍药花圃和福建漳州的水仙花圃，均属于大田式的企业性生产花圃。花圃的栽培内容可因服务、经营目的的不同而有所偏重。

花圃选址应以地势平坦开阔、背风向阳、土质疏松、富含有机质、排灌系统良好、水质软、四周病虫危害较少，并有必要的电力、交通和物资供应条件的城市近郊为宜。花圃内根据各种花卉不同的生长要求，因地制宜地划分不同种植区，并配备有温室、温床、繁殖床、雾室、冷床、冷窖、阴棚、种子与球根贮藏室、组织培养室等设施。现代化的大宗花卉生产采用大面积温室育苗的方式，利用自动控制设备调节室内的温度、光照、水分、湿度，以及进行施肥、防治病虫等，并利用工厂化育苗、组织培养、容器育苗等方法打破季节性限制，进行批量生产。花圃在园林绿化、科研教育、苗木生产中有非常突出的地位和作用，推动城市园林绿化事业的进一步发展。

（吕英民）

花期调控 flowering control 在进行花卉栽培的过程中，人为采用适当方法调控花卉开花时间的技术。又称催延花期。花期调控对花卉生产起到重要的调节平衡作用，可以保证花卉周年供应，丰富不同季节的植物景观和特殊季节需求。

花芽分化是植物从营养生长向生殖生长转变的标志，如要进行花期调控就要对成花过程进行控制。生产过程中，一方面可以通过对开花机制的了解，改变外部影响因素来控制开花时间；另一方面，可以通过干预植物休眠来控制生长节律，从而达到调节花期的效果。

常用的花期调控手段主要包括对温度、光周期、生长调节物质等的调控，或采取繁殖栽培修剪技术进行调控。

控制温度 温度对植物打破休眠、生长、花芽分化和发育都起到关键的作用。通过升高温度可以促进开花，将花期提前以供市场所需，如牡丹可以通过此方法提前至春节开花。许多球根花卉需要经过一段时间低温处理才能开花，一些草本花卉也需要经过低温春化才能在高温环境中开放。另外，还可利用高海拔地区的低温环境为植物生产提供适宜的低温条件，降低能耗，提高产品品质和市场竞争力。

调控光周期 植物按照成花对光周期的反应可以分为三类：短日照植物、长日照植物、日中性植物。这种分类和植物的地理起源关系密切，短日照植物多起源于低纬度地区，长日照植物多起源于高纬度地区。利用光周期进行花期调节是生产中的常用手段，包括：①短日照处理。在日落前用黑布或黑薄膜遮光，第二天日出后一段时间再去除遮光，其间要注意控制温度。若温度过高，花卉品质下降，则需要注意短日照处理时间。②长日照处理。一般利用人工辅助照明在日落或日出前补光，一般延长5～6小时。③暗期中断法。在半夜用辅助灯照射1～2小时。

改变播种期　一般针对一二年生植物。在了解植物生长、开花周期的前提下，通过调节播种期来调控花期。一些花卉如一串红、天竺葵等可在花后修剪、摘心，加强管理，不仅可以控制花期，还能适当调整株型，使花量增多，株型丰满。

使用生长调节物质　生长调节物质是植物体内一些调控植物生长发育的物质，根据来源分为植物激素和生长调节物质。在使用生长调节物质的时候要注意使用的浓度、时间、施用部位和方法。另外，不同的生长调节物质混合使用，可以起到不同的调控效果，如赤霉素可以打破休眠，而乙烯可以催熟促进开花。

在生产过程中，可以综合使用多种手段对花期进行管理和调控。在大规模使用之前，需要进行适当的预实验，以制定最佳方案。（潘会堂）

花束　bouquet　将花材经过艺术构思整修、插制后用包装纸、丝带花绑扎成束，具有一定造型且呈束把状的**插花**形式。花束插制简便、快速，携带方便。广泛应用于迎送宾客、婚礼、庆典、宴会、表彰、颁奖等各种社交活动及生日祝贺、探亲访友等日常生活中。根据观赏面的不同，花束可分为单面观花束和多面观花束。根据用途不同，花束可分为普通礼仪花束和新娘捧花等。

图1　单面观花束

单面观花束　花型有三角形、扇形等，适用于迎接亲朋好友、演出及舞台献花等，也可作为丧葬及扫墓用花。花材可选用唐菖蒲、玫瑰、非洲菊、百合等线条花材和团状花材。叶材可以选用鱼尾葵、散尾葵等。一般使用交叉法来制作花束：选一枝挺直、较长的花枝，从花头往下量取45厘米左右定为花束交叉点，将花枝平铺于桌上。左右两侧各降低相应高度分别加入一枝花，一枝放在第一枝的交叉点之上，一枝放在交叉点之下。依此步骤继续加入花材加大花束，直至所需大小。花束完成后，将交叉点绑紧，交叉点以下部分以10～15厘米为宜。

多面观花束　应用范围较单面观花束广，礼仪花束和新娘捧花多为多面观花束。

礼仪花束　主要用于迎来送往和庆贺活动中。其主要造型有扇面形、三角形、圆锥形、半球形及自由式图形等。花材应选择品质优良、无刺激性、无污染，并且花期持久的种类。色彩以鲜艳明快为宜。插作时应避免使各花枝排成扁片或集聚成团，前者呆板，后者杂乱。常用螺旋法来制作花束：主要选用团状花材和配材搭配组合，如月季、康乃馨、非洲菊、百合、满天星、情人草等。将第一枝花材与第二枝花材交错，左手在下，右手在上，花朵高度一致，花朵至交点长度为30～45厘米。第三枝与前两枝呈螺旋形交错，从第二枝左侧加入，三朵花呈三角形排列，高度一致。按照第三枝花的加入方法，在左侧每两枝的中心依此将剩余花材呈螺旋形加入，最后几枝用于调整主花框架。整个花束由左手虎口固定，大拇指及食指主要控制加花。配材与花枝对应，按照主花材方式相应加入配材。花束完成后，用扎花绳在花束交点处绑紧，交叉点以下部分以10～15厘米为宜。

新娘捧花　是指专门用于婚庆时新娘手捧的花束，常见的新娘捧花主要有圆形捧花、瀑布形捧花、束状捧花、新月形捧花。具体在选用时应根据新娘的整体形象，如体形、脸型、服饰、个性和气质及个人喜好等来决定。通常，身材娇小的新娘宜选用圆形捧花；修长高挑的新娘可选用新月形捧花，可增添优雅、庄重的风采；矮小丰满的新娘可选用瀑布形捧花，可弥补体形的不足。捧花在色彩的选用上，欧美人多喜用白色或其他淡雅色调，以代表纯洁高雅。而中国人多喜欢用艳丽明快的色泽，以烘托喜庆热烈的气氛。新娘捧花一般由花束、背饰和握把三部分组成：花束是捧花的主要部分，由鲜花组成各种形式；背饰是在花束的背后，可防止礼服被枝叶弄脏，同时对花束也有辅助的装饰作用；握把是所有花茎（铁丝）的集中点，也是手持的部位，包扎时务必将所有铁丝裹好，不允许外露，以防扎手。

图2　新娘捧花

（王　雁）

花坛　flower bed　按照一定设计意图，在一定形体范围内通过不同**花卉**品种组合集中展示花卉群体华丽色彩美的布置方式。花坛是园林中最主要的花卉应用方式之一。一般是在具有几何形轮廓的种植床内种植各种不同色彩的花卉，运用花卉的群体效果来体现图案纹样或观赏盛花时的绚丽景观。

特点　花坛具有以下特点：①因其具有几何形的栽植床，属于规则式种植设计。②主要表现花卉群体组成的图案纹样或华丽色彩，不表现花卉个体的形态美。③主体材料多为时令性花卉，随季节更换，以保证最佳的景观效果。气候温暖的地区也可选择终年具有观赏价值且生长缓慢、耐修剪、可组成美丽图案纹样的多年生花卉及木本植物应用于花坛。④花坛规模可大可小，而且不仅限于平面种植床，可在斜面及垂直面布置，形成三维立体花坛。

功能　花坛具有以下功能：①美化环境、烘托渲染节日气氛，弥补园林中季节性景色欠佳的缺憾，丰富城市空间色彩。②通过与特定构筑物结合文字、图形、形象等起到标志和宣传的作用。③划分和装饰地面、分隔空间，起到生物屏障的作用。④通过布置在交通岛、分车带等地，组织

大象造型的立体花坛

和区分路面交通，增加人行、车行的美感和安全感。

分类　依据表现主题不同可分为：①花丛式花坛（盛花花坛）。主要表现和欣赏观花草本植物花朵盛开时花卉本身群体的绚丽色彩，以及不同花色种或品种组合搭配所表现出的华丽图案和优美外貌。②模纹式花坛。主要表现和欣赏由观叶或花叶兼美的植物所组成的精致复杂的平面图案纹样。植物本身的个体美和群体美都居于次要地位，而由植物所组成的装饰纹样或空间造型是模纹式花坛的主要表现内容。③标题式花坛。用观花或观叶植物组成具有明确主题思想的图案，按其表达的主题内容可分为文字花坛、肖像花坛、象征性图案花坛等。④装饰物花坛。以观花、观叶或不同种类配植成具有一定实用目的的装饰物的花坛，如做成日历、日晷、时钟等形式的花坛。⑤立体造型花坛。以枝叶细密的植物材料种植于具有一定结构的立体造型骨架上而形成的一种花卉立体装饰。⑥混合式花坛。不同类型的花坛，如花丛花坛与模纹花坛结合、平面花坛与立体造型花坛结合，以及花坛与水景、雕塑等结合而形成的综合花坛景观。⑦造景式花坛。运用园林营造山水、建筑等手法，将以上几种形式的花坛相结合，布置出模拟自然山水或人文景点的花卉景观。

依据布局方式不同可分为：①独立花坛。作为局部构图中的一个主体而存在的花坛，可以是花丛式花坛、模纹式花坛、标题式花坛或者是装饰物花坛。独立花坛通常布置在建筑广场的中央、街道或道路的交叉口、公园的进出口广场、建筑正前方、由花架或树墙组成的绿化空间中央等处。②花坛群。当多个花坛组成不可分割的构图整体时，成为花坛群。花坛之间为铺装场地或铺设草坪，排列组合是对称的或规则的。③连续花坛群。许多个独立花坛或带状花坛，在线性空间连续排列，组成一个有节奏规律的不可分割的构图整体时，称为连续花坛群。

依据空间形式可分为：①平面花坛。花坛表面与地面平行，主要观赏平面效果。②斜面花坛。花坛设置在斜坡或阶地。③高设花坛（花台）。将花坛的种植床抬高的花坛。④立体花坛。表现三维立体造型的花坛。

依据花卉的栽植方式可分为地栽花卉花坛、盆栽花卉花坛和移动式花坛（花钵）。

（董　丽　李晓鹏）

花文化　the culture of flower　人类在认识和栽培花卉过程中，在欣赏其形态外在美的同时，逐渐发现不同花卉自然美之外的特质和特征，把人类情感融入花卉中并人格化，给花卉赋予人类心灵感受而形成的文化。人类对花卉的心灵感受融入了一个国家或民族的历史、地理、风土人情、传统习俗、生活方式、文学艺术、行为规范、思维方式、价值观念等，花文化是人类在应用花卉相互交流时普遍认可的一种能够传承的意识形态，是对花卉认知的升华。花文化来源于人类对花卉的认识实践，反过来花文化又会影响人类对花卉的实践。

具体表现　**国花**、**国树**、**市花**和市树是花文化的具体表现。不同国家或地区会选用蕴含了这个国家或地区的历史和文化底蕴、象征国家或地区的民族精神、能增强国家或地区的民族凝聚力的当地著名的花卉作为国花、国树。

文化内涵　花卉除了有俏丽的姿容，让人赏心悦目，以及具有绿化美化居室、净化空气的功效外，在很大程度上还因为其具有一定的文化内涵，花能够丰富人们的想象空间，使人与人之间的交流更加含蓄、有品位。礼仪用花的选择也是花文化的体现，而且助推花卉产业。赠花是一门艺术，不同国家、不同民族在不同场合会选择不同的花卉；即使是同一种花卉，其不同的花色也表达不同的情感。例如，母亲节赠送香石竹，情人间赠送月季（玫瑰），西方婚礼上用白色的花象征纯洁而中国婚礼上用红色的花象征喜庆。礼佛用花也有特别的要求，花代表福因，即“花开结子”。鲜花礼佛必须花色好且清香，例如荷花、睡莲、百合和兰花等。大众对礼仪用花的认识促进了花卉的消费，从而带动花卉产业的发展。

寓意深远　中国有花文化历史悠久，在公元前1000年前的甲骨文中早有记载，在各地各时期积淀了丰厚的花卉文化内涵，其寓意深远。人格化的花卉也集中体现了花文化，例如“岁寒三友”松、竹、梅，“四君子”梅、兰、竹、菊，“零落成泥碾作尘，只有香如故”的梅花，“出淤泥而不染”的荷花，“国色天香”的牡丹等。这些心灵感受通过诗词歌赋、绘画音乐、宗教礼仪，以及人类社会不同交往场合摆放或赠送的、赋予了不同精神符号的花卉来表达。

（吕　彤）

花药培养　anther culture　采用植物组织培养技术，将发育到一定阶段的花药通过无菌操作技术接种在人工培养基上，诱导其分化形成愈伤组织或胚状体，进而发育成完整植株的技术。花药培养属于器官培养的范畴，**花粉培养**属于细胞培养的范畴。花药培养步骤为：①外植体选择。选择合适的花粉发育时期是提高花药培养成功率的重要因素，对大多数植物来说，花粉发育的适宜时期是单核靠边期。②预处理。选取花粉发育处于单核靠边期的花蕾，进行低温、低剂量辐射、化学试剂（如乙烯利）处理等预处理。③表面消毒。常用70%酒精棉球擦拭或浸润花蕾外表、0.1%升汞浸泡3～5分钟、漂白粉溶液浸泡5～10分钟，最后用无菌水冲洗材料3～5次备用。④培养基的制备。基本培养基的选择因植物种类和品种而异。在基本培养基中，添加无机盐、生长调节剂（细胞分裂素、生长素）、碳源（蔗糖、麦芽糖）、附加物（如水解乳蛋白、水解酪蛋白、椰子汁、酵母提取液、活性炭、硝酸银）等。⑤接种培养。在超净工作台上用解剖针或镊子剥取花药接种于接种培养基上。接种密度宜高，以促进“集体效应”的发挥。通常接种后的花药放在暗处培养。⑥分化培养。将接种后获得的愈伤组织转移到分化培养基上，进行分化培养或将胚状体进行直接培养。培养条件一般为温度21～28℃，光照强度2000～10 000勒克斯，光照时间12～18小时/天。⑦倍性检测。获得的植株可能来自二倍性的花药壁、药隔或单倍性的花粉，根据形态学特点对其进行初步筛选后，再利用流式细胞术或染色体计数法对获得植株的倍性进行检测，筛选出单倍体花粉植株。

花药培养技术广泛应用于柑橘、苹果、枣、葡萄、荔枝、草莓、龙眼等果树上。

（刘　平）

花椰菜　cauliflower; *Brassica oleracea* var. *botrytis*　十字花科芸薹属甘蓝种一、二年生草本植物。又称花菜、菜花。以花球供食用。花椰菜由野生甘蓝演化而来，演化中心在地中海东部沿岸。20世纪初引进中国。

形态特征　高60～90厘米，被粉霜。茎直立，粗壮，有分枝。基生叶及下部叶长圆形至椭圆形，长2～4厘米，灰绿色，顶端圆形，开展，不卷心，全缘或具细牙齿，有时叶片下延，具数个小裂片，并成翅状；叶柄长2～3厘米；茎中上部叶较小且无柄，长圆形至披针形，抱茎。茎顶端有1个由总花梗、花梗和未发育的花芽密集成的乳白色肉质头状体；总状花序顶生及腋生；花淡黄色，后变白色。长角果圆柱形，长3～4厘米，有1中脉，喙下部粗上部细，长10～12毫米。种子宽椭圆形，长近2毫米，棕色。花期4月，果

图1 花椰菜

图2 花椰菜的花

图3 花椰菜的肉质头状体

期5月。

栽培 按照品种特性掌握播种期。一般早熟种6月下旬至7月初播种，中熟种7月上旬至7月下旬播种，晚熟种7月下旬至8月下旬播种，春花菜于11月播种。选近水源、排水良好、前作未种过十字花科蔬菜、疏松肥沃、病虫少的地块作苗床。浸种40分钟左右，置阴凉处催芽露白后播种。用遮阳网等材料搭设凉棚，遮阴避雨，1片真叶后逐步增加光照。幼苗3～4片真叶时假植，行株距10厘米×10厘米。做深沟高畦窄畦，一般畦宽1米左右，畦高30厘米。幼苗6～7片真叶时定植。定植密度为早熟种亩栽3000株，中熟种亩栽2500株，晚熟种亩栽2000株。

花椰菜既不耐涝，又不耐旱，要求土壤湿度70%～80%，空气相对湿度80%～90%最宜。苗期和花球形成期都要求充足的氮肥，氮肥不足则植株生长衰弱，容易发生早花、小花。此外，还要有一定量的磷钾肥和必要的钙硼等微量元素。施足基肥是花椰菜高产的重要环节，一般亩施腐熟有机肥2000千克，过磷酸钙30千克。早熟品种生长期短，对土壤营养的吸收比中晚熟品种少，但生长迅速，对营养要求迫切，所以早熟品种的基肥应以速效氮肥为主。在土壤硼含量缺乏的地区，基肥中亩施硼肥1千克。花椰菜追肥应以速效氮肥为主，配合磷钾肥，促进花球膨大。一般整个生长过程须追肥4次。保护地花菜的养分吸收强度与露地相比，在初花期至采收期明显较高，应特别注意生长后期追肥，以免脱肥而降低产量。

花椰菜主要虫害有小菜蛾、菜青虫、蚜虫、地老虎，可选用杀虫素、乐果、敌杀死、抑太保、乐斯本等药剂防治。主要病害有黑腐病、黑斑病、霜霉病，黑腐病可选用农用链霉素200毫克/升或抗菌剂500～1000倍液进行防治，黑斑病、霜霉病可用80%代森锌800倍液或70%甲基托布津1000倍液或75%百菌清600～800倍液或25%甲霜灵1000倍液等药剂防治。

用途 花椰菜营养丰富，含有蛋白质、脂肪、磷、铁、胡萝卜素、维生素B_1、维生素B_2、维生素C、维生素A等，尤以维生素C含量丰富（每100克含88毫克），仅次于辣椒，是**蔬菜**中含量较高的一种。其质地细嫩，味甘鲜美，容易消化。

（王德槟 郭仰东）

图4 花椰菜露地栽培

华南茶区 tea area in south China 中国南部茶叶生产区域。该区位于欧亚大陆东南缘，是中国最南部的茶区，包括福建省、广东省中南部、广西壮族自治区南部、云南省南部、海南省及台湾地区。

华南茶区属于热带、南亚热带季风气候。高温多雨，水热资源丰富。年均气温在18～24℃，平均气温22℃以上的夏季可达半年以上，1月份平均气温多高于10℃，大部分地区最低气温不低于-3℃，全区大于10℃的活动积温在6000～8000℃，无霜期300天以上，很多地方无霜、无雪、无冰冻。年降水量1500～2600毫米，南部多于北部，夏季占全年降水量的70%～80%，春季常有干旱发生，空气相对湿度大于80%。与其他茶区相比，本区春夏秋冬四季不太分明，但有明显的雨季和旱季之分。土壤主要为砖红壤和赤红壤，部分为黄壤和山地灰化土，土壤深厚，有机质较丰富。植被以热带阔叶雨林和常绿阔叶林为主。

该区茶树品种资源非常丰富，大山区内存在野生乔木型大茶树，与其他常绿阔叶树种混生。栽培品种主要为乔木型大叶种，小乔木和灌木型中小叶种也有分布。主栽品种有乐昌白毛茶、凤凰水仙、凌云白毫茶、毛蟹、梅占、**铁观音**、黄棪、大叶乌龙、金观音、**福鼎大白茶**、福云6号和早逢春等。生产的茶类也极为丰富，有**红茶**、**普洱茶**、**六堡茶**、**青茶**（乌龙茶）、**绿茶**和**白茶**等。由于品种和生态条件适宜，特别适合发展普洱茶、红茶、乌龙茶和白茶，如生产的大叶种红碎茶具有浓、强、鲜的品质特点；生产的普洱茶滋味浓醇，有回甘。名茶有铁观音、**凤凰单丛茶**、**冻顶乌龙茶**、凌云白毫、南糯白毫等，在国内外享有盛誉。由于温暖湿润，茶树生育期长，部分地区几乎没有休眠期，全年可生长。在自然生长状态下，**茶树新梢**一年可伸长140～160厘米，展叶35～40片，生长4～5轮侧枝。因此，对于幼龄茶树可采用分段修剪，迅速培养丰产树冠。但本区暴雨、台风多，易引起水土侵蚀，生产上应特别重视水土保持；云南和广西南部及海南等区阳光强烈，茶园内宜适当种植遮阴树，加强茶园生态建设。

（韩文炎）

华盛顿葵 California fan palm; *Washingtonia filifera* 棕榈科丝葵属植物。又称老人葵、裙棕、丝葵。华盛顿葵原产于美国加利福尼亚州和亚利桑那州。中国北至山东、南至海南岛均有栽培，是一种极受欢迎的园林绿化树种。因其叶片边缘有许多白色丝状纤维，似老翁白发；干枯的叶子下垂，覆盖于茎干上，又似裙子，所以常被称为老人葵或裙棕。

茎单生，高可达18～20米，径粗可达1米，基部稍膨大，茎上覆盖有粗毛，茎表面有纵裂纹或皱纹。掌状叶，径1.8米以上，枯叶下垂盖于茎干上。幼叶剑状，成长后稍下弯，边缘、顶部有许多长的丝状物。叶柄边缘有扁的棕红色锯齿，齿的基部常延长，齿与齿之间连接。雌雄同株。花序腋生，长2.5～3.5米。果椭圆形，长0.6～1厘米，成熟时为黑色。种子卵形稍扁，长0.5～0.9厘米，褐色。性喜温暖、湿润、光照充足的环境，生长适温为20～28℃，对土壤要求不高，较耐寒、耐旱，抗风，不耐水浸，成年植株能耐－8℃的低温。常见病害有疫霉病、心腐病、枯萎病，虫害有象甲、椰心叶甲、白蚁。

图1 华盛顿葵

图2 华盛顿葵叶边缘的白色丝状物

图3 华盛顿葵叶柄边缘棕红色的刺

华盛顿葵树冠优美，树干粗壮，四季常青，是热带、亚热带地区重要绿化树种。宜栽于海滩，也宜孤植于庭院、列植于大型建筑物前及道路两旁。中国引种栽培作**行道树**和**园景树**。

（刘 勐）

槐 Japanese pagoda tree; *Sophora japonica* 豆科槐属乔木。槐原产于中国，南北各省区均有广泛栽培，华北和黄土高原地区尤为多见。

高可达25米。树皮灰褐色，具纵裂纹。当年生枝绿色，无毛。羽状复叶长达25厘米。叶柄基部膨大，包裹着芽。托叶形

图1 槐树

图2 槐的花

图3 槐的荚果

图4 槐的种子

状多变，有时呈卵形，叶状有时线形或钻状，早落。小叶1～7枚，对生或近互生，纸质，卵状披针形或卵状长圆形，长2.5～6厘米，先端渐尖，具小尖头，基部宽楔形或近圆形，稍偏斜，叶背灰白色，幼时被疏短柔毛。圆锥花序顶生，常呈金字塔状。花梗比花萼短，小苞片2枚，形似小托叶。花萼浅钟状，萼齿5，近等大，圆形或钝三角形，被灰白色短柔毛，萼管近无毛。花冠白色或淡黄色，具短柄，有紫色脉纹，先端微缺，基部浅心形。雄蕊近分离，宿存。子房近无毛。荚果串珠状，肉质，长2～8厘米，成熟后不开裂，也不脱落。种子卵球状，淡黄绿色，干后黑褐色。花期7～8月，果期8～10月。

喜光，略耐阴。喜干冷气候和深厚、排水良好的砂质壤土，在石灰性、酸性及轻盐碱土上均可正常生长。在干燥、贫瘠的山地及洼积水处生长不良。多用播种法繁殖。

树冠优美，花芳香，是行道树和优良的蜜源植物。因其耐烟毒能力强，是厂矿区良好的绿化树种。花和荚果入药，有清凉收敛、止血降压作用。叶和根皮有清热解毒作用，可治疗疮毒。木材坚韧、耐水湿、富弹性，可供建筑、家具、农具用。

（于晓南）

黄茶 yellow tea 属轻发酵茶类。六大茶类之一，为中国所特有。按照鲜叶原料大小和老嫩程度不同，黄茶可分为黄芽茶、黄小茶和黄大茶等三类。其中，黄芽茶主要包括君山银针茶、**蒙顶黄芽茶**、**霍山黄芽茶**、平阳黄汤茶等，黄小茶包括沩山毛尖茶、**温州黄汤茶**、雅安黄茶等，黄大茶包括霍山黄大茶、广东大叶青等。

黄茶的加工工艺近似绿茶，制作过程包括鲜叶采摘→摊青→杀青→揉捻→闷黄→干燥。黄茶的摊青、杀青、揉捻、干燥等工序均与绿茶制法相似，工艺核心在于闷黄，闷黄环节是形成其特色风味的关键。闷黄工艺原理在于利用湿热作用促使多酚类化合物产生非酶氧化，同时促进叶中其他内含物的转化。闷黄主要做法，

是将揉捻后或杀青后的在制品（如有团块，需先进行解块处理）用牛皮纸包好，放入铁质或木质箱内；也可堆积于竹筐或木质箱内，以湿布盖之，待其自然氧化。闷黄时间由几十分钟到几个小时不等，直至制品呈现色泽金黄，香气浓郁为宜。黄茶成品外形条形紧实，芽身金黄，色泽润亮；黄汤黄叶，香气清高，滋味爽甜醇厚；叶底嫩黄匀亮。 （袁海波）

黄茶初制 yellow tea primary processing 鲜叶经杀青、揉捻、闷黄和干燥等工序制成黄茶毛茶的过程。又称黄茶初加工。

加工类型 黄茶属于轻发酵茶，闷黄是黄茶品质形成的关键工序。分为湿坯闷黄（杀青后或揉捻后堆积，以君山银针茶为代表）和干坯闷黄（毛火后堆积，以霍山黄大茶为代表）两种。①湿坯闷黄主要工序是杀青、初烘、初包（闷黄）、复烘、复包（闷黄）、干燥、分级。②干坯闷黄主要工序是杀青、揉捻、初烘、堆积（闷黄）、烘焙。

工艺流程 不同黄茶的初制工艺流程如下：①黄芽茶（君山银针）。杀青→初烘→初包（闷黄）→复烘→复包（闷黄）→干燥→分级。②黄小茶（温州黄汤茶）。杀青→揉捻→闷堆→初烘→闷烘。③黄大茶（霍山黄大茶）。杀青→揉捻→初烘→堆积（闷黄）→烘焙。

（林 智）

黄茶品饮 yellow tea savoring 一种黄茶饮茶方式。黄茶的制作工艺与绿茶相似，但需要在揉捻前或揉捻后，或初干前或初干后进行闷黄。因此就发酵程度而言，也属轻发酵茶类。黄茶按鲜叶的嫩度分类为黄芽茶、黄小茶和黄大茶。著名的黄茶有中国湖南的君山银针茶和沩山毛尖茶、四川的蒙顶黄芽茶、安徽的霍山黄芽茶和黄大茶、浙江的平阳黄汤茶、广东的大叶青等。黄茶的基本制法是杀青→揉捻→闷黄→干燥。闷黄时间短者约30分钟，长者达5～6小时，甚至堆闷5～7天。黄茶的品质特点是黄汤黄叶，这是制茶过程中闷堆渥黄的结果。

用盖碗冲泡黄茶的方法为：取3克茶，100毫升水，水温80℃左右。先温杯，再投入茶叶，注入少量开水润湿茶叶，第一泡1分20秒出汤，滋味醇和。由于茶叶已充分浸润，第二泡时间缩短为50秒。此时茶叶内含成分已溶解较多，第三泡时间须延长至1分钟，比第二泡时间略长。以此类推，第四泡1分40秒，第五泡2分20秒。 （周智修）

黄刺玫 Manchuria rose; *Rosa xanthina* 蔷薇科蔷薇属落叶丛生灌木。黄刺玫分布于中国东北、华北至西北地区。

高1～3米。枝条基部无针刺。小枝褐色无刺毛，有散生皮刺。羽状复叶，小叶广卵形至近圆形，少数为椭圆形，长0.8～1.5厘米，先端圆钝，基部宽楔形或近圆形，边缘有圆钝锯齿，上面无毛，幼嫩时背面有稀疏柔毛，随着叶片成熟柔毛会逐渐脱落。花单生于叶腋，直径3～5

图1 黄刺玫

图2 黄刺玫的枝

图3 黄刺玫的花

图4 黄刺玫的果实

厘米，重瓣或半重瓣，黄色，无苞片。萼筒、萼片外面无毛。萼片及花瓣均为5。萼片披针形，全缘，先端渐尖，内面有稀疏柔毛，边缘较密。花瓣黄色，宽倒卵形，先端微凹，基部宽楔形。花柱离生，被长柔毛，稍伸出萼筒口外部，比雄蕊短很多。瘦果近球形，着生于萼筒周边及基部，紫褐色或黑褐色，无毛，花后萼片反折。花期4～6月，果期7～8月。

性强健，喜光，耐寒，耐旱，耐瘠薄，少病虫害，有较强的生态适应性和抗逆性。宜于草坪、林缘、路边丛植，是城市绿化观赏、防风固沙的优良树种，也可作绿篱及基础种植。早春繁花满枝且花期较长，是北方地区早春重要的园林绿化观赏花灌木。 （于晓南）

黄瓜 cucumber; *Cucumis sativus* 葫芦科甜瓜属一年生蔓性草本植物。又称胡瓜。主要以果实供食用。黄瓜在汉代张骞出使西域时传入中国，经长期栽培，形成了华北生态型品种群；另由东南沿海传入的，形成了华南生态型品种群。它们又先后由

图1 黄瓜的茎

图2 黄瓜的叶和卷须

图3 黄瓜的花

图4 黄瓜的种子

图5 华南型黄瓜

图6 华北型黄瓜

图7 黄瓜温室吊蔓栽培

中国传入朝鲜半岛、日本等地。中国是黄瓜的次生起源中心。黄瓜已成为世界各地普遍栽培的重要蔬菜。

形态和类型 根系分布浅，再生能力较弱。茎蔓性，长可达3米以上，有分枝。叶掌状，大而薄，叶缘有细锯齿。花通常为单性，雌雄同株。雄花单生或簇生，一簇花可多至数十朵；雌花一般单生，子房下位，可单性结实。瓠果，长数厘米至70厘米以上。子房多为3心室。嫩果颜色由乳白至深绿，果面光滑或具白、褐或黑色的瘤刺。有的果实含葫芦素而味苦。种子扁平，长椭圆形，种皮浅黄色。千粒重32～40克。

根据黄瓜的分布区域及其生态学性状，可分为5种类型：①南亚型，分布于南亚各地。茎叶粗大，易分枝，果实大，单果重1～5千克，果短圆筒或长圆筒形，皮色浅，瘤稀，刺黑或白色。皮厚，味淡。喜湿热，严格要求短日照。②华南型，分布在中国长江以南及日本各地。茎叶较繁茂，耐湿、热，为短日性植物，果实较小，瘤稀，多黑刺。嫩果绿、绿白、黄白色，味淡；熟果黄褐色，有网纹。③华北型，分布于中国黄河流域以北及朝鲜、日本等地。植株生长势中等，喜土壤湿润、天气晴朗的自然条件，对日照长短的反应不敏感。嫩果棍棒状，绿色，瘤密，多白刺；熟果黄白色，无网纹。④欧美型，分布于欧洲及北美洲各地。茎叶繁茂，果实圆筒形，中等大小，瘤稀，白刺，味清淡，熟果浅黄或黄褐色，有东欧、北欧、北美等品种群。欧美温室黄瓜分布于英国、荷兰。茎叶繁茂，耐低温弱光，果面光滑，浅绿色，果实长。⑤小型黄瓜，分布于亚洲及欧美各地。植株较矮小，分枝性强。多花多果。

生长习性 黄瓜喜温暖，不耐寒冷。生育适温为10～32℃。一般白天25～32℃，夜间15～18℃生长最好。最适宜地温为20～25℃，最低为15℃左右。最适宜的昼夜温差为10～15℃。高温35℃光合作用不良，45℃出现高温障碍，低温－2～0℃冻死，如果是低温炼苗可承受3℃的低温。黄瓜对日照长短要求不严格，其光饱和点为5.5万勒克斯，光补偿点为1500勒克斯，多数品种在8～11小时的短日照条件下生长良好。黄瓜产量高，需水量大。适宜土壤湿度为60%～90%，幼苗期水分不宜过多，土壤湿度60%～70%，结果期必须供给充足的水分，土壤湿度80%～90%。适宜的空气相对湿度为60%～90%，空气相对湿度过大很容易发病，造成减产。黄瓜喜湿而不耐涝、喜肥而不耐肥，宜选择富含有机质的肥沃土壤。适于在pH5.5～7.2的土壤种植，但以pH6.5最宜。

栽培 黄瓜可四季栽培。多育苗移栽，支架栽培。生长期长，需肥量大，以基肥为主，在生长期间多次追肥。采收分次进行。嫩果一般在雌花开放后7～15天采收。每隔1～2天采收一次。主要病害有霜霉病、白粉病、枯萎病、疫病、角斑病和炭疽病。主要害虫有棉蚜、红蜘蛛、烟粉虱、黄守瓜和种蝇。

用途 嫩果多作蔬菜食用，可生食，也有老熟瓜炖肉汤用。果肉中每100克鲜重含维生素C约14毫克。所含蛋白酶有助于人体对蛋白质的消化吸收。果实可酸渍或酱渍。酱黄瓜是中国特有的传统佐餐佳品。（叶志彪）

黄果树毛峰茶 Huangguoshu Maofeng tea

主产于中国贵州省安顺市蚕种场及周边的条形烘炒绿茶。1991年研制而成，属卷曲形绿茶。以黄果树瀑布周围的地方中小叶群体品种和福鼎大白茶为主要品种，每年2月至清明前采用一芽一叶出展为原料制作，通过采摘→摊青→杀青→揉捻→搓团提毫→烘干等工艺流程制成。茶品品质分一至三级。成品茶条索纤细卷曲，毫显绿润；汤色明亮，栗香持久，滋味鲜醇；叶底嫩绿、鲜活。主销贵州、广东等省。（郑文佳）

黄花决明 scrambled egg bush; *Cassia glauca*

豆科决明属常绿大灌木。有时长成小乔木。又称粉叶决明、黄槐、山扁豆、金凤树、金药树、树槐、豆槐、黄花刺槐。黄花决明原产于印度。中国长江以南省份常见。

幼枝具有柔毛，后来逐渐脱落。羽状复叶长15～30厘米，其叶柄长3.5～6.5厘米，叶轴上面最下2对小叶间各有棍棒状的腺体1枚；复叶中一般具有4～6对长3.5～10厘米、宽2.5～4厘米的卵形或椭圆形小叶，5对小叶较为常见，小叶的背面粉白色，正面绿色。花似小蝴蝶，为蝶形花冠，很多小花形成总状花序生于枝条上部的叶腋内，花鲜黄色，开在树梢，花期主要集中在8～12月。小花花瓣2～2.5

图1 黄花决明

图2 黄花决明的茎

图3 黄花决明的叶

图4 黄花决明的花

厘米，雄蕊10枚，其中下面2枚花丝较长，全部可育。长15～20厘米，宽12～18毫米带形荚果扁平，成熟后会开裂，荚果顶端具有细长的喙，果柄长2.5～3厘米。一个果荚里具有长圆形至椭圆形的种子20～30粒，种子大小约7毫米×4毫米。

黄花决明耐瘠、耐旱，主要作为水土保持植物。（吴福川）

黄皮 wampee; *Clausena lansium* 芸香科柑橘亚科黄皮属小乔木。又称黄批、黄淡、黄弹、黄坛子、黄段子。古称王坛。是黄皮属的栽培种。黄皮为热带亚热带常绿果树，因果实成熟时果皮呈金黄色而得名。产于中国南部，在广东、广西、福建、海南、台湾、贵州南部、云南和四川金沙江河谷地区均有栽培。

栽培历史　黄皮起源于中国华南地区，栽培历史悠久。北魏（386～534）末年贾思勰所撰《齐民要术》中已有关于黄皮的记载，其为：“越王祭太乙，坛边有此果，无知其名，因见声处，遂名王坛……”此后，南宋的《岭外代答》，明、清时期的《岭南杂记》《南越笔记》《本草求原》等古籍均对其特征、习性、功效等有过描述。黄皮为小宗水果，过去仅在民间屋前房后零星种植。自20世纪80年代以来，随着郁南无核黄皮、选种大鸡心黄皮等一批优良品种的推广，广东、广西、福建和海南开始规模化商业栽培并成为中国黄皮四大主产区。截至21世纪20年代初，全国黄皮面积约30万亩，年产量约12万吨。

19世纪上中叶，黄皮已传至东南亚地区，常见于越南、柬埔寨、印度尼西亚、老挝、马来西亚、菲律宾、新加坡和泰国等国家。20世纪初，由香港和广州传至美国夏威夷、佛罗里达及中美洲的牙买加、巴拿马等地，但多数作为科学试验材料利用，民间极少见有栽种。

形态特征　根系好气，生长较浅，须根一般在20厘米土层分布。黄皮一年多次抽梢，在新梢生长过程中如遇不良天气或缺肥、缺水，则仅生长一片复叶即停止生长。下次新梢抽发时，先把不完整的复叶长完全，再抽发新的枝梢。黄皮的花芽为混合花芽，一般冬末进行花芽分化，初春抽生花穗。花穗为圆锥形，每花穗有小花几十至上千朵。黄皮自开花至果实成熟需70～120天，果实成熟期5～9月。黄皮种质资源丰富，中国栽种的黄皮品种（品系、株系）很多，按风味分为甜味类（早丰、从城甜黄皮）和甜酸味类（金鸡心、金丰、金球），按种子分为有核类和无核类（郁南无核黄皮）。

图1 黄皮的叶和花

图2 黄皮的果实

栽培技术　黄皮多采用嫁接繁殖，砧木多为本砧，采用切接。春分至立秋期间嫁接最为适宜。黄皮建园以缓坡地为佳，忌洼地积水。种植前要挖种植穴，施足基肥，种植密度为每亩植70株左右。定干约在70厘米为宜，留三四个主枝，摘顶促枝抽发，形成2.5米左右高树冠，便于树体管理。疏花疏果和套袋已成为黄皮生产的规范化技术，套袋主要防治橘小实蝇为害和减少裂果。

自然灾害　黄皮主要病虫为黄皮炭疽病、黄皮梢枯病、白蛾蜡蝉、蚜虫、黄皮叶潜蛾和橘小实蝇。黄皮较适合生长在温暖的气候条件下，要求种植地的年平均气温要在22℃以上，如果最低气温低于0℃，则会导致植株出现冻害，从而不能正常萌芽，严重影响黄皮果的产量和品质。沿海地区种植要注意土壤盐害及风害。

贮藏与加工　黄皮为典型的高呼吸代谢水果，采后品质劣变迅速，极不耐贮藏，但保鲜技术仍处于研究开发阶段，生产上仅沿用低温（冷库、冰袋）方式贮藏运输。加工方面虽有关于黄皮果脯、果酱、果冻、果汁饮料和果酒等产品的报道，但市场上常见的仅有黄皮果脯销售。

主要用途　黄皮为盛夏佳果，风味独特，营养丰富，且兼具重要的药用功效，深得消费者青睐。黄皮果营养价值高，富含蛋白质、碳水化合物、有机酸、氨基酸、维生素，以及生物碱类、挥发油类、黄酮类和酚类等多种生物活性功能成分。黄皮果、根、叶、种子、树皮等均可入药，中医常用于消食健胃、化痰止咳、行气止痛、利尿消肿、预防感冒等。关于黄皮具有抑肿瘤、抗人类免疫缺陷病毒（HIV）、预防老年痴呆等作用的报道亦尤为引人关注。黄皮树早结性强，嫁接苗定植2～3年投产，较稳产，投劳少，经济效益较好。

（魏玉凝　潘建平　陆育生）

黄秋葵 okra; *Abelmoschus esculentus* 锦葵科秋葵属一年生草本植物。又称咖啡黄葵。以嫩荚供食用。黄秋葵原产地为印度，广泛栽培于热带和亚热带地区。中国湖南、湖北、广东等省栽培面积也极广。有蔬菜王之称，有极高的经济用途和食用等价值。

形态特征　茎圆柱形，疏生散刺。叶掌状，裂片阔至狭，托叶线形，被疏硬毛。花单生于叶腋间，花梗疏被糙硬毛，小苞片钟形。花萼钟形，密被星状短绒毛。花黄色，内面基部紫色。蒴果筒状尖塔形，种子球形，具毛脉纹。花期5～9月。

生长习性　喜温暖、怕严寒，耐热力强。当气温13℃，地温15℃左右，种子即可发芽。种子发芽和生育期适温均为25～30℃。月均温低于17℃，即影响开花结果；夜温低于14℃，生长缓慢，植株矮小，叶片狭窄，开花少，落花多。26～28℃适温开花多，坐果率高，果实发育快。耐旱、耐湿，但不耐涝。发芽期土壤湿度过大，易诱发幼苗立枯病。结果期干旱，植株长势差，品质劣，应始终保持土壤湿润。黄秋葵对光照条件尤为敏感，要求光照时间长，光照充足。应选择向阳地块，加强通风透气，注意合理密植，以免互相遮阴，影响通风透光。

用途　营养丰富，幼果中含有大量黏滑汁液，具有特殊的香味，口感爽滑。其汁液中混有果胶、牛乳聚糖及阿拉聚糖等。果胶为可溶性纤维，经常食用有健胃肠、滋补阴阳之功效。据测定，每百克嫩果中含蛋白质2.5克、脂肪0.1克、糖类2.7克、维生素$B_1$0.2毫克、维生素$B_2$0.06毫克、钙81毫克、磷63毫克、铁0.8毫克，是一种理想的高档绿色营养保健蔬菜。一般可炒食、做汤、腌渍、罐藏等。除嫩果可食外，其叶片、芽、花也可食用。

（蒋卫杰）

图1　黄秋葵

图2　黄秋葵的叶

图3　黄秋葵的花

图4　黄秋葵的蒴果

回交　backcross　将杂种后代与其亲本之一进行交配的杂交方式。参与回交的亲本称作轮回亲本，而不参与回交的亲本称作非轮回亲本。杂种一代与亲本回交的后代为回交一代，记作BC_1，BC_1与轮回亲本再次回交的后代为BC_2，以此类推。回交可以增加轮回亲本在后代中的遗传贡献率，随着回交世代的增加，后代中纯合体的比例增加。对于一二年生有性繁殖植物而言，多次回交是改进品种个别性状的一种有效方法。但是对于多年生无性繁殖的果树而言，回交次数多会导致明显的性状衰退，因此果树育种中回交次数一般为1次。

（张志宏）

回龙茶　Huilong tea　产于中国云南省梁河县大厂乡回龙山的条形炒青绿茶。因在锅中磨炒制成，故又称梁河磨锅茶。1946年始产。产地回龙山海拔1580米，年降水量1648毫米，年均气温15℃，多雾又向阳，日照和水分都很充足。土质为偏酸性红壤，耕作层深厚，有机质丰富，不仅适宜茶树生长，而且能使茶梢内的芳香物质、蛋白质的含量更加丰富。

采摘一芽一叶和一芽二叶半开展的云南大叶茶鲜叶，经杀青（先高温、后低温）、揉捻、炒二青、炒三青、辉锅制成。分特级、1～3级及碎茶共5级。回龙茶具有条索壮实紧密、外观圆润、色泽墨绿、汤色清亮、香气浓郁、滋味甘甜、经久耐泡等特点，并含有丰富的氨基酸及人体必需的多种维生素。主销广东、福建、云南等省。

（吕才有）

《惠山茶会图》　*Huishan Tea Party*　茶事绘画作品。中国明代文徵明作。文徵明（1470～1559），原名壁，字徵明。42岁起以字行，更字徵仲。号衡山居士，世称“文衡山”。长州（今江苏苏州）人，明代画家、书法家、文学家。正德末年（1521）因为岁贡生荐试吏部，授翰林待诏。故称“文待诏”。为人谦和而耿介。著有《甫田集》。文徵明诗、文、书、画无一不精，是人称“四绝”的全才。画学沈周，与沈周共创“吴派”。在画史上，与沈周、唐寅、仇英合称“明四家”。在诗文上，与祝允明、唐寅、徐祯卿并称“吴中四才子”。

《惠山茶会图》藏于故宫博物院，纸本，设色，纵21.8厘米，横67.5厘米，无款，有“文徵明印”“悟言室印”押于左下角。属文徵明中期青绿山水风格的作品，显示其从“简淡”趋向“浓丽”的画风转变。画的内容是正德十三年（1518）二月十九日清明时节，文徵明与好友游于惠山，在二泉亭下以茶会友、品茗吟诗的一段雅事。这些人物中除文徵明自己外，还有蔡羽、汤珍、王守、王宠、潘和甫、汤子朋共七位。

该图由蔡羽撰《惠山茶会序》，序云：“渡江而润，金焦甘露胜。由润入句容，三茅山胜。由句容至毗陵，白氏园胜。由毗陵至无锡，惠麓胜。……尝与衡山文徵明、中山汤子重、太原王履约、王履吉谋行。……正德丙子之秋，长洲博士古闽郑先生掌教武进，居于毗陵。明年丁丑夏，吾师大学士太保靳公致政，居于润。又明年戊寅春，子重以父病将祷于茅山。履约兄弟以煮茶法，妙欲定水品于惠。其二月初九，余得往润之日，与诸友相见于虎丘，又辞以事，乃独与箭泾潘和甫扶舟去。子重亦与其徒汤子朋同载，前后行三宿达润。……”因此，结合图境，我们可以通过其诗序跋文，领略文徵明等人在惠山茶会从容不迫、游乐山水，远离尘俗的纷扰，寄情林壑的自在心境。该图所绘人物神形各异，有的坐于泉井边谈兴正浓，有的正从松下曲径缓缓踱来。惠泉亭边早已置有汤瓶香茗，桌边有一人双手作揖，正在迎接友人的到来，应是此次活动的东道主或发起人。该图场面上只有待用的茶具和正准备集会的人物，而不画品茶的动作，是一幅茶会开始之前的序幕图。画面突出了惠泉之井眼，惠山泉泉水甘洌，极宜烹茶，自被唐代陆羽评为“第二泉”后，声名不绝。如唐庚《斗茶记》中所记：唐武宗时丞相李德裕“好饮惠山泉，置驿传送，不远数千里”。在宋代，惠山泉还经常与龙团茶一起作为馈赠好友的礼品，可见惠山泉与名茶历来为文人所倾心。因此，惠山赏泉品茶也成为文人活动的“保留节目”。

（于良子）

蕙兰　multi-flower orchid; *Cymbidium faberi*　兰科兰属植物。蕙兰产于中国陕西南部、甘肃南部、安徽、浙江、江西、福建、台湾、河南南部、湖北、湖南、广东、广西、四川、贵州、云南和西藏东部等地。生于海拔700～3000米湿润但排水良好的透光处。尼泊尔、印度北部也有分布。

形态特征　地生草本，假鳞茎不明显。叶5～8枚，带形，直立性强，长25～80厘米，宽（4～）7～12毫米，基部常对折而呈V形，叶脉透亮，边缘常有粗锯齿。花葶从叶丛基部最外面的叶腋抽出，近直立或稍外弯，长35～50（～80）厘米，被多枚长鞘。总状花序具5～11朵或更多的花。花苞片线状披针形，最下面的1枚长于子房，中上部的长1～2厘米，约为花梗和子房长度的1/2，至少超过1/3。花梗和子房长2～2.6厘米。花常为浅黄绿色，唇瓣有紫红色斑，有香气。萼片近披针状长圆形或狭倒卵形，长2.5～3.5厘米，宽6～8毫米。花瓣与萼片相似，常略短而宽。唇瓣长圆状卵形，长2.0～2.5厘米，3裂。侧裂片直立，具小乳突或细毛。中裂片较长，强烈外弯，有明显、发亮的乳突，边缘常皱波状。唇盘上两条纵褶片从基部上方延伸至中裂片基部，上端向内倾斜并会合，可形成短管。蕊柱长1.2～1.6厘米，稍向前弯曲，两侧有狭翅。花粉团4个，成2对，宽卵形。蒴果近狭椭圆形，长5～5.5厘米，宽约2厘米。花期3～5月。

品赏　蕙兰以植姿雄伟，花朵硕大而为人们所喜爱。蕙兰是中国栽培最久和最普及的兰花之一，古代常称之为“蕙”。

图1　蕙兰

图2　蕙兰的叶

图3　蕙兰的花序

图4　蕙兰的花

北宋诗人、书法家黄庭坚在其《书幽芳亭》中说“盖兰似君子，蕙似士”，这句话开蕙兰品赏之门径。清初文学家、花卉家李渔《蕙兰》中有：“其所以逊兰者，不在花与香而在叶……蕙之叶偏苦其长……病其太肥。”从总体来说，如栽培得好，蕙兰植株较春兰高大，花枝大且高，花朵也多，十分豪壮亮丽，香气四溢。

蕙兰传统名品老八种有大一品、程梅、上海梅、关顶、元字、染字、潘绿、荡字，传统名品新八种有楼梅、翠萼、极品、庆华梅、江南新极品、端梅、崔梅、荣梅。传统上通常按花茎和鞘的颜色分成赤壳、绿壳、赤绿壳、白绿壳等；按花形分成荷瓣、梅瓣和水仙瓣等；花上无其他颜色、色泽一致的称为素心。

蕙兰的品赏自瓣型说出现之后，特别注重花朵的瓣型，以梅瓣、水仙瓣为贵，捧舌以圆紧质厚为好，外三瓣（萼片）以宽圆糯质为佳，其名品多为此类瓣型。蕙兰的荷瓣很少，新近发现类荷瓣的也较受欢迎。蕙兰蝶瓣、奇花类色彩斑斓、光辉夺目，尤以瓣舌多而色彩艳者受追崇。素心类也多受喜爱。蕙兰多为黄绿色花，如出现红花、紫花、黑花、乳白花则非常受器重，以色艳者更佳。花瓣萼瓣质厚、糯、玉质化者也常为佳品。蕙兰花枝粗大，花朵多，因而品赏时应注意整枝花中各花朵间的布局是否错落有致，香气是否醇美。叶艺秀丽者也为佳品，偶见叶艺、花艺、瓣型皆具者，则备受青睐。

用途　蕙兰植株挺拔，花茎直立或下垂，花大色艳，主要用作盆栽观赏。适用于室内花架、阳台、窗台摆放，更显典雅豪华，有较高品位和韵味。如多株组合成大型盆栽，则适合宾馆、商厦、车站和候机厅布置，气派非凡，引人注目。

（王　雁）

混合花粉杂交　mixed-pollen cross　将多种花粉混合起来给柱头授粉的杂交方式。主要应用于远缘杂交中。由于给母本柱头较多的选择机会以及异种花粉的互作促进的影响，混合花粉杂交常常比单一花粉杂交得到较高的受精率。此外，还有一种混合花粉杂交是在异种花粉中加入少量的与母本亲和性良好的花粉（甚至是死花粉）。授以和母本亲和性好的花粉，不仅可以解除柱头上抑制远缘花粉萌发的某些分泌物，创造有利的生理环境，而且多种花粉的混合可使柱头组织难以识别不同花粉的蛋白质而接受亲和性不好的花粉。

（张志宏）

火棘　Chinese firethorn; *Pyracantha fortuneana*　蔷薇科火棘属常绿灌木。又称火把果、救兵粮、救军粮、救命粮、红子。火棘产于中国陕西、河南、江苏、浙江、福建、湖北、湖南、广西、贵州、云南、四川、西藏等地。生于海拔500～2800米的山地、丘陵地阳坡灌丛草地及河沟路旁。

高达3米。侧枝短，先端成刺状，嫩枝外被锈色短柔毛，老枝暗褐色，无毛。芽小，外被短柔毛。叶片倒卵形或倒卵状长圆形，长1.5～6厘米，宽0.5～2厘米，先端圆钝或微凹，有时具短尖头，基部楔形，下延连于叶柄，边缘有钝锯齿，齿尖向内弯，近基部全缘，两面皆无毛。叶柄短，无毛或嫩时有柔毛。花集成复伞房花

图1　火棘

图2　火棘的叶

图3　火棘的花

图4　火棘的果实

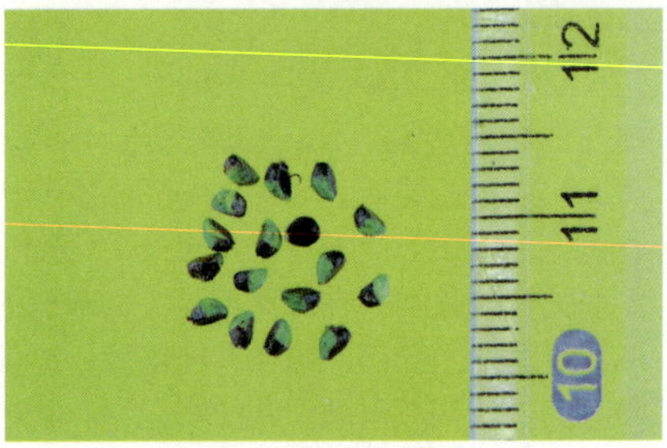

图5　火棘的种子

序，直径3～4厘米，花梗和总花梗近于无毛，花梗长约1厘米。花直径约1厘米，萼筒钟状，无毛。萼片三角卵形，先端钝。花瓣白色，近圆形，长约4毫米，宽约3毫米。雄蕊20，花丝长3～4毫米，药黄色。花柱5，离生，与雄蕊等长，子房上部密生白色柔毛。果实近球形，直径约5毫米，橘红色或深红色。花期3～5月，果期8～11月。

中国西南各省区田边习见栽培作绿篱。果实磨粉可作代食品。

（包满珠　傅小鹏）

火龙果　pitaya; *Hylocereus*　仙人掌科量天尺属和蛇鞭柱属多年生攀缘性多肉草本植物。又称红龙果、仙蜜果、青龙果、黄龙果、长寿果、吉祥果等。火龙果原产于中美洲至南美洲热带雨林地区，属典型的热带植物。火龙果于20世纪90年代初引入中国台湾地区，经台湾地区引入海南、广东、广西等地栽培。

形态特征　茎一般为绿色，粗壮，茎的内部是大量饱含黏稠液体的薄壁细胞，有利于在雨季吸收尽可能多的水分。叶片退化成刺，光合作用功能由茎承担。植株无明显主根，侧根主要分布在浅表土层，茎易生长气生根，可攀缘生长。茎木质部有很强的不定根形成能力，扦插极易成活。花为虫媒花，在晚上约八点渐渐打开，凌晨一两点完全展开，直径达到最大，之后开始逐渐闭合，至早上九点左右花完全凋谢。花长20～30厘米，直径15～25厘米，重可达500克，故又名“霸王花”。花托和萼筒被披针形萼片。花瓣披针形至倒披针形，白色、红色或粉红色。雄蕊多而细长，花药乳黄色，花丝白色。花柱粗，雌蕊柱头裂片20～30枚。果实椭圆形或圆球形，果皮红色、黄色或绿色，具叶状萼片或针状细刺。果肉白色、红色、粉红色或双色等。果肉中有很多芝麻状种子，黑色，倒卵形，种子较小。

生长习性　喜光、耐高温（40～50℃）、忌水淹，怕低温霜冻。最适宜生长温度为25～35℃；8～15℃时火龙果遭受冷害，嫩枝上出现橘黄色霜风斑；0～8℃时火龙果遭受寒害，一年生枝蔓会出现黄色霜冻斑点；低于0℃时火龙果幼嫩枝蔓遭受冻害，枝蔓组织因脱水而结冰，会导致植株死亡。北方种植火龙果必须用温室大棚，夏季可不揭掉塑料膜，但必须通风。适宜在土层疏松肥厚、排水良好、呈微酸性（pH5.5～7.5）的砂壤土中生长。

火龙果的花期主要集中在5～11月，果实成熟期为6～12月，分10～18批成熟。

图1　火龙果

图2　火龙果的果实

图3　火龙果的果肉及种子

当果皮由绿色变为红色或黄色时即可采收，采收时用果剪贴紧枝蔓，由果梗部位剪下并附带部分茎肉。

用途　火龙果花可以鲜食、煲汤和做茶。果实清甜多汁，富含葡萄糖、有机酸、氨基酸、维生素、矿质元素及一般植物少有的植物性白蛋白、水溶性膳食纤维和甜菜素等，有清热解毒、润肺通肠、减肥、降低血糖等功效，有助于增强人体免疫力。

（秦永华）

货架期　shelf-life　园艺产品采收或经贮藏后进入零售市场，在货架上维持商品性的时间。又称货架寿命。贮藏期的园艺产品可贮藏于最适温度、湿度、气体环境中，处于相对稳定的环境。而作为商品的园艺产品出库后，其温、湿度条件在货架期间难以控制。货架期间的产品表型与管理是园艺产品一系列商品化处理的终点，将直接关系到园艺产品的货架寿命及商品价值，因此货架期对园艺产品商品性具有较大的直接影响。

品质评价指标　园艺产品货架期的品

质评价指标包括物理指标、化学指标和感官评价以及微生物指标等。

理化指标　园艺产品的物理指标包括硬度、颜色、形态，比如猕猴桃果实采后软化，叶菜类变黄、萎蔫等。在采后贮藏和物流过程中，因产品内部发生水分和化学变化导致的理化指标变化，与货架期品质和货架寿命相关。

微生物指标　园艺产品采后易受微生物侵染，引起腐败变质，微生物数量越多，货寿命越短，例如苹果的轮纹病、葡萄的青霉病等。这些引起园艺产品腐烂的真菌，会影响园艺产品货架期的品质。还有与卫生有关的细菌，比如大肠菌群数量的多少，也会影响消费者的健康，因为部分货架期的产品存在即食性。

感官指标　包括颜色、外形、香气、口感风味、硬度，监测指标包括可溶性固形物、淀粉含量、可滴定酸、维生素C、酚类物质和抗氧化活性等。感官评价通常通过园艺产品的色泽、形状、口感和风味来判断。建立感官和营养变化模型，可以更好地预测园艺产品的质量和货架寿命。

影响因素　包括内在因素和外在因素两方面。

内在因素　包括园艺产品的种类与品种及其进入货架时的新鲜状态。不同的园艺产品货架期长短不同，叶菜类货架期通常只有几天，一般马铃薯的货架期有几个月，鲜切园艺产品的货架期更短。如果采后直接进入货架，园艺产品还保持很新鲜的状态，那么货架期就长；如果经过一段时间的贮藏或长途运输，园艺产品的新鲜度降低，那么货架期就相应缩短。

外在因素　包括温度、湿度和气体成分。高温促进乙烯形成和呼吸作用，加速成熟衰老；低温则延长货架期。湿度影响果蔬货架期的蒸腾作用，高湿度有利于果蔬保存水分，保持新鲜状态；低湿度条件下，果蔬失水加速，货架期缩短，叶菜类甚至萎蔫，失去商品价值。适宜的低氧、高二氧化碳环境可以延缓园艺产品衰老，延长货架期。

货架期的预测　可从环境温度、湿度、气体成分等因素对果蔬色泽、风味、硬度、形态等指标的影响建立模型，用于预测产品衰老和微生物引起腐败的进程。

（惠　伟）

霍山黄芽茶　Huoshan Huangya tea　产于中国安徽省霍山县的黄茶。霍山黄芽茶产地为安徽省六安市霍山县，主产区位于大别山北麓，县境西南部的深山区，其中以佛子岭水库上游的大化坪金鸡凼、金山头，太阳的金竹坪，姚家畈的乌米尖，即“三金一乌”所产的黄芽品质最佳。

生产简史　霍山黄芽茶为黄茶始祖之一。《唐国史补》记载：“风俗贵茶，茶之名品益众，……寿州有霍山之黄芽；蕲州有蕲门团黄，而浮梁之商货不在焉。”书中所记“寿州黄芽”就是沿用唐之前的“寿州黄芽”，“蕲门团黄”与“寿州黄芽”属于同一产地。唐开元二十七年（739）霍山县域名为盛唐县；天宝元年（742）改称霍山县；宋开宝八年（975）霍山县并入六安县，属寿州。故所谓寿州黄芽实乃产自霍山。霍山黄芽茶从明至清，一直列为贡品，长达400多年。今霍山黄芽茶是1972年经反复切磋、试验改进，挖掘并恢复而成的产品。

加工工艺　加工工艺流程有鲜叶处理→杀青（做形）→初烘→闷黄（摊放）→拣剔→复烘→足烘七道工序。①鲜叶处理。霍山黄芽茶鲜叶细嫩，因山高地寒，开采期一般在谷雨前3～5天。采摘标准为一芽一叶、一芽二叶初展。黄芽要求鲜叶新鲜度好，采回鲜叶应薄摊散失表面水分，一般上午采下午制，下午采当晚制。②杀青。用口径60～70厘米的平锅，两锅或三锅砌成一灶，两口锅分生锅和熟锅。以木炭为燃料。生锅温度较高，每锅投叶量100克左右。杀青用芒花帚或高粱帚炒制，生锅快炒透炒，熟锅继续完成杀青，至杀青适度，即起锅摊凉。③初烘。初烘用烘笼烘焙，火温100℃左右，每烘摊放5～6锅杀青叶；烘时勤翻匀摊，至五六成干时，二烘并为一烘继续烘焙，约七成干时下烘。④闷黄和拣剔。初烘后的茶叶要摊放1～2天使其回潮黄变，同时剔除片杂。⑤复烘。将黄变后的茶叶继续烘焙，以蒸发水分、抑制黄变；温度视黄变程度而定，黄变程度不足时，温度宜低；黄变适度时，温度则要高。一般控制火温在90℃左右，烘至八九成干为止。然后再回潮1～2天，以促使进一步黄变。⑥足烘。温度100～120℃，以增进茶香，翻烘要勤、轻、匀，烘至足干，趁热装筒封盖。

品质特征　外形挺直微展，形似雀舌，色泽黄绿披毫；汤色黄绿明亮，香气清香持久，滋味鲜醇回甘；叶底嫩黄鲜亮。霍山黄芽茶最突出的感官特征是“三黄”（色黄、汤黄、叶底黄）。

销售区域　霍山黄芽茶主销售区包括中国华东、华北、山西、陕西等地，外销欧盟、东南亚、美洲等地。

（宁井铭　龚　勤）

藿香蓟　tropical whiteweed; *Ageratum conyzoides*　菊科藿香蓟属一年生草本植物。又称苏明臭草、胜红蓟。藿香蓟原产于中南美洲，作为杂草广泛分布于非洲全境和部分南亚国家。中国广东、广西、云南、贵州、四川、江西、福建等地有栽培。生于山谷、山坡林下或林缘、河边或山坡草地、田边或荒地上。

无明显主根。茎粗壮，茎枝淡红色，或上部绿色。叶对生，有时上部互生。中部茎叶卵形或椭圆形或长圆形，长3～8

图1　藿香蓟

图2　藿香蓟的根

图3　藿香蓟的花序

厘米，宽2～5厘米。中部叶向上向下及腋生小枝上的叶渐小或小。全部叶基部钝或宽楔形，基出三脉或不明显五出脉，顶端急尖，边缘圆锯齿，有长1～3厘米的叶柄。头状花序（4～18个）成紧密的伞房状花序，花梗长0.5～1.5厘米。总苞钟状或半球形，宽5毫米，总苞片2层，长圆形或披针状长圆形，长3～4毫米，外面无毛，边缘撕裂。花冠长1.5～2.5毫米，淡紫色，先端5裂。瘦果黑褐色，5棱，长1.2～1.7毫米，有白色稀疏细柔毛。冠毛膜片5或6个，长圆形。花果期全年。

藿香蓟全草可入药，治感冒发热、疗疮湿疹、外伤出血、烧烫伤等。

（包满珠　傅小鹏）

J

鸡蛋花 frangipani; *Plumeria* spp. 夹竹桃科鸡蛋花属肉质小乔木。又称缅栀子、鹿角花。鸡蛋花原产于西印度群岛、委内瑞拉、危地马拉等地，全球各热带、亚热带地区广泛种植。东南亚等地将其种于寺庙旁，称为庙树、塔树。鸡蛋花是老挝国花，也是中国云南西双版纳和德宏地区南传佛教文化中“五树六花”之一。

树高可达5～9米。肉质茎，含丰富的乳汁。叶互生，密集于枝梢，厚纸质，长椭圆形或长披针形。顶生聚伞花序，由数十朵花组成一簇。花瓣5枚，呈螺旋状散开。果实为蓇葖果对生。花期5～10月，热带地区全年均可开花。喜光照充足、高温湿润气候，耐旱耐碱，忌涝，在肥沃的

图1 鸡蛋花

图2 鸡蛋花的叶

图3 鸡蛋花的花

图4 鸡蛋花的果实

图5 戟叶鸡蛋花

砂质土壤中生长较好。一般采用扦插繁殖。环境湿度大时易患锈病而导致落叶，或冬季气候干旱导致落叶；落叶后树干形似鹿角。戟叶鸡蛋花（*Plumeria pudica*）耐寒性和抗锈病较强，在西双版纳地区表现为冬季不落叶。

鸡蛋花树形独特，品种多，花色丰富，花清香淡雅，花期长，常用于园林绿化或盆栽观赏。在云南西双版纳地区有食用花朵的习俗。树皮和枝叶所含乳汁可医治疥疮、皮肤创伤等。 （刘 勐）

鸡冠花 common cockscomb; *Celosia cristata* 苋科青葙属一年生直立草本植物。鸡冠花原产于亚洲热带地区，非洲、美洲、亚洲的热带和亚热带均有分布。同属植物约60种，中国有4种。

株高30～90厘米，茎直立粗壮。叶互生，卵状披针形，先端渐尖，基部渐狭，全缘。穗状花序肉质，顶生及腋生，依形状分头状鸡冠和羽状鸡冠两种类型。穗状

图1 鸡冠花

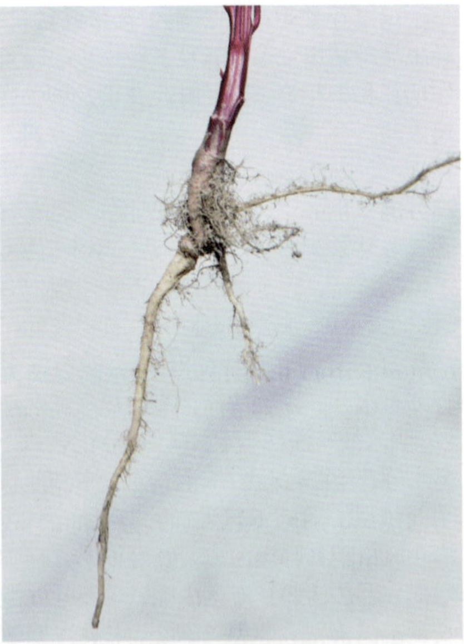

图2 鸡冠花的根

图3 鸡冠花的叶和花序

花序扭曲折叠，酷似鸡冠的称为头状鸡冠型；穗状花序细穗呈芦花状，形似火炬的称为羽状鸡冠型。花多数，极密生。花被片有红色或白、黄、橙黄、橙红、淡红、紫红等色，具丝绒般光泽。花期7～10月，果实9～10月下旬成熟。胞果卵形，种子黑色有光泽，千粒重约0.8克。

鸡冠花喜阳光充足、干旱气候，宜疏松肥沃、排水良好的砂质壤土，忌霜冻和阴湿积涝，生长适温为20～25℃。播种繁殖，春播，约10天发芽。异花授粉植物，园艺变种、变型、栽培品种很多，有早花种、晚花种，矮生型、中生型、高生型，红色系、黄色系和双色系等，色彩多变，深浅不同。

图4 鸡冠花的花序

鸡冠花矮生品种常用于花坛或盆栽，高生品种常用于布置花境、花坛中心以及作切花和干花等。茎、叶、花穗及种子均可入药。 （葛 红）

鸡苏佛 Jisufo 中国茶的别称。宋陶谷著《茗荈录》载：“犹子彝之，年十二岁。予读胡峤诗，因令效法之，近晚成篇。有云：‘生凉好唤鸡苏佛，回味宜称橄榄仙。’然彝之亦文词之有基址者也。”鸡苏又名香苏、水苏、龙脑薄荷，有清热理肺之功效。明末清初汪昂著《本草备要》记载：“一名水苏，一名龙脑薄荷，轻宣、散热、理血，辛而微温。清肺下气理血，辟恶而消谷。治头风目眩，肺痿血痢，吐衄崩淋，喉腥口臭，邪热诸病。方茎中虚，似苏叶而微长，密齿面皱，气甚辛烈。”宋洪咨夔著《次韵张提刑送行六绝》载：“日试西川煎茗法，半投白垩半鸡苏。”北宋著名文学家、书法家黄庭坚诗曰：“个中渴羌饱汤饼，鸡苏胡麻煮同吃。”“鸡苏胡麻留渴羌，不应乱我官焙香。”由此得知，在宋代鸡苏可入茶。 （于良子）

鸡腿菇 shaggy mane; *Copyinds comatus* 真菌门担子菌亚门层菌纲伞菌目鬼伞科鬼伞属菌类。又称毛头鬼伞、毛鬼伞、刺蘑菇、鸡腿蘑。鸡腿菇是人工开发生产的一种具有商业潜力的珍稀食用菌，被誉为“菌中新秀”。因其形如鸡腿，肉质肉味似鸡丝而得名。日本人称之为细裂一夜茸。

形态特征 鸡腿菇单生或丛生，呈棒槌状。菌盖初期圆柱形，与菌柄结合紧密，菌柄白色，粗1～2.5厘米，上细下粗，柄中空。菌柄向下逐渐增粗，形状似倒立的鸡腿。菌盖白色，初光滑，后期表皮开裂，形成平状鳞片。菌盖直径3～5厘米，高9～11厘米。菌盖初期紧贴菌柄，随着生长逐渐松动，边缘脱离菌柄后呈钟形。菌肉白色，较薄。菌环白色，膜质，连接于菌盖边缘，常随菌柄的伸长而移动，成熟时易脱落。菌褶密，较宽，离生，初白色，担孢子形成后变成黑色。

生长习性 鸡腿菇是土生草腐性菌类，能利用广泛的碳源营养，人工栽培对营养要求不严。孢子萌发的适宜温度为22～26℃，以24℃萌发最快。菌丝生长的温度在3～35℃，最适温度为21～28℃。子实体在16～24℃时发生量最多，产量最高。鸡腿菇菌丝生长阶段培养基质含水量以60%～70%为宜，空气相对湿度为70%～80%；子实体生长阶段空气湿度要求在85%～95%。菌丝体生长不需要光照，子实体分化需要50～100勒克斯的光照，子实体生长阶段也需要一定量的散射光。菌丝生长阶段需氧量较少，子实体分化和生长阶段需大量氧气。鸡腿菇生长的最适pH为6.5～7.5。

鸡腿菇

栽培 鸡腿菇的人工栽培方式主要有熟料栽培和生料栽培，以熟料栽培较为普遍。熟料栽培时，要根据当地的气候条件选择适应性强、抗病、高产优质的单生或丛生鸡腿菇品种。根据不同地方的气候特点安排播种期。将培养原料按配方比例拌好后装入塑料袋内进行灭菌，灭菌后待培养料自然冷却后即可进行播种。播种时按无菌操作要求进行，采用两头播种法，播种量为干料重的10%～15%，播种后置于22～30℃下培养，约30天长满袋。然后将发好菌丝的料袋剥去塑料袋膜，排入栽培畦中，菌棒间留3～5厘米空隙，用覆土材料填满，以利菌丝继续生长，再在菌棒顶部均匀覆盖一层3～5厘米厚的土层。一般覆土后10～15天菌丝即可长满畦床，此时每天喷少量水，保持空气相对湿度为85%～90%，温度16～24℃，并给一定的散射光线刺激原基形成。当菇体高5～12厘米，菌盖直径1.5～3厘米时，用手指轻捏菌盖，中部有变松空的感觉即可采收。

用途 鸡腿菇肉质细嫩、味道鲜美、营养丰富，富含蛋白质、多糖、脂肪、维生素和微量元素，性平，味甘滑，具有益脾胃、清心安神、治痔、降血压、抗肿瘤等功效，有较高的药用价值，食用后可预防动脉硬化、心脏病及肥胖症等。研究表明，鸡腿菇对糖尿病也有明显的辅助疗效。可以制作上汤、炒食或加工。 （杨 暹）

鸡爪槭 acer negundo; *Acer palmatum* 槭树科槭属落叶小乔木。鸡爪槭原产于中国，分布于中国华东、华中至西南等省区海拔200～1200米的林边或疏林中。朝鲜和日本也有分布。

树冠伞形，树皮平滑，树皮深灰色。小枝细瘦；当年生枝紫色或淡紫绿色，多年生枝淡灰紫色或深紫色。叶近圆形，基部心形或近心形，掌状，常7深裂，密生

图1 鸡爪槭的叶和花序

图2 鸡爪槭的花

图3 鸡爪槭的果实

尖锯齿。后叶开花，伞房花序；花紫色，杂性，雄花与两性花同株。萼片卵状披针形，花瓣椭圆形或倒卵形。幼果紫红色，熟后褐黄色，果核球形，脉纹显著，两翅成钝角。花果期5～9月。

鸡爪槭喜阳光，忌西射，高温强光易焦叶，较耐阴，在高大树木庇荫下长势良好。喜温暖气候，适生于阴凉疏松、肥沃之地。对二氧化硫和烟尘抗性较强。 （房伟民）

鸡枞 collybia albuminosa; *Termitornyces albuminosus* 伞菌目口蘑科白蚁菌属菌类。又称伞把菇、鸡丝菇、鸡肉菌、鸡脚蘑菇、白蚁菇、蚁棕、斗鸡公、三塔菌。

鸡枞广泛分布于中国长江流域以南的热带及亚热带地区，以贵州出产较多，四川攀西地区6～8月出产较多的野生鸡枞，云南与贵州交界处偶尔也有出产。

形态特征　鸡枞子实体中等至大型。菌盖宽3～23.5厘米。幼时脐突半球形至钟形并逐渐伸展，菌盖表面光滑，顶部显著凸起呈斗笠形，灰褐色或褐色、浅土黄色、灰白色至奶油色。长老后辐射状开裂，有时边缘翻起，少数菌有放射状。菌褶白色至乳白色，肉质厚实，长老后带黄色，弯生或近离生，稠密，窄，不等长，边缘波状。菌肉白色，较厚。菌柄较粗壮，长3～15厘米，粗0.7～2.4厘米，白色或同菌盖色，内实，基部膨大，具有褐色至黑褐色的细长假根，长可达40厘米。孢子呈卵圆形，白色或奶油色。子实体充分成熟即将腐烂时有特殊的剧烈香气，嗅觉灵敏的人可以在10余米外闻到其香味。

生长习性　鸡枞菌丝生长的适宜温度为16～20℃，子实体形成的温度为25～35℃，最适温度为25～26℃。培养料含水量为60%～75%，以65%较佳；鸡枞菌丝生长需要空气相对湿度在80%左右，原基形成期空气相对湿度不宜低于80%；子实体生长阶段空气相对湿度为85%～95%。鸡枞生长发育过程需要的pH为4.0～4.5。高浓度二氧化碳有利于菌丝的生长，而子实体生长发育要求有充足的氧气。孢子萌发、菌丝生长、原基分化、子实体生长发育不一定需要光照。

栽培　自然界中鸡枞分布在北温带和亚热带地区，人工栽培历史较短。鸡枞栽培中常用的培养料有棉籽壳、玉米芯、锯木屑、麦麸等，其中锯木屑和玉米芯需要提前预湿。将预湿好的锯木屑和玉米芯等原材料放在太阳下暴晒、发酵，半个月后即可使用。培养料拌匀后装袋灭菌，灭菌后待料袋冷却至30℃以下即可在无菌条件下进行播种。播种好的菌袋置于培养室内培养，培养室的温度保持在20～25℃，湿度控制在65%～68%，室内每天通风2次，早晚各1次，每次不超过半小时。经30～40天发菌完成，然后将菌袋的塑料袋去掉，把菌棒取出竖立放入菌床内。菌棒与菌棒之间的间隔为5厘米，上面覆土，直到把菌棒盖严，用大水浇透，最后再覆一层3～5厘米的草炭土，使土壤pH保持在5.5～7.0。培养环境温度为25～30℃，昼夜温差控制在10℃左右为宜，空气湿度保持在90%左右，给予一定的散射光，保持三分阳七分阴的原则。鸡枞菌覆土后25天左右即开始出菇，这一时期要保持培养室内温度在15～30℃，空气湿度控制在85%～95%，要及时通风降温，并有一定的散射光。出菇5天左右，当菌盖直径长到2～5厘米时，即可采收第一潮菇。一般可采收三潮菇，每潮菇采完以后，都应及时将床面上留下的菇根和死菇清理干净，以免引起腐烂，招致杂菌污染；在清除后的空穴中及时补充湿润的细土，以保持床面平整。

用途　鸡枞菌肉厚肥硕，质细丝白，味道鲜甜香脆，含人体所必需的氨基酸、蛋白质、脂肪，还含有各种维生素和钙、磷、核黄酸等物质，是一种营养价值极高的高蛋白食品。鸡枞菌具有一定的抗氧化活性，其多糖能显著提高免疫能力，具有护肝、镇痛、抗炎、降血脂和抗肿瘤的作用。鸡枞的吃法很多，可以单料为菜，也能与蔬菜、鱼肉及各种山珍海味搭配；可炒、炸、腌、煎、拌、烩、烤、焖、清蒸或做汤，滋味鲜美，为菌中之冠。

（杨　暹）

鸡枞

基因源　gene pool　一个物种所有群体包含的基因及其编码的遗传信息的库。又称基因库、基因池。在地球上生活的植物物种在传播与适应环境、自然演化以及人类驯化等过程中形成了各种群体，产生了各种变异及基因型。基因源在作物里包含了野生资源和各种栽培品种。

俄罗斯遗传学家A.S.塞瑞布罗夫斯基在1920年首次提出genofond（对应英文为gene fund，基因基金）的概念，之后该说法传入美国，被T.多布然斯基翻译为英语gene pool。

基因源越大，遗传多样性越高，群体对外界环境及选择压（selection pressure）的应对及生存越有利。相反，基因源小，会降低生物适应性以及提高物种灭绝的概率。

（徐　强）

基因组辅助选择育种　breeding via genomic selection　在获得全基因组范围与育种目标性状连锁的所有分子标记〔如单核苷酸多态性（SNP）标记〕的基础上，通过分子标记基因型与性状表型的关联，结合系谱信息分别估算每个标记的效应值，进而估算待测育种材料的基因型值即育种值，并依据育种值对杂种后代或其他育种材料进行选择，选育新品种的育种方法。在构成性状表型的所有遗传变异中，常规的分子标记往往可对主效基因的遗传变异进行准确的检测，传统的分子标记辅助选择即对主效基因的遗传变异进行选择。对于控制性状的基因数量多而效应小的遗传变异，利用常规的分子标记则不易检测出来，然而微效多基因的效应累加起来却对性状表型变异具有较大的贡献。为克服分子标记辅助选择的上述不足，2001年T.H.E.穆维森等人提出了全基因组选择的策略，全基因组选择育种实际就是全基因组范围内的**分子标记辅助选择育种**，该方法实现了对微效多基因控制的数量性状的有效选择。全基因组选择育种依赖于高密度的遗传连锁图谱和高通量、低成本的分子标记检测技术。

（张新忠）

基质栽培 substrate culture 将作物的根系固定在有机或无机的基质中，通过滴灌灌溉的栽培方法。基质栽培是供给作物营养液的一种栽培方式，是无土栽培中推广面积最大的一种。栽培基质可以装入塑料袋内，或铺于栽培沟或槽内。基质栽培的营养液可以是不循环的，称为开路系统，可避免病害通过营养液的循环而传播。基质栽培缓冲能力强，不存在水分、养分与供氧之间的矛盾，且设备较水培和雾培简单，甚至可不需要动力，投资少、成本低，生产中普遍采用。

基质种类 无土栽培用的固体基质有许多种，包括岩棉、蛭石、珍珠岩、沙、砾石、草炭、稻壳、椰糠、锯末、菌渣等，加入营养液后能像土壤一样给植物提供氧气、水分、养分和对植物的支持，弥补纯水培通气不良、无法调节供给根系的水分条件等的不足。

常用的无机基质有蛭石、珍珠岩、岩棉、沙、聚氨酯等，有机基质有泥炭、稻壳、树皮等，因此基质栽培又分为岩棉栽培、沙培等。采用滴灌法供给营养液，优点是设备较简单、生产成本较低等；但所需基质多，连作的陈基质易带病菌，容易传病。基质栽培中的基质需要具有较大的孔隙度、合理的气水比以及稳定的化学性质，并且对植物根系无毒害。为降低生产成本，选择基质还应注重就地取材。

基质分类 按来源分为：①天然基质。如沙、石砾等。②人工合成基质。如岩棉、泡沫塑料、多孔陶粒等。

按组成分为：①无机基质。如沙、石砾、岩棉、蛭石和珍珠岩等。②有机基质。如树皮、泥炭、蔗渣、稻壳、椰糠等。③化学合成基质。如泡沫塑料。

按性质分为：①活性基质。指具有盐基交换量或本身能供给植物养分的基质。②惰性基质。指本身不起供应养分作用或不具有盐基交换量的基质。

按使用时的组分分为：①单一基质。指使用的基质是以一种基质作为植物生长介质的，如沙培、砂砾培使用的沙、石砾，岩棉培使用的岩棉等。②复合基质。指由两种或以上的基质按一定比例混合制成的基质。生产上为克服单一基质可能造成的容重过轻、过重，通气不良或通气过盛等缺点，常将几种基质混合制成复合基质来使用，配制时一般以两种或三种基质混合为宜。

栽培要点 一般有机基质和容重较大的重基质多采用槽式基培。容重较小的基质，如岩棉基质、蛭石基质、椰糠基质、秸秆基质等，采用袋式基质培或立体基质培。

根据栽培作物种类确定灌水定额，依据生长期中基质含水状况调整灌溉量。定植前一天，灌水量以达到基质饱和含水量为度，即应把基质浇透。定植以后，每天灌溉1次或2～3次，保持基质含水量在60%～85%（按占干基质计）。一般在成株期，黄瓜每天每株浇水1～2升，番茄0.8～1.2升，甜椒0.7～0.9升。灌溉的水量须根据气候变化和植株大小进行调整，阴雨天停止灌溉，冬季隔一天灌溉1次。

（蒋卫杰）

畸形果 misshapen fruit; deformed fruit 偏离植物种或基因型正常果实形状的果实。不包括为商业或特殊目的人为刻意改变果实形状的果实，如方形西瓜等。畸形果不仅外观品质差，内在品质也往往下降，严重者完全失去商品性。造成畸形果的原因众多，可分为内因和外因。内因包括品种特性、花芽分化不良、受精不良、果实激素分布不均、缺素等。外因包括冻害、高温、病虫害、机械伤、病毒感染、栽培环境和措施等。

内因 畸形果的发生频率和程度与果树的种类或品种密切相关，产生的原因主要有两个：①果树花芽分化过程中子房发育不良导致先天畸形，如在核果类果树上常出现的“连体果”和“子母果”。②坐果后果实发育过程中部分果肉细胞的异常分裂或膨大造成的果肉异常生长（包括生长过度或停滞），从而改变果实的外观。有些果树虽然有良好的花芽，但花期由于低温或其他原因授粉受精不良，导致果实中种子分布不均衡，不同部位的果肉细胞分裂和膨大不同，从而造成果型不正，如苹果和梨等多心皮果实常出现果实两侧高低不一。果肉中矿质元素的缺乏也可以引起畸形果，特别是缺硼可以导致梨、苹果、柑橘、草莓、油橄榄、番木瓜等多种果实的部分肉质停止发育或海绵状，从而引起果实外观变得凹凸不平，俗称“猴头果”。

外因 除了果实内部的因素外，外因也是造成果实外观畸形的原因。幼果期的霜冻会造成果实组织的伤害，从而影响外观和果型。秋季的低温、短日照和干燥的天气，可能是草莓鸡冠果或扁形果形成的原因。病毒感染果树后造成果实变形，如梨石痘病毒、苹果绿皱缩果病毒等均可导致相应果实凹凸不平。李痘病毒可以感染桃、李、杏等核果类果树，轻者造成果实表面不着色和环形斑，重者则使果实变得凹凸不平。一些真菌病害如苹果和梨的黑星病、梨锈病等除了造成果实表面疤痕外，也会造成一定程度的果实变形。黄龙病不仅造成柑橘类果实不退绿，而且也会造成果实变形。昆虫危害特别是椿象叮咬果实后造成被咬部位果肉坏死停止生长，从而形成“猴头果”。

栽培措施和栽培环境也是造成果实畸形的重要因素。肥料供应不足造成树体缺素，从而影响果实发育造成果实外观的变化。大棚栽培条件下，高温和UV-C处理（波长为200～280纳米的紫外光照射）可以显著增加草莓畸形果率，而释放蜜蜂进行辅助授粉和疏果能够降低畸形率。一些激素的使用也可能引起果实畸形，如疏果剂萘乙酸（NAA）可以引起苹果果型变化；氯吡苯脲（CPPU）作为膨大剂，可显著增加多种果实的畸形果率。另外，果园除草剂的不恰当使用也可造成果实严重变形，特别是对低矮的草本果树如草莓等更易受害。

（滕元文）

《汲江煎茶》 *A Poetry of Taking the River Water to Boil Tea* 七言律诗。中国北宋苏轼作。苏轼（1037～1101），北宋文学家、书法家、美食家、画家，历史治水名人。字子瞻，一字和仲，号铁冠道人、东坡居士，世称苏东坡、苏仙、坡仙。眉州眉山（今四川省眉山市）人。

诗为：“活水还须活火烹，自临钓石汲深清。大瓢贮月归春瓮，小杓分江入夜瓶。茶雨已翻煎处脚，松风忽作泻时声。枯肠未易禁三碗，坐听荒城长短更。”

苏轼一生爱茶，在煎茶饮茶方面深得独到之秘，对茶叶、水质、器具、煎法都颇讲究，一生写过多首经典咏茶诗词。此诗是诗人流放海南儋州所作。作者身处地老天荒的穷乡僻壤，以月夜煎茶独品的方式来滋润饱受创伤的身心。荒寞的意境、凄凉的心境，写来细腻而洒脱。特别是“大瓢贮月归春瓮，小杓分江入夜瓶”之句，充分展现出苏东坡的浪漫之思、豪放之情、瑰丽之想。宋代诗人杨万里对这首煎茶诗给予高度评价：“七言八句，一篇之中，句句皆奇；一句之中，字字皆奇，古今作者皆难之。”

（刘伟华）

极性 polarity 植物生长发育或物质交流特异的方向性。植物体内许多物质存在极性运输，如生长素由物理顶端向下极性运输。另一类极性表现为植物的向性生长，如向光性指植物器官常迎着光照的方向生长，引起生长弯曲，称为正向光性；有时植物也表现为背着光照方向生长，称为负向光性。向重力性指植物根的生长常朝向地球引力的方向。向水性也是植物常见的极性生长现象，当植物根系一侧的土壤较干旱，而另一侧土壤含水量较适宜时，土壤湿度较适宜一侧植物根的生长则较干旱一侧加强。（张新忠）

荠菜 shepherds purse; *Capsella bursa-pastoris* 十字花科荠菜属一二年生草本植物。又称护生草、菱角草、地米草、扇子草。以嫩叶供食用。荠菜原产于中国，遍布世界温带地区。中国自古野生采食，最早的记载见于2000多年前的《诗经》。20世纪初在上海开始人工栽培。

形态和类型 根系分布浅，须根不发达。根出叶塌地丛生，广披针形至长椭圆形或羽状分裂，叶面被绒毛，叶柄具叶翼。总状花序，顶生或腋生，花小、白色。短角果，倒三角形、扁平。种子极小，卵圆形，黄色，千粒重0.09克。喜冷凉、湿润，耐寒性强；喜晴朗天气。荠菜按不同叶形有板叶和花叶之分，前者耐热、高产，后者耐抽薹。

栽培 荠菜对土壤要求不严，采用种子繁殖。以秋季露地栽培为主，7月下旬至10月播种，9月至翌年3月下旬收获；也可进行陆地春播或保护地冬春季栽培。

图1 荠菜

图2 荠菜的花

图3 采收的荠菜

用途 荠菜营养价值很高，富含胡萝卜素（约3.2毫克/100克鲜样）和钙（约420毫克/100克鲜样）等。具有利尿、止血、止痢、清热及明目等保健功效。荠菜味道清香甘甜，炒食、煲羹汤、做菜馅、包馄饨、凉拌、煮菜粥等均可。

（王德槟 郭世荣）

檵木 Chinese fringe flower; *Loropetalum chinense* 金缕梅科檵木属灌木。有时为小乔木。檵木分布于中国中部、南部及西南各省。亦见于日本及印度。喜生于向阳的丘陵及山地，亦常出现在马尾松林及杉林下，是一种常见的灌木，唯在北回归线以南未见其踪迹。

多分枝，小枝有星毛。叶革质，卵形，长2～5厘米，宽1.5～2.5厘米，先端尖锐，基部钝，不等侧，上面略有粗毛或秃净，干后暗绿色，无光泽，下面被星毛，稍带灰白色，侧脉约5对，在上面明显，在下面突起，全缘。叶柄长2～5毫米，有星毛。托叶膜质，三角状披针形，长3～4毫米，宽1.5～2毫米，早落。花3～8朵簇生，有短花梗，白色，比新叶先开放，或与嫩叶同时开放，花序柄长约1厘米，被毛。苞片线形，长3毫米。萼筒杯状，被星毛，萼齿卵形，长约2毫米，花后脱落。花瓣4片，带状，长1～2厘米，先端圆或钝。雄蕊4个，花丝极短，药隔突出成角状。退化雄蕊4个，鳞片状，与雄蕊互生。子房完全下位，被星毛。花柱极短，长约1毫米。胚珠1个，垂生于心皮内上角。蒴果卵圆形，长7～8毫米，宽6～7毫米，先端圆，被褐色星状绒毛，萼筒长为蒴果

图1 檵木

图2 檵木的叶

图3 檵木的花

图4 檵木的果实

的2/3。种子圆卵形，长4～5毫米，黑色，发亮。花期3～4月。

常见栽培变种有红花檵木（*Loropetalum chinense* var. *rubrum*），叶与原种相同，花紫红色，长2厘米。分布于中国湖南长沙岳麓山，多栽培。

檵木可供药用。叶用于止血，根及叶用于跌打损伤，有去瘀生新功效。

（包满珠　傅小鹏）

加工品质　processing quality　蔬菜产品适宜加工的特性。加工品质主要由加工过程中的营养指标、感官指标和质地参数三部分的变化情况来评价。①营养指标。加工过程中营养物质的损失程度，如碳水化合物、蛋白质和氨基酸、脂肪、矿物质和维生素等有益物质的保留或损失，以及亚硝酸盐等有害物质的产生。②感官指标。加工过程中形状、颜色、光泽、汁液、脆度等方面的变化。③质地参数。加工过程中坚实度、硬度、软度等方面的变化。

（叶志彪）

加拿利海枣　Canary Island date palm; *Phoenix canariensis*　棕榈科海枣属高大乔木。又称加拿利刺葵。加拿利海枣原产于非洲西北部的加拿利群岛（又译加那利群岛）。中国长江以南引种栽培。

茎干粗壮高大，高可达15米左右，径粗50～100厘米，有老叶痕。大型羽状复叶聚生于顶端，长6米，羽片多，排列整齐或成对排列，小叶基部对折，基部小叶坚硬呈针刺状。雌雄异株。圆锥花序长1.0～1.5米，花小，黄色。浆果，果实卵状球形至长椭圆形。种子长椭圆形，长1.5～2.0厘米，一侧有槽沟，两端钝圆。花期5月上旬，果期9～10月。喜温暖潮湿、光照充足的环境，对土壤要求不高，具有很强的耐盐能力。成年树耐旱，并能耐－12℃的低温，是一种抗性极强的园林绿化景观树种。常见病害有褐斑病、萎缩病、叶斑病等，虫害有椰心叶甲、二点象、红棕象甲。

图1　加拿利海枣

图2　加拿利海枣的茎

图3　加拿利海枣的叶

图4　加拿利海枣的花

图5　加拿利海枣的果实

加拿利海枣树形优美壮观，适宜热带地区栽培作观赏树，列植于道路两侧、大型建筑物前或作为草坪的点缀。

（刘　勐）

加性效应　additive effect　在多基因决定的数量性状中，各基因独自产生的效应。控制数量性状的等位基因之间不存在显隐关系，或非等位基因之间不存在上位效应，因而不同基因对性状表型的遗传效应值（基因型值）均表现为可累加性。例如，某数量性状受两对等位基因控制，a的基因型值为1，其等位基因A的基因型值为2；b的基因型值为2，其等位基因B的基因型值为4；则aabb、AaBb和AABB的基因型值分别为6、9和12。果树作物的许多数量性状往往由微效多基因控制，对于加性效应为主的数量性状，杂种后代的表型分离常表现为正态分布，后代表型平均值与中亲值相等或相近。

（张新忠）

嘉兰　flame lily; *Gloriosa superba*　百合科嘉兰属攀缘植物。又称变色花。嘉兰产于云南，也分布于亚洲热带地区和非洲。生于海拔950～1250米的林下或灌丛中。

根状茎块状、肉质，常分叉，粗约1厘米。茎长2～3米或更长。叶通常互生，有时兼有对生的，披针形，长7～13厘米，先端尾状并延伸成很长的卷须（最下部的叶例外），基部有短柄。花美丽，单生于上部叶腋或叶腋附近，有时在枝的末端近伞房状排列；花梗长可达10～15厘米；花被片条状披针形，反折，由于花俯垂而向上举，基部收狭而多少呈柄状，边缘皱波状，上半部亮红色，下半部黄色。花期7～8月。

喜温暖、湿润气候，适宜富含有机质，

图1 嘉兰

图2 嘉兰的叶先端尾状并延伸成卷须

图3 嘉兰的花

图4 嘉兰的果实

排水、通气良好，保水力强的肥沃土壤，在密林及潮湿草丛中生长良好。

温暖的南方可以露地栽种，北方多作盆栽，用于布置庭院、阳台、居室等处。也可将花朵制作胸花或者搭配其他花卉做成花束。

（陈己任）

嘉茗1号 Jiaming 1; *Camellia sinensis* var. *sinensis* cv. *Jiaming* 1 原产于中国浙江省永嘉县罗溪乡，由茶农单株选育而成的茶树无性系品种。又称乌牛早。1988年由浙江省茶树良种审定小组认定为省级品种。在浙江、江西、江苏、陕西等省有栽培。

无性系，灌木型，中叶类，特早生种。植株中等，树姿半开张，分枝较稀。叶片呈水平状着生，椭圆或卵圆形，叶色绿，有光泽，叶面微隆起，叶身稍内折，叶缘微波，叶尖钝尖，叶齿浅中，叶质软。花冠直径3.2～3.3厘米，花瓣白色6瓣，子房茸毛中等，花柱3裂。

春季萌发期特早，芽叶生育力强，持嫩性强，芽叶绿色，茸毛中等，一芽三叶百芽重55.0克。春茶一芽二叶含茶多酚13.1%、氨基酸4.7%、咖啡碱2.4%、水浸出物48.2%。产量高，每亩可达150千克。适制绿茶。适应性强，扦插成活率高。

（王丽鸳）

假槟榔 king palm; *Archontophoenix alexandrae* 棕榈科假槟榔属常绿乔木。又称亚历山大椰子。假槟榔原产于澳大利亚。中国福建、台湾、广东、海南、云南等热带、亚热带地区引种栽培。

茎干挺直，高达25米，茎粗可达20～30厘米，有明显的环纹和长的冠茎。羽状复叶，长达2米。羽片多数，整齐排列于叶轴上，形成平面。叶表面绿色，背面有灰白色鳞片。叶柄上面有凹槽。雌雄

图1 假槟榔

图2 假槟榔的叶

图3 假槟榔的果实

同株。花序长约90厘米，多分枝。果球形，成熟时为红色。种子球形，被纤维包裹。喜温暖潮湿、光照充足的环境，对土壤要求不严格，耐干旱，适应性较强，以肥沃湿润的壤土为佳。生性强健，病虫害发生较少。

假槟榔常用于道路、生活小区、庭院等场所的绿化和美化，是营造热带、亚热带风光的代表性风景园林树种。

（刘 勐）

假连翘 golden dewdrop; *Duranta repens* 马鞭草科假连翘属多年生常绿小灌木。假连翘原产于南美热带地区。有花叶假连翘（*D.*‘Variegata’）、黄叶假连翘（*D.*‘Golden Leaves’）等品种。

图1 假连翘

叶对生，边缘有锯齿。枝上有小刺，枝条下垂。小花蓝紫色，非常美丽。果实金黄色，光滑圆润。喜温暖、阳光充足的环境，不耐寒。在肥沃的砂质土壤中生长较好。主要采用扦插繁殖。病虫害较少，主要病害有叶斑病，虫害有蚜虫、日本龟蜡蚧、斜纹叶蛾等。

假连翘枝条细密，分枝能力强，耐修剪。中国南方地区广泛栽培，在园林中可

图2 假连翘的叶

图3 假连翘的花

图4 假连翘的果实

作绿篱、花廊等，也可修剪成各种造型或栽植于**花坛**、**花境**。

（刘　勐）

假龙头 false dragon head; *Physostegia virginiana* 唇形科假龙头花属多年生宿根草本花卉。又称随意草、囊萼花、棉铃花、伪龙头、芝麻花、虎尾。假龙头原产于北美洲。其小花密集，如将小花推向一

图1 假龙头

图2 假龙头的叶

图3 假龙头的花

边则不会复位，因而得名随意草。

花茎丛生而直立，四棱形，株高可达0.8米。单叶对生，披针形，亮绿色，边缘具锯齿。穗状花序顶生，长20～30厘米。每轮有花2朵，花筒长约2.5厘米，唇瓣短，花茎上无叶，苞片极小。花萼筒状钟形，有三角形锐齿，上生黏性腺毛，唇口部膨大，排列紧密。花色有粉色、白色。夏季开花，花期8～10月。

假龙头花色艳丽，花穗大且整齐一致，花期长，开花后修剪可二次开花。抗寒性强，在华北地区不加任何防护即可安全露地越冬。适用于大型盆栽或切花，栽培管理简易。宜布置**花境**、**花坛**背景或在野趣园中丛植。

（王　雁）

假植 heeling in 苗木栽植或出圃前的临时保护性措施。掘取的苗木如不立即种植，则暂时将其集中成竖或排壅土栽植在无风害、冻害和积水的小块土地上，用湿润的土壤对根系进行暂时的埋植处理，以免失水枯萎，影响成活。假植最重要的步骤是除去一部分枝叶，减少水分蒸腾，延长植物寿命，提高成活率。去除枝叶的多少要根据植株的根部损伤程度来决定，损伤得越严重，枝叶相应去得越多；反之则保留较多的枝叶。一般情况下，树木越粗，气温越高，去除枝叶越多，直根性植物比须根性植物去除枝叶多。

假植可分为临时假植和越冬假植两种。①临时假植。适用于假植时间短的苗木。选背阴、排水良好的地方挖一假植沟，沟的深宽各为30～50厘米，长度依苗木的多少而定。将苗木成捆地排列在沟内，用湿土覆盖根系和苗茎下部并踩实，以防透风失水。②越冬假植。适用于在秋季起苗，需要通过假植越冬的苗木。在土壤结冻前，选排水良好、背阴、背风处挖一条与当地主风方向垂直的沟，沟的规格因苗木大小而异。假植一年生苗一般深宽各30～50厘米，大苗还应加深，迎风面的沟壁做成45°的斜壁，然后将苗木单株均匀地排在斜壁上，使苗木根系在沟内舒展开，再用湿土将苗木根和苗茎下半部盖严并踩实，使根系与土壤密接。沟内土壤湿度以其最大持水量的60%为宜，即手握成团，松开即散。一般覆土厚度在20厘米左右，土壤中不能夹杂草、落叶等易发热的物质，以免根系受热发霉，影响苗木的生活力。边起苗边假植，保持根系水分，以提高成活率。

（吕英民）

假质量性状 pseudo-qualitative trait 性状表达至少有部分是连续的，但其变化范围是多维的一类植物性状。假质量性状是植物新品种DUS（Distinctness, Uniformity and Stability；特异性、一致性和稳定性）

测试中的三类性状（假质量性状、质量性状、数量性状）之一，例如花蕾形状、花瓣形状、花瓣颜色、柱头颜色等属于假质量性状。假质量性状的不同表达状态是从代码“1”开始连续编号，而且经常没有上限。如花蕾形状的分级用连续的数字代码表示，可分为长卵形（1）、卵形（2）、卵圆（3）、扁球形（4）和球形（5）；花瓣的颜色性状可分为白色（1）、粉色（2）和红色（3）。假质量性状的一致性表现较好，稳定性也好，不易受环境条件影响。

（彭建营）

槚　Jia　中国茶的名称。《尔雅》：“槚，苦荼也。”郭璞注：“树小似栀子，冬生叶可煮作羹饮，今呼早采者为荼，晚取者为茗。一名荈，蜀人名之苦荼。”自茶被发现以来，因不同树型、不同民族、不同地域及不同时代和对茶的不同认识，形成了不同的字形、字义和读音。陆羽《茶经》：“其字，或从草，或从木，或草木并。其名，一曰茶，二曰槚，三曰蔎，四曰茗，五曰荈。”其原注：“周公云：‘槚，苦荼。’”

（于良子）

嫁接亲和力　grafting compatibility　砧木和接穗形成层密接后能否愈合成活和正常生长结果的能力。砧穗间亲和力的大小取决于两者的亲缘关系、内部组织结构和生理活性的相近程度。其物质基础在于砧木和接穗结合部分形成层细胞的再生能力，向内形成新的木质部，向外形成新的韧皮部，最后砧木和接穗间维管束组织相连接。而接穗和砧木的细胞仍保持各自原个体的基因型和相关特性。嫁接亲和力是决定嫁接成活的主要因素，是嫁接繁殖和栽培成功的先决条件，它与果树的生长、结实、果实品质以及树体寿命等关系密切，掌握砧穗亲和力的情况，可以选择适宜的砧穗组合，达到经济栽培目的，并能促进野生和新兴砧木的开发利用。

嫁接亲和力的表现　园艺学上以嫁接亲和力的有无或强弱来表示。砧木和接穗能愈合成活，并能长期正常地生长结实，达到经济生产目的，就是亲和力良好的表现；嫁接后凡表现愈合不牢固或愈合后生长很差，接穗叶片先期变色脱落，以及果实发育不正常，出现生理病害等情况，都是嫁接不亲和或亲和力不强的表现。通常对嫁接亲和状态应进行综合判断，具体包括：嫁接是否成活，成活的接芽是否萌发，生长有无异常表现，砧穗粗细是否一致，结合部愈合状况、牢固程度、有无肿瘤形成，输导组织对接是否完好，秋季叶片有无提前变红、落叶以及结果是否正常等。一般把砧穗的亲和表现分为三种：①砧穗亲和。嫁接成活后接口愈合很好，植株生长正常，砧木、接穗粗细一致，接口处不形成肿瘤，只有根据树体表皮不同纹理和颜色才能分辨出愈合的痕迹。解剖观察砧穗双方输导组织对接整齐一致，结果正常。②暂时亲和。嫁接树能存活一段时间，但经过几年或几十年后仍会枯死。在砧木和接穗间产生栓化物质，结合面平滑，砧穗容易完整分离，嫁接口容易折断，生长异常，地上部发芽延迟，根系分布深度变浅，树冠变小，秋季叶片提前变色，新梢先端落叶早或表现为缺素症，枝弱甚至枯死。③不亲和。接后接穗干枯死亡或不发芽，或发芽后生长极弱，随即枯死。

嫁接不亲和的影响因子　嫁接不亲和的影响因子主要有：①亲缘关系。通常亲缘关系愈近，嫁接亲和力愈强。同种内的不同类型、品种间相互嫁接，很少有不亲和的问题，同属异种间嫁接也易亲和，同科异属间嫁接有时也能成功，如枳壳砧嫁接柑橘、石楠砧嫁接枇杷、榅桲砧嫁接西洋梨都是属间嫁接。而科间嫁接在实践上均未见成功。多倍体不同生态类型的砧木，常有嫁接不亲和现象。②植物组织差异。主要是砧穗双方的输导组织、形成层及薄壁细胞的大小等组织结构的相似程度。凡是砧木和接穗双方在结构上相近的就能相互适应，各个组织之间连接密切，亲和力就高；反之，则嫁接成活率低或成活后生长不良。砧穗组织的差异容易导致两者的生长速度不一，最终出现“大脚”或“小脚”。枝条髓部太大（如核桃）也会影响嫁接亲和力。③病毒。砧穗一方带有病毒、病毒复合物或类菌质体，会使另方受害，以致死亡。如苹果高接后2～3年，有的植株长势开始变弱，树皮出现龟裂，木质部呈现痘点或坏死，已证明为褪绿叶斑病毒和茎痘病毒所引起的高接病。④生理机能和生化反应的差异。砧穗二者对营养物质的吸收、合成、代谢以及酶活性上的差异，也会造成双方不亲和。如苹果嫁接中，凡韧皮部中蛋白质和酶相似的组合，亲和力就强。梨和榅桲的嫁接中，榅桲根部含有的樱桃苷进入梨接穗后分解为氰氨酸，能破坏形成层和接口上部的韧皮部，妨碍砧穗水分、养分运输，导致植株死亡。由于梨的不同品种降解樱桃苷的能力不同，因此亲和力也存在差异。研究表明，用硝酸钾溶液原生质分离法测定细胞渗透压，当砧木的渗透压高于接穗的渗透压时，不产生生理反常现象，如日本梨渗透压0.3～0.5摩尔，嫁接在渗透压0.7～0.8摩尔的杜梨砧上，表现良好；反之，就会出现生理障碍。桃砧嫁接杏生长不良，而杏砧嫁接桃则能正常生长，可能与两者的根系活动早晚差异有关。此外，含有树脂、单宁（如柿）和易产生流胶的植物愈合也较困难。

克服不亲和的方法　克服不亲和的方法主要有：①利用二重接。生产上常采用对砧木和接穗双方都亲和的品种作为克服不亲和的媒介，这类品种称为中间砧。在一些国家，榅桲是西洋梨很好的矮化砧木，但与有些西洋梨品种间常存在不亲和，如用与榅桲亲和的西洋梨品种作中间砧进行二重接，能很好地解决两者不亲和的问题。在中国，利用西洋梨哈蒂品种作中间砧，已成功培育成矮化的中国梨树。②脱除病毒。当清除了带毒砧穗组织中妨碍亲和的病毒后，就能很好地克服嫁接不亲和现象。

嫁接亲和力的应用与展望　在选择新的嫁接组合时，应进行亲和力的鉴定。园艺育种学家从多方面探讨了砧穗间亲和力的预测方法用于指导砧穗选配。前期主要是依据分类上的种属亲缘关系来确定，但由于种或品种的特异性，这种砧穗选配方法具有较大的变数和不确定性。采用解剖技术预测砧穗亲和力，依据砧穗双方形成层薄壁细胞的大小以及组织结构的相似程度，结合砧木和接穗的形成层细胞生长速率和生长周期性，可以判定是否亲和以及亲和力强弱。随着细胞生物学和分子生物学研究的深入发展，基于全基因组扫描的脱氧核糖核酸（DNA）分子标记技术，已广泛应用于遗传图谱构建、杂种及品种鉴定、图位克隆、分子标记辅助育种等方面，具有被应用于砧穗亲和性鉴定的潜力。而同工酶是基因表达的生化标记，也可以反映机体代谢的活跃程度。一些学者依据酶谱的相似性，采用同工酶技术，成功地对柑橘、苹果、葡萄柚等树种适宜砧穗配置进行了早期预选。在试管内进行微嫁接的技术也被用于亲和力的鉴定和早期预测，具有周期短、占用空间少、见效快、研究结果可靠性强等优点，在桃、李、梨、柑橘、猕猴桃等果树上多有探索。

（陈清西）

嫁接杂交　grafting hybridization　通过嫁接技术，可使果树砧木或接穗发生脱氧核糖核酸结构的改变，并能稳定遗传的一种伪科学的说法。对于果树嫁接杂交有两种传闻：①果树或其他植物不同品种通过嫁接，使砧木中的遗传物质传递到接穗，整合到接穗基因组中，并能稳定遗传的现象。②两份材料嫁接后，在嫁接口处发生遗传物质交换产生的遗传变异类型。但是，尚未发现发生嫁接杂交的直接证据，因而基本可以认定嫁接杂交的说法是伪科学。

嫁接是果树等植物常用的无性繁殖技术，虽然砧木和接穗的许多性状均受到嫁接的影响而发生改变，但即使经过若干无性世代的嫁接繁殖，接穗和砧木均仍能良好地保持各自的品种特性。研究发现，植物嫁接复合体的砧木和接穗之间不仅存在水、矿物质、碳水化合物、蛋白质和次生代谢物的交流，也存在核糖核酸（RNA）的单向或双向运输，但仍未发现砧木或接穗因嫁接而发生脱氧核糖核酸（DNA）结构的改变并能稳定遗传的证据。

（张新忠）

《煎茶七类》 *Calligraphy Work: to Brew Tea*　茶事书法。中国明代徐渭作。徐渭（1521～1593），字文长（又字文清），号天池山人、青藤道士等，山阴（今浙江绍兴）人，明代杰出的书画家和文学家。徐渭自称："吾书第一、诗二、文三、画四。"如此的评价，可见他对自己的书法是相当自信的。后来的人也称其"八法之散圣、字林之侠客"，评价也不可谓不高。徐渭的书法多作行、草书，除了师法晋唐名家外，主要汲取了宋代米芾、黄庭坚及元代倪瓒之神韵，由此而表现出自己的艺术性格。他的传世作品多为56岁以后所作。

徐渭对茶文化做出的贡献也是杰出的，他不仅写了很多茶诗，还依陆羽之范，曾撰有《茶经》一卷（已佚）。徐渭一生坎坷，晚年狂放不羁，孤傲淡泊，他的艺术创作也反映了这一性格特征。他的书画作品中有关茶的并不多，而行书《煎茶七类》艺文合璧，带有较明显的米芾笔意，笔画挺劲而腴润，布局潇洒而不失严谨，与他的另外一些作品相对照，多存雅致之气，是茶文化和书法艺术研究的宝贵资料。行书《煎茶七类》藏于北京荣宝斋。此外也有刻帖，原石遭流散，20世纪60年代初部分被发现，藏于浙江上虞博物馆，成为《天香楼藏帖》的一部分。

（于良子）

减压贮藏　hypobaric storage　将果蔬置于耐压密闭的容器中，通过真空泵抽出容器内的部分空气，使内部气压降至一定程度，同时在整个贮藏期间，通过压力调节器和加湿器不间断地输送新鲜、潮湿的空气，使整个系统不断地进行气体交换，并维持贮藏容器内压力的动态恒定以及一定的湿度环境的贮藏方法。又称低压贮藏、负压贮藏。1967年美国科学家S.P.伯格创立了减压贮藏理论并发明了该技术，可应用于生鲜果蔬、食用菌、花卉、肉禽产品、水产品等的保鲜贮运。

原理　减压贮藏为生鲜园艺产品营造持续不间断的"低压、高湿、换气"或"低压、低温、高湿、换气"的贮藏环境。由于贮藏容器内空气减少，氧分压低，较大程度地抑制了果蔬的呼吸强度，少量生成的乙烯也随换气不断被排出，延缓了果蔬的后熟和衰老进程。这不仅可以减少糖、酸及维生素等的损失，而且果实硬度也较少变化，从而延长果蔬的保鲜期。如枇杷在2～4℃、20～30千帕可贮藏49天，冬枣在−1±1℃、25.3～86.1千帕可贮藏100天。

减压结束后取出果蔬置于空气中时，最初产生香气少，在室温存放一定时间后，可达到果实固有的风味，同时呼吸强度仍然较低。乙烯的发生量最初升高，随后也维持在较低水平，可延长果蔬货架期。

特点　减压贮藏具有快速减压降温、快速降氧、快速脱除有害气体成分（如乙醇、乙醛等）的特点。在减压条件下，果蔬的田间热、呼吸热等随真空泵的运行被排出，从而降温迅速；空气中的各种气体组分分压均相应地迅速下降，故氧分压也迅速降低，克服了气调贮藏中降氧缓慢的不足。同时，减压造成果蔬组织内外产生压力差，使果蔬组织内的气体成分向外扩散，避免了有害气体对果蔬的毒害作用。减压贮藏还具有抑制果蔬表面真菌、昆虫生长的作用。

减压贮藏换气频繁，易使果蔬失水萎蔫，因此减压贮藏要特别注意湿度控制，最好在通入气体时增设加湿装置。减压贮藏虽然较一般气调贮藏有改进，但贮藏设备成本较高，技术参数要求严格，多在高档果蔬的贮运中应用。

（胡位荣）

简单引种　simple introduction　将果树在基因型适应范围内迁移的行为。简单引种与驯化引种相对应。与驯化引种相比，在简单引种过程中，植物未发生遗传适应性改变。引种植物能在引种地正常生长、发育和繁殖后代是引种成功的基本要求。在原分布区与引入地区的自然条件差异较小，或因引种植物适应范围较广而导致遗传适应性不改变也能适应新的环境条件的情况下，简单引种容易取得成功。此外，简单引种也包括利用设施使引入植物能正常生长发育和开花结果。

果树简单引种的材料可以是苗、枝、芽或其他无性繁殖材料。简单引种方法可概括为"少量引种，多点试验，全面鉴定，摸索规律，加速繁育，逐步推广"。引种过程中对引种材料要严格进行检疫，同时建立登记制度。

（张志宏）

简易贮藏　simple storage　将园艺产品存放于简易条件下，以延长其贮藏寿命和保持产品品质的贮藏方法。简易贮藏简单易行、设施构造简单、建造材料少、修建费用低廉，具有利用当地气候条件、因地制宜的特点，在缓解产品供需上亦能起到一定作用。简易贮藏在中国及其他一些发展中国家的水果和蔬菜产区应用普遍，在水果和蔬菜的总贮藏量上占有较大比重。

基本形式　简易贮藏包括堆藏、沟藏（埋藏）和窖藏三种基本形式，以及由此衍生的假植贮藏和冻藏，还包括切花的干包装贮藏。虽然简易贮藏产品的贮藏寿命不长，但对于某些种类的园艺产品却具有特殊的应用价值，如沟藏适用于萝卜，冻藏适用于菠菜，假植贮藏适用于芹菜、花椰菜，窖藏适用于马铃薯、红薯、大白菜、苹果、梨等，堆藏或垛藏适用于白菜、洋葱。

温度管理　不论采用哪种简易贮藏方式，在温度管理上都有降温和保温两个方面的要求。如果贮藏场所内温度过高，须设法使之迅速降低；如果外界温度过低，则须设法保持贮藏场所内的温度不过度下降。简易贮藏属于自然降温的贮藏方式，受气温变化影响很大。简易贮藏的产品堆积在地面或深入地下，又受到土壤温度极大影响。一般秋季成熟的园艺产品在贮藏初期，气温和土温从秋季到冬季在不断下降，但气温下降较快，下降幅度亦大；而土温变化则较为缓和。这段时间气温的昼夜温差很大，可达20℃以上；土壤的昼夜温差则较小，且入土越深，土温越稳定，土温下降越慢。在贮藏后期即第二年春季，气温和土温都逐渐上升，但气温上升较快，且变化剧烈；土温则上升较慢，相对稳定。气温和土温的这些特点和变化规律，决定了其对简易贮藏场所温度的不同影响。此外，简易贮藏的形式和规格不同，气温和土温所带来的影响亦各不相同。冻藏要求迅速冻结，故产品一般只摆放一层；而许多蔬菜为防止严寒时温度过低，则须保持一定的贮藏数量，以提供足够的呼吸热来抵御低温造成的伤害。例如，白菜棚窖贮藏量太少时在冬季易受冻；生姜棚窖要求贮量不少于3500千克，否则难以维持贮藏所要求的适宜温度。

调温方法　简易贮藏一般主要通过覆盖和通风来调节气温和土温对贮藏温度的影响，以此来维持贮藏产品所要求的温度和其他环境条件。①覆盖。覆盖的作用在于保温，即限制气温对产品的影响，加强土温对产品的影响，蓄积产品的呼吸热不至于迅速逸散。②通风。通风的作用正好相反，主要目的在于降温，即加强气温对产品的影响，削弱或抵消土温对产品的影响，驱散呼吸热以及其他热源带来的热量，阻止温度上升。在贮藏温度管理的实践中，要灵活应用这两种调节贮藏温度的方法，以适应气温和土温的季节变化，维持适宜的贮藏温度。沟藏是采用分次、分层覆盖的方法保持温度。窖藏是利用缩小通风面积来保持温度。覆盖和通风在实现温度调节的同时，在一定程度上起到调节空气湿度和气体成分的作用。

（程运江）

建阳白茶　Jianyang white tea　主要产地在中国福建省南平市建阳区漳墩一带的白茶。建阳白茶是福建省的传统名茶，其主要产品有白毫银针、白牡丹、贡眉和寿眉。2012年，建阳白茶被认定为中国国家地理标志证明商标。

生产历史　清朝乾隆（1736～1795）年间，由肖乌奴的高祖创制。早期白茶是以当地菜茶幼嫩芽叶采制而成，由于创制于建阳县（今南平市建阳区）漳墩南坑，因此俗称南坑白或小白；因其满披白毫，又称白毫茶。清代左宗棠（1812～1885）所称“白毫”，就是道光（1821～1850）年间由建阳水吉（今建阳区水吉镇）集散的南坑白茶。道光初年，水吉大湖岩叉山水仙茶树被发现，后来引进大白茶树品种。同治九年（1870）前后，水吉茶农以大叶茶芽制成“银针”（芽茶），并首创“白牡丹”。光绪（1875～1908）年间，香港、广州、潮汕茶商到水吉开设茶庄，经营白茶。最盛时，水吉有茶商60多家字号，其中港商21号、穗商3号、汕商3号、厦商4号。同期，地处南浦溪畔的大湖村也成为白茶的集散地。

加工工艺　建阳白茶有水仙白和小白两种，采制水仙品种制作的称为水仙白；采制菜茶品种制作的称为小白。加工工艺流程主要为：鲜叶采摘→萎凋→干燥。

品质特征　水仙白香高而浓长，滋味醇厚，叶底粗壮，汤色杏黄明亮；小白则香气悠长，滋味醇和甘爽，叶底柔软明亮。

销售区域　建阳白茶除在中国国内销售外，部分产品外销东南亚各国市场。

（李远华　叶江华）

江北茶区　tea area in north Yangtze River　中国长江中下游以北的茶叶生产区域。南起长江，北至秦岭、淮河，西起大巴山，东至山东半岛，包括甘肃省、陕西省和河南省南部，湖北省、安徽省和江苏省北部，以及山东省东南部等，是中国最北部的茶区。

该区处于北亚热带北缘，与其他茶区比较，具有气温低、积温少、降水量少、空气湿度较低和土壤pH相对较高等特点。大多数地区年平均气温在13～16℃，1月平均气温－2～5℃，极端最低气温多年在－10℃以下，有时低达－20℃；全年10℃以上的活动积温在4000～5000℃，是中国积温最少的茶区。无霜期200～250天，年降水量700～1000毫米，主要集中在夏季。空气相对湿度较低，一般在75%左右。土壤多为黄棕壤、黄壤、黄褐土和紫色土，呈弱酸或酸性，部分茶区土壤pH略高，土壤质地黏重。植被以落叶林、常绿阔叶树和针叶树混生林为主。

该区以生产绿茶为主。茶树品种多为灌木型中小叶种，群体种有紫阳种、信阳种、黄山种等，无性系良种有福鼎大白茶、白毫早、信阳10号、舒茶早、皖农95、龙井43、迎霜和陕茶1号等适制绿茶且抗寒性较强的品种。由于日照时间长、昼夜温差大，且新梢生长期相对较长，生产的绿茶滋味浓醇、香气鲜爽。生产的名茶有六安瓜片茶、信阳毛尖茶、紫阳毛尖茶、秦巴雾毫茶、霍山黄芽茶等。

该区茶树生长期短，同时由于易受西伯利亚寒流的侵袭，茶树经常受冻减产，并常有秋旱，土壤条件也不太理想，因此发展茶叶生产需要加强茶园基础设施建设，如在茶园四周营造防风林带，加强园地水土保持和抗冻措施，完善灌溉设施，增施有机肥料，选用抗寒品种，在背风向阳和土层深厚的地段发展新茶园等。

（韩文炎）

江蓠属　Gracilaria genera; *Gracilaria*　红藻门杉藻目江蓠科江蓠属植物。江蓠属约100种，海产，分布较广，除极地外均有分布。中国有20种，分布于南北各海区。生长在潮间带及大干潮线附近1～3米处的岩礁、石砾或贝壳上。在有淡水流入的平静内湾中生长更盛。

江蓠属植物体直立，丛生，少数匍匐。圆柱状或扁平叶状。体浅红色、紫红色、暗红色或微带绿色。膜质，软骨质或革质。互生，偏生或二叉式分枝。固着器盘状。藻体髓部由薄壁细胞组成，外围是较小的含有色素体的皮层细胞。体肥厚多汁，肉质或软骨质至革质。

江蓠属植物是制造江蓠琼胶的主要原料，如龙须菜是江蓠属中的一种，产于中国黄海海域。龙须菜中3,6-内醚半乳糖含量高，硫含量低，凝胶强度高，具有重要的开发应用价值，是提取琼胶的优良材料。琼胶不能人工合成，只能从产琼胶的红藻中提取，其在食品、医药、纺织、造纸、酿造、涂料、化妆品、水处理和现代生物工程中用途广泛。

（周艳虹）

江南茶区　tea area in south Yangtze River　中国长江中下游以南、南岭以北的茶叶生产区域。北起长江，南至岭南，东临东海，西接云贵高原，包括广东省、广西壮族自治区和福建省北部，安徽省、江苏省、湖北省南部，以及湖南、江西和浙江等省。

江南茶区属中亚热带、南亚热带季风气候区，春暖、夏热、秋爽、冬寒，四季分明。全年平均气温15～18℃，最高气温可达40℃以上，1月平均气温3～8℃，极端最低气温可达－16～－8℃；全区大于10℃的活动积温为5000～6000℃，无霜期230～280天；年降水量1000～1500毫米，春夏季节降水较多，秋冬季较少；夏秋季高温，易发生伏旱或秋旱；空气湿润，相对湿度在80%以上。土壤多为红壤，部分为黄壤或黄棕壤，还有少部分黄褐土、紫色土、山地棕壤和冲积土。低丘红壤土层深厚，质地黏重，结构差，有机质含量低，呈酸性和强酸性反应；但山地土壤砾石含量高、有机质丰富，结构良好，通透性好。部分土壤水土冲刷较严重，土层浅薄。植被以落叶和常绿阔叶树混生为主，也有针叶林。

该区是中国茶叶主产区。区内茶树资源丰富，茶树品种以灌木型品种为主，小乔木型也有分布。生产的茶类有绿茶、红茶、青茶（乌龙茶）、白茶、黑茶和花茶等，是全国重点绿茶产区。该区社会经济条件优越，科技力量雄厚，新育成的茶树品种很多。大面积生产种植的绿茶品种有福鼎大白茶、迎霜、乌牛早、龙井43、中茶108、白叶1号、上梅州、福云6号、浙农12号、浙农113等，群体种有鸠坑种、黄山种、杨树林茶和祁门楮叶种等。红茶品种有政和大白茶、水仙、江华苦茶、槠叶齐、安徽1号、安徽3号等。乌龙茶品种有水仙、肉桂、铁观音、毛蟹、黄棪、梅占、金观音、黄金桂和金宣等。白茶品种有政和大白茶、福鼎大白茶等。生产的名茶种类繁多，品名有数百种之多，其中著名的有西湖龙井、**洞庭碧螺春茶**、黄山毛峰、**太平猴魁茶**、**南京雨花茶**、**武夷岩茶**、**庐山云雾茶**、君山银针等，在国内外享有盛誉。

该区水热资源丰富，土壤基础好，为茶树的生长发育和高产优质创造了良好的条件。茶树种植过程中应加强茶园生态建设，茶园四周种植防护林，防止水土流失，注意抗旱和防治倒春寒等。另外，该区茶叶生产历史悠久，老茶园比重大，应有计划地更新改造、换种改植，发展优良无性系品种。（韩文炎）

姜 ginger; *Zingiber officinale* 姜科姜属多年生宿根草本植物。又称生姜。作一年生**蔬菜**栽培，以根状茎供食用。姜原产于东南亚，栽培地区主要分布在亚洲的热带至温带。

形态特征　株高60～80厘米，地上茎为假茎，由叶鞘组成，从地下根状茎两侧发生指头状分枝。根状茎肉质，黄色。叶披针形。一般不开花，在热带地区当根状茎瘦小时才抽花茎，顶端着生淡黄色花苞。

栽培　性喜温暖，植株生长适温为22～25℃，5℃以下生长停止。适宜各种土壤，但以微酸性肥沃砂壤生长最好。在热带地区，春季随时可从姜田拔取姜苗栽种，或掘出姜株分株繁殖；亚热带及温带则用根状茎作种繁殖。一般在25～28℃催芽，待芽长1～2厘米时播种。喜阴而不耐强光，出苗前后需遮阴，秋凉时拆除。

图1　姜

图2　姜的根状茎

图3　姜的花

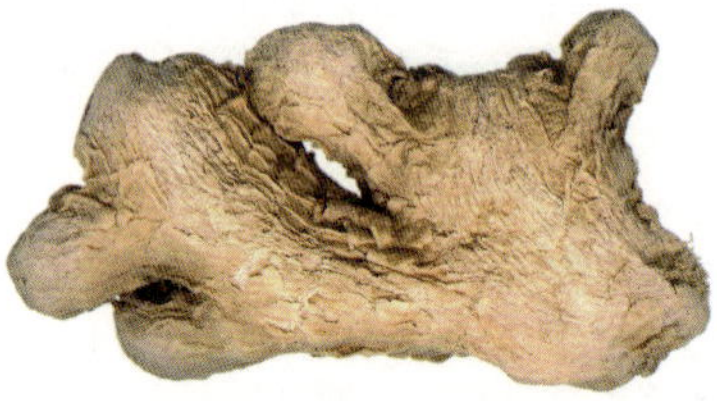

图4　姜具有独特香辣味，是重要的调味品

种姜在栽培过程中并不会烂掉，前期所含的养分用于形成姜苗；中后期又从姜苗获得养分，形成老姜。当年形成的根状茎，通称嫩姜。老姜耐贮藏，辣味浓，商品价值和调味品质均优于嫩姜。主要病害为姜腐病，通称姜瘟，可通过排水、选用无病姜块作种和轮作等防治。

用途　姜含有挥发油和姜辣素，即姜油酮（$C_{11}H_{14}O_3$）和姜油酚（$C_{17}H_{20}O_2$），具有独特香辣味，是重要的调味品。可酱渍、糖渍、制姜干和提取姜油。中医学上姜还具有健胃、祛寒、发汗和解毒等药效。

（侯喜林　张昌伟）

豇豆 cowpea; *Vigna unguiculata* 豆科豇豆属一年生草本植物。又称豆角、带豆、筷豆、䝸。以嫩荚及种子供食用。豇豆原产于西非，中国和印度是重要次生起源中心。公元前3世纪传入欧洲，广泛分布于世界各地。

形态和类型　根系较发达，具根瘤。茎有矮生、蔓生、半蔓生三种。矮生种茎蔓直立，花芽顶生；蔓生种茎蔓节间较长，生长旺盛，长达3米以上；半蔓生种生长中等，蔓长1～2米，茎蔓均呈左旋性缠绕。基生叶为对生单叶，以后的真叶为三出复叶，互生。总状花序，矮生种花序侧生和顶生，半蔓生和蔓生种花序侧生，花为蝶形花，自花传粉，每花序一般结荚1～2对。荚果有淡绿、深绿、紫红或间有花斑等色，长10～90厘米。种子肾形，红色、黑色或红白、黑白相间。

栽培豇豆有3个亚种：①矮豇豆（*V. catjang*）。属矮生、硬荚类型，荚果小，朝上直立，长7～13厘米，种子很小。②普通豇豆（*V. sinensis*）。属半蔓生或蔓生类型，耐旱力和适应性较强，荚果长度在30厘米以内，下垂。③长豇豆（*V. sesquipedalis*）。属蔓生类型，荚果长30～90厘米，下垂，纤维少，肉质肥嫩。

栽培　豇豆喜温耐热，不耐霜冻，适宜生长温度为25～28℃；低于20℃，果荚发育缓慢，易出现弯曲、锈斑；高于35℃易导致受精不良。长豇豆多属日照中性植物，在中国长城以北一年一茬，长江流域可在春、夏栽培，华南则春、夏、秋均可种植；矮豇豆和普通豇豆属短日性，在南北各地均为一年一茬，可与高秆作物间作。豇豆对土壤的适应性广，但以pH5.0～7.2的砂质土及壤土为宜。

豇豆可直播也可育苗移栽，一般情况下，育苗移栽比直播增产25%～35%。播种时，种子覆土厚度为2～3厘米，然后覆盖塑料薄膜小拱棚保温。当第一对真叶露出而未展开时，即可定植到大田。种植

图1　豇豆

图2 豇豆的茎蔓

图3 豇豆的花

图4 豇豆的荚果

密度为每亩2500～3500穴，每穴3株。植株长到25～35厘米、5～6片叶时，要及时搭架引蔓（矮蔓品种除外）。豇豆主要病害有花叶病毒病、锈病、煤霉病和疫病等，主要虫害有豆蚜、豇豆荚螟、甜菜夜蛾等。

用途 豇豆嫩荚富含蛋白质、矿质元素、氨基酸、维生素C等，可作蔬菜食用；干籽粒除含淀粉外，蛋白质含量也很丰富，与米共煮可作主食，或制成豆沙作糕点馅用。茎叶既可作优质饲料，也可作绿肥。（郭世荣 束 胜）

茭白 water bamboo; *Zizania latifolia* 禾本科菰属多年生宿根水生草本植物。又称茭瓜、茭笋、菰首、篙芭。以肉质茎作蔬菜食用。茭白原产于中国。李时珍《本草纲目》中有关于茭白植物性状和栽培方法的详细描述。茭白在中国分布很广，但主要栽培省份集中在长江流域以南。

形态和类型 植株高2～2.5米，多数分蘖而丛生，每一分蘖有叶5～8片。叶片长150～180厘米，宽2.8～3.8厘米，长披针形；叶鞘长40～60厘米，各叶叶鞘自地面向上层层左右互相抱合，形成假茎。黑粉菌侵入茭白嫩茎后，刺激产生激素物质如吲哚乙酸等，能促进细胞生长，使茎尖膨大，形成肥厚的肉质茎，通称茭白。肉质茎呈纺锤形，长16～20厘米，横径2～3厘米。茭株体内无黑粉菌寄生时，不能形成肉质茎，这种茭株通称“雄茭”。有的茭株体内被黑粉菌侵入后，在肉质茎内形成大量厚垣孢子，使茭肉变成黑灰色，通称“灰茭”，不能食用。有两个栽培类型：①双季茭，在春夏之交和秋季可孕茭。②单季茭，只能在秋季孕茭。

图1 茭白

图2 采收的茭白

栽培 茭白喜温暖，气温10～20℃时萌芽，20～30℃为分蘖盛期，15～25℃为孕茭期；气温降至16℃以下时生长停滞，5℃以下时地上部分枯死。用分株法繁殖，在定植和分蘖前期应保持3～5厘米的浅水位，以提高土温促进分蘖；6～7月可把水位加深到10～12厘米，以降低土温。茭壳一侧开裂露白后即可采收，每隔2～3天采收一次。

用途 茭白肉质洁白，肉质嫩茎含有水分、蛋白质、碳水化合物、粗纤维、氨基酸等，作蔬菜食用风味鲜美。中医学认为，茭白有利尿、消渴、解毒之功效。

（别之龙）

胶南绿茶 Jiaonan green tea 产于中国山东省青岛市西海岸新区的江北绿茶。全国名优茶之一。胶南绿茶分布范围包括山东省青岛市西海岸新区（包括原胶南市）海青镇、琅琊镇、大场镇、张家楼镇、藏南镇、大村镇、六汪镇、宝山镇、理务关镇、王台镇、铁山街道、隐珠街道、灵山卫街道一带的珠山山脉、铁山山脉和藏马山山脉，辖12个镇（办事处、区）、163个村，地理坐标为东经119°30′～120°11′，北纬35°35′～36°08′。以海青镇面积最大，现为青岛市农业精品工程之一、国家级无公害茶园基地。为中国农产品地理标志产品。

青岛西海岸新区地处暖温带湿润季风气候区，四季分明，冬无严寒，夏无酷暑，春季多雾，年平均气温12.3℃，平均地温15.2℃，平均降水量798.3毫米，年均日照时数2448小时。茶树生长于自然条件优越、生态环境良好区域，东临黄海，四季分明的独特自然环境孕育了胶南绿茶。胶南绿茶分为卷曲条形、扁平剑形两种，加工工艺流程主要为：采摘→摊晾→杀青→做形→干燥。茶品叶片厚、耐冲泡，香气高、滋味浓，色黄亮、味醇和，以“豌豆香”为主要品质特征。

（丁仕波）

焦核 aborted-seeded 荔枝、龙眼的胚胎在发育过程中，胚胎中途败育而萎缩，而使果实中的种子呈极小、扁平、空瘪的状态。焦核是由于受精不完全，胚乳不发育或过早解体，导致胚在发育过程中得不到足够的营养而败育；同时，也与内源生长调节物水平和胚胎败育相关基因调控有关。焦核果种子没有生活力，而相应地果肉增厚、品质变优。荔枝、龙眼不同品种

焦核率有较大差异，其焦核率的高低能够遗传。（梁国鲁）

角堇 hybrid horned pansy; *Viola* × *williamsii* 堇菜科堇菜属多年生草本植物。又称小花三色堇。角堇既是物种 *Viola cornuta*（多年生草本，原产于欧洲南部地区，花色为纯色，花瓣较窄）的中文俗名，又指小花三色堇（*Viola* × *williamsii*）。小花三色堇为 *V. cornuta* 与大花三色堇（*V.* × *wittrockiana*）的杂交种的统称。大花三色堇本身也是一类杂交种的统称，由原种三色堇（*V. tricolor*）、黄堇菜（*V. lutea*）和阿尔泰堇菜（*V. altaica*）杂交而来。园艺行业通常将小花三色堇称为角堇。

形态特征　多年生，常作为一二年生栽培。株高10～30厘米，宽幅20～30厘米。具根状茎。地上茎短而直立，四棱，分枝能力强。叶互生，长卵形，有锯齿或分裂。花两性，两侧对称，花梗腋生，花瓣5片，花朵直径2.5～4.0厘米。花色丰富，有红、白、黄、紫、蓝等颜色，常有花斑，有时上瓣和下瓣呈不同颜色；浅色多，中间无深色圆形斑块，仅有黑色直线。果实为蒴

图1　角堇

图2　角堇的茎

图3　角堇的叶

图4　角堇的花

图5　角堇的种子

果。种子倒卵状，种皮坚硬，有光泽。花期11月至次年6月中旬。品种繁多，主要根据花色、花型等进行品种分类。

栽培与管理　喜凉爽环境，喜光照充足但忌高温，耐寒性强。栽培宜选用肥沃、排水良好、富含有机质的壤土或砂质壤土。移栽后的缓苗期应始终保持土壤湿润，缓苗后方可开始施肥。生长期每月施肥一次，开花后停止施肥。花后及时修剪残花，可促进更多花开放。一般采用播种繁殖，以秋季为宜；中国南方多秋播，北方春播。种子发芽适宜温度15～20℃，气温高于25℃会发芽不良。角堇的种子细小，播种后用粗蛭石略微覆盖，约5～8天后发芽。约30天后叶片长到3～4枚时，即可移植。病虫害主要防治炭疽病、灰霉病及蚜虫、红蜘蛛等。

用途　角堇株形小巧，花色丰富，且开花早，花期长，观赏价值高。多用于布置花坛、花境镶边等，也适合公园、绿地、庭院等路边栽培或营造林下群体景观，还是优良的家庭窗台、阳台盆栽观赏植物。（吴沙沙）

绞股蓝 gynostemma; *Gynostemma pentaphyllum* 葫芦科绞股蓝属多年生攀缘草本植物。又称七叶胆、蛇王、七叶参。绞股蓝在中国陕西、四川、重庆、云南、湖北、河南、湖南、广东、广西、福建等地均有分布。而野生绞股蓝主要分布在湖南和广西金秀县圣塘山一带。

生态条件　生于海拔300～3200米的山谷密林、山坡疏林、灌丛或路旁草丛中。年均相对湿度60%～80%，年均降水量800～1500毫米，年均温度12～20℃，1月平均温度4～16℃，7月平均温度22～30℃，不小于10℃年积温5000～8000℃，年日照时数1000～2200小时，年日照百分率25%～35%。土壤为山地棕壤、黄壤。

形态特征　茎细弱，具分枝，具纵棱及槽，无毛或疏被短柔毛。卷须生于叶腋，叶色墨绿，复叶，椭圆形小叶5～7片，有小叶柄，叶片皱缩，易破碎，边缘有锯齿。花雌雄异株。圆锥花序，长8～20厘米。果实肉质不裂，球形，径5～6毫米，成熟后黑色，光滑无毛，内含倒垂种子2粒，稍带清香、微苦。种子卵状心形，径约4毫米，灰褐色或深褐色，顶端钝，基部心形，压扁，两面具乳突状凸起。花期3～11月，果期4～12月。（韦静峰）

绞股蓝茶 dried gynostemma　采摘绞股蓝嫩叶和嫩芽，经由现代中药加工工艺与古法炒茶工艺相结合炮制而成的代用茶。绞股蓝茶是中国一种古老的中草药和常饮茶，主产于中国广西大新、宁明、龙州、金秀、荔浦等地。加工工艺流程为：采叶→杀青→揉捻→干燥。茶汤碧绿清澈，稍带芬芳清香，滋味淡微苦，入喉回甘；含有人体所需的多种氨基酸、多种维生素和微量元素。

1984年，中国开始开展对绞股蓝资源分布的调查、开发工作。经过药理、毒理及临床研究，证明绞股蓝不仅对多种癌细胞有显著的抑制作用，而且还有降血脂、降血压、降血糖、镇静、催眠、抗紧张、抗溃疡、抗疲劳、延缓衰老等功效。（韦静峰）

结果母枝 original bearing-shoot　能抽生结果枝的多年生枝条（基枝）。结果枝是由结果母枝顶芽或腋芽萌发结果的当年生枝。在果树上，能直接着生花或花序并能开花结果的枝简称结果枝。一般根据结果特点可分为三种情况：①具纯花芽的枝条，如核果类果树的果枝。②具混合芽的枝条，但混合芽发生的枝条很短，如苹果、

栗等果树的果枝。③具混合芽的枝条，其混合芽发出较长的枝条，在此枝条上开花结果，这种由混合芽发生的直接着生花或花序的枝条称结果枝或结果新梢，而着生混合芽的枝条为结果母枝。

特点　与普通结果枝相比，结果母枝一般较粗，枝龄比普通结果枝和营养枝大。不同果树结果母枝连年结果的能力不同。结果母枝抽生结果枝当年，结果枝上又形成混合芽，成为下年的结果母枝，对一个结果母枝而言表现为连年结果，否则表现为隔年结果。

在柑橘上，春、夏、秋梢都有可能成为结果母枝，但因种类、品种、树龄和地区气候条件不同，各季枝梢能够成为结果母枝的比例也有所不同。①春梢结果母枝。大多是纯花枝，很少有春梢带花，在结果母枝中是最好的保果枝条。所结的果都是卜枝与内枝果。这种母枝特点是花量大、质量高、易保果、产量高。②早夏梢结果母枝。因营养生长旺盛，枝条粗壮，通过处理后营养生长被控制的枝条可作为较好的结果母枝，亦可培养成秋梢的基础枝梢；不经处理的夏梢徒长枝上抽发的秋梢，翌年虽能形成花芽，但由于生长势旺，抽夏梢能力强，新梢与幼果争夺养分，导致大量落果。另外，所结果实多为顶花果，果大皮厚。③晚夏梢结果母枝。在春梢或早夏梢基础上抽发的迟夏梢，此类结果母枝对于大年果多抽梢难的橘树最为合适。由于养分积累充足，抽生的花多，是良好的保果枝条。果实多为长枝果、串果。④正造秋梢结果母枝。即立秋梢，所抽生的花或多或少带有春梢，即春梢带花；有些壮旺的枝条甚至只有几条春梢（不带花）或带几朵花，即半纯花枝。这样的挂果枝条最难保果，所结的果都是顶枝果或外围果。这种母枝特点是花壮、花适中，年年稳产增产要靠它。⑤晚秋梢结果母枝。是纯花枝，但与春梢纯花枝相比保果难度较大，可能与枝条营养积累不够有关，所结的果都是顶枝果或者外围果。这种母枝的特点是花量大但花弱，难保果。

培养方式　不同的枝条，培养成结果母枝的方式不一样。春梢可通过弯枝形成更多下垂条、内膛枝。夏梢不抹除，促其健壮老熟，放秋梢时少修剪，通过弯枝或自然下垂形成角度后自然抽出的下弯枝新芽为秋梢。对老熟后的夏梢进行弯枝或扭枝，结合调控营养生长，促进花芽分化。

在苹果上，结果枝组的修剪是要使强旺或衰弱的结果枝组向中庸健壮枝组转变。调整枝组长势，促使增加中短枝和果枝数量。对强旺枝组内的直立枝条要疏除、留橛重短截或压平控长促生中、短枝，对中庸果枝缓放，串花枝结果后回缩，生长弱的果枝要适时回缩更新。对衰弱结果枝组，应回缩到壮枝、壮芽处，并疏除过多花芽。适当缩剪过弱结果枝组上的弱枝，促发营养枝。对其上、中、长果枝要短截，带花的果台副梢枝也要打头。对中庸健壮结果枝组，要抑制其顶端优势，促使下部枝条保持健壮生长，多结果。

对于葡萄等**藤本果树**，结果母枝常称为结果母蔓或主蔓，常用的单干双臂形（T形）加篱壁形叶幕树形。基本骨架包括1个直立主干、2个臂（方向相反），长度视株距而定，分布在第一道钢丝上，每个臂上培养2～4个结果枝组，每个结果枝组上留1～3个结果母枝。栽植当年，苗木萌芽后选留一个生长健壮的新梢（为防止意外损伤也可保留2个），让其自由垂直沿架面向上生长，新梢超过150厘米或8月中旬截顶，促进新梢的成熟，冬季修剪时一年生枝在第一道钢丝之上保留4～6芽（视粗度而定）修剪。第二年春季萌芽前，将一年生枝沿同一方向绑缚于第一道钢丝，形成主干和主蔓。第二年春季选留适量新梢垂直沿架面生长，其中在第一道钢丝之下保留一个新梢作为另一条臂培养；冬季修剪时，将上年已形成臂顶端的一年生枝按中长梢修剪（长度不宜超过下一个植株），其余按一定距离进行短梢或中梢修剪（视品种而定），若为中梢修剪应在临近部位留2～3芽的预备枝。第三年春季萌芽后，选留一定量的新梢（间距10～15厘米，视品种而定）垂直沿架面绑缚；冬季修剪时按预定枝组数量进行修剪，即单臂上形成3～4个结果枝组，每个结果枝组上选留2～3个结果母枝进行短梢或中梢修剪，若为中梢修剪应在基部留2～3芽的预备枝1个，其余按4～6芽修剪。

（宋来庆）

结果枝　bearing branch　果树上直接着生花或花序并能开花结果的枝。简称果枝。一般是由**结果母枝**顶芽或腋芽萌发结果的当年生枝。葡萄、柿、栗、柑橘、核桃、山楂等果树的花芽为混合芽，其结果枝是指由结果母枝顶芽或腋芽萌发结果的当年生枝。柑橘类中的椪柑、朱橘等品种春梢结果后，可以发生夏秋梢，各梢段腋芽往往也可以连续萌发为结果枝。桃、杏、李、梅、樱桃、杨梅等为纯花芽，结果枝指节上着生花芽的一年生枝。苹果、梨等树种大部为顶端混合芽开花结果，结果枝形成方式与山楂、葡萄、柿、栗等类型相同，但由于结果新梢短缩肥大，习惯上把着生混合芽的结果母枝称为结果枝，把直接着生花序并结果的短缩枝称为果台，果台上抽生的新梢称为果台枝或果台副梢。枣的结果枝是当年生的枣吊。结果枝按照长度可分为长果枝、中果枝和短果枝。不同结果类型的果树，又可细分为不同的类型。

在苹果上，枝条分为叶丛枝、短枝、中枝、长枝和发育枝五类。枝长在0.5厘米以下的称为叶丛枝，0.5～5厘米的称为短枝，5～15厘米的称为中枝，15～30厘米的称为长枝，30厘米以上的称为发育枝，发育枝多数有春梢和秋梢。带有花芽的枝条为结果枝，5厘米以下的为短果枝，5～15厘米的为中果枝，15厘米以上的为长果枝。另外，有些品种在幼树期新梢上部有可利用结果的腋花芽枝。苹果的花芽萌发后先长一段短枝，随之膨大成果台，果台顶端着生花序，叶腋内可萌发1～2个枝条，称果台枝（即果台副梢），连续结果能力强的品种又能形成短果枝群。

在樱桃上，枝条上有花芽、能开花结果的这类枝条称结果枝，按其长短和特性可分为混合枝、长果枝、中果枝、短果枝、花束状果枝。①混合枝。长度在20厘米以上。中上部的侧芽全部是叶芽，枝条基部几个侧芽为花芽，这种枝条能发枝长叶，扩大树冠，又能开花结果。但枝条上的花芽发育质量差、坐果率低、果实成熟晚、品质较差。②长果枝。长度为15～20厘米。除顶芽及其邻近几个侧芽为叶芽外，其余侧芽均为花芽。结果后中下部光秃，只有顶部几个芽继续抽生出长度不同的果枝。初期结果的树上长果枝占有一定的比例，进入盛果期后比例减少。③中果枝。长度为5～15厘米。除顶芽为叶芽外，侧芽全部为花芽。一般分布在2年生枝的中上部，数量不多，也不是主要的果枝类型。④短果枝。长度在5厘米以下。除顶芽为叶芽外，其余芽全部为花芽。通常分布在2年生枝中下部或3年生枝条的上部，数量较多，短果枝上的花芽一般发育质量较好，坐果率高，是樱桃的主要果枝类型之一。⑤花束状果枝。是一种极短的结果枝，年生长量小，仅为1～2厘米，节间很短，除顶芽为叶芽外，其余均为花芽，围绕在叶芽的周围。花芽紧密成簇，开花时好像花簇一样，故称花束状果枝。这种枝上的花芽质量好，坐果率高，果实品质好，是盛果期樱桃树最主要的果枝类型。花束状果枝的寿命较长，一般可达7～10年。在初果期和生长旺的树中长、中果枝占的比例较大，进入盛果期和偏弱的树则以短果枝和花束状果枝结果为主。

葡萄等蔓生植物，结果枝不像苹果、

梨等果树那样枝条有长、中、短枝之分，枝条不会在不同时期自行停止生长，这是多年生**攀缘植物**在进化过程中形成的特性。葡萄的结果枝在春天既要进行花序分化、生长，又要进行枝、叶以及副梢枝、叶的生长。生长较旺的结果枝，枝条先端的生长往往占优势，影响花蕾和幼果的发育，因而出现落花落果、果粒大小不一致等问题。葡萄结果枝要及时进行夏季修剪，如抹芽、定梢、摘心、除卷须等工作，达到节省并集中树体养分、改善通风透光条件，保证当年高产丰收的目的。

（由春香）

接骨木 Siberia elderberry plant; *Sambucus williamsii* 五福花科接骨木属落叶灌木至小乔木。接骨木产于西伯利亚、朝鲜半岛、日本和中国东北、华北、华中等地区。生于山坡、灌丛、沟边、路旁、宅边等地。

株高达6米。茎无棱，多分枝，灰褐色，无毛。单数羽状复叶，对生，羽状复叶有小叶2～3对，有时仅1对或多达5对，小叶卵形、椭圆形或卵状披针形，先端渐

图1 接骨木

图2 接骨木的叶

图3 接骨木的花

图4 接骨木的果实

尖，基部偏斜阔楔形，边缘有较粗锯齿，两面无毛。圆锥花序顶生，边缘有较粗锯齿，两面无毛。圆锥形聚伞花序顶生，长5～11厘米，宽4～14厘米，具总花梗。花萼钟形，5裂，裂片舌状。花冠辐射状，45裂，裂片倒卵形，淡黄色。雄蕊5枚，着生于花冠上，较花冠短。雌蕊1枚，子房下位。浆果鲜红色。花期4～5月，果期7～9月。

适应性较强，耐寒，耐旱，喜光，稍耐阴。以肥沃、疏松的土壤栽培为好。根系发达，萌蘖性强。忌水涝，抗污染性强。可采用播种、扦插、分株方式繁殖。

（赵世伟）

结球甘蓝 cabbage; *Brassica oleracea* var. *capitata* 十字花科芸薹属甘蓝种中两年生草本植物。又称洋白菜、卷心菜、包菜、圆白菜、疙瘩白、大头菜、包心菜、包包菜、莲花白、椰菜、茴子白。简称甘蓝。以柔嫩的叶球为食用器官。结球甘蓝原产于地中海至北海沿岸，由不结球野生甘蓝演变驯化而来，13世纪欧洲出现了结球甘蓝类型。中国种植的结球甘蓝于16世纪中叶后通过陆路由俄国从北方和通过海路由欧洲从东南沿海传入，19世纪又从欧美国家引入许多品种。结球甘蓝适应性广、抗病性较强，产量较高、营养丰富，且易栽培、耐贮运，在中国和世界各地普遍种植，是重要的**蔬菜**。

形态和类型 根为直根系，主根基部肥大，侧根、须根较发达，形成较密集的吸收根群。茎分为营养生长期的短缩茎和生殖生长期的花茎；短缩茎又分为外短缩茎和内短缩茎（叶球中心柱），外叶着生于前者，球叶着生于后者。在不同发育阶段叶片形态不同，幼苗叶和基生叶具有明显的叶柄；莲座叶叶柄逐渐变短，直到无叶柄。当外叶生长到一定数量（一般为15～30片）后，又从短缩茎新生出叶片（称球叶或心叶），先端向内弯曲，合抱成为叶球。叶色黄绿、深绿至蓝绿，少数紫红色；叶片近圆形或倒卵圆形；叶面光滑无毛，有蜡粉。按叶片特征可分为普通甘蓝、皱叶甘蓝（叶面皱缩）及紫叶甘蓝（球叶为紫红色）。复总状花序；完全花，花萼、花瓣均为4枚，十字形排列，花冠多为淡黄色；4强雄蕊（共6枚雄蕊，其中2枚退化），雌蕊1枚。果实为长角果，圆柱形，成熟后开裂。种子圆球形，红褐色或黑褐色，千粒重3.3～4.5克。中国主要栽培的普通甘蓝均为杂交一代品种。

生长习性 生长最适温度为15～20℃，在5～10℃下也能缓慢生长。经过低温锻炼的幼苗能耐较长时间－2～－1℃或较短期－5～－3℃或极短期－10～－8℃的低温。莲座叶可在7～25℃下生长，温度超过25℃且土壤潮湿时，莲座叶易徒长而推迟结球。成熟叶球因品种表现出不同的耐寒力，早熟品种可耐短期－5～－3℃；中、晚熟品种能耐短期－8～－5℃的低温。抽薹开花期的抗寒力很弱，10℃以下影响正常结实，花薹遇－3～－1℃的低温受冻。属长日照植物，对光的适应范围广，比较耐阴。对土壤适应性强，从砂壤土到黏壤土均可种植，适于微酸至中性土壤，有一定的耐盐碱能力。在空气相对湿度80%～90%和田间最大持水量70%～80%时生长良好。由营养生长过渡到生殖生长需要通过春化，春化适宜温度为10℃以下，2～5℃完成春化更快。通过春化需要一定的植株大小和时间，一般早熟品种长到4～6片叶、茎粗0.6厘米以上，中、晚熟品种长到6～8片叶、茎粗0.8厘米以上，方可接受低温通过春化。所需低温时间因品种而异，早熟品种30～40天，中熟品种40～60天，晚熟品种60～90天；但在适宜春化的温度范围内，温度越低，春化所需时间越短。

栽培 中国除西北高寒地区外，其他

图1 结球甘蓝

图2 紫叶甘蓝

图3 结球甘蓝露地栽培

地区结合保护地栽培，基本可以实现周年供应。春季栽培宜选用冬性较强的早、中熟品种，以免发生“未熟抽薹”；夏、秋季栽培宜选用抗病、耐热的中、晚熟品种。在中国北方，露地与保护地结合可实现一年多茬栽培，分别为早春、春、夏、秋、越冬及温室甘蓝。每亩种植密度为早熟品种4000～5000株、中熟品种3000～3500株、晚熟品种2000～3000株。施肥因土壤肥力和品种而定。早熟品种生长期短，早追肥；中、晚熟品种生长期长，除基肥外，还应多次追肥。因根系较浅，外叶多，水分蒸腾量大，需水量多，整个生长期须多次灌溉，以保持土壤湿润；叶球形成后期应控制浇水，防止裂球。生长期间的主要害虫有蚜虫、菜青虫、小菜蛾、甘蓝夜盗蛾等；主要病害有病毒病、黑腐病、黄萎病等。

用途 叶球每100克鲜重含维生素C 24～60毫克，并含钙、磷等矿物质元素。球叶质地脆嫩，可炒食、煮食、凉拌、腌渍或干制。（申书兴）

桔梗 balloon flower; *Platycodon grandiflorus* 桔梗科桔梗属多年生草本植物。桔梗原产于中国北部地区及朝鲜半岛、俄罗斯远东等地区。

根肉质长圆柱形，茎直立，株高20～120厘米。叶轮生，也有对生或互生，无柄或有极短的柄，卵形或卵状披针形，叶背有白粉，叶顶端缘具细锯齿。花单生或数朵集成假总状花序，或有花序分枝而集成圆锥花序；花萼和花冠钟形。花冠蓝紫色或白色。蒴果球状，或球状倒圆锥形，或倒卵状，长1～2.5厘米，直径约1厘米。花期7～9月。耐寒。多用播种繁殖，也可分株繁殖。

图1 桔梗

图2 桔梗的根

图3 桔梗的叶

图4 桔梗的花

图5 桔梗的果实

桔梗花色淡雅，为优良**宿根花卉**，可作花境材料。根可入药或作**蔬菜**。（赵世伟）

芥菜 mustard; *Brassica juncea* 十字花科芸薹属一年生或二年生草本植物。芥菜是中国特产**蔬菜**，欧美各国极少栽培，多样性中心在中国。《礼记》有“鱼脍芥酱”的记载，可见中国早在周代已用其种子作调味品。有根芥、茎芥、叶芥和薹芥四大类，共16个变种。

形态和类型 主侧根分布在约30厘米的土层内，茎为短缩茎。叶片着生在短缩茎上，有椭圆、卵圆、倒卵圆、披针等形状，叶色绿、深绿、浅绿、黄绿、绿色间紫色纹或紫红。中国的芥菜主要有四种类型：①叶用芥菜。二年生，有11个变种，即大叶芥（var. *rugosa*）、小叶芥（var. *foliosa*）、白花芥（var. *leucanthus*）、花叶芥（var. *multisecta*）、长柄芥（var. *longepetiolata*）、凤尾芥（var. *linearifolia*）、叶瘤芥（var. *strumata*）、宽柄芥（var. *latipa*）、卷心芥（var. *involuta*）、结球芥（var. *capitata*）和分蘖芥（var. *multiceps*）。②茎用芥菜。二年生，有3个变种，即茎瘤芥（var. *tumida*）、笋子芥（var. *crassicaulis*）、抱子芥或儿芥（var. *gemmifera*）。③根用芥菜（var. *megarrhiza*）。又称大头菜。二年生。④薹芥（var. *utilis*）。又称天菜或葱菜。二年生，花茎肥大。

栽培 喜冷凉润湿，忌炎热、干旱，稍耐霜冻。适于种子萌发的旬平均温度为25℃，适于叶片生长的旬平均温度为15℃，最适于食用器官生长的温度为8～15℃；但茎用芥菜和结球芥（包心芥）食用器官的形成要求较低的温度，一般叶用芥菜对温度要求不严格。一般采用育苗移栽。幼苗受蚜虫为害可感染病毒病，常用反光银灰色塑料薄膜做成有间隔的条状小棚覆盖育苗加以防治。

图1 芥菜

图2 芥菜的根

图3 芥菜的叶

图4 芥菜的花

用途 芥菜含有硫代葡萄糖苷，经水解后产生挥发性的异硫氰酸化合物、硫氰酸化合物及其衍生物，具有特殊的风味和辛辣味。新鲜的芥菜除含硫胺素、核黄素和烟酸外，每100克鲜重约含维生素C40毫克，含氮物质12%。茎用芥菜经加工制成榨菜后，其所含的蛋白质分解成16种氨基酸，其中谷氨酸最多，故滋味鲜美，以中国重庆和浙江的榨菜最为著名。叶用芥菜如大叶芥的叶片或中肋、叶瘤芥的叶柄、包心芥的叶球、分蘖芥的分蘖以及其他类型的芥菜，都可鲜食或加工。例如四川的冬菜和芽菜、贵州的盐酸菜、福建的糟菜和腌菜、广东惠阳的梅菜、浙江的雪里蕻等就是芥菜的叶柄、短缩茎或花薹幼嫩部分的加工品；潮州咸菜是包心芥的加工品；云南大头菜则是根用芥菜的加工品。芥菜的种子可磨研成末，供调味用。

（王德槟　雷建军）

芥蓝 Chinese kale; *Brassica oleracea* var. *chinensis* 十字花科芸薹属一二年生草本植物。又称白花芥蓝。以肥嫩的花薹和嫩茎叶供食用。L.H. 贝利给芥蓝命名时，只发现了开白花的芥蓝，所以给它命名为白花芥蓝（*Brassica alboglabra* Bailey），但实际上有很多品种开黄花。芥蓝原产于中国，主要分布在广东、广西、福建、台湾等南方各地，北方大城市郊区也有栽培。已传入日本、东南亚及欧美、大洋洲等地。

形态和类型 根系浅。茎较短缩、粗壮。叶卵形至广卵圆形，叶面平滑或皱缩，灰绿色，被蜡粉，互生。花薹肉质，总状花序，花白色或黄色。异花授粉。角果。种子近圆形，黑至黑褐色，千粒重3.5～4克。

按熟性不同可分为早、中、晚熟三种类型，按薹的颜色可分为红薹芥蓝和绿薹芥蓝，按食用器官可分为薹用芥蓝、薹叶

图5 芥菜露地栽培

兼用芥蓝和叶用芥蓝，按花的颜色可分为白花芥蓝和黄花芥蓝，按叶片形状可分为圆叶芥蓝和尖叶芥蓝，按薹的粗细可分为粗薹芥蓝和细薹芥蓝，按侧薹数量可分为主薹芥蓝和侧薹芥蓝。常用的常规品种为中花芥蓝，常用的杂种一代品种有顺宝芥蓝、绿宝芥蓝、秋盛芥蓝、华芥一号等。

栽培　喜温和气候，耐热，要求充足光照。不耐旱，较耐肥，适于在湿润、肥沃、富含有机质的壤土种植。采用种子繁殖。多选择气温在15～25℃的季节栽培，夏季和冬季可进行遮阳网覆盖和保护地栽培。早熟种宜在4～8月，中熟种宜在7～8月（中国南方可延至10月），晚熟种宜在10月至翌年2月（中国南方）播种，也可育苗移栽。常有小菜蛾、菜青虫、斜纹夜蛾和黑腐病为害。

用途　芥蓝富含钾、钙和维生素C、硫苷等营养物质。可炒食、凉拌生食（先用沸水汆烫）。

（雷建军）

金佛玉翠茶　Jinfo Yucui tea　产于中国重庆市南川区金佛山国家级风景名胜区和重庆市生态农业大观园区的绿茶。重庆市南川区产茶历史悠久，据五代十国毛文锡《茶谱》记载：“涪州出三般茶，宾化（今南川）最上，制于早春。”南川自唐代以来就产饼茶，制作技术精细，饮用方法讲究，被列为贡茶，为涪州名茶之首。茶产业一直是南川农业的主导产业之一，20世纪90年代前主要加工生产红碎茶出口，是规划建设的中国红碎茶基地；90年代后，开始大力发展名优绿茶生产加工与推广，于1993年创制金佛玉翠茶。

地理环境　金佛山国家级风景名胜区和重庆市生态农业大观园区地理坐标为东经106°54′～107°27′、北纬28°46′～29°30′，海拔750～1200米。产茶区域是典型的亚热带湿润季风气候，立体气候明显，气候温和，雨量充沛；年平均温度16.6℃，年最高温度39.8℃，最低温度3℃；年降水量1185毫米，年日照时数1079小时，常年无霜期327天。土壤以黄壤为主，呈弱酸性反应，pH5.0～6.5，适宜茶树生长。特别是丘陵地区早春气候明显，茶叶比同纬度地区提早萌发10天以上。

加工工艺　金佛玉翠茶选用福鼎大白茶、巴渝特早等茶树品种为原料。采摘标准为一芽一叶初展鲜叶，要求芽叶匀整、新鲜洁净，无紫色芽叶、鱼叶、鳞片和病虫叶。金佛玉翠茶采用机械化加工，工艺流程为：摊放→杀青→揉捻→理条→做形提毫→足干→整理去杂。①摊放。用摊凉床摊凉，厚度5厘米左右，室温下摊凉4～6小时。②杀青。用30型连续滚筒式杀青机杀青，锅温控制在200～240℃，投叶量控制在25～30千克/时。③揉捻。杀青叶经快速摊凉后，用30型或40型揉捻机轻压或无压揉捻10～15分钟。④理条。揉捻叶经摊凉解块后，用11槽振动理条机进行理条，温度控制在80～100℃，投叶量0.5～1千克，至七八成干时下机摊凉。⑤做形提毫。用电炒锅提毫，锅温60～70℃，在电炒锅内手工反复搓揉、理条做形，达九成干时起锅摊凉。⑥足干。用6CH-3型自动烘干机足火，温度60～80℃，烘至足干，手捻茶叶成粉末即可下机摊凉。⑦整理去杂。用手工拣除杂物并割末。

品质特征　金佛玉翠茶外形紧细匀直，色泽翠绿，锋苗显露；汤色黄绿明亮，香气鲜嫩持久，滋味醇厚回甘；叶底黄绿嫩匀。

（童华荣）

金光菊　cutleaf coneflower; *Rudbeckia laciniata*　菊科金光菊属多年生草本植物。金光菊原产于北美洲。

高50～200厘米。茎上部有分枝，无毛或稍有短糙毛。叶互生，无毛或被疏短毛。下部叶具叶柄，不分裂或羽状5～7深裂，顶端尖，边缘具不等的疏锯齿或浅裂，中部叶3～5深裂，上部叶不分裂，卵形。头状花序单生于枝端，具长花序梗。总苞半球形，总苞片2层，长圆形。舌状花金黄色，舌片倒披针形，顶端具2短齿。管状花黄色或黄绿色。瘦果无毛，压扁，稍有4棱，长约5～6毫米，顶端有具4齿小冠。花期7～10月。

金光菊是一种美丽的观赏植物，在中国各地庭园常见栽培。

图1　金光菊

图2　金光菊的叶

图3　金光菊的花

（包满珠　傅小鹏）

金合欢　sweet acacia; *Acacia farnesiana*　豆科金合欢属灌木或小乔木。金合欢分布于中国浙江、福建、广东、广西、云南、四川及台湾等地。

高2～4米，树皮粗糙，褐色，多分枝，小枝常呈“之”字形弯曲，有小皮孔。托叶针刺状，刺长1～2厘米，生于小枝上的较短。二回羽状复叶4～8对，小叶通常10～20对，线状长圆形，长2～6毫米，宽1～1.5毫米，无毛。头状花序1或2～3个簇生于叶腋。总花梗被毛，长1～3厘米，苞片位于总花梗的顶端或近顶部。花黄色，有香味，花萼长1.5毫米，5齿裂。花瓣连

图1　金合欢

图2　金合欢的叶

图3　金合欢的花序

图4　金合欢的果实

合呈管状，长约2.5毫米，5齿裂。雄蕊长约为花冠的2倍，子房圆柱状，被微柔毛。荚果膨胀，近圆柱状，长3～7厘米，宽8～15毫米。种子褐色，卵状。花期3～6月，果期7～11月。喜阳光充足和较肥沃、疏松的土壤。

金合欢多枝、多刺，可作绿篱。花很香，可提香精。根及荚果含丹宁，可为黑色染料，入药能收敛、清热。茎流出的树脂可用于美工及药用，品质优于阿拉伯胶。（于晓南）

金琥　golden barrel; *Echinocactus grusonii*　仙人掌科金琥属植物。金琥原产于墨西哥中部沙漠地区。

茎圆球形。单生或丛生，高1.3米，直径80厘米或更大；球顶密被黄色绵毛，21～37棱，显著；刺座很大，密生硬刺，刺金黄色，后变褐，辐射刺8～10个，长2厘米，中刺3～5个，稍弯曲，长5厘米。6～10月开花，花着生于顶部绵毛丛中，钟形，直径5厘米，长4～6厘米，黄色，花筒被尖鳞片。果被鳞片及绵毛，基部孔裂。种子黑色，光滑。

图1　金琥

图2　金琥的花

喜含石灰质的砂质土。要求阳光充足，夏季宜半阴。冬季温度宜保持在8～10℃，并保持土壤稍干燥。在肥沃土壤中生长迅速。多采用播种方式繁殖，发芽容易；亦可嫁接或扦插。习性强健，栽培容易。（赵世伟）

金花茶　Jinhua tea　以产于中国广西壮族自治区南宁市一带的金黄色山茶花为原料制作而成的代用茶。广西壮族自治区被誉为“金花茶的故乡”，金花茶主要产于桂西南的防城港市、崇左市以及南宁市南部、百色市东部。金花茶（*Camellia nitidissima*）属山茶科山茶属金花茶族常绿灌木或小乔木；其花呈金黄色，耀眼夺目，仿佛涂着一层蜡，晶莹而油润，似有半透明之感。11月开始开花，花期很长，可延续至翌年3月。1960年被命名为金花茶。

产品分为金花茶花茶和金花茶叶茶。金花茶花茶的加工工艺流程为：杀青→烘干→包装。金花茶叶茶的加工工艺流程为：杀青→碎叶→揉搓→晾晒→烘干→包装。

金花茶富含茶多酚、总皂苷、总黄酮、茶多糖、茶色素、咖啡碱、维生素、氨基酸等天然营养成分，以及对人体具有重要保健作用的天然有机锗（Ge）、硒（Se）、钼（Mo）、锌（Zn）、钒（V）等微量元素，是纯天然的稀有养生珍品，是自然界中含营养及药用成分最多的植物之一。金花茶呈金黄色，味道清香；茶汤淡黄清澈，口感醇厚；自然存放一个多月仍不变色不变味，有“常饮金花茶，健康又长寿”之说。（韦静峰）

金奖惠明茶　Gold Medal Huiming tea　产于中国浙江省丽水市景宁畲族自治县的绿茶。又称惠明茶。惠明茶为历史名茶，因唐朝惠明和尚在此建寺植茶而得名，1915年选送参加巴拿马万国博览会，荣获一等证书和金质奖章，故名金奖惠明。1978年被评为浙江省优质一等名茶，载入《中国名茶》。为中国国家地理标志保护产品和浙江十大名茶之一。

分布范围　惠明茶地理标志产品保护范围为浙江省丽水市景宁畲族自治县现辖行政区域，地理坐标位于东经119°11′～119°58′，北纬27°39′～28°11′。即景宁畲族自治县的鹤溪街道、澄照乡等共计21乡（镇、街道）254个行政村。有茶园种植面积4270公顷，年产量2500余吨。保护区域面积约13 333公顷。

产地环境　景宁属中亚热带季风气候，温暖湿润，雨量充沛，四季分明。森林覆盖率80.85%。主产区赤木山一带海拔500～700米，年平均气温15～16℃，年平均降水量1542.7毫米，无霜期230～259天；年日照总数1774小时左右，年平均日照百分率仅为40%，为浙江省日照时数最少的县之一。全县海拔千米以上的山峰779座，赤木山终年云雾缭绕。土壤以由花岗岩及部分片麻岩等风化发育而成的红黄泥砂质土及砂黏质红土构成，土层深度一般在1.5米以上，砂性强，肥力偏高，立地条件及保肥、保水性能良好，腐殖物较多，有利于茶树生长。

图1　金奖惠明茶产地环境

图2 金奖惠明茶产地茶园

加工工艺 主要加工工艺流程为：鲜叶摊放→杀青→揉捻→初烘→烘焙做形→足干提香→拣剔贮存等工序。①鲜叶摊放。摊放厚度视天气和芽叶老嫩程度而定，一般为5厘米，摊放时间为4～6小时；中间轻翻几次，做到轻翻、匀翻，减少机械损伤。摊放程度以含水率降至70%、叶片发软、芽叶舒展、显清香时即可付制。②杀青。采用滚筒杀青机。当滚筒壁温达到200～230℃时匀速投叶，视不同筒径每分钟投摊青叶0.5～1.2千克；滚筒杀青机出叶口应配备排气扇辅助排湿。杀青程度以老杀为宜，要求杀青叶有轻微爆点，叶子感觉易碎，茎梗柔软不易折断，出叶经风扇吹凉后及时薄摊于干净竹垫上，充分回潮后以手捏柔软、茎梗不断为宜。③揉捻。杀青叶经摊凉后要及时揉捻。一般用35或45型揉捻机。揉捻机投叶量为6～10千克。揉捻时间按鲜叶老嫩而定，装叶至比桶口浅3～5厘米处为宜，不可过满。揉捻时掌握“轻—重—轻”的原则，时间15～20分钟，成条率80%左右、茶汁略有外溢时即可，必要时揉捻叶需进行解块。④初烘。用CR-3连续烘干机。采用高温、快速、薄摊的方法，温度100～120℃，烘干时间3～4分钟，出叶程度掌握手握略有触手、不会成团、色泽变深绿时薄摊于干净竹垫上回潮。⑤烘焙做形。在四斗烘焙机上进行。每斗投初烘叶1.5千克左右，温度80～90℃，边烘边按同一方向搓揉提毫，使其形成较为紧实的外形同时显毫，八成干时下机摊凉。⑥足干提香。置烘干机上120℃烘干，时间25～30分钟，手捏成粉下机摊凉后装箱。⑦拣剔贮存或包装成品销售。

品质特征 根据DB33/T 797—2015《惠明茶生产技术规程》，按照茶树品种不同，分为传统惠明茶和惠明白茶两类，

图3 传统金奖惠明茶

以本地惠明群体种采制为传统惠明茶，以景白1号、景白2号等本地新选育白化茶树品种采制为惠明白茶；根据加工工艺，分为卷曲形和直条形。①卷曲形绿茶。传统惠明茶属卷曲形绿茶。外形紧细稍曲显毫，色绿润；汤色嫩绿明亮；香高若兰；滋味醇厚回甘带水果味；叶底嫩匀成朵。其典型品质特征为“兰香果韵”，耐泡回甘，素以“一杯鲜，二杯浓，三杯甘又醇，四杯五杯茶韵犹存”著称。②直条形茶。惠明白茶通常为直条形绿茶。条形直秀，色泽嫩黄带绿，内质嫩香悠长，带蛋黄香，汤色嫩黄明亮，滋味鲜爽，叶底嫩黄明亮。内含物质水浸出物42.5%、茶多酚16.6%、氨基酸9%、咖啡碱2%左右，氨基酸为普通绿茶的2～3倍。

（潘建义）

金井毛尖茶 Jinjing Maojian tea 产于中国湖南省长沙县金井镇，选用当地群体品种及适制良种茶树加工而成的卷曲形烘炒青绿茶。金井镇位于长沙县北端，由一口井而得名。此井水泡茶，茶尤香冽，略呈金色。“金杯盛玉叶，井水沏名茶”，金井茶之名由此而来。

生产历史 据县志记载，茶叶栽培、加工在长沙一带已有1300多年的历史。由长沙马王堆汉墓出土的文物表明，早在西汉以前，长沙地区就已有茶事活动。《宋史·食货志》记载：“茶出潭、岳、辰、澧州……有仙芝、玉津、先春、绿芽之类二十六等。”南宋绍兴三十二年(1162)《宋会要辑稿·食货》载有：“湖南各州县产茶数，总数为176万多斤，而潭州所属各县为103万斤，约占总数的60%。”潭州即隋朝至明朝时期州治或府治长沙的古称。明李时珍著《本草纲目》记载：“楚之茶，则有荆州之仙人掌，湖南之白露，长沙之铁色……”清同治、光绪（1862～1908）年间，金井、高桥一带盛传“四十八条秤”，亦即茶庄48家。清末民初，受国际市场影响，金井地区茶农纷纷改制红茶，茶商云集，时常有舟楫至金井运茶，直达长江、汉口、上海等商埠。1958年，以金井毛尖茶为代表的金井绿茶异军突起。2005年，金井毛尖茶被评为湖南十大名茶之一，享有“绿色金茶”之称。

产地环境 金井茶区地处湘中丘陵东北部，东、北、南三面环山，是长沙茶叶百里长廊的中心地带。茶区海拔均值不到100米。茶园属亚热带季风湿润气候，年平均气温17.2℃，全年日照时数1663小时，年降水量1400毫米，年平均无霜期为275天。主要以典型红壤和酸性紫色土为主。

加工工艺 加工金井毛尖茶时，要求鲜叶以清明前的嫩芽为主。加工工艺流程为：摊青→杀青→清风→揉捻→初烘造形→提毫→足火。新茶采摘回来后，需将其摊开放在篾垫上，中途均匀翻动3～4次，通过短时日光萎凋与阴凉通风6～8小时自然萎凋，待茶香散发花香扑鼻之时即可杀青。提毫过程需手工完成，即茶叶达到八成干时，灵活地运用双手使茶条间相互摩擦，要求手势与力度把握准确，搓团方向一致，用力均匀宜轻，3～5分钟即可白毫显露。

品质特征 成品茶外形条索纤细、匀整卷曲，白毫显露，色泽银绿隐翠光润；内质清香高长，汤色嫩绿清澈，滋味清鲜回甘；叶底嫩绿明亮。

（郑红发）

金骏眉茶 Jinjunmei tea 产于以中国福建省武夷山市星村镇桐木村为中心的武夷

山国家级自然保护区内的红茶。由江元勋、梁骏德等人于2005年研制成功。自然生长环境位于武夷山脉北部最高段，东经117°24′～117°53′，北纬27°35′～27°55′，面积565平方千米。平均海拔1200米；年均气温18℃，年降水量在2000毫米以上，年平均相对湿度为80%左右，无霜期为235～272天，大气中二氧化碳仅含0.026%；土壤pH4.5～5.0，土质疏松，土壤有机质丰富，排水性能好。森林覆盖率达96.3%。此地气候具有昼夜温差大、降水多、湿度大、雾日长等特点。

图1 金骏眉茶

图2 金骏眉茶茶汤

采摘茶树单芽为原料，采用正山小种传统工艺与创新工艺相结合加工制作而成。金骏眉茶的加工工艺流程包括：采摘单芽→萎凋→揉捻→发酵→干燥→包装。茶的外形条索紧秀重实，锋苗秀挺，略显金毫；干茶色泽金、黄、黑相间，色润；花、果、蜜、薯等综合香型，香气持久，滋味鲜活甘爽；汤色金黄色，清澈透亮，金圈显；叶底芽头饱满、鲜活、匀齐，呈古铜色。 （李远华 叶江华）

金山翠芽茶 Jinshan Cuiya tea 主产区为中国江苏省镇江市的句容市、润州区、丹徒区、丹阳市等地的绿茶。金山翠芽茶是江苏省镇江市特产，精选大毫、大白优良芽孢茶制成。选料考究，加工工艺精细，品质优良，色香味俱佳，风格独特，具有极高的观、品赏效果。为中国农产品地理标志产品。

生产简史 镇江是南北方文化过渡地带，历史上茶文化遗产丰富，尤以诗词、典故为多，与镇江有关的著名茶诗有：元萨都剌“山中好景无多地，天下知名第一泉”，明唐寅“日斜未放沧浪渡，饱酌中泠洗宿心”，清康熙帝“缓酌中冷水，曾传第一泉。如能作霖雨，沾洒遍山川”等。

1981年开始研制。1985年通过技术鉴定，被列为省级名茶。1985年，在农牧渔业部召开的中国名茶评选会上荣获“中国名茶”称号。1986年农牧渔业部下达了金山翠芽茶基地建设计划，次年即在句容市下蜀、高庙两个茶场建立无性系良种繁育基地，引进、繁育、推广无性系良种福鼎大毫，逐步扩大金山翠芽茶生产基地。1994年开始，镇江市又围绕金山翠芽茶保持风格、提高品质、开展机械化生产进行尝试并取得了成功。1996年，镇江在全市推广了金山翠芽茶机械加工技术，迅速扩大生产。到1997年，金山翠芽茶的产地已扩大到句容市、润州区、丹徒区、丹阳市的20多个茶场，生产基地100多平方千米，年产量超过3000千克。

加工工艺 金山翠芽茶不仅可以使用传统的手工炒茶法制茶，也可以使用机械进行茶叶炒制，手工炒制虽然效率比不上机器制作，但是能够更好地保持茶叶的原汁原味。

手工炒制工艺 手工炒制工艺流程分为：①初炒。目的是破坏酶的活性，蒸发水分，理条做形。锅温120℃左右，投叶量250～300克，以抖炒为主，适当闷炒，炒3～4分钟，叶质成柔软状态，降低锅温至80℃左右开始做形，采用抖、带、搭的手势，将茶理直做扁。当形状基本形成，干度约七成干时起锅摊凉，历时25分钟左右。②摊凉与复炒。初炒叶经过约30分钟摊凉，使其水分重新分布均匀即行复炒。复炒锅温70～80℃，投叶量300克左右。开始继续理条做扁，随茶叶干度增加，锅温下降，轻巧地将茶叶在锅壁滚炒。当茶叶表面扁直平滑，含水量6%左右时起锅摊凉，分筛割末，包装贮藏。

机械制作工艺 机械制作工艺流程为：①鲜叶采摘。3月下旬开采，只采单芽，要求芽长2厘米以上，大小均匀。在晴天露水干后采摘，不采单叶和病虫叶。采摘时用干净无异味的竹篓盛装，不得紧压，采摘后及时送厂。②摊凉。鲜叶验收合格后进厂，按芽大小分别均匀摊放在干净的竹帘上，并将竹帘放置在清洁、通风、凉爽的地方。摊放厚度一般为1～2厘米，时间一般为7～8小时，中间轻翻一次，以叶质萎软、叶色变暗绿、略显清香为适宜。③杀青。采用6CST-30杀青机、6CST-40滚筒杀青机或60M-40/5多功能机或电炒锅。杀青机筒腔空气温度100～120℃，多用机槽壁温度180～200℃，电炒锅160～180℃。6CST-30杀青机每小时投叶量为15千克左右，6CST-40杀青机每小时投叶量为40千克，多用机每槽100～150克，电炒锅每锅200～250克。鲜叶在滚筒内杀青时间1～2分钟，在多用机内的杀青时间为5～8分钟，在电炒锅中杀青时间为15分钟左右。叶色由鲜绿转为暗绿色，青草气消失，叶质柔软，无红梗、红叶，无焦边、焦斑，手捏茶叶成团，松手即散，发出淡茶香或果香、清香为适度，杀青失重率在40%。④摊凉。杀青后，杀青叶应及时置于通风透气处摊凉，摊凉厚度为2～4厘米，摊凉时间15分钟。⑤理条。采用6CLZ-60振动理条机。当槽壁温度达到70～90℃时，每次投入杀青叶1～1.5千克，理条时间15～20分钟，以茶条理直、失重率达40%～50%为适度。理条后的茶叶及时摊凉，厚度不超过3厘米，摊凉20分钟，至芽叶回软。⑥整形。整形采用6CMD-40/5多用机。槽壁温度70～80℃，慢炒3分钟，至芽叶回软时加压，特级加轻压2分钟左右，一级、二级再加重压1分钟；茶叶成型后减压，再加速快炒，以茶叶能在槽锅内轻度抛起翻动为适度。整形时间约20分钟。茶叶在槽锅内炒至失重率达60%，整形后摊凉厚度不超过3厘米，时间20分钟左右。⑦辉锅。采用6CLZ-60型振动理条机或电炒锅手工辅助。温度为60～70℃时先低后高，渐升至80～90℃，每槽投入整形叶100～150克，时间10～15分钟；达到手捻茶叶有少量碎片，失重率65%即可。辉锅后摊凉15分钟以上，茶叶冷却至室温。⑧足干。采用6CH-941烘干机或茶叶烘焙机。热风温度为60～80℃，厚度为1～1.5厘米，边烘边翻，时间为5～10分钟；手捻茶叶成粉末，水分在6.5%以下即可。⑨精制。各级金山翠芽茶用风选或手工簸，除去片、断碎茶叶，筛去茶末，拼配即可包装。

品质特征 金山翠芽茶选择福鼎大毫、福云6号等无性系良种茶树芽叶为原料，采摘早春优质单芽，经摊放、初炒、摊凉、复炒等工序精制而成。成茶外形扁平挺削，色翠显毫，冲泡后翠芽依依下沉，挺立杯中，汤色嫩绿明亮，滋味鲜醇，香高持久，叶底肥壮，嫩绿明亮。

（王润贤）

金丝桃 St John's wort; *Hypericum* spp. 金丝桃科金丝桃属落叶丛生灌木。金丝桃未成熟的果实可作切花、切果材料，用于切果的为欧洲金丝桃。欧洲金丝桃原产于欧洲西部和西南部。

植株高达75厘米，枝直立。叶长圆形至卵圆形，表面浅绿色，背面色浅。聚伞花序，花星形，黄色。果圆形或卵形，熟时呈红色和黑色。花期从仲夏至秋季。金丝桃喜阳光充足，要求日照16小时以上，喜温暖湿润，以疏松肥沃、排水良好、pH为7左右的砂壤土栽培为宜。病虫害主要为锈病、蓟马、蚜虫等。

图1 金丝桃

图2 金丝桃的叶

图3 金丝桃的花

图4 金丝桃的果实

（张敬丽 刘云礼）

金坛雀舌茶 Jintan Queshe tea 主产区为中国江苏省常州市金坛一带的扁形炒青绿茶。产于位于金坛的方麓茶场，1983年研制而成，因其形如雀舌而得名。被列为金坛农业六大特色产业之一。2007年，获得国家工商行政管理总局“地理标志证明商标”注册；2012年国家质量监督检验检疫总局批准对其实施地理标志产品保护。

加工工艺 每年清明前后开始采摘。选采祁门槠叶种、鸠坑种、茅麓种、龙井长叶等少毫型中、小叶良种茶树的芽苞或初展的一芽一叶；特级茶以芽苞为主，芽长在3厘米以下；要求提采轻放，采回的芽叶进厂后均匀摊在竹匾上，经3～5小时的摊放，方可炒制。采用独特的手工炒制工艺和先进的全程机械化加工工艺制作而成。

手工炒制工艺 手工炒制技术流程为：经杀青→整形理条→摊凉→烘干等工序，运用搭、抖、捞、压、抓等手法交替进行加工而成。制成的金坛雀舌茶干茶色泽翠绿，香气鲜嫩，品质优良。①青锅。炒制雀舌茶用双手在洁净光滑的铁锅内进行，当锅温达80～90℃时，在锅面涂上少许乌桕油，待青烟消失后，锅温升至120℃，投入250～300克摊放叶，采用抖、捞手法将茶叶捞起抖散；散发部分水分后，锅温降至50～60℃，开始采用以搭为主，结合抖、捞的手法做形；当芽叶形呈扁直，稍有触手感，含水量25%～30%时，起锅摊凉，回潮1小时左右进行整形。②整形。目的是进一步做形并达到足干。锅温掌握高、低、高的原则。下锅锅温60℃，随芽叶含水量减少，锅温降低40℃。将起锅时，锅温略升50℃。每锅投叶量300～350克，以搭、压和抓的手法为主，结合理条手法，当茶叶达到扁、直、平、滑、形似雀舌，含水量6%左右，即起锅摊凉，冷却包装。③贮藏。应贮藏于低温、干燥、清洁、无异气味的茶叶专用冷库或专用仓库内，库房温度以0～5℃为宜，存放位置离地离墙均在20厘米以上。

机械制茶工艺 为了适应市场需求和发展，金坛市（今常州市金坛区）引进了先进的制茶机械设备，进行金坛雀舌茶机制生产，克服了手工炒制费工多、成本高、质量不够稳定等缺陷。机制金坛雀舌茶工艺流程为：品种选择→鲜叶摊放→杀青→整形理条→摊凉→辉干。适合于金坛雀舌茶机制工序的要点在于：①品种选择。龙井长叶、浙农113、祁门槠叶种、茅麓种和鸠坑种等少毫型中、小叶种为机制金坛雀舌茶的适宜品种。②鲜叶摊放。鲜叶进厂后验收分级，并按级别、品种、地块分开摊放，摊放器具应洁净、干爽、透气，以竹匾、竹席为佳，鲜叶不与地面直接接触。摊放场所应阴凉、洁净、干燥、通风。摊放厚度3～5厘米，中途不必翻动，使芽叶自然散发青气和水分，叶表面水分较高时适当薄摊，每隔2小时左右在不损伤芽叶的前提下轻翻。视鲜叶原料、气温、空气湿度灵活掌握摊放时间，春茶4～7小时、秋茶3～4小时，以叶质柔软，叶色转暗绿，青草气消失、清香显露、略带花香，失重15%～20%，叶含水量68%～70%为宜。③杀青。杀青设备可选用汽热杀青机、微波杀青机或滚筒杀青机。杀青要求高温短时、杀透杀匀。以70型滚筒杀青机为例，筒体升温时间约30分钟，筒腔内空气温度掌握在120℃左右，杀青时间约2分钟，杀青程度以杀青叶叶质柔软，手握成团并能慢慢松开，无红梗红叶，无焦边爆点，青草气消失，清香溢出为杀青适度。杀青叶要及时摊凉散热、散发水汽，并使水分均匀分布，利于理条、整形，摊凉时间为15～25分钟。④理条。加工设备宜用理条机。槽锅温度掌握在95℃左右，调节往复速度较快，投叶量0.1千克/槽，将杀青后摊凉叶均匀投入槽锅内，理条时间为约5分钟/机，至茶条挺直，手捏不粘时出机，立即摊凉散热。⑤整形。加工设备宜选用多功能机。槽锅温度75℃左右，每槽投入理条叶0.1千克，在槽锅内慢炒约3分钟，至理条叶受热均匀、回软后加轻压1分钟左右，取出压辊后速度加快，约3分钟后再重复一次。至茶条扁直，基本定型，约七八成干，略有触手感时下机薄摊。⑥干燥。加工设备宜选用多功能机。槽锅温度70℃左右，温度采取先低后高，投叶量为0.2千克/槽，将整形摊凉叶均匀投入每槽，中速炒制，至九成干下机，摊放在竹匾内，使水分重新分布。⑦提香。采用提香机。摊叶厚度1厘米，温度调至90℃，提香10分钟；随后温度调至110℃，提香3分钟，达足干时出叶摊凉。⑧精制。用孔径为3.57毫米的筛子撩头，用孔径为1.04毫米的筛子割去碎末茶，簸去轻身茶，辅以拣剔，即为成品茶，按品种、级别匀堆装箱。⑨包装、贮藏。包装材料符合食品要求，并密封、防潮、避光、无异气味，直接接触茶叶的包装用纸应符合中华人民共和国食品安全国家标准GB 4806.8—2016《食品接触用纸和纸板材料及制品》的要求。茶叶仓库必须清洁卫生，应具有封闭、防潮功能，避光和无异味。使用冷藏保鲜库贮存茶叶，库内温度0～4℃。

品质特征 金坛雀舌茶的品质特征：①外形特征。干茶色泽绿润，外形扁平挺秀，条索匀整，状如雀舌。②内质特征。香气清高，滋味鲜爽，汤色明亮，叶底嫩匀。（王润贤）

金秀白牛茶 Jinxiu Bainiucha; *Camellia sinensis* var. *pubilimba* cv. *Bainiucha* 原产于中国广西壮族自治区金秀瑶族自治县罗香乡白牛村的茶树有性系品种。又称罗香白牛茶。金秀白牛茶树为山茶科植物。茶树多为野生，大多生长在海拔900米以上的原始森林中的峡谷旁，后瑶族人将其移种村寨附近，栽培饮用有近200年历史。金秀白牛茶属绿茶类，是广西原产较稀有名贵的茶叶，曾被《中国名优茶选集》收录。

金秀白牛茶树为小乔木，中叶类，早芽种；树姿直立，分枝密，叶形椭圆或长椭圆；叶色绿，茸毛少，叶面隆起，有蜡质，叶缘微波，锯齿细而密，叶身稍内折，叶质中，叶端渐尖，侧脉10～12对。持嫩性强；春茶3月上旬萌芽，4月初开采。叶片呈水平或半斜状着生，叶的顶端部分下垂，叶长11.4～17厘米，叶宽5～6.1厘米，1芽3叶长0.5厘米，发芽整齐，属早芽种。茶叶主要成分组成为：茶多酚36.13%，氨基酸总量1.96%，咖啡碱4.15%，儿茶素总量165.84毫克/克。

（韦静峰）

金叶女贞 hybrida vicary privet; *Ligustrum* ×*vicaryi* 木犀科女贞属落叶或半常绿灌木。金叶女贞分布于中国华北南部、华东、华南等地区。

高2～3米，嫩枝有短柔毛。单叶对生，叶革薄质，椭圆形或卵状椭圆形，先端尖，基部楔形，全缘，有叶柄。新叶金黄，后逐渐变为黄绿色至绿色。圆锥花序顶生，花两性，雄蕊2，小花筒状白色，裂片4。核果椭圆形，黑紫色。花期5～6月，果期10月。喜光，耐阴性较差，耐寒力中等，适应性强，抗旱。对土壤要求不高，以疏松肥沃、通透性良好的砂壤土为宜。萌芽力强，生长迅速，耐修剪。

可作为绿篱和模纹图案材料，常与紫叶小檗、黄杨、龙柏等搭配使用；也可用于绿地广场的组字和小庭院装饰。由于金叶女贞叶色金黄，花为银白色，因此有“金玉满堂”之意。（于晓南）

图1 金叶女贞

图2 金叶女贞的新叶

图3 金叶女贞的叶

图4 金叶女贞的花

金银忍冬 Amur bush honeysuckle; *Lonicera maackii* 忍冬科忍冬属植物。又称金银木。金银忍冬原产于朝鲜、日本、俄罗斯远东地区和中国东北、华北至西南地区。

图1 金银忍冬

图2 金银忍冬的叶

图3 金银忍冬的花

图4 金银忍冬的果实

株高达6米，幼枝、叶两面脉上、叶柄、苞片、小苞片及萼檐外面都被短柔毛和微腺毛。叶纸质，形状变化较大，通常卵状椭圆形至卵状披针形，稀矩圆状披针形或倒卵状矩圆形，长5～8厘米，顶端渐尖或长渐尖，基部宽楔形至圆形；叶柄长2～5毫米。花芳香，生于幼枝叶腋，总花梗长1～2毫米，短于叶柄；花冠先白色后变黄色，长1～2厘米，外被短伏毛或无毛，唇形，筒长约为唇瓣的1/2，内被柔毛；雄蕊与花柱长约达花冠的2/3，花丝中部以下和花柱均有向上的柔毛。果实暗红色，圆形，直径5～6毫米。种子具蜂窝状微小浅凹点。花期5～6月，果熟期8～10月。

性喜强光，稍耐旱。喜温暖，耐寒性强，在中国北方绝大多数地区可露地越冬，适植于庭院及道路。可通过播种或扦插方式繁殖。春季可以播种繁殖，夏季可以采用当年生半木质化枝条进行嫩枝扦插繁殖，也可以在秋季选取一年生健壮饱满的枝条进行硬枝扦插繁殖。

（赵世伟）

金鱼草 common snapdragon; *Antirrhinum majus* 玄参科金鱼草属多年生草本植物。常作一二年生花卉栽培。金鱼草原产于地中海沿岸的南欧及北非，中国栽培广泛。同属观赏植物有42种，栽培品种较多，

图1 金鱼草

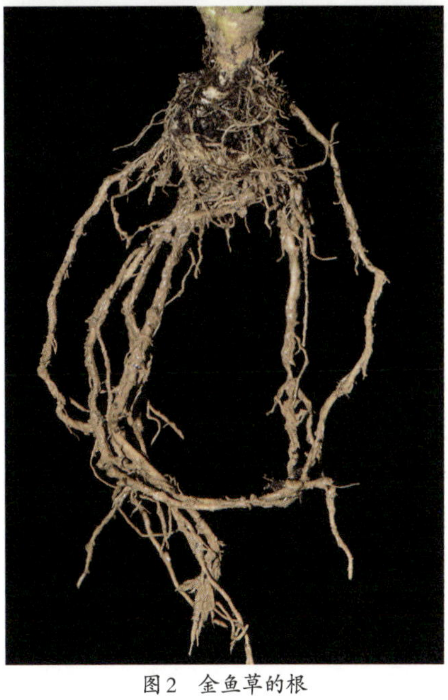

图2 金鱼草的根

图3 金鱼草的花

图4 金鱼草的果实

有二倍体和四倍体品种。

株高20～100厘米，温室促成栽培的切花品种株高可达120～150厘米，茎基部木质化，上部有腺毛。叶披针形或矩圆状披针形，全缘，光滑，下部对生，上部互生。总状花序顶生，长达25厘米以上。花冠筒状唇形，外披绒毛，基部膨大成囊状，上唇直立、有2浅裂，下唇伸展、有3浅裂；或花冠筒状。花色有白、淡红、深红、紫、深黄、浅黄、橙黄及复色等色。花期5～9月，蒴果偏卵形，种子小，千粒重0.12克。

较耐寒，不耐热，喜光，能耐半阴；对水分比较敏感，喜肥沃、疏松和排水良好的微酸性砂质壤土，要求pH5.5～7.0。生长适温每年9月至翌年3月为7～10℃，3～9月为13～16℃，幼苗在5℃条件下通过春化阶段。高温对金鱼草生长发育不利，有些品种温度超过15℃不出现分枝，影响植株形态。生育适温为15～20℃，夜温不低于5℃。播种繁殖，播种后不覆盖，将种子轻压一下即可，发芽适温为21℃，约7天可发芽。有些矮生品种播种后60～70天可开花。种子能自播繁衍，易自然杂交，也可扦插繁殖。

花形奇特，花色浓艳丰富，花期长。矮型品种可盆栽观赏和作花坛镶边，高型品种可作庭院背景材料和切花，中型品种则兼备高、矮型品种的用途，是优良的花坛、花境和切花材料。全株可入药，具有清热解毒、凉血消肿之功效。

（葛 红）

金针菜 citron daylily; *Hemerocallis citrina* 百合科萱草属中能形成可供食用的肥嫩花蕾的4个栽培种的通称。又称黄花菜。原产于亚、欧两洲，中国山地有野生种。中国长江流域、黄河流域诸省都有栽培，以湖南省的产量居首。

形态特征 多年生草本植物。具很短的根状茎。根稍带肉质，有时局部呈纺锤状膨大。叶基生，二列，带状。花葶从叶丛中央抽出，顶端为总状或假二歧状圆锥花序，花一二朵至多数，近漏斗状。蒴果背裂，内有种子数粒，黑色，具光泽。

生长习性 地上部分不耐寒，遇霜枯死，严寒地区短缩茎和根可在土中安全过冬。根系发达，肉质根含水较多，耐旱力较强，耐瘠。喜阳光，但在阴湿处也能生长、开花。分株繁殖，产量以第8～15年

图1 金针菜

图2 金针菜的花

图3 金针菜的花蕾

图4 晒干或烘干后的金针菜

为最高。

用途 一般于开花前2小时采摘花蕾，尽快蒸制，使酶变性。块根可入药，起镇静、解热作用。花可治小便赤涩、身体烦热。花含秋水仙素，有毒，不宜鲜食，经晒干或烘干后可做菜肴。金针菜蛋白质含量约为14.1%，并含较多的胡萝卜素、维生素B_1和维生素B_6等。根含天门冬素、秋水仙素和萱草根素，有解热、利尿、消肿的作用。 （魏玉凝 周艳虹）

金针菇 golden mushroom; *Flammulina velutipes* 伞菌目口蘑科小火焰菌属菌类。又称构菌、朴菌、毛柄金线菌、金菇。

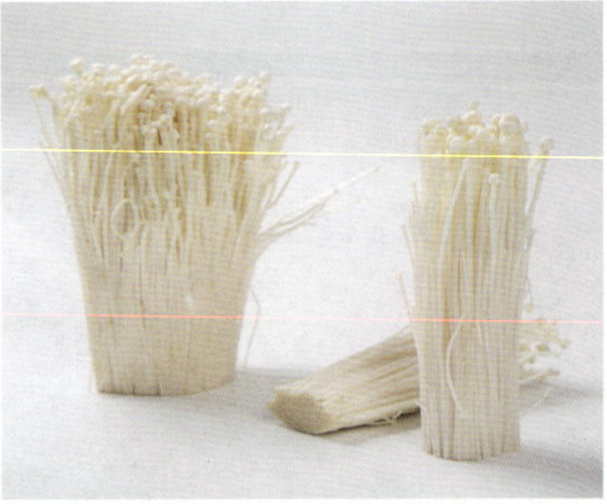

图1 金针菇

金针菇不仅味道鲜美，柄脆盖滑，而且是一种高蛋白、低热量、多糖类的营养型保健食品，尤其是赖氨酸和精氨酸的含量特别丰富，有益于儿童的智力发育和健康成长，因此有“增智菇”或“智力菇”之称。金针菇分布于世界各国，日本已成为金针菇的主产国，而中国、韩国也广泛栽培。金针菇作为中国最早进行人工栽培的食用菌之一，已有近千年的历史。

形态特征 金针菇子实体丛生，菌盖直径2～8厘米，幼小时半球形，之后逐渐平展，表面湿润黏滑，淡黄色至黄褐色。菌肉近白色，中央厚，边缘薄。菌褶白色至淡黄色或奶油色，凹生或延生至菌柄。菌柄麦秆状，稍硬，中生，圆柱形，长4～18厘米，直径0.2～0.8厘米，基部往往延伸似假根并紧靠在一起。

生长习性 金针菇属于木腐性菌类，为低温型恒温结实性食用菌。孢子在15～25℃时萌发形成菌丝，菌丝生长温度为3～34℃，以23℃左右最适宜。子实体分化的温度为5～20℃，原基分化的最适温度为10～14℃，子实体发育的最适温度为8～14℃。金针菇是喜湿性菌类，菌丝生长期间的培养料含水量为65%左右，子实体形成期培养料含水量以60%～65%为宜，空气相对湿度宜控制在80%～85%。金针菇属好气性菌类，在菌丝体和子实体培养阶段都要保持菇房的通风换气。金针菇的菌丝生长不需要光照，但子实体的分化需要一定的散射光。金针菇喜弱酸性环境条件，在pH3～8.4的条件下菌丝均可生长，但以pH5.5～6.5最适宜。

栽培 金针菇主要采用熟料栽培，各地可根据具体情况选择适宜的培养料。金针菇栽培形式繁多，有袋栽、瓶栽、床栽、箱栽及畦栽等。金针菇的生产模式已实现工厂化、自动化周年生产。金针菇栽培分为发菌、出菇两个步骤。以瓶栽为例，首先是因地制宜地选择栽培容器和培养料，然后进行培养料装瓶和封口（800毫升瓶可装料480克），封口后进行高压蒸汽灭菌，灭菌后当温度下降至30℃以下时即

图2 瓶栽金针菇

可在无菌条件下播种。金针菇培养过程中必须满足其生长发育对环境条件的要求，菌丝生长阶段温度维持在18～25℃，空气相对湿度保持在60%～65%；当菌丝长满瓶子或菌丝生长量达到90%时，可将瓶子封口物揭掉，诱导原基形成，此时温度降到10～13℃，空气相对湿度保持在80%～85%；当大量形成小米粒一样的子实体原基时，控制培养室温度在8～10℃，空气相对湿度保持在80%～85%。当子实体长出瓶口2厘米时，在瓶口套上装料筒或纸筒进行培养。当菇柄长至8～10厘米时，采用弱光垂直照射，可使菌柄成束向上生长，增加菌柄长度，提高商品率。子实体形成期间保持空气相对湿度85%～90%，每天早上通风30分钟，10天后可长到15～20厘米，这时可根据加工或鲜销标准适时采收。

用途 金针菇中含有酸性和中性的植物性纤维，可吸附胆汁酸盐，调节体内的胆固醇代谢，降低血浆中胆固醇的含量。金针菇还有促进胃肠蠕动、强化消化系统的功能，因此经常食用可以预防高血压，治疗肝脏疾病及消化道溃疡病。常见的烹饪方法有上汤、酸辣金针菇，凉拌金针菇，豆皮金针菇卷等。金针菇不仅可以鲜销，还可制罐或干制。 （杨 暹）

紧压白茶 compressed white tea 以白茶为原料，经整理、拼配、蒸压定型、干燥等工序制成的产品。紧压茶品种之一。根据原料不同，紧压白茶可分为紧压白毫银针、紧压白牡丹、紧压贡眉、紧压寿眉等。传统主产区为福建省福鼎市、政和县等地，中国各主产茶区均有生产。

紧压白茶的加工工艺为：原料整理→拼配→称量→蒸压→定型→干燥→成品包装。其品质特征分别为：①紧压白毫银针。外形端正匀称、松紧适度，表面平整、无脱层、不洒面；色泽灰白，显毫；香气清纯、毫香显，滋味浓醇、毫味显，汤色杏黄明亮，叶底肥厚软嫩。②紧压白牡丹。外形端正匀称、松紧适度，表面较平整、无脱层、不洒面；色泽灰绿或灰黄，带毫；香气浓纯、有毫香，滋味醇厚、有毫味，汤色橙黄明亮，叶底软嫩。③紧压贡眉。外形端正匀称、松紧适度，表面较平整；色泽灰黄夹红；香气浓纯，滋味浓厚，汤色深黄或微红，叶底软尚嫩、带红张。④紧压寿眉。外形端正匀称、松紧适度，表面较平整；色泽灰褐；香气浓、稍粗，滋味厚、稍粗，汤色深黄或泛红，叶底略粗、有破张、带泛红叶。

（郑红发）

紧压茶 compressed tea 散茶或半成品茶通过蒸压制成的一定形状的团块茶。又称压制茶。公元前3世纪，周朝就有制作饼茶的记述。三国时期，魏国张揖所撰《广雅》载："荆巴间采叶作饼，叶老者，饼成以米膏出之。"唐宋时的团茶和饼茶也属于紧压茶。现代紧压茶以散茶为原料，蒸热变软后趁热压制而成，主要产于云南、四川、湖南、湖北和广西等地。紧压茶是重要的边销茶，主销西藏、青海、新疆、甘肃、内蒙古等地，外销俄罗斯、蒙古国等国。根据原料茶类的不同，可分为紧压绿茶、紧压红茶、紧压黑茶、紧压白茶和紧压乌龙茶。

（郑红发）

紧压黑茶 compressed dark tea 以各种黑茶的毛茶为原料，经筛分、拼配、压制定型、干燥等工序制成的产品。紧压茶品种之一。紧压黑茶是中国一大特产，生产历史悠久，品种花色丰富，产区辽阔，产销量大。主要品种有湖南的黑砖、茯砖、花砖、花卷、湘尖，湖北的老青砖，陕西的茯砖，四川的康砖、金尖、方包、圆包，云南的紧茶、圆茶、饼茶、沱茶，广西的六堡茶等。

生产简史 早在11世纪前后，即北宋熙宁（1068～1077）年间就有用绿毛茶做色变黑的记载。在《明史·食货志》中，有兄弟民族"嗜乳酪，不得茶，则困以病"的记载，说明西北地区兄弟民族有悠久的饮茶历史，紧压黑茶已成为其日常生活的必需品。紧压黑茶生产主要集中在湖南益阳，湖北咸宁，陕西咸阳，四川雅安，广西梧州，云南思茅、下关等地。紧压黑茶以边销为主，部分内销和外销，历史上习惯称其为边销茶。

加工工艺 紧压黑茶种类较多，每种紧压黑茶的加工工艺存在差异，其加工工艺分别为：①黑砖茶。黑毛茶筛分→半成品拼配→渥堆→蒸汽压制定型→干燥→成品包装。②花砖茶。黑毛茶筛分→半成品拼配→渥堆→蒸汽压制定型→干燥→成品包装。③湘尖茶。黑毛茶拣剔→汽蒸→装篓压紧→捆包→打气针→晾晒干燥→成品。④青砖茶。老青茶→发酵→拼配→蒸汽压制定型→干燥→成品包装。⑤茯砖茶。黑毛茶拼配→黑毛茶筛分→半成品拼配→渥堆→蒸汽压制定型→发花干燥→成品包装。⑥康砖茶。毛茶筛分→半成品拼配→蒸汽压制定型→干燥→成品包装。⑦金尖茶。毛茶筛分→半成品拼配→蒸汽压制定型→干燥→成品包装。⑧方包茶。晒干的粗老茶树枝干→铡茶→筛选→配料→渥堆→红锅杀青→筑包→堆积→晾包→成品。⑨紧茶。毛茶匀堆筛分→拣剔→渥堆→拼配→蒸汽压制定型→干燥→成品包装。⑩饼茶。熟茶毛料筛分→风选→拣剔→拼配匀堆→蒸压做形→干燥→包装。⑪沱茶。晒青毛茶匀堆筛分→拣剔→半成品拼配→蒸汽压制定型→干燥→成品包装。⑫六堡茶。毛茶筛分拣剔→分级拼配→初蒸渥堆→复蒸包装→晾置陈化。

品质特征 紧压黑茶被压制成各种形状，外形要求匀整端正、棱角整齐、模纹清晰、重量衡定（正差小于1%，负差小于0.5%）、尺寸相同、松紧适当、色泽一致。内质汤色、香气、滋味正常，含梗量符合标准要求。1993年以前，中华人民共和国国家标准就对紧压茶的尺寸有严格规定；2002年紧压茶国家标准进行了全面修订，删除了外形尺寸指标，因此市场上产品的形状丰富多样。

（郑红发）

紧压红茶 compressed black tea 以红茶为原料，经筛分、拼配、汽蒸、压制定型、干燥（发花）、成品包装等工序制成的产品。紧压茶品种之一。紧压红茶传统品种主要是湖北的米砖。2010年以来，生产企业按照黑茶砖的方式开发出紧压红茶砖和紧压菌香红茶砖等新产品。

每种紧压红茶的加工工艺存在差异，其加工工艺分别为：①米砖。红毛茶筛分→拼配→汽蒸→压制→退砖→检砖→干燥→包装。②紧压红茶砖。红毛茶筛分→半成品拼配→称料→汽蒸→压制定型→干燥→成品。③紧压菌香红茶砖。红毛茶筛分→半成品拼配→称料→汽蒸→压制定型→发花→干燥→成品。

紧压红茶的品质特征：①米砖。外形平整，表面光滑，色泽乌润，香味醇和，汤色深红，叶底均匀、色暗红。②紧压红茶砖。压制紧实，形态端正，色泽黑褐或棕褐油润，香气甜香尚高，汤色红较亮，滋味较醇厚，叶底红褐较亮。③紧压菌香红茶砖。压制较紧实，形态端正，色泽黑褐或棕褐润，香气尚甜，菌香浓，汤色尚红亮，滋味较醇厚，叶底红褐较亮。

（郑红发）

紧压绿茶 compressed green tea 以绿毛茶成品或半成品为原料，经过压制成型等工序制成的产品。紧压茶品种之一。紧压绿茶主要品种有重庆沱茶、云南沱茶、古钱茶、安茶、青饼、勐海竹筒茶等。

加工工艺 紧压绿茶种类较多，每种紧压绿茶的加工工艺存在差异，其加工工艺分别为：①重庆沱茶。拼配→筛分→拣剔→拼堆→蒸揉→压制成型→干燥。②云南沱茶。拼配→筛分→拣剔→拼堆→蒸揉→压制成型→干燥。③古钱茶。晾青→杀青→初烘→复烘→复揉→压制定型→复烘。④安茶。筛分→拣剔→拼和→补火→露茶→蒸软→装篓→打围→烘干。⑤青饼。选料→筛分→拣剔→蒸揉→压制成型→干燥。⑥勐海竹筒茶。经杀青、揉捻后，装入生长一年的嫩甜竹筒内，边装边用小棍筑紧，再用甜竹叶或草纸堵住筒口，放在离炭火约40厘米的烘茶架上，以文火慢慢烘烤，边烤边翻。待竹筒由青绿色变为焦黄色，竹筒内的茶叶全部烘烤干时，剖开竹筒即成。

品质特征 重庆沱茶呈厚壁碗形，色泽暗绿黑润，香陈味醇，汤色黄亮。云南沱茶外形紧结端正，色泽乌润，外披白毫，香气馥郁，汤色橙黄明亮，滋味醇爽回甘。古钱茶呈古铜钱形，色泽墨绿，清香持久，滋味浓厚鲜爽。安茶色泽黑褐尚润，汤色橙黄，叶底黄褐明亮，香味浓醇，有槟榔香。青饼色泽乌润有白毫，香气纯正，滋味醇和，汤色橙黄，叶底尚嫩匀。勐海竹筒茶呈竹筒形，深褐色，芽叶肥嫩，白毫特多，汤色黄绿，清澈明亮，香气馥郁，滋味鲜爽回甘。

（郑红发）

泾县兰香茶 Jingxian Lanxiang tea 主产于中国安徽省泾县东南部茶区的烘青尖茶类平直形特种绿茶。泾县兰香茶的前身为泾县尖茶。泾县尖茶在清康熙（1662～1722）年间胡耸孙所著的《白云茶赋》中就有记载。汀溪、爱民等地的尖茶在明清时期已畅销中国华东沿江各地，并批量出口东南亚各国，故而当时的高档尖茶又有"洋尖"之称。尖茶生产也随之步入第一个兴盛期，成为泾县茶产业的支柱产品。

加工工艺 泾县兰香茶主要以茶树完好的一芽一叶初展鲜叶为原料，其加工工艺流程为：鲜叶摊晾→杀青→做形（理直、轻压）→初烘→摊晾→复烘→拣剔、包装。①鲜叶摊晾。鲜叶采回后立即薄摊于阴凉处5～8小时，并按要求拣剔。②杀青。手工制作采用平口锅或电炒锅，机械加工可使用滚筒杀青机或槽式多用机等设备，温度200℃左右（机械温度显示300℃以上），时间各有不同。③做形。手工制作用平口锅或电炒锅，机械加工可使用槽式理条机（可加压棒）和扁形茶炒制机等设备，温度60～90℃（先高后低），先理直，再轻压。④初烘。手工制茶可用烘笼或烘茶箱，机械加工可使用多种烘干机械；烘温70～100℃（先高后低），烘至茶叶含水率15%左右时下烘。⑤摊凉。摊凉1～4小时。⑥复烘。可采用烘茶箱、烘笼或烘干机械，烘温50～80℃（先高后低），烘至足干（含水率5%左右）时出烘摊凉，拣剔、包装。

品质特征　兰香茶滋味鲜爽，还透出兰花芳香，故而取名“兰香”。采摘标准多为一芽一叶初展，芽叶肥壮，完好无损。成品兰香茶呈绣剪形，平直舒展；色泽翠绿，匀润显毫。冲泡后清香高长，略带花香，甘爽耐泡；汤色嫩绿，清澈明亮；叶底浅绿，肥嫩成朵。兰香茶尤以“绣剪形、兰花香”的品质特征，在众多名茶中独树一帜。

销售区域　泾县兰香茶主要销往安徽省沿长江两岸的城市，以及南京、上海等地。

（宁井铭　董永泓）

泾阳茯砖茶　Jingyang fuzhuan tea　中国陕西省咸阳市泾阳县特产的黑茶。又属紧压茶类。泾阳茯砖茶距今已有近千年的历史，兴于宋，盛于明清和民国时期，数百年来与粮、奶、肉一起，成为西北地区少数民族生活的必需品。

生产简史　在中国西北地区有“一日无茶则滞，三日无茶则痛”“宁可一日无粮，不可一日无茶”之说。古时中国历朝历代的统治者们正是看到这一点，利用茶来安边治边。从宋代起就有以茶治边的政策，朝廷设有“茶马司”以茶易马，与边民进行“茶马交易”，统治边民，从中获利。泾阳茯砖茶正是历史上历朝各代用于“茶马交易”的主要茶品。

泾阳县位于秦岭北，属于中国陕西省咸阳市。西北有句老话说：自古岭北不植茶，唯有泾阳出砖茶。意思是说位于秦岭北部的泾阳县本不植茶，但由于地处关中腹地、泾河下游，自古是三辅名区、京畿要地，也是南茶北上必经之地。因此，从汉代始泾阳就成了“官引茶”到中原的集散地。官茶到泾另行检做，制成茯砖茶后，才沿丝绸之路销往西北各地乃至中西亚各国，遂形成加工制作输运中心枢纽。在漫长的集散、加工、制作岁月中，茶商在不经意情况下偶尔发现加工之茶中长出金黄色星状斑点（实为“金华菌”，茶商称其为“金花”）。因“金花菌”在黑毛茶的二次发酵中生长繁殖、代谢作用，极大地改变和提高了原黑毛茶的品质，从而形成了茯茶独有的风格。茶商们在此基础上不断探索、总结，完善制作工艺、定型，形成了泾阳独有的茯砖茶品。据史料记载，茯茶（散茶）在泾阳出现是在北宋神宗熙宁（1068～1077）年间左右；茯砖茶形成定型是在明洪武元年（1368）前后，距今600多年。

加工工艺　泾阳茯砖茶的加工工艺流程为：原料精选→筛分→蒸茶→渥堆发酵→熬茶汁→炒茶→司称→蒸茶→装模→压制成型→晾置→退模→预包装→进烘上架→发花→干燥→检验合格→包装→成品入库。主要工艺为：①渥堆发酵。蒸5～7分钟的毛茶倒入木仓，平铺高度1米左右，发酵12小时，发酵温度40～60℃，根据情况及时搅动。②发花。分为3个阶段，各4天。第一阶段，发花室温度24～26℃，湿度65%～75%，砖茶内出现白色菌丝；第二阶段，温度升至27.5～28.5℃，湿度75%～85%，砖茶长出茂盛的冠突散囊菌；第三阶段，发花室温度控制在27.5～28.5℃，湿度55%～65%，持续至发花完成。③干燥。发花完成后，每天升温3℃，升到50℃，持续2天后，温度每天降2～35℃，再每天升温1～40℃，到干燥为止。

品质特征　茶体紧结，色泽黑褐油润、金花茂盛；清香持久、陈香显露；茶汤橙红透亮，滋味醇厚悠长，回甘绵滑。泾阳茯砖茶品中生长繁殖有一种有益曲霉菌——冠突散囊菌（金花菌）。适合高寒地带及高脂饮食地区的人群饮用。

（纪昌中）

荆芥　schizonepetae herba; *Nepeta cataria*　唇形科荆芥属多年生植物。又称香荆荠、线荠、四棱杆蒿、假苏。以嫩茎叶供菜用。

图1　荆芥

图2　荆芥的叶

荆芥自中南欧经阿富汗，向东一直分布到日本，在美洲及非洲南部逸为野生。在中国产于新疆、甘肃、陕西、河南、山西、山东、湖北、贵州、四川及云南等地；多生于宅旁或灌丛中，海拔一般不超过2500米。

形态特征　株高40～150厘米，茎直立，四棱形，被白色短柔毛，基部木质化，多分枝。叶对生，卵状至三角状心形，近轴面黄绿色，被极短硬毛，远轴面略发白，被短柔毛。叶柄细弱，长0.7～3厘米。轮伞花序，多轮密集于枝端呈穗状。花小，叶片状苞片，小苞片钻形，细小。花萼开花时管状。花冠二唇形，白色，下唇有紫点，外被白色柔毛，内面在喉部被短柔毛。雄蕊4枚，2强。子房无毛。小坚果卵形，三棱状，灰褐色。花期7～9月，果期9～

图3 荆芥的花

图4 荆芥的果实

图5 荆芥梗

10月。

栽培 荆芥适应力很强，性喜阳光，多生长在温暖湿润的环境中。对土壤要求不严，但以疏松、肥沃的土壤为好。高温多雨季节怕积水，短期积水会造成死亡。一般采用种子繁殖，在4月播种。种子在15～20℃即可发芽，生长适温为20～25℃，幼苗能耐0℃左右的低温。荆芥耐高温，较耐寒，但－2℃以下会出现冻害，忌连作。苗期要求土壤湿润，怕干旱和缺水。成苗期喜干燥的环境，雨水多则生长不良。

用途 荆芥富含芳香油，鲜嫩的茎叶可以随时采收。生食熟食均可，但以凉拌为多，一般将嫩尖作夏季调味料。荆芥味辛，微苦，性微温，具有祛风、解表、透疹、止血的功能。全株可入药。药用采收茎叶宜在夏季孕穗而未抽穗时采收，芥穗宜于秋季种子50%成熟、50%还在开花时采收。选晴天露水干后用镰刀割下全株阴干，即为全荆；摘取花穗晾干，称荆芥穗；其余地上部分由茎基部收割、晾干，即为荆芥梗。选留种株时，待种子充分成熟后再收割，放在半阴半阳处晾干，干后脱粒，除去茎叶等杂质后收藏。

（李锡香）

精制红茶 refined black tea 在初制红茶的基础上，通过筛切、风选、拣剔、拼配、再干燥等再加工技术，对红毛茶进行精细加工后制成的红茶。鲜叶经过萎凋、揉捻、发酵、干燥四道初制工序制成的半成品茶为红毛茶。精制红茶通过对红毛茶进行筛切、风选、拣剔、拼配、再干燥等精制加工后，使茶叶的外形与内质互相调和，使茶叶品质和经济价值得以提高。①筛切。筛切取料分为筛分、切细，其主要目的在于整饰外形，分做花色。②风选。主要用来辅助筛切解决各种花色轻重的问题。③拣剔。通过机械或者手工的方法，除去粗老畸形的茶条、茶梗及其他杂物，整齐形状，纯净品质。④拼配。用于调节茶叶品质，稳定或提高茶叶质量。可在毛茶加工之前，对不同品种、产地、季节、等级和加工方法的毛茶进行拼配，也可在精制中将不同级别、不同筛孔的半成品合理拼配在一起组成成品茶，从而使各类茶扬长补短，相互调剂，平衡外形及内质，达到产品均匀一致、提高品质的目的。⑤再干燥。再干燥工序在蒸发水分的同时，可以提高并固定茶叶的色香味等品质，对成品茶内质的形成具有重要作用。

红毛茶包括初制的条形红毛茶和红碎茶。条形红毛茶精制后，形成可包装上市的工夫红茶和小种红茶。初制的红碎茶经过“整形”和“去杂”后，得到的成品茶按外形规格，可分为叶茶、碎茶、片茶和末茶四种类型。四种类型的红碎茶规格清楚、要求严格，达到叶茶中不含碎片茶，碎茶中不含片末茶，末茶中不含茶灰的互不混杂的标准。市场上出售的红茶基本都为精制红茶。

（江用文）

精制绿茶 refined green tea 在初制绿茶的基础上，经筛分、风选、拣剔、拼配、匀堆等作业制成的绿茶。精制绿茶在外形整齐度、色泽均匀度及香气内质方面较绿毛茶均有显著提升。对绿毛茶的精制加工包括筛分、风选、拣剔、拼配、匀堆等过程。①筛分和风选。对绿毛茶筛分和风选作业，主要利用圆筛机、抖筛机、风选机等专用设备，借助初制绿茶自身物理特性及其多种作用力，将不同长短、粗细、大小、轻重的茶叶进行分离、解体。②拣剔。拣剔作业是利用光电拣梗机、茶叶色选机或人工等方式去除茶籽、老梗、朴片和非茶类夹杂物，亦可对不同色泽的初制绿茶进行选别。③拼配。根据目标茶花色、等级等感官品质的特点和要求，按照一定比例组合，使其外形、内质更符合标准的作业过程。精制绿茶的拼配，是保证产品品质稳定、一致的关键。④匀堆。匀堆作业采用专门的匀堆机进行，用以确保整批产品的均匀一致。

（江用文）

井冈翠绿茶 Jinggang Cuilü tea 产于中国江西省井冈山市兰花坪一带的弯曲形炒青绿茶。又称井冈春蕾。井冈翠绿茶是1982年在石姬茶的基础上研制而成的。产地高山云雾缭绕，溪水环山而流，雨量充沛，光照适度，土壤疏松肥沃，优越的自然条件孕育出品质优秀的茶叶。

井冈翠绿茶在管理、采摘、制作上也均有独到之处，茶园每年都要进行“一耕四锄四施”；采摘要求清明至谷雨进行；制作从茶叶分拣到制成，经多道标准严格工序。采摘一芽一、二叶初展，经杀青→揉捻→炒二青→复揉→搓条→搓团→提毫→烘干等加工工序制成。分特级、一级、二级。外形条索细紧曲勾，色泽翠绿多毫。茶叶冲泡后，似群兰吐艳，翠绿清香。汤色清澈明亮，滋味鲜醇回甘，叶底完整，嫩绿明亮。主销中国各大城市。

（李文金）

景谷白茶 Jinggu white tea 产于中国云南省景谷县，以景谷大白茶为原料生产加工的白茶产品。景谷白茶主要有景谷大白毫和月光白等产品。其产地处于高山密林的云雾山中，气候温凉，种植历史已有150多年，老种树尚在。白茶外形特白，品相好，于是古代当地官员责令精心采制成“白龙须贡茶”进贡朝廷，成为稀有珍品。白茶外形条索硕长壮实，白毫特显，泛闪银光，形状优美。内质香气浓郁清鲜，滋味醇厚回甘，汤色清澈明亮。

（吕才有）

景谷大白茶 Jinggu Dabaicha 产于中国云南省景谷民乐乡苦竹山的茶树有性系品种。乔木型，大叶类，中生种，二倍体植株。植株高大，树姿半开张，主干显，分枝密，叶片下垂状着生。叶片特大，宽椭圆形，叶色深绿，叶面隆起，叶身内折，叶缘平，叶齿浅粗，叶尖渐尖，叶质厚软。芽叶粗壮，黄绿色，茸毛特多，一芽三叶，百芽重163.8克。花冠直径2.6～5.3厘米，花瓣7～8瓣，子房茸毛多，花柱3裂。果径2.2厘米，种子褐色，种径1.5厘米。生长势和持嫩性均强，发芽整齐，新梢年生长6轮。春茶开采期在3月上旬。产量高，每亩可达200千克左右。春茶一芽二叶干样约含氨基酸3.8%、茶多酚29.9%、儿茶素总量15.3%、咖啡碱5.2%。

大白茶适制多种茶类。制作传统晒青茶，以春茶为佳，谷花茶次之，尤以清明前最好，称明前春尖。制成炒青、烘青茶类香气更好，毫色银灰，汤青绿。制成红茶，金毫显露，条索肥硕，口感甚佳。1981年，景谷大白茶被评为云南八大名茶之一，被列为地方名茶良种。

（吕才有）

景天 stonecrop; *Sedum* spp. 景天科景天属植物的通称。景天广泛分布于全球温带和热带的高山地区。全属约600种，中国约140种，南北均产，以西南高山为多，主供观赏用。属的模式种苔景天（*Sedum acre*）分布于欧洲、非洲、亚洲西部和北美洲。景天类主要野生于岩石地带、山坡石缝、林下石质坡地、山谷石崖等处。

图1 苔景天

景天类是多年生、稀一年生多肉草本植物，少有茎基部呈木质。叶各式，对生、互生或轮生，全缘或有锯齿，少有线形的。花序聚伞状或伞房状，腋生或顶生；花白色、黄色、红色、紫色；常为两性，稀退化为单性；常为不等5基数，少有4～9基数；花瓣分离或基部合生；雄蕊通常为花瓣数的2倍。蓇葖有种子多数或少数。

多数植物喜光照，部分种耐阴，对土壤要求不严。喜湿润，但忌涝。

景天类株丛矮小紧凑，株型秀美，绿色期长。叶多为肉质，质感好。花小而密集、鲜艳，花期长，是集观叶、观花为一体的优良宿根花卉。景天类具有根系浅却生长迅速、抗逆性强、管理粗放等特点，尤其耐干旱、瘠薄，是城乡园林绿化中的

图2 苔景天的花

优良地被植物，广泛用于屋顶绿化、边坡绿化、道路绿化，也常用于花境配植。

（夏宜平 李 铮）

净菜 clean vegetable 新鲜蔬菜经拣选、清洗、分级包装等加工操作制成的可直接烹调的生鲜蔬菜商品。新鲜蔬菜在拣选时，即剔除不可食部分以及长霉、虫蚀、未熟、过熟、畸形、变色等不合格品，再通过清洗进一步清除杂质、污物，然后按重量、尺寸、形状等指标逐步分级，最后包装。净菜具有一定保质期，卫生、方便，可食比例大于90%，消费者购买后可直接烹调。生产净菜的加工技术称为半加工气调保鲜技术（MAP）。净菜加工技术是完整果蔬的贮藏保鲜技术与蔬菜加工的前处理技术有机结合的一种蔬菜保鲜综合技术。在保证原料质量的前提下，净菜加工处理有以下两个关键点。

温度控制 采收后的原料须尽快处理完毕进入低温环境，或采收后经过简单整理立即预冷。预冷即根据原料特性，采用自然或机械的方法，尽快将品温降低到适宜的低温范围，并维持这一低温，以利后续加工。一般最好能在产地建造处理车间，方便采收后立即进行处理。

包装材料 净菜包装使用的薄膜应选择高气体透过性薄膜，并结合低温使之形成适合该净菜保存的气调微环境，此法也称为净菜MAP保鲜。薄膜应具有良好的透气性，使呼吸产生的二氧化碳能及时透出，同时透入被呼吸消耗的氧气，以免在袋内形成高二氧化碳、低氧气体环境而使品质下降，并能使组织产生的乙烯透出。选择薄膜的透过性，以对二氧化碳的透过能力大于氧气为好。薄膜还应具有一定透湿性，防止袋内湿度过高，引起微生物易繁殖。薄膜材料的选择依净菜自身的特点而异，主要有聚乙烯（PE）、聚丙烯（PP）、乙烯-醋酸乙烯共聚物（EVA）、丁基橡胶等。因蔬菜种类品种太多，影响呼吸强度的内外因素又十分复杂，原则上只能选择渗透比与蔬菜呼吸率尽可能接近的薄膜，从而获得较好的MAP效果。

（余小林）

靖安白茶 Jing'an white tea 产于中国江西省靖安县的凤形或龙形白化绿茶。靖安白茶属江西省靖安县罗湾乡双溪村九岭山中的野生茶，已有400多年的种植历史。为区别其他产区生产的白茶，而取名为靖安白茶。是中国国家地理标志保护产品。主产于靖安县行政区域内。

靖安白茶是采摘一芽、一芽一叶、一芽二叶初展新鲜芽叶，经摊放→杀青→理条→烘干等加工工艺制成。按加工成的形状不同可分为凤形和龙形两类。①凤形靖安白茶。按条形茶加工工艺制作成，外形条直显峰，芽壮匀整。②龙形靖安白茶。按扁形茶加工工艺制作成，茶叶扁平、光滑挺直，芽壮匀整。汤色嫩绿明亮，香气鲜嫩持久，滋味鲜醇甘爽，叶白脉翠。主销中国各大中城市。

（李文金）

九华佛茶 Jiuhua Buddha tea 以九华山为核心的中国安徽省池州市茶产区的优质茶树鲜叶为原料，按照特定工艺加工而成的外形呈扁直或条形、色泽绿润、香高味醇的绿茶。九华佛茶源于安徽九华山，其前身为九华毛峰。九华山茶在明清时期已驰名全国，为当时的名茶。

分布范围 九华佛茶主要产区为池州市境内，地理坐标为东经116°38′～118°10′，北纬29°38′～30°51′。包括贵池区梅街镇、梅村镇、棠溪镇，东至县葛公镇、官港镇、木塔乡、花园里乡，石台县仙寓镇、七都镇、横渡镇、大演乡，青阳县陵阳镇、朱备镇、杜村乡，九华山管委会九华乡、九华镇。

加工工艺 九华佛茶是按照特定工艺加工而成的芽叶扁直形或卷曲成条形的优质绿茶。扁直形九华佛茶的加工工艺流程为：鲜叶采摘→摊青→杀青→摊凉→做形→摊凉→烘干→包装。条形九华佛茶的加工工艺流程为：鲜叶采摘→摊青→杀青→摊凉→揉捻→毛火→摊凉→足火→摊凉→提香→摊凉并拣剔→装箱。

品质特征 九华佛茶分为扁直型九华佛茶和条形九华佛茶两大系列。每个系列设定特级、一级、二级、三级。其中，特级以一芽一叶初展为主，一级以一芽一叶为主，二级以一芽二叶初展为主，三级以一芽三叶初展为主。扁直型九华佛茶的芽叶扁直匀齐，整枝呈佛手状，色泽翠绿。清香持久，汤色嫩绿明亮，滋味鲜醇，叶底嫩绿匀整、有光泽。条型九华佛茶外形卷曲成条，紧结重实，色泽翠绿。栗香或清香醇正持久，汤色嫩绿明亮，滋味鲜醇，叶底嫩绿匀整、有光泽。

销售区域　主要销售区域为中国安徽省池州市及中国大中型城市，外销日本、韩国等国家。（宁井铭　吴满霞）

九里香　orange jessamine; *Murraya exotica*　芸香科九里香属常绿灌木或小乔木。又称石辣椒、九秋香、九树香、七里香、千里香、万里香、过山香、黄金桂、山黄皮、千只眼、月橘。九里香产于中国台湾、福建、广东、海南、广西等地南部。常见于离海岸不远的平地、缓坡、小丘的灌木丛中。

高可达8米。枝白灰或淡黄灰色，但当年生枝绿色。叶有小叶3～5～7片，小叶倒卵形或倒卵状椭圆形，两侧常不对称，长1～6厘米，宽0.5～3厘米。花序通常顶生，或顶生兼腋生，花多朵聚成伞状，为短缩的圆锥状聚伞花序。花白色，芳香。果橙黄至朱红色，阔卵形或椭圆形，果肉有黏胶质液。种子有短的棉质毛。花期4～8月，也有秋后开花的；果期9～12月。

图1　九里香

图2　九里香的花

图3　九里香的果实

九里香以种子繁殖为主，也可压条或嫁接繁殖。喜温暖，最适宜生长的温度为20～32℃，不耐寒。是阳性树种，置于阳光充足、空气流通的地方才能叶茂花繁且香。对土壤要求不严，宜选用含腐殖质丰富、疏松、肥沃的砂质土壤。

九里香株姿优美，枝叶秀丽，花香浓郁，中国南部地区多用作围篱材料，或作花圃及宾馆的点缀品，亦作盆景材料。（蔡邦平）

韭菜　leek; *Allium tuberosum*　百合科葱属多年生宿根草本植物。又称韭、起阳草。以叶片、叶鞘供食用。韭菜原产于中国，南北山区多有野生，是一种栽培历史悠久的古老蔬菜。在中国南北各地普遍栽培。

图1　韭菜

形态特征　根系为纤维状须根，播种当年着生在根茎茎盘基部，第二年起着生在根茎茎盘周围及其一侧。根茎呈葫芦状，长在土中，是贮藏养料的器官，其顶端的生长点在播种当年即可发生分蘖。以后随着分蘖的增加，根茎每年向地表不断伸长，新须根的着生部位也不断升高，而原有旧根则不断枯死，出现“跳根”现象，使根系得以年年更新。收割后可继续生长。叶扁平，带状，叶鞘为闭合状，形成假茎。七八月间抽薹，顶端着生伞形花序。花白色，种子黑色。

生长习性　韭菜适应环境的能力很强，能耐霜冻和低温。当气温降至−6～−5℃时，叶仍不凋萎，根和根茎甚至能耐−40℃低温。生长最适温度为12～24℃，温度过高反而会使纤维增加，食用品质变劣。但在温室栽培时，由于光照较弱，湿度较大，即使温度升至30℃也不影响品质。韭菜的叶绿素形成对光照极为敏感：叶鞘在埋土条件下软化变白，称为“韭白”；在弱光覆盖条件下完全变黄，称为“韭黄”。

图2　韭菜的花序

图3　采收的韭菜

栽培　可用种子或分株繁殖，以播种育苗移栽为主。耐肥，施足基肥有利增产。第二、三年后每年可进行多次收割，中国南方除夏季外几乎周年都可采收。除露地栽培外，还有囤韭、盖韭及在弱光条件下培养韭黄、韭白等软化产品的栽培方式。

用途　韭菜一般以叶片、叶鞘供食，但也有专以花茎或肉质化的根供食用的品种。营养成分以胡萝卜素和钙、磷、铁等矿物质为主，纤维素含量也较丰富，是有利于肠胃消化功能的保健蔬菜。中国医药学认为韭菜可“安五脏、除胃中热”。种子供药用，性温、味辛甘，功能为温肾阳、强腰膝，主治腰膝酸痛、小便频数、遗尿、带下等症。（侯喜林　张昌伟）

酒瓶椰　bottle palm; *Hyophorbe lagenicaulis*　棕榈科酒瓶椰属常绿乔木。又称酒瓶椰子、酒瓶棕。酒瓶椰原产于马斯克林群岛，是一种典型的热带棕榈植物。中国海南、广东、福建、广西、云南等省（自治区）引种栽培。其茎干在近地面处稍细，向上逐渐增粗，近冠茎处又收缩变细，形如酒瓶，因此被称为酒瓶椰。

茎单生，最大茎粗可达40～70厘米。叶羽状，全裂，羽片披针形，长约45厘米，叶色淡绿，叶质坚挺，背面有鳞片。叶柄长30～40厘米。雌雄同株。花序见于冠茎下，花黄绿色。果椭圆形，成熟时为黑褐色。种子椭圆形。喜高温、湿润、半阴的环境，耐盐碱、怕寒冷、不耐涝。以排水良好，富含有机质的土壤为佳。采用播

图1 酒瓶椰

图2 酒瓶椰的花

图3 酒瓶椰的果实

种繁殖。主要病害有心腐病、叶斑病，受红棕象甲危害严重。

酒瓶椰子树形奇特，其下部膨大的茎干形如酒瓶，非常美观。常用于园林绿化的行道树或草坪庭院的点缀，也可盆栽用于装饰宾馆的厅堂和大型商场。

（刘　勐）

菊花 chrysanthemum; *Chrysanthemum morifolium* 菊科菊属多年生草本植物。菊花原产于中国。古名鞠。花色丰富多彩，姿容飘逸，自古即受人喜爱，为中国十大传统名花和世界四大切花之一。中国东周时期古籍中已有黄花野菊的记载。唐代以后，品种日益增多，栽培更为广泛。清初《广群芳谱》中记有品种153个。至20世纪，品种已不下数千。日本栽培的菊花最早由中国经朝鲜传入。17世纪末，荷兰商人将菊花传入欧洲。19世纪，英国植物学家利用中国和日本的优良菊花品种杂交育成新的品种。后又从英国传入美国。

形态特征　栽培菊是由某些黄色、白色或紫色的野生菊经种间杂交演化而来的。茎多分枝，基部木质化。株高40厘米至2米。单叶互生，多卵圆形，长5～15厘米，边缘具粗大锯齿或深裂。头状花序，外围为舌状花，大小、形状变化很大，有平瓣、匙瓣、管瓣、畸瓣、桂瓣之分；中心为筒状花，常稀少或阙如，有时长大成桂瓣。不同的瓣形形成不同的花型，具有各种不同的颜色，构成多种多样的品种。花序下为总苞，舌状花多为雄性花，筒状花为两性花，雌蕊柱头两歧。瘦果。世界上有万余品种菊花，依花径可分为大菊（径6厘米以上）和小菊（径6厘米以下）；依花期可分为春菊、夏菊、秋菊、冬菊（寒菊）和四季菊；依花色可分为黄、白、粉、紫、橙、褐、绿以及间色和复色等。

图1　菊花

图2　菊花的茎和叶

生长习性　菊花为短日照植物，喜光，性耐寒，适应性强，中国自华南至东北均能栽植。对温度、土壤酸碱度的要求不严，但以18～22℃和中性至微酸性（pH6.0～6.7）、排水良好的肥沃壤土最适生长。采用种子或营养体繁殖均可，以扦插繁殖为主。

整形方法　菊花有多种整形方法：①独本菊。为单干顶端着单花，栽培中不摘心，仅适时除去侧芽和蕾。②多头菊。花头保持3朵以上至数十朵。③大立菊。一株上着花数百朵至千朵以上，冠幅可达2米以上。④塔菊。将菊花培养成直立的塔形。⑤悬崖菊。用小菊培育，顶端不摘心，基部侧枝则反复摘心。先端用长竹片诱导拱形生长，形成后宽端狭的尾状。开花时将花盆置于高处，花枝拱泻而下，别具风趣。⑥造型菊。选节间较长且枝条柔软的大菊或小菊培养成多头菊后，先用铁丝或细竹条编成文字或动物、建筑物等形状，再将花朵排列绑扎其上，形成精美的艺术形象。⑦盆景菊。多以小菊为材料，控制水量，应用盆景制作技艺，通过摘叶、整形或将茎缠附于干枯树桩上，养成老干虬枝、古木开花的形态。

用途　菊花观赏价值较高，除盆栽或配植花坛外，常用作切花材料。药用菊花性微寒、味甘苦，具有散风清热、平肝明目的功能，主治感冒风热、头痛、目赤等症。部分菊花品种可供饮用，称为茶菊；味甘甜的菊苗及部分品种的花瓣，可作蔬菜。

（陈发棣）

菊花脑 vegetable chrysanthemum; *Dendranthema nankingense* 菊科菊属多年生宿根草本植物。多作一年生栽培。又称菊花叶、菊花头。以嫩茎叶供食用。菊花脑原产于中国，在湖南省、贵州省有野生分布，江苏省等地多有栽培，北方较少种植。

形态特征　株高30～100厘米，地上茎光滑，分枝性强，地下具匍匐茎。叶卵形至长卵形，叶缘具粗复齿或羽状深裂，叶柄有窄翼，互生。头状花序，有舌状花和管状花，黄色。瘦果，细小，灰褐色。成熟晚，北方难于采种，千粒重0.16克。按不同叶形，有小叶和大叶（板叶）之分，后者品质好、产量高。

栽培　喜较冷凉气候，耐寒性强，冬季地上部分枯死，地下部分宿根越冬，翌年早春萌发新株。温度20℃时产品质量最佳。营养生长期要求光照充足。对土壤要求不严，耐干旱，耐贫瘠，忌涝。多采用分株或扦插繁殖，于早春萌芽前分株，6～8月扦插。也可用种子繁殖，但要提

图1 菊花脑的叶

图2 菊花脑的花

前在保护地播种育苗，4月移栽。株高15～20厘米时，即可开始陆续采收。

用途 含较多纤维素（约1.98克/100克鲜样）和粗蛋白等，有特殊的芳香。具有清热解毒、调中开胃、降血压等保健功效。可做汤、凉拌或炒食。

（魏玉凝 撰 周艳虹 修订）

菊芋 Jerusalem artichoke; *Helianthus tuberosus* 菊科向日葵属多年生宿根草本植物。多作一年生栽培。又称洋姜。以块茎供食用。菊芋原产于北美洲，经欧洲传入中国，中国多数地区均有栽培。

形态特征 有块状的地下茎及纤维状根。不定根发达，地下匍匐茎顶端膨大成块茎，每株一般有15～30个，梨形或纺

图1 菊芋

图2 菊芋的块状地下茎及纤维状根

图3 菊芋的茎和叶

图4 菊芋的花

图5 菊芋的果序

图6 菊芋的瘦果

锤形，表皮黄色或白色等。地上茎直立，高2～3米，有分枝，被白色短糙毛或刚毛。叶互生，卵圆形。秋季开花，但结实率低，长江以南可形成种子。头状花序较大，少数或多数，单生于枝端。瘦果小，楔形。植株再生力强，生产上一般用块茎繁殖。

栽培 块茎在6～7℃即可发芽，萌发的幼苗能耐0℃以上低温。形成块茎的最适温度为18～22℃。冬季地上茎叶枯死，其块茎仍可在冻土层安全越冬。属短日照植物，人工缩短日照可加速块茎的形成。耐旱抗风沙、耐盐碱、耐病虫害，适应性强，可利用荒地栽培。春季播种时一般选较大的整块茎作种，播种一次，可连续收获四五年。因茎秆高大，常在现蕾以前结合第二次中耕进行培土，以防倒伏。开花后养分转向块茎，摘心去蕾可促进块茎肥大。秋季低温来临后即可挖取块茎。以茎叶作饲料的，在谢花初期割收。

用途 菊芋是药食两用植物，块茎富含淀粉以及菊糖、多缩戊糖等。主要供盐渍用，也可炒食，或作为制取淀粉和酒精的原料。

（刘佩英 李锡香）

决选 final selection 果树育种专业人员对复选优株进行扩繁后做出进一步评价的过程。通过复选的优株，统一以2～3代嫁接育苗或高接方式扩繁，同时搭配对照品种，统一种植在选种圃中。其中对照品种是与参试品种成熟期接近，且为当地已登记或审（认）定的品种，或当地在生产上公知公用的品种、在育种目标性状上表现最突出的现有品种。待这些无性子代开花结果后，经过连续3年及以上产量、品质、抗性等的鉴定比较，消除年际间环境误差，连同对母树及对照树的系统调查材料，经过群众和专业人员的鉴评，对复选优株做出进一步的评价，明确复选优株的一致性、特异性和稳定性。通过优中选优，把复选优株中更为突出的优株确定为决选单株，并予以命名，作为新品系推荐参加品种区试。决选单株可以多繁育一些苗木或接穗，既能作为多点区试的试验树，又

能迅速建立可提供大量接穗的母本园。

（郑少泉）

蕨菜　wild brake; *Pteridium aquilinum*　凤尾蕨科蕨属多年生宿根性草本植物。又称蕨苔、拳头菜、猫爪、龙头菜。以未展开的幼嫩叶芽供食用。蕨菜原产于中国和日本，中国东北、华北、西北、西南等山区均有分布。生长于稀疏针阔混交林中，多为野生采集食用。

形态特征　株高60～100厘米，根状茎，与地面呈水平横走，匍匐生长，根茎上着生不定根。新生叶上部向内卷曲，被绒毛，展开后为三回羽状复叶，革质，叶柄长、无毛；此后叶缘向里曲卷，着生红褐色子囊群，子囊内含大量孢子。在中国分布较广，种类很多，按产地可分为辽宁、河北、内蒙古、黑龙江、贵州等地蕨菜。

图1　蕨菜的新生叶

图2　蕨菜的羽状复叶

图3　采收的蕨菜

栽培　蕨菜喜温和，宿根极耐寒，生长适温为15～20℃。喜光，常生长于山区、荒坡、河边等地的向阳坡上。适应性强，适宜土层深厚、富含有机质、湿润肥沃、通气良好、pH6.5～7.0的土壤。多采用匍匐的根茎进行无性繁殖，选择芽多、饱满的粗壮根茎切成25厘米的小段，埋入10～15厘米深的土中或湿沙中储存。春季栽培时，在畦面上开5～10厘米深的定植沟，行距60～80厘米，将种苗的根状茎按株距20厘米顺沟平放，覆土后，盖稻草或地膜保温保湿。蕨芽苗出土后及时去除覆盖物，除草松土，促进幼苗生长。当新茎长到20～25厘米，小叶尚未展开且呈拳钩状时即可采收，可连续采收4～5次。

用途　蕨菜是中国主要的野生蔬菜，被称为“山菜之王”，富含碳水化合物（约10克/100克鲜样）、蛋白质（约1.6克/100克鲜样）、胡萝卜素、氨基酸、胆碱、维生素A以及微量元素等，营养价值较高，食用方法多样，兼有食用、药用价值。嫩叶芽可鲜食、盐渍或加工制成干菜；地下茎可制淀粉（蕨粉），还可酿酒。入药具有安神、祛风、利尿、解热等保健功效。

（郭世荣　束　胜）

君迁子　persimmon fruit; *Diospyros lotus*　柿科柿属落叶乔木。君迁子主要原产地是中国，亚洲西部、小亚细亚、欧洲南部也有分布。在中国主要产于山东、辽宁、河南、河北、山西、陕西、甘肃、江苏、浙江、安徽、江西、湖南、湖北、贵州、四川、云南、西藏等省（自治区）。生于海拔500～2300米的山地、山坡、山谷的灌丛或林缘。高可达30米，胸径可达1.3米；树冠近球形或扁球形；树皮灰黑色或灰褐色。叶椭圆形至长椭圆形，上面深绿色，有光泽，下面绿色或粉绿色，有柔毛。雄花腋生；花萼钟形；花冠壶形，带红色或淡黄色。果近球形或椭圆形，初熟时为淡黄色，后则变为蓝黑色，常被有白色薄蜡层。花期5～6月，果期10～11月。

繁殖一般采取播种法。果实成熟后，采摘晾干，然后将种子取出，洗净晾干后保存。翌年3月下旬将种子浸泡在40℃温

图1　君迁子的花

图2　君迁子的果实（初熟时）

图3　君迁子的果实（成熟时）

图4　君迁子的种子

水中两天，种子膨胀后再进行播种。幼苗出齐30天后，可进行间苗，追施氮肥。第二年春天可进行移栽，第三年可进行二次移栽，栽植株行距为4米×6米。

君迁子可作为观果树种在园林中应用，秋季金黄果实挂满枝头，效果绝好。成熟果实可供食用，亦可制成柿饼，入药可止消渴，去烦热；又可供制糖、酿酒、制醋；未熟果实可提制柿漆，供医药和涂料用。木材可制作纺织木梭、雕刻、小用

具等，亦可制作精美家具和文具。树皮可供提取单宁和制人造棉。

（赵宏波）

君子兰 scarlet kafirlily; *Clivia miniata* 石蒜科君子兰属常绿宿根植物。又称大花君子兰、剑叶石蒜。君子兰原产于南非南部。

根肉质纤维状，为乳白色，十分粗壮。根系粗大，很有肉质感。茎基部宿存叶基扩大互抱成假鳞茎状。叶片从根部短缩的茎上呈二列叠出，排列整齐，宽阔呈带形，顶端圆润，质地硬而厚实，并有光泽及脉纹。基生叶质厚，叶形似剑，叶片革质，深绿色。伞形花序顶生，花直立，有数枚覆瓦状排列的苞片，每个花序有小花7～30朵，多的可达40朵以上。花被裂片6，合生。盛花期2～4月。浆果球形，成熟时红色。

畏寒惧热，适宜温暖湿润的半阴环境，空气相对湿度70%～80%，土壤含水量20%～30%为宜，切勿积水。不宜强光直射，夏季需在荫棚下栽培。喜疏松肥沃、排水良好、富含腐殖质的微酸性砂壤土。须人工授粉方可结实，可用播种或分株法繁殖。

图1　君子兰的叶

图2　君子兰的花

图3　君子兰的果实

终年翠绿，叶、花、果均具观赏价值，可全年室内布置观赏，极适应室内散射光环境，是布置会场、厅堂和美化家庭环境的名贵花卉。

（房伟民）

K

卡特兰 cattleya orchid; *Cattleya* Alliance 卡特兰类植物的总称，泛指卡特兰族（*Cattleya* Tribe）各主要属及各近缘属间杂交的人工属。卡特兰属有100多个原生种，但卡特兰属植物亲和力比较强，种间杂交易，与兰科的近缘属杂交也较易成功，产生了大量杂交优良品种，通过杂交至少产生了约61个人工属。

卡特兰为兰科多年生附生草本植物，假鳞茎呈棍棒状或圆柱形，长10～30厘米。叶片长椭圆形，厚而呈革质，分为单叶和双叶，前者假鳞茎上只有1片叶子，叶和花较大；后者每个假鳞茎上有2片或2片以上叶子，叶和花较小。花朵的大小因品种而异，一般直径多在5～20厘米，

图1 卡特兰

图2 卡特兰的叶

图3 卡特兰的花（白色）

图4 卡特兰的花（紫红）

图5 卡特兰的花（橙红）

花色非常丰富，有纯白、黄、橙红、深红、紫红、粉红、红褐、绿及各种过渡色、复色和变色，尤其是唇瓣色彩最为艳丽，单色或复色极富变化。每株一年只开一次花，因品种不同花期也不一样，所以全年都有花开，单朵花的寿命很长，通常可开放2～3周。

卡特兰花朵硕大、花形优美、色彩绚丽，并具有特殊的芳香，是世界上栽培最早，深受人们喜爱的洋兰品种，有“洋兰之王”的美誉。卡特兰不仅是优良的室内盆栽花卉，而且是高档的胸饰花和切花材料。生长势十分强健，适应性较强，容易栽培，是世界上商品化程度最高的兰花之一，在世界范围内已形成规模巨大的卡特兰产业。 （王 雁）

开化龙顶茶 Kaihua Longding tea 产于中国浙江省开化县大龙山一带的半烘炒绿茶。又称龙顶茶。开化县生产名茶历史悠久，据《开化县志》载，明崇祯四年（1631）曾为贡茶，后失传。清代诗人汪士慎在《幼孚斋中试泾县茶》诗中描述“宣州诸茶此绝伦，芳馨那逊龙山春”，“龙山春”就是当时产于开化县的名茶。清光绪二十四年（1898），在《开化县志》中记载，芽茶进贡时“黄绢袋袱旗号签”限时进贡。1979年被命名为开化龙顶。

开化龙顶茶加工工艺流程为：杀青→揉捻→整形→提毫→炒干。分特级、一级和二级。外形紧直挺秀，银绿披毫，芽叶成朵匀齐，香气鲜嫩清幽，滋味鲜醇甘爽，汤色杏绿清澈。用玻璃杯冲泡时，色翠形美，极具观赏价值。主销中国北京、上海、江苏、浙江一带及港澳地区。

（余书平）

开山白毛茶 Kaishan Baimaocha 原产于中国广西壮族自治区贺州市桂岭镇开山片的茶树有性系品种。20世纪70年代被评为广西四大名茶之一。最早见于明代，清乾隆（1736～1795）年间开始人工栽培。

开山白毛茶树为山茶科山茶属植物，为群体种，灌木或小乔木，中叶类，中生种。茶树品种优良，叶形椭圆，叶质柔软；叶色绿有光泽，嫩芽稍黄绿色，夏茶有紫芽，茸毛多，萌芽较整齐，持嫩性较强。是广西的优良品种，制成的茶叶色、香、味俱美，茶叶主要成分为：茶多酚27.06%，氨基酸总量3.77%，咖啡碱4.13%，儿茶素总量166.1毫克/克。属品质较好的茶品种。 （韦静峰）

开阳南贡茶 Kaiyangnan tribute tea 产于中国贵州省开阳县的绿茶。清乾隆（1736～1795）年间即作为朝廷贡品。产地平均海拔在1000～1400米，年平均气温为10.6～15.30℃，属北亚热带季风湿润气候，四季分明，春暖风和；冬无严寒，夏无酷暑，水热同季，无霜期长；春迟夏短，秋早冬长，多云雾，湿度大。自然环境适于茶树生长。加工工艺流程为：杀青→做形→干燥。成品茶外形毫显，开汤后茶色淡绿

明亮，叶芽竖立，清香味醇。

（郑文佳）

客家炒茶 Kejia fried green tea 产于中国广东省客家地区的炒青绿茶的统称。客家炒茶主要分布在粤北梅州市、河源市、韶关市、清远市的各县，粤东揭阳市、汕尾市的各县，以及珠江三角洲的惠州市各县。以当地群体品种、当地主推的无性系品种的芽叶为原料，采用传统的摊青、杀青、揉捻、干燥等工艺加工而成。

加工工艺 客家炒茶的鲜叶原料一般以一芽二三叶为主，有些地区以对夹二三叶为主。

初制工艺 初制工艺流程为：杀青→揉捻→炒二青→二青割末→炒三青→干茶分筛→归堆→贮藏等。①杀青。鲜叶不摊放，采收后即刻炒制（当天茶青当天付制完成）。采用84型双锅杀青机，每锅投叶量8～10千克，锅温280～320℃，扬炒8～10分钟；或采用瓶式杀青机，280～320℃，投叶量5～15千克，滚炒5～6分钟，待茶青叶色暗绿，叶面失去光泽，叶质柔软、萎卷，折梗不断，手握成团，松手不易散开，略带有黏性，青草气消失，清香显露时下机摊凉。采用锅式杀青机时，每锅杀青后应清洁一下锅焦。②揉捻。揉捻采用40型、55型揉捻机，加满压实，盖上桶盖，揉捻25～35分钟，加压采用轻—重—轻方式，至80%成条、茶汁外溢、叶色鲜绿即可。③炒二青。采用84型双锅杀青机炒二青，将两机揉捻叶投入锅中，锅温280～320℃，扬炒15～30分钟，炒至七八成干即可起锅；或采用瓶式杀青机280～320℃，炒15～30分钟，炒至七八成干即可起锅；或采用链板式烘干机，110～120℃，摊叶厚1～2厘米，烘至八成干。④二青割末和炒三青。二青起锅后须薄摊回潮40～60分钟并清洁锅。摊凉后进行二青分筛割末，筛底筛面茶分别炒三青。通常两锅二青叶合为一锅炒三青，锅温100～110℃，炒制4～8小时，含水量达5%～6%时即可起锅；亦可采用瓶式炒茶机，100℃左右炒至足干后，再用120～130℃滚炒15～30分钟提香。⑤干茶分筛、归堆和贮藏。经摊凉筛去茶末，将成品分包保存即可。客家炒茶不精制分级。

手工工艺 手工工艺流程为：杀青→揉捻→初干→摊凉→再干→筛分→摊凉→辉锅。①杀青。在1米平锅内进行，锅温控制在260～280℃，每锅投叶量5千克，杀青4～5分钟；先闷炒后扬炒，做到闷扬结合，失水率15%～20%，直炒到叶质柔软，叶色暗绿，青草气消失，散发出清香时即为杀青适度，立即起锅摊凉。②揉捻。是在竹匾中来回推揉，来轻去重，中间解块散热一次，揉2～5分钟，揉至茶条形成即可。③初干。将揉捻好的茶叶立即在锅中进行初干，锅温300℃左右，时间约5分钟。④摊凉。以手工抛炒为主，至六成干、手感尚不刺手为度。⑤再干。摊凉后再干，前期锅温180℃左右，以做形为主，时间约20分钟，至八成干、手触有较强刺手感为度。⑥筛分。下锅筛末、摊凉。后期锅温110～160℃，以炒干挥发水分为主，约10分钟，至九成干。筛末这道工序主要是拣剔和去除茶中的碎末。⑦摊凉。摊凉1～2小时后再进行辉锅。⑧辉锅。是最后一道工序，锅温110～120℃，历时3.0～3.5小时，至茶叶色泽银绿显霜时出锅摊凉，并装入铁罐中密封贮藏。

品质特征 外形紧实、绿润起霜、匀整，炒米香气持久，滋味醇爽，汤色和叶底黄绿明亮。

（苗爱清）

孔雀草 French marigold; *Tagetes patula* 菊科万寿菊属一年生草本植物。孔雀草原产于墨西哥和危地马拉，在其他许多国家已成为归化物种。自16世纪引入法国后，研究培植出许多变种，已经有上百个品种，包括单瓣、重瓣及迷你型。

形态特征 株高30～100厘米。茎直立，自近基部多分枝。叶羽状分裂，叶缘具锯齿，锯齿基部通常具1腺体。头状花序单生，直径3.5～4.0厘米。花序梗长5.0～6.5厘米，顶端膨大。舌状花位于头状花序的外周，金黄色或橙色，带有红色斑点或条斑；管状花位于中央，金黄色。花朵和叶片可散发特殊的气味。瘦果线形，成

图1 孔雀草

图2 孔雀草的茎和叶

图3 孔雀草的花

熟后两周内脱落。花期7～10月。

栽培与管理 种植孔雀草的土壤需要排水良好，砂质壤土至黏质壤土均可。耐寒性较弱，对霜冻敏感。喜日照充足的环境。采用播种繁殖，中国长江中下游地区一年四季可播种。常见病害有褐斑病、白粉病等，栽培过程中定期观察，早发现早治疗，以预防为主。

用途 孔雀草是一种易于种植的花坛花卉，具有以下用途：①观赏。植株适应性强、花色艳丽，非常适合作为**花坛**、容器、庭院、**花境**镶边植物栽培。②染色。在孔雀草花期时采收花朵，添加到家禽饲料中，可帮助蛋黄呈现金色。小花也可用于为人类食物着色。金黄色染料可在不使用媒染剂的情况下，用于为动物性纺织品（羊毛、丝绸）着色。③精油。在开花时采收并蒸馏提取其精油，可用于调制香水。

（吴沙沙）

口蘑 mongolian mushroom; *Tricholoma mongolicum* 担子菌纲伞菌目口蘑科口蘑

属菌类。又称蒙古口蘑、白蘑。口蘑是生长在蒙古草原上的一种白色野生蘑菇，一般生长在有羊骨或羊粪的地方。由于自然环境不断恶化及过度采摘，致使口蘑仅主要分布在内蒙古锡林郭勒盟、呼伦贝尔市等草原地带。7～8月间每逢雨后，口蘑在有蘑菇圈的地方能大量出现。蒙古口蘑菌肉肥厚、香浓鲜美、口感极佳，是享誉世界的著名野生**食用菌**，被誉为“草八珍”之首。由于产量不大，需求量大，是中国市场上较昂贵的一种蘑菇。

形态特征　口蘑子实体群生，并形成蘑菇圈。菌盖直径17厘米，半球形至平展，白色，光滑，初期边缘内卷。菌肉白色，厚，具香气。菌褶白色，弯生，稠密，不等长。菌柄中生，粗壮，长3.5～7厘米，粗1.5～4.6厘米，基部稍膨大，白色，内实。孢子椭圆形。

口蘑

生长习性　菌丝生长温度范围较大，为5～23℃。菌种培养适宜温度为18～20℃，以18℃最适宜，发菌期温度宜在15～18℃。子实体生长发育温度为10～18℃，原基分化和子实体生长的适宜温度为13～15℃。口蘑是营养共生型的外生菌根菌，为白色野生蘑菇。

用途　口蘑富含多糖、多肽、多不饱和脂肪酸等生物活性物质，能够调控人体的新陈代谢，增强机体的免疫力，具有抗氧化、抗衰老、抗肿瘤、降血压、降血脂、降血糖等医疗保健作用。口蘑也是一种较好的减肥美容食品，所含的大量植物纤维具有防止便秘、促进排毒、预防糖尿病及大肠癌、降低胆固醇含量的作用；同时又属于低热量食品，可防止发胖。

（杨　暹）

苦丁茶（茶产品） Kuding tea　主要产于中国广东、广西、福建等地的传统纯天然代用茶。又称皋芦茶、富丁茶、瓜芦、过芦、苦丁。苦丁茶创制于东汉时期。据东汉《桐君录》载：“南方有瓜芦木，亦似茗，至苦涩，取为屑茶，饮亦通夜不眠……”明代开始改称“苦丁”。

采摘对夹3～4片嫩叶，经萎凋→杀青→揉捻→干燥等加工工艺制作而成。成品茶外形条索粗松，墨绿色，味浓；入口先苦后甜，爽口生津，回甘持久；汤色淡绿明亮，叶底暗绿带乌。具有清热消暑、明目益智、生津止渴、利尿强心、润喉止咳、降压减肥、延缓衰老、活血脉等功效。主销中国广东及港澳台地区，外销东南亚各国。

（韦静峰）

苦丁茶（茶树品种） Kudingcha; *Ilex kudingcha*　冬青科冬青属苦丁茶种常绿乔木。苦丁茶主要分布在中国西南（四川、重庆、贵州、云南、西藏）及华南地区（广西、广东、福建、海南）。常绿乔木，高达15米。直径约60厘米，树皮黑色或灰黑色，粗糙，有浅裂，枝条粗大，平滑，新条有棱角。叶革质而厚，螺旋状互生，长椭圆形或卵状长椭圆形，先端锐尖，或稍圆，基部钝，边缘有疏齿，上面光泽，下面主脉突起。内含熊果酸、香树脂醇、槲皮素、天然硒化合物、氨基酸、顶皂苷、维生素C、多酚类、黄酮类等250多种物质以及人体所必需的多种有机质和微量矿物质元素，氨基酸含量非常高。富含硒化物、五环三萜、香树脂、谷甾醇、乌苏酸、鞣质等皂苷类和甾醇类化合物。

苦丁茶多以嫩叶或叶入药。具有生津止渴、提神醒脑、清热解毒、清火明目作用，有降压降脂、保肝护肝、改善心脑血管血液循环及抗菌消炎等功效。

（韦静峰）

苦瓜 balsampear; *Momordica charantia*　葫芦科苦瓜属一年生攀缘草本植物。又称凉瓜、锦荔枝、癞瓜。苦瓜起源于东南亚热带地区，广泛分布于热带、亚热带及温带地区。中国自南宋开始已有700多年栽培历史，以南方地区栽培较多，尤其在华南地区，苦瓜是最重要的**蔬菜**之一。

形态特征　根系发达。茎蔓性，易生侧蔓，卷须纤细，长达20厘米。叶掌状5～7深裂，长、宽均为4～12厘米，光滑无毛。花单性，雌雄异花同株，单生叶腋，花梗纤细，被微柔毛，长3～7厘米，花冠黄色。

图1　苦瓜

图2　苦瓜的花

浆果，纺锤形、短圆锥形或长圆锥形，表面有光泽，并布满条状和瘤状突起。因果肉含有一种糖苷而具苦味。

生长习性　喜温、耐热，不耐霜冻。种子发芽适温为30℃，幼苗生长适温为16～25℃，开花结果最适温度为25～30℃，更高温度下仍能正常生长和开花结果。喜湿，但不耐涝。属短日性植物，但多数品种对日照长短要求不严格。喜光，开花结果期尤需较强光照。

栽培　中国长江流域一年一茬，华南

图3　苦瓜的果实

图4 苦瓜浆果剖面

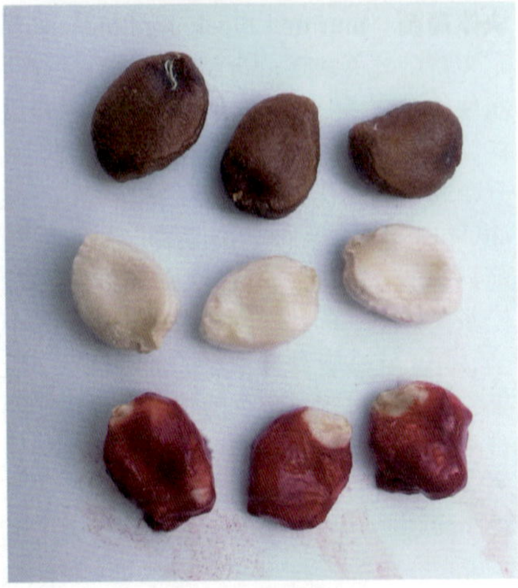

图5 苦瓜的种子

地区春、夏、秋均可栽培。直播或先行育苗，深沟高畦栽培，畦宽80～90厘米。幼苗3～4片真叶时定植，根据品种特性确定种植密度，一般株距30～35厘米，行距70～80厘米，亩栽1500～2500株。主蔓长到40～50厘米时，及时进行整枝、打杈、吊蔓。高温季节花后2周即可采收果实。

用途　苦瓜是一种药菜两用植物，嫩果果肉柔嫩、清脆，苦味适中，可炒、煎、烧、焖、蒸、炖或煮汤。用其榨汁，可做成清凉饮料。富含苦瓜多糖、皂苷、多肽、黄酮类化合物等多种活性成分，具有辅助降血糖、降血脂、抗氧化、增强免疫力及预防肥胖等保健功能。

（张应华）

苦苣菜　common sowthistle; *Sonchus oleraceus*　菊科苦苣菜属一年生或二年生草本植物。又称苦菜、苦荬菜。以嫩茎叶供食用。苦苣菜分布于全球温带及亚热带地区，生长于海拔170～3200米的地区。

形态特征　根圆锥状，垂直伸长，有多数纤维状须根。茎直立，单生。基生叶羽状深裂，全形长椭圆形或倒披针形。头状花序在茎枝顶端排成紧密的伞房花序或总状花序。总苞片顶端急尖，外面无毛或外层、中内层上部沿中脉有少数头状具柄

图1　苦苣菜

的腺毛。舌状小花多数，黄色。瘦果褐色，长椭圆形或长椭圆状倒披针形，每面各有3条细脉，肋间有横皱纹，顶端狭，无喙，冠毛白色，长7毫米，单毛状，彼此纠缠。花果期5～12月。

栽培　有种子繁殖和根茎繁殖两种方式。种子繁殖春、夏、秋均可进行，一般以春播为主，夏秋播为辅。春播可利用温床育苗提早上市，夏季露地直播须防止徒长，深秋播种应在保护设施中进行。根茎繁殖应挖取野生苦苣菜的母根，摘除老叶，按株距15厘米、行距25厘米，开沟8～10厘米深定植。栽后立即浇定根水，水渗后覆土，以不露母根为度。种前深耕，施足基肥，多施腐熟有机肥，以保证苦苣菜品质。深翻细耕后浇透底水，水渗后将种子播于沟内，用细土将沟覆平即可。

苦苣菜栽培季节主要为春、秋两季。春播应尽可能提早，可延长其营养生长期和采收期。利用温床育苗，当有7～9片叶时定植，株距20厘米，行距30厘

图2　苦苣菜的根

图3　苦苣菜的花

米。露地播种可采用直播，但须间苗以利植株生长。秋播可分早秋播和晚秋播。早秋播种，于当年冬季收获；晚秋播种，于翌年3～4月收获。在冬季寒冷地区越冬栽培时，应定植在阳畦、大棚等保护设施中。

生长期间要注意浇水、追肥和中耕除草。生长前期须浇水2～3次，通常春多秋少；并根据土壤板结状况，结合浇水进行中耕松土。到生长盛期，结合浇水施速效性氮肥，以促进叶片生长，使其增大增厚，提高产量和质量。为减轻苦味并使品质柔嫩，可实行软化栽培。凡能使叶片不见光线并保持适度干燥的措施，均可达到软化的目的，例如将植株移植到地窖或覆盖草帘等。

苦苣菜可多次采收嫩茎叶，一般植株有6片真叶或株高10厘米时，可用剪刀剪或手掐采收。春季半个月采收一次，夏季10天采收一次，秋季1个月采收一次。采后马上浇水，并追速效性氮肥。每茬生长时间不宜过长，以免影响产品质量。采收后要及时整理，去除杂草和老叶后食用或上市销售。

苦苣菜留种多在秋季播种，防寒过冬，到春季带土移植于采种田，或就地间苗后留种。通常株行距均为30厘米。在6月前后抽薹开花，可达到结实饱满的目的。苦苣菜病虫害较少，主要是防治霜霉病、叶斑病和蚜虫、红蜘蛛。

用途　苦苣菜营养价值很高，据测定，每100克鲜苦苣菜中含蛋白质1.8克，糖类4.0克，食物纤维5.8克，钙120毫克，

图4　苦苣菜褐色瘦果上有白色冠毛

磷52毫克，以及锌、铜、铁、锰等微量元素和维生素B_1、维生素B_2、维生素C、胡萝卜素、烟酸等。此外，还含有甘露醇、蒲公英甾醇、蜡醇、胆碱、酒石酸、苦味素等化学物质。其嫩茎叶可生食，也可用沸水烫一下，再换清水浸泡除去苦味，然后凉拌或炒食。全草入药，有清热解毒、凉血止血、祛湿降压的功效。

（王德槟　郭仰东）

苦口师　Kukoushi　中国茶的别称。茶汤入口先苦，而后转甘。世有苦口良药、忠言逆耳之说，因此称茶为苦口师。宋陶谷著《茗荈录》载："皮光业耽茗事。一日，中表请尝新柑，才至，呼茶甚急，径进一巨瓯。题诗曰：'未见甘心氏，先迎苦口师。'众噱曰：'此师固清高，而难以疗饥也。'"

（于良子）

《苦笋帖》　*The Copybook of Bamboo Shoots*　茶事书法。中国唐代怀素作。怀素（725～785，一作737～799），字藏真，湖南长沙人，俗家姓钱。他自幼出家为僧，经禅之暇爱好书法，刻苦临池，采蕉叶练字，木板为纸，板穿叶尽，秃笔成冢，其后笔走龙蛇，满纸云烟。以"狂草"名世，史称"草圣"，与张旭合称"颠张狂素"。怀素草书，笔法瘦劲，飞动自然，随机万变而法度具备。传世书迹有《自叙帖》《苦笋帖》《食鱼帖》《圣母帖》《论书帖》《大草千文》《小草千文》诸帖。怀素以书法而闻名，特别是他的草书，在中国书法史上有着突出的地位。

《苦笋帖》无年款，绢本手札，纵25.1厘米，宽12厘米，字径约3.3厘米。此帖宋时曾入绍兴内府收藏，后历经元欧阳玄，明项元汴，清安岐、乾隆内府、永瑢、永瑆、奕䜣、戴滢等收藏。《妮古录》《书画记》《平生壮观》《墨缘汇观》《书画鉴影》等书著录。曾刻入《大观帖》《三希堂续帖》《诒晋斋帖》等汇帖。引首：乾隆"醉僧逸翰"，帖后有宋代米友仁，明代项元汴、李佐贤等跋。钤有"宣和""政和""绍兴""内府图书之印""欧阳玄印""项子京家珍藏""正谊书屋珍藏首书""乾隆御览之宝""永瑆之印""恭亲王"等鉴藏印。现藏于上海博物馆。怀素的草书后人惯以"狂"视之，但《苦笋帖》却是清逸多于"狂诡"，连绵的笔墨之中颇有几分古雅淡泊的意趣。其文曰："苦笋及茗异常佳，乃可迳来，怀素上。"《苦笋帖》是怀素传世书迹中的代表作，也是现存最早的与茶有关的佛门墨迹。

唐人封演《封氏闻见记》中载："开元中，泰山灵岩寺有降魔师，大兴禅教。学禅务于不寐，又不夕食，皆许其饮茶，人自怀挟，到处煮饮，从此转相仿效，遂成风俗。"可知由于学禅驱寐的需要，茶饮在佛门盛行是大有其由的。

（于良子）

块体育苗　nutrition block seedling　利用泥炭育苗营养块进行育苗的方法。又称营养块育苗。育苗营养块以泥炭为主要原料，配加植物生长所需要的各种营养成分，通过工业化手段，将基质、营养、控病、pH、容器五种功能集为一体。使用前只需吸水膨胀，育苗块即可回弹至疏松多孔状态。向孔穴内播入种子或分入小苗，即可完成育苗操作。适用于蔬菜、瓜果、花卉、林木、药用植物等各种作物的育苗，尤以苗龄较短的瓜果类蔬菜品种最为适宜。具有无菌、无毒、营养齐全、透气、保壮苗及改良土壤等多种功效。

（侯喜林　张昌伟）

L

腊肠树　sausage tree; *Cassia fistula*　豆科决明属小乔木或中等乔木。又称牛角树、波斯皂荚、金链花、黄金雨、长果子树。腊肠树的花是泰国国花，由于其圆柱形的果实长50厘米左右，成熟时黑褐色，好像一根根煮熟了的腊肠挂在树枝上，故而得名腊肠树。该种原产于印度、缅甸、斯里兰卡。

高可达15米。具偶数羽状复叶。黄色花瓣5枚，由几十朵小花组成一串花序、下垂，长达30厘米以上。盛花期时，满树都是金黄色的花序，十分壮观。

腊肠树为热带、南亚热带树种，在中国华南一带生长良好，可作街道、庭院、公园的景观树。树皮含单宁，可做红色染料。根、树皮、果瓤和种子均可入药作缓泻剂，腊肠树果对于治疗便秘、胃病、耳鼻炎起硬结等有着良好的效果；果味微辛，当冲泡果食用的话，还可以清热解毒、消肿止咳、加强肠道活力。腊肠树的嫩叶、花和嫩果荚亦可食用，鲜花和嫩叶用开水烫后洗净，可炒食或做汤。长长的“腊肠”果实生食或熟食均可，口感一般，为一种时新野菜。木材坚重，耐朽力强，光泽美丽，可作支柱、桥梁、车辆及农具等用材。

（吴福川）

图1　腊肠树

图2　腊肠树的茎

图3　腊肠树的叶

图4　腊肠树的花

图5　腊肠树的果实

蜡梅切枝　winter sweet cut flower shoot　从处于花蕾期的蜡梅植株上剪切的、着生有花蕾的枝条。切花的一种。蜡梅切枝作为离体花材，一般可以单独做花卉装饰插花或与其他花材搭配应用。通过对花香、花型、成花繁密度、枝条抽生能力等指标进行综合评价，选择适合做蜡梅切枝的蜡梅品种。在对蜡梅进行休眠期修剪时，应轻截营养枝，以促使两年生枝条形成较多的短花枝，且花朵密度更大。

蜡梅的花枝

（吕　彤）

辣根　horse-radish; *Armoracia rusticana*　十字花科辣根属多年生直立草本植物。又称马萝卜。辣根原产于欧洲东部和土耳其，已有2000多年的栽培历史。

形态特征　高达1米，全体无毛。根肉质肥大，纺锤形，白色，下部分枝。肉质根圆柱形，外皮黄白色，厚而粗糙，肉白色。根周具4列须根，有不定芽。茎粗壮，表面有纵沟，多分枝。茎短缩，多侧芽。叶簇生，披针形或长椭圆形，叶缘具缺刻。总状花序，小花白色。角果。不易获得种子。

栽培　喜冷凉，越冬时地上部枯死。较耐旱，不耐涝。适宜土层深厚、保水保肥力强的砂壤土，以pH为6的微酸性土壤较好，忌连作。采用根段繁殖。春秋季均可种植，但以春季为好。一般在11月或翌年萌芽前采挖，但以第二年秋季采挖产量最高。

用途　富含各种维生素和铁、钙、磷、

图1 辣根

图2 辣根的花

钴、锌等矿物质。辣根叶含葡萄糖异硫氰酸酯，其主要成分为葡萄糖异硫氰酸烯丙酯，又称黑芥子苷，还含少量的葡萄糖异硫氰酸苯酯等，具有强烈的辛辣味，可增进食欲，增强人体免疫功能。全植物含挥发油及芥子油。种子含脂肪油和生物碱。主要用作调料，似芥末味。具有利尿、兴奋神经的功效，药用内服作兴奋剂。

（蒋卫杰）

辣椒 pepper; *Capsicum* spp. 茄科辣椒属一年生草本。在热带可为多年生灌木。又称番椒。以果实供食用。辣椒原产于南美洲的秘鲁，在墨西哥驯化为栽培种，15世纪传入欧洲，明代传入中国。清陈淏子《花镜》有“番椒……丛生白花，深秋结子，俨如秃笔头倒垂，初绿后朱红，悬经可观，其味最辣”的记载。世界各地都有种植。

形态和类型 根系不发达。茎直立，高30～150厘米。单叶互生，卵圆形，叶面光滑。主茎抽生6～15片叶时着生一朵花，单生或簇生；花多为白色，自花传粉，但天然异交率可达10%左右。浆果，汁少。细长形果实多为2室，圆形及扁圆形果多为3～4室。种子多数着生在中轴胎座上，胎座不发达，且硬化，形成空腔。果面平滑或皱褶，具光泽。果实呈扁圆、圆柱、圆球、长角、圆锥或线形，大小差别显著。牛角椒和线椒的纵径达30厘米，大甜椒的横径达15厘米以上，而细米椒则小如稻谷。单生果一般下垂，少数向上；簇生果多向上，个别下垂。大型果一般单生，每株结果数少；小型果结果数多，有的品种一株可结200～300个。果实在成熟过程中有明显的色素变化。青熟果老熟时因叶绿素含量迅速下降、茄红素增加而由绿色转为红色果；以胡萝卜素为主要色素的果实老熟时则形成黄色果。作观赏用的“五彩椒”因同一株上同时生有转色期间不同颜色的果实而得名。辣椒的辛辣味来自果实组织中的辣椒素（$C_{18}H_{27}NO_3$），其含量在果实成熟过程中逐渐增加，至果实红熟时达最高。小型果的辣椒素含量一般高于大型果。辣味浓度以中国云南思茅、瑞丽等地的涮辣椒为较大，朝天椒、细米椒次之，牛角椒、线辣椒又次之，大甜椒辣味较淡。

常栽培的辣椒有5个种：一年生辣椒（*C. annuum*）、灌木状辣椒（*C. frutescens*）、中国辣椒（*C. chinense*）、下垂辣椒（*C. baccatum*）、柔毛辣椒（*C. pubescens*）。其中一年生辣椒的栽培面积最大，其有5个主要变种：灯笼椒（*C. annuum* var. *grossum*）、长椒（*C. annuum* var. *longum*）、圆锥椒（*C. annuum* var. *conoides*）、簇生椒（*C. annuum* var. *fasciculatum*）、樱桃椒（*C. annuum* var. *cerasiforme*）。染色体数均为2n=24。一般在高纬度及高海拔地区盛产灯笼椒；低纬度及低海拔地区盛产长椒、圆锥椒和簇生椒。中国的栽培品种以灯笼椒、长椒和圆锥椒较多，簇生椒较少，樱桃椒很少栽培。辣椒的消费在不断发生变化，中国北方以消费甜椒为主，变化不大；

图1 辣椒

南方的辣椒消费量变化较大，以前以牛角椒和羊角椒为主，至2017年线椒的消费量大增，螺丝椒的消费量也在慢慢增加（螺丝椒之前主要在西北地区消费）；江苏和重庆以消费泡椒为主。市场上销量较大的有以下类型：甜椒、线椒、牛角椒、羊角椒、螺丝椒、泡椒、朝天椒和美人椒等。以鲜椒供食用的品种要求果大、肉厚；供制干椒用的品种要求果肉薄、色深红且具光泽，含油分多，辣味浓。

图2 簇生辣椒果实

图3 线形辣椒果实

图4 圆锥形辣椒果实

栽培 喜温作物，不耐霜冻。灯笼椒对高温的适应性较差，长椒、簇生椒则耐热力较强。生长适温为15～30℃，果实发育和转色需25℃以上，夜温以15～20℃为宜，温度过高易致植株衰老。日温低于15℃或高于35℃时易落花。温度适宜时不论日照长短，花芽都可分化。露地栽培时，一般于晚秋或冬季利用温床、冷床或塑料大棚育苗，晚霜期过后栽植，以提早结果，提高产量。植株开展度不大，叶片较小，适宜丛植和密植。对土壤的适应性较广，耐旱力和耐瘠力较强。干制用辣椒栽培在瘠薄丘陵地时辣味更浓，但适当施肥有利于高产。供鲜食用的灯笼椒及牛角椒则要求较多的肥料及水分。氮和磷对花的形成有良好作用，而钾则对促进果实膨大有益。利用温室、塑料大棚栽培，可促使早熟。

用途　辣椒素有兴奋作用，能增进食欲，帮助消化。果实中含多种维生素，以维生素C含量最高，每100克鲜重含量可达150～200毫克，在蔬菜中居首位。红熟椒的维生素C含量高于青椒。鲜椒干制后，其中的维生素C被破坏，罐藏则能充分保存。甜椒果实中含糖和果胶物质较多，干物质较少。一般以未成熟的青椒及大中果型的红熟椒作鲜菜用，以味辣的小果型红熟干椒及辣椒粉作调料或医药用。用于干制的多为线椒和朝天椒。干辣椒及辣椒粉是中国重要的出口产品。

（黄咏贞　雷建军）

兰花　orchid; *Cymbidium* spp.　兰科兰属附生或地生草本植物的习称。兰科（Ochidaceae）是被子植物种数最多的科之一。全世界野生兰科植物有800多属、近30 000种，中国野生兰科植物有173属、1240多种，其中1/4可供观赏，如蝴蝶兰属、石斛兰属、兜兰属、杓兰属和独蒜兰属等。

兰属全世界有50～60种，主要分布于亚洲热带和亚热带地区，少数种类也见于澳大利亚。中国有31种，是兰属植物分布中心之一。

形态特征　叶数枚至多枚，通常生于假鳞茎基部或下部节上，二列，带状或罕有倒披针形至狭椭圆形，基部一般有宽阔的鞘并围抱假鳞茎，有关节。总状花序具数花或多花，颜色有白、纯白、白绿、黄绿、淡黄、淡黄褐、黄、红、青、紫等色。

类型　兰花按生活习性可分为地生兰和附生兰。

国兰　中国传统名花中的兰花主要指兰属植物中的地生兰种类，即国兰，包括春兰、蕙兰、建兰、墨兰、寒兰、莲瓣兰和春剑等，在中国栽培历史悠久。国兰均为多年生草本，一般具有粗厚的肉质根，茎通常较短，不同程度地膨大成肉质的假鳞茎，以贮藏水分与养分。兰属植物的叶片多为带形或线形。国兰的花葶又称为“花箭”，侧生，直立或近直立，总状花序具数花或数十花。兰属植物的花和兰科其他种类大同小异，野生由1片中萼片、2片侧萼片、2片花瓣和1片唇瓣组成，古籍中把中萼片称为“主瓣”，侧萼片称为“副瓣”，花瓣称为“捧心”，唇瓣称为“舌”，

图1　墨兰（黄绿色）

图2　墨兰（暗红色）

蕊柱称为“鼻头”。

洋兰　民间所说的“洋兰”多指产于热带的兰花种类，又称热带兰，多为附生，包括蝴蝶兰、万代兰、文心兰、卡特兰、兜兰和石斛兰等。与国兰相比，洋兰花大，颜色鲜艳，少有香味。

栽培和繁殖　喜阴，怕阳光直射；喜湿润，忌干燥；喜肥沃、富含腐殖质的基质。养兰八字要诀：通风、排水、湿润、温暖，不同种类对光照、温度、湿度和通风的要求并不完全相同。可通过分株、播种、组织培养等进行繁殖。主要病虫害有炭疽病、叶斑病等。

用途　国兰品种繁多，花型独特，多具奇香，花叶均可欣赏，常作盆花栽培。兰花是高洁典雅的象征，与“梅、竹、菊”并称“四君子”。兰花还是中国十大名花之一。古人将兰花誉为“国香”“香祖”，常以“兰章”喻诗文之美，以“兰交”喻友谊之真。兰花是中国保定、龙岩、宜兰、贵阳、保山等城市的市花。

（葛　红　贾瑞冬）

蓝花楹　jacaranda; *Jacaranda mimosifolia*　紫葳科蓝花楹属开花落叶乔木。蓝花楹原产于南美洲巴西、玻利维亚和阿根廷。

图1　蓝花楹

图2　蓝花楹的叶

图3　蓝花楹的花序

图4 蓝花楹的花

图5 蓝花楹的果实

树高可达15米。二回羽状复叶，叶对生。花蓝色，花序长达30厘米。花冠筒蓝色、细长，长达18厘米；花冠裂片圆形。果实为木质蒴果，扁卵圆形。花期5～6月。

蓝花楹在澳大利亚和中国昆明、西双版纳等地有栽培，供庭园观赏用，开花时吸引众人驻足观赏。

（吕 彤）

琅琊海青茶 Langya Haiqing tea 产于中国山东省青岛市黄岛区海青镇的绿茶。海青茶因产在青岛市黄岛区海青镇而得名，又因海青镇所在地在秦汉时期属琅琊郡，故名琅琊海青茶。琅琊海青茶是中国农产品地理标志产品。种植始于山东省“南茶北引”工程。

产销地区 主要产区分布在海青镇、大场镇、大村镇、张家楼镇、琅琊镇、铁山镇、六汪镇、王台镇等地。茶叶销售市场基本以山东省内为主，省内销售量占60%以上，省内销售以青岛市及周边地区为主。省外销售市场主要分布在北京市、上海市、辽宁省沈阳市等国内大中城市。

加工工艺 按外形进行分类，琅琊海青茶可分为扁条形茶、卷曲形茶、针形茶和自然舒展形茶四大类。其中扁形茶、卷曲形茶为主导茶类产品，分别约占总产量的31%和64%，其他形状产品约占5%。①扁条形琅琊海青茶。加工制作方法可分为全手工制作、手工辅助制作、全程机械制作。全手工制作适用于特一级、特二级鲜叶质量；其制作加工工艺流程为：选料→摊青→杀青→做形→初干整形→足干固形。手工辅助制作扁形茶采用名优茶滚筒杀青机杀青，振动理条机或多功能机成形，而辉锅作业仍采用电炒锅手工完成；其加工工艺流程为：选料→摊青→机械杀青→杀二青→手工辉锅。全程机械制作扁形绿茶是采用扁茶炒制机炒青锅，而后采用微型辉锅机进行辉锅；加工工艺流程为：选料→摊青→炒青锅→摊凉→辉锅。②卷曲形琅琊海青茶。加工制作方法可分为全手工制作、手工辅助制作、全程机械制作。全手工制作的加工工艺流程为：鲜叶摊放→高温杀青→热揉成形→搓团造形→文火干燥。手工辅助制作的加工工艺流程为：鲜叶摊放→机械杀青→冷揉成条→初烘干燥→二烘造形→足火提香。全程机械制作的加工工艺流程为：鲜叶摊放→机械杀青→冷揉成条→解块筛分→毛火初烘→摊放回潮→机械成形→足火提香。

品质特征 琅琊海青茶具有墨绿色、叶肉厚、黄绿汤、栗子香等独特优良品质。①扁形绿茶。总体感官品质具有外形扁平光滑似剑，色泽墨绿、油润；栗香浓郁，滋味鲜醇柔和；汤色黄绿明亮，叶底黄绿明亮的特征。②卷曲形绿茶。总体感官品质具有卷曲似螺、匀整；干茶色泽墨绿，白毫稍显露；汤色黄绿明亮；嫩栗香浓郁，滋味鲜醇的特征。

（丁仕波）

崂山茶 Laoshan tea 产于中国山东省青岛市崂山区的绿茶。崂山位于山东半岛南部的黄海之滨，地处东经120°24′～120°42′，北纬36°05′～36°19′。崂山核心产茶区主要包括中韩、沙子口、王哥庄、北宅4个街道办事处，主要销售区域为山东省内，零星出口韩国、日本等东亚国家。

生长环境 茶园所在地区属暖温带大陆性季风气候，四季变化和季风进退都较明显，具有雨水丰富、年温适中、冬无严寒、夏无酷暑、气候温和的特点。

品质特征 崂山绿茶作为中国北方绿茶，具有生长周期长、品质优良、叶肥味厚的特点。成品茶叶外形色泽翠绿带毫，匀整洁净；香气高，滋味醇，无异味；汤色嫩绿明亮，叶底嫩绿匀整。

加工工艺 茶叶采摘的基本要求是：高档茶以采一芽一叶为主，兼采一芽二叶；优质茶以采一芽二叶为主；大宗茶以采一芽三叶为主。采摘与留养结合，应“春采夏养秋控”，保留一定量的新叶，茶园全年采摘5～10批。

崂山绿茶加工工艺流程与一般绿茶大致相同，主要为：采摘→摊晾→杀青→做形→干燥。

（丁仕波）

老陕青茶 Laoshanqing tea 主要产于中国陕西省南部的紫阳、岚皋、平利、西乡等10多个县（区）的绿茶。“陕青”意为陕西青茶，是对陕西绿茶的统称。老陕青茶是将刚摘下来的鲜嫩茶叶经过杀青、揉捻、焙制分筛等工序精制而成的具有陕西特点的茶叶，包括紫阳宦姑毛尖、白河家园炒青、平利三里亚炒青、岚皋龙安寨烘青和西乡午子仙毫等。因其采制精细、风味特异而富有名气。

生产简史 8世纪时，唐朝学者**陆羽**撰写了中国第一部也是世界上第一部茶叶专著《茶经》，系统地阐述了唐代以前中国劳动人民种茶、制茶、煮茶及饮茶的历史，其中有对“陕青茶”的记载。陆羽把金州（安康）列为当时全国八大茶区山南茶区的一部分。陆羽《茶经》“七之事”中引《广雅》载有：“荆、巴山间采叶作饼，叶老者，饼成，以末膏出之，欲煮茗饮，先炙令赤色，捣末置瓷器中，以汤浇复之，用葱、姜、橘子冒之。其饮醒酒，令人不眠。”

加工工艺 加工工艺流程为：鲜叶采摘→杀青→揉捻→干燥。①鲜叶要求。采摘标准为一芽一、二叶，一芽二、三叶及同等嫩度的**对夹叶**。一般以中、小叶型为宜。要求叶色较绿，叶绿素、蛋白质、氨基酸含量较高，多酚类含量较低。②杀青。杀青作业时，先加热外置锅炉，一般正常加热10～15分钟后，打开鼓风机进热风，开机检测热风温度，风温控制在280～320℃，滚筒转速调整在35～45转/分；通过间隙的调整，控制上叶输送带的投叶量。③揉捻。嫩叶揉捻20～25分钟，压力调节为轻揉10分钟，加压5～10分钟，再解压5分钟出叶；中等嫩度叶揉捻30～40分钟，压力调节为轻揉10分钟，加压15～25分钟（中间松压2～3次，每次1～2分钟），再解压5分钟出叶；老叶揉捻40～50分钟，压力调节为轻揉10分钟，加压25～35分钟（中间松压2～3次，每次2～3分钟），再解压5分钟出叶。④干燥。分三步进行，即二青（也称湿坯）→三青（也称毛坯）→足干。这主要是因为茶坯的芽、梗、叶含量不均匀，若一次干燥易造成外干内湿、香味劣变、叶色干枯。分次干燥、中间摊晾可使嫩的芽、梗中的水分向叶表扩散，满足干燥要求。

品质特征　成品茶柔嫩，含芳香油多，具有条索匀整、色泽绿润、水色清澈、饮入口中鲜爽香醇、回味甘纯的品质特征。（纪昌中）

酪奴　Laonu　中国茶的别称。南北朝时，北魏人不习惯饮茶，而好奶酪，戏称茶为酪奴。北魏杨衒之《洛阳伽蓝记》："（王）肃与高祖殿会，食羊肉酪粥甚多，高祖怪之，谓肃曰：'卿中国之味也，羊肉何如鱼羹，茗饮何如酪浆？'肃对曰：'羊者是陆产之最，鱼者乃水族之长，所好不同，并各称珍。……羊比齐、鲁大邦，鱼比邾、莒小国。唯茗不中与酪作奴。'……彭城王重谓曰：'卿明日顾我，为卿设邾莒之食，亦有酪奴。'"王肃，字恭懿，琅琊（今山东临沂）人。曾在南朝齐国任秘书丞。因其父被齐国所杀，便投奔魏国。魏孝帝随即授他为大将军长史，后官居宰辅，累封昌国县侯，官终扬州刺史。王肃喜饮茶，到了北魏后，也吃羊肉奶酪之类的北方食品。当被问"茗饮何如酪浆？"时，他认为茶是不能给酪浆做奴隶的，即茶的地位并不在奶酪之下。

（于良子）

雷山银球茶　Leishan Yinqiu tea　产于中国贵州省雷山一带的球形半烘炒绿茶。原名雷公山银球茶。1982年研制成功，属颗粒形绿茶。雷山银球茶采用贵州雷公山国家级自然保护区腹地、海拔950～1350米的生态茶园的优质鲜叶为原料，经特殊工艺精制而成，是炒青绿茶的独创产品。内销中国部分城市，外销美国、加拿大、新加坡、泰国、伊朗和日本。

采摘一芽一叶初展或一芽二叶茶青，经选料→杀青→揉捻→烘炒→过筛→称重→造形→烘烤→足干加工工序制作而成。成品茶外形呈球形，浑圆、匀整、翠绿、露毫，球体直径18～20毫米，颗重2.5（±0.02）克。汤色黄绿明亮，清香持久，滋味鲜爽，回甘醇正，叶底黄绿匀整、鲜活。（郑文佳）

擂茶　leicha; ground tea　以生茶叶、生米仁、生姜为主要原料，研磨配制后加水烹煮而成的茶。又称三生汤。擂茶是既解渴又充饥的一种吃茶方法，流传地区很广，以中国湖南省最为普遍。

关于湖南擂茶的由来，传说是东汉建武中"五溪蛮"叛变，汉军顺沅水长驱直追，克郡攻县，几乎全军覆没。建武二十五年（公元49），汉伏波将军马援受汉武帝之命远征交趾，途经湘、粤边界，率军至乌头村（今湘南桃花源境内）时正值盛暑炎热，军中瘟疫流行，马援也病了，被困此地。由于马援军纪严明，深受战火之苦的民众为之感动，一老妇献"三生汤"秘方给马援，治愈了全军之病，秘方由此发展为今天的"打擂茶"，"打"是制作、喝的意思。擂茶的功用有清热、祛暑解毒、提神、醒脾、润肺、止呕、化痰。

湖南擂茶渐发展至五味、七宝、清水、见米、糊糊等种类，由于地域不同，配料制作有所不同。①桃花源擂茶。原名三生汤，据《桃源县志》记载始于东汉。三生汤又称三生饮，用生姜、生米、生茶叶放在擂钵内，用芳香的山桂木擂棒将其擂碎，再冲入开水调匀（夏用凉水），色泽黄白、清凉解暑。"五味汤"配料为茶、芝麻、姜、绿豆、盐。"七宝茶"配料为茶、芝麻、花生仁、绿豆、盐、甘草、薄荷。②桃仁擂茶。配料为茶、芝麻、花生仁、绿豆。③安化擂茶。配料为茶、熟花生、熟绿豆、熟黄豆、熟玉米、熟南瓜子、熟焦黄大米、生姜、胡椒、盐。

除湖南擂茶外，还有其他省的擂茶，例如：①福建"将乐擂茶"。配料为茶、芝麻、花生仁、橘皮和甘露，盛暑加金银花，秋凉加陈皮。②江西"赣南擂茶"。配料为茶、花生米、芝麻、盐。③江西"临川擂茶"。配料为茶、生姜、盐、糯米。

（段文华）

冷冻蔬菜　frozen vegetable　新鲜蔬菜经加工处理后，在低温条件下冻结并保藏的蔬菜产品。大部分新鲜蔬菜由于水分含量高，容易受微生物侵染而腐烂，尤其在夏季温度较高时，新鲜蔬菜的保鲜期更短。将新鲜蔬菜放置在低温（5～10℃）环境下，虽然可以有效抑制微生物的活动，延长蔬菜的保鲜期，但在此过程中，蔬菜由于自身的呼吸、蒸腾等生理生化作用，品质仍会不断下降，限制了低温保藏的时间。将蔬菜冷冻保藏，则可较长期且良好地保持蔬菜原有的品质。

冷冻蔬菜的加工过程主要包括预处理（原料整理及清洗）、烫漂冷却、冷冻、包装、冻藏等。根据原料的不同，各过程采用的加工工艺条件不尽相同，但是速冻过程均要求冻结温度在−35～−30℃，冷风速度在3～5米/秒，以保证冻品的中心温度在最短时间内达到−18～−15℃，从而获得品质良好的冷冻蔬菜。此外，冻藏期间均要求冷冻库温度在−18℃以下，且温度要稳定，以保证冷冻蔬菜在规定的保藏期内品质不会明显下降。

（余小林）

冷害　chilling injury　组织冰点以上的不适低温（一般为0～10℃）对园艺产品造成的危害。又称寒害。冷害是一种生理病害，是0℃以上的不适低温引起的生理失调。冷害使作物正常生理活动受到破坏，影响作物的生长或品质，严重时某些组织遭到破坏。冷害可发生在田间，也可发生在果蔬贮藏运输期间。一般来说，原产于热带的果蔬如香蕉、杧果、菠萝、番茄、红薯、黄瓜、甜椒、茄子、南瓜等对低温特别敏感，其冷害临界温度为10℃左右；原产于亚热带的果蔬如柑橘、荔枝、龙眼、佛手瓜等，冷害临界温度为5～7℃；而温带果实如桃、苹果、梨的部分品种在0～2℃。冷害的发生主要取决于临界温度和暴露时间，即园艺产品在临界温度以下暴露一定时间才会发生冷害。

症状　多表现为果蔬表皮发暗无光泽，外表出现凹陷斑，表皮局部组织坏死、变色、呈水渍状；内部组织或种子变黑和干缩，有异味、风味丧失等；果蔬生长受到抑制；有的绿熟果实不能正常成熟。园艺产品遭受冷害后，通常易感染腐生菌，导致大量腐烂。冷害症状因品种、贮藏温度以及贮藏时间长短的不同而异。

发生机制　主要是原产于热带、亚热带的果蔬，其膜脂成分具有较高的饱和程度，在不适低温下发生相变，由液态变成固态，膜则由液晶结构变为固体的胶态结构，从而可能导致细胞膜功能和完整性受损，与膜结合的各种酶的活性受到抑制，导致原生质停止运动而僵化，原生质中存在的一些酶的活性也受到影响。同时，还造成细胞离子失衡，果蔬不能进行正常的生理代谢，出现光合作用受损、呼吸失调、代谢紊乱、能量失衡等，并产生一些有毒挥发物质（乙醇、乙醛等）的积累，对细胞造成损伤，加速多酚的氧化和细胞的死亡，表现出冷害症状。

控制措施　①温度管理。保持贮运温度在冷害临界温度以上，采取低温预处理、间隙升温处理等措施。②合适的包装和热处理可减轻冷害。③合理使用生长调节剂如水杨酸、茉莉酸甲酯、脱落酸、褪黑素、油菜素内酯等，可以减轻冷害的发生。④合理使用化学药剂，如钙离子、甜菜碱、矿物油等。⑤气调贮藏对减轻部分果蔬冷害有效。（朱孝扬）

冷链流通　cold chain circulation　果实经过预冷后，在贮藏、运输、销售甚至销售后消费者短暂放存的全过程中始终处于规定的低温环境下，以维持果实品质，减少采后损耗的系统工程。在适宜的低温条件下，果实呼吸速率降低，能量代谢减缓，水分和营养成分消耗少，因此果实营养和风味品质得以维持。同时，低温条件下果实表面微生物繁殖速度慢，可大大降低腐烂损耗。冷链技术有效延长了果实的贮藏期，并延展了果实的流通范围。一些不耐储运的果实如樱桃、草莓、枇杷、杨梅、荔枝等，在非产地的流通几乎完全依赖于冷链技术。维持采后果实品质的适宜温度因果实种类和品种不同而异，不适宜的贮藏温度或温度骤变均可能导致果实损伤和品质劣变。例如，桃果实在不适宜的低温贮藏过程中会出现果肉褐变、组织絮败、风味丧失等冷害症状，并且转入货架后果实不能正常后熟和软化，失去商品价值。

果品采后预冷是在运输和冷藏前采取人为降温措施，快速将果品温度降到适宜低温的技术。预冷是去除田间热、减少呼吸热的有效方法，是果品冷链流通的重要环节。预冷通常包括真空预冷、冷水预冷、冷库预冷及压差预冷等方式。常用的预冷设施包括真空预冷设施、水预冷设施、预冷库和压差预冷设施。预冷方式的选择要考虑果蔬种类特性、采收季节、处理量和运行成本等因素。

从采收果品到消费者拿到果品，整个过程要经历运输、分拣、包装、仓储、货架、配送等多个环节。在冷链流通模式中，所有环节都应处于合适的低温环境。

（孙崇德）

冷面草 Lengmiancao 中国茶的别称。宋陶谷著《茗荈录》载："符昭远不喜茶，曰：'此物面目严冷，了无和美之态，可谓冷面草也。'" 符昭远，官侍卫将军、御史，宋初诗人，与陶谷为友。因符昭远不喜欢茶，称茶为冷面草含有贬义。

（于良子）

冷杉 faber fir; *Abies fabri* 松科冷杉属常绿高大乔木。中国特有种，产于四川的高山地带。

高达40米，胸径达1米。树皮灰色或深灰色，裂成不规则的薄片固着于树干上，内皮淡红色。大枝斜上伸展，一年生枝淡褐黄色、淡灰黄色或淡褐色，叶枕之间的凹槽内有疏生短毛或无毛，二、三年生枝呈淡褐灰色或褐灰色。冬芽圆球形或卵圆形，有树脂。球果卵状圆柱形或短圆柱形，基部稍宽，顶端圆或微凹，有短梗，

图1 冷杉

图2 冷杉的茎

图3 冷杉的叶

熟时暗黑色或淡蓝黑色，微被白粉。花期5月，球果10月成熟。

冷杉喜温凉、湿润气候，适宜排水良好、腐殖质丰富的山地棕壤、暗棕壤。采用播种繁殖。

冷杉树干通直，为常绿树种，在北方

图4 冷杉的果实

地区栽培作为行道树、景观树。

（蔡邦平）

梨 pear; *Pyrus* spp. 梨属植物的栽培种或栽培类型。按照传统的形态学分类，梨属（*Pyrus*）植物属于蔷薇科、苹果亚科或梨亚科。蔷薇科分子系统发育研究将蔷薇科的亚科分为蔷薇亚科、桃亚科和仙女木亚科。在新的蔷薇科分类系统下，梨属被归于桃亚科下苹果族的苹果亚族。一般认为，梨属植物的原种（stock species）起源于第三纪的中国西部或西南部的山区地带。从起源地向外扩散，分化形成了形态各异和生理特性有差异的梨属植物，有约20个基本种，其分布横跨欧亚大陆和北非地区。

栽培历史 梨的栽培历史悠久，在东西方都有3000年以上的历史。与梨属植物自然区分为西方梨和东方梨一样，栽培梨也分为西洋梨或欧洲梨（*Pyrus communis*）和亚洲梨或东方梨（*Pyrus* spp.）。根据基本种的地理分布和果实大小将其分为四大类，即亚洲产豆梨类、亚洲产大中果型梨类、西亚种类、北非及欧洲种类。前两类即所谓的东方梨（oriental pears），后两类则为西方梨（occidental pears）。

西洋梨 西洋梨主要栽培于东亚以外的欧洲、中亚、西亚、非洲、北美洲、南美洲和大洋洲的国家或地区。除此之外，在中国北方一些地区和日本也有少量商业化栽培。西洋梨原产于中欧、东欧和西亚一带。著名的西洋梨品种有英国品种康弗伦斯（Conference）和威廉姆斯（Williams' Bon Chrétien）〔美国名为巴梨（Bartlett）〕，法国品种安久（Beurré d' Anjou）、博斯克（Beurré Bosc）、考密斯（Doyenné du Comice），意大利品种阿巴特（Abate Fetel），西班牙品种布兰基亚（Blanquilla），葡萄

牙品种罗莎（Rocha），澳大利亚品种帕克汉姆（Packham's Triumph）。西洋梨中有多个红色品种或红色芽变品种，如红巴梨（Red Bartlett）（包含三个无性系）、新红星（Starkrimson）〔也称红茄梨（Red Clapp's）〕，原产于德国但在南非广为栽培的佛洛儿（Forelle）等。西洋梨大多为梨形，采收后一般不能直接食用，需要后熟变软才能食用。西洋梨可溶性固形物较高，甜酸适口，后熟后具有浓郁的香味。

亚洲梨　亚洲梨主要栽培于东亚的中国、日本和朝鲜半岛，其他国家鲜有栽培。与西方梨中只有一个主要的栽培种不同，亚洲梨中分化出不同的栽培种或类型，主要有秋子梨（*P. ussuriensis*）、白梨（*P. bretschneideri*）、砂梨（*P. pyrifolia*）、日本梨，另外也有局限于个别地区的新疆梨和其他一些种类的栽培类型。①秋子梨。被认为是由野生秋子梨驯化而来，原产于东北地区，在华北和西北部分地区也有栽培。秋子梨品种是由野生秋子梨和白梨或砂梨杂交而来。著名的秋子梨品种有南果、华盖、尖把梨、京白梨和软儿梨等。秋子梨果实较小，果重大都在100克以下；与西洋梨相似，果实采后一般需要后熟变软，具有浓郁的香气。②白梨。指栽培于黄河流域及北方的大果型梨品种，长久以来被归于白梨。国外学者认为白梨是中国北方的杜梨（*P. betulaefolia*）和当地的大果型品种杂交而来，并非白梨品种的野生种。多个研究小组利用DNA标记进行的独立研究表明，白梨品种和砂梨品种具有非常近的亲缘关系。参照《国际栽培植物命名法规》（ICNCP），有学者建议将白梨作为砂梨的一个生态型或品种群归于砂梨白梨组（*Pyrus pyrifolia* White Pear Group）名下。属于白梨的著名品种主要有河北的鸭梨、秋白梨和雪花梨，山东的莱阳慈梨或茌梨，安徽的砀山酥梨和甘肃的大冬果梨等，这些品种至今仍为全国性或地方性的主栽品种。③砂梨。砂梨同白梨一样，果实肉质松脆，不需要后熟即可食用。砂梨品种原产于中国长江流域及其以南地区，果实大小、色泽和形状的变化在亚洲梨中最为丰富。砂梨广泛分布和栽植于中国南方地区，北方地区也多有引种栽培。著名的品种有云南宝珠梨和火把梨，贵州的兴义海子梨和威宁大黄梨，四川的苍溪雪梨，浙江的早三花梨和雁荡雪梨，福建的政和大雪梨和棕包梨。④日本梨。日本梨品种原产于日本，著名品种有二十世纪（Nijisseiki）、长十郎（Chojuro）、晚三吉（Okusankichi）、幸水（Kosui）、丰水（Hosui）、新水（Shinsui）和新高（Niitaka）等。日本梨主要栽植于日本，中国南北方、韩国均有大量引种栽培，澳大利亚、美国及巴西等国家也有少量商业化栽培。中国的梨育种工作者利用日本梨品种与中国地方品种杂交，培育出黄花、翠冠、黄冠、雪青、中梨1号、清香等新品种，成为全国性或地方性的主栽品种。新疆梨（*P. sinkiangensis*）局限于新疆、甘肃和青海地区，可能起源于中国白梨和西洋梨的杂交，著名品种有库尔勒香梨和兰州长把梨等。

种质资源　梨种质资源包括梨属植物种、品种及近缘植物。梨属植物由于种间不存在生殖隔离，种间杂交较为普遍，给梨属种的准确分类带来很多困难。包括基本种在内的梨属种在30个左右，中国原产的有13个，但只有砂梨、秋子梨、杜梨、川梨（*P. pashia*）和豆梨（*P. calleryana*）等被认为是基本种，其余都属于种间杂种。全世界的梨品种在7000个以上，其中原产于中国的有3000个以上。19世纪初，一些国家开始对梨属植物种质资源进行收集和保存。位于美国俄勒冈州的国家无性系种质资源圃保存了来自全世界20多个国家最完整的梨属种和品种，保存份数多达2300份以上。欧洲的意大利、法国、比利时、俄罗斯等国家主要保存以西洋梨品种为主的梨种质资源数千份。中国梨种质资源主要保存在国家果树种质兴城梨、苹果圃和国家果树种质武汉砂梨圃中，共保存15个种、1400多份资源。浙江大学等单位的科学家利用DNA标记和序列分析，对中国原产的杜梨、川梨和豆梨等野生种和主要栽培类型的遗传多样性进行了评价。南京农业大学等单位的科学家于2012年完成世界上第一个梨基因组的测序，基因组大小为527兆碱基对（Mb）。

形态特征　梨树主要器官有根、茎、叶、花、果实和种子。

根　梨的根主要可分为主根和侧根。主根是由种子胚根发育而来向垂直方向分布的粗大根。当主根生长到一定长度时，就会从内部侧向生出许多支根，称为侧根。主根和侧根之间往往形成一定的角度，起吸收、支持和固着作用。当侧根生长到一定长度时，又能生出新的次一级的侧根，多次反复形成梨树复杂、庞大的根系。

茎　梨树的茎是地上部分的主轴，支持着叶、芽、花、果，并使它们在空间上形成合理的布局，适于进行光合作用。茎亦是梨树体内物质运输的主要通道，根部吸收的水、矿物质以及在根中合成或贮藏的有机物质通过茎输送至地上各部分，叶的光合产物也通过茎输送到植株各部分备用或贮藏。茎上着生枝条，枝条上有叶和芽（在生殖生长时期还有花和果），芽是枝条或花序的原始体。

叶　一枚完整的梨叶由叶片、叶柄和托叶三部分组成。叶片形状主要有圆形、卵圆形、椭圆形和披针形，叶片近叶柄的一端称为叶基，先端称为叶尖，两缘称为叶缘。多数品种的叶缘为锯齿状，齿尖上有针芒状的刺芒；少数品种叶缘钝锯齿，无刺芒。叶柄是连接叶片与枝条的部分，起支撑叶片的作用。托叶多为线状披针形，但在叶生长的早期自行脱落，所以通常见到的梨叶只有叶片和叶柄两部分。叶片是叶最重要的部分，光合作用和蒸腾作用主要由叶片来完成。梨叶片的叶脉是羽状网状脉，叶脉有支持叶片平展和疏导养分的功能。

花　梨树的花序多为伞房花序，大多数品种每个花序有5～10朵花，边花先开，之后中心花渐次开放。梨花为两性花，杯状花托，下位子房。萼片5片，呈三角形，基部合生筒状。花冠轮状辐射对称，花瓣一般为5枚，白色离生，多为单瓣覆瓦状排列，个别品种偶有重瓣、带粉色。正常花的雄蕊略高于雌蕊，雌蕊高度高于雄蕊的一般为不育类型。梨的花器官由花梗、花托、花瓣、雄蕊（花药、花丝）和雌蕊（柱头、花柱、子房）组成。梨花具雌蕊3～6枚，离生，在品种间和品种内都较稳定。雄蕊15～30枚，分离轮生，花药多为紫红色，也有浅粉、粉红、红、紫等色泽。雄蕊数量

图1　梨树

图2 梨的叶和花

在品种间和品种内都存在明显差异，主要与位于花盘内缘的少数雄蕊花丝短、个别花药败育甚至雄蕊完全退化有关。

果实 梨的果实由下位子房的复雌蕊形成，花托强烈增大、肉质化，并与果皮愈合发育成果实，属于假果。果实形状因种类不同而异，有圆形、扁圆形、卵圆形、倒卵圆形、圆锥形、圆柱形、纺锤形、葫芦形等。砂梨品种果实多为球形或扁圆形，白梨品种果实多为圆形、卵圆形和长圆形，秋子梨的果实多为圆形或扁圆形，新疆梨果实多为卵圆形或葫芦形，而西洋梨果实多为葫芦形。梨果皮颜色多样，总体可划分为绿色（包括绿色、黄色、绿黄色、黄绿色等）、褐色（包括绿褐色、黄褐色、红褐色、褐色等）和红色（包括紫红、鲜红、粉红、条红）。在梨的主要栽培种中，秋子梨和白梨主要为绿皮梨类型，少数为红皮梨类型，稀有褐皮梨类型；砂梨主要为绿皮和褐皮两种皮色类群，少有红皮梨类型；西洋梨主要为红皮梨和绿皮梨类型；新疆梨主要为绿皮梨类型。果实大小因种及品种不同而差异较大，秋子梨果实一般小到中等大，单果重在35～210克，平均单果重84.3克，最大可达240克；白梨平均单果重151.5克，金花梨、雪花梨单果重最大可达750克；砂梨平均单果重161.3克，爱宕梨和洞冠梨最大单果重分别可达2000克和3000克；西洋梨果实一般小到大型，单果重36～287克，平均单果重152.2克；新疆梨平均单果重108.7克。果实最小的是野生梨，如豆梨、杜梨等单果重1～10克，多为葫芦形。

图3 梨的果实

种子 梨的种子多为卵形或卵圆形，稍扁，先端急尖、渐尖或钝尖，基部圆形或斜圆形，先端呈尖嘴状或歪嘴状。成熟种子的颜色多为褐色、黑褐色、栗褐色、灰色、棕灰色。栽培品种的种子具有的普遍特征是种子较大且饱满，种皮局部或全面有光泽，颜色为红褐色居多，种孔端较钝，基部平截。差别较大的主要是种子的形状，如鸭梨种子的形状为平凸面、披针形，丰水梨种子的形状呈披针形，砀山酥梨种子的形状为平凸面、三棱形且种孔端钝。

生长习性 梨树年龄时期分为幼树期、结果期和衰老期三大阶段，各个阶段的梨树在形态特征上有明显的区别，且其变化是连续的、逐步过渡的，并无明显的界限。

幼树期 从梨苗木定植到开花结果这段时期。此期主要特征是树体迅速扩大，开始形成骨架。枝条生长势强并呈直立状态，因而树冠多呈圆锥形或塔形。新梢生长量大，节间较长，叶片较大，一年中具有两次或多次生长，组织不够充实，从而影响越冬能力。在此期间，无论是地上部或是地下部离心生长均旺盛，根系生长快于地上部。一般先形成垂直根和水平骨干根，继而发生侧根、支根，到定植3～5年才大量发生须根。随着根系和树冠的迅速扩大，吸收面积和叶片光合面积增大，矿质营养和同化物质累积逐渐增多，为进入开花结果阶段奠定基础。梨幼树期的长短因品种和砧木不同而异，一般为3～4年，其中具腋花芽结果习性的梨一般较早结果。树姿开张、萌芽力强的品种也常表现早果性。使用矮化砧或作曲枝、环剥处理，可提早结果。梨幼树期的长短还与栽培技术密切相关。尽快扩大营养面积、增进营养物质的积累是提早结果、缩短梨幼树期的主要措施，常用的调控措施有深翻扩穴，增施肥水，培养强大根系；轻修剪多留枝、少短截多长放，使早期形成预定树形；适当使用生长抑制剂等，促进幼树进入结果期。

结果期 根据梨树结果状况，结果期分为三个阶段。①结果初期。指从开始结果到大量结果前这段时期。该期树体生长旺盛，离心生长强，分枝大量增加并继续形成骨架，根系继续扩展，须根大量发生。结果部位以枝梢上部分、中果枝为主。这一时期所结果实单果重大，水分含量高，皮较厚、肉较粗、味偏酸。随着树龄的增大，骨干枝的离心生长减缓，中、短果枝逐渐增多，产量不断提高。此时梨树体结构已经建成，营养生长从占绝对优势向与生殖生长平衡过渡。此期仍以扩大树冠、培养骨架、壮大根系为主。通过轻剪、重肥、深翻改土等栽培管理措施，着重培养结果枝组，防止树冠旺长，在保证树体健壮生长的基础上迅速提高产量，尽早进入盛果期。②结果盛期。指梨树进入大量结果的时期。此期树冠和根系均已扩大到最大限度，骨干枝离心生长逐渐减缓，枝叶生长量逐渐减小。发育枝减少，结果枝大量增加，由长、中果枝结果为主逐渐转到以短果枝结果为主，大量形成花芽，产量达到高峰且果实的大小、形状、品质完全显示出该品种特性。同时，树冠外围上层郁闭，骨干枝下部光照不良的部位开始出现枯枝现象，导致结果部位逐渐外移，树冠内部空虚部位发生少量生长旺盛的徒长更新枝条，向心生长开始。根系中的须根部分死亡，发生明显的局部交替现象。梨树盛果期持续的时间长短不仅因品种和砧木不同而有很大差异，而且自然条件及栽培技术也有重要的影响。在盛果期，应调节好营养生长和生殖生长之间的关系，保持新梢生长、根系生长和花芽分化、结果之间的平衡。主要的调控措施有加强肥水管理，实行细致的更新修剪，均衡配备营养枝、结果枝和结果预备枝，尽量维持较大的叶面积，控制适宜的结果量，防止大小年结果现象过早出现。③结果后期。此期新梢生长量小，出现中间枝或大量短果枝群。主枝先端开始衰枯，骨干根生长逐步衰弱并相继死亡，根系分布范围逐渐缩小。结果量逐渐减少，果实逐渐变小，含水量少而含糖较多。虽然萌发徒长枝，但很少形成更新枝。生产上常采取相应措施延缓衰老期的到来，如大年要注意疏花疏果，配合深翻改土、增施肥水、更新根系，适当重剪回缩和利用更新枝条；小年促进新梢增长和控制花芽形成量，以平衡树势。

衰老期 梨树衰老期是梨树体生命活动进一步衰退的时期。从产量明显降低到几乎无经济收益。其特点是部分骨干枝、骨干根衰亡，结果枝越来越少，结果少而品质差。由于骨干枝特别是主干过于衰老，更新复壮的可能性很小。

栽培与管理 梨是世界性温带果树，在世界各大洲的80多个国家有商业化栽培。中国是世界上最大的梨生产国，栽培面积和产量均占世界的70%以上。在中国，梨的栽培面积和产量在所有水果产业中仅次于苹果和柑橘居第三位。栽培与管理包括苗木繁育、园地选择、栽植技术，以及土肥水管理、整形修剪等管理措施。

苗木繁育　优质梨苗木是保障梨树正常生长发育，实现梨优质、丰产、高效生产的重要前提，因此梨苗木繁育是梨产业发展的重要基础阶段。中国先后建立了多个部级果品及苗木质量监督检验测试中心，负责苗木质量安全技术咨询和服务，承担苗木质量安全认证检验，并颁布相应梨（无病毒）苗木繁育技术规程，规范梨苗木的生产。梨栽培种类和砧木类型较多，长期的人工选育和自然选择形成了各自的适宜栽培区域。不同的砧木类型与不同的栽培梨种类及品种**嫁接亲和力**也有差异。因此，繁育梨苗木必须根据栽培区域的自然生态条件和梨苗木市场需求，选择适宜的新优品种和砧木类型。

园地选择　梨树为多年生经济作物，经济寿命可达100年以上，苗木繁育对发展梨树生产非常重要。在连片大规模发展梨树时，科学选址、全面规划、精心设计对梨优质安全生产具有十分重要的意义。园地选择要求在气候条件、土壤肥力、地下水位等方面满足梨树生长发育的基本需求。在此基础上，尽量选择远离工业污染和交通便利的地点建园，以达到发展无公害梨果生产、满足消费者需求，以及增加中国梨果在国际市场占有份额、促进梨产业健康持续发展的目的。

栽植技术　在通常情况下，梨树栽植时间以落叶后秋栽为宜；如遇冬旱缺水，则宜春栽。栽植的株行距要根据地形、土壤肥力及栽培模式而定。栽植时，剪去嫁接苗损伤的根系，用泥浆蘸根，有条件的可在泥浆中配入生根粉，以提高栽植成活率。

土肥水管理　梨树幼树以施有机肥为主，勤施薄施化肥。每月施尿素1～2次，注意磷钾肥配合。有条件的梨园应建肥水一体化设施，加强肥水综合管理，提高肥料的利用率，加快树体早成形、早结果。幼树行间可种绿肥或豆类作物以改良土壤；成年结果树的基肥秋季施入，以农家肥为主。在连续干旱季节应及时灌溉，多雨季节或有积水时应及时清沟排水。

整形修剪　梨树的树形分为有中心干形、无中心干形、扁形、平面形和无主干形。有中心干的树形主要有疏散分层形、纺锤形、“3+1”树形和圆柱形等，无中心干树形主要有杯状形、自然开心形、Y字形，平面形有平棚架、拱形棚架。中国梨区成年大树多采用疏散分层形，该树形产量较高，但树体高大，疏果、修剪、喷药及采收等操作管理不便。为适应优质生产和机械化作业，生产上采用的梨树新树形主要有圆柱形、细长纺锤形和平棚架树形等。

病虫害防治　梨树病害主要有梨黑斑病、黑星病、轮纹病、腐烂病、锈病等，害虫主要有梨小食心虫、梨瘿蚊、梨木虱子、梨蚜虫等。梨树病虫害的防控应以预防为主，采取农业、物理、生物等综合防控措施，以减少化学农药的使用，减少农药对果实及环境的污染。农业及物理防治方法主要有加强树体管理，增强树势，提高抗病虫能力，通过土壤深翻，破坏害虫越冬场所；休眠期刮除枝干病斑、老翘皮，清除病枝、病叶，刮后喷石硫合剂，减少病虫源；秋季在树干上绑缚瓦楞纸或诱虫带，减少山楂叶螨、梨小食心虫的越冬基数；果园内悬挂迷向丝诱杀梨小食心虫，悬挂糖醋液诱捕器捕杀食心虫、金龟子、天牛等，悬挂黄板诱杀梨茎蜂、蚜虫和梨木虱成虫等。生物防治方法主要有梨园放飞龟纹瓢虫、异色瓢虫、大草蛉、中华草蛉、小花蝽、灰姬猎蝽、草间小黑蛛等益虫，可捕食多种害虫；利用赤眼蜂防治虫害，赤眼蜂可寄生食心虫、玉米螟、松毛虫、棉铃虫、二化螟、三化螟、甜菜夜蛾等多种鳞翅目害虫的卵，使卵不能正常孵化，从而降低虫口数量和蛀果率。化学防治是控制梨树病虫害发生的最有效方法，但生产上提倡减少或不使用化学农药，不使用不符合国家标准的农药，鼓励多使用微生物源、矿物质源、植物源农药来防治梨病虫害，实现梨果的安全绿色生产。

采后及加工　梨果实成熟过程是伴随着果实充分发育膨大，果实硬度下降、色泽改变、糖度增加、酸度和涩味下降及香气变化等过程，还包括呼吸速率上升、乙烯大量生成、叶绿素消失等。果实采后一般可分为采收后跃变前阶段、成熟起始阶段、果实达到可食状态阶段三个阶段。一般亚洲梨在成熟期采后即可达到食用阶段，而西洋梨类果实须经后熟软化才能达到最佳食用状态。这是因为西洋梨果实属于软肉类型，采收时果实质地较硬，不能直接食用，通常需要后熟。经后熟的西洋梨果实柔软多汁，石细胞少，溶质性好，香气浓郁，品质上等，深受消费者青睐；但经后熟的果实变软，不耐贮运，**货架期**也较短。

梨果实采后商品化处理主要包括采收、分级、包装、预冷、贮前处理等环节。世界上梨生产的先进国家和地区如欧美、日韩等，梨果实采后商品化处理率高达90%以上；中国梨果实采后商品化处理率还不足50%，且采后分级包装技术落后，标准不统一，人工分级和包装仍占多数等。由于机械冷库的贮藏比例及冷链运输等的比例不高，使得中国梨果采后损耗大，高达10%以上。

梨果肉一般多汁，既可鲜食，也可加工。梨加工制品按加工方法分为梨罐头、梨汁、梨酒、梨醋、果脯、梨干、梨糖浆、速冻梨果及鲜切果品等产品。其中，梨汁、梨酒、梨醋及罐头是梨果的主要加工产品和方式，梨脯、梨酱、梨干、梨膏也有一定生产和市场规模，其他新兴加工产品也以其独特的口感、丰富的营养而渐渐深入人们的生活。梨加工行业在对传统加工品种进行深入研究的同时，加大了对新产品的开发力度。梨膏、梨醋饮、梨干酒、梨啤酒、鲜切梨等各种类型的新产品相继开发或面市，特别是梨膏、梨醋饮产品得到市场和消费者的认可，提高了梨果加工利用程度。

价值与用途　梨果实含有多种营养物质，主要有果糖、蔗糖、葡萄糖、山梨醇、苹果酸、柠檬酸、奎宁酸、果胶、纤维素、叶绿素、花青苷和多种维生素等有机质，以及钾、钙、镁和铁等无机成分。秋子梨和西洋梨果实含有独特的香气物质，如酯类、醛类、醇类、酸类及萜类等，给人带来愉悦。除鲜食外，梨果还可制作梨罐头、梨干、梨汁、梨酒、梨醋、梨果酱、梨脯、梨膏等。中国云南一些地区将酸涩的梨采收后加入用适量甘草、食盐等配制的水，泡制一定时间后再食用。中国东北和西北地区的晚熟秋子梨果实在采收后常被自然冻结为冻梨，作为贮藏手段和独特的食用方式。另外，中国民间还有煮食冰糖梨水治疗咳嗽的传统。

梨树管理相对容易，定植后第二年即可结果，现代化的密植栽培在栽后第3～4年即可达到盛产，具有良好的经济效益。中国人自古以来就有赏梨花、咏梨花的传统，全国各地举办的梨花节是民众春游赏花的好去处，带动了当地的旅游，增加了梨农的收入。（张绍铃）

黎平古钱茶　Liping Guqian tea　产于中国贵州省黎平县桂花台茶场的**烘青绿茶**。属**紧压茶**。黎平古钱茶产地黎平县地势较平坦，海拔600米左右；属亚热带季风性湿润气候，年平均气温16℃左右，雨量充沛；土层深厚，土壤肥沃。自然环境适合茶树生长。1986年被研制成功。

采用一芽一叶、一芽二叶初展和一芽二叶，经晾青→杀青→初烘→复烘→复揉→压制定型→复烘等加工工艺制作而成。成品茶外形圆紧，黛绿；栗香持久，滋味甘醇爽口；汤色嫩绿明亮，叶底明亮显芽。黎平是侗族之乡，制作的古钱茶造型独特，形似铜钱；直径约2.5厘米，厚约0.5厘米，中间有小方孔；厚薄均匀，轻重一致，松紧适度，光滑平整。产品主销中国部分城市。（郑文佳）

藜蒿 Seleng sagebrush; *Artemisia selengensis* 菊科蒿属多年生草本植物。又称芦蒿、水蒿、青艾。藜蒿属于野生植物，一般长在湖泊草滩岸边附近，江西省鄱阳湖沿岸一带最多，湖南省西北部、安徽省西南部、湖北省东南部一些湖泊草滩上也有。人工种植比较著名的种植带有南京江心洲和八卦洲藜蒿基地、滁州桥头藜蒿基地。

形态特征　植株具清香气味。主根不明显或稍明显，具多数侧根与纤维状须根。根状茎稍粗，直立或斜向上，直径4～10毫米，有匍匐地下茎。叶纸质或薄纸质，上面绿色，无毛或近无毛，背面密被灰白色蛛丝状平贴的绵毛。茎下部叶宽卵形或卵形，近掌状或指状，5或3全裂或深裂，分裂叶的裂片线形或线状披针形。头状花序多数，长圆形或宽卵形，并在茎上组成狭而伸长的圆锥花序。瘦果卵形，略扁，上端偶有不对称的花冠着生面。花果期7～10月。

图1　藜蒿

栽培　包括整地施肥、适时定植、田间管理和分批采收等。

整地施肥　选择灌排方便、土质肥沃的砂质土壤栽培。每亩施腐熟农家肥4000～5000千克、碳酸氢铵50千克、过磷酸钙25千克、氯化钾25千克，或饼肥100千克、复合肥50千克作底肥。施肥后，深耕细耙整地，连沟1.2米作畦，畦面宽1米，做成高畦。

适时定植　6月底至7月初将苗圃中的藜蒿拔起，剪除地下茎，掐去嫩尖，抹掉叶片，剪成长10～15厘米的插条，开沟扦插定植。定植规格为株距5厘米，行距10厘米，深度以插条入土2/3为限，插后浇一次透水。

田间管理　大田扦插定植后要经常灌水，保持土壤湿润，促进生根萌芽。插条生根后追肥1～2次，每亩用尿素15千克。

图2　藜蒿大棚栽培

追肥后随沟灌水润土。野生藜蒿一般无病虫害危害。若高温雨季通风不良，易侵染白粉病，可用50%多菌灵可湿性粉剂500倍液或75%百菌清可湿性粉剂600倍液喷雾防治。

分批采收　10月下旬至翌年2月挖取地下茎，洗净根茎即可上市。采收地下茎后，将厢面用薄膜覆盖好，以利残留茎节萌发新株。3月下旬至4月中旬是地上茎的盛收期，当藜蒿茎高20厘米时，用锐利的刀在离地面3～4厘米处割下扎把销售。春季外界气温较低，割茎后的畦面仍须覆膜保温，可收获2～3次。每收割一次，随即每亩追施尿素10千克。一般每亩可收获地下茎1500～2000千克，地上茎800～1200千克。

也可在4月底收割藜蒿后栽种一季杂交中稻，中稻成熟收割时低留稻桩，然后开好厢沟，保持土壤湿润，残留于田间的地下茎可慢慢长出地上茎。茎长出后追肥1～2次，并及时采收嫩茎出售。

图3　采收的藜蒿嫩茎

用途　藜蒿营养丰富，每100克可食部分含蛋白质3.6克、钙730毫克、硫胺素0.0075毫克、磷102毫克、胡萝卜素1.39毫克、抗坏血酸49毫克、铁2.9毫克。藜蒿嫩茎味道清香，肉质脆嫩，可作主食或配料，可熟食亦可凉拌，色味极佳。一年种植可以多年受益，特别是春秋两季可以批量供应，效益较高。江西地区较擅长种植藜蒿。藜蒿炒腊肉以其“脆嫩爽口，醇香柔润”的特点入选“十大赣菜”，也是中国的名菜之一。

（侯喜林　张昌伟）

李 plum; *Prunus* spp.　蔷薇科李属李杏亚属李组植物。蔷薇科（Rosaceae）李属（*Prunus*）李杏亚属（*Prunophora*）李组（*Euprunus*）共有19～40个种，重要的种有中国李（*P. salicina*）、乌苏里李（*P. ussuriensis*）、杏李（*P. simonii*）、樱桃李（*P. cerasifera*）、欧洲李（*P. domestica*）、黑刺李（*P. spinosa*）、美洲李（*P. americana*）、加拿大李（*P. nigra*）和乌荆子李（*P. insititia*）等9个种。主要的栽培种有中国李和欧洲李。

中国李　别名李、嘉庆子、日本李。原产于中国，已有3000年以上栽培历史，中国各地均有分布。落叶乔木，树冠广球形。叶长圆倒卵形，光滑无毛。花通常3朵并生，花梗长1～2厘米，花瓣白色。核果球形，果皮绿色、黄色、红色、紫色或黑色，外被蜡质果粉。多数品种自花不结实。可分为华南品种群、西南品种群、华北品种群和东北品种群等生态地理品种群。李树对土壤类型要求不严格，适合在黏土、壤土、砂土等不同类型土壤中生长。多采用嫁接繁殖，嫁接砧木南方常用桃、梅，北方多用本砧、桃、毛樱桃。栽培时须配置**授粉树**。果实味甜可口，主要用于鲜食，也可加工成蜜饯等。核仁和根皮都能入药。因管理容易、土壤适应性强、结果早、果实颜色丰富，也是重要的生态和景观树种。

欧洲李　别名西洋李，俗称西梅。原产于欧亚大陆，有2000年以上栽培历史，在中国东部沿海和新疆、河北等地少量栽培。落叶乔木，树冠宽卵形。叶片椭圆形或倒卵形，叶背密被柔毛。花通常2朵并生，花瓣白色，有时带绿色。果实卵圆形或长圆形，与果柄连接处长有短颈，果皮绿色、红色、紫色或蓝色，果粉蓝灰色。多采用嫁接繁殖，对土壤、水分要求较高，在世界各地均有栽培。果实主要用于制干，也可用于鲜食。

其他的种，如华北的杏李、黑龙江的乌苏里李，以及樱桃李、美洲李等主要作为育种材料、砧木资源使用。

（刘威生）

立体栽培 stereoscopic cultivation; vertical cultivation　立体化的**无土栽培**。又称垂直栽培。立体栽培是在不影响平面栽培的条件下，通过四周竖立起来的柱形栽培或以搭架、吊挂形式按垂直梯度分层栽培向空间发展，充分利用温室空间和太阳能，土地利用率可提高3～5倍，同时单位面积产量提高2～3倍。

栽培形式　无土栽培因基质轻、营养液供系统易实现自动化而最适宜进行立体栽培。其形式主要有：①袋式。将塑料薄膜做成一个筒形，用热合机封严，装入岩棉，吊挂在温室或大棚内，定植上果菜幼苗。②吊槽式。在温室空间顺畦方向挂栽培槽种植作物。③三层槽式。将三层栽培槽按一定距离架于空中，营养液顺槽的方向逆水层流动。④立柱式。固定很多立柱，蔬菜围绕立柱栽培，营养液从上往下渗透或流动。墙体栽培是利用特定的栽培设备附着在建筑物的墙体表，不仅不会影响墙体的坚固度，而且对墙体还能起到一定的保护作用。植株的立体种植可有效利用空间，节约土地，实现单位面积上的更大产出比。墙体栽培的植株采光性较普通平面栽培更好，太阳光能利用率更高。适合墙体栽培的蔬菜有：生菜、芹菜、草莓、空心菜、甜菜、木耳菜、香葱、韭菜、油菜、苦菜等。

栽培特点　立体栽培的特点为：①集约。即集约经营土地，体现出技术、劳力、物质、资金整体综合效益。②高效。即充分挖掘土地、光能、水源、热量等自然资源的潜力。③持续。即减少有害物质的残留，提高农业环境和生态环境的质量，增强农业后劲，不断提高土地（水体）生产力。　（蒋卫杰）

荔枝　litchi; *Litchi chinensis*　无患子科荔枝属常绿乔木。又称中国荔枝。荔枝是无患子科荔枝属唯一栽培种；荔枝属另一个种菲律宾荔枝（*Litchi philippinensis*）处于野生状态，不堪食用。荔枝是典型的亚热带常绿果树，分布在中国南方北纬18°～31°，但主产区在22°～24°30′，以中国广东、广西、福建、海南、四川、云南和台湾等地较多，贵州和重庆也有少量栽培。据不完全统计，中国2018年荔枝种植面积为56.15万公顷，总产量310.65万吨。荔枝产业作为中国热带、亚热带地区农业支柱产业之一，是中国热带地区农民重要的经济来源。荔枝是中国鲜果在国际市场享有明显竞争优势的水果种类之一，在全球市场深受欢迎。

起源与栽培历史　荔枝起源于中国南部的亚热带地区。中国是世界上栽培荔枝最早的国家，至少有2400多年历史。荔枝最早的名称是“离支”，见于公元前2世纪汉代司马相如的《上林赋》，有“答遝离支，罗乎后宫，列乎北国”的记载。据东晋《西京杂记》记载，汉高祖刘邦称帝时（前206～前195），南越王“尉佗献高祖鲛鱼、荔枝”。《南方草木状》引《三辅黄图》记载：“汉武帝元鼎六年破南越，建扶荔宫。扶荔者，以荔枝得名也……”汉武帝所设郡名，辖今广东、广西大部和越南北部；可见2100多年前，广东、广西和越南北部荔枝栽培已很兴盛。宋蔡襄撰植物书《荔枝谱》载：“闽中唯四郡有之，福州最多，而兴化军最为奇特，泉、漳时亦知名。”海南岛远离中原，文化落后，海南荔枝及至南宋庄季裕《鸡肋编》里始有“海南有无核荔枝一株”的只言片语。总之，古时中国种植荔枝的地方属偏远之地，直到岭南被开发，荔枝才逐渐为中原人所知。唐玄宗后期，宰相张九龄写了一篇《荔枝赋》，使荔枝的美名广为人知；唐朝诗人杜甫脍炙人口的诗句“一骑红尘妃子笑，无人知是荔枝来”，更使荔枝家喻户晓。

荔枝传播至其他国家始于17世纪末，最早传入与中国云南省接壤的缅甸。大约100年后，1798年荔枝从缅甸传到印度，随后传播到其邻国尼泊尔和孟加拉国。19世纪初，荔枝传播到南半球。300多年来，荔枝已遍布全球亚热带地区的20多个国家，但90%以上的面积和产量主要集中在中国、印度和越南3个国家。

种质资源　荔枝有较丰富的品种资源，《中国果树志·荔枝卷》（1998）记载的品种品系和单株达222个。中国国家果树（荔枝）种质资源圃设在广东省农科院果树所，种植保存有400多份种质资源；农业农村部在华南农业大学建有国家瓜果改良中心荔枝分中心，专门从事荔枝品种改良工作；还在海南省农科院热带果树研究所、广西农科院园艺研究所和四川省泸州市农科院分别建有荔枝种质资源创新基地。21世纪以来，通过实生选种方法，共选育出近30个省级审定（登记）和6个通过全国热带作物品种审定委员会审定的新品种（贵妃红、井岗红糯、马贵荔、红绣球、岭丰糯、观音绿）；在公益性行业（农业）专项（2007～2010）以及其他国家级重大专项，特别是2009年启动的国家荔枝产业技术体系支持下，杂交育种正持续有序开展，已获得大量的杂交群体和优良单株（株系或品系）。

图1　荔枝

荔枝基因组大小约为470兆碱基对（Mb），基本上都是二倍体（2n=2x=30）。经济性状多为数量性状，已知果重、果形、综合品质等属于数量性状遗传，杂种有广泛而连续的分离。

形态特征　荔枝的主干、主枝、侧枝一起组成荔枝树树冠的骨架，统称为骨干枝。嫁接繁殖的荔枝树主根发达，根群深广，有粗大的主枝3～5条。空中压条繁殖的树缺乏主根，侧根盘生，分布较浅；呈多干型，分枝低，干高不明显。新梢上的分支根据其发生的季节可分为春梢、夏梢、秋梢和冬梢，以秋梢作为结果母枝。荔枝叶多为偶数羽状复叶，互生或对生，由2～4对小叶组成，叶披针形、长椭圆形或倒卵形。果实为具假种皮果实，圆形、卵形或心形等，成熟时果皮多数为鲜红色或紫红色。花芽分化时期，与品种、地区、气候条件及结果母枝的发育状态有关。早熟品种花芽分化早，晚熟品种花芽分化迟；同一品种种植在纬度低的地区比纬度高的地区花芽分化早。例如，广州的早熟种三月红、中熟种黑叶和晚熟种糯米糍的花芽分化期一般分别为10月上中旬至1月中下旬、11月上中旬至2月中下旬、12月上中旬至3月下旬。荔枝花穗为复总状圆锥花序，由花轴上着生侧穗、支穗和小穗组成。荔枝的花是雌雄同株异花，有雌能花、雄能花、两性花和畸形花4种类型；同一花穗中雌雄花不是同时成熟开放的，一般是先开少量雄花，再开雌花，最后又开雄花。荔枝雌花为二裂子房，授粉受精完成后，通常是其中1室发育，另1室萎缩。荔枝果实生长发育期，从授粉受精完成算起需要80～100天。荔枝花多果少，素有“荔枝爱花不惜子”之说，荔枝的落花、落果依品种不同有3～4次生理高峰期，一般最终坐果率只有1%～5%。有的品种如糯米糍和无核荔，在果实采收前10～15天还会发生严重的采前裂果现象。

图2 荔枝的花穗

图3 荔枝的果实

主要类型 荔枝种质按照成熟期归为早熟、中熟和晚熟三类。以广东地区的成熟期为例，在6月中旬之前成熟的，归为早熟品种；6月下旬至7月中旬成熟的，归为中熟品种；7月中旬之后成熟的，归为晚熟品种。根据国家荔枝优势区域规划，全国荔枝产区划分为早熟荔枝优势区（含海南和广东湛江与茂名）、中晚熟荔枝优势区（含粤中、粤东、闽南、桂南地区）和晚熟荔枝优势区（含闽北和四川泸州等地）。这种按照成熟期划分品种类型的方法有较大实用价值。以成熟果实中部果皮上龟裂片和裂片峰的主要特征作为分类的标准，可把荔枝品种分为果皮龟裂片尖突类型、果皮龟裂片隆起类型和果皮龟裂片平坦类型等三大类。在大类型之下，还可根据果实形态、花序、叶形、果肉品质等，把荔枝分成品种组或品种类型。同工酶、随机扩增多态性DNA（RAPD）、扩增片段长度多态性（AFLP）等生物化学或分子标记技术在鉴别同物异名和同名异物研究中起到一定作用，但因采用资源数量受限，可能需要积累更多的资料才能完成归类工作。

栽培与管理 荔枝多采用嫁接繁殖，也可采用空中压条繁殖。一般选择淮枝作为砧木，接穗应从品种优良纯正、生长健壮的优良植株上选取。荔枝嫁接方法有芽接和枝接两类。枝接的接穗是带有芽眼的一段枝条，带木质部，包括合接、切接、劈接、舌接、嵌接等。枝接中切接是荔枝的主要嫁接方法，一般以在2～4月嫁接为佳。供空中压条育苗的枝条要求枝身较直，生势健壮，以2～3年生枝条、粗1.5～3厘米为宜。上泥包薄膜后，圈枝苗春驳经60～80天，秋驳经150～200天发出第三次根后，细根密布时即可把苗从母树上剪下。

选择20°以下山地丘陵缓坡地或平地建园，并做好分区、道路、排灌、施肥和管道喷药等方面的果园规划。整地和改土工作应在种植前6～12个月内完成。根据品种区域化、良种化的要求，正确选择品种。定植时期一般分春植（每年2～5月）和秋植（每年9～10月）。建园时一般采用计划密植（400株/公顷或630株/公顷，株行距分别为5米×5米和4米×4米），8～12年后实施间伐。

幼龄荔枝园的耕作多结合间作作物管理同时进行，主要包括施肥、淋水与排水、松土改土、间种和覆盖以及整形修剪等。荔枝树的整形工作以着重培养3～4个主枝和开心形树冠为目标。结果树的管理在做好常规土肥水管理的基础上，适时培养健壮的**结果母枝**、控制冬梢促进花芽分化、加强授粉提高坐果率、减轻生理**落果**和**裂果**是夺取荔枝丰产稳产的几个关键环节。环割或螺旋环剥是常用的控梢促花和保果的物理措施，此外，乙烯利和多效唑是控梢促花，2,4-滴、赤霉素和萘乙酸是保花保果常用的植物生长调节剂。

病虫害 荔枝是长寿果树，未发现导致荔枝毁灭性的病虫害。在生产中，主要做好荔枝蛀蒂虫、尺蠖、椿象、荔枝霜疫霉和炭疽病等少数几种病虫害的防治工作。

贮藏与加工 荔枝最佳食用成熟度是荔枝充分成熟时。对产地销售的荔枝来说，以九成以上的成熟度为佳。如果要进行长途运输，以八成熟的荔枝为好。荔枝采后处理包括挑选、分级、包装、预冷和常规杀菌剂处理等几个工序。包装前要先进行挑选、分级，剔除病果、虫果、带褐斑果、过青或过熟果、小果和**畸形果**等。荔枝的包装基本上是采用人工包装，常用容器有竹箩、纸箱、泡沫箱、塑料箱等。预冷的方法有多种，生产中常用的有冰水预冷、冷库预冷、空调房预冷、阴凉棚预冷等，其作用是迅速降低田间热，延长贮藏期。短距离销售的荔枝一般不做杀菌剂处理。产地销售一般采用常温贮藏运输方法，较远距离的销售（如有3天左右车程）则需要采用低温贮运方法；如果是出口，则要根据进口国的技术要求进行。荔枝加工产品以荔枝干、荔枝汁和荔枝罐头为主，还有荔枝酒和荔枝醋等深加工产品。

价值与用途 荔枝果肉含有丰富的糖类、粗纤维、有机酸、蛋白质、氨基酸、维生素、胡萝卜素及矿物质，是滋身健体的补品。明李时珍著《本草纲目》载："常食荔枝，能补脑健身，治疗瘴疠疔肿，开胃健脾，干制品能补元气，为产妇及老弱补品。"荔枝除可鲜食外，果实还可用于制荔枝干、果汁、糖水罐头和酿酒等。荔枝蜜是蜜中上品。荔枝树干纹理细致坚实，耐潮防腐，是制作家具的优良用材。

荔枝是中国南方亚热带地区广泛栽培的特产果树，经济价值高，经济寿命长。一般种后3～5年开始投产，10年后每公顷产量可达6～8吨，20年后可进入盛产期，每公顷产量可达12～15吨。广东、广西和福建不乏千年古荔，蔚为奇观，有的古荔仍能正常开花结果。荔枝枝叶茂密，四季常青，树冠半圆至自然圆形，树姿美丽，也是南方重要的庭院和绿化树种，具有重要的生态价值。

新业态 荔枝具有经济、生态、文

图4 荔枝果汁

化等多重价值，“稳面积、调结构、提质量、保增收”是中国荔枝产业发展的重要目标，“生产标准化、管理集约化、产品优质化、经营产业化、销售品牌化”是荔枝产业的重要发展方向。随着社会经济的发展，荔枝业界呈现如下新业态：一是荔枝产业正处于由数量规模向质量效益转型期，21世纪10年代以来中国荔枝面积基本稳定在56万公顷，产量和效益则呈现不断上升的趋势，这一趋势将得到继续巩固和提高。二是通过高接换种调整和优化品种结构，降低大宗低值‘黑叶’和‘淮枝’品种的比例，增加优质早熟和晚熟品种比例。三是水肥一体化、轻简机械化、病虫害防控绿色化、冷链物流保鲜等技术不断融入荔枝园的日常管理中，使荔枝产业的现代化水平得到显著提升。四是以“能人牵头、自愿加盟、规范运作”为特征的荔枝生产和销售合作社组织越来越壮大，使荔枝产业组织化程度得到显著提高。五是“荔枝+互联网”“荔枝+文化”“荔枝+旅游”“荔枝+教育”“荔枝+康养”等新型产业要素的融合继续扩大和深入，以更好地满足人们的需要。

（李建国　胡桂兵）

连栋温室　gutter-connected greenhouse　两跨及两跨以上，通过天沟连接起来的温室。

分类　按透光覆盖材料可分为玻璃温室、聚碳酸酯板温室、塑料薄膜温室等；按屋面形状可分为坡屋面温室、圆拱屋面温室、锯齿屋面温室等。

应用　连栋温室配套室内环境控制设备，可用于各类蔬菜、花卉、药用植物、食用菌、果树等的育苗和生产，具有土地利用率高、室内温光环境均匀、机械化/自动化水平高以及劳动生产率高等特点。连栋温室可人为调控环境，实现作物周年生产、种植产品均匀生长，提高商品化率。但连栋温室在寒冷地区使用时加温能耗高，需要加强保温；在温热带地区使用时夏季降温负荷大，必须加大通风降温。其建设投资高，运行能耗大，种植蔬菜时应结合产品市场供求及当地能源供应条件，以经济效益为中心，合理安排作物品种和种植茬口。

连栋温室一般配套屋面和/或墙面开窗自然通风系统，而塑料薄膜温室一般采用卷膜开窗，玻璃温室和聚碳酸酯板温室采用齿轮齿条开窗。根据温室所在地的气候条件和室内种植作物的要求，连栋温室可配套室外或室内遮阳系统、室内保温系统、湿帘风机降温系统、喷雾降温系统、人工补光系统、二氧化碳施肥系统、加温系统和气候自动控制系统。根据种植作物不同，连栋温室夏季降温，室内温度应控制在35℃以下；冬季加温，室内最低温度应控制在10℃以上。当地室外供暖计算温度低于5℃时，温室应配备加温设备；室外供暖计算温度低于－10℃时，温室宜采用热水采暖；室外供暖计算温度高于－5℃时，可采用热风采暖。

（周长吉）

连翘　weeping forsythia; *Forsythia suspensa*　木犀科连翘属落叶灌木。又称黄绶带、黄花杆。连翘原产于中国华北、华中和东北各省。

高可达3米。干丛生，直立。枝开展，呈拱形下垂，小枝土黄色或黄褐色，皮孔明显，髓部中空。单叶或有时有三出羽状复叶，对生，叶片卵形，宽卵形或椭圆状卵形，长3～10厘米，先端渐尖，基部圆形至宽楔形，叶缘有粗齿。花单生或数朵生于叶腋，先叶开放。萼绿色，4裂。花冠黄色，4裂。蒴果表面散生疣点。

连翘喜光，稍耐阴，耐寒，耐干旱、瘠薄，对土壤要求不严。病虫害少，易管理。采用扦插、压条、分株、播种繁殖均可，以扦插为主。

图1　连翘

图2　连翘的花

图3　连翘的果实

枝条拱形开展，花色金黄，早春先叶开放，鲜艳夺目。宜丛植于草坪，或于角隅、路缘、转角等处作基础种植，或作花篱。是中国北方常见的优良早春观花树种。

（陈龙清　赵凯歌）

连云港云雾茶　Lianyungang Yunwu tea　产于中国江苏省连云港市的绿茶。早在800多年前就著称于世。清朝后中断生产，20世纪20年代恢复生产。一方面利用老茶树的茶籽繁育，另一方面从外地引种，逐年发展。连云港云雾茶以其色、香、味、形俱佳而跻身于洞庭碧螺春茶、南京雨花茶等江苏名茶之列。

加工工艺　茶树鲜叶一般在谷雨前后开采，以细嫩的一芽一叶为主要原料，不采紫芽叶、病虫叶，不带鱼叶。加工工艺流程为：摊青→杀青→摊凉→理条→整形→干燥→筛分整理。①摊青。摊青场所应通风、阴凉、干燥、清洁，鲜叶均匀摊放在贮青槽或竹匾内，厚度3厘米，以不见槽上铺垫物或竹匾底为宜。摊放1小时后翻叶一次；露水叶30分钟翻一次，翻2～3次，并根据情况进行鼓风。摊青时间宜为2～6小时。摊青以叶质柔软，清香显露为适度。②杀青。在滚筒杀青机内进行。当滚筒出叶处筒腔空气温度达到110～120℃时，开始投叶。杀青起始时适当增加投叶量，防止产生焦边。杀青过程中应随时检查杀青叶质量，调整投叶量和杀青温度，保持最佳杀青状况下温度的稳定性和投叶的均匀性。杀青机出叶口应配备风扇，以快速风冷杀青叶。杀青叶以叶色转暗、叶质柔软、青草气散失为适度，不得出现红梗、红叶、焦边等现象。杀青叶快速冷却至室温，簸净后薄摊放置。③理条。在往复振动理条机内进行。在理条机加热的同时打开运动开关，当锅体内气温80～90℃时，将冷却后的杀青叶均匀地投入槽体中，每槽150～180克，投叶量根据鲜叶老嫩不同适当增减。运行5～6分钟，条索紧直时即可出锅摊凉。操作时应保持锅温平衡。在理条5～10锅后，应擦拭制茶专用油。④整形。在名茶多用（功能）机和电炒锅内进行。加热名茶多用机，开启运动开关，中速运行（每分钟140～150次）；当槽内温度达到80℃时，均匀投入理条叶，每槽100克，炒制1～2分钟；茶叶在槽内理顺，翻转自如时，减慢锅体运动至每分钟110～120次，适当降低锅温炒制2分钟；当茶叶色泽基本稳定、条索紧结时起锅，转入电炒锅内整形显毫。每锅投叶量100～200克。电炒锅温度稳定在50℃左右，手势是四指并拢，大拇指按住茶叶，两掌合拢，顺势搓揉，直至成型。当茶叶达8成干时起锅、摊开、放置。⑤干燥。在烘干机内进行。当烘干机热风温度达90℃左右时，投入摊凉后的整形叶，摊放厚度约3厘米，用手轻轻平压，使茶叶平伏，保持温度平衡，茶叶烘至含水率低于6%即可。⑥筛分整理。筛分割末整理，除去碎末和粗扁弯条。⑦包装、贮存。直接接触茶叶的包装材料，应符合食品安全国家标准GB 4806.1—2016《食品接触材料及制品通用安全要求》的规定。茶叶仓库应清洁卫生，具有密闭、防潮功能，低温、避光和无异味。

品质特征　①外形特征：条索紧圆，形似眉状，锋苗挺秀，润绿显毫。②内质特征：嫩栗香高，馥郁持久，滋味甘鲜醇爽，汤色清明，叶底匀整。连云港云雾茶含有大量植物蛋白质、氨基酸、维生素C和多种微量元素，具有兴奋、强心、清火、收敛、利尿、消炎、杀菌等功用。因具有“味醇、色秀、香馨、液清”特征而驰名。

（王润贤）

莲瓣兰　lian ban lan; *Cymbidium goeringii* var. *tortisepalum*　兰科兰属植物春兰的变种之一。莲瓣兰产于中国台湾地区与云南西部。生于草坡或透光的林中或林缘，海拔800～2000米处。“莲瓣”一词源于对兰花瓣形的描述，因为莲瓣兰的花朵像荷花，而云南人习惯将荷花称为莲花，莲瓣即荷瓣。

叶片为细长的线形，叶片质地较软，稍革质化，弓形弯垂，长30～65厘米，宽0.4～1.2厘米。叶基部有稍膨大的假鳞茎可储存水分和养分，根为圆柱状肉质根，直径0.5～1.0厘米，长可达20～40厘米。花葶短，一葶有花2～4（～5）朵。花径4～6厘米。花以白色为主，略带红色、黄色或绿色。萼片三角状披针形，花瓣短而宽、向内曲，有深浅不同的红色脉纹，唇瓣反卷、有红色斑点。花清香。花期12月至翌年3月。

图1　莲瓣兰

图2　莲瓣兰的叶

图3　莲瓣兰的花（红色脉纹）

图4　莲瓣兰的花（绿色脉纹）

图5　莲瓣兰的花（红色斑点）

莲瓣兰于每年元旦至春节期间开花，具有花色丰富、株型优美、枝叶秀美、发芽率高、环境适应能力强、易开花等优良特性，深受中国人喜爱。

（王　雁）

莲藕　lotus root; *Nelumbo nucifera*　莲科多年生水生草本植物。以观花为目的的品种称为花莲，以食用种子为目的的品种称为籽莲，以采食肥大的地下茎为目的的品种称为藕莲。莲藕原产地为中国。

形态特征　莲藕根为须状不定根，着生在地下茎节上，束状，每节5～8束，每束有不定根7～21条。根系多分布较浅，长势弱，再生力弱。茎为地下茎，茎的先端为喙状，外包鳞片，由顶芽、幼叶和侧芽组成，称为藕芽。顶芽和侧芽在10～20厘米深处泥土中横向生长，形成莲鞭。幼叶向上延伸，浮出水面，开展成为荷叶。节位上还有分化的花芽，伸出水面为莲花。莲鞭伸长至一定节位，其先端各节膨大成为新藕。主藕一般3～5节，有的可达7～8节。顶端的一节称为藕头，中间几节称为藕身，尾端一节称为藕梢。主藕的侧芽生长膨大为子藕，子藕的侧芽还可膨大为孙藕。茎中有许多通气孔，与根、叶、花相连，形成一个通气系统。莲藕叶称为“荷叶”，为大型单叶。叶柄呈圆柱形，内有4大2小平行排列的通气道。叶片初始纵卷，以后展开，近圆形，全缘，绿色，上被蜡粉。叶脉的中心与叶柄连接，称为“叶鼻”，是荷叶的通气孔，与叶柄和地下茎中的气道相通。初生叶1～2张，叶柄细弱不能直立，只能沉于水中或浮于

图1 莲藕的地下茎

图2 莲藕的茎中有许多通气孔与根、叶、花相连形成通气系统

图3 莲藕的叶

水面，沉于水中的称“钱荷叶”“荷花叶”，浮于水面的称“浮叶”；随后生出的叶，荷梗粗硬，挺立水面上，称为“立叶”，并愈来愈高，一般高出水面60～120厘米，形成上升阶梯的叶群。当叶群上升至一定高度后，便不再升高。随后发生的叶片一片比一片小，荷梗愈来愈短，便形成下降阶梯的叶群。最后抽生一张最大的立叶，通常称“后把叶”或“大架叶”。从“后把叶”着生的节位开始，地下茎的先端向斜下方向伸长、膨大而结藕。随后在其前方一节上，还要抽生一张明显矮小的立叶，通称“终止叶”。采挖藕时，将后把叶和终止叶连成一直线，即可判断新藕在地下的位置。花通称荷花，着生于部分较大立叶的茎节位上。莲的果实为聚合果，果实卵圆形或椭圆形，由果皮和种子组成。成熟的种子由种皮和胚组成，无胚乳，胚由2片子叶、胚芽、胚轴和胚根四部分组成，自开花至种子成熟需30～40天。

生长习性 莲藕是喜温作物，适于在炎热多雨季节生长。气温回升到13℃以上，顶芽开始生长。初期生长缓慢，以后气温升高至25～30℃，茎叶生长迅速。初期阴雨天气不利于莲藕生长。藕对土质要求不十分严格，但能保水、肥厚的黏质壤土较适宜藕的生长。

栽培 长江流域以南多在3～4月上旬栽种，北京地区多在5月上旬栽种。莲

图4 肥厚的黏质壤土适宜莲藕生长

图5 干莲子

藕主要在沼泽地（塘藕、湖藕）或水田（田藕）栽培。藕种须选择色泽光亮的母藕或充分成熟的子藕。播种方法宜随挖随栽。藕田一般前期保持5～6厘米浅水，以便日照土壤增温促进发芽抽叶；中期水深15～16厘米；后期再放浅水，以利结藕。叶柄与地下茎有通气组织相连，不能折断叶柄，以免进水引起植株腐烂。当荷叶枯萎时，即可采收成熟藕。

用途 莲藕富含淀粉、蛋白质和多种维生素。鲜藕可煮食、炒食、生食，也可腌渍、速冻或加工，亦可加工成藕粉。莲子依采摘时期不同分为鲜莲子和干莲子。干莲子多用于炖莲汤、煮粥。

（叶志彪）

莲雾 wax apple; *Syzygium samarangense*
桃金娘科蒲桃属植物。又称洋蒲桃。是重要的热带**水果**。莲雾原产于马来半岛、印度尼西亚及安达曼和科巴群岛。17世纪，由荷兰人自爪哇引入中国台湾地区，100多年前引入广东、福建等地。初期作为庭院观赏树种植，后来由于栽培管理技术的改革，才成为重要**果树**之一。

形态特征 莲雾生长旺盛，一年可以抽生4～5次梢。花芽一般为纯花芽，但也有着生2～3片新叶的混合花芽。花芽从成熟枝梢的顶端或叶片的叶腋抽出，聚伞花序，每花序有小花3～10朵。花白色，萼片4裂，花瓣4枚，雄蕊多数，子房下位。莲雾具有周年开花的特性，在成熟的枝条上，只要养分积累充分，环境条件适宜，即可进行花芽分化。莲雾虽然可以周年开花，但其花芽分化仍需要内部因素和外界环境条件的配合才能启动。莲雾果实梨形或钟形，果皮颜色丰富，有白色、青色、粉红、大红、深红、紫红等，果面有光泽，被蜡质。果实分为大果型和小果型，重量30～200克。多数品种果实的果顶中心凹陷，果肉白色海绵状，有些品种种子退化，有些品种果实有1～3粒种子。果实属于假果，由花托和子房发育而成。

繁殖与管理 莲雾育苗主要采用嫁接、圈枝和扦插等繁殖技术。嫁接可采用切接法和腹接法，以切接法的成活率较

图1 莲雾

图2 莲雾的花

高。莲雾生长速度快，种植后第二年即可少量投产，第三年可正式投产，具有一年多次开花的特性，可进行产期调节，其中的反季节冬春果品质特优且正值水果淡季，价值高。

宜选在阳光充足、空气流通、土层深厚的地方建园，避免在低洼地、冷空气容易沉积的地方建园。在丘陵山地建园要注意做好水土保持工作，如修筑梯田、开挖防洪沟。平地建园须修建排水系统，降低地下水位。催花、疏果、**套袋**是莲雾生产的规范化技术，随着劳动力价格迅速升高，套袋需要花费大量劳动力，生产者正在寻找简化栽培的方法，如将莲雾种植在塑料大棚、防虫网内，可减少实蝇的危害，免于套袋。

采收与运输　当莲雾果皮呈现出品种特有的颜色和光泽，果实上存留的4片萼片展开时，表明果实已经成熟，可以采收。果脐分离得越开，果实成熟度越高。注意避免果实过熟采收，因为成熟度过高的莲雾果实容易开裂。果实在树上成熟后若未能及时采收，易出现大量**落果**。

莲雾果皮很薄，易擦伤、碰伤，因此很容易出现机械伤。采收时宜用枝剪从果穗轴基部连同果袋一起剪下来，采收过程要防止果穗上的果实相互摩擦、碰伤，剪后要轻轻放入采收容器内，小心运送至分级包装厂。在运输过程中，注意避免碰伤或压伤。

价值与用途　莲雾果实皮薄，果肉酥脆可口、甜而不腻，有特殊香气，无种子或种子细小，在炎热夏季冰镇后食用清凉可口，是消暑的佳果。莲雾有润肺、止咳、

图3 莲雾的果实

除痰、凉血、收敛的功效，主治肺燥咳嗽、呃逆不止、痔疮出血、胃腹胀满、肠炎痢疾、糖尿病等症，与冰糖一起煮食可治疗干咳无痰或痰难咯出。莲雾用途广泛，果实除鲜食外，还可加工成果膏、果汁、蜜饯、果脯、果酒等。花可以制**花茶**，滋味醇和甘甜。叶片晒干后可作为药茶饮用，具有退热降火的功效。根有去湿止痒的功效，可作为药材使用。莲雾生长速度快，树姿优美，花期长，花浓香，花形美丽，挂果期长，果形美，果色鲜艳，是热带、亚热带地区重要的庭院绿化植物。

（周碧燕）

炼苗　hardening seedlings　为使**蔬菜**秧苗适应定植大田或设施内的环境条件，增强秧苗抗逆能力，加速缓苗进入正常生育，从定植前5～7天开始锻炼秧苗的措施。又称蹲苗。炼苗的主要措施是降低温度、控制浇水，加强苗床通风和光照。炼苗期间应逐渐加大育苗设施的通风量，降温排湿，控制或停止浇水，特别是要降低夜间温度，加大昼夜温差，经过较低夜温锻炼，可有效提高秧苗的耐寒性。通过炼苗，秧苗生长速度减缓，可抑制秧苗地上部生长，促进根系发育。炼苗后，植株光合产物积累量增加，茎、叶组织的纤维素和含糖量提高，细胞液浓度增高，原生质持水力加强，渗透势降低，胞间自由水减少，冰点降低；幼苗茎秆粗壮，叶色加深，叶片角质层加厚，叶片栅栏组织细胞变小，叶片蒸腾量降低。这些生理、形态变化均为炼苗后秧苗抗逆性增强的重要标志。

为露地栽培培育的秧苗，炼苗结束时应昼夜均撤去覆盖物，使秧苗达到完全适应露地环境的要求，但应注意防止夜间低温霜害；为设施栽培培育的秧苗，炼苗结束时应能适应定植设施内的小气候条件。炼苗期间的温度，喜温性的果菜类**蔬菜**最低可达7～8℃，其中**番茄**和**黄瓜**可达5～6℃；耐寒性蔬菜可降低到1～2℃，甚至短时间达到0℃。定植前的炼苗也不可过度，否则易形成“老化苗”或“花打顶苗”等。

（郭世荣）

楝　chinaberry tree; *Melia azedarach*　楝科楝属落叶乔木。又称苦楝、楝树。楝产自中国除西北和东北以外的大部分地区，南亚、东南亚、澳大利亚和太平洋岛屿亦有分布。生于海拔500～2100米的常绿阔叶落叶混交林、疏林、旷野或路边。

植株高达10余米。树皮灰褐色，纵裂；分枝广展。小枝有叶痕。叶为2～3回奇数羽状复叶，长20～40厘米。小叶对生，卵形、椭圆形至披针形，顶生一片通常略大，长3～7厘米，宽2～3厘米，先端短渐尖，基部楔形或宽楔形，稍偏斜，边缘有钝锯齿，幼时被星状毛，后两面均无毛，侧脉每边12～16条，广展，向上斜举。圆锥花序约与叶等长，无毛或幼时被鳞片状短柔毛。花芳香；花萼5深裂，裂片卵形或长圆状卵形，先端急尖，外面被微柔毛。花瓣淡紫色，倒卵状匙形，长约1厘米，两面均被微柔毛，通常外面较密。雄蕊管

图1 楝的茎

图2 楝的枝和叶

图3 楝的花

图4 楝的果实

紫色，无毛或近无毛，长7～8毫米，有纵细脉，管口有钻形、2～3齿裂的狭裂片10枚，花药10枚，着生于裂片内侧，且与裂片互生，长椭圆形，顶端微凸尖。子房近球形，5～6室，无毛，每室有胚珠2颗，花柱细长，柱头头状，顶端具5齿，不伸出雄蕊管。核果球形至椭圆形，长1～2厘米，宽8～15毫米，内果皮木质，4～5室，每室有种子1颗。种子椭圆形。花期4～5月，果期10～12月。

多采用种子或扦插繁殖。在湿润的沃土上生长迅速，对土壤要求不严，在酸性土、中性土与石灰岩地区均能生长，是平原及低海拔丘陵区的良好造林树种，在村边路旁种植更为适宜。

楝具有很好的园林价值和经济价值。树形优美，枝条秀丽，在春夏之交开淡紫色花，香味浓郁；耐烟尘，抗二氧化硫能力强，并能杀菌。适宜作**庭荫树**和**行道树**，是良好的城市及矿区绿化树种。与其他树种混栽，能对树木虫害起到防治作用。在草坪中孤植、丛植或配植于建筑物旁都很合适，也可种植于水边、山坡、墙角等处。

（王　雁）

量天尺 night-blooming cereus; *Hylocereus undatus* 仙人掌科量天尺属攀缘肉质灌木。量天尺原产于美洲热带、亚热带地区。世界各热带和亚热带地区多有栽培或逸为野生。

长3～15米，具气根，为附生或旱生植物。茎具3棱，有时4～5棱。棱常翅状，边缘波状或圆齿状，深绿色至淡蓝绿色，无毛，老枝边缘常胼胝状，淡褐色，骨质。分枝多数。花漏斗状，于夜间开放；花托及花托筒密被淡绿色或黄绿色鳞片；花丝黄白色；花药淡黄色；花柱黄白色，线形。浆果红色，果脐小，果肉白色。种子倒卵形，黑色，种脐小，浆果可食。花期7～12月。

喜温暖湿润、阳光充足或半阴的生

图1 量天尺

图2 量天尺的花

图3 量天尺的果实

长环境。适应于富含腐殖质、透水性能良好的砂质壤土，忌黏重、积水的土质。能忍受高达45℃的高温或短时霜冻。长时间低温对植物有伤害。在保持土壤相对干燥的情况下，可耐4～8℃低温。多采用扦插繁殖。一般先取开花量大、花朵大的单株枝茎进行扦插繁殖，亦可播种繁殖。

量天尺花朵硕大，且具芳香。宜庭植、盆栽，或作为篱垣植物，亦可作仙人掌品种的嫁接砧木。浆果可食，商品名为**火龙果**。

（赵世伟）

亮叶黄瑞木 liangye huangruimu; *Adinandra nitida* 茶科杨桐属乔木。所制茶叶称**石崖茶**。

亮叶黄瑞木主要成分为黄酮类、茶多酚、氨基酸以及生物碱等多种对人体有益成分与多种矿物质元素，咖啡碱含量低。黄酮类高达20%，是自然植物中黄酮类物质含量最高的植物之一，属中国珍稀的原生态纯天然绿色植物的茶中珍品。

亮叶黄瑞木芽叶肥厚，所制茶叶汤色亮丽。其成品茶具有茶色碧绿如翡翠，馨香爽口，茶碱含量低，品后回味无穷等特点；而且不影响睡眠，可长期早晚饮用，具有清热解毒、护肝明目、消炎润肺、健胃消食等作用。

（韦静峰）

辽梅山杏 Liaomei apricot; *Prunus sibirica* var. *pleniflora* 蔷薇科李属落叶小乔木。辽梅山杏是山杏的重瓣变异。

树冠半圆形，树姿开张。多年生枝红

图1 辽梅山杏

图2 辽梅山杏的叶

图3 辽梅山杏的花

褐色，表皮光滑无毛。叶片卵圆形，基部宽楔形，先端渐尖。花重瓣，花瓣30余枚，花径3厘米左右，花期10～15天，花型似梅花，具清香，花色淡粉色。

辽梅山杏抗寒、抗旱、抗病，已在北京植物园和东北地区等地露地栽培。

（吕 彤）

撩壕 broad base terracing 沿等高线自下而上开挖沟槽（壕沟），把心土堆在下坡筑成土埂的整地方式。撩壕适用于缓坡，在坡面上按等高线横挖浅沟，挖出的土向下坡堆放成壕（垄），故称撩壕（见图）。因是沿等高线修筑的，故又称水平横壕。撩壕由中国辽宁省西部葫芦岛市果农创造，是改长坡为短坡的一种坡地果园水土保持工程，可以削弱地表径流，蓄水保土，增大坡面利用率。

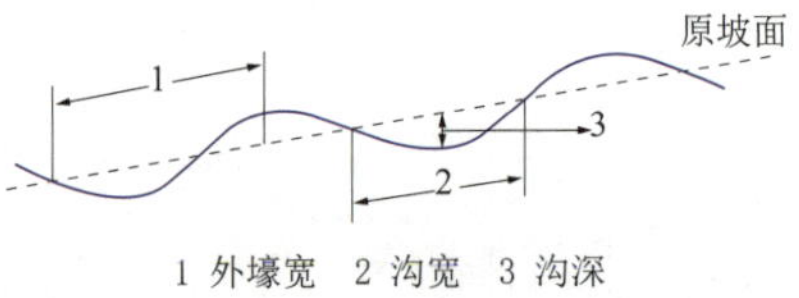

1 外壕宽 2 沟宽 3 沟深

等高撩壕示意图

由于把自上而下的长坡改成了若干短坡，沟壕又拦截了地表径流，因此减少了地表冲刷。但是，由于把上坡的土壤撩到下坡，壕的内坡坡度有所增加，壕与壕之间的间距较大，故通常要在壕间筑起若干条等高小垄（又称小坝），以进一步减缓径流，减少冲刷，提高拦蓄效果；或在壕坡上生草，更便于操作管理。在挖壕过程中，将清除的石头、黄泥放在沟间，防止杂草蔓生，同时也方便进行维护、采摘等作业。壕间的距离为行距，相当于成龄树冠直径与作业道的宽度之和。通常5°左右的坡，两壕间距为8～10米；10°左右的坡地，壕距缩小为5～6米。撩壕的横向比降为0.3%～0.5%。沟宽50～70厘米，沟深至原坡度向下30厘米左右，沟内每隔5～10米筑有缓水埂。壕高与沟深相同，壕的外坡稍长于内坡，壕宽略大于沟宽。每道壕的外坡栽一行树。建立果园时，应先撩壕后栽树，栽树时切忌栽植过深，以免壕内淤土过厚，影响果树生长。如先按等高栽树而后撩壕，则果树的位置应安排在壕外坡的前沿，以免埋根过深。每次大雨后须全面检查，及时修复冲刷破坏的面蚀或沟蚀。每年春季，结合土壤管理修整一次，将沟内淤土撩于壕上。

撩壕有一定保持水土的能力，修筑费用低，行间操作管理方便。在菠萝、柑橘、苹果等果树上均有应用，但它只适用于10°以下、土层较厚的坡地。

（陈清西）

裂果 fruit cracking 果实发育过程中果皮和果肉的一部分裂开的生理失调现象。裂果是果实对内部生长与外界环境不协调做出的反应，是由于果实内部生长应力不断或突然增大和集中，而果皮不能抵抗这种应力变化。

成熟期的果实开裂后易腐烂变质，严重降低果实的商品价值，给生产带来巨大经济损失。葡萄、甜樱桃、苹果、荔枝、桃、柑橘、李、枇杷和杧果等许多果树都会发生采前裂果现象，纵裂、环状裂、纹状裂、星状裂、皮孔裂和果心裂是果实开裂的六种常见类型。裂果由果树自身的遗传特性决定，同一树种不同品种的裂果易发性差异很大。气象因子、土壤水分、营养与施肥、果实生长发育特点、果园管理水平等因素，是影响裂果发生程度的重要因子。因此，各类果树裂果的防治方法主要涉及选择抗裂品种、增施有机肥、保持土壤肥水均衡供应、喷施适宜种类的矿质元素和生长调节剂、改善果园生态条件等。

（李建国）

临海蟠毫茶 Linhai Panhao tea 产于中国浙江省台州市临海的卷曲形绿茶。临海蟠毫茶1981年创制于浙江省临海市灵江南岸的云峰山麓特产场，因外形盘曲显毫而得名。2000年临海蟠毫茶系列地方标准发布实施。2002年“临海蟠毫”证明商标注册成功。2004年被认定为浙江省著名商标。2005年国家质量监督检验检疫总局批准对临海蟠毫茶实施原产地域保护。2014年临海蟠毫茶实现包装、价格、宣传和标准“四统一”。

产地环境 临海蟠毫茶产区为浙江省台州临海市所辖行政区域，位于东经120°42′～120°49′，北纬28°40′～29°04′。临海市地处中亚热带季风盛行地区，气候温暖湿润，无霜期长，日照充足，雨量充沛，年平均气温17℃左右，年降水量1700～2100毫米，10℃以上活动积温3700～5000℃，年日照总数1900小时左右，无霜期236～257天。临海市位于坡度15°～25°的丘陵山地上，面积4.3万公顷。土壤以砂质壤土为主，腐殖物较多。自然环境有利于茶树生长。

加工工艺 加工工艺流程为：鲜叶摊放→杀青→揉捻→初烘→造形→复烘。①鲜叶摊放。进厂鲜叶经分级后摊放。摊放厚度根据天气和芽叶老嫩程度而定，一般3～5厘米，摊放时间4～8小时。摊放过程要适当翻叶散热，做到轻翻、匀翻，减少机械损伤。摊放程度以含水率降至70%、叶片发软、芽叶舒展、显清香时为适度。②杀青。采用滚筒杀青机。当滚筒壁温达到200～220℃，出口处温度100～120℃时匀速投叶，每小时投摊青叶50～80千克，从鲜叶入筒到出筒时间掌握在80～150秒。滚筒杀青机出叶口应配备排气扇辅助排湿。杀青以叶质变软，叶色转暗绿，无焦边，梗不红、折不断为适度。③揉捻。杀青叶经摊凉后及时揉捻。揉捻机投叶量15～40千克。揉捻时间按鲜叶老嫩而定，早春鲜叶嫩度好，轻揉3分钟左右；嫩度略差的鲜叶，轻揉5～10分钟。当芽叶基本成条，茶汁略有外溢即可。必要时，揉捻叶需进行解块。④初烘。采用茶叶自动烘干机进行烘干。烘干机热风温度100～120℃时上叶，均匀薄摊，以不见筛网为宜，摊叶厚度1～2厘米，时间10～15分钟。至初烘叶有刺手感，茶条不粘连，紧握不成团，青气消失，含水量35%～45%为适度。⑤造形。采用蟠毫造形机进行造形。造形温度先高后低。锅温90～120℃时投叶，每锅投入初烘叶10～15千克；造形开始3分钟后，炒板摆幅宜小些，以利锅内茶坯加速升温；6分钟后加大炒板摆幅，以利散失水分；经20分钟炒制后，茶条紧缩，手握如棉时出锅摊放冷却。经40～60分钟冷却后，并锅进行第二次造形；锅温掌握在80～100℃，造形时间50分钟左右；当茶坯卷曲程度基本达到临海蟠毫茶要求时，提高锅温再

图1　临海蟠毫茶

图2　临海蟠毫茶茶汤

炒3～5分钟提香出锅。⑥复烘。采用茶叶自动烘干机进行复烘。烘干机进风口温度80～90℃，均匀薄摊茶叶，摊叶厚度3～4厘米，时间8～10分钟。烘干至用手指碾茶成粉，茶香显露，含水量5%～6%为适度。

品质特征　临海蟠毫茶属卷曲形绿茶，外形盘曲重实隐绿，白毫披身；内质栗香浓郁，滋味鲜浓甘醇；汤色清澈明亮，叶底肥壮嫩绿明亮。内含物质水浸出物48%、茶多酚20%、氨基酸5%、咖啡碱3.5%左右。（俞燎远）

灵岩剑峰茶　Lingyan Jianfeng tea　产于中国江西省婺源县大鄣山一带的扁形炒青绿茶。灵岩剑峰茶产自婺源北部灵岩国家森林公园高山区。1985年研制而成。产地土壤肥沃，气候温和，雨量充沛，终年云雾缭绕，最适宜栽培茶树。采摘一芽一叶初展鲜芽叶为原料，经摊放→杀青→做形→炒干→烘焙等加工工序制作而成。不分等级。外形扁平似剑，光滑平直，翠绿；汤色嫩绿清澈，香气浓厚，清幽持久，滋味鲜醇，叶底嫩匀明亮。主销江西省各大中城市。（李文金）

图1　铃兰

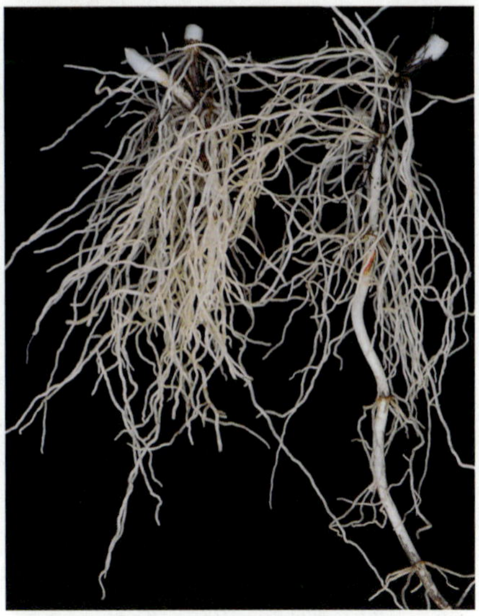

图2　铃兰的根状茎

图3　铃兰的叶

图4　铃兰的花

图5　铃兰的果实

图6　铃兰的种子

铃兰　lily of the valley; *Convallaria majalis*　百合科铃兰属多年生草本植物。又称君影草、山谷百合、风铃草。铃兰原产于北半球温带。中国东北、华北地区，欧洲、北美洲以及朝鲜、日本均有野生分布。

植株矮小，全株无毛，地下有多分枝而匍匐平展的根状茎，具光泽。呈鞘状互相抱着，基部有数枚鞘状的膜质鳞片。叶椭圆形或卵状披针形，花钟状，下垂，总状花序，苞片披针形，膜质，花柱比花被短。入秋结圆球形暗红色浆果，有毒，内有椭圆形种子，扁平。花果期5～7月。

铃兰全草可入药。有强心、利尿之功效。（陈己任）

凌霄　Chinese trumpet vine; *Campsis grandiflora*　紫葳科凌霄属落叶木质藤本。凌霄分布于中国河北、河南、山东、陕西，南至长江以南，西至四川。日本也有分布。生于山谷湿处及林下。

茎木质，表皮脱落，枯褐色，靠茎上气根攀附他物。叶对生，奇数羽状复叶，小叶7～9个，稀至11个，卵形或卵状披针形，长4～6厘米，边缘有粗锯齿。圆锥花序顶生，花大，两性，花萼钟状，5深裂，花冠漏斗状钟形，裂片5，橘红色，雄蕊4，2长2短。蒴果顶端钝，长细棍形，2裂，种子多，有膜翅。花期5～8月，果期7～9月。

凌霄可用来攀缘棚架、花门、假山或

图1 凌霄

图2 凌霄的花

图3 凌霄的果实

墙垣等，也可植于阳台和廊柱。凌霄花可用来制作通经利尿中药，出自《本草图经》。 （包满珠 傅小鹏）

凌霄芽 Lingxiaoya 中国茶的别称。出自元代杨维桢的散文《煮茶梦记》，其中有“小芸呼曰：凌霄芽熟矣”的记载。杨维桢（1296～1370），诸暨人。元末明初著名诗人、文学家、书画家和戏曲家。字廉夫，号铁崖、铁笛道人，又号铁心道人、铁冠道人、铁龙道人、梅花道人等，晚年自号老铁、抱遗老人、东维子。其《煮茶梦记》充分表现了饮茶人在茶香的熏陶中心游太虚、空灵明净的意境。

（于良子）

凌云白毫茶（茶产品） Lingyun Baihao tea 产于中国广西壮族自治区百色市的条形烘青绿茶。又称凌云白毛茶。凌云白毫茶的发现和生产已有上千年历史。《凌云县志》载有：“凌云白毫自古有之，玉洪乡产出颇多。”1973年被列为全国名茶，为中国国家地理标志保护产品。产地靠近云贵高原，气候温和湿润，冬无严寒，夏无酷暑，四季有雾；年降水量在1500～1800毫米，年均温度19～23℃。采摘一芽一叶，经摊青→杀青→轻揉→二次烘干等加工工艺制作而成。成品茶外形条索紧结似银针，白毫显露；有板栗香，滋味浓醇清爽，回甘绵长，叶底青绿色。凌云白毫分特级、一至六级。内销中国广东、广西、北京等地，少量外销至美国和欧洲一些国家。 （韦静峰）

凌云白毫茶（茶树品种） Lingyun Baihao-cha 茶树有性系品种。又称凌乐白毛茶。因其叶背长满白毛而得名。原产于中国广西壮族自治区百色市凌云、乐业、西林、隆林、田林、右江等地。1985年被全国茶树良种审定委员会认定为国家良种，2006年8月成为中国国家地理标志保护产品。凌云白毫茶产于广西西北部云贵高原东南麓凌云、乐业等县，以青龙山脉玉洪、加尤镇一带最多，品质最佳。

凌云白毫茶树为山茶科山茶属植物，是广西百色地域特有的国家级优良茶树品种。茶树原多为野生，后由茶农将少数野生茶苗移栽种植。属有性繁殖的大叶种茶，中生类，小乔木；植株高大，最高达9米以上，树姿直立，分枝较稀，叶片呈水平状或下垂。茶树品种适制性非常强，可以制作绿茶、红茶、白茶、黄茶、青茶、黑茶六大茶类。凌云白毫茶春芽萌发期为3月中旬，一芽三叶盛期在3月下旬至4月上旬；始花期11月，盛花期11月下旬至12月中旬；开花结实较少，果小，萼片毛多，成熟茶果绿色。经生化成分测定，其含氨基酸3.36%，茶多酚35.6%，咖啡碱4.91%，儿茶素总量182.92毫克/克，水浸出物46.75%。 （韦静峰）

凌云白毫红茶 Lingyun Baihao black tea 产自中国广西壮族自治区桂西茶区的红茶。以凌云白毫茶树的鲜叶为原料加工而成的红茶。凌云白毫茶树是广西壮族自治区特有的国家级优良茶树品种。品种特性独特，属小乔木大叶种，叶质较薄而柔软，白毫特多，芽头粗壮，持嫩性强。鲜叶内含物质丰富，茶多酚、氨基酸含量高，制作出的茶产品品质优异。加工工艺流程为：鲜叶采摘→萎凋→揉捻→发酵→干燥。凌云白毫红茶外形紧结重实，乌润带红褐，金毫多，香气甜香浓郁，汤色红艳，滋味浓厚有回甘。

（韦静峰）

菱 water caltrop; *Trapa* spp. 菱科菱属一年生水生草本植物。以果实供食用。菱原产于中国。《齐民要术》中首次提到菱的栽培方法。在长江流域以南栽培最广。

图1 菱（嫩果）

图2 菱（老熟果）

形态和类型 胚根在发芽后凋萎，下胚轴发生不定根，弯曲成弓形，随即长出次生根。次生根有两种，一种弦线状须根，着生在胚根和靠近土壤的茎节上，伸入土中，是吸收养分的主要器官；在菱的茎节上还有另一种绿色的不定根，含叶绿素，可进行光合作用和吸收水中的养分。茎为绿色或紫红色，细长，蔓性，伸至水面的茎变粗，节间缩短，着生叶片，形成菱盘。菱的叶片有两种，一种是水中叶，狭长线形；另一种是浮水叶，叶柄长，中部有浮器，组织疏松，内储空气，漂浮水上。菱蔓长1～3米。菱花自叶腋处由下而上依次发生，花白色或粉红色；子房二室，仅一室发育成种子。果实为坚果，不开裂，尖端有短喙。果皮颜色多样。按照果的角数，栽培菱可分为四角菱、两角菱和无角菱3个类型。

栽培 菱性喜温暖湿润，不耐霜冻，生长适宜温度为20～30℃。生长喜充足光照，可深水种植，也可浅水栽培，深水种植的最高水位不超过4米。对土壤的要求不高，但喜松软、肥沃的土壤。可直播或育苗移栽，从角果发芽到第一批果成熟约需150天。

用途 菱的果肉含有丰富的淀粉、糖、蛋白质、矿物质等营养成分。鲜嫩果实可作水果生食或作蔬菜炒食，亦能加工制成淀粉（通称菱粉）或酿酒，还可作烹饪调料或糕点原料。菱肉还有一定的药用价值，《本草纲目》记载：“菱，性寒，生食，解积暑烦热，生津健脾。”

（别之龙）

岭头单丛茶 Lingtou Dancong tea 以无性系白叶单丛茶（或岭头单丛茶）为原料，采用广东乌龙茶工艺加工而成的天然花蜜香浓郁的乌龙茶产品。又称白叶单丛茶。岭头单丛茶发源于中国广东省饶平县浮滨镇岭头村海拔1032米的双髻娘山。1961年由岭头村民从野生水仙茶中选育而成，1988年被广东省农作物品种审定委员会审定为省级茶树良种，2002年4月被审定为国家级茶树良种，是广东省推广面积最大的无性系品种。

岭头单丛茶的加工工艺见**广东乌龙茶**。岭头单丛茶既是品种名，又是产品名。岭头单丛茶外形条索紧结微弯曲，色泽黄褐似鳝鱼皮，油润具光泽；内质具有浓郁的花蜜香韵，高锐持久；滋味清爽甘滑，回甘蜜韵重；汤色橙红清澈明亮；叶底叶质柔软，叶色绿黄，红边明显。

（苗爱清）

流苏树 Chinese fringe tree; *Chionanthus retusus* 木犀科流苏树属落叶乔木。又称茶叶树、乌金子。流苏树原产于中国东部、中部省份和台湾地区。韩国和日本也有分布。

高可达20米。单叶对生，叶卵形至倒卵状椭圆形，先端钝圆或微凹，基部宽楔形或楔形，全缘或具小锯齿。圆锥花序长3～12厘米，花冠白色，4深裂，裂片

图1 流苏树

图2 流苏树的叶

图3 流苏树的花

图4 流苏树的果实

狭长，线状披针形，花冠筒极短。核果蓝黑色或黑色，被白粉。花期4～5月。

喜光，稍耐阴，较耐寒、耐旱，对土壤适应性强，生长较慢。用播种、扦插或嫁接法繁殖。

流苏树形优美，花形奇特，秀丽可爱，花期长，可达20多天。在园林中通常点缀于草地或散植于路旁，也可作庭园树和**行道树**，是观赏效果很好的园林树种。

（陈龙清 赵凯歌）

硫处理 sulphur treatment 利用二氧化硫气体或亚硫酸盐溶液控制园艺产品采后褐变、抑制微生物生长活动、保持产品品质等技术。

原理 在**水果**上，硫处理的原理主要有以下几个方面：①通过与果实中的花色素苷、多酚类、醌类物质发生化学反应，形成磺酸基物质，可避免或减轻本酶促或非酶促的**褐变**，从而起到护色作用。②一定浓度的二氧化硫或亚硫酸盐溶液对一些微生物具有较好的抑制作用，如葡萄灰霉病菌等，可抑制水果贮运过程中的微生物生长，从而减少腐烂。③一定量的二氧化硫进入植物组织中能降低组织的pH，并具有还原作用，可抑制果实的代谢，延缓成熟衰老。

方法 常用的硫处理方法有熏蒸法、浸泡法、缓慢释放剂法等。①熏蒸法。一般使用一定浓度的二氧化硫气体直接熏蒸，或者通过燃烧硫黄粉制造二氧化硫气体进行熏蒸，处理效果与二氧化硫的浓度和处理时间有关。②浸泡法。一般通过配制一定浓度的亚硫酸盐溶液，将果实或其加工产品直接浸泡在溶液中，一定时间后可达到对一些微生物抑制作用的目的。常用亚硫酸氢钠、焦亚硫酸钠等物质。③缓慢释放剂法。一般将可产生二氧化硫的物质及辅剂固定在载体中，利用载体的透气、透湿速度控制二氧化硫的释放速度，从而使包装或贮藏环境处于相对稳定浓度的二氧化硫环境中。常用缓慢释放剂有亚硫酸氢钠、连二亚硫酸钠、焦亚硫酸钾等物质，常用的葡萄保鲜纸就属于该类型。

问题 硫处理存在的问题有：①硫残留问题。经过硫处理后的果实不可避免地存在硫残留，超出国家标准要求的硫残留对人体健康可能造成危害，特别是哮喘病人对硫残留较敏感。②对果实产品本身造成伤害。硫处理将导致果皮细胞破坏，细胞膜透性增加，如果环境条件适宜，将加速一些腐生菌的生长而导致腐烂。③不合适的硫处理会造成硫伤害，不但起不到护色作用，反而可能加快变色。④可能会出现异味。⑤硫处理后的废气或废液如果不经处理直接排放，将对环境造成污染。

应用 硫处理在荔枝、龙眼果实采后护色，葡萄保鲜，水果加工产品护色等领域应用较普遍。在荔枝、龙眼上，通过采用硫处理进行护色，可满足远途运输过程中延缓或避免果实变色的要求；在葡萄上，贮藏或远途运输多使用保鲜纸来抑制灰霉病的发生；在果干的加工中，常采用二氧化硫熏蒸来避免果干变色；在果汁、罐头、蜜饯等产品加工中，也经常使用浸泡亚硫酸盐的方法避免加工或贮藏过程中的变色，保持产品的外观品质；在葡萄酒等果酒的加工过程中，也通过添加亚硫酸盐产品来保证果酒的品质风味。

（吴振先）

硫黄熏蒸 sulfur fumigation 设施栽培中对土壤和大棚进行消毒灭菌以预防土传病害发生的技术方法。硫黄为常用的矿物源杀菌剂，具有杀菌、杀螨和杀虫的作用，在无公害蔬菜和有机蔬菜生产过程中常被使用。硫黄熏蒸药物扩散面广，在**设施栽培**中可均匀分布于棚内各个角落，覆盖面广，省时省力，药用量少，药剂不直接作用于果菜，减少果菜药剂残留，可较彻底地防治作物病害，成本也大大低于其他农药。

具体操作为：在**蔬菜**定植前7～10天密封大棚，每50立方米空间约使用120克硫黄粉和230克干锯木末。将硫黄粉和干锯木末混匀，放在瓦盆（或瓷盆）中点燃，

人退出棚外，关好大棚，熏蒸一夜或密封24小时后再放风透气。高纯度的硫黄粉末在高温下升华成气态硫，均匀分布于相对密闭的温室大棚内，同时在作物的各个部位形成一层均匀的保护膜，可以起到杀灭和防止病原菌侵入的作用。

参照其他国家温室大棚病虫害防治中的电热熏蒸技术，中国一些企业开发了电热硫黄熏蒸器。中国农业科学院蔬菜花卉研究所研制开发的硫黄熏蒸器装入硫黄后接通电源，硫黄即升华到整个棚室，对白粉病、黑斑病和霜霉病等真菌性病害有显著防治效果。（周艳虹）

硫磺菊 sulphur cosmos; *Cosmos sulphureus* 菊科秋英属一年生草本植物。硫磺菊原产于墨西哥至巴西。

茎直立、丛生、多分枝。叶2～3次羽状深裂，裂片较宽，披针形至椭圆形。头状花序顶生，舌状花呈金黄色或橘黄色，管状花为黄色至红褐色。瘦果有硬粗毛，连同细长喙长达18～25毫米。花期6～10月。自播繁衍能力强。

硫磺菊

硫磺菊花大、色艳，可用于布置**花坛**及作切花。（包满珠 傅小鹏）

柳叶马鞭草 purpletop vervain; *Verbena bonariensis* 马鞭草科马鞭草属多年生植物。柳叶马鞭草原产于南美洲，引入中国的具体时间不详，但在中国栽培应用广泛。由于其强大的生存和繁殖能力，在许多国家已成为归化植物，有的国家甚至将其列为有害入侵物种。

图1 柳叶马鞭草

图2 柳叶马鞭草的茎和叶

图3 柳叶马鞭草的花

图4 柳叶马鞭草的果序

形态与种类 株高可达1.8米。茎直立，细而长，具多分枝，且茎为明显的四棱角，被细绒毛。叶十字对生，卵状披针形，先端锐尖，叶缘有锯齿。花簇生为穗状花序，排列成聚伞状，花紫红色或淡紫色，5裂。花期5～9月。

同属常见栽培观赏植物还有：①马鞭草（*V. officinalis*）。株高30～120厘米。裂叶有齿，穗状花序，花5裂，为淡紫色。其产地的温带地区和热带地区都有分布。②美女樱（*V. hybrida*）。株高30～50厘米，全株被有绒毛，丛生匍匐状。叶对生，花色多样，花期6～10月。③细叶美女樱（*V. tenera*）。匍匐亚灌木草本，株高20～40厘米。二回羽状叶，深裂，花色多样。

栽培与管理 对土壤要求不严，喜通风、阳光充足的环境，潮湿及排水良好的地方生长最好，耐寒耐旱。以扦插和种子繁殖为主。开花后，植株叶子和花梗枯败，在植物基部留些芽可让植株再生。利用植物枝茎部尤其是顶芽极易成活。自身种子易播种，无须预处理即可发芽。很少受害虫侵袭，易感染白粉病。管理粗放，花色艳丽，花期较长，且为蜜源植物。

用途 柳叶马鞭草常作一年生栽培应用，适合大规模种植作为花海，以及作**花坛**、**花境**、切花及镶边植物。因生长迅速，也非常适合砾石和岩石花园。可与其他多年生开花植物和蝴蝶植物混种，沿边界小范围种植。（吴沙沙）

柳州绿茶 Liuzhou green tea 产于中国广西壮族自治区柳州市三江侗族自治县、融水苗族自治县、柳城县及鹿寨县一带的炒青绿茶。因独特的地理位置和生态环境，柳州绿茶每年2月中下旬即生产上市，被誉为“中国早春第一茶”。主要销往中国浙江、湖南、福建、安徽、陕西、上海、广东、广西等地。

产区环境 广西壮族自治区柳州市茶区主要分布在三江县、融水、柳城和鹿寨四县。三江县、融水县位于广西北部的湘、黔、桂三省交界处，平均海拔500米以上；境内重峦叠嶂，山岭连绵起伏，树高林密，森林覆盖率78.8%；土壤为红壤、红黄壤，土层深厚肥沃；年平均气温18.3℃，年降水量1550～1700毫米，雨热同季，寒暑分明，雨量充沛，常年云多缭绕。柳城县和鹿寨县平均海拔100米以上；土壤为红壤、红黄壤，土层深厚肥沃；年平均气温20.3℃，年降水量1400～1550毫米。

主要种类 柳州绿茶现有产品有柳眉春绿茶、三江春绿茶、融水高山绿茶、伏虎绿雪绿茶。

柳眉春绿茶 产于鹿寨县中渡镇，全园有机种植，是柳州市有机茶的典型代表。主要采摘乌牛早、桂绿1号茶树品种一芽一叶初展鲜叶为原料，经摊青→杀青→回潮→扁炒做形→辉锅→拣剔→提香等工序加工而成。成品茶以柳叶秀眉的外形和醇爽回甘的滋味独树一帜。

三江春绿茶　主要以福云6号、乌牛早、龙井系列茶树单芽或一芽一叶鲜叶为原料，经摊青→杀青→回潮→理条脱毫（或扁炒做形）→干燥→拣剔等工序加工而成。成品茶色绿润鲜活、形似剑，味甘醇，香气清高，回甘持久。

融水高山绿茶　主要采摘乌牛早、龙井系列早春茶树品种一芽一叶初展鲜叶为原料，经摊青→杀青→回潮→扁炒做形→干燥→拣剔等工序加工而成。成品茶色翠绿、形扁平、味醇爽，以馥郁的清花香和高山韵味独具特色。

伏虎绿雪绿茶　产于柳城县龙头镇。采摘福鼎大毫单芽或一芽一叶鲜叶为原料，经摊青→杀青→回潮→揉捻→初烘→手工做形→干燥等工序加工而成。成品茶以外形卷曲，满披白毫，甘醇鲜爽而独具特色。（韦静峰）

六道木　twin-flower abelia; *Abelia biflora* 忍冬科六道木属落叶灌木。六道木分布于中国黄河以北的辽宁、河北、山西等省。

株高可达3米。幼枝被倒生硬毛，老枝无毛。叶片矩圆形至矩圆状披针形，长2～6厘米，宽0.5～2厘米，顶端尖至渐尖，基部钝至渐狭成楔形，上面深绿色，下面绿白色，边缘有睫毛；叶柄被硬毛。花单生于小枝上叶腋，无总花梗，花梗被硬毛；小苞片三齿状，花后不落；萼筒圆柱形，疏生短硬毛，萼齿狭椭圆形或倒卵状矩圆形，花冠白色、淡黄色或带浅红色，裂片圆形，花药长卵圆形。果实具硬毛，种子

图1　六道木

图2　六道木的枝

图3　六道木的叶

图4　六道木的花

圆柱形。早春开花，8～9月结果。

可通过播种方式繁殖。喜光照充足的环境，稍耐阴。茎枝叶繁茂，幼枝纤细微垂，叶密集鲜绿。耐修剪，是优良的灌木。（赵世伟）

六堡茶　Liupu tea　原产于中国广西壮族自治区梧州市苍梧县六堡乡的黑茶。六堡茶产地位于北回归线北侧，年均气温21.1℃，年降水量约1500毫米，山高雾多、日照少，土壤磷、铁含量高。本地茶树品种多为灌木型的中小叶种，部分为乔木。春茶鲜叶含水浸出物42.65%，茶多酚28.77%，氨基酸3.12%，咖啡碱3.77%，儿茶素143.99毫克/克。2011年获批为中国国家地理标志保护产品。

初制加工基本工艺流程为：鲜叶采摘→杀青→初揉→堆闷→复揉→干燥→六堡茶毛茶。六堡茶精制加工基本工艺流程为：六堡茶毛茶→筛选→拼接→渥堆→汽蒸→压制成型→晾置→陈化。成品茶以红、浓、陈、醇著称，干茶色泽黑褐光润，汤色红浓似琥珀，滋味醇厚甘爽，润滑可口，有特殊槟榔香。六堡茶为温性茶，有消暑祛热、明目清心、帮助消化等功效，贮藏过程中会产生一种金色孢子，能分泌多种酶；这些物质利于茶叶内含物加速转化，有益于人体健康。（韦静峰）

龙船花　Chinese ixora; *Ixora chinensis* 茜草科龙船花属灌木。又称英丹、仙丹花、百日红。龙船花原产于中国南部地区和马来西亚。

高0.8～2米。小枝初时深褐色，老时呈灰色，具线条。叶对生，长6～13厘米，宽3～4厘米；叶柄极短且粗或无；托叶长5～7毫米，基部阔，合生成鞘形。花序顶生，多花，具短总花梗。总花梗长5～15毫米。果近球形，成熟时红黑色。花期5～7月。

龙船花繁殖采用播种、压条、扦插均可，但一般多用扦插法。龙船花较适合高温及日照充足的环境，喜湿润炎热的气候，不耐低温。生长适温在23～32℃，

图1　龙船花

图2　龙船花的叶

图3　龙船花的花（红色）

图4　龙船花的花（黄色）

图5　龙船花的果实

当气温低于20℃后，其长势减弱，开花明显减少；当温度低于0℃时，会产生冻害。喜酸性土壤，最适合的土壤pH为5～5.5。在排水良好、保肥性能好的土壤生长良好，最佳栽培土质是富含有机质的砂质壤土或腐殖质壤土。

龙船花植株低矮，花叶秀美，花色丰富，终年有花可赏，有红、橙、黄、双色等园艺品种。中国南方地区露地栽植，适合庭院、宾馆、风景区布置，高低错落，花色鲜丽，景观效果极佳，是重要的盆栽木本花卉，广泛用于盆栽观赏。

（蔡邦平）

龙胆花　Japanese gentian; *Gentiana scabra*　龙胆科龙胆属一年或多年生草本植物。龙胆花在中国主要分布于内蒙古、黑龙江、吉林、辽宁、贵州、陕西、湖北、湖南、安徽、江苏、浙江、福建、广东、广西等省（自治区）。俄罗斯、朝鲜、日本等国家也有分布。主要生长在海拔400～1700米的山坡草地、路边、河滩、灌丛、草甸中，以及林缘和林下。

植株高达60厘米。根茎平卧或直立。花枝单生，棱被乳突。枝下部叶淡紫红色，鳞形，长4～6毫米，中部以下连成筒状抱茎；中上部叶卵形或卵状披针形，长2～7厘米，上面密被细乳突。花簇生枝顶及叶腋，花无梗，每花具2枚苞片。苞片披针形或线状披针形，长2.0～2.5厘米。萼筒倒锥状筒形或宽筒形，长1.0～1.2厘米；裂片线形或线状披针形，长0.8～1.0厘米，长于或等长于萼筒。花冠蓝紫色，有时喉部具黄绿色斑点，筒状钟形，长4～5厘米，裂片卵形或卵圆形，长7～9毫米，先端尾尖，褶偏斜，窄三角形，长3～4毫米。蒴果内藏，宽长圆形，长2.0～2.5厘米。种子具粗网纹，两端具翅。花期5～11月。喜温凉湿润的环境，土壤一般为酸性土壤。繁殖方法可采用播种繁殖、分株繁殖，一般春播种、秋分株，也可进行扦插繁殖。

龙胆花是云南八大名花之一、高原四大名花之一，具有极高的观赏价值和药用价值。其根和根茎皆可入药，有清热燥湿、泻肝胆实火等功效。

（张敬丽　吴之坤）

图1　龙胆花

图2　龙胆花的根

图3　龙胆花的茎和叶

图4　龙胆花的花

龙脊茶　Longji tea　产于中国广西壮族自治区龙胜各族自治县的条形烘青绿茶。龙脊茶品质优良，历史悠久，清乾隆（1736～1795）年间曾为贡品，是中国24种名茶之一。2015年成为中国农产品地理标志产品。龙脊茶生长于有世界一绝之称的广西桂林龙脊梯田风景区，茶园海拔高度在800米以上；属亚热带季风区，四季分明，雨量充沛，生长环境无污染。龙脊茶的加工工艺为：采摘一芽一、二叶，经摊放→杀青→揉捻→二次烘干等环节制作而成。成品茶外形白毫显露，条紧直，味醇爽，有栗香，属茶中上品。分特级、一至六级。主要销往广西、湖南。

（韦静峰）

龙脊大叶种　Longji large leaf species　原产于中国广西壮族自治区龙胜各族自治县和平乡龙脊村的茶树有性系品种。又称龙胜龙脊茶。龙胜龙脊茶植株较高大，自然生长可达9～10米，树姿半开张，分枝较稀，叶片呈水平、上斜或下垂状着生；叶片特大，长椭圆形或椭圆形；叶色黄绿，叶面平或微隆起，富蜡质，有光泽；叶身内折，叶缘平或微波状，叶尖渐尖，叶齿锐浅，叶质厚硬；芽叶黄绿色，夏天有部分紫芽，茸毛少。

春茶一芽二叶，干样约含氨基酸3.6%，茶多酚30.18%，咖啡碱4.6%，儿茶素183.1毫克/克，适制红茶、六堡茶等。因龙脊茶含有多种人体需要的微量元素，并伴有淡淡的水果香，用龙胜龙脊茶制成的红碎茶，滋味浓强，有特殊花香；用龙胜龙脊茶制成的六堡茶，滋味醇厚，贮存2年后仍有桂圆甜香。

（韦静峰）

龙井茶　Longjing tea　在龙井茶地理标志产品保护范围内采摘适合龙井茶加工要

图1 西湖产区的龙井茶园

求的茶树品种鲜叶，按照传统工艺在地理标志产品保护范围内加工而成，具有“色绿、香郁、味醇、形美”特点的扁形绿茶。简称龙井。

历史渊源 龙井茶素有“中国十大名茶之首”和“绿茶皇后”之美誉。龙井茶之名始于宋，闻于元，扬于明，盛于清，历史近千年。漫长的历史和悠久的文化造就了龙井茶这一具有较高经济价值和文化价值的民族瑰宝。

龙井茶因地得名，发祥于老龙井寺。自北宋元丰元年（1078），北宋高僧辩才法师（即释元净，1011～1091）与众僧从上天竺来到狮峰山下落晖坪的寿圣院（即老龙井寺）起，周围所产之茶始称为龙井茶。辩才法师《次赵清献公诗》曰：“南极星临释子家，杳然十里税青华。公年自尔增仙籍，几度龙泓诗贡茶。”表明当时龙泓（即龙井）所产的小龙茶已是贡茶。寿圣院与上天竺白云峰相距很近，苏东坡与辩才法师经常在此品茶吟诗。苏东坡手书“老龙井”等匾额，至今尚存于寿圣院胡公庙十八棵御茶园中狮峰山脚的悬岩上。

经过近千年的演变和发展，龙井茶生产逐渐从“老龙井寺”向杭州、绍兴等周边地区扩展延伸。至中华民国时期，龙井茶区已初具规模，形成一个相对独立的“龙井茶区”。1949年中华人民共和国成立后，国家十分关心和重视龙井茶生产的发展，老一辈的党和国家领导人曾多次视察龙井茶区，鼓励茶区人民多生产龙井茶。龙井茶一直是中国主要的外交用茶。1972年2月26日，美国总统尼克松访华来杭，周总理用龙井茶招待贵宾，并将龙井茶作为高级礼品相赠，成为中美建交史上一段美好的插曲。

为更好地保护龙井茶，国家质量监督检验检疫总局于2001年发布第28号公告，批准对龙井茶实施原产地域保护，这是中国首个获此特别保护的茶类产品。2008年12月7日，“龙井茶”地理标志证明商标获得国家工商行政管理总局商标局的核准注册，龙井茶由此受到《中华人民共和国商标法》的保护，龙井茶产业进入“正本清源、依法管理、品牌经营”的新时代。

地理标志产品保护范围 龙井茶地理标志范围涉及杭州市、绍兴市、金华市、台州市等4个市18个县（市、区），行政区域面积约2.1万平方千米，茶园面积约5.8万公顷。为便于管理，龙井茶地理标志范围分为三个产区，即龙井茶西湖产区、龙井茶钱塘产区和龙井茶越州产区。杭州市西湖区（西湖风景名胜区）现辖行政区域为西湖产区；杭州市下属的萧山区、滨江区、余杭区、富阳区、临安区、桐庐县、建德市、淳安县等8个县（市、区）现辖行政区域为钱塘产区；绍兴市下属的越城区、柯桥区、上虞区、新昌县、嵊州市、诸暨市，金华市下属的磐安县、东阳市，以及台州市下属的天台县等9个县（市、区）现辖行政区域为越州产区。

龙井茶产区位于北纬29.5°～30.5°、东经118.5°～121.5°附近区域内，主要分布于富春江、曹娥江流域，西湖、千岛湖等湖泊位于其内，天目山、会稽山等山脉贯穿其中，具有多山地丘陵、多河流湖泊的地理特点。同时，龙井茶产区具备典型的亚热带季风性气候，四季分明，气候温和，热量资源丰富，雨量充沛，空气湿润，构成了独特的有利于茶树生长发育的气候、土壤、水分、植被四大要素优化组合的自然条件，为茶树芽叶的生理过程和物质代谢提供了良好的、稳定的生态环境，有利于茶叶中氨基酸等含氮化合物与芳香物质的形成和积累，为龙井茶香高味醇的品质奠定了基础。

品质特征 龙井茶素以“色翠、香郁、味醇、形美”四绝著称于世，即色泽鲜翠，香气馥郁，滋味醇甘，外形扁平、光滑、挺直。根据中华人民共和国国家标准GB/T 18650—2008《地理标志产品 龙井茶》的规定，龙井茶按感官品质高低分为六级：特级、一级、二级、三级、四级、五级。各级龙井茶的感官品质要求见表。

各级龙井茶的感官品质要求（摘自GB/T 18650—2008）

项目	特级	一级	二级	三级	四级	五级
外形	扁平光润，挺直尖削，嫩绿鲜润，匀整重实，匀净	扁平光滑，尚润，挺直，嫩绿尚鲜润，匀整有锋，洁净	扁平挺直，尚光滑，绿润，匀整，尚洁净	扁平，尚光滑，尚挺直，尚绿润，尚匀整，尚洁净	扁平，稍有宽扁条，绿稍深，尚匀，稍有青黄片	尚扁平，有宽扁条，深绿较暗，尚整，有青壳碎片
香气	清香持久	清香尚持久	清香	尚清香	纯正	平和
滋味	鲜醇甘爽	鲜醇爽口	尚鲜	尚醇	尚醇	尚纯正
汤色	嫩绿明亮、清澈	嫩绿明亮	绿明亮	尚绿明亮	黄绿明亮	黄绿
叶底	芽叶细嫩成朵，匀齐，嫩绿明亮	细嫩成朵，嫩绿明亮	尚细嫩成朵，绿明亮	尚成朵，有嫩单片，浅绿尚明亮	尚嫩匀，稍有青张，尚绿明	尚嫩欠匀，稍有青张，绿稍深
其他要求	无霉变，无劣变，无污染，无异味					
	产品洁净，不得着色，不得夹杂非茶类物质，不含任何添加剂					

龙井茶的感官品质主要通过“干看外形、湿评内质”来评定优次，具体分外形、香气、滋味、汤色和叶底五个方面。①看外形。干看茶叶外形，以鉴别茶叶身骨的轻重和做工的好坏，内容包括扁平、老嫩、整碎、净杂、色泽等。龙井茶以扁平光滑、挺秀尖削、长短大小均匀整齐、色泽黄绿鲜活为佳品。②嗅香气。茶叶干嗅尚不能

图2 龙井茶

完全确定其香的优次，主要通过开汤湿嗅来决定。嗅香气时，应先辨别香气是否正常，再鉴别香气高低。高级龙井茶往往带有鲜纯的嫩香，且香气清而持久。③尝滋味。茶叶的品饮价值在很大程度上直接从滋味反映出来，龙井茶滋味以鲜醇甘爽为好。④看汤色。汤色的深浅、明暗程度与龙井茶的内在品质关系十分密切。龙井茶的汤色以清澈明亮为好，汤色深黄为次。⑤看叶底。龙井茶叶底要求芽叶细嫩成朵、匀齐、嫩绿明亮。高级龙井茶冲泡后，一旗一枪交错相映，栩栩如生。

加工工艺　龙井茶的基本加工工艺为：鲜叶摊放→青锅→摊凉回潮→辉锅。根据加工机具的不同，有手工加工、机械加工和机械与手工组合加工等多种加工形式。

传统手工加工工艺流程为：鲜叶分类分级→鲜叶摊放→青锅→摊凉回潮→青锅叶分筛→辉锅→干茶分筛→挺长头→复筛后归堆→收灰与贮藏。其中，摊放是前提，青锅是基础，辉锅是重点。各个工序既要环环扣紧，互相协调，又要“看茶做茶”，灵活掌握。不管是青锅还是辉锅，龙井茶炒制都要求动作连贯，一锅到底，一气呵成。龙井茶炒制有十大传统手法，即抓、抖、搭、拓、捺、推、扣、甩、磨、压，在炒制时应根据实际情况交替使用、有机配合，做到动作到位，茶不离锅，手不离茶。

西湖龙井茶　西湖龙井茶是龙井茶的精髓。根据相关规定，只有在面积168平方千米的龙井茶西湖产区范围内采摘并加

图3 十八棵御茶

工的龙井茶，才能称为西湖龙井茶。加工西湖龙井茶的茶树品种为龙井群体、龙井43和龙井长叶。

龙井茶西湖产区文化积淀十分深厚，十八棵御茶、龙井问茶、西湖双绝——龙井茶与虎跑泉、梅家坞茶文化村、龙井山园、浙江省特色小镇——龙坞茶镇、中国农业科学院茶叶研究所、中国茶叶博物馆等都汇集于此。与其他产区的龙井茶相比，西湖龙井茶不仅有深厚的文化积淀，更有卓越的品质，这些都与其产地得天独厚的环境条件密切相关。为加强西湖龙井茶基地的保护和管理，杭州市专门出台了《杭州市西湖龙井茶基地保护条例》，这是中国首部关于茶叶的专门法规。

（陆德彪）

龙井43　Longjing 43; *Camellia sinensis* cv. *Longjing* 43　由中国农业科学院茶叶研究所于1960～1978年从龙井群体中采用单株系统选种法育成的茶树无性系品种。1987年由中国茶树良种审定委员会认定为茶树国家级品种。中国大部分产茶区都有引种，浙江、江苏、安徽、河南、湖北等省有较大面积栽培。

无性系，灌木型，中叶类，特早生种。植株中等，树姿半开张，分枝密。叶片呈上斜状着生，椭圆形，叶色深绿，叶面平，叶身平稍有内折，叶缘微波，叶尖渐尖，叶齿密浅，叶质中等。花瓣白色6瓣，子房茸毛中等，花柱3裂。结实性较强。

春季萌发期特早，芽叶生育力强，发芽整齐，耐采摘，持嫩性较差，芽叶纤细，绿稍黄色，春梢基部有一点淡红，茸毛少。是适制龙井等扁形绿茶的茶树国家级优良品种。制茶品质优良，外形色泽嫩绿、香气清高，滋味甘醇爽口，叶底嫩黄成朵。抗寒性强，抗高温和炭疽病较弱。扦插繁殖力强，移栽成活率高。

（成　浩）

龙舌兰　mescal; *Agave americana*　天门冬科龙舌兰属多年生常绿大型草本植物。又称龙舌掌、番麻。龙舌兰原产于美洲热带。中国华南及西南各省区常引种栽培。原产地一般种植几十年后才开花，开花后母株枯死，异花授粉才能结实。

龙舌兰四季常青，茎短。叶30余片，呈莲座状着生茎上。叶片肥厚，匙状倒披针形，灰绿色，具白粉，叶宽视植株年龄而异，长可达1.8厘米，宽15～20厘米，花葶上的叶向上渐小，叶先端渐尖，末端具褐色、长1.5～2.5厘米的硬尖刺，边缘有波状锯齿，齿端下弯曲成钩状。生长10

图1 龙舌兰

图2 龙舌兰的叶

图3 龙舌兰的花

图4 龙舌兰的果实

余年后抽出高5～8米的花葶，上端具多分枝的狭长圆锥花序。花淡黄绿色，近漏斗状，花被管长约1.2厘米，裂片6，长2.5～3厘米，雄蕊6，着生于花被管喉部，花丝长约为花被片的2倍。子房下位，3室，每室具多个胚珠，柱头3裂。蒴果长圆形，长约5厘米，径约3厘米。一花序上可产生1500～3000个珠芽。花期6～8月。

龙舌兰性喜阳光充足，稍耐寒，不耐阴。喜凉爽、干燥的环境，生长适温15～25℃。耐旱力强。对土壤要求不严，以疏松、肥沃及排水良好的湿润砂质土壤为宜。

龙舌兰既能提取纤维用于制作衣服，又能酿造美酒。通常说的龙舌兰不仅指这一个种，也是对龙舌兰属植物的统称。

（葛　红　贾瑞冬）

龙血树 dragon tree; *Dracaena* spp. 龙舌兰科龙血树属乔木状或灌木状植物。龙血树属全属约40种，分布于亚洲和非洲的热带与亚热带地区。中国有5种，产于南部。

茎多少木质，有髓和次生形成层，常具分枝。叶剑形、倒披针形或其他形状，有时较坚硬，常聚生于茎或枝的顶端或最上部，无柄或有柄，基部抱茎，中脉明显

图1 龙血树

图2 龙血树的茎

图3 龙血树的叶

图4 龙血树的花

或不明显。总状花序、圆锥花序或头状花序生于茎或枝顶端；花被圆筒状、钟状或漏斗状；花被片6，不同程度地合生；花梗有关节；雄蕊6，花丝着生于裂片基部，下部贴生于花被筒，花药背着，常呈丁字状，内向开裂；子房3室，每室1～2枚胚珠；花柱丝状，柱头头状，3裂。浆果近球形，具1～3颗种子。

龙血树属植物的繁殖方法有播种、扦插、压条和组织培养等。该属植物有耐阴种类，如富贵竹；也有喜全日照环境的种类，如剑叶龙血树。宜栽种在pH5.5～6的酸性土壤中，最适生长温度为18～35℃，不耐寒，0℃时会出现冻害，有一定的耐旱能力。

龙血树属植物茎干挺拔，叶片披散丛生于植株上半部，富有热带风情，是优良的观叶树种，常用于室内盆栽或热带地区园林栽培。较常见的园艺种类有以下几种：巴西铁树（*D. fragrans*）、富贵竹（*D. sanderiana*）、龙血树（*D. marginata*）。该属部分植物还具备极高的药用价值，如非洲龙血树（*D. draco*）、剑叶龙血树（*D. cochinchinensis*）等可作为血竭药源植物。

（吕英民）

龙眼 longan; *Dimocarpus longan* 无患子科龙眼属常绿果树。又称桂圆、益智。是龙眼属中唯一作为果树栽培的种。龙眼肉含丰富的葡萄糖、蔗糖和蛋白质等，含铁量也较高，可在提高热能、补充营养的同时促进血红蛋白再生，从而达到补血的效果。同时，龙眼果实中富含多糖，具有抑制肿瘤、缓解疲劳、增强记忆等功能。

起源与分布　龙眼原产于中国南部的云南、广西、海南和越南北部。据中国古代著作《群芳谱》《三辅黄图》等书记载，中国龙眼栽培至少有2000多年历史。世界龙眼种植面积在1000万亩左右，包括中国、泰国、越南、缅甸、老挝、印度、菲律宾、马来西亚、印度尼西亚、马达加斯加，以及澳大利亚的昆士兰州、美国的夏威夷州和佛罗里达州等国家或地区。其中，中国产业规模居首，泰国第二，越南第三。

国家果树种质福州龙眼枇杷圃收集保存了世界上龙眼主要产区的种质资源300多份，包括主栽品种、地方品种、近缘种资源等。近缘种主要为龙荔。变种为钝叶龙眼（*D. longan* var. *obtusus*），与龙眼的区别只是小叶顶端钝圆或微缺，枝干光滑；越南南部和泰国有分布，大部分呈灌木状，中国云南也偶然见到，保存于国家果树种质福州龙眼枇杷圃。

中国龙眼栽培主要在长江以南，广西种植面积最大，广东次之，福建第三，然后依次为四川、重庆、台湾、海南、云南、贵州。

形态特性　龙眼是长寿果树，在中国龙眼产区常见百年以上的龙眼结果树，400年左右的古树可年产鲜果1000千克以上。属常绿乔木，高通常6～10米，部分

图1 龙眼树

图2 龙眼的叶和果实

图3 龙眼的果肉和种子

高达40米，胸径达1米，具板根。树冠以圆头形、扁圆形为主。树干粗大，外皮粗糙有规则纵裂，多呈灰褐色。小枝粗壮，有较强的顶端优势。叶多为偶数羽状复叶，小叶对生或互生，呈长椭圆形、披针形或卵圆形，全缘革质，多为4～5对，也有3对或6对，长6～20厘米，宽3～6厘米，叶面绿色，背面淡绿色，侧脉多明显。根系深广，垂直根入土深达3～4米，水平根分布为树冠的1～3倍，吸收根多集中在40～50厘米的土层中，具菌根，耐旱。花序为聚伞圆锥状排列的混合花序，花蕾多浅绿或红褐色，密被星状毛，花数多达数百至上千朵；花朵小而密，花瓣黄白色，有微香；雄能花最多，其次为雌能花，再次为两性花，也有少变态花。一般2～4月花芽形态分化，3～5月开花，圆锥花序基部2～3个支轴花序花朵最先开放，多数雄花先开，也有雌花先开的，单花序多数雌雄花交替、交错开放或同时开放，花期25～35天。坐果率为雌花数的10%～20%。第一次生理落果为授粉受精后3～20天，落果量最多；果实膨大期的4～6月为第二次生理落果，之后直至成熟落果较少。果实增大最快在果实生长的中后期；果实成熟期多在7～9月，其熟期早晚与品种、区域气候有很大关系。果实核果状，多为扁圆形、近圆形或侧扁圆形，单果重6～20克；果皮多为褐色、灰褐色或黄褐色，薄且较粗糙，质地韧或脆；果肉为假种皮，半透明，乳白色或蜡白色，肉质细嫩、软韧或脆，流汁或不流汁，风味甜、无酸，有无香型和香型。种子扁圆形或近圆形，种皮红褐色、赤褐色或紫黑色，较光滑。大部分品种花期春夏间，果实夏秋季成熟；少量全年开花、四季成熟，如广东的粤引双季龙眼品种；也有一年春季、夏季两次开花，夏秋成熟的，如二造龙眼品种。

生长习性 龙眼喜温忌冻，温度是限制地理分布的最主要因子，年平均温度20～22℃较为适宜，冬季绝对低温低于－5℃的地区不宜作为经济栽培。龙眼花芽分化一般要经过一段相对低温，最冷月均温12℃左右。适栽区的年降水量通常能满足龙眼生长结果的需要，但花期及幼果期如遇多雨会引发落花落果，应当及时排水防涝。华南沿海地区果成熟期间常有台风登陆，要注意防风。龙眼对土壤适应性强，但以土层深厚、土壤湿润、pH5.5～6.5的微酸红壤土或砂壤土为佳。根系每年有3～4次生长高峰期，并与新梢生长相互交替，6～8月高温多湿，根系生长量最大。一般每年抽梢3～5次，即春梢、秋梢各一次，夏梢1～3次，树体旺或暖冬地区还会抽一次冬梢；新梢多由已充实或接近充实的枝梢顶芽抽发。

主要品种 中国是龙眼品种资源最丰富的国家，龙眼品种众多，主要栽培品种有石硖、储良、福眼、乌龙岭、蜀冠等。①石硖。是广东、广西、海南三省（自治区）主要栽培品种之一，原种出自广东南海平洲，是栽培历史悠久的鲜食名种，有黄壳石硖、青壳石硖与宫粉壳石硖3个品系。具有早熟、丰产稳产特性，果实虽小但种子也小，可食率比较高，易离核，果肉爽脆化渣，不流汁，浓甜带蜜味，是龙眼中鲜食品质最佳的品种，也是易于催花以调节产期的品种。②储良。是广东、广西、海南三省（自治区）主要栽培品种之一，原产于广东高州市分界镇储良村。具有果大、均匀、易离核，可食率高和可溶性固形物含量高，肉质脆，汁较多等特点，鲜食品质好，兼具加工优势，是龙眼中综合性状最优的品种。③福眼。福建省龙眼主栽品种之一，尤其是福建省晋江、南安、泉州等主产区的主要中熟品种，丰产稳产。果实肉质细腻，汁多肉厚，味清甜。④乌龙岭。福建省龙眼主要加工品种之一，原种来源于福建省莆田市仙游县郊尾镇乌石岭村，是传统制干的品种。果实圆球形，大小均匀，肉质软脆，化渣，含糖量和焙干率高，果壳不易凹陷，易大小年结果。⑤蜀冠。四川省龙眼主栽品种之一。成熟期较晚，具有早结、丰产特点，果大整齐，含糖量较高，是鲜食和制干良种。中国先后有33个龙眼新品种通过审（认）定或登记。其他国家的龙眼品种也比较丰富，其中早熟品种依多占泰国龙眼种植面积的80%左右。依多龙眼丰产稳产，果大均匀，可食率高，含糖量高，是鲜食和加工的良种。

繁殖与栽培 繁殖方法多以小苗嫁接为主。先用实生繁殖培育砧木苗，然后用嫁接繁殖。春季嫁接以3～4月，秋季嫁接以9～10月较为适宜。接穗应从经过鉴定的优良母树上选取。嫁接方法多用切接法。春、秋两季均可定植，行株距一般为6～8米，每公顷以定植210～280株为宜。幼龄果园可利用空地间套种豆科作物或其他经济作物。幼树保留主干高30～50厘米，选留2～4个生长健壮、分布均匀的主枝，培养成双波浪形树冠。

成年树要增施肥料，尤其是施用有机肥。通常每年施肥2～4次，即花前肥、稳果肥、壮果肥和采后肥；也可集中施用花前肥和采后肥2次。施肥量按每产果50～100千克折算，全年施纯氮（N）1～2千克，磷（P_2O_5）0.5～1千克，钾（K_2O）1～1.5千克。成年树的修剪应以培养健壮的优良结果母枝为原则，疏除杂乱、过密、衰弱、病虫枝。龙眼树大小年结果现象比较明显，如遇大年，要适时适量疏除部分花穗和幼果，以利抽发夏梢，作为来年的结果母枝。

病虫害 龙眼是病虫害较少的果树，主要病害有龙眼鬼帚病（又称秃枝病、丛枝病、扫帚病）、霜疫霉病、叶斑病等，主要虫害有荔枝蝽象、爻纹细蛾、卷叶蛾等。

贮藏与加工 龙眼鲜果因汁多且含糖量高而不易保鲜。龙眼保鲜以二氧化硫熏蒸为主，此外还可利用扑海因、仲丁胺、特克多抑霉唑、多菌灵作为防腐保鲜剂延长龙眼果实贮运时间；利用5～7℃低温抑制果实代谢速率，减少果皮表面水分挥发达到保鲜效果；利用4%～6%的二氧化碳、6%～8%的氧气环境贮藏龙眼，可有效改善贮藏品质，减少腐败；利用外源一氧化氮供体剂硝普钠（SNP）处理，可显著减缓龙眼果皮的褐变，抑制果皮过氧化物酶（POD）活性，降低果实腐烂和果肉自溶；利用辐射和冷链系统也具有较好的保鲜效果。

龙眼是热带水果中加工比率较高的作物之一，世界龙眼总产量中约30%用于干品加工，中国龙眼的加工比例为20%～30%，泰国约40%，越南30%～35%。龙眼肉、龙眼干等传统的干制品是龙眼的第一大加工产品。中国龙眼肉加工主要集中在广东高州、广西博白和岑溪、福建莆田和漳州，而龙眼干加工主要集中在福建。龙眼加工多采用人工去核和土法烘焙，仅有部分专业户采用机械化烘干焙制。此外，龙眼少量加工成水果罐头，龙眼粉、龙眼膏、龙眼冰激凌、龙眼酒、龙眼醋、龙眼冻干品等新型食品也逐步被开发出来。龙眼加工后，废弃的龙眼壳和龙眼种子可提取多糖、黄酮、多酚、膳食纤维、色素等，还可提取淀粉或作为酿酒原料。

价值与用途　营养学家研究发现，每100克龙眼果肉中含全糖12%～23%、葡萄糖26.91%、酒石酸1.26%、蛋白质1.41%、脂肪0.45%、维生素C163.7毫克、维生素K196.6毫克，还有维生素B_1、维生素B_2、维生素P等。经过处理制成果干，每百克含糖分74.6克、铁35毫克、钙2毫克、磷110毫克、钾1200毫克等多种矿物质，还有多种氨基酸、皂素、鞣质、胆碱等，这是其强大滋补能力的来源。因其假种皮富含维生素和磷质，有益脾、健脑的作用，故亦入药。

龙眼果肉除供鲜食外，还可作为加工原料。龙眼木材坚硬耐久、纹理细致、色泽优美、坚固耐火、暗红褐色、耐水湿，是造船、家具、细工等行业的名贵红木用材。龙眼茎根虬曲古朴，是制作根雕的良好材质。龙眼花量大，花期长，气味芳香，是南方重要的优良蜜源植物。龙眼树四季常青，冠层荫厚，又耐旱耐瘠，是城乡园林绿化、丘陵荒山绿化的良好树种。

图4　龙眼干制品

图5　龙眼根制作的根雕

新业态　龙眼是果树中少有的具有成花逆转现象的特色树种之一。利用氯酸钾诱导龙眼反季节成花，最早是中国台湾地区于1998年研发成功，以后陆续在大陆福建、广东、广西、海南等龙眼产区和泰国清迈进行示范推广，海南和广东已经开始规模化应用。不同龙眼品种用氯酸钾反季节催花效果差异较大，石硖和储良龙眼对氯酸钾催花相对敏感，是商业化应用较成功的龙眼品种；松风本、乌龙岭、福眼等龙眼品种比较不敏感。龙眼反季节催花的成功应用，使龙眼鲜果供应期大大延长，加上早、中、晚熟龙眼品种的熟期配套，是中国龙眼鲜果实现一年四季供应，甚至周年供应。

随着农业与其他产业的融合，中国以龙眼产业为主题的产业融合正在兴起，例如四川省泸州市张坝桂圆林旅游区利用泸州市近郊张坝连片上千株百年龙眼古树，投资建设集旅游、观光、休闲、科普、生产等为一体的龙眼风景区。

（郑少泉　刘成明）

龙眼果肉自溶　longan aril breakdown　龙眼果实在采后贮运期间发生的果肉组织溶解、流汁以致腐烂的现象。龙眼果实采后衰败的主要特征之一。

发生特点　龙眼果肉自溶的发生通常从果肉的外表层开始，由外及内，直至全果流汁、腐烂。龙眼果实在常温或低温贮藏中后期，果肉逐渐软化，外表面呈现轻度出水现象，肉质从晶莹、半透明转向浑浊、暗淡。自溶顺序一般从蒂周果肉开始，果核蒂部组织逐渐由白色转向褐色。随着储存时间延长，自溶向果肉赤道及果顶部位扩展，溶解部位的果肉出现大量流汁现象，并浸润对应部位的果皮组织，导致果皮明显潮湿、褐变加重。最后，果肉全部溶解，结构组织固有形态基本消失，呈浆状，果肉颜色由半透明白色或黄白色转变为浅褐色甚至褐色，果核蒂部也变为黑色。伴随着果肉自溶现象的发生与发展，果肉本身的清新气味逐渐消失，代之以逐渐加重的腐败气味，最后散发出严重的酸臭味；同时，果肉自溶后期还可能并发严重的霉变现象。

发生原因　一般认为龙眼果肉自溶的发生是由于贮藏中后期果肉内部降解酶活性增加，导致细胞壁与膜系统结构组织遭到破坏，而潜伏病菌的浸染与发病则加剧了自溶的发生与发展程度。一是与膜脂过氧化反应相关的自由基衰老体系中的关键过程与催化酶活性，如氧化代谢过程中自由基的形成，膜脂过氧化产物丙二醛（MDA）的产生，过氧化物酶（POD）、超氧化物歧化酶（SOD）、过氧化氢酶（CAT）等酶活性的降低，是自由基破坏膜结构系统的基本形式。二是与细胞壁结构分解有关的胞壁降解过程及相关水解酶活性，包括原果胶、果胶酸、纤维素、半纤维素、细胞壁蛋白质、壁多糖等大分子结构物质降解为松散游离的小分子物质，相关水解酶如果胶甲酯酶（PME）、多聚半乳糖醛酸酶（PG）、纤维素酶（Cx）、木葡聚糖酶（Cyl）、β-半乳糖苷酶等活性的升高，促进了降解过程的发生和加剧。研究还表明，与细胞凋亡程序有关的胱天蛋白酶（caspase）家族基因表达与活性的提高，也与龙眼果肉自溶过程有关。龙眼果肉自溶相关机制还须进一步研究。

调控方法　低温贮藏结合采前采后有效的杀菌措施，配合适宜的包装，均能够不同程度地延缓龙眼果肉采后自溶的发生，减轻自溶程度，延长果实采后贮运寿命。

（韩冬梅　吴振先）

庐山云雾茶　Lushan Yunwu tea　产于中国江西省九江市庐山一带（今庐山市、濂溪区）的条形炒青绿茶。汉代庐山的茶称为"庐山茶"或"闻林茶"。据《庐山志》记载，在东汉时期就有僧侣们攀危崖采摘野茶了。晋时已成为贡茶，作为"例贡茶"直到清代。在宋代《李龙眠莲社十八贤图》中，就绘有东晋东林寺慧远大师烹茶品饮的场面。宋时庐山云雾团茶的加工，已经应用半自动机械化水碓。从明朝开始，庐山茶被称作庐山云雾茶。庐山云雾茶谷雨后采摘，制茶工艺为：摊放→杀青→揉捻→初烘理条→紧条做形→烘干。分特级（特一、特二）、一至三级。干茶外形

庐山云雾茶

为条形（或自然形），条索粗壮，翠绿多毫，汤色碧绿，香凛持久，醇厚味甘，叶底嫩绿匀齐。主销中国各大中城市及港澳地区，外销日本、法国、朝鲜、美国、英国、东南亚等国家。（杨普香）

六安瓜片茶　Lu'an Guapian tea　产自中国安徽省六安市大别山一带的绿茶特种茶类。六安瓜片茶是中国十大历史名茶之一。其形似瓜子，呈片状，直而不弯、平而不扁、叶缘背卷，附有白霜，故名六安瓜片。

保护范围　六安瓜片茶是中国国家地理标志保护产品，保护范围为：六安市裕安区石婆店镇、石板冲乡、独山镇、西河口乡、青山乡，金寨县响洪甸镇、青山镇、燕子河镇、响齐办事处、天堂寨镇、古碑镇、张冲乡、油坊店乡、长岭乡、槐树湾乡、张畈乡，霍山县佛子岭镇、黑石渡镇、诸佛庵镇、磨子潭镇、漫水河镇、太阳乡、大化坪镇，金安区毛坦厂镇、东河口镇，舒城县晓天镇等5个区（县）的26个乡（镇）所辖行政区域。

加工工艺　加工工艺流程为：鲜叶采摘→摊晾→炒生锅→炒熟锅→拉毛火→拉小火→拉老火七道主要工序。①鲜叶采摘。一般3月中旬开采。从茶树上直接采叶，叶片初展至一芽两叶时，采半开面叶，芽继续在茶树上生长，等下一叶片初展后再进行采摘。一年采摘5～8片叶。②摊晾。将鲜叶放在竹制的茶具上摊放，减少茶叶青草气，增加香气。③炒生锅、熟锅。炒茶锅生锅、熟锅两锅相邻，也有三锅连体。生锅温度100℃左右，投叶量100～500克，嫩片酌减，老叶稍增。鲜叶下锅后，用竹丝帚或节花帚翻炒1～2分钟，主要起杀青作用。炒至叶片变软时，将生锅叶扫入熟锅，熟锅温度85℃左右，炒至叶子基本定型，含水率35%以下时即可出锅。④拉毛火。炒制后的茶叶堆放2～3天，使毛茶回润均匀，进行拉小火。⑤拉小火。和拉毛火同理，主要是使茶叶通过回潮，使其水分重新分布，烘干再放3～5天后，让其自然回润再拉老火。⑥拉老火。木炭排齐挤紧围成一个圆圈，每个火堆需木炭40～50千克，形成一个大炭火堆，火苗有30厘米高，火势猛烈均匀，由两个人抬烘笼在炭火上烘焙2～3秒钟，马上抬下进行翻叶，把发烫的茶叶翻动，随后再将烘笼抬上火堆，周而复始，轮流进行。大烘笼重10千克左右，每次装茶12千克左右，每烘笼茶成熟时间40～60分钟，每烘笼茶叶在火堆上烘翻达到130～160次。

品质特征　六安瓜片茶特征为三绿，

六安瓜片茶

即干茶翠绿、汤色碧绿、叶底黄绿。单片成茶，无芽无梗，叶缘背卷，顺直平展，干茶色泽翠绿，匀润起霜；汤色碧绿，清澈明亮；清香馥郁，若兰似蕙，沁人心脾；滋味鲜爽浓醇，厚重，耐泡，叶底黄绿匀亮。

销售区域　六安瓜片茶主销江淮流域，以及北京、上海、广州等城市。

（宁井铭　解正定）

陆羽　Lu Yu（733～804）　中国唐代茶学家、诗人。字鸿渐，一名疾，字季疵，号桑苎翁。复州竟陵（今湖北天门）人。唐贞元末（804）卒，埋骨浙江湖州杼山。陆羽原是被遗弃的孤儿，三岁时竟陵龙盖寺智积禅师得诸水滨，育为弟子。在黄卷青灯、钟声梵呗中学文识字，习诵佛经，还学会煮茶等事务。但他不愿皈依佛门，离开了禅寺。曾入伶界，为伶正之师。后竟陵太守李齐物见其出众，亲授诗集，并修书推荐从邹夫子学。崔国辅出守竟陵，与陆羽相识，两人游处凡三年。至德初（756），因避安史之乱，称“秦人过江，予亦过江”。到九江，登庐山，经洪州（今南昌）逢释皎然，结为缁素忘年之交。后徙彭泽结庐隐居。再旅舒州之潜山、寿州之霍山考察茶事。乾元（758～760）年间，旅经歙州、宜州至延陵茅山，采茶栖霞山，游历两浙道常州、润州、苏州、睦州、越州，一路访茶品泉。到了杭州，结识灵隐道标和尚。上元初（760），更隐苕溪。初居杼山妙喜寺，后建新宅青塘别业。陆羽《自传》云：“上元初，结庐于苕溪之滨，闭门读书，不杂非类。名僧高士，谈谦永日。”此时《茶经》三卷初成。大历八年（773），颜真卿任湖州刺史，集聚30余位文士续编类书《韵海镜源》，陆羽参与其中。编书过程同时成立吟诗联唱盛会，陆羽大多诗歌创作于此期间。建中（780～783）年间，陆羽诏拜太子文学，后徙太常寺太祝，均未就职。约贞元四年（788）前，陆羽移居洪州，曾入湖南观察使幕，又曾为岭南节度使李复从事。贞元八年返回湖州，归隐青塘别业。贞元二十年逝于湖州，葬于杼山。

陆羽突出的贡献是撰就了中国亦是世界上第一本茶学专著《茶经》。陆羽还为煮茶设计了生火，煮茶，炙茶、碾茶，盛水、滤水和取水，盛盐、取盐，饮茶，盛物、摆设，清洁共八类二十四种器具。陆羽的改革创新科学合理，顺乎潮流，所设计的器与具可就地取材，制作简便。陆羽多才多艺，《茶经》之外，其他著述创作亦颇丰。据《文苑英华·陆文学自传》载：“自禄山乱中原，为《四悲诗》，刘展窥江淮，作《天之未明赋》，皆见感激当时，行哭涕泗。著《君臣契》三卷，《源解》三十卷，《江西四姓谱》八卷，《南北人物志》十卷，《吴兴历官记》一卷，《占梦》上、中、下三卷。”又据南宋《咸淳临安志》，陆羽寓居钱塘（今杭州）时作有《天竺灵隐二寺记》和《武林山记》等。可惜这些著述传世甚少。他的诗作也很多，《全唐诗》仅存诗二首、断句三、联句七。（阮浩耕）

《陆羽烹茶图》　*Lu Yu Making Tea*　茶事绘画作品。中国元朝赵原作。赵原，生卒年不详，元末画家。一作元，字善长，号丹林。莒城（今山东莒县）人，一作东平（今属山东）人，寓家于吴（今江苏苏州）。明太祖洪武（1368～1398）年间征至中书令。

该图纸本、水墨、淡设色，手卷，纵27厘米，横78厘米。内容为水墨清远山水，茅檐数间，屋内峨冠博带、倚坐榻上者即为陆羽，前有一童子焙炉烹茶。其图山石皴法的侧锋圆转、树点墨法的粗重厚实无不着意经营，特别是湿笔淡墨的运用颇具宋人范式。远山近坡用披麻皴，树法疏落，学董、巨而有变化。“画师今赵元，东吴谅无双”是当时对赵原绘画的评价。元代职业画家的绘画题材、画风都不同程度地受到文人画家的影响，于此图可见一斑。此图表现了文人隐居闲适的生活。清人安岐《墨缘汇观》卷四著录，藏于中国台北故宫博物院。

赵原自题“陆羽烹茶图”，并赋诗一首：“山中茅屋是谁家？兀坐闲吟到日斜。俗客不来山鸟散，呼童汲水煮新茶。”有乾隆题诗：“古弁先生茅屋闲，课僮煮茗霅云间。前溪不教浮烟艇，衡泌栖径绝住远。”图中还有名为窥斑写的一首七律：“睡起山垒渴思长，呼童剪茗涤枯肠。软尘落碾龙团绿，活水翻铛蟹眼黄。耳底雷鸣轻着韵，鼻端风过细闻香。一瓯洗得双瞳豁，饱玩苕溪云水乡。”卷尾署“赵丹林”，钤“赵”“赵善长”二印。上角有“晚翠轩”朱文印，下角押“子孙永保”白文印。卷有项墨林以及李肇亨、张洽诸印，并钤有明项元汴，清梁清标、安岐及清内府鉴藏印。该图反映出身处民族矛盾冲突中的中国士大夫、艺术家们一种消极抗争的归隐心态，也可以看出茶饮在文人社会生活中的地位和审美取向。

（于良子）

《陆羽传》 *Biography of Lu Yu* 有关中国古人陆羽的传记。陆羽（733～804），字鸿渐，一名疾，字季疵，复州竟陵（今湖北天门）人。关于陆羽的生平，不少史书、丛书中有所记载。常见的有唐李肇撰《唐国史补》卷中的《陆羽得姓氏》，宋李昉等编的《太平广记》卷二〇一《陆鸿渐》和《文苑英华》卷七九三《陆文学自传》，宋欧阳修、宋祁、范镇、吕夏卿等合撰编的《新唐书》卷一九六《陆羽传》，宋计有功撰《唐诗纪事》卷四十《陆鸿渐》，元辛文房撰《唐才子传》卷三《陆羽》等，均是研究陆羽生平的宝贵资料。涉及陆羽自禅师收养，其姓、名、号之来历，学习与求业，以及志趣、交游、行迹、性格和文学及茶事成就，尤其记述了其所著《茶经》的内容及影响，并录其交游品水等茶事。

（于良子）

鹿角菜 carageen; *Chondrus ocellatus* 红藻门杉藻目杉藻科角叉菜属食用海藻。又称角叉菜。鹿角菜自然分布于大西洋沿岸和中国东南沿海以及青岛、大连等海域。是中国一种重要的经济海藻。

形态特征 藻体红紫色，软骨质，强韧。丛生，高5～12厘米，基部亚圆柱形，逐渐向上则扁压成楔形，上部叉状分枝2～7次，腋角宽圆，扇形，扁平，顶端舌状或二裂浅凹，钝形，边全缘略厚，或有简单分叉、楔形、舌状、短或长的小育枝。髓部由许多纵走与表皮平行排列的长形藻丝组成。子囊散布于分枝上部的两面，呈不规则的圆点状。成熟的囊果椭圆形，于藻体的一面突出，另一面凹陷。固着器壳状。

栽培 鹿角菜的成熟期在8～9月，是精子囊和卵囊形成、逐渐成熟阶段。自然水温降至18.4℃以下，即10月中旬至11月下旬，精子、卵子大量排放，受精卵正常附着萌发，幼体健康生长，是鹿角菜的繁殖盛期，也是采苗育苗最佳季节。在鹿角菜幼苗的培育中，水温、光照适宜的条件下，在盐度为18的溶液中培养的幼孢子体生长快，多假根毛的幼孢子体更多，

鹿角菜

不少幼孢子体还长出两层假根毛，幼孢子体较茂密健壮。鹿角菜受精卵在玻片、维尼纶、红棕绳帘和水泥板等各种基质上均能正常附着生长。从10月中下旬至11月下旬，随自然水温下降变化，通过流水、充气、添加营养盐等措施，鹿角菜幼苗在棕绳上的出苗密度可达每厘米60株。

用途 鹿角菜不仅是卡拉胶生产的重要原藻，而且越来越多地应用于医药领域，亦可作为一种食用海藻。鹿角菜中蛋白质平均含量为0.576%，脂肪平均含量为0.453%，膳食纤维平均含量为29.96%，矿物质平均含量为2.723%，铁和钙含量丰富，铜、铅含量很低，镉未检出。鹿角菜中天冬氨酸含量最高，之后依次为谷氨酸和苏氨酸。不同产地的鹿角菜，营养成分有一定差异。

（郭仰东）

露地花卉 outdoor flowers 在当地自然条件下无须保护就能完成整个生长发育过程的花卉。

分类 在实际栽培中，部分露地花卉冬季也需要保护，如使用阳畦或覆盖物等。露地花卉包括一二年生花卉、宿根花卉、球根花卉和一些露地生长的耐寒木本花卉等。

一二年生花卉 典型的一年生花卉指在一年内完成整个生长发育过程的花卉，种子萌发、开花、死亡均在一年内完成。一般春季播种，夏、秋季开花，冬季来临时死亡，如鸡冠花、万寿菊、凤仙花等。典型的二年生花卉指在两年内完成整个生长发育过程的花卉，当年秋冬季节进行营养生长，下一年春夏开花、结实。一般秋季播种萌发，营养生长，次年春季或初夏开花、结实，炎夏到来时死亡，如须苞石竹、紫罗兰等。一些多年生花卉也可作一二年生栽培。在冬季寒冷、夏季凉爽的地区多作一年生栽培（如中国的东北和西北地区），如长春花、一串红。实际栽培应用中的一二年生花卉多指花卉的栽培类型。

宿根花卉 指可以生活几年到许多年而没有木质茎的植物。这类花卉植株的地下部分宿存越冬而不膨大，次年继续萌芽开花，并可以持续多年。一些宿根花卉多年生长后基部会有些木质化，但植株上部仍然呈柔弱的草质状，称为亚灌木，一般仍归为宿根花卉，如菊花。宿根花卉又可以分为耐寒性宿根花卉和常绿性宿根花卉。耐寒性宿根花卉指冬季地上茎、叶全部枯死，地下部分进入休眠状态。大多数种类耐寒性强，在大部分地区可以露地越冬，春季再萌发。萌发力强弱因种类不同而有区别，多原产于温带寒冷地区，如菊花、风铃草、桔梗等。

球根花卉 指植株地下部分发生变态膨大的多年生草本花卉。球根花卉的地下贮存器官可以存活多年，有的每年更新球体，有的仅每年发生生长点移动，完成新老球体的交替。根据生长发育规律，球根花卉分为春植球根花卉和秋植球根花卉。春植球根花卉在春季栽植，夏秋季开花，冬季休眠，花芽分化一般在夏季生长季节进行，如大丽花、唐菖蒲、美人蕉、晚香玉等。秋植球根花卉在秋季栽植，在原产地秋冬季生长，春季开花，炎夏休眠，如水仙、郁金香、风信子、花毛茛等。秋植球根花卉在冬季寒冷地区，一般在冬季强迫休眠，春季生长开花，花芽分化一般在夏季休眠期进行，也有少数种类花芽分化在生长期进行，如百合类。

栽培管理特点 露地花卉栽培管理特点有：①整地。耕地深度因花卉种类及土壤特性而异。一般来说，一二年生草本花卉宜浅些，宿根、球根及木本花卉宜深些，一般深度为25～40厘米。②作畦与播种。做成高畦或平畦，畦的走向多南北走向，畦土适当镇压后播种。③间苗。做到去弱留强，去小留大，去病苗留壮苗，同时注意松土除草。④移栽。移栽时间应依植物种类和气候条件而定。一般生长快的花木14天后长出4～6片真叶即可移栽，生长慢的花卉则需要30天后再移栽。⑤定植。定苗的距离根据花卉种类、株型大小、生产需要以及土肥条件而定。植株高大，土壤肥沃的株行距大，反之则小。⑥中耕除草。减少土壤水分蒸发和缓解土壤板结，促使花卉发根抽枝，健壮生长。⑦施肥。木本及宿根花卉在早春萌芽前施一次无机肥料，促进早春正常生长。秋季霜冻前宜施一次磷钾肥，促进木本植物的枝条生长充实，提高抗性。⑧浇水。小面积花卉多用喷壶浇水，大面积花卉多用畦浇。浇水后一定要适时松土。⑨整形修剪。在花卉生长过程中要注意整形修剪，剪除枯枝、

老枝、病虫枝；控制生长，注意适度摘心和抹蕾除芽。（潘会堂）

绿宝石茶 Lübaoshi tea 产自中国贵州省的绿茶类中小叶种。2003年由牟应书研制创新的绿茶产品，2014年被评定为中华人民共和国生态原产地保护产品。因干茶呈盘花状，颗粒紧实，犹如宝石，故称为绿宝石。

绿宝石茶园均坐落在高海拔、低纬度、寡日照的贵州高原。生长环境昼夜温差大，日照少，气温低，冬季下雪凝冻，不利于害虫生长和繁殖。土壤通透性好，有机质和各种矿物质营养元素丰富。原料为一芽二、三叶，加工工艺流程为：摊青→杀青→摊凉→揉捻→做形→干燥→提香→精制。茶的外形呈卷曲颗粒状、绿润亮有毫，栗香高长，滋味鲜醇回甘，叶底鲜活匀净。（郑文佳）

绿茶 green tea 以茶树芽叶为原料，经过高温杀青破坏鲜叶中酶活性，再经做形和干燥等工艺加工而成的茶产品。绿茶属于不发酵茶，是中国主要茶类之一。中国生产绿茶的产地极为广泛，包括河南、贵州、江西、安徽、浙江、江苏、四川、陕西、湖南、湖北、广西、福建等地。

主要种类 根据干燥和杀青方式，绿茶可分为炒青绿茶、烘青绿茶、晒青绿茶和蒸青绿茶四类。用滚筒或锅炒干的绿茶称为炒青绿茶，用烘焙方式干燥的绿茶称为烘青绿茶，利用日光晒干的绿茶称为晒青绿茶，鲜叶经过蒸汽杀青加工而成的绿茶称为蒸青绿茶。除此之外，还有半烘炒绿茶和半蒸炒绿茶等。

加工工艺 绿茶的初制工序包括摊放（摊青）、杀青、做形、干燥等。①摊放（摊青）。在一定环境条件（如温度、湿度、光照等）下，将茶鲜叶进行适度摊放并散失水分的工艺处理过程。可使茶鲜叶产生细胞萎缩、叶面积缩小、叶质变软等物理变化，以及内含物质水解和氧化等一系列化学变化，为茶叶加工后续工艺提供物质基础。传统的摊放（摊青）器材有竹匾、簸篮、摊青架等，生产中应用较为普遍的设备有贮青机、摊青槽、多层摊放机、控温控湿摊青房等。②杀青。是决定茶叶品质的关键工序。杀青的主要目的是彻底破坏鲜叶中酶的活性，抑制多酚类化合物的酶促氧化，以获得绿茶应有的色、香、味；散发青气，发展茶香；改变叶子内含成分的部分性质，促进绿茶品质的形成；蒸发一部分水分，使叶质变柔软，增加韧性，便于揉捻成条。杀青方式有滚筒杀青、蒸汽杀青、热风杀青、微波杀青等。影响杀青质量的因素有杀青方式、温度、投叶量、时间等。③做形。是形成绿茶特定外观的关键工序，应用不同做形技术可以形成扁形、毛峰形、直条形、曲毫形等不同外观类型。做形工序还能适度破坏叶细胞组织，使茶汁溢出，提高茶汤浓度。④干燥。目的是蒸发水分、整理茶叶外形并充分发挥茶香。干燥的方法有烘干、炒干和晒干等。

品质特征 绿茶的典型品质特征为“清汤绿叶”，俗称“三绿”，即干茶绿、茶汤绿、叶底绿。内质上要求香气高爽、滋味鲜醇。（袁海波 王近近）

绿茶初制 green tea primary processing 鲜叶经摊放（贮青）、杀青、揉捻（做形）和干燥等工序制成绿毛茶的过程。又称绿茶初加工。

加工类型 绿茶属于不发酵茶，较多地保留了鲜叶中的天然物质，其中茶多酚、咖啡碱保留鲜叶含量的85%以上，叶绿素保留50%左右。其加工基本原理是利用高温杀青，破坏多酚氧化酶的活性。

不同类型绿茶的初制工艺流程如下：①长炒青绿茶。摊放→杀青→揉捻→二青（干燥前期工序以散失水分为主要目的，结合做形）→三青（干燥中期工序以做形为主要目的）→辉干（干燥后期工序固形达到足干为主要目的）。②圆炒青（珠茶）绿茶。摊放→杀青→揉捻→二青→小锅（干燥前期工序）→对锅（干燥中期工序）→大锅（干燥后期工序）。③烘青绿茶。摊放→杀青→揉捻→毛火→足火。④晒青绿茶。摊放→杀青→揉捻→晒干。⑤蒸青绿茶。贮青→蒸汽杀青→粗揉→揉捻→中揉→精揉→烘干。⑥绿碎茶。摊放→杀青→转子揉切→解块筛分→转子揉切→解块筛分→毛火→足火。

加工工艺 包括摊放（贮青）、杀青、揉捻、干燥等工序。

摊放（贮青） 将采摘下的鲜叶均匀地摊放在篾垫、摊青筛、摊青机或贮青机等的作业过程。目的是散热、失水、挥发青草气和促进鲜叶内含成分的转化，使叶片变软，便于杀青。鲜叶摊放最佳含水量在70%左右。

杀青 利用高温（100～300℃）破坏鲜叶中酶的活性，防止多酚类物质的酶促氧化，同时去除部分水分，使叶质软化，便于造形的作业过程。杀青是形成绿茶色绿、香清、味浓等品质特征的决定性工序。杀青方式分为手工杀青和机械杀青，机械杀青主要有滚筒（或锅式）杀青、蒸汽杀青、微波杀青和热风杀青四种方式。杀青的技术要点是：高温杀青，先高后低；嫩叶老杀，老叶嫩杀；忌红梗红叶、生青叶和焦边焦叶。

揉捻 在人力或机械外力的作用下，使叶片卷紧成条形，并破坏其部分叶细胞组织的作业过程。其作用一是对叶片初步造形，二是破碎叶细胞，以利于成品茶冲泡时浸出茶汁。揉捻的技术要点是：嫩叶轻揉、老叶重揉；加压按照“轻—重—轻”的原则。

干燥 采用炒、烘或晒等方式去除茶叶中水分的作业过程，是绿茶初制的最后一道工序。干燥方式采用炒干的称炒青绿茶，烘干的称烘青绿茶，晒干的称晒青绿茶。（林 智）

绿茶品饮 green tea savoring 一种绿茶饮茶方式。绿茶是中国第一大茶类，产量占年总产量的65%左右，20个产茶省均有生产，也是消费量最大的一个茶类。高级绿茶的品质水平居世界之最，著名的名优绿茶有龙井茶、碧螺春、黄山毛峰、信阳毛尖茶、都匀毛尖茶、太平猴魁茶、恩施玉露茶、庐山云雾茶、安吉白茶等。

绿茶的特点 绿茶为不发酵茶，一般经摊放→杀青→揉捻→干燥等加工工艺制成。高温杀青时钝化多酚氧化酶的活性，抑制茶多酚的氧化，形成“干茶绿、茶汤绿、叶底绿”的品质特征，俗称“三绿”。

从外形、汤色、香气、滋味、叶底五项因子综合判定绿茶的品质水平。名优绿茶外形以造型优美、富有特色、色泽鲜活、匀度一致、个体整齐匀整为佳；汤色以色泽嫩绿、清澈明亮为佳；以香气新鲜、香型高雅悦鼻、余香经久不散为好；滋味强调鲜和醇的协调感。

品饮方法 中国绿茶种类最多，超过1000种，有扁形、卷曲形、兰花形、针形等，品质各异。日常生活中冲泡绿茶可以用玻璃杯、陶瓷杯、盖碗、陶瓷壶等，即杯泡、壶泡、碗泡三种方式。①杯泡法。是日常生活最常用的方法。先用开水温杯，投入适量茶叶，茶水比一般为1:（50～60），注入少量开水润湿所有茶叶，用双手摇动茶杯，这时茶香随着茶叶的舒展而飘逸，深吸一口气，沁人心脾；再用定点冲泡法注入85℃开水到七分满；等汤温降至合适的温度时即可品饮；当茶汤剩下1/3时可续水，可续2次。②壶泡法。茶水比为1:（30～40），水温同上。先温杯，再投入茶叶，注入少量开水润湿所有茶叶，第一泡1分钟至1分30秒出汤，用公道杯盛汤，分入品杯中分享。第二泡1分15秒，第三泡1分钟。绿茶一般泡3次。③碗泡法。与壶泡法步骤相同。

（周智修）

绿豆　mung bean; *Vigna radiata*　豆科蝶形花亚科菜豆族豇豆属一年生直立或顶端微缠绕草本自花授粉植物。又称青小豆。古名菉豆、植豆。绿豆原产于印度等南亚热带地区，有2000多年的栽培史，在温带、亚热带地区广泛种植。亚洲绿豆种植面积较大的国家有印度、中国、泰国等。绿豆种皮的颜色主要有青绿、黄绿、墨绿三大类，种皮分为有光泽（明绿）和无光泽（暗绿）两种。以色浓绿而富有光泽、粒大整齐、形圆、煮之易酥者品质最好。

形态特征　高约60厘米，被短褐色硬毛。三出复叶，互生。叶柄长9～12厘米。小叶3，叶片阔卵形至菱状卵形，侧生小叶偏斜，长6～10厘米，宽2.5～7.5厘米，先端渐尖，基部圆形、楔形或截形，两面疏被长硬毛。托叶阔卵形，小托叶线形。总状花序腋生，总花梗短于叶柄或近等长。苞片卵形或卵状长椭圆形，顶端渐狭，小苞片条形，有长硬毛。花绿黄色，10～25朵小花簇生在花梗上部。萼斜钟状，萼齿4，最下面1齿最长，近无毛。蝶形花冠，旗瓣肾形，顶端微缺，基部心形，翼瓣有渐窄的爪，龙骨瓣的爪截形，其中一片龙骨瓣有角。雄蕊10个，二体。子房无柄，密被长硬毛。荚果圆柱形，长6～8厘米，宽约6毫米，成熟时黑色，被疏褐色长硬毛，荚长4～12厘米，每荚有种子6～15粒。种子绿色或暗绿色，长圆形，通常为绿色，也有黄、棕褐、青蓝等色。百粒重2～8克。细胞染色体2n=22。花期6～7月，果期8月。

绿豆的主根系不发达，侧根多而细长，在根上着生根瘤，能固定空气中的游离氮素。绿豆子叶出土后即枯死。第一对真叶为单叶，以后真叶为三出复叶。叶片着生处为节，节之间为节间，叶腋处生有腋芽。茎基部腋芽多形成分枝，绿豆茎分枝多，茎的生长习性因品种而不同，大体分为直立丛生型、半蔓生型、蔓生型三种类型。大田栽培以前两种为主。

栽培　绿豆性喜温热，在8～12℃时种子开始发芽，生育期间需要较高的温度。全生育期一般在70～110天。生育期间需水较多，特别是开花前后需水最多。绿豆不耐涝，雨季积水3天就会死亡，排水不良会造成倒伏和烂荚。干旱会造成落花、落荚而减产。绿豆是短日照作物，耐阴性强，适宜与其他作物特别是禾本科作物间、套种。

绿豆

播期　绿豆生育期短，播种适期长，即可春播又可夏播。一般地温达16～20℃时即可播种。北方春播在4月下旬至5月上旬，夏播在5月下旬至6月上旬。前茬收获后应尽量早播，播期越早产量越高，个别地区最晚可延至8月初播种。中国南方（以秦岭、淮河为界，不包括西南地区）绿豆的播种期可从3月20日到8月1日，但广东、广西和福建等省区由于冬季来临时间较迟，可根据具体情况适当推迟1～2个星期种植。

合理轮作　绿豆是豆科作物，不宜连作，在种过一熟绿豆后，应种植两季非豆科作物。

种子处理　准备播种的种子在播种前晒种1天，并做好发芽试验。

播种方法　绿豆的播种方法有条播、穴播和撒播，其中以条播较多。条播要防止覆土过深、下籽过稠和漏播，并要求行宽一致，一般行距40～50厘米。间作、套种和零星种植大多是穴播，每穴3～4粒，行距50～60厘米。撒播一般采用较少。播种时墒情较差、坷垃较多、土壤砂性较大的地块，播后应及时镇压，以减少土壤空隙，增加表层水分，促进种子早出苗、出全苗，根系生长良好。

施肥　绿豆的施肥原则是：以农家肥为主，无机肥为辅；农家肥和无机肥混合施用；施足基肥，适当追肥。基肥以施人粪尿、草木灰、炕土以及猪、鸡、羊粪等为好，每亩施1000～3000千克。追肥要适时适量，宜于苗期和花期在行间开沟施入，每亩分别施尿素5～10千克或复合肥8～15千克。开花结荚期叶面喷肥有明显效果，可喷钼酸铵、硫酸锌0.1%～0.3%溶液，增产7%～14%。

水分管理　晴天下午1点左右，如绿豆叶片明显披垂，应在下午采用沟灌法灌水，待畦面有薄水层时立即排除积水。

除草治虫　苗后茎叶处理除草，可使用精喹禾灵、精禾草克、高效盖草能、三氟羧草醚、氟磺胺草醚等药剂。开花结荚期用菊酯类农药防治花荚螟1～2次，以提高结荚率及减少虫蛀率。除草剂和农药要注意剂量，不可过量使用，以免引起落花、落荚、落叶，造成产量损失。

适时采收　及时采收，防治霉烂。该品种结荚集中，成熟较一致，不炸荚，适于一次性收获。

用途　绿豆具有粮食、蔬菜、绿肥和医药等用途，被誉为粮食中的绿色珍珠，既是调节饮食的佳品，又是食品工业和酿酒工业的重要原料之一，也是重要的药材。

绿豆营养丰富，种子和茎被广泛食用，是中国人民的传统豆类食物。绿豆有防暑降温的作用，在炎热的夏季，绿豆汤不仅清凉解渴，还清热解毒。绿豆还可做绿豆糕、绿豆饴、粉丝、粉皮以及绿豆淀粉、绿豆沙制品。另外，绿豆芽也是营养丰富、美味可口的蔬菜，营养价值高于芦笋、蘑菇等；一年四季均可生产，作为新鲜蔬菜供应市场，又可冷冻或制成罐头。

绿豆饮料的蛋白质和糖含量很高，矿物质和维生素也较多，还具有高钾镁、低钠的特点，属于碱性食品，可缓冲肉类、鱼类、蛋类、家禽和谷物等酸性食品的不良作用。绿豆饮料中的脂肪含量虽低于动物乳，但其中的不饱和脂肪酸含量远高于动物乳，且含有大量人体必需的脂肪酸——亚油酸和亚麻酸，不含胆固醇。长期饮用绿豆饮料，不仅不会造成血管壁上的胆固醇沉积，而且还对血管壁上沉积的胆固醇有溶解作用。

绿豆籽粒中蛋白质含量高达19.5%～33.1%，明显高于禾谷类作物，是小麦面粉的2.3倍、玉米面的3.0倍、大米的3.2倍、小米的2.7倍；多种维生素、钙、磷、铁等无机盐也比粳米多。它不但具有良好的食用价值，还具有很好的药用价值，有“济世之食谷”之说。绿豆还是一种抗逆性很强的作物，其生育期短、播期弹性大、适应性广，有利于用地、养地，而且经济效益较高，深受广大农户喜爱。

（侯喜林　张昌伟）

绿篱　hedge　用乔木或灌木密集栽植形成绿色篱垣状物。又称植篱。绿篱可分为整形式与不整形式两大类；此外，按其主要特色可分为普通绿篱、刺篱及彩篱等，按其高度不同可分为矮篱（高0.5米以下）、中篱（高0.5～1.2米）、高篱（高1.2～2.0米）及绿墙（高2米以上）等。绿篱植物的种植密度根据使用目的、树种与环境条件等而定。规则式绿篱每年须修剪数次。为使绿篱基部光照充足、枝叶繁茂，其断面常剪成梯形、半圆形或矩形。修剪的次数因树种生长情况及地点不同而异。

绿篱植物的选用　通常选用萌芽力强、发枝力强、愈伤力强、耐修剪、耐阴力强、病虫害少、生长偏慢的木本种类。为迅速取得近期效果，有时也可选用生长迅速的草本植物。各类绿篱常用的植物种类包括：①普通绿篱。通常用锦熟黄杨、黄杨、大叶黄杨、女贞、圆柏、侧柏、海桐、珊瑚树等。②刺篱。一般用枝干或叶片具钩刺或尖刺的种类，如枳、酸枣、金合欢、枸骨、火棘、小檗、花椒、柞木、黄刺玫等。③花篱。一般用花色鲜艳或繁花似锦的种类，如扶桑、叶子花、木槿、棣棠、五色梅、锦带花、栀子、茉莉、迎春、绣线菊、金丝桃、月季等。④果篱。一般用果色鲜艳、果实累累的种类，如小檗、紫珠、冬青、火棘等。⑤彩篱。一般用彩色叶种类，如洒金东瀛珊瑚、金边桑、紫叶小檗、金边白马骨、彩叶大叶黄杨、金边卵叶女贞、茶条槭等。此外，也可用红瑞木等具有红色茎干的植物，入冬后红茎和白雪相映成趣。

用途　绿篱在园林中具有分隔空间、屏障视线、减弱噪声、美化环境，以及作为喷泉或雕像背景等作用。矮篱常作为草坪、花坛的边饰或组成图案；中篱常用于街头绿地、小路交叉口，或种植于公园、林荫道、分车带、街道和建筑物旁；高篱和绿墙常用来分隔空间，屏障山墙、厕所等不宜暴露之处。（车代弟）

绿萝　Solomon Islands ivy arum; *Scindapsus aureum*　天南星科麒麟叶属**攀缘植物**。又称黄金葛。绿萝原产于所罗门群岛，世界各地广泛栽培。

有气生根，茎节间具有沟槽。叶革质，卵圆形至长圆形，基部近心形，先端短尖。幼叶长6～10厘米，宽6～8厘米，全缘；老叶长20～60厘米，宽20～50厘米，常羽状分裂，裂片多至7～10片，有光泽，具不规则的浅裂、色斑和条纹，故名黄金葛。另有同属植物星点绿萝、白金葛，中国也常见栽培。

常采用扦插繁殖。剪取10厘米长的枝蔓插于沙床或用水苔包扎，在25℃左

图1　绿萝

图2　绿萝的叶

图3　绿萝的叶（具色斑）

右温度下很快生根。生长期要设立支架，让茎叶攀缘而上，在散射光下茎节坚实，叶片厚，叶色美丽而有光泽。喜温暖湿润和半阳性环境，不耐寒，不耐干燥，怕强光暴晒，生长适温为15～25℃，冬季温度不低于10℃。以疏松肥沃的腐叶土或泥炭土为宜。

绿萝常采用柱式或壁挂式栽培，用于宾馆、商厦、饭店的室内花园和大型温室花展的布置。陈设于客厅、书房、几架、卧室、屋角等处，清新悦目。还广泛用作切花陪衬材料。（陈发棣）

绿绒蒿　blue poppy; *Meconopsis* spp.　罂粟科绿绒蒿属植物。绿绒蒿主要分布于中国，全世界有49种，中国占40种，分布于藏、滇、川、青、甘、陕等地，其中仅云南就分布有17种，丽江有8种。其余主要分布于亚洲中南部，西欧分布有1种。中国的分布多集中在滇西北海拔3000～

图1　川西绿绒蒿

图2　横断山绿绒蒿

5000米的高山草甸和灌丛中。

一年生或多年生草本。肉质主根肥大。茎分枝或不分枝，株高0.3～1.0米，有的品种可达1.5米。叶长椭圆形、阔卵形，或具长柄如汤匙形，或分裂为琴形等，叶面长有柔长绒毛，因而得名绿绒蒿。因种类不同，花型各异，花有单瓣及重瓣，花色有蓝、黄、紫、红等多种颜色。蒴果近球形、卵形或倒卵形。花期6～8月。绿绒蒿是野生高山花卉，多生长于海拔3000～5000米的雪山草甸、高山灌丛、流石滩上，少数种类在滇中、滇西北的亚高山地带。

绿绒蒿被誉为“高山牡丹”，是云南八大名花之一，全株披有绒毛或刚毛，具有很高的观赏价值和药用价值。（张敬丽　吴之坤）

绿杨春茶　Lüyangchun tea　产于中国江苏省扬州市郊蜀岗一带的条形**烘青绿茶**。1988年研制而成。因扬州古名绿杨，故名绿杨春。茶树适合生长在pH5.5～6.0的酸性土壤中，主产区仪征捺山等周边地区属于丘陵地带，非常适宜茶树种植。是中国农产品地理标志产品。

加工工艺　清明前后，采摘单芽或一芽一叶初展鲜叶为原料。加工工艺流程为：鲜叶摊放→杀青→摊凉→理条→摊凉→整形→摊凉→烘干→精制→入

库等工序。①鲜叶摊放。摊放场所应通风、阴凉、干燥，清洁鲜叶均匀摊放在贮青槽或竹匾内，厚度3厘米，以不见槽上铺垫物或竹匾底为宜，摊放1小时后翻叶一次；露（雨）水叶30分钟翻一次，翻2～3次，并根据情况进行鼓风。摊放时间宜为5～6小时，摊放程度为叶质柔软，手握略有骨感，但梗折不断，青气散发，清香显露。②杀青。在滚筒杀青机内进行。当滚筒出叶处筒腔内的气温有强烈的灼手感140℃左右时，开始投叶。开始时，投叶量大些，以免产生焦边。后保持温度平衡，投叶均匀。应随时检查杀青叶质量，调整投叶量。杀青叶应叶色转暗，叶质柔软，用力握后不成团、不粘手，叶边略刺手，无红梗、红叶、焦边，青气散失，清香四溢。③摊凉。用风扇快速冷却至室温，摊开放置。④理条。在往复振动理条机或名茶多用（功能）机内进行。加热，同时打开运动开关，多用（功能）机应调至快挡运转，当槽内空气温度90～100℃时，将冷却后的杀青叶均匀地投入槽体中。理条机150～180克/槽，多用（功能）机约150克/槽，随鲜叶老嫩不同适当增减。运行5～6分钟，理到条索紧直，锋苗显露时，即可出锅摊凉。⑤整形。在名茶多用（功能）机内进行。加热，同时打开运动开关，当锅温升到90～100℃时，投入摊凉后的理条叶，每槽100克左右。锅体运动频率为150～160次/分钟，当茶叶翻动自如时，减慢至110～120次/分钟，待茶条理直加轻棒1分钟，出棒炒制1分钟，再加轻棒1～2分钟，出棒，继续炒制10～15分钟。炒至茶叶挺直略扁，有刺手感（约8成）后出锅。⑥辉干。摊放后再入锅复炒至条索挺直、扁平，含水率低于6.5%时出锅。⑦精制。电风扇吹片，人工拣除黄片、杂梗、筛分割末等。⑧包装和贮存。包装材料应符合食品要求，直接接触茶叶的包装材料应符合食品安全国家标准GB 4806.1—2016《食品接触材料及制品通用安全要求》的规定。茶叶仓库应清洁卫生，具有密闭、防潮功能，低温、避光和无异味。

品质特征　茶园开采迟、封园早，茶树生长期长；内含物积累丰富，自然品质形成好。制成的成品茶形如新柳，翠绿秀长，香气高雅，汤色清明，滋味鲜醇，叶底嫩匀。

（王润贤）

罗汉果　fructus momordicae; *Siraitia grosvenorii*　葫芦科罗汉果属植物。又称光果木鳖。因地下块茎形似罗汉而得名。罗汉果原产于中国广西、广东、湖南、江西

图1　罗汉果的茎和叶

图2　罗汉果的雄花

图3　罗汉果的雌花

等省（自治区）的热带、亚热带山区。罗汉果是中国特产，已有200多年栽培历史。

形态特征　植株为多年生草质藤本，各部被短柔毛。块茎肥大。茎纤细有纵棱，暗紫色。叶互生，卵状或心形，两面均被白色柔毛。花单性，雌雄异株，雄花序总状，雌花单朵腋生；子房下位，柱头膨大。瓠果球形，具10条纵线，表面褐色、黄褐色或绿色，被黄褐色绒毛；顶端有花柱残痕，基部有果梗痕，果皮薄，易破；果瓤海绵状，浅黄色至浅棕色。种子多数，淡黄色至浅棕色。

栽培　用种子、压蔓、扦插繁殖或组织培养快速繁殖。喜温暖、昼夜温差大、高湿多雾的环境。幼苗耐阴，成年植株喜光，忌暴晒。罗汉果夏季开花，秋冬果实成熟。罗汉果主要栽培品种有青皮果、长

图4　罗汉果的果实和种子

图5　罗汉果的果实药食兼用

滩果、冬瓜果、拉江果、茶山果、红毛果。

用途　罗汉果果实含罗汉果甜苷、维生素C、总糖、氨基酸、黄酮等。果实不可生食，采后低温烘烤脱水或提取甜苷。果实药食兼用，有润肺、祛痰、消泻功效。叶晒干可治慢性咽炎、慢性支气管炎等症。罗汉果甜苷比蔗糖甜300倍，可作为食品添加剂，用于无糖药品、食品、保健品、饮品、调味品等。

（周凤珏　何新华）

罗汉松　yacca; *Podocarpus macrophyllus*　罗汉松科罗汉松属常绿乔木。又称罗汉杉。罗汉松产于中国江苏、浙江、福建、安徽、江西、湖南、四川、云南、贵州、广西、广东等省（自治区），日本也有分布，世界各地热带及温带地区广泛栽种。

高达20米，叶为线状披针形，长7～10厘米，宽7～10毫米，全缘，有明显中肋，螺旋互生。初夏开花，亦分雌雄，雄花圆柱形，3～5个簇生在叶腋；雌花单生在叶腋。种托大于种子，种托成熟呈红紫色，种子为红色浆果。

罗汉松常见变种有短叶罗汉松（*P. macrophyllus* var. *maki*）、狭叶罗汉松（*P. macrophyllus* var. *angustifolius*）、柱冠罗汉松（*P. macrophyllus* var. *chingii*）。①短叶罗汉松。小乔木或呈灌木状，枝条向上斜展。叶短而密生，长2.5～7厘米，宽3～7毫米，先端钝或圆。原产于日本，中国江苏、浙江、福建、江西、湖南、湖北、陕西、四川、云南、贵州、广西、广东等

图1 罗汉松

图2 罗汉松的叶和花

图3 罗汉松的种子和种托

图4 罗汉松种子表面被白粉

省（自治区）均有栽培，作庭园树。②狭叶罗汉松。该变种与罗汉松的区别在于叶较狭，通常长5～9厘米，宽3～6毫米，先端渐窄成长尖头，基部楔形。产于中国四川、贵州、江西，广东、江苏也有栽培，作庭园树。③柱冠罗汉松。该变种与罗汉松的区别在于树冠圆柱形。叶小，矩圆状倒披针形或倒披针形，长1.3～3.5厘米，宽1～4毫米，先端钝或圆，基部楔形。产于中国浙江。

属于中性偏阴性树种，能接受较强光照，也能在较阴的环境下生长；喜温暖湿润的气候，较耐寒。主要采用播种、扦插繁殖。

罗汉松神韵清雅挺拔，自带一股雄浑苍劲的傲人气势，有长寿、守财、吉祥寓意，是庭院和高档住宅的优良绿化树种，南方寺庙也多有种植。树形古雅，叶形独特、优雅，种子与种柄组合奇特，是制作盆景、造型树的优良材料。木材材质细致均匀，易加工，供建筑、药用和雕刻，可作家具、器具、文具及农具等，价值极高。

（赵宏波）

萝卜 radish; *Raphanus sativus* 十字花科萝卜属二年生或一年生草本植物。以根作蔬菜食用。萝卜的原始种起源于欧、亚温暖海岸的野萝卜，是世界古老的栽培作物之一。约公元前2500年，萝卜已成为埃及的重要食品。中国各地普遍栽培。

形态特征 植株高20～100厘米。直根肉质，长圆形、球形或圆锥形，外皮绿色、白色或红色。茎有分枝，无毛，稍具粉霜。总状花序顶生及腋生，花白色或粉红色，果梗长1～1.5厘米。花期4～5月，果期5～6月。

分类 萝卜主要分为中国萝卜和四季萝卜。

中国萝卜 依照生态型和冬性强弱分为四个基本类型：①秋冬萝卜类型。中国普遍栽培类型。夏末秋初播种，秋末冬初收获，生长期60～100天，根据皮色和用途可分为红皮、绿色、白皮、绿皮红心等不同的品种群，代表品种有薛城长红、济南青圆脆、石家庄白萝卜、北京心里美和澄海白沙火车头等。②冬春萝卜类型。中国长江以南及四川省等冬季不太寒冷的地区种植。耐寒，冬性强，不易糠心。代表品种有成都春不老萝卜、杭州笕桥大红缨萝卜和澄海南畔洲晚萝卜等。③春夏萝卜类型。中国普遍种植。较耐寒，冬性较强，生长期较短，一般为45～60天，播种期或栽培管理不当易先期抽薹。代表品种有北京炮竹筒、蓬莱春萝卜、南京五月红。④夏秋萝卜类型。中国黄河流域以南栽培较多，常作夏、秋淡季的蔬菜。较耐湿、耐热，生长期50～70天。代表品种有杭州小钩白、广州蜡烛趸等。

四季萝卜 叶小，叶柄细，茸毛多，肉质根较小而极早熟，适于生食和腌渍。主要分布在欧洲，尤以欧洲西部栽培普遍，美国等已引入栽培，中国、日本也有

图1 萝卜的根（外皮红色）

图2 萝卜的根（外皮绿色）

图3 萝卜的花

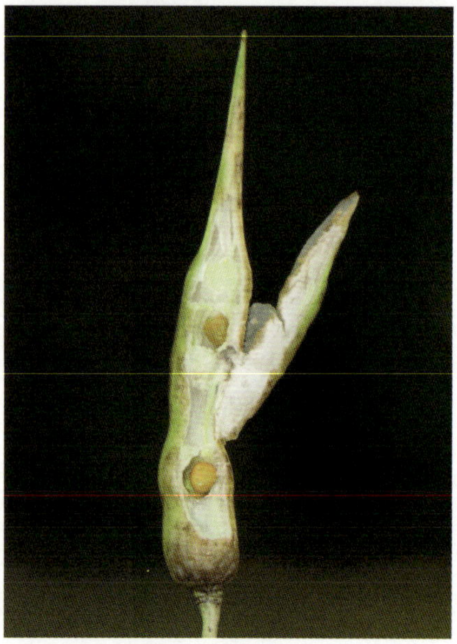

图4 萝卜的果实

图5 萝卜的种子

图6 绿皮红心萝卜

图7 白萝卜

图8 四季萝卜

少量种植。中国栽培的四季萝卜品种有南京扬花萝卜、上海小红萝卜、烟台红丁等。

生长习性 属半耐寒性作物，喜冷凉气候。肉质根遇高温生长不良，但温度低至6℃以下时停止膨大，0℃受冻害。要求日照长。春播后如苗期长期低温，会在

图9 萝卜露地栽培

肉质根未充分肥大前先期抽薹，失去食用价值。适应各种土壤，以砂壤土最为适宜。以秋季露地栽培为主。生长前期宜多中耕，少浇水，以控制地上部叶子生长过旺，促进肉质根发育。待肉质根开始膨大，须不断供水保持土壤湿润，使肉质根迅速生长。

用途 营养丰富，含碳水化合物和多种维生素，其中维生素C的含量比梨高8～10倍，能抑制黑色素合成，阻止脂肪氧化，防止脂肪沉积。含有能诱导人体自身产生干扰素的多种微量元素以及大量的植物蛋白和叶酸，食用后可洁净血液和皮肤，降低胆固醇，维持血管弹性。种子、鲜根、枯根、叶皆可入药。种子消食化痰；鲜根止渴，助消化；枯根利二便；叶治初痢，并预防痢疾。种子还可榨油，供工业用及食用。（蒋卫杰）

裸根苗 bareroot plant 从出圃、包裹运输到栽植都是裸根状态的园林苗木。裸根

裸根苗

苗是园林苗圃苗木出圃的一种形式。裸根苗一般都是一二年生小规格的苗木；还有一类裸根苗是小规格山苗，即从山上直接挖下来的去掉树冠的裸根苗，苗木仅有少量的根系和树干。裸根苗的优点是不带土壤，土传病害少，同时运输方便；缺点是容易抽干，成活率低。

（吕 彤）

络石 China star jasmine; *Trachelospermum jasminoides* 夹竹桃科络石属常绿木质藤本植物。络石原产于中国黄河流域以南，南北各地均有栽培。

长达10米，具乳汁。茎赤褐色，圆柱形，有皮孔。小枝被黄色柔毛，老时渐无毛。叶革质或近革质，椭圆形至卵状椭圆形或宽倒卵形，长2～10厘米，宽1～4.5厘米，顶端锐尖至渐尖或钝，有时微凹或有小凸尖，基部渐狭至钝。叶面无毛，叶背被疏短柔毛，老渐无毛；叶面中脉微凹，侧脉扁平，叶背中脉凸起，侧脉每边6～12条，扁平或稍凸起。叶柄短，被短柔毛，老渐无毛；叶柄内和叶腋外腺体钻形，长约1毫米。二歧聚伞花序腋生或顶生，花多朵组成圆锥状，与叶等长或较长；花白色，芳香。总花梗长2～5厘米，被柔毛，老时渐无毛；苞片及小苞片狭披针形，长1～2毫米；花萼5深裂，裂片线状披针形，顶部反卷，长2～5毫米，外面被长柔毛及缘毛，内面无毛，基部具10枚鳞片状腺体；花蕾顶端钝，花冠筒圆筒形，中部膨大，外面无毛，内面在喉部及雄蕊着生处被短柔毛，长5～10毫米，花冠裂片长5～10毫米，无毛。雄蕊着生在花冠筒中部，腹部黏生在柱头上，花药箭头状，基部具耳，隐藏在花喉内；花盘环状5裂与子房等长。子房由2个离生心皮组成，无毛，花柱圆柱状，柱头卵圆形，顶端全缘；每心皮有胚珠多颗，着生于2个并生的侧膜胎座上。蓇葖双生，叉开，无毛，线状披针形，向先端渐尖，长10～20厘米，宽3～10毫米。种子多颗，褐色，线形，长1.5～2厘米，直径约2毫米，顶端具白色绢质种毛；种毛长1.5～3厘米。花期3～7月，果期7～12月。

络石采用压条、扦插繁殖，翌年便可开花；播种苗要三四年后才能开花。适应性极强，对土壤要求不严。喜光，稍耐阴、耐旱，耐水淹能力也很强，可耐－23℃低温。抗污染能力强，生长快，叶常革质，表面有蜡质层，对有害气体如二氧化硫、氯化氢、氟化物及汽车尾气等光化学烟雾有较强抗性；对粉尘的吸滞能力强，能使空气得到净化。容易培育，管理粗放。

图1 络石

图2 络石的叶

图3 络石的花

图4 络石的蓇葖双生

络石在园林中多作地被或盆栽观赏，为芳香**花卉**，花可提取络石浸膏。根、茎、

图5 络石的种子

叶、果实供药用，有祛风活络、利关节、止血、止痛消肿、清热解毒之效能，民间用来治疗关节炎、肌肉痹痛、跌打损伤、产后腹痛等；安徽地区有用于治疗血吸虫腹水病。乳汁有毒，对心脏有毒害作用。茎皮纤维拉力强，可制绳索、造纸及制人造棉。 （陈发棣）

落果 fruit abscission 果实发育过程中**果树**坐果量自然减少的现象。又称果实脱落。落果涉及果柄离层活动，通过离层内细胞间的分离，使果实脱离树体。果树开花（雌花或两性花）数量往往远多于最终可成熟的果实数量，果树的养分供应能力有限，不能支持所有子房发育为成熟的果实。因此，在果实发育过程中，落果是正常的生理现象，是果树根据其营养（特别是碳素营养）供应调节坐果量的内在机制的作用结果。生理落果过程具有高度选择性，未受精或受精不良的幼果（子房）、种子发育不良和长势弱的果实个体先被淘汰。

落果具有明显的时期性，即落果在果实发育的特定时期相对集中地发生，形成特定的落果波相。不同树种的落果波相不同，龙眼和葡萄一般仅在幼果期有一个落果高峰，而多数果树具有多个落果高峰。大多数果树在种子发育接近成熟、果实转入快速营养积累期前，会有一次落果高峰。在苹果等**落叶果树**中，这一落果高峰多发生在6月，被称为“6月落果”。

落果还会被不良环境因子（各种逆境）所诱导，如病虫害、光照不足、高温胁迫、剧烈温度波动等均会加剧落果。导致落果的离层活动受到内源激素的严格调控，特别是离区（abscission zone）乙烯和吲哚乙酸（IAA）的平衡是调控离层活动的关键。果树极性输出的IAA抑制离层活动，而乙烯促进离层活动。各种逆境会导致乙烯产生和敏感性增加，IAA降低，进而促进离层活动和落果发生。

（黄旭明）

落叶果树 deciduous fruit tree 每年某季节树叶全部枯死或脱落的**果树**。落叶果树种类繁多，其中栽培广、数量大的著名落叶果树有仁果类的苹果、梨，核果类的桃、杏、李、枣，浆果类的葡萄、猕猴桃、柿，坚果类的核桃、板栗等；野生落叶果树有山定子、杜梨、山桃、酸枣、欧李、山葡萄、平榛等。中国是落叶果树生产第一大国，苹果、梨、桃、核桃、板栗、枣等主要落叶果树的面积和产量均占全世界的50%以上。

落叶性状是在长期进化过程中对环境适应的结果。化石证据表明，最早发现的果树都是常绿的，后来地球经历了冰川、干燥的反复，气候带分化明显，才产生了落叶果树。在寒冷或干旱的不利季节落叶，有利于在季节性明显的地区生存。根据对不同类型环境的反应，落叶果树可分为冬季落叶果树和旱季落叶果树。旱季落叶果树主要分布在具有明显干湿季之分的热带和亚热带地区，中国常见的均为冬季落叶果树。

落叶果树在各个气候带均有分布，主要分布在温带和高原气候区，集中分布于暖温带，有少数种可分布到亚热带甚至热带，如板栗、余甘等。在中国，落叶果树有时还是“温带果树”和“北方果树”的近义词，但均不是同义词。

落叶果树的年生长周期可以明显分为休眠期和生长期两个阶段，与四季常绿的**常绿果树**迥然不同，其栽植、耕作制度和树体管理等也显著不同于常绿果树。如落叶果树多采用春栽、冬灌、冬剪等，而常绿果树的栽植、灌水和修剪等则不太受时间限制。

（刘孟军）

M

马齿苋　purslane; *Portulaca oleracea*　马齿苋科马齿苋属一年生肉质草本植物。在热带为多年生。又称长命草、马齿菜、五行草、瓜子菜等。以嫩茎叶供食用。马齿苋原产于印度，广布温带和热带地区。中国自古有野生采食习惯，台湾、北京等地已开始人工栽培。

形态特征　株高10～35厘米，茎直立或匍匐，圆柱状，绿色或红色。叶呈倒卵形或匙形，互生或近于对生。茎叶光滑无毛，肉质。花着生于枝端，白色或黄、红、紫色。蒴果，种子细小，扁圆球形，千粒重0.5克左右。

栽培　马齿苋喜温暖湿润气候条件，

图1　马齿苋

图2　马齿苋的根

图3　马齿苋的花

图4　马齿苋的蒴果开裂

图5　马齿苋的种子

怕霜冻，温度在18～25℃时产品质量最佳。既喜光，也耐阴。既抗旱，也耐涝。对土壤要求不严，但在肥沃、保水性好、富含有机质的砂壤土中易获高产。整个生育期前期以氮肥为主，中后期钾肥需求增多，磷肥能使叶片变厚。除野生种外，荷兰还育成栽培品种大叶马齿苋（又称荷兰菜）。多以种子繁殖，春季于晚霜过后、秋季于8月直播或育苗移栽；也可在高温季节进行扦插繁殖。株高20～25厘米时开始采收。

用途　马齿苋含有维生素A、维生素B_1、维生素B_2及磷、钾等营养物质，还含有去甲肾上腺素，能促进胰岛素分泌，并具有解毒消炎、利尿止痛等保健功效。可凉拌、炒食、煲汤，干品还可做馅。

（王德槟　撰　周艳虹　修订）

马拉巴栗　Saba nut; *Pachira glabra*　锦葵科木棉亚科瓜栗属常绿乔木。又称光瓜栗、发财树。马拉巴栗原产于南美巴西。本种特指市场上作为室内观叶植物的发财树、光瓜栗。市场上的发财树常被误认为水瓜栗。两者的区别是：后者花丝呈红色，

图1　马拉巴栗

图2　马拉巴栗的茎

图3　马拉巴栗的叶

图4 马拉巴栗的花

图5 马拉巴栗的果实

而本种花丝为白色。

株高6～10米，主干直立，枝条轮生。掌状复叶，小叶5～11枚，小叶长椭圆形，长9～20厘米，宽2～7厘米，全缘，深绿色，具较长的叶柄。花绿白色，花丝白色。果实卵圆形，种子可食。

喜高温湿润和阳光充足的环境，不耐寒，耐干旱和半阴，生长适温为20～30℃，冬季温度不宜低于10℃。以肥沃、疏松和排水良好的砂质壤土为宜。常用扦插和播种方式繁殖。盆栽栽培要控制浇水量，生长期要注意施肥。

树形美观，树皮青翠，茎干优美，叶片翠绿，在中国台湾地区、广东省等地有露地栽培。在其他地区可作为一种优良的室内观叶植物。（赵世伟）

马蹄莲 common calla lily; *Zantedeschia aethiopica* 天南星科马蹄莲属多年生草本植物。马蹄莲原产于非洲南部河流旁和沼泽地。

图1 马蹄莲

图2 马蹄莲的叶

图3 马蹄莲的花

具肥大的肉质块茎。叶基生，叶片戟形或箭形，基部钝三角状，先端锐尖，叶长15～45厘米，叶面鲜绿色，有光泽，全缘。叶柄长，可达50～65厘米，下部有鞘。总花梗与叶近等长，肉穗花序顶生，白色佛焰苞长10～25厘米，下部卷成短筒状，上部开张，先端长尖，反卷，状如马蹄，故名。中国北方花期从每年12月至翌年6月，盛花期2～4月。浆果。主要园艺品种为小马蹄莲，较低矮，多花。

性喜温暖湿润、冬季光照充足的环境。生长适温约20℃，不耐寒，也不耐干旱。喜富含腐殖质、疏松肥沃的土壤。以分球繁殖为主，亦可播种繁殖。

叶片青翠，外形奇特，花朵洁白硕大，是世界著名的切花花卉。用于插花和制作花篮、花束、花圈、桌饰等，也用于盆栽观赏。（葛 红）

麦李 almond cherry; *Prunus glandulosa* 蔷薇科李属落叶灌木。麦李分布于中国中部、南部及北部地区。

高约2米。小枝无毛，嫩枝被柔毛。腋芽3，中间者为叶芽，两侧为花芽。单叶互生，叶片卵状长椭圆形至椭圆状披针形，中部或近中部最宽，长5～8厘米，叶端急尖，基部广楔形，有细钝重锯齿，

图1 麦李

图2 麦李的枝和叶

图3 麦李的花

图4 麦李的果实

两面无毛或中脉有疏柔毛。花粉红或近白色，单生或2朵簇生，花叶同放或近同放。萼片及花瓣均为5。雄蕊多数，雌蕊1，花柱基部无毛或被疏柔毛。萼筒钟状，长宽近相等，无毛。核果熟时红或紫红色，近球形，肉质多汁，不裂。花期3～4月，果期5～8月。

麦李喜光，在光照不足处多生长不良，有一定耐寒性，北京可露地栽培过冬。

喜湿润而耐干旱，忌积水。对土壤要求不严，在轻黏土、素砂土中均能正常生长，但以砂壤土为好，有一定的耐盐碱力。宜于草坪、路边、假山旁及林缘丛栽，也可作基础种植、盆栽或催花、切花材料。

（于晓南）

馒头柳 Peking willow; *Salix matsudana* 'Umbraculifera' 杨柳科柳属落叶乔木。馒头柳以中国黄河流域为栽培中心，分布于东北、华北、华东、西北等地，为新疆常见树种。是旱柳的一种变型。

高达18米，树冠半圆形，如同馒头状。树皮暗灰黑色，有裂沟，分枝较密，枝条端稍齐整。无顶芽。叶互生，披针形，长5～10厘米，宽1～1.5厘米，具羽状脉。花叶同时开放，雄花序圆柱形。果序长达2.5厘米。花期4月，果期4～5月。喜光，耐旱、耐寒、耐水湿、耐修剪，抗病虫害，耐盐碱，具有很强的适应性。生长快。

馒头柳遮阴效果较好，可作**庭荫树**、**行道树**、护岸树，常栽培在河湖岸边或孤植于草坪，对植于建筑物两旁。是造林绿化的重要树种之一，其枝叶是良好的饲料来源。

（于晓南）

图1 馒头柳

图2 馒头柳的花序

图3 馒头柳的果序

满天星 baby's breath; *Gypsophila paniculata* 石竹科丝石竹属多年生草本植物。满天星原产于欧洲中部和东欧、亚洲中部和西部。生于草原上干燥、砂质和石质石灰岩土质上。

图1 满天星

图2 满天星的叶

图3 满天星的花

株高可达1.2米。茎细，分枝很多。叶对生，窄而长，无叶柄，叶色粉绿。圆锥状聚伞花序多分枝，花小而多，花梗纤细，花白色至淡粉红色。蒴果球形。种子细小，圆形，直径约1毫米。花期6～8月。单瓣、重瓣品种均有，常见品种有仙女、完美、钻石、火烈鸟等。喜日照充足、温暖湿润的环境，较耐阴、耐寒，在排水良好、肥沃和疏松的壤土中生长最好。栽培土质以微碱性的石灰质壤土为佳。灌水量不宜过多，适当干旱有利于开花。生长适宜温度为10～25℃。花后及时修剪可促进开花。常用播种和扦插繁殖。

满天星花小而多，星星点点尤其适合作为花束的配材，在大花之间填空，增加层次感，提供有效的背景，也适宜在**花坛**、路缘、花篱栽植，还可用于盆栽观赏和**盆景**制作。可入药，具有清热利尿、化痰止咳等功效。

（吴沙沙）

蔓长春花 periwinkle; *Vinca major* 夹竹桃科蔓长春花属蔓性半灌木植物。又称长春蔓。蔓长春花原产于地中海沿岸及美洲，印度等地也有分布。

叶片全缘对生，翠绿光滑而富有光泽。4～5月开蓝色小花，优雅宜人。其变种花叶长春蔓，绿色叶片上有许多黄白色块斑，是一种美丽的观叶植物。

喜温暖湿润，喜阳光也较耐阴，稍耐寒，喜欢生长在深厚、肥沃、湿润的土境中。蔓长春花在中国华东地区多作地被栽培，在半阴湿润处的深厚土壤中生长迅速，枝节间可着地生根，很快覆盖地面。其花叶品种多作盆栽观赏。盆栽时可用园土2份，腐叶土和炉渣各1份混合使用。上盆时，一盆可栽数株，以利快速成形。必要时，还可进行摘心，以促进其分枝繁衍，使株形尽快丰满。对脚叶脱落或茎蔓过长的老株，可短裁回缩，以萌发新枝更新。盆栽后宜放半阴处养护，夏季以给予明亮散射光为宜，避免阳光直晒，并适当喷水降温增湿。生长期水分要充足，

图1 蔓长春花

图2 蔓长春花的叶

图3 蔓长春花的花

图4 蔓长春花的果实

每月施饼肥2～3次。入冬时要移入室内，放置在温度不低于0℃的环境中即可安然越冬。

繁殖主要采用扦插法，在整个生长期中均可进行。做法是取茎2～3节插于沙或土中，按时浇透水，遮阴，约10天就能生根。此外还可采用分株、压条法繁殖。

蔓长春花既耐热又耐寒，四季常绿，有较强的生命力，是一种理想的地被植物，且花色绚丽，有着较高的观赏价值。

（陈发棣）

杧果 mango; *Mangifera indica* 漆树科杧果属多年生木本植物。又称芒果、檬果、漭果、闷果、蜜望、望果、庵波罗果等。杧果是杧果属中栽培最广泛的种，染色体数目为2n=40。杧果是热带亚热带常绿果树，中国主要栽培在热带、亚热带地区的广西、云南、海南、四川、台湾、广东、贵州、福建等地，高海拔地区和北沿地带易遭冷害。通过优势区域布局与品种和技术配套，鲜果可以周年上市。杧果外形美观、色泽诱人、肉质甜滑、风味独特、营养价值高，素有“热带果王”的美称，也是多种加工品的原料。

起源与栽培史 杧果原产于亚洲东南部的热带地区，该区域北自印度东部、中经缅甸、南至马来西亚一带。早在公元前2000多年，印度民间文学中就有杧果的描述。

公元前5～前4世纪，杧果随着佛教僧侣的活动而传播，先后传到越南、泰国、柬埔寨、斯里兰卡等国家。公元前3世纪，亚历山大军队入侵印度，把杧果带到欧洲。14～15世纪，葡萄牙人开始从印度把杧果传到伊斯兰教统治的岛屿。15世纪早期，西班牙航海家、伊斯兰教传教士及葡萄牙人将杧果传到菲律宾。16世纪初期，葡萄牙人从印度果阿将杧果运到非洲南部。1700年杧果被引进巴西。1778年西班牙旅行者将杧果从菲律宾引入墨西哥。1742年巴巴多斯开始种植杧果。1782年牙买加开始种植杧果。1809年夏威夷群岛从墨西哥引入杧果。1825年葡萄牙人将杧果从孟买带到埃及。1861年美国佛罗里达州开始种植杧果，经过多年选育发展，佛罗里达州的品种具有丰产稳产性强、适应性广、果皮带红晕、果肉结实、可食率高的特点。18世纪晚期，杧果被引进到也门。1905年杧果被引入意大利南部。杧果生产与贸易已遍布世界热带、亚热带地区，全世界有超过100个国家种植，分布于五大洲，但是主要栽培在亚洲、南美洲和非洲。

形态特征 杧果根系生长第一次高峰出现在果实采收后，秋梢抽发前。秋梢停止生长后至冬季低温来临前，根系生长进入第二个高峰期。此时树体养分充足，气温适宜，高峰期长，根系生长量大，为早冬梢抽生与翌年花芽分化打下物质基础。杧果枝梢多在开春后开始生长，直至11～12月停止，每年可抽生枝梢2～5次。杧果抽梢可分为春梢、夏梢、秋梢、冬梢。枝梢生长历时1～2个月。在雨水充足、气温较高的夏秋季多为30天左右；夏梢、秋梢和早冬梢都可以成为**结果母枝**。杧果花芽分化的时间，因品种、地区、气候、栽培管理等因素的不同而变化，有的可早至上年的7～9月，有的则晚至翌年的1～2月。**结果枝**主要是顶芽抽生花序，顶芽、侧芽同时抽生的较少。当顶芽受到伤害时，附近的侧芽可能代替顶芽分化花芽，抽生花序。一个花序从初花期至末花期10～45天。开花期气温高，开花期短，反之则长。杧果每个花序有几千朵花，必须疏花疏果，否则果实大小不一，品质差。杧果开花后，已授粉受精的子房迅速转绿并开始膨大，未经授粉受精的在开花后3～5天内凋谢脱落。杧果从开始坐果到快速生长期结束均有落果，落果数达初期坐果数的95%以上，这时落果主要是因授粉受精不良或幼胚死亡所致。杧果果实从幼果开始膨大增长至果实成熟需80～150天。杧果果实的生长仅出现一次快速生长，授粉受精后不久生长缓慢，之后生长速度逐渐加快达最大速度。2个月后，其果径已达成熟时果径的95%左右，重量随着体积的增长也相应增加；以后体积增大速度减慢，至成熟前2～3周增大基本停止。

种质资源 杧果属植物有69个种，其中大多数种原产于马来半岛、印度尼西

图1 杧果树

图2 杧果的花序

亚群岛、泰国、印度支那地区和菲律宾。包括普通杧果在内，该属至少有26个种的果实可以食用，这些种类主要集中在东南亚地区，其中马来半岛是杧果属植物自然分布的中心，中国保存有8个种。由于世界上绝大多数品种属于普通杧果，高度杂合，变异大，因此对杧果进行分类十分重要，但是尚无一个很完善的方案。有学者将杧果品种分为四个品种类型，即菲律宾品种群、印度支那品种群、印度品种群和西印度品种群；有学者将杧果品种分为红杧类、黄皮类和绿皮类；也有学者将杧果简单分为单胚类和多胚类。后二者被采用的较多。

全世界有2000份以上的杧果种质资源，主要保存在印度、美国、泰国等国家。中国拥有杧果种质资源1000份以上，有早、中、晚熟类型，保存在一些科教单位。其中，国家杧果种质资源圃和农业农村部儋州杧果种质资源圃分别设在广西田东县和海南儋州市，集中保存了核心的杧果资源和品种。中国主要栽培品种有台农1号、金煌、凯特、白象牙、贵妃、桂热82号、桂热10号、三年杧、圣心、吉尔、帕拉英达、热农1号、热品4号、红玉等。

图3 杧果的果实

栽培技术 杧果育种方面，实生选种选育的品种较多，杂交育种因育种方法的改进发展很快，诱变育种也已开展相关研究，生物技术作为辅助育种手段在杂种早期鉴定等方面发挥了较大作用。

杧果基本采用嫁接繁殖，砧木多为本地杧，多为枝接，成活率高。一般在开春后的3～4月及10～11月嫁接最为适宜。在嫁接的砧木方面，中国海南、广西和云南有采用海南本地杧、广西本地杧、三年杧等杧果作砧木的传统，抗性和适应性较强，与栽培品种亲和力好。实生繁殖一般用在砧木苗上，也用在城市行道树上。这些本地杧一般为多胚品种，较好地保持了母本遗传性状。杧果种核较硬，直接播种发芽率低，畸形苗比例大，需要进行剥壳处理后播种。

杧果在坡地和平地种植均可，土壤pH 6.5左右。山地要挖穴填肥覆土，造林防水土流失；平地果园要选择在地下水位低、排水方便的地方建园。栽植密度因品种不同而异，以封行为宜。定植多在春秋两季进行，特别是3～5月最好，此时气温平和，阴雨天多，湿度大，大风少，成活率高。杧果定干以60厘米左右为宜，留3～4条生长均匀的主枝，主枝长40～50厘米摘心，促侧分枝，依此类推培养树冠。通过优势区域布局与品种和技术配套，鲜果可以周年上市。

高效催花、轮换结果、推迟花期等区域关键技术，与优良品种和营养诊断施肥、病虫害综合防控、采后保鲜和套袋等共性关键技术集成，形成中国周年供应技术体系并规模化应用，由此获得较高的经济产量和良好的品质。

病虫害防控贯彻"预防为主，综合防治"的植保方针，以改善果园生态环境。主要病害有细菌性黑斑病、炭疽病、白粉病、疮痂病、水疱病等，虫害则主要有蓟马、横线尾夜蛾、吸果夜蛾、扁喙叶蝉、切叶象甲、叶瘿蚊、脊胸天牛、蚜虫、螨类等。

防灾减灾方面，杧果最值得关注的是寒害，主要是在位于四川和云南的金沙江干热河谷高海拔地区及广西百色、贵州西南部、福建漳州等杧果产区，2～4月花期和幼果发育期极易受寒害，可提前采取防护措施。在冬春季，海南、广东、广西等区域也会出现低温阴雨气候，影响坐果。

采后及加工 由于杧果鲜果售价较高，而加工厂要求的杧果原料价格相对较低，因而除残次果外，种植业者将鲜果销售给加工厂的意愿不高，中国的加工厂主要从东南亚的越南、柬埔寨等国进口原料

图4 杧果果汁

果或者直接进口原汁。加工品主要以杧果汁、果脯和速冻果等初级加工为主，杧果蜜饯、甜酸杧果片、杧果干等新型杧果产品也已经上市，加工品市场日趋丰富。多数产地销售者对果实只做简易分级等处理后即包装销售，但冷库低温处理和1-甲基环丙烯（1-MCP）等保鲜应用也越来越广泛。

主要用途 杧果外形美观，色泽诱人，肉质甜滑，风味独特，营养价值高，素有"热带果王"的美称，是多种加工品的原料。杧果是杧果属中栽培最广泛的种，果实营养价值极高。杧果含可溶性固形物（TSS）14%～24.8%、糖11%～19%、蛋白质0.65%～1.31%，每100克果肉含β-胡萝卜素2281～6304微克，人体必需的微量元素硒、钙、磷、钾等含量也很高。杧果除可以鲜食外，还可以制作果汁、糖水片、糖水罐头、果酱、蜜饯、脱水杧果片、果酒、果冻、话杧，以及盐渍或酸辣杧果等。叶可做药用和清凉饮料，种子可提取蛋白质、淀粉做饲料，脂肪可替代可可脂配制糖果，亦可做肥皂。杧果味甘酸、性凉无毒，具有清热生津、解渴利尿、益胃止呕等功能。

杧果树适应性强，结果早，定植后3年投产，产量高，效益好，经济寿命长。杧果为常绿果树，在中国四川、云南干热河谷区域具有防止水土流失的功能；在广西、福建等地作为城市的行道树，具有涵养水源，防止空气污染等作用。

新业态 杧果大部分种植在中国南方山区和丘陵地带，已经成为广西、云南、四川、海南、贵州等杧果主产区乡村振兴的优势产业和农民收入的主要来源，并带动农资、包装、物流和服务业等相关产业

图5 脱水杧果片

的发展。2020年中国种植面积达515.1万亩，产量331.2万吨，已成为中国种植面积第二的热带水果。广西百色地区，四川、云南金沙江干热河谷区域，贵州西南部等区域杧果产业发展快，杧果种植规模继续扩大。

中国杧果产业尚存在诸多影响品质的因素，因而要求除品种选择外，还要重点开展植物生长调节剂规范使用、土壤调理改良、化肥有机替代、病虫害安全高效防控等方面的系统研究和集成示范，达到化肥农药减施、果实品质提升、生产优质果品的目标。（陈业渊　高爱平）

毛茶　crude tea; raw tea　茶鲜叶经制茶工艺加工后毛糙不精，还需要精细再加工的茶产品。毛茶中一般含有不同程度的次质茶和非茶类夹杂物，次质茶包括鱼叶、老叶、茶茎梗、茶籽、黄片、虫叶等，非茶类夹杂物包括非茶叶子、谷壳、沙子等在采摘或者加工过程中夹带的杂物。

根据制茶工艺的不同，毛茶可分为绿毛茶、红毛茶、青毛茶等几大类。因外形和内质达不到商品茶的属性要求，毛茶需进行筛分、风选、拣剔、拼配以及干燥等一系列精制加工处理。毛茶因加工工序组合不同而呈现条形、圆形、扁形、钩形、颗粒状等多种形态，其等级基本按照茶鲜叶的老嫩程度进行划分。嫩叶制成的毛茶条索较精细、重实，颗粒较圆而紧结、身骨较重实；老叶制成的毛茶条索较粗松、轻飘，颗粒较大、轻飘。刚制好的毛茶含水率应在4%～6%。毛茶具有易吸湿受潮的特性，进仓毛茶含水率最高标准为9%，超过此限必须进行复火，且在运输贮藏中进行必要的防潮措施。

毛茶具有较强的吸附性，能够吸附茶叶周围的气体，利处在于可吸附花香，窨制各种花茶；弊处在于易吸附烟味、焦味、油味等异味。毛茶还具有黏稠性，可压制成不同形状的茶品，如普洱毛茶经分级、蒸压、紧压等工艺制成普洱饼茶。同时，毛茶还具有散落性、导热性、自动分级等特点。（袁海波）

毛叶枣　Indian jujube; *Ziziphus mauritiana*　鼠李科枣属热带亚热带常绿果树。又称印度枣、滇西枣、西西果、台湾青枣。因其叶背有绒毛，故称毛叶枣。毛叶枣主要分布在印度、泰国、缅甸、越南及中国台湾地区。20世纪80年代在中国广东、海南等地引种试种，之后在华南、西南地区推广种植。毛叶枣早产丰产，营养丰富，加工方式多样，具有较广阔的发展前景。

图1　毛叶枣的枝和叶

图2　毛叶枣的果实

形态特征　毛叶枣实生树根系发达，主干明显，树冠为自然开心型。叶为单叶互生呈椭圆形或长椭圆形，叶背生灰白色绒毛。花为腋生聚伞花序，两性花。果为核果，果皮绿色，果肉乳白色。

主要类型　毛叶枣按出产地可分为印度品种群、中国台湾品种群和缅甸品种群3个品种群。其中，印度品种有100多个；中国台湾品种有20多个，如高朗一号、新世纪、中叶种、蜜枣、春蜜等较优品种；缅甸品种群主要为缅甸长果种和缅甸圆果种两个类型，其品质较差，适合作砧木。

栽培与管理　毛叶枣对土壤的要求不严，但以排水透气好、土层厚、疏松和肥沃的土壤为好。最适宜定植的时期是3～5月，定植密度每亩33株，株行距4米×5米。山地定植可每亩45株，株行距3.5米×4米。

为提高产量，增加单果重和改善果实品质，栽培时应注意以下几点：①苗木定植前消毒。②栽培上配置授粉树。③新梢生长期和花期摘心。④两年生以上植株修剪荫蔽枝、重叠枝并搭架，每年主干回缩更新一次。⑤根据留优去劣原则疏花疏果。⑥注意肥水管理。⑦在病虫害防治后，要进行单果套袋。

毛叶枣的主要病虫害为白粉病、叶斑病、螨类、蚧壳虫、毒蛾等。

新业态　毛叶枣属于热带亚热带果树，在中国北方较少种植，因此北方地区通过设施大棚种植毛叶枣，可吸引游客观光采摘，将传统种植业与旅游业结合，以提高毛叶枣的附加值，有力促进毛叶枣产业的发展。（胡会刚　傅嘉欣）

茅山长青茶　Maoshan Changqing tea　产于中国江苏句容南部丘陵山区的条形炒青绿茶。为纪念茅山革命先烈，选用句容市茅山一带优质的茶叶原料，意取万古长青而得名。产区主要在以茅山为中心的丘陵茶区，分布在春城、下蜀、张庙、赵庄、茅山等50余个茶场，拥有茶园2000公顷，年生产20 000千克。为中国农产品地理标志产品。

生产简史　茅山地区早在隋时即为江南茶乡。清顺治（1644～1661）年间，乾元观一带所产“乾茶”和民国时期茅麓公司生产的“茅山麓茶”颇有名气。1986年，由镇江市科委立项研制，由句容市多种经营管理局茶叶站主持，茅山茶场、镇江市园艺站等单位参加，先后在茅山茶场、春城茶场、赵庄林苗场进行试验研制。1987年，由句容茅山茶场研制成功。1989年产品通过镇江市级鉴定。江苏省级地方标准《茅山长青茶》及《茅山长青加工技术规程》已于2002年由江苏省质量技术监督局发布实施。

加工工艺　加工工艺流程为：鲜叶采摘→摊放→拣剔→杀青→理条→整形→干燥→精制→包装。①鲜叶采摘。当茶树新梢上有10%～15%的芽头长度达2厘米时，即可采摘单芽为原料。在晴天、露水干后采摘，用清洁的竹篓盛装鲜叶，不能挤压，及时送厂摊晾。进厂的鲜叶要进行适度摊放，摊叶厚度1～2厘米，掌握“三分开”，即含水量高低分开，采摘时间先后分开，鲜叶大小分开。摊放时间掌握在5～7小时为宜，中间轻翻一次。做到“三先制”，即先入厂先制，含水量低的先制，小芽先制。鲜叶要求：特级，单芽100%；一级，一芽一叶初展70%以上；二级，一芽一叶60%以上。原料应没有对夹叶、紫芽叶、单片叶、鱼叶，不得含有非茶类杂物。②摊放。摊放室温低于30℃。厚度不超过4厘米，春茶4～6小时，雨水叶适当延长，一般不超过8小时，秋茶2～3小时。1～2小时翻叶一次，翻动手势要轻，以免损伤芽叶。③杀青。杀青设备选用滚筒杀青机和汽热式杀青机。滚筒杀青机出叶口空气温度90℃左右，汽热式杀青机蒸汽温度150℃以上。叶色由鲜绿转为暗绿色，青草气消失，叶质柔软，无红梗、红叶，无焦边爆点，手握叶子成团，松手散开能发出淡淡的茶香为适度。杀青叶应及时摊凉，摊凉厚度为2～4厘米。④理条。采用电热式振动理条机、进风式振动理条机。当槽锅温度达到80～90℃时投入杀青叶，每次投入杀青叶看机型而定。建议每槽投入100克茶条理直，达到四成干时为适度。理条后的茶叶及时摊凉，厚度不超过3厘米，至芽叶回软。⑤整形。采用电热式理条机、进风式振动理条机。槽锅内温度70～80℃。茶叶在槽锅内炒至约八成干，整形后摊凉15分钟以上，厚度不超过3厘米。⑥干燥。采用名茶烘焙机。初烘温度70～80℃，先低后高。摊叶厚度1厘米左右，边烘边翻，达到九成干即可。之后摊凉15分钟以上，达到室温。⑦足干。温度为80～90℃。厚度为1～1.5厘米，边烘边翻。手捻茶叶成粉碎状，水分不大于6.5%。摊凉至室温。⑧精制与包装。各级茅山长青茶用风选或手工簸，除去片、末。包装材料应符合国家食品包装材料的卫生标准要求。

品质特征 清明前后采摘芽苞和初展的一芽一叶长约2厘米，经鲜叶摊放，杀青初炒，烘焙、摊凉、辉锅复炒、精制而成。分特级和一至三级。①外形特征：条索挺直微扁，色泽翠绿，匀整匀净。②内质特征：香气清香优雅，汤色清澈、嫩绿明亮，滋味鲜醇，叶底嫩绿、匀整、明亮。

（王润贤）

玫瑰 rose; *Rosa rugosa* 蔷薇科蔷薇属落叶灌木。玫瑰原产于中国，分布中心在辽宁省东南部沿海地区，各地均有栽培。日本、朝鲜也有分布。玫瑰是现代月季育种的重要种质资源。

植株直立，高2米，枝上密生针刺，皮刺较少却大。小叶5～9，叶脉凹陷，叶片皱，无光泽，叶边缘有尖锐锯齿。花有白、粉、红等色，单瓣、半重瓣或重瓣，花甜香。果扁球形，砖红色。花期5～6月，

图1 玫瑰

图2 玫瑰的茎

图3 玫瑰的叶

图4 玫瑰的花

图5 玫瑰的果实

果熟期8～9月。

玫瑰喜光、耐寒、耐旱、耐盐碱，分蘖力强。一般用扦插、分株、播种方式繁殖。变种和变型有红玫瑰（var. *rosea*）、白玫瑰（var. *alba*）、重瓣紫玫瑰（var. *plena*）、重瓣白玫瑰（var. *albo-plena*）等。玫瑰是蔷薇属中抗性、适应性最强的物种之一，全世界已有许多杂交种、品种用于栽培生产。其叶面脉纹下陷的形态特征是显性遗传，容易识别。

玫瑰最宜作花篱、花境、花坛及坡地栽植观赏之用。玫瑰芳香馥郁，自古以来一直是制作香精、香水等的原料。花蕾可茶用，花瓣糖渍后可制糕饼。玫瑰是中国佛山、承德、银川、佳木斯、沈阳、拉萨、乌鲁木齐、奎屯等城市的**市花**。

（葛 红）

眉茶 eyebrow tea 起源于中国安徽省休宁县、屯溪区、黟县、歙县，江西省婺源县和浙江省淳安县、建德县（今建德市）、开化县一带的绿茶类珍品之一。因其条索纤细如仕女之秀眉而得名。各省所产的眉茶品质各有不同，其中生产数量较多、品质较好的有浙江的杭绿、温绿和遂绿；安徽的屯绿、舒绿和芜绿；江西的婺绿和饶绿以及湖南的湘绿等。

加工工艺 主要选用一芽一叶和一芽二叶的鲜叶为原料，经摊放、杀青、揉捻、烘坯、锅炒、复烘等六道工序精制而成。眉茶分为珍眉、针眉、秀眉、贡熙、虾目5个花色。20世纪80年代中期，眉茶花色做了简化，分为特珍（特级、一级至二级）、珍眉（一级至五级及不列级）、雨茶、贡熙（特贡一级至三级及不列级）、秀眉（特级、一级至三级）和茶片，计19个花色。

品质特征 以嫩、翠、香、鲜为特色，外形条索紧结匀整，色泽翠绿乌润，汤色碧绿清澈，滋味幽香醇厚，甘腴芬芳，香高味浓，口齿留香。眉茶具有特异的品质和保健功能，如抗衰老、抗菌、降血脂、瘦身减脂、防龋齿、清口臭、美白及防紫外线等作用，此外还具有清凉解毒、明目降火的奇效，可治“大火症”。

销售区域 随着产量的逐年增加和品质的不断提高，眉茶销路日益扩大，在国际茶叶市场上已遍及五大洲80余个国家和地区，其中主要销往摩洛哥、阿尔及利亚、马里、利比里亚等国家。

（江用文）

梅花 plum blossom; *Prunus mume* 蔷薇科李属落叶乔木。又称春梅、干枝梅、红绿梅。古名枏、槑。梅古字作“槑”，原字为木上有果的象形。花可观赏，果可食用（常称**果梅**）。

历史 梅花在中国已有2000年以上的栽培历史，果梅则有3000年以上的栽培和7000年以上的加工应用历史。古代种植梅树由果梅开始，《尚书·说命》中有“若作和羹，尔惟盐梅”的记载，可知古人用梅做调味品等。在商代中叶已采梅食用。由果梅中分化出观赏梅花，源于汉初，初盛于南北朝，兴盛于宋、元。宋代

范成大著《梅谱》(1186)为世界第一部梅花专著。约710～784年，梅首次传至日本。1878年输入欧洲。1908年有15个梅花品种由日本传到美国。20世纪日本、朝鲜半岛等地艺梅仍较盛。欧美栽培甚少。约自20世纪70年代起，梅花开始在新西兰等少数国家作为切花而受到重视。

分布　梅为中国特产的传统名花、名果。中国台湾、浙江、安徽、江西、江苏、福建、广东、广西、湖南、湖北、四川、云南、西藏、贵州、陕西等地均有野生，而以四川、云南、西藏为其分布中心。露地栽培分布于东至中国台湾台北，西起云南丽江，南达海南海口，北抵黑龙江大庆、新疆维吾尔自治区喀什等广大地区，其中台北、武汉、南京、无锡、杭州、青岛等城市多为著名的赏梅胜地。

形态特征　梅树高可达10米，最大冠幅约12米。树冠常呈不规则球形或倒卵形。干皮褐紫色，老干苍劲可观，小枝常为绿色且无毛。叶广卵形至卵形，边缘具细锐锯齿，先端长渐尖至尾尖。花先叶而放，1～2朵，多着生于一二年生枝上。核果近球形，侧面略扁，黄色或绿色，密被短柔毛，果肉黏核，梅核（内果皮）表面具蜂窝状小凹点。种子1粒。

品种分类　梅的变种与变型甚多，梅花或果梅都有很多品种。梅花的观赏品种至今已逾480个，中国著名花卉专家陈俊愉院士按照“二元分类法”将观赏的梅花品种分为3系5类16型：①真梅系。梅之嫡系。花、果、枝、叶均较典型，又分直枝梅类、垂枝梅类和龙游梅类，共3类12型。②杏梅系。梅与杏的种间杂种，种性介乎两者之间，而枝、叶较似杏，花型也类杏，花托肿大，花期甚晚，单瓣至重瓣，无香味或微香，抗寒性较强。该系下只有杏梅类，又分为单杏型、丰后型和送春型。③樱李梅系。梅花与紫叶李的种间杂种，种性介乎两者之间，而枝、叶较似紫叶李，花型也类紫叶李，花梗长，花中心颜色较深，花期最晚，复瓣至重瓣，无香味，抗寒性较强。该系下只有樱李梅类美人梅型。

图1　梅树

图2　梅花

图3　梅的果实

栽培繁殖　梅喜温暖稍潮湿气候，要求阳光充足、排水良好的条件。较耐寒、耐旱和耐瘠薄，对土壤要求不严，但以疏松深厚肥沃的微酸性土壤最佳。性畏涝。实生苗一般2～4年始花，七八年花、果渐盛。嫁接苗、扦插苗则一二年即始花。树龄可达数百年甚至千年以上。以嫁接繁殖为主，扦插、压条次之，播种仅在培养砧木或育种时应用。主要虫害有天牛类、梅毛虫、杏球蚧、刺蛾等，主要病害有白粉病、炭疽病等。多用杀虫剂、杀菌剂防治。

文化价值及用途　梅的树姿苍劲传神，花形端雅，花色丰富而动人，花香沁人肺腑，可谓神、姿、形、色、香俱美，为中国传统名花中的佼佼者。梅花傲雪迎霜的意向正是梅花的风骨，代表着中华民族传统的坚韧不拔和坚贞勇敢的精神。梅与松、竹相配称“岁寒三友”，梅、兰、竹、菊合称“四君子”，中国人普遍爱好，有口皆碑，由来已久。宜植于庭院、草坪、低山、居住区及风景区等处，孤植、丛栽或大片群植形成梅林、梅岭均可。梅花也适于盆栽或作盆景，并是插瓶等花卉装饰的好材料。果实味酸而爽口，可加工食用，还可入药。梅树木材坚韧，也是雕刻及制作算盘珠的良材。　（张启翔　罗　乐）

湄潭翠芽茶　Meitan Cuiya tea　以中国贵州省遵义市湄潭县境内以及与湄潭县环境相似的地域内适制绿茶的中小叶茶树品种的鲜叶为原料，按特有茶加工技术规程加工而成的扁形绿茶。湄潭翠芽茶是贵州扁形茶的典型代表，由“湄江茶”“湄江翠片”演变而来，因产于湄江江畔而得名。

自然环境　湄潭翠芽茶产地范围为贵州省遵义市湄潭县、凤冈县、余庆县、正安县、道真仡佬族苗族自治县、务川仡佬族苗族自治县辖行政区域。产地范围内海拔700～1600米，土壤类型为黄壤或黄棕壤，土壤pH4.5～6.5，土壤有机质含量1.0%以上，土层厚度大于50厘米。

加工工艺　每年2月下旬至4月下旬采摘单芽至一芽一叶的嫩梢为原料。湄潭翠芽茶的加工工艺流程为：摊青→杀青→理条→整形→脱毫→提香。①摊青。鲜叶厚度8～15厘米，时间为4～10小时。摊青后叶色由鲜绿转暗绿，清香显露。②杀青。温度180～200℃，时间8～10分钟。杀青叶茶香显露，茶条平伏。③理条。温度80～120℃，时间2～3分钟，以叶条扁直，色泽润绿，达到4～5成干时为准。④整形。温度80～110℃，至叶色为黄绿，茶叶扁平直，香气显露，含水率15%～20%即可。⑤脱毫。温度60～80℃，时间30～50分钟，至茶叶含水量9%～11%，外形扁平直即可。⑥提香。温度120～150℃，时间4～12分钟，至茶条扁平直，黄绿润，香气显露，手捏茶条成粉末，含水量小于5.5%时为准。

品质特征　茶品外形扁平直光滑，形似葵花籽，色泽绿翠；香气高长，栗香显，滋味醇厚爽口，回甘；汤色黄绿明亮，叶底绿润匀净。　（郑文佳）

美丽马醉木　Chinese pieris; *Pieris formosa*　杜鹃花科马醉木属常绿灌木或小乔木。美丽马醉木分布于中国浙江、江西、湖北、湖南、广东、广西、四川、贵州、云南等省区。越南、缅甸、尼泊尔、不丹、印度

图1　美丽马醉木

图2　美丽马醉木的幼叶

图3　美丽马醉木的花序

图4　美丽马醉木的果实

也有分布。生于海拔900～2300米的灌木丛中。

高2～4米。小枝圆柱形，无毛。叶革质，披针形至长圆形，长4～10厘米，宽1.5～3厘米，先端渐尖或锐尖，边缘具细锯齿，基部楔形至钝圆形，表面深绿色，背面淡绿色，中脉显著。叶柄长1～1.5厘

图5　美丽马醉木的种子

米，腹面有沟纹，背面圆形。总状花序簇生于枝顶叶腋，或顶生圆锥花序。花冠白色，坛状，外面有柔毛，上部浅5裂。雄蕊10，花丝线形，花药黄色，子房扁球形，花柱长约5毫米，柱头小，头状。花梗被柔毛。萼片宽披针形，长约3毫米。蒴果卵圆形，种子黄褐色，纺锤形。花期5～6月，果期7～9月。

（包满珠　傅小鹏）

美丽异木棉　silk floss tree; *Ceiba speciosa*　木棉科异木棉属落叶乔木。又称美人树。美丽异木棉原产于南美洲，热带地区多有栽培。中国广东、福建、广西、海南、云南、四川等省（自治区）广泛栽培。

图1　美丽异木棉

图2　美丽异木棉茎干上的刺瘤

图3　美丽异木棉的叶

图4　美丽异木棉的花

树高达15～18米，树形优美，树干粗大，干上着生瘤状刺。花生于叶腋或略呈总状花序。初冬时节花开满树，缤纷全冠，花粉红色且大而多，极为美观。喜光，喜高温多湿环境。栽培土质以肥沃的壤土或砂质壤土为好。采用嫁接繁殖或种子繁殖。

美丽异木棉在中国云南、广东、海南等南方地区引种栽培用于庭园绿化。常在广场、办公楼前三五株丛植作为风景树，或列植于公路的隔离带作为行道树。

（刘　勐）

美女樱　garden verbena; *Glandularia×hybrida*　马鞭草科马鞭草属多年生草本植物。又称草五色梅、铺地马鞭草、铺地锦、四季绣球、美人樱。美女樱原产于巴西、秘鲁及乌拉圭等地。同属植物有125种。

全株有细绒毛，植株丛生，茎四棱。叶对生，深绿色。穗状花序顶生，开花部分呈伞房状，花小而密集，有白、粉、红、玫瑰红、紫、蓝、雪青等不同花色，也有复色品种，略芳香。分枝低矮，紧密，匍匐地面，花序繁多，品种丰富，有匍匐型和矮生型。匍匐型高30厘米，株幅60厘米，适宜种植钵用；矮生型高20厘米，适宜花坛使用。花期为5～11月。性甚强健。

美女樱茎秆矮壮匍匐，为良好的地被材料，可用于城市道路绿化带、坡地、花

图1 美女樱

图2 美女樱的根

图3 美女樱的茎和叶

图4 美女樱的花

坛等。可混色种植或单色种植，多色混种五彩缤纷，单色种植能形成色块。全草也可入药，有清热凉血的功效。

（王 雁）

美人蕉 India canna; *Canna indica* 美人蕉科美人蕉属多年生草本植物。美人蕉主要分布于美洲热带、亚洲热带和非洲。美人蕉属有51种，园艺栽培的美人蕉多为杂交种及混杂群体，主要亲本种除美人蕉（*C. indica*）外，还有黄花美人蕉（*C. flaccida*）、鸢尾美人蕉（*C. iridiflora*）及紫叶美人蕉（*C. warscewiezii*）等。

具粗壮肉质根茎，地上茎直立不分枝。叶互生，宽大，叶柄鞘状。单歧聚伞花序排列呈穗状或总状，花期自夏末至秋

图1 美人蕉

图2 美人蕉的叶

图3 美人蕉的花

图4 美人蕉的果实

图5 美人蕉的种子

初。雄蕊数枚均瓣化为色彩丰富艳丽的花瓣，最具观赏价值；雌蕊亦瓣化形似扁棒状。蒴果球形，种子黑褐色。

性喜温暖炎热气候，喜阳光充足及湿润、肥沃深厚的土壤环境，可耐短期水涝。适宜生长温度为25～30℃。通常用分株繁殖。

庭院中多大片自然式丛植，或用于花坛中心、花境背景，也可于建筑物或灌木前衬植。根茎可入药，茎叶纤维可制人造棉、绳索等。

（葛 红）

闷棚 greenhouse high temperature treatment 在夏季棚室休闲期用塑料薄膜密封大棚使棚温升高到60℃以上，利用高温杀菌消毒的措施。又称高温闷棚。闷棚用于解决土传病害中的真菌性病害、细菌性病害、根结线虫病以及土壤板结、酸化等问题。一般针对5年以上的大棚或日光温室使用。

方式方法 针对不同状况的大棚和温室，闷棚的方式方法不同。①发病较重，存在不同程度盐渍化的大棚。在棚内地面铺撒1千克/米^{2}碎稻草或麦秸和0.1千克/米^{2}石灰氮，旋耕2遍，使之与土壤混合均匀，起垄，盖上地膜，沟内灌水，密闭大棚。白天棚内温度可达70℃以上，20厘米深层土温度40～50℃，持续闷棚20天左右，可起到消毒和降盐的作用。②耕作层不足20厘米，板结盐渍化严重，或根结线虫普遍发生的大棚。首先深翻土壤30～40厘米，然后铺撒石灰氮和粉碎秸秆，旋耕2遍，使之与土壤混合均匀，起垄并覆盖地膜。沟内灌水后，于6月中旬至8月底密闭大棚进行高温闷棚。温度越高，杀虫、灭菌效果越好。③病虫危害轻，或上一年进行过严格消毒的大棚。采取简易的沟垄交替免耕法进行高温闷棚，即将原来的走道深挖至宽30～40厘米、深25～30厘米，就地将蔬菜秧、鲜秧蔓（30 000～45 000千克/公顷）或干秸秆（9000～15 000千克/公顷）、石灰氮（750千克/公顷）与将施用的有机肥一并施入沟内，回填垄背土。整平后撒施225千克/

公顷石灰氮，然后将垄背土覆盖在上面，形成新的垄背。覆盖地膜，沟内灌水，闷棚20天左右。同时注意清洁棚膜，保持良好的透光性，提高消毒效果。揭膜晾5～7天，直接种植下茬作物。若种植夏秋茬作物，可直接播种，无须施用其他肥料。

注意事项　高温闷棚的注意事项：①合理安排闷棚时间。闷棚时间不宜过长，否则会严重损伤棚膜。夏季高温闷棚1个月，棚膜的老化程度相当于平常使用1年，因此夏季不能无限制地进行高温闷棚。②及时补充土壤养分。高温闷棚后，土壤中有害菌和有益菌同时被消灭，必须增施生物菌肥，否则**蔬菜**定植后如遇病菌侵袭，很可能会大面积发生病害，特别是根部更容易发生病害。③闷棚时，要把常用工具放到棚室内消毒，以杜绝或减少外来病菌或线虫的再次侵入。

（郭仰东）

蒙顶甘露茶　Mengding Ganlu tea　产于中国四川省雅安市名山区的卷曲形**绿茶**。蒙顶甘露茶最早见于文字记载是明嘉靖二十年（1541），《雅安府志》记有“上清峰产甘露”。“甘露茶”的来历有两种说法，其一是纪念蒙山植茶祖师吴理真，“甘露”，梵语是“念祖”之意；其二是茶汤似甘露。蒙顶甘露茶最早产于中国四川省雅安市名山县（今名山区）蒙顶山，后区境内均生产。

采制技术　鲜叶采摘于每年春分时节，当茶园中有5%芽头，第一片真叶初展，即可开园采摘。初采单芽和一芽一叶初展，随着气温的升高、芽头长大，采一芽一叶初展和一芽二叶初展。

适制蒙顶甘露茶的茶树品种主要有四川中小叶群体种、**福鼎大白茶**、名山131、特早213、名选311等品种。采摘标准为：特级鲜叶采一芽一叶初展，一级鲜叶采一芽一叶，二级鲜叶采一芽二叶初展，要求芽叶匀整，嫩度一致。

加工工艺　主要工艺流程为鲜叶摊放→高温杀青→初揉→炒二青→复揉→炒三青→三揉→做形→初烘→匀小堆→复烘→匀堆入库。①鲜叶摊放。将鲜叶摊放在大簸箕里或篾晒席上，厚度4～5厘米，时间5～6小时，以散失部分水分，使芽叶变软。②高温杀青。投叶量400克左右，锅温140～160℃。下锅后，先将茶鲜叶翻炒1～2分钟，再进行抖炒，时间为2～3分钟，逐渐降低锅温，使鲜叶杀匀、杀透；然后再适当闷炒，闷炒时间为1～2分钟。杀青适度标准为：手捏叶子松软，稍有弹性，叶色由鲜绿转为暗绿，表面失去光泽，青草气散失，茶香显露。杀青后迅速摊放，使芽叶水分重新分布。③初揉。将杀青叶放在簸箕里，先采用推揉手法，用力由轻逐步到重，再由重逐步到轻。当叶子往返推揉2～3分钟后，叶片基本成条，再进行适度团揉，即完成头揉工序。④炒二青。锅温100～120℃，操作手法以抖炒为主，炒至二青叶含水量45%左右为适度。⑤复揉。揉捻手法与头揉相同，滚揉2～3分钟，转为团揉，中途须解块一次。推揉时间6～8分钟，中间团揉解块3～4次。⑥炒三青。操作仍以抖炒为主，锅温60～80℃。⑦三揉。先团揉，然后滚揉1～2分钟，再团揉。滚团揉捻反复进行3～4次，全程6～7分钟，使叶片卷紧成细条，揉捻结束，放到锅中解块做形。⑧做形。做形锅温宜掌握在50～70℃，经过3～4分钟的反复团揉解块，茶叶形状基本固定。此时适当提高锅温，加速团揉，促使茶叶白毫显露，形成蒙顶甘露茶多毫的外观品质。⑨初烘。采用烘笼烘焙，每次撒上做形茶叶100克左右。烘焙应低温慢烘，温度保持在45～50℃，2～4分钟翻动一次，以保持甘露茶的香气。⑩匀小堆。将做好的小锅茶分别进行审评，干看形状、色泽基本接近且无其他问题的合并成500克左右的小堆。⑪复烘。将经匀小堆的茶叶进行复烘，每次数量500克左右，烘至茶叶含水量约5%。⑫匀堆入库。匀堆是保证产品质量稳定的重要措施。其做法是将已匀小堆的复烘茶进行干看，如发现形状、条索、色泽、香气有问题，可开汤审评，分类匀堆，并找出存在的问题，提出改进意见；同时拣出劣茶，筛去茶末，然后包装成4～5千克/包，装箱入库。

品质特征　外形紧秀匀卷，色泽翠绿油润，细嫩显毫，香气嫩香馥郁，滋味鲜嫩爽口，汤色黄绿鲜亮，叶底嫩黄匀亮。

（王　云）

蒙顶黄芽茶　Mengding Huangya tea　产于中国四川省雅安市名山区的**黄茶**。最早产于中国四川省雅安市名山县（今名山区）蒙顶山，后区境内均产黄芽。采摘单芽，以芽肥壮著称，因芽色黄而得名。从蒙山名茶工艺发展历史来看，黄茶类起始时间略迟于**绿茶**。黄茶属于发酵茶类，在初烘后再加一道发酵（渥黄）工序。

加工工艺　蒙顶黄芽茶的制造分采摘、杀青、初包、二炒、复包、三炒、摊放、整形提毫、烘焙、包装等工序。由于芽叶特嫩，要求制工精细。①采摘。采摘时间在春分前后。采摘标准为单芽与一芽一叶半初展（俗称鸦鹊嘴），芽头肥状，大小匀齐；每500克有1万个芽头左右，不采真叶已开展的空心芽、病虫芽等。②杀青。杀青锅口直径50厘米左右，锅底光平，用木柴或电加热。先闷后抖，采用压、抓、撒手法结合，炒至茶香溢出、无青气时即为适度。③初包。目的是使芽色变黄，形成甜醇的滋味。操作时趁热用清洁草纸将杀青茶芽包好放在灶上，保持叶温，有利多酚类物质在湿热条件下自动氧化。初包时中间翻伴茶芽一次，使黄变均匀。④二炒。目的在于散发水分和初包闷气。操作手法是抖闷结合，重在拉直，初步形成黄芽的品质特征，炒至含水量45%左右即可。⑤复包。目的是使芽内的酚类物质进一步氧化变成黄色。复包时须保持一定温度，时间60分钟左右。⑥三炒。操作与二炒相同，炒至含水量降为30%～35%。⑦摊放。目的是使水分重新分配，多酚类物质缓慢氧化，达到黄色、黄汤。摊放时将三炒芽撒在垫有草纸的细篾簸上，厚度5～7厘米，再盖草纸多层保温，摊放36～48小时。⑧整形提毫。目的是使茶芽扁直、光润、露毫、散失水分，促进茶香。整形操作以拉直、压扁茶芽手法为主；提毫操作是将锅温提高，手握茶芽在锅中翻滚，提高芽温，待芽毫显露、形状固定、茶香浓郁时即可出锅。⑨烘焙。采用烘笼烘焙，每隔3～4分钟翻茶一次，烘至含水量5%左右时下烘摊放，包装入库。⑩包装。使用的小包装有铁听、纸盒、铝塑复合袋等。规格有50克、80克、100克等。

品质特征　外形扁平挺直，色泽嫩黄油润，全芽披毫，内质甜香浓郁，汤黄明亮，味甘而醇，叶底全芽黄亮。

（王　云）

猕猴桃　kiwifruit; *Actinidia* spp.　猕猴桃科猕猴桃属多年生落叶藤本植物。猕猴桃是中国特有果树资源，因猕猴喜食其果，故名猕猴桃。在国际上，因其果实形似新西兰国鸟基维鸟（kiwibird），故有英文名kiwifruit。猕猴桃属植物自然分布于以中国为中心，南起赤道（0°）、北至寒温带（北纬50°），但密集分布区在中国秦岭以南、横断山脉以东地区。猕猴桃属植物绝大多数为中国特有种，仅有尼泊尔的尼泊尔猕猴桃（*A. strigosa*）和日本的白背叶猕猴桃（*A. hypoleuca*）为中国周边国家特有分布。

起源与栽培历史　中国古代典籍中有诸多关于猕猴桃的记载，《诗经·桧风》中有“隰有苌楚，猗傩其枝；……隰有苌楚，猗傩其华；……隰有苌楚，猗傩其实……”的描述，其中“苌楚”即猕猴桃。公元前475～前221年的《山海经·中山经》中有关于猕猴桃更为详细的记载："又东四十里，曰丰山，其上多封石，其木多桑，多羊桃。状如桃而方茎，可以为皮张。""羊桃"这一名称至今仍在许多省份的山区沿用。唐代诗人岑参在《太白东溪张老舍即事，寄舍弟侄等》一诗中描述道："中庭井阑上，一架猕猴桃。"同一时期的《本草拾遗》中记载："猕猴桃味咸温无毒，可供药用，主治骨节风，瘫痪不遂，长年白发，痔病，等等。"可见当时已有人工引种猕猴桃，并被用作药物。北宋元丰五年(1082)，唐慎微著《证类本草》中载："味酸甘，……生山谷，藤生着树，叶圆有毛，其形似鸡卵大，其皮褐色，经霜始甘美可食。"从这些记载中可以看出，古人是将它作为一种野果食用的。

与中国悠久的猕猴桃民间应用历史相比，世界上其他国家猕猴桃产业的起源仅始于1904年。1903年，新西兰女教师M.I.弗雷泽利用假期看望她在宜昌苏格兰教堂从事传教工作的妹妹K.弗雷泽时，从当时在宜昌从事植物采集的英国植物采集家E.H.威尔逊处得到少许猕猴桃种子。1904年1月，M.I.弗雷泽返回新西兰时，将这些种子带到新西兰，辗转交给苗圃商人A.艾利森，使这些种子成为世界猕猴桃产业的发端。20世纪50～70年代是世界猕猴桃产业的规模商业化快速发展阶段，猕猴桃栽培出现集约化、规模化及全球化的发展趋势。优良品种"海沃德"的推出，对猕猴桃规模化、产业化起到决定性作用，至今该品种在世界猕猴桃市场仍占据重要地位。中国猕猴桃商业化栽培较新西兰起步晚，但发展速度快，自1978年全国性开展资源调查以来，至2010年中国猕猴桃的栽培面积和总产量已跃居世界第一。

种质资源 猕猴桃属植物种质资源丰富，包括54个种、21个变种，共75个分类单元，其中中国有52个种、73个分类单元。该属物种分布广泛，种间形态多样，尤其是果实等重要的农艺性状变异丰富，依据果实特征分为净果组、斑果组、糙毛组、星毛组四组。以鲜食为目的而广泛栽培的商业化种类为中华猕猴桃和美味猕猴桃，软枣猕猴桃和毛花猕猴桃也有少量人工种植。

猕猴桃是近代驯化栽培水果作物之一，栽培品种大多是从野生资源中直接选育的，只有少量品种是通过杂交或实生育种、**芽变选种**等育成。

形态特征 猕猴桃为功能性雌雄异株的多年生落叶藤本植物，在自然条件下，猕猴桃茎蔓攀缘于树木或其他物体上生长，植株可达5～7米或更高。猕猴桃进入结果期早，枝蔓自然更新能力强，寿命较长，可达百年以上。猕猴桃根多为肉质根，根系分布较浅，新生根初为乳白色，后变为浅褐色，老根外皮呈现灰褐色或黄褐色，内层肉红色。一年生根含水量高达84%～89%，含有淀粉。猕猴桃主根不发达，骨干根少，一般主根在侧根分生并旺盛生长后即趋于缓慢生长，直到停止生长。猕猴桃枝蔓节间明显，通常有皮孔，新梢颜色以黄绿色或褐色为主，多具灰棕色或锈褐色表皮毛。茎木质部有木射线，髓部呈实心、片层状或单孔，导管显著，枝蔓横切面有许多小孔，年轮不易辨认。猕猴桃枝蔓可分为**营养枝**和**结果枝**，营养枝又可根据其长势强弱分为徒长枝、普通营养枝和衰弱枝；结果枝一般着生于**结果母枝**中、上部和短缩枝的上部，根据其发育程度和长度，结果枝可分为长果枝、中果枝和短果枝。猕猴桃的芽外包有3～5层黄褐色毛状鳞片，1个叶腋间通常有1～3个芽，中间较大的为主芽，两侧为潜伏状副芽。主芽分为花芽和叶芽，花芽为混合芽，芽的萌发率因种类和品种而异。不同种类猕猴桃花的大小、颜色不同，雌花和雄花都是形态上的两性花、功能上的单性花。雌花多为单花，间或呈聚伞花序，雄花多为多歧聚伞花序。猕猴桃果实为浆果，表皮被绒毛、硬刺毛或无毛，子房上位，由34～35个心皮构成，每一心皮具有11～43个胚珠，胚珠着生在中轴胎座上，一般形成两排，可食用部分主要为中果皮和胎座。猕猴桃种子很小，一般种子表面有条纹或龟纹。种子长圆形，成熟的新鲜种子多为深褐色或黑褐色，干燥的种子黄褐色。

图1 猕猴桃的枝蔓和叶

图2 猕猴桃的花

图3 猕猴桃的果实

图4 猕猴桃的果实剖面和种子

栽培管理 猕猴桃栽培管理包括苗木繁殖、园地建设和田间管理。①苗木繁殖。主要采用嫁接繁育，种子采集后经过处理使其度过休眠期，后播种于苗圃中，待实生苗生长到一定粗度后可进行嫁接。除伤流期外，猕猴桃嫁接全年均可进行，嫁接方法有劈接、切接、芽接、舌接等多种，春季伤流期之前为最佳嫁接时期。商业化的猕猴桃苗木多采用中华猕猴桃或美味猕猴桃的实生苗作砧木，美味猕猴桃砧木嫁接植株长势旺、适应性较强。②园地建设。猕猴桃园地选择应注意园地气候、土壤等环境条件与猕猴桃品种生物学特性要求相适应，做到适地适栽。定植时根据品种、园地条件、架式等因素选择合理的栽植密度，同时应搭配花期与雌性品种一致的雄性授粉树，雌雄株比例一般为（5～8）:1。③田间管理。猕猴桃果园土壤管理宜采用行间生草，并及时刈割，对株间和树盘进行覆盖，每2～3年根据草种更新，对全园进行深翻一次，以改良深层土壤结构。果园施肥量与施肥次数应根据树龄、树势、各物候期需肥特点和结果情况等而定，一般每年施肥2～3次，包括萌芽肥、壮果肥、采果后的基肥。猕猴桃根系对水分要求比较严格，既怕旱又怕涝，保持适宜的土壤湿度的同时做好果园排水，对其正常生长发育至关重要。

猕猴桃生长过程中需要有支架供其攀

缘，栽培时应根据当地条件、种植品种特征及果园投资能力，选择合适的架式和架材。主要采用的架式有水平大棚架、"T"形架和篱架，生产上采用的树形大多是"一干两（单）蔓羽状树形"和"单干多主蔓开心树形"。幼苗定植后，从嫁接口以上3～5个饱满芽短截定干，并从萌发新梢中选留一个生长势强的梢作为主干进行培养。猕猴桃植株的修剪依据品种生长习性、树龄、树势、架式等采用不同的修剪方式，主要有冬剪和夏剪。冬剪主要采用短截与疏剪相结合的方式；夏剪主要通过摘心、抹芽、扭梢、疏枝等措施改善果园通风透光条件，促进果实增大，提高产量和品质。

随着猕猴桃商业化栽培规模的扩大，一些危害水果和农作物的病虫也逐渐出现在猕猴桃果园，如猕猴桃细菌性溃疡病、花腐病、真菌性根腐病、果实软腐病、黑斑病、蚧壳虫、根结线虫等，且危害日趋加重，有些已对猕猴桃产业造成重大经济损失。因此，在栽培过程中一定要做好苗木检疫，加强栽培管理和病虫害防控。

贮藏与加工 猕猴桃果实采后，贮藏寿命和品质受其收获时的成熟度影响很大，采收过早或过迟都会影响果实的品质和风味。采收指标主要是干物质和果实可溶性固形物，且不同品种要求不同。通常采收时果实可溶性固形物含量，美味猕猴桃不得低于6.5%，中华猕猴桃不得低于7%。采收宜在无风的晴天进行，采摘时间以上午10点前气温未升高时为佳。采收时，要轻采、轻放，小心装运，避免碰伤、堆压。贮藏猕猴桃时，环境温度一般保持在1±0.5℃，不同品种的适宜贮藏温度有所不同，果实周围的相对湿度保持在98%以上，空气中的乙烯含量应低于0.01微升/升。

猕猴桃果实除了鲜食，还可以加工成各种食品、饮料。常见产品有猕猴桃果汁、猕猴桃果酒、猕猴桃果醋、猕猴桃酱、猕猴桃罐头、猕猴桃果脯、猕猴桃果仁油、猕猴桃化妆品等，还有半成品浓缩果汁、原果汁、冷冻果片、猕猴桃粉等。

价值与用途 猕猴桃作为一种新兴水果，以其独特风味、丰富营养、健康保健作用而闻名。该属植物具有很高的综合开发利用价值。

食用价值 猕猴桃被誉为水果之王，其果实营养丰富，果实软熟后不仅风味酸甜适宜，香气浓郁，而且富含糖、维生素、矿物质、蛋白质、氨基酸等多种营养成分。与其他果品相比，每100克猕猴桃果实中维生素C含量一般为100毫克，高的可达1000毫克，比苹果高20～80倍；其所含维生素C在人体内的利用率高达94%。猕猴桃可溶性固形物含量7%～25%，总糖4%～14%，总酸0.6%～2.9%，还含有谷氨酸、天门冬氨酸等17种氨基酸，以及维生素B、维生素E、类胡萝卜素、果胶、粗纤维、多种酶类、抗癌物质芦丁和钾、钙、镁、锰等多种矿质元素，对保持人体健康具有重要的作用。

观赏价值 猕猴桃藤蔓缠绕盘曲，枝叶浓密，花颜色多样，花量多，气味芳香，果形多样奇特，适用于花架、庭廊、护栏等垂直绿化，有很高的观赏价值。

药用价值 据《新华本草纲要》记载，猕猴桃治"烦热，消渴，消化不良，食欲不振，呕吐，黄疸，石淋，痔疮，烧烫伤"。猕猴桃根茎叶果中含有多种生理活性成分，具有多种药理作用。

猕猴桃果实维生素C含量高，有助于降低血液中的胆固醇和甘油三酯水平，起到扩张血管和降低血压的作用。猕猴桃果实浓缩物中的果仁油，具有调节血脂、抗过氧化、抗衰老、增强免疫力等作用。猕猴桃根茎提取物对于治疗肺癌、消化道肿瘤及保护肝脏有一定效果，根茎中的多糖具有抗细菌感染、抑制肿瘤增殖作用，对清除自由基、抑制脂质过氧化反应、维持细胞质膜的正常结构有一定作用，可避免细胞的损害，减轻肝脏脂质代谢障碍所引起的肝损伤。

经济价值 猕猴桃的茎皮和髓中富含优质的胶液和胶质，尤其茎皮中的水溶性胶液黏性强，可作为造纸、建筑等的黏合剂。

（方金豹 钟彩虹）

米仔兰 chu-lan tree; *Aglaia odorata* 楝科米仔兰属常绿灌木或小乔木。又称山胡椒、暹罗花、树兰、鱼子兰、兰花米、碎米兰。米仔兰开花时每一个枝条上着生70～100朵小花，因花很小，只有米粒大，被称为米仔兰。产于中国广东、广西，常生于低海拔山地的疏林或灌木林中。福建、四川、贵州和云南等省常有栽培。

图1 米仔兰

图2 米仔兰的花

图3 米仔兰的果实

幼苗时较耐荫蔽，长大后喜温暖、湿润的气候，怕寒冷；适合生长于肥沃、疏松、富含腐殖质的微酸性砂质土中；对低温十分敏感，很短时间的零下低温就能造成整株死亡。当温度达16℃左右时，植株抽生新枝，但生长缓慢，不能形成花穗；气温达25℃时，生长旺盛，新枝顶端叶腋孕生花穗。繁殖方式以扦插法和压条法为主。扦插法于4月下旬至6月中旬进行，压条法于4～8月进行。

有一变种小叶米仔兰（*A. odorata* var. *microphyllina*），与米仔兰的主要区别在于：叶通常具小叶5～7枚，间或有9枚，狭长椭圆形或狭倒披针状长椭圆形，长在4厘米以下，宽8～15毫米。产于海南，生于低海拔山地的疏林或灌木林中，中国南方各省区有栽培。

米仔兰可用作盆栽，既可观叶又可赏花。花醇香诱人，为优良的芳香植物，开花季节浓香四溢，可用于布置会场、门厅、庭院及用作家庭装饰；落花季节又可作为常绿植物陈列于门厅外侧及建筑物前。米仔兰枝、叶均可入药，用于治疗跌打、痈疮等；花可用于治疗气郁胸闷、食滞腹胀。

（王 雁）

蜜蜂授粉 bee pollination 农业生产中利用蜜蜂对植物进行授粉，以促进结实、增加农作物产量的技术。在全球现代农业系统中，油料作物、牧草作物、瓜果类、蔬菜类和果树类等主要依赖蜜蜂授粉，蜜蜂授粉在农业生产中具有显著的经济价值和社会效益。

增产机理　蜜蜂采集花粉后，将异花的花粉带到花器官上实现受精，受精后产生一系列生理反应。蜜蜂使植物及时且较好地实现异花授粉，有利于丰富植物的遗传物质基础，提高其适应能力和抗逆性。这也是提高作物产量和改善作物品质的主要原因。蜜蜂对植物的交叉授粉可以提高植物后代的遗传变异，这些遗传变异使植物能更好地适应环境，占据更合适的生态位。

世界上大部分农作物属于虫媒植物，作物通过昆虫授粉可提高产量，改善果实和种子的品质，提高后代的生活力。尽管双翅目的蝇类、鳞翅目的蝶类和鞘翅目的甲虫类等许多昆虫都可以为农作物授粉，但是膜翅目的蜂类具有独特的形态结构和生物学特性，在授粉昆虫中占绝对的主导地位，是农作物最理想的授粉者。

作用　在现代化农业生产中，尤其是在设施生产中，蜜蜂授粉可代替繁重的人工授粉，降低劳动成本。在设施瓜果类和水果类等的生产过程中，蜜蜂授粉还可以取代2,4－二氯苯氧乙酸（2,4-D）等植物生长调节剂的使用，不仅可以促进坐果，提高产量，更为重要的是蜜蜂授粉改善了果实品质，避免了激素污染，有利于消费者的身心健康。利用蜜蜂授粉还可进行农作物病虫害的生物防治，减少化学农药的使用。所以，农作物利用蜜蜂授粉，不仅经济效益显著，而且社会效益和生态效益深远。（郭仲东）

苗木快繁与脱毒　rapid propagation and virus elimination of nursery stock　在离体条件下，通过人工创造适宜的光照、温度及湿度等环境条件，并提供充足养分及植物生长调节剂等促进生长的因素，在短期内繁殖出大量性状稳定一致并脱离病毒的苗木的技术措施。苗木快繁一般指离体组织培养快繁，离体快繁不仅可以快速繁殖果树苗木，还可通过附加一定程序来脱除果树苗木所携带的病毒。果树苗木除了可以通过瓶内组织培养进行快繁外，还可以在瓶外通过提供适宜的环境条件和喷施植物生长调节剂等手段进行扦插等方式的快繁，但原理同离体组织培养快繁苗木相似。本条目主要介绍培养容器内的苗木离体快繁。

为保证果树品种特性，须采用无性繁殖的方法进行苗木繁殖。常规的果树苗木繁殖方法如嫁接、扦插等的繁殖系数低，且受季节限制，苗木整齐度也难以保证。组织培养技术的出现，为快速繁殖果树苗木提供了可能。1960年法国科学家G. M. 莫雷尔提出了利用茎尖离体快速无性繁殖兰花属植物的方法，推动了兰花工业的形成和发展，这一技术迅速在香蕉、草莓、菠萝、葡萄等果树的苗木繁殖中得到应用。

特点　与传统的果树苗木繁殖方法相比，离体快繁的繁殖系数很高，如葡萄苗木快繁一年内可由1株增至3万株，草莓苗木快繁理论上一年可由1个顶芽增殖出数千万个芽。离体快繁是在恒温、恒湿、光周期可控的环境中进行，可以周年生产，不受自然环境条件影响。同时，培养基中营养成分丰富，增殖材料的繁殖速度迅速，一般一个月即可增殖一代，且生产的苗木整齐一致。此外，与传统的田间果树苗木繁殖相比，离体快繁占用的空间很少，一间数十平方米的培养室即可繁殖数十万株果树苗木，而且管理方便，条件可控，节省了人力、物力。

果树材料易感染病毒，常规无性繁殖会加速病毒的积累，导致病毒危害日益严重，造成产量和品质下降，甚至绝产。利用离体组培快繁并结合微茎尖接种、热处理等手段，不仅可以快速繁殖果树苗木，还可有效脱除材料所携带的病毒。利用离体培养获得的组培脱毒苗不仅可以脱除病毒，还能有效提高苗木的生长势，增加产果量。如草莓的脱毒苗产量要比普通苗产量提高1/5～1/2，番木瓜和柑橘等脱毒后的产量和品质也得到有效提高。

材料选择　果树苗木快繁时，首先要选择合适的母株和适宜的外植体材料。应采用品种纯正、性状稳定、生长健壮、无病虫害的植株作为快繁母株，以保证快繁后代苗木的质量。植物细胞具有全能性，理论上母株的任何器官或组织都可以用来进行无性繁殖，但在果树苗木快繁时，优先选择顶芽或腋芽、带芽茎段等作为离体快繁的初始外植体材料。这是因为以芽生芽的增殖方式获得的后代变异率低，而采用叶片等材料作为初始外植体时往往需要经过细胞的脱分化和再分化过程，可能导致快繁后代变异率的提高。

快繁的同时如需进行脱毒处理，则在材料选择时更为严格。一般选择上述标准母株的微茎尖（1毫米以下）进行接种。这是由于病毒在果树体内分布不均匀，在快速分裂增生的茎尖顶端分生组织内几乎不含病毒。此外，对母株材料进行一定时长的高温或变温热处理，可以钝化病毒活性，进一步有效提高脱毒苗的获得率。

培养　快繁初始材料选择好后须进行初代培养，在含植物生长调节剂（一般包括细胞分裂素类和生长素类物质）的培养基（含丰富的无机盐、有机物和维生素等营养成分）上进行培养，诱导外植体启动生长。

外植体启动生长后转入增殖培养基，一般选用细胞分裂素浓度较高的培养基配方加速材料的增殖，但也不能过高，以免引起变异或玻璃化苗等无效苗的产生。增殖继代时须对材料进行切割接种，一般采用芽丛切割或茎段切割的方式进行。增殖继代周期一般为4～6周一次。增殖阶段芽苗呈几何级数增长，继代次数越多，获得的苗木数量越多。但随着增殖继代次数的增加，变异率也会相应地提高，因此在果树苗木快繁时应注意控制增殖继代次数，如香蕉继代培养代数应控制在8代以内，8代之后变异率快速提高，将给香蕉种植者造成损失。继代达到一定次数后，应及时重新选取田间外植体建立无性繁殖系。

快繁增殖后获得的通常是无根的芽苗，在移栽入田之前须进行诱导生根培养，形成一个完整的植株。果树快繁苗木一般采用培养容器内生根的方法，在培养基中降低无机盐含量，降低或撤除细胞分裂素，提高生长素浓度，诱导根的形成。

移栽　在果树快繁苗木下地移栽前须进行炼苗驯化。由于离体快繁是在高湿度的人工条件下增殖，苗木难以马上适应外界环境条件，应打开瓶口，使其逐渐适应外界条件，否则可能导致其萎蔫死亡。移栽时应注意洗净根部附着的培养基，防止下地后微生物繁殖或虫咬而导致死苗。

如快繁的果树苗木是脱毒苗，则须在下地移栽或销售前进行病毒检测，鉴定是否完全脱除病毒。果树苗木的快繁及脱毒已经得到广泛应用，在香蕉、草莓等树种中已成为常规苗木生产方法。

（刘月学）

苗圃　nursery　培育和生产优良苗木的园地。苗木是园艺作物生产、农作物生产、造林和园林绿化等活动的重要基础，良好的苗圃是实现集约经营、生产优质高产苗木、降低经营成本的重要条件。苗圃种类按培育苗木的用途，可分为森林苗圃、园林苗圃、果树苗圃、蔬菜苗圃、花卉苗圃和药用植物苗圃等；按照种植面积，可分为大型苗圃、中型苗圃和小型苗圃；按照经营模式及发展方向，可分为生产性苗圃、流转性苗圃、综合性苗圃；按照苗木的种植方式，可分为设施苗圃和露天苗圃；根据经营年限，可分为固定苗圃和临时苗圃；另外，还有专用作苗木学实验的苗圃称为实验苗圃。根据市场需求、自身优势和资金水平等因素确定苗圃的类型，如果市场用苗量大、集中及资金充足，可选择建设固定、大型和综合性苗圃；如果在新开拓区域，则可建成临时、流转性和小型苗圃。苗木需求尚小的地方，不宜建大型或综合性苗圃，否则难以形成规模，易导致经营失败。

苗圃规划和建设　苗圃地选择要力求邻近苗木用地，交通方便，有足够的劳力来源、水源和电力供应，特别是要有良好的自然环境条件。圃址应避开风口、水淹及霜害严重的地方，远离工厂或医院等可能的污染源，病虫害蔓延之地更不宜用作苗圃地。进出苗圃的道路要好，能承受装载大吨位的载重汽车通行，保证苗木的运输和出售。选背风向阳、日照好的缓坡地或开阔平地建圃，地面坡度以小于2°为宜，坡度大的首先修成梯田，起伏不平的地块不应选用。地下水位要在1.5米以下，并且一年中变化不大。园地土壤以土层深厚的沙壤、壤土或轻黏壤土为宜，其理化性能好，适于土壤微生物活动，下层有硬盘或石砾多者不适宜，土壤以微酸性至中性为宜。圃地要有充足的水源，排水良好，以盆栽苗木为主的苗圃更需靠近河流或水库等水源。可根据苗圃的面积和日需水量选择挖井、筑塘或引渠以供灌溉。在苗圃里正确选择物种也很重要，要有特色且能顺应市场行情，“订单生产”是发展趋势。进行规模化和专业化生产，力求建成苗木质量好、出圃快和品种优的具有较强竞争力的苗圃。

根据苗圃的面积、生产任务、苗木的生长特点、圃地的自然环境等进行合理的苗圃区划，以充分利用土地、保证苗木质量、便于经营管理和机械化操作为原则，苗圃生产用地最好呈方形或矩形。苗圃主要包括播种区、营养繁殖区、大苗区、母树区和辅助用地等。

播种区　幼苗对不良环境条件的抵抗力弱，须精细管理，最好设在地势平坦、土壤肥沃、排灌方便、背风向阳的地段。可建立育苗中心，利用温室结合自动播种机、自动喷灌系统和智能农业温室控制系统等设备，进行精准作业和工厂化生产，从而育出大量高品质的苗木。

营养繁殖区　营养繁殖区不像播种区要求那么严格，但也要求土层深厚、土壤疏松、地下水位较高、灌溉方便等。由播种区和营养繁殖区繁殖出来的苗木需要进一步培养成较大苗木时，则应移入移植区进行培养，根据苗木规格要求和生长速度等一般隔2～3年移植一次，且加大株行距，因此移植区占地面积较大，对土壤和地势的要求依苗木而定。

大苗区　用于培育体型和苗龄较大并经过整形的各类大苗，可直接出圃，最好设在靠近苗圃主干道或外围运输方便的地方。

母树区　为获得优良的种子、插条、接穗等繁殖材料，需要建立供采种和营养器官采集的母树区，面积不需太大，可利用零星地块，要求土壤深厚、肥沃，地下水位较低的区域。对于乡土树种，可在防护林区域、路边和沟边等进行栽植。一些大型苗圃或综合苗圃在条件允许的情况下可建立引种驯化区，用于引进新树种和品种，进而推广。根据苗圃的具体任务和要求，也可设立试验区、标本区和温室区等。

辅助用地　主要包括道路系统、排灌系统、防护林带、管理区的房屋场地等，占地面积为苗圃的15%～25%。①道路系统包括主道、支道、步道和周围圃道等，能保证生产期间车辆、机具和人员的正常运行即可。②苗圃的排灌系统是保证苗木健康生长的重要设施，包括水源、提水设备、引水设施和排水沟等，采用的灌溉技术有微喷、智能节水灌溉等。排灌系统结合道路统一规划，多在主干道路两侧设排灌系统。③建防风林带主要是为创造良好的小气候条件和适宜的生态环境，以利苗木生长。一般情况下，防风林带的有效防风距离是树高的15～20倍，可根据需要设置辅助防风林带。防风林带要求种植适应性强、生长迅速、树冠高大的乡土树种。④建筑管理区应设在方便、地势较高、接近水源电源的地方，以不占优质土地为原则。种子储藏室、仓库、厩舍等设在有利于育苗操作搬运的道口，并应适当远离办公楼、实验室和宿舍区。为积累资料、统筹生产、掌握进度，必须建立档案制度。档案内容主要包括设计图、土壤类型、树种栽植图、苗木销售档案和土地轮作档案等。

按照规划项目方案进行苗圃建设，包括水、电、通信、建筑、道路、排灌系统等工程施工、土壤改良和防护林营建等，其中水、电、通信是搞好基建的先行条件，应最先安装引入。在建设过程中要做到合理组织和协调分工，以按时保质完成建设工作。

苗木培育和管理　苗木可通过实生播种和营养繁殖进行育苗。在森林苗圃、蔬菜苗圃和园林苗圃等常用实生播种繁殖苗木。用种子播种可以在短时间内培育大量苗木，方法简便，苗木适应性强且一般不带病毒，但这样培育出来的苗木容易出现性状分离，不能保留原有树种的性状，如重瓣榆叶梅播种苗大部分退化为单瓣。为保证所育苗木具有母本的优良性状或繁育不结实或少结实的树种时，常采用营养繁殖进行育苗，在果树苗圃中应用较广。营养繁殖包括嫁接、压条、扦插、分株、组织培养等方法，其中传统的扦插和嫁接方法很实用，结合现代科技和设施设备，在生产技术上不断创新，如全光照喷雾扦插系统等。组织培养繁殖系数高，可进行工厂化高效育苗，且组织培养所用的外植体能脱去植物的病原菌和病毒，保持优良的种性，因此具有很好的应用前景。

在苗木抚育管理过程中，合理施肥、适时用药、适当修剪、及时中耕除草和移植等，能够保证苗木成活率，促进苗木快速健壮生长，缩短生产周期和尽早培育大苗。为保证苗圃土地肥力不减退，土壤有良好的结构及减少病虫害等，须对苗圃进行整地、施肥和轮作等工作。

苗木出圃　是育苗的最后环节，主要包括苗木调查、起苗、分级统计、假植和包装运输等工作，这一系列工作对苗木的质量和成活率至关重要。①苗木调查既可以准确制订苗木分配调运计划，也可以总结育苗经验，从而更好地培育优质苗木。调查依据树种、育苗方式、苗木规格和苗木年龄等进行抽样和分批进行。②起苗和分级统计可同时进行，目的是保证苗木的质量和数量，起苗时要做到少伤根，把不同规格的苗木分开，便于统一管理。常绿树种的苗木，起苗后应适当修剪部分的叶片，减少蒸腾量。③假植。起苗后尽量随起随栽，但也有可能遇到起苗后不能及时运走或运到后不能马上栽植等情况，为避免风吹日晒造成苗木脱水影响成活率，须对苗木进行假植，遵循的原则是“疏排、深埋、踩实”。④苗木的包装能防止运输过程中遭受机械伤害，防止根部缺水干枯等情况发生，运输距离短的可不必包装，距离远的或需周转多次的必须进行包装，包装材料可就地取材，选择质地轻、坚韧，能保水又不易传热发霉的材料为好。包装后贴上标签，注明树种、数量、苗木等级等信息。运输过程如天气干燥要适时适量浇水，注意检查苗木的状态，到达目的地后要及时打开包装进行栽植或假植。

（杨转英）

闽北乌龙茶　Minbei oolong tea　中国福建省南平市地域所产的半发酵茶。包括武夷岩茶及其他各县（市、区）生产的乌龙茶。主要生产地有福建武夷山、建阳、建瓯、邵武等。主要种植品种有**大红袍**、水仙、肉桂、矮脚乌龙，以及一些引进品种如105（黄观音）、204（金观音）等。

生产简史　乌龙茶在明末清初创制于闽北武夷山。清初僧人释超全在武夷山天心永乐禅寺为僧时，于1685年所著《**武夷茶歌**》和《安溪茶歌》中所记载的**武夷岩茶**成熟的制作方法是关于乌龙茶最早的文字记录。更加明确详细的岩茶制法记录则是迟于释超全几十年的崇安县（今武夷山市）县令陆廷灿所著的《续茶经》一书。乌龙茶制作工艺很快就传到了闽南和潮汕、台湾地区等，直接促进了福建安溪茶和广东工夫茶、台湾茶的兴起。

加工工艺　加工工艺流程为：采摘一芽三、四叶鲜叶，经萎凋（晒青和晾青）→做青（摇青和静置）→炒青→揉捻→干燥等工序制作而成。其工艺特点是重晒青，轻摇青，发酵程度相对较重。

品质特征　成品茶外形条索紧结壮实稍扭曲，色泽褐绿、带宝色，叶面带有似蛙皮状的小白点；汤色橙黄至橙红，香气馥郁持久，滋味醇厚；叶底软亮匀齐，叶缘朱红，具“绿叶红镶边”。

（李远华　叶江华）

《闽茶曲》 *A Poem about Fujian Wuyi Rock Tea*　七绝组诗。中国清代周亮工作。周亮工（1612～1672），清初文学家。字元亮，一字缄斋，又字陶庵，号栎园。

诗前有序：“闽茶实不让吴越，但烘焙不得法耳，予视事建安，戏作闽茶曲。”诗为：“龙焙泉清气若兰，士人新样小龙团。尽夸北苑声名好，不识源流在建安。”“御茶园里筑高台，惊蛰鸣金礼数该。那识好风生两腋，都从着力喊山来。”“崇安仙令递常供，鸭母船开朱映红。急急符催难挂壁，无聊斫尽大王峰。”“一曲休教松栝长，悬崖侧岭展旗枪。茗柯妙理全为祟，十二真人坐大荒。”“歙客秦淮盛自夸，罗囊珍重过仙霞。不知薛老全苏意，造作兰香诮闵家。”“雨前虽好但嫌新，火气难除莫近唇。藏得深红三倍价，家家卖弄隔年陈。”“延津廖地胜支提，山下萌芽山上奇。学得新安方锡罐，松萝小款恰相宜。”“太姥声高绿雪芽，洞山新泛海天槎。茗禅过岭全平等，义酒应教伴义茶。”“桥门石录未消磨，碧竖谁教尽荷戈。却羡钱家兄弟贵，新衔近日带松萝。”“沤麻浥竹斩栟榈，独有官茶例未除。消渴仙人应爱护，汉家旧日祀乾鱼。”

十首小诗介绍了闽茶自宋以来的演变历史，名为“戏作”，却生动活泼。该组诗每四句为一个中心内容，依次讲了以下十事：其一，大家夸北苑茶好，其实北苑茶就产于福建的建安。其二，元代于武夷山建立御茶园，园畔有喊山台。其三，崇安县令催交贡茶，武夷山的种茶道士一气之下把茶树都砍掉了。其四，武夷山茶业一度又兴旺起来而遍山栽茶，但百年后又衰落。其五，歙客闵汶水讥笑闽茶品质差。其六，此地的人认为陈茶比新茶好。其七，学习新安人改进**茶叶**盛装的方法。其八，作者品尝义茶。其九，作者看到蔡襄的《茶录》石刻，制茶人仿制松萝茶成功。其十，要爱护武夷君，汉代人曾用干鱼祭祀武夷君。

（刘伟华）

闽红茶　Fujian black tea　福建**红茶**的总称。闽红茶产自福建省，全称闽红工夫红茶。17世纪，武夷正山小种就漂洋过海远销英伦，因其风味别致，香美可口，备受英国贵族乃至皇室的喜爱。直至今日，红茶仍然是海外首选的茶饮料，世界茶叶市场80%的份额为红茶。

图1　正山小种红茶茶汤

图2　花果香坦洋工夫红茶

主要品种　闽红茶包括**小种红茶**、坦洋工夫、白琳工夫、政和工夫、**金骏眉茶**、**元泰红茶**、铁观音红茶、魏氏红等，产自中国福建省武夷山、政和、福安、永泰、南安等地。武夷山是世界红茶的发源地，最早出现的红茶是武夷山桐木的小种红茶。小种红茶分为正山小种、外山小种。①正山小种红茶。产于武夷山市星村镇桐木关一带，以庙湾、江墩为中心。所处环境海拔高，夏凉，云雾多，采茶期迟。②外山小种红茶。产于福建政和、坦洋及江西铅山等地。魏氏红由中闽魏氏茶企魏贵林创制。

18世纪中叶，在小种红茶基础上，创制出坦洋工夫、白琳工夫、政和工夫等红茶。①坦洋工夫红茶。相传于清咸丰、同治（1851～1874）年间，由福安市坦洋村人试制成功。1915年获得巴拿马万国博览会金奖。2016年入选中欧地理标志互认产品名单。②白琳工夫红茶。主产地为福鼎市中部的白琳镇，清代以来就有生产，盛于19世纪50年代，萌芽早、产量高。③**政和工夫红茶**。产于福建闽北的政和县。

金骏眉茶最早于2005年6月22日创制成功，以武夷菜茶的单芽为原料加工制作而成。元泰红茶，2006年9月由魏文生、陈安妮夫妇在福州创制而成。铁观音红茶由泉州林纨凯首创，选用铁观音为原料制成。

加工工艺　采摘鲜叶为原料，金骏眉茶为单芽，其他都为一芽二、三叶，经萎凋→揉捻→发酵→干燥等加工工艺制作而成。其中，小种红茶有采用松柏木明火加温萎凋和重烟焙干的工序，铁观音红茶采用包揉工序。

品质特征　小种红茶具有松烟香、桂圆味。坦洋工夫以坦洋菜茶芽叶为原料，传统工艺制作，外形细长匀整带白毫，色泽乌黑有光，汤色金黄，滋味醇厚。白琳工夫以**福鼎大白茶**、福鼎大毫茶等为原料制作，产制的红茶条索紧结纤秀，茸毫多，清鲜甜和。政和工夫以大白茶制作的大茶，条索肥壮、乌润，鲜甜浓厚，也有小叶种茶树群体种制作的茶滋味醇和。金骏眉茶条索紧结纤秀，茸毫多，色泽金黄、黑相间且色润，清鲜甜和，带蜜香，叶底呈古铜色。元泰红茶色泽乌润，汤色金黄，滋味醇和。铁观音红茶为颗粒形状，茶汤红亮，滋味鲜醇，香高韵长。

（李远华　叶江华）

闽南乌龙茶　Minnan oolong tea　中国福建省南部茶叶产区生产的乌龙茶。属半发酵茶，发酵程度介于红茶和绿茶之间。闽南乌龙茶由茶鲜叶经过萎凋、做青、炒青、揉捻（或包揉）、烘焙等一系列工序制作而成。主要品类有铁观音、永春佛手、黄金桂、漳平水仙、闽南水仙、白芽奇兰及闽南色种等。

生产简史　“乌龙”先为地名，后为茶树品种名。五口通商前后，中国茶叶出口欧美，武夷茶独树一帜，始有乌龙茶之称。此间，世界上出现了新的产茶大国（如印度、斯里兰卡等），国际市场对茶叶的分类也逐渐明确，属于半发酵的中国乌龙茶类始为国际公认，英文名称oolong tea也被普遍采用。中国福建是乌龙茶原产地，乌龙茶工艺源于北宋时期，成于明朝末期，兴于清朝中期。17～18世纪，闽南乌龙茶的制作工艺在闽北、闽南地区与海外的茶叶商贸交流过程中逐渐成熟。明末阮旻锡（释超全和尚，1627～1712）著《武夷茶歌》和《安溪茶歌》载“迩来武夷漳人制”和“近时制法重清漳，漳芽漳片标名异”，可知当时闽南漳、泉、安溪等地的乌龙茶加工技艺已相对成熟，加之后续不断完善创新，最终形成闽南乌龙茶的独特制作工艺，并传播至广东、台湾等地。

主产地区　戴云山脉为闽南乌龙茶中代表性产品安溪铁观音和永春佛手的传统主产区，包括安溪、永春、南安、德化、大田、仙游、沙县、尤溪、闽侯等主产县（市）；博平岭为闽南乌龙茶中优秀产品闽南水仙、平和白芽奇兰及诏安八仙茶等的主产区，包括漳平、连城、华安、南靖、平和、诏安、云霄、长泰等县（市）。

主要类型　闽南乌龙茶以加工工艺区分，可分为清香型和浓香型两种。①清香型乌龙茶。20世纪80年代，基于闽南乌龙茶传统工艺，融合区域品种、台湾制法、新技术等元素，逐渐衍生出清香型乌龙茶工艺。清香型乌龙茶具有明显的“三绿”特点，即干茶绿、汤色绿、叶底绿，主要代表为清香型铁观音。干茶外形紧结重实、匀整，为球形或半球形（俗称绿豆形），色泽翠绿润、砂绿明显；汤色金黄带绿、清澈明亮，香气清高持久，滋味清醇鲜爽、“音韵”明显；叶底肥厚软亮。②浓香型乌龙茶。主要代表为浓香型铁观音。干茶条索紧结重实、洁净匀整，色泽乌油润、砂绿显；汤色金黄、清澈明亮，香气浓郁，滋味醇厚回甘、“音韵”明显；叶底肥厚，软亮匀整，红边明。

加工工艺　加工工艺与乌龙茶初制工艺流程基本一致，即鲜叶采摘→萎凋→做青→炒青→揉捻（或包揉）→烘焙→毛茶。与传统乌龙茶做青技术相比，清香型乌龙茶具有“轻萎凋、轻摇青、轻发酵、薄摊青、长晾青、不堆青”的特点，即萎凋程度比传统的轻。摇青一般为2～3次，且摇青历时短，发酵程度也轻，叶片呈“一分红九分绿”的状态。晾青时每筛摊叶量0.3～0.5千克，摇青结束后晾青时间为15～20小时。杀青前不进行堆青处理等。做青多在空调间进行，该环境有利于温湿度调控。乌龙茶类型不同，对温湿度要求亦不同，如浓香型乌龙茶做青温度20～22℃，相对湿度70%～80%；清香型乌龙茶做青温度18～19℃，相对湿度65%～75%。低温做青有利于芳香物质的形成与积累，以及多酚类（特别是酯型儿茶素）等苦涩物质的转化。在一定湿度条件下，适当延长做青过程的摊晾时间，有利于提高清香型乌龙茶的品质。在后期烘焙过程中，两种类型的乌龙茶对于温度的要求亦有所不同，浓香型乌龙茶烘焙温度一般为105～150℃；而清香型乌龙茶烘焙温度较低，为105～125℃。

品质特征　闽南乌龙茶外形颗粒圆结重实，色泽砂绿油润或乌润；内质香气馥郁，滋味醇厚鲜爽回甘，汤色橙黄或蜜绿；叶底软亮、匀齐。　（孙威江）

名丛　famous bush　以单株或无性扦插繁育的少量同类型优异植株的总称。其中有些品种已成为省级品种。名丛的品质特征为外形条索紧结，色泽绿褐鲜润。以产武夷岩茶为主的中国福建省武夷山最为常见，如大红袍、白瑞香、肉桂、白鸡冠、水金龟、九龙珠、铁罗汉、白牡丹等。不同名丛各有特色，其中尤以大红袍、白鸡冠、水金龟、铁罗汉最负盛名，被称为“四大名丛”。　（韦　康）

名山早311　Mingshanzao 311; *Camellia sinensis* cv. *Mingshanzao* 311　1982年从中国四川省雅安市名山县（今名山区）境内群体茶园中采用单株选择、系统分离培育而成的茶树无性系品种。1997年由四川省农作物品种审定委员会认定为省级良种。无性系，灌木型，中叶类，特早生种。除四川省范围外，重庆、贵州、陕西等地引进栽植。

植株主干不明显，树姿较直立，分枝密。叶片呈上斜状着生，椭圆形，叶色深绿，叶面微隆，叶缘平整，叶尖渐尖，叶质柔软。花萼有萼毛，绿色5枚，花瓣乳白色7～10瓣，花冠直径4.2～5.3厘米，花柱长1.3～1.7厘米，1/4或1/3处分叉，分叉数3个，有茸毛；高于雄蕊。果实一般1～3室，圆形，黑褐色，中等大小。

春季萌发期特早，发芽整齐，密度大，芽叶持嫩性强，黄绿，多毫，一芽三叶百芽重59.8克。春茶一芽二叶含茶多酚17.6%、氨基酸3%、咖啡碱4.2%、水浸出物33.2%。产量中等，每亩可产100千克。适制绿茶。制得的绿茶外形紧结绿润，内质清香带栗，滋味鲜醇。抗寒性强，抗螨、小绿叶蝉较强。　（王丽鸳）

茗　Ming　中国茶的名称。茶芽，泛指茶。陆羽《茶经》：“其字，或从草，或从木，或草木并。其名，一曰茶，二曰槚，三曰蔎，四曰茗，五曰荈。”其原注：“周公云：‘槚，苦荼。’杨执戟云：‘蜀西南人谓茶曰蔎。’郭弘农云：‘早取为荼，晚取为茗，或一曰荈耳。’”《玉篇》：“茶芽也。”《韵会》：“荼晚取者。”宋徐铉《说文解字·新附字》：“荼芽也，从艸名声，莫迥切。”　（于良子）

《茗荈录》　*Records on Tea*　中国宋代茶书。陶谷著。陶谷（903～970），五代至北宋人，字秀实，邠州新平（陕西彬州市）人。本姓唐，避后晋高祖石敬瑭讳而改姓陶。历仕后晋、后汉、后周，入宋后累官至刑部、户部尚书。其“强记嗜学，博通经史，诸子佛老，咸所总览；多蓄法书名画，善隶书。为人隽辨宏博，然奔竞务进”（《宋史》卷二六九）。著有随笔集《清异录》等。《清异录》著于963～970年。书中包括天文、地理、草木等37类，共有600多条相关内容和注解，其中和饮食有关的有果、蔬、禽、兽、鱼、酒、茗、馔8个门类，共238条，占全书约1/3的内容。《茗荈录》为《清异录》其中的一部分，明代喻政从中辑录为《茗荈录》，有宛委山堂说郛本、涵芬楼说郛本、茶书全集本、清道光年间李锡龄校刊惜阴轩丛书本等版本。《茗荈录》近千字，分为18条，内容均为杂记唐至五代时期关于茶的故事，故事中对茶的特征描述很多已成为茶及茶汤的别称。　（于良子）

茗科1号　Mingke 1; *Camellia sinensis* cv. *Mingke* 1　由中国福建省农业科学院茶叶研究所于1978～1999年以铁观音为母本、黄棪为父本，采用杂交育种法育成的茶树无性系品种。又称金观音。2002年由中国农作物品种审定委员会茶树专业委员会审定为茶树国家品种。福建乌龙茶茶区有较大面积栽培，广东、湖南、四川、浙江、贵州、重庆等地有引种。

无性系，灌木型，中叶类，早生种。

植株较高大，树姿半开张，分枝较密。叶片呈水平状着生，椭圆形，叶色深绿，有光泽，叶面隆起，叶缘稍波浪状，叶身平，叶尖渐尖，叶齿较钝浅稀，叶质厚脆。花瓣7瓣，子房茸毛中等，花柱3裂。

春季萌发期早，芽叶生育力强，发芽密且整齐，持嫩性较强，芽叶紫红色，茸毛少。产量高。是适制乌龙茶、绿茶的茶树国家级优良品种。所制乌龙茶香气馥郁悠长，滋味醇厚回甘，“韵味”显，具有铁观音的香味特征，制优率高。抗性与适应性强。扦插繁殖力强，成活率高。

（成　浩）

《〈茗理〉诗并序》 *A Poem on the Production Principles and Preface of Rock Tea* 七言绝句。中国元末明初朱升作。朱升（1299～1370），元末明初政治家、道学家，字允升，安徽休宁人，是朱熹的五传弟子。元至正元年（1341）举人，至正五年任池州学正。后辞官隐居于歙县石门山，讲学不倦，人称枫林先生。

诗前有序：“茗之带草气者，茗之气质之性也。茗之带花香者，茗之天理之性也。治之者贵乎除其草气，发其花香，法在抑之扬之间而已。抑之则实，实则热，热则柔，柔则草气渐除。然恐花香因而太泄也，于是复扬之。迭抑迭扬，草气消融，花香氤氲。茗之气质变化，天理浑然之时也，漫成一绝。”诗为：“一抑重教又一扬，能从草质发花香。神奇共诧天工妙，易简无令物性伤。”

诗人从茶的制造入手，描述绿茶的制茶过程和原理，感慨制作茶叶是多么神奇而又绝妙。朱升认为，如果在制作过程中不破坏鲜叶的本性，那么经过一次又一次重复“抑”(即“闷炒”）和“扬”（即“抖炒”）的过程，鲜叶的草气就逐渐消失并转化融合成花香。所以，鲜叶的草气能够变化成花香，就是因为制茶的过程符合了天工（自然的规律或天理）。现在读来，依然符合茶理。

（刘伟华）

蘑菇 white mushroom; *Agaricus bisporus* 伞菌目伞菌科蘑菇属菌类。蘑菇属中双孢菇、四孢菇和大肥菇等几个不同种类的总称。蘑菇的人工栽培始于法国路易十四时代，18世纪初就有人在法国巴黎附近的石灰石废矿穴中进行人工栽培。从法国传到英国、德国、美国、荷兰等国，后传到中国、日本、韩国。中国于20世纪30年代开始，在上海、福州等沿海城市进行小规模栽培。世界上种植蘑菇最多的国家是中国、美国、法国、荷兰和英国。中国蘑菇的主要产区是福建、浙江、江苏、上海、四川、广东等省市。

形态特征　蘑菇是典型的伞状菌，其子实体伞形，由肉质的菌盖、菌褶、菌环、菌柄及根状菌索组成。整个子实体的表面呈洁白、光滑状。菌褶着生在菌盖的反面，呈片状，初期呈淡粉红色，成熟时呈深咖啡色，在每片菌褶的两侧着生许多担子及担孢子。蘑菇的菌丝体肉眼看呈白色绒毛状，在显微镜下菌丝有分隔及产生很多分枝。

生长习性　蘑菇属于草腐生菌，能从粪草中吸取生长发育所需的全部碳、氮、无机盐、水和其他物质。孢子萌发的最适温度为24℃左右，菌丝体生长阶段的温度为5～30℃，最适温度是24～25℃；子实体生长阶段的温度是5～23℃，最适温度是14～16℃。菌丝生长阶段，培养料含水量应保持在65%左右；子实体分化和发育阶段的空气相对湿度应提高到90%～95%。发菌阶段要适当保持菇房较高的CO_2浓度，以利于菌丝生长；在子实体分化和生长阶段，则要降低菇房的CO_2浓度，为蘑菇生长提供新鲜空气。蘑菇属于喜暗性菌类，菌丝体和子实体都可在黑暗中生长。菌丝体生长的pH为4.5～8.5，最适pH为7.0，子实体分化和生长的最适pH为6.5～6.8。

栽培　生产栽培中应选择菇色洁白，菇形圆整胖顶，柄短而粗，不易开伞，而且抗性强的品种。播种期以当地昼夜平均气温能稳定在20～24℃，约35天后下降到15～20℃为依据。培养料的种类有秸秆和畜禽粪肥；辅助材料包括有机肥、化肥及其他富含氮素营养的菜籽饼、豆饼等饼肥。播种前培养料要进行充分发酵，培养料湿度要求在65%左右，培养料的pH在7.5～8.0，并且要求培养料中无氨气。当气温在25℃左右，料温28℃以下时，可以进行播种。培养料厚度为16～20厘米，可以采用穴播法、条播法和撒播法相结合。在播种后20天左右，当菌丝长至料厚2/3时，对培养料进行覆土，覆土pH为7.5～8.0。覆土后向土粒喷水，使土粒无白心，隔5～7天再覆一层薄细土，总厚度以3～5厘米为宜。覆土后菇房温度控制在30℃以内，菌丝生长最适温度为22～24℃，覆土1周后，于子实体发育阶段，温度以下降到24℃以下为宜，最适温度为14～16℃。保持培养料的含水量在60%～65%，在菌丝体生长阶段空气湿度可控制在70%～80%，在子实体形成阶段空气湿度可控制在90%～95%。菇房内及时通风换气，引进新鲜空气。当蘑菇的菇盖直径长到1.8～4厘米尚未开伞时，即可采收。

用途　蘑菇味道鲜美，肉质肥嫩，营养丰富，是一种高蛋白、低脂肪、低热能的健康食品，具有多种保健和治疗作用。所含的大量酪氨酸具有降低血压，降低胆固醇，防治动脉硬化性心脏病等功能；所含的核糖核酸可诱导有机体产生能抑制病毒增殖的干扰素；所含的多糖还具有一定的防癌、抗癌作用。“健肝片”的主要成分就是双孢蘑菇的浸出液，是治疗肝炎的辅助药品，对于慢性肝炎、肝肿大、早期肝炎有明显疗效。蘑菇主要用于鲜食，也可生产罐装蘑菇、冷冻鲜菇及蘑菇罐头。

（杨　暹）

魔芋 giantarum; *Amorphophallus konjac* 天南星科魔芋属多年生草本植物。又称磨芋。古名蒟蒻。以地下球茎供食用。魔芋起源于东半球热带雨林和亚热带季风林地区。今喜马拉雅山以东各亚洲国家，南起赤道线上雨林气候区的印度尼西亚，北止中国北纬36°的宁夏、陕西季风气候影响区均有分布。魔芋属有163个种，分布于亚洲和非洲。中国西南、华南、台湾等地栽培较多。

形态和类型　球茎扁球形，顶芽肥大，商品魔芋一般横径10～14厘米，大者23～27厘米，含有毒生物碱，不能生食，经煮后则无毒。球茎侧芽可长成子球茎，上中部可长出根状茎，其顶端或中部发出新球茎，大如指头。母球茎、子球茎和根状茎均可作繁殖器官。新植株长成后，基

图1　魔芋的佛焰苞

图2　魔芋的浆果

部形成新球茎，之后老球茎和根状茎的养分为新球茎所消耗殆尽。叶三全裂，再羽状分裂或二歧分裂后又羽状分裂，最后形成一片大型掌状复叶，高度和幅度均可超过1米；叶柄圆柱形，光滑粗壮，淡红至黄绿色，有的具绿褐斑块；叶片深绿。花为肉穗花序，能结浆果和“种子”，两年生植株可能开花，但一般一棵植株当年若开花则不长叶，长叶则不开花。

中国所产魔芋能食用的有：①花魔芋（*A. rivieri*）。食用魔芋中栽培较广的一种，在陕西汉中平原、四川及华南各省普遍栽培。②东川魔芋（*A. mairei*）。产于云南东北部。③疏毛魔芋（*A. sinensis*）。中国特有，产于江苏、浙江、福建大部分地区。④疣柄魔芋（*A. virosus*）。产于广东、广西南部、云南南部海拔750米以下热带地区。此外，四川西部产的白魔芋肉色洁白，品质优良。

栽培　喜温暖湿润，在年平均温度14～20℃、无霜期240天以上的地区均能种植。球茎15℃以上开始萌发，18～20℃时地上部生长旺盛，22～25℃最适合球茎膨大。适于肥沃湿润、富含腐殖质的土壤。耐阴，多种植于房前屋后、林边缘坡地或沟边。产区大面积栽培时多与玉米等高秆作物间作。以母球茎或子球茎繁殖，底肥和追肥相辅相成，农家肥和复合肥兼顾。3月播种，10月可采收。主要病害为魔芋软腐病和白绢病；主要虫害有蚜虫、叶蝉、斜纹夜蛾、豆天蛾、蛴螬和蝼蛄。

用途　魔芋含葡甘聚糖，有降低血清胆固醇的作用。其淀粉膨胀力达80～100倍，可加工成“魔芋豆腐”。此外，还可用作微生物的培养基，浆纱、造纸用的黏合剂，以及瓷器的涂料等。医药上可外用，有解毒消肿之功效。

（刘佩英　李锡香）

茉莉　jasmine; *Jasminum sambac*　木犀科素馨属常绿灌木。茉莉原产于印度，中国广泛引种栽培。

图1　茉莉

图2　茉莉的叶和花

高0.5～3米，小枝纤细，有棱角。单叶对生，薄纸质，圆形、椭圆形或宽卵形，长3～8厘米，先端急尖或钝圆，基部圆形，全缘。聚伞花序，通常有花3至多朵，花萼裂片线形，花冠白色，浓香。果球形，径约1厘米，紫黑色。花期5～8月。

喜光，稍耐阴，在夏季高温潮湿、光照强的条件下开花最佳，否则花小而少。喜温暖气候，不耐寒，最适合生长温度25～35℃。不耐旱，忌水涝。喜肥，宜在疏松、肥沃的土壤中生长。用扦插、压条、分株法繁殖均可。

茉莉枝叶茂密，叶色碧绿，花色清雅而香味纯正，观赏价值高。在中国华南、西南地区可露地栽培，作树丛、树群的下木，也可作花篱植于路旁。长江流域及其以北地区则作盆栽观赏。其花也可用于制茶。

（陈龙清　赵凯歌）

茉莉花茶　jasmine tea　产于中国广西横县、四川犍为、福建福州、云南元江等地，由绿毛茶与茉莉鲜花经过多次窨制加工而成的茶叶。茉莉花茶生产历史悠久，最早见于宋末元初周密辑录宋人诗词《绝妙好词》中注释施岳的《茉莉词》，其为：“茉莉岭表所产，古人用此花焙茶……”至1890年前后，茉莉花茶的生产已较为普遍。到20世纪80～90年代，中国花茶产量达到12万吨左右。

产地与品类　茉莉花茶的主要产地有广西横县，四川宜宾、犍为、雅安，福建福州、宁德，云南元江、思茅等。主要品类有广西横县的茉莉花茶，福建福州的龙团珠茉莉花，福建的政和茉莉银针，浙江的金华茉莉，江苏的苏州花茶，四川的碧潭飘雪、炒花飘雪、林湖飘雪等。

茉莉花茶

加工工艺　茉莉花茶的加工工序为：茶坯处理→鲜花处理→茶花拌合→通花散热→收堆续窨→筛分起花→复火干燥→匀堆装箱等。①茶坯处理。包含茶坯的复火干燥和摊凉冷却，实现对起窨茶坯的水分和温度控制。干燥温度100～120℃，烘后茶坯含水量在3.5%～5.0%，摊凉至茶叶堆温高于室温1～3℃时才能付窨。②鲜花处理。茉莉花一般采午后的花蕾，通过摊花、堆花、筛花作业促进鲜花匀齐适时开放，保证鲜花品质，并去除青蕾及杂质。③茶花拌合。通过一层茶一层花的方式将鲜花和茶拌和在一起，通过鲜花吐香和茶胚吸香，让香气直接被茶叶所吸收。通过配花量、花开放度、温度、水分、厚度、时间等技术参数的调节进行窨花拼和。窨堆高度一般为25～35厘米。④通花散热。将茶堆翻摊散热降温，通气给氧，促进鲜花恢复生机，继续吐香，同时散发茶堆内部水分和二氧化碳，防止因温度过高引起鲜花和茶坯劣变。从窨花到通花一般要求3～5小时。⑤收堆续窨。为充分利用鲜花香气，当堆温降至高于室温1～3℃时进行收堆续窨，窨堆高度较起窨高度高5厘米左右。⑥筛分起花。收堆续窨5～6小时后，堆温又继续升为40℃左右，鲜花萎缩略枯黄，且嗅不到鲜香，茶坯含水量增加到16%～18%，此时应及时起花，即采用筛分的方法筛出花渣。起花用孔径6～10毫米的圆孔筛实现茶与花的分离。⑦复火干燥。起花后的茶坯要及时复火，在技术上复火要求高温、快速、安全烘干，并掌握温度逐窨降低和茶坯含水量逐窨增加的原则。温度一般110～120℃。⑧匀堆装箱。匀堆装箱前先拼配小样，待水分、粉末等检验和品质鉴定符合产品规格标准时，才可按比例进行匀堆装箱。

品质特征　茉莉花茶将茶味和花香有机结合，茶引花香、花增茶味，构成其独特的品质。茉莉花茶外形秀美、显锋苗；内质汤色嫩绿或嫩黄明亮，香气仙灵（茉莉花香明晰）、浓郁、纯正、持久，滋味醇厚甘爽；叶底芽叶匀齐、黄绿明亮。

主销地区　茉莉花茶畅销中国，主销山东、河北、辽宁、黑龙江、吉林等地，特别是北京市和天津市销量较大。

（袁海波　滑金杰）

莫干黄芽茶　Mogan Huangya tea　产于中国浙江省德清县的茶。传统为黄茶，后来黄茶、绿茶两类兼有。莫干山为西天目山东支余脉，森林覆盖率达92%。莫干黄芽茶产于莫干山，山区夏季平均最高气温26℃，适宜种植茶树。

生产简史　莫干黄芽茶为历史名茶。莫干黄芽茶古称武康塔山茶，产地莫干山地区（1958年前称武康县）早在唐代就有产茶记载。在唐陆羽著《茶经·八之出》中载："浙西，以湖州上……生安吉、武康两县山谷，与金州、梁州同。"后面各朝代多有莫干山产茶记录。

中华民国时期，莫干山成为外国传教士和中外商界、政界名人避暑胜地，莫干山区农民采制的细嫩芽茶（时称"莫干山芽茶"）为中外客商所争购。中华人民共和国成立后，莫干山茶区改炒制青绿茶，只有部分世代居住在莫干山上的居民仍每年采摘高山林荫中的野茶，炒制少量莫干山芽茶。1979年，古法黄茶类莫干黄芽试制成功。但当时采摘标准高，亩产干茶只有500克左右，且市场对黄茶认知少，生产销售极为有限。到20世纪80年代末，产量只有50千克左右。90年代初，德清县决定保留"莫干黄芽"茶名称不改，加工方法改为绿茶工艺，取消闷黄工艺，采摘标准从一芽一叶放大至一芽二叶。改制后的莫干黄芽茶获得市场认可，销量也从50千克左右增加到40多万千克。

加工工艺　莫干黄芽的黄茶采一芽一叶鲜叶，经摊放→揉捻→闷黄→初烘→理条→足干等加工工艺制成；莫干黄芽的绿茶采一芽二叶鲜叶，经摊放→揉捻→初烘→理条→足干等加工工艺制成。

品质特征　莫干黄芽的黄茶成品外形细紧嫩黄，香气幽雅馥郁，滋味鲜醇，汤色嫩黄明亮，叶底嫩黄细嫩；莫干黄芽的绿茶外形细紧绿润，香气嫩香持久，滋味鲜爽甘醇，汤色嫩绿明亮，叶底嫩绿细嫩。

图1　莫干黄芽茶园

图2　莫干黄芽茶（黄茶）

图3　莫干黄芽茶（绿茶）

产销管理　德清县于1995年成立了德清县茶叶协会，对莫干黄芽进行行业管理。2001年，制定了省级地方标准DB 33/T 304—2001《莫干黄芽茶》。2009年，由莫干山镇农业综合服务中心注册"莫干黄芽"地理标志证明商标。莫干黄芽茶产地集中在德清县西部莫干山地区，有基地2000余公顷，产品主要销往上海、天津、江苏、山东等地。

（冯海强　罗列万）

母本园　parent material orchard　能提供良种繁育材料的圃地。母本园是果树良种繁育的重要组成部分，对苗木生产与良种扩繁起决定性作用，直接影响种苗的生物学性状、经济性状，以及种苗的纯度和质量。母本园的主要任务是向良种繁育苗圃提供优良的接穗、插条以及砧木繁殖的材料。

基本要求　母本园主要保存种质优良的繁殖材料，由母本园向育苗单位提供品种接穗、砧木种苗。对母本园的基本要求是：①园地自然条件适宜，如光照良好、土壤肥沃、灾害性天气少等。②不同种类作物材料必须严格区分间隔乃至隔离，以确保繁殖材料的纯度和一致性。个别有性繁殖材料要避免"串粉"。③采用良好的水肥管理和植株管理技术。④建立无病毒、无检疫性病虫害地区。无病毒母本园要定期接受病毒检测机构的检测，一旦发现感染病毒，必须立即更换。必要时应对良种母本园进行隔离保护，以防止病毒和病虫的感染。

建园方法　母本园所用材料一律来源于原种保存圃。建立母本园通常有三种方法：①直接引进原种树进行栽种。②采集原种种子直接进行种植。③在生长季节，采集健壮母株的种子以及幼嫩的茎尖、茎段为离体材料进行组织培养，繁育整齐一致的良种苗，可进行大田定植，建立母本园。然后再通过无性繁殖（嫁接、扦插）等手段，从母本园植株上采集离体材料，扩大繁殖系数。

为保证所采集母本园材料的一致性，母本园须进行更新、复壮。在采集接穗时，实行轮换采集材料，以保证每次所取的繁殖材料都充实饱满、生长旺盛。

（陈发兴）

母系选择　maternal line selection　在自由传粉的情况下，采取单株选择、单株采种、单系种植进行比较的方法。母系选择是两种基本选择方法（单株选择和混合选择）的衍生方法，是为缓和多次单株选择造成的生活力衰退，以及混合选择效果低的矛盾而采取的一种选择方法。与单株选择的区别在于单株选择需要单株隔离自交，母系选择不进行单株隔离自交，父本的花粉来源不明，只知道母本的来源。

植物育种的初期大多是通过选择育种方法获得新品种。从基因型纯化速度来说，多次单株（自交）选择的效果最好，选择育种所需的时间最短。但有些异花授粉作物经过多代自交后，生活力严重衰退。为了在基因型纯化速度与生活力衰退之间找到一个平衡点，育种家们经过研究发现，母系选择法是解决这一矛盾的方法之一。由此，母系选择法便成为异花授粉作物一种常用的选择方法。

使用目的　避免因多代自交产生的生活力衰退，但又要适当提高选择效果。

使用范围　多代自交后产生较严重的生活力衰退的异花授粉作物，如十字花科的甘蓝类蔬菜作物。不同的异花授粉作物，其自交生活力衰退的程度不一样，有些甚至没有明显的变化，如黄瓜、芥菜等，说明这些异花授粉作物中的不良基因比较少；而甘蓝类蔬菜作物自交衰退很严重，说明其中含有较多不良基因。

技术原理　异花授粉作物由于在自然条件下是异花授粉，大多数基因位点的基因型都处于杂合状态，一些不良的隐性基因被显性优良基因所掩盖，无法得到表达。一旦经过多代自交，含有隐性基因位点的基因型就能纯合，使隐性基因获得表现的机会，从而表现出不良性状，而母系选择法可使不良的隐性基因无法继续表达。

使用方法　在自由授粉的条件下任其自由授粉，不单株隔离自交，但要像单株选择一样进行单株选择、单株留种，下一代一个株系种一个小区，旁边种植对照（选择前的混合群体），以比较选择效果。选择时期和方法也与单株选择一样，即在最容易表现品种特性的时期进行多次（多阶段）选择。一般至少进行3次选择，即在幼苗期、商品成熟期和生理成熟期各进行一次。（雷建军）

牡丹　tree peony; *Paeonia suffruticosa*　芍药科芍药属落叶灌木。又称鼠姑、鹿韭、白茸、木芍药、百雨金、洛阳花、富贵花。牡丹是中国十大传统名花之一，花朵色泽艳丽、富丽堂皇，素有"花中之王"的美誉。包括9个种及变种，分别为矮牡丹（*P. spontanea*）、卵叶牡丹（*P. qiui*）、紫斑牡丹（*P. rockii*）、杨山牡丹（*P. ostii*）、四川牡丹（*P. decomposita*）、狭叶牡丹（*P. potaninii*）、紫牡丹（*P. delavayi*）、黄牡丹（*P. lutea*）、大花黄牡丹（*P. lutea* var. *ludlowii*）。

牡丹原产于中国。早在秦汉时期，《神农本草经》就已有关于牡丹根皮入药的文字记录。隋代开始有观赏牡丹品种的记录。唐时牡丹为皇宫珍品。唐代刘禹锡有诗曰："庭前芍药妖无格，池上芙蕖净少情。唯有牡丹真国色，花开时节动京城。"在两宋时期达到鼎盛。北宋时，牡丹栽植中心自长安移至洛阳，号称"洛阳牡丹甲天下"。明代时，栽植中心又自洛阳移至直隶亳州（今属安徽）。约在明嘉靖、万历年间，栽植中心移至山东曹州（今菏泽）。海外牡丹园艺品种最初均引自中国。早在724～749年，中国牡丹传入日本。1330～1850年法国对引进的中国牡丹进行大量繁育，培育出许多园艺品种。1656年，荷兰和东印度公司将中国牡丹引入荷兰。1789年英国引进中国牡丹，从而使中国牡丹在欧洲传播开来，园艺品种达100多个。美国于1820～1830年从中国引进中国牡丹品种和野生种，使牡丹成为世界名花。山东农业大学喻衡教授所著《牡丹花》中写道："牡丹在国外也用于庭园栽植，植株高度可达2米，花径达20～30厘米，每到暮春时节，花朵盛开，硕大无比，清香四溢，冠居群芳，虽远离故国，也大有一副'花王'的气派。"

图1　牡丹

中国牡丹资源特别丰富，根据全国牡丹争评国花办公室专组人员调查，中国滇、黔、川、藏、新、青、甘、宁、陕、桂、湘、粤、晋、豫、鲁、闽、皖、赣、苏、浙、沪、冀、内蒙古、京、津、黑、辽、吉、琼、港、台等地均有牡丹种植。

形态和类型　茎高达2米，分枝短而粗。叶通常为二回三出复叶，偶尔近枝顶的叶为3小叶。顶生小叶宽卵形，3裂至中部，裂片不裂或2～3浅裂，表面绿色，无毛，背面淡绿色，有时具白粉。花单生枝顶，直径10～17厘米。花瓣5，或为重瓣，玫瑰色、红紫色、粉红色至白色，通常变异很大，倒卵形，顶端呈不规则波状。雄蕊长1～1.7厘米，花丝紫红色、粉红色，上部白色。花盘革质，杯状，紫红色，顶端有数个锐齿或裂片。蓇葖长圆形，密生黄褐色硬毛。花期5月，果期6月。

牡丹经长期栽培选育品种众多，已形成中原品种群、西北品种群、江南品种群、西南品种群等四大品种群，在花色上培育出红、粉、白、黄、紫、黑、绿、蓝、复色等九大色系，按花期分为早花、中花、晚花品种。近代中国的分类系统根据雄蕊、雌蕊的瓣化，将牡丹分为2类4亚类16型：①单花类分为千层亚类和楼子亚类2亚类。千层亚类分为单瓣型、荷花型、菊花型和蔷薇型4型，楼子亚类分为金蕊型、托桂型、金环型、皇冠型和绣球型5型。②台阁花类分为千层台阁亚类和楼子台阁亚类2亚类。千层台阁亚类分为荷花台阁型、菊花

图2　牡丹的茎

图3　牡丹的花

图4　牡丹的果实（蓇葖）

台阁型和蔷薇台阁型3型，楼子台阁亚类分为托桂台阁型、金环台阁型、皇冠台阁型和绣球台阁型4型。

繁殖和栽培　牡丹繁殖方法有分株、嫁接、播种等，但以分株及嫁接居多，播种方法多用于培育新品种。喜温暖、凉爽、干燥、阳光充足的环境。喜阳光，也耐半阴，耐寒，耐干旱，耐弱碱，忌积水，怕热，怕烈日直射。适宜在疏松、深厚、肥沃、地势高燥、排水良好的中性砂壤土中生长，在酸性或黏重土壤中生长不良。主要病害有叶斑病、紫纹羽病等，可用杀菌剂防治。

用途　牡丹药用栽培者品种单调，花多为白色。以根皮入药，称牡丹皮，又称丹皮、粉丹皮、刮丹皮等，是常用凉血祛瘀中药。牡丹籽可榨油，含有营养成分α-亚麻酸，已规模化生产并投入市场。牡丹花具有养颜美容、散郁祛瘀的功效，花瓣提取物已广泛应用于化妆品行业。牡丹花瓣及花蕊中还含有大量的花青素、氨基酸、蛋白质、多糖、黄酮及维生素等，以及其他有益的活性物质，可制成牡丹花蕊茶或牡丹花茶，已通过国家质量检测并投入市场，获得广泛好评。

牡丹雍容华贵，花大叶茂，适于庭院种植或**花坛**布置，可丛栽也可孤植或盆栽。中国菏泽、洛阳均以牡丹为**市花**，菏泽牡丹园、百花园、古今园及洛阳王城公园、牡丹公园和植物园均有牡丹专类园，于每年4月举行牡丹花会。

（王　雁）

木本果树　woody fruit tree　茎和根中有形成层，可增粗生长形成大量木质部，且细胞壁也多数木质化的坚固的多年生植物。木本果树是木本植物的重要组成部分。在木本植物中，木本果树可提供丰富多样的干鲜果，木本林木是木材的来源，木本观赏植物可供观赏，此外还有木本油料植物、蜜源植物等。

主要类别　根据不同的标准，**果树**有多种分类方法。按木本果树是否有明显的主干、树冠高矮分为乔木和灌木。乔木有明显的主干，树体较高大，如蔷薇科的苹果、梨、枇杷、桃、李、梅等，芸香科的橙、枸橼、柚子等；灌木无明显的主干，从近地面处分枝呈丛生状，树冠低矮，如石榴、无花果、番荔枝等。在自然分类里，裸子植物中的银杏、香榧、华山松都属于木本果树；单子叶植物只有棕榈科的椰子和枣椰具有发达的维管束，是乔木果树；被子植物里则有最多的木本果树。

果树作为栽培作物，除了按植物系统进行分类外，还有园艺学上实用的人为分类。果树的人为分类类别有：①根据植物茎的生长方式分类的木本果树、**草本果树**和**藤本果树**。②按生态学特征分类的寒带果树、温带果树、亚热带果树和热带果树。③按叶片生长期特性分类的**落叶果树**和**常绿果树**。

繁殖与栽培　木本果树因大多为多年生，基因型高度杂合，自然产生的后代性状表现高度分离，杂种后代非常不一致，因此不宜通过有性繁殖进行栽培生产，须采用嫁接等无性繁殖技术繁育苗木，组织生产活动。相应地，木本果树的杂交育种程序也与**蔬菜**等作物不同，甚至与草本果树也不同，通常需要更长的育种周期。

木本果树在种植时要挖定植穴或定植沟，因为木本果树多为直根系，根系较为庞大，必须为其创造较好的土壤环境。木本果树的枝条生长较旺盛，整形修剪是其树体管理工作的重要环节。尤其对于矮密早栽培及劳动力成本较高条件下的果树栽培，更须加强整形修剪工作。

（林顺权　韩振海）

木本夜来香　night-blooming cestrum; *Cestrum nocturnum*　茄科夜香树属常绿灌木。又称夜来香、夜香花、夜光花、夜香树、夜丁香。木本夜来香原产于南美洲，广泛栽培于世界热带地区。中国福建、广东、广西和云南有栽培。

直立或近攀缘状，高2～3米。全体无毛，枝条细长而下垂。单叶互生纸质，有短柄，矩圆状卵形或矩圆状披针形，全缘，顶端渐尖，基部近圆形或宽楔形，中脉明显，有6～7对侧脉。伞房式聚伞花序，腋生或顶生，疏散，绿白色至黄绿色，花冠狭长管状，晚间极香。花萼钟状，长约3毫米，5浅裂，裂片长约为筒部的1/4。花冠高脚碟状，长约2厘米，筒部伸长，下部极细，向上渐扩大，喉部稍缢缩，裂片5，直立或稍开张，卵形，急尖，长约为筒部的1/4。雄蕊伸达花冠喉部，每个花丝基部有1齿状附属物，花药极短，褐

图1　木本夜来香

图2　木本夜来香的叶

图3　木本夜来香的花

图4　木本夜来香的果实

图5　木本夜来香的种子

色。浆果矩圆状，长6～7毫米，直径约4毫米，有1颗种子。种子长卵状，长约4.5毫米。花期7～10月。

常用扦插或分株法繁殖。喜温暖湿润和向阳通风环境，适应性强，但不耐寒，要求疏松、肥沃、排水良好、富含腐殖质的微酸性壤土。春、夏、秋三季生长，冬季休眠。受煤污病和叶枯病等病害及蚜虫、介壳虫和粉虱等虫害的影响。

木本夜来香枝条俯垂，花期长而繁茂，夜间芳香，果期长，且富观赏价值，在园林绿化中可植于庭院、亭畔、塘边、窗前、墙沿及草坪等处，温暖地带可露地栽培；也可用作切花和盆栽观赏。但其花、茎和叶均有毒，花粉可致呼吸道过敏。

（王　雁）

木芙蓉　confederate rose; *Hibiscus mutabilis*
锦葵科木槿属落叶灌木或小乔木。木芙蓉原产于中国，黄河流域至华南均有栽培。日本和东南亚各国也有栽培。

高2～5米。小枝、叶柄、花梗和花萼均密被星状毛与直毛相混的细绵毛。叶宽卵形至圆卵形或心形，直径10～15厘米，常5～7裂，裂片三角形，先端渐尖，具钝圆锯齿，上面疏被星状细毛和点，下面密被星状细绒毛。主脉7～11条，叶柄长5～20厘米，托叶披针形，常早落。花单生于枝端叶腋，小苞片8，线形，密被星状绵毛，基部合生。萼钟状，长2.5～3.0厘米，裂片5，卵形，渐尖头。花初开时白色或淡红色，后变深红色，花瓣近圆形，外面被毛，基部具髯毛。雄蕊柱长2.5～3.0厘米，无毛。蒴果扁球状，直径约2.5厘米，被淡黄色刚毛和绵毛，果爿5。种子肾形，被长柔毛。花期9～10月，果熟期10～11月。

喜光，稍耐阴。喜肥沃、湿润而排水良好的中性或微酸性砂壤土。喜温暖气候，不耐寒。萌蘖性强，生长较快。常用扦插和压条法繁殖，分株、播种也可繁殖。

木芙蓉花大色丽，是中国久经栽培的园林观赏植物。可栽植于庭院、坡地、林缘或栽作花篱。其茎皮纤维洁白柔韧，可供纺织、造绳、造纸等。花叶可供药用，有清肺、凉血、散热和解毒之功效。

（于晓南）

木芙蓉

木槿　rose of Sharon; *Hibiscus syriacus*
锦葵科木槿属落叶灌木或小乔木。木槿原产于东亚，中国自东北南部至华南各地均有栽培。

高3～4米。小枝幼时密被绒毛。叶菱状卵形，长3～10厘米，宽2～4厘米，常3裂，先端钝，基部楔形，边缘具钝齿，背面沿叶脉微被毛或近无毛，叶柄上面被星状柔毛，托叶线形，疏被柔毛。花单生于枝端叶腋间，花梗长0.4～1.4厘米，被星状短绒毛。小苞片6～8，线形，密被星状疏绒毛。花萼钟状，长1.4～2.0厘米，密被星状短绒毛，裂片5，三角形。花钟状，淡紫色，花瓣倒卵形，外面疏被纤毛和星状长柔毛。雄蕊柱长约3厘米，花柱无毛。蒴果卵圆状，直径约1.5厘米，密被黄色星状绒毛。花期6～9月，果期9～11月成熟。

图1　木槿

图2　木槿的叶和果实

图3　木槿的花

图4　木槿的种子

喜光，耐半阴。喜温暖湿润气候，较耐寒。适应性强，耐干旱及瘠薄土壤，不耐积水。萌蘖性强，耐修剪。可播种、扦插、压条繁殖。

花色、花型多样，是优良的园林观花树种。可作围篱及基础种植材料，也宜丛植于草坪、路边或林缘。因其抗性强，也常被用于工厂绿化。茎皮富含纤维，可作造纸原料。全株可入药，有清热、凉血、利尿等功效。

（于晓南）

木莲　Ford's manglietia; *Manglietia fordiana*
木兰科木莲属乔木。木莲分布于中国福建、广东、广西、贵州、云南等地。

图1　木莲

图2 木莲的花

图3 木莲的果实

高可达20米。嫩枝及芽有红褐短毛，后脱落无毛。叶革质、狭倒卵形、狭椭圆状倒卵形，或倒披针形，长8～17厘米，宽2.5～5.5厘米，先端尖，基部楔形。叶柄红褐色，长1～3厘米，基部稍膨大。花被片纯白色，每轮3片，外轮3片质较薄，近革质，凹入，长圆状椭圆形，内2轮稍小，常肉质，倒卵形。雄蕊长约1厘米，雌蕊群长约1.5厘米，具23～30枚心皮，平滑。聚合果褐色，卵球状，长4～5厘米，蓇葖露出面有粗点状凸起，先端具长约1毫米的短喙。种子红色。花期5月，果期10月。

喜光，适宜酸性土壤。可作园林绿化树种。木材可供板料、细工用材。果及树皮入药，可治便秘和干咳。

（于晓南）

木茼蒿 Marguerite daisy; *Argyranthemum frutescens* 菊科木茼蒿属灌木。又称木春菊、法兰西菊、小牛眼菊。木茼蒿原产于北非加那利群岛。

高达1米。枝条大部木质化。叶二回

图1 木茼蒿

图2 木茼蒿的花（白色）

图3 木茼蒿的花（粉色）

羽状分裂，一回为深裂或几全裂，二回为浅裂或半裂。叶柄长1.5～4厘米，有狭翼。头状花序多数，在枝端成不规则的伞房花序，有长花梗。总苞宽10～15毫米，边缘白色宽膜质。舌状花舌片长8～15毫米，长椭圆状。内轮为管状花。舌状花瘦果有3条具白色膜质宽翅形的肋，内轮两性花瘦果有1～2条具狭翅的肋，并有4～6条细间肋。冠状冠毛长0.4毫米。花果期2～10月。

中国各地常栽培于花坛、花境等园林绿化区域，也常作盆景观赏。

（包满珠 傅小鹏）

木质化 lignification 植物细胞合成的木质素单体经过自由基耦合反应，沉积在次生细胞壁的过程。木质化在植物由水生到陆生的进化过程中起关键作用；与水分运输、结构支撑及其他生理功能，包括对生物胁迫（如病原体侵染等）和非生物胁迫（低温、干旱、机械伤等）的响应有关。

植物组织木质化广泛发生于高等植物的维管组织中，在山竹、枇杷、梨、芹菜和竹笋等果蔬中也有发生。表现为产品的硬度上升，粗糙少汁，严重影响贮藏品质和商品性。采后果蔬的木质化与贮藏环境显著相关，如低温可加速枇杷果实木质化；机械伤会促进山竹果皮木质化。木质化也具有一定品种特异性，如枇杷果实中，洛阳青品种等红肉枇杷果实采后贮藏及衰老过程中易发生果肉木质化现象，而白沙品种等白肉枇杷果实则鲜有发生采后木质化现象。

木质素单体合成是木质化作用的中心，过程涉及一系列的酶促反应。以苯丙氨酸起始，在细胞质内经过一系列羟化、甲基化、连接、还原反应，最终生成三种甲基化程度不同的木质素单体。这些单体在细胞壁上的漆酶和过氧化物酶的作用下，通过多种键型连接在一起，形成复杂的木质素聚合物。

在长期的进化过程中，为适应不同的自然环境或实现不同的功能，植物形成多种类型的木质素及木质素单体。木质素单体主要为三种醇：香豆醇、松柏醇和芥子醇，这三种单体在聚合过程中分别形成对羟基苯基木质素（*p*-hydroxyphenyl lignin，H-木质素）、愈创木基木质素（guaiacyl lignin，G-木质素）、紫丁香基木质素（syringyl lignin，S-木质素）。不同植物中，总木质素含量差异较大，木质素单体组成也不同。双子叶植物中，木质素主要由G和S两种类型的单体组成，含有微量的H型木质素；单子叶植物中，木质素由H、G和S三种单体共同聚合而成。在一些单子叶和双子叶植物的种皮中，还存在一种新型的木质素（catechyl lignin，C-木质素）。在不同类型的木质素中，G-木质素不易进行化学降解，其含量直接影响作物转化为生物燃料的效率和纤维质产物的能力。对于木质素合成的调控研究，主要集中于利用基因工程技术调控木质素生物合成途径中关键基因的表达，降低木质素含量或者改变木质素的组成成分。

（殷学仁 陈昆松）

N

纳雍姑箐贡茶　Nayong Guqing tribute tea　产于中国贵州省纳雍县的绿茶。又称姑箐茶。纳雍姑箐贡茶的产地地势约海拔1800米，茶区地形复杂，峰峦重叠，山谷幽深。土质为砂质壤土，表土层呈浅黄色，结构呈细块状，土壤肥力好。自然环境有利于茶树生长。每年4月是采茶旺季，采摘标准为一芽四五叶。加工工艺流程为：杀青→烘炒→搓揉条形→烘干→复炒。成品茶外形条粗，入沸水耐泡（可冲泡三四次）。其茶味口感舒适，清香醇和，苦涩味轻，回味甘甜。（郑文佳）

耐贮性　storability　园艺产品采收后的耐贮藏性。影响园艺产品耐贮藏性的因素有种类和品种、组织结构、成熟收获期、成熟度和栽培措施等。园艺产品种类间耐贮藏性的差异是由遗传特性决定的，不同种类园艺产品的耐贮藏性差异甚大。例如，苹果、梨、柑橘、蒜薹、洋葱和马铃薯等有很好的耐贮性，可以贮藏数个月甚至半年以上；而荔枝、桃、李、杏和菜豆等不耐藏，贮藏期较短，在最佳的条件下也只能贮藏保鲜30～50天；番荔枝、杨梅、无花果、菜心、草菇等更不耐藏，在冷藏条件下只能贮藏保鲜数天。同一种类不同品种间的耐贮性也有差异，例如柑橘类中柚子、橙的耐贮性比砂糖橘、温州蜜柑好。成熟收获期影响耐贮性的一般规律是：晚熟品种耐贮藏，中熟品种次之，早熟品种不耐贮藏。

采收前的因素对耐贮性也有重要影响。一般来说，产于热带地区或在高温季节成熟并且生长期短的，收获后代谢旺盛，失水快，不耐贮藏；产于温带地区或在低温冷凉季节成熟采收并且生长期较长的，营养物质积累多，新陈代谢水平低，一般较耐贮藏。采收期间连续阴雨或暴雨，果实易裂果，易被病原菌侵染而腐烂变质，不耐贮运。例如荔枝或南方葡萄，采收时或采收前下雨，果实耐贮性差。

果皮和果肉较硬的园艺产品种类较耐贮藏，而软质或浆质的耐贮性较差。采收成熟度太高和从病虫害严重的果园采摘的园艺产品不耐贮运。采收前灌水能提高产量，但耐贮性差。土壤中有机肥和矿物质的含量、种类、配合比例影响产量、质量和耐贮性，其中以氮素的影响最大，其次是磷、钾、钙等。增施氮肥是常用的增产措施，但是氮肥施入量过多会使产品生长旺盛，着色差，质地疏松，成熟衰老加快，耐贮性差。例如，施氮肥过多的香蕉在贮运过程中容易软熟和腐烂。

（李雪萍　陈维信）

南川大树茶　Nanchuan Dashu tea　中国重庆市南川区采用南川大树茶鲜叶加工制成的绿茶。南川大树茶（*Camellia nanchuanica*）是重庆市南川区金佛山区特有的乔木型野生茶树地方品种，属国家一级保护植物，最大的一株已有1400多年树龄。经对南川大树茶的适制性进行研究，发现其试制绿茶香高味浓，耐冲泡，内含成分丰富。

图1　南川大树茶野生茶树

地理环境　2012年8月，中华人民共和国农业部正式批准对“南川大树茶”实施农产品地理标志登记保护。地理标志保护的区域范围为南川区德隆乡、合溪镇、古花乡、大有镇、三泉镇（马嘴村）5个乡镇。地理坐标为东经107°02′09″～107°18′06″、北纬28°31′48″～28°53′16″。重庆市西南部南川区境内的金佛山区属大娄山东段支脉，为典型的喀斯特地质地貌，最高海拔2251米。土壤母质为二叠纪发育而成的扁砂土，土壤弱酸性，pH4.5～6.5，肥力中等，有机质含量丰富。大树茶生长于海拔800～1400米的山区。

加工工艺　南川大树茶绿茶产品分优质茶和名茶。加工优质茶鲜叶标准为一芽二叶和一芽三叶初展，加工名茶鲜叶标准为单芽至一芽一叶开展，要求芽叶大小匀称整齐，无病虫害芽叶、紫芽、空心芽。加工工艺流程为：鲜叶采摘→摊晾→杀青→揉捻→做形→干燥→筛分→包装。鲜叶进厂后采用自然摊晾，水分控制在75%左右；然后进行280℃滚筒杀青，杀青叶水分控制在60%左右；揉捻40～60分钟后进入理条机中做形；做形完成后，再用90～100℃热风进行干燥，将毛茶水分控制在7%以下；毛茶通过筛分后拣剔去除片、茎等，进行包装。加工的优质茶产品应符合中华人民共和国国家标准GB/T 14456《绿茶》，名茶产品应符合重庆市地方标准DB50/27《特种绿茶》。

图2　南川大树茶

品质特征　南川大树茶（名茶绿茶）外形肥壮，色泽深绿，品种香气浓郁；汤色黄绿明亮，滋味鲜醇回甘；叶底黄绿匀亮。（童华荣）

南瓜　squash; *Cucurbita* spp.　葫芦科南瓜属一年生蔓生性草本植物。南瓜原产于美洲，中国引入供食用栽培的有3个种：中国南瓜（*C. moschata*）、**西葫芦**（美洲南瓜，*C. pepo*）和笋瓜（印度南瓜，*C. maxima*）；另外，中国西南地区分布有半野生型**黑籽南瓜**（*C. ficifolia*）。南瓜在美洲至少6000年前就有人工栽培，后遍及全球。中国引入早，有悠久的栽培历史，各地广泛种植。西葫芦食用嫩瓜；中国南瓜和笋瓜除食用嫩瓜外，老瓜采收后可贮存较长时间，是解决“秋淡”的重要蔬菜。

形态特征　根系发达，主根深，侧

图1　南瓜的叶

图2 南瓜的花

图3 扁圆形南瓜果实

图4 球形南瓜果实

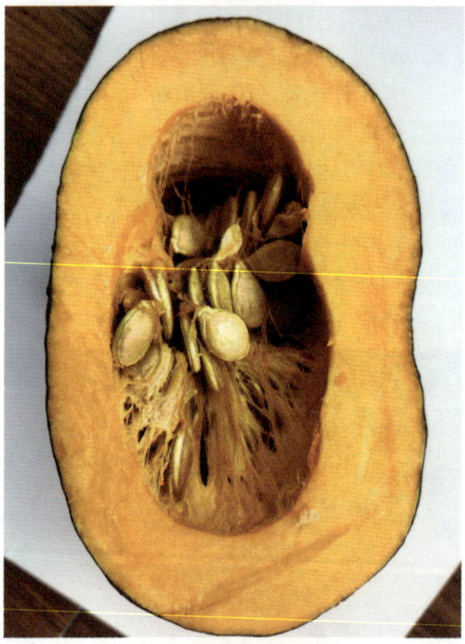

图5 南瓜瓠果剖面

根多，分布广。茎蔓性，西葫芦则多为直立型。雌雄异花同株。瓠果，形状有扁圆形、球形和长棒形等，大小不一。3个种的主要特征为：①中国南瓜。茎五棱，具刺毛。叶近心形，浅裂。花冠裂片大，展开时不下垂。果蒂凹入，果实成熟时果肉

图6 南瓜的种子

有香味，含糖量较多。②笋瓜。茎粗大，近圆形。叶近圆形或心形，有的有浅裂。花冠裂片柔软下垂。果蒂凸出或凹入，果实成熟时果肉无香味，含糖量较少。③西葫芦。茎有棱或沟，具坚硬刺毛。叶卵形、深裂。花冠裂片狭长，直立或展开。果实一般较小，成熟果皮坚硬，含糖量也少。

生长习性　属喜温或耐热植物，三种南瓜对温度的要求不同。中国南瓜和笋瓜耐热性强，种子在15℃左右开始发芽，适宜生长温度为18～32℃，开花结果以25～30℃为宜；西葫芦喜温不耐热，适宜生长温度为20～25℃。均属短日照植物，在较低温度和短日照条件下提早播种可早生雌花，提早结果和收获。

栽培　直播或营养钵育苗。中国南瓜和笋瓜一般亩栽800株；西葫芦矮生种亩栽2000株左右，蔓性种亩栽1000株。不同南瓜的生长期、食用方式不同，西葫芦多以嫩果供食用，生长期较短；中国南瓜和笋瓜可采收嫩瓜，也可果实成熟后再采收；笋瓜还有专供观赏用的品种。

用途　三种南瓜中，以中国南瓜用途最为广泛。根、茎、叶、花、果实、种子均可利用。根可用作嫁接西瓜、黄瓜的砧木。茎、叶、花在东南亚一些国家、中国云南等地也作蔬菜食用。种子含油量最高达50%左右，且不饱和脂肪酸比例较高，除可直接食用外，还可生产高级食用油。果实含丰富的膳食纤维、果胶、β-胡萝卜素及多种生理活性物质，具有很好的医疗价值和保健功效，尤其是其中的南瓜多糖和南瓜蛋白，南瓜多糖是预防糖尿病的活性成分，临床实践证实其直接参与降血糖、降血脂等有关活动；南瓜蛋白是从南瓜瓜瓤中提取的一种单链核糖体失活蛋白，对黑色素瘤和白血病细胞等多种肿瘤细胞具有明显的抑制作用。南瓜产品特别适合中老年人和高血压、糖尿病患者食用，是一种特效保健食品。

（张应华）

南涧绿茶　Nianjian green tea　产于中国云南省大理州南涧县的绿茶。主要有炒青、烘青、晒青三种类别。南涧茶叶生长环境属中国西部热带海陆季风区域，气候随海陆季风的进退有明显的季节性变化，从而形成干湿季节分明、四季气候不明显、雨热同季的低纬山地季风气候。受地形和高大山脉走向影响，光、热、水等气象要素在垂直方向和水平方向上产生再分配，使该地区具有“一山分四季，十里不同天”的独特自然环境。年平均气温18.9℃，年极端最高气温34.3℃，年日照时数2272.4小时，年降水量820.9毫米。为中国国家地理标志保护产品。

南涧炒青绿茶的加工工艺：鲜叶分级摊晾→杀青→回潮→辉锅。茶品具有外形色泽墨绿，叶底黄绿匀嫩，香气鲜纯持久、呈现清香或特殊板栗香，汤色黄绿明亮、滋味浓醇的品质特征。

（吕才有）

南京雨花茶　Nanjing Yuhua tea　主产于中国江苏省南京市的绿茶。1949年后创制于南京市，为纪念雨花台革命烈士而命名。原产地为南京中山陵和南京雨花台风景名胜区，后扩大到南京市栖霞、浦口、江宁、江浦、六合、溧水、高淳区。茶树大多种植在丘陵黄壤岗坡地上，土质好，水分充足。是中国经典名茶。为规范雨花茶品质，1996年，江苏省技术监督局发布了江苏省地方标准DB32/142—1996《雨花茶》。2020年，入选中欧地理标志第二批保护名单。同年，南京绿茶制作技艺（雨花茶制作技艺）被列入国家级非物质文化遗产代表性项目名录推荐名单。

加工工艺　鲜叶开采时间在3月中下旬，鲜叶原料要求以一芽一叶为主，芽叶长2～3厘米，每千克干茶9万多个芽。雨花茶的炒制是工艺性很强的制茶技术，包括精采茶叶→轻度萎凋→适度揉捻→整形干燥等环节。

手工制作工艺　分为杀青→揉捻→搓条（整形干燥）→毛茶加工（筛分和烘焙）等环节。①杀青。于60厘米平锅中进行，锅温140～160℃。嫩叶略低，老叶略高，每锅投叶量0.4～0.5千克，用手不断翻动抖炒，使之受热均匀；水分大量散失即降低锅温，适当闷炒，抖闷结合，经5～7分钟叶质柔软、叶色转暗绿、青草气消失即为适当，摊放2～3分钟后进行揉捻。②揉捻。用双手在竹帘上往返推拉滚揉，中间解块3～4次，时间8～10分钟，初步成条、茶汁微出即可。鲜叶质量较差的可用小型揉捻机机揉，每批投叶量10千克左右，中间解块1～2次，时间15分钟。③搓条。是形成雨花茶特

殊外形和品质的关键，在揉捻基础上，搓理成紧细、浑圆、挺直、光滑的松针形，使白毫显露，达到一定干度。锅温85～90℃，投叶0.35千克，先翻转抖散，理顺茶条并置于手中轻轻滚转搓条，不断解散团块，待叶子稍干不粘手时，锅温降至60～65℃，然后手掌五指伸开，两手合抱叶子顺一个方向用力滚搓，轻重相间，理条约20分钟，六七成干时转入拉条，锅温提高到75～85℃，手抓叶子沿锅壁来回拉炒，理顺拉直茶条，做紧做圆，时间10～15分钟，达九成干时起锅摊凉，即为毛茶。④毛茶加工。圆筛分出长短，抖筛分清粗细，50℃左右文火烘焙30分钟即达足干。

机械加工工艺 1985年南京市农林局牵头引进日本精揉机，组织协作组进行雨花茶机制技术攻关，1987年获得成功。整形理条用精揉机，杀青、揉捻、烘干采用普通绿茶机械，在江苏名茶中首先实现了全程加工机械化。20世纪90年代随着雨花茶整形机械的国产化，雨花茶机械加工技术得到大规模推广，产量迅速增长，质量也得以稳定。机械加工工艺流程分为：鲜叶分选→摊放→杀青→揉捻→毛火→整形→足火→精制→包装等过程。①鲜叶分选。鲜要求芽叶大小匀称、整齐，不带单片叶、对夹叶、鱼叶、虫伤叶、紫芽、红芽、空心芽等。按鲜叶级别要求，分选鲜叶（表1）。②摊放。采摘的鲜叶要及时送厂摊放，避免日晒。环境要求清洁、通风、阴凉，室温低于30℃，厚度不超过4厘米，每1～2小时翻叶一次。翻动手势要轻，以免损伤芽叶。春茶4～6小时，秋茶2～3小时。摊放至芽叶柔软但还舒展，叶色呈暗绿色，含水量降至70%左右为适度。③杀青。采用滚筒式杀青机，筒壁220～250℃，出叶口空气温度达90℃以上。不同型号滚筒杀青机投叶量不同（表2）。杀青时间2～4分钟，叶色由鲜绿色转为暗绿色，青草气消失，叶质柔软，无红梗红叶，无焦边爆点，发出淡茶香为杀青适度，杀青叶经冷风吹散后迅速薄摊冷却。摊凉厚度不超过4厘米。④揉捻。采用揉捻机，不同揉捻机型号不同，投叶量不同（表3）。压力调节：无压（0～5分钟）→轻压（6～11分钟）→重压（12～17分钟）→松压（18～22分钟）→无压（约5分钟），时间25～30分钟，成条率85%以上为适度。揉捻叶卸机后，应及时解开揉成的团块。⑤毛火。选用烘干机。初烘：温度100～110℃；摊叶厚度1厘米；时间不超过2分钟；茶条较松散，不粘手为适宜。复烘：温度100～110℃；摊叶厚度2厘米；时间10分钟；程度：茶坯失重达70%左右，手握茶叶成团，松开自然散开为适度。毛火叶初烘、复烘后应迅速摊开冷却，摊叶厚度为2～3厘米。⑥整形。采用针形茶整形机，两侧槽部温度达150～170℃。投叶量：根据整形锅型号确定投叶量（表4）。压力宜轻。仅在第5～25分钟加轻压。时间30～45分钟，95%以上成形为适度。整形叶应摊开冷却，摊放厚度不超过2厘米。⑦足火。选用烘干机，作业温度70℃左右。时间10～15分钟。至九成干，折之即断，手碾成末为适度。烘干后的毛茶应及时摊凉，待茶温度降至室温时，再装盛囤箱，切勿热茶箱装。⑧精制。选用圆筛机、抖筛机、风选机、手筛机等。用圆筛机、抖筛机去除较长、较粗的茶条以及碎茶、茶末。去掉黄片、碎片和其他夹杂物。手工拣除花蕾、茶梗等剩余夹杂物。⑨包装。精制后的成品茶及时包装入茶叶专用仓库，分级堆放。

表1 鲜叶级别

项目		指标/%		
		特级	一级	二级
芽叶机械组成	一芽一叶*	≥85	≥75	≥65
	一芽二叶	≤15	≤25	≤35
芽叶长度组成	2.0～2.5cm	≥90	≥80	≥70
	2.6～3.0cm	≤10	≤15	≤25
	>3.0cm	—	≤5	≤5

* 机械组成一芽一叶中允许含有一定量的单芽。

表2 滚筒杀青机投叶量

型号	台时投叶量/kg
6CP-30	12.5
6CP-40	25
6CP-60	75
6CP-70	100

表3 揉捻机投叶量

型号	投叶量/kg
6CR-25	6
6CR-30	10
6CR-35	25
6CR-55	50
6CR-65	75

表4 整形锅投叶量

型号	每锅投叶量/kg
6CRJ-14	3～4
6CRJ-24	6～8
SD-60（日本）	13～15

品质特征 外形条索紧直，两端略尖，锋苗挺秀，色泽翠绿，犹似松针；香气高雅，滋味鲜醇，汤绿清明，叶底嫩匀。雨花茶色、香、味俱全，是上等佳品，有止渴、清神、消食、治喘、除烦去腻等功效。

（王润贤）

南糯山大茶树 Nannuoshan Dachashu 原生长于中国云南省勐海县南糯山半坡寨海拔1100米古茶园中的**野生茶树**。南糯山大茶树因被发现时树姿高大、树体完整，被当地人尊称为南糯山茶王树。属阿萨姆茶（*Camellia sinensis* var. *assamica*），栽培型，小乔木，树高8.8米，树幅10.1米×9.2米，基部干径104厘米，分枝稀。芽叶绿色、多毛。特大叶，平均叶长宽18.3厘米×7.2厘米，最大叶长宽20.9厘米×8.4厘米，叶椭圆形，叶色绿，叶身平，叶面隆起，叶尖渐尖，叶脉12～14对。萼片5～6片，无毛。花冠直径3.5厘米×3.0厘米，花瓣7～8枚，花色白中带绿，子房多毛，柱头3～4浅裂。可制红茶、晒青茶。1994年因树干中部枯朽而死亡，树龄为800年左右。

南糯山海拔1400米，全年降水量为1500～1750毫米，年平均气温为16～18℃，年雾日120多天，相对湿度在80%以上，属典型的南亚热带气候。土壤以砖红壤和赤红壤为主，且土层深厚、土质肥沃，自然环境十分适宜茶树生长。据文献记载，南糯山具有1000多年的种茶历史，古茶树面积1134公顷，主要分布在半坡老寨。

（马春雷）

南山白毛茶（茶产品） Nanshan Baimao tea 产于中国广西壮族自治区横县宝华山的条形**烘青绿茶**。南山白毛茶是中国国家地理标志产品，原产于广西横县南山。横县位于广西壮族自治区的南部，地处东经108°48′～109°37′，北纬22°08′～23°30′，北回归线以南，居郁江中游。据《广西通志》记载："南山茶，叶背白茸如雪，萌芽即采，细嫩如银针，色味胜龙井，饮之清芳沁幽、天然有荷花香，真异品也。"清明前采摘一芽一叶初展，经杀青→揉捻→烘干等加工工艺制作而成。成品茶外形条索紧结，色泽翠绿，身披茸毫；茶汤清亮，滋味浓厚，回甘润喉，香高持久，有荷花香和奶香。南山白毛茶产品主要销往广东、广西。（韦静峰）

南山白毛茶（茶树品种） Nanshan Baimaocha 茶树有性系品种。又称圣山种。原产于中国广西壮族自治区横县那阳镇南山。南山白毛茶已有600多年的栽培历史，是中国国家优良地方品种，2009年成为中国国家地理标志保护产品。相传明朝建文帝下江南避难时隐居于横县南山应天寺，并将携带的茶种种于此处。因茶叶背面满被雪茸毫而得名白毛茶，因帝王所植又名“圣山种”。

适宜在广西南部绿茶区种植。产地横县南山年均气温20℃左右，冬无严冬，夏无酷暑；南山土壤属第四纪红土发育红壤，土质疏松，通透性好，有机质含量高，富含硒、钾、磷和其他矿物质。

南山白毛茶树属于有性系，小乔木型，中叶类，早生种，抗寒抗旱性强；植株适中，树姿半开张或直立，分枝较密。南山白毛茶树叶薄柔嫩，叶片水平或稍上斜生，叶椭圆形，叶色绿或暗绿，叶面平或微隆起，叶缘平或微波，叶身多内折，叶尖钝或渐尖，叶齿锐浅，叶质较硬脆，叶柄微紫色，芽叶黄绿色，茸毛中等或多。其芽叶生长力中等，持嫩性较差。春茶萌发期3月上旬，芽叶黄绿，茸毛中或多。春茶一芽二叶干样约含氨基酸4.2%，茶多酚25.9%，儿茶素总量142毫克/克，咖啡碱3.8%，果胶质含量高。适制绿茶，味醇厚。（韦静峰）

南洋杉 araucaria; *Araucaria cunninghamii* 南洋杉科南洋杉属乔木。南洋杉原产于南美、澳大利亚及太平洋群岛、大洋洲东南沿海地区。中国广东、福建、海南、云南、广西均有栽培。

在原产地高达60～70米，胸径达1米以上。树皮灰褐色或暗灰色，粗，横裂。大枝平展或斜伸，幼树冠尖塔形，老则成平顶状，侧生小枝密生、下垂，近羽状排列。叶二型，幼树和侧枝的叶排列疏松，开展，锥状、针状、镰状或三角状，长7～17毫米，基部宽约2.5毫米，微弯，微具四棱或上（腹）面的棱脊不明显，上面有多数气孔线，下面气孔线不整齐或近于无气孔线，上部渐窄，先端具渐尖或微急尖的尖头。大枝及花果枝上的叶排列紧密而叠盖，斜上伸展，微向上弯，

图1 南洋杉

图2 南洋杉的枝和叶

图3 南洋杉的果实

卵形、三角状卵形或三角状，无明显的脊背或下面有纵脊，长6～10毫米。雄球花单生枝顶，圆柱形。球果卵形或椭圆形，长6～10厘米，径4.5～7.5厘米；苞鳞楔状倒卵形，两侧具薄翅，先端宽厚，具锐脊，中央有急尖的长尾状尖头，尖头显著向后反曲。

南洋杉常采用扦插繁殖；播种法繁殖因种皮坚实、发芽率低，故种前最好先破种皮，以促使其发芽。喜光，幼苗喜阴，喜暖湿气候，不耐干旱与寒冷。喜土壤肥沃，生长较快，萌蘖力强，抗风性强。冬季需充足阳光，夏季避免强光暴晒，不耐北方春季干燥的狂风和盛夏的烈日，在气温25～30℃、相对湿度70%以上的环境条件下生长最佳。盆栽要求疏松肥沃、腐殖质含量较高、排水透气性强的培养土。

南洋杉树形高大，呈尖塔形，枝叶茂盛，姿态优美，为世界著名庭园树之一，和雪松、日本金松、北美红杉、金钱松一起被称为世界五大公园树种。宜独植作为园景树或纪念树，亦可作行道树。宜选择无强风地点种植，以免树冠偏斜。南洋杉是珍贵的室内盆栽装饰树种，幼苗盆栽适用于一般家庭客厅、走廊、书房的点缀及作为圣诞树；也可用于布置各种形式的会场、展览厅；还可作为馈赠亲朋好友开业、乔迁之喜的礼物。同时，南洋杉材质优良，是澳大利亚及南非重要的用材树种，可供建筑、器具、家具等使用。（陈发棣）

拟单性木兰 parakmeria; *Parakmeria* spp. 木兰科拟单性木兰属植物。拟单性木兰属下包含5个种，分布于中国西南部至东南部。

常绿乔木，各部无毛。小枝节间密而呈竹节状。顶芽鳞分裂为2瓣。叶全缘，具骨质半透明边缘，下延至叶柄。托叶不连生于叶柄，叶柄上无托叶痕。幼叶在芽中不对折而抱住幼芽。花单生枝顶，

图1 拟单性木兰

图2 拟单性木兰的叶

图3 拟单性木兰的花

花被片下具1佛焰苞状苞片，雄花、两性花异株。花被片9～12，外轮3片，近革质，有纵脉纹，内2或3轮花被片肉质，形状相近而向内逐渐变小。雄花的雄蕊10～75枚，着生于圆锥状花托上，花丝短，花药线形，两药室分离，内向开裂，药隔伸出成短尖头；花谢后，花梗与花托脱落。两性花的雄蕊与雌花同且较少，雌蕊10～20枚，具明显的雌蕊群柄。聚合果椭圆形或倒卵形。蓇葖木质，沿背缝及顶端开裂。种子1～2颗，垂悬于丝状而有弹性的假珠柄上。外种皮红色或黄色，内种皮硬骨质，具顶孔。（于晓南）

年宵花 Lunar New Year flower 在春节前后上市销售的**花卉**。又称年宵花卉。一般从每年12月至次年元宵节前后，这段时间集中了一些盛大的节日，如圣诞节、元旦、春节、元宵节等，市场上花卉的消费量很大，被视为花卉销售的旺季。中国年宵花卉生产以**蝴蝶兰**、**观赏凤梨**、**安祖花**、**大花蕙兰**、金橘、**牡丹**等大宗产品为主。（吕 彤）

《撵茶图》 *Grinding the Tea* 茶事绘画作品。中国南宋刘松年作。刘松年（约1155～1218），浙江金华汤溪人。居钱塘清波门，故有刘清波之号，清波门又名为“暗门”，故外号“暗门刘”。南宋孝宗、光宗、宁宗三朝宫廷画家。师张敦礼，工画人物、山水，神气精妙，有过于师。南宋光宗绍熙（1190～1194）年间为画院待诏，与李唐、马远、夏圭合称为“南宋四大家”。刘松年工山水人物，山水风格继承董源、巨然，笔精墨妙，水墨青绿兼工，着色妍丽典雅，多写西湖胜景；所画人物神情生动，精妙入微。

《撵茶图》绢本设色，纵44.2厘米，横66.9厘米，藏于中国台北故宫博物院。为工笔人物白描，描绘精细。由于宋代茶叶形制为紧压茶的原因，饮茶方式主要是碾茶烹点法。即饮用前需将团饼状的茶块碾成粉末状后，再行煮烹或直接用沸水冲泡。《撵茶图》真切地展示了当时的碾茶情景：在画的左面，有一个劳役坐在矮几上转动碾磨，这个石磨的形状正如《茶具图赞》中的“石转运”一样。另一人站在桌边，一手执茶瓶，往茶瓯中注沸水，茶瓯旁是点茶用的茶筅，另一手持茶盏。茶桌上还有其他茶具，如茶罐、茶盒、盏托等。桌旁有一只火炉，上面正在煮水。桌后有大瓮一只，上盖荷叶以作防尘，似为贮水器。在画面的右边是一场生动的点茶场面，一僧伏案作书，一人相对面坐，另一人坐在旁边双手展卷，而眼神却在欣赏僧人作书，三人貌似离、神却合。左边的煮茶是劳役之作，而右边的作书者是一种文人生活，文人生活离不开香茗的佐助，在此画中显得如此生动。全图不失为宋代点茶与书画艺术创作相结合的真实写照。（于良子）

鸟害 bird-trouble 果园鸟群对果实啄食造成的损害。危害果园的鸟类主要为喜鹊、灰喜鹊、鸽子、大山雀、蜡嘴雀、麻雀和白头鹎等。水果被鸟啄食损害后成为伤残果，彻底丧失商品价值，并引发病虫害的进一步危害，严重影响水果的产量和质量。

鸟害的主要原因是中国生态环境的改善，全民环境保护和爱鸟意识的增强，以及国家对鸟类保护法的推广普及和对猎枪等器械的限制使用，使鸟的种类、种群数目急剧增加；同时，各地果园管理水平加强，水果质量提高，色艳、味甜、早熟与晚熟新品种不断出现，也增强了对鸟类的诱惑，特别是外露的水果更易遭到鸟类侵袭。

鸟害的防控措施主要包括果实套袋、架设防鸟网、增设隔离网、使用驱鸟器、铺设反光膜、使用化学驱避剂、改进栽培方式等。（胡大刚）

宁红茶 Ningzhou black tea 产于中国江西省修水、武宁、铜鼓县一带的条形**工夫红茶**。全称宁州工夫红茶。宁红工夫茶是中国最早的工夫红茶之一，因发源于修水县漫江乡宁红村而得名。主产区为江西省修水县、武宁县、铜鼓县及周边区域。中国大中城市有一定销量，主销俄罗斯、东欧以及英、美、德、法等国家和中国港澳地区。

生产简史 据清叶瑞延著《纯浦随笔》记载：“（宁）红茶起自道光季年，江西估客收茶义宁州，因进峒教以红茶做法。”清光绪十八年（1892），宁州工夫红茶产量已达到20万担（1万吨），成为红茶生产的主要产区。

加工工艺 宁红茶产品分为宁红工夫、宁红金毫、宁红龙须茶三类，其加工工艺分别为：①宁红工夫茶。采摘一芽二、三叶，经萎凋→揉捻→发酵→烘干制成毛茶，再经精制筛分→风选→拣剔→拼配等工艺加工制成。分一至七级。②宁红金毫茶。1985年研制。采摘“福鼎大白茶”良种一芽一叶初展，经萎凋→揉捻→发酵→烘干→精制筛分等工艺加工制成。不分级。③宁红龙须茶。又称宁红束茶。采摘一芽二、三叶，经萎凋→揉捻→发酵→过红锅→扎把→烘干→扎花等工艺加工制成。

宁红茶

品质特征 宁红工夫茶外形紧细，汤色红艳，香高味醇，叶底柔嫩红匀；宁红金毫茶外形紧细，金毫特显，光灿油润，香气馥郁持久，滋味醇厚，汤色红艳光亮，杯边显金圈，叶底红亮；宁红龙须茶外形似须，挺秀显毫，汤色红艳清澈明亮，香气鲜爽馥郁，滋味甘醇爽口，叶底嫩匀有光。宁红茶以“红亮、香郁、味醇、形美”四绝著称于世，被赞为“茶中美人”。

（杨普香）

宁强雀舌茶 Ningqiang Queshe tea 中国陕西省汉中市宁强县研制出的扁形绿茶。因其外形和产地而得名。宁强雀舌茶于清明前后采摘，标准为一芽一叶初展，要求不采紫叶、病虫叶、展开叶、对夹叶，不带鳞片、鱼叶、茶蒂、茶果、老叶及其他夹杂物。

产地环境 宁强县位于陕、甘、川三省交界的汉江源水流域、秦岭与大巴山之间，是中国北缘茶区。茶树种植地山清水秀，雨沛雾多，湿润温和，茶树生长于山涧沟壑之旁、溪流泉水之间，环境未受工业化污染；是生产有机茶的最佳生态区域，是陕西省首家通过中国农科院茶叶研究所有机茶研究与发展中心有机茶认证的县。

加工工艺 加工工艺流程为：杀青→理条做形→烘焙→拣剔。①杀青。每锅投叶量300克，锅温150～180℃，炒茶手法采用抓、捂、带、抖，抖、闷结合，炒茶动作由快到慢，要求捞得尽、抖得开、翻得匀。炒至叶色转暗、叶质变软、清香显露时，及时出锅摊凉。②整条做形。锅温60～80℃，杀青叶锅后采用轻压拖带，随即轻抖的手法理条做形，反复进行，直至茶条达到挺直、微扁，有刺手感时出锅摊凉。③烘焙。用炭火烘焙，温度60℃、茶叶薄摊于烘笆上，每隔3分钟左右翻一次，翻烘时手势动作须轻匀，烘20分钟左右下烘摊凉，然后再复烘，至足干下烘。④拣剔。手工拣去黄片、茶果及杂物，筛去碎末，包装贮存。

品质特征 外形微扁挺秀，形似雀舌，色泽翠绿，银毫披露；汤色绿亮，香气高长馥郁，滋味醇爽甘甜，叶底嫩绿成朵。茶叶中富含茶多酚（24.73%）、氨基酸（3.43%）、咖啡碱（4.07%）、维生素、微量元素等物质，是品饮、养生的上品。

（纪昌中）

牛蒡 edible burdock; *Arctium lappa* 菊科牛蒡属二年生至多年生草本植物。又称大力子、东洋参、东洋萝卜、蝙蝠刺、恶实。以根和叶作蔬菜食用。牛蒡原产于亚洲，中国自古以来南北各地均有野生分布，早期以种子作药用。公元940年前后传入日本，在日本经改良形成优良品种后又引入中国。

形态特征 株高1.5～2.0米。茎直立，基部直径2厘米，上部多分枝，表面有纵沟，密被贴生的柔毛。肉质根圆锥状或棍棒状，长50～80厘米，直径3～5厘米，营养生长期茎短缩，花茎直立。叶片肥厚呈心形或宽卵形，尖端钝状或急尖状，长30～40厘米，宽25～35厘米，叶背密生白色绒毛，叶柄长，茎部微红、嫩香柔软，可供食用。花为头状花序，淡紫色，雄蕊5枚，与花冠裂片互生，冠毛短，浅褐黄色，雌蕊1枚。瘦果长倒卵形或长圆形稍弯曲，两侧扁，灰褐色或灰黑色，具暗色斑点，长5～6毫米。开花1个月后种子成熟，为长纺锤形，暗灰色，千粒重12克。花期7～8月，果期8～9月。

图1 牛蒡

图2 牛蒡的根

图3 牛蒡的茎

图4 牛蒡的叶

生长习性 喜温暖湿润气候，种子发芽及植株生长适温为20～25℃。一定的光照条件可促进种子发芽，种植时覆土宜薄。地上部耐寒力弱，3℃以下即枯死，地下部分耐寒性强，直根越冬，翌春萌芽生长。属绿体春化型作物，当根直径3～9毫米时即感受低温影响，5℃左右低温达1400小时以上，再给予12.5小时以上的长日照，可促进花芽分化并抽薹开花，故在良种繁育中常采用2年或3年采种

图5 牛蒡的花

图6 牛蒡的瘦果

法。属喜光植物，强光照及长日照条件下植株生长健壮，发育良好。为深根性作物，对土壤有严格的要求，适于在表土深厚、排水良好、土壤肥沃的壤土地块种植。不耐涝，连续淹水2天，直根将出现腐败现象。忌连作，旱地栽培，须轮作4～5年。

栽培　种子繁殖，春秋两季播种，以直播为主，也可育苗移栽。行株距为70厘米×60厘米，亩种1500株。春播的当年秋冬季采收，秋播在第二年夏秋季采收，秋季采用**设施栽培**的可提前至第二年春季采收。当肉质根粗度在2厘米以上、长70厘米以上时即可采收，也可根据市场情况适当提前或延迟收获。

用途　牛蒡的营养较为丰富全面，膳食纤维、精氨酸、天冬氨酸、镁、铁、锌、铜等元素及维生素C、维生素B_6等含量较高，是一种较好的天然营养食品。肉质根作菜，以文火炖汤（与排骨或鸡等）最常见，味道鲜美，食之如肉；还可做汤、炒肉、炸食或作配菜等。牛蒡根、茎叶、果实（牛蒡子）均可供药用，具有降血糖、降血压、降血脂、治疗失眠及提高人体免疫力等功效。（张应华）

牛肝菌　king bolete; *Boletus* spp.　真菌界担子菌亚门层菌纲伞菌目牛肝菌科牛肝菌属菌类。主要有白、黄、黑、红牛肝菌。牛肝菌因肉质肥厚、极似牛肝而得名，是名贵稀有的野生**食用菌**。牛肝菌科真菌华美牛肝菌、红脚牛肝菌、桃红牛肝菌、魔牛肝菌的子实体被称为“四大菌王”。

形态特征　菌盖直径5～16厘米，扁半球形或稍平展，不黏，光滑，边缘钝，黄褐色、褐色、红褐色至深褐色，颜色变化很大。菌肉白色，厚，受伤不变色。菌管初期白色，后呈淡黄色，直生或近弯生，或在柄周围凹陷。管口幼时有填充，圆形，2～3个/毫米。柄长3～15厘米，粗2～4厘米，基部尤为膨大（可达11厘米），与菌盖同色，但颜色稍浅，有明显的凸出网纹，中生，肉实。孢子近梭形，黄色至黄绿色，光滑，近透明，孢子印青褐色。

生长习性　温度是影响牛肝菌生长发育的重要因素，牛肝菌菌丝在18～30℃时均可生长，但最适温度为24～28℃；子实体可在5～28℃时生长发育，但适宜温度为16～24℃，低于12℃就不易形成子实体。菌丝体生长阶段土壤含水量以60%左右为宜，而子实体生长阶段相对湿度以80%～90%为宜。一般土壤pH5.0～6.0较适合牛肝菌菌丝体生长和子实体发育。

牛肝菌

栽培　牛肝菌的人工栽培技术尚未成熟，大部分产品靠野生采集。有人进行人工仿生栽培取得一定进展。如褐环粘盖牛肝菌是一种优良的菌根食用菌，其栽培过程包括基质制作、菌剂制作、无菌苗培育、菌根苗培育、圃地栽培等环节，在不同生长阶段提供适宜的环境条件，以促进子实体的形成。

用途　牛肝菌菌体较大，肉肥厚，柄粗壮，食味香甜可口，营养丰富，是一种世界性著名食用菌，可以制作上汤、炒食或加工。牛肝菌具有清热解烦、养血、舒筋活血、补虚提神等功效，是中成药“舒筋丸”的原料之一；也是妇科良药，可治妇女白带症及不孕症；同时还有抗流感病毒、防治感冒的作用。牛肝菌含极高的硒、钾、锌、叶酸、维生素B_1和维生素B_2，可增强机体免疫力，提高能量代谢水平，延缓组织退化和衰老；另外，牛肝菌含有大量活性物质如菌多糖，可刺激免疫力、益智醒脑、降血糖等。新鲜牛肝菌有些具有很强的毒性，必须煮透食用以防中毒。（杨　暹）

女贞　glossy privet; *Ligustrum lucidum*　木犀科女贞属常绿乔木。又称大叶女贞、冬青、蜡树。女贞产于中国长江流域及其以南地区，甘肃南部、陕西、华北南部多有栽培。朝鲜、日本也有分布。

高6～15米。树皮灰褐色；枝黄褐色、灰色或紫红色，圆柱形，疏生圆形或长圆形皮孔。叶片常绿，革质，卵形、长卵形或椭圆形至宽椭圆形，长6～12厘米，宽3～8厘米，先端锐尖至渐尖或钝，基部圆形或近圆形，有时宽楔形或渐狭，叶缘平坦，叶面光亮，两面无毛。圆锥花序顶生，长10～20厘米，花白色，花无梗或近无梗（长不超过1毫米）。核果肾形或椭圆形，长7～10毫米，径4～6毫米，深蓝黑色，成熟时呈蓝黑色，被白粉。花期6～7月，果期11～12月。

萌芽力强、耐修剪，采用播种或扦插繁殖。喜光，稍耐阴；喜温暖，有一定

图1　女贞的叶

图2　女贞的花

图3　女贞的果实

耐寒性；喜湿润气候，不耐干旱；喜微酸性或微碱性湿润土壤，不耐瘠薄；对二氧化硫、氯气、氟化氢等有毒气体有较强的抗性。

枝叶清秀、繁密，终年常绿，开花时满树白花，且适应城市气候环境，是长江流域及华北南部常见的绿化树种，广泛栽植于街道、住宅小区、校园、公园，或作园路树，或修剪作**绿篱**用。对多种有毒气体抗性较强，可作为工矿区的抗污染树种。果、树皮、根、叶可入药，木材可作为细木工用材。（吕英民）

糯米条　Chinese abelia; *Abelia chinensis*　忍冬科六道木属落叶灌木。糯米条在中国长江以南各省区广泛分布，华北南部有栽培。因花期长、花香而备受欢迎。

株高2米。幼枝红褐色，小枝皮撕裂状。叶卵形或卵状椭圆形，长2～5厘米，宽1～3.5厘米，对生，边缘具疏浅齿，叶

图1 糯米条

图2 糯米条的枝

图3 糯米条的叶

图4 糯米条的花

背中脉基部密被柔毛。聚伞花序顶生或腋生，花粉红色或白色，具香味，花萼被短柔毛，5裂，长约5毫米，花冠漏斗状，列被柔毛，雄蕊4，伸出花冠。瘦果长约5毫米，顶端有宿存5萼裂状。花期7～8月，果熟期10月。

性喜光，耐阴。喜温暖湿润气候，稍耐寒。对土壤要求不严，酸性、中性和微碱性土壤均能生长。喜肥沃通透的砂质壤土，不耐积水。萌蘖能力强，耐修剪。可通过播种、扦插方式繁殖。

（赵世伟）

O

欧李 Chinese dwarf cherry; *Cerasus humilis* 蔷薇科樱桃属矮生樱亚属果树。又称酸丁、小郁、玉子、牛李、乌拉奈等。古书记载有奥李、车下李、爵李等。欧李为中国特有树种，包括欧李和毛叶欧李（*C. dictyoneura*）两个种。分布于中国黑龙江、吉林、辽宁、宁夏、甘肃、山西、陕西、内蒙古、河北、北京、天津、河南、山东等省（自治区、直辖市）。已培育出多种适于人工栽培的优良品种，市场开发的加工产品也较为丰富。

欧李为落叶小灌木，株丛高0.5～0.8米，最高可达1.5米。一年生枝条灰白色，当年生枝绿色或黄绿色。叶片形状为倒椭圆形、倒卵形或倒披针形，即叶片最宽处在叶的中部以上，叶片长3～8厘米、宽3～4厘米。叶片正面光滑无毛，背面较粗糙，有微绒毛或多毛。毛叶欧李种一般密生绒毛，且网脉十分明显；因其叶脉上也附着大量绒毛，故又称网脉欧李。叶柄较短，一般为3～5毫米，两边各着生1个托叶，且有2个叶腺。叶片在枝条上互生，叶序为2/5。花朵较小，直径1～3厘米，花萼绿色，钟萼形，离生；花瓣白色、粉红色，形状多为勺形，边缘为不规则齿状。雄蕊有35个左右，与雌蕊等长，花丝和花药黄色，花丝上无毛。雌蕊多为1个。果实形状多样，主要为扁圆形、近圆形。外果皮较厚，无毛、无粉，有多种色泽，主要为红色和黄色，少数为紫色、绿色、白色及黑色。内果皮木质化，形成坚硬的种壳，有种子1粒，少数为2粒，中药名为“李仁郁”。果柄较短，在1厘米左右，故又称短柄樱桃。

图1 欧李的枝和叶

图2 欧李的花

图3 欧李的果实

图4 欧李的种子

耐旱、耐寒、耐瘠薄，适宜于pH6.5～8.0的土壤。果实可食，钾、钙、铁等矿质元素含量较高，黄酮含量也较高。果实可加工果汁、果酒、果脯等产品；叶可制茶；种仁可榨油，油脂中不饱和脂肪酸含量达95%以上。根系发达，固土保水能力强。 （杜俊杰）

欧洲雪球 European snowball viburnum; *Viburnum opulus* ‘Roseum’ 五福花科荚蒾属落叶灌木。分布在欧洲、高加索地区、远东地区及中国新疆、青岛等地。生长于海拔1000～1600米的地区，多生长于河谷云杉林下。

树高2～3米。树皮暗灰褐色，有纵条及软木条层。小枝褐色至赤褐色，具明显条棱。小枝、叶柄和总花梗均无毛。单叶对生，叶浓绿色，卵形至阔卵圆形，长6～12厘米，宽5～10厘米，通常浅3裂，基部圆形或截形，具掌状3出脉，裂片微向外开展，中裂长于侧裂，先端均渐尖或突尖，边缘具不整齐的粗齿，上面黄绿色，无毛，下面淡绿色，脉腋集聚簇状毛。叶柄粗壮，无毛，近端处有腺点。复伞形聚

图1 欧洲雪球

图2 欧洲雪球的叶

图3 欧洲雪球的花序

伞花序顶生，花序全为不孕花，花白色。花期4月中旬至5月底。喜光，稍微耐阴，耐寒，耐旱，对土壤要求不严，微酸性及中性土壤均能生长。枝条萌芽力和根基部萌蘖力较强，根系发达。抗病虫害能力强。

欧洲雪球是优良的观叶、观花植物，在园林绿地中可以点缀草坪和空旷场地。可孤植、群植，也可栽于园路两侧。

（于晓南）

P

攀缘植物 climbing plant 茎细长不能直立，须攀附支撑物向上生长的植物。攀缘植物可用于垂直绿化，能充分利用空间，占地少，见效快，是中国造园中常用的植物材料。将攀缘植物合理配置于墙壁、格架、篱垣、棚架、柱、门、绳、竿、枯树、山石之上，具有特殊的观赏效果。

分类　攀缘植物按茎的质地可分为木本（藤本）如紫藤等和草本（蔓草）如茑萝等两大类。按攀缘习性又可分为：①缠绕类。茎缠绕支撑物呈螺旋状向上生长。顺时针缠绕（左旋性）的有牵牛类等，逆时针缠绕（右旋性）的有啤酒花等。②吸附类。枝蔓借助黏性吸盘或吸附气生根而稳定于他物表面，支持植株向上生长。具吸盘的攀缘植物有爬山虎等，具气生根的攀缘植物有常春藤属等。③卷须或叶攀类。借助卷须、叶柄等卷攀他物而使植株向上生长。卷须多由腋生茎、叶生或气生根变态而成，长而卷曲，单条或分叉。茎变态而成茎卷须，如葡萄属植物；叶变态而成叶卷须，如尖叶藤、香豌豆等。靠叶柄攀附他物向上生长的有铁线莲等。④攀靠类。植株借助藤蔓上的钩刺攀附，或以蔓条架靠他物向上生长。在园林中应用时，常需要人工引导并辅以必要措施，如木香花等。

栽培　攀缘植物主要采用播种或扦插繁殖，也可采用压条、嫁接等方法。栽培时宜根据不同植物的攀缘特性选用适当的支撑材料，创造可靠的攀缘条件。如紫藤的“绞杀作用”很强，须用水泥制架方能持久地供其盘曲支撑。栽植的位置、地点也要根据不同植物的生活习性决定，如爬山虎喜在建筑物的北墙上攀附。栽培攀缘植物可生产瓜果，如丝瓜、猕猴桃、葡萄等；蔽日遮阴，如金银花等；美化环境，如蔷薇、紫藤、凌霄、西番莲等；改善环境，如爬山虎、常春藤、薜荔等。应根据主次目的，采取适当的栽培管理措施。

（车代弟）

泡菜 pickle 经过发酵的腌制蔬菜。一种特殊的酸菜。泡菜的加工工艺一般包括挑选、分级、清洗、切分、密封泡制等。中国泡菜以四川为典型，味道咸酸，口感脆生，色泽鲜亮，可用多种蔬菜和辛香料作为调料。为了加速发酵效果，提高泡制速度，降低亚硝酸盐的形成，常采用人工培养的发酵剂接种腌制。

泡菜的原理可用于制作果蔬酵素，酵素中的一个种类是由各种果蔬汁或果蔬浆经轻微乳酸发酵而成。

中国泡菜与韩国泡菜是两种常见的泡菜。中国泡菜采用各种应季蔬菜，如以白菜、甘蓝（卷心菜）、胡萝卜、辣椒、芹菜、黄瓜、菜豆、莴笋等质地坚硬的根、茎、叶、果作为原料，一般都是泡在密封的淡盐水里发酵而成。韩国泡菜是以大白菜为主要原料，以各种水果、海鲜及肉料为配料的发酵食品。

（叶兴乾）

泡茶方法 tea brewing method 以投茶量（茶水比）、水温、冲泡时间等要素为调控手段，将茶叶投入容器中，注入水，冲泡出一杯可口、适温的茶汤的方法。要泡好一杯茶，首先通过感官审评的科学方法，对茶叶的品质特征有一个基本的了解，包括香气的高低、持久，滋味的浓淡、鲜爽，汤色的明亮清澈，以及存在的品质优劣等。对茶有一个基本的了解后，还要从所泡茶的类别、外形、工艺、品种、存贮时间等因素做进一步的分析。外形包括形状、嫩度、条索紧结程度、芽叶整碎程度、紧压程度等；工艺包括杀青的老与嫩、揉捻的轻与重、焙火的大与小等。品种包括大叶种、中小叶种以及特定的品种。深入了解茶叶的相关特征是泡好茶的基础，即“看茶泡茶”。

茶水比、水温、冲泡时间是泡好一杯茶的关键因素。

茶水比　投茶量就是茶与水的比例。量多味浓，量少味淡。用茶量的多少与茶叶本身内含成分的多少、品饮人数、冲泡次数和时间等都有关系。内含成分单薄的茶叶，投茶量略多些；品饮人数多，冲泡次数多，宜多投些，反之要少投些。修习类茶艺，投茶量略少些；生活类茶艺，投茶量略多些。总之，要使茶汤浓淡适宜。

水温　与物质浸出速度有关。研究表明，茶叶中不同的内含物质对浸泡的水温要求不同。茶多酚、咖啡碱在高水温下快速浸出，茶汤呈苦涩味；低水温下浸出较慢，茶汤苦涩味降低。氨基酸在低水温下即可浸出，随着时间的延长，浸出越多，茶汤呈鲜味。所以，如果想尝绿茶的鲜味，可以用低温或中温泡。当茶汤中呈苦涩味的茶多酚、咖啡碱与呈鲜味的氨基酸有一定的量且比例适当时，茶汤口感协调，并有厚度和浓度。水温还与香气物质挥发有关。水温高，香气物质挥发在空气中的量会多，鼻子越易感受到。

冲泡时间　指茶叶浸泡的时间，即茶与水相遇后共处的时光。浸泡时间必须适中，时间短了，茶汤会色淡味寡，香气不足；时间长了，茶汤太浓，汤色过深，茶香也会因飘逸而变得淡薄。这是因为茶叶一经用水冲泡，茶中可溶解于水的浸出物就会随着时间的延续，不断浸出于水中。所以，茶汤的滋味是随着冲泡时间延长而逐渐增浓的，并会到达一个平衡点，平衡点的具体时间与茶叶本身、投茶量、水温等有关。

（周智修）

泡茶用具 tea utensils 泡茶过程中用到的器物。又称茶器、茶器具。广义上泛指完成泡饮全过程所需的设备、器具、用品；狭义上专指泡和饮的专门用具，即主茶具，也是人们日常所用茶具。古人云“器为茶之父”，明确表达了茶具对泡茶的重要性。

专用茶具的出现和种类演变与制茶业的发展及饮用方法的变化、饮茶的普及程度、陶瓷业的发展等有密切的关系。最初中国的古人只是采集鲜叶生嚼、煮羹食用。之后人们学会将茶树鲜叶晒干收藏或采叶做饼，仍沿用羹煮之法。故当时并无专用茶具，茶具与食具、酒具无严格区分，大多可通用。随着茶从药用、食用到饮用的演化，到唐代饮茶已十分普及，成为日常生活的一部分，专用饮茶器具逐渐衍生出来。

泡茶器具的质地多种多样，以陶瓷器为主。此外，还有玻璃、金属（金、银、铜、锡、铝等）、搪瓷、玉石、水晶、玛瑙等材质。从科学泡饮的角度来看，最适宜的仍推陶瓷茶具。日常生活中以陶质、瓷质、玻璃三类材质的泡茶器具最为常见。

陶质茶具　用黏土烧制的饮茶器具，特点在于保温性好。中国有四大名陶，即宜兴紫砂、建水紫陶、钦州坭兴陶、重庆荣昌陶。代表性的陶质茶具是紫砂茶具，主要产自中国江苏省宜兴市，在浙江省长兴也有出产。紫砂茶具是紫泥、红泥和团山泥（绿泥）成型后经1100～1200℃高温烧制而成，所用的主要泥土属于黏土－石英－云母系，具有颗粒细小均匀的团粒结构，内部的双重气孔使其具有良好的透气性和吸附性。

瓷质茶具　用长石、高岭土、石英等为主要原料烧制的饮茶器具。经原料配比、加工成型、干燥，以1300℃左右高温烧制而成。江西景德镇是中国瓷茶具的主要生产地。

瓷的质地坚硬致密，表面光洁，薄者可呈半透明状，敲击时声音清脆响亮，吸水率低。瓷质茶具主要有白瓷茶具、青瓷茶具和彩瓷茶具。①白瓷茶具。坯质致密透明，色泽洁白，能反映出茶汤色泽，传热、保温性能适中，适合冲泡各类茶叶，使用最为普遍。②青瓷茶具。青瓷质地细腻、造型端庄、纹饰雅致，常刻有莲瓣、水波、缠枝牡丹、双鱼等纹饰或釉面有开片，如蟹爪、冰裂、鱼子等。因色泽青翠，用来冲泡绿茶更有益于汤色之美。③彩瓷茶具。带有色彩装饰的瓷器。彩瓷可划分为釉下彩、釉上彩两大类，釉下彩为彩色纹饰在瓷器表面釉下，典型代表有青花、釉里红等；釉上彩为彩色纹饰在瓷器表面釉的上面，典型代表有五彩、珐琅彩、粉彩等。此外，还有釉下青花与釉上彩结合的斗彩，如流行于明成化年间的斗彩鸡缸杯等。

玻璃茶具　一般是将石英砂、长石及石灰石、纯碱等主要原料混合后，在高温下熔融、澄清、匀化后加工成型，再经退火处理冷却后制成。玻璃茶具具有耐热、高透视度、易清洗、造型优雅、泡茶味道不残留等多种优点。

（段文华）

泡茶用水　water for tea brewing　泡茶所用的水。水是生命之源，“水为茶之母”，可见择水的重要性。茶叶作为饮料，其色香味等品质通过冲泡后，由人们用眼观、鼻嗅、口品等感观方式进行评定。不同的水质、水温、水量及冲泡时间等，会形成完全不同的茶汤品质。中国历代茶人都充分认识到泡茶选水的重要性，并反复在各自的论著中阐明这一观点。唐代陆羽《茶经》提出煮茶用水“山水上、江水中、井水下”，明人许次纾在《茶疏》中说：“精茗蕴香，借水而发，无水不可与论茶也。”明人张大复在《梅花草堂笔谈》中提出：“茶性必发于水。八分之茶，遇十分之水，茶亦十分矣；八分之水，试十分之茶，茶只八分耳。”

现代科学研究表明，由于水中所含矿物质与茶叶中的呈色物质（如茶黄素、茶红素等）会产生化学反应而形成不同的物质，因此水质的硬软清浊与茶汤的色泽明亮度、滋味鲜爽度有密切的关系。现代人选择泡茶用水受自然资源、人力资源、经济条件等多方面的限制，但必须符合最基本的择水要求——国家有关饮用水的卫生标准。

符合饮用水标准者均可用来泡茶，但水质不同会使茶汤品质各有差异。水有软水和硬水之分，在自然界中，大抵只有未受污染的雨水和雪水称得上是软水，其余一般为硬水。一种是含碳酸氢钙、碳酸氢镁的硬水，经煮沸后分解沉淀，硬水可变为软水，为暂时硬水；另一种是含钙、镁硫酸盐和氯化物的硬水，经煮沸后钙、镁离子仍溶于水，为永久硬水，不可用于泡茶。水中不同矿质元素对茶的汤色和滋味有很大影响。据研究，铁离子过高会使茶汤变暗，钙、铝离子过高会使滋味变苦，镁离子过高会使滋味变淡。

（段文华）

胚败育　embryo abortion　狭义的胚败育指果树作物完成授粉受精后，由遗传决定的合子幼胚发育过程中出现停滞或死亡，未能形成成熟胚的生殖异常现象。广义的胚败育指果树作物的胚发育异常，未能形成可育种子胚的生殖现象。合子胚发育停滞或死亡的机理复杂，其中包括基因控制的胚败育性状，如汤普森无核等二倍体无籽葡萄；胚乳败育导致的胚败育现象，如糯米糍荔枝；以及染色体倍性不同的亲本杂交引起胚乳平衡数障碍导致的胚败育。

除了上述胚败育机制，还包括除遗传之外的因素导致的胚败育，如环境条件不适、营养竞争以及器官间发育不协调等。例如，核果类早熟品种果实发育快于胚发育，导致果实成熟脱落而胚发育尚未完成，无法产生可育种子。

果树育种常利用胚败育机制选育无籽品种，但胚败育也给果树作物的有性杂交育种造成障碍。（张新忠）

胚乳培养　endosperm culture　将胚乳从种子中分离出来，在无菌的人工培养环境下使其进一步生长发育形成幼苗的技术。胚乳是种子植物的特有结构，胚乳含有大量的营养物质，是种苗萌发生长不可缺少的营养来源。胚乳培养的主要步骤为：①外植体的选择与消毒。选择适宜发育时期的胚乳对胚乳培养至关重要。物种不同，适于培养的胚乳发育时期不同。如梨胚乳适宜的接种时期在中国山东泰安地区为5月下旬前后，过早胚不易辨认，过晚胚乳已经解体；苹果胚乳的发育时期略早；桃相对较晚。种子的消毒方法同花药培养。②胚乳接种。在无菌条件下，从消毒后的种子中剥离出胚乳组织接种到培养基上。对于未成熟胚乳的培养，接种时还要注意清除胚组织。若用带胚的胚乳接种，一旦胚乳细胞开始分裂，即可去除胚和幼苗，再将胚乳移植到新的培养基上生长。如果胚和胚乳同时形成愈伤组织，在胚乳转移时要细心剔除胚起源的组织。③培养和分化。胚乳培养的常用基本培养基有MS培养基、怀特培养基（White培养基）等。附加水解酪蛋白等对愈伤组织的诱导及分化具有明显促进作用。胚乳培养物的分化通常有两种方式，一种是直接由胚乳分化出芽，另一种是先形成愈伤组织再分化成胚状体或不定芽。生长调节剂的配比，特别是生长素和细胞分裂素的比值决定胚乳培养的分化方向。④倍性检测。一般被子植物的胚乳是三倍性，但在培养过程中胚乳愈伤组织及胚乳植株的染色体数目经常发生变化，有多倍体、非整倍体和染色体异常等多种类型。因此，需要采用流式细胞仪或染色体计数法对获得的植株进行染色体倍性检测。

自1965年柏形外果的胚乳通过培养获得再生植株以来，已有众多果树通过胚乳培养获得愈伤组织或完整植株。

（刘　平）

胚挽救　embryo rescue　针对果树作物胚不成熟或胚败育现象，采用离体培养的方法使胚发育完成，获得完整个体的生物技术。又称离体胚培养、胚培养。在幼胚发育或胚败育前的适当时期，将幼胚、胚珠或子房剥离，置于离体培养基上进行培养，获得植株。胚挽救技术是最早成功应用于果树作物育种实践的生物技术，已广泛应用于克服合子胚败育、种间或属间远缘杂交不育，以及枣、无籽葡萄和核果类果树早熟品种育种中。胚挽救技术亦可用于提早打破种子休眠等方面的研究。

（张新忠）

盆花　potted flower　以盆栽形式存在的花卉。包括真花和仿真花，一般指鲜花。盆花含盆景，水培花卉，草花，观叶、观果、观花植物等所有盆栽花卉。盆花种类多种多样，依据不同的分类原则可分为以下类型：①依据盆花高度可分为特大盆花（200厘米以上）、大型盆花（130～200厘米）、中型盆花（50～130厘米）、小型盆花（20～50厘米）、特小型盆花（20厘米以下）。②依据盆花形态可分为直立型盆花、匍匐型盆花、攀缘性盆花。

（张敬丽　刘云礼）

盆景　bonsai　以植物、山石、土、水为基础材料在盆中浓缩自然景观的艺术品。盆景源于中国。1972年在中国陕西省乾陵发掘的唐代章怀太子墓（建于706年）甬道东壁绘有侍女手托盆景的壁画，是迄今所知的世界上最早的盆景实录。经过长时间的发展，中国已经成立了盆景协会，经常举办盆景园和盆景艺术展览等。盆景可以用于室外展览，也可以用于室内装饰。既可以营造出雄伟的景观，亦可有小巧精致的形式。

盆景一般分为树桩盆景和山水盆景两大类。前者以树木为主要材料，后者较多地应用山石、水、土作材料。树桩盆景多选用枝叶细小、易成活、生长缓慢、寿命长、根干奇特的树种，兼有艳丽花果者尤佳。常见的树种有：榆、榕树、黄杨、罗汉松、杜鹃、梅、银杏、紫薇、贴梗海棠、火棘、茶花、石榴等。山水盆景须事先选定主题并精心设计，根据主题选石、加工，也可因石制宜。盆景由景、盆、几（架）三个部分组成。景在盆景中为主体，盆和几为从属部分。三者是相互联系，相互影响，缺一不可的。要想设计出一盆好盆景，三要素之间要主次分明，相互配合。

在中国，盆景主要分为五大流派：岭南派、川派、苏派、扬派、海派。也有其他一些流派，如徽派、浙派、闽派、桂派、京派、香港派、台湾派、鲁新派。①岭南派。以广州为中心的广东盆景，因地处五岭之南被称为岭南派。岭南派盆景以“截干蓄枝”为主的独特折枝法构图，形成“挺茂自然、飘逸豪放”的特色。②川派。以成都盆景为代表，包括重庆等地盆景。川派盆景有强烈的地域特色和造型特点。树桩盆景以蟠扎技艺见长，并着重悬根露爪、盘根错节的造型。其山水盆景以展示巴蜀山水的雄峻、高险，以“起、承、转、合、落、结、走”的造型组合为基本法则，在气势上构成了高、悬、陡、深的大山大水景观。③苏派。苏派盆景以苏州为中心，并以树木盆景为主，注重自然，型随桩变，成型求速，古雅质朴，气韵生动，情景相融，耐人寻味。④扬派。扬派盆景以扬州为中心，由于地处江苏北部，故又统称苏北派。扬派的山石盆景以平远式为主，蕴含着“潮平两岸阔，风正一帆悬”的江南情致。⑤海派。即上海的盆景艺术，已有400余年历史。海派盆景不拘一格，不受任何程式限制，但在布局上非常强调主题性、层次性和多变性，在制作过程中力求体现山林野趣，重视自然界古树的形态和树种的个性，按照国画理论要求，努力使之神形兼备。

（吴沙沙）

棚架栽培 trellis cultivation 利用竹木、水泥、金属等材料搭成棚架，支撑固定蔬菜作物的栽培方法。棚架栽培适合于蔓生性强的瓜类和豆类蔬菜，在栽培过程中利用搭设棚架的方式让这些蔬菜能在棚架表面攀缘生长，从而达到增加叶面积和增加产量的目的。

类型 根据棚架的类型，可分为“人”字架、水平式棚架和拱圆形棚架三种类型。①“人”字架。一般用竹竿作为架材，长度约为2.2米，插在苗外10厘米处，每穴一株，采用“人”字形搭架交会方式，交会处用绳扎紧。②水平式棚架。以粗的竹竿或钢筋水泥柱为支柱，下端插入或埋入土中40～50厘米，地上部2米左右，按照行间距和柱间距埋好（钢筋水泥柱的柱距5米，行距为2.5米；竹竿的柱距和行距均为2.5米）。在钢筋水泥柱顶端架设横梁或拉粗度为0.5厘米以上的钢绞线或铁丝，然后在横梁或钢绞线上每隔40厘米纵向拉一道钢绞线或铁丝，形成一个水平架面；若用竹竿作为架材，则可用不同粗细的塑料绳在离地面2米高处连接同一行的所有竹竿拉紧形成网格状棚架，外侧固定竹竿的粗绳两端固定在2米以外的小木桩上，以加固棚体。③拱圆形棚架。用竹竿搭建拱圆形隧道棚架，高度为1.8～2米，也可将钢架大棚表面的塑料薄膜撤去后作为棚架。

应用 “人”字架适合黄瓜、菜豆、豇豆等蔬菜的露地栽培。水平式棚架和拱圆形棚架适合攀缘性强的瓜类蔬菜，如苦瓜、丝瓜、南瓜、葫芦、佛手瓜等的栽培。水平式棚架和拱圆形棚架根据蔬菜结果数量，可在适当位置对棚体进行加固，一般在蔬菜植株长到0.5米时引蔓上架。棚架栽培过程中应根据植株生长情况及时摘去中下部老叶，以利通风透光。

（别之龙）

枇杷 loquat; *Eriobotrya japonica* 蔷薇科枇杷属多年生木本果树。又称卢橘。是枇杷属唯一栽培种。枇杷是典型的亚热带常绿果树，栽培于中国秦岭以南－汉水流域－长江以南一线南部各省（自治区），直至海南岛与台湾地区南部等热带地区仍有种植，但在南缘地区易遭热害。枇杷春夏季果实成熟，是一年中较早上市的水果，且风味佳美，颇受消费者欢迎。

栽培历史 枇杷起源于以云南为分布中心的中国西南部。据记载，栽培枇杷的起源地可能在四川或云南。公元1世纪，中国已有枇杷种植。西汉司马迁所撰《史记·司马相如传》引《上林赋》中载：“卢橘夏熟，黄甘橙榛，枇杷橪柿，亭柰厚朴，梬枣杨梅，樱桃蒲陶，隐夫薁棣，答遝离支，罗乎后宫，列乎北园。”1975年，湖北江陵发掘出的汉代古墓随葬品中有枣、桃、杏、枇杷等果品。西晋郭义恭《广志》中载“枇杷出南安、犍为、宜都”，即今乐山、宜宾、宜昌，均以产枇杷著名。三国至隋朝时南方的6个朝代开始把枇杷作为珍贵果树，以川、鄂为中心向中原、华北、华南、华东各个方向呈辐射状传播，遍植于各名园中。唐宋时期，四川、湖北、陕南和江浙已是枇杷主产区，明清始福建和安徽渐次成为主产区。

据传枇杷于12世纪传至日本，由日本赴长安的留学僧于1180年带回日本。中文和日文资料能查到记载的是：中国明朝与日本江户时代相交集的17世纪初，日本从中国引入枇杷（称为“唐枇杷”，唐指中国，并非指朝代）。1784年瑞典植物学家C.P.通贝里在日本发现枇杷，按系统分类法将枇杷命名为蔷薇科欧楂属日本种（japonica）。同年，法国人从广东将枇杷引

图1 野生枇杷——窄叶枇杷

图2 枇杷的花序

图3 枇杷的果实剖面和种子

入法国巴黎国家植物园。1787年，英国皇家植物园（邱园）也从广东引进枇杷。1822年英国植物学家J.林德利修正了欧楂属，根据枇杷有多绒毛（拉丁文erio-）花序（-botrya）的特点，重新设立了枇杷属（*Eriobotrya*），种名（*E. japonica*）沿用日本种。19世纪中叶，枇杷由西欧传至地中海沿岸诸国。1867～1870年传入美国。枇杷已传遍世界，分布在30多个国家，并形成东亚至南亚、地中海沿岸以及南美三大栽培区。

种质资源　枇杷属植物有较丰富的种质资源，中国已查明的有20个种或变种、变型；东南亚有6个种类，此外尚有约10个种类尚未查明，不排除同物异名或错命名等情况。已知的枇杷属植物均尚处野生状态，果实均可食，椭圆枇杷和齿叶枇杷果实大小与栽培的普通枇杷相若，窄叶枇杷和小叶枇杷等果皮为红色，多种野生枇杷是栽培枇杷的潜在砧木。华南农业大学园艺学院设有枇杷属植物种质资源圃，种植保存已查明的有26个种类。中国的栽培枇杷的种质资源数量甚多，有数百个品种，国家果树（枇杷）种质资源圃设在福州（福建省农科院果树所内），种植保存绝大部分的品种资源。

栽培枇杷有一定的品种多样性，也有一定的共性。共性优点有成熟季节佳、果肉柔软、多汁、美味等。共性缺点是枝疏芽少，导致结果枝组少，产量不高；种子多（相对桃、李而言）且大（相对苹果、梨而言），导致果实可食率不高；根系较浅，吸肥力差，易倒伏等。认识这些缺点，可以更好地服务于枇杷品种改良。枇杷基因组大小约为750兆碱基对（Mb），基本上都是二倍体（2n=2x=34），但小种子萌发的小苗有低概率的三倍体和四倍体。枇杷与大多数苹果亚科果树同为多年生木本果树，染色体x=17，但有两个突出的特点：①花果期不同，不是“春花秋实”，而是“秋花春实”。②不是落叶果树，而是常绿果树。

经济性状多为数量性状，果重、果形、综合品质属于数量性状遗传，杂种有广泛而连续的分离；果实肉色则可能是不完全显性遗传。在枇杷育种方面，杂交育种已成主流，早钟六号的育成和推广是重要标志；倍性育种取得重大进展，已育成华金无核1号等品种；实生选种和芽变选种仍有应用，尤其是在白肉新品种选育方面。浙江、江苏、福建、重庆、广东都已选育出新品种。

形态特征　枇杷根系较浅，根冠比小，需要挖大穴（沟）并扩穴，才有利于根系生长。枇杷一年多次抽梢，春夏秋冬均可抽梢，在南亚热带春夏可抽两次梢，但在中国江浙和内陆北缘地区一般不抽冬梢。春梢和夏梢的主枝和侧枝均可成为结果母枝。枇杷花芽分化与其他苹果亚科果树一样是夏秋分化型，但不须经过休眠，可直接成花。枇杷花穗自肉眼可识别始，约经1个月开始开花。开花最适温度为11～14℃，在10℃以下花期延长。全树花期在福建不超过2.5个月，在浙江为3～4个月或以上。江浙枇杷果农常将枇杷花分为三批，即头花、二花和三花；三花最少受冻，但果小。枇杷谢花后子房与花托共同发育成幼果。幼果纵径增长快速，之后转为横纵径同步增长。整个果实生长发育期为4个月左右。在枇杷种植区北缘，枇杷在谢花后须经一个幼果滞长期，该时期可能长至2个月，待3月气温回升，幼果才开始生长。在滞长期内幼果受冻的可能性较大。枇杷芽少枝疏，但每个枝条都可以成为花序，每个花序可达100多朵单花，因此必须疏花疏果，否则果实大小不一，品质差。

主要种类　枇杷品种按果肉颜色分为黄肉和白肉两大类，江浙一带历史上把枇杷分为红沙枇杷和白沙枇杷，可能受其影响，中国曾将枇杷分为红肉和白肉两类。实际上，红肉的栽培枇杷稀有乃至不存在，因此中国枇杷学界将枇杷分为黄肉和白肉，白肉枇杷由于色素含量等原因，鲜食品质、口感等普遍优于黄肉品种。枇杷品种还可按栽培区域分为北亚热带品种群和南亚热带品种群，按果实大小分为大、中、小型果。教科书上通常采用综合分类法，将枇杷品种分为白肉型、黄肉大果型（以解放钟、早钟六号、大五星和龙泉1号等品种为代表）、黄肉中果型（多数品种）。黄肉品种通常产量更高。

栽培与管理　枇杷多采用嫁接繁殖，砧木多为本砧，采用劈接和切接，成活率高。中亚热带和南亚热带一般在新年与春节之间嫁接最为适宜，其他季节亦可；江浙、内陆栽培北缘地带以春末寒冷季节过后嫁接为好。嫁接的砧木方面，中国苏州历史上有采用其他属的石楠作砧木的传统，地中海沿岸有采用榅桲和火棘等异属植物作砧木的。野生植物作砧木抗性较强，但有延迟结果等弊病。已有试验采用野生种枇杷作砧木，它们既不是本砧，也不是异属，而是种间嫁接，大多数组合嫁接亲和性好，有望成为栽培枇杷的良好砧木。实生繁殖只用在砧木苗上。有关于茎尖培养获得苗木成功报道，但可能由于有加长童期的现象或者生产上短期内还未有大量苗木的需求，因此在实践上鲜有应用。

图4　枇杷疏花、疏果和套袋栽培

枇杷建园以坡地为佳，忌洼地积水。山地要挖穴填肥覆土，创造透气疏松土壤条件。栽植密度因品种不同而异，一般以封行为宜。枇杷定干约在70厘米为宜，整形有三四个主枝，拉枝促成矮冠，便于树体管理。疏花、疏果和套袋是枇杷稳产和优质栽培的关键技术，需要耗费大量人力成本。业界正在寻求出路，包括轻简化栽培技术、选育省工省管理的品种、观光枇杷园业态等。

灾害类型　直至20世纪末，枇杷都被认为是病虫害较少的果树，但随着21世纪四川、福建等地枇杷较大面积的发展，一些枇杷病虫害逐渐频密出现，包括叶斑病、炭疽病、枝干腐烂病等，梨小食心虫、天牛、果蝇等。防灾减灾方面最值得关注的是寒害，幼胚发育期的幼果极易受冻，特别是疏果之后若遭受冻害则损失较为严重；沿海地区则有台风危害枇杷树。涝灾主要出现在建园不当的枇杷园。

贮藏与加工　由于枇杷鲜果是售价最高的水果之一，且枇杷疏果后产量已很低，因此枇杷很少有次果。枇杷鲜果原料价高，对其进行加工很难获利。在贮藏方面，由于枇杷是一年中最早上市的水果，从春到夏上市的枇杷鲜果价格必然一路走低，因此南方早熟的枇杷不用于贮藏，只有北缘的枇杷鲜果值得贮藏。尽管如此，学者们还是对枇杷的贮藏、加工做了很多基础性研究，其应用则取决于不同时期的社会经济条件，如20世纪80年代浙江黄岩用洛阳青品种生产了大量枇杷罐头，效益甚好。

价值与用途　枇杷果营养价值高。每

100克果肉中一般含可溶性固形物（TSS）9.0～13.0克、蛋白质0.4～0.5克、脂肪0.1～0.2克、碳水化合物7.0～10.0克、类胡萝卜素1.8毫克、维生素C3毫克。枇杷果除鲜食外，还可制作罐头、果汁、果胶、果酱、果膏、果露。果肉与种子可酿酒。果、花、叶、树皮可入药。枇杷叶具有润肺止咳、清热利尿的功效，其抗肺炎、抑制肺癌的作用尤为引人关注。

枇杷枝粗叶绿、浓荫如幄、四季常青，在四川和福建等枇杷主产区具有重要的生态价值。枇杷还是优良的庭院和绿化树种及高产蜜源植物。

新业态　枇杷成熟于春末夏初水果淡季，鲜果售价较贵。枇杷树结果早，定植后3～4年投产，较稳产，经济效益较好。枇杷投入劳动力较多，劳动力成本已占枇杷生产成本的60%以上，随着劳动力价格迅速升高，种植枇杷效益也因此受到很大影响。发展观光采摘枇杷园，早春尝鲜、春游品果，已成为枇杷发展的新业态。

（林顺权）

漂浮育苗　floating seedling　装有轻质育苗基质的泡沫穴盘漂浮于水面上，将种子播于基质中，秧苗在育苗基质中扎根生长，并能从基质和水床中吸收养分和水分的育苗方法。漂浮育苗始于20世纪80年代末，美国采用该法进行烟草育苗。与传统育苗法相比，它具有减少移栽用工、节省育苗用地、便于管理、有利于培育壮苗、提高成苗率等优点。

漂浮育苗多用于生长期较短的绿叶类蔬菜、烟草等植物，可保证植物生长的一致性，避免传统栽培方式引起的土壤病虫害问题，被广泛用于世界各地的温室种植。对于某些蔬菜作物，在温室利用漂浮育苗进行植物的栽培生产，能获得更大的收益率和更高的质量，并延长收获时间，限制并减少农药的使用量。

大多数漂浮育苗技术采用发泡育苗穴盘进行生产，在育苗盘内添加泥炭、蛭石等无土栽培基质，播种后放入水床中，育苗盘底部留有小孔，以利于植物根部对水分和营养的吸收。

漂浮育苗的栽培环境具有高密度、高湿度的特点，因此对病害（尤其是病原体的传播和感染）的管理尤为重要。生产资料和工具以及操作过程要严格消毒，以保证病原体及害虫没有机会侵染植株。

（侯喜林　张昌伟）

《品令·茶词》　*A Lyric about Tea-Tasting*　茶词。中国北宋黄庭坚作。黄庭坚（1045～1105），中国北宋诗人、书法家。字鲁直，号山谷，又号涪翁。

词为："凤舞团团饼。恨分破、教孤令。金渠体净，只轮慢碾，玉尘光莹。汤响松风，早减了、二分酒病。味浓香永，醉乡路，成佳境。恰如灯下，故人万里，归来对影。口不能言，心下快活自省。"

词的上片写碾茶煮茶。开首写作者满怀爱怜，用鎏金的碾槽轻碾名贵的龙凤团饼，喝了这么好的茶也减轻了酒病，夸赞茶解酒的功效。下片用苏轼诗典写尽茶味浓郁，香气久长，将饮茶后的无比惬意比拟为与故人相对无言，个中滋味可供细细琢磨。

饮茶在宋代已成为社会生活中的普遍行为，文人士大夫、贩夫走卒皆有饮茶之习，黄庭坚的茶词也成为茶词走向世俗生活的一个典型代表。

（刘伟华）

品系　strain　同一起源，但与原亲本或原品种性状有一定差别，尚未正式鉴定命名为品种的过渡性变异类型。品系在实际应用中有两种含义：一种指品种内的不同类型，如柑橘本地早品种有大叶系和小叶系，中药化橘红品种有正毛、黄龙、密叶、金钱肚、凤尾等品系，广州的李品种有从化三华李、早食李、串珠李、早竹李等品系。另一种指在育种过程中表现较好，但还未成为品种之前的变异类型，也称单株、优系等。例如华南农业大学园艺学院柑橘育种课题组从砂糖橘中选育出蜜味砂糖橘、晚熟砂糖橘等新品系，从普通有籽蜜橘中选育出无籽蜜橘新品系；广东科研人员从大核的怀枝荔枝品种中选育出细核怀枝新品系，从大核的三月红荔枝品种中选出焦核三月红新品系；华南农业大学园艺学院荔枝育种课题组从紫娘喜×无核荔杂交群体中初选育出仙桃荔、巨美人等新品系，从马贵荔×三月红杂交群体中初选出娇美人、迟美人等新品系，在深圳西丽果场初选出西丽糯桂自然杂交新品系。

（胡桂兵）

品质劣变　quality deterioration　园艺产品各种品质特征发生不良变化、产生不良物质或者腐烂变质的现象。品质指产品符合一定质量要求的特征的总和。园艺产品的品质包括感官品质（外观、风味）、理化品质、营养品质、安全品质和商品化品质。引起园艺产品品质劣变的因素多种多样，主要包括生理病害（包括自然成熟衰老、失水、冷害、冻害、二氧化碳中毒、营养失调等）、侵染性病害、机械伤和采后处理不当等。

控制措施：①良种配合良法。培育品质优良、耐贮运的品种，配合良好的采前管理（包括施肥、喷药、修剪、灌溉等），生产出优质耐贮运的产品。②控制园艺产品成熟衰老引起的品质劣变，包括合理的采收成熟度和采收方法。采收后及时进行合理的采后处理，包括预冷、清洗、采后保鲜处理、包装、冷藏及气调贮藏等。③综合防治采后病害引起的产品品质劣变，包括采前喷药、防治潜伏侵染。采后及时杀菌处理，减少病原菌的侵染，抑制病原菌发展，减少机械损伤，提高产品抗性等。

（胡会刚）

品种　cultivar　人类在一定社会经济条件、生态条件和栽培条件下，根据自己的需要选育出来的栽培植物群体。品种必须具备两个不可或缺的条件：一是经济性状及农业生物学特性符合生产要求；二是种群个体间表现相对一致，遗传性状相对稳定。

经济性状是植物栽培品种的灵魂。只有具备符合生产要求的经济性状，品种才能被实际生产所接受。经济性状表现的高低在很大程度上决定了该栽培品种利用价值的高低。某些特优经济性状往往是一些名优栽培品种广泛推广、长盛不衰的主要因素。在经济性状符合要求的前提下，还须具备优良的农业生物学特性，栽培品种才能较容易地生产出一定量的产品，且所耗费的成本较低。

同一品种不同个体间的表现一致性也很重要，这不仅能方便栽培管理，而且产品的整齐度也直接影响价格。品种的整齐度还与繁殖方式有关。

性状表现的稳定性对于栽培品种同样重要。如果一个品种在栽培过程中某些性状，特别是经济性状在不同年份的表现明显不同，或其营养后代产生较大变异，则不仅不符合栽培者的要求，其产品也难于为现代市场所接受。

（胡桂兵）

品种国际登录权威　International Cultivar Registration Authority; ICRA　为规范全球栽培植物的命名，保证品种名称的合法性、合理性和稳定性，避免名称重复和使用混乱，国际园艺学会下设的命名与登录委员会负责组织并掌握世界范围内栽培植物品种的登录，使其符合国际栽培植物命名法规的系统。通过国际登录权威审定的植物品种成为国际承认的新品种，被看作是栽培植物的“国际身份证”。

中国梅花权威陈俊愉院士及其负责的中国花卉协会梅花蜡梅分会于1998年11月被国际园艺学会命名与登录委员会和国际园艺学执行委员会及其理事会授权，成为梅的国际登录权威，这是中国首次获得花果的国际登录权。随后，2004年11月中国取得国际园艺学会木犀属植物品种国际登录权，南京林业大学向其柏教授为国际登录权威。2010年，总部设在美国的国际睡莲水景园艺协会受国际园艺学会委托，正式任命中科院华南植物园田代科博士为莲属植物栽培品种国际登录权威负责人。2013年7月16日在北京召开的第六届国际栽培植物分类学研讨会上，中国林科院西南花卉研究开发中心被国际园艺学会品种命名与登录委员会正式批准为“国际竹栽培品种登录权威机构”，史军义教授为竹栽培品种的登录专家。2014年2月，北京植物园被国际园艺学会命名与栽培品种登录委员会批准为观赏海棠的国际栽培品种登录权威，北京植物园教授级高工郭翎为观赏海棠栽培品种的登录专家。

（吕英民）

品种群　cultivars group　由相似生态型或相似农业生物学特性的许多品种归类而成的集群。果树中比较典型的品种群包括：欧洲葡萄中的东方品种群（多为鲜食品种，如龙眼、牛奶、黑鸡心、无核白、瓶儿等品种），黑海品种群（多数为酿造和鲜食兼用品种，少数为鲜食品种，如白羽、晚红蜜、白玉等品种），西欧品种群（多为酿造品种，如品丽珠、赤霞珠、雷司令等品种）。桃中的北方品种群（如山东肥城佛桃、河北深州蜜桃等品种），华中品种群（如浙江的小暑桃、安徽的吊枝白、江西等地的象牙白等硬桃品种及玉露、白花、白凤等水蜜桃品种），欧洲品种群（如菲律普斯、西姆士和它什干等品种）。甜橙中的普通甜橙品种群（主要有锦橙、先锋橙、冰糖橙、柳橙、雪柑、新会甜橙、香水橙、桃叶橙、大红甜橙、改良橙、化州橙等品种），脐橙品种群（主要有华盛顿脐橙、奉晚脐橙、纽荷尔脐橙、朋娜脐橙、罗伯逊脐橙、福罗斯特脐橙等品种），夏橙品种群（主要有伏令夏橙、奥林达夏橙、福罗斯特夏橙、卡特夏橙、德塔夏橙等品种）和血橙品种群（塔罗科血橙、红玉血橙、脐血橙等品种）等。

（胡桂兵）

平菇　oyster mushroom; *Pleurotus ostreatus*　担子菌门伞菌目侧耳科侧耳属菌类。又称侧耳、糙皮侧耳、蚝菇、冻菌、元菇、北风菌、黑牡丹菇。平菇是世界上栽培较多的食用菌之一。平菇在中国分布广泛，自秋末至冬、春甚至夏季均有生长。在700年前中国已将其作为待客的佳品，但中国利用锯木屑栽培平菇仅有60多年的历史。

形态特征　平菇子实体覆瓦状丛生。菌盖初期扁半球形，后呈扇形、肾形、漏斗形，直径5～21厘米；初期颜色为蓝黑色，之后逐渐变淡，成熟时呈灰白色至白色，或青灰色；肉质，表面光滑，中部下凹的部分有时有白色绒毛或纤毛。菌肉白色、肥厚。菌褶白色，延生，在菌柄交织成网络。菌柄侧生，短或无，内实，白色，长1～2厘米，基部常有白色绒毛。

生长习性　平菇属于木腐菌，分解纤维素、木质素、半纤维素的能力很强。孢子萌发的最佳温度为24～28℃，菌丝体生长的温度为3～35℃，20℃时生长最快，以24～28℃较为适宜，子实体在5～26℃均能分化，不同品种类型子实体生长发育对温度要求存在差异。平菇属于喜湿性菌类，菌丝生长阶段培养料含水量要求在65%～70%。发菌时空气相对湿度一般以60%～70%为宜，子实体分化和生长发育时为85%～90%。平菇属于好气性真菌，菌丝和子实体生长发育都需要氧气。平菇的菌丝体在黑暗中能正常生长，子实体分化发育需要有一定的散射光。平菇对酸碱度的适应范围较广，pH3～9均能生长，但以pH5.5～6.5最为适宜；平菇生长过程中培养料会酸化，所以一般栽培时应调至pH7～8较好。

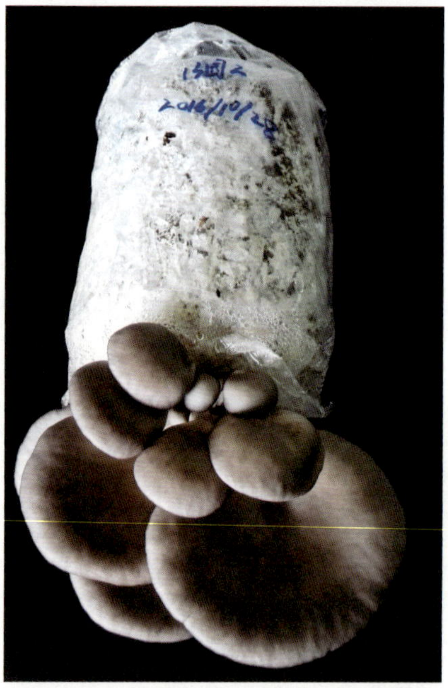

图1　平菇

图2　平菇代料栽培

栽培　生产上普遍采用代料栽培技术。根据当地气候条件及培养料类型，选用适合当地栽培的优良品种，采用科学的配方进行合理的培养料配制，调节好培养料的水分和pH。将配制好的培养料装袋消毒灭菌，当料袋温度降低到28℃之后即可播种。播种后的菌袋应立即搬入培养室内进行发菌，整个发菌过程要求培养室的温度在22℃、湿度70%左右。当菌丝长满袋后应给予低于20℃的温度和尽量大的温差刺激原基的形成。培养过程中，要对菇房进行合理的通风换气，保持空气相对湿度在90%～95%，并有适当的散射光。当菇柄长达3～5厘米，菇盖直径7～10厘米时即可采收。平菇出菇潮次分明，每次进行采收后，要将菌袋口残留的死菇、菌柄清理干净，以防腐烂招致病虫害；然后整理菇场，停止喷水，降低菇场的湿度，以利平菇菌丝恢复生长，积累养分。

用途　平菇营养丰富，具有多种保健功能，经常食用能调节人体内部的新陈代谢，降低血压，对肝炎、胃溃疡、十二指肠溃疡、软骨病等都有疗效，还具有一定的抑制癌细胞增生的功能，可诱导干扰素的形成。

（杨　暹）

平利女娲银峰茶　Pingli Nüwa Yinfeng tea　产于中国陕西省平利县女娲古迹胜地的绿茶。平利县茶叶生产历史悠久，起于唐代，兴于明代，盛于清代。历史名茶三里垭毛尖在清朝乾隆时期曾以贡品享誉朝野。20世纪80年代中期又开发研究出八仙云雾名茶。平利女娲银峰茶是20世纪末至21世纪初由科研人员运用现代茶叶加工工艺，研制并开发出的全程机械化生产的名茶。

产地环境　平利县位于陕西省东南部，南依巴山，北眺汉水。茶树生长于海拔400～800米、溪流纵横、植被繁茂的环境中；年降水量900毫米左右，在茶树生长旺季4～9月降水量平均在100毫米以上，夏无酷暑，冬无严寒，云雾多，空气湿度大；土壤pH4.5～5.5，土层深厚；森林覆盖率达65%。产地昼夜温差大，有利于干物质积累，特别是氨基酸和芳香物质积累，有利于茶叶优良品质的形成。加之空气、土壤和水分清洁无污染，是生产安全、优质名优茶叶的理想区域。

加工工艺 采摘单芽，一芽一叶初展、一芽二叶初展茶树鲜叶为原料，要求大小匀齐、肥壮、完整、不带紫芽、病虫芽等。工艺流程为：杀青→清风摊晾→理条做形→提毫→摊晾→烘足干→精选。①杀青。利用6CST-30或40型滚筒连续名优茶杀青机杀青。当投叶口温度在140℃左右时（热空气有烫手感）开始投叶。杀青程度为色泽绿润、叶质柔软、折而不断，新茶香透露，减重率40%左右为适度。保证杀青叶的品质在于控制投叶量和升降机体增减杀青时间。当鲜叶含水量高时，可减少投叶量或降低机械手轮丝柄增加杀青时间；夏秋季鲜叶含水量低时，可增加投叶量或升高手轮丝柄减少杀青时间。②清风摊晾。制品杀青后立即清风散热，摊晾至室温后，归堆回潮，时间30分钟。③理条做形。做形是女娲银峰茶外形圆直形成的关键工序。选用6CMD-40/5名茶多用机（泛指多功能理条机）。当多用机槽底温度达100℃左右时，每槽投杀青叶50～80克，时间5～7分钟。一般不用加压棒加压，如在制品含水量较低时，理条机工作3分钟后可用轻棒加压1～2分钟，使在制品圆直紧结。当在制品芽尖略有刺手感（减重率为35%左右为适度）约七成干，出锅割末后摊晾30分钟。④提毫。选用6CMD-60名茶烘焙机，当进风口温度达90～100℃，在烘床摊放叶厚度为0.5～1.0厘米。方法为：五指并拢伸直，双手上、下理顺茶条，于烘床上用腕力和臂力作往返运动8～10次后，平置在烘床上，再仿其法做其余茶叶，每隔2～3分钟，将所做茶叶再重复提毫一次，全程10～15分钟。⑤摊晾。当茶叶白毫显露，芽尖刺手时为适度，出锅摊晾30分钟。⑥烘足干。选用6CH-3.0型烘干机进行自动、连续烘足干，目的在于进一步蒸发水分、固定茶叶圆直紧细的外形、增进茶香。操作时进风口温度控制在70～80℃，时间约40分钟。出锅时提高温度到90℃左右，烘2～3分钟。适度标准：在制品外形紧细圆直，色泽翠绿显毫，手搓成末状，含水量降至6%以内为适度。⑦精选。割末去杂，使外形整齐一致。拣剔后对成品茶进行编号，入库贮藏，包装销售。

品质特征 成品茶形状圆直似针，色泽嫩绿显毫，内质香气嫩香持久，汤色清澈明亮，滋味鲜爽，叶底嫩匀明亮。

（纪昌中）

苹果 apple; *Malus* spp. 蔷薇科苹果属植物。苹果原产于中亚及西南亚的高加索以南、黑海与里海之间地区，即阿富汗、伊朗、伊拉克及沿高加索山到中国新疆一带，这些地方仍有野生的原始苹果林。苹果也是欧洲最古老的栽培果树之一。

栽培历史 约7000年前，在欧洲中部、东南部湖栖居民时代的遗址中，曾发现已炭化的横径为30～36毫米的小苹果果实和果核。但关于苹果最早的文字记载则见于公元前322～前288年，希腊历史学家特奥夫拉斯图斯把苹果分为野生的、栽培的、早熟的、后熟的、甜的、埃皮罗特型（Epirote，来自阿尔巴尼亚）及迪奥尼斯型（Dionysian）7种。罗马帝国势力扩展到欧洲中部和北欧时，苹果也随之传播，但当时的苹果主要都是用来制酒的小苹果。古罗马博物学家普林尼（老）的名著《自然史》中记述了22个苹果品种。来自小亚细亚的乐园苹果（Paradise）在15世纪时已用作矮化砧木。道生苹果（Ducin）的名称始见于1519年。16世纪以后，经过英国人的改良，鲜食苹果开始在欧洲普遍栽植。19世纪，R. 霍格在其《苹果及其品种》一书中，收集了900多个品种。美洲的苹果最早于16世纪时通过移民传教士带入美国、加拿大，并通过他们及印第安人普及到中美及南美。日本于15世纪从中国引入具有沙果（槟子）亲缘的小苹果，名为瓦林格（Waring）；1869年，引进西洋苹果共75个品种，在东京官园试栽繁殖。

中国有关苹果属果树的文字记载出现在汉朝张骞出使西域后，随丝绸之路由民间不断传播到黄河中下游，初见于司马相如《上林赋》中，嗣后直到魏晋时期才有较详细的记载。在汉武帝时名著《西京杂记》中，记载了上林苑中栽植“紫柰、绿柰，别有素柰、朱柰”；古称的柰多指绵苹果，又称彩苹，与广泛栽培的西洋苹果同种，甘肃河西走廊、山西阳高、河北怀来等地仍有分布。唐乾宁（894～898）时，陈仕良则将苹果分为柰、林檎、楸子三大类，林檎即花红（沙果，*M. asiatica*），楸子即海棠果（*M. prunifolia*）。之后，柰和林檎在黄河中下游地区大量发展。到了明朝，李时珍鉴定了当时的林檎后，认为林檎即柰之小而圆者。可知在魏晋时，在柰、林檎的名称中包括中国绵苹果。明王象晋在《群芳谱》中，明确提到用林檎作为苹果的砧木。

中国大量栽植西洋苹果始于1850～1870年，由美国传教士首先引入山东烟台福山等地，有绯之衣、伏花皮等品种，其后传入青香蕉、元帅等品种。1898年日、德侵占山东青岛时，引进红魁、黄魁、伏花皮、国光、红玉、倭锦、青香蕉等品种。1905年日本取得南满铁路租借权后，苹果在辽宁大连、熊岳开始发展。1922年以后东北苹果的主要栽培品种为国光，其次为红玉、倭锦、祝、旭、青香蕉、金冠等。1930年前后形成辽南、胶东两大苹果产区，但直至中华人民共和国成立初期，中国苹果园面积不足30万亩，总产量仅10万吨左右。1958年以后，苹果栽培有了飞跃性发展，形成渤海湾丘陵山地、中原沙地、西北高地、西南高地和北部寒地等各具特色的经济栽培区。2003年农业部制定的《苹果优势区域发展规划（2003—2007年）》，确定了渤海湾和黄土高原两大优势产区。

种质资源 苹果属蔷薇科（Rosaccae）苹果属（*Malus*），全球有36个种，原产于中国的有23个种，有些是重要的栽培果树，有些是苹果的良好砧木，有些则为良好的观赏植物。生产上常用的有以下种类。

苹果（*M. domestica*） 世界上栽培的苹果品种绝大部分属于这个种及其与别种的杂种。中国固有的绵苹果及近代引入的苹果品种（西洋苹果）都属于这个种。有道生苹果、乐园苹果、红肉苹果3个变种，全世界广泛应用的M系苹果矮化砧多从这3个变种及杂交后代中选出。苹果品种在10 000个以上，生产上常用的有30个左右，著名的有金冠系、元帅系、富士系等，中国栽培量最大的是富士系。

图1 苹果

沙果（*M. asiatica*） 原产于中国西北地区，是中国过去栽培最多的苹果属果树。品种类型很多，各地名称也不统一，有花红、果子、甜子、李子、蜜果、林檎、白果等别名。比较有名的品种有甘肃河西走廊的敦煌大沙果、武威的冰糖葫芦，宁夏的紫果子，陕西西安附近的鸡蛋皮花红，河南郾城一带的甜子、歪子，山西太谷的夏果，河北怀来的香果。沙果果实可供鲜食或加工，有的香味浓郁；不耐贮，稍贮肉即沙化，故得名沙果。沙果可用作苹果砧木，但不耐盐碱，不抗旱，抗寒性

图2　沙果

较强。

海棠果（*M. prunifolia*）　原产于中国，广布于西北、华北、东北及江南各地，尤以甘肃河西走廊，青海民和、乐都，山西阳高、太谷，河北怀来，山东莱芜、青州栽培最多。品种类型很多，别名也多，如楸子、奈子、圆叶海棠、海红等。海棠果果实一般比沙果小，多不足20克，肉质较紧密，汁多，味酸，常有涩味，富含果胶，故多用于加工。本种树性强健，适应性广，抗寒力强，抗涝、抗旱，在盐碱地上表现优于山定子。中国北方广泛用作苹果砧木，是经过长期生产检验的优良苹果砧木。

图3　海棠果

西府海棠（*M. micromalus*）　原产于中国，可能为海棠果和山定子的自然杂种，广布于中国东北、西北、华北各地。品种类型很多，各地名称不一。本种抗性强，适应性广，耐涝，耐盐碱，是苹果的优良砧木。八棱海棠即属此种。

图4　西府海棠

山定子（*M. baccata*）　产于中国西北、华北、东北，以及西伯利亚、蒙古国、朝鲜等地。抗寒力极强，有些类型能耐－50℃的低温，是中国东北、河北、山东部分地区的良好苹果砧木，也是抗寒育种有价值的材料，但不耐盐碱。

图5　山定子

湖北海棠（*M. hupehensis*）　原产于中国，广布于湖北、江西、四川、江苏、浙江、安徽、陕西、甘肃、云南、贵州、河南、山东、山西、广东、福建、湖南等省。具有无融合生殖特性，实生繁殖苗木生长整齐度高，加之抗寒、耐涝、耐盐碱，因此是苹果的优良砧木。生产上应用较多的平邑甜茶即属此种。

图6　湖北海棠

新疆野苹果（*M. sieversii*）　又称塞威氏苹果。产于新疆西部伊犁、塔城地区，有绵延250千米的野生苹果林，类型极为丰富，耐旱力强，耐寒力中等，丰产。

遗传育种　苹果育种以杂交育种和芽变选种为主，国际上苹果主产国均开展了广泛的育种工作，如美国康奈尔大学、华盛顿大学，日本盛冈国家果树育种中心、青森苹果试验场、长野果树试验场、秋田果树试验场和北海道中央农业试验场，英国苹果品种改良中心，法国农业科学院下属的昂热研究中心，以及南半球的新西兰，这些国家均取得了卓有成效的进展，选育出一批蜚声全球的苹果品种（如乔纳金、富士、嘎拉），以及M系、MM系砧木。

中华人民共和国成立后也开展了系统的资源收集与品种选育工作。中国有40多个科研院所和大专院校、250余名科技人员先后不同程度地参加了苹果育种的研究工作，各育种单位共保存590个组合，苹果杂种实生苗后代总量为39.67万株。选育出的一些品种得到大面积推广，如秦冠、寒富、华冠。

苗木繁育　包括苗圃地的选择与规划，实生砧木、自根苗、嫁接苗的培育，以及苗木出圃。

苗圃地的选择与规划　为保证苗木健壮生长，苗圃地尽量选择条件优越的地块，或视具体情况加以改良后再用作苗圃。苗圃最好设在需苗中心地区，以减少运费及运输途中对苗木损害，且苗木对当地风土条件适应性强。苗圃应选在背风向阳、光照条件好的地块，以平地或稍有坡度的地块为宜，地下水位应在地面1.5米以下，且比较稳定，受降水影响较小。土质以砂壤土到轻黏壤为宜，土壤水、肥、气、热易协调且优良，适于微生物活动，对种子发芽、苗木生长均有利；土壤较疏松，起苗省劲，伤根少，尤其细根保留好。有良好的排灌条件。无检疫对象。苗圃应规划出母本园、繁殖区、附属设施，其中母本园主要提供繁殖材料，如砧木种子、扦插材料、接穗等；繁殖区即培育各类苗木的地块，据所育苗木种类可分为实生苗培育区、自根苗培育区、嫁接苗培育区等，可根据地形划为一定面积的小区，各小区立标牌，标明砧木、品种等；附属设施主要包括道路、排灌系统、防护林、房舍等。

实生砧木的培育　实生砧木主要用作砧木和杂交育种。砧木采种时，要选择类型一致、生长发育健壮、无病虫害且充分成熟的果实。果实软烂后洗掉果肉，除去杂质，在通气阴凉处晾干，贮藏于干燥、洁净的低温条件下。播种前要适时层积，苹果属主要种类种子的层积时间见表1。

表1　苹果属主要种类种子的层积日数（2～7℃）

树种	层积日数/天	平均日数/天
湖北海棠	30～35	32.5
海棠果	40～45	45.0
山定子	25～90	52.5
八棱海棠	40～60	50.0
沙果	60～80	70.0

一般采取春播，早春土壤解冻后及早播种；中国华北、西北地区一般为3月中旬至4月上旬播种，东北地区为4月上中旬播种。播种方式分为大田直播、畦床播种、穴盘播种三种。播种方法有撒播、点播、条播等。苹果属主要种类种子的播种量见表2。

播种后注意土壤湿度变化，幼苗出土后及时松土、除草，保证土壤疏松、无杂草，以利于苗木健壮生长。幼苗大部分长

表2　苹果属主要种类种子每千克粒数及播种量

树种	每千克种子粒数/粒	每亩播种量/kg
山定子	150 000～220 000	1～1.5
丽江山定子	100 000～120 000	1～1.5
海棠果	40 000～60 000	1～1.5
沙果	44 800	1～2.3

图7　苹果树

至4～5片真叶时，及时间苗定株、移栽。幼苗移栽要带土坨进行，避免过多伤根，可在移植前2、3天灌一次水，移时不散坨，有利于缓苗成活。幼苗长至30厘米高时摘心一次，促进加粗，除去基部5～10厘米处的副梢，以保证嫁接部位光滑。幼苗生长过程中注意加强肥水管理，前促后控（前期促进枝条生长，后期控制枝条生长）。7月中下旬可断根一次，用铁锹等铲下切断主根，促进侧根及细根的发育。注意防治病虫害，如幼苗期立枯病，生长期白粉病，蛴螬、蚜虫、红蜘蛛、刺蛾等，以保证苗木正常生长。

自根苗的培育　自根苗是用矮化砧自身的根系嫁接苹果品种育成的苗木。主要采用压条繁殖法，常用的有直立压条和水平压条。①直立压条。又称垂直压条、壅土压条、堆土压条、培土压条。定植自根苗作母株，萌芽前剪留基部2厘米平茬，促使萌发萌蘖条，长至20厘米时在基部培第一次土，培土10厘米高；约1个月后，新梢又长20厘米时培第二次土，新培土20厘米高，使总培土达30厘米高，保持培土湿润。若先在萌蘖条基部环割（剥）再培土生根效果会更好，但早期生长缓慢一些。易生根类型20天即可生根，如苹果矮化砧、石榴、无花果等。入冬前即可分株起苗。每根萌蘖条在基部2厘米处剪断，以备次年再用。②水平压条。又称普通压条。定植自根苗作母株，植株与地面呈45°夹角斜栽，将枝条压入5厘米左右深的浅沟内，固定，用土埋住。枝条上的芽大部可萌发，向上生长至20厘米时培第一次土，新梢长至30厘米时第二次培土。枝条基部弓起处处于极性部位，易萌生强萌蘖，应随时去除。入冬前即可分株。选留1～2个靠近母株的枝条，留待次年再压。采用此法，压入沟中前先在每个芽上方眉刻，可使芽更易于萌发。

嫁接苗的培育　接穗应从采穗圃或良种母本园采集，必须选品种纯正、早果、丰产、稳产、优质、无病虫害的单株。要采树冠外围生长发育健壮、芽眼充实饱满的剪口枝。若无专门的母本园，也可结合生产园进行，但必须更加严格地选择单株。春季嫁接的，多用一年生枝，可在冬剪时结合修剪采集，剪成50厘米长，100根捆成一捆，沙藏；生长季嫁接的，采集的接穗立即剪去叶片，以减少水分蒸发，叶柄留1厘米左右，以便于芽接时操作及检查成活。嫁接方法包括芽接（主要有丁字形芽接、嵌芽接）和枝接（主要有切接、劈接、舌接、切腹接等）。枝接2周、芽接1周后可检查成活。

苗木出圃　苗木出圃是育苗工作的最后一个环节，也是最重要的环节，做得好坏直接影响苗木质量、定植成活率、缓苗快慢及幼树生长发育，从而与早果丰产密切相关。起苗时间分为春天和秋天，寒冷干旱地区必须秋天起，以免越冬抽干。春天起苗一般在土壤解冻后至萌芽前进行，秋天起苗在新梢停长并已木质化、顶芽已形成并开始落叶时进行，不可过早。提倡采用专业机械起苗，量少时可人工进行。起出的苗应立即归堆、分级、挂牌、假植。

生物学特性　苹果是多年生乔木果树，其寿命的长短主要取决于气候条件与栽培水平。在原产地及周围地区，如中国新疆伊犁河谷的巩留、新源等原始苹果林里，还有300年生以上的老树，其胸径已达2.9米，每年仍结实累累。中国其他如甘肃河西走廊、山西大同、渤海湾地区等老苹果产区，树龄在60年以上的老树仍能发挥相当的生产能力。

根系特性　苹果根系的分布范围主要受所处的土壤理化性质、地下水位及砧木影响，同时吸收根的分布、密度及其功能的发挥还与栽培管理有密切关系，一般情况下不呈均匀和对称分布。幼树期，水平方向的骨干根分布范围往往超过冠径，一般可超过2～3倍。随着树龄的增长，水平根伸展渐趋缓慢，再加上受邻株影响（密植园尤甚），其主要分布范围大致与树冠投影相吻合。在较疏松的土壤上分布范围广些，在黏重土壤上则相对较窄。斜生及垂直向下的根系的分布受土壤及地下水位影响更大，其深度一般较树高为小，据其所处土壤条件的差别，为树高的40%～70%，甚至更小，如瘠薄山地的根深仅为树高的15%～20%。一般而言，苹果根系主要分布于20～60厘米土层，尤其是营养能力强的根，主要分布在20～40厘米土层。

苹果根系没有自然休眠期，只要满足其生长条件，全年可不停生长。但在北方一般栽培条件下，一年中通常有2～3个生长高峰，这也反映了苹果树体营养能力及光合能力在年周期内有规律地变化。不同土层间根系的生长高峰交替出现，一般上层根活动早，构成春季发根高峰的主体；下层根则构成夏季发根高峰的主体；到秋季，上层根的生长又加强，尤其是细根的发生主要在上层。苹果根系在土温达3℃时即开始生长（亦有认为1℃即可缓慢生长），7～24℃为最适土温，24℃以上生长减缓，至30℃则停止生长。但调查表明，根系有吸收活性的温度范围大于其生长所需的温度范围，冻土层以下的根系仍有微弱的吸收活动。苹果新根生长要求土壤含氧量在10%以上，而新根的发生则须在15%以上；土壤含氧量低于5%，根系的活动即受强烈抑制；土壤含氧量2%～3%时，根系则完全停止生长。最适宜的土壤湿度为土壤田间

持水量的60%～80%，越接近上限（80%），生长根发生越多；反之，则吸收根发生越多。土壤湿度下降，根的生长减慢，木栓化加快，当降至一定限度时根的生长停止。水分过多，会使土壤通气状况恶化，从而影响根的生长及功能的发挥。地下水位的高低决定根系的分布深度，地下水位周期性上下波动的区域内可发现大量早衰和死亡的根。苹果适于微酸性到微碱性的土壤，但在中性偏酸（pH5.5～6.7）土壤中生长良好。

芽、枝、叶的生长特性　苹果芽的鳞片在年内一次分化完成。鳞片分化后，叶原体开始分化，一般年内分化1～2次，成龄树翌春萌芽前还可分化1次。苹果的

短枝一次生长形成顶芽的，都是由芽内分化的枝、叶原始体形成的。中、长营养枝的形成除由芽内分化的枝、叶原始体形成外，还有芽外分化的枝、叶部分。饱满充实的苹果芽通常有鳞片6～7片，内生叶原始体7～8个。春季当日平均气温达到10℃左右时，叶芽即开始萌动。苹果芽的萌发率受品种、树势、枝角及砧木的影响，元帅系、红玉、祝光、富士、乔纳金等都属于萌芽力较强的品种，一般萌发率可达60%以上，而国光是萌芽率最低的品种。树势健壮的大树萌芽率高，而幼树萌芽率常偏低，因此大树更易形成大量中短枝，易于成花。改变枝条角度可以显著改善萌芽率，最典型的是拉开枝角可大大提高萌芽率。砧木对萌芽率也有影响，一般矮化砧可提高萌芽率，可能与矮树养分积累多、芽体饱满有关，这也是矮砧树早丰产的原因之一。

苹果枝条的生长期开始于萌动后1个月左右，不同类型的枝条其生长期不同，短枝、叶丛枝大约30天，中长枝45～60天，超长枝与营养枝则长达75～90天甚至更长。长枝的生长不是均匀进行的，而是具有明显的节律性。

叶原始体形成于芽内雏梢，其在芽内分化的程度越深，展叶时的营养条件越好，叶片生长就越快、越大。据调查，基部小叶形成期仅5～10天，叶面积仅2～10平方厘米；第7～8节上的叶，才达到正常标准叶片的大小；枝梢中部大叶的生长期可延续15～25天，叶面积可达45～60平方厘米；再往上，叶又渐小。盲节上下出现小叶群，这表明枝梢生长由利用贮藏营养转为利用当年叶片制造的营养。从年周期内植株叶幕的形成来看，大致可分为四个时期，即短枝顶芽形成期、中长枝顶芽形成期、营养枝春梢停止生长期和秋梢生长期。

苹果的花芽分化　最先开始生理分化期的是短枝，在5月中下旬；然后中果枝、长果枝相继开始生理分化；一直至9月中旬至10月中旬，秋梢腋花芽才开始分化。生理分化期后1～7周即出现形态分化期，是花各器官的发育过程。盛果期树的形态分化大多出现在6月上中旬，幼龄树、旺长树延迟至7月中下旬，且生长越旺延迟得越晚。

开花坐果与落花落果　苹果的**结果枝**大体分为短果枝（小于5厘米）、中果枝（5～15厘米）、长果枝（15～30厘米）及健壮超长枝腋花芽枝四类。大部分品种以2～3年生枝组上粗壮短果枝的坐果率最高。苹果的花芽是混合芽，昼夜平均气温达8℃以上花芽即可萌发，花芽开放物候期随品种、地域、环境条件及栽培管理而异，通常盛花期持续6～8天，适宜的开花温度为17～18℃，这也是授粉昆虫活跃的温度。苹果大部分品种要经过异花授粉才能正常结实，只有寒富、惠等少数品种可以自花结实，因此为保证各品种正常结果，要合理配置**授粉树**。通常情况下苹果有三次生理**落果**，第一次是在落花期，脱落的主要是发育不正常，未能授粉、受精的花，俗称晃（谎）花；第二次是在花后1周左右，脱落的主要是授粉、受精不充分的花，营养条件良好的树此期落花较少；第三次即六月落果，大约在花后2周以后，此时脱落主要是养分竞争，若树势过旺、新梢旺长，则此期落果严重，对当年产量影响较大。

果实的生长及成熟　苹果果实从产生（花受精）到成熟大致可分为果实发生期、萼片闭合期、梗洼形成期、果实色泽变化期、采收成熟期和自然成熟期，果实生长动态为单S形曲线。苹果果实从产生到成熟的过程中，其内部发生一系列物质变化，水分含量随果实的发育逐渐增加，至成熟时可达85%左右；淀粉在幼果期含量

图8　苹果的花

图9　苹果的果实

图10　苹果的种子

较高，其积累过程是向心的，即由果实外层细胞逐渐向内积累，到近成熟时离心式分解为糖；苹果酸含量随果实发育渐增，至成熟前达最高值；单宁在幼果期较多，至果实迅速膨大后即逐渐分解；香味的产生是酯、醛经酶分解后而实现的，这两类物质在成熟前开始积累，自然成熟后分解释放最多；幼果原果胶不溶于水，故幼果硬度较大，果实成熟时细胞间的原果胶经果胶酶作用分解为可溶性果胶，果实硬度下降；成熟过程中果皮变厚，外附着蜡质或果粉。果实经过上述一系列物质变化后出现品种固有的色香味，在其呼吸强度尚不高、果肉具有一定硬度时即可采收，过早、过晚均不能保证其具有高的商品价值。

落叶和休眠　在正常气候条件下，昼夜平均气温下降至15℃、日照缩短到12小时，苹果即开始准备落叶。叶片基部逐渐产生离层，叶片变黄脱落。在较温暖的中部地区，须经数次霜后才开始落叶。在无霜期较短的地区，有时寒潮早临，叶片被冻死在树上，则不能正常落叶。中国华北、西北、东北南部苹果落叶都在11月间，西南地区在12月间，东北小苹果产区则在10月间。果树随着叶片脱落开始进入休眠期，完成休眠需要一定低温，在北方一般到1月中旬自然休眠已经完成；但由于外界气温低，苹果树又被迫休眠，直至次年春季萌动。苹果各器官进入休眠有先后顺序：花芽比叶芽进入休眠早，脱离休眠也早；不同时期形成的花芽进入休眠早的（如短果枝顶花芽），萌动也早，反之则萌动晚（如长枝腋花芽，因萌动晚而不易受晚霜危害，是北方较寒冷地区一些苹果品种如红玉、寒富产量的重要保证）；同一株树上进入休眠期最早的是小枝、细枝，最迟的是根颈，脱离休眠则刚好相反，因此根颈是抗寒力最差的部位，易受早霜、晚霜危害；一年生新梢基部先进入休眠，先端后进入；不同组织间，皮层和木质部进入休眠早，形成层进入休眠迟，但休眠后形成层抗冻力最强，因此初冬的冻害发生在形成层，深冬的冻害发生在木质部；幼树休眠开始得晚，结束得也迟。

对外界环境条件的要求　一般认为，最冷平均气温−10～10℃，年平均气温在7.5～14℃的地区都可栽培苹果。世界上绝大多数栽培苹果的地区年平均气温为9～14℃，在年平均气温7～8℃的地方也有少量栽培，中国苹果经济栽培区已扩展到6～17℃，冬季最冷月平均气温已低至−12℃。理论上，生长季降水540毫米即可满足苹果生长发育的需要。实践中，

年降水量500～800毫米且分布比较均匀或大部分在生长季中，即可基本满足苹果生产的要求，但春旱地区要补水，夏涝地区要排水。苹果是喜光树种，充足的光照才能保证高产优质。当树冠内部入射光照减至自然光照50%以下时，红色品种的着色明显变淡；降至30%以下时，则不能上色。此外，年日照不足1500小时或果实发育后期月日照不足150小时，红色品种一般难充分上色。

最适合苹果树生长发育的地貌是低缓丘陵山坡地，这类地块植株生长健壮，丰产稳产，果实着色好，品质佳；平原、滩涂地亦可发展苹果种植，但要做好雨季排涝，防止涝害及贪青徒长。坡度在15°以上不宜发展苹果。海拔高度对苹果树生长发育也有影响，随海拔增高，春夏季物候期延迟，生长季缩短。树体大小、果实大小、果肉细胞大小随海拔增高而减小，叶片则增厚，硬度、酸度增加，糖度减少但着色加强。适于苹果栽培的土壤要求为60～80厘米厚土层，太浅影响根系生长，不利于抗旱。但采取特殊的栽培措施如地面覆盖、地膜覆盖、穴贮肥水等，在浅的土层上也可建起丰产园，还可采取大穴定植、放树窝子等深翻改土措施加厚活土层。

栽培技术　包括建园特点、栽植技术、土肥水管理、合理负载和整形修剪。

建园特点　合理配置授粉树，苹果主要栽培品种的适宜授粉树见表3。如果主栽品种为三倍体，如乔纳金、新乔纳金、红乔纳金、陆奥、北斗、北海道9号等，因其花粉败育率高，必须配置两个或两个以上授粉树品种，既能为主栽的三倍体品种授粉，又能相互授粉。

栽植技术　合理密度的确定受立地条件、砧木种类、品种类型、栽培技术等诸方面因素的制约，在亩栽株数一定的情况下，行距对光照的影响比株距大得多。所以，生产上采用宽行密植，树体成形后，行间应有1米的直射光。株距小于2米的提倡按行向挖定植沟，深度在80～100厘米，宽不小于100厘米。挖出的表土和底土分别堆放，然后回填。回填时决不能打乱土层、上下颠倒，否则心土填在果苗根系周围不利于苗木生长；也不能将有限的有机肥均匀掺入整个回填土中或将肥料深埋，因为幼树根系尚浅，下层养分利用率低，穴肥起不到应有的作用。回填后浇水沉实，防止以后下陷，造成栽植过深。回填沉实最好在栽前1个月内完成。苹果栽植主要有两个时期，一是秋季落叶后至土壤封冻前进行秋栽，但在冬季温度低、风大的地区易受冻或抽条，不宜提倡；二是在芽刚萌动时春栽，此时由于芽膨大萌动，新根开始发生，且土温较高，栽后易活。

栽植前要核对品种，将苗木根系进行修剪，剪去折断、干枯、有病的根，其余根剪出新茬，以利于发根。浸水过夜，让苗木吸足水分。栽植穴（沟）已回填沉实的再挖小穴定植，穴的直径约30厘米、深20厘米即可。先将精肥与表土混匀填入小穴一锹，然后将苗木放入，扶正、对齐后再将剩余肥土填入一半；将苗稍向上提，使根系伸展，踏实；再填入另一半肥土，踏实，深度以苗木原土印与现土面相平为宜。定植后应立即浇水，水渗下后封一层细土保墒。盖地膜，使中央稍低，呈浅盘状。用土封住四周及干周，稍有降雨即可由干周渗入，一般不必浇水。地膜保温保湿性能好，果苗生根快，成活好，缓苗快，生长发育良好。

土肥水管理　提倡全园自然生草。施肥原则以土施有机肥为主；氮肥的施用应着眼于提高氮素物质的贮藏积累，加强叶面喷施及秋季施用；注意微量元素的施用，必须在树体碳氮代谢水平高的基础上才能充分发挥作用；施肥要与水分管理密切结合。

合理负载　在通常情况下，苹果树都有大小年结果的习性，严重的大小年结果使产量不稳定，树体生长发育受到影响，营养贮备少，抗逆性差，易遭病虫害或冻害，大年之后往往伴随腐烂病发生。在理论上，合理的留果量是在保证品质最优、稳产的前提下，使产量达到最高。确定留果量的方法有多种，包括按叶芽和花芽的比例留果、按叶果比留果、按树干粗度留果、按间距定果、按副梢定果等。疏花疏果方法包括人工疏花疏果和化学疏花疏果。

表3　苹果主要栽培品种的适宜授粉树

主要栽培品种	适宜授粉品种
元帅系	富士系、津轻、嘎拉、千秋、金冠系、绿光、烟青、国光
富士系	金冠系、元帅系、王林、津轻、世界一、千秋
乔纳金	元帅系、富士系、王林、嘎拉、绿光、青香蕉
津轻	元帅系、世界一、嘎拉、金冠系
王林	元帅系、富士系、嘎拉、千秋、金冠系
嘎拉	绿光、元帅系、烟青、金晕
千秋	富士系、津轻、世界一、嘎拉、金冠系

整形修剪　提倡密植小冠树型，以各类纺锤形为主。基本树体结构为主干高60～70厘米，中心干直立挺拔，其上均衡配置10～15个小型主枝，不分层，不留侧，直接着生结果枝组。主枝基角大，为80°～90°，近于水平，腰角、梢角渐抬头。下部主枝长，为1.5～2.5米，上部较短，为1.0～1.5米；下部相邻主枝间距10～15厘米，上部15～20厘米。各级主轴间从属关系分明，差异明显，中干—主枝—枝组轴依次为母枝的1/4～1/3，超过母枝的1/2时及时更新回缩加以控制。

要求苗木健壮，苗高1米以上，定干80～100厘米。萌芽前在剪口下30厘米的枝段，按所需主枝发生位置进行芽上双重刻伤，深至木质部，或按“⌒”形刻芽，促发长梢，以拉开主枝距，称“高定干，低刻芽”，当年选留3～5个主枝。为防止剪口下集中发梢，可在萌芽后抹除部分过密旺梢，亦可在5月下旬至6月上旬对竞争枝留3片叶进行绿枝重截，发生的二次枝生长势弱，秋季结合拿枝拉开主枝角度，使之呈80°～90°角。

二年生后缓苗期已过，中心干一般较强，为防止中干上脱空，对中干留60～80厘米短截，下部选合适方位双重刻芽促梢，并控制剪口下竞争枝。也可不对中心干短截，仅靠双重刻芽促发分枝。对于主枝，基本不短截或仅轻截，拉平缓放，严格保证单轴延伸。势力不均衡时适当调整，如生长季对强旺梢摘心，促发二次枝并去掉二次枝中的竞争枝，或者次年春季在强旺枝上多刻芽，促发短枝，缓和势力。幼龄树旺树的枝组以两侧与背下为主，背上组要小、矮，枝量要少，结合夏季修剪及时抹除背上过多芽，一般20～30厘米选留1个即可。

三年生时树冠基本形成，及时疏除直立、过旺、过密枝，控制过大枝，继续拉开主枝角度，直至固定。主枝上枝组不可过密，一般1米范围内以留10个左右小枝组为宜。及时控制竞争枝，疏除过密枝，不使其形成生长中心（如几个较旺枝轮生），严格保证单轴延伸，防止上强和外强，适时回缩更新结果枝组，确保空间和树势。回缩的前提是先端已下垂，果台副梢长度不足10厘米，后部已结果。

灾害类型　苹果的主要病害有腐烂病、轮纹病、早期落叶病，除对症进行药剂防治外，应加强栽培管理，合理负载，提高树体抗性。苹果的主要虫害有叶螨类、卷叶蛾类、蚜虫类等，有些地区吉丁虫为害较重，西北地区有苹果蠹蛾为害，此虫为检疫对象，应密切预测预报。套袋栽培条件下果实易发生钙失调，表现缺钙症状，应注意施用钙肥。老果园更新重栽易发生重茬障碍，应采取多种措施防治。

为害苹果的自然灾害有**冻害**、枝干日烧、晚霜、暴雪、冰雹、雨涝、干旱、大风、沙尘暴、土壤酸化、果实日烧、**鸟害**、鼠害等，应提高建园标准，完善防护林系统，加强防护设施建设。

主要价值 苹果是重要的**落叶果树**，是中国北方果树生产的骨干树种。苹果采后处理包括清洗、打蜡、分级、包装、运输等环节。苹果贮藏形式包括土窖、简易库、通风库、恒温库、气调库等。苹果果实色、香、味俱佳，营养价值高，加之丰产、稳产，适应性强，因此经济价值较高。远在魏晋以前，沿河西走廊在甘肃平凉、玉门等地已大量晒干苹果作为贮备粮，《齐民要术》则记述了黄河中下游地域做柰麨、柰脯、林檎麨及果丹皮的经验。

苹果种植在中国迅速发展，优势产区已形成了巨大的生产力，很多地方苹果产业已成为当地农村经济的支柱产业，经济效益、社会效益和生态效益十分显著。

（韩明玉　吕德国　孙建设）

萍蓬草 least water lily; *Nuphar pumila* 睡莲科萍蓬草属多年生水生植物。萍蓬草产于中国黑龙江、吉林、河北、江苏、浙江、江西、福建、广东等。俄罗斯、日本，

图1　萍蓬草

图2　萍蓬草的根状茎

图3　萍蓬草的花

图4　萍蓬草的果实

以及欧洲北部、中部也有分布。自然生在湖泊、沼泽之中。

根状茎直径2～3厘米。叶纸质，宽卵形或卵形，少数椭圆形，长6～17厘米，宽6～12厘米，先端圆钝，基部具弯缺，心形，裂片远离、圆钝，上面光亮、无毛，下面密生柔毛，侧脉羽状，几次二歧分枝。叶柄长20～50厘米，有柔毛。花直径3～4厘米。花梗长40～50厘米，有柔毛。萼片黄色，外面中央绿色，矩圆形或椭圆形，长1～2厘米。花瓣窄楔形，长5～7毫米，先端微凹。柱头盘常10浅裂，淡黄色或带红色。浆果卵形，长约3厘米。种子矩圆形，长5毫米，褐色。花期5～7月，果期7～9月。喜水湿温暖和阳光照射的环境，对土壤要求不严格，轻黏性土壤最适宜其生长。萍蓬草很耐寒。主要采用分根茎的方法进行无性繁殖，宜在3月下旬或4月上旬进行。适宜盆栽。

萍蓬草根状茎可食用，还具有较高的药用价值，其全草、根状茎、种子皆可入药。花、叶具有较高的观赏价值。属中国国家重点保护野生植物名录中的Ⅱ级保护植物。

（张敬丽　刘云礼）

菩提树 peepul tree; *Ficus religiosa* 桑科榕属大乔木。又称思维树。菩提树在中国广东（沿海岛屿）、广西、云南（北至景东，海拔400～630米）多有栽培。日本、马来西亚、泰国、越南、不丹、尼泊尔、巴基斯坦及印度也有分布。

形态特征 幼时附生于其他树上，树高15～25米，胸径30～50厘米。树皮灰色，平滑或微具纵纹；冠幅广展。小枝灰褐色，幼时被微柔毛。叶革质，三角状卵形，长9～17厘米，宽8～12厘米，表面深绿色，光亮，背面绿色，先端骤尖，顶部延伸为尾状，尾尖长2～5厘米，基部宽截形至浅心形，全缘或波状，基生叶脉3出，侧脉5～7对。叶柄纤细，有关节，与叶片等长或长于叶片；托叶小，卵形，先端急尖。隐头花序，雌雄同株，雄花、雌花、瘿花同生于肉质花序托（榕果）内壁；雄花少，生于近口部，无柄，花被2～3裂，内卷，雄蕊1枚，花丝短；瘿花，为榕小蜂寄生，具柄，花被3～4裂，子房光滑，球形，花柱短，柱头膨大，2裂；雌花无柄，花被片4，宽披针形，子房光滑，球形。花柱纤细，柱头狭窄。榕果球形至扁球形，直径1～1.5厘米，成熟时红色，光滑；基

图1　菩提树

图2 菩提树的枝

图3 菩提树的果实

生苞片3枚，卵圆形；总梗长4～9毫米。花期3～4月，果期5～6月。

生长习性 菩提树多采用种子或插条繁殖。喜光、喜高温高湿，25℃时生长迅速，越冬时气温要求在12℃左右，不耐霜冻；抗污染能力强，对土壤要求不严，但以肥沃、疏松的微酸性砂壤土为好。菩提树幼林在热带地区（水分充足的地区）生长迅速。

用途 菩提树具有很好的绿化价值、经济价值和药用价值。菩提树对二氧化硫、氯气抗性中等，对氢氟酸抗性强，宜作污染区的绿化树种；同时，它分枝扩展、树形高大、枝繁叶茂、优雅可观，是优良的观赏树种，宜作庭院行道的绿化树种。菩提树枝干上流出的乳状液汁可提制硬性橡胶，枝叶可作象、牛等牲畜的饲料。菩提树木材心、边材区别不明显，为散孔材，纹理交错，结构中，重量轻，干缩小，强度低，油漆后不光亮，容易胶黏，适宜作砧板、包装箱板和纤维板原料。菩提树是治疗哮喘、糖尿病、腹泻、癫痫、胃部疾病等的传统中医药。另外，菩提树对心血管疾病、神经炎性疾病、神经精神疾病、寄生虫感染等都有显著效果。花供药用，可发汗镇痉，有解热之效。

（王　雁）

葡萄 grape; *Vitis* spp. 葡萄科葡萄属多年生落叶藤本果树。葡萄是一种美味的浆果，其不但含有葡萄糖，还含有丰富的维生素和微量元素，营养价值非常高，人们吃葡萄对身体有诸多好处。

栽培历史 葡萄是最古老的被子植物之一，起源于欧亚大陆和北美洲，主要栽培类型则起源于中亚细亚一带。其演化分为三个历史阶段：①原始类型阶段。在约6500万年前的新生代第三纪化石中，已找到明确无误的葡萄属叶片和种子化石。②种群及种的形成阶段。大陆分离使葡萄属植物从广阔连片的分布区被分割成彼此隔离的几个大分布区，形成不同种群。在冰川侵袭下，北欧地区仅南部有少量森林葡萄幸免于难。在人类文明出现最早的黑海和里海之间的某个区域，仍有该种的野生类型，植物学家们认为这里是欧洲葡萄的发源地。东亚地区受冰川侵袭程度较轻，保存下来的种较多，有40余种，其中绝大多数原产于中国。北美洲受冰川侵袭为害较轻，北美种群保留下来近30个种。③栽培驯化阶段。欧洲葡萄是人类栽培驯化最早的果树之一，可以追溯到公元前4000年或更早。N.W.西蒙兹于1947年估计，旧大陆有1万个葡萄品种来源于单一的野生欧洲葡萄即森林葡萄，该种原产于中亚细亚、阿富汗东北部到里海，乃至黑海南岸。野生葡萄果实味美诱人，早在其他植物群落存在之前就被“自然地”利用。流动的游牧者用树木支撑结实累累的葡萄，这被认为是原始形式的栽培驯化，常见于家畜饮水处附近。随着定居农业的发展和混交落叶林的垦伐，沿着挖有灌溉沟渠的边界线，葡萄和其他果树被保留下来，逐渐扩展到牧区以外，后又搭上阻拦牛、羊的泥墙，形成原始的葡萄园或果园。

中国栽培的欧洲葡萄是西汉张骞于公元前139～前115年从今乌兹别克斯坦的费尔干纳引入，根据《齐民要术》中“取蒲萄（葡萄）实，于离宫别馆旁尽种之”，可知中国栽培葡萄已有2100年以上的历史。陕、晋、冀等地仍栽培有龙眼葡萄这一东方品种群的古老品种。中国规模化栽培酿酒葡萄和酿造葡萄酒始于1892年，南洋华侨张弼士在烟台成立了张裕葡萄酿酒公司，并从西欧等地引入赤霞珠、品丽珠、贵人香、美乐等129个酿酒品种的苗木，奠定了中国葡萄酒产业的基础。中国生产上栽培的葡萄种类较多，除了欧亚种品种，栽培的以巨峰系为代表的欧美杂交种较多，其综合抗性较好，而一些种间杂种如山欧杂种、多种类杂交品种则具有极高的生态抗性和抗病虫害能力，因此不同生态条件适宜选择合适的种类和栽培方式。中国所有省份都有葡萄规模化栽培，主要是由于葡萄适宜的栽培模式较多，除露天栽培外，还可设施栽培。随着产业发展和科技进步，向西、向南发展葡萄产业的趋势明显；广西利用避雨栽培模式创新了一年两收技术，从而实现大面积脱贫；甘肃高寒山区利用冬暖棚种植葡萄，创造了非耕地葡萄延迟采收技术，成为贫困地区广大农民脱贫致富的重要支柱。

主要品种 在葡萄属中，已明确起源地的种有65个，起源地不太明确或有争议的有44个，分属于圆叶葡萄亚属和真葡萄亚属，两个亚属间有着一系列性状差异。葡萄属植物染色体小，减数分裂时，

图1 葡萄

图2　葡萄的枝蔓

图3　葡萄的叶

图4　葡萄的果实

图5　葡萄的种子

真葡萄亚属有规律地形成19个二价体（2n=2x=38），圆叶葡萄亚属则形成20个二价体（2n=2x=40）。亚属内种间杂交未发现不亲和。欧亚种葡萄品种黑比诺是二倍体植物，其基因组大小约为475兆碱基对（Mb）。

栽培葡萄主要指欧亚种葡萄或欧洲葡萄（*Vitis vinifera*），其为葡萄属中最为重要的一种，起源于里海、黑海和地中海沿岸地区的中亚、高加索、小亚细亚和叙利亚一带，在公元前6000年之前已在埃及、叙利亚、伊拉克、南高加索及中亚细亚等地栽培。苏联A.M.涅格鲁里把欧洲葡萄分为3个生态地理群：①东方品种群（*Proles orienialis*）。在沙漠、半沙漠干燥地区形成的品种群，包括里海亚群（是起源较早的酿酒类型，如马特拉沙、捷尔巴什、苏雅基等）和南亚亚群（是起源较晚的鲜食类型，如可口甘、尼木兰、龙眼、牛奶、无核白等）。②黑海品种群（*Proles pontica*）。该群根据地理分布又可分为格鲁吉亚亚群、东高加索亚群和巴尔亚群，品种包括白羽、白雅、晚红蜜等。③西欧品种群（*Proles occidentalis*）。起源于西欧，品种众多，著名的如赤霞珠、美乐、品丽珠、黑比诺、西拉、佳丽酿、歌海娜、霞多丽、雷司令等，已成为世界各国主要栽培品种。

形态特征　葡萄是藤本攀缘性蔓生植物。无性繁殖葡萄的植物学形态组成包括根系、主干、多年生主蔓、**结果母枝**、新梢、卷须、复合芽、叶、花、果穗、浆果和种子。

葡萄的根系以肉质根为主，贮藏有大量的营养物质和水分等。无性繁殖的植株没有**主根**，以若干粗壮的骨干根及其侧生根和细根组成。根系活动后，由于根压而导致地上部枝条剪口溢水（伤流）。葡萄根系的生长需要较高的土温，根系生长与新梢生长交替进行，每年初夏和秋季各有一次发根高峰。藤本葡萄枝蔓柔韧，输导组织发达，着生有卷须供攀缘。新梢由节和节间组成，单轴生长与假轴（合轴）生长交替进行，生长迅速，只要温度合适可一直延伸，为葡萄稀植提供了可能。

葡萄着生于叶腋中的芽是复合芽，俗称芽眼。根据分化的时间分为冬芽和夏芽。冬芽是着生在一年生枝各节上的芽，外被鳞片及绒毛，一般越冬后于次年春萌发生长，不萌发的成为潜伏芽。葡萄有较多的潜伏芽可用于更新。夏芽着生在新梢叶腋内冬芽的旁边，是无鳞片保护的“裸芽”，不需要休眠，可在当季自然萌发成新梢，通常称副梢。有些品种的副梢可当季分化成花芽，有很强的结实能力。栽培葡萄的叶由叶柄、叶片和托叶三部分组成，叶形较大，多为掌状，有深浅不一的裂刻，单叶互生。叶片是通过光合作用制造有机养分的主要器官，树体内90%～95%的干物质是由叶片合成的，叶片的正常生长活动是葡萄生长发育和形成产量的基础。

葡萄的花序属于复总状花序，呈圆锥形。栽培葡萄的花一般是两性花（完全花），个别品种为雌能花，一些野生种及砧木品种仅存雄花。花序开花受精**坐果**后形成果穗。果穗由穗梗、穗轴和果粒组成，果粒则由果梗（果柄）、果蒂、外果皮、果肉（中果皮）、果心（内果皮）和种子（或无种子）等部分组成。葡萄浆果的形状多种多样，除了基本的圆形、椭圆形外，还有心形、柱形、束腰形等。浆果的颜色极为丰富，有红、黄、蓝、黑、白等色。葡萄种子呈梨形，占果实重量的5%～10%。葡萄有独特的物候期，包括伤流期、萌芽期、新梢速长与开花坐果期、果实膨大期、转色期及成熟期、落叶期。不同成熟期品种的主要差别在于浆果发育时间的长短。

繁殖与栽培　葡萄苗木的繁育包括**扦插**繁殖和嫁接繁殖两种方式。①扦插繁殖。将品种的成熟枝条修剪成一定长度，于春季在土壤或基质上直接扦插培育，一般用于没有被葡萄根瘤蚜侵染的地区建园。②嫁接繁殖。是因葡萄根瘤蚜的为害而衍生出来的繁育技术，需要采用抗根瘤蚜的砧木。规模生产需要利用全自动嫁接机，少量生产可手工舌接或劈接。嫁接方式包括室内硬枝嫁接、田间绿枝嫁接等。培育一年生苗的现代化育苗方式是田间起垄覆膜加滴灌带，还可利用温室或大棚进行基质育苗，即营养钵育苗，这种绿苗适宜就近供应初夏田间定植的情况。

建园的基本原则是有利于机械化、标准化管理，有利于生产绿色优质的果品。选择生态环境好、交通便利的园址，利用机械平整土地，视坡度将丘陵山地修整成梯田或慢坡，较长的地块有利于提高机械作业效率。

北方一般春季种植，南方亦可秋末种植。株距视品种树势、树形及土壤肥力而定。定植后适当浇灌几次氨基酸冲施肥有利于幼树发根和新梢生长。在确定行距之后开沟（宽60～80厘米，深80～100厘米）进行局部土壤改良。一般篱架0.8～1.2米，棚架1～2米。行距的宽窄取决于架式和防寒要求，一般篱架要求行距宽2.5～3.5米，棚架要求行距宽4～8米。中国大部分地区土壤瘠薄，对于有机质含量不足1%的土壤，建议有机肥使用量为6～10吨/亩，可采用腐熟发酵的各种农家肥。将有机肥和行间的表层土壤置换到沟内，将沟内的生土回填到行间，可利用挖掘机退行一次性完成作业。行头至少保留4米以上，以便于机械能快速回旋。相反，对于降水量大、地下水位浅的南方，则采用起垄栽培，部分地区需要地下挖沟限根栽培或地上容器限根栽培。在局部沃土的同时也需要根据土壤性质和缺素情况进行矫正。与此同时，需要布局排灌设施，挖通排水沟渠，请专业人士规划施工滴灌设施和施肥设施。架柱一般使用水泥柱，机械化采收的使用镀锌或镀合金钢柱、木柱等。立柱长度一般要求2.5米，立柱的间隔因架式而不同，为3～5米。酿酒葡萄栽培一般采用单篱架直立叶幕，树形包括单干双臂（矮T）或单臂（倒L）、单干无臂的居约式，以及便于下架防寒的厂字形及J形。鲜食葡萄栽培有篱架和棚架两种，篱架树形可采用酿酒葡萄类似的直立叶幕，也可采用Y形架V形叶幕；棚架水平叶幕除了传统的龙干形，现在北方推广顺行鱼刺形即高厂字形，南方大量采用T形及H形树等。每种树形都有标准化的修剪技术，并根据品种的结果习性有所变化。

管理措施　直立叶幕的新梢可利用夏剪机修剪成厚度40厘米左右的绿篱形叶幕；人工修剪一般保留一片或2片副梢叶绝后修剪，有的为省工仅保留顶端副梢。主梢生长到顶端或与另一株相连后摘心，有些容易落花落果的鲜食品种则采用花前就摘心的策略。鲜食葡萄要求标准化果穗，需要疏花疏果对花果进行数字化精细管理，无核品种有些需要用生长调节剂如赤霉素等进行处理。果穗套袋已经成为葡萄绿色果品生产的必备手段。

结合北方冬春干旱少雨的生态条件，提倡春季和秋冬各耙地清耕2次，夏季行间自然生草，实时机械刈割；行内可覆盖地膜、地布或杂草。全年氮磷钾平均需求比例是（1∶0.5）～（0.6∶1.2），果实生长前期对氮磷需求较高，生长后期对钾、钙等需求较高，采用肥水一体化技术，一般全年施肥4～6次，每次滴灌每亩用量8～10千克。对于成龄树可根据树势秋施基肥，可利用施肥机械深施到30厘米以下。新梢速长和果实膨大期是葡萄需水关键时期，需要及时滴灌，可通过水势监测来调控灌溉节律；果实转色后需要控水。雨季需要及时排水，可通过行内覆膜避免水分过量。萌芽水和封冻水是北方葡萄生产不可或缺的灌溉时期，需要足量灌溉。

灾害类型　葡萄叶部病害主要有霜霉病、白粉病，果实病害主要有白腐病、炭疽病、酸腐病、溃疡病等。虫害主要有刺吸性害虫及蛀干害虫。病毒病主要有卷叶病毒、扇叶病毒等，有些品种带毒率很高。病虫害防治原则是预防为主，综合防治，石硫合剂和波尔多液仍然是预防基础，生防产品越来越受重视，但预测预报不利、滥用农药的问题仍然比较突出。南方采用避雨栽培措施，配合果实套袋，有效减少了鲜食葡萄的病害发生，减少了用药次数。

葡萄生态适应性较强，比较抗旱、抗涝、耐石灰质和盐碱，但根系耐寒性较差，欧亚种根系在土温－5℃左右即会受冻。欧亚种葡萄栽培最适生态区是地中海式气候，在中国大陆性季风气候条件下，休眠季节北方葡萄容易遭受冻害和抽干，生长季节则容易发生各种果实和枝叶部病害。

贮运与加工　葡萄果实柔软多汁，属非呼吸跃变型果实，采收后保鲜运输和贮藏需要低温环境和预防腐烂。一般软肉、易掉粒品种不耐贮运，主要采用冷链运输就近供应市场，而硬肉不易掉粒的品种贮运性好，适合长距离冷链运输及长时间低温贮藏。贮运过程中除严格控制温度0±1℃外，还应该保持相对湿度在80%～85%，预防果梗干缩；添加缓慢微量释放的硫片，预防果实腐烂；减震防震，防止对果肉结构造成伤害。

全球75%以上的葡萄果实被用于酿造各种口味风格的葡萄酒，以满足消费市场的个性需求。由于葡萄酒感官风味要求的重要性和差异化，7000余年来人类对酿酒葡萄的驯化选育和栽培管理目标是坚持风味浓郁、果粒小、果皮厚、种子多的产业标准，也造就了酿酒葡萄与鲜食葡萄品种和品质的显著差异。葡萄果实经过晒干或晾干，可以制成红干和绿干。从葡萄干的口味质量考虑，制干最适宜的葡萄果实应该具备皮薄、肉厚、无核、含糖量高、香味浓郁等品质特点。葡萄制汁主要为浓缩汁和原汁两种。以前由于制汁过程中的热处理工艺影响其颜色和香气的稳定性，故制汁葡萄品种主要以颜色和香气热敏性好的美洲种为主。非热杀菌技术的创新，使其他种类的葡萄果实用于制汁愈来愈普遍，同时也为外观差的非商品性鲜食葡萄提供了一条行之有效的加工新途径。

价值与用途　成熟的葡萄浆果一般含有15%～25%葡萄糖、果糖及蔗糖，0.5%～1.5%苹果酸、酒石酸，以及少量的柠檬酸、琥珀酸、没食子酸、草酸、水杨酸等，0.15%～0.9%的蛋白质和丰富的钾、钙、钠、磷、锰等元素；葡萄汁含有丰富的维生素类及氨基酸类。

世界上葡萄的主要用途是加工，其次是鲜食，其加工比例高达85%以上，除主要用于酿造葡萄酒外，还用于制干、制汁，酿醋和制罐。欧美国家葡萄浆果约80%用于酿酒及制汁，其余用于鲜食及制干，而中国近85%用于鲜食，15%用于酿酒、制干和制罐。现代研究表明，葡萄及葡萄酒具有明显的营养保健作用，其中研究焦点是白藜芦醇、花色苷、酚类物质及褪黑素等。葡萄籽油含有较高比例的不饱和脂肪酸，而利用葡萄皮、葡萄籽提取原花色素或者直接超微粉碎已经成为商品性保健品。

新业态　随着农业生产与其他产业的高度融合，葡萄产业已成为城乡居民休闲体验、旅游观光的重要选择。交通便利的城市近郊及风景优美的山间河谷等地建成的鲜食葡萄采摘与葡萄酒酿造庄园，成为接待大批游客品鉴美酒、享用美食、感受美景、采摘美果，让游客与家人、好友分享“天、地、人”合一的绿色农业产业，成为传承东西方文明交融汇集、凸显中国与国际葡萄产业文化有机融合的特色文化产业，是产业发展的新途径。

葡萄果实中富含不饱和脂肪酸和多种酚元化合物，随着油脂和多酚物质提取纯化技术的不断创新，以及超微细粉碎技术在食品工业的应用，除从葡萄籽中提取7%～10%的油脂满足食用外，再对葡萄籽进行超微细粉碎和胶囊化处理，制成富含抗氧化作用的保健品，或从葡萄籽和皮中分离纯化出花色苷、原花色素等多种酚元化合物用于化妆品、保健品的生产都将不断延伸葡萄产业链，获取更高效益。

（王跃进　翟　衡　段长青）

葡萄风信子　grape hyacinth; *Muscari* spp.
百合科葡萄风信子属植物的总称。又称蓝瓶花、蓝壶花、串铃花、葡萄百合、葡萄麝香。葡萄风信子属有40～50种，主要分布在地中海及亚洲西南部，中国无野生种分布。

植株矮小。叶线状披针形，丛生，长10～30厘米，宽约1.5厘米。穗状花序，1～3枝自叶丛中抽出，直立圆筒状。花茎高10～30厘米，着花20～40朵。花色有蓝色、蓝紫色、白色、淡蓝色、淡粉色和黄色。自然花期3月中旬至4月上旬，群体开花时间可达20～30天。

葡萄风信子花朵小巧可爱，花色独特艳丽，花期早、开花时间较长，常用作疏林下的地面覆盖，或用于**花境**、**草坪**成片、成带与镶边种植，也可于**岩石园**中作点缀丛植。家庭花卉盆栽或作为切花亦有良好的观赏效果。（王 雁）

图1 葡萄风信子

图2 葡萄风信子的叶

图3 葡萄风信子的花

蒲包花 pocketbook plant; *Calceolaria*×*herbeohybrida* 蒲包花属一类栽培品种的统称。蒲包花原产于美洲的智利、秘鲁、墨西哥等地，最初由来自智利和阿根廷的3个物种（*C. crenatiflora*, *C. corymbosa* 和 *C. cana*）杂交而来。蒲包花是一年生或多年生草本植物，同属植物约有300种。

形态与种类 株高15～45厘米。茎柔软，茎、叶被毛。叶对生，卵形至近心形，叶缘全缘或具粗锯齿。花形奇特，状似拖鞋，具二唇花冠，小唇向前延伸，下唇膨胀呈荷包状，向下弯曲，单花直径3～4厘米。花色丰富，单色品种呈深浅不同的黄、橙、白、红色，复色品种在上述颜色的底色上分布有对比色的色斑或色点。蒴果。种子细小。花期2～5月。

图1 蒲包花

图2 蒲包花的茎和叶

图3 蒲包花的花

主要栽培种类有：①智利蒲包花（*C. biflora*）。花大，金黄色，花茎健壮。②皱叶蒲包花（*C. intergrifolia*）。多年生常绿草本，丛生，株高30～50厘米，冠径10厘米；叶圆形，皱褶，无毛，暗绿色。耐寒，生长周期较短。③帕冯蒲包花（*C. pavonii*）。花深黄色，花径3～4厘米。

栽培与管理 喜斑驳的明亮光线，忌强直射光。适宜生长温度为昼温13～16℃，夜温7～10℃。栽培基质以腐叶土或混合培养土为主，勤浇水以保持稍高的湿度，但不能积水，也不可使基质完全干透，同时保持良好通风。浇水和施肥从叶片基部进行，避免从植株顶部而下进行，以免花、叶腐烂。生长期每周追施一次稀释肥。花后及时剪掉残花，以利于促进开出更多的花朵。常用播种或**扦插**繁殖。常见病虫主要有灰霉病、蚜虫、白粉虱、红蜘蛛，以及由于栽培基质过湿或水分波动引起的根系或地上部分腐烂。以加强通风和定期喷施药物防治为主。

用途 蒲包花常作为**盆花**在花卉市场销售，家庭室内盆栽常作一年生栽培，很难复花（因为需要温室中的高湿和适宜温度环境）。是元旦、春节重要的室内观赏盆栽花卉。（吴沙沙）

蒲菜 common cattail; *Typha* spp. 香蒲科香蒲属多年生宿根草本植物。又称香蒲、甘蒲、蒲蒻、草芽。蒲菜原产于中国。世界各大洲均有分布，唯中国自古就作菜用栽培，最早的记载见于《诗经》。在中国广为分布，为水生蔬菜的一种。

形态和类型 须状根系，茎短缩，并具地下匍匐茎。叶披针形，细长扁平，具有很长叶鞘，叶鞘层层抱合形成假茎，对生于短缩茎上。花序为肉穗圆筒状。结小

图1 蒲菜

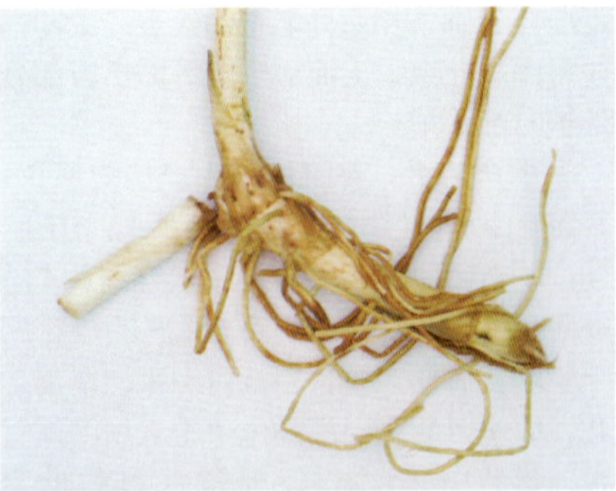

图2 蒲菜的根

图3 蒲菜的花

图4 蒲菜的花粉

坚果。种子细小，发芽力弱。

菜用蒲菜分为食用根状茎、食用假茎、食用短缩茎三种类型，分别以根状茎、幼嫩假茎、短缩茎供食用。蒲菜在中国栽培有两个种：宽叶香蒲（*T. latifolia*）和水烛（*T. angustifolia*）。前者以根状茎供食，如云南建水草芽；后者以幼嫩假茎供食，如淮安蒲菜、明湖蒲菜等。食用短缩茎的品种如元谋席草笋。

栽培 喜温暖湿润，生长适温为15～30℃，不耐寒。属长日照作物，在长江流域5～6月抽茎开花，抽茎开花后植株即老化，应及时拔除。适宜在富含有机质、保水好的壤土或黏壤土种植，并保持浅水层。不耐浓肥。采用分棵繁殖。夏秋季分次采收。蒲菜假茎可用刀收割或用手拔。收获后切取40～60厘米的假茎，剥去外叶捆扎成束后上市。以根状茎作为食用器官的，在定植后20～25天即可开始采收，之后根据生长情况每7～10天采收一次。蒲菜种植3年后，根状茎相互缠绕，生长势变弱，应在第4年予以更新、换茬。

用途 蒲菜含有粗纤维和丰富的矿物质，可炒食、烩制、清蒸、做汤等。也有一定的药用价值，蒲菜幼苗有“主治口中烂臭、坚齿明目”“生啖止消咳”“熟食补中益气、和血脉”等功效。

（别之龙）

蒲桃 rose apple; *Syzygium jambos* 桃金娘科蒲桃属常绿大型灌木或中小型乔木。又称香果、响鼓。蒲桃原产于印度及马来半岛，在中国海南五指山谷地及广东粤西山区谷地可见到野生林。在印度、东南亚及太平洋岛屿上广泛栽培，在中国福建、台湾、广东、海南等地均有种植。

形态特征 蒲桃每年可抽梢5～6次，结果树以抽春梢和秋梢为主。叶片对生，披针形至长椭圆形。花芽多为纯花芽，但也有着生2～3片新叶的混合花芽。花芽多来自老熟枝梢的顶芽，其下的腋芽也可分化为花芽。聚伞花序，两性花。每年3～5月开花，但具有周年开花结果的习性。果实球形、卵形或略微梨形。谢花至果实成熟一般需1.5～2个月。果实一般在6～8月成熟，采收期可持续30天左右。种子1～4粒，以1粒居多。种子有毒，不可食用。果实为非呼吸高峰型。

蒲桃的果实

主要品种 蒲桃的品种种类较多，但多以农家自留型品种为主，如中国的田螺胚、吊钟、红头等。在生产上，泰国以果皮淡绿色的品种为主，马来西亚以果皮红色的品种居多，其他一些地区栽培的品种还有果皮淡黄色的种类。

育苗与管理 蒲桃是热带南亚热带果树，喜湿润热带性气候，怕寒冷，喜充足水分。可采用实生、扦插、空中压条（圈枝）及嫁接等多种方式育苗。株行距一般为5米×7米或6米×8米。树形以自然圆头形或自然开心形为佳。花量较大时应注意疏花疏果。可对果实进行套袋。

用途 果实具浓厚的玫瑰香气，有“香果”之美称。果肉肉质松软，果实成熟时果肉与种子分离，轻轻摇动即发出类似拨浪鼓的响声，故名“响鼓”。果实除鲜食外，还可制干片、果膏、蜜饯、果汁及酿酒等。蒲桃多用于制作甜品、布丁、果酱等。

（李映志）

圃内整形 training in nursery 在苗圃地利用苗木生长习性而采取的摘心、短剪等促进分枝的修剪措施。圃内整形苗木称整形苗。此法能使苗木更快地形成结果树冠，以便建园定植后幼树生长健壮、成形快。由于此法在圃内促发多级分枝，因此单位面积出圃的苗木数量较少，育苗成本和包装运输成本相对增加，但因圃内整形苗木结果早而丰产，经济效益仍然较高。主要用于苹果、桃等落叶果树和桂花等园林植物，大规模推广应用的还比较少。

该技术于20世纪50年代首次在培育当年出圃的苹果苗上采用，至90年代有研究者总结了该技术在苹果和桃上取得的成效，21世纪后又有部分研究者在苹果、桃、樱桃、核桃上进行探究。

很多当年嫁接的果树苗木具有一年内可抽梢3～4次的习性。当新梢长至一定长度时，及时采取摘心、除顶、促分枝等夏剪措施，当年就可培养出主枝、副主枝和结果枝组，为提早结果奠定良好的基础。如苹果、桃、樱桃等幼苗经圃内整形，提高苗木出圃质量，定植后至少可提早一年结果。

圃内整形苗的培育应注意以下技术环节：①加大苗木的栽植距离。一般应比单干苗的株行距增大50%～100%。②及时抹除整形带下方的萌芽，促进整形带内芽眼充实，抽梢良好。③摘心时间。主要根据不同果树品种枝梢萌发时间和长度而定。④结合使用细胞分裂素等植物生长调节剂促进分枝。⑤生长期间加强水肥管理和病虫害防治，保证苗木健壮生长。

圃内整形苗木带有分枝，体积较大，所以从苗木出圃到定植的各个环节，必须细心操作，避免损伤苗木。起苗时尽可能少伤根系；包装运输时，注意根部保湿；运到栽植地点后如不能立即栽植，应尽快假植。

（郑诚乐）

普安红茶 Pu'an black tea 产于中国贵州省黔西南布依族苗族自治州普安县的红茶。普安红茶是贵州省普安县特产，中国国家地理标志保护产品。普安红茶始于当地传统品牌福娘茶，2015年5月12日，时任省委书记赵克志将福娘茶命名为普安红。产地海拔1000～2000米。土壤类型为黄壤或黄棕壤，土壤pH5.0～7.0，土壤有机质含量不小于1.0%，土层厚度不小于40厘米。

采摘单芽或一芽一叶初展、一芽二叶初展、一芽二三叶及同等嫩度对夹叶；每年2月下旬至5月上旬，6月中旬至8月下旬采摘。普安红茶工夫红茶的加工工艺流程为：鲜叶采摘→萎凋→揉捻→发酵→干燥。普安红茶红碎茶的加工工艺流程为：鲜叶采摘→萎凋→揉切→发酵→干燥。茶品外形条索细紧多锋苗，匀齐、净，色泽红匀，明亮；香气鲜嫩持久，汤色红艳浓亮，滋味醇滑，叶底嫩匀红亮。

（郑文佳）

普洱茶 Pu'er tea 以地理标志范围内的云南大叶种晒青毛茶为原料，采用特定工艺制成的具有独特品质特征的茶叶。普洱茶为云南省特产，是中国国家地理标志保护产品。清阮福著《普洱茶记》载有："普洱古属银生府。则西蕃之用普洱，已自唐时。"宋朝李石著《续博物志》载有："茶出银生诸山，采无时，杂菽姜烹而饮之。"据考证，银生城的茶是云南大叶茶种，也就是普洱茶种。没有固定名称的云南茶叶，也被叫作"普茶"，逐渐成为西藏、新疆等地区市场买卖的必需商品，直到明朝末年，才改叫普洱茶。

分布范围　普洱茶主要产于云南勐海、勐腊、普洱市、耿马、沧源、双江、临沧、元江、景东、大理、屏边、河口、马关、麻栗坡、文山、西畴、广南、永德等地。云南省昆明市、楚雄彝族自治州、玉溪市、红河哈尼族彝族自治州、文山壮族苗族自治州、普洱市、西双版纳傣族自治州、大理白族自治州、保山市、德宏傣族景颇族自治州、临沧市等11个州（市）部分现辖行政区域为普洱茶地理标志产品保护范围。

自然环境　普洱茶树生长于海拔1000～2100米、坡度不大于25°的山地。土壤为砖红壤、砖红性红壤、山地红壤和山地黄壤等；土壤有机质含量不小于1%。

加工工艺　以云南大叶种晒青毛茶的中、低档茶（5～10级）为原料，经毛茶付制、发酵、筛制、拣剔、拼堆包装，加工成散茶，再经蒸压塑形而成普洱沱茶、普洱砖茶、七子饼茶等各种紧压茶。

品质特征　普洱茶分为散茶和紧压茶两种。散茶条索粗壮肥大完整，色泽褐红（俗称"猪肝色"）或带有灰白色；紧压茶外形端正，匀整，松紧适度。汤色红浓明亮，香气独特，叶底褐红色，滋味醇厚回甜。

（吕才有）

普洱砖茶 Pu'er zhuan tea; Pu'er brick tea 主要产于中国云南省下关、勐海、昆明等地的黑茶类紧压普洱茶。砖茶又称蒸压茶，就是外形像砖一样的茶叶，是紧压茶中有代表性的一种。普洱砖茶是以茶叶、茶茎，有时还配以茶末压制成的块状茶。

以云南大叶茶品种普洱茶为原料，经筛分、风选、拣剔、拼配匀堆、蒸压做形、烘干而成。砖茶呈长方砖块状，规格为15厘米×10厘米×3.35厘米，每块净重250克。外表形状平整，四角边缘分明，厚薄大小均匀；色泽褐红，香气陈香，滋味醇厚，汤色红亮叶底呈猪肝色。鉴别砖茶品质最重要的依据是开汤试泡，主要是观汤色，品滋味，看叶底。主销中国港澳地区，外销日本、新加坡、马来西亚等国家。

（吕才有）

普陀佛茶 Putuo Buddha tea 产于中国浙江省舟山市普陀茶区的卷曲形茶。普陀茶是浙江省佛茶和海岛名茶的代表。主要销往舟山、北京、上海、宁波等城市，部分外销欧洲等地。

生产简史　普陀佛茶生产历史悠久，普陀山种茶大约始于唐代或五代十国时期。明万历十五年（1587）宁侯继高著《游补陀洛迦山记》中载有："又三四里，曰千步沙。有僧大智，自五台山来，卓锡于此，结庵以居，曰海潮……庵之后山顶有泉，贯竹引之，瀹茗，味殊甘冽。"此文反映了当时在普陀山寺庙中佛茶的瀹饮之法。明清以来，有关普陀佛茶的记述很多。20世纪70年代末，普陀佛茶作为浙江省第一批恢复和发展生产的名茶之一，普陀县邀请江苏省碧螺春名茶师来传授技术，形成了独特的"似螺非螺、似眉非眉"的佛茶外形，并定名为普陀佛茶，1980年正式对外销售。

分布范围　普陀佛茶茶园面积400余公顷，主要分布在普陀山、六横、桃花、朱家尖等岛屿及本岛的展茅、塘头、勾山、小沙等地，年产量20 000余千克。2010年成为中国农产品地理标志产品，保护范围包括定海区的城东街道、环南街道、解放街道、昌国街道、盐仓街道、临城街道、白泉镇、干览镇、马岙镇、小沙镇、岑港镇、双桥镇、金塘镇、北蝉乡；普陀区的沈家门街道、东港街道、勾山街道、展茅街道、朱家尖街道、桃花镇、六横镇、登步乡；岱山县的高亭镇、东沙镇、岱东镇、岱西镇、衢山镇、秀山乡。

加工工艺　普陀佛茶采摘标准为一芽一叶初展至一芽二叶，经摊青→杀青→揉炒→搓团→提毫→焙烘等加工工序制成。

品质特征　外形似螺似眉、茸毫披露，色泽绿翠，茶汤嫩绿明亮，香气清高，滋味鲜醇爽口。

（冯海强　罗列万）

Q

七叶树 Chinese horse chestnut; *Aesculus chinensis* 七叶树科七叶树属落叶乔木。又称娑罗树。七叶树分布于中国河南、陕西、甘肃、江苏、浙江、安徽、江西等省山地，各地均有栽培。名出《留青日札》。

图1 七叶树

图2 七叶树的叶芽

高达25米。掌状复叶对生，小叶5～7。圆锥花序，雄花、两性花同株，花萼5裂，花瓣4，白色，雄蕊6或7，子房在雄花中不育。蒴果近球形。顶端略凹下，直径3～4厘米，种子近球形。花期4～6月。

七叶树栽培历史悠久，传说佛祖佛陀在此种树下出生和圆寂，被佛家奉为佛门宝树，古代即于寺庙中种植。今河南济源

图3 七叶树的叶和花序

图4 七叶树的花

图5 七叶树的果实

虎岭关帝庙内有一七叶树，高17米，胸径4.6米，为初唐时所植。北京卧佛寺、潭柘寺、碧云寺皆有七叶树。清乾隆帝《御制娑罗树歌》，以“千花散尽七叶青”赞赏七叶树的风采。《本草纲目》称七叶树种子为娑罗子，可入药，有宽中理气之功效。

（包满珠 傅小鹏）

七子饼茶 Qizi cake tea 产于中国云南省的黑茶类饼形**紧压茶**。又称圆茶。七子饼茶为云南省西双版纳傣族自治州勐海县勐海茶厂生产的一种传统名茶，外形美观，为圆饼形，酷似满月，汤色红黄明亮，香气浓郁持久，滋味醇厚爽口。因每7个饼茶包装为一筒，故称七子饼茶。

生产历史 七子饼茶历史悠久，可以追溯到西周期间。《华阳国志·巴志》载有：“周武王伐纣，实得巴蜀之师……鱼、盐、铜、铁、丹、漆、茶、蜜……皆纳贡之。”这一记载表明在周朝的武王伐纣时，巴国就已经以茶与其他珍贵产品纳贡与周武王了。《华阳国志》中还记载，那时已有人工栽培的茶园了。后三国时期，有武侯遗种之说。清雍正（1723～1735）年间，云贵总督鄂尔泰在滇设茶叶局，统管云南茶叶贸易。鄂尔泰勒令云南各茶山茶园顶级普洱茶由国家统一收购，挑选一流制茶师手工精制成饼，七饼一筐，谓之七子饼茶；并亲自督办，在贡茶上印“鄂尔泰”私宝，进贡朝廷；雍正十年（1732）正式列入《贡茶案册》。

加工工艺 选用普洱六大茶山的晒青毛茶为原料，经筛分、拼配、潮水渥堆、蒸压定型后精制而成。七子饼茶有生饼、熟饼之分，生饼以云南大叶种晒青毛茶为原料直接蒸压，熟饼是以人工科学发酵的**普洱茶**压制而成，但在制作过程中其选料搭配要求与生饼的要求基本相同，恰当的嫩芽和展叶搭配是保证七子饼茶品质的重要环节。①嫩芽。嫩芽是茶叶的精华，可使茶气清香，口感清、甜、糯；茶芽的多少往往是评定普洱茶等级的重要标准。但嫩芽的茶多酚在后期陈放时容易耗散，嫩芽太多，会影响茶的陈香和滋味。②展叶。长成的展叶内含的茶多酚和氨基酸更加丰富，初制成时，品饮口感比较苦涩，一般人难以接受，但其丰富的茶多酚和氨基酸物质在七子饼茶的后期发酵中会转化成特殊的陈香和醇厚滋味，随时间推移，口感会更加饱满厚实，其营养价值也更好。在七子饼茶的制作过程中，茶芽和展叶搭配恰当，普洱茶的陈香韵和甘、滑、厚、润、糯的自然滋味能达到极好水平，再经过时间历程的转化，越陈越香的感受越加深厚。③包装。成就七子饼茶特殊口感的另一重要原因是其特殊的包装。七子饼茶以七片普洱圆茶为一擑，每一擑七子饼茶均用竹箬包装成筒。包装七子饼茶的竹箬是产于云南的大竹子上的笋干外壳。云南土地肥沃，竹子粗壮，竹箬片大且韧性特强。竹箬纤维强韧，自然清香，透气性能好，以竹箬包装茶叶在运输途中不易破碎损坏，同时又有防湿、过滤杂味的功效，对七子饼茶的后期发酵转化有十分积极的作用。

品质特征 外形紧结端正，松紧适度。熟饼色泽红褐油润（俗称猪肝色），汤色红浓明亮，滋味浓厚回甘，带有特殊陈香或桂圆香。生饼外形色泽随年份不同

七子饼茶

而千变万化，一般呈青棕、棕褐色，油光润泽，汤色红黄鲜亮、香气纯高、滋味醇厚、清爽滑润，具有回甘、生津之特点。

七子饼茶是“活的有机体”，其主要特点在于茶体完成后，所持续进行的后发酵作用（或称后熟作用、陈化作用）随着时间的延长，它的风味转换越趋稳定内敛。不同陈期的茶体所拥有的风味皆不尽相同，这也是品茶、藏茶者某种程度地参与了“茶叶的制作与完成”。一饼七子饼茶的最终完成可能长达数十或近百年之久，因为从茶叶离树起，直到热水冲入壶中，它都无时无刻不在转化进程中。因此，七子饼茶可以长久陈放，每多放一年它的品质及价值会向上攀升一个档次。历经年深日久，一个普通的七子饼也会从平凡到卓越。如今，市场流通的七子饼茶一般为5年，7年以上的已经很贵，10年以上算得上上乘品质，20年以上的在流通领域中已极为罕见。

（吕才有）

麒麟菜 eucheuma; *Eucheuma muricatum* 红藻门杉藻目红翎菜科麒麟菜属多年生海藻。又称鸡脚菜。麒麟菜是一类经济价值较高的热带性海藻，主要分布在热带及亚热带海区，在中国只产于海南岛、西沙群岛和台湾地区。

藻体肥厚多肉，圆柱形或扁压甚至扁平，辐射分枝或两侧分枝，藻体具有或多或少的疣状凸起，形状多样化，对生、轮生或排成一行。囊果中央有一个大的融合胞，以辐射状不育丝与囊果被相连。

麒麟菜可直接食用，还可药用，用于

麒麟菜

抗肿瘤和治疗气管炎、咳嗽、痰结、痔疾、便秘等病症。麒麟菜中含有大量卡拉胶、多糖及黏液质，被广泛用于纺织、食品、建筑等工业及医药卫生行业。

（周艳虹）

气调贮藏 controlled atmosphere storage 在冷藏基础上控制贮藏环境中的气体组分，达到进一步延长园艺产品保鲜期，维持更佳品质的贮藏方法。简称CA贮藏。气调贮藏根据氧气水平的不同，可分为低氧气调贮藏、超低氧气调贮藏和高氧气调贮藏。控制氧气（O_2）浓度在2%～5%，并配以相应的二氧化碳（CO_2）浓度的气调贮藏为低氧气调贮藏；控制O_2浓度在1%左右，并配以相应的CO_2浓度的气调贮藏为超低氧气调贮藏；O_2浓度高于21%的气调贮藏为高氧气调贮藏。动态气调贮藏是在不同阶段使用不同的温度、气体成分等技术参数的气调贮藏模式。

基本原理　在正常空气中，O_2和CO_2的浓度分别为20.9%和0.03%，其余则为N_2等。在O_2浓度降低或CO_2浓度增加时，新鲜园艺产品的呼吸作用受到抑制，能降低呼吸强度，推迟呼吸峰出现的时间，延缓衰老代谢速度，减少营养成分和其他物质的降低和消耗，推迟成熟衰老，从而有利于保持园艺产品的新鲜质量。同时，低O_2和高CO_2浓度能抑制乙烯的生物合成、削弱乙烯生理作用的能力（乙烯是促进园艺产品成熟衰老的激素），有利于新鲜园艺产品贮藏寿命的延长。此外，适宜的低O_2和高CO_2浓度具有抑制某些生理性病害和侵染性病害发生发展的作用，可减少产品贮藏过程中的腐烂损失。有的气调过程还能除去环境中的乙烯，因此气调贮藏有显著的保鲜效果。

保鲜效果　包括：①显著延长保鲜期。红星品种和金冠品种的苹果气调贮藏5～6个月时的保鲜效果与冷藏约2个月时的质量相当，超低氧气调则可保鲜至11个月。货架期也相应延长。②显著降低贮藏损失。气调贮藏的苹果5～6个月的总损耗小于1%，可显著降低一些衰老性生理病害的发病率，如苹果的**虎皮病**、衰老性的果肉**褐变**、梨的虎皮病、结球莴苣的赤褐斑疹等。③对园艺产品无任何污染。气调贮藏过程中不做任何化学物质处理，对产品和环境无任何污染。

需要指出的是，园艺产品对低O_2、高CO_2的耐受能力有限，O_2浓度过低、CO_2浓度过高会引发中毒症状，因此在生产上应用时要注意温度、O_2和CO_2浓度的配比。另外，气调贮藏有残效现象，即产品从气调库（能准确调节库内气体成分进行保鲜的冷库）取出后，放置在20℃的空气中产生的挥发性物质比正常产品少，往往缺少香气。这些是气调贮藏的副作用。

主要应用　气调贮藏已广泛应用于**水果**、**蔬菜**、**花卉**、粮食、**茶叶**、中药材、肉类、油料等保鲜，应用最多的是苹果、梨、香蕉等水果，以及蒜薹、西蓝花、番茄等蔬菜。气调贮藏进一步与臭氧、**1-甲基环丙烯**（1-MCP）等技术结合取得更好的效果，可使苹果达到周年供应。发达国家80%以上的水果采用气调贮藏，中国气调贮藏占总贮藏量的10%～15%。

（惠　伟）

气象灾害 meteorological disaster 在果树生长发育和果业生产中因气象因子造成的灾害。气象灾害主要包括辐射异常型、温度异常型、水分异常型、风异常型、多要素异常型和大气污染危害等。

辐射异常型　指强烈太阳辐射导致果树树皮、果皮受害。主要为**日灼**。

温度异常型　包括**冻害**、**霜害**、**寒害**等。①冻害。0℃以下低温使果树细胞组织结冰，部分器官受伤或植株冻死。②霜害。温暖时期短时间出现0℃以下低温，使果树正常代谢受到影响，导致果树组织器官受害。③寒害。0℃以上低温对果树生长发育造成的危害。

水分异常型　主要包括洪涝、干旱、雪害、雹害等。①洪涝。因降水或其他原因（融冰、融雪、泄洪等）造成地表水过剩和土壤水分过饱和，果树根系缺氧窒息而引起的灾害。洪水还常冲毁果园。②干旱。土壤含水量严重不足对果树生长发育造成的危害。③雪害。降雪时，因果树树冠积雪重量超过树枝承载量而造成的雪压、雪折危害，或对果树栽培保护设施造成的破坏。④雹害。雹粒砸伤叶片果实，破坏正常生理功能，影响果品商品价值。

风异常型　主要表现为风害和风蚀。①风害。大风使果树枝断、叶碎、果落及植株倒伏。②风蚀。强风吹失表土，降低土壤肥力。

多要素异常型　主要表现为干热风、寒风害、冻旱害、沙尘害、温湿剧变害等。①干热风。高温、低湿并伴有一定风力，影响果树正常受精，造成落花落果。②寒风害。冬季一定强度和温度较低（未到临界温度）的风导致果树大量落叶。③冻旱害。土壤冻结、地温过低，根系吸水困难，植株蒸腾强烈，植株严重失水。④沙尘害。大风夹带沙尘危害花器柱头，影响果树传粉和授粉。⑤温湿剧变害。高温干旱季节逢台风雷雨，温度、湿度变化剧烈导致裂果等。

大气污染危害　大气中的污染物质超过果树的自净能力和忍耐程度，以及酸雨腐蚀等对果树造成的危害。

（曾黎辉）

千宝菜　Senposai; *Brassica oleracea*×*Brassica campestris*　十字花科一年生或二年生草本植物。性状似芥蓝，以嫩叶供食用。千宝菜是应用“胚培养”生物工程技术育成的“甘蓝”和“小白菜”种间杂交种。风味独特，既有甘蓝的甜味，又有小白菜的柔嫩口感，粗纤维少。千宝菜适应性强，耐寒、耐热、耐湿，抽薹晚，抗病性强，生长期短，在适温下播种30天即可采收，栽培容易。全年均可种植，产品耐贮运，可为市民的菜篮子增添新的叶菜品种。

形态特征　植株开展，抽薹后植株高达150厘米。浅表性直根系，主根粗大，长13.8～19.7厘米。茎在营养生长期为短缩茎，绿色；生殖生长期抽生花薹，花茎高约1.5米。叶为食用器官，单叶互生，叶片近圆形或椭圆形，全缘，浓绿色；叶肉厚且柔软，叶面光滑，无刺瘤，有褶皱；叶柄长，叶柄切面呈半圆形，淡绿色，有叶翼2～4枚，叶片宽10厘米，长17.5厘米，展幅24.7厘米。花为复总状花序，完全花，花冠黄色，花瓣十字形排列，花瓣较其他十字花科植物大。长角果，种子粒大，圆形，黑褐色，千粒重3.5～4.2克。

生长习性　千宝菜属于速生叶菜类，耐热、耐寒、抗病。在广州地区一年四季均可露地栽培，可忍耐-5℃的低温，冬性强，为绿体春化作物。冬春季栽培不易发生未熟抽薹现象。种子发芽适温25℃左右，最适生长温度20～25℃。在7～8月高温期间生长良好。对土壤条件要求不严格，耐肥，对水分需求量较多，但不耐渍，高温、雨水多时易引起叶斑病和炭疽病。千宝菜为喜光作物，充足的光照有助于植株的生长。

栽培　千宝菜在华南地区全年均可栽培，在冷凉的气候环境中生长品质极佳。在南方雨季或雨水较多的地区宜作高畦栽培，以利于排水。播种前施足基肥，一般每亩施入腐熟有机肥料1000千克作基肥，或腐熟厩肥加入少量速效氮肥混施，耙匀作畦。撒播或条播，播后浇透水。一般播后3天即可出苗，要及时间苗，以避免徒长。定苗密度以8～10厘米见方为宜。一般每亩用种量约0.75千克。

千宝菜追肥以速效氮肥为主，根据生长情况掌握好“勤施、薄浇”。2～3片真叶后及时间苗并追肥1次，每亩施多元复合肥10～15千克。5～6片叶后视生长情况进行追肥，一般须追肥1～2次。千宝菜需水量较多，温度较低时适当控水；高温时要加大浇水量，保持土壤湿润；畦面以保持见干见湿为宜。

千宝菜抗病力强，生育期间少病虫危害。主要虫害有蚜虫（春季）、黄曲条跳甲（夏季）、菜青虫（秋季）。防治黄曲条跳甲可用跳甲立杀800～1000倍液喷雾；防治蚜虫、菜青虫可采用灭扫利、乐斯本1500～2000倍液等进行防治。在雨水较多的季节，可用40%的灭病威悬浮剂500～600倍液等防治叶斑病及炭疽病。

用途　千宝菜具有较高的营养价值，每1千克食用部分含干物质59.4克、固凝物30.2克、总酸0.676克、蛋白质20.42克、纤维素6.25克、还原糖5.5克、维生素C439.9毫克、钙1111毫克、镁228.1毫克、铁28.21毫克、锌16.99毫克、锰4.13毫克。千宝菜风味新颖独特，嫩株质地柔软，纤维较少，可炒食、凉拌、作火锅用料，也可生食、腌渍泡菜及制作菜干等。

（王德槟　郭仲东）

千屈菜　purple loosestrife; *Lythrum salicaria*　千屈菜科千屈菜属多年生草本植物。又称水枝柳、水柳、对叶莲。千屈菜分布于亚洲、欧洲、非洲的阿尔及利亚、北美和澳大利亚东南部。中国各地均有栽培。生于河岸、湖畔、溪沟边和潮湿草地。

根茎横卧于地下，粗壮；茎直立，多分枝，全株青绿色，略被粗毛或密被绒毛，枝通常具4棱。叶对生或三叶轮生，披针形或阔披针形，顶端钝形或短尖，基部圆形或心形，有时略抱茎，全缘，无柄。花

图1　千屈菜

图2　千屈菜的花序

图3　千屈菜的花梗和总梗

组成小聚伞花序，簇生，因花梗及总梗极短，因此花枝全形似一大型穗状花序；苞片阔披针形至三角状卵形、三角形；附属体针状，直立，红紫色或淡紫色，倒披针状长椭圆形，基部楔形，着生于萼筒上部，有短爪，稍皱缩；伸出萼筒之外；子房2室，花柱长短不一。蒴果扁圆形。

喜强光，耐寒性强，喜水湿，对土壤要求不严，在深厚、富含腐殖质的土壤上生长更好。

（陈己任）

千日红　globe amaranth; *Gomphrena globosa*　苋科千日红属一年生直立草本植物。又称百日红、火球花。千日红原产于美洲热带地区。中国各地均有栽培。

高20～60厘米。茎有分枝，略成四棱形，有灰色糙毛，幼时更密，节部稍膨大。叶片纸质，长椭圆形或矩圆状倒卵形，长3.5～13厘米，宽1.5～5厘米，顶端急尖、圆钝或凸尖，基部渐狭，边缘波状，两面有小斑点、白色长柔毛及缘毛。叶柄

图1 千日红

图2 千日红的头状花序

长1～1.5厘米，有灰色长柔毛。花多数，密生，成顶生球形或矩圆形头状花序，单个或2～3个，直径2～2.5厘米，常为紫红色，有时为淡紫色、白色或黄色等。总苞为2片绿色对生叶状苞片，卵形或心形，长1～1.5厘米，两面有灰色长柔毛。苞片卵形，长3～5毫米，白色，顶端紫红色。小苞片三角状披针形，长1～1.2厘米，紫红色，内面凹陷，顶端渐尖，背棱有细锯齿缘。花被片披针形，长5～6毫米，不展开，顶端渐尖，外面密生白色绵毛，花期后不变硬。雄蕊花丝连合成管状，顶端5浅裂，花药生在裂片内面，微伸出。花柱条形，比雄蕊管短，柱头2，叉状分枝。胞果近球形，直径2～2.5毫米。种子肾形，棕色，光亮。花果期6～9月。

千日红头状花序经久不变，观赏价值高，除用于**花坛**及**盆景**外，还可作组合式盆栽、**花篮**等装饰品。花序亦可入药，有止咳定喘、平肝明目的功效，主治支气管哮喘，急、慢性支气管炎，百日咳，肺结核咯血等症。

（包满珠　傅小鹏）

扦插　cutting　人为剪离植株部分营养器官（如茎、根、叶）插入土壤或其他育苗基质（包括水、空气）中，在适宜的环境条件下培育成新的完整植株的技术措施。根据扦插所使用的植物材料，可分为枝条扦插、根插和叶插。枝条扦插又分为绿枝扦插和硬枝扦插。扦插的特点是简便易行、成本低、成苗快。扦插苗可保持母体的优良性状，根系较浅，侧根发达，开花结实早，但环境适应性相对较弱，植株寿命较短。

生产上枝条扦插应用最广，根插次之，叶插主要用于某些**花卉**的繁殖。春季扦插所用的枝条多为休眠的一年生枝，称硬枝扦插；夏秋季所用的为当年生的半木质化新梢，称为绿枝扦插。对于常绿植物而言，任何季节扦插都带有叶片；与之相对应，把通常所说的硬枝扦插称为“无叶硬枝扦插”。

有些植物（如**枣**、**核桃**、**牡丹**等）枝条扦插不易生成不定根，可进行根插，通过生成不定芽再生植株。另一些叶柄粗壮、叶脉或叶片肥厚的花卉植物（如落地生根、秋海棠、虎尾兰等），可从叶片上发生不定根和不定芽，将整张叶片或部分叶片平插或直插入基质中后，在一定温湿度条件下可形成新的植株。

扦插所用的基质可以是常规的土壤略加改良或利用特定的基质配方进行配制，也可以是固体培养基或营养液，还可以悬挂于高湿空气中，即气插。

不同物种扦插成活的难易程度不一样，影响其生根的内部原因包括枝条的生理状态、营养物质含量等；外部原因包括温度、湿度、通气条件和光照等。对插条进行一定的机械处理（如剥皮、刻伤），以加大对细胞的刺激力度；或者进行化学处理，如在枝条插口一端涂抹生根粉或生长调节剂；或者将硬枝进行黄化处理，以软化组织，活化细胞，有利于不定根的发生，提高扦插成活率。

（余文琴）

前岭银毫茶　Qianling Yinhao tea　产于中国江西省南昌市梁家渡的圆直形**炒青绿茶**。1985年由江西省蚕桑茶叶研究所研制而成。产地属于亚热带湿润季风气候，气候湿润温和，日照充足；一年中夏、冬季节长，春、秋季节短，适合茶树生长。

采摘单芽，一芽一叶、二叶初展鲜叶，经摊放→杀青→揉捻→做形→烘干等加工工艺制作而成。分特级、一至三级。茶叶外形挺秀多毫，翠润匀齐，清香高爽，味鲜浓醇，茶汤清澈，叶底嫩匀明亮。主销中国各大城市。

（李文金）

乔化　arborescent　既指树形高大，也指一种生长状态，在**果树学**中更是一种栽培模式。乔化是矮化的反义词，相对矮化而言，乔化树体生长更接近其自然状态。自古以来的**果树栽培**以乔化方式为主，但随着矮化砧木（见**果树矮化砧**）和短枝型品种的问世，果树产业进入矮化和小冠树形时代，其主要特征是采用生物学（矮化砧木或品种）、化学（植物生长抑制剂）、物理学（树形和修剪、**根域限制**、架式栽培）方法，以及综合性农业措施（光、温、肥、水、二氧化碳控制等）实现高度集约化的栽培模式。如中国陕西、山东等省推广的苹果矮砧密植，新疆红枣的直播建园栽培（乔砧密植）模式等。矮砧密植需要较好的土壤条件和较高标准的果园基础设施，在田间管理上强调持续维持土壤理化性状的优良和协调生殖生长与营养生长间的平衡。

中国果园土壤条件普遍较差，尤其是有机质含量较低，酸化、盐碱化等问题较为突出；另外，多数果树尚未选育出适宜的矮化砧木和矮化（短枝型）接穗品种。因此，长期以来中国果树生产多采用乔砧密植或应用矮化中间砧的中度密植栽培模式，并创造了许多早果、高产和优质的典型案例。该模式的显著特点是使树体高度、树形和定植密度尽量适应田间管理轻、简化和部分机械化的要求，但对树体生长的控制程度不及矮化砧木或短枝型接穗品种，因此应属于乔化、半乔化或半矮化栽培。

（罗正荣）

切花保鲜　cut flower preservation　采用物理或化学方法延缓切离母体的花材衰老、萎蔫的技术措施。切花保鲜是切花作为商品流通的重要技术保证，保鲜技术不仅能缓解生产与销售矛盾，同时也是促进周年均衡供应市场的重要手段。

切花采收后隔断了花枝和母体植株之间的联系，外观上表现为花瓣枯萎、脱落。花瓣内部蛋白质、核酸和磷脂等大分子生命物质和结构物质逐渐降解，失去原有的生命功能，催熟激素乙烯，使其生成量迅速增加，加速了花瓣的衰老，质膜流动性降低、透性增加，最后导致细胞解体死亡。鲜花采收后水分代谢遭到破坏，使花枝水分蒸腾量大于吸水量，导致花朵萎蔫；溶液及花茎中微生物大量繁衍及其代谢产物会堵塞花茎输导组织，影响水分吸收，也会加速切花的凋萎。切花保鲜针对以上问题，通过改变贮藏条件、扩大吸水面积及化学药剂的调节作用而使花材延缓衰老，尽可能长时间地保持新鲜状态。切花保鲜技术措施可分为物理方法和化学方法两类。

物理方法　包括贮藏技术和切取技术两种。贮藏技术包括**低温贮藏**、气控贮藏和降压贮藏等。低温贮藏切花时，温度一般控制在2～4℃，降低呼吸速率，延缓衰老过程。气控贮藏是通过降低氧气（O_2）

含量和提高二氧化碳（CO_2）含量，降低切花呼吸速率，O_2浓度一般在0.5%～1%，CO_2浓度在0.35%～10%。降压贮藏是把封闭贮存室的气压降至标准大气压以下。切取技术包括切取时间、切口大小、切口平整程度、烧灼切口及水中切取等。切口大有利于吸水，切口平整光滑有利于吸水和防腐，水中切取可促使茎内导管中水柱连续不断，烧灼切口对易流浆汁的花材是行之有效的手段。

化学方法　是用化学药剂制备保鲜剂来延长切花的新鲜状态。切花保鲜剂具备以下功能：抑制微生物的繁殖和其他有害物的产生，降低pH，沉淀水中有害物质，抑制乙烯产生，降低蒸腾速率，提高水的表面张力以及维持并改善植物体内激素平衡等。保鲜剂的主要成分包括水、糖、杀菌剂、无机盐、有机酸（如柠檬酸、苯甲酸、异抗坏血酸等）、乙烯抑制剂或拮抗剂和植物生长调节物质等。保鲜剂按照使用时期、方法和目的分为预处理液（CS）、催花液（OS）和瓶插液（HS）三种类型。预处理液是在采收、分级之后，贮运之前所用的保鲜剂，目的是促进花枝吸水，提供营养物质，杀菌，抑制乙烯产生，常用的有蔗糖、硝酸银、硫代硫酸银（STS）等。催花液是促使蕾期采收的切花开放的保鲜剂，成分与预处理液相似，蔗糖含量稍低。瓶插液又称保持液，是瓶插观赏期用的保鲜剂，其成分因切花种类而异。在切花生产应用中，一般三种保鲜剂配套使用，有时也有将预处理液和催花液合而为一使用。

在实际应用中，切花保鲜设备、切花保鲜封口瓶、塑料包装袋、网袋、充氧保鲜花瓶等被广泛应用。常将贮藏方法、切取技术与保鲜剂配合使用，形成系列配套保鲜技术。（潘会堂）

切花采收　cut flower harvesting　根据不同用途从植物体上剪切下花朵、花枝、叶片等的工作。切花采收后，一般要经历两个不同的发育阶段，第一阶段是从花蕾期到充分开放，第二阶段是从充分开放到成熟衰老。切花采收后，既要促进花蕾充分开放，也要延缓开花和衰老进程，从而延长切花寿命。因此，鲜切花适期采收十分重要，同时需要注意采收方式。

采收时期　商品切花适宜的采收时期依据切花种类、采收季节、环境条件、市场远近和某些特殊消费需求而异。过早或过迟采收都会缩短鲜切花的观赏寿命，一般为了便于包装、运输和降低乙烯的影响，缩短切花生产周期，节约生产成本，延长采后观赏期，通常在不影响切花开花质量的前提下，以尽早采收为宜。①蕾期采切。鲜切花生产中最常见的是蕾期采收。蕾期采收具有多方面的优势，一是能够缩短鲜切花生产周期，提高栽培土地及贮运空间的利用率，减少流通中的机械损伤，降低生产成本，并且能够降低早霜和病虫的危害。二是可以在贮运期间减少花卉对乙烯的敏感性，提高切花在低光强、高温条件下的品质和寿命，有利于切花的开放和发育控制。鹤望兰、菊花、香石竹、月季、金鱼草、鸢尾、唐菖蒲等一般在蕾期采收。花蕾期采收的切花须达到一定的标准，以保证花蕾发育充分，如香石竹花径达到1.8～2.4厘米，菊花花径达到5～10厘米时进行采收。②花期采切。有些切花蕾期采收后，在瓶插期间花朵不能正常开放，如兰花、大丽花等，因此必须在花朵开放后进行采收；有些花的茎秆木质化程度须达到一定强度，才有足够的机械支撑力防止花朵弯头和衰老，亦于花开放后采收，如非洲菊。

鲜切花采后的瓶插寿命在很大程度上取决于植物组织中碳水化合物和其他营养物质的积累，因此许多鲜切花（如石竹、月季和菊花等）在夏季采收的发育阶段偏早些，而在冬季采收则宜晚些，以保证它们在瓶插期间能正常开放。用于直接销售的鲜切花采收阶段比用于长距离运输或短期贮藏的晚一些。所以，确定采收时期时要综合考虑各种因素。

采收时间　一天中采收的时间依据切花种类和季节等具体情况而定。一般来说，中午到下午温度较高，切花采后较易失水，为了避免过多的田间热，采收时间应以清晨或傍晚为宜。大部分切花适宜在早晨采收，早晨采收可以保持切花细胞具有较高的膨压，有利于减少采后萎蔫发生。但早晨露水较多，切花在贮运过程中易受真菌等感染，因此要在露水、雨水或水汽干燥后进行采收。部分带茎、叶的花卉适宜在傍晚采收，由于鲜切花寿命与碳水化合物含量有关，经过一天的光合作用后营养较充实。此外，在傍晚采收，切花含水量低，便于包装和预处理，有利于需要贮运的切花。

采收方法　对吸水只能通过切口的木质茎类鲜切花，采收时应剪成切面；草质茎类鲜切花除了由切口导管吸水外，还可以从外表皮组织进行，因此斜面切口不是必需的。在采切时，应注意确保切口平滑，避免压迫茎部，否则会引起含糖汁液渗出，容易引起微生物侵染，而微生物本身及其代谢物易造成茎部堵塞，所以采收工具一般要用锋利的刀剪。要注意一些鲜切花种类（如一品红、水仙、芍药等）会在切口处分泌黏液，黏液在切口凝固，会影响水分吸收。这类切花在采切后，应立即把茎端插入85～90℃水中烫数秒，再插入水中保存。花枝长度是质量等级的指标之一，采切时要尽可能使花茎长一些，对一些基部木质化程度较高的切花，应选择靠近基部而木质化适中的部位采切，避免基部吸水能力过低而缩短切花寿命。切花采收时应轻拿轻放，尽量减少不应有的机械伤害，提高切花的观赏品质。

（潘会堂）

切花储藏与运输　storage and transportation of cut flower　切花经分级包装到市场销售之间的保鲜过程。切花储藏与运输是切花生产经营的重要环节。花卉不像许多水果和蔬菜那样按季节大量贮藏，但也可进行较短期的储存。不同植物耐贮能力有差异，影响切花贮藏时间的因素有两个，一是遗传特性，二是贮存期间外部的环境条件。根据特定植物的需求，调节有关贮藏环境因子可以延长切花贮藏期，保持切花的优良品质。常用的储存方法是低温储存，将储存空间的温度降至切花的最适储存温度，延缓衰老过程。

切花不耐储存，需要及时向市场和消费者流通。良好的市场体系是缩短运输时间的一个关键环节，所以需要在全国形成高效的销售网络，利用现代物流服务，以最快的速度，将切花运输到市场中。切花的运输温度是决定切花质量和寿命的关键因子，所有切花（除去对低温敏感的热带种类）需要在运输前进行预冷；根据植物特性，配以专门的保鲜袋、运输箱，将切花置于最适低温下运输。运输过程中不仅要调控环境条件，还需快捷运输，减少途中损耗，迅速安全地到达目的地。

（潘会堂）

茄子　eggplant; *Solanum melongena*　茄科茄属一年生草本植物。古名酪酥、昆仑瓜。以幼嫩果实供食用。茄子原产于东南亚，4～5世纪传入中国，7～8世纪又从中国传入日本。贾思勰著《齐民要术》中有茄子栽培的记载，明《本草纲目》附有茄的插图。中国南北各地均有栽培。茄子在传入中国的同时，向西经波斯传入阿拉伯及非洲北部，到13世纪才传入欧洲，17世纪又从欧洲传到北美洲，欧美只在低纬度地区有少量栽培。

形态和类型　植株高1.0～1.3米，茎基部木质，直立，分枝性强，单叶互生。

图1 茄子的花

图2 圆茄的果实

图3 长茄的果实

当幼苗长出6～9片叶后着生第一朵花，花萼基部为筒状钟形，先端为5～7深裂，裂片披针形，有刺，花单生或簇生。浆果，球圆、扁圆、长圆、卵圆或长条形；颜色紫红、红、绿或乳白。果皮紫红色是由于果皮细胞中含有飞燕草素及其糖苷，须在曝光下形成。成熟时，果实不论绿色或紫红色，均转为棕黄色。食用部分包括果皮、胎座及“心髓”部分，均由海绵状薄壁组织组成，其细胞间隙较多，组织松软。种子千粒重3.6～4.0克。

栽培的茄子包括3个变种：①圆茄（*S. melongena.* var. *esculentum*）。植株高大，果形大而圆，属华北生态型。②长茄（*S. melongena.* var. *serpentinum*）。植株高度中等，果形较小而细长，属华南生态型。③矮茄（*S. melongena.* var. *depressum*）。植株较矮，果实卵形，皮厚而籽多，但抗性强。

栽培　属喜温作物，较耐高温，结果的适宜温度为25～30℃。中国南北各地多在夏季栽培，但温度高于35℃时也会导致花器发育不良，影响果实生长。以露地栽培为主，长江流域多于冬季至早春在苗床播种育苗，北方各省于早春利用温床或阳畦播种育苗。断霜以后定植到露地。华南可在春末夏秋露地播种育苗。由于茄子的结果期长，除要有充足的基肥外，还要求多次追肥（以氮肥为主，适当增施磷肥、钾肥）。茄子果实宜在幼嫩时采收，过熟时不但营养下降，而且果皮变厚，种子发育变硬，不适于食用。

用途　果实含较多的蛋白质及矿物质。富含维生素P，紫色品种富含花青素等，具有预防心血管疾病和抗氧化的保健功效。果内组织中含有生物碱，使其带涩味，不宜生吃。除作蔬菜煮食外，也可制成茄干、茄酱或腌渍茄。

（王德槟　雷建军）

侵染性贮藏病害　infective postharvest disease　由于病原物入侵导致园艺产品腐烂变质的病害。可传染并有侵染过程。造成园艺产品腐烂的病原物主要是真菌和细菌。被病原微生物侵染的园艺产品为寄主。只有在病原物、寄主和适宜的环境共同存在的情况下，侵染性贮藏病害才会发生。有些病原物可在生长发育和成熟衰老的各时期对园艺产品进行侵染，而有些病原物只能在采后侵染。侵染性贮藏病害研究通常将病原物侵入寄主的时期分为采前侵染和采后侵染两个时期。采前、采后病害由两种侵染方式引起，即病原物分别通过生长期间的潜伏病害和采后机械损伤进行侵染。

采前侵染或潜伏侵染　潜伏侵染是引起采后病害的一个重要原因，由于其难以预测和控制，对园艺产品构成潜在威胁。病原物在生长期间侵入寄主后，由于寄主体内抗病性存在而使病原物呈潜伏状态，直到园艺产品成熟或采收后抗病性减弱或消失，病原物才恢复活动，导致病症出现。潜伏病害最早可发生在开花期，大多数潜伏侵染通常发生在果实发育期。

采后侵染　病原物通过采收及采收后的各个环节对园艺产品造成的侵染，这些环节包括分级、包装、搬运、贮藏、物流和销售等过程。所有病原物均可通过机械伤口进入园艺产品体内，有些病原物似乎只能通过机械伤口侵入，如青霉、根霉、地霉和细菌，因此在采收和采收后的各个环节必须尽量避免机械损伤。冷害、冻害、高温伤害、高二氧化碳（CO_2）浓度、缺氧等伤害会破坏园艺产品表皮结构，降低其抗病性，促进病原物侵入，导致腐烂。病原孢子可通过空气循环在贮藏库和运输工具内传播。采后清洗和化学处理也是病原物传播的重要途径。有些破坏性严重的病原物会通过寄主表面初次侵染形成的病斑造成二次侵染，例如根霉可经由炭疽病伤口侵入番木瓜。

病原物侵入途径　病原真菌大多是以孢子萌发后形成的芽管或以菌丝通过自然孔口或伤口侵入，有些菌丝既可在采前侵入，也可在采后侵入。病原菌从接触、侵入到引致寄主发病的过程称为侵染过程，病程一般分为四个阶段，即侵入前期、侵入期、潜育期和发病期。侵入前期，从病原菌与寄主接触到病原菌侵入部位生长或活动，并形成侵入前的某种侵入结构为止。侵入期，从病原菌开始入侵到病原菌与寄主建立寄生关系为止，侵入期湿度和温度对病原菌的影响最为关键。潜育期，从病原菌侵入寄主开始至表现明显症状为止。发病期，寄主受到侵染后从出现明显症状开始进入发病期，以后症状不断严重，腐烂增加。

防治措施　侵染性贮藏病害的综合防治措施是以预防为主，综合防治，多种措施配合，以达到防病治病的目的。综合防治措施包括：重视田间农业措施，减少田间潜伏侵染，在采前和采后的各个环节中避免机械损伤。物理防治，控制适当的贮运温度、湿度、热处理和气体成分等。合理利用化学防治，使用安全高效的杀菌剂杀死或抑制病原菌，对未发病的产品进行保护或对已发病的产品进行治疗。生物防治，利用拮抗菌防病，利用诱导因素诱导园艺产品对病原菌产生抗性。

（李雪萍　陈维信）

亲本选配　parent selection　从众多种质资源、品种（系）或优株中选择最符合育种目标性状的亲本，根据育种目标等将它们配成最佳组合的育种方法。一般将亲本的选择和组配统称为亲本选配。在育种实践中，要分析种质的特征特性和深入了解亲本的性状遗传倾向。选择和组配亲本是杂交育种成败的关键，亲本选配得当可以获得符合育种目标的大量变异类型，从而提高育种效率。

亲本的选择　杂交亲本的选择是根据育种目标，选用具有优良性状并能遗传给后代的品种（系）、类型作为杂交亲本。针对育种目标，亲本的选择应考虑选用优点最多、缺点最少的种质作亲本，同时还要综合考虑以下三点：①亲本中要有控制目标性状的基因，且目标性状遗传力较强。②以重要性状为主，首先选最重要性状，其次考虑次要性状，还要兼顾其他性状。③选择育种值较大的性状。

亲本的组配　杂交亲本的组配，是从筛选出来的亲本类型中根据育种目标和组合配合力合理地组配杂交组合，并确定组配方式和顺序。不是随意地选择亲本进行两两组合就能获得符合育种目标的杂种后代类型。在组配亲本时要考虑以下五点：①尽可能使亲本的性状互补。②应考虑主要经济性状的遗传倾向。③选择性状有母性遗传倾向的亲本作母本。④组配在生态地理起源上相距较远的双亲。⑤亲本繁殖器官的可育性和交配的亲和性。

（郑少泉）

芹菜　celery; *Apium graveolens*　伞形科芹属二年生草本植物。又称旱芹、药芹、胡芹。以叶柄作蔬菜食用。芹菜原产于地中海沿岸的沼泽地带。在古希腊、罗马时代已作为药材和香料使用，并较早地在地中海沿岸栽培，后渐东移。中国《尔雅》中有“芹，楚葵也”。《齐民要术》中有关于芹菜栽培技术的记载，所指多属水芹（*Oenanthe javanica*）。直至明代李时珍著《本草纲目》，才有旱芹和水芹之分。芹菜可分为旱芹（青芹）、水芹（白芹）、西芹（香芹）三种，中国南北各地均有种植。

形态特征　株高60～90厘米，侧根发达，多分布在土壤表层。叶着生在短缩茎上，叶柄基部有分生组织，能逐渐伸长。芹菜按叶柄形态可分为细柄种及宽柄种两类，前者叶柄细长，生长健壮，适于密植，易栽培，生育期一般较宽柄种为短，由于中国普遍栽培，通称“本芹”；宽柄种多由欧美引入，叶柄宽厚，肉质脆嫩，外形光滑，品质优良，但在冷凉气候下较难栽培，通称“西芹”。除叶用种外，尚有变种根芹菜（*A. graveolens* var. *rapaceum*），根肥大而圆，中国也有栽培。

栽培　性喜冷凉、湿润的气候，属半耐寒性蔬菜；不耐高温，可耐短期0℃以下低温。种子发芽最低温度为4℃，最适温度为15～20℃，15℃以下发芽延迟，30℃以上几乎不发芽；幼苗能耐−7～−5℃低温，属绿体春化型植物，3～4片叶的幼苗在2～10℃条件下经过10～30天通过春化阶段。西芹抗寒性较差，幼苗不耐霜冻，完成春化的适温为12～13℃。由于种子小，生长期长，多采用育苗移栽，但也有直播的。中国各地都在春、夏至秋季播种育苗。从播种到收获需100～140天。中国北方除在露地栽培外，还可在温室、阳畦和塑料薄膜棚中栽培。常见的病害有软腐病、斑枯病、斑点病，害虫有蚜虫等。

图1　芹菜

图2　芹菜的叶

图3　芹菜栽培多采用育苗移栽

用途　芹菜含芳香油、蛋白质、无机盐和丰富的维生素。叶用芹维生素C含量较多，根用芹维生素C含量略少，矿物质和纤维素较丰富。芹菜是高纤维食物，经肠内消化作用产生木质素或肠内酯，这类物质是抗氧化剂，因此常吃芹菜可帮助皮肤有效地抗衰老，达到美白护肤的功效。除作蔬菜外，芹菜在中医学上有止血、益气、利尿、降血压等功能。果实中的芳香油经蒸馏提炼后可用作调和香精的原料。

（王德槟　巩振辉）

秦巴雾毫茶　Qinba Wuhao tea　产于中国陕西省汉中市镇巴县的绿茶。镇巴县所在地为汉江和嘉陵江分水岭，隶属古老的紫阳茶区之中园，位于陕西汉中地区东南端。

生产简史　区域产茶历史悠久，巴茶生产始于秦汉，盛于唐宋。唐建中元年（780）至永贞元年（805），每年纳茶税“银两三百两”。至今，镇巴县境内多处有大茶树，相传雌鸡岭一棵大茶树制的茶，曾向汉高祖刘邦进贡，刘邦也常带文武大臣到茶镇品茶议事。1978年，根据镇巴县产茶的历史经验、茶区的生态环境及茶树品种的特性，融汇中国诸家名茶制作的先进工艺，研制成功一种新品绿茶，命名为“七里芳”；其在陕西省茶叶评比会上获“优质茶”称号；1980年列入汉中地区“秦巴山区经济发展计划”。镇巴茶叶的经济开发与新品绿茶“七里芳”的研制成功引起了中国茶学界的高度重视。1984年11月23日，世界著名茶学专家、安徽农学院茶叶系教授陈椽和20多位茶学界专家教授莅临镇巴古城，对“七里芳”进行技术和品质鉴定，认为其符合命名茶要求，正式命名为秦巴雾毫。“秦巴”指陕西省镇巴县；“雾”指云雾弥漫的自然环境；“毫”指嫩叶周围白茸茸的毫毛，代表茶叶之质。

加工工艺　采摘于清明前的一芽一叶或一芽二叶初展的鲜叶为秦巴雾毫茶的原料。加工工艺流程为：摊青→杀青→理条→做形→提毫→烘干→精选→包装→贮存。①摊青。将鲜叶均匀薄摊于室内阴凉通风处干净卫生的竹制匾盘或凉席上，厚度不超过3厘米，并适时翻动，时间6～8小时，摊至叶色变暗，叶质柔软，青气散失，失重8%～10%即可。②杀青。于40型、50型的滚筒杀青机进行。当锅温达180～240℃时，即可依机型而定投叶量，达到青草气散失、茶香显露、叶色变暗、含水量60%左右即为杀青适度。③理条。于11槽理条做形机上进行。槽体温度稳定在110～120℃，每槽体投叶量80～100克，当初步成直形、含水量达40%即可下锅摊晾。④做形。于8槽理条做形机上进行。锅温保持在80～110℃，每槽投叶80～100克，加轻棒压成微扁形，即初步定型，含水量20%～30%即可。⑤提毫。于电热炒茶锅或提毫机上提毫。锅温在60～80℃，投叶量每次150～200克；当白毫初露，外形固定即达适度。⑥烘干。在烘干机上进行。初烘90～100℃，摊晾3分钟；复烘70～80℃，烘至手捻成末，含水量6%以内。⑦精选。采用手工和机械方法拣出茶叶中不合格和其他非茶类夹杂物，即可包装贮存。

品质特征 成品茶条扁壮实，色泽绿润，茸毫尚显，滋味醇和回甘，栗香浓郁持久；汤色清澈明亮，叶底嫩绿，完整成朵。（纪昌中）

覃塘毛尖茶 Qintang Maojian tea 产于中国广西壮族自治区贵港市覃塘区的烘青绿茶。覃塘毛尖茶由广西壮族自治区贵港市覃塘区覃塘镇覃塘茶厂创制，1973年通过鉴定并命名，为省级、国家级名茶。覃塘毛尖茶产于贵港市覃塘区平天山，茶园海拔300～500米，茶叶产地日照充足，雨热同季，年均气温21.5℃，年降水量1548毫米。土壤为紫页岩风化土，有机质含量丰富，pH5.5。

覃塘毛尖茶的原料为福鼎大白茶嫩梢，采摘一芽一叶或一芽二叶初展炒制。加工工艺流程为：选择原料→鲜叶摊放→高温杀青→揉捻→解块理条→初烘→复香。成品茶外形细直挺秀，色泽嫩翠，白毫显露，汤青叶绿，香气清高持久。（韦静峰）

青茶 semi-fermented tea 以茶树芽叶为原料，经过萎凋、做青、炒青、揉捻（或包揉）、干燥等工序加工而成的茶产品。又称乌龙茶。青茶属于半发酵茶，是中国茶类中独具特色的茶叶品类。主产于福建闽北、闽南及广东、台湾地区。青茶产品种类繁多、风格各异，在全球茶叶市场享有较高的声誉。

主要种类 根据产地不同，通常将青茶划分为闽北乌龙茶、闽南乌龙茶、广东乌龙茶和台湾乌龙茶等四类。①闽北乌龙茶。分为闽北乌龙和闽北水仙，其中以独具"岩骨花香"之"岩韵"的武夷岩茶最负盛名。②闽南乌龙茶。产品有铁观音、黄金桂、白芽奇兰、永春佛手等，其中铁观音以特有的"音韵"最为著名。③广东乌龙茶。产品主要有单丛、乌龙、色种等，其中以凤凰单丛为佳。④台湾乌龙茶。主要有冻顶乌龙茶、文山包种等，其中以香气和滋味并重的冻顶乌龙茶最为出名。

按照形态不同，青茶可分为条索形乌龙茶、半球形乌龙茶、束形乌龙茶和团块形乌龙茶。

加工工艺 青茶的初制工艺主要包括鲜叶、萎凋、做青（摇青和晾青）、杀青、揉捻（或包揉）、干燥。①鲜叶。要求有一定的成熟度，一般嫩梢全部展开形成驻芽时采摘开面2叶至3叶、4叶嫩梢，夏暑茶可适当嫩采。②萎凋。包括晒青和晾青。晒青首先可为做青加速"走水"准备条件，其次可加速光化学反应、酶促反应、湿热作用等，为提高香气和除去苦涩味准备物质基础。晒青后，将青叶摊放于室内的萎凋帘或水筛上静置，进行室内自然萎凋，称为晾青。通过晾青，一方面使鲜叶中的水分重新均匀分布，降低叶温；另一方面继续促使茶叶内含物质发生酶促氧化降解、转化与水解，以及香气组分的转化形成。当晒青无法进行时，可采用萎凋槽、综合做青机等进行萎凋。③做青。包括摇青和晾青。采用摇青机、摇青筛使青叶在筒或筛中滚动，或用双手碰青使叶子边缘擦破，从而使边缘部分细胞组织发生相应的一系列物理和化学变化，这个过程称为摇青。晾青的作用是散发叶间热气，使叶内水分重新分布平衡，继续蒸发水分。摇青、晾青反复多次交替进行的整个过程称为做青。做青是乌龙茶的特有工序之一，对乌龙茶关键品质的形成起重要作用，是形成乌龙茶色、香、味品质成分的过程。④杀青。做青结束后，通过高温杀青可以固定做青所形成的品质，常用的杀青方式有手工炒青、锅式杀青机杀青和滚筒杀青机杀青等。⑤揉捻（或包揉）。杀青后的茶叶经过揉捻形成条形茶，常用45型、35型、30型乌龙茶揉捻机。闽南乌龙茶和台湾乌龙茶在揉捻后继续造形，采用速包机、球茶机和松包机进行包揉或热团揉。⑥干燥。青茶的干燥又称烘焙，传统烘焙包括初焙、复焙和足干，常用方式有手工烘笼烘焙和烘干机烘焙。

品质特征 青茶的品质特征为干茶外形条索粗壮、色泽青灰有光，内质香气馥郁芬芳，汤色清澈金黄，滋味浓醇鲜爽，叶底绿叶红镶边。（袁海波 王近近）

青茶品饮 semi-fermented tea savoring 一种青茶饮茶方式。又称乌龙茶品饮。中国主要的传统青茶产区为福建、广东及台湾地区，形成闽南、闽北、广东、台湾地区四大产区。其他省份也有少量生产，如浙江、湖北、湖南、山东等省。著名的乌龙茶有闽北的大红袍、肉桂、水仙，闽南的铁观音、漳平水仙、白芽奇兰、佛手，广东的凤凰单丛、岭头单丛，台湾地区的冻顶乌龙茶、东方美人、文山包种等。

青茶的特点 青茶属半发酵茶。独特的茶树品种和特殊的摇青与晾青加工工艺形成了乌龙茶绿叶红镶边、具天然花果香、滋味浓醇的品质特征。青茶以外形紧结重实，色润整齐为好。汤色的色度表现最广，从蜜绿到橙红，以明亮为上品；香气以其品种的花果香、清幽香浓强持久为佳；滋味以鲜爽、醇厚、有韵味、回甘味为佳。

品饮方法 冲泡乌龙茶适宜的茶水比为1∶20。日常泡茶时，以外形的紧结程度来判定投茶量的多少。比较紧结的球形乌龙茶的投茶量为容积的1/4，半球形乌龙茶的投茶量大致是容积的1/3，松散的条状乌龙茶的投茶量是容积的1/2。因为啜品乌龙茶重在玩味闻香和品尝滋味，所以用茶量要比绿茶、红茶量高得多，而冲水量却要减少。

由于乌龙茶（除白毫乌龙茶外）要待新梢即将成熟时才采制，原料并不细嫩，加之用茶量较大，须用刚沸腾的开水冲泡，特别是第一次冲泡更是如此。白毫乌龙茶的原料嫩度相对较好，一般可用80～85℃的开水。用茶量较大，加上泡茶的水温高，因此第一泡15～45秒（视茶而定）就可出汤。第二泡因为茶叶已经舒展，冲泡时间比第一泡要缩短。第三泡开始可以视茶而适当延长5～10秒。一般紧结的茶叶可延长冲泡时间，松散的茶叶延长时间少些，目的是使每一泡茶汤浓度均匀一致。乌龙茶七泡有余香，可视叶底的情况确定冲泡次数。

（周智修）

青豆茶 green-bean tea 中国江浙一带尤其是湖州南浔的地方传统茶饮。泡青豆茶通常用青花瓷具，亦可用青瓷、白瓷。青豆茶配料主要有：绿茶、烘青豆、盐渍枸橘皮（无枸橘皮则用橘子皮代替）、胡萝卜干、枸杞子、炒紫苏籽（若无则用炒芝麻代替）。

青豆茶早在南宋时就在当时的京城临安（今杭州）的茶馆中流行开来，后传至百姓家中，沿袭至今。青豆茶之风味特色为微咸略苦，奇香，碗口飘着几丝金黄色的橘皮和微红的胡萝卜丁，以及几片绿色的茶叶，碗底有十余粒碧绿的青豆，一粒粒在水中悠悠沉浮的小如草籽的黑点则是野芝麻（紫苏的籽）。小心喝一口，一股清香味扑鼻而来；咬一丝橘皮，滑溜清口；嚼到野芝麻，奇香袭来；茶水略有咸味，解渴又爽；青豆韧得有嚼头。青豆茶是一种原始的"吃茶"方法，老茶客不必借助筷子、小匙等工具而能将茶碗中的配料及茶叶从容吃掉，新茶客则会有无从下口的感觉。（段文华）

青花菜 broccoli; *Brassica oleracea* var. *italica* 十字花科芸薹属甘蓝种的一个变种。又称绿菜花、西蓝花、木立花椰菜。以绿色或紫色花球供食用。青花菜由原产于地中海东部沿岸的甘蓝演化而成。美

图1　青花菜

图2　青花菜的叶

图3　青花菜的花球

国、欧洲各国、日本广泛栽培。19世纪末传入中国，20世纪80年代后南北各地均有栽培。

形态和类型　根系发达，茎较短缩。叶阔卵形至椭圆形，叶面被蜡粉，叶色主要有绿、蓝绿、灰绿、深灰绿等。由肉质短缩花茎、枝和花蕾组成花球，有浅绿、绿、深绿、灰绿、浅红、紫红、

图4　青花菜露地栽培

深紫、灰紫、紫色、浅黄、黄绿、黄等色。复总状花序，花黄色。种子近圆球形，褐色，千粒重3.5～6.0克。按花球色泽可分为绿花球和紫花球两种。常用品种有日本的里绿等。

栽培　喜温和、湿润气候。以深厚、肥沃、排水良好的壤土和砂质壤土为宜，能耐短时间霜冻，抗病性较强。以种子繁殖，多行秋季或秋冬季栽培。华北地区于6月下旬，长江流域6～9月上旬，华南7月中旬～12月播种育苗，苗龄约25天。北方春季栽培，华北地区于2月上旬在保护地播种育苗，苗龄50天左右。也可进行冬春季保护地栽培，定植行距40～50厘米，株距33～40厘米。花球在小花蕾未松散时采收。

用途　营养丰富，所含维生素C（113毫克/100克鲜样）、维生素A、维生素B_1、维生素B_2以及钙（103毫克/100克鲜样）、磷、铁等矿物质均高于甘蓝类其他蔬菜，并具有保健效果。可炒食、速冻、加工制罐。　（王德槟）

青扦　Wilson's spruce; *Picea wilsonii*　松科云杉属乔木。又称细叶云杉、华北云杉、魏氏云杉。青扦是中国产云杉属中分布较广的树种之一，分布于河北小五台山、雾灵山，山西五台山，陕西南部，湖北西部，甘肃中部及南部，青海东部及四川等地。常形成单纯林或与其他针叶树、阔叶树种混生成林。

高达50米，胸径达1.3米。树皮灰色或暗灰色，呈不规则鳞块状脱落。枝条近平展，树冠塔状。一年生枝淡黄绿色或淡黄灰色，无毛，稀疏生短毛，二三年生枝淡灰色、灰色或淡褐灰色。冬芽卵圆状，

图1　青扦

图2　青扦的叶

图3 青扦的果实（成熟前）

图4 青扦的果实（成熟时）

无树脂，小枝基部宿存芽鳞的先端紧贴小枝。叶较短，通常长0.8～1.3（～1.8）厘米，宽1.2～1.7毫米，横断面四棱形或扁菱形，四面各有气孔线4～6条，微具白粉。球果卵圆柱状或圆柱状长卵圆形，成熟前绿色，熟时黄褐色或淡褐色。种子倒卵圆状，种翅倒宽披针形，淡褐色，先端圆。花期4月，球果10月成熟。

适应性较强，喜温凉气候，喜湿润、深厚、排水良好的微酸性土壤。采用种子繁殖，生长缓慢。

木材淡黄白色，较轻软，纹理直，结构稍粗。可供建筑、家具及木纤维工业原料等用材。可作分布区内的造林树种。

（于晓南）

青砖茶 Qingzhuan tea 产于中国鄂南的赤壁、咸安、通山、崇阳、通城等县（市、区），以及湖南省临湘市等地的黑茶。因成品茶色泽青褐，且多为长方形砖块状，故名青砖茶。鄂南茶区产茶历史悠久，随着青砖茶产业的发展，其已由原产地鄂南茶区扩展到湖南、四川、浙江、河南等省，但主产区仍为鄂南赤壁市。

生产简史 青砖茶始于汉，发展于唐宋。明中叶后，改变宋代以来用米浆将茶叶黏合成饼状的方式，将茶叶拣筛干净，用蒸汽加热，然后用脚踩制成圆柱形帽盒茶，即青砖茶之雏形。青砖茶鼎盛于清末民初。清宣统二年（1910）至1915年为青砖茶历史上的盛期，在不足4平方千米的鄂南羊楼洞古镇，常住人口达4万之多，聚集着80多家砖茶加工厂，青砖茶产量达50万担（一担等于50千克），茶叶出口占当时中国出口总量的1/5。后因战祸迭起，销路阻隔，产量锐减。直到20世纪50年代，国家大力扶植边销茶生产，青砖茶生产又恢复了生机，1977年产量达到8000多吨。1978～1982年，由于边销市场需求发生变化，年产量下降至5000吨以下，1983年产量又恢复到8000吨，并持续至21世纪初。随着人们对青砖茶消食、降脂等保健功效认识的深入，越来越多的消费者开始关注、品饮青砖茶，其产业得到快速发展，2020年产量达到5.4万吨。

加工工艺 青砖茶加工分为毛茶初制、渥堆陈化、复制拼配、汽蒸压制、烘房干燥等五个主要工段。

毛茶初制 毛茶初制工艺流程为：杀青→揉捻→晒干。①杀青。采用大型连续式滚筒杀青机，杀青时间2～3分钟，杀青以闷杀为主，如鲜叶粗老、叶质较硬或天气干燥，鲜叶含水分较少，可在杀青前适当洒水。②揉捻。采用揉捻机趁热揉捻，揉捻开始不加压，揉捻4～5分钟后可逐步加压，整个揉捻时间10～15分钟。当茶汁被揉出，叶片卷皱，初具条形，即可下机。③晒干。在专用晒场进行，晒的过程中要经常翻动茶坯，使其干燥均匀。晒至手握茶条刺手，茶梗一折即断，含水量低于15%即可。

渥堆陈化 渥堆陈化工艺流程为：洒水增湿→小堆渥堆→大堆陈化。①洒水增湿。洒水要均匀，通常为一层茶（50厘米厚）洒一次水，保证茶坯含水量基本一致，洒水后茶坯含水量30%～40%。②小堆渥堆。小堆是将增湿后的毛茶筑成高3米左右的长方形，边缘需要筑紧筑实，每堆约5吨茶坯，当茶堆内温度上升至50～65℃即进行翻堆，翻堆后重新筑堆。5～15天后堆温上升至50～60℃，再次进行翻堆。当手握茶坯有爽手感，含水量达到20%左右，即可归并成大堆。③大堆陈化。大堆方法与小堆类似，每堆茶坯数量加到30吨，堆10～20天后堆表出现水珠，堆温上升至50～60℃，茶香味浓，即可开沟通风散热。大堆在开沟通风后保持180天以上，进行风干陈化，以促进青砖茶品质风味形成。大堆结束时，含水量11%～13%为适度，可起堆进行复制拼配。

复制拼配 复制拼配工艺流程为：解块打散→筛分→切茶→再筛分→去杂→匀堆拼配。①解块打散。解块采用打散机，用于打散渥堆中大的结块，折断过长的枝条。斜输机中段装有强力磁铁，用于去除原料中的磁性物。②筛分。筛分采用滚筒圆筛机，将粗大茶条和细小茶灰筛拣出。③切茶。采用立式或流水式切茶机，主要将上述不能通过滚筒圆筛的较长茶条切短。④再筛分。切短后的茶坯采用平面原圆筛机进行筛分。⑤去杂。采用风选、风吸等方式去除非茶类夹杂物。⑥匀堆拼配。根据成品青砖茶的质量要求，选配复制不同规格的茶坯，按照一定的比例进行拼堆。

汽蒸压制 汽蒸压制工艺流程为：称料→蒸制→入模→压制→定型→退砖→修砖→冷却。①称料。用感量0.1克的电子秤按照压制的规格重量称取适量的茶叶原料。面茶和里茶分开称量，面茶所占比例为10%～15%，均分为两部分；里茶所占比例为85%～90%。②蒸制。利用高温水蒸气将茶坯软化的过程。③压制。采用液压机作业。④定型。压制后的茶砖在斗模内须经过一定时间的冷却，固定形状。采用自然冷却，时间不少于1小时。⑤退砖。将形状固定好的茶砖从斗模中退出。⑥修砖。茶砖退出后，检查砖片是否完整，压模是否清晰，边角是否整齐。不完整的茶砖须返工重压，边角不整齐的须修缮整齐，然后才可送至烘房干燥。

烘房干燥 采用专用烘房进行干燥处理。烘房内装有回流管道，管道上焊有散热翅片。干燥时，热蒸汽进入管道，通过散热翅片升高烘房内空气温度，干燥茶砖。烘房内要设有排湿装置，以排除室内潮湿水汽。根据砖片规格不同，青砖茶干燥一般需要7～10天。在干燥过程中，温度调节要遵循先低后高、逐渐升温的原则，一般干燥初期温度35～40℃，干燥中期40～55℃，干燥后期55～65℃。待其达到标准要求后，停止通入蒸汽加温，并冷却1～2天，即可出烘房包装。青砖成品茶含水量要求控制在12%以内。

品质特征 青砖茶外形表现为砖面光滑、棱角整齐、紧结平整、色泽青褐、压印纹理清晰，砖内外无霉菌；内质香气纯正，无青、馊、异味，优质砖茶有木香或菌香；滋味醇和，汤色红（黄）橙明亮；叶底暗褐。

主销地区 青砖茶原主销内蒙古、甘肃、青海、新疆等边疆少数民族地区，以及蒙古国、俄罗斯远东及中亚地区。随着越来越多的消费者开始关注、品饮青砖茶，其在武汉、广州、北京、西安、郑州、济南等大中城市成为新的消费热点。

（郑鹏程）

清耕 clean tillage 通过果园株行间休闲并经常进行中耕除草，使土壤保持疏松和无杂草状态的传统土壤管理方法。果园清耕是中国传统的果园土壤管理制度，一般在秋季深耕，春季夏季多次中耕除草后休闲。

按照清耕制要求，每年初冬果树落叶后要深刨一次树盘，冬季不刨的，春季果树发芽前补刨一遍。整个树体生长季节，要多次中耕锄草，以铲除树下杂草，保持土壤疏松和无杂草状态，甚至把这些措施作为一种规范要求，作为果园管理好坏的标准。清耕制度的好处是，通过清除杂草，使土变松增加土壤的透气性，有利于土壤中难溶性养分的分解，供果树吸收，同时有利于根系发育；还能够免除杂草与果树争夺肥水，且避免杂草为病虫传播提供条件。对平洼地和雨季来说还有利于散失水分，提高地温，增加透气性，利于保墒。遇旱时可切断毛细管，减少水分蒸发，这就是农谚所说的“锄头底下有水有火”。

但是清耕也有负面作用。它破坏了土壤结构，使土壤物理性质恶化，土壤板结，土壤有机质的矿化分解速度加快，导致土壤有机质含量很快降低，土壤中的有效养分也被快速消耗，同时土壤含水量和温度也不稳定，不利于土壤肥力的提高。盛夏季节土温变化加剧，特别是中午前后土温过高不利根系发育，以致0～20厘米土层内根量很少。频繁的清耕还会破坏土壤的团粒结构；果园良好的生态平衡被破坏，一些有益的生物菌数量减少。长期清耕还导致果实干物质减少、酸度增加、贮藏性下降。另外，寒冷地区清耕制的果园冻害加重，幼树抽条率高。中国发展果树的基本方针是“上山下滩，不与粮棉争地”。从整体而言，果树立地条件差、土壤瘠薄、肥力低、水土流失严重。深刨树盘，把地表下20厘米土层内根全部破坏了，每次铲除杂草又把5～10厘米土层内的根系也全部破坏，使生长最活跃、吸收养分能力最强的浅层根系不能发挥其良好的作用。清耕还导致地表裸露，水土流失严重，肥力逐年下降，尤其是山坡地果园。因而综合来看，土壤清耕并非理想的果园管理方法。

（王小非）

清人树 Qingrenshu 中国茶树的别称。茶有清雅之气，宜人之味，更有健身之效。宋陶谷著《茗荈录》载：“伪闽甘露堂前两株茶，郁茂婆娑，宫人呼为‘清人树’。每春初，嫔嫱戏摘新芽，堂中设‘倾筐会’。”

（于良子）

琼花 Chinese snowball viburnum; *Viburnum macrocephalum* f. *keteleeri* 忍冬科荚蒾属落叶或半常绿灌木。又称聚八仙。琼花分布于中国江苏省南部、安徽省西部、浙江省、江西省西北部、湖北省西部及湖南省南部。生于丘陵、山坡林下或灌丛中。花序全部为不孕花者为雪球荚蒾（*V. macrocephalum*），亦十分美观。

株高达4米。树皮灰褐色或灰白色。芽、幼枝、叶柄及花序均密被灰白色或黄白色簇状短毛，后渐变无毛。叶临冬至翌年春季逐渐落尽，纸质，卵形至椭圆形或卵状矩圆形。聚伞花序仅周围具7～9朵大型的不孕花，花冠直径3～4.2厘米，裂片倒卵形或近圆形，顶端常凹缺。果实红色而后变黑色，椭圆形，长约12毫米。核扁，矩圆形至宽椭圆形，长10～12毫米，直径6～8毫米，有2条浅背沟和3条浅腹沟。花期4月，果熟期9～10月。

性喜温暖、湿润、阳光充足的气候，

图1 琼花

图2 琼花的叶

图3 琼花的花

图4 琼花的果实

喜光，稍耐阴，较耐寒，不耐干旱和积水。喜湿润、肥沃、排水良好的砂质壤土。可通过播种、扦插、压条或嫁接繁殖。

树姿优美，花形奇特，春可观花，秋可观果，为传统名贵花木。适宜配植于堂前、亭际、墙下及窗外等处。

（赵世伟）

秋英 garden cosmos; *Cosmos bipinnatus* 菊科秋英属一年生或多年生草本。又称波斯菊、大波斯菊。秋英原产于美洲墨西哥。在中国栽培甚广，在路旁、田埂、溪边也常自生。是著名观赏植物。

高0.5～2米。茎无毛或稍被柔毛。叶二回羽状深裂，裂片线形或丝状线形。头状

图1 秋英

图2 秋英的茎和叶

图3 秋英的花

图4 秋英的果实

花序单生。花序梗长6～18厘米。总苞片外层披针形，近革质，淡绿色，具深紫色条纹。内层椭圆状卵形，膜质。舌状花呈紫红色、粉红色或白色。舌片椭圆状倒卵形，长2～3厘米，宽1.2～1.8厘米，先端有3～5钝齿。管状花黄色，长6～8毫米，有披针状裂片。瘦果黑紫色，长8～12毫米。花期6～8月，果期9～10月。

（包满珠 傅小鹏）

楸树 Manchurian catalpa; *Catalpa bungei* 紫葳科梓属落叶乔木。又称金丝楸、楸。楸树分布于中国黄河流域及长江流域，尤以江苏、河南、山东、陕西中部与南部分布最为普遍。多散生于村前宅后及沟谷与山坡中下部。

树高8～12米。叶三角状卵形或卵状长圆形，顶端长渐尖，基部截形。叶柄长2～8厘米。顶生伞房状总状花序，有花2～12朵，粉紫色，内有紫色斑点。蒴果线性，长25～55厘米。种子狭长椭圆形，两端

图1 楸树

图2 楸树的茎

图3 楸树的叶

图4 楸树的花

生长毛。花期5～6月，果期6～10月。

性喜肥土，稍耐盐碱，不耐干旱瘠薄，也不耐水湿。可用播种育苗繁殖，亦可用根蘖、嫁接、扦插等方法繁殖。

生长迅速，树干通直，木材坚硬，为良好的建筑用材。可栽培作观赏树、行道树。

（包满珠 傅小鹏）

球根花卉 bulbous plant 地下器官（根和地下茎）变态膨大的多年生草本花卉。球根花卉的园艺化程度极高，花朵艳美，栽培简易，用途广泛，在观赏园艺中占重要地位。

原产区 有两个主要原产区，一是以地中海沿岸为代表的冬雨地区，包括小亚细亚、好望角和美国加利福尼亚等地。这些地区秋、冬、春降水，夏季干旱，从秋至春是生长季，是秋植球根花卉的主要原产地区。秋季栽植，秋冬生长，春季开花，夏季休眠。这类球根花卉较耐寒、喜凉爽气候而不耐炎热，如**郁金香**、水仙类（*Narcissus* spp.）、百合类（*Lilium* spp.）、**风信子**。另一主要原产区是以南非（好望角除外）为代表的夏雨地区，包括中南美洲和北半球温带，夏季雨量充沛，冬季干旱或寒冷，由春至秋为生长季。春季栽植，夏季开花，冬季休眠。此类球根花卉生长期要求较高温度，不耐寒。

类型 全世界栽培的球根花卉有数百种，按地下部分的器官形态，可分为以下五种类型。①鳞茎类。地下茎是由肥厚多肉的叶变形体即鳞片抱合而成，鳞片生于茎盘上，茎盘上鳞片发生腋芽，腋芽成长

图1 郁金香

图2 风信子

肥大便成为新的鳞茎。鳞茎又可以分为有皮鳞茎和无皮鳞茎两类。常见的有皮鳞茎类球根花卉有郁金香、朱顶红、风信子、石蒜等，无皮鳞茎类有百合、贝母等。②球茎类。地下茎肥大成实心球状或扁球形，球茎上有节、退化的膜质叶片及侧芽；基部常着生多数小球茎，称为子球。常见种类有唐菖蒲、番红花、虎眼万年青等。③块茎类。地下茎或地上茎膨大呈不规则块状或球状，表面具芽眼，螺旋状排列，不包被干膜质或肉质鳞片。常见种类有马蹄莲、仙客来等。④根茎类。地下茎肥大呈根状，上面具有明显的节和节间。节上有小而退化的鳞片叶，叶腋有腋芽，尤以根茎顶端侧芽较多，由此发育为地上枝，并产生不定根。常见种类有美人蕉、睡莲、荷花、姜花、鸢尾、六出花等。⑤块根类。由不定根或侧根膨大形成。休眠芽着生在根颈附近，由此萌发新梢，新根伸长后下部又生成多数新块根。分株繁殖时，必须附有块根末端的根颈。常见种类有大丽花、花毛茛等。

繁殖　球根花卉主要利用自然形成的新鳞茎、球茎、块茎、块根或根茎等，采用分球繁殖方法。依据花卉种类不同，可采用鳞片扦插，如百合、朱顶红等；茎扦插，如大丽花等；此外还有分珠芽等方法。对于自然增殖能力差的块茎类花卉主要采用播种法，便于大量繁殖，并可减少病毒感染。球根花卉多要求日照充足、不耐水湿（水生和湿生者除外），喜疏松肥沃、排水良好的砂质壤土。

应用　球根花卉种类丰富，花色艳丽，花期较长，栽培容易，适应性强。水培水仙是园林布置中比较理想的一类植物材料。荷兰的郁金香、风信子，日本的麝香百合，中国的中国水仙和百合等，在世界上均享有盛誉。球根花卉常用于**花坛**、**花境**、**岩石园**、基础栽植、地被、美化水面（水生球根花卉）和点缀**草坪**等。又多是重要的切花花卉，如唐菖蒲、郁金香、小苍兰、百合、晚香玉等。还可盆栽，如仙客来、大岩桐、水仙、大丽花、朱顶红、球根秋海棠等。此外，部分球根花卉可提取香精、食用和药用等。因此，球根花卉的应用很值得重视，尤其中国原产的球根花卉，如王百合、芍药、鸢尾类、贝母类、石蒜类等，应有重点地加以发展和应用。

（王　雁）

球根秋海棠　tuberous begonia; *Begonia*×*tuberhybrida*　秋海棠科秋海棠属栽培品种的一个类群。该类群第一批杂交种出现在19世纪70年代，其中*B.*×*sedenii*由产自安第斯的玻利维亚秋海棠（*B. boliviensis*）和产自秘鲁的大卫秋海棠（*B. davisii*）人工杂交选育而来。在随后的100多年里，球根秋海棠受到荷兰、比利时、日本、美国等多个国家的重视，以美国加利福尼亚州和比利时的秋海棠种球生产最为有名。中国引种栽培球根秋海棠的时间不长，其中昆明地区栽培的球根秋海棠比较成功，已进入规模化生产。

图1　大花类球根秋海棠

图2　多花类球根秋海棠

图3　垂枝类球根秋海棠

形态与类型　多年生草本。具有地下茎，呈不规则扁球形。株高30～45厘米。茎直立，有分枝，肉质，被毛。叶互生，呈心形，叶先端剑尖，缘有锯齿和缘毛。总花梗腋生，聚伞花序，花为同株异花，雄花较大，具有单瓣、半重瓣和重瓣，花瓣边缘微卷。花色丰富，有白色、粉红、红色、橙色及复色等。花期在夏季。球根秋海棠品种繁多，可分为大花类、多花类、垂枝类三大类型。

栽培与管理　喜半阴或散射光环境，过度暴露在阳光下会使叶片和花朵焦枯。弱光下植株徒长，只长叶不开花。不耐寒，忌酷热，多喜欢温暖湿润的环境。适宜生长在土质疏松、肥沃、排水良好的微酸性土壤。以播种繁殖为主。通常秋播，种子采收后有1个月的后熟期。种子极细，需要与干净细沙拌和均匀后播种，第二年夏天开花。分球繁殖可在早春2～3月球茎发芽前进行，当年5～6月开花。为满足年宵花需求，可对盆栽球根秋海棠进行促成栽培，当基部两片叶子生长至展平后定植在更大的盆中，栽培过程要保证具有一定的昼夜温差和补光3～5小时。经促成栽培后，冬季可在室内开花。病害主要有茎腐病和根腐病。

用途　球根秋海棠是秋海棠属享有盛名的观赏植物，花大色艳，花色丰富，花期较长，是世界著名的盆栽花卉。可用于大型盆栽，适合作花园、**花境**或室内**盆花**。

（吴沙沙）

区试　regional test of variety　在不同生态条件下，通过统一规范要求进行的品种区域比较试验。又称品种区域试验。区试的重点是对新育成品种的生态适应性、丰产性、抗逆性和品质等进行多年、多点的全面鉴定，根据品种在区域试验中的表现，结合抗逆性鉴定，对品种进行综合评价。区试结果是评价果树品种适宜推广区域的科学依据，也是品种推广科学布局的重要依据。

在品种区试时，为最大程度地观察比较品种在不同生态条件下的表现，需要在适宜的种植区内选择3个以上不同生态区域建立试验点。果树上还没有国家级或省级的统一区试点，育种单位或个人可根据试验要求自行选择区试点。试验点要求光照充足、土壤肥力一致、排灌方便，适合测试品种生长发育，具有一定的面积。试验点可采用嫁接苗种植或高接换种等方式布点，但高接换种时同一组别的高接时间、基砧品种、中间砧品种、高接树的树龄、株嫁接芽数、嫁接高度需要一致。区试时采用的对照品种要与参试品种成熟期相近，且是当地已登记或审（认）定的品种，或是当地生产上公知公用的品种、在育种目标性状上表现最突出的现有品种。木本果树小区内每个品种5株以上，依据土壤肥力、生产条件、品种特性及栽培要求确定种植密度，重复数3次以上，同一组别不同试验点的种植密度一致、果园生产管理技术一致。为降低试验误差，每个区试点的试验年限自正常开花结果3个生产周期及以上。

在品种区试过程中，对测试品种与对照品种在不同区试点的抽梢期、开花期、果实成熟期等物候期，树势、树姿、冠幅、树高等农艺性状，株产等产量性状，糖酸含量、果肉质地、汁液多少、风味等品质性状，抗裂果、日灼、病虫害等抗性进行连续多年观测比较。通过观测比较，对测试品种在不同生态区域中的适应性表现做出综合评价，提出适宜推广种植的区域，部分目标性状或综合性状优于对照品种的方能进入生产性试验。在果树育种实践中，为保证新品种能加快应用于生产，往往同时进行区域试验和品种生产性试验。

（蒋际谋）

榷茶 tea monopoly 中国古代茶的专营专卖制度。榷茶法始于唐，施行起于宋。此后元、明、清各代一直沿袭，在实行具体办法上屡有更迭变化。终止于清。

唐文宗时，王涯为相，为尽收茶叶之利，大改茶法。大和九年（835）十月王涯上疏，建议改行榷茶制，即实行茶叶官方专营专卖，垄断茶叶焙制和贸易。进而下令江南百姓将所有茶树移至官场中栽植，在官场制茶。榷茶之行令天下大怨。王涯因涉他案被诛，榷茶随之中止。

宋代实行榷茶制。宋太祖乾德二年（964）八月，在京师、建安、汉阳、蕲口置场榷茶。其后相继在大江北岸共建六榷货务、十三场。另在两浙、江南、福建、荆湖置买茶场。各州买茶处收买茶叶的价格和榷货务卖给茶商的价格相差甚大。自宋太祖置场榷茶至宋仁宗至和二年（1055）90多年间，围绕榷茶法的施行经过大小十次以上的改变。徽宗崇宁四年（1105）行卖引法，“罢官置场，商旅并即所在州县或京师请长短引，自买于园户”。

元代榷茶承袭宋代的卖引法。至元五年（1268）榷成都茶。至元十二年榷江西茶。至元十三年江南平，榷茶重点由四川转移到江浙各路。元代茶引分长引、短引，长引每引计茶120斤（60千克），短引计茶99斤（49.5千克）。至元三十年，引之外又有茶由，以给买零茶者。

明代仍立榷茶法。《明史》载：“商人于产茶地买茶，纳钱请引。引茶百斤，输钱二百，不及引曰畸零，别置由帖给之。无由、引及茶引相离者，人得告捕。”

清代的卖引制度基本和明代相同。各省所用的茶引由户部颁发给各省布政司，再转发至产茶州县，规定每百斤为一引，不及百斤的谓之畸零，另给护帖。商人买茶按引目所列引价纳钱款后发给引照，方准出境货卖。

（阮浩耕）

群体品种 group cultivars 主要通过实生繁殖的果树品种。群体品种中的个体彼此之间在主要性状上能保持一定的相似性，但次要性状却有较多差异。例如华南农业大学园艺学院火龙果育种课题组把一个红水晶火龙果果实的种子全部播种，得到800株实生后代，先后从这个实生后代群体中选育出莞华红火龙果（2015年审定，红皮红肉）、莞华红粉火龙果（2015年审定，红皮粉红肉）、莞华白火龙果（2016年审定，红皮白肉）、红冠1号火龙果（2017年审定，红皮红肉大果）、双色1号火龙果（2017年审定，红皮外红内白果肉、大果）5个火龙果新品种。这些火龙果新品种均来源于同一个实生群体，为典型的群体品种。又如，广东省潮州市果树研究所龙眼育种团队以凤梨朵龙眼为母本，以大乌圆龙眼为父本，创建了一个杂交群体，先后从这个群体中选育出凤大晚蜜龙眼（2018年审定，丰产性好、晚熟、果大质优）、凤大晚香龙眼（2019年审定，丰产稳产、晚熟、香气明显、综合性状优良）等龙眼新品种。这些新品种来源于同一个实生繁殖的群体，也是群体品种。

（胡桂兵）

R

热带果树 tropical fruit tree 生长季热量要求较高，对低温很敏感，冬季抗寒力较弱，一般没有自然休眠的特性，不需要一定时间的低温仍能完成正常生长和开花结实的**果树**。热带果树（含南亚热带果树）与亚热带果树（只包括中亚热带果树和北亚热带果树）、温带果树、寒带果树是根据生态适应性进行分类的。热带果树主要分布的地理纬度为南纬30°至北纬30°。一般常将南亚热带果树归入热带果树，因为在中国的亚热带果树中，南亚热带果树许多特性与热带果树相似，而中亚热带和北亚热带果树则与热带果树不同。热带果树由于冬季不休眠，枝叶仍保持生长状态，大多一年四季不落叶，整个叶幕四季常绿，甚至浓荫如幄，因此又被称为常绿果树。热带、南亚热带果树除**香蕉**、**杧果**、**菠萝**等大宗、较大宗果树外，还包括一些榴莲（*Durio zibethinus*）、山竹（*Garcinia mangostana*）、酸角（*Tamarindus indica*）、人心果（*Manilkara zapota*）、蛋黄果（*Lucuma nervosa*）、蛇皮果（*Salacca edulis*）、苹婆（*Sterculia nobilis*）、面包果（*Artocarpus altilis*）等小宗果树。

榴莲 为木棉科榴莲属多年生热带乔木果树。又称韶子、麝香猫果。原产于东印度和马来西亚，菲律宾、斯里兰卡、泰国、越南、缅甸等国家亦均有栽培，中国台湾地区南部和海南南部有试种。榴莲主干明显，枝条脆弱，易遭强风危害。叶片互生、革质，长椭圆形，叶面光滑、青绿色。花为聚伞花序，花色淡黄。果实为卵圆球形，一般重约2千克，果皮坚实，密生三角形刺，果肉由假种皮的肉包组成，肉色淡黄，黏性多汁。榴莲果肉含有丰富的蛋白质和脂类，以及多种碳水化合物、糖、膳食纤维、B族维生素等营养物质，而且铁、钾、钙等微量元素的含量也较高。榴莲果实有特殊的风味。

图1 榴莲

山竹 为藤黄科山竹子属热带、亚热带多年生小乔木。又称莽吉柿、山竺、山竹子等。原产于马来半岛和马来群岛，马来西亚、泰国、菲律宾、缅甸国家均有栽培。中国台湾地区和海南有引种，在海南南部能开花结果。叶长椭圆形，厚革质，先端渐尖、全缘。花径约5厘米，萼片4片，花瓣4片，肉质粉红色。果实球形，深紫红色果壳厚而韧，含单宁，可以入药。果柄处有4片硬而内卷的大型革质萼片，果顶有星状花纹，4～8瓣不等。山竹对土壤的适应性强，最好的生长条件是温暖、潮湿、无雨季的地区。山竹果肉富含蛋白质、脂类、可溶性固形物、柠檬酸、维生素B_1、维生素B_2和矿物质。

图2 山竹

酸角 为豆科酸豆属热带、南亚热带常绿大乔木。又称酸饺、酸梅、曼姆、通血香。有甜型和酸型两种类型。原产于非洲，除南极洲外的其他各大洲均有栽培。在中国云南、广西、广东、海南等地多逸为野生。酸角叶长圆形、偶数羽状复叶，互生，叶柄短而粗壮。花为腋生的总状花序或顶生的圆锥花序。雄蕊3枚，花丝中部以下合生，有刺毛状退化雄蕊3～5枚。子房有柄，胚珠多数。荚果肥厚肉质，圆筒形，直或微弯，灰褐色，果实熟时红棕色，味酸。种子3～10颗，近长方形，红褐色，有光泽。酸角果肉富含糖、醋酸、酒石酸、蚁酸、柠檬酸等成分，开胃助消化，还含有钙、磷、铁等多种矿物质元素，特别是含钙量在**水果**中名列前茅。

图3 酸角

人心果 为山榄科铁线子属热带、南亚热带常绿乔木。又称吴凤柿、赤铁果、奇果。原产于墨西哥犹卡坦州和中美洲地区，中美洲、墨西哥及中国南方的广东、广西、海南、台湾等地均有栽培。人心果叶互生，密聚于枝顶，革质，长圆形或卵状椭圆形，先端急尖或钝，基部楔形，全缘或稀微波状，两面无毛，具光泽。花生于枝顶叶腋，花梗密被黄褐色或锈色绒毛。雄蕊着生于冠管的喉部，花丝丝状，基部加粗，花药长卵形。子房圆锥形，密被黄褐色绒毛。浆果纺锤形、卵形或球形，褐色，果肉黄褐色。种子扁。人心果喜高温多湿环境，不耐寒。土壤以肥沃深厚的砂质或黏质壤土为宜，排水、日照需良好。生长缓慢。果肉营养丰富，含蛋白质、脂肪、糖分、多种氨基酸、维生素B_1、维生素B_2、维生素E，以及磷、钙、铁等多种微量元素和矿物质；硒和钙的含量高居水果、蔬菜之首。

图4 人心果

蛋黄果 为山榄科蛋黄果属热带、亚热带多年生小乔木。又称狮头果、蛋果、桃榄、仙桃。因味如鸡蛋黄，故名蛋黄果。原产于古巴和北美洲其他热带地区，中南美洲、印度东北部、缅甸北部、越南、柬埔寨、泰国和中国南部的广东、广西、海南、台湾等地均有栽培。蛋黄果叶坚纸质，狭椭圆形，先端渐尖，基部楔形，两面无毛。花朵生于叶腋，花梗圆柱形，被褐色

图5 蛋黄果

细绒毛。雄蕊通常被白色极细绒毛，花药心状椭圆形。子房圆锥形，被黄褐色绒毛，花柱圆柱形，柱头头状。果实倒卵形，成熟时绿色转为蛋黄色，无毛，外果皮极薄，中果皮肉质、肥厚，蛋黄色，可食。种子椭圆形，压扁，黄褐色。蛋黄果喜温暖多湿气候，能耐短期高温及寒冷。花期阴雨高温引起严重落花，果熟期忌低温，冬季低温果实变硬。较耐旱，对土壤适应性强，以砂壤土生长最好。蛋黄果肉富含糖、淀粉、粗脂肪、维生素C、磷、铁、钙和类胡萝卜素等营养物质，以及人体必需的17种氨基酸。果实除生食外，还可制果酱、冰奶油、饮料或果酒。

蛇皮果　为棕榈科蛇皮果属热带、南亚热带多年生果树。又称沙叻。原产于印度尼西亚，印度、中南半岛至马来群岛等亚洲热带地区均有栽培。蛇皮果叶与东南亚草本油棕榈类似，叶自根部丛生。叶羽状全裂，羽片披针形或线状披针形。花序生于叶间。雌雄花序异型。雄花序具分枝，着生几个柔荑状圆柱形的分枝花序。雌花序分枝比雄花序少，成对着生或单生，比雄花大。果实球形、陀螺形或卵球形，顶端具残留柱头，外果皮薄，被覆瓦状反折的鳞片，鳞片顶尖光滑或呈刺状尖，极似蛇皮。蛇皮果肉富含蛋白质、碳水化合物、钾、钙、脂肪、铁、维生素B_1和维生素C_2，是水果中钾含量最高的品种之一，果胶含量也很丰富。蛇皮果可制成蜜饯、腌制、制作罐头、发酵成酒。

图6　蛇皮果

苹婆　为梧桐科苹婆属热带、南亚热带多年生乔木。又称凤眼果。原产于中国、印度、越南、印度尼西亚等地，中国南方地区、东南亚等地均有栽培。苹婆叶薄革质，矩圆形或椭圆形。圆锥花序顶生或腋生，柔弱且披散，雌雄蕊柄弯曲。雄花较多，无毛，花药黄色。雌花较少，略大，子房圆球形。蓇葖果鲜红色，厚革质，矩圆状卵形，顶端有喙，每果内有种子1～4个。种子椭圆形或矩圆形，黑褐色。苹婆喜生于排水良好的肥沃土壤，且耐荫蔽，喜温暖湿润气候。食用部分是其种仁，煮熟后味如栗子，是一种木本粮食植物。苹婆树冠浓密，叶常绿，树形美观，不易落叶，是一种很好的行道树。

图7　苹婆

面包果　为桑科木菠萝属多年生热带、南亚热带常绿乔木。因其切成薄片焙烤后似新鲜面包片而得名。原产于马来半岛及太平洋岛屿，斯里兰卡、美国夏威夷、墨西哥和巴西等地均有栽培。面包果的根为板根。叶互生，羽状分裂，黄绿色，被灰色或褐色柔毛。花序单生叶腋。雄花序长圆筒形至长椭圆形或棒状。雄蕊1枚，花药椭圆形。雌花花被管状，子房卵圆形，花柱长，柱头2裂。果实为复合果球，径10～20厘米，外有角形瘤突，小果各藏黑色扁平硬种子1粒。面包果为阳性植物，生长快速，需强光，耐热、耐旱、耐湿、耐瘠、稍耐阴。果实淀粉含量丰富，烹煮后味道与面包和马铃薯相似，松软可口，酸中带甜，是许多热带地区的主食。木材材质轻软且粗，可供建筑使用，海岛居民用来制作

图8　面包果

独木舟。面包果树适合作为行道树、庭园树木栽植。

（雷新涛）

日光温室栽培　solar greenhouse cultivation　在日光温室内进行作物生产栽培的技术。又称暖棚栽培。日光温室是节能日光温室的简称，又称暖棚，是中国北方地区独有的一种温室类型。室内不须人工加热，即使在最寒冷的季节，也可只依靠太阳光来维持室内一定的温度水平，以满足蔬菜作物生长的需要。

发展历史　据学者卫宏在《诏定古文官书序》中记载："秦即焚书，恐天下不从所改更法，而诸生到者拜为郎，前后七百人，乃密种瓜于骊山陵谷中温处。"表明在秦始皇时期，中国人已经发明了温室技术。中国虽是温室栽培起源最早的国家，但直到20世纪60年代，温室行业始终是小规模、低水平、发展速度缓慢的状态。70年代初期地膜覆盖技术引入中国。70～80年代，相继出现了塑料大棚和日光温室。90年代开始，中国设施农业逐步向规模化、集约化和科学化方向发展，技术水平有了大幅提高。1985～1995年，日光温室蔬菜种植面积每年以0.7万～2.0万公顷的速度递增。1995～2005年，日光温室面积每年递增的速度更快，日光温室面积已达46万公顷，较1985年增长38倍。

日光温室产业作为中国设施农业产业中的主体，21世纪以来已成为农业种植中效益最高的产业。它为解决长期困扰中国北方地区的冬季蔬菜淡季供应、增加农民收入、节约能源、促进农业产业结构调整、带动相关产业发展、安置就业、提高城乡居民的生活水平、稳定社会等均做出了历史性贡献。

栽培技术要点　①配方平衡施肥。温室蔬菜正常生长所需的土壤全盐含量浓度为2000～3000毫克/千克，超过6500毫克/千克根系会出现反渗透而枯死，产量下降。注重施有机肥、腐殖酸肥和EM菌肥，提高土壤碳氮比，松土透气，解盐降肥害。同时补硼、锌、镁，平衡土壤营养。②密植疏株留苗。温室蔬菜的留苗多少直接影响产量的高低。③株蔓防旺管理。温室蔬菜一般幼苗期弱株深根，应控水控株促根，使地下部分吸收光合产物占60%左右，中后期地下和地上吸收量各占50%。前期株体消耗营养占60%，生殖生长占40%；中期各占50%；后期生殖生长占60%～70%，营养生长只占30%～40%。即保证前期有一定的同化叶面积，后期控蔓促果，提高产量。④科学打药治病。首先认准病，选对药。其次改善生态环境，减少棚内湿度，如采用膜下滴灌，减少株数，增强通风、透光，都可减少病虫害，降低打药次数。再次由土传菌引起的死秧，应在苗期注重用药预防。⑤膜下滴灌浇水。日光温室属于封闭式和半封闭式的环境，水分蒸发和扩散慢，一般植株的蒸腾与土壤水分的蒸发量只相当于露地的50%，特别是夜间、阴天、温度低的时候，空气的相对湿度经常处于饱和状态。温室内湿度过大是造成蔬菜病害发生和蔓

延的主要原因。如果温室蔬菜灌溉改大水漫灌为膜下滴灌，可极大地改善温室内环境，降低湿度，提高棚温，减少蔬菜病害，从而达到增产和优质的目的。⑥安排适当茬次。日光温室的栽培季节主要在秋、冬、春三季，夏季多为休闲季，为了与其他设施和大田生产相区别，一般把这三茬分为秋冬茬、冬春茬和早春茬。区别这三茬的关键是看产品的上市时间。秋冬茬一般指夏末秋初播种育苗，中秋定植，秋末到初冬开始收获，一直到深冬的1月结束。冬春茬又称越冬一大茬，一般是夏末到中秋育苗，初冬定植到温室，冬季开始上市，一直连续收获到第二年夏初。早春茬一般是初冬播种育苗，1月上中旬定植，一直连续收获到夏初。⑦掌握棚室温度。蔬菜生长有温度的上限要求，不同蔬菜的最高温度不同。喜温的黄瓜、茄子等最适宜温度为25～32℃，耐寒性蔬菜如芹菜、韭菜等适宜温度为15～22℃。

（蒋卫杰）

日照绿茶 Rizhao green tea 产于中国山东省日照市的绿茶。日照茶叶生产涉及38个乡镇、810个村、20余万茶农，形成了巨峰镇、后村镇、南湖镇、夏庄镇、潮河镇等一批茶叶特色镇，涌现出一批诸如巨峰镇百里绿茶长廊、日照水库区域、河山风景区、圣公山风景区、浮来山风景区、五莲山风景区、卧龙山风景区、白云区域、天台山风景区等生态茶园，其中以绿茶为主导产业的巨峰镇成为全国“一村一品”示范村镇，巨峰镇百里绿茶长廊已成为山东省休闲农业与乡村旅游示范点。

自然环境 日照绿茶生产地域范围是日照市现辖行政区，地理坐标为东经118°35′～119°39′，北纬35°04′～36°02′。日照地处鲁东南的黄海之滨，属暖温带半湿润季风区大陆性气候，光照充足，雨量充沛，夏无酷暑，冬无严寒，既有南方空气湿润的特点，又有北方四季分明的特征，被誉为“南方的北方，北方的南方”。是山东茶叶生产的主产区，与韩国宝城、日本静冈并称为“世界三大海岸绿茶城市”。

加工工艺 根据加工工艺的不同，日照绿茶分为卷曲形绿茶和扁形绿茶。卷曲形日照绿茶的加工工艺流程为：鲜叶摊青→杀青→摊凉回潮→揉捻→二青→摊凉回潮→做形→提毫→干燥→提香。扁形日照绿茶的加工工艺流程为：鲜叶摊青→青锅→摊凉→辉锅。

品质特征 日照绿茶品质优异，具有叶片厚、耐冲泡、黄绿汤、板栗香的独特品质，茶树生长期内昼夜温差大，茶叶内含物积累丰厚，氨酚比适中，成品汤色黄绿明亮、栗香浓郁、回味甘醇、耐冲泡。①卷曲形绿茶。外形条索紧细、卷曲，白毫显露、绿润；栗香浓郁、回味甘醇；其汤色黄绿明亮，叶底嫩绿明亮，芽叶完整。②扁形绿茶。外形扁平，光滑匀直，锋苗显露，色泽黄绿，油润；滋味醇厚，香气浓郁；汤色黄绿明亮，叶底嫩绿匀整。

销售区域 日照绿茶主要销售市场为山东省内，其次是北京、河北、黑龙江、吉林、辽宁等省（直辖市），西北地区也有销售。

（丁仕波）

日灼 sunburn 园艺作物遭受强烈太阳辐射而引起的器官伤害。又称日烧、灼伤。日灼是一种常见的自然灾害，分为夏秋日灼和冬春日灼两种类型。①夏秋日灼。出现在夏季和初秋。主要危害果实，严重时也危害叶片、嫩梢等器官。常在干旱和高温的强光天气条件下产生，特别是连阴天气过后器官突然暴露在强光下，干旱和高温导致光能过剩，器官向阳面剧烈增温造成光氧化伤害。受害果实先变白，继而出现淡紫色或淡褐色的干焰斑，果肉逐渐硬化，严重时表现为果实开裂；受害叶片上出现褐色斑块、新梢表面出现裂斑或整个叶片焦枯。②冬春日灼。出现于隆冬或早春，主要危害果树的枝干，其实质是在白天有强烈辐射的条件下因剧烈变温而引起伤害。果树主干和多年生大枝的向阳面由于阳光的直接照射，白天温度上升很快，使原来处于休眠状态的细胞解冻，但到夜间树皮温度急剧降到0℃以下，细胞内又发生结冰现象。长期的冻融交替使树干皮层细胞死亡，在树皮表面呈现浅紫红色块状或长条状日灼斑，严重时可危及木质部，并导致树皮脱落、病害寄生和树干朽心。

预防日灼的主要措施是加强肥水管理；进行树盘覆草和果园生草；合理修剪，易发地区和树体西南方向多保留一些枝叶。

（马锋旺）

容器苗 container grown plant 在园林苗圃中，从繁殖、若干次移栽直至出圃定植到园林绿地中，一直在容器内栽培的苗木。容器苗是园林苗圃苗木出圃时的一种形式。容器栽培的园林苗木一般采用空气修根容器，不窝根，定植到园林绿地中不存在缓苗期，适合园林反季节施工，是值得推广的园林苗木栽培方式。

容器苗

（吕 彤）

榕树 banian; *Ficus microcarpa* 桑科榕属大乔木。又称细叶榕、万年青、榕树须。榕树产于中国台湾地区及浙江（南部）、福建、广东（及沿海岛屿）、广西、湖北（武汉至十堰栽培）、贵州、云南。斯里兰卡、印度、缅甸、泰国、越南、马来西亚、菲律宾、日本、巴布亚新几内亚和澳大利亚北部、东部直至加罗林群岛也有分布。

形态特征 植株高达15～25米，胸径达50厘米，冠幅广展；老树常有锈褐色气根。树皮深灰色。叶薄革质，狭椭圆形，长4～8厘米，宽3～4厘米，先端钝尖，基部楔形，表面深绿色，干后深褐色，有光泽，全缘，基生叶脉延长，侧脉3～10对；叶柄长5～10毫米，无毛；托叶小，披针形，长约8毫米。隐头状花序，雌雄同株，雄花、雌花、瘿花同生于肉质花序托（榕果）内壁，花间有少许短刚毛；雄花无柄或具柄，散生内壁，花丝与花药等长；雌

榕树

花花被片3，广卵形，花柱近侧生，柱头短，棒形；瘿花似雌花，为榕小蜂寄生，花柱粗短。榕果成对腋生或生于已落叶枝叶腋，成熟时黄色或微红色或暗红色，扁球形，直径6～8毫米；基生苞片3枚，广卵形，宿存。花期5～6月。

生长习性　榕树虽能年年结实，但种子非常细小，脱粒也非常困难，因此多采用扦插或压条繁殖。榕树的适应性强，喜疏松肥沃的酸性土，在瘠薄的砂质土中也能生长，在碱土中叶片黄化。不耐旱，较耐水湿。在干燥的气候条件下生长不良，在潮湿的空气中能发生大量气生根，使观赏价值大大提高。喜阳光充足、温暖湿润气候，不耐寒，除华南地区外多作盆栽。对土壤要求不严，在微酸和微碱性土中均能生长，怕烈日暴晒。

用途　榕树具有很好的经济价值、药用价值和观赏价值。树皮纤维可制渔网和人造棉。气根、树皮和叶芽作清热解表药。在华南和西南等亚热带地区可用榕树来美化庭园，从树冠上垂挂下来的气生根能为园林环境创造出热带雨林的自然景观。大型盆栽植株通过造型可装饰厅、堂、馆、舍，也可在小型古典式园林中摆放；树桩盆景可用来布置家庭居室、办公室及茶室，也可常年在公共场所陈设。亦可作为行道树、孤植树观赏。

（王　雁）

乳山绿茶　Rushan green tea　产于中国山东省乳山市的绿茶。乳山种茶始于1966年，由焉家、耳沟等村从浙江省引进茶苗试种成功，是胶东半岛最早实现南茶北移的县市。为中国农产品地理标志产品。

分布范围　乳山绿茶生产地域为山东省乳山市现辖行政区，地理坐标为东经121°11′～121°51′，北纬36°41′～37°08′。

自然环境　乳山地处山东半岛黄金南海岸，具有雨水丰沛、光照充足、昼夜温差大、无霜期长的特点。乳山市种植的茶树品种主要为鸠坑、福鼎大白、黄山群体、平阳早香、龙井系列等，主要分布于乳山市的白沙滩、乳山寨、徐家、大孤山等镇，育黎、午极、海阳所、诸往等镇也有一定分布。

加工工艺　主要分为卷曲形绿茶和扁形绿茶。卷曲形绿茶的加工工艺流程为：鲜叶摊青→杀青→摊凉回潮→揉捻→二青→回潮→做形→回潮→提香。扁形绿茶的加工工艺流程为：鲜叶摊青→杀青→摊凉回潮→理条→压扁做形→辉锅。

品质特征　茶叶叶片肥厚，茶多酚、氨基酸等健康物质的含量高，并含丰富的维生素、矿物质和对人体有益的微量元素，具有滋味醇厚、清香久长、耐冲泡等特点。香气高、滋味浓郁、耐冲泡、汤色嫩绿明亮，并带有独特的板栗香，回味甘醇，且具有丰富的维生素、矿物质和微量元素。高档春茶冲泡后形似兰花，芽叶完整，具有很高的观赏价值。卷曲形绿茶外形条索卷曲、紧结、匀整，色泽翠绿；汤色黄绿明亮，滋味浓醇，叶底嫩绿明亮。扁形绿茶外形光滑、扁平；色泽翠绿，栗香浓郁，滋味醇厚，汤色黄绿明亮，叶底嫩绿明亮。

（丁仕波）

软化栽培　blanching culture　使某些蔬菜在黑暗或弱光条件下生长并形成柔软、黄化器官的特殊栽培技术。软化栽培利用了植物黄化现象。在弱光条件下，植物虽然能长成几乎正常的形态，但植株茎秆细长，组织分化程度低，特化的机械组织少且发育不完全，细胞壁较薄，木质化程度低，结构松软而脆弱，水分多而干物质少。软化栽培的蔬菜种类主要有韭菜、大蒜、大葱、芹菜、石刁柏、食用大黄以及芋、姜等。

栽培方法　包括根株培养和软化技术两部分。

根株培养　根株指供软化栽培的植株。由于软化是在无光或弱光条件下进行，植株体内只有物质的转化（如蛋白质及淀粉的水解）与运转，而无物质的同化与积累，所需养分主要靠地下器官提供。地下器官的养分积累越充足，植株生长就越良好。因此，软化前培养健壮的根株是软化产品得以优质高产的前提。根株培养主要是加强肥水管理，使肉质根（石刁柏、芹菜）、根茎（韭菜、姜）或鳞茎（大蒜）等器官充分肥大。为获得肥嫩的韭黄，还须减少对韭菜的收割次数；冬季收韭黄的，秋季一般就不割青韭。

软化技术　主要是利用不透光材料或地窖造成黑暗或弱光环境。中国传统的方法有：①培土软化法。应用最普遍，即在根株生长的末期，把土壤培壅在根基或叶柄、叶鞘的基部，使后来的嫩茎或嫩叶在无光或弱光环境下生长。培土常分几次进行。主要用于软化韭菜、石刁柏、芹菜、大葱等。山东章丘大葱就采用此法软化。②沟、窖软化法。即将根株栽种在黑暗的软化沟、窖中。也可在沟或窖内加酿热物或电热线，以加快软化物的生长。常用于生产芹黄、蒜黄、食用大黄、蒲菜等。③瓦筒覆盖软化法。如广州郊区的瓦筒软化，是给每一丛韭菜盖一个顶部有一小孔的瓦筒，白天将小孔覆盖，保持黑暗环境，夜间揭开以利通风。多用于生产韭黄。④水层软化法。即在根株生长末期灌水，使新出的嫩茎生长在水中。多用于软化水芹、茭白等水生蔬菜。此外，软化技术还可利用塑料大棚，以黑色塑料薄膜覆盖和电热加温，造成黑暗且温度适宜的环境。

栽培技术要点　①选择合适的蔬菜种类和品种。不是所有蔬菜都适合软化栽培，适合软化栽培的蔬菜主要有韭菜、大蒜、大葱、洋葱、芹菜、石刁柏等。由于软化栽培蔬菜的遮光部分保护组织发育不充分，极易遭受病害，故宜选择同种蔬菜中抗病能力强，特别是抗土传病害能力强的品种。②选择地势较高、排水快、未栽培过同种蔬菜，或虽栽培过同种蔬菜，但已相隔3年以上的地块。土质以砂壤土为佳。③当苗长到一定高度（如芹菜苗长到33厘米左右），须选择适宜的时机培土，最好选择土壤、天气都比较干爽的时候进行。注意培土时不要损伤植株，以免病害从伤口侵入。勿让土粒落入心叶之间，否则会引起腐烂。培土可随植株生长分数次完成。④由于培土法往往从畦边取土，容易伤根而影响植株生长，所以多采用黑膜覆盖法，其主要技术要领与培土法相似。

其他一些方法诸如密植法、稻草覆盖法、瓦罐法等都能有效降低光照而达到软化效果，可视当地情况及所选栽品种进行生产。（蒋卫杰）

瑞草魁 Ruicaokui 中国茶的别称。魁即第一之谓。古代认为灵芝、蓂荚之类为吉祥之草，或称仙草、瑞草。《尔雅·释草》："茵，芝。"晋郭璞注："芝，一岁三华，瑞草。"郝懿行《尔雅义疏》："〔郭注〕盖沿时俗符命之陋，以神芝为瑞草。"瑞草魁作为茶的别称，语出唐代杜牧的《题茶山》："山实东吴秀，茶称瑞草魁。剖符虽俗吏，修贡亦仙才。溪尽停蛮棹，旗张卓翠苔。柳村穿窈窕，松涧渡喧豗。等级云峰峻，宽平洞府开。拂天闻笑语，特地见楼台。泉嫩黄金涌，牙香紫璧裁。拜章期沃日，轻骑疾奔雷。舞袖岚侵涧，歌声谷答回。磬音藏叶鸟，雪艳照潭梅。好是全家到，兼为奉诏来。树阴香作帐，花径落成堆。景物残三月，登临怆一杯。重游难自克，俯首入尘埃。"

后来，瑞草魁多有引用，如明代王象晋《群芳谱》载："丫山阳坡横纹茶，一名瑞草魁。"丫山，即鸦山。明代曹学佺《名胜志》云："鸦山在文脊山北，产茶，充贡茶。经云：'味与蕲州同。'梅询有'茶煮鸦山雪满瓯'之句。"故又称鸦山茶。20世纪80年代中期，郎溪县姚村永丰村境内的鸦山创制有瑞草魁茶。

（于良子）

润楠 nanmu; *Machilus nanmu* 樟科润楠属常绿乔木。润楠原产于中国四川。

图1 润楠的叶

高可达40米以上。顶芽卵形，鳞片外面密被灰黄色绢毛。叶互生，革质，全

图2 润楠的顶芽

缘，椭圆形或椭圆状倒披针形，长5～10厘米，先端渐尖或尾状渐尖，叶上面无毛，下面有贴伏小柔毛。具羽状脉，叶脉在上面凹下，在叶下明显凸起，侧脉在两边均不明显。圆锥花序生于嫩枝基部，花小带绿色，花被片6，排成2轮。果扁球形，黑色，果下有宿存反曲的花被裂片。花期4～6月。

树干挺直，具广阔的伞形树冠，可作行道树与庭园树。材质优良，细致芳香，可供建筑、贵重家具和细工用。

（陈龙清　赵凯歌）

S

三江春茶 Sanjiangchun tea 产于中国广西壮族自治区柳州市三江侗族自治县的绿茶类早春茶。产地三江侗族自治县处于低纬度地区，属中亚热带湿润气候区；全年平均气温为17～19℃，年均降水量1493毫米；雨热同季，寒暑分明，晨昏多雾，四季宜耕；日照偏少，年均实际日照数1333.3小时。

三江春茶采用三江侗族自治县境内种植的优良茶树品种的单芽、一芽一叶或者少量一芽二叶鲜叶为原理加工制作而成，产品分为直条形和扁形两种。①直条形三江春。加工工艺流程为：摊青→杀青→理条做形→脱毫→烘干。成品茶外形条索紧细圆直带锋苗，色嫩绿；嫩香持久，滋味鲜爽；汤色黄绿明亮，叶底匀嫩黄明亮。②扁形三江春。加工工艺流程为：摊青→杀青→做形→辉锅。成品茶外形扁平光滑、挺直尖削，色嫩绿油润；清香高爽持久，滋味醇厚甘爽；汤色嫩绿明亮，叶底匀整。主销售区为中国北京、上海、广州、浙江、南宁、柳州、桂林等地。

（韦静峰）

三江红茶 Sanjiang black tea 产于中国广西壮族自治区柳州市三江侗族自治县的红茶。产地三江侗族自治县处于低纬度地区，属中亚热带、南岭湿润气候区；全年平均气温为17～19℃，年均降水量为1493毫米；雨热同季，寒暑分明，晨昏多雾，四季宜耕；属日照偏少地区，年均实际日照数1333.3小时。是中国国家地理标志保护产品。

每年4～11月，采用福云6号、福鼎大毫等茶树品种一芽一叶、二叶鲜叶为原料加工制作三江红茶。加工工艺流程为：萎凋（时间8～16小时）→初揉→复揉→发酵（发酵室温度26～28℃、湿度90%、时间3～5小时）→毛火（110℃）→摊凉→足火（85～95℃）→色选、分级→提香（提香机温度110℃，时间5～10分钟）。成品茶条索紧细显金毫，色润；香气高甜带花香，滋味醇爽；汤色红亮，叶底红亮。主销售区为中国福建、湖南、安徽、陕西、上海、广东、广西等地。

（韦静峰）

三角枫 triangle maple; *Acer buergerianum* 槭树科槭属落叶乔木。三角枫是中国原产树种，中国长江中下游地区、黄河流域多有栽培。

图1 三角枫

高5～10米。树皮褐色或深褐色，粗糙。小枝细瘦，当年生枝紫色或紫绿色，近于无毛；多年生枝淡灰色或灰褐色，稀被蜡粉。冬芽小，褐色，长卵圆形，鳞片内侧被长柔毛。叶纸质，基部近于圆形或楔形，外貌椭圆形或倒卵形，长6～10厘米，通常浅3裂，裂片向前延伸，稀全缘，中央裂片三角卵形，急尖、锐尖或短渐尖；侧裂片短钝尖或甚小，以至于不发育，裂片边缘通常全缘，稀具少数锯齿；裂片间的凹缺钝尖；上面深绿色，下面黄绿色或淡绿色，被白粉，略被毛，在叶脉上较密；

图2 三角枫的茎

图3 三角枫的叶和果

图4 三角枫的花

初生脉3条，稀基部叶脉也发育良好，致成5条，在上面不显著，在下面显著；侧脉通常在两面都不显著。叶柄长2.5～5厘米，淡紫绿色，细瘦，无毛。花期4月，果期8月。

三角枫喜光，稍耐阴，喜温暖湿润气候，稍耐寒，较耐水湿，耐修剪。树系发达，根蘖性强。

秋叶暗红色或橙色。宜作庭荫树、行道树及护岸树种，也可栽作绿篱。

（房伟民）

三角梅 bougainvillea; *Bougainvillea* spp. 紫茉莉科叶子花属藤状灌木。又称叶子花、宝巾、三角花、筋杜鹃等。三角梅原产于巴西，主要分布于中国、巴西、秘鲁、阿根廷、日本、赞比亚等国家。全世界约有18种，栽培种和杂交种在300种以上。中国引种栽培的有光叶子花（*B. glabra*）和叶子花（*B. spectabilis*）两种及其他杂交种。

三角梅的花朵十分娇小，很不起眼，为吸引传粉者，它的苞片显著增大，三片叶状苞片如花瓣一样排列在整个花朵外围，并有醒目的色彩，因此称为叶子花。花期一般在10～12月。喜温暖、湿润的气候，属强阳性花卉，在阳光充足的环境中花量多。对土壤要求不高，在稍偏酸性或稍偏碱性土壤上均可正常生长，栽培土质以肥沃的壤土或砂质壤土为好。开花前3个月对植株周围的土壤进行深翻，切断部分根系，控制植株生长，对促进早花、多花效果明显。

图1 三角梅

图2 三角梅的花和苞片（红色）

图3 三角梅的花和苞片（紫色）

三角梅终年常绿，花色丰富，品种繁多，花期长，枝多叶茂，耐修剪。常用于工厂、庭院、主干道、绿岛、公园等地的绿化；或种植于围墙及建筑物阳光充足的墙面，让其沿墙攀缘；或在草坪上孤植或三五成丛种植，修剪成各种造型，是一种应用广泛的园林绿化植物。

（刘 勐）

三清山白茶 Sanqingshan white tea 产于中国江西省玉山县怀玉山脉三清山一带的直条形白化绿茶。2010年研制。清同治（1862～1874）年间的《玉山县志》中记载："茶以三清山产者味特清冽。前志称西坑茶，与灵山并重，然不及三清远甚。"采摘一芽一叶制作，三清山白茶的加工工艺为：摊放→杀青→理条→烘干。成品茶外形细秀，形如凤羽，色如玉霜；茶香馥郁，滋味鲜爽回甘；汤色鹅黄清澈，滋味鲜爽；叶底叶肉玉白，叶脉翠绿。主销中国市场。

（杨普香）

桑葚 mulberry; *Morus alba* 桑科桑属落叶乔木或灌木。又称桑椹。桑葚原产于中国中部和北部，中国东北至西南地区、西北地区直至新疆均有栽培。朝鲜、日本、蒙古国、中亚各国、俄罗斯、欧洲等地，以及印度、越南亦有栽培。中国收集保存的桑树种质分属15个桑种3个变种，是世界上桑种最多的国家。其中栽培种有鲁桑、白桑、广东桑、瑞穗桑，野生种有长穗桑、长果桑、黑桑、华桑、细齿桑、蒙桑、山桑、川桑、唐鬼桑、滇桑、鸡桑，变种有鬼桑（蒙桑的变种）、大叶桑（白桑的变种）、垂枝桑（白桑的变种）等。

形态特征 高3～10米或更高，胸径可达50厘米。树皮厚，灰色，具不规则浅纵裂。冬芽红褐色，卵形，芽鳞覆瓦状排列，灰褐色，有细毛。小枝有细毛。叶卵形或广卵形，长5～15厘米，宽5～12厘米，先端急尖、渐尖或圆钝，基部圆形至浅心形，边缘锯齿粗钝，有时叶为各种分裂，表面鲜绿色，无毛，背面沿脉有疏毛，脉腋有簇毛。叶柄长1.5～5.5厘米，具柔毛。托叶披针形，早落，外面密被细硬毛。花单性，腋生或生于芽鳞腋内，与叶同时生出。雄花序下垂，长2～3.5厘米，密被白色柔毛；雄花花被片宽椭圆形，淡绿色，花丝在芽时内折，花药2室，球形至肾形，纵裂。雌花序长1～2厘米，被毛，总花梗长5～10毫米被柔毛；雌花无梗，花被片倒卵形，顶端圆钝，外面和边缘被毛，两侧紧抱子房；无花柱，柱头2裂，内面有乳头状突起。聚花果卵状椭圆形，长1～2.5厘米，成熟时红色或暗紫色。花期4～5月，果期5～8月。

图1 桑葚的枝和叶

繁殖与栽培 桑树耐旱、不耐涝、耐瘠薄，对土壤的适应性强，用种子、嫁接和压条均可繁殖。修剪可用拳式修剪法，每年在基部伐条，利用潜伏芽萌生新条，几年后在修伐处成拳状的树疙瘩。另有无拳式修剪法、留枝留芽修剪法等。

图2 桑葚的果实

病虫害 病害有桑萎缩病、桑疫病、桑褐斑病、桑根结线虫病等。虫害有桑螟、桑蟥、桑象虫、桑白蚧、桑天牛、桑蓟马、桑始叶螨等。

用途 桑葚是一种营养丰富、健康的食品原料，以桑葚加工的食品可满足消费者对营养健康食品的需求，桑葚饼干、桑葚茶、桑葚汁、桑葚酒等桑葚加工食品，深受消费者喜爱，市场前景较好。桑葚叶为桑蚕饲料，木材可制器具，枝条可编箩筐，桑皮可作造纸原料，果实可供食用、酿酒，叶、果、根和皮可入药。

（李振茹）

森伯 Senbo 中国茶的别称。宋陶谷著《茗荈录》载:“汤悦有《森伯颂》,盖茶也。方饮而森然严于齿牙,既久,四肢森然。”森然,是一种清凉的感觉,是对茶汤滋味口感及通体感受的描述。伯,本指兄弟排行最长者,以喻茶饮之美。

(于良子)

沙葱 wild onion; *Allium mongolicum* 百合科葱属多年生草本植物。又称蒙古韭、蒙古葱、野葱、山葱。沙葱是中国沙区常见的一种野生植物,主要分布在陕西榆林,内蒙古毛乌素、库布齐、乌兰布和、腾格里、巴丹吉林沙漠,甘肃河西走廊,青海柴达木盆地,新疆东部等地。在蒙古国南部、俄罗斯和哈萨克斯坦也有零星分布,为蒙古高原的特有种。

图1 沙葱

形态特征 植株直立呈簇状,株高15～30厘米。根黄白色。鳞茎和肉质叶簇生于茎盘上,茎为缩短鳞茎,根茎部略膨大,鳞茎圆柱形,外皮褐黄色,破裂呈松散的纤维状。叶片呈条形半圆柱状,实心,叶色浓绿,叶表覆有灰白色薄膜,叶鞘白色,圆桶状。花茎圆柱状直立,花为淡紫色或紫红色伞房花序,花薹长15～30厘米。种子黑色,半椭圆形。

生长习性 属长日照喜光植物,弱光条件下生长细弱,叶片呈灰绿色。耐旱、耐寒、耐瘠薄能力极强,遇降水时生长迅速,干旱时停止生长。生长适宜温度为12～26℃,既耐高温也耐低温,在10～40℃的温度下均能存活。野生条件下生长,要求较低的空气湿度和通透性较强的

图2 沙葱的叶

图3 沙葱的花

纯沙地。

叶长达5～25厘米时采收,首次采收后生长会逐步加快,应视其生长情况及时采收,一般15～20天采收一次。采用刈割方式,在傍晚或早晨为宜,刈割时应从鳞茎上部进行。

用途 叶为主要食用器官,可清炒、凉拌、烹调拌馅,亦可干制或腌制,其花和种子可作调味佐料。所含营养成分较全面,富含矿物质营养、必需微量元素和氨基酸。具有降血压、降血脂、开胃消食、健肾壮阳、治疗便秘等特殊功效。食之能治赤白痢、肠炎、腹泻等病,被誉为“菜中灵芝”。

(巩振辉)

沙棘 sea-buckthorn; *Hippophae rhamnoides* 胡颓子科沙棘属植物。又称醋柳果。沙棘属共有4种8亚种,起源于中国青藏高原和横断山区。分布于欧洲和亚洲。

资源分布 沙棘在中国主要分布于华北、西北、西南等地,常见于海拔800～3600米温带地区向阳的山脊、谷地、干涸河床地或山坡,在多砾石、砂质土壤和黄土上生长表现尤佳。中国天然分布的沙棘有西藏沙棘、肋果沙棘、柳叶沙棘、江孜沙棘4个种,有中国沙棘、云南沙棘、中亚沙棘、蒙古沙棘4个亚种,以及棱果沙棘、理塘沙棘2个天然杂种。其中,蒙古沙棘主要分布在新疆的天山以北、蒙古西部和俄罗斯贝加尔湖地区。俄罗斯以蒙古沙棘为育种材料,培育出大果沙棘良种,被中国东北和西北地区广泛引种栽培。

图1 沙棘

形态特征 落叶灌木或乔木,高1～2.5米。野生类型沙棘刺较多、粗壮,顶生或侧生。俄罗斯大果沙棘和中国选育的新品种大多无刺。嫩枝褐绿色,密被银白色且带褐色鳞片或有时具白色星状柔毛,老枝灰黑色,粗糙。芽大,金黄色或锈色。单叶互生或近对生、狭披针形或矩圆状披针形,叶柄短。短总状花序腋生于头年枝上,花小,淡黄色。雄花花被2裂,雄蕊4枚;雌花花被筒囊状,顶端2裂。雌雄异株。果为肉质花被筒包围,橙黄色或橘红色,果实圆形、近圆形或圆柱形,直径4～7毫米,单果平均重0.5～0.9克。种子阔椭圆形至卵形,有时稍扁,黑色或紫黑色。开花期4～5月,果实成熟期9～10月。沙棘栽培3～5年开花结实,8～20年为盛果期,15～25年为衰老更新期。

栽培管护 沙棘对土壤有很强的适应力,防风沙能力突出,无论是阳坡、阴坡、沟谷与山顶都可栽种。沙棘的栽培树形常采用自然圆头形。在花蕾期和幼果期要做好土肥水管理和植保工作,提高沙棘的授粉率和坐果率,提高产量。冬季修剪主要是剪去枯枝、病虫枝,夏季清除徒长枝、交叉枝、过密枝,保持通风透光。沙棘主要病害是干缩病、锈病,常见害虫有春尺蠖、苹小卷叶蛾、沙棘蚜虫和红缘天牛等。

图2 沙棘的茎和枝

图3 沙棘的叶

图4 沙棘的花

图5 沙棘的果实

果实采收与加工 沙棘果实可采用人工采收或机械采收。沙棘树上常布满荆棘，采摘难度较大，而且沙棘果实表皮较薄，易破损，人工采摘劳动量大、难度高。人工采收时，多采用捋枝、摘果、钩果、抖果或直接剪取2年生果枝等方法。机械震落法使用的工具为手持式果实采收器，果实采收器由振荡器、蓄电池（或汽油机）、果实采收网组成。

刚采摘的沙棘果实如果不能立即加工，则必须做好保存工作。选择低温、通风和干燥的地方，控制好贮藏温度，湿度控制在90%～95%，温度如果低于1℃则易造成冻害。沙棘较少鲜食，常加工成各种饮料、果酒、果酱、果脯，以及提取沙棘油等。

（李　疆　撰　李连国　修订）

图6 沙棘的种子

晒青绿茶 sun-dried green tea 茶鲜叶经过摊放、杀青、揉捻后，利用日光晒干的绿茶产品。因采用日光晒干的干燥方式而得名。晒青绿茶的主要产地在中国云南、湖北、陕西、四川、广西、贵州等省（自治区），晒青绿茶产品有滇青、湘青、陕青、川青、黔青、桂青、粤青、豫青等。历史上晒青绿茶多以散茶形式出售，现除少量供内销及出口外，主要作为饼茶、沱茶、康砖茶、茯砖茶等紧压茶的原料。

初制工艺流程为：摊放→杀青→揉捻→干燥。其摊放、杀青、揉捻等工序与烘青绿茶基本一致。揉捻后的叶子无须摊放，直接利用日光晒干。晒干过程中应避免泥沙、虫草等非茶杂物混入，避免茶叶直接接触地面，同时注意周边卫生和环境，防止茶叶吸收异味。晒干应在光线较充足的时间进行，中间翻叶2～3次，保证水分均匀蒸发，晒至茶梗折可断、叶干燥刺手、含水率在10%以下为适度。茶品外形条索粗壮、白毫显露，色泽深绿油润；有明显的日晒香味，滋味浓醇、收敛性强；耐冲泡，汤色黄绿明亮，叶底肥厚。

（袁海波）

山茶花 camellia; *Camellia japonica* 山茶科山茶属灌木或小乔木。山茶花主要分布在中国浙江、江西、四川、重庆及山东。日本、朝鲜半岛也有分布。

高9米。嫩枝无毛。叶革质，椭圆形，先端略尖，基部阔楔形，上面深绿色，干后发亮，无毛，下面浅绿色。花顶生，红色，无柄；苞片及萼片约10片，花瓣6～7片，外侧2片近圆形。蒴果圆球形，直径2.5～3厘米，2～3室，每室有种子1～2个，3爿裂开，果爿厚木质。花期1～4月。

山茶花常采用扦插、嫁接、压条、播种和组织培养等方法繁殖，以扦插为主。喜温暖、湿润和半阴环境，怕高温，忌烈日。

图2 山茶花的枝

图3 山茶花的叶

图4 山茶花的花

图1 山茶花

山茶花在中国各地广泛栽培，栽培历史悠久，为中国十大名花之一。园艺品种繁多，花大多数为红色或淡红色，亦有白色，单瓣或重瓣。花有止血功效。种子榨油，供工业用。　　（蔡邦平）

山龙眼花　protea flower; Proteaceae　山龙眼科具观赏价值的植物。山龙眼花一般包括产于南非的帝王花属（*Protea*）、银树属（*Leucadendron*）、针垫花属（*Leucospermum*），以及产于澳大利亚的班克木属（*Banksia*）和泰洛泊属（*Telopea*）等植物。山龙眼花喜阳光充足、温暖湿润的气候条件，要求疏松、腐殖质含量高的土壤。花大，颜色鲜艳，叶片美丽，具有较高的观赏价值。常见用于切花的植物有帝王花、针垫花等。

（张敬丽　刘云礼）

山药　yam; *Dioscorea* spp.　薯蓣科薯蓣属一年生或多年生缠绕藤本植物的统称。又称薯蓣、白苕、脚板苕、山薯、大薯。薯蓣属植物在全世界约有600种，可供食用且广泛栽培的有：山药（*D. opposita*）、甜薯（*D. esculenta*）、参薯（*D. alata*）、日本山药（*D. japonica*）、白薯莨（*D. hispida*）、黄独（*D. bulbifera*）、圆山药（*D. rotundata*）、黄山药（*D. cayenensis*）、三裂叶山药（*D. trifida*）等。按起源地可分为亚洲群、非洲群和美洲群。中国是山药重要原产地和驯化中心，中国栽培的山药属于亚洲群，有2个种（普通山药和田薯），各有3个变种或类型。普通山药（*D. batatas*）又名家山药，包括佛掌薯（var. *tsukune*）、棒山药（var. *rakuda*）和长山药（var. *typica*）3个变种；田薯又名大薯、柱薯，根据块茎形状分为扁块种、圆筒种和长柱种3个类型。

形态特征　山药地上茎细长，可达3米以上；地下块茎肉质，有长圆柱形、短圆柱形、掌状或团块状等。薯皮褐色，表面密生须根，肉质洁白。多为单叶，互生或对生，叶三角状卵形至三角状广卵形，先端突尖，基部戟状心形；叶柄长，叶腋

图1　山药的地下块茎

图2　采收的山药

发生侧枝或形成气生块茎（称零余子或山药豆）。穗状花序，花小，单性花，雌雄异株。蒴果。

栽培　山药喜温、怕霜冻，耐旱、忌涝，能耐阴。忌连作。栽培以土层深厚、肥沃、排水良好的砂壤土最为适宜。可用地下块茎或气生块茎繁殖，一般早春终霜前栽植，适时搭支架，秋末冬初霜降时收获。主要病害有根结线虫、炭疽病、斑枯病、褐斑病；主要害虫包括蝼蛄、蛴螬、小地老虎和沟金针虫等地下害虫。

用途　山药是中国传统药食同源食物，富含蛋白质和碳水化合物，菜用可炒食、煮食等，还可代粮。干制品可入药，性甘、平，具有补脾养胃、生津益肺、补肾涩精之功效。　　（李锡香）

山楂　hawthorn; *Crataegus* spp.　蔷薇科山楂属植物的总称。全世界蔷薇科山楂属植物约有1000种，均为多年生落叶灌木或乔木，分布在北半球北纬20°～60°的亚洲、欧洲和美洲等地。

种质资源　中国原产并有明确记载的山楂属植物有20个种、7个变种。20个种包括羽裂山楂（*C. pinnatifida*）、伏山楂（*C. bretschneideri*）、毛山楂（*C. maximowiczii*）、光叶山楂（*C. dahurica*）、辽宁山楂（*C. sanguinea*）、北票山楂（*C. beipiaogensis*）、光萼山楂（*C. laevicalyx*）、橘红山楂（*C. aurantia*）、甘肃山楂（*C. kansuensis*）、裂叶山楂（*C. remotilobata*）、阿尔泰山楂（*C. altaica*）、准噶尔山楂（*C. songorica*）、陕西山楂（*C. shensiensis*）、山东山楂（*C. shandongensis*）、湖北山楂（*C. hupehensis*）、野山楂（*C. cuneata*）、华中山楂（*C. wilsonii*）、云南山楂（*C. scabrifolia*）、滇西山楂（*C. oresbia*）和中甸山楂（*C. chungtienensis*）。7个变种包括羽裂山楂的大果变种（*C. pinnatifida* var. *major*）、无毛变种（*C. pinnatifida* var. *psilosa*）、热河变种（*C. pinnatifida* var. *geholensis*），毛山楂的宁安变种（*C. maximowiczii* var. *ninganensis*），湖北山楂的黄果变种（*C. hupehensis* var. *flavida*）和野山楂的匍匐变种（*C. cuneata* var. *shangnanensis*）及长梗变种（*C. cuneata* var. *longipedicellata*）。

约2500年前中国开始采集利用山楂，700年前开始栽培利用山楂。山楂作为果树栽培主要是羽裂山楂大果变种，少量栽培的有伏山楂、云南山楂和湖北山楂，其余种（变种）处于野生状态。

形态特征　山楂属植物的树姿有直立型、开张型、下垂型、矮化型等。枝条上通常有枝刺，稀无刺。一年生枝颜色有灰白色、黄棕色、黄褐色、红褐色和紫褐色。山楂的芽分为叶芽与花芽；花芽为混合芽，芽体大，扁圆形。叶片形状和叶片裂刻深浅不同，种间差异较大。伏山楂、湖北山楂叶片为卵形，云南山楂叶片为卵状披针形，野（楔叶）山楂叶片为卵状长圆形，毛山楂、辽宁山楂、光叶山楂叶片为卵形或菱状卵形。羽裂山楂、伏山楂、准

图1　山楂树

噶尔山楂叶片羽状深裂，云南山楂、湖北山楂、陕西山楂叶片羽状浅裂或不裂。叶基形状有截形、近圆形、楔形和心形。叶面有平展、抱合、反卷等伸展状态。叶背有的光滑无毛，有的密布绒毛。

山楂的花为两性花，花柱3～5枚，花柱四周有雄蕊5～25个，花瓣形状有圆形、卵圆形、椭圆形，花瓣类型有单瓣和重瓣，单瓣花通常有5个花瓣。花药颜色有白色、粉红色和紫红色。山楂个别品种存在花粉败育现象。花序以伞房花序为主，也有复伞房花序，有的还有副花序；每花序有花5～40朵。华中山楂、滇西山楂、橘红山楂花序多密被绒毛，云南山楂、湖北山楂、陕西山楂花序无毛。

山楂不同品种间的果实和种核性状差异明显。羽裂山楂大果变种、云南山楂和湖北山楂的果形大，直径可达2～3厘米；而华中山楂、毛山楂和甘肃山楂果形小，直径为0.6～0.8厘米。山楂果皮颜色有黑色、紫色、红色、橙色、黄色、绿色，果点颜色有灰白色、灰褐色、黄白色、黄褐色、黄色，果肉颜色有绿白色、黄白色、橙黄色、粉白色、浅红色、深红色。果实的梗洼有广浅、平展、隆起等形状，梗基特征有膨大状和一侧瘤起。萼片着生状态有脱落、残存和宿存三种。此外，果实中有种核1～5个，不同种类间种核两侧有无凹痕也不同。

生物学特性　多数山楂属植物为浅根性树种，主根不发达，侧根多分布在50厘米以内，以20～40厘米的土层中分布最多。山楂花序的中间花先开，通常在开放第二天即进入盛花期。单花开放可延续2天，一个花序从初开到花瓣脱落为4～6天，单株花期为8～10天。山楂具有异花、自交和单性结实能力，但自花结实率很低，仅5%～15%。自然异花授粉的花朵坐果率可达30%～50%。总体来看，山楂花序坐果率高，花朵坐果率低。初花后一周形成落花高峰，初花后两周出现幼果脱落，约一周为集中脱落期。山楂果实的生长型属于典型的双S型，即两个迅速生长期之间有一个缓慢生长期。山楂属植物的结果母枝可分为长、中、短三类，还可分为具有顶芽的结果母枝和不具顶芽的结果母枝两类。

栽培山楂的幼树结果早，苗木定植后如不定干，有的当年就可结果；通常栽植第三年大部分可以结果，第四年全部结果，管理条件好的密植园4～5年即可丰产。栽培山楂的果枝率在40%～50%时，其产量稳中有升；而果枝率大于50%时，就会产生大小年现象。在一般管理条件下，

图2　山楂的叶和果实

栽培山楂7～8年生进入盛果初期，盛果期可持续30～50年。

栽培技术　大果山楂生产园山楂苗木的繁育方法有嫁接法、分株法、枝条扦插法和组织培养法。栽培山楂所使用的苗木主要是嫁接苗，所使用的砧木主要是羽裂山楂实生苗。由于羽裂山楂的种核骨质坚硬，因此层积处理的时间很长，通常需要经历两冬一夏后才能播种。此外，生产上也可以利用辽宁山楂、毛山楂、甘肃山楂、野山楂、软核山楂等进行嫁接育苗，但应用很少。嫁接育苗的方法以丁字形芽接、嵌芽接和劈接为主。

建立果园时，除选好适宜地点外，一般山地果园株行距为（2～3米）×（3～4米），平地果园株行距为（3～4米）×（4～5米）。此外，多数山楂品种需要异花授粉才能结实良好，而且对授粉品种有选择性，需要配置适宜的授粉品种。在株距3～4米、行距4～5米的集约栽培果园，在树形上宜采用自由纺锤形、小冠疏层形或自然开心形。

果园管理　大果山楂建园后，土层深厚的果园可改良土壤质地，加深活土层，提高土壤肥力；土层瘠薄的果园和沙滩果园要深翻改土或深翻客土，加厚土层。深翻可在定植后的第二年开始，于春季发芽前或秋季采果后封冻前进行，一般秋季深翻较好；深翻深度通常在60～80厘米。除深翻外，要在春、夏、秋三季进行树盘松土，除虫保墒，并结合松土随时刨除地下根蘖；松土深度通常20厘米左右，秋季应适当深些，春夏浅些。

果园基肥以有机肥为主，并加入适当磷肥和氮肥；施肥量根据土壤肥力、树势、树龄等综合条件决定。通常采用环状沟、放射状沟或条沟等方式施入。施用追肥通常采用土壤追肥和叶面喷肥相结合。①土壤追肥。视不同情况可进行2～3次，其中春季发芽前追肥自树液开始流动至芽萌动期施入，花前追肥在花前1～2周内施入，这两次施肥以氮肥为主；促果肥在果实第二次速长期施入，大约在8月中下旬，以磷、钾肥为主，氮、磷、钾同时施入。②叶面喷肥。花前可喷施0.5%的尿素溶液，能提高坐果率10%左右。6～7月可结合喷药喷施0.3%～0.4%的尿素，8月喷施0.5%的磷酸二氢钾，每次喷施间隔20天。叶面喷肥宜在上午10时之前或下午4时之后进行。尽管大果山楂属于耐旱树种，但良好的生长发育也需要适时足量的灌水。一般每次施肥后必须灌水，如催芽水、花前水、花后水和保果水等。此外，春旱时多灌水，秋施基肥后灌透水，封冻前灌封冻水。

在花果管理上，10年生以上进入盛果期的山楂树在生长发育正常的情况下，每公顷产量应控制在30～37.5吨，最多不超过45吨。此外，在山楂盛花期喷布50～100毫克/升的赤霉素溶液即可使花朵坐果率平均增加10%以上，还可增大单果重，提高产量，是山楂生产的关键技术措施之一。

病虫害　山楂的虫害防治是山楂生产中的一项重要工作，山楂的虫害多达200余种，主要种类是鳞翅目、鞘翅目、同翅目、半翅目和蛛形纲的昆虫。其中，以鳞翅目的食心虫发生最为普遍、危害程度最重，其次是食叶性毛虫类、介壳虫、山楂红蜘蛛及枝干害虫。山楂病害种类较多，常发病害主要有白粉病、锈病、叶斑病、花腐病、果腐病、枝枯病等，做好病害防治工作对于山楂生产也是非常必要的。

图3　山楂的果实

图4　山楂果干

主要用途 栽培山楂的果实除可以少量鲜食外，主要用于生产加工产品。多数山楂种类的花、果、茎、叶、根均可以干品形式入药或制备中成药。山楂果具有降血脂、降血压、强心、抗心律不齐等作用，同时也是健脾开胃、消食化滞、活血化痰的良药，对胸膈脾满、疝气、血淤、闭经等症有很好的疗效。山楂内的黄酮类化合物牡荆素，是一种抗癌作用较强的药物，其提取物对抑制体内癌细胞生长、增殖和浸润转移均有一定的作用。此外，山楂树还是良好的生态树种和园林绿化树种。

（董文轩）

陕梅杏 Shanmei apricot; *Prunus armeniaca* 'Shanmei xing' 蔷薇科李属植物。陕梅杏由辽宁省果树研究所于1983年在中国陕西省眉县发现。

图1 陕梅杏

图2 陕梅杏的花

树冠丛状形，树姿直立。叶片圆形，基部宽楔形，先端急尖，叶缘单锯齿。重瓣花，每朵花花瓣70余枚，花萼紫红色，花瓣粉红色。不易结果。4月下旬开花，4月末至5月初盛花，花期10天。

陕梅杏花大、花瓣多，在中国北方地区可作“梅花”栽培。

（吕 彤）

商南泉茗茶 Shangnan Quanming tea 产于中国陕西省商南县的半烘半炒的卷曲形绿茶。商南泉茗茶以其“香高、味浓、回甜、耐泡”的特点赢得了广大消费者的普遍欢迎，成为市场上的畅销产品。

产地环境 商南县境内茶园主要分布在低山丘陵地带，平均海拔896.3米（最高2057.9米，最低216.4米）。全县从北向南具有由暖温带向亚热带气候过渡的气候特征。北有秦岭主脊屏障，寒流不易侵入，南有开口的掌状山势，利于东南湿气流深入；四季分明，年平均气温14.6℃，年降水量880毫米，无霜期216.5天，年均日照时数1973.5小时；土壤以潮土和黄褐土为主，微酸性，有机质含量为1.69%，并富含硒、锌等微量元素。

加工工艺 谷雨前，以采摘茶树的一芽一叶初展为原料。采摘的鲜叶严禁带有“马蹄子”和各类夹杂物；不采雨水叶，露水叶，病虫叶。加工工艺流程为：摊放→杀青→清风→初炒→做形起毫→烘焙→拣剔→包装。①摊放。采回的鲜叶按鲜叶质量和时间先后分别摊放，摊放厚度不超过15厘米。摊放过程中每隔2小时用手轻轻翻动一次，严禁踩压，以免造成鲜叶损伤。摊放时间一般为6～8小时。②杀青。用6CST-30/40连续滚筒杀青机，杀青温度为110～120℃，杀青时间根据鲜叶嫩度、水分多少确定，以杀青适度为准，一般为2分钟。③清风。杀青叶及时进行吹凉。④初炒。锅温先高后低，由100℃左右逐步降至80℃，操作同杀青。炒至三成干即叶色变暗、手握成团、抛之即散时可做形起毫。⑤做形起毫。做形起毫分为做形、搓团和起毫三个阶段。做形的锅温掌握在70℃左右，待茶坯受热均匀后，双手将茶捧在手心中运用掌力沿顺时针方向转搓揉，不断抖散茶块，不断换叶，并随着水分的散失，不断加大用力力度（由轻到重）。经10～12分钟，当条索紧结、茶条开始变硬时开始搓团。搓团的目的是使紧结的茶条变弯曲，近似螺形。其方法是将叶子拢在两手中心，五指稍并拢，沿顺时针方向搓揉四五次成一团，放入锅中，每锅放三四团。约经20分钟后抖开散发水分，再经五分钟左右即可起毫。起毫时，锅温应稳定在60～70℃，手势基本与搓团相同，利用掌力使茶叶间相互摩擦，随着茶叶不断干燥，用力则应逐步减小，待茶条紧结弯曲，有刺手感时即可出锅。⑥烘焙。选用6CHP-60三斗烘焙机，温度稳定在100～110℃，热风温度60～70℃，轻翻三四次，烘至茶叶足干，出锅摊凉。⑦拣剔。出锅后的茶叶先簸扬去掉碎末，然后稍作摊放。在摊放的同时，拣净老叶、花蕾等杂物。⑧包装入库。

品质特征 成品茶外形紧细弯曲，白毫显露；滋味鲜爽，回甜，栗香浓郁持久；汤色嫩绿，清澈明亮，叶底黄绿明亮。

（纪昌中）

上饶白眉茶 Shangrao Baimei tea 产于中国江西省上饶县周圩乡一带的圆直形炒青绿茶。1983年研制。因其极致雪白的外形恰如老寿星的眉毛，故而得此美名。主产区为上饶县及周边地区。采摘一芽一叶、一芽二叶初展为原料，通过杀青→揉捻→理条→干燥制作工艺制成。成品分特级、一级、二级。上饶白眉茶外形紧直壮实，白毫满披，色泽润绿；香气清高，滋味鲜爽；汤色黄亮，叶底嫩黄。主销中国江西省大中城市及中国港澳地区。

（杨普香）

上犹绿茶 Shangyou green tea 产于中国江西省上犹县的炒青绿茶。始于唐朝，盛于明朝。据《南安府志》卷七记载：“明洪武二十四年，上犹‘上洞茶’和‘上寨茶’被列为贡品，上犹县官民田地山塘……茶二百六十三斤有奇折钞七十二贯九百有奇；万历三十年，上犹县官民田地山塘……茶六十一斤九两有奇。”清光绪十九年（1893）《上犹县志》卷二记载：“犹石嶂……瀹茗，茗更佳。”1949年后，上犹县开始大力发展茶产业。

上犹剑绿的加工工艺为：采摘单芽、一芽一叶初展，经摊放→杀青→炒二青→整形→炒干等加工工艺制成。分一至三级。上犹毛尖的加工工艺为：采摘一芽一叶、一芽二叶，经摊放→杀青→揉捻→理条→提香→烘干等加工工艺制成。分一至三级。上犹大众茶的加工工艺为：采摘幼嫩芽叶，经摊放→杀青→揉捻→滚坯→初干→再干等加工工艺制成。分一至四级。茶品为上犹剑绿、上犹毛尖、上犹大众茶三个类别。①上犹剑绿。外形扁平挺秀，形若剑，色泽匀齐光润，香高持久，栗香明显，滋味鲜爽，回味甘醇，汤色嫩绿清澈，叶底嫩绿匀整明亮。②上犹毛尖。外形紧结重实，锋苗显露，色泽绿润，嫩香鲜爽持久，滋味鲜爽甘醇，汤色嫩绿明亮，叶底嫩匀肥厚。③上犹大众茶。外形紧实，翠绿油润，香浓纯正，滋味鲜浓，汤色绿艳，叶底翠绿匀整。茶品主销中国各大中城市。

（李文金）

芍药 herbaceous peony; *Paeonia lactiflora* 芍药科芍药属多年生草本植物。又称将离、殿春。芍药肉质根粗壮。茎丛生，高40～120厘米。下部茎生叶为二回三出复叶，上部茎生叶为三出复叶，顶梢处为单叶，小叶狭卵形，椭圆形或披针形。花数朵，着生茎顶或叶腋，直径8.0～11.5厘米。苞片4～5，披针形，大小不等。萼片4，

图1 芍药

图2 芍药的根

图3 芍药的叶

图4 芍药的花

图5 芍药的果实（蓇葖）

图6 芍药的种子

宽卵形或近圆形。花瓣倒卵形，白色，有时基部具深紫色斑块。花丝黄色，花盘浅杯状，包裹心皮基部，顶端裂片钝圆；心皮4～5（～2），无毛。蓇葖长2.5～3.0厘米，直径1.2～1.5厘米，顶端具喙。花期5～6月，果期8月。

喜光，耐半阴。喜空气湿润，忌夏季炎热。喜土层深厚、排水良好、中性或微酸性的壤土或砂壤土，忌盐碱及低洼地。常用分株法繁殖，一般在秋季进行。播种繁殖多用于育种或培养根砧。

花大色美，常与牡丹配合做成专类花园，也适用于**花坛**、**花境**、公园、庭园、绿地种植，或作切花插瓶观赏。芍药根可入药，其加工品称白芍或赤芍。

（于晓南）

杓兰 lady's slipper; *Cypripedium* spp. 兰科杓兰属种类的总称。全属约50种，主要产于东亚、北美、欧洲等温带地区和亚热带山地，向南可达喜马拉雅地区和中美洲的危地马拉。中国有36种，其中25种为中国特有，主要分布于喜马拉雅山南麓、青藏高原东南部的横断山区；以西藏、云南、四川等地最为丰富，是世界杓兰属植物的分布中心。生于海拔500～1000米的林下、林缘、灌木丛中或林间草地上。

地生草本，具短或长的横走根状茎和许多较粗厚的纤维根。茎直立，长或短，成簇生长或疏离，无毛或具毛，基部常有数枚鞘。叶2至数枚，互生、近对生或对生，有时近铺地。叶片通常椭圆形至卵形，较少心形或扇形，具折扇状脉、放射

图1 杓兰

状脉或3～5条主脉，有时有黑紫色斑点。花序顶生，通常具单花或少数具2～3花，极罕具5～7花。花苞片通常叶状，明显小于叶，少有非叶状或不存在。花大，通常较美丽。中萼片直立或俯倾于唇瓣之上。2枚侧萼片通常合生而成合萼片，仅先端分离，位于唇瓣下方，极罕完全离生。花瓣平展、下垂或围抱唇瓣，有时扭转。唇瓣为深囊状，球形、椭圆形或其他形状，一般有宽阔的囊口，囊口有内弯的侧裂片和前部边缘，囊内常有毛。蕊柱短，圆柱形，常下弯，具2枚侧生的能育雄蕊、1枚位于上方的退化雄蕊和1个位于下方的柱头。花药2室，具很短的花丝。花粉粉质或带黏性，但不黏合成花粉团块。退化雄蕊通常扁平，椭圆形、卵形或其他形状，有柄或无柄，极罕舌状或线形。柱头肥厚，略有不明显的3裂，表面有乳突。果实为蒴果。

杓兰花朵外形奇特、色彩丰富而艳丽，叶片形状高雅，整个植株有一种奇特的美感，具有极高的观赏价值。杓兰的唇

图2 绿花杓兰

图3 宝岛杓兰

图4 皇后杓兰

图5 西藏杓兰

瓣远远望去像一个开口向上的小口袋，当两朵花并列在一起的时候，又酷似一对拖鞋，因此被西方称为“女神的拖鞋”。这些囊状口袋用于诱骗昆虫为杓兰传粉，如西藏杓兰（*Cypripedium tibeticum*）花朵紫褐色，近黑色，酷似熊蜂蜂王产卵所需的地洞或树洞，可诱骗熊蜂进入为其传粉。（王 雁）

邵武碎铜茶 Shaowu Suitong tea 产于中国福建省邵武市和平镇坎下村关心峰和坪上村留仙峰的绿茶。又称关心茶、观星茶。闽北邵武茶区特殊的地理位置、气候、土壤、植被及人文因素，为邵武碎铜茶的生理和生化过程物质代谢创造了优越的自然生态环境，孕育了品质优异的邵武碎铜茶。邵武碎铜茶属正常茶类，但其中茶多酚类总量、水浸出物总量、L-表没食子儿茶素没食子酸酯（L-EGCG）和L-表儿茶素没食子酸酯（L-ECG）均高于当地普通茶叶，有利于人体健康。邵武碎铜茶最大的特点是可以“碎铜”：把鲜叶或毛茶与铜钱一起咀嚼，数分钟后铜钱即可咬碎。邵武碎铜茶是中国国家地理标志保护产品。

碎铜茶的加工工艺流程为：鲜叶采摘→杀青→揉捻→干燥。茶品外形呈眉茶状，碧绿，毫显，茶汤浅绿，澄明透亮；茶香为典型的绿茶栗香，且有股清凉的山野气息，稍涩而回甘，味醇而耐泡。制作碎铜茶的茶树为灌木型中叶类迟芽种，当地茶农称其为“土茶”，与武夷山茶农所说的“菜茶”、政和茶农所说的“小茶”类似。受地理环境影响，采自邵武市坎下、坪上一带高山上的茶才有“碎铜”功能，而采于别的地区的茶则均无此功能。

（李远华 叶江华）

蛇鞭菊 blazing star; *Liatris spicata* 菊科蛇鞭菊属多年生草本花卉。蛇鞭菊原产于北美洲，常见于大平原和落基山脉的交界处，并向东部延伸。原为北美洲本土野花，后因引种栽培而呈现于大众视野。中国多地有栽培，主要栽培种类为：①蛇鞭菊（*L. spicata* var. *spicata*），花葶90～120厘米，花为紫红色，花期7～9月。②聚花蛇鞭菊（*L. spicata* var. *racemosa*）。③蔷薇蛇鞭菊（*L. spicata* var. *resinosa*）。

形态特征 直立细长，高度为50～120厘米。根系强壮，可以保留和吸收土壤周围的水分，粗根可达4.8米深，有很好的耐旱力。叶为线性，对生聚集在植物基部，向上延伸至花簇。紧密排列的头状花序自上而下开放，形成穗状花序，花为紫色或白色。茎基部膨大为扁球状，形成球状根茎；球状根茎是主要营养储存器官，为植株生长提供营养。花期7～9月。

图1 蛇鞭菊

图2 蛇鞭菊的叶

图3 蛇鞭菊的花序（紫色）

图 4 蛇鞭菊的花序（白色）

图 5 蛇鞭菊的果实

栽培与管理 易成活，对土壤要求不高，喜排水好、阳光充足的环境条件。耐高温，耐贫瘠，具有一定的耐寒性。以分球繁殖和种子繁殖为主。①分球繁殖。在春季用锋利干净的刀片将洗净的蛇鞭菊块根切成几段，确保每部分有根和正在生长的芽或叶。然后折断全部小球芽，切割面消毒杀菌，将其植入土壤中，保持充足的水分。②种子繁殖。种子存活期不到12个月，秋季收集的种子可直接播种到花园里。如遇寒冷的冬天，蛇鞭菊的种子需要在潮湿的环境进行低温处理才能在次年春天发芽。可在播种前将种子与湿润的蛭石、泥炭和沙子混合后装入密封袋中，放入冰箱4℃冷藏至播种。作为竖线条花卉，管理粗放，可与玉簪或阔叶植物形成对比。蛇鞭菊可能感染一些真菌病害，如叶斑病和白粉病。

用途 常应用于花坛、花境、花钵、花园和花海等。当栽培种植形成花海时，大片紫色十分壮观。花中富含花蜜和花粉，可以吸引各种各样的蝴蝶等昆虫。也可作切花和干花。 （吴沙沙）

蛇瓜 snake gourd; *Trichosanthes anguina* 葫芦科栝楼属一年生蔓性草本植物。又称蛇豆、长栝楼。以嫩果供食用。蛇瓜原产印度、马来西亚，广布东南亚各国和澳大利亚等地。中国南方有种植，北方较少栽培。

形态特征 根系较发达。茎蔓生，具5条纵棱，茎节有卷须，分枝性强。叶掌状，5～7裂，互生。茎叶均被绒毛。雌雄异花同株，腋生，雌花单生，雄花总状花序，花均白色。果实棒状或长条状，长30～100厘米，直径3～5厘米，果面光滑、被蜡质、灰白色，伴有绿色纵条纹，成熟果火红色伴有褐色纵条纹，肉浅绿色。种子近长方形，浅褐色，千粒重200～250克。

图 3 蛇瓜的花

栽培 喜温暖气候，耐热，不耐寒。较耐贫瘠，也较耐肥。喜湿润，也较耐干燥。对土壤要求不严。品种类型按果实不同长度分为长条型和短棒型，后者更适于市场销售。采用种子繁殖。多于春季或夏秋季栽培，先在保护地或防雨遮阳设施中播种育苗，春季终霜后定植，夏季播后约25天定植，夏秋季收获。

用途 蛇瓜含有较多的碳水化合物和

图 1 蛇瓜

图 2 蛇瓜的叶

图 4 蛇瓜的果实

蛋白质，并具有特殊清香。可炒食、煲汤，也可作饲料或观赏用。

（侯喜林 张昌伟）

蛇目菊 Mexican creeping zinnia; *Sanvitalia procumbens* 菊科蛇目菊属一年生草本植物。蛇目菊原产于墨西哥，中国香港有栽培或为野生。

蛇目菊

高达50厘米。叶菱状卵形或长圆状卵形，长1.2～2.5厘米，全缘，少有具齿，两面被疏贴短毛。头状花序单生于顶端。舌状花，单性，黄色或橙黄色，顶端具3齿。管状花，两性花，暗紫色，顶端5齿裂。总苞片被毛，外层总苞片基部软骨质，上部草质。舌状花瘦果扁压，三棱形，顶端具3芒刺。管状花瘦果三棱形至扁，暗褐色，顶端有2刺芒或无刺芒，边缘有狭翅，外面有白色瘤状突起或无小瘤而成细纵肋。

（包满珠 傅小鹏）

设施栽培 facility cultivation 在环境相对可控的条件下，采用工程技术手段在设施内栽培作物的栽培方式。研究这一系统的科学称为设施栽培学，即研究不同类型设施内环境变化规律与调控技术、不同种类和品种作物在设施内的生长发育规律与调控、不同作物的设施栽培模式与技术、不同设施作物病虫害防治等的科学。是在多个学科理论和技术进步的基础上发展起来的，包括植物学、遗传学、植物生理学、生物化学、分子生物学、气象学、土壤学、农业化学、植物保护学、作物栽培学以及农业建筑工程学、环境工程学、自动控制学、材料学、信息科学等。

根据种植作物分类 可分为**果树设施栽培**、蔬菜设施栽培、**花卉设施栽培**、药用植物设施栽培、食用菌设施栽培、茶树设施栽培等。①果树设施栽培。在设施内种植果树，主要种类有核果类、浆果类及少数热带果树，如桃、李、杏、樱桃、草莓、蓝莓、葡萄、无花果、火龙果等。②蔬菜设施栽培。在设施内种植**蔬菜**，除了部分结球叶菜类蔬菜、水生蔬菜、多年生蔬菜以外，绝大部分蔬菜可进行设施栽培，但以茄果类和瓜类蔬菜栽培面积最大。③花卉设施栽培。在设施内种植花卉，主要有草本和木本花卉、盆花和切花。④药用植物设施栽培。在设施内种植药用植物，主要在中草药基地进行，但一般应选择设施栽培对其药用成分影响不大的种类。⑤食用菌设施栽培。在设施内种植**食用菌**，主要有香菇、双孢菇、金针菇、凤尾菇、白灵菇、鸡腿菇、木耳、银耳等。⑥茶树设施栽培。在设施内种植茶树的方式，但应用较少，栽培中也要注意对茶叶有效成分的影响。

根据设施类型分类 可分为简易覆盖栽培、塑料大中棚栽培、温室栽培等。①简易覆盖栽培。包括地面覆盖栽培和近地面覆盖栽培：地面覆盖栽培指在地膜和沙培覆盖下种植作物；近地面覆盖栽培指在近地面1.5米以下覆盖设施内种植作物，如风障、阳畦、温床、小拱棚等。②塑料大中棚栽培。指在透明塑料薄膜覆盖、脊高1.8米以上的屋脊形或拱圆形棚内种植作物。③温室栽培。指在透明玻璃或塑料薄膜覆盖、具有一定环境调控能力的脊高1.8米以上的屋脊形或拱圆形棚内种植作物，如**日光温室栽培**、**连栋温室栽培**、单栋加温温室栽培等。

根据栽培方式分类 可分为土壤栽培、营养基质栽培、**无土栽培**、**立体栽培**等。①土壤栽培。指在设施内的土壤上种植作物。②营养基质栽培。指在设施内的营养基质上种植作物。③无土栽培。指在设施内采用营养液供应养分的方式种植作物。④立体栽培。指在设施内利用空间种植作物。

根据应用目的分类 可分为防寒栽培、降温栽培、防雨栽培等。①防寒栽培。在寒冷季节进行设施保温或加温栽培，如北方冬季日光温室栽培。②降温栽培。在高温季节进行设施降温栽培，如夏季遮阳降温栽培、人工降温栽培等。③防雨栽培。在雨季进行避免雨淋的设施覆盖栽培，如大樱桃雨季临时覆盖栽培、叶菜雨季临时覆盖栽培、花卉雨季临时覆盖栽培等。

根据栽培茬口分类 设施栽培的茬口安排可分为长季节栽培（一年一大茬）、冬春茬栽培（促成栽培）、春提早栽培（半促成栽培）、秋延后栽培（半抑制栽培）、秋冬茬栽培（抑制栽培）、夏秋茬栽培（越夏栽培）等。①长季节栽培。一般指利用设施在8月播种育苗、翌年7月采收结束，或1月播种育苗、11月采收结束的种植制度。②冬春茬栽培。一般指利用设施在9月或10月播种育苗、翌年6月或7月采收结束的种植制度。③春提早栽培。一般指利用设施在12月至翌年2月播种育苗、6月至7月采收结束的种植制度。④秋延后栽培。一般指利用设施在6月至7月播种育苗、11月至12月采收结束的种植制度。⑤秋冬茬栽培。一般指利用设施在7月至8月播种育苗、翌年2月采收结束的种植制度。⑥夏秋茬栽培。一般指利用设施在4月至5月播种育苗、10月至11月采收结束的种植制度。

根据栽培特殊性分类 利用设施可进行特种栽培，主要有芽菜栽培、**软化栽培**、假植栽培、高品质栽培等。①芽菜栽培。利用设施以芽苗为产品的栽培。②软化栽培。利用设施遮光使作物产品器官不形成叶绿素的栽培，如韭黄、蒜黄等。③假植栽培。一些作物连根采收后利用设施进行临时种植的栽培，如低温季节芹菜连根采收后在温度适宜的地方临时栽培，以调节上市期；圆葱秋季育苗后挖出来在温度适宜的地方临时栽植越冬，翌年栽培。④高品质栽培。以高品质为目标的设施作物栽培。

（李天来）

蔎 She 中国茶的名称。原义为香草，蜀西南地区方言对茶的称呼。**陆羽**《茶经》："其字，或从草，或从木，或草木并。其名，一曰茶，二曰槚，三曰蔎，四曰茗，五曰荈。"其原注："周公云：'槚，苦荼。'杨执戟云：'蜀西南人谓茶曰蔎。'郭弘农云：'早取为荼，晚取为茗，或一曰荈耳。'"杨执戟，即扬雄。《说文解字》："香草也。从草设声，识列切。"

（于良子）

伸展蛋白 expansin 存在于植物细胞壁，能缓释细胞壁结构网中的张力，使细胞壁变松弛的蛋白质。又称扩张蛋白或膨胀素。伸展蛋白本身不具有水解酶、糖基转移酶等酶活性，但结合在纤维素微纤丝与基质多糖（半纤维素、果胶质等）的交界面上，能够破坏纤维素微纤丝和半纤维素分子间的非共价键，使细胞壁多聚体（大分子多聚物质）间的结合发生瞬间或暂时的松弛，从而使细胞的膨大与伸展变为可能。因此，伸展蛋白与植物细胞的生长、组织或器官的老化均有关系。

分类 伸展蛋白有一个庞大的基因家族。根据它的核苷酸序列和底物特异性的不同，可分为α和β两大类。α-伸展蛋白分子量为25～27千道尔顿，主要存在于双子叶和非禾本科的单子叶植物中；β-伸展蛋白属于糖蛋白，分子量为30千道尔顿左右，主要存在于禾本科单子叶植物中。

两类伸展蛋白在结构和功能上有较高的同源性。所有伸展蛋白分子的N-端都有8个保守的半胱氨酸残基（不变），在C-端有4个色氨酸残基。在这两个保守区域中，半胱氨酸的存在可能与蛋白质结构中二硫键的形成有关，色氨酸残基可能在伸展蛋白与多糖分子的结合中发挥作用。

特点　伸展蛋白具有组织特异性，并受发育阶段的调节。有些存在于生长中的组织器官中，如叶片、茎尖、幼果等；有些存在于发育中的组织和器官中，如叶柄、果实、果梗等；有的表达于植物的多种部位，包括所有细胞伸长的部位；有的则专一性地存在于某些特定的组织和器官中，如成熟、老化的组织和器官。同一组织器官中往往会有数种不同的伸展蛋白分子，其表达时期和表达强度各不相同；处于某一特定生长发育时期的组织或器官中，也会有数种伸展蛋白同时存在。

功能　伸展蛋白普遍存在于果实中，既与果实生长有关，也与果实成熟软化有关。如苹果、猕猴桃、番茄、草莓、桃、樱桃、杏、香蕉、柿、梨、甜瓜、鳄梨、辣椒、菠萝等果实的成熟软化，都与伸展蛋白有关。

伸展蛋白在生长组织中作用于细胞壁，使其松弛而使细胞膨大；在成熟果实细胞内促使细胞壁结构松弛，易于解聚。与果实成熟有关的伸展蛋白可能作用于木葡聚糖与纤维素分子间的非共价键，如氢键。它们通过破坏木葡聚糖和微纤丝之间的联结，使细胞壁结构变得松弛，水合性增加，由此增加细胞壁多聚体与胞壁降解酶（如内切1,4-β-葡聚糖酶、木葡聚糖内糖基酶或糖苷酶等）的接触机会，进而促进细胞壁大分子的降解和结构网的解聚。伸展蛋白与其他细胞壁酶类的协同作用，提供了一个高度协调的细胞壁降解机制。

（饶景萍）

生草制　orchard with sod cultivation　在果园株行间选留原生杂草或种植非原生草类、绿肥作物等并加以管理，使草类与果树协调共生的果树栽培方式。生草制是一种省工、高效的果园耕作制度，于20世纪60年代开始发展，一般在降水较为充足或具有灌水条件的果园中实施效果较好。

基本要求　果园人工生草大多使用豆科牧草或经过筛选的原生杂草，其对环境的适应能力强，栽培容易成活，草种自身栽培管理容易，容易繁殖（最好能播种、分株、扦插繁殖兼备）；早发性好，生长快，覆盖期长，在与园地杂草共生中有较强的优势；耐割耐践踏，再生能力强；易于控制，必要时可净除。果园生草大多根系较浅，植株低矮，匍匐生长，草层多在50厘米以下，覆盖度大，保墒效果好，对果树无不良影响；与果树无共同的病虫害，能引诱天敌，生育期较短，可通过生物固氮等方式来培肥地力。果园常用白三叶、黑麦草、苜蓿、百喜草、柱花草等。

主要类型　生草法分永久生草和短期生草两类：①永久生草。在果园定植的同时，在行间播种多年生牧草（如柱花草等），定期刈割，不加耕翻。②短期生草。选择1～2年生草，逐年或越年播于行间，花前或秋后收割，保持果园铺满绿草的一种土壤管理制度。

按照种植形式，果园生草可分为全园生草和行间生草。①全园生草。在果园株行间全部种草，实现满园种草覆盖的一种生草方式。②行间生草。只在果树行间种草，株间及树下不种草。是便于水肥管理作业的一种生草方式。间作物也需要施肥灌水，同时一年剪割3～4次，割下的茎叶盖于清耕带中。

优势分析　这种耕作制度的主要优点是：①降低土壤侵蚀，避免水土流失。②减少果园中的灰尘，提高叶片净光合率和果面清洁度。③增加土壤有机质和有效养分含量，提高土壤团粒结构，减少果树营养亏缺症。④促进果实成熟和枝条充实，增进果实品质；减少土、肥、水的流失和土壤温度的季节变化等对果树的不良影响。⑤行间耕锄少，节省劳力，成本低，便于雨后机械化作业。⑥可保持果园土壤水分、养分周年供应平衡，降低渗漏率。干旱地区无灌水条件的果园不适宜采用生草制。

（陈杰忠）

生理病害　physiological disease　由环境中不适宜的物理和化学因素引起的果树生长发育异常或障碍。引起生理病害的因素包括：气候（温度、湿度、光照等）、土壤（营养、水分、酸碱度等）、栽培管理条件（施肥、农药药害等）以及环境污染等因素，其中最重要的是土壤和气候因素，这些非生物因素引起的病害不能互相传染。大致可分为两种情况：营养失调造成的生理病害和环境因素引起的生理病害。

营养失调　因土壤中某种矿质元素缺乏而使果树表现出缺素症。缺素症的发生与土壤中有机质含量、土壤酸碱度等有关，如以枳壳为砧木的柑橘品种在碱性土壤栽培时，表现出缺铁黄化症状。

环境因素　因环境因素引起的生理病害主要有：①水分失调。长期干旱可引起叶片萎凋、黄化、花芽分化减少、早期落叶落果等，前期干旱后期水分过多则易造成荔枝、杧果等果树发生裂果。涝害对果树的影响也很大，一般以梨、枣、葡萄较为耐涝，而桃树则不耐涝。果园发生涝害导致土壤中缺少氧气，抑制根系的呼吸作用，使果树叶片黄化、枯萎等，造成早期落叶和落果，最后引起根系腐烂和全树干枯死亡。②温度影响。高温干旱常引起果树茎、果实的局部灼伤，如柑橘日灼病。③有害物质引起中毒。空气或土壤中的有害气体或物质可使果树中毒，如造成大气污染的二氧化硫、氟化物、臭氧、氯气、粉尘等。冶金、发电、石油、化工等工厂废气中的二氧化硫是常见的污染物，常使果树中毒，造成叶片不均匀褪绿，在叶脉间形成白斑等。搪瓷厂和砖瓦厂排出的氟化氢等使果树叶尖和叶缘呈油浸状，由黄变褐，干枯脱落，严重时树体死亡。红壤土中铝过多常引起柑橘中毒。此外，工厂废水造成的水质和土壤污染，以及叶面肥或除草剂使用过多，也有可能对果树造成毒害或药害。

（陈杰忠）

生态茶园　ecological tea garden　产地环境良好，光、温、水、土、气等生态因子相互协调，能充分满足茶树生长发育需要；园相优美，没有土壤侵蚀；茶园管理绿色高效，少施或不施化肥和农药，土壤肥力和生物多样性不断提高；茶叶产品优质安全，经济效益高，可实现持续健康发展的茶园。生态茶园具有以下特点：①产地环境良好，满足茶树生育需要。茶园基地远离污染源，茶园及其周边的土壤、空气和水清洁干净；茶园生态环境各因子（包括光照、温度、水分、空气、土壤和肥力等）能充分满足茶树生长发育的需要，且相互协调，能被茶树高效利用，即茶园产地的气候、土壤和地形地貌等自然条件能为茶叶优质高效生产创造良好的条件。产地环境满足NY/T 5010—2016《无公害农产品　种植业产地环境条件》的要求。②茶园规划科学，基础设施完善。根据基地规模和地形地貌，茶园干道、支道、步道和地头道设置合理，连通成网，有利于运输和茶园机械作业。主要道路平整清洁。建立有完善的水利系统，蓄水池、排水沟等配套良好，最好建有节水灌溉设施。③茶园园相优美，景色迷人。茶树种植规范，缓坡地茶园等高条植，坡度15°～25°的茶园建有等高梯级园地，25°以上的陡坡地保持原有植被。茶园水土保持良好。茶园周围、主干道两侧建有生态防护林或遮阴树，周边植被覆盖度高。茶树生长健壮，园相整齐美观，茶园与周围环境相互映衬，景色优美。④茶园管理科学，绿色高效。茶园采用平衡施肥，养分利用率高，不污染环境，土壤质量不断提高。不用或少用化学农药，绿色防控病虫害，茶园生态平衡持续改善。积极实施机械化作业，茶叶生产成本降低，经济效益不断提高。茶叶优质安全，符合相关标准。建有生产技术规程、生产和加工记录档案及产品质量可追溯体系。茶园管理符合NY/T 5018—2015《茶叶生产技术规程》的基本要求。

（韩文炎）

生物型 biotype 基因型相同的个体总称。在种群内或种群间表现有不同生理生态特性的植物类群或无性繁殖系，类群内或繁殖系内所有个体基因型是相同的。生物型也是种下分化的类群，但区别于变种和变型。

不同自然地理环境以及人为因素引起植物类群间组织器官（根、茎、叶、花、果实、种子）生长发育差异，具体包括植株高矮、各器官大小形状色泽、环境适应性、抗逆性、生物节律、开花结果时间、同工酶谱、基因型频率等差异。这些类群间的不同差异都可以归纳为生物型。

生物型的鉴别与鉴定是研究生物多样性的重要途径，是研究目的生物群体具有共同生理生态特性的遗传因素的基础之一，对有针对性地开展育种工作有重要指导意义，有助于深入揭示产生该生物型群体共同差异表现的本质规律。

（高用顺）

生物灾害 biological disaster 由生物因子导致的果业灾害。果园中各类有害生物（如病原体、害虫、鸟及有害植物等）的流行或猖獗危害，使果树减产或果实品质下降，并造成重大经济、社会和生态损失。

生物灾害主要包括：①虫害。果树的叶片、枝条、树干、树根、果实等单一或多个部位被害虫取食危害，造成生理机能及外部形态上发生局部或整体变化，使果树生长、发育、生存受到影响，从而影响果树产量和果实品质，造成经济损失。②病害。病原生物的侵染导致果树生理机能、解剖结构和外部形态发生一系列不正常的改变，使其生长、发育或生存受到影响，从而影响果树产量和果实品质，并造成一定的经济损失。病原生物包括真菌、细菌、病毒、类菌质体、线虫和寄生性种子植物等。③鸟害。由于鸟类的取食影响果树产量和果实品质，并造成一定的经济损失。④有害植物。一切对果树生长有害的植物都被称为有害植物。有害植物通常都是非栽培的野生植物，因其特殊的生物学特性而获得竞争优势，主要表现为：传播方式多，繁殖与再生能力强；生活周期短，种子随熟随落；抗逆性强，光合作用效益高等。有害植物的竞争会导致果树幼树不能适龄结果，结果后树势衰弱，寿命缩短，果小、色差、质次，病虫多，商品率低，效益差，降低果园生产效益。

（曾黎辉）

失水 water loss 园艺产品内部水分因蒸腾作用而汽化，以气态形式散失到环境中，引起产品失重的现象。在环境湿度不饱和（干燥）、气温高于品温、气流通畅等因素影响下，产品组织细胞外自由空间的饱和水汽压与环境中的水汽压存在差异，驱使表层空间水汽化迁移到空气中，细胞内水分源源不断地渗透到膜表面汽化以补充间隙水汽压的亏缺，使细胞内部水分损失，含水量下降。

田间产品失水过多时，表现为萎蔫、叶片卷曲，甚至导致干枯、脱落等严重后果。采后产品贮藏期失水超过临界值会导致疲软、失鲜，如切花、叶菜类萎蔫、黄化，形态、色彩、质地、风味均发生劣变。果实类产品失水大于临界值即出现皱缩，色泽暗淡，商品价值下降，造成直接和间接经济损失。不同园艺产品失水萎蔫临界值差异很大（见表）。

部分果实和蔬菜出现萎蔫的失水临界值

产品	失水临界值/%	产品	失水临界值/%
竹笋	8	黄瓜	5
甜菜	7	胡萝卜（不带缨）	8
菠菜	3	洋葱	10
蒜薹	8	青椒	10

（马惠玲）

蓍 common yarrow; *Achillea millefolium* 菊科蓍属多年生草本植物。又称千叶蓍、蚰蜒草。蓍广泛分布于欧洲、非洲北部、伊朗等地。生于湿草地、荒地及铁路沿线。中国各地庭园常有栽培，新疆、内蒙古及东北少见野生。

具细的匍匐根茎。茎直立，高40～100厘米，有细条纹，通常被白色长柔毛。叶无柄，披针形、矩圆状披针形或近条形，长5～7厘米，宽1～1.5厘米，二至三回羽状全裂，一回裂片多数。下部叶长10～

图1 蓍

20厘米，宽1～2.5厘米。头状花序密集成直径2～6厘米的复伞房状。总苞矩圆形或近卵形，长约4毫米，宽约3毫米。总苞片3层，覆瓦状排列，椭圆形至矩圆形。边花5朵。舌片近圆形，呈白色、粉红色或淡紫红色，长1.5～3毫米，宽2～2.5毫

图2 蓍的茎

图3 蓍的叶

图4　蓍的花（白色）

图5　蓍的花（粉红色）

米，顶端2～3齿。盘花两性，管状，黄色，长约2.2～3毫米，5齿裂。瘦果矩圆形，长约2毫米，无冠状冠毛。花果期7～9月。

蓍的叶、花含芳香油，全草可入药，有发汗、祛风之效。

（包满珠　傅小鹏）

十大功劳　Chinese mahonia; *Mahonia fortunei*　小檗科十大功劳属常绿灌木。十大功劳名出《植物名实图考》。分布于中国广西、四川、贵州、湖北、浙江、安徽等省。生长在山坡树林或灌丛中。

图1　十大功劳

图2　十大功劳的叶

图3　十大功劳的花

图4　十大功劳的果实

一回奇数羽状复叶，互生，小叶5～9，狭披针形至狭椭圆形，革质，基部楔形，边缘每边具5～10刺齿，先端急尖或渐尖，叶轴基部扁阔成鞘状。托叶细小，钻形。总状花序直立，4～10枝簇生。花两性，辐射对称。萼片9，排列3轮，花瓣状。花瓣6，2轮，黄色，内面基部常有2腺体。雄蕊6，花药瓣裂。心皮1，子房上位，1室，胚珠多数，柱头盾状。花期7～9月。浆果球形或矩圆球形，长4～5毫米，蓝黑色，有白粉，果期9～11月。

十大功劳常栽培供观赏。全株可药用，有清凉、强身、解毒等功效。

（包满珠　傅小鹏）

十里香茶　Shilixiang tea　产自中国云南省昆明市的绿茶类中小叶种。原产于昆明市东郊金马山麓十里铺所在地，唐代就有栽培，明朝时曾作为贡茶，属晒青茶。2008年，在昆明市盘龙区松华乡建成十里香茶品种保护园、示范园。

自然环境　产地为昆明市盘龙区，海拔高1000多米。茶园林木交荫，云雾重，日照短，漫射光多；昼夜温差大，年平均气温16.3℃；土壤肥沃，土层深厚，腐殖质和矿物质含量丰富。茶树多分布在宝洪寺四周的山上，优越的自然环境利于芽叶有效成分的形成和积累，为形成香味特异的十里香茶奠定了基础。

加工工艺　十里香茶采摘标准为一芽一叶和一芽二叶初展。加工工艺流程为：鲜叶摊晾→杀青→回潮→辉锅→整理装箱。①鲜叶摊晾。采回的鲜叶薄摊在竹簸箕内，摊放3～5小时，使其散发部分水分、去除青草气味，便于炒制。②杀青。蒸发水分，是钝化酶活性和初步做形的过程。当锅温140℃左右时，在铁锅上涂少许柏油，使锅面光滑；待青烟消失，投入500～700克摊青叶，开始用单手捞翻高抖手势；当散发一定水分后，降低锅温至60℃左右，用力由轻到重理直茶条，揿压成形；炒至七八成干时，起锅摊凉，历时12分钟左右。③回潮。杀青叶及时匀摊于竹匾上，回潮后辉锅前应先筛分，使茶叶匀齐，便于辉锅做形。④辉锅。目的是进一步做形和干燥。当锅温50～60℃时，投入杀青回潮叶1.5千克左右，开始采用抖、抓、捞手法，将青锅叶抖散、抓齐、理直成条；待茶叶全部柔软，有热手感时改用压、推、磨手法，将茶叶压扁、磨光；炒至扁平光滑，茸毛脱落，折梗即成粉末时，起锅摊凉，分筛割头除末，匀堆装箱。

品质特征　云南省高香型茶之一。外形扁直平滑，形似杉松叶，隐毫稀见；色泽绿翠，香气高锐，具有特殊的天然花香味，味浓鲜爽度高；汤色黄绿清澈，叶底肥嫩成朵。

（吕才有）

石刁柏　asparagus; *Asparagus officinalis*　百合科天门冬属多年生宿根性草本植物。又称芦笋、龙须菜。以嫩茎为食用器官。石刁柏起源于地中海沿岸和小亚细亚一带，欧洲栽培已有2000年以上的历史。20世纪初传入中国，60年代栽培面积迅速扩大，80年代开始大量种植并加工出口。美国、西班牙、意大利、日本、加拿大均作为蔬菜普遍栽培。中国是世界第一芦笋生产大国。

形态类型　须根系，由肉质贮藏根和着生其上的须状吸收根组成。茎分为地下根状茎和地上茎，地下根状茎为极短缩的变态茎，节上的芽有鳞片（退化叶）包被，称鳞芽；地下茎的顶芽和侧芽都能形成鳞芽，聚生成“鳞芽群”。春暖季节顶部的

图1 石刁柏

图2 石刁柏的针形细枝

图3 石刁柏鳞芽萌发形成嫩茎

图4 石刁柏的花

图5 石刁柏的幼果

图6 石刁柏的成熟浆果

鳞芽萌发形成嫩茎（产品器官）或地上植株。地上茎为肉质茎，可产生多次分枝，分枝上着生绿色的针形细枝，每3～6枚成簇，近扁圆柱形，略有钝棱，进行光合作用，称为拟叶。叶退化为三角鳞片状，着生于茎节上。雌雄异株，偶有两性花；虫媒花，钟形，萼片及花瓣各6枚；雄花花冠淡黄色，雄蕊6枚；雌花绿白色，雌蕊1枚。浆果圆球形，幼果绿色，成熟后红色。子房3室，每室1～2粒种子；种子黑色坚硬，千粒重20克左右。

生长习性 用种子繁殖后可连续生长10年以上，在冬季寒冷地区地上部枯萎，根状茎和肉质茎进入休眠越冬；在冬季温暖地区，休眠期不明显。春季地温达到5℃以上时，鳞芽萌动；10℃以上嫩芽开始伸长；15～17℃适于嫩茎形成；25℃以上嫩茎细弱、鳞片开散、组织老化，30℃伸长最快；35～37℃又受到抑制。每年萌动新茎2～3次或更多。一般以春季萌动的嫩茎为产品器官，其产量与前一年的成茎数、枝叶的繁茂程度成正比。雄株产量（嫩茎）比雌株高20%～30%。生长要求光照充足，对土壤适应性较广，但极不耐涝，适宜pH6～6.7、疏松透气、土层深厚、地下水位低、排水良好而富含有机质的砂壤土和壤土。

栽培 芦笋有白芦笋和绿芦笋之分。白芦笋栽培过程中须培土避光，从而形成洁白的嫩茎。绿芦笋生产中不须培土，嫩茎出土后在日光下变为绿色，栽培上比白芦笋省工省时，因此世界上绿芦笋栽培面积逐年增加。一般用种子播种，育苗移栽。在10厘米深处地温达到10℃以上时播种。北方地区一般第一年露地育苗，第二年定植，第三年始收。采用保护地播种可提早30～40天，当年定植，第二年即可试采。常见病害有茎枯病、褐斑病、根腐病、枯萎病、锈病等。主要害虫有甜菜夜蛾、红棕灰夜蛾、大造桥虫等。

用途 绿芦笋的营养价值、风味和口感优于白芦笋。嫩茎富含多种维生素和氨基酸，可作蔬菜食用，也可加工制成罐头食品。味清香鲜美，柔嫩可口。具有利尿、镇定、防止血管硬化、抑制高血压、降低血脂及胆固醇等作用，是一种保健食品。

（申书兴）

石斛 dendrobe; *Dendrobium* spp. 兰科石斛属植物的习称。石斛属是兰科第一大属，全世界约有2000种，主要分布于亚洲热带、亚热带和大洋洲。中国原产有80余种，在中国主要分布于秦岭、淮河以南。石斛兰花姿优美，艳丽多彩，种类繁多，花期长，许多种类气味芬芳，很受各国人民的喜爱。

石斛在国际花卉市场上占有重要的地位，尤其是近代经杂交育种培育出来的切

图1 石斛

花和盆栽用优良品种，其观赏价值更高。石斛切花在兰花市场上占有较大比例，并呈现上升趋势。石斛兰与卡特兰、蝴蝶兰、万代兰并列为观赏价值最高的四大观赏兰

图2 石斛的茎

图3 石斛的花

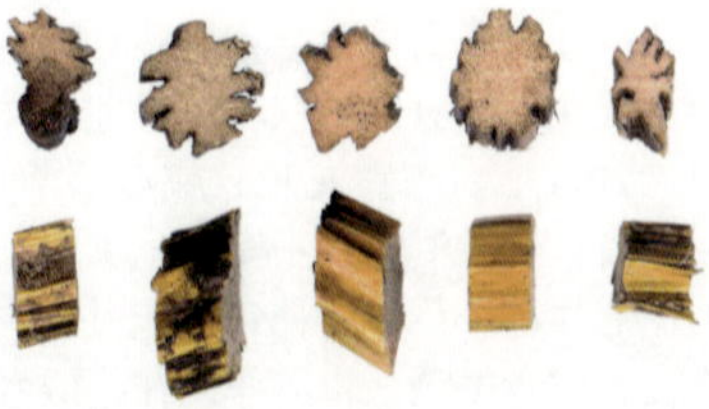

图4 石斛制成的药材

类。商品观赏石斛兰一般分为春石斛兰和秋石斛兰。作为药用的石斛（主要是铁皮石斛）是中国古文献中最早记载的兰科植物之一，中草药中的鲜石斛指该种植物的假鳞茎，作为滋阴养胃、清热生津的药物被广泛使用。 （葛 红 贾瑞冬）

石榴 pomegranate; *Punica granatum* 桃金娘目千屈菜科石榴属小乔木或灌木果树。石榴起源中心位于伊朗、阿富汗等中亚地区，向东传播到印度和中国，向西传播到地中海周边的国家及世界其他各适生地。一般认为，是张骞出使西域（前138～前125）时引入中国的。

形态特征 石榴在热带是常绿树，在其他地区为落叶树。小枝具4棱，先端常刺尖，有短枝。叶倒卵形、椭圆形或窄椭圆形，长2～9厘米，无毛；叶柄长0.2～1厘米。萼筒红色或黄白色；花瓣红色、粉色、白色、黄色及复色等，花瓣有单瓣和复瓣之分；子房具叠生子室，下部3～7室，为中轴胎座，上部5～7室，为侧膜胎座。浆果近球形，单果重100～700克，

图1 石榴树

图2 石榴的叶

图3 石榴的花

外种皮肉质多汁，内种皮木质。花期5～6月，果期9～10月。

石榴栽培品种多，依据用途分为花石榴和食用石榴，风味有甜、微甜、微酸、酸等，依果皮颜色分为黑皮、紫皮、红皮、青皮和白皮，依内种皮木质化程度分为硬籽、半软籽和软籽。

生长习性 石榴在中国分布范围横跨热带、亚热带、温带三个气候带，年平均气温10.2～18.6℃，≥10℃年积温为4133～6532℃，年日照时数为1770～2665小时，年降水量55～1600毫米，无霜期151～365天。在土壤方面，适应热带、亚热

图4 石榴的果实

图5 石榴外种皮肉质多汁，内种皮木质

带、温带的20余个土壤类型，pH4.0～8.5。适应性与抗病虫害能力强，易管理，不耐严寒。

栽培技术 繁殖方法主要有扦插、实生、嫁接、压条、分株和组培等。石榴在中国栽培历史悠久，主要栽培区位于山东峄城、安徽淮北和怀远、陕西临潼和礼泉、河南荥阳和开封、云南蒙自和建水、四川会理、新疆和田和喀什及河北元氏等地。

主要用途 石榴果实可用于鲜食、制汁、酿酒、医药等，叶片可制茶，石榴根皮、树皮和果皮用作鞣皮、制革和印染等工业原料。其抗氧化能力居果品之首，被誉为“超级水果”。

（苑兆和）

石阡苔茶 Shiqian moss tea 产于中国贵州省石阡县的传统扁形绿茶。贵州省铜仁市石阡县所辖行政区域，是中国苔茶之乡。产地海拔800～1300米，土壤为黄壤或山地黄棕壤，土层深度在1米以上，土壤pH4.5～6.0，有机质含量大于2%。雨量充沛，年均降水量1150毫米。是中国国家地理标志保护产品。石阡苔茶的传统手工制作加工工艺流程为：杀青做形→摊凉→做形→干燥→烘焙足干→提香。后期改良工艺后的加工工艺流程为：杀青→摊凉→理条做形→摊凉→做形→摊凉→烘焙足干→提香。成品茶外形扁平光滑、绿润，汤色嫩绿、明亮，栗香持久，滋味醇厚，叶底完整、绿亮，富含钾、锌、硒等元素。 （郑文佳）

石蒜 spider lily; *Lycoris radiata* 石蒜科石蒜属多年生草本植物。又称红花石蒜、蟑螂花、老鸦蒜。石蒜原产于中国，分布于华中、西南、华南各省，日本也有分布。

鳞茎椭圆状球形，皮膜褐色，直径2～4厘米。叶基生，线形，晚秋叶自鳞茎抽出，至春枯萎。入秋抽出花茎，高30～60厘米，顶生伞形花序，着花5～7朵，鲜红色具白色边缘。花被6裂，瓣片狭倒披针形，边缘皱缩，反卷，花被片基部合生呈短管状，长0.5～0.7厘米，花径6～7厘米。雌雄蕊长，伸出花冠并与花冠同色。有白花变种白花石蒜（*L. radiata* var. *alba*）。

石蒜属在全世界的分布有20余种，中国有15种，主要种类包括忽地笑（*L. aurea*）、夏水仙（*L. squamigera*）、中国石蒜（*L. chinensis*）、玫瑰石蒜（*L. rosea*）、换锦花（*L. sprengeri*）、香石蒜（*L. incarnata*）和乳白石蒜（*L. albiflora*）等。野生于山林及河岸坡地，喜温和阴湿环

图1　石蒜

图2　石蒜的叶

境，适应性强，具一定耐寒力，地下鳞茎可露地越冬，也耐高温多湿和强光干旱。不择土壤，但以土层深厚、排水良好并富含腐殖质的壤土或砂质壤土为好。石蒜属植物依据生长习性可分为两大类：一类为秋季出叶，如石蒜、忽地笑、玫瑰石蒜等，8～9月开花，花后秋末冬初叶片伸出，在严寒地区冬季保持绿色，直到高温夏季来临时叶片枯黄进入休眠；另一类为春季发叶，如中国石蒜、夏水仙、香石蒜、乳白石蒜、换锦花等，春季出叶后初夏枯黄休眠，夏末初秋开花，花后鳞茎露地越冬，表现为夏季、冬季两次休眠。

石蒜以分球繁殖为主，也可播种。春、秋两季用鳞茎繁殖，挖起鳞茎分栽即可。最好在叶片枯后、花葶未抽出之前分球，亦可于秋末花后未抽叶前进行。栽植深度为8～10厘米，一般每隔3～4年掘起分栽一次。暖地多秋栽，寒地春栽，栽植深度以将鳞茎顶部埋入土面为宜，过深则翌年不能开花。石蒜虽喜阴湿，但也耐强光和干旱，因此栽培简单，管理粗放。注意勿供水过多，以免鳞茎腐烂。花后及时剪除残花，9月下旬花葶凋萎前叶片萌发并迅速生长，应追施薄肥一次。石蒜抗性强，几乎没有病虫害。

图3　石蒜的花葶

图4　石蒜的花

图5　石蒜的果实

石蒜是园林中不可多得的地被花卉，素有“中国的郁金香”之称，冬春叶色翠绿，夏秋红花怒放，可在城市绿地、林带下自然式片植、布置**花境**，或点缀**草坪**、庭院丛植，效果俱佳。石蒜对土壤要求不严，花叶共赏，花葶茁壮，且能反映季相变化，可作专类园，也可作切花，矮生种亦作**盆花**。（陈发棣）

石崖茶　Shiya tea　以野生石崖茶嫩芽作原料，采用科学工艺流程，并结合绿茶制作方法加工而成的代用茶。又称石岩茶、猴茶、猴子摘。石崖茶是广西著名土特产之一。因生长在日照短、温差大、阴凉潮湿的悬崖峭壁或涧边而得名。每年清明至农历四月底，当地村民上山采摘，民间因该茶对治疗腮腺炎和痢疾有特效，又称之为“仙茶”。广西石崖茶主要产于平乐、蒙山、昭平、金秀等县，平乐县已建成26.7公顷的人工栽培石崖茶园，是石崖茶生产最集中的地方。据《中药大典》记载，石崖茶“有清热解毒，抑菌杀菌，消炎止血之功效”。

加工工艺主要流程为：鲜叶采摘→萎凋→摊晾→杀青→回潮→揉捻→初烘→造形→再烘干→提香→筛选→包装。成品茶色泽灰绿或墨绿，伴有结晶茶碱，条索紧结；茶汤清澈，色黄绿明亮，香气浓郁独特、高长持久，滋味醇厚，回甘快而显著；入口先清苦后甘甜、清爽，止渴生津，清凉感觉透出高山“崖味”。（韦静峰）

实生选种　seedling selection　对实生繁殖群体进行选择，从中选出优良个体并建成营养系品种，或改进继续实生繁殖时下一代群体遗传组成的选择育种方法。实生选种的供选群体，既包括在生产中采用实生繁殖的**果树**，也包括在生产中采用无性繁殖的种类。果树实生选种与杂交育种的主要区别是变异群体来源。实生选种是对自然变异群体（未控制杂交获得的变异群体）进行选择，而杂交育种是对通过人工控制杂交获得的变异群体进行选择。

实生选种省去了人工创造变异的过程，而且变异类型是在当地条件下形成，经受了当地各种不良环境的考验，对当地气候土壤条件一般具有较好的适应能力，所以选出的新品种可以较快地在当地繁殖推广，投资少且收效快。但是，由于自然变异群体的变异幅度一般较小，所以在现代果树育种中，实生选种远不如杂交育种应用广泛。（李 贺）

食虫植物 insectivorous plant 会捕获并消化小动物或昆虫而获得营养的自养型植物。食虫植物具有特殊的营养器官，除正常叶外，还有筒状叶或叶上有腺毛，能引诱、捕获并分泌消化液将小动物消化吸收。多生活在高山湿地或低地沼泽的较贫瘠之地。食虫植物是一个稀有种群，全世界已知的食虫植物共10科21属700多种，典型的如猪笼草、捕蝇草、茅膏菜、瓶子草等。因其构造和功能奇特，世界各植物园多辟专类温室加以培养，供人观赏。

食虫植物捕虫器分为主动捕虫器和被动捕虫器，这取决于食虫植物是否有帮助捕获猎物的动作出现。例如，茅膏菜的叶片可以通过快速的生长而将猎物卷起，其捕虫器属于主动捕虫器；穗叶藤属的植物能分泌黏液，但它们的叶片不能做出捕获猎物的动作，其捕虫器属于被动捕虫器。

食虫植物的捕虫器按捕虫机制可分为五种：①黏液捕虫器。周身布满黏稠液滴，如捕虫堇属植物、茅膏菜属植物、露松属植物、腺毛草属植物和穗叶藤属植物。②笼状或瓶状捕虫器。含有消化酶或细菌消化液，如猪笼草属、瓶子草。③龙虾笼状捕虫器。猎物被向内延伸的毛须禁锢，被迫进入消化器官，如螺旋狸藻。④夹状捕虫器。形态类似夹子，可以快速关闭，如捕蝇草、囊泡貉藻。⑤囊状捕虫器。能够形成真空环境将猎物吸入其中，如狸藻属。（车代弟）

图1 猪笼草

图2 捕蝇草

图3 瓶子草

食用菌 edible fungi 一类可供食用的大型真菌。通称蘑菇。约有95%的食用菌属于担子菌亚门中的层菌纲及腹菌纲，少数属于子囊菌亚门中的盘菌纲。狭义的食用菌指子实体硕大的、肉质或胶质的、可供食用的大型真菌。广义的食用菌还包括食品工业用于酿造的丝状真菌和酵母菌，如用于酿造啤酒和酱油、制造奶酪和豆腐乳等。中国将生长在木上的蘑菇称作“蘑”，将土中长出的称作“蕈”。日本把“菌蕈”两个名词结合起来作为蘑菇的同义词。食用菌是一种营养丰富并兼具食疗价值的食品，其食用部分为具有产孢结构的子实体。（杨 暹）

矢车菊 cornflower; *Centaurea cyanus* 菊科矢车菊属二年生草本植物。又称蓝芙蓉。矢车菊原产于欧洲东南部，世界各地广泛栽培。

株高60～90厘米，也有矮生品种，株高仅30厘米左右。整株粗糙呈灰绿色。茎秆细，直立，分枝多。上半部叶线状披针形，基部叶呈羽状深裂。头状花序顶生，

图1 矢车菊

花色有蓝、红、紫、白等。瘦果。花期4月至6月上旬。栽培品种繁多，有重瓣、半重瓣、大花型和矮生型等。同属种类有香矢车菊（*C. moschata*）、美洲矢车菊（*C. americana*）和山矢车菊（*C. montana*）。

矢车菊喜温暖、湿润，喜光、怕炎热。要求肥沃、疏松和排水良好的土壤。适应性强，也耐瘠薄土壤，有自播能力。采用播种繁殖，多在9月前后秋播，北方也可春播，播后7～10天发芽。矢车菊属直根性花卉，栽培时宜直播，少移栽。可摘心促进分枝。一般春播苗较瘦弱，开花差。生长期应适当追肥，但氮肥不宜过多，以免徒长。

图2 矢车菊的根

图3 矢车菊的叶

图4 矢车菊的花

图5 矢车菊的果实

矢车菊高秆品种可用于**花境**布置或用作切花，矮性品种常用于盆栽或地被观赏。

（陈发棣）

世界栽培作物起源中心 Origin Center of World Cultivated Crops 世界上栽培作物的种和品种多样性（以人工的遗传多样性为主）的集中地区。又称世界栽培植物起源中心。世界栽培作物起源中心常与自然分布中心的集中地区相一致，但也存在两者有一定距离的。19世纪以来，许多学者考察研究了栽培植物的起源中心，并有丰富的著述。如瑞士的A.P.de康多尔著有《栽培植物起源》(1882)、苏联的N.I.瓦维洛夫著有《栽培植物起源中心》(1926)、英国的I.H.伯基尔著有《人的习惯与栽培植物起源》(1951)、苏联的P.M.茹科夫斯基著有《植物育种的基因中心》(1970)及其与荷兰的A.G.泽文合著的《栽培植物及其分布中心辞典》(1975)等。

起源地区划分 康多尔最早研究栽培植物的起源，他划定了世界三大栽培植物起源地区，即西南亚、中国、热带美洲，并认为原产于中国的园林植物有橙、橘、枣、桃、梨等，认为它们均有2000～3000年的栽培历史。1953年，N.I.瓦维洛夫提出将世界栽培作物起源中心分为8个大区：中国、印度、中亚、地中海、埃塞俄比亚、墨西哥、中美、南美。之后他的研究认为"世界农业中最早的栽培植物起源的独立中心包括华中及华西山区及其附近的平地"。起源于中国的谷类、豆类等各类栽培植物达170种以上，其中果树有52种。1945年，英国的C.D.达林顿和E.K.J.阿马尔对瓦维洛夫的8个起源中心进行了补充修订，将世界栽培植物起源地区划分为9区、6亚区。1970年，P.M.茹科夫斯基对瓦维洛夫学说又有所修正补充，扩大了关于起源中心的概念，从基因库、种质资源的角度分析研究问题，增加了4个中心地区，即澳大利亚、亚洲、欧洲－西伯利亚、北美洲，共提出12个栽培植物起源与类型形成中心。

意义 作物的栽培是农业起源和定居的重要标志之一，自从人类栽培植物以来，各类农作物，尤其是粮食作物、纤维作物和各种蔬果开始在人类社会发展史上占有举足轻重的地位。中国栽培作物起源相当久远，从考古界揭示的水稻等作物的情况看，至今有10 000多年的历史。考古结果表明，中国在11 700年前就在各地逐渐开始了作物的驯化。由于起源中心能搜集到丰富的原始材料，其中可能蕴藏着所需要的目的基因，故栽培作物起源中心对种质资源的研究和育种工作都有重要的指导意义。

（张启翔 罗 乐）

市花 city flower 被选为一个城市代表或象征的一种或几种**花卉**。市花一般为广义的花卉，草本或木本皆可。有些城市会单独评选出市树，以区别于市花。

特点 社会和学界普遍认为，市花应具备下列条件之一：①为当地居民喜闻乐见的园林植物种类，不排斥非乡土树种，如中国香港特别行政区的紫荆花、成都市的木芙蓉、北京市的**月季**和**菊花**。②适应当地的气候、地理条件，城市常作为主产地，如漳州市的**水仙**、扬州市的**琼花**、桂林市的**桂花**。③具有一定的历史文化内涵，能代表该市（地区）的文明和城市文化，如南京市的**梅花**、上海市的白玉兰、广州市的木棉、洛阳市的**牡丹**等。

意义 市花是一个城市形象的重要标志，也是现代城市的一张名片。世界上很多城市选定了市花。市花不仅能代表一个城市独具特色的人文景观、文化底蕴和精神风貌，体现人与自然的和谐统一，而且对带动城市相关绿色产业的发展、优化城市生态环境、提高城市品位和知名度、增强城市综合竞争力，都具有重要意义。自1982年以来，中国在各城市中陆续开展市花评选，激发了广大人民群众爱国、爱乡的热情，在中国历史上首次掀起了以花卉代表城市的巨大热潮，对全国及地方的精神文明建设及民族文化弘扬产生了广泛而深远的影响。各地市花的评选也带动了花卉园艺科学研究、科学普及、植物保护与良种良法等的推广。

（张启翔 罗 乐）

《事茗图》 *Scholars Drinking Tea* 茶事绘画。中国明代唐寅作。唐寅（1470～1525），字子畏，一字伯虎，号六如居士，吴县（今江苏苏州）人。其山水画大多表现险峻雄伟的大山、楼阁溪桥及四时胜景，也有描写亭榭园林、文人逸士的悠闲生活的作品。他以茶为题的作品有《卢仝煎茶图》《事茗图》等，不下十多件。

唐寅的茶事绘画中，以《事茗图》最享盛誉。该图藏于北京故宫博物院，素笺本，设色。纵31.1厘米，横105.8厘米。图中所画主要反映了文人的山居生活。景物开阔，意境清幽，表现了文人隐士的生活情趣。画面结构严谨，人物、山水用笔工细，树石画法学郭熙，兼容宋元人的笔墨，画风清劲秀雅，代表了唐寅独特的艺术风格。画面左面有巨石山崖，后设茅屋数间于双松之下，远处为群山屏列，瀑布飞泉，潺潺流水由远及近绕屋而行。溪桥上有一老者拄杖而来，抱琴童子紧随其后。茅屋中有一伏案读书之士，旁设壶盏，隔间里屋有童子烹茶。图中人物动静相宜，画面层次分明，左右为较浓重的墨色，中间部分较为明朗，如此烘托，产生出一种别有洞天的悠闲意境。

有自题诗款曰："日长何所事，茗碗

自赏持。料得南窗下，清风满鬓丝。吴趋唐寅。”下押“唐居士”“吴趋”“唐伯虎”三印。图前有文徵明隶书“事茗”二字。图前有“乾隆御鉴之宝”方印一枚。其后是清仁宗嘉庆皇帝于1814年的题诗并跋一段，其曰：“记得惠山精舍里，竹炉瀹茗绿杯持。解元文笔闲相仿，消渴何劳玉虎丝。甲戌闰四月雨，余几暇，偶展此卷，因摹其意，即用卷中原韵题之，并书于此。御笔。”

全图诗画相称，表现了文人雅士借品茗追求一种闲适归隐生活的志趣。

（于良子）

饰变 modification 在环境条件改变时植物所表现的不涉及遗传物质结构改变，仅发生在转录、翻译水平上的表型变化。植物发生饰变时，整个群体中每一个个体几乎都发生同样的变化，性状变化的幅度不会很大。这种变化是非遗传、暂时性的，引起变化的因素消失后，表型即可恢复。饰变会干扰对基因型优劣的正确选择。**芽变选种**的关键在于正确区分芽变和饰变。饰变对质量性状的影响通常显著小于数量性状，如遇到果实有毛与无毛、花粉育性的改变，一般可排除饰变。

（彭建营）

柿 persimmon; *Diospyros kaki* 柿科柿属植物的栽培种。属暖温带**落叶果树**。柿在中国分布于辽宁、河北、河南、山东、安徽、江苏、浙江、福建、广东、江西、湖南、湖北、山西、陕西、甘肃等年均温10℃等温线以南的地方，年均温20℃以上地方因不能满足柿休眠期对低温的要求而不宜栽培。柿是晚秋佳果，古人称其“色胜金衣美，甘逾玉液清”。柿是一种物美价廉的大众水果。

栽培历史 柿起源于东亚的暖温带，由野生柿驯化而成，中国西安栽培最早。山东省临朐县山旺镇曾发现250万年前的野柿叶化石。浙江省余姚市田螺山和浦江县的上山遗址曾发现柿核，证明在8000年前野柿已为人类采食。据记载先秦礼制的《礼记·内则》所记，柿为人君日常食品之一。汉司马相如的《上林赋》中已有柿栽培的记载，当时零星种植于庭院之中。《晋宫阁名》中有“华林园柿六十七株，晖章殿前柿一株”的记载。约成书于北魏末年的《齐民要术》中记载：“柿，有小者栽之；无者，取枝于软枣根上插之，如插梨法。”这明确记述了野生变栽培的开始。由于掌握了柿树嫁接技术，生产也有了一定规模。《梁书·地理志》记载了当时柿的发展情况：“永泰元年，（沈瑀）为建德令，教民一丁种十五株桑、四株柿及梨栗，女丁半之，人咸欢悦，顷之成林。”

唐、宋以来人们对柿有了新的认识，《酉阳杂俎》称“柿有七绝”。孟诜、陈藏器等医学家又证明柿有很高的药用价值。人们在实践中还筛选出一些良种，掌握了脱涩、贮藏及柿饼加工技术，柿树由此得到发展，栽植数量相当可观，往往一个地方栽植有成千上万株。例如，韩愈诗中有“友生招我佛寺行，正值万株红叶满”；马永卿的《嬾真子》记有“仆仕于关陕，行村落间，常见柿连数里”，这些文字都反映了当时柿树种植的规模。元末明初自然灾害频繁，人们对柿果和柿饼可以代粮充饥有了深刻的认识，正如《荒政要览》和《农政全书》等文献所记“三月秧黑枣，备接柿树，上户秧五畦，中户秧二畦。凡陡地内，各密栽成行。柿成做饼，以佐民食”“今三晋泽沁之间多柿，细民乾之以当粮也，中州、齐、鲁亦然”，由此形成黄河中下游为中国柿的主产地的格局，柿被誉为“木本粮食”“铁杆庄稼”。

改革开放后计划经济转变为市场经济，以市场为导向，柿树栽培由原来的自给性生产转向商品性生产，由传统的小农生产向现代产业化迈进。

种质资源 中国报道的柿约有60个种或变种，能见到活体标本的不足50种，与栽培柿关系密切的有君迁子（*D. lotus*）、粉叶柿（*D. glaucifolia*）、德阳柿（*D. deyangsis*）、油柿（*D. oleifera*）、金枣柿（*D. jinzaosis*）和美洲柿（*D. virginiana*）等。中国栽培柿由于自然杂交和芽变，有广泛而连续的分离，形成数量众多的种质资源。经千百年选留，据各地资源调查统计有名称的品种有1000个左右，以大小、颜色、熟期、形态、来源为依据命名，以区别当地品种。因各地命名依据不同，存在许多同物异名现象。设在杨凌（西北农林科技大学内）的国家柿种质资源圃正在甄别同物异名和同名异物的品种。该圃从全世界引入完全涩柿、不完全涩柿、不完全甜柿、日本原产完全甜柿和中国原产完全甜柿5个类型的栽培柿品种和近缘种，已保存800个基因型，涵盖90%以上柿的遗传多样性。种质创新方面仍依赖杂交育种，生物工程方法还处在实验阶段。

形态特征 落叶乔木，高可达14米。老树干皮矩形鳞片状开裂，灰黑色；枝深棕色渐至灰白色，具纵向皮孔，嫩枝有柔毛，后渐脱落。单叶互生；叶柄有柔毛；叶片椭圆形至倒卵形，长6～18厘米，先端或有尖头，基部阔楔形，全缘，革质，上面深绿色，主脉疏生柔毛，下面淡绿色，有短柔毛和腺状毛，沿叶脉密生淡褐色绒毛。花杂性，雄花成小聚伞花序，雌花单生叶腋；花黄白色，花萼下部短筒状，4裂，内面有毛；花冠钟形，4裂；雄蕊在雄花中16枚，在两性花中8～16枚；雌花有8枚退化雄蕊；子房上位，多8室，少数12室，花柱自基部向上不同程度分离。浆果扁圆、球形或卵圆，横径3.5～9厘米，橙黄色或橙红色，基部有柿蒂（即宿存萼片）。花期5月，果期9～11月。

柿与其他果树的不同之处有：柿树长寿，尚存千年古树；柿果含有单宁，且有单宁细胞；有自枯现象，自身能调节营养；有单性结实能力，可不配**授粉树**；宿存萼随果增大成柿蒂。

繁殖与栽培 主要采用嫁接繁殖，砧木多为君迁子，也有用粉叶柿、德阳柿和野柿的。砧木实生繁殖成苗后，采用嵌芽接、劈接和切接方法繁殖。柿树抗旱耐寒，适应性强，对地形、土质选择不严。中国北方多在3～4月萌芽期嫁接，广东、广西、福建因气温高，可在新年与春节之间嫁接，其他季节亦可按实情少量嫁接。组织

图1 柿树

图2 柿的花

图3　柿的叶和果

图4　柿的果实

图5　柿的种子

培养有报道获得成功，但由于技术和成本问题，仍未见生产上应用。柿传统生产模式采取零星栽植，只种不管，放任生长；20世纪70年代以来，采用成园栽培和集约化、基地化生产模式。在适栽区选用优良甜柿品种，采取低冠密植、整形修剪、土肥水管理、病虫防治、贮运加工等现代化技术，达到产优、增值的目的。但因发展时间短，技术并不成熟，未能普及。

价值与用途　柿的营养丰富、风味独特，具有食用价值、药理作用、美化环境等价值与用途。

食用价值　果中富含水分、蛋白质、脂肪、碳水化合物、粗纤维、灰分；含人体不可缺少的钙、磷、铁等矿物质；并含多种维生素，如维生素A、维生素B_1、维生素B_2、维生素C、维生素PP；此外，还含有9种氨基酸。柿是中国传统特色果品，甘甜多汁，除供鲜食外还可加工成柿饼、柿脯、柿酒、柿醋、柿涩汁、柿汁、柿酱、柿蜜、果冻等食品，深加工成柿霜糖、柿软糖、柿羊羹、柿糕、果丹皮等，或制成糕点、风味小吃和菜肴佐食。但食用不当或过量也会引起副作用，如柿饼中含有高浓度的糖，过量食用引起消化不良；未脱涩的果实中含有大量可溶性单宁，空腹多吃易得胃结石。

药理作用　柿及其加工品和根、树皮、叶、果、柿蒂都含有齐墩果酸、熊果酸、没食子酸、黄酮类化合物，以及三萜类、萘醌类、香豆素等多种药用成分，为历代医学家应用。现代医学也证明其具有较高的抗氧化、抗肿瘤、保护心血管和治疗免疫缺陷等多种药理作用。

柿树根深叶茂、绿树浓荫，夏可避暑纳凉，入秋碧叶丹果，鲜丽悦目，晚秋红叶可与枫叶媲美，霜后似红灯笼般挂满枝头，分外美观，是一种优良的观赏树种。柿树林是天然氧吧，它是能充分利用土地，提高地面覆盖率，改善气候，改善人们居住的生态环境，维持自然界生态平衡的优良树种。

美化环境　柿树是长寿树种，百年以上古树容易见到，有些地方甚至可见到几百年或上千年的古树，是开发生态旅游的宝贵资源，也是传承文化的重要依据。柿木坚硬、结实，而且与“事、世”谐音，因此古代以柿蒂纹的图案装饰日用器物，以示其坚固耐用。

新业态　柿富含单宁，以柿单宁作原料进行柿新技术开发，已在洗浴用品和化妆品工业中生产出许多新产品；此外，柿单宁在放射性同位素的无害化处理和循环应用，电子垃圾中的贵重金属选择性吸附和高效回收，以及生活或工业废水中有害重金属离子去除等领域也有广阔的应用前景。

中国涩柿过多，品种良莠不齐，商品性差，存在产能过剩的趋势。生产优质甜柿和优质柿饼可作为特色产品，尚有发展空间。但需要提高鲜柿的品质和延长货架期，优质柿饼要解决食品安全卫生问题。为此，必须实行标准化生产，达到商品一致性，这是业界创新之道。

（王仁梓）

室内植物　indoor plant　能较长期地在室内生长并具有装饰和观赏作用的植物。大多原产于热带和亚热带地区，有观叶、观花和观果等类，但以观叶类为主。室内植物栽培历史悠久。中国浙江省余姚市河姆渡遗址中发现了刻画盆栽植物的陶塑饰件，距今已有7000余年。扇棕、月桂和香石竹等盆栽在欧洲大陆及英国流行也很早。随着航海事业的发展，法国、荷兰、德国和英国等由波斯、叙利亚等地引入茉莉、木槿、甜橙和柠檬等花卉果木，促使培育室内盆栽植物的温室日渐增多。19世纪室内花展在欧洲兴起，并逐渐成为住宅的组成部分之一。随着城市建设发展和高层建筑增多，室内植物的应用进一步受到重视，其目的是将绿色植物陈设与构成艺术相结合，从而使人们欣赏到赏心悦目的异地景观。用室内植物装饰饭店、宾馆和住宅等更是风靡世界各国。

室内植物的选择　由于室内光线较弱，空气湿度较低，通风、土壤、肥料、浇水等条件均受到一定限制，因此选择室内植物时要考虑植物材料的大小、习性，以及与室内环境的配合等因素。常选择的观叶植物有蒲葵、棕榈、棕竹属、虎尾兰、豆瓣绿、广东万年青、绿萝、肾蕨、冷水花等。观花植物通常多用耐阴、适应性强及花期较长的种类及品种，如非洲紫罗兰、四季秋海棠、凤仙花及多种兰科、凤梨科植物等。

容器及栽培方式　使用盆、钵及种植箱等容器进行种植。应有一定的容积、较好的透气性及排水性，坚固耐用。

栽培方式主要有土培、介质培、水培及附生栽培四种。①土培。主要是用泥土、泥炭土或是腐叶土及砂等共同混合，形成疏松肥沃的土壤进行植物种植。②介质培。介质材料主要有陶粒、珍珠岩、浮石、花生壳、泥炭及砂等。③水培。种植的植物主要是通过吸收水内的营养进行生长。④附生栽培。主要利用朽木或是岩石来支撑并栽培的一类植物，如蕨类植物、兰科植物等。

（车代弟）

寿眉茶　Shoumei tea　主产于中国福建省宁德市柘荣县和福鼎市，以及南平市的政和县、建阳区、松溪县等地的白茶。寿眉茶是中国六大茶类之一白茶中的一个品类，以大白茶、水仙或群体种茶树的嫩梢或叶片为原料，经萎凋、干燥、拣剔等特定工艺制成。因其外形似长者的眉毛，故称寿眉。

寿眉茶叶张幼小，毫心细密，滋味醇厚，香气清纯。20世纪60年代，福建白茶传统产区茶人发明了寿眉茶的制作工艺，当时以菜茶（有性系群体种茶树）为原料制成的寿眉白茶名为小白。寿眉茶也可由抽去芽心制银针后剩下的单片制作而成。寿眉茶的工艺流程与白毫银针基本一致，其流程为：鲜叶采摘→萎凋→烘焙→毛茶。

按国家标准GB/T 22291—2017《白茶》的规定，寿眉分一级和二级两个级别。一级寿眉感官品质特征为：外形条索叶态尚紧卷，较匀整，较洁净，色泽尚灰绿；香气纯正；滋味醇厚尚爽；汤色尚橙黄；叶底稍有芽尖、叶张软尚亮。二级寿眉感官品质特征为：条索叶态略卷稍展、有破张，尚匀，夹黄片、铁板片和少量蜡片，色泽为灰绿稍暗、夹红叶；香气浓纯；滋味浓厚；汤色深黄；叶底叶张较粗、稍摊、有红张。寿眉茶具有退热、祛暑、抗氧化、排毒等功效。（孙威江）

授粉树　pollenizer　果园中提供花粉供授粉用的植株。有一些果树有自花不实现象，如杨梅、银杏、香榧、番木瓜、猕猴桃等雌雄异株的果树，苹果、梨、部分李、柚等典型自交不亲和的果树，定植时都必须配置授粉树，才能获得理想的产量。

条件　授粉树应满足以下条件：①和主栽品种授粉亲和。对已知*S*基因型的主栽品种，应选用与主栽品种不在同一组群的品种作授粉树；对未知*S*基因型的主栽品种，可以依据品种间亲缘关系的远近选择亲缘关系远的品种，并经田间授粉试验确认具有高亲和性的品种作授粉树。②花期一致或接近。应考虑各品种花期的早晚，授粉品种与主栽品种的花期应一致，或者比主栽品种早1～2天，才不至于错过最佳授粉期。③授粉树应和主栽品种同时进入结果期，且能够年年开花，经济结果寿命长短相近，树体长势、树冠类型基本相似，便于统一管理。④授粉树本身具有一定的经济价值，与主栽品种可互为授粉品种，花粉量大。⑤当授粉树能有效地为主栽品种授粉，而主栽品种却不能为授粉品种授粉，且又无其他品种取代时，必须按上述条件另选第二种作为授粉品种的授粉树，但主栽品种或第一授粉树品种也必须能作为第二授粉品种的授粉树。

比例　授粉树比例依传粉媒介、花期气候而定，风媒可比虫媒的授粉树比例大大减少。低温多雨、风大的地方，影响昆虫活动，则授粉树比例要提高，一般占25%左右。授粉树与主栽品种搭配比例一般为1∶(4～5)，在缺乏授粉树时，也可按1∶(8～10)的比例配置。如果果园缺乏授粉树或没有授粉树时，应按上述比例高接授粉品种。在没有授粉树时，则要进行严格的人工授粉，以确保果园产量。

在苹果上，欧美国家一般不栽植栽培品种作授粉树，而是在行间栽植专用海棠品种作授粉树。专用授粉树具有成花易、花量大、花粉多、花期长、花粉亲和力强、寿命长、授粉效率高、花粉直感效应明显等特点。高效专用授粉树的应用，可以简化果园授粉树的配置，节省果园空间。

配置方式　授粉树的配置方式：①中心式。小型果园中，果树作正方形栽植时，常用中心式配置，即1株授粉品种在中心，周围栽8株主栽品种。中型园地（20～30亩）也可采用8∶1的正方形配置授粉树，也可以在路边栽植适量的专用授粉树，既能节约空间，又能满足授粉需要。②行列式。大中型果园中配置授粉树，应沿小区长边，按树行的方向成行栽植。梯田坡地果园可按等高梯田行向成行配置。两行授粉树之间的间隔行数，仁果类多为4～8行，核果类多为3～7行。处于生态最适带的果园，相隔的行数可以多些，间隔距离可以远些。生态条件不很适宜的情况下，例如有大风危害的地方，尤其是在高山区，授粉树和授粉品种间隔的行数最好少些；而在该果树的生态最适带，特别是栽植花量较大的专用授粉树品种，间隔的行数可以多些。

已建成1～3年生新果园没有配置授粉树的，可按比例补栽专用授粉树大苗。4年以上果园没有配置授粉树的，可采用每株或隔株高接授粉枝，只在树冠顶部改接2～3个主枝（或大辅养枝）为授粉品种，保证全园的授粉树或授粉品种的大枝占全园树或大枝的15%～20%。如果园主要靠风传粉，应将授粉树栽在果园外围上风处；成园后为保持园貌整齐美观，还应考虑授粉树的大小、管理等，如将砧-穗综合生长势和树冠大小相近者栽在同一园里，乔砧-短枝型组合园内也可栽矮砧-普通型砧穗组合，或乔砧-矮化中间砧-普通型品种，最好同品种成行栽植，以便于田间管理。

有经济价值的授粉树可按照主栽品种进行整形修剪，但树冠大小不应影响主栽品种的生长。专用授粉品种则不需要培养特殊的树形，主要实行高干窄冠，控制水平方向树冠大小，为主栽品种冠径的1/2～2/3，尽量向高处延伸，成龄后适当疏除过密枝条即可。

（宋来庆）

疏花疏果　blossom and fruit thinning　人为去除过多的花和幼果，以获得优质果品和持续丰产的果园管理措施。大多数果树开的花都远远多于最后结成的果实，由于果树本身具有调节能力，会使发育不良的花和幼果自然脱落，但过多的花果仍须摘除，才能满足生产上的要求。采用合理的疏花疏果措施可以节省大量养分，使果树树体负载合理，提高果品质量，维持树势，保证丰产稳产，防止大小年结果现象的发生。如在开花多的年份，一株成年苹果树有5%的花、桃树有15%～20%的花结的果实达到成熟，就可获得丰收，过多的花均须疏除。疏花疏果一般采用人工方法，也可用适当浓度的化学药剂疏除。

疏花　疏花要在花序分离期开始，至开花前完成，越早越好，一次完成。按每20～25厘米留1个花序，多余花序全部疏除。疏花时要先上后下，先里后外，先去掉弱枝花、腋花和顶头花，多留短枝花。然后疏除每个花序的边花，只留中心花，小型果可多留1朵边花。

果树上常用的化学疏花剂有石硫合剂、有机钙制剂、橄榄油等。果农熬制的石硫合剂乳油浓度为0.5～1波美度，商品用45%晶体石硫合剂浓度为其150～200倍；有机钙制剂适宜喷施浓度为150～200倍；橄榄油适宜喷施浓度为30～50克/升。在果树盛花初期（即中心花75%～85%开放）时喷第一次，盛花期（即整株树75%的花开放）时喷第二次。腋花芽多的品种可以在盛花末期（即全树95%以上花朵开放）时增喷一次。

疏花时，适宜在晴天或阴天的天气条件下喷施，适宜温度20～28℃，花期白天温度连续低于10℃或高于30℃时，不宜进行化学疏花。在首次应用化学药剂进行疏花疏果时，要先小规模试验。不同品种对化学疏花疏果剂的敏感程度不同，中心花与边花开放时期间隔较长的品种，较低浓度容易疏除边花，可以适当调低浓度；而中心花与边花开放时期间隔较短的品种，应用浓度要适当调高，同时注意掌握喷施时期。

疏果　疏果时期是从盛花后1周开始，在谢花后25～30天完成疏果，疏果的适宜时期约20天。疏果过早，由于果实太小，疏果技术很难掌握；疏果过晚，又起不到疏果的效果。合理的疏果既能节省大量营养，促进幼果发育和枝叶生长，提高果品产量和质量，又能促进花芽分化，做到优质丰产稳产。严格控制留果量，防止过量结果。留果量要根据品种坐果率、大小、树势、树体大小确定。留果量太多，果实小，品质劣，商品价值低；留果量太少，果实虽大，但产量太低，效益也不好。

疏果时，要根据“留优去劣”的原则进行。先疏除畸形果、小果、病虫果，再根据负载量合理留果，留多叶果，疏少叶果；留侧生、下位果，疏朝上果；留壮枝果，疏弱枝果。疏果次序应由内到外，从上到下，按枝条顺序逐枝进行，防止漏疏或损伤果实。

疏花疏果技术要因树制宜，对于授粉条件好、坐果率高的果园，可以采用先疏花后定果的方法，按照适宜的留果标准，选留壮枝花序后，把多余花序全部疏除，坐果后再定果；对于授粉条件差，坐果率较低的果园，可以采用一次性疏果定果的方法。如果前期疏花疏果时留量过大，到7月上中旬时可明显看出超负荷，此时要坚决进行后期疏果。后期疏果不会减产，反而能够提高产量和品质。

果树上常用的化学疏果剂有西维因、萘乙酸、萘乙酸钠等。西维因适宜浓度为2.0～2.5克/升，萘乙酸适宜浓度为10～20毫克/升，萘乙酸钠适宜浓度为30～40毫克/升。西维因在盛花后10天（中心果直径0.6厘米左右）喷第一次，盛花后20天（中心果直径0.9～1.1厘米）喷第二次。萘乙酸和萘乙酸钠在盛花后15天（中心果直径0.8厘米左右）喷第一次，盛花后25天喷第二次。药液要随配随用，尤其石硫合剂等钙制剂不能与其他农药混喷。化学疏果后，根据坐果情况和预期产量可以再进行一次人工定果。

（宋来庆）

各种各样的蔬菜

蔬菜 vegetable 以柔嫩多汁的器官或整个植株供食用的草本植物。一些木本植物的嫩茎、嫩芽及某些食用菌类、藻类等也常作蔬菜食用。可熟食，也可生食，还可加工成腌渍品、干制品和罐头食品等。蔬菜是人们日常生活中不可或缺的食品，是人体所需维生素和矿物元素的重要来源。蔬菜含有人体所需的维生素C（抗坏血酸）、维生素A原（β-胡萝卜素）和维生素B等，以及钙、磷、钾、铁、铜等多种矿物元素，是人体结构和生理活动所需的重要物质。蔬菜经过消化后产生的碱性矿质化合物，能中和人体消化肉类、蛋类等食物过程中产生的酸性化合物，保持体内酸碱平衡和对蛋白质的正常吸收、利用。蔬菜含有的粗纤维能使肠胃内的食物保持膨松状态，有利于肠壁蠕动和促进消化、排泄。某些蔬菜如豆类还是植物性蛋白质和脂肪的重要来源，葱、姜、蒜等则是具有特殊风味的调味佳品。此外，不少蔬菜还具有一定的药用价值。

种类　现今世界上可作为蔬菜食用的植物有200多种，普遍栽培的有70～80种，日常主要食用的有20多种。蔬菜分类方法主要有：①植物学分类法。按蔬菜在植物分类学上的地位，分为十字花科、豆科、茄科、葫芦科、伞形科、菊科、藜科、百合科和禾本科等。这种分类可以说明不同蔬菜之间的亲缘关系，对引种、育种、轮作防病等都有意义。但同属一个科的蔬菜，其食用器官和栽培技术常不相同。②食用器官分类法。按收获的产品器官可分为根菜类、茎菜类、叶菜类、花菜类和果菜类等。这种分类可反映同类蔬菜在经济用途上的共性，但对有些蔬菜则较难反映其栽培技术的共性。③农业生物学分类法。以蔬菜生长发育对环境条件及栽培技术的要求作为分类的依据，可分为14类，即白菜类、甘蓝类、根菜类、叶菜类、葱蒜类、茄果类、瓜类、豆类、薯芋类、水生蔬菜类、多年生及杂类蔬菜类、芽苗菜类、食用菌类、香草类。同类蔬菜不仅食用器官相同，而且栽培技术亦多相似。这种分类法对蔬菜生产有较大指导意义，应用较广。除上述三种分类外，还可按蔬菜对温度、水分、光照的要求以及对土壤酸度的要求等进行分类。

生产经营方式　早期出现的是自给性的家庭蔬菜园艺。随着商品经济的发展以及人口向城市、集镇集中，在城镇近郊出现了以供应城镇居民为目的的商品性蔬菜生产，即近郊蔬菜园艺，一般是就地生产，就地供应。此后，由于现代工业、交通运输和科学技术的发展，加之近郊农业人口不断减少，人工费用日趋昂贵，又促使菜区从近郊向自然条件适宜的远郊和远离大城市的地区转移，实行专业性集中生产，通过运输供应各地，从而出现现代的运输蔬菜园艺。与此相适应，设施栽培、加工栽培和采种栽培等也得到迅速发展。一些经济发达国家，依据各自的国情形成了商品化程度很高的大规模专业性蔬菜生产基地。如美国的蔬菜专业生产基地主要分布在加利福尼亚、佛罗里达、得克萨斯、亚利桑那和纽约等；欧洲则集中在意大利、西班牙等地中海沿岸国家；日本的蔬菜也由就地生产、就地供应逐步转变为区域性专业生产，在全国各地建立1000多个生产基地，统一协调生产供应。

中国的蔬菜生产也经历了以城市近郊区生产为主到以专业化商品生产基地生产为主的转变。改革开放之前，中国一直坚持大中城市和大型工矿区蔬菜供应“以当地生产为主，外来调剂为辅”的方针，实行“计划种植、计划上市”和“统一收购、统一销售”的制度。改革开放以后，国家逐步放开了对蔬菜生产和市场的统一管理，蔬菜产业开始走上市场经济的轨道。经过改革后40多年的发展，形成了由“华南冬春蔬菜优势产区”“云贵高原夏秋蔬菜优势产区”“长江流域冬春蔬菜优势产区”“黄淮海与环渤海设施蔬菜优势产区”“黄土高原夏秋蔬菜优势产区”和“北部高纬度夏秋蔬菜优势产区”构成的全国蔬菜商品化生产基地布局。大中城市蔬菜供应由以前的“以当地生产为主，外来调剂为辅”变成“以外来供应为主，当地生产为辅”。对于一些不耐长距离运输的不结球白菜、莴苣等叶菜类蔬菜，一些城市仍然坚持以当地生产为主。另外，形成了一些高度集中的特菜类生产基地，例如涪陵的茎用芥菜生产基地、新疆的加工番茄生产基地、长江流域的水生蔬菜生产基地等。

生产技术特点　与其他农作物相比，蔬菜生产主要有下列特点：①技术密集。传统的中国蔬菜栽培以技术和劳力密集的精耕细作为主要特点。表现在精细的土壤耕作、精密的植株调整以及综合应用多种措施的病虫防治制度等。随着农业科学技术的进步，现代蔬菜生产技术的精细化要求已由广泛应用机械化、自动化设备和现代品种改良成果的省力化栽培实现。设施环境的自动化调控技术、植物生长调节技术、无土栽培技术和工厂化生产方式等可使蔬菜的单位面积产量、产品品质和劳动生产率大大提高。②种植方式多样。蔬菜作物的生长习性、植株高矮和生长期长短差异很大，环境要求各不相同。利用这些特点，生产上常将不同的蔬菜种类相互搭配，形成多种多样的种植方式，如高秆蔬菜与矮秆蔬菜，棚架栽培与爬地栽培，需磷、钾较多的薯芋类、茄果类与需氮较多的绿叶菜进行间作、套作和轮作，以提高菜田的复种指数。中国菜田现每年复种二三次，甚至五六次不等。③普遍育苗移栽。为了提早播种、采收和便于管理，中国很大一部分蔬菜都是先育苗，然后再移栽到大田。蔬菜产量的高低在很大程度上取决于秧苗的生长状况和最适生育期的长短。育苗一般是在设施内进行，因而能有效控制生长环境，满足秧苗生育需要。育苗还可延长蔬菜在大田的最适生育期，并有利于茬口安排。④多种形式的设施栽培。在种植业中，蔬菜是设施栽培面积最大的。常采用的蔬菜生产设施有塑料小棚、大中棚、节能型日光温室、连栋玻璃温室、连栋塑料温室等多种形式，以前的风障、冷床现已很少采用。设施栽培的目的是通过创造可人工调节的小气候环境打破生产的季节限制，实现蔬菜的周年生产，并大幅提高产量，改善品质。⑤精细的采后处理。蔬菜消费以鲜产品为主，为了保持采后产品的质量并提高商品率，需要通过各种处理措施来防止产品因受温度、湿度、气体等因素的影响以及机械损伤而腐烂变质。精细的采后处理已成为现代蔬菜生产的重要环节。

（王德槟　杜永臣）

蔬菜保花保果　holding flower and fruit in vegetable　*蔬菜*生产中控制茄果类蔬菜落花落果的措施。茄果类蔬菜（*茄子*、*番茄*、*辣椒*等）是中国最主要的蔬菜种类之一。由于其产量高，生长供应时间长，经济效益高，在露地及设施蔬菜栽培中占有很大比重。但茄果类蔬菜在开花结实过程中都有不同程度的落花落果现象，严重影响产量。因此，通过加强栽培管理、合理使用生长调节剂等防治措施有效控制落花落果，即保花保果，已成为蔬菜生产中的重要措施。

影响因素　蔬菜落花落果由自身和环境两种因素导致。

自身因素　①开花时，由于花器自身缺陷或受外界环境条件的影响产生短花柱花，不能正常授粉而导致脱落。②没有授粉或受精，或虽已授粉但是花粉与卵细胞不亲和而导致不能正常受精。③由于自身遗传或不适的营养条件引起胚珠退化，子房不能正常膨大，因而脱落。

环境因素　①温度过低。茄果类蔬菜喜较高的温度，若开花期处在冷凉的气候或低温的环境下，则花粉管不能正常伸长，因而不能受精而引起落花。②土壤缺水。特别是开花期土壤缺水，会影响茄果类蔬菜的着花数、结果数及结实率。③光照不足。茄果类蔬菜对光的反应敏感，若在冬季日照强度低的情况下栽培，则植物光合效能降低，营养状态不良，雄蕊缺乏受精能力，从而导致落花。

主要措施　包括加强栽培管理及合理使用生长调节剂。

加强栽培管理　①温度调节，最普遍的调节管理措施。每种蔬菜都有最适生长的温度范围，因此越冬栽培的蔬菜应加强保温。可通过调节和改善保护地内温度、光照、通风条件，即合理地增减覆盖物、适量通风，使保护地温度尽可能满足棚室蔬菜生长发育的需要。②合理灌溉、科学施肥，保证植株的正常生长。③及时整枝打杈，摘叶摘心，调节营养生长和生殖生长的平衡。适当控制营养生长，促进生殖生长，有利于开花和结果。

合理使用生长调节剂　这是防止落花落果的重要措施。特别对低温和弱光下产生的落花有明显效果。常用的调节剂主要有2,4-二氯苯氧乙酸（2,4-D）和防落素（对氯苯氧乙酸）。浓度一般为20～40毫克/千克，温度高则浓度适当低些，温度低则浓度适当高些。一般在开花前后1～2天使用最好，可防止落花，使果实生长迅速、整齐。生长调节剂采用涂抹、蘸花和喷雾的方式使用。

（郭仰东）

蔬菜播种　vegetable sowing　将蔬菜种子播撒于土壤、基质等介质中繁殖下一代植株的方法。蔬菜播种方法既有传统的精耕细作人工播种，也有小型机械或畜力机械播种，还有大面积的机械化播种。穴盘育苗机械化自动播种已成为*蔬菜*现代化育苗高效播种的主要形式。

具体的播种方式有撒播、条播和点播：①撒播。在平整好的播种畦或苗床上按预定的播种量均匀地撒播种子，然后覆盖一层薄土或基质。多用于生长期较短、植株较小、栽培密度较大的绿叶类蔬菜的露地直播，如菠菜等；也可用于育苗移栽蔬菜的苗床播种，如番茄等。②条播。在平整好的畦、垄或苗床上按行距开小沟，并按预定的播种量在沟中连续播种，然后覆土或基质。多用于生长期较长、植株较大、栽培密度较小的大白菜等绿叶蔬菜的露地直播；较少用于育苗移栽蔬菜的苗床播种。③点播。也称穴播，即在平整好的畦、垄或苗床上按行株距开沟，然后按穴或株行距放种子一粒或数粒。多用于生长期较长、植株较大的南瓜等瓜类蔬菜的露地直播；也用于种子粒较大、需要丛植的豆类蔬菜的露地直播；种子数量较少，价格较高，需要节约用种时也多采用穴播；现代化的穴盘育苗、盘式育苗、钵式育苗也均采用穴播的方式播种。不论采用何种播种方式，都要为蔬菜种子萌发、出苗创造良好的温、水、气等环境条件，使出苗整齐、生长健壮。

蔬菜播种还可按播前浇水或播后浇水分为湿播和干播两种。

（郭世荣）

蔬菜采收　vegetable harvesting　对达到商品成熟度的*蔬菜*产品器官进行收获的过程。有的蔬菜只需进行一次采收，即完成生产的全部工序；而须多次采收的蔬菜，则在采收期间还要进行田间管理作业。为提高蔬菜产量、降低贮运蔬菜损耗、保持和改进蔬菜产品品质、防止蔬菜感病腐烂，蔬菜采收要求及时和避免损伤。

采收标准　蔬菜种类繁多，供食用的产品器官不同，鲜销或加工、贮藏等用途不一，因而采收标准也不一致；但共同点都是以达到商品成熟度，即适于食用或加工、贮运作为采收标准。对多数蔬菜而言，商品成熟均早于生理成熟，如以根、茎、叶、花或幼嫩果实供食的蔬菜均在生理成熟前采收；只有少数蔬菜如番茄、西瓜、甜瓜等瓜果的商品成熟度与生理成熟度基本一致，即可以生理成熟度作为采收的标准。

蔬菜产品器官是否达到商品成熟度或符合采收标准，一般可按某些指标凭感官判断，但这些指标并非对每一种蔬菜都有同等重要的意义。同一种蔬菜产品器官在应用某种指标进行判断时，由于用途不同也可有不同的商品成熟度标志。另外，由于不同地区消费习惯的不同，采收标准还常有一定的地区差异。常用的判断指标有：①色泽。以产品器官的颜色变化和光泽度作为主要采收标准，如番茄一般在果实开始转红时采收，甜椒一般在果皮转浓绿而有光泽时采收，豌豆在荚果从暗绿变为亮绿色时采收等。但供较长时期贮运的番茄则以果脐泛白的转色期为采收适期，供罐藏制酱或干制的辣椒以果实充分红熟为采收适期。②坚实度。可以作为某些蔬菜生育良好、充分成熟或尚未过熟变软，能耐运输贮藏的标志，如甘蓝的叶球、花椰菜的花球，以及供贮运的南瓜、番茄等都应在达到一定硬度时采收。但某些蔬菜的产品器官趋于坚硬，则表示其食用品质下降，如绿叶蔬菜和作蔬菜用的豌豆、菜豆、豆薯、甜玉米等一般应在幼嫩时采收。③大小。即以产品器官的高度（如芹菜）、直径（如萝卜）等作为适于采收的主要指标。④生长状态。如洋葱以假茎部变软开始倒伏、鳞茎外皮干燥，芋头以须根枯萎，莴苣以生长点不超过叶丛，不结球白菜以薹高不超过莲座叶的先端等为采收适期。上述采收标准常因品种不同而有差异，须凭娴熟的经验加以综合运用。

除感官鉴别外，还可根据蔬菜产品器官内部的物质组成、能量（如呼吸强度）及组织（如硬度、透性、离层）的变化等，制定各种蔬菜供不同用途的采收标准。

采收时机　蔬菜的合理采收时机除根据采收标准掌握外，还须考虑下列因素：①保持长势。多次采收的蔬菜如茄果类、瓜类的第一果（或第一穗果）宜适当早采，常在幼果尚未达到采收标准时提前采收，以利于植株发棵和后续果实的生长。到结果盛期每隔1～2天采收一次，可避免植株早衰。用种子直播的蕹菜在第1、2次采摘时，茎基部可留2～3节，以促进萌发较多的嫩枝；第3、4次采摘时，适当重采，仅留1～2节，可避免发枝过多，生长纤弱、缓慢，影响产量和品质。多年生的韭菜，为维持高产和使地下根茎贮藏有足够的营养物质，防止早衰，应控制收割次数；且不能割得过低，以免损伤叶鞘的分生组织和幼芽，影响下一刀产量和长势。②提高贮性。高温时采收不利于采后贮藏；降雨后采收，成熟的果实易开裂，滋生病原菌，引起腐烂。一般以在晴天清早气温和菜温较低时采收为宜。供冬季贮藏用的芹菜、菠菜等耐寒蔬菜，在不受冻的前提下适当延迟收获，可免贮藏时脱水和发热、变黄腐烂。薯芋类蔬菜成熟过程中糖分转化为淀粉，适当延迟采收有利于提高贮性；反之，有的蔬菜如番茄，成熟过程中糖分增加，淀粉减少，则适当早采的贮性较好。某些蔬菜采收前用生长调节剂处理，可在采后延迟其成熟，利于贮藏。③保持鲜度。蔬菜鲜度主要由呼吸强度和失水速度决定，而温度则是影响呼吸和水分含量的最主要因素。在气温较低的清晨或上午采收，有利于保持产品的鲜度。

采收方法　地下根茎类大部分用锹、锄或机械挖刨，有的采收机械还附有分级、装袋等设备。采收时应避免机械损伤，采收后摊晾使表面水分蒸发、伤口愈合。洋葱、大蒜可连根拔起在田间暴晒，使外皮干燥。多数叶菜类、果瓜类、豆类蔬菜，则用刀割、手摘或机械采收。

（陶辛秋）

蔬菜产后处理　postharvest handling of vegetable　将田间生产结束后已经采收的**蔬菜**从农产品转化为商品的一系列措施的总称。蔬菜产后处理旨在保持产品原有的外观和风味品质、新鲜度、洁净度和营养价值，有利于销售和食用，延长货架寿命，提高产品的商品价值和生产销售单位的信誉。主要包括整理与挑选、预冷、分级和包装等。

整理与挑选　采后处理的第一步，目的是剔除有机械伤、病虫危害、外观畸形等不符合商品要求的产品，以便改进产品的外观，改善商品形象。一般在整理的过程中须去掉产品上的泥土垢物，剔除病叶、老叶、根毛等不可食用的部分，提高产品的外观质量和净菜率。例如结球甘蓝、花椰菜、青花菜等要除掉过多的外叶，只留少许保护叶；萝卜、胡萝卜、芥菜、甜菜等根菜类要剪除叶片和根毛；新鲜大葱要除去外皮、根毛和顶部叶片；马铃薯、山药等要除去泥土。这些操作成本低廉，简单易行，与包装处理相结合，可大大提高蔬菜产品的档次。

预冷　利用一定的设施条件，迅速除去蔬菜产品从田间携带的热量，使产品温度下降到适宜程度，以防止高温对蔬菜品质的损害。预冷可有效抑制蔬菜活体的呼吸作用，延缓组织衰老，保持产品鲜度，减少微生物侵染，降低水分损失，防止变质腐败。可在包装前或包装后进行。其具体方法一般根据蔬菜产品的特性灵活确定。普遍采用的预冷技术有：①自然降温冷却。将采后的果蔬放在阴凉通风的地方，使其自然散热，最简便易行。但冷却时间较长，受环境条件影响大，且难于达到产品所需要的预冷温度。②水冷却。用冷水冲、淋产品，或将产品浸在冷水中。在不使产品受冷害的情况下，水温尽量低，一般为0～1℃。水冷却器应经常用水清洗，包装箱要具有防水性和坚固性。适用于水冷却的蔬菜有胡萝卜、芹菜、菜豆等。③冷库空气冷却。将产品放在冷库中降温，当空气以1～2米/秒的流速在库内和容器间循环时，冷却效果最好。产品堆码时包装容器间应有适当的间隙，可以使用有强力风扇的预冷间，冷却时间一般为18～24小时。④强制通风冷却。在包装箱堆或垛的两个侧面造成空气压力差而进行的冷却。压力差不同的空气经过货堆或包装箱，可带走产品散发的热量。比冷库预冷速度更快，适用于大部分蔬菜产品，在草莓、甜瓜和番茄上使用效果显著。⑤包装加冰冷却。在装有产品的包装容器内加入细碎的冰块，以降低蔬菜产品的温度，并维持高湿的环境。⑥真空冷却。将产品放在坚固、气密的容器中，迅速抽出空气和水蒸气，使产品表面的水在真空负压下蒸发而冷却降温。冷却速度快，特别适合表面积大的叶菜类，如生菜、菠菜等。

分级　将蔬菜产品按照不同销售市场所要求的分级标准进行大小或品质分析。一般可以按照质量、色泽和大小等性状进行分级。是提高商品质量和蔬菜产业效益的重要途径，并有助于提高蔬菜产品在国际市场的竞争力。

包装　包装可以减少机械损伤，防止失水萎蔫，是保证蔬菜产品安全贮运、优质优价的重要措施。包装既可在田间进行，也可在专业化的包装厂进行。为了保证产品的清洁，一般蔬菜包装前均须进行清洗，一些果菜类还可进行涂蜡处理。包装可分为大包装（又称运输包装或外包装）和小包装（又称销售包装或内包装），大包装一般选用纸箱或木箱，也可用竹筐或柳条筐等；小包装的方法有塑料薄膜袋单个包装、塑料筐包装、薄膜收缩包装、纸托盘等，可根据蔬菜产品特性灵活选用。

（汪俏梅）

蔬菜定植　vegetable transplanting　将长到一定大小的**蔬菜**秧苗从苗床适时移栽到设施或露地里生长的措施。蔬菜定植是蔬菜生产的一个基本环节。在定植前需要做好秧苗及土壤的准备工作。秧苗定植的好坏直接关系到秧苗的成活率，以及苗齐、苗全和苗壮，最终影响产量。

定植时期　一般来说，耐寒或半耐寒的蔬菜如甘蓝、白菜、芥菜、洋葱等，在10厘米深处的土温达到6～8℃时即可定植；而喜温的果菜如番茄、黄瓜、菜豆等，则必须在晚霜过后，土温稳定在10～14℃时才能定植。*设施栽培*可比露地提早定植，但也应满足植物对环境的最低要求。

夏菜定植的灵活性大，主要根据茬口的衔接时间而定。秋季栽培的定植期应根据不同蔬菜的生长期而定，喜温蔬菜从霜降节气向前推算，喜凉蔬菜从小雪节气向前推算，以此确定定植期。设施栽培则根据设施的保温效果而定。

定植前的准备　定植前必须做好土地和秧苗的准备工作。整地作畦后，要按照定植密度的要求开沟或定植穴，并施入一定量的有机肥和复合化肥作底肥，但不宜过量，要与土掺匀，避免定植苗根系直接与肥料接触。一般叶菜类蔬菜的幼苗长到3～4片真叶时为定植适期；豆类蔬菜幼苗再生能力较差，侧根少，应在第1对真叶长出，第3片复叶尚未充分发育时定植；瓜类幼苗根再生能力也弱，且叶面积增长速度快，应在幼苗长出4～5片真叶时定植；茄果类蔬菜的幼苗根再生能力强，移栽的适应期较长，应避免带花带果定植，一般以4～5片真叶时定植为宜。定植前的秧苗要经过一定时期的蹲苗锻炼，以适应定植后的环境条件，并提早缓苗。另外，须做好定植时的灌溉准备工作。

定植密度　合理定植是蔬菜高产、优质的基础，但受多种因素的影响，如蔬菜种类、土壤肥力、栽培技术、环境条件等。在一定环境条件下，某一类蔬菜如果密度过小，则不能充分利用当地的光、热、气等资源，产量低，尤其是早期产量更低。如果密度过大，光线不足，通风条件差，植株个体（尤其是果菜类）得不到应有的发展，会造成产量下降，品质变劣。对于一次采收的蔬菜，如胡萝卜、青花菜等，密植比稀植的单位产量高一些，但个体产量相对较低；稀植单株产量高，商品性好，但总产量不一定高。对于多次采收的茄果类、瓜类等蔬菜，增加密度可明显增加早期产量；而对于绿叶蔬菜来说，密植的增产效果非常明显。

定植方法　蔬菜秧苗的定植方法，一般是开沟或开穴后，按预定的距离栽苗，覆盖一部分土，浇水，待水渗下后，再覆盖湿土。这种栽植法既能保证土壤湿度，又有利于土表温度的提高。定植时开沟还是开穴，根据蔬菜的种类和作业条件而定。株距较小的蔬菜作物如大葱等，以开沟定植比较方便；株行距大的蔬菜作物则以开穴定植为宜。定植蔬菜幼苗，在手工作业的情况下先灌水于沟或穴中再栽苗，也可先栽苗后浇水。前者有利于保墒和保持较高地温，但较费工；后者作业较方便，也较省工。移植时要注意勿使根系弯曲在局部土壤中。

秧苗定植后的成活率及缓苗时间与定植时的气候条件及定植质量有关。北方春季栽培，应选择无风、温暖的晴天定植，因为晴天气温与土温较高，有利于缓苗；在南方春季栽植时，为减少地上部分的蒸腾，宜在阴天无风的天气定植，避免烈日暴晒。夏季栽苗时，应选择阴天无风的下午定植，可以避免烈日暴晒，减少地上部分的蒸腾量。在越冬前栽植的秧苗，必须在越冬时已有一定数量的新根发生，否则植株的抗寒力弱，易遭霜冻危害。秧苗栽植深度因蔬菜种类不同而异，黄瓜、洋葱适宜浅栽，番茄、茄子可适当深栽，大葱深栽有利于葱白加长。

定植后的苗期管理　幼苗定植到大田后，因根部受伤，影响水分和养分吸收，定植初几乎停止生长，待新根发生后，才恢复生长。为缩短缓苗期，栽植后若太阳过于强烈应适当进行遮阴；偶遇霜冻，可采用覆土防寒、熏烟或灌水等防冻措施；缓苗前应注意浇水促进成活。北方浇水应在晴天气温上升以后，以免降低土温，不利于新根生长。缓苗后，则应根据不同种类蔬菜生长发育的特点，通过正常的水肥管理、土壤管理和病虫害防治促进植物生长。

（周艳虹）

蔬菜肥水管理　vegetable fertilizer and water management　*蔬菜*栽培管理中肥料和水分的调控措施。蔬菜植物根系生长及吸取养分和水分的基础是土壤，其营养水平决定土壤养分对蔬菜植物的供给，直接影响蔬菜植物生长发育。蔬菜种植园土肥水管理的目的即人为地给予或创造良好的土壤环境，使蔬菜在最适宜的土肥水条件下健壮生长，对蔬菜作物丰产、稳产具有重要意义。

施肥要点　蔬菜施肥要点：①慎用硝态氮肥。施用硝酸铵、硝酸钾等硝态氮肥后，易使硝酸盐在蔬菜中积累。此外，因氯离子能降低蔬菜的淀粉及糖含量，使品质变劣，产量降低，引起土壤板结，故不宜施如氯化钾、氯化铵等含氯化肥。硫酸镁、硫酸铵等肥料施入土壤中分解出的硫酸根离子不易被蔬菜吸收而留在土壤中，危害蔬菜生长。因碳铵易挥发大量氨气引起氨害，故慎用碳铵。②控制氮肥施用量。氮肥的施用量应根据不同蔬菜需肥量而定，一般以纯氮150～180千克/公顷为宜。氮肥要深施，并与磷钾肥配合施用，或施用三元复合肥，施后要及时盖土以减少流失和提高利用率，收获前20天停止追肥。③多施有机肥。建议施优质腐熟有机肥3.75万千克/公顷以上，以提高土壤质量、培肥地力、疏松土壤、增强土壤缓冲能力。④实施配方施肥。根据不同蔬菜的需肥特点和土壤供肥状况，确定氮、磷、钾及微量元素的适宜用量与相应的施肥技术。虽然蔬菜对微量元素的需求量极少，但却必不可少。使用微肥叶面喷洒时，应把好用量标准。叶菜不要叶面喷肥，以免增加硝酸盐含量。不宜多施磷酸二铵，一般蔬菜需大量的氮和钾，需磷较少，在开花前后需钾最多，后逐渐减少。⑤限制使用激素。为追求高产、早熟、早上市施用赤霉素、乙烯利、多效唑等激素催长、催熟，但却降低了蔬菜的品质。

浇水要点　蔬菜浇水要点：①浇水量不宜过大。温室内气温、地温较低时，浇水量宜小，间隔时间要长，切忌大水漫灌而引起蔬菜沤根。②浇水不宜安排在正午气温较高时进行。水温以20℃左右为宜，尽量使用井水。③看天气变化巧浇水。晴天宜多浇，阴天要少浇或不浇，风雪天气切忌浇水。当天气由晴转阴时，水量要逐渐减少，间隔期适当拉长；由阴转晴时，浇水量要由少到多，间隔期缩短。④不同部位浇水量不同。蔬菜大棚内各部位的温度相差较大时，浇水量也要有所区别。大棚南部及靠近火炉烟道等热源的地方土壤水分蒸发量大，浇水量宜多些；大棚东西两侧及北部温度较低，日照时间短，浇水量应少些。⑤不同生长期浇水量不同。一般在蔬菜苗期应控制浇水，中后期适当多浇；蔬菜处于缓慢生长阶段应少浇，快速生长期多浇。

（郭仲东）

蔬菜工厂化育苗　factory-cultivated vegetable seedling　用工业生产的理念和方式进行*蔬菜育苗*的方法。蔬菜工厂化育苗包括生产资料和原料供应系统、生产系统和产品营销系统。生产资料和原料供应系统是根据育苗生产需要建立的各种育苗资材和原材料采购体系、生产资料和原料贮存库及管理体系。生产系统是根据育苗生产的需要建立的各种生产车间、生产工艺、车间内运输体系及管理体系，其中生产车间包括：①具备基质配制场地和设备、播种苗盘、自动播种生产线、运送苗盘小车等（如组织培养则需要制作培养基的设备、消毒设备、接种设备等）的播种车间（培养基制作与接种室）。②具备立体催芽床架、光照设备、通风设备、喷水设备、环境自动控制设备等的催芽车间（组织培养室）。③具备育苗床架、环境自动控制设备、营养液配置设备、供液设备、采光或照明设备等的育苗车间(绿化室)。④具备幼苗包装设备及停放货车的幼苗装运车间。生产工艺包括播种工艺、催芽工艺、育苗工艺、幼苗包装工艺。车间内运输体系包括基质运输、苗盘运输、育苗相关设备运输等。产品营销系统包括幼苗推介、幼苗销售、幼苗运输、幼苗售后服务。

蔬菜工厂化育苗按照不同育苗方式或方法可划分为不同类型。

按照育苗基质分类 ①营养基质穴盘育苗。采用配制的含有有机和无机肥料的基质穴盘育苗。育苗初期只浇水，不须施浇营养液，后期根据需要补充复合肥。②有机无机混合基质无土穴盘育苗。采用有机基质（一般为草炭、椰子糠、醋糟、酒糟、糠醛渣等）和无机基质（一般为蛭石、珍珠岩等）按一定比例配制的混合基质穴盘育苗。育苗须施以营养液。③岩棉(海绵)块无土育苗。采用育苗专用岩棉块或海绵块育苗。商品化的岩棉（海绵）育苗块有多种规格，如3厘米×3厘米×3厘米、4厘米×4厘米×4厘米、5厘米×5厘米×5厘米、7.5厘米×7.5厘米×7.5厘米和10厘米×10厘米×5厘米等，岩棉块育苗还可采用“钵中钵”育苗，即先在小岩棉块内播种育苗，将大岩棉块的中部根据小岩棉块大小和形状做成小洞，待小苗长到一定大小时再把小岩棉块嵌入大岩棉块中。岩棉块育苗也须施浇营养液。④营养液漂浮板基质穴盘育苗。将苗床做成内充营养液的槽型，并将栽有小苗的聚苯板穴盘漂浮在营养液槽内的育苗方式。

按照供液（水）方式分类 ①喷淋式供液（水）育苗。营养液（水）通过吊装在温室骨架上的喷淋水车进行喷淋供液(水)的育苗方法。②潮汐式供液(水)育苗。营养液（水）灌入有水沟的床架上，将育苗盘放在其上，通过苗盘每穴底孔的基质吸入营养液或水的育苗方法。③漂浮式供液（水）育苗。将育苗盘放入盛有营养液（水）的育苗槽内，通过苗盘每穴底孔的基质吸入营养液或水的育苗方法。

按照嫁接与否分类 ①嫁接育苗。使用抗病性和抗寒性强的种类或品种作砧木，优良品种作接穗嫁接而成的育苗方式，可防止土传病害和提高根系耐寒能力。嫁接方法有靠接法、贴接法、芽接法、劈接法等。茄果类蔬菜和瓜类蔬菜多采用嫁接育苗，特别是茄子、黄瓜、西瓜和甜瓜。②自根育苗。直接用育苗材料进行播种、扦插或培养的育苗方式。多年生蔬菜、豆类蔬菜、叶菜类蔬菜、块根和块茎蔬菜多采用自根育苗。

按照育苗播种材料分类 ①种子育苗。用种子经播种、催芽等过程培育成幼苗的育苗方式。主要用于茄果类蔬菜、瓜类蔬菜、豆类蔬菜、叶菜类蔬菜、直根类蔬菜、除大蒜外的葱蒜类蔬菜的育苗。②营养器官育苗。用蔬菜根、茎等器官进行播种或扦插的育苗方式。主要用于块根和块茎类蔬菜、鳞茎类大蒜等的育苗。③组织培养育苗。用蔬菜茎尖或叶片等组织经愈伤组织培养、生根培养、发芽培养、室内培养基幼苗培养、基质幼苗培养等阶段获得幼苗的育苗方式。主要用于马铃薯、大蒜、甘薯等营养器官繁殖蔬菜脱毒的育苗。

按照光源分类 ①人工光源育苗。在密室中布置多层立体密集育苗架，并在立体架的每层上部安装人工照明设备〔多采用发光二极管（LED）光源〕，每层架放置育苗盘进行育苗的方式。LED灯主要使用蓝光和红光，一般蓝光与红光占比为20%和80%，光照度为636～795勒克斯，光照时间12小时左右，实行光照、温度、湿度、水分和二氧化碳浓度等的自动控制。②自然光源育苗。采用太阳光照明的育苗方式，光照度为3180勒克斯以上，光照时数为10小时以上。

（李天来）

蔬菜加工 vegetable processing 以**蔬菜**为原料，采用物理、化学和生物等各种加工工艺处理方法制成蔬菜食品的过程。中国幅员辽阔，蔬菜品种繁多，各类蔬菜在外形、成分、质地等方面有较大差异。只有根据不同蔬菜原料的理化特性采用适宜的加工方法，才能制成优质的蔬菜加工制品。蔬菜加工制品主要有菜干、**腌制蔬菜**、蔬菜罐头、蔬菜汁、**速冻蔬菜**、蔬菜粉等，其中蔬菜干制和腌制具有悠久的加工历史，如腌制菜有2000多年的历史。

随着社会进步和科学技术的发展，蔬菜加工水平不断提高，新技术、新设备、新产品层出不穷。例如，蘑菇、番茄、菜豆、芦笋等蔬菜罐头以及蔬菜汁的生产，均已实现机械化和连续化，正向生产线全线自动化的方向发展；不少腌制蔬菜的腌渍工艺已从高盐胚、长时间腌制转变为低盐、低温、人工接种纯乳酸菌以及加抗氧化剂减少或阻断亚硝胺前体物质的形成，并应用复合调味料、新型包装等技术；蔬菜干制也引进微波、远红外、真空冷冻等先进干制技术替代传统的日晒风干，产品质量明显提高，等等。

新技术、新设备的应用以及新产品开发，使各类新型蔬菜加工制品除能满足长期保藏、增加品种、方便食用的基本要求外，组织形态更趋完美，色、香、味俱佳，进一步提高了蔬菜原料的利用价值和蔬菜加工制品的商品化水平，最大限度地满足了不同消费者的需求，已成为增加农业收入的重要组成部分，对发展国民经济发挥越来越重要的作用。

（余小林）

蔬菜嫁接育苗 vegetable grafting seedling 把要栽培**蔬菜**的幼苗、苗穗（即去根的蔬菜苗）或从成株上切下来的带芽枝段接到另一野生或栽培植物（砧木）的适当部位上，使其产生愈伤组织，形成一株新苗的方法。蔬菜作物嫁接的主要意义在于增强作物的抗病性，以及对环境的适应能力。例如西瓜容易感染枯萎病，而瓠瓜不易；番茄容易感染青枯病，而茄子不易。在生产上往往利用其抗病性的差异，分别用瓠瓜、茄子作砧木，西瓜、番茄作接穗，将西瓜、番茄幼苗分别嫁接于瓠瓜、茄子幼苗上，从而达到预防西瓜枯萎病和番茄青枯病的目的。

嫁接成活的影响因素 ①亲和性。即砧木和接穗要有一定的亲缘关系，才能保证嫁接成活。至少要求砧木与接穗是同科的植物。②嫁接原理。只有砧木与接穗之间的形成层吻合，才能嫁接成功。但蔬菜幼苗组织柔嫩，多为薄壁细胞，均有分生能力，故不一定要求切面是形成层，只要求砧木和接穗两者能保持紧密接触，削面细胞分裂生长，使之迅速愈合。

嫁接技术 ①选择适当大小的砧木与接穗。一般而言，砧木要比接穗大，故须适当提前播种。例如西瓜嫁接用瓠瓜作砧木，应提前一周左右播种砧木；番茄嫁接用茄子作砧木，因茄子生长慢，宜提前15～20天播种。对于接穗而言，苗龄愈小愈容易成活；太大的苗子，由于蒸发量大而容易凋萎，影响成活率。②采用适宜的嫁接技术。蔬菜嫁接有插接、靠接和劈接三种方法。生产上多用劈接，其嫁接成活率高达90%以上，嫁接后的幼苗便于集中管理。劈接的程序如下：先向砧木苗床浇水，使床土湿润，便于起苗，少伤根系。小心地将砧木从苗床起出，随后扯出接穗，去掉砧木的生长点，仅保留二子叶（瓜类）或1～2片真叶（茄子）。用双面剃须刀在砧木顶端偏一侧下刀，竖切1厘米深，切口宽度以茎直径的2/3为宜，不要将整个茎劈开。接穗高度以1.5厘米为宜，用刀片在接穗茎下胚轴1厘米处下刀，即在下胚轴两边各斜切一刀，使接穗茎基成楔形，要求切口平整。然后将楔形接穗插入砧木切口内，使其吻合。最后一道工序是用棉线捆缚，使其固定，要求拧活线，便于日后解线。也可用嫁接专用塑料夹夹住接合部位，使接穗固定在砧木上。嫁接后立即定植于苗床，并浇水。

（侯喜林　张昌伟）

蔬菜连作障碍　continuous cropping obstacle of vegetable　同一土壤中连续栽培同种或同科的蔬菜作物时，在正常的栽培管理措施下发生的长势变弱、产量和品质下降的现象。

连作障碍产生的原因　连作障碍产生的原因多种多样，研究认为主要原因有土壤板结酸化、土壤养分失衡、土壤次生盐渍化、土壤中自毒物质积累、土壤微生物区系失衡、土壤根结线虫危害严重等，即土壤生物活性改变、土壤理化性质劣变以及由根系分泌物和残茬分解物等引起的自毒作用等三个方面。

土壤生物活性改变　土壤生物活性包括土壤微生物种群结构及土壤酶活性，是土壤微生态环境中生理活性最强的部分。设施土壤由于其封闭性及特定的栽培管理模式，土壤微生物群落易发生改变，病原菌的传播速度和繁殖速度都大大超过露地土壤，由此导致农作物病害大面积的发生，给农业带来极大的损失，是引起连作障碍最主要的因子。

土壤理化性质劣变　连作土壤种植作物种类单一，同种蔬菜的根系生长情况和根系分布范围比较一致，因而对土壤中吸收的养分种类比较相似，导致连作土壤中某种特定养分消耗过量，而其他养分积累过量，由此土壤中养分比例失调，特别是钾、钙、镁、硼的缺乏现象比较普遍。另外，设施栽培条件下，过量施肥和不平衡施肥的现象普遍存在，由此造成盐分积累和离子拮抗，土壤中硝酸根离子（NO_3^-）和钙离子（Ca^{2+}）的浓度一般随着连作年限的增加而增加。因此，连作后易导致土壤养分失衡，土壤物理结构遭到破坏，引起土壤酸化、板结等一系列问题。

植物自毒作用　某些植物可通过地上部淋溶、根系分泌物和植株残茬等途径来释放一些物质对同茬或下茬同种或同科植物生长产生抑制作用，这种现象被称为自毒作用。自毒作用是一种发生在种内的生长抑制作用。连作条件下土壤生态环境对植物生长有很大的影响，尤其是植物残体与病原微生物的代谢产物对植物有致毒作用，并连同植物根系分泌的自毒物质一起影响植株代谢，最后导致自毒作用的发生。茄科、葫芦科、豆科、菊科、石刁柏和桃等作物是最易发生连作障碍的作物，现已证明这种现象与其自毒作用有关。

克服连作障碍的技术　生产上常用的克服连作障碍的技术有：轮作和间套作、选用抗病品种或砧木品种、无土栽培、合理的土壤管理、土壤化学消毒、生物防治等。

轮作和间套作　轮作是普遍采用的防病措施，也是解决连作障碍最为简易有效的方法。轮作比连作更有利于微生物的生长和繁殖，维持土壤微生物的多样性及活性，并可抑制连作中易繁殖的有害微生物，从而提高农作物产量。轮作包括与病原菌非寄主植物的轮作，也包括与水稻、对抗植物（即具有通过释放抗菌物质来抑制病原菌功能的植物）和净化植物（即具有吸收土壤中过剩盐分功能的植物）等的轮作。茄果类、瓜类、豆类等深根性作物可与白菜类、绿叶菜类、葱蒜类等浅根性作物进行轮作，可减轻病害发生。早春大棚内种植生长期较长的番茄、辣椒、茄子等蔬菜的行间可以套种苋菜、茼蒿等速生蔬菜，以利用速生蔬菜的生长吸盐和灌溉时的洗盐作用，减少土壤盐分的积累；夏季可以利用大棚骨架种植丝瓜、冬瓜，具有遮阳、降温、吸盐作用，既能防止土壤盐分向表土积累，又可增加大棚内产量和产值。

选用抗病品种或砧木品种　利用抗病品种和嫁接技术可以克服病原菌的侵染，嫁接技术还可以帮助一些作物克服自毒作用、提高作物的抗逆性。世界各地相继育成了一些抗病的蔬菜品种或砧木，如抗凋萎病、抗黄萎病、抗根结线虫病、抗白粉病的甘蓝等。黄瓜、甜瓜、西瓜、茄子、番茄等多种蔬菜都可采用抗性砧木嫁接来防止连作带来的各种病害。如利用黑籽南瓜作砧木嫁接葫芦科蔬菜不但可以防止连作带来的病害障碍，还可以克服连作引起的自毒作用。

无土栽培　无土栽培是解决设施土壤连作障碍最彻底的方法，由于它完全采用人工基质或纯粹的营养液进行植物生产，所有病虫害较少，也不会产生土壤盐类积累现象和自毒作用。此项技术不存在“大水大肥”“过量施肥”导致污染地下水和诱发土壤盐类积聚等弊端。其突出特点是要把滴灌水肥的垂直与横向渗透范围控制在作物根圈范围内，不与地下水连接，所以到栽培结束时，土壤中残留或流失的肥料量接近于零，无土栽培技术被认为是防止土壤盐类积聚的一项有效的技术创新。

合理的土壤管理　合理的土壤管理措施包括：①作物病残体及时处理。作物病残体是作物防病和病害流行的重要初次侵染原和二次侵染原，做到及时拔除中心病株，清除作物病残体和周围杂草，集中烧毁或深埋，均能减轻连作病害。②加强耕作管理。深翻土壤不仅有利于将病原菌翻入土中以加速病残体分解和腐烂，使其失去传染机会，而且表土干燥、风吹日晒、冰冻后均可使部分病原菌和害虫失去生活力。为防止表层土壤积累盐类，可采用地面覆盖、切断土壤毛细管、灌水、雨季拆除棚膜等方法，使土壤淋雨洗盐。③选择适合各地的轮作禾本科净化植物来吸收多余的盐分，以降低土壤盐浓度。④采用精确施肥灌溉技术，避免过量施用化肥。通过增施有机肥来改善土壤物理结构并增加土壤有益微生物，实施精确水肥供应技术，以较少的肥料投入，产生更好的环境效果。

土壤化学消毒　由于连作土壤中病原菌、盐类以及植物根系分泌物和植株残体的存在，对土壤进行化学消毒处理利于提高土壤的有效利用率。20世纪90年代以前，溴甲烷作为一种土壤熏蒸剂被广泛使用，由于大量的研究证实溴甲烷是一种破坏臭氧层的物质，1992年在丹麦哥本哈根召开的《关于消耗臭氧层物质的蒙特利尔议定书》第四次缔约大会将溴甲烷列为受控物质。溴甲烷消毒的替代技术有了较大的研究进展，如1,3-二氯丙烯（1,3-D）、氯化苦（CP）、甲基异硫氰酸盐（MITC）、氰胺类物质等能够用于防治大多数土传病害和地下害虫。在作物生长期间如发生连作障碍，也可以选择适宜浓度的药剂以喷施和灌根的方式防止病虫害进一步蔓延。

生物防治　生物防治是国内外学者的研究热点，并将逐步成为农作物病虫害防治的重要手段之一。生物防治的方法很多，主要措施有引入拮抗菌、接种有益微生物、利用他感作用原理防治土传病害、客土法等。

（周艳虹）

蔬菜品质　vegetable quality　蔬菜产品的固有特性满足需求或要求的能力。食用蔬菜主要是为利用其营养价值，各种形状、颜色和口味使其更具吸引力。蔬菜品质通常包括外观、营养、风味以及加工特性等；同时，必须具有不含可能影响健康的生物或非生物污染物的安全属性。当一个蔬菜产品在客观或主观价值的一个或多个属性中更优越时，它的品质就更好。目的或用途不同，判断同一蔬菜品质的标准不同。例如，鲜食番茄主要通过其均匀性、成熟度和无缺陷来评价；而加工番茄，其原料的色素、黏度和工业产量决定了其品质。任何优质的蔬菜产品都是以特定的蔬菜品种为基础，在一定的自然条件下通过各种适宜的优良栽培技术措施而获得的。

蔬菜品质的评价指标主要包括感官指标和理化指标。感官指标主要指色、香、味、形和质地等；理化指标主要指碳水化合物、脂肪、蛋白质、维生素、矿物质等营养成分的质和量。此外，卫生指标也逐渐被纳入评价体系，主要包括蔬菜表面的清洁程度，蔬菜组织中的农药残留量、重金属污染（镉、铬、铅、汞、砷等）、硝酸盐和亚硝酸盐含量、有害生物污染（有害微生物、寄生虫卵）、产品内毒素（植物凝聚素、氢氰酸、秋水仙素等）和其他（环境、激素、转基因安全等）食品安全因素。（叶志彪）

蔬菜学 vegetable science 以生物学为理论基础，研究蔬菜作物生长发育和遗传规律的学科；也是研究蔬菜种质资源、遗传育种、栽培、病虫害防治、采后处理、贮藏、加工、蔬菜产品销售和蔬菜种子推广销售等内容的综合性科学。蔬菜作物种类较多，根据食用器官可分为根菜类、茎菜类、叶菜类、花菜类和果菜类等，根据农业生物学特性可分为白菜类、甘蓝类、直根类、茄果类、瓜类、豆类、葱蒜类、绿叶菜类、薯芋类、水生蔬菜、多年生蔬菜、食用菌类、芽菜类和野生蔬菜等。

发展概况 蔬菜学作为一门实验科学，在中国诞生于19世纪初。20世纪初至20世纪40年代末，因社会动乱，蔬菜学的发展只停留在初级阶段。中华人民共和国成立后，国民经济建设逐渐恢复和发展，蔬菜学也获得新生。70年代末，中国蔬菜产业逐步形成并蓬勃发展。21世纪后，中国科技进一步发展，尤其是中国“十三五”规划（2016～2020）后，蔬菜科技进步很快，国家产业技术体系对蔬菜科技的投入相当大，国家重大研发计划中也有很多蔬菜方面的项目，使中国蔬菜的基础研究和应用研究均取得重大进展。例如，蔬菜新品种更新了多代；日光温室的应用使蔬菜经济效益明显提升，在农业产业结构调整优化中发挥了重要作用；中国完成基因组测序的蔬菜种类是最多的等。由于蔬菜属于资金密集型、技术密集型和劳动力密集型产业，适合在中国发展，蔬菜产业已成为农业增收、农民致富、农产品创汇的重要支柱产业。蔬菜产业的发展有力地夯实了蔬菜学的基础，使其迅速成为一门极具生命力的学科。与此同时，蔬菜学也在理论和实践上对中国蔬菜产业的发展起到极大的推动作用。据中国农业农村部统计，蔬菜种植面积由2010年的1743万公顷（26 147万亩）增长至2019年的2086万公顷（31 294万亩），年均增长2.02%；蔬菜总产量由2010年的57 265万吨增长至2019年的72 103万吨，年均增长2.59%，人均占有量515千克。无论是种植面积、产量还是消费量，均居世界第一位。

种质资源 中华人民共和国成立前，有组织的蔬菜种质资源工作几乎为空白。中华人民共和国成立后，中国政府和科研机构开始重视蔬菜种质资源工作，在50年代中期，开始进行植物种质资源的收集工作。80年代初期以前，主要开展重点地区蔬菜地方品种资源的考察收集和征集整理。1953～1957年全国共收集蔬菜作物88种、1.7万余份材料，但由于当时保存条件差，有些种质资源没能保存下来。1979年国家科委和农业部联合发出征集种质资源的通知，到1985年全国调查整理的蔬菜地方品种已达16 187份。80年代中期以后，在继续开展对全国蔬菜地方品种资源调查整理的基础上，组织全国性的蔬菜种质资源考察搜集、繁种、编目、入库保存、鉴定评价。“七五”规划期间（1986～1990），共收集、繁殖、整理132种（变种）、17 007份蔬菜种质资源，交国家种质资源库长期保存。“八五”规划期间（1991～1995），又收集、繁殖、整理、入国家库10 024份。在将收集的蔬菜种质资源繁殖入国家库的同时，中国农业科学院蔬菜花卉研究所于1986年建立简易的蔬菜种质资源中期库，对所有入国家库后剩余的蔬菜种质的种子进行中期保存，以满足资源研究和分发的需要。国家种质北京蔬菜资源中期库和国家种质武汉水生蔬菜圃分别于2000年和2005年完成改、扩建，国家西甜瓜中期库和国家无性繁殖及多年生蔬菜资源圃分别于2001年和2005年建成。中国已建成完善的国家蔬菜种质资源保护体系。据各库圃的实时统计，截至2019年10月底，通过各种渠道从国内外收集、引进、鉴定、繁殖入国家库圃的蔬菜品种资源4.169万份（包括34 543份各种有性繁殖蔬菜资源、4005份西甜瓜资源、1962份水生蔬菜资源、1180份无性繁殖蔬菜资源），种类涉及240余种。国家蔬菜资源库圃在开展种质资源基本农艺性状鉴定的同时，以原始收集样品为对象，对18种蔬菜4.5万份次种质进行抗病虫、抗逆性鉴定和品质分析，获得约3000份优异种质，涉及14种蔬菜的33种病虫害、10种蔬菜的10项品质性状、4种蔬菜的6项抗逆性状。随着研究方法的不断完善，对种质资源的研究将越来越深入，越来越精准，以挖掘出有用的基因。

育种与栽培技术 从20世纪50年代开始，中国开展了蔬菜种质资源调查、引种、选择育种、常规杂交育种、优势育种等研究，同时辅以倍性育种、诱变育种、生物技术育种、远缘杂交育种等，取得重要成果。70年代中国第一个杂种一代品种“京丰一号”甘蓝问世，成功利用自交不亲和系生产杂种一代种子。从“六五”规划期间（1981～1985）开始，国家科技部重点立项资助蔬菜抗病育种研究。从此，蔬菜育种进入快车道，每个五年计划都有资助，初期称作“科技攻关计划”，后来更名为“科技支撑计划”，同时还有“863”项目资助蔬菜育种研究。“十三五”规划期间，国家科技部资助了3个蔬菜育种重大专项，使蔬菜育种研究上了一个新台阶。

蔬菜栽培亦取得重要进展，地膜覆盖栽培和日光温室栽培是蔬菜栽培领域的两个重大突破。地膜覆盖栽培已得到普遍应用，并且产生了显著的社会效益。日光温室率先在山东得到大面积推广应用，其后逐步向西向北扩展。现代化温室（自动化温室）主要在现代农业园区内进行示范应用，但经济效益尚不高。“十三五”规划期间，国家科技部立项开展了“园艺作物生长发育对设施环境的响应机制与调控”研究，已经取得重大进展。

采后与加工 随着蔬菜产业区域布局的完善，可以在最适宜的区域种植蔬菜，然后运送到全国各地甚至是全世界销售，因此蔬菜采后处理、预冷、包装和冷链运输变得越来越重要。较大型的蔬菜生产企业都有配套的蔬菜采收处理设施和设备。蔬菜采后生理、采后科学和技术得到迅速发展。

蔬菜加工由传统的灌装蔬菜、腌制蔬菜、泡菜、酸菜，拓展到蔬菜汁、速冻蔬菜、脱水蔬菜的加工，加工理论和技术研究取得重要进展。

价值与用途 随着人们生活水平的提高，人们对蔬菜的要求也越来越高。在解放初期粮食供应不足时，蔬菜除了其本身的功能外，还作为粮食的补充，当时称作粮食不足瓜菜代。现在的蔬菜，纯粹作为维生素、膳食纤维、无机盐、功能性成分等的来源满足消费者的需要，满足中国人的消费习惯和丰富多样的味道需要。人们为健康而吃蔬菜，尤其是维生素C在粮食和肉类食品中含量很低，主要依靠新鲜蔬菜和水果提供。蔬菜可以作为副食品、加工原料；有些菜叶和花还可制作压花作品；此外，蔬菜作为绿色植物，也有生态功能等。

扩展阅读

中国农业科学院蔬菜花卉研究所.中国蔬菜栽培学.2版.北京：中国农业出版社，2009.

（雷建军）

蔬菜育苗 vegetable seedling raising 移植栽培的蔬菜在苗床中培育幼龄植株（幼苗）的过程。与直播栽培相比，育苗便于对幼苗进行精细管理，有利于培育壮苗、提高成苗率；还可利用人工保护设施创造苗期生长发育的小气候环境条件，提早播种，在不利于蔬菜生育的季节在温室等保护设施内进行幼苗集中培育，待气候条件适宜时再定植到大田，可有效延长蔬菜生长期、提高土地利用率，达到提早采收、增加前期产量的目的。因此，育苗已成为蔬菜集约化生产的一项重要技术措施。

应用条件　蔬菜栽培是否采用育苗移栽应根据不同种类蔬菜的特性和生产条件等决定。凡主根受伤后易生侧根的蔬菜，如番茄、辣椒、甘蓝、白菜、芹菜等一般适于采用育苗移栽的方式；否则不宜采用育苗方式（如豆类、瓜类、根菜类等蔬菜），特别不宜育大苗移栽。另外，育苗比直播费工，需要保护设施和更精细的技术，当这些条件不具备时也不宜采用育苗方式。

分类　按育苗的场所和设施条件，现代蔬菜育苗主要有两种方式：①露地育苗，即苗床设在田间露地条件下的育苗方式。多用于叶菜类和葱类等蔬菜的育苗，果菜类在温暖的地区或季节也可采用。露地育苗成本较低，劳力较省，技术较易掌握；但育苗的季节和苗的生长发育受自然条件限制，且易遭受自然灾害。②设施育苗，即苗床设在人工保护设施内的育苗方式。其优点是有利于控制苗期环境条件，能预防自然灾害，便于操作管理；但需要的设施条件、生产成本和技术要求都较高。蔬菜育苗的发展方向是由露地方式趋向保护设施方式，后者的应用日益广泛，设施更趋完善和现代化。常用的保护设施有温床、塑料小棚、塑料大棚、日光温室和现代化温室等。

育苗方法　因蔬菜的种类而异。多数蔬菜用种子播种育苗，也有一些蔬菜用无性繁殖方法育苗，如慈姑用球茎的顶芽繁殖育苗，蕹菜可用茎扦插育苗等。随着植物组织培养技术的发展，利用植物器官、组织、细胞等培育组培苗、试管苗的蔬菜种类日益增多。播种育苗的主要程序一般包括：苗床准备、种子处理和播种、苗期管理、起苗。

为适应现代化蔬菜生产的需要，育苗标准化、专业化和规模化已成为发展趋势。随着穴盘育苗、营养液育苗、嫁接育苗等新的育苗技术不断推广，工厂化育苗应运而生，专业化育苗基地和中心不断增多。应用现代化的温室、标准化的技术、无土化的轻型基质、机械化或自动化的生产手段，可使幼苗的生长发育处于最佳的综合条件下，高效率地培育优质壮苗。

（郭世荣）

蔬菜育种 vegetable breeding 改进蔬菜经济性状的遗传模式的技术。是作物育种的重要组成部分。

育种目标　确定蔬菜的育种目标时，除考虑作物育种的一般要求外，常着重考虑下列特点：①蔬菜的种类远多于粮食作物和其他经济作物；人们的消费需要也更为复杂多样。这就对育种提出了增加蔬菜种类的要求。同时，大部分蔬菜产品的含水量都很高，不耐贮藏运输，又要求通过育种提供成熟期不同（早、中、晚熟）、耐贮藏运输以及适于各种不同的加工方法的品种，以便为蔬菜生产提供合理的品种组合，保证蔬菜的周年均衡供应和出口贸易等需要。②蔬菜作为一种副食品，是人类获取各种维生素、氨基酸、矿质元素、碳水化合物等营养成分的主要来源，因此品质育种对蔬菜作物尤为重要。③蔬菜多为专业化栽培，同一地区连年集中种植蔬菜，极易导致病原物的积累。长期大量施用农药又筛选了病原物，提高了其抗药性。因此，抗病育种不但对减少损失、改进品质有重要意义，而且可减少农药施用量，减轻环境污染，并降低生产成本。

育种方法　基本方法和途径与一般农作物类似。除引种、选种外，以常规杂交育种和杂种优势利用（植物）为主。其他方法结合不同的育种目标适当选用。

常规杂交育种　又称组合育种、重组育种、杂交育种、有性杂交育种等，是通过人工杂交，把分散于不同亲本上的优良性状组合到杂种中，并对其后代进行多代培育选择，获得基因型纯合或接近纯合的新品种的育种途径。对某些有性繁殖的自花授粉植物来说，如豆类蔬菜作物、莴苣等，由于每授粉一朵花所结的种子数少，但又没有简化生产杂种一代种子的方法，因此杂种种子生产成本很高。这种情况下，常规杂交育种法仍是最主要的育种方法。

用栽培种与野生种进行远缘杂交以选育抗病品种，也已在番茄育种和马铃薯育种中取得突出成就。日本还通过白菜与甘蓝的远缘杂交，育成了“白蓝”新种。

优势育种　通过选择和培育亲本，配制杂交组合，选育杂交种品种的育种方法称为优势杂交育种，简称优势育种，又称杂种优势利用。优势育种既能利用杂种优势，又便于育种者控制种源，有利于实现良种商品化和控制种子质量，因此备受育种者和品种使用者的青睐，已经成为绝大多数蔬菜作物的重要育种方法。大多数蔬菜作物的杂种优势极为显著。中国等很多国家利用蔬菜优势育种选育了一大批品种，杂种一代品种在鲜食蔬菜品种种植面积中占70%以上。十字花科蔬菜作物几乎都是利用雄性不育系生产杂种一代种子，其中甘蓝类蔬菜既利用雄性不育系也利用自交不亲和系生产杂种一代种子，大白菜还可以利用迟配系生产杂种一代种子。茄果类蔬菜主要利用雄性不育系和人工杂交方法生产杂种一代种子。瓜类主要利用雌性系或强雌系生产杂种一代种子。还有些是利用人工去雄杂交方法生产杂种一代种子。

人工诱变育种　利用人工诱发的遗传物质变异以育成新品种的途径称为诱变育种，或突变育种。它是近代育种中具有广阔发展前景的新领域。诱变育种的特点在于它突破原有基因、基因库的限制，用各种物理、化学和生物因素，或复合因素诱发和利用新的基因，丰富种质资源和创造新物种。中国已先后用辐射诱变方法育成大白菜、萝卜、番茄等的新品种。还有一些国家用化学诱变方法育成了马铃薯、番茄、蚕豆、豌豆、豇豆等的新品种。

倍性育种　高等生物细胞中的染色体通常是成组存在的，组内的染色体构成一个完整而协调的体系，这样的一组染色体称作染色体组或基因组，用x表示。染色体组中染色体的数目随生物种类的不同而不同。多数蔬菜作物属于二倍体，即体细胞中含两组染色体（$2n=2x$），而体细胞中含有3组或3组以上染色体的生物统称为多倍体。含有配子染色体数的生物个体称作单倍体。倍性育种的主要工作是诱发多倍体或单倍体试材，并对其加以鉴定、选择和利用。

由于种子并非是许多蔬菜的产品器官，在多倍体水平上结子率的降低对蔬菜影响较小，某些果菜类无籽或少籽反而能提高其经济价值，因此多倍体育种常可作为这类蔬菜的有效育种手段。突出的事例是利用四倍体西瓜与二倍体西瓜杂交生产三倍体无籽西瓜，或利用染色体易位（转座）生产少籽西瓜。中国已选育出一些优良的四倍体、三倍体西瓜品种以及四倍体甜瓜品种等。游离小孢子培养在大白菜育种中已成为一种常规的快速纯化亲本的手段，同时还可以利用它获得双单倍体，用于分子生物学研究。

细胞工程育种　主要指利用花药培养、游离小孢子培养、组织培养、原生质体培养、体细胞融合等技术进行育种的方法。它在蔬菜育种上也有广泛的用途和发展潜力。例如：①利用幼胚培养技术，克服远缘杂交中的胚胎发育不正常或早期败育问题。②利用胚珠离体受精和子房培养，克服远缘杂种不育。③利用游离小孢子培养或花药培养获得单倍体，再通过单倍体加倍来缩短选育自交系的年限，以及用该法克服杂种分离，缩短杂交育种的年限等。④对细胞或愈伤组织进行辐射诱变和化学诱变，然后通过分离、培养、鉴定和筛选，获得群体更大的突变系，从而显著提高突变育种的效果。⑤植物细胞和组织在进行分离培养的过程中，本身就会显著提高变异的频率，其中包括染色体数目和结构的变异、基因突变和性质尚不清楚的“表型变异”，经过选择可以获得有用的新变异类型。⑥利用茎尖培养技术可加速良种的选育和繁殖推广过程，并可获得无病毒苗。

分子育种　将分子生物学技术应用于育种中，在分子水平上进行遗传改良的方法称作分子育种。通常包括：分子标记辅助育种和基因工程育种。分子标记辅助选择对于根据表型很难判断的性状，通过分子标记性状可以提高选择效率和准确性。基因工程育种指通过基因分离、克隆、转化将优良基因导入受体中，使之在受体中稳定表达，从而选育新品种的过程。该方法的最大优点是没有生殖隔离，没有遗传累赘，仅将想要的某一个或几个基因导入受体中，育种速度快，效率高；但还存在一些争议，主要是人们对转基因还不够了解所致。在蔬菜上，已经对抗病毒的转基因番茄、甜椒，耐贮藏的番茄发放了安全证书，只是由于其他经济性状不太理想，因此尚未在生产上推广。随着技术的不断完善，它将成为今后的一个育种方向。

蔬菜采种和良种繁育　当蔬菜种子达到生理成熟时即可开始采种。生理成熟指种子发育已经达到饱满的程度，如果没有休眠的种子，采种后经过晾晒干燥，在适宜的条件下可以发芽的状态。

良种繁育指种子按照一定的标准生产出可用于繁殖下一代的优良繁殖体。良种繁育的标准主要指种株要在合适的条件（适合种性表现，以便于鉴定）下种植，按照种性特征进行种株选择和淘汰，按照原原种、原种和生产种的标准进行隔离和选择。原原种的标准最高，其次是原种和生产种。

扩展阅读

方智远.中国蔬菜育种学.北京：中国农业出版社，2017.

（雷建军）

蔬菜植株调整　regulation of vegetable plant　为促进蔬菜食用器官发育而对植株采取的处理措施。蔬菜植株调整的作用在于调节植株地上部的空间分布，以利于通风透光，提高群体的光能利用率；同时，通过改变同化产物的运输方向和强度，控制植株徒长，使食用器官尽可能多地积累同化产物，以获得高额且优质的产品。主要用于果菜类蔬菜。调节温度和光周期等因子也有调整蔬菜生长发育的作用，但这种作用往往是整株性的，效应的产生和进程也较缓慢。蔬菜植株调整的技术，大体可分机械调节和化学调节两类。

机械调节　对任何器官如一枝、一叶、一花、一果进行机械调节，必然会对其他枝、叶、花、果的生长发育产生明显影响，可定向地改变整株的形态、结构和生理功能，改变营养物质的分配，从而较快地改变营养器官与生殖器官、地上部分与地下部分，以及同名器官不同部位之间的生长发育状态，促进食用器官的形成。

整枝、摘心　整枝是对结果枝进行修整，目的是使每一植株形成最适的结果枝数和分布状态，以保证在一定生长期内收获较多的优质果实。摘心是摘除顶芽，控制枝蔓继续伸长的一项措施。结合整枝进行摘心，可以限制株势和消除顶端优势。对于依靠子蔓、孙蔓结果的瓜类，摘心可促进侧枝发生，早生雌花，提早结果，从而有利于密植、早熟，提高产量和产品品质。

支架、绑蔓　蔓性蔬菜（如黄瓜、瓠瓜）用木、竹、塑料条等搭架，使植株叶片由平面分布改为立体分布，可大大增加叶面积指数，改善通风透光条件，并有利于加大栽植密度，减少病虫为害，显著提高产量。对番茄、黄瓜等茎蔓缠绕性不强的作物，在支架栽培时还需用绑缚材料将植株固定在支架上，这种措施称为绑蔓。绑蔓可使枝蔓在架上合理分布，以便充分利用光照，改善通风条件。

摘叶、束叶　在果菜栽培中常将植株下部同化作用能力微弱的老叶摘除，以改善通风条件，降低株丛间的空气湿度，减轻病害。在花椰菜、大白菜生长后期采取的束叶措施，是将外叶拢起在近顶部束住，以保护花球、叶球，使之洁白柔嫩，免受冻害，并保持植株间通风良好。但束叶不宜过早，一般在花球或叶球基本形成后进行。

疏花、疏果　在果菜类蔬菜栽培或采种栽培中，有选择地将植株上的花或果实摘除一部分，可以促进留存的果实肥大，种子充实。摘除的对象主要是病果或畸形果、多余的花或果实，以及留种果以外的花或果。对于以幼果供食用的果菜类，适时采收也有利于其他幼果的膨大和枝叶的生长，产生与疏果同样的作用。

压蔓　瓜类蔬菜如西瓜、甜瓜、南瓜、冬瓜等一般为爬地栽培。随着瓜蔓的生长，每隔一定节位按一定方向用土团将瓜蔓压住（或挖一浅沟将瓜蔓埋入），使瓜蔓均匀分布、排列整齐，有利于叶片保持良好的受光姿态；同时可促进发生不定根，增加吸收能力，防止由于风害而造成的“翻蔓”。

化学调节　蔬菜植株化学调节是利用器官生长的相关原理和同化产物分配规律，应用各种植物生长调节剂对植株的枝叶或花果进行处理，以获得数量多且优质的蔬菜产品。不同的生长调节剂有不同作用，赤霉素可促进绿叶菜的生长、抽薹，并刺激种子、块茎的发芽；矮壮素（CCC）等可抑制茎叶生长，防止秧苗徒长，培育壮苗，控制株形；2,4-滴和对氯苯氧乙酸（PCPA）可防止茄果类落花，促进果实膨大；乙烯利可促进瓜类蔬菜多开雌花，如加速番茄果实的成熟等。生长调节剂浓度和使用时期不同，往往会产生不同甚至相反的效果，因此其使用方法十分重要。

（葛晓光）

蔬菜质量安全　vegetable quality and safety　蔬菜产品的营养含量及成分应符合国家标准，且不存在任何对人体造成急性、亚急性或慢性危害和危及消费者及其后代体质健康的有毒物质。中国蔬菜质量安全共包括五类标准：一般蔬菜、放心菜、无公害蔬菜、绿色蔬菜和有机蔬菜。在中国，蔬菜产量居种植业第一位，而蔬菜也是人类营养的重要来源，因此蔬菜质量安全直接影响居民的健康状况和生命安全，是一个国家经济发展水平和人民生活质量的重要标志，也关系到中国蔬菜产品在国际市场的竞争力和蔬菜产业的健康、可持续发展。

影响因素　主要包括：①产地环境污染，违规和超量使用化肥和农药，微生物污染，流通环节操作不当，以及新技术带来的安全风险等表象因素。②生产、加工和消费环节的相关主体质量安全意识薄弱，缺乏相关知识，以及彼此之间信息不对称等过程因素。③质量标准体系不健全，法律制度不完善，以及监管制度不科学等体制因素。

管控措施　提高蔬菜质量安全的主要对策和管控措施有：①增强全民安全意识，提高从业者整体素质。利用通信和培训等方式加大对蔬菜产品质量安全知识以及相关法律法规的宣传，增强蔬菜生产者、经营者和消费者的质量安全意识。定期对广大蔬菜生产者进行专业生产培训和现场技术指导，尤其要加大对农药和化肥使用的培训力度，指导其科学合理用药与施肥，增强其安全使用农药和化肥的意识，从源头保证蔬菜的质量安全。②发展无公害蔬菜基地建设。为了防止环境污染对蔬菜生产的影响，除了加大环境污染整治外，还应对蔬菜生产基地进行无公害生产认证。国家要从政策、资金和技术上大力扶持蔬菜基地发展无公害蔬菜生产，同时发挥基地的示范带头作用，引领蔬菜生产朝着无公害方向发展，积极推行规模化、标准化生产。③完善蔬菜标准化体系。加快国际化标准体系建设，使中国蔬菜生产从产前、产中、产后到包装、加工、经营和销售，都以国际标准进行全程控制，从而保证蔬菜产品的安全、优质和环保。④推行蔬菜质量追溯制度。实施全方位的质量安全追溯系统，既是现代化农业的必然发展趋势，也是世界各国保障农产品质量安全的有效途径。要求生产经营者对其生产、经营的蔬菜的质量安全承担责任，对其提供的蔬菜出具追溯凭证。蔬菜生产企业、规模化种植大户要建立生产方案，记录使用的农业投入品名称、来源、用法、用量和使用期限，以及病虫害发生和防治情况、收获日期等信息，从而达到蔬菜质量安全责任从农田到餐桌的全程追溯。

（汪倩梅）

蔬菜种质资源　germplasm resources of vegetable　携带各种不同种质的蔬菜植物的统称。包括各种蔬菜的栽培种（变种、类型和地方品种）、野生种、野生和半野生近缘种，以及人工创造的品种或品系或遗传材料等。蔬菜种质是决定蔬菜生物体种性，并将丰富的遗传信息从亲代传给子代的遗传物质的总和。蔬菜种质存在的形式有种子，块根、块茎、球茎、匍匐茎、鳞茎等无性繁殖器官，根、茎、叶、芽等营养器官，以及愈伤组织、分生组织、花粉、合子、体细胞、原生质体，甚至染色体和脱氧核糖核酸（DNA）片段等。其中，种子是蕴藏种质的主要形式。蔬菜种质资源是蔬菜优异种质挖掘和创新、蔬菜作物遗传育种和产业发展的物质基础，也是开展蔬菜起源、进化、分类、生态以及分子遗传、分子生物学和各组学研究的基础材料。

中国的蔬菜种质资源　中国是世界重要蔬菜起源中心之一。在属于仰韶文化的陕西省西安市东郊灞桥区浐河东岸半坡遗址中发现有芸薹类菜籽，证明远在公元前约6000年的新石器时期已知食用蔬菜。在蔬菜起源问题上虽仍存在争论，但中国的蔬菜资源丰富，大型萝卜、山药、草石蚕、芋、牛蒡、芥菜类、白菜类、韭、薤、大葱、茼蒿、莴笋、荠菜、大豆、越瓜、菜瓜、莼菜、莲藕、茭白、水芹、菱、慈姑、荸荠、卷丹百合、黄花菜、竹笋和香椿等蔬菜原产于中国，已属公认。中国引种国外蔬菜也由来已久。南北朝以前已从印度及中亚一带引入茄子、黄瓜、西瓜、甜瓜、芫荽和蚕豆、豌豆、扁豆等。隋唐直至明清，随着东南亚地区海陆交通的开辟，又陆续引入了芹菜、莴苣、菠菜、胡萝卜、刀豆、结球甘蓝、花椰菜、洋葱、丝瓜和苦瓜等。从美洲引种是在17世纪以后，经过欧洲由海道间接引入的美洲原产蔬菜有番茄、辣椒、菜豆、花生、南瓜和马铃薯等。到了近现代，中国又引入了西洋芹菜、软荚豌豆、球茎茴香、青花菜、石刁柏等欧美蔬菜新物种、变种和类型，并广泛引入蔬菜优良品种及重要遗传育种材料，如黄瓜雌性系、番茄抗烟草花叶病毒材料、番茄和茄子的抗病砧木、加工番茄品种、甘蓝胞质雄性不育材料、芜菁抗根肿病材料等。这些引种工作丰富了中国的蔬菜种质资源。据初步统计，截至2017年中国栽培有246种263个蔬菜作物，南北方栽培利用的蔬菜种类有很大差异，南方蔬菜种类明显比北方丰富。

中国蔬菜种质资源工作　主要包括蔬菜种质资源的考察搜集（征集）、保存、鉴定评价、挖掘、创新及利用。蔬菜种质资源的收集分为国外引种、国内考察搜集和征集。1959～1966年中国农业科学院蔬菜研究所从国外引进蔬菜品种资源1853份。1978年以后，国外引种工作得到较大发展，通过各种渠道引进蔬菜品种资源14科48属72种（包括变种）共11 128份。较大型的全国蔬菜种质资源考察搜集工作有：1979～1980年由中国农业科学院蔬菜研究所和云南省农业科学院园艺所组织的考察队对云南13个州（市）31个市（县）的蔬菜品种资源的考察和搜集，共调查到31科141种及变种蔬菜，搜集各种蔬菜种子288份。通过观察和鉴定发现了全球尚未报道的苦茄（新种）、西双版纳黄瓜（新变种）、涮辣（新变种）和大树辣（变型）。1981～1984年西藏作物品种考察队蔬菜考察组考察了39个县1个市，采集蔬菜资源655份，分属栽培蔬菜20科60多种，野生蔬菜23科32种。通过考察，绘制出“中国西藏主要蔬菜资源分布示意图”。1986～1989年神农架及三峡地区作物种质资源考察队蔬菜专业组通过考察，搜集蔬菜种质资源38科159种、亚种或变种，整理编目资源3497份。2006～2011年由中国农业科学院牵头对云南及周边地区41个县进行重点调查和样本采集，采集蔬菜样本1280份，其中栽培蔬菜分属24科59属77种，样本数938份；野生蔬菜及栽培蔬菜野生种涉及42科85属101种，样本数269份；采集薯类作物3科3属3种，样本数83份。通过资源初步评价获得130份优良资源，经深入评价，获得具有重要利用价值或具有突出优异性状的蔬菜优异种质42份。全国性的蔬菜地方品种调查、征集和整理工作始于1956年，1958年中国农业科学院蔬菜研究所组织全国27个省、（自治区、直辖市）有关单位进行了全国性蔬菜地方品种的调查和整理，共调查整理蔬菜地方品种资源17 393份。先后进行了多次补充征集。从“七五”规划（1986～1990）开始，蔬菜种质资源的搜集、鉴定编目和繁殖保存工作才有机地结合起来。“七五”和“八五”规划（1991～1995)期间，中国农业科学院蔬菜花卉研究所组织全国29个省（自治区、直辖市）的32个单位协作攻关，研究制定了81种蔬菜的主要植物学性状和农艺性状调查记载项目和标准；搜集繁种入库132种27 000余份蔬菜种质资源，并进行了较全面系统的鉴定，先后编辑出版了《中国蔬菜品种资源目录》(第一册、第二册)，研究建立了蔬菜种质资源数据库。

在“九五”规划（1996～2000）到“十二五”规划（2011～2015）期间，在国家科技攻关/科技支撑项目、国家基础性工作项目、国家自然科技资源共享平台项目、国家自然科学基金项目、农业部资源保护项目等的大力支持下，由中国农业科学院蔬菜花卉研究所主持，通过全国蔬菜科技工作者的协作攻关，在蔬菜种质资源描述规范的研制和种质资源数据的规范化整理，资源的高效、低能耗保存和评价技术研究，遗传多样性鉴定和核心种质研究，拥有自主知识产权的蔬菜种质创新、优异种质资源挖掘和利用研究等方面均取得了显著进展。出版蔬菜种质资源描述规范和数据标准40册。建成了以国家农作物种质资源长期库、国家蔬菜种质资源中期库、国家西甜瓜种质资源中期库、国家种质武汉水生蔬菜资源圃、国家无性繁殖蔬菜种质资源圃为支撑的国家蔬菜种质资源安全保护体系。国家相关蔬菜作物种质资源库（圃）已收集保存蔬菜种质资源200余种（变种）3.9万余份，约85%属于本土资源，其地理分布涉及中国主要农业区和其他60多个国家或地区。对20种蔬菜4.5万余份次种质资源进行了抗病（虫）性、抗逆性鉴定和品质分析，获得了3000余份优异种质，为优异基因的挖掘和种质资源的创新利用奠定了基础。“十三五”规划（2016～2020）期间，国家重点研发计划启动了“蔬菜优异种质资源精准鉴定与创新利用”，重点对主要蔬菜作物的表型和基因型进行精准鉴定，为快速、高效、深入挖掘优异基因奠定基础，为蔬菜种业提供材料和技术支持。

（刘 红 李锡香）

树番茄 tree tomato; *Cyphomandra betacea* 茄科树番茄属多年生小乔木或灌木植物。又称洋酸茄、酸鸡蛋、木本番茄。其果味如番茄，作水果或蔬菜食用。树番茄原产于南美洲，世界热带和亚热带地区有引种。中国云南、贵州和西藏南部有栽培，尤以云南少数民族地区栽培最为普遍。广东、河南、福建、浙江、青海、四川等地都引种试种成功。

形态特征 植株高2～3米。茎粗5～8厘米，上部分枝，分枝习性与普通番茄基本相同，当植株长到一定高度时，主茎的顶芽形成花芽，不再继续伸长，而由主茎顶芽下面的一个副生长点和其下第一节的腋芽形成两分枝。单叶互生，全缘，卵状心形，长20～30厘米，宽15～20厘米，顶端短渐尖或急尖；叶面深绿，叶背淡绿，生短柔毛，侧脉每边5～7条；叶柄粗，近圆柱形，长7～10厘米，粗0.3～0.5厘米。总状花序或蝎尾状聚伞花序，近腋生或腋外生，花梗长1～2厘米，生短柔毛；花萼辐状，5浅裂，裂片三角形，顶端急尖；花冠辐状，粉红色，直径1.5～2厘米，5深裂，裂片披针形；雄蕊围于花柱而靠合，花药矩圆形，长约6毫米；子房卵状，直径约1.5毫米，花柱稍伸出雄蕊。果梗粗壮，长3～5厘米；果实椭圆形，果面暗红色，肉厚，皮薄，光滑，两端尖，橘黄色或带红色，纵径5～7厘米，横径3～5厘米，单果重35～55克，果肉多汁，微酸。种子圆盘形，直径约4毫米，周围有狭翼。

生长习性 属喜温植物，具一定的耐寒性，能耐-3～-2℃的低温。较耐干旱，不耐涝，在土层深厚肥沃、疏松、排水良好、微酸性的砂质土壤中生长良好。年均温19℃以上，最冷月10℃以上地区，终年常绿，四季开花结果。南方冬季较寒冷地区难以在露地越冬，需要在霜期前覆盖防寒，如果出现-5℃以下低温，主茎上部和侧枝都会冻枯，但第二年春季在残留的主茎上仍能萌发新枝，入夏开花结果，秋季果实成熟，只是产量稍低；北方则需要在保护设施中越冬。

栽培 树番茄一般采用种子繁殖，育苗移栽，在幼苗3～4片真叶时移栽，行株距为2米×1.5米，亩种200～250株。植株高大且为多年生，因此种植穴要大，并施足底肥。生长迅速，栽后第二年开始结果，连续结果5～6年以上。开花结果期长，果实成熟有先后，变红即可分批采收，亦可留在树上观花赏果。

图3 树番茄的果实

图4 树番茄的种子

用途 树番茄是集观花、观果、食用于一体的植物。果实成熟后果肉变软，多汁味酸微甜，富含多种维生素。在南美洲以鲜食和榨汁为主，十分受欢迎。云南多数地方则将果实烧熟去皮后加大蒜和生姜切碎，拌以酱油、辣椒、芫荽作酱菜或调料，味鲜美。

（张应华）

图1 树番茄的叶

图2 树番茄的花

树莓 raspberry; *Rubus* spp. 蔷薇科用于园艺栽培的一大类悬钩子属植物的总称。又称可食悬钩子。在树莓栽培种群中，树莓种群和黑莓种群利用最广，其典型的栽培种有欧洲红树莓（*R. idaeus*）、黑树莓（*R. occidentalis*）、黄树莓（*R. xanthocarpus*）和美洲黑莓（*R. allegheniensis*），其中欧洲红树莓的一个变种美国红树莓（*R. idaeus* var. *strigosus*）在美国栽培利用较广。

地理分布 树莓主要分布在北半球温带和寒带，少数分布在热带、亚热带和南半球。世界上有30多个国家栽培树莓，其中波兰、俄罗斯、塞尔维亚、美国、乌克兰、墨西哥、英国、加拿大、西班牙和德国是世界上树莓产量较高的国家。中国除东北、甘肃、青海、新疆、西藏外，其余省份均有分布。

种质资源与分类 从植物分类学上

讲，悬钩子属植物有700多种，分属空心莓组（Sect. *Idaeobatus*）、常绿莓（Sect. *Lampobatus*）、悬钩子组（Sect. *Rubus*）、木莓组（Sect. *Malachobatus*）、刺毛莓组（Sect. *Dalibardastrum*）、矮生莓组（Sect. *Chamaebatus*）、匍匐莓组（Sect. *Cylactis*）和单性莓组（Sect. *Chamaemorus*）等8个组。通常所说的树莓并不是单一物种，而是涵盖了悬钩子属空心莓组、悬钩子组和木莓组等多个类群的植物。在园艺生产中，根据悬钩子植物的栽培习性，将其分为树莓种群（raspberry）、黑刺莓种群（blackberry，又称黑莓）和露莓种群（dewberry）3个种群。树莓种群果实成熟时果实多与花托分离，为空心莓，而黑莓和露莓果实成熟时果实与花托连合为一体，为实心莓。其中，树莓种群又根据果实成熟时的颜色分为红树莓（red raspberry）、黑树莓（black raspberry）、黄树莓（yellow raspberry）和紫树莓（purple raspberry）等类型。

树莓种群还根据结果习性分为夏季树莓（summer raspberry）和双季树莓（everbearing raspberry）两种类型。①夏季树莓。当年生枝不结果，仅进行营养生长；第二年转变为结果枝开花结果，结果后该结果枝枯死，由该年新生长的枝条进行更新。②双季树莓。当年生枝条前端部分即可形成花芽并在秋季开花结果，随着温度的降低停止生长，枝条的该节段枯死，而剩余节段可以存活并在次年恢复生长，夏季开花结果。生产上也根据不同种类树莓的这个特性进行修剪更新。

形态特征 树莓是落叶稀常绿灌木、半灌木或多年生匍匐草本植物。茎或蔓上多覆有白色蜡质层，最明显的特征是密被木质化带钩的刺状腺毛，偶有刺毛退化为未木质化绒毛的无刺类型。叶互生或对生，掌状或羽状复叶，也有部分种类为单叶。花常见为聚伞状圆锥、总状或伞房花序，白色或红色，两性，自交可孕。果实由多个小核果聚生而成。成熟时，部分种类的果实与花托间形成离层而分离，从而形成“空心”的果实；也有部分种类的果实与花托不分离而形成实心的果实。

栽培方法 树莓具有喜光、抗旱、繁殖容易和浅根性等特点。一般选择微酸性或中性的砂壤土种植。生产中多采用自根苗带状穴植，春季或秋季定植均可。定植后第2年开始结果，第3～8年为盛果期，经济寿命长达15年。树莓可自花授粉结果，但通过昆虫和风进行异花授粉后能提高果实的产量和品质。果实发育期30天左右。

主要用途 树莓果实营养成分丰富，

图1 红树莓

图2 黑树莓

图3 黄树莓

图4 树莓的花

除含有多种糖（2.40%～10.67%）、有机酸（0.62%～4.90%）和氨基酸外，还含有多种维生素、果胶质、超氧化物歧化酶（SOD）和钾、磷、铁、锌等矿物质，以及香豆酸、原花青素、花青素苷和黄酮醇化合物。既可鲜食，又可制酱、制汁和制酒，还可入药。据《本草纲目》记载，中药覆盆子（*R. corchorifolius*，又称山莓）有止渴、生津、止血、镇痛、利尿、通便、清热、化痈、补肾等功效。

（郝瑞 撰 汤浩茹 王小蓉 修订）

树木栽植 planting 种植秧苗、树苗或大树的作业。包括移植和定植。树木的栽植方法有多种，要根据树种的习性、发育状态以及生长环境等采取合适的种植方法，最常见的是裸根栽植和带土球移植。①裸根栽植。多用于常绿树小苗及大多落叶树种。关键在于保护好根系的完整性，骨干根不可太长，侧根、须根尽量多带。从掘苗到栽植期间，务必保持根部湿润、防止根系失水干枯，根系打浆是常用的保护方式之一。②带土球移植。多用于针叶树、常绿阔叶树和其他较难成活的大苗等，如板栗、长山核桃、七叶树、玉兰等，多行带土球移植。大树栽植和生长季栽植，亦要求带土球进行，以提高成活率。带土球移植须确保土球大小标准且不致散裂，对直径在30厘米以下的小土球可采用束草或塑料布简易包扎，栽植时拆除即可。如土球较大，使用蒲包包装时，只需稀疏捆扎蒲包，栽植时剪断草绳撤出蒲包物料，以使土壤接通，便于新根萌发，吸收水分和营养。栽植后及时浇水，有的还设荫棚、搭架或风障，以保证成活。行道树栽植前须对道路、土壤、路旁建筑物、地下和架空管线以及交通等状况进行调查。

树苗栽植可分春植、秋植和雨季栽植三个时期。在定植后的2～3年，干燥季节和冬季临封冻前必须充分灌溉，并要适时采取修剪整形、补植、更新、防治病虫害以及防风等措施。

（吕英民）

树木造型 topiary work of tree and shrub 采用修剪、盘扎等措施将园林树木育成预期优美形状的技艺。经过造型的树木，称为造型树。树木生长周期长，在造型设计基础上，还需要根据树木的生长特性，经过长期的栽培管理，不断整形修剪，才能打造出符合植物特点、适合环境要求、具有艺术形象的造型树木。

类型 根据造型树形状的不同，树木造型可分为四类：①规整式。将树木修剪成球形、伞形、方形、螺旋体、圆锥体等规整的几何形体。这类造型多用于规则式园林，要求树木枝叶茂密、萌芽力强、耐修剪等。②篱垣式。通过修剪或编扎等手段使列植的树木形成高矮、形状不同的篱垣。常见的绿篱、树墙均属此类。这类造型一般要求树木枝叶繁茂、耐修剪并且生长偏慢。③仿建筑式、鸟兽式。即将树木外形修剪或绑缚、盘扎成亭、台、楼、阁等建筑形式或各种鸟兽姿态。④桩景式。是应用微缩手法，典型再现古木奇树神韵的园林艺术品。这类造型要求树干低矮、苍劲拙朴。

技术 树木造型技术，可单用一种或采用多种措施，成功地实现造型目的。具体技术有：①修剪。在树木造型中应用最多。主要是通过剪截树干与枝叶，增加修剪后树木的整体观赏效果。修剪时期，落叶树木多在落叶后次春萌芽前进行，常绿树则在春夏分两次进行。②盘扎。根据造型需要，将枝条进行绑缚牵引使其弯曲改向。在桩景式造型中常用，多在树木生长季节进行。③编扎。根据造型需要，将一株、几株或数十株树木长在一起的枝条交互编扎而形成预想的形状。编扎多在早春枝条萌芽前进行，编扎成型后还须经常修剪、养护。 （吕英民）

栓皮栎 cork oak; *Quercus variabilis* 壳斗科栎属落叶乔木。栓皮栎分布于中国辽宁、河北、山西、陕西、甘肃及南方各省区。生长在海拔600～1500米的向阳山坡。

高达30米。树皮黑褐色，木栓层发达。单叶，互生，长圆状披针形至长椭圆形，边缘有刺芒状锯齿，幼叶下面粉白色，密生白色星状细绒毛，老时毛宿存，具柄。花单性，雌雄同株。雄花多朵成下垂的柔荑花序，雄花花被4～7裂，雄蕊4～7，具退化雌蕊。雌花单生总苞内，花被5～6裂，心皮3，合生，子房下位，中轴胎座，3室，每室2胚珠，通常仅1室1胚珠发育，

图2 栓皮栎的茎

图3 栓皮栎的雄花序

图4 栓皮栎的雌花序

花柱3。总苞果时木质化形成壳斗。壳斗碗形，径1.5～2厘米，包被坚果约近2/3，苞片钻形，反曲。坚果卵球形，径1.3～2厘米，果脐隆起。花期4～5月，果期9～10月。

壳斗、树皮富含单宁，可提栲胶。木

图1 栓皮栎

图5 栓皮栎的壳斗和坚果

栓层可制软木，工业上有多种用途。

（包满珠 傅小鹏）

涮辣 Shuanla; *Capsicum chinense* 茄科辣椒属植物。又称涮涮辣、涮汤辣、象鼻辣。涮辣是中国境内最辣的辣椒，也是世界范围内最辣的辣椒之一，与印度魔鬼椒不相上下。产于中国云南德宏、保山、思茅、西双版纳、临沧及缅甸北部的亚热带山区。当地居民通常用它调味，吃的时候只要把新鲜或晒干的果实划破，在热汤中涮一下，整锅汤即有辛辣味，可以反复使用，因而得名。

形态特征 株高50～100厘米，开展度1.0～1.5米。茎叶绿色，茎节处略带紫色。叶片阔卵形或椭圆状阔卵形，叶缘浅波状。花小，单生或2～3朵簇生，花冠黄白色，花梗偏斜，花朵呈下垂状，花萼绿色，花柱白色，柱头较长并高出花药。果实长卵状圆锥形，果面粗糙有棱沟并有疙瘩状突起，绿熟果呈绿色，生理成熟后呈鲜红色，长3.7～7厘米，宽2～3厘米，单果重5～6克。种子少。

生长习性 根系发达，吸收能力强，较耐旱，怕涝、怕霜、抗病性差。耐瘠，喜山地、生地。营养过多，尤其是氮素过多时，植株容易徒长而不结果。生长发育适温比一般辣椒稍高，在云南，海拔1400米以下、年均温16.5℃以上的亚热带气候条件最为适宜。

栽培 零星栽培可与玉米套作。露地一般2～3月播种，4～5月定植。采用保温设施育苗，可提早至11月下旬播种，翌年1月下旬假植，3月下旬定植。起畦种植，每畦种植2行，每塘种1株，株行距为60厘米×80厘米。苗期适当控制肥水，防止徒长。果实变为橘黄色或红色时即可采收，采摘期为5月下旬至10月上旬。

用途 果实辣味极强，辣椒素含量高达3.54%，是一般辣椒的10倍。辣椒素及其类似物具有降低血压和胆固醇、消炎止痛及改善食欲的功效，用涮辣浸泡后的米酒可外用于治疗风湿性关节炎。由于辣椒素含量高，其在农药、医药、食品添加剂

等领域具有广阔的开发利用前景。可用于制作镇痛、消炎、治冻伤、止痒、杀菌、祛风湿等多种外用药物（贴剂、喷剂、擦剂等）；在农业生产中用作环保型绿色生物农药，具有良好的触杀、驱避作用；添加到电线、电缆、光缆护套中可防止老鼠、白蚁的食蚀伤害；还可用于制造催泪弹等警用防卫武器。（张应华）

双假测交 double-pseudotest cross　用于植物分子标记遗传图谱构建的理论。大多数木本植物为异交树种，基因组高度杂合，因而很难通过杂交获得纯系，难以进行大批量的测交试验，使得遗传图谱的构建陷入困境。N.F.威登等于1994年提出双假测交理论，即将两个高度杂合的双亲均看作**回交**一代（BC_1）群体，并视对方为测交隐性亲本。因为两亲本杂交得到的F_1代群体遗传位点已经产生分离重组，一些分别包括了双亲特有遗传标记的位点，对亲本而言为纯合型，在F_1代群体中呈1∶1分离，相当于“测交”，可用于构建两亲本的分子连锁图；另一些仅发生在双亲共有标记上的位点，对亲本而言为杂合性，在F_1代群体中呈3∶1分离，可用于两亲本共同的分子连锁图，并可用于判断双亲间的同源连锁群。双假测交理论主要适用于多年生林木和**果树**的分子标记遗传图谱构建。（汤浩茹）

双井绿茶 Shuangjing green tea　产于中国江西省修水县的弯曲形**炒青绿茶**。原产于江西省九江市修水县杭口镇双井村，因传说该村有两口不枯之泉井而得名。五代毛文锡《茶谱》载：“洪州双井白芽，制造极精。”北宋司马光著《双井茶寄赠范景仁》中有：“春睡无端朽逐人，驱诃不去苦相亲，欲凭洪井真茶力，度遣力圭报谷神。”

双井绿茶主产区在修水县行政区域内。唐代属蒸青团茶类，宋代发展为蒸青散茶类。采摘一芽一、二叶初展鲜叶，经摊青→杀青→揉捻→初烘→整形提毫→复烘等工艺加工制成。分为特级、一级和二级。成品茶外形紧圆微卷，形如凤爪，锋苗润秀，银毫披露；香气清高持久，滋味鲜爽醇厚；汤色清澈明亮，叶底嫩绿匀净。主销中国江西省各大中城市，少量销往中国北京、上海、武汉、南京等城市。（杨普香）

双井绿茶

水豹囊 Shuibaonang　中国茶的别名。宋陶谷著《**茗荈录**》载：“豹革为囊，风神呼吸之具也。煮茶啜之，可以涤滞思而起清风。每引此义，称茶‘水豹囊’。”唐冯贽著《云仙杂记·养砚墨笔纸》载：“养墨以豹皮囊，贵乎远湿。”可知豹囊为豹皮所制之囊，原用以藏墨，可防潮湿。水豹囊，似可为贮茶之器并引义为茶。（于良子）

水厄 Shui'e　中国茶的别称。本义为溺死之灾。魏晋以后渐行饮茶，起初不习饮者视为负担，故戏称茶饮为“水厄”。后亦指嗜茶。《南史》：“汝有水厄，深宜慎之。”《北齐书·循吏传·房豹》：“绍宗自云有水厄，遂于战舰中浴，并自投于水，冀以厌当之。”《太平御览》卷八百六十七引南朝宋刘义庆《世说新语》：“晋司徒王濛好饮茶，人至辄命饮之，士大夫皆患之。每欲候濛，必云：‘今日有水厄。’”北魏杨衒之《洛阳伽蓝记》：“时给事中刘缟慕肃之风，专习茗饮，彭城王谓缟曰：‘卿不慕王侯八珍，好苍头水厄。’”清金农《湘中杨隐士寄遗君山茶奉答》诗之三：“笞他纱帽笼头坐，水厄虚名直浪传。”（于良子）

水果 fruit　多汁且主要味觉为甜味和酸味、可食用的植物果实。水果是对部分可以食用的植物果实和种子的统称，具有富含汁液、含较多可溶性糖分、多数品种含有挥发性芳香物质、可生食、可独立于正餐食用的特点。水果不但含有丰富的营养，而且有多种保健作用。

主要类别　水果的种类很多，按水果类别分为浆果、柑果、核果、荔果、仁果和聚复果。①浆果类。由子房或联合其他花器发育成柔软多汁的肉质果，例如**草莓**、**蓝莓**、**桑葚**、**猕猴桃**、**葡萄**等。②柑果类。由若干枚子房联合发育而成，也属于一种类型的浆果，包括橘、柑、橙、柚、金柑、柠檬等。柑果的特点是外果皮革质，其上有油囊；中果皮疏松，其中的维管系统即为橘络；内果皮中是众多肉质多汁的汁囊，食用部分为若干枚内果皮发育而成的囊瓣。③核果类。由一个心皮发育而成的肉质果，也称真果。外果皮膜质，称果皮；中果皮肉质，称果肉；内果皮由石细胞组成，木质化形成核，坚硬，核内为种子。例如蔷薇科的**桃**、**李**、**梅**、**杏**，橄榄科的**橄榄**，鼠李科的各种**枣**等。**柿**较为特别，内果皮肉质较韧，食用部分是中内果皮，有时也独立出一个小类——柿果类。④荔果类。由上位子房发育形成的真果，外果皮革质化，其食用部分是肉质多汁的假种皮，例如**荔枝**、**龙眼**、**红毛丹**。⑤仁果类。由合生心皮下位子房与花托、萼筒共同发育而成的肉质果，属假果。主要食用部分源于花托和萼筒，子房所占比例较小，例如**苹果**、**梨**、海棠果、**枇杷**、**山楂**、**罗汉果**等。另外还有一类瓠果，果实的肉质部分由子房和被丝托共同发育而成，例如**西瓜**和各种瓜类。在园艺学中，通常把瓜类归入**蔬菜**。⑥聚复果类。由一个花序发育而成的聚复果，例如**菠萝**、树菠萝、**番荔枝**等。

各种各样的水果

营养成分　水果中含有丰富的营养物质，主要是糖、酸、微量元素、果胶、纤维素、多种氨基酸、次生代谢物及人体不可或缺的维生素类，如维生素A、维生素B、维生素C、维生素E，以及B族维生素包括B_1、B_2、B_3、B_5、B_6、B_{11}和B_{12}。不同水果的维生素含量不同，以维生素C为例，猕猴桃、鲜枣、草莓、枇杷、橙、橘、柿子、蓝莓等水果含有丰富的维生素C。以100克水果测定维生素C含量，猕猴桃含420毫克，鲜枣含380毫克，草莓含80毫克，橙含49毫克，枇杷含36毫克，橘、柿子各含30毫克，香蕉、桃子各含10毫克，葡萄、无花果、苹果分别只含5毫克，梨仅含4毫克。

保健功效　水果具有多种保健功效，包括：①减缓衰老。多种水果具有减缓衰老的功效，猕猴桃被认为是最接近完美的水果。猕猴桃中含有丰富的维生素C、维生素A、维生素E、叶酸和微量元素钾、镁及膳食纤维等营养成分，而热量却很低；所含的氨基酸能帮助人体制造激素，减缓衰老。②减肥瘦身。有些水果中含有丰富的膳食纤维，纤维是不能被小肠消化的碳水化合物，但在结肠内可给肠腔提供营养物质，有助于促进身体的新陈代谢以及帮助抑制食欲。具备这种功效的水果包括苹果、葡萄柚、火龙果、榴莲等。③保养皮肤。水果中含丰富的抗氧化物质维生素E和微量元素，可以滋养皮肤，减少空气中有害物质对皮肤的损伤，以及紫外线照射导致的皮肤干燥、脱水等损伤。可保养皮肤的水果包括香蕉、杧果、哈密瓜、草莓、橙子、苹果、柠檬等。④防癌。水果中含有人体所必需的微量元素，摄入水果可降低患乳腺癌、前列腺癌和肺癌的概率。可防癌的水果有香蕉、猕猴桃、葡萄、橙子、苹果、柠檬等。⑤排毒。草莓富含维生素C、胡萝卜素、果胶和膳食纤维，能帮助消化、清洁肠道、强固肝脏、排毒。苹果含有丰富的纤维，能促进肠道蠕动，其所含的半乳糖醛酸对排毒也很有帮助，果胶则能避免食物在肠内腐化。紫色的葡萄也具有排毒的效果，能帮助肝、肠、胃、肾清除体内垃圾，因此有“清道夫”的美称。⑥明目解酒。猕猴桃、柠檬等水果维生素C含量高，能使人眼底分布的毛细血管供血得到保证。吃带酸味的水果有一定的解酒作用，因为水果里含有机酸（如苹果里含有苹果酸、柑橘里含有柠檬酸、葡萄里含有酒石酸等），而酒的主要成分是乙醇，有机酸能与乙醇相互作用形成酯类物质，从而具有一定的解酒效果。⑦其他功效。苹果、香蕉、杧果、木瓜、猕猴桃含有叶酸（即维生素B_{11}），它与脱氧核糖核酸（DNA）的生成有关。怀孕初期，叶酸对细胞繁殖与修复很重要，有助于胚胎神经系统的良好发育，预防孕妇贫血。

过分食用水果则可能产生不利后果，例如苹果含有糖分和钾盐，食用过多对心脏不利，冠心病、心肌梗死、肾炎、糖尿病患者不宜多吃。柑橘性凉，肠胃不适、肾肺功能虚寒的老人不能多吃。梨含糖较多，糖尿病人食用过多会引起血糖升高。柿子含有单宁、柿胶酚，胃肠不好或便秘患者应少吃，否则容易形成柿石。有些特异体质的人食用菠萝后会发生阵阵腹痛，甚至呕吐等不适应症，最好把削好的菠萝放在盐水中浸泡后再加热吃。香蕉中含有较多的镁、钾等元素，这些矿物质元素虽然是人体健康所必需的，但若在短时间内摄入过多，就会引起血液中镁、钾含量急剧增加，造成体内钾、钠、钙、镁等元素的比例失调，对健康产生危害；此外，食用过多香蕉还会导致胃酸分泌大量减少，从而引起胃肠功能紊乱。

清洗方法　水果常用于鲜食，鲜食前须进行清洗，因为水果外表粗糙或者皮薄，容易破损；果实细嫩多汁，易受病虫害和微生物的侵袭；果树生长期间甚至果实发育初期，可能需要使用农药和液肥等。农药、肥料及病菌等很容易附着在水果粗糙的表面，如果清洗不干净，很可能引发腹泻，甚至农药中毒。

清洗水果时不要把果蒂摘掉，因为去蒂的水果若放在水中浸泡，污物乃至残留农药会随水进入果实内部，造成更严重的污染。清洗水果宜用流动的自来水不断冲洗，以避免污物乃至残留农药渗入果实中。清洗完可以用盐水浸泡5分钟，以杀灭水果表面残留的有害微生物，促进残留农药降解。

保存与保鲜　普通消费者买回新鲜水果最好及早食用，但有些水果并未熟透，例如香蕉、杧果等，尚须保存一两天等待后熟；另外，有时水果买多了也需要保存。水果保存方法为：①须后熟的水果宜放置于常温下至成熟，再放入冰箱中保存，冰箱的冷度可使水果维持新鲜。②硬皮水果如凤梨、哈密瓜，可直接放入冰箱中保存。③薄皮和软皮水果如苹果、梨、杧果等，应先装进塑胶袋后再放入冰箱中。④不宜降温、容易腐败的水果不应放入冰箱。番木瓜若放入冰箱保存，极易出现黑斑；正确保存方法是用报纸将番木瓜包起来放于阴凉处，即可较长时间保持新鲜状态。香蕉也类似，不宜放入冰箱；应将香蕉放入水果保鲜袋中，在阴凉处保存。⑤一些较特别的水果如荔枝，保鲜期特别短，易变色变味。可将荔枝一颗颗剪下，浸入盐水中几分钟后捞起，再装入塑胶袋放入冰箱中冷冻保存；食用前取出，在常温下自然解冻，可使荔枝的色、香、味得到有效保留。

（林顺权　韩振海）

水果茶　fruit tea　将水果或瓜果与茶一起制作而成的现调现制饮料。主要采用各类红茶、绿茶、青茶（乌龙茶）、黑茶和白茶等茶叶品类，单独或配套混合柠檬、柑橘、西瓜、椰子、梨、苹果、百香果、枣、香蕉、火龙果等一些有益人体健康、风味独特的水果，通过茶叶、水果间的恰当配伍，实现产品风味和功能的多样化。一般根据饮用方法需要，选用相应的调制方法进行制作，可实现热饮或冷饮，还可加入冰激凌、椰奶、榴莲等进行悬浮饮用。

现代水果茶包装美观、时尚，同时具有茶和水果的风味，不仅可以丰富传统茶叶的口感，还具有更多样化的养生保健功效，是一种天然的养生饮品，深受年轻人的喜爱。（尹军峰）

水平等高梯田　bench terrace　在丘陵山坡地果园沿等高线方向修建的条状台阶式园地。梯田是一种防止山坡地水土流失的有效技术措施，其结构包括梯面、梯壁、边梗、背沟等。梯面是主要的果树种植区域；梯壁是相邻两个梯面之间的过渡部分；边梗修建于梯面外围，用于阻滞梯面水土流失；背沟修建于梯面内侧，用于汇集梯面雨水。

水平等高梯田可将丘陵坡地整理成局部平整的田地，水土流失控制效果明显，但费工较多。修建时，一般以等高线为中线，将上部的土壤下移，常修建成梯面内斜式。梯面的宽度要根据坡度大小、土层厚薄、栽培方式、投入成本等来确定。修筑梯田时要尽量将表层熟土单独放置，生土构建梯田骨架后，再回填表土。为增强梯田的水土保持能力，可在梯壁种植牧草、绿肥，以减少雨水冲刷。在梯面种植果树时，要加强土壤改良措施，种植穴深翻、增施有机肥料，以加快土壤熟化。

（叶春海）

水芹　water dropwort; *Oenanthe* spp.　伞形花科水芹属多年生宿根草本植物。又称水蕲、水英、楚葵。以嫩茎、叶及叶柄供食用。水芹原产于亚洲东部，中国为其起源地之一。日本、印度、东南亚各国都有分布。中国长江流域各省都有栽培，为水

图1 水芹

图2 水芹的叶

图3 水芹的花

图4 水芹的果实

图5 采收的水芹

生蔬菜的一种。水芹在中国栽培有两个种：水芹（*O. javanica*）和中华水芹（*O. sinensis*）。

形态特征　须根细而白。茎分地上茎和匍匐茎，中空，每叶节都有腋芽，匍匐茎茎节易生不定根。奇数二回羽状复叶，小叶对生，叶片卵形、楔形、菱形或披针形，叶缘齿状或波状，叶柄细长，绿色。复伞形花序，花小，白色或浅桃色。果实为双悬果。种子发育不良，不适于繁殖。

栽培　喜冷凉，较耐寒，生长期适宜温度为20℃左右。喜潮湿，怕干旱，生长期需充足的水分。秋冬短日照条件下发生茎叶，营养生长旺盛；春夏长日照条件下抽薹开花。适宜在土层深厚、富含有机质、中性黏质土壤种植。一般夏秋栽培，冬春收获。采用分株繁殖或匍匐茎段繁殖。早熟水芹栽后60天左右采收，迟者收至翌年3月初。采收时带根拔去，洗净后整理成束上市。为了获得质地软嫩、色泽晶莹的芹白，水芹栽培须进行软化，可采用深栽软化、深水软化、覆土软化、深培土软化等措施。

用途　水芹含有较多的胡萝卜素、维生素C及钙等营养物质。除作为蔬菜凉拌、炒食外，还有药用价值，具有清热解毒、宣肺利湿、降血压等保健功效。

（别之龙）

水生花卉　aquatic flowers　具观赏价值的水生草本植物。通常指用于美化园林水体的植物，布置于园林水体的水面、水边、岸边及潮湿地带，如荷花、睡莲、千屈菜及各种水生和沼生的鸢尾等。植物学意义上是指常年生活在水中，或其生命周期内某段时间生活在水中的植物。多数为宿根花卉和球根花卉。通常其植物体内细胞间隙较大，通气组织比较发达，使其种子能在水中或沼泽地萌发，并满足水生环境下植物对氧气的需求。除某些沼生植物可在潮湿地生长外，大多要求水深相对稳定的水体条件。水底要求富含有机质的黏质土壤。

类型　水生花卉通常可分为五类：①沼生类。通常生于水深在0.5厘米以内的沼泽等浅水地带，如天南星科的菖蒲、莎草科的旱伞草、鸢尾科的黄菖蒲、千屈菜科的千屈菜、十字花科的豆瓣菜等。②挺水类。根或根状茎生于水底泥中，茎叶挺伸于水面之上，一般可适应深1米以内的水体，如芦苇、荷花、水葱、香蒲等。③浮水类。根或根状茎生于水底泥中，叶片浮于水面或略高出水面，可生于浅水至2～3米深的水中，如睡莲科的芡实、睡莲等。同属植物白睡莲、黄睡莲、香睡莲等亦具观赏价值。④沉水类。茎叶全部沉于水中，能适应较深水体，如金鱼藻、苦草、红椒草等。⑤漂浮类。根通常不生于泥土内而伸展于水中，植株浮于水面或随水流、风浪漂动，如浮萍、水葫芦等。

图1 千屈菜

生长习性　水生花卉对陆地环境和气候的反应没有陆生植物那样敏感，但对水温要求较高，如原产于南美洲的王莲，其生长要求的最适水温为30～35℃，在中国北方地区不能露地越冬。此外，不同水生植物对水位有特定的要求。浮水植物、漂浮植物及绝大多数的挺水植物都属于喜光植物；挺水植物中个别种类，如石菖蒲耐阴，鸭舌草可耐半阴环境；沉水植物能吸收射入水中的较微弱的阳光，在光线微弱的情况下也能生长，但对水的透明度较为敏感。大部分水生花卉喜腐殖质丰富的黏质土；挺水类植物对土壤的适应性强，但皆以深厚、肥沃之土壤为佳。

繁殖与栽培　大多采用分株繁殖，一般于春季开始萌芽时进行。如采用播种繁殖，应在种子成熟时即采收播种，或贮于水中，以免丧失发芽能力。仅少数种类如荷花、水生鸢尾类和香蒲等的种子可以干藏。栽培场所宜选池底有丰富腐殖质沉积的池塘或水田。盆栽也需用肥沃塘泥。漂浮植物可采用生态浮岛式种植，兼顾生态

图2 浮萍

与观赏特性。湖塘根据面积大小可采用多种，也可仅取一种，与亭、榭、堂、馆等园林建筑物构成具有独特情趣的景区、景点，岸边的水生花卉栽植需着重注意线条构图。大湖可种苦菜等沉水种类，湖边、沼泽地可栽沼生植物，中、小型池塘宜栽中、小体形品种的莲或睡莲等。凡堆山叠石的池塘，宜在塘角池畔配植香蒲、菖蒲；而假山、瀑布的岩缝或溪边石隙间，则宜栽种水生鸢尾、灯芯草等。但布置水景用的水生花卉数量不宜过多，要求疏密有致，水秀花繁，一般水面花卉不宜超过总水面的1/3，以留出适宜的空间欣赏水景。

（董 丽 曹 钰）

水仙 narcissus; *Narcissus tazetta* var. *chinensis* 石蒜科水仙属多年生草本秋植球根花卉。水仙原产于北非、中欧和地中海沿岸，以地中海沿岸为分布中心。同属30余种。中国水仙是唐朝时从地中海区域传入中国，五代时期至宋代逐渐传开，明清以来广为栽培。由于花形独特、花香怡人等特点，漳州水仙和崇明水仙品牌驰名中外，还常将大球进行人工雕刻和编扎造型。公元前800年左右，在埃及已见用法国水仙做的花圈。

地下具肥大鳞茎，多为卵圆形或球形，外被褐色膜质鳞片。根肉质，白色。叶基生，带状、线状或近圆柱状，多呈二列状互生。花单生或顶生伞形花序，黄色、白色或晕红色，侧向或下垂开放，花被6，基部合成深浅不同的筒状；花冠呈高脚碟状或喇叭状，中央具杯状或喇叭状的副冠，为水仙属分类的依据。常见的栽培种

图1 水仙

图2 水仙的鳞茎

图3 水仙的叶和花

除中国水仙外，还有喇叭水仙、丁香水仙、仙客来水仙、法国水仙、口红水仙等。

喜温暖湿润阳光充足的环境，尤以冬无严寒、夏无酷暑、春秋多雨的环境最为适宜。多数种类较耐寒，在中国华北地区稍加保护可露地越冬。对土壤适应性较强，除重黏土及砂砾地之外均可生长。以分生繁殖为主，将母球（鳞茎）周围分生小球（小鳞茎，俗称脚芽）掰下作为种球，于秋季另行栽植。

水仙株形清秀，花形奇特，芳香，花期较长，适宜室内案头、窗台点缀；亦是很好的地被花卉，可成片散植林下、草坪或水畔，也可布置于早春**花坛**、**花境**。

（葛 红）

水仙茶 Shuixian tea 由水仙茶树品种制作的名茶。福建乌龙茶的主要茶类之一。原产地在中国福建省南平市建阳区小湖乡大湖村祝仙洞。1000年前，建阳、建瓯一带就有这种茶树，但人工栽培却是清康熙（1662～1722）年间。

茶树类型 水仙茶由小乔木、大叶、晚生种水仙制作。水仙是1984年认定的国家级良种，树姿半开张，叶片椭圆形，叶片较肥壮，芽叶淡绿色，较肥壮，茸毛较多，产量较高，品质优，亩产可达150千克，适合制作乌龙茶等茶类。水仙茶抗寒、抗旱能力较强，适应性较强。引进推广种植的有闽北水仙、闽南水仙、漳平水仙等，统称福建水仙。①闽北水仙。种植在武夷山、建瓯、建阳等地。武夷山还有老丛水仙，主要产地在武夷山市洋庄乡吴三地，一般指树龄有50年以上的水仙品种，茶树树干上长满青苔。②闽南水仙。种植在永春等10余县（市），原产于闽北的水仙品种。清代道光（1821～1850）年间引进到永春，永春县湖洋镇成为闽南水仙的发源地。③漳平水仙。种植在漳平市九鹏溪地区一带。漳平双洋中村茶人邓观金于1914年创制了乌龙茶类的紧压茶——水仙茶饼。

加工工艺 采茶季节一般在4月27～29日，此时采制加工的水仙为春季水仙；夏茶、早中秋茶不进行生产，晚秋才采制，晚秋采制水仙又称冬片水仙。闽北水仙加工工艺流程是：晒青→做青→杀青→揉捻→初烘→整形（去黄片、茶梗等）→复焙。闽南水仙茶加工工艺流程为：晒青→晾青→摇青（做青）→杀青→揉捻→初烘（毛火）→整形（包揉）→烘干（足火）。漳平水仙茶饼加工工艺流程为：鲜叶采摘→晒青→晾青→做青（摇青与晾青交替）→杀青→揉捻→造形（含造形与定型）→烘焙。武夷山老丛水仙，加工方法与普通水仙相同，但焙火工艺要求中轻焙火。

品质特征 闽北水仙茶外形紧结有宝光色，色泽砂绿；具兰花清香悠长，滋味醇厚回甘；汤色清澈透亮，叶底厚软；呈绿叶红镶边，叶背常现沙粒状（蛤蟆皮）。闽南水仙茶外形紧结壮实，色泽砂绿油润间蜜黄；香气清高而“悠长”，滋味甘醇鲜爽；汤色清澈橙黄，叶底黄亮，肥厚匀整。**漳平水仙茶**外形条索紧结卷曲；香气清高悠长，滋味醇爽细润、鲜灵活泼。武夷山老丛水仙茶冲泡品饮时有腐木味、棕叶味、青苔味等独特风味。

（李远华 叶江华）

水心病 watercore 在果实接近成熟期或贮藏期间发生，导致果实品质变劣、不耐贮藏的生理性病害。又称糖化病、蜜果病。水心病是一种果实常见的病害，主要危害苹果和梨。水心病往往只危害果实，并不对树木其他部位器官产生危害，同时对果实的危害往往集中在果实即将成熟及贮藏时期。

发病症状 病果内部组织细胞间隙充满细胞液而呈水渍状，病部果肉质地较坚硬且呈半透明状。发病一般先从果心部开始，逐渐向果面扩展，以果心及其附近较多，但也有发生于果实维管束四周和果肉的其他部位。轻病果的外表不易识别，必须横切后才能见到病变，重病果的水渍状斑一直扩展到果面。病果组织含酸量较低，并有醇的累积，味稍甜，同时略带酒味。轻微的水心病在果实机械冷藏过程中水

心症状会自然消失，但是发病较重、水心症状连片的果实在贮存过程中很容易发生褐变。

产生原因　影响水心病发生的因素较多，主要是由于果实内山梨糖醇代谢受阻及钙、氮、钾、硼等元素不平衡，打乱了果实正常生理代谢，使山梨糖醇在果内积累，造成果肉组织细胞间隙出现糖分累积和聚集，靠近果实维管束的果肉出现水渍状症状。研究认为引发水心病的主要原因有：①品种。品种不同，水心病发生程度不同。如红露、红星、王林等糖酸比较高的苹果品种发生较为严重。②地理位置。海拔高的地区易发生水心病。③气候因素。不同年份水心病发病程度不同，特别是采收前1个月内气温偏高、昼夜温差大或旱涝不均等都可加重水心病的发生。④矿质营养。果实缺钙，或氮、钾和硼含量过高，都能诱发水心病。

防治措施　主要有以下措施：①改良果园土壤、增施有机肥料。②合理修剪、调整叶果比例、适期采收等均可减轻水心病的发生。③增施钙肥，控制硼肥，平衡氮磷钾肥。（任小林）

睡莲　water lily; *Nymphaea tetragona*　睡莲科睡莲属多年水生草本植物。又称子午莲、水芹花。睡莲在中国广泛分布，也产于印度、日本、克什米尔、哈萨克斯坦、朝鲜、俄罗斯、越南、北美洲和欧洲。

睡莲

根状茎短粗。叶纸质，心状卵形或卵状椭圆形，长5～12厘米，宽3.5～9厘米，基部深心形，稍开展或重合。花单生，直径3～5厘米，花萼基部四棱形，萼片革质，宽披针形或窄卵形。花瓣白色，宽披针形、长圆形或倒卵形。浆果球形，为宿存萼片包裹。花期6～8月。

睡莲喜强光、通风良好、水质清洁的环境。对土壤要求不严，但须富含腐殖质的黏质土，最适水深为25～30厘米。一般采用分株繁殖，也可播种繁殖。

睡莲可用于美化平静的水面，也可盆栽或作切花。全草可作绿肥。

（陈龙清　赵凯歌）

丝瓜　towel gourd; *Luffa* spp.　葫芦科丝瓜属一年生攀缘藤本植物。又称胜瓜、菜瓜、天罗瓜、吊瓜、水瓜。丝瓜起源于亚洲热带地区，主要分布于亚洲、非洲、大洋洲和美洲的热带、亚热带地区，中国云南南部有野生丝瓜分布。丝瓜在中国有上千年的栽培历史，是主要的瓜类蔬菜之一。中国主要种植普通丝瓜（*L.cylindrica*）和有棱丝瓜（*L.acutangula*）两个栽培种。普通丝瓜在中国长江流域及其以北各省区栽培较多；有棱丝瓜是华南地区重要的特色蔬菜，主要在广东、广西、海南、福建和台湾等地种植，云南南部有少量种植，较普通丝瓜耐热耐湿，适于高温多雨季节生长。

图1　丝瓜

图2　丝瓜的叶

图3　丝瓜的花

图4　丝瓜的果实

形态特征　丝瓜根系发达，且再生力强，主根深达1米以上，侧根多，水平范围分布达3米。茎蔓生，五棱形，浓绿色，具绒毛，中间空腔小或不明显，茎粗0.5～0.8厘米。主蔓一般3～5米，分枝力极强，一般能产生2～3级侧蔓，形成多分枝的茂盛茎蔓，蔓上各节能同时发生卷须和腋芽。叶为掌状裂叶或心形叶，互生，深绿色，叶脉网状，背部叶脉突起，一般叶长17～20厘米，宽17～23厘米；叶柄圆形，长10～15厘米。花为黄色，单性花，着生于叶腋，雌雄异花同株。普通丝瓜果实短圆柱形或长棒形，长可达20～100厘米或以上，横径3～10厘米，无棱，表面粗糙并有数条墨绿色纵沟；有棱丝瓜果实棒形，长25～60厘米，横径5～7厘米，表皮绿色有皱纹，具8～10条纵向锐棱和沟，绿色或墨绿色。种子椭圆形。普通丝瓜种皮较薄而平滑，有翅状边缘，黑、白或灰白色；有棱丝瓜种皮厚而有皱纹，黑色。

生长习性　喜高温多湿的生长环境，营养生长适温为18～24℃，开花结果适温为25～30℃，30℃以上也能正常生长发育。为短日照植物，但多数品种对日照长度要求不严格。对土壤的适应性广，抗旱能力强，但若生长期间过于干旱，则果实易老，纤维增加，品质下降。丝瓜是最耐潮湿的瓜类蔬菜，即使受到雨涝或一定时间的水淹，也能正常开花结果。

栽培　一般早春播种，夏秋季采收。营养钵育苗，3～4片真叶时定植，起畦种植，畦宽1.2～1.5米，沟宽30厘米，畦

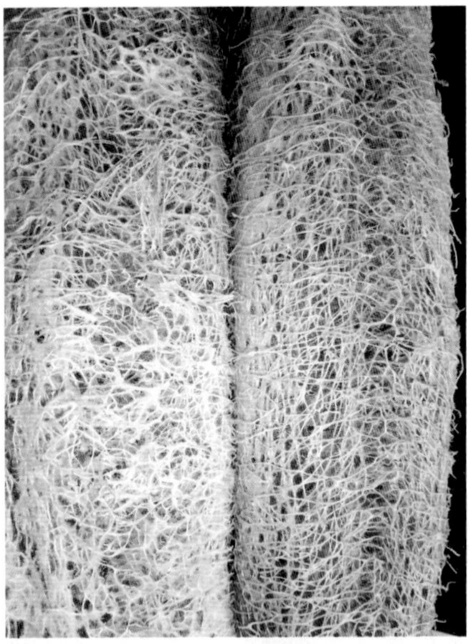

图5　丝瓜络

高30厘米，每畦种2行，株距35厘米，每亩1700～2200株。攀缘植物，须整枝、搭架、引蔓，必要时进行人工辅助授粉。开花10余天后即可采收嫩果食用。

用途　可炒食、凉拌或做汤，瓜肉细腻柔软，味道鲜美，是中国主要夏季蔬菜之一。果实成熟后，里面的网状纤维（丝瓜络）可代替海绵用于洗刷灶具及家具。丝瓜营养丰富，果实含皂苷、丝瓜苦味质、瓜氨酸、脂肪、优质蛋白质及维生素C、维生素B等。藤、叶、根、花、蒂、种子、瓜络等均具有一定的药用价值，有清凉、利尿、活血、通经、解毒、抗过敏、美容之效；此外，还具有显著的降血脂及抗氧化效应。（张应华）

四川黑茶　Sichuan dark tea　产于中国四川省的各种黑茶的统称。四川黑茶生产历史悠久，源于唐朝茶马互市的早期，迄今已有2000多年的历史。因四川黑茶品质醇厚，是西北边区重要商品之一。又称四川雅安藏茶、边茶、砖茶等。

主要种类　四川黑茶因运往销区的运输路线不同而分为南路边茶和西路边茶。①南路边茶。简称南边茶。因为雅安、邛崃是出成都的南门，故称南路边茶。南路边茶的生产制造以雅安为中心，天全、邛崃等地也是主产区，经雅安、天全、康定销往甘孜、西藏、尼泊尔等地区。主要产品有康砖、金尖等。21世纪10年代以来，许多茶厂开发生产出新的黑茶产品，除了在原料配制、砖形大小方面有所改变外，其黑茶制造的基本工艺没有改变。由于交通运输条件较好，也有不经过蒸压的散黑茶产品上市，以便更好地携带冲泡。②西路边茶。因为都江堰、汶川是出成都的西门，故称西路边茶。是以都江堰、汶川为生产中心，产品主要销往四川阿坝、青海玉树等藏区。主要产品有茯砖和方包两个品种。

很早以前，由于四川黑茶产区交通不便，生产的黑茶以压制成型的砖茶为主。传统南路边茶和西路边茶都是砖形老边茶。随着交通运输条件的改善，黑茶产品日趋多元化，除了砖形之外，采用茶芽和一芽二叶、三叶生产的散黑茶或小型方块状、颗粒状等便携的黑茶也大量上市（又称细黑茶，主要作为汉族人饮用的内销茶，边销很少），但砖茶仍是黑茶的主要产品。

加工工艺　由于产地不同，产地的生产条件不同，对原料的加工程度也不同。

南路边茶　南路边茶原料分为做庄茶和毛庄茶，虽然原料不同，但加工上没有本质区别。做庄茶经过渥堆，内质基本达到黑茶的品质要求，经过整理后可直接拼配压制成为砖茶；毛庄茶没有经过渥堆，内质还未达到黑茶的要求，需要通过复制（渥堆）成为做庄茶，才能进行整理和压制。

做庄茶加工工艺流程为：鲜叶采摘→杀青→揉捻→拣梗→初干→复揉→渥堆→拣梗→干燥→停仓。①杀青。传统做庄茶采用手工杀青，现在四川茶区普遍采用瓶式杀青机进行杀青。当瓶炒机温度上升到250℃时，将鲜叶投入瓶炒机内，杀青8～10分钟，嫩叶杀青时间稍长，老叶杀青时间宜短。当茶叶变软，表面失去光泽，含水量下降到58%左右，嫩梗折不断时，即达到杀青要求。②揉捻。南边茶原料因枝干多，须使用揉捻机进行两次揉捻。杀青后的第一次揉捻不加压或稍加压，第一次揉捻后拣出长梗再加压揉捻。如果含梗量高，可通过筛分将梗除去。揉捻之前要加温使其叶质变软，以利于揉捻成条。第一次揉捻后使用瓶炒机进行干燥，当茶叶含水量降至35%～40%时趁热揉捻，揉捻时间10分钟左右。③渥堆。渥堆方法有自然渥堆法和保温保湿渥堆法两种。自然渥堆在室内进行，将蒸揉后的茶叶趁热渥堆，茶堆高1.5～2米，长、宽不超过3米，渥堆时茶堆温度保持在50℃以上。渥堆时间长达10天（冬季15天）以上，中途要多次翻堆，通过翻堆使其渥堆均匀，转色一致；三次翻堆之后继续渥堆2～3天，即可结束渥堆，并且立即进行干燥。渥堆达到要求后要及时停止渥堆转色，使用方法就是干燥。如果不能及时干燥，则必须将茶堆开沟、打洞，增大茶堆表面积，降低茶堆温度和含水量。经过渥堆后，茶叶色泽棕褐油润，俗称“猪肝色”；条索呈“鱼儿形”或“辣椒形”；香气纯正，带陈茶香，无青草气和土腥气；滋味醇和，回甜，无苦涩味；汤色褐红明亮；叶底均匀。自然渥堆的特点是香气好，节约能源；不足之处是渥堆周期长，占用场地大，渥堆不够均匀，翻堆的劳动强度大。保温保湿渥堆法应用于做庄茶的渥堆、毛庄茶的复制渥堆和绿茶的复制渥堆。该工艺解决了自然渥堆周期长，占用场地大，翻堆劳动强度大和渥堆不均匀的问题。保温保湿渥堆法在专门的渥堆车间进行，渥堆相对湿度保持在80%～90%，每次渥堆的茶叶量可达15吨，渥堆时间仅需要24～36小时。④干燥。常用瓶炒机进行，一般采用一次干燥，将渥堆后的茶叶含水量降至10%～12%。天气好时，也可采用晾晒的方法进行干燥。⑤停仓。将干燥后的原料茶在库房里存放7天以上，使原料中的水分重新分布均匀，并散发掉制造过程中产生的异味。

南路边茶加工后须通过整理才能进行拼配压制。加工整理程序为：筛分→风选→拣梗（机拣）→切铡→拣剔（手拣）→干燥。压制工艺为：拼配→称茶→蒸茶→压制→包装。

西路边茶　西路边茶包括茯砖茶和方包茶。茯砖茶经过发花之后，黑褐色的茶砖表面呈现金黄色斑点，是一种黄曲霉的孢子囊，生长在茶砖上形成“金花”。方包茶是将炒制的黑茶原料压筑在竹篾制成的方形篾包中，每包重35千克，故称为方包。

茯砖茶、方包茶的干茶色泽为黑褐色，内质汤色红褐明亮，滋味醇和，有明显的陈香，叶底褐色、粗老，含梗量高。

品质特征　干茶色泽黑褐或乌黑油润，内质汤色橙红或红褐明亮，滋味醇和回甘，陈香明显。（王　云）

四季秋海棠　perpetual begonia; *Begonia cucullata* var. *hookeri*　秋海棠科秋海棠属多年生常绿低矮草本植物。四季秋海棠原产于南美洲，广布阿根廷、巴西、巴拉圭、乌拉圭等国家。常见于巴西热带低纬度高海拔地区的林下潮湿地。常作一年生栽培使用，为玫红四季海棠（*B. cucullata*）的变种。

形态特征　根部纤维状。茎直立，高度15～20厘米，无毛，基部多分枝。叶互生，多生于基部，形成近对生的状态，有光泽，肉质淡绿色至淡红棕色，卵圆形至广卵圆形，基部微心形，叶缘具小锯齿，无毛。花白色、粉色或红色，数朵花聚生于总花梗上，呈伞状。雄花较大，具4个

图1 四季秋海棠

图2 四季秋海棠的叶

图3 四季秋海棠的花

图4 四季秋海棠的果实

花被片。雌花稍小，具5个花被片。蒴果具3个翅。

栽培与管理 不耐高温也不耐严寒，多数喜温暖凉爽的气候，喜具有散射光、潮湿凉爽的环境。适宜生长在微酸性的砂质土壤中。主要繁殖方式是扦插繁殖，一般在秋季和春季进行，主要从健壮母株选用带有2片叶子的侧枝作为插穗。也可采用播种繁殖，四季均可，以春秋两季播种最佳。其种子细小，需要把种子和干净的细沙混合后播种，以保证播种均匀且出苗率高。分株繁殖多用于家庭栽培多年的植株。栽培时要注意将温度控制在适宜温度15～22℃，保持空气湿度75%～80%，忌积水，浇水后要保湿通风。施肥应少量多次，选用盐碱含量低的肥料，一般可以每12天施一次有机肥；出花苞时，在有机肥施用基础上增施磷钾复合肥。病虫害较多，主要有软腐病、粉虱和蓟马等。

用途 四季秋海棠叶色亮绿，花朵四季开放，花色丰富，花朵单瓣至重瓣，是园林绿化、室内布置、花坛和栽植槽的理想植物材料，深受大众市民和园林工作者的喜爱。 （吴沙沙）

四棱豆 winged bean; *Psophocarpus tetragonolobus* 豆科四棱豆属一年生或多年生宿根草质缠绕藤本植物。又称翼豆、翅豆、四角豆、香龙豆、杨桃豆。主要以嫩荚、嫩叶作蔬菜食用。四棱豆分布于亚洲南部、大洋洲、非洲等地，在巴布亚新几内亚和缅甸有较大规模的生产，在东南亚以及印度、孟加拉国和斯里兰卡也有广泛栽培。中国主要分布在低纬度的南部至西南部温暖地区，以云南、贵州、广西、广东、台湾和海南等地种植较广，多种植在房前屋后和菜园角边地；湖南、河南、北京、浙江、江苏、安徽、福建等地也有种植；北方城市近郊有零星引种种植。

形态特征 根系发达，深70厘米左右，侧根水平伸展40～50厘米，近地表的侧根横向生长膨大形成块根，块根纺锤

图1 四棱豆

图2 四棱豆的叶

图3 四棱豆的花

图4 四棱豆的荚果

形，一年生植株单株可形成块根1千克左右，以后逐年增多。茎光滑无毛，圆柱形，绿色或绿紫色，长2～3米或更长。羽状复叶具3小叶；小叶卵状三角形，长5～15厘米，宽4～12厘米，全缘，托叶卵形或披针形。总状花序腋生，长10～15厘米，有花2～10朵；花序梗长5～15厘米。花萼绿色，钟状，萼筒5裂；花单生或2～3朵簇生。荚果阔线形，有纵向四棱，棱带皱边，形状如翼，故又称翼豆，长15～30厘米，宽2～3.5厘米，翅宽0.3～1厘米，边缘具锯齿。每荚有种子8～17粒，白、棕、黑或杂以各种颜色，近球形，直径0.6～1厘米，光亮，边缘具假种皮。

生长习性 喜温暖、多湿气候条件，不耐寒，对霜冻敏感。种子11℃开始萌发，最适发芽温度为26～29℃，开花结荚适宜温度为20～25℃，17℃以下结荚不良，10℃以下停止生长。属短日照植物，对光照长短反应敏感，尤其是晚熟类型，长日照条件下营养生长旺盛而不能开花结荚。有一定的抗旱能力，但不耐长久干旱，尤其开花结荚期对干旱敏感；对土壤要求不严格，较耐瘠薄，不耐涝，在深厚、肥沃的砂壤土中生长良好，能获得最佳产量和

品质。不耐盐碱，适宜pH5.5～7.0。

栽培　春季播种，可直播也可育苗移栽，早春采用薄膜保温育苗。种植密度为株距40～50厘米，行距70～80厘米，每亩2000～2500株，及时搭架引蔓。开花后15天左右即可采收嫩荚，45天后种子成熟。

用途　种子、花、嫩豆荚、叶、块根都可食用。嫩叶、花、荚可炒食、凉拌、做汤、做馅；豆荚还可盐渍、作酱菜等；块根鲜炒作菜或提取淀粉。种子和地下块根主要作粮食，茎叶是优良的饲料和绿肥。四棱豆营养价值极高，含多种氨基酸，且氨基酸组成合理，种子赖氨酸含量比大豆高。维生素E、胡萝卜素、铁、钙、锌、磷、钾等成分的含量均较高，是补血、补钙、补充营养的极好来源，属保健型蔬菜。叶片、豆荚、种子及块根均可入药，对冠心病、动脉硬化、脑血管硬化、不孕、习惯性流产、口腔炎症、泌尿系统炎症、眼疾等疾病有治疗作用。

（张应华）

四照花　dogwood; *Dendrobenthamia japonica*　山茱萸科四照花属（*Dendrobenthamia*）和山茱萸属（*Cornus*）中一些观赏植物的统称。四照花产于中国内蒙古、山西、陕西、甘肃、河南以及长江以南各省区。四照花属共10种，中国均有。其中，四照花（*D. japonica* var. *chinensis*）较为常见。

常绿或落叶小乔木或灌木。冬芽顶生或腋生。叶对生，亚革质或革质，稀纸质，卵形，椭圆形或长圆披针形，侧脉3～6（～7）对。具叶柄。头状花序顶生，有白色花瓣状的总苞片4，卵形或椭圆形。花小，两性。花萼管状，先端有齿状裂片4，钝圆形、三角形或截形。花瓣4，

图1　四照花

图2　四照花的茎

图3　四照花的叶

图4　四照花的花

图5　四照花的果实

分离，稀基部近于合生。雄蕊4，花丝纤细。果为聚合状核果，球形或扁球形。花期5～6月，果期8～10月。山茱萸属大花四照花（*C. florida*）和墨西哥四照花（*C. florida* subsp. *urbiniana*）与四照花属植物形态相似，但是果实成熟时分离，不形成肉质球形的聚合果。

四照花的树性强健，耐寒力亦强。适合栽植于较温暖的地区，适生于肥沃而排水良好的土壤。常用播种、扦插繁殖，也可嫁接、压条。

四照花树形整齐，初夏开花，总苞片色白如蝶，盛开时如满树的蝴蝶在上下飞舞。核果聚生成球形，红艳可爱，味甜可食，还可酿酒。叶片光亮，入秋变红，观赏价值高。常栽培于庭院中以供观赏，或以常绿树为背景栽植于公园、宅旁、路边，孤植、丛植皆宜，亦可用作行道树。

（夏宜平　张　栋）

松果菊　purple coneflower; *Echinacea purpurea*　菊科松果菊属多年生草本植物。又称紫锥花、紫锥菊、紫松果菊。松果菊原产于北美洲东部地区。生于干燥开阔的树林、草原和贫瘠之地。松果菊的品种有100余个，有矮生品种、花色渐变品种、重瓣品种等。

形态特征　植株高60～150厘米，宽幅可达25厘米。全株具粗毛，茎直立。含基生叶和茎生叶，基生叶卵形或三角形，茎生叶卵状披针形、互生；叶柄基部稍抱茎，叶缘具锯齿。头状花序单生或聚生于枝顶，直径7～15厘米。花的中心为

图1　松果菊

图2　松果菊的茎和叶

图3　松果菊的花

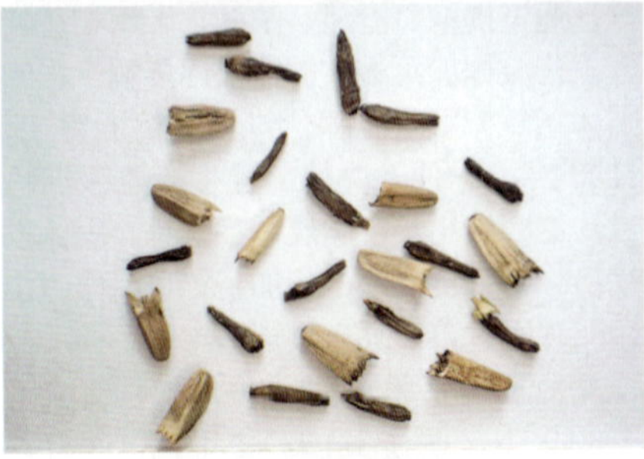

图4　松果菊的种子

球形凸起状，球上是橙黄色雌雄同体的管状花，球基部为紫红色不育舌状花，花色因品种不同而丰富多变。花期从夏季到秋季。种子为瘦果，具有吸引鸟类的作用。

栽培与管理　喜阳光充足、温暖的气候条件，适宜生长温度为15～28℃。生命力顽强，耐寒冷，耐干旱，对土壤要求不严，在深厚、肥沃、富含腐殖质的土壤中生长良好。可采用播种、分株繁殖，以播种繁殖为主。播种繁殖可在春季温室内进行，也可在秋季露天播种。分株繁殖在春季和秋季花后进行。一般选择排水良好、肥沃的土地。对种子进行12周的低温处理，在温水中催芽2～3小时后播种，7～14天后萌发，移栽前需要炼苗5～7天，然后选择生长良好、无病虫害、根系完整、具有3～4片真叶的幼苗移栽。病害主要有枯萎病和黄叶病。因松果菊喜半干半湿润土壤生长，要及时排水，防止积水。

用途　松果菊花大色艳，外形美观，不仅可以用于花坛、花境和坡地造景，还可作为盆栽摆放在庭园、公园和街道绿化等处，亦可用作切花材料。

（吴沙沙）

松茸　matsutake; *Tricholoma matsutake*　担子菌亚门层菌纲伞菌目口蘑科口蘑属菌类。又称松口蘑、松蕈、台菌。松茸是松栎等树木外生的菌根真菌，具有独特的浓郁香味，是世界珍稀名贵的天然药用菌，中国二级濒危保护物种，在日本有“蘑菇之王”的美称。好生于养分不多且比较干燥的林地，一般在秋季生成，通常寄生于赤松、偃松、铁杉、日本铁杉的根部。吉林、四川、西藏、云南等青藏高原一带是中国松茸的主要产地。

形态特征　松茸散生或群生，有时形成蘑菇圈。菌盖直径5～20厘米，半球形至近平展，污白色，具黄褐色至栗褐色平状纤毛状鳞片，表面干燥。菌肉白色，肥厚。菌褶白色或稍带乳黄色，较密，弯生，不等长。菌柄较粗壮，长6～14厘米，内实，基部稍膨大。菌环生于菌柄上，丝膜状，上面白色，下面与菌柄同色。

生长习性　松茸对生长环境的要求非常苛刻，生长在没有任何污染和人为干预的原始森林中，孢子必须和松树的根系形成共生关系，同时需要依赖柏树、栎树等阔叶林提供营养支持才能形成健康的子实体。松茸在出土前，必须得到充足的雨水，出土后必须得到充足的光照才能较好地生长发育。另外温度异常、虫伤、人为暴力采集等因素对松茸的生长也会产生直接的影响。可以说，每一支松茸的诞生都是大自然的奇迹。

栽培　松茸很少人工栽培，可采用孢子引种法、移植法、赤松林保护培养法等栽培方法。以赤松林保护培养法为例介绍松茸的栽培方法。在松茸自然生产林或人工引种林地上，每年做好蘑菇圈的位置记录并画出图形，就能估计出下一年度秋季松茸发生的位置，也即菌根生长发育最旺盛的地方，大多数原基将在这一位置发生，可用人工控制的方法促进松茸发生。以预定松茸发生圈为中线，搭一个60厘

图1　松茸

图2　采收的松茸

米宽、1米高的塑料棚，制棚材料要有适当的保温作用。松茸发生期到来前10～20天，往棚内通冷气或放置冰块，使温度维持在18～20℃；同时每天浇水，水量相当于10～30毫米降水量，5～7天后即可看到原基和子实体形成。以后继续控制较低温度和较高的空气湿度，20～25天即可采收一批松茸，其产量是干旱年份在自然条件下发生量的5～6倍。

用途　松茸富含蛋白质、18种氨基酸、14种人体必需微量元素、49种活性营养物质、5种不饱和脂肪酸以及核酸衍生物、肽类物质等稀有物质；另含3种珍贵的活性物质，分别是双链松茸多糖、松茸多肽和全世界独一无二的抗癌物质——松茸醇，是最珍贵的天然药用菌类，其营养价值和药用价值极高。现代医学表明，松茸具有提高免疫力、滋阴补肾、抗癌抗肿瘤、治疗糖尿病及心血管疾病、养颜抗衰老、促肠胃保肝脏等多种功效，因此在全球范围内被广泛用于研发药品、保健品和化妆品。松茸的做法很多，可以单料为菜，也能与蔬菜、鸡肉及各种山珍海味搭配，无论是炒、炸、腌、煎、拌、烩、烤、焖、清蒸或做汤，其滋味都很鲜美。

（杨　暹）

松溪绿茶　Songxi green tea　产于中国福建省松溪县的绿茶。松溪县位于武夷山脉南麓，闽、浙、赣三省交界地，因古时沿溪两岸“百里松荫”而得名。松溪产茶历史悠久，北宋时就属北苑御茶园茶区。境内存留的有摩崖石刻“香岩茶记”，宋元时期名噪一时的九龙窑珠光青瓷茶具，诰屏山的古代茶园古茶树等。松溪是福建省最大的蒸青绿茶生产基地，制定了填补中国空白的“蒸青绿茶地方标准”，制茶工艺达到国际先进水平。

松溪绿茶有蒸青绿茶、烘青绿茶、炒青绿茶三大类，加工工艺流程为：鲜叶采摘→杀青→揉捻→干燥。其中，蒸青绿茶的杀青工序采用蒸汽杀青，烘青绿茶的干燥阶段采用烘干，炒青绿茶的干燥阶段采用炒干工艺。茶品品质以“香高爽、味浓厚”两大特色久负盛名。松溪绿茶外观匀整，色泽翠绿或黄绿；冲泡后具有典型的绿茶板栗香，汤色黄绿明亮，滋味浓厚，香高味爽耐冲泡。蒸青绿茶主要出口日本与韩国，炒青和烘青茶中国国内销售与出口并重。

（李远华　叶江华）

松阳银猴茶　Songyang Yinhou tea　产于中国浙江省丽水市松阳县的绿茶。松阳县产茶历史悠久，早在1800年前的三国时

期就已盛产茶叶，唐代松阳卯山“仙茶”曾被列为贡品。松阳银猴茶原产于松阳县赤寿乡半古月村，于1981年利用福云池边3号品种芽叶研制而成。因色泽如银、形似猴爪而得名。为浙江十大名茶之一。

产地环境　松阳县位于浙江省西南部，地理坐标为东经119°10′～119°42′，北纬28°15′～28°37′。属中亚热带季风气候，具有四季分明，雨量充沛，冬暖春早，无霜期长的特点。主产区位于松阳县瓯江上游古市区半古月村谢猴山一带，境内群山环抱，峰岭逶迤，溪流纵横交错，气候温和；年均气温14.2～17.7℃，年降水量1511～1844毫米，无霜期206～236天。土壤肥沃，土层深厚，有机质含量丰富。山上茂木苍翠，山下溪流纵横，瓯江蜿蜒其间，生态环境得天独厚，为形成银猴茶独特的品质提供了自然条件。

加工工艺　选用多毫型省级茶树良种“银猴”（池边3号）品种幼嫩芽叶为原料，以一芽一叶初展为标准采制。加工工艺流程为：鲜叶摊放→杀青→揉捻→造形→烘干→拣剔贮藏等工序。①鲜叶摊放。鲜叶进厂剔除不符合标准的芽叶然后薄摊在篾簟上，厚度1～1.5厘米，时间8～10小时，中间翻动2～3次。当叶面失去光泽，闻有清香时，进行杀青。②杀青。用平锅手工杀青或40型滚筒杀青机杀青。平锅投叶锅温150℃左右，投叶量400～500克。滚筒杀青机筒体温度280～300℃，投叶量约35千克/小时（特级原料应减少投叶量）。手工杀青时要做到抛得开、捞得净、带得轻，以抛为主，适当闷炒，直到杀透、杀匀，青草气散失，清香产生，即可起锅摊凉。③揉捻。可用手工或30型、45型揉捻机。手工揉捻将摊凉的杀青叶置于揉具上，双手握住茶团，以一致方向轻揉成条，中途抖散2～3次，待揉至稍有茶汁溢出，同时成条率达95%以上即可。机器揉捻每次投叶量为揉桶九成满为宜，需时间2～5分钟。④造形。造形是塑造银猴茶美观外形的关键工序。锅温掌握在80～100℃，通过抓、

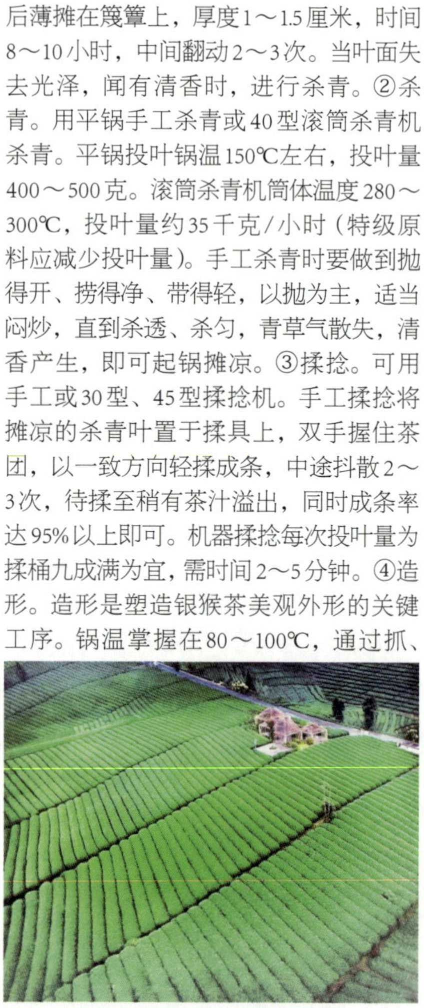

图1　松阳银猴茶产地茶园

图2　松阳银猴茶

抖、推、搓手法，边炒边整。造形手势要轻巧，不能使白毫脱落或变色。当达到八成干，茶叶形成独特的晕直形状、满披银毫时，即起锅摊凉。⑤烘干。有手工烘干和机器烘干两种，烘干分初烘和复烘两个阶段。手工烘干：初烘将摊凉茶坯摊放在篾制焙笼上，采取文火烘焙，火温掌握在60～65℃，翻烘笼3～4次，等烘至九成干，起烘摊凉，使水分散发均匀；然后继续上笼烘干，当烘至手捻茶叶成粉末，香气盛发，茶叶含水量在5%以下时，即下烘。烘干机烘干：初烘时烘干机进风口温度达到110～120℃即可上叶，均匀薄摊，以不见筛网为宜，时间5～6分钟，至初烘叶稍有触手感出叶，摊凉；复烘时烘干机进风口温度90℃左右，厚度可比初烘稍厚，时间15分钟左右，手捻茶叶成粉末时即下烘。⑥拣剔贮藏。摊凉后进行拣剔去末，及时装箱密封贮藏。

品质特征　松阳银猴茶外形条索肥壮，白毫显露，内质栗香持久，滋味鲜浓，汤色绿明叶底成朵，嫩绿明亮。

（潘建义）

速冻蔬菜　quick-frozen vegetable　新鲜蔬菜经过洗涤、烫漂、冷冻等加工制作，在冷冻状态下保藏的加工蔬菜。速冻与一般冷冻的最大差别在于其冻结时的中心温度必须在30分钟之内从−1℃降到−5℃，再降到−30～−18℃，凡能达到或超过此冻结速度的才能称为速冻蔬菜。由于冻结时间短，水分能够快速通过−5～−1℃的最大冰晶生成带，细胞内与细胞隙同时形成细小的冰晶体，可以很好地保持细胞的完整性；解冻后蔬菜具有良好的还原性，基本保持了原来的色、香、味、形和营养成分。速冻后蔬菜须保藏在−22～−18℃，保藏期半年至一年。

1920年第一台快速冷冻机在美国试制成功，速冻加工食品随即问世，随后市场销售量不断增大，速冻加工的品种增多，逐步形成了食品加工行业的一个门类。速冻蔬菜的加工既可满足消费者日益增长的生活需要，平衡蔬菜供应的淡旺季矛盾，使消费者一日三餐都能吃到新鲜可口的蔬菜，又可以很好地解决新鲜蔬菜贮藏、加工和长途调运的不便，在中国是主要的食品加工产品之一。因此，由速冻蔬菜和其他速冻食品组成的食品加工业也被称为“长青产业”。

（余小林）

速溶茶　instant tea　以各类成品茶、半成品茶、茶叶副产品或茶鲜叶等为主要原料，通过提取、澄清、浓缩、干燥和包装等工艺流程加工而成的能快速溶解于水的固体茶饮料。速溶茶因冲水即溶而得名，具有饮用方便、快捷、卫生、健康等特点，主要应用于各类液态茶饮料、固体茶饮料、含茶食品的调配加工，也可作为终端即饮固体茶产品直接销售。

发展简史　20世纪40年代，速溶茶工业化生产源于英国。60年代，速溶茶在美国得到了较大规模的发展。70年代后，日本、印度、中国、肯尼亚等茶叶生产国逐渐成为速溶茶的主要生产国。中国速溶茶年产能居世界前列，产地主要分布于浙江、福建、广东、江苏、湖南、安徽、云南等省。

加工工艺　初期，速溶茶的加工设备及技术大多沿袭速溶咖啡的制造方法，产品风味品质不高。90年代后，随着现代高新技术在速溶茶加工上的应用，速溶茶品质有了明显的提高，基本形成了高低搭配的两种制造技术，高端速溶茶加工主要采用连续逆流提取、高速离心加膜分离澄清、膜浓缩、冷冻干燥等技术及装备，低端速溶茶加工主要采用单罐提取、高速离心澄清、真空浓缩和喷雾干燥等技术及装备。速溶茶典型加工工艺流程见图。为提高产品的流动性，采取特殊的喷雾干燥技

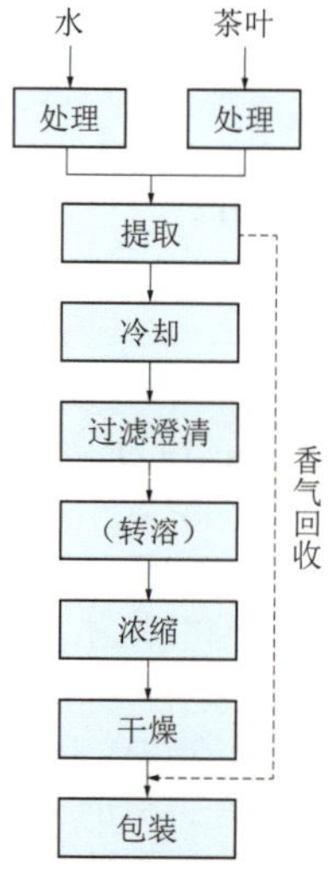

速溶茶典型加工工艺流程图

术或进行二次造粒，可形成大颗粒速溶茶或中空颗粒速溶茶。速溶茶产品一般极容易吸潮变质，含水量一般控制在3%以下，并采用高阻隔性能材料进行包装。

主要种类 速溶茶有较多的产品类型和花色品种。按产品用途，可分为食品工业用速溶茶、终端即饮速溶茶；按加工工艺和外观特征，可分为粉状、晶体状、颗粒状速溶茶；按采用茶叶原料的不同，可分为速溶绿茶、速溶红茶、速溶乌龙茶、速溶黑茶等产品；按溶解性，可分为热溶型速溶茶和冷溶型速溶茶。通过原料的筛选和工艺的改进，还开发出了高γ-氨基丁酸速溶茶、高茶黄素速溶茶、高咖啡碱速溶茶、低咖啡碱速溶茶等功能型速溶茶产品。另外，通过与其他食品的配伍和再加工，形成了速溶奶茶、速溶花果茶、速溶保健茶等多种不同风味和功能的终端即饮固体茶产品。（尹军峰）

宿根花卉 perennial flowers 地下部分宿存越冬而不形成肥大的球状或块状根，翌年春季仍能萌蘖开花并延续多年的**花卉**。宿根花卉种类繁多，花色丰富艳丽，适应性强，一次栽植可供多年观赏，是城镇绿化、园林布置的重要植物材料。

类型 宿根花卉多属寒冷地区生态型，分耐寒型宿根花卉和常绿型宿根花卉两大类。前者冬季地上茎、叶全部枯死，地下部分进入休眠状态，在中国大部分地区可露地过冬，翌年春天再次萌发，主要原产地为温带寒冷地区；后者冬季茎叶仍为绿色，但温度过低时则停止生长，呈半休眠状态，若温度适宜则休眠不明显，耐寒力弱，在北方寒冷地区不能露天过冬，主要原产地为热带、亚热带或温暖地带。

图2 荷包牡丹

繁殖 宿根花卉以营养繁殖为主，包括分株、**扦插**等。最普遍的为分株繁殖，为不影响开花，一般均在休眠期进行，春季开花的种类应在秋末分株，如**芍药**、**荷包牡丹**等；而夏、秋季开花的种类宜在早春萌动前分株，如**桔梗**、**萱草**等。新芽增殖缓慢的种类可用扦插法繁殖，如荷兰菊（*Symphyotrichum novi-belgii*）、**假龙头**等。为育种或获得大量植株可采用播种繁殖，根据生态习性不同，可分春播、秋播。此外，还有分根蘖、吸芽、走茎、匍匐茎等繁殖方法。

为使花卉生长良好，栽种前要深翻土壤并施足有机肥，也可在春季萌芽前、生长期施肥、追肥。秋末枝叶枯萎后，自根际剪去地上部分，可防止病虫害的发生和蔓延。不耐寒的种类移入温室中栽培；耐寒性较差的种类，入冬后须培土或覆盖过冬。

应用 宿根花卉种类繁多，花色丰富，管理粗放简单，生态习性多样，观赏期互补性很强，是园林布置的理想材料。常用于**花坛**、**花境**、**岩石园**、**草坪**以及路边镶嵌，如萱草、**玉簪**、芍药、荷包牡丹等；也可作为地被，如金鸡菊等；此外，还可用于水体绿化，丰富水景，如燕子花、溪荪等皆可水边栽植。

图1 芍药

（王 雁）

宿根蕉 ratoon banana 在新植蕉球茎上继续长出的吸芽。某些二年生或多年生的草本植物，在茎叶枯萎以后地下部分宿存越冬，第二年春天又可以重新发芽，这种地下宿存的器官叫作宿根。宿根植物指多年生、种植一次后可多次收获的植物。第一年收获时砍至基部，第二年长出蘖芽再次成长并再次收获，第二次或第三次长成的植株叫作宿根植株，如甘蔗。

图1 宿根蕉

图2 宿根蕉果园

香蕉的宿根为球茎。香蕉是多年生大型草本植物，但不能像其他多数多年生果树一样在原来的植株上周而复始地结果，香蕉的每个植株只能结一次果。在自然状态下，香蕉栽培品种通过吸芽（由宿根发育而来）繁殖后代。一般每株香蕉因种类品种不同可抽生7～15个吸芽，最多可达20多个。通常选取一个距离母株较近、发育良好、发生时机和方位均佳者继任，其余吸芽切下后也可用作种苗。在大田定植的香蕉组培苗或吸芽苗长成的植株称为新植蕉，新植蕉的第一代继任者称为宿根蕉一代，宿根蕉一代的继任者称为宿根蕉二代，以此类推。中国香蕉生产普遍采用的方式是收获宿根蕉一代后重新种植组培苗。（徐春香）

宿根天人菊 blanket flower; *Gaillardia aristata* 菊科天人菊属多年生草本植物。

图1　宿根天人菊

图2　宿根天人菊的花

图3　宿根天人菊的果实

俗称车轮菊。宿根天人菊高60～100厘米，全株被粗节毛。茎不分枝或稍有分枝。基生叶和下部茎叶长椭圆形或匙形，长3～6厘米，宽1～2厘米，全缘或羽状缺裂，两面被尖状柔毛，叶有长叶柄。中部茎叶披针形、长椭圆形或匙形，长4～8厘米，基部无柄或心形抱茎。头状花序径5～7厘米。总苞片披针形，长约1厘米，外面有腺点及密柔毛。舌状花黄色，管状花外面有腺点，裂片长三角形，顶端芒状渐尖，被节毛。瘦果长2毫米，被毛。花果期7～8月。

常用于庭园栽培，供人们观赏。

（包满珠　傅小鹏）

酸菜　sauerkraut　腌制过程中经乳酸发酵变酸的腌制蔬菜。饮食中酸菜可作为开胃小菜、下饭菜，也可作为各种烹饪的原料或作调味料。酸菜风味和口感因各地做法不同而异，法国酸黄瓜、德国酸甘蓝等是世界著名酸菜。中国的酸菜根据地区不同，可分为东北酸菜、四川酸菜、贵州酸菜、云南富源酸菜等。不同地区的酸菜口味风格也不尽相同。酸菜常用青菜或白菜作原料。人工加酸化剂调味的产品不属于酸菜。

酸菜的腌制一般包括选择、去除外部坏叶、清洗干净、凋萎、盐水腌制、压实。约一个星期后即可食用。在腌制酸菜的过程中，保持盐水的密封和维护无氧环境至关重要。

为了提高腌制效果，降低亚硝酸盐的形成，常采用人工培养的乳酸菌接种腌制。

（叶兴乾）

酸浆　Chinese lantern plant; *Physalis alkekengi*　茄科酸浆属多年生宿根草本植物。又称红菇娘、挂金灯、灯笼草、灯笼果、泡泡草、鬼灯。浆果可供食用、药用和观赏。酸浆原产于中国，遍布中国西北、华北和东北等地，亦分布于欧亚大陆。常生长于山坡、林缘、林下、田野、路旁和宅旁。

形态特征　根系发达，茎基部常匍匐生根。地下茎横生，多分枝，节间生不定根；地上茎直立，茎高40～80厘米，分枝稀疏或不分枝，常被柔毛，尤其以幼嫩部分较密。叶互生，长卵形至阔卵形，两面被柔毛。花单生于叶腋，花冠乳白色，钟形，5裂，裂片广卵形。花萼绿色，钟形，先端5裂，边缘及外侧被短毛。宿存果萼卵状、薄革质，网脉显著，顶端闭合，基部凹陷。浆果球状，黄色或橙红色，柔软多汁。种子肾脏形。花期5～9月，果期6～10月。

栽培　酸浆适应性强，耐寒、耐热，

图1　酸浆

图2　酸浆的茎和叶

喜凉爽、湿润气候，喜阳光，在5～40℃的温度下均能正常生长。对土壤要求不严格，以肥沃、向阳、排水良好的砂质壤土为好。一般用种子繁殖，也可用根茎繁殖。越冬根茎每年5月中旬出苗，6月下旬始花，8月中旬果实开始成熟。酸浆在华北地区一年分三茬栽培：①春早熟栽培。1～2月在日光温室或风障阳畦内育苗，4月中旬晚霜过后定植于露地，5月下旬至6月开始采收。②春季露地栽培。3～4月育苗，3月须在塑料大、中、小棚内育苗，4月可在露地育苗。5月定植，6月下旬至7月开始采收。③秋季露地栽培。6月下旬至7月育苗，8月上旬定植于露地，9月下旬至10月开始采收。主要病害有病毒病、叶斑病、白粉病、黄萎病和菌核病，

图3　酸浆的宿存果萼

图4　酸浆的浆果

图5 酸浆的种子

害虫有蚜虫、菜青虫等。

用途 酸浆的浆果富含维生素、β-胡萝卜素及钙、镁、硼、锌、硒、锗等20多种矿质元素和18种人体需要的氨基酸。浆果可作水果鲜食，亦可加工成果酒、果酱、果冻、果汁饮料、罐头等。全株可入药，味酸、苦，性寒，具有清热解毒、利咽、通二便之功效。

（李锡香）

蒜 garlic; *Allium sativum* 百合科葱属一年生或二年生草本植物。又称蒜头、胡蒜、葫。以鳞茎（蒜头）、花茎（蒜薹）、幼株（蒜苗或青蒜）作为传统蔬菜和重要调味品。蒜原产于亚洲西部或欧洲，世界各国均有分布。汉朝时从西域引入中国，南北普遍栽培，主产区分布在山东、江苏、四川、云南等地。

形态特征 浅根性作物，线状须根无主根；短缩茎周围长出须根，数量50～100条，长30～50厘米，主要根群分布在5～25厘米土层，横展范围30厘米。鳞茎（蒜头）球形至扁球形，由6～10个肉质、瓣状的小鳞茎（蒜瓣）紧密排列组成，外包灰白色或淡紫色的膜质鳞被。按照蒜头

图1 蒜的叶

外皮的色泽，可分为紫皮蒜和白皮蒜。叶基生，叶鞘管状，叶身宽条形至条状披针形，扁平，顶端长渐尖，比花葶短，宽可达2.5厘米；叶鞘相互套合形成假茎，具有支撑和营养运输的功能。花茎直立，高约60厘米。伞形花序，花稠密常不结实，具苞片1～3枚，膜质；花被片6，粉红色，椭圆状披针形；雄蕊6，雌蕊1。

生长习性 属喜冷凉作物，尤其是发芽期和幼苗期适宜较低的温度。发芽始温为3～5℃，发芽及幼苗期最适温度为12～16℃。花芽、鳞芽分化期适宜温度为15～20℃，抽薹期为17～22℃，鳞茎膨大期为20～25℃。大蒜是低温长日照作物，绿体春化类型，0～4℃的低温下30～40天通过春化，通过春化阶段后，需要长日照才能抽薹。长日照也是鳞茎膨大的必要条件，日照在12小时以下时难以形成鳞茎。随着花梗的伸长，花蕾迅速露出叶鞘，形成蒜薹，在蒜薹顶端花序丛间生长着许多小的气生鳞茎，一般每个总苞内有10～30个气生鳞茎，这些小蒜瓣又称“天蒜”，可用作播种材料。对土壤要求不严，但在富含有机质、疏松透气、保水排水性强的肥沃壤土上生长良好。

图2 蒜的鳞茎（蒜头）

栽培 以采收青蒜为目的的，种植密度大，播种期要求不严，还可进行反季栽培。采收蒜薹、蒜头的，一般在秋季8月下旬到10月上旬播种，多数地区以9月上旬播种为宜。条播，行距15～18厘米，株距12～15厘米，每亩种植2.5万～3万株，覆土3厘米。大蒜的根系弱，吸收力差，而需肥又多，施肥宜多次、少量。花序的苞叶伸出叶鞘10～15厘米时即可采收蒜薹，蒜薹采收后20～30天采收蒜头。

用途 蒜的营养丰富，具有特殊的香辛气味，不仅是人们日常生活中的蔬菜和调味品，而且还具有较高的医疗保健功效。蒜苗可四季生产，分期采收，或在不见光的条件下生产蒜黄。整株可炒、煮、凉拌；蒜薹炒或凉拌；蒜头可生食或做成调味品。蒜瓣中不仅含有丰富的维生素、氨基酸、矿质元素等营养成分，还含有丰富的有机硫化物，其中最主要的活性成分、大蒜中含量最高的含硫氨基酸是蒜氨酸。蒜被切开或碾碎后，细胞内含有的蒜酶将蒜氨酸转化成大蒜辣素，进一步分解成大蒜素，是其特殊香辣风味的来源及医学功能的主要成分，具有良好的抗病原微生物、抗肿瘤、降血糖、降血脂、增强免疫力以及预防和治疗心血管疾病的功效。

（张应华）

T

塔黄 noble rhubarb; *Rheum nobile* 蓼科大黄属多年生高大草本。塔黄产于中国西藏喜马拉雅山麓及云南西北部。生于海拔4000～4800米的高山石滩及湿草地。喜马拉雅山南麓各国也有分布。

塔黄

高可达1～2米。茎直立，粗壮，不分枝，具多数基生叶及大型苞片。基生叶卵圆形或近圆形，先端圆钝，基部浅心形，革质，上面无毛，下面具小突起。叶柄粗壮，长8～15厘米。托叶鞘膜质，红褐色。苞片卵圆形或圆形，膜质，淡黄色，具网状脉，反折，遮盖花序，花时脱落。花序圆锥状，分枝密集，无毛。花两性，花被片6，成2轮，宿存，椭圆形，淡绿色，花丝细长，外露。花梗中下部具关节。雄蕊9。花盘不发达，子房卵形，具3棱，花柱3，较短，柱头膨大成头状。瘦果连翅成宽卵形。

塔黄以根入药，是中国藏药植物资源，有泻热、导滞、散瘀、消肿，以及治疗闭经、湿热、痢疾、便秘、食积的功效。塔黄的根系发达，最长可以达到2米，具有很强的水土保持作用，是高海拔地区流石滩上最有力的支撑。

（张敬丽 吴之坤）

台湾乌龙茶 Taiwan oolong tea 产于中国台湾地区的半发酵茶类。又称台湾青茶。中国台湾地区制造乌龙茶的**茶树**品种是由先民自福建带到台湾地区的闽茶优良品种，早期制茶技术亦由福建制茶师傅传授，因此台湾地区产制乌龙茶的技术源自福建。而台湾地区乌龙茶的生产技术随着时间不断改进，已逐渐演变而自成风格。

采摘时间 生产期在3～12月，分五批：春茶、夏茶、晚夏茶、秋茶、冬茶。春茶采摘自4月初至5月中旬，叶粗而松，芽叶较少，淡而薄，香气高；夏茶采摘自5月末至6月底，外观美丽，香浓味厚；晚夏茶采摘自7月上旬至8月中旬，叶形美，茶叶较多，香气及味更浓；秋茶采摘自8月下旬至10月中旬，叶美味强，但其香气不及夏茶；冬茶采摘自10月下旬至12月初，外观华美，汤水轻淡而新鲜。

加工工艺 采茶时，必须轻采轻放，妥善贮运，保持鲜叶新鲜、匀净、完整，避免任何损伤。按外形与发酵程度可分为条形包种茶、半球形包种茶、球形包种茶和**白毫乌龙茶**。条形、半球形、球形包种茶鲜叶均采摘一芽二、三叶和小开面幼嫩二、三叶为原料，白毫乌龙茶鲜叶采自受茶小绿叶蝉为害的幼嫩一芽一、二叶。①条形包种茶。加工工艺流程为：摊青、萎凋（减重8%～12%）、室内萎凋与搅拌（发酵程度8%～10%）、炒青、揉捻、干燥。②半球形、球形包种茶。加工工艺流程为：摊青、萎凋（减重8%～12%）、室内萎凋与搅拌（半球形发酵程度15%～25%、球形发酵程度25%～30%）、炒青、揉捻、初干燥、团揉造形（球形包种茶团揉次数多）、再干燥。③白毫乌龙茶。加工工艺流程为：摊青、萎凋（减重25%～30%）、室内萎凋与搅拌（发酵程度50%～60%）、炒青、湿巾包裹回软、揉捻、干燥。

台湾乌龙茶

品质特征 因发酵程度等工艺的不同，茶叶品质也有所不同。①清香乌龙茶。属于轻度发酵的绿色乌龙茶，冲泡之后茶汤金黄色，有天然幽雅的香气与甘醇的滋味，满口含芳、喉韵无穷。台湾地区的**冻顶乌龙茶**与文山包种茶，都是这种茶的代表。②浓味乌龙茶。以中国传统方法长时间焙制后，外观变为褐色的半发酵乌龙茶。茶汤呈琥珀色，滋味独特而浓厚。浓味乌龙茶具有帮助消化油腻的功能，故又称健康茶。夏天冷饮，另有一番风味，台湾地区的铁观音就是这种茶的代表。③香槟乌龙茶。原名台湾乌龙茶，是一种接近**红茶**的重发酵茶。采摘嫩芽焙制，外观看来白毫点点，故又称白毫乌龙茶。汤色黄红，具有天然熟果与蜂蜜的香味，非常名贵。如在茶汤内加一滴白兰地酒，风味更佳，是乌龙茶中的珍品。

（江用文）

太湖翠竹茶 Taihu Cuizhu tea 主产区在中国江苏省无锡市锡山区、滨湖区、惠山区等地的**绿茶**。太湖翠竹茶是江苏省无锡市创制的地方名茶，首创于1986年。外形扁似竹叶，色泽翠绿油润，内质滋味鲜醇，香气清高持久，汤色清澈明亮，叶底嫩绿匀整，风格独特，冲泡在杯中，嫩绿的茶芽徐徐伸展，形如竹叶，亭亭玉立，似群山竹林，因而得名。

加工工艺 加工工艺流程为：鲜叶摊放→杀青→摊凉→理条成形→摊凉→初烘→整形→干燥定型→辉炒提香。鲜叶标准：鲜叶原料以单芽、一芽一叶初展、半展为主，芽梢长度掌握在1.5～3.0厘米，每500克鲜叶含6万～10万个芽梢，不带鱼叶、紫芽、病虫叶、冻焦叶、单片和对夹叶，采摘时要求手不紧捏、篮不紧压，防止阳光直射堆积发热。保证鲜叶匀齐净鲜。①鲜叶摊放。鲜叶采回后，需及时分清级别摊放在竹匾里，厚度2厘米左右，时间6～8小时，最长不超过12小时，须翻动2～3次，失重6%～10%，高档鲜叶或雨、露水叶减重需适当多些。②杀青。机制太湖翠竹茶杀青可选用多功能机和滚筒杀青机，但滚筒杀青机功效高、品质好。滚筒杀青时，先点燃炉子，同时开动机器运转。待进口温度达到180℃，出口温度达150℃时开始投叶，投叶时要先多后匀、防止焦叶、温度不宜过高过低、力求稳定，杀青要求杀透杀匀、清香显露、手握柔软。③摊凉。杀青叶从杀青机下来需用风扇快速冷却，散热蒸发水分，防止杀青叶变黄和产生水闷气，杀青叶的快速冷却是保持机制太湖翠竹茶色泽翠绿，香气鲜爽的重要措施。④理条成形。理条作业采用理条机来完成。操作方法：加热理条机待锅槽温度上升到90℃，把机器开到最快挡，投入0.5千克杀青叶，这阶段理条成形温度要高，机器速度要快，空振3分钟后加轻压棒，约2分钟后取压棒，继续理条，7～8分钟后下机摊凉，含水量40%。⑤摊凉。使已成形的茶叶散热、回软、水分重新分布后进行干燥。⑥初烘。采用941型碧螺春烘干机干燥。当热空气110～120℃时，将理条叶0.8千克投入机内，均匀薄摊，高温快烘，4～5分钟翻动一次，含水量达30%，即下机摊凉待整形干燥。⑦整形。多功能机温度在70～80℃时，将1.5千克干燥叶投入机中，机器开慢挡，历时8～10分钟，其中加压2～3分钟。即下机摊凉进行干燥定型。⑧干燥定型。温度掌握在110℃，历时7～8分钟，含水量8%～10%。⑨辉炒提香。辉炒提香在多功能机进行，温度掌握在80℃，机器速度开最慢挡，历时3～5分钟，加轻压棒1分钟，茶叶经槽壁和加压棒磨压，使之茶条光滑挺直，干茶含水量控制在6%以下。

品质特征　太湖翠竹茶的原料为福鼎大白茶、槠叶种和鸠坑种茶叶鲜叶，春、夏、秋三季均采摘。外形扁平、挺秀细嫩，色泽翠绿油润，匀整；汤色嫩绿明亮，滋味鲜醇爽口，香气嫩香持久，叶底嫩绿匀整、芽叶完整。成品茶分特级、一级、二级3个级别。（王润贤）

太平猴魁茶　Taiping Houkui tea　主产于中国安徽省黄山市黄山区（原太平县）新明、龙门一带的尖形烘青绿茶。安徽省黄山市黄山区境内为太平猴魁茶的唯一产地，核心产区（历史发源地）为黄山区新明乡猴坑村猴坑、猴岗、颜家三个村民小组。黄山区宜茶环境得天独厚，森林覆盖率90%以上，常年被黄山云雾和太平湖水汽滋养，适宜茶树生长。太平猴魁茶的销售覆盖中国，以北京、上海、合肥等大中城市为主。

生产简史　太平猴魁茶历史可追溯到唐朝，在陆羽所著《茶经》中载："太平县生上睦、临睦。"《黄山区志》中载："太平猴魁创制于清光绪二十六年（1900）。"当地茶农在凤凰尖等高山茶园专拣壮而嫩的一芽二叶分期采、分批制，制成魁尖（尖茶中魁首）干茶。1915年获巴拿马万国博览会金奖，从此名声远扬。

太平猴魁茶

加工工艺　制作工艺主要为手工制作，其加工工艺流程为：拣尖→杀青→整形→毛烘→足烘→复焙。

品质特征　外形极易识别，扁平挺直，两叶抱芽，自然舒展，白毫隐伏，魁伟重实；色泽苍绿；兰香高爽，滋味甘醇；猴韵和叶脉有红丝线。

（宁井铭　孙长应）

泰山绿茶　Taishan green tea　产于中国山东省泰安市的绿茶。茶叶生产涉及山东省泰安市岱岳区、泰山区、泰山景区、泰安高新区、新泰、肥城、宁阳等7个县（区、市）、17个乡（镇）、89个村，主产区主要集中在泰山景区周边。为中国农产品地理标志产品。

分布范围　生产地域主要在泰安市现辖行政区内，地理坐标为东经116°43′34″～117°39′32″，北纬35°41′33″～36°25′15″。海拔为200～800米。

自然环境　泰安市地处鲁中山区，属于温带大陆性半湿润季风气候区，纬度高、海拔高，土壤肥沃，空气优良，四季分明，昼夜温差大，寒暑适宜，光温同步，雨热同季。春季干燥多风，夏季炎热多雨，秋季晴和气爽，冬季寒冷少雪。泰山区域种植的茶叶营养积累多，芽叶肥壮，茶多酚等成分含量高，是山东茶叶的主产区之一。

加工工艺　加工工艺流程为：鲜叶摊青→杀青→摊凉回潮→揉捻→滚筒炒青→摊凉回潮→烘干做形→干燥→提香等。

品质特征　主要为卷曲形绿茶，外形条索紧细、卷曲，白毫显露、绿润；栗香浓郁，入口鲜爽，其汤色绿明亮，叶底嫩绿明亮，芽叶完整。由于茶树生长环境海拔较高，生长期内昼夜温差大，茶叶内含物积累丰厚，汤色绿明亮、滋味醇厚、耐冲泡，品质优异。

（丁仕波）

昙花　queen of the night; *Epiphyllum oxypetalum*　仙人掌科昙花属植物。昙花原产于墨西哥及南美地区。

附生类型，多浆植物。主茎圆筒状，木质，分枝呈扁平叶状，长15～40厘米；边缘具波状圆齿。刺座生于圆齿缺刻处。幼枝有刺毛状的刺，老枝无刺。夏秋晚间开大型白色花，当夜即凋谢，花漏斗状，开放时有芳香，长30厘米以上，直径12厘米，花筒稍弯曲。果红色，有浅棱脊；成熟时开裂。种子黑色。

性喜温暖、湿润及半阴的环境条件，

图1　昙花的叶

图2　昙花的花

图3　昙花的果实

盆栽要求含腐殖质较多的肥沃壤土。生长季节可充分浇水并喷水，以增加空气湿度。夏季忌阳光直射暴晒，应放在室内见光且通风良好处或室外树荫、屋檐下。可在生长季节剪取健壮的变态茎扦插繁殖，极易生根。

昙花是一种优良的盆栽观花植物。

（赵世伟）

唐菖蒲 gladiolus; *Gladiolus hybridus* 鸢尾科唐菖蒲属多年生草本。又称菖兰、剑兰。唐菖蒲原产于南非好望角、非洲热带、地中海沿岸。该属约有250种，栽培品种由10个以上原生种经长期杂交选育而成。对现代唐菖蒲做出贡献的重要原生种包括绯红唐菖蒲（*G. cardinalis*）、甘德唐菖蒲（*G. gandavensis*）、多花唐菖蒲（*G. floribundus*）、柯氏唐菖蒲（*G.×colvillei*）、报春花唐菖蒲（*G. primulinus*）等。

唐菖蒲的地下部具球茎，球形至扁球

图1　红色唐菖蒲

图2　黄色唐菖蒲

图3　唐菖蒲的花

形，外被膜质鳞片。株高60～150厘米，茎粗壮而直立，无分枝或稀有分枝。基生叶剑形，嵌叠为二列状，通常7～9枚。穗状花序顶生，着花8～20朵，通常排成二列，侧向一边。小花漏斗状，色彩丰富，花径7～18厘米，苞片绿色。雄蕊3枚，花柱单生，子房下位。花期夏秋。蒴果，种子扁平，有翼。

唐菖蒲喜温暖，并具一定耐寒性。不耐高温，尤忌闷热，炎夏则花蕾易枯萎或开花不盛，常使种球退化；在生长季气候凉爽地区，株高健壮，花色鲜明，种球不易退化。以冬季温暖夏季凉爽的气候最为适宜，生长临界低温为3～5℃时球茎即可萌动生长。典型的阳性植物，对光强度、光周期要求高，14小时以上的长日照有利于花芽分化。花芽分化后，短日条件能促进花的发育，使其提前开放。生长期要求水分充足，忌旱，忌涝。以土层深厚、土质疏松、排水通畅、富含有机质、pH5.6～6.8的微酸性砂质壤土最为适宜。对空气中二氧化硫有较强抗性，但对氟化物敏感，微量即可致害。

唐菖蒲是世界著名切花之一，其品种繁多，花色艳丽丰富，花期长，广泛应用于花篮、花束和艺术插花。除切花外，还适于庭院栽植、布置花坛等。唐菖蒲对大气污染具较强抗性，是工矿绿化及城市美化的良好材料。（夏宜平　闵芮涵）

绦柳 pendula willow; *Salix matsudana* 'Pendula' 杨柳科柳属落叶乔木。绦柳分布于中国东北、华北、西北、上海等地。是旱柳的一种变型。

树皮组织厚，纵裂。枝细长，柔软下

图1　绦柳

垂，黄色。无顶芽。叶互生，线状披针形，较小，具羽状脉，下面苍白色或带白色，边缘具有小锯齿，叶柄无毛。花于叶后开放，雄花序为柔荑花序，有短梗，略弯曲，雌花有2腺体。蒴果，2裂。喜光，耐寒性强，耐水湿又耐干旱，适应性强。对土壤的适应性强，但在黏重土壤及重盐碱地上生长不良。生长迅速。

可在庭园种植，是中国北方地区重要的园林绿化、生态修复树种。常作防

图2　绦柳的枝

图3　绦柳的叶

图4 绦柳的花序

护林、建材、纸浆、蜜源树种。其根和皮可入药。（于晓南）

桃 peach; *Prunus* spp. 蔷薇科李属桃亚属果树树种。桃起源于中国。桃树在中国是一种古老的果树树种，有4000多年的栽培历史，别名佛桃、水蜜桃，民间神话中广传为仙果、寿桃，是中国消费者喜爱的传统水果种类。世界桃生产主要位于北纬30°～45°和南纬30°～45°地带，世界栽培品种95%以上直接或间接来源于中国的上海水蜜品种。中国是世界第一大桃生产国，全国各地均有种植，主要集中在黄河流域和长江流域。

种质资源 包括光核桃（*P. mira*）、甘肃桃（*P. kansuensis*）、山桃（*P. davidiana*）、新疆桃（*P. ferganensis*）4个野生近缘种和栽培种桃（*P. persica*）。桃染色体基数2n=2×8=16，基因组227.4兆碱基对（Mb），以自花授粉为主，是木本果树遗传学的模式树种。4个野生近缘种均与桃杂交亲和，产生可育种子。

形态特征 落叶小乔木，高3～5米，

图1 桃树

图2 桃的枝和花芽

图3 桃的叶

光核桃高可达10米。树姿有普通开张形、直立形、帚形、紧凑形、矮化形、垂枝形等。树皮暗红褐色，老时粗糙呈鳞片状。小枝细长，无毛，有光泽，绿色，向阳处转变成红色。叶长11～20厘米，叶宽1～6厘米，叶形有狭叶形、狭披针形、宽披针形、长椭圆披针形、卵圆披针形等。花

图4 桃的花

图5 桃的果实

以复花芽为主，也有单生，先于叶开放。花形有铃形、蔷薇形和菊花形三种，分单瓣、复瓣和重瓣。花色有白色、粉色、红色和杂色嵌合体。果实重20～260克，果形扁平、圆、近圆、卵圆、椭圆和尖圆。果皮底色与果肉颜色相关，果皮盖色为红色，着色程度在25%～100%；果肉颜色有绿色、白色、黄色和红色。肉质有溶质、不溶质和硬质三种类型。核有离核和黏核之分，核纹有沟纹和点纹。种仁味苦，稀味甜。

生长习性 桃适应性广，南方、北方均可栽培。桃需冷量在100～1200小时，也存在常绿桃。喜冷凉干燥的环境，不耐涝，适宜栽种在地势较高、排水完善、阳光充足、土壤肥沃、土质疏松的干燥处。

主要种类 桃按用途，可分为鲜食桃、加工桃、观赏桃（碧桃）和砧木。按果实类型，可分为普通桃、油桃、蟠桃和油蟠桃。按果实肉色，可分为白肉桃、黄肉桃和红肉桃。按果实发育期（45～210天），可分为极早熟桃、早熟桃、中熟桃、晚熟桃和极晚熟桃。加工黄桃一般指制罐用黄桃。

用途 果实可食，营养丰富，温性养人，汁多味美，富含蛋白质、糖、酸、钙、磷、铁、维生素，红肉桃富含花色苷。根、叶、皮、花、果、仁均可入药，具有营养和医疗作用。（王力荣）

桃花 peach blossom; *Prunus persica* 蔷薇科李属落叶小乔木。桃树原产于中国，各省区广泛栽培。世界各地均有栽植。

高3～8米。树冠宽广而平展。树皮暗红褐色，老时粗糙呈鳞片状。小枝细长，无毛，有光泽，绿色，向阳处转变成红色，皮孔较多。冬芽圆锥形，顶端钝，外被短柔毛，常2～3个簇生，中间为叶芽，两侧为花芽。叶片长圆披针形、椭圆披针形或倒卵状披针形，长7～15厘米，宽2～3.5厘米，先端渐尖，基部宽楔形，上面无毛，下面在脉腋间具少数短柔毛或无毛，叶边具细锯齿或粗锯齿，齿端具腺体或无腺体。叶柄粗壮，长1～2厘米，常具1至数

图1 单瓣桃花

图2 重瓣桃花

图3 菊花桃

枚腺体，有时无腺体。花单生，先于叶开放，直径2.5～3.5厘米；花梗极短或几无梗；萼筒钟形，被短柔毛，绿色而具红色斑点；萼片卵形至长圆形，顶端圆钝，外被短柔毛；花瓣长圆状椭圆形至宽倒卵形，粉红色，罕为白色；雄蕊20～30，花药绯红色；花柱几与雄蕊等长或稍短；子房被短柔毛。果实形状和大小均有变异，卵形、宽椭圆形或扁圆形，直径3～12厘米，长几与宽相等，色泽变化由淡绿白色至橙黄色，常在向阳面具红晕，外面密被短柔毛，稀无毛，腹缝明显，果梗短而深入果洼。果肉白色、浅绿白色、黄色、橙黄色或红色，多汁有香味，甜或酸甜。核大，离核或黏核，椭圆形或近圆形，两侧扁平，顶端渐尖，表面具纵、横沟纹和孔穴。种仁味苦，稀味甜。花期3～4月，果实成熟期因品种而异，通常为6～9月。

可播种、嫁接繁殖。喜光、喜温暖，喜肥沃而排水良好的土壤。不耐水涝。

（肖建忠）

套袋 fruit bagging 在不影响水果正常生长与成熟的前提下，隔离农药与环境污染和病虫鸟害，防止枝叶擦伤，使成熟水果表面光洁、色泽鲜艳，提高水果档次的栽培管理措施。

套袋种类 水果套袋一般有纸质、无纺布、聚乙烯（PE）塑料薄膜三种材质，有袋状和网状两种形式。根据果袋透光与否，可分为遮光袋和透光袋，遮光袋可分为单层遮光袋和双层遮光袋，透光袋可分为单层透光袋及双层透光袋。外袋颜色为灰色、灰绿色、淡黄色等，外袋内涂层颜色一般为黑色或深褐色，内袋颜色通常为红色和蓝色等。不同水果采用的袋材尺寸和规格也不同。

套袋时间 苹果、梨、桃、葡萄等在谢花后15～30天经疏果、定果后进行套袋。应选晴天进行，以上午9～11点和下午2～6点为宜。除袋时间为采收前15～30天。双层纸袋先撕碎外层袋，5～7天后再去掉内层袋。除袋时间要严格掌握。纸袋摘除后，果面应喷洒一次杀菌剂。

注意事项 套袋应注意的事项包括：①套袋果园应提高管理水平，保持树体健壮、病虫害发生轻、树体结构良好、通风透光好。②套袋前果园应对果树合理整形修剪、加强土肥水管理、疏花疏果、合理负载，配合人工辅助授粉或花期放蜂。③选择适宜的果袋种类。④套袋前先用无公害食品允许使用的杀虫剂及杀菌剂对果实进行全面喷涂，待药液干后再套袋，当天喷药的果实当天套完。果实表面有水的不能套袋。⑤做好树冠不同部位的套袋工作及套袋后的检查。⑥套袋对果实风味和含糖量等内在品质会产生一定的影响。

（郝玉金 由春香）

特异种质 specific germplasm 具有某些特殊性状的种质材料。特异种质主要包括具有抗病虫、抗逆、优质和高产等特异性状的野生类型、**品种（品系）**、突变体、近等基因系（NIL）、重组近交家系（RIL）群体、加倍单倍体（DH）群体、同核异质系、野生种质渐渗系、基因聚合系、染色体变异体等。由于这些特殊性状为普通种质资源所不具备，在特定园艺植物中又非常珍稀，因而具有较大的研究价值和育种潜力。合理利用特异种质资源对实现特殊的育种目标，创新栽培品种性状，提高品种的经济性能和应用价值具有重要意义。

作用 长期的园艺作物育种发展过程表明，育种研究中突破性成果和突破性品种的培育成功，均有赖于特异种质资源的发现和利用。由于特异种质是自然突变或长期以来人们在园艺植物遗传研究中创造而获得的创新种质，它们对园艺植物基因定位、基因分离克隆、超级品种选育、人工定向育种、多目标性状同步改良、育种目标多样化等具有重要作用。

应用 特异种质的研究主要包括发掘、创造、筛选、鉴定和利用等工作。主要园艺作物大多栽培历史悠久、分布广、用途多、生态环境复杂，形成了丰富的遗传类型和相应的特异种质。因此，搜集特异种质，通过逐个鉴定每份种质在生长发育和形态特征等方面的一系列性状，围绕园艺植物的育种目标，利用特异种质进行抗病虫性、耐逆性、品质等方面的遗传改良，是推进园艺植物取得突破性成果和育出突破性品种的关键措施之一。

传统育种的周期较长，遗传改良效率偏低，在对控制农艺性状的关键基因或数量性状位点（QTL）功能（控制数量性状的基因在基因组中的位置）认识的基础上，将现代生物技术手段整合于传统育种方法中，创造出新的特异种质，用以提高选择效率，实现有目标的**分子设计育种**。由此可大幅提高育种效率，缩短育种年限，在提高产量、改善品质、增强抗性等方面已显示出巨大潜力，成为现代作物育种的主要方向。

（何业华）

藤本果树 liana fruit tree 茎干细长不能直立生长，必须依附别的植物或支持物（如树、墙、支架、支柱或牵引的绳索等）缠绕或攀缘向上生长的果实可食的树木的总称。藤本果树是植物中较为特殊的一种类型，具有生产瓜果、蔽日遮阴、美化环境等多种作用。

演化过程 生产中典型的藤本果树有**葡萄**、**猕猴桃**等。在自然条件下，藤本果树攀缘树干或他物向上生长发育结果。进化方面的研究表明，葡萄、猕猴桃的远祖是在光照充足的旷地上生长的喜光矮小灌木，后来由于旷地逐渐被森林代替；矮小灌木要适应新的环境，争取较多的光照，所以逐渐演化成攀缘植物。在演化过程中，新梢的单轴生长变为合轴生长；顶生花序变为侧生花序，形成发达的卷须；新梢生长迅速，一年多次分枝；芽眼多而易于不断萌发；植株内部结构和功能适应了攀缘的特点，如根压大、输导组织发达，便于水分、养分的快速运输；结出柔软味甜多汁的浆果，引诱飞鸟啄食，种子经禽类的消化道排出而广泛传播。这一系列性状的形成是葡萄与猕猴桃属植物在自然竞争中能够保存、发展的重要因素。

栽培方法 在生产中，种植葡萄和猕猴桃这些藤本果树，必须有与之适应的栽培架型才能达到树体正常生长发育结果的目的。葡萄一般采用篱架和棚架两种架型，生产酿酒葡萄多用篱架，生产鲜食葡萄多用棚架。猕猴桃一般采用棚架生产，可以实现优质丰产。

（王跃进）

体细胞杂种 somatic hybrid 以原生质体培养为基础，将来源不同的两种体细胞融合形成异核体，异核体继续分裂分化培养形成的植株。大多数体细胞杂种再生植株为四倍体，也有个别组合中的再生植株为六倍体、三倍体甚至二倍体。细胞融合包括对称融合和非对称融合。体细胞杂种虽然融合了两个亲本的遗传物质，但其遗传特点不是两亲本的简单加和效应，而是有一定的亲本偏向性。

（彭建营）

天目湖白茶 Tianmuhu white tea 主产区在中国江苏省溧阳茶区的绿茶。2005年，溧阳市有5个镇21个茶场种植了210.67万平方千米白茶树，白茶年产量3500千克。2006年，产量为5500千克，被人民大会堂指定为特供产品。随后产量大幅增加，面积迅速扩大。是中国农产品地理标志产品。

生产原料 作为天目湖白茶生产原料的鲜叶，采摘于2001年从浙江省安吉引种的白叶1号无性良种茶树。早春幼嫩芽呈玉白色，以一芽二叶为最白；春后随气温升高，光照增强，叶色逐渐转为花白相间；夏秋呈绿色。白茶采摘只在春季，时间20天左右，一年采摘一次。

加工工艺 工艺流程主要为：摊放→杀青→冷却→理条→整形→干燥→整理。①摊放。摊放场所应通风、阴凉、干燥、清洁；鲜叶均匀摊放在贮青槽或竹匾内，厚度3厘米，以不见槽上铺垫物或竹匾底为宜。摊放1小时后翻叶一次；露水叶30分钟翻一次，翻2～3次，并根据情况进行鼓风。摊放时间宜为6小时左右；摊放程度叶质柔软，失去光泽，手握成团，无骨感，蜜香显露。②杀青。在滚筒杀青机内进行。当滚筒出叶处筒腔内的气温有强烈的灼手感（110～120℃）时，开始投叶。开始投叶量大些，以免产生焦边。保持温度平衡，投叶均匀。应随时检查杀青叶质量，调整投叶量。杀青叶手握能成团，放开可散开，略有刺手感，叶形完整，香高清爽。③冷却。用风扇快速冷却至室温，摊开放置，进行下一步理条。④理条。在往复振动理条机或名茶多用（功能）机内进行。加热，同时打开运动开关，多用（功能）机应调至快挡运转，当指示温度达210℃（此指示温度由于机械不同而有误差，在新机械第一次操作时，应注意其温度范围），或手放在锅体上方1厘米处有强烈灼手感（槽内空气温度100～110℃）时，将冷却后的杀青叶均匀地投入槽体中。理条机每槽150～180克，多用（功能）机每槽150克左右，随鲜叶老嫩不同适当增减。中速运行（每分钟150～180次）2分钟左右，加入压棍，减慢机速运行（每分钟120～130次）1分钟左右，起棍，加快至中速运行3～4分钟。理到条索挺直、干爽即可下机摊凉。操作时应保持锅温平衡。制茶后期及露水叶，每理条5锅左右，应擦拭制茶专用油。⑤整形。选用名茶多用（功能）机进行整形。加热，同时打开运动开关，当指示温度达190℃，或手放在锅体上方1厘米处有灼手感（槽内空气温度90～100℃）时，均匀投入摊凉后的理条叶，投叶量为理条叶三锅并两锅。加快锅体运行速度（每分钟150～160次）1～2分钟，当茶叶翻动自如时，加入压棍，减慢机速（每分钟110～120次），3～5分钟后，条索成型即可起棍，加快机速，待茶叶有刺手感（含水率低于20%）时下机、摊放。⑥干燥。采用烘干机进行干燥。含水率在10%及以上的茶叶在烘干机内干燥。加热，当热风温度达90℃左右时，投入摊凉后的整形叶，摊放厚度约3厘米，用手轻轻平压，使茶叶平伏，保持温度平衡，烘至含水率低于5%时出锅。含水率低于10%的茶叶在翻板式自动烘干机内干燥。均匀投叶，控制含水率低于5%，温度指示在140℃左右，运行时间4～6分钟。⑦整理。筛分割末即可。

品质特征 天目湖白茶为炒烘结合类、条状略扁形绿茶。外形细秀略扁，色泽绿润、透显金黄。内质香气栗香馥郁，汤色鹅黄、清澈明亮，滋味鲜爽且醇，叶张玉白、茎脉翠绿。

（王润贤）

天目琼花 Sargent viburnum; *Viburnum opulus* subsp. *calvescens* 五福花科荚蒾属落叶灌木。又称鸡树条、老鸹眼、鸡树条荚蒾。天目琼花分布于中国黑龙江、吉林、辽宁、河北北部、山西、陕西南部、甘肃南部、河南西部、山东、安徽南部和西部、浙江西北部、江西（黄龙山）、湖北和四川等地。

图1 天目琼花

图2 天目琼花的叶

图3 天目琼花的花

图4 天目琼花的果实

高可达4米。树皮暗灰褐色，质厚而多少呈木栓质。小枝褐色至赤褐色，具明显条棱，无毛。冬芽卵圆形，有柄，无毛。单叶对生，叶片轮廓圆卵形至广卵形或倒卵形，通常3裂，具掌状3出脉，无毛，裂片顶端渐尖，边缘具不整齐粗齿，叶下面仅脉腋集聚簇状毛或有时脉上亦有少数长伏毛，叶柄粗壮，无毛。复伞形聚伞花序，周围有大型白色不孕花，总花梗粗壮，无毛，花生于第二至第三级辐射枝上，花梗极短。花冠白色，辐状，花药紫红色。果实红色，近圆形。花期5～6月，果熟期9～10月。

天目琼花喜光又耐阴、耐寒，生于溪谷边疏林下或灌丛中，海拔1000～1650米处。宜在建筑物四周、草坪边缘配植，也可在道路边、假山旁孤植、丛植或片植。枝叶可通经活络，解毒止痒；果实能够止咳。 （于晓南）

天香云翠茶 Tianxiang Yuncui tea 产于中国江西省婺源县段莘乡和大鄣山一带的螺形炒青绿茶。1985年研制。天香云翠茶的茶园大都坐落在植被繁茂、土壤肥沃、溪涧纵横、终年云雾缭绕的山区，生态环境优越；采用传统的管理方式，以施农家肥为主，茶树生长健壮；茶叶洁净、无污染。采摘单芽、一芽一叶、二叶初展鲜叶，经摊放→杀青→揉捻→炒坯→做形→复炒→烘干等加工工艺制作而成。分一、二级。外形呈螺旋状，条索紧结，翠绿显毫；香高持久，滋味鲜醇；汤色清澈，叶底嫩绿。主销中国南昌、北京、上海、石家庄等大中城市。 （李文金）

天竺葵 zonal geranium; *Pelargonium hortorum* 牻牛儿苗科天竺葵属植物的总称。又称洋绣球、石腊红、入腊红、日烂红、洋葵。天竺葵原产于非洲南部，世界各地普遍栽培。天竺葵属包括约230种多年生肉质、亚灌木或灌木植物。

多年生草本。高30～60厘米。茎直立，基部木质化，上部肉质，多分枝或不分枝，具明显的节，密被短柔毛，具浓烈鱼腥味。叶互生，托叶宽三角形或卵形，长7～15毫米，被柔毛和腺毛。叶柄长3～10厘米，被细柔毛和腺毛。叶片圆形或肾形，茎部心形，直径3～7厘米，边缘波状浅裂，具圆形齿，两面被透明短柔毛，表面叶缘以内有暗红色马蹄形环纹。伞形花序腋生，具多花，总花梗长于叶，被短柔毛。总苞片数枚，宽卵形。花梗3～4厘米，被柔毛和腺毛，芽期下垂，花期直立。萼片狭披针形，长8～10毫米，外面密腺毛和长柔毛；花瓣有红色、橙红、粉红或白色，宽倒卵形，长12～15毫米，宽6～8毫米，先端圆形，基部具短爪，下面3枚通常较大。子房密被短柔毛。蒴果长约3厘米，被柔毛。花期5～7月，果期6～9月。

图1 天竺葵

图2 天竺葵的茎

图3 天竺葵的叶

图4 天竺葵的花

图5 天竺葵的果实

天竺葵适应性强，花色鲜艳，花期长，适用于室内摆放、花坛布置等。天竺葵可提取精油，用于平抚焦虑、提振情绪。天竺葵不仅深受非洲人民喜爱，在欧亚地区也非常受欢迎，德国、西班牙和匈牙利等国都十分重视天竺葵的生产和育种，匈牙利还将其定为国花。

（王 雁）

甜茶 sweet tea; *Rubus suavissimus* 蔷薇科悬钩子属落叶有刺灌木。属木本藤状植物。野生甜茶是一种无毒、高甜度、低热能和具有保健功能的天然甜味植物，是一种理想的糖类替代品。20世纪80年代初被命名为甜茶。

形态特征 甜茶的自然分布区域主要集中在中国广西中部和东南部的山区，常生长于海拔500～1000米的丘陵山地常绿阔叶林或沟谷、灌丛中。树高1～3米，小枝光滑无毛，常带白粉，叶为掌状7深裂或5深裂，花开放时呈白色；果熟时呈橙红色，味甜可食用。2～3月萌芽抽枝，3～4月开花，至7月枝叶定型繁茂，长势旺盛。

主要成分 野生甜茶中富含18种氨基酸，每100克干品含氨基酸总量331.54毫克，富含人只能从食物中吸收的8种氨基酸。含多种人体必需的微量元素，主要有钙（0.84%）、锌（105.5毫克/千克）、锗（5.5微克/千克）、硒（17.94微克/千克），以及钾、镁、磷、铁、钠、铜、铬、锂等，不含砷铝等有毒物质，不含咖啡碱；其中所含的锗、硒等元素均高于一般绿茶和苦丁茶。

用途 对因长期过量食用糖导致人体发胖，诱发高血压、糖尿病、心血管病、肾病等疾病的人们具有良好辅助疗效。甜茶能有效分解黑色素，改善花粉过敏、咽喉肿痛、鼻炎等症状。

（韦静峰）

甜瓜 melon; *Cucumis melo* 葫芦科甜瓜属一年生蔓性草本植物。又称香瓜、白兰瓜、哈密瓜。以果实供食用。为中国最早作为果品的瓜类。《诗经》等古籍多有之，贾思勰《齐民要术》中称为小瓜，以区别

图1 甜瓜的叶

图2 甜瓜的花

图3 薄皮甜瓜的果实

于古已有之的冬瓜（大瓜）。甜瓜在中国至少已有2000多年的栽培历史。中国南北地区都有分布，为夏令水果。世界许多国家都有种植。

形态和类型 根系发达，分布广，具较强耐旱能力。茎蔓生多分枝（子蔓和孙蔓）。卷须纤细。叶柄长8～12厘米，具槽沟及短刚毛。叶片厚，近圆形或肾形。花单性，雌雄同株。雄花数朵簇生于叶腋，花梗纤细，花萼筒狭钟形，花冠黄色，雄蕊3，退化雌蕊长约1毫米。雌花单生，花梗较粗，子房下位，长椭圆形，花柱长1～2毫米，柱头靠合。果实的形状、颜色因品种而异，通常为球形或长椭圆形，果皮平滑，有纵沟纹或斑纹，无刺状突起，果肉白色、黄色或绿色，有香甜味。种子白色或黄白色，卵形或长圆形，先端尖，基部钝，表面光滑，无边缘。种子着生于心皮的边缘，属于侧膜胎座，每个心皮中央皆有一片由中肋衍生形成的假隔膜。

甜瓜有薄皮甜瓜和厚皮甜瓜之分。薄皮甜瓜原产于中国，属东亚生态型，较耐湿润气候，抗病性强，适应性广，中国各地都有种植，但以黄河、淮河流域，长江

图4 厚皮甜瓜的果实

图5 甜瓜果实剖面

图6 甜瓜的种子

中下游及东北松辽平原一带栽培最为广泛。主要变种有：香瓜（普通甜瓜）、越瓜（梢瓜）、菜瓜。厚皮甜瓜原产于非洲，中亚和西南亚被认为是第二起源中心。中国西北的新疆、甘肃和内蒙古干旱地区有分布，俄罗斯也广泛栽培。属中非生态型，适宜高温干燥气候。忌湿，要求充足的光照和较大的温差。果皮厚硬，瓜瓤淡薄无味，但果肉香甜浓郁可口。耐储运。主要变种有网纹甜瓜、粗皮甜瓜、光皮甜瓜。

栽培 甜瓜喜高温干旱气候。种子发芽期适宜温度为25～30℃。幼苗生长迅速，特别是营养钵育苗的幼苗，白天温度控制在20～25℃，夜间温度控制在10℃左右。育苗移栽，前期均要勤锄勤耕促进根系发育。根系不发达，生长瘦弱，易感病害。以后要结合灌溉、中耕进行培土和施肥。当甜瓜长到3～5片叶时要摘心，进行整枝管理。一般采用“子蔓”结瓜和“孙蔓”结瓜的方式，使甜瓜能够陆续供应市场。当甜瓜长到5～6片叶时，要及时追施肥料，每亩可追施复合肥20～30千克，以促进根、蔓和幼瓜的生长，同时每隔3～5天灌水一次，保持土壤湿润。当甜瓜进入第一次采收期后，应每采收一次瓜，施肥一次，尽量以速效、高效的复合肥或尿素等加普钙为主，采用覆土深施，结合田间灌水。甜瓜主要病害是白粉病、霜霉病、蔓枯病、病毒病。虫害主要是蚜虫、夜蛾、黏虫、棉铃虫等。

用途 甜瓜成熟果含糖量8%～15%。果实成熟过程中，初期主要是葡萄糖的积累，后期蔗糖增多，葡萄糖降低。成熟的甜瓜味甜。（叶志彪）

《调琴啜茗图》 *Play the Guqin and Savor the Tea* 茶事绘画作品。中国唐代周昉作。周昉（约8世纪～9世纪初），字仲朗，一字景玄，京兆（今陕西西安）人，生卒年不详。出身于仕宦之家，与高层贵族多有交游，故对宫廷生活方式很熟悉。曾任越州（今浙江绍兴）长史等职。周昉为中唐时期重要的人物画家，初学张萱，擅画肖像，用笔劲简，工仕女，多写贵族妇女，其画风彩色柔丽，以丰厚为体，为当时宫廷、士大夫所重。周昉是极有才华的画家，在贞元（785～805）年间，新罗（今朝鲜）人还曾经高价收购他的画数十卷带回本国，所以其画风对异国也有一定的影响。宋代的《宣和画谱》评论他是“多见贵而美者”，善于创作描绘“浓丽丰肥”之态。

《调琴啜茗图》横75.3厘米，高28厘米，曾著录于《石渠宝笈》，现藏于美国密苏里州堪萨斯市纳尔逊-艾金斯艺术博物馆。这幅画以工笔重彩描绘了唐代宫廷贵妇品茗听琴的悠闲华丽生活，画中五人，由姿态可见为三主两仆，有一人抚琴，两人倾听，其中一女身着红装，执盏唇边，注目抚琴之人，一人侧首遥视。在抚琴仕女和侧首者旁各有一女仆侍茶，她们有的弹奏琴曲，有的悠然品啜香茗。从画面分析可知，身着红装者居于全图中心，为地位最高者。全图以“调琴”为重点，人物的神态无不以此为专注焦点。但是，由于主要人物手执茶盏，作品茗听琴状，所以茶饮在画面中也甚引人注目。画中又有小树三株、大石一块，说明此景是在室外，仕女衣着无纹饰，但色彩雅妍明丽，人物丰腴华贵，显示出唐人“以丰厚为体”的审美旨趣。饮茶与听琴，两个不同的内容集于同一画面，生动地说明了茶饮在当时的文化娱乐生活中已有了相当重要的地位。（于良子）

调味茶饮料 spiced tea 以茶叶的水提取液或其浓缩液、茶粉等为原料，添加食糖、果汁、乳制品及二氧化碳、甜味剂、酸味剂、食用香精等辅料的一种或几种，经调配和加工而成的液体饮料。20世纪70年代，美国市场开发出的瓶装或罐装充气冰

茶饮料，是国际上最早的调味茶饮料。之后，适应不同消费区域和时代特点的不同，调味茶饮料产品被大量开发出来，特别是在欧美、东南亚等地区形成了众多的花色品种。在中国，根据添加辅料的不同，调味茶饮料主要包括果汁茶饮料、果味茶饮料、奶茶饮料、奶味茶饮料、碳酸茶饮料和其他调味茶饮料。调味茶饮料加工一般侧重于生产效率的提高，大多采用茶浓缩汁、速溶茶粉等原料来直接调配。初期的产品大多采用甜味剂、酸味剂、食用香精等合成辅料，随着人们对自身食品安全要求的不断提高，逐渐开始使用各类天然的甜味、酸味调节剂和花果植物浓缩液等进行调制。

调味茶饮料的核心是配方设计，茶味和各种辅料感官风味的整体平衡性、协调性及其风味特色至关重要。在中华人民共和国国家标准GB/T 21733—2008《茶饮料》中，对调味茶饮料的茶多酚含量有严格的要求：要求果汁茶饮料、果味茶饮料、奶茶饮料和奶味茶饮料中的茶多酚含量不少于200毫克/千克，碳酸茶饮料中茶多酚含量也需要达到100毫克/千克，其他类型的调味茶饮料中茶多酚含量不少于150毫克/千克。

（尹军峰）

贴梗海棠 common flowering quince; *Chaenomeles speciosa* 蔷薇科木瓜属落叶灌木。贴梗海棠分布于陕西、甘肃、四川、贵州、云南、广东等地。

高达1～2米。枝条直立开展，有刺；小枝圆柱形，微屈曲，无毛，紫褐色或黑褐色，有疏生浅褐色皮孔。冬芽三角卵形，先端急尖，近于无毛或在鳞片边缘具短柔毛，紫褐色。叶片卵形至椭圆形，稀长椭圆形，长3～9厘米，宽1.5～5厘米，先端急尖稀圆钝，基部楔形至宽楔形，边缘具有尖锐锯齿，齿尖开展，无毛或在萌蘖上沿下面叶脉有短柔毛；叶柄长约1厘米；托叶大形，草质，肾形或半圆形，稀卵形，长5～10毫米，宽12～20毫米，边缘有尖锐重锯齿，无毛。花先叶开放，3～5朵簇生于二年生老枝上；花梗短粗，长约3毫米或近于无柄；花直径3～5厘米；萼筒钟状，外面无毛；萼片直立，半圆形或稀卵形，长3～4毫米。宽4～5毫米，长约萼筒之半，先端圆钝，全缘或有波状齿，及黄褐色睫毛；花瓣倒卵形或近圆形，基部延伸成短爪，长10～15毫米，宽8～13毫米，猩红色，稀淡红色或白色；雄蕊45～50，长约花瓣之半；花柱5，基部合生，无毛或稍有毛，柱头头状，有不明显分裂，约与雄蕊等长。果实球形或卵球形，直径4～6厘米，黄色或带黄绿色，有稀疏不明显斑点，味芳香；萼片脱落，果梗短或近于无梗。花期3～5月，果期9～10月。

图1　贴梗海棠

图2　贴梗海棠的叶

图3　贴梗海棠的花

图4　贴梗海棠的果实

可播种、扦插和压条繁殖。适应性强，喜光，也耐半阴，耐寒，耐旱。对土壤要求不严。

贴梗海棠有大红、粉红、乳白等花色，且有重瓣及半重瓣品种。早春先花后叶，非常美丽。枝密多刺，可作绿篱。果实含苹果酸、酒石酸、枸橼酸及维生素等，干制后入药，有祛风、舒筋、活络、镇痛、消肿、顺气之效。

（肖建忠）

铁观音 Tieguanyin; *Camellia sinensis* cv. *Tie-guanyin* 原产于中国福建省安溪县西坪镇松尧的茶树无性系品种。又称红心观音、红样观音、魏饮种。铁观音已有200多年栽培史。1985年由中国茶树良种审定委员会认定为第一批茶树国家级品种。主要分布在福建省南部、北部乌龙茶茶区。中国台湾地区及广东等地乌龙茶茶区有引种。

无性系，灌木型，中叶类，晚生种。植株中等，树姿开张，分枝稀，枝条斜生。叶片呈水平状着生，椭圆形，叶色浓绿光润，叶缘呈波浪状，叶身平或稍背卷，叶齿疏而钝，叶尖渐尖，叶质厚脆。花瓣6～8，子房茸毛中等，花柱3裂。

春季萌发期早，芽叶生育力较强，发芽较稀，持嫩性较强，肥壮，芽叶绿带紫红色，茸毛较少。适制乌龙茶、绿茶。制作的乌龙茶品质优异，香气馥郁悠长，滋味醇厚回甘，具有独特香气，俗称“观音韵”，为乌龙茶极品。抗旱、抗寒性较强。扦插繁殖力较强，成活率较高。种植时须施足基肥，增加种植密度，重施有机肥，适时定剪，采养结合。

（成　浩）

铁线莲 cream clematis; *Clematis florida* 毛茛科铁线莲属草质藤本植物。又称铁线牡丹、番莲、金包银、山木通。铁线莲分布于中国广西、广东、湖南、湖北、浙江和江苏等地，日本也有栽培。生于低山区的丘陵灌丛中，以及山谷、路旁及小溪边。

图1 铁线莲

图2 铁线莲的花（白色）

图3 铁线莲的花（淡紫色）

图4 铁线莲的宿存花柱

长1～2米。茎棕色或紫红色，具六条纵纹，节部膨大，被稀疏短柔毛。二回三出复叶，连叶柄长达12厘米。小叶片狭卵形至披针形，顶端钝尖，基部圆形或阔楔形，边缘全缘，极稀有分裂，两面均不被毛，脉纹不显。花单生于叶腋；花梗长6～11厘米，近于无毛，在中下部生一对叶状苞片；苞片宽卵圆形或卵状三角形，基部无柄或具短柄，被黄色柔毛。花开展，直径约5厘米；萼片6枚，白色，倒卵圆形或匙形，顶端较尖，基部渐狭，内面无毛，外面沿三条直的中脉形成一条线状披针形条带，密被绒毛，边缘无毛。宿存花柱伸长成喙状，细瘦，下部有开展的短柔毛，上部无毛，膨大的柱头2裂。瘦果倒卵形，扁平，边缘增厚。花期1～2月，果期3～4月。

铁线莲可采用播种、压条、嫁接、分株或扦插等方法繁殖。喜肥沃、疏松、排水良好的碱性壤土，忌积水或夏季干旱而不能保水的土壤。花期须充分浇水，并酌情追肥。耐寒性强，可耐-20℃低温，在夏季高温天气须采取降温措施。抗病虫害能力较强，常见病害有枯萎病、粉霉病、病毒病等；虫害有红蜘蛛、刺蛾等食叶性害虫。

铁线莲是攀缘绿化中不可缺少的良好材料，可种植于墙边、窗前，或依附于乔木、灌木之旁，配置于假山、岩石之间，攀附于花柱、花门、篱笆之上，亦可盆栽观赏，均可产生不同凡响的景观效果。此外，种子含油量约18%，可供工业用油；根和全草供药用，可利尿通经，根入药有解毒、利尿、祛瘀之效。

（王　雁）

庭荫树 shade tree 能形成绿荫供游人纳凉、避免日光暴晒以及作装饰用的树木。又称绿荫树、庇荫树。庭荫树的应用多选择枝繁叶茂、绿茵如盖的落叶树种，其中又以阔叶树种为佳，如能兼备观叶、赏花或品果效能则更为理想。部分枝疏叶朗、树影婆娑的常绿树种也可作庭荫树应用，但在具体配植时要注意与建筑物南窗等主要采光部位的距离，考虑树冠大小、树体高矮对冬季太阳入射光线的影响程度。

选用原则　总体来说应当遵循以下原则：①以选用冠大荫浓的落叶乔木为主，常绿树种为辅，因为冬季人们需要阳光时落叶乔木已落叶，过多使用常绿树种会使庭院终年显得阴暗。②选用树干直、无针刺，且分枝高的树种，为游人提供利用绿荫的可能性。③在考虑树木提供绿荫的同

图1 毛白杨

图2 青杨

图3 榆树

图4　银杏

图5　枫杨

图6　橄榄

图7　凤凰木

时，也应考虑作为庭荫树的观赏价值，或花香、或叶秀、或果美等。④在考虑到观赏价值和适用功能的同时，尽可能结合生产，提高庭院绿化的效能。⑤树种的落花、落果、落叶无恶臭，不污染衣物，还应易于打扫，抗病虫害，以免喷洒药剂污染庭院环境。⑥在选择庭荫树时还应与地方文化、环境协调一致。

配植及养护　庭荫树在园林中多植于路旁，池边，廊、亭前后，或与山石建筑相配，或在局部小景区三五成组地散植各处，形成有自然之趣的布置；亦可在规整的有轴线布局的地区进行规则式配植。由于最常用于建筑形式的庭院中，故习称庭荫树。诗人陶渊明所说的"方宅十余亩，草屋八九间。榆柳荫后檐，桃李罗堂前"，指的就是庭荫树的配植。

养护管理应该按照不同树种的习性分别施行，而不应采用"一刀切"的办法来对待。其中的边缘树种或有特殊要求的树种，应采用特殊的养护管理办法。

常见庭荫树　中国东北、华北、西北地区常见的庭荫树主要有毛白杨（*Populus tomentosa*）、青杨（*Populus cathayana*）、旱柳（*Salix matsudana*）、白蜡树（*Fraxinus chinensis*）、榆树（*Ulmus pumila*）、**槐**、刺槐（*Robinia pseudoacacia*）等。华中、华东地区主要有悬铃木（*Platanus orientalis*）、**银杏**、喜树（*Camptotheca acuminata*）、白花泡桐（*Paulownia fortunei*）、榔榆（*Ulmus parvifolia*）、枫杨（*Pterocarya stenoptera*）、**垂柳**、香樟（*Cinnamomum camphora*）等。华南、西南和台湾地区主要有香樟、**榕树**、**橄榄**、**金合欢**、楝树（*Melia azedarach*）、楹树（*Albizia chinensis*）、凤凰木（*Delonix regia*）、蒲葵（*Livistona chinensis*）等。

（于晓南）

通风库贮藏　ventilating warehouse storage　利用通风库来保存园艺产品的贮藏方式。通风库是具有良好隔热性能的永久性建筑，设置有灵活的通风系统。它以通风换气的方式排除库内热空气，维持库内比较稳定、适宜的贮藏温度。

通风库包含地下式、地上式、半地下式和改良式几种形式，可根据当地气候条件和地下水位高低选择采用。宜建在地势较高、交通方便的地方，要求地下水位在1米以下。通风库的方向要根据当地的温度与风向而定，一般在北方以南北长为宜，可减少迎风面；而在南方则以东西长为宜，以便减少阳光直射面、增大迎风面。一般要求高度在4米以上，以利空气自然对流，达到好的通风降温效果。建筑通风库的材料以因地制宜、就地取材和经济适用为原则，但要考虑通风库的隔热效能，良好的隔热材料要求具有导热系数小（见表）、不易吸水霉烂、不易燃烧、无臭味、便宜和取材容易等特点。

通风库管理工作的重点是创造库内适宜的贮藏温度和相对湿度。具体可从以下几个方面考虑。

通风库的清洁与消毒　通风库在产品入库之前和结束之后，都要进行清洁消毒处理，以减少微生物引起的病害。消毒的方法可采用硫黄熏蒸法，即关闭库门和通风系统，硫黄用量约10克/米^3，点燃熏蒸14～28小时后再密闭24～48小时，然后打开库门和通风系统以彻底排除二氧化硫（SO_2）。其原理是SO_2溶于水生成亚硫

常见隔热材料的导热系数

材料名称	导热系数/（kcal/m^3·h·℃）	材料名称	导热系数/（kcal/m^3·h·℃）
静止空气	0.025	油毛毡	0.050
聚氨酯泡沫塑料	0.020	芦苇、刨木花	0.050
聚苯乙烯泡沫塑料	0.035	秸秆	0.060
聚氯丙烯泡沫塑料	0.037	锯末	0.090
膨胀珍珠岩	0.035	炉渣	0.180
软木板	0.050	砖	0.650
纤维板	0.054	干土	0.250

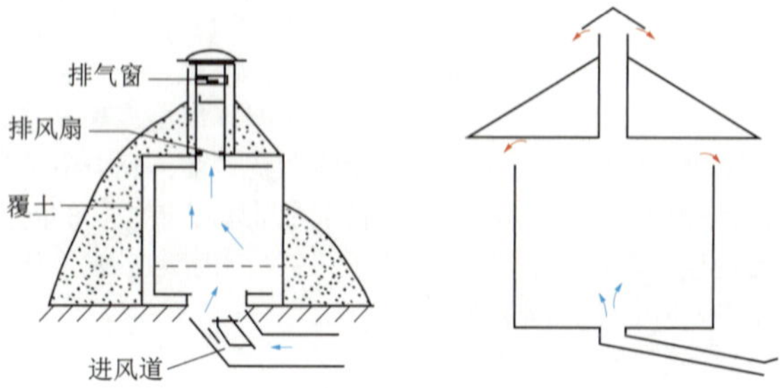

图1　改良式通风库示意图

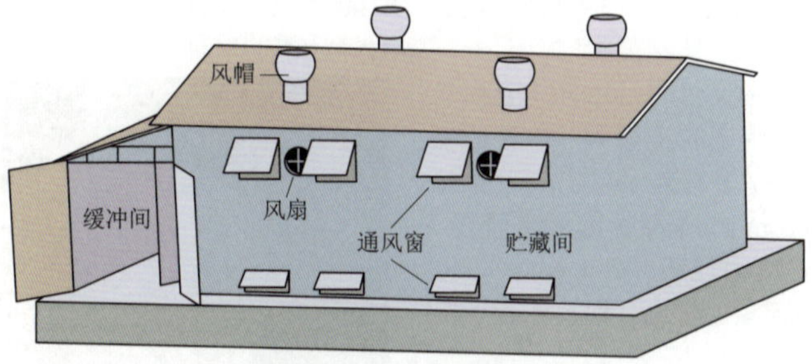

图2　通风库结构三维图

酸，对微生物结构有强烈的破坏作用。此外，还可以用1%的甲醛溶液、4%的漂白粉澄清液或含有效氯0.1%的次氯酸钠溶液喷洒库内的用具、架子等设备及墙壁，密闭24～48小时即可。

通风库温度管理　园艺产品入库初期，由于田间热及呼吸释放的热量，库内温度较高，因此产品入库后的主要管理工作是控制通风设备的开启，最大限度地导入外界冷空气，排除库内热空气，以迅速降低库温。在贮藏中期，外界气温和通风库的温度逐渐降到较低水平，此时应注意减少通风量和通风时间，以维持库内稳定的贮藏温度和相对湿度。在酷寒地区，此时要注意防止冷害。到贮藏后期，外界温度逐步回升，此时通风不宜过多，以尽量延缓通风库的温度上升。

通风库湿度管理　若库内的相对湿度过低，产品就会因水分蒸发而萎蔫，因此经常保持库内高的相对湿度是通风库管理中一项重要的措施。常用的比较简单的方法是在库内地面泼水，或先在地面铺上细沙再泼水，或将水洒在墙壁上。总之，对大多数园艺产品而言，要求库内湿度保持在85%～95%，加湿是必要的管理措施。不过对于相对湿度要求不高的洋葱、大蒜等园艺产品，则不需要专门的加湿措施。

（龙超安）

同源多倍体　autopolyploid　染色体组来源于同一物种的多倍体。一般由二倍体经染色体加倍形成。同源多倍体在植物界比较常见，其中最常见的是同源四倍体和同源三倍体。同源四倍体是二倍体经过染色体加倍形成，表现出器官具有巨大性特点，如葡萄的四倍体品种。在自然条件下，同源三倍体的出现，大多是由于减数分裂不正常，由未经减数分裂的配子与正常的配子结合而形成的，如苹果品种乔纳金就是这样产生的。在同种植物中，将同源四倍体与二倍体杂交可以获得同源三倍体。同源三倍体产生的配子高度败育，绝大多数种子退化，如香蕉、无籽西瓜、葡萄中的一些**无核**品种。

（程祝宽　撰　张志宏　修订）

茼蒿　crown daisy; *Chrysanthemum coronarium*　菊科茼蒿属一年生或二年生草本植

图1　茼蒿

物。又称同蒿、蓬蒿、蒿菜、菊花菜、塘蒿、蒿子秆、蒿子、蓬花菜、桐花菜。以嫩茎、叶供食用。茼蒿原产于中国，南北各地都有栽培。

形态和类型　茎高可达70厘米，不分枝或自中上部分枝。叶长而肥厚，全缘或羽状深裂，裂片呈倒披针形，叶缘锯齿状或有深浅不等的缺刻。叶腋分生侧枝。春季抽薹开花，头状花序，黄白色或深黄色。

依叶的大小及缺刻深浅分为大叶茼蒿和小叶茼蒿。大叶茼蒿叶片大而肥厚，缺刻少而浅，呈匙形，绿色，有蜡粉；茎短，节密而粗，淡绿色，质地柔嫩，纤维少，品质好；较耐热，但耐寒性差，生长慢，成熟略晚；适宜南方地区栽培。小叶茼蒿叶狭小，缺刻多而深，绿色，叶肉较薄，

图2　茼蒿的叶

图3　茼蒿的花

香味浓；茎枝较细，生长快；抗寒性较强，但不太耐热，成熟较早；适宜北方地区栽培。

栽培 性喜冷凉，不耐高温干旱，生长适温为20℃左右，12℃以下生长缓慢，29℃以上生长不良。中国长江流域春、秋两季播种，秋播产量较高。华北地区则因主食嫩茎而多在早春播种，以促进抽薹。华南地区多在秋冬栽培。一般以露地直播为主，也可移栽。有的地区秋季干旱，用发芽和幼苗生长较快的萝卜或小白菜种子与茼蒿混播，可起遮阴作用。茼蒿出苗后，即拔除萝卜和小白菜秧。播种后40～50天即可收获。苗高13厘米左右开始间拔，采收一二次后，可留二叶进行摘梢采收，促其陆续发生新梢。主要病虫害有立枯病、叶斑病、菌核病、菜螟和蚜虫。

用途 茼蒿营养丰富，富含维生素、胡萝卜素及多种氨基酸，具有养心安神、稳定情绪、降压护脑、防止记忆力减退、消肿利尿、清肺化痰、预防便秘、促进食欲、去除胆固醇等多种功效。其食用方法多样，如清炒、凉拌、茼蒿炒鸡蛋、茼蒿炖带鱼等。（安成福 巩振辉）

童程 juvenile span 果树作物的种子萌发出苗后，实生树维持童性的高度或节数。以节数表示童程比高度更准确。果树作物的实生树在适宜的环境条件下，其营养生长迅速，度过童期所需的时间较短，而在非适宜的环境条件下实生树度过童期所需的时间较长。鉴于用时间来表示实生树童期的长短不够确切，有学者提出了童程的概念。

不同果树作物的童程差异很大，如栽培苹果一般在80节左右，白梨约65节，桃约50节，板栗约40节，葡萄一般不超过11节。（张新忠）

童期 juvenile phase 果树作物的种子萌发出苗后，即使人为施加成花诱导措施，实生树个体在较长时间内也不能成花的发育阶段。植株即使度过童期，在自然条件下一段时期内仍然不能成花，但人为施加成花诱导措施如环剥、施用生长调节剂等，则能诱导成花，此发育阶段称为成年营养生长期。植物个体度过成年营养生长期后，即可在自然条件下连续开花结果，此发育阶段称为实生树个体发育的生殖生长期。

童期的长短受遗传控制。童期可用时间表示，不同果树作物、不同生态型甚至不同实生苗的童期长短不同。民谚“桃三杏四李五年”，即指不同树种实生树结果年限的差异。银杏、杨梅等物种的童期长达12～30年；苹果、梨、柑橘等物种的童期较长，为5～12年；葡萄及核果类果树的童期为2～5年；枣和番木瓜等物种的童期仅有1～2年。

在杂交育种及生物技术育种实践中，采取促进营养生长的技术措施，如为实生苗提供适宜的光照、温度和水肥条件，有利于缩短实生树的童期。而当实生树度过童期进入成年营养生长期后，则须采取抑制营养生长的措施以促进实生树成花，如环剥、拉枝等。

（张新忠）

童性 juvenility 果树作物实生树在童期所具有的特殊的遗传和生理特征。童性属于典型的表观遗传现象。童性常表现为特异形态性状，如茎刺、叶片裂刻等；特异的生化指标，如特异多酚组分、水溶性蛋白质等；特异的生理指标，如营养生长旺盛，不定根发生能力强，抗病性及抗逆性强等。

实生树体内较高的miR156（植物幼年向成年阶段转变的主控因子）表达量是维持童性的充分必要条件。随着实生树个体发育，miR156表达量显著降低，童性消失，进入成龄期（adult phase）。这个转变是个连续渐进的过程，称为阶段转变。

阶段转变具有可逆性，即进入生殖生长期的实生树或无性繁殖个体，在适当的条件下能够恢复童性。处于成龄期的个体、器官或组织恢复童性的过程称为返童（rejuvenation）。经典试验将成龄期接穗反复嫁接于实生砧木上，可以实现返童。而成龄期组培苗反复茎段继代是有效的返童措施。成龄期组织或器官诱导愈伤组织或直接的植株再生均可使其返童。

（张新忠）

突变 mutation 生物体发生的可以传递给后代的遗传物质的改变。从遗传物质来看，高等生物的突变包括染色体数目变异、染色体结构变异和基因突变，其中基因突变最为普遍。携带发生突变的遗传物质并表现突变性状的个体称为突变体或突变型。突变是生物进化的源泉。突变产生的有利性状可以用于改良生物，因此在育种上具有重要的意义。对植物而言，如果自然突变在芽的分生组织细胞中产生，变异的体细胞就有可能形成变异芽，进而形成变异枝甚至变异株，这种变异发生的方式称作芽变。对由芽变发生的变异进行选择，从而育成新品种的途径称作芽变选种，芽变选种是多年生无性繁殖园艺植物的重要育种途径。

（张志宏）

茶 Tu 中国茶的名称和本字。茶为多义多音字，茶为其中之一。陆羽《茶经》：“其字，或从草，或从木，或草木并。其名，一曰茶，二曰槚，三曰蔎，四曰茗，五曰荈。”其原注：“周公云：‘槚，苦荼。’杨执戟云：‘蜀西南人谓茶曰蔎。’郭弘农云：‘早取为荼，晚取为茗，或一曰荈耳。’”《说文解字》：“荼，苦荼也。从草余声。注：同都切。臣铉等曰：此即今之茶字。”从汉代印章、匋文等篆隶书体开始，逐渐简化成“茶”字，到中唐《开元文字音义》，特别是陆羽《茶经》的问世，确立和推广了“茶”的字形，成为茶的专用字。

（于良子）

土球苗 root ball plant 出圃时带一定范围原生土的园林苗木。土球苗是园林苗圃苗木出圃的一种形式。土球苗在出圃时用

土球苗

一定范围的原生土包裹起来，其运输和栽植过程都是在土球中。土球苗成活率高。土球可以人工挖掘，也可以机械挖掘，效率高。（吕 彤）

脱水蔬菜 dehydrated vegetable 新鲜蔬菜经洗涤、烫漂、干制等加工制作，脱去其中大部分水分后制成的干菜。脱水蔬菜在食用时一般需要复水。不少新鲜蔬菜水分含量高，容易腐败变质，贮藏性较低。蔬菜经脱水可除去大部分水分，水分活度也随之降低，抑制微生物繁殖，从而易于保藏。同时，其体积小、重量轻的特点也使之便于运输。

脱水蔬菜有很长的加工史。传统加工方法为晾晒，一般为自家加工，商业化生产的企业一般规模小、产量低且质量不稳定。随着食品工业的发展，脱水蔬菜加工技术不断提高，形成了工业化生产技术。常用的脱水方法除传统的晾晒法外，热风干燥、真空干燥、冷冻干燥等现代加工技

术方法占据了主导地位，其中冷冻干燥所得的产品质量最好，能最大限度地保持蔬菜原有形态、色泽和营养成分，复水性好，但成本较高。

加工时应根据蔬菜原料的特性、脱水后赋予的风味、营养以及保藏要求等选择适合的脱水方法。为防止脱水蔬菜在保藏过程中吸湿变质，产品应使用防湿性较好的包装袋包装，可在袋中放入干燥剂。采用真空包装能有效防止氧化变质，同时置于干燥环境下保藏。

（余小林）

W

外观品质 appearance quality 通过人的感觉器官能够感受到的蔬菜品质指标的总和。外观是消费者感知产品的第一印象和购买决定的最终因素。蔬菜外观品质主要包括产品的大小、形状、色泽、风味和整齐度等属性，还包括新鲜度、软硬度，以及破损、病斑等缺陷。大小指产品的面积、重量和体积等；形状指直径、光滑度、紧实度和一致性等；色泽指表面色素（叶绿素类、胡萝卜素、花青素、类黄酮类）和蜡质状况；风味指甜、酸、苦、辣、咸、涩、鲜等味觉；整齐度指一致性和强度等；新鲜度指产品的新鲜程度，与货架期有关；缺陷指外部和内部缺陷，外部的包括形态、物理和机械缺陷，内部的包括生理、病害等缺陷。（叶志彪）

豌豆 peas; *Pisum sativum* 豆科豌豆属一年生或越年生攀缘草本植物。又称寒豆、麦豆。古名毕豆、留豆。是粮食、蔬菜、饲料和绿肥兼用作物。豌豆起源于亚洲西部和地中海地区。自新西兰到北纬68°均有分布。干豌豆主产国为俄罗斯、中国、印度、美国、埃塞俄比亚、匈牙利、法国、英国、捷克、斯洛伐克、新西兰等，青豌豆产量以美国、英国、法国等名列前茅。豌豆在中国各地均有栽培，以四川最多，其次为河南、湖北、江苏、云南、陕西、山西、青海等省。栽培的白花豌豆和紫花豌豆属同一个种，前者系由后者演化而来。

形态特征 主根较发达，侧根细长。茎蔓柔软，表面被白色蜡粉，光滑无毛，多为蔓生，长30～300厘米。偶数羽状复叶，顶端小叶变为卷须，用以攀缘；复叶基部有两片大托叶。每一花梗一般着生一二朵蝶形花，花色白、紫或红，紫（红）花豌豆托叶叶腋间有红色斑点。荚圆筒形或扁圆筒形，每荚含种子4～8粒，有圆、皱、凹圆和扁圆等不同形状，呈黄白、绿、粉红、褐和黑等色。按株形分为软荚、谷实、矮生豌豆3个变种，或按荚壳内层革质膜的有无和厚薄分为软荚和硬荚豌豆，也可按花色分为白色和紫（红）色豌豆。

图1 豌豆

图2 豌豆的叶和卷须

图3 豌豆的花

图4 豌豆的荚和种子

栽培 属长日照作物。早熟种对光照长短不敏感，适应性强；晚熟种要求长日照。出苗期适温为6～12℃，结荚期为16～22℃。自花授粉。生长期内需水量较多，开花期为需水临界期。对土壤要求不严，但以pH6.5～8.0、富含钙质的砂质壤土和壤土最适宜。是豆类作物中最忌连作的一种，轮作周期需4～5年。常见病害有锈病、褐斑病、根腐病、病毒病等。主要害虫有潜叶蝇和豌豆象。

用途 干豌豆籽粒含蛋白质20%～25%，主要成分为清蛋白和球蛋白。含人体必需的8种氨基酸。可用作主食，豌豆粉可加工为粉丝及其他食品，“豌豆黄”是中国用豌豆粉制成的一种糕点。软荚豌豆主要以嫩荚作蔬菜。嫩荚和青豌豆除含蛋白质外，还富含糖分及维生素A、维生素B_1、维生素B_2和维生素C；豆苗及嫩梢则富含蛋白质、胡萝卜素和维生素C，均是优质蔬菜。青豌豆还可制成罐头食品。籽粒和豆秸为优质饲料。也常专种作绿肥。（侯喜林 张昌伟）

顽拗性种子 recalcitrant seed 对低温和干燥敏感或不耐失水，在自然条件下贮藏寿命较短的种子。又称顽拗型种子。1973年，英国植物学家E.H.罗伯茨根据种子的贮藏行为，把种子分为正常性种子和顽拗性种子两种类型。顽拗性种子成熟时仍具有较高的含水量（30%～60%），采收后不久便可自动进入萌发状态；一旦脱水（即使含水量仍较高），会导致生活力迅速丧失。根据种子对脱水敏感性的差异，可将顽拗性种子分为高度、中度和低度顽拗性三种类型。高度顽拗性种子对脱水和低温高度敏感；低度顽拗性种子可以忍受一定程度的脱水，在低温下能贮藏若干年；中度顽拗性种子介于两者之间。

植物种类 产生顽拗性种子的植物主要有两大类：①水生植物。如水浮莲、菱、茭白等。②具大粒种子的多年生木本植物。包括一些热带作物（如可可、橡胶、椰子等），热带果树（如油梨、杧果、榴莲、山竹子、红毛丹、木菠萝等），热带林木（如坡垒、青皮等）和温带植物（如板栗、栎树等）。

贮藏特性 顽拗性种子的贮藏特性为：干燥脱水易损伤，不耐低温，易发生冷害和冻害，微生物生长旺盛，呼吸作用强，贮藏期间易发芽。其贮存方法有三种：①短（中）期贮存方法。包括吸涨贮藏法或水浸贮藏法、部分脱水室温贮藏法、气调法等。在保持种子活力的前提下，将其保存在所能承受的最低温度下，避免水分丧失，并防止微生物的侵染，可使顽拗性种子的寿命延长至数月甚至数年。②离体保存法。利用茎尖、离体胚（或胚轴）等组织器官的离体培养进行保存。该方法已发展为保存具有顽拗性种子的果树等木本植物种质资源的主流。③超低温保存法。利用液氮，低含水量的种子能在−196℃下不受伤害。该方法技术难度较高。（何新华）

晚甘侯 Wan'ganhou 中国茶的别称。以拟人化的修辞手法把茶叶的性状和滋味特点形象化。宋陶谷著《茗荈录》载：“孙樵《送茶与焦刑部书》云：‘晚甘侯十五人遗侍斋阁。此徒皆请雷而摘，拜水而和。盖建阳丹山碧水之乡，月涧云龛之侣，慎勿贱用之。'" 孙樵，唐宣宗大中九年(855)登进士第，官至中书舍人。黄巢入长安时，孙樵随僖宗奔赴岐陇，授职方郎中，上柱国，赐紫金鱼袋。在《茗荈录》中，记有孙樵赠茶的数量、制造季节、煮饮方式及品饮者的身份等。 （于良子）

皖西黄大茶 Wanxi large-leaf yellow tea 主产于中国安徽省六安市霍山县大化坪、漫水河、诸佛庵、龙井冲及皖西茶区的黄茶。皖西黄大茶生产历史悠久，明经典茶书《茶疏》中有关于黄大茶起源的详细记载。皖西黄大茶为大宗茶，以霍山县大化坪、漫水河、金寨县燕子河一带所产的茶品质最佳。

自然环境 适合茶树生长的环境为：海拔在400米以上，山高云雾多，雨量充沛，空气湿度大；植被覆盖率达到76%以上；土壤疏松，土质肥沃，pH4.5～6.0。

加工工艺 以当地群体种鲜叶为原料加工而成，其加工工艺流程分为：鲜叶采摘→生锅→二青锅（初步揉条）→熟锅→初烘→堆积闷黄→拉小火→拉老火。①鲜叶采摘。鲜叶采摘的标准为一芽四、五叶，一般长度在10～13厘米。春茶一般在立夏前后2～3天开采，为期1个月，采3～4批。夏茶在芒种后3～4天开采，采1～2批，不采秋茶。②生锅。主要起杀青作用。锅温150～200℃，投叶量250～500克，炒3～5分钟，叶质柔软，叶色暗绿，即可扫入第二锅内。③二青锅（初步揉条）。锅温稍低于生锅，炒法与生锅基本相同，但用力要大，转圈也要大，当茶叶炒至皱叠成条，茶汁溢出，有粘手感，即可扫入熟锅。④熟锅。锅温130～150℃，方法与二锅基本相同，旋转搓揉，待炒至条索紧细，发出茶香，约三四成干，即可出锅。⑤初烘。用烘笼烘焙，温度应控制在120℃左右，烘叶量2～2.5千克。每隔2～3分钟翻烘一次。烘30分钟，到七八成干，下烘后立即进行堆积。⑥堆积闷黄。初烘叶趁热装入茶篓或堆积于圈席内，稍加压紧，高约1米，置于干燥的烘房内。时间长短视鲜叶老嫩、茶坯含水量及黄变程度而定，一般是5～7天。待叶色变黄，香气透露即为适度。⑦拉小火。温度控制在100℃左右。每烘投叶量10千克，隔5～7分钟翻拌一次。烘至九成干，大约30分钟，即可下烘摊晾3～5小时，再拉老火。⑧拉老火。温度150℃左右，每烘投叶量12.5千克，时间40～60分钟，下烘趁热包装待运。

品质特征 皖西黄大茶黄汤黄叶，浓而不涩、厚而甜醇；外形梗壮叶肥，枝叶相连，形似钓鱼钩；色泽油润；香气焦香浓郁，汤色深黄显褐，滋味浓厚甜润；叶底黄中显褐。

销售区域 主要销往中国北方地区，包括山西、陕西、甘肃、山东、河南等地。

（宁井铭 龚 勤）

万代兰 vanda orchid; *Vanda* spp. 兰科万代兰属植物的统称。万代兰原产于马来西亚、菲律宾、澳大利亚和美国佛罗里达州与夏威夷群岛。中国海南岛发现2个原生种，即纯色万代兰和密叶万代兰。截至2019年已发现70个原生种，人工选育的杂交种则有1000多个，是洋兰中的一个重要家族。新加坡的国花胡姬花就是万代兰的一种。

万代兰是典型的附生兰，植株差异大，小株高约30厘米，大植株可达2米以上。茎上具多数粗壮的气生根，根长可达1米以上。叶片在茎两侧排成两列，呈带状或圆柱状，革质，绿色。叶表面有较厚的角质层，具较强的抗旱性。总状花序从叶腋间抽出，有花10～20朵，每朵花能开2～3周，从下往上依次开放。万代兰花朵硕大，花姿奔放，花色丰富，有白、黄、粉、红、褐及兰花中极为稀有的蓝色花，并具有深色的方格形网状脉纹。花萼与花瓣相似，有时萼片稍大于花瓣。唇瓣较小，三裂，中裂片向前伸展，侧裂片直立，唇基部与蕊柱结合。大多数种白天散发出芳香气，多在秋、冬开花，也有少数种类夏末开花，花期2～3月。

喜温暖、空气流通及湿度高的环境，忌环境突然改变，忽冷忽热会引起落叶。同其他兰花相比，万代兰需要更充足的光照，否则不易开花。

万代兰

常作盆栽、吊挂装饰、切花或其他花艺设计之用，为室内装饰的重要花材。盆栽的基质必须透水性强，多用木炭、砖块、树蕨块、椰子壳、浮石、树皮块等作为培养材料，少用水苔，不能用培养土、腐叶土。 （葛 红 贾瑞冬）

万年青 omoto nipponlily; *Rohdea japonica* 天门冬科万年青属多年生常绿植物。又称冬不凋、铁扁担。万年青分布于中国和日本。生长于海拔750～1700米的林下潮湿处或草地上。

图1 万年青

图2 万年青的根状茎

图3 万年青的叶

图4 万年青的花序

图5 万年青的果实

根状茎粗1.5～2.5厘米。叶3～6枚，厚纸质，矩圆形、披针形或倒披针形，绿色，纵脉明显浮凸；鞘叶披针形，长5～12厘米。花葶短于叶，长2.5～4厘米；穗状花序长3～4厘米，宽1.2～1.7厘米；具几十朵密集的花；花被长4～5毫米，宽6毫米，淡黄色，裂片厚。浆果直径约8毫米，熟时红色。花期5～6月，果期9～11月。

各地常作盆栽供观赏。全株有清热解毒、散瘀止痛之效。

（陈已任）

王莲 Amazon water lily; *Victoria amazonica* 睡莲科王莲属多年生或一年生大型浮叶水生草本植物的统称。是叶片最大的水生有花植物。王莲原产于南美洲。由德国植物学家T.亨克于1801年在亚马孙河的一个支流中发现，并于1827年用时任英国女王维多利亚（Victoria）的名字作为属名。1850年被引种到欧洲。1959年中国从德国引种王莲并在温室内栽培成功，之后中国的北京植物园、上海辰山植物园、华南植物园、深圳仙湖植物园、西双版纳植物园等均引种成功。王莲属仅有亚马逊王莲和克鲁兹王莲两种，品种也很少，包括美国长木花园通过杂交获得的品种长木（*Victoria* 'Longwood'）和中国科学院西双版纳植物园于2021年10月国际登录的新品种追梦人（*Victoria* 'Dreamer'）等。

形态特征　不定须根发达，直立根状

图1　王莲

茎短。叶漂浮水面，圆形，直径可达2米以上，边缘上卷直立，高7～10厘米，形似簸箕。叶上面绿色、红色、铜红色，无刺；叶下面绿色或紫色，网状叶脉突起，叶片在网眼中皱缩，脉具多枚长2～3厘米的锐刺。叶柄长，密被粗刺。花单生，伸出水面开放。花梗密被粗刺。萼片4，卵状三角形，长10～20厘米，宽6～8厘米，绿褐色，密被刺。花瓣多数，倒卵形，长10～22厘米。子房下位，密被粗刺。雄蕊多数，外层变态为花瓣状，花药2室，顶端具披针形附属体，花丝扁平，基部渐宽。浆果有香气，果球形，含种子200～300粒。种子径5.5～6.0毫米，暗绿色，可食用。花果期7～10月。

生活习性　性喜高温、高湿，不耐寒。生长适温22～30℃，低于20℃时植株停止生长，低于8℃可受寒死亡。生长环境以土质肥沃略带黏性为好。傍晚时分开花，白色有芳香气味，次日变粉红色，第三天变深红色后闭合而谢沉入水中。种子在水中成熟。可采用种子繁殖，也可分株、分球繁殖。

栽培与管理　王莲可以播种繁殖和育苗繁殖，土壤以微酸性和中性为宜。①选种与播种。因种子具有休眠期，一般不选

图2　王莲的叶

图3　王莲的叶脉

图4　第一天开放的王莲花

图5　第二天开放的王莲花

当年采收的种子播种。成熟种子发芽期约1个月，但在催芽的情况下可缩短至1周。温室可于1～2月播种，中国长江流域3月初至4月初播种。②育苗繁殖。初生幼苗生长约20天至2片叶、3～5条根时，可移植上盆进行育苗。栽种深度以种壳略高出土面为宜，置于温水中，保持叶片浮在水面，移植过程宜控制在5小时以内，以防止幼苗离水死亡。当根系伸出育苗盆时，移栽至口径30～40厘米的盆中，以畜粪、饼肥、蹄片作为基肥与塘泥混合装盆。当露天池水温度达到18℃以上时，移栽于池中向阳避风处。入塘前施绿肥混以复合肥作为底肥。王莲栽培要求水深20～30厘米，保持水体轻微流动。以鸡粪、骨粉作为基肥，花期限制氮肥用量，追施磷钾肥。中国大部分地区不能露地过冬，须在温室中越冬。

王莲遇气候不适或养殖水质变化会出现多种病虫害，如斜纹夜蛾、褐斑病及有害螺类等，导致王莲叶面破坏甚至无法开花，失去观赏价值。采取以预防为主、治理为辅的原则进行防治，措施有：①经常清理水中的死鱼、死虾，水草烂叶等杂物，保证水质良好。②在高温高湿季节到来之前，定期喷洒防治药剂。除小范围喷洒试剂杀灭害虫外，情况严重时还可将水池抽水后彻底消毒清洁。

用途　叶大型，形态奇特；花大，颜色多变，观赏性佳。一株可绿化水体上百平方米，是水景绿化不可或缺的观叶植物，多用于公园、风景区的水体栽培；也

常与睡莲、荷花等配植，营造不同的景观效果。王莲叶片巨大，在其上垫塑料板等可承载50千克以上的重量，亦用于宝宝拍照等趣味项目。

（张会芳）

网球花 blood lily; *Haemanthus multiflorus* 石蒜科网球花属植物。又称网球石蒜。网球花原产于非洲热带地区。中国引种作为观赏花卉。

多年生草本。鳞茎球形，直径4～7厘米。叶3～4枚，长圆形，长15～30厘米，主脉两侧各有纵脉6～8条，横行细脉排列较密而偏斜。叶柄短，鞘状。花茎直立，实心，稍扁平，高30～90厘米，先叶抽出，

图1 网球花

图2 网球花的鳞茎

图3 网球花的叶

图4 网球花的花序

淡绿色或有红斑。伞形花序具多花，排列稠密，直径7～15厘米。花红色。花被管圆筒状，长6～12毫米。花被裂片线形，长约为花被管的2倍。花丝红色，伸出花被之外，花药黄色。浆果鲜红色。花期夏季。

网球花花色艳丽，有血红、白和鲜红等色，花朵密集，四射如球，是常见的室内盆栽观赏花卉。南方室外丛植成片布置，花期景观别具一格。

（王 雁）

网室 net house 采用防虫网覆盖，限制昆虫进出以防止害虫危害和避免非目的授粉的设施。又称防虫网室。

分类 网室根据屋面形状可分为平顶网室和拱顶网室，根据网室的连跨数可分为单栋网室和连栋网室。网室所用网材，按材质可分为金属网材（包括不锈钢、黄铜等）和塑料网材（包括聚乙烯、聚丙烯、尼龙等）。网按结构可分为编织网（线与线之间交叉搭接）、针织网（线与线之间相互搭扣形成持久的节点）和打孔网（在塑料薄膜上满打“微孔”）。

应用 网室用防虫网材料和网目大小的选择应根据网室的使用寿命、网室使用季节、防虫对象的体型尺寸等因素确定。网室不防风雨，但能减弱进入网室内的暴雨强度、风速以及光照强度，网目过细的网室可能会引起室内短时间高温。网室可与塑料大棚兼用骨架，更换覆盖材料即可实现网室和塑料大棚功能的转换。生产用网室一般不配套环境控制设备，科研试验用网室可配套人工补光灯。

（周长吉）

网室栽培 net house cultivation 利用防虫网室构建的人工隔离屏障防虫，从而在生产中不用或少用农药的实用环保的栽培技术。是继遮阳网之后又一重要的设施栽培技术。从1995年起，中国江苏省在蔬菜生产中借鉴中国台湾地区以及其他国家的先进经验，针对中国蔬菜病虫害防治和设施栽培的现状，率先应用防虫网，深入研究蔬菜防虫网的规格、覆盖方式、使用范围、应用效果和经济效益。经过三年的试验示范，推广全国。

特点 ①不用或少用农药，生产安全蔬菜。网室栽培可利用人工搭建的屏障隔离害虫，从而切断害虫（成虫）的繁殖途径，有效控制许多常发性害虫的危害。不用或少用农药，不会对生态环境造成新的污染源，有利于保护生态环境，实现农业的可持续发展。②抵御自然灾害，削弱灾害对蔬菜生长的影响。网室栽培对暴雨、强风、冰雹等具有明显的减弱作用。

技术要点 ①覆盖前进行土壤消毒和化学除草。这是防虫网覆盖栽培的重要配套措施，一定要杀死残留在土壤中的病菌和害虫，阻断害虫的传播途径。小拱棚覆盖栽培蔬菜时，拱棚高度要高于作物的高度，避免菜叶紧贴防虫网，使网外害虫采食菜叶，产卵于破损菜叶。随时检查防虫网破损情况，及时堵住漏洞和缝隙。②实行全生育期覆盖。一般风力不用压网线，如遇5～6级大风则须上压网线，以防掀开。③选择适宜的规格。根据蔬菜地情况和不同作物、季节的需求，选择防虫网的幅宽、孔径、丝径、颜色等。其中最重要的是孔径，孔径目数过少，网眼过大，起不到应有的防虫效果；目数过多，网眼小，防虫效果好，但网内空气流通阻力大，而且遮光多，对作物的生长不利。因此，较为适宜的孔径目数是20～25目，丝径是0.18毫米。如果须加强防虫网的遮光效果，可选用银灰色及黑色的防虫网。银灰色的防虫网避蚜虫效果更好。④喷水降温。白色防虫网在气温较高时，网内气温较网外高，因此7～8月气温特别高时可增加喷水次数，保持网内湿度，以湿降温。

（蒋卫杰）

卫矛 burning bush; *Euonymus alatus* 卫矛科卫矛属落叶灌木。中国除东北地区、新疆维吾尔自治区、青海省、西藏自治区、广东省及海南省以外，其他省区均产卫矛。日本、朝鲜有分布。生长于山坡、沟地边沿。

小枝常具2～4列宽阔木栓翅；冬芽圆形，芽鳞边缘具不整齐细坚齿。叶卵状椭圆形、边缘具细锯齿，两面光滑无毛；叶柄长1～3毫米。聚伞花序1～3花；花

图1 卫矛

图2 卫矛的小枝

图3 卫矛的叶和花

图4 卫矛的果实

图5 卫矛的种子

序梗长约1厘米，小花梗长5毫米；花白绿色，4数。蒴果1～4深裂，裂瓣椭圆状；种子椭圆状或阔椭圆状，种皮褐色或浅棕色，假种皮橙红色，全包种子。花期5～6月，果期7～10月。

性喜光，也稍耐阴；对气候和土壤适应性强，能耐干旱、瘠薄和寒冷，在中性、酸性及石灰性土壤中均能生长。萌芽力强，耐修剪，对二氧化硫有较强的抗性。欲使之秋色鲜艳，须植于光照充足、湿润及土壤排水良好的环境中。采用扦插方式繁殖。

秋叶火红，是优秀秋色叶树种，可孤植、丛植，亦可带状种植。

（赵世伟）

蝟实 beauty bush; *Kolkwitzia amabilis* 忍冬科蝟实属直立灌木。蝟实为中国特有种，天然分布于中国山西、陕西、甘肃、河南、湖北及安徽等省，生长于海拔350～1340米的山坡、路边和灌丛中。中国华北、华中地区有栽培。

多分枝，株高可达3米。叶椭圆形至卵状椭圆形，长3～8厘米，宽1.5～2.5厘米，叶片上面深绿色，两面散生短毛。伞房状聚伞花序，具长1～1.5厘米的总花梗，花梗几乎不存在。苞片披针形，花冠淡红色，花药宽椭圆形。花柱有软毛，果实密被黄色刺刚毛，顶端伸长如角，冠以宿存的萼齿，果实黄色。5～6月开花，8～9月结果成熟。

喜光照充足的环境，稍耐阴，但过阴则生长细弱，不能正常开花结实。耐寒、耐旱、耐瘠薄，在土层薄、岩石裸露的阳坡亦能正常生长，不喜过湿、积水的环境。繁殖方式以播种和扦插繁殖为主。

植株紧凑，树干丛生，株丛姿态优美。花朵繁密，花色艳丽，花期较长，花序紧凑，盛开时满树粉红，且管理粗放，抗逆性强，可广泛用于中国长江以北多种场合的绿化和美化。夏秋全树挂满形如刺猬的

图1 蝟实

图2 蝟实的茎

图3 蝟实的叶

图4 蝟实的花

小果，十分别致。蝟实于园林中群植、孤植、丛植均美，既可作为孤植树栽植于房前屋后、庭院角隅，也可组团式栽植于草坪、山石旁、水池边或坡地。

（赵世伟）

温室 greenhouse 采用透光覆盖材料作为全部或部分围护结构，配备一定环境调控设备，用于抵御不良天气条件，保证作物能正常生长发育的设施。主要用于非季节性或非地域性的植物栽培、科学研究、加代育种和观赏植物栽培等。

发展简史 中国的温室栽培史可追溯到2200多年前的秦始皇统治时期，东汉卫宏《诏定古文官书序》载：“秦既焚书，患苦天下不从所改更法，而诸生到者拜为郎，前后七百人，乃密令冬种瓜于骊山坑谷中温处，瓜实成。”公元前33年以前，中国已有“昼夜然蕴火”种“葱韭菜茹”的屋庑，说明汉时已采用加温方式在冬天种植葱、韭菜等蔬菜。发展到清代末期，已使用玻璃温室种植蔬菜和花卉。20

世纪30年代，日光温室最早在辽宁鞍山一带出现，并在80年代后得到迅猛发展。1967年，长春建造了中国第一座塑料大棚。1977年，北京建造了第一座自行设计的玻璃温室。

罗马人曾于公元前42年将肥沃的土壤装入木箱播种黄瓜，箱上覆盖滑石薄板；冬季白天将种植箱放在室外阳光下，夜间搬入室内保温，黄瓜可提早结实。但真正用于作物栽培始于公元1385年，法国用玻璃亭子栽培花卉。1599年，荷兰建成一座栽培热带植物的温室，这是世界上最早的温室之一。1700年，英国将玻璃亭子改建成玻璃房。19世纪前，美国建造了世界上第一座商用玻璃温室。1967年，荷兰创造了文洛型玻璃温室，并在世界范围内推广。

主要类型　按温室的用途，可分为生产性温室、试验研究温室、植物隔离检疫温室、观赏温室、庭院温室、生态餐厅温室、商业零售温室。按温室的透光覆盖材料，可分为玻璃温室和塑料温室；其中玻璃温室又可分为单层玻璃温室、双层中空玻璃温室和光伏板温室，塑料温室又可分为硬质板塑料温室（主要为聚碳酸酯中空板和聚碳酸酯波浪板）和塑料薄膜温室（包括单层塑料薄膜温室、双层充气膜温室和多层结构塑料薄膜温室）。按屋面形状，可分为尖屋面温室、圆拱屋面温室和锯齿屋面温室。按主体结构材料，可分为金属结构温室（包括钢结构温室、铝合金结构温室等）和非金属结构温室（包括竹木结构温室、钢筋混凝土结构温室等）。按主体结构形式，可分为门式钢架结构温室、桁架式屋面梁结构温室、组合式屋面梁结构温室、文洛型温室和日光温室。按是否连跨，可分为单栋温室（单跨温室）和**连栋温室**（两跨及两跨以上通过天沟连接起来的温室）。按自动化控制水平分为一般温室和智能温室。

发展趋势　对温室结构的研究，集中在镀锌钢结构材料上，竹木结构、钢筋混凝土结构等将逐步淘汰。对透光覆盖材料的研究，集中在高透光散射玻璃和多功能长寿膜上，聚碳酸酯中空板虽然在温室中也有应用，但不是生产温室大规模推广应用的方向。环境调控技术是研究的热点，包括按照温光气水综合因子对作物生长的作用和影响精准调控温室环境，基于互联网和物联网的远程移动端控制方法，以及温室内机械化、自动化作业装备如水肥一体化设备、智能运输设备、机器人采摘等。

现代化连栋温室将向着大型化、智能化、省力化方向发展，节约能源永远是现代化温室研究的课题，新材料（包括透光覆盖材料、结构用材、保温材料等）是温室革新的动力，高透光、高散射光玻璃和长寿无滴塑料薄膜、转光膜等透光覆盖材料是未来研发的目标。中国的日光温室将向节约土地、提高效率、增强自动控制能力等方向发展，减弱或取消后墙的被动蓄热能力，增强温室的主动蓄热能力；温室结构轻简化、组装式也是主要发展趋势。

（周长吉）

温室花卉　greenhouse flowers　由于生长发育不同阶段对温度的要求不同，需要在温室中常年栽培或大部分时间需要在温室中才能满足生长发育条件的**观赏植物**。该类植物的种类因地区而异，原产于热带、亚热带和温带南部地区的植物，在温带以北地区则需要在温室内栽培才能正常生长发育、开花结果。如扶桑、含笑、茉莉、茶花等在华南地区可以露地栽培，在华北地区则成了温室花卉。其他常见的温室花卉还包括瓜叶菊、非洲菊、马蹄莲、仙人掌类、蕨类、热带兰、一品红、香石竹、花烛等。

分类　温室花卉根据生态习性和观赏特性主要分为以下几类：①观叶型温室花卉。包括观赏棕榈类，如散尾葵、袖珍椰子、鱼尾葵、软叶刺葵等；蕨类植物，如凤尾蕨、铁线蕨、巢蕨、波士顿蕨等；天南星科植物，如广东万年青、花烛、绿萝、花叶芋等；凤梨科植物，如姬凤梨、水塔花等。②观花型温室花卉。包括兰科植物，如兰属的春兰、建兰、蕙兰、墨兰等地生兰和石斛兰、卡特兰、蝴蝶兰等附生兰；秋海棠类，秋海棠科秋海棠属中具有观赏价值的种类，如球根秋海棠、四季秋海棠等。③观果型温室花卉。柑橘类，包括芸香科柑橘属、金橘属、枳属的观赏种类，如佛手、金橘等。④水生植物型温室花卉。包括王莲、睡莲、水蕹、玻璃藻等。⑤其他温室花卉。包括仙人掌类、龙血树、竹芋类植物等。除此之外，一些原产于热带、亚热带及暖温带的花卉，如五色梅、三角梅、桂花、南天竹、夹竹桃，以及一些不耐寒小型盆栽草本花卉，如仙客来、大岩桐、瓜叶菊、四季樱草等，在北方需要在温室栽培越冬，也常列入温室花卉的范畴。

栽培特点　温室花卉栽培特点有：①栽培方式。根据温室花卉的种类和特点，栽培方式可分为地栽、盆栽和无土栽培。②基质选择。多选泥炭、珍珠岩、蛭石等按比例混合作为栽培基质，透气性和排水性良好。③施肥。需要充足的基肥和适当的追肥保证花卉的正常生长发育。④其他管理措施。如浇水、修剪整形、病虫害防治等，保证温室栽培花卉能够满足其生长发育以及生产上的需求。

发展　随着切花和**盆花**产业的不断发展，温室花卉的范围越来越大，其重要性也逐渐体现出来。不少传统的露地花卉，如月季、菊花等种类也开始在温室中栽培，结合花期调控措施实现全年切花生产。在温室中栽培还能保证花卉的品质、产量。随着温室花卉产量和经济价值的提高，温室花卉的栽培技术也在不断进步。许多温暖区域的国家，如哥伦比亚、墨西哥、泰国等广泛利用温室发展花卉产业，在花卉国际市场上占据重要的竞争力。

（潘会堂）

温州黄汤茶　Wenzhou Huangtang tea　产于中国浙江省温州市的黄茶类黄小茶。温州黄汤茶是浙江两大黄茶品牌之一，产于平阳、苍南、泰顺、瑞安、永嘉等地，各有基地数百公顷。

生产简史　温州黄汤茶为历史名茶，始于1798年前后创制的平阳黄汤。当时平阳已盛产茶叶，因当时茶场设备简单，不能及时烘干，常有闷堆变黄情况，结果反而滋味醇和，受顾客喜爱。清时因黄汤独特的品质，平阳黄汤被列为贡品，后来泰顺、永嘉、瑞安等县也纷纷学制，统称为温州黄汤。平阳黄汤一直到光绪、宣统（1875～1911）年间仍作为贡品进奉朝廷。1931年抗日战争开始，黄汤销路受阻，生产遭到严重破坏，加工技术逐渐失传。1979年后，全国掀起恢复历史名茶的热潮，温州平阳、泰顺等地茶叶科技者和茶企纷纷研制恢复了黄汤的生产。2015年以来，有区域特色的平阳黄汤、泰顺黄汤得到了较快发展。

加工工艺　温州黄汤茶的原料一般用本地群体种，鲜叶采摘标准为一芽一叶至一芽二叶，工艺前半部分为摊放→杀青→揉捻。后半部分工艺各地略有不同，平阳地区要经三闷三烘，泰顺地区要经堆闷→摊凉→初烘→复闷→复烘→足火等工序，苍南地区的加工工艺则为闷堆→初烘→闷烘。

品质特征　温州黄汤茶的干茶色泽嫩黄、汤色杏黄明亮、香气清高持久、滋味甘醇爽口、叶底嫩匀成朵，呈干茶显黄、汤色杏黄、叶底嫩黄的典型“三黄”品质特征。

销售区域　温州黄汤茶以温州本地销售为主，北京、上海、杭州、广州等城市也有销售。

（冯海强　罗列万）

文冠果 yellowhorn; *Xanthoceras sorbifolium* 无患子科文冠果属落叶灌木或小乔木。文冠果原产于中国北方黄土高原地区，天然分布北到辽宁西部和吉林西南部，南至安徽省萧县及河南南部，东至山东，西至甘肃宁夏。野生于丘陵山坡等处，各地也常栽培。

高可达5米。小枝褐红色粗壮，叶连柄长可达30厘米。小叶对生，两侧稍不对称，顶端渐尖，基部楔形，边缘有锐利锯齿。两性花的花序顶生，雄花序腋生，直立，总花梗短，花瓣白色，基部紫红色或黄色，花盘的角状附属体橙黄色，花丝无毛。蒴果长达6厘米。种子黑色而有光泽。春季开花，秋初结果。

图1 文冠果

图2 文冠果的叶

图3 文冠果的花

图4 文冠果的果实

图5 文冠果的种子

主要采用播种繁殖，也可用分株、压条和根插方法。喜阳，耐半阴，对土壤适应性很强，耐盐碱，抗寒能力强，−41.4℃安全越冬。不耐涝、怕风，在排水不好的低洼地区、重盐碱地和未固定沙地不宜栽植。耐干旱、贫瘠，抗风沙，在石质山地、黄土丘陵、石灰性冲积土壤、固定或半固定的沙区均能生长。

文冠果是中国特有的一种食用油料树种。文冠果花奇特、繁茂，也常作为景观树种。 （蔡邦平）

《文会图》 *Gathering of Scholars* 茶事绘画作品。中国宋朝宋徽宗赵佶作。绢本，设色，纵长184.4厘米，宽123.9厘米，现藏于中国台北故宫博物院。图右上有赵佶亲笔题诗：“题文会图：儒林华国古今同，吟咏飞毫醒醉中。多士作新知入彀，画图犹喜见文雄。”图左中为“天下一人”签押。左上方有蔡京题诗：“臣京谨依韵和进：明时不与有唐同，八表人归大道中。可笑当年十八士，经纶谁是出群雄。”由题跋看出，作品是借茶会题材而表达帝王统治下人才云集的主题。

《文会图》作为工笔人物画与唐代以来“十八学士”相类，可谓是借古题而出新意。全图描绘了一个共有20人的盛大的文人聚会场面，人物虽众，却安排有致，具有纤尘不染的明净感，儒衣纶巾，意态娴雅，象征明丽如春的升平气象。在一个优美的庭院里，池水、山石、朱栏、杨柳、翠竹交相辉映。在巨大的桌案上，有各种丰盛的果品和杯盏，文士们围桌而坐，或举杯品饮、或互相交谈、或与侍者轻声细语、或独自凝神而思，而有的则刚刚到来。旁边的一个桌几上，侍者各司其职，而顾盼相应，有的正在炭火炉旁煮水烹茶，有的正在一碗一碗地分酌茶汤。僮仆使用及准备中的茶具在存世北宋茶器中有相应的例子，画家所绘确有根据。从图中可以清晰地看到有茶瓶、都篮、茶碗、茶托、茶炉等，井然有序，主次悉备。此图名曰“文会”，显然也是一次宫廷茶宴和点茶场景的真实再现。整个画面人物神态生动，场面气氛热烈而高雅，有很高的艺术欣赏和史料参考价值，同时也是宋徽宗赵佶《大观茶论》等宋代茶事著作的形象实证。

（于良子）

文心兰 dancing lady orchid; *Oncidium* spp. 兰科文心兰属植物的总称。又称吉祥兰、跳舞兰、舞女兰、金蝶兰、瘤瓣兰。文心兰属植物全世界原生种多达750种以上，分布于美洲热带地区。英国皇家园艺学会（Royal Horticultural Society; RHS）国际登录的文心兰杂交种数达8000多个。

文心兰属复茎性气生兰类，具有卵形、纺锤形、圆形或扁圆形假球茎。假鳞茎是养分储存及供给器官，随营养生长而增大，随生殖发育而缩小。每年2月左右，植株新芽由原假鳞茎基部萌发，并逐渐形成新假球茎。解剖学观察发现，新生成的营养芽苞含13～14节，其中第一节以下形成假鳞茎。假鳞茎成熟后原基部腋芽分化成花茎，花茎7月后急速生长，于10月中旬开花。叶片1～3枚，可分为薄叶型、厚叶型和剑叶型。

图1 文心兰（洋红色）

图2 文心兰（纯黄色）

图3 文心兰的花

文心兰喜湿润和半阴环境，除浇水增加基质湿度以外，给叶面和地面喷水更为重要，增加空气湿度对叶片和花茎的生长有利。冬季需充足阳光，一般不用遮阳网，充足的光照有益于植物开花。

文心兰花型独特，具有较高的观赏价值，颜色有纯黄、洋红、粉红，或具茶褐色花纹、斑点等。植株轻巧、潇洒，花茎轻盈下垂，花朵奇异可爱，形似飞翔的金蝶，极富动感，是世界重要的**盆花**和**切花**种类之一。（葛 红 贾瑞冬）

文竹 asparagus fern; *Asparagus setaceus* 天门冬科天门冬属**攀缘植物**。又称云片松、刺天冬、云竹等。文竹原产于非洲南部和东部。该属全球约有300种，除美洲外，全世界温带至热带地区都有分布。中国有24种和一些外来栽培种，分布于全国各地。

高可达3～6米。根稍肉质，细长。茎的分枝很多，分枝近平滑。浆果直径约6～7毫米，熟时紫黑色，有1～3颗种子。

性喜温暖湿润和半阴通风的环境，冬季不耐严寒，不耐干旱，夏季忌阳光直射。文竹通常采用分株繁殖，也可播种繁殖。

图1 文竹

图2 文竹的分枝和花

图3 文竹的果实

分株繁殖最好的季节是春季。将文竹从花盆中取出，将新生的植株剥离，分别栽种到盆中，即可获得新的植株。

文竹是具有很高观赏价值的植物，体态轻盈，姿态潇洒，文雅娴静，可放置于客厅、书房，增添书香气息。

（赵惠恩）

蕹菜 water spinach; *Ipomoea aquatica* 旋花科甘薯属一年生或多年生草本植物。又称空心菜、竹叶菜、通菜、藤菜。以绿叶和嫩茎供食用。蕹菜原产于中国和东南亚热带地区。中国华南、华中、华东和西南各地普遍栽培，是夏秋季的重要**蔬菜**。

形态和类型 根系浅，主根上着生两排侧根，再生力强。茎蔓性，中空，绿色、浅绿色或带紫红色；茎节易生不定根，可用于扦插繁殖。真叶为单叶，互生，有宽

图1 蕹菜

图2 蕹菜的叶

卵形、长卵形、短披针形和长披针形等。按结实能力分为结实和不结实两类。前者称为子蕹，既可种子繁殖又可扦插繁殖；后者称为藤蕹，用扦插或分株繁殖，茎蔓和叶片较小，多为深绿色。按生长习性分为旱蕹和水蕹。旱蕹适于旱地栽培；水蕹以浅水栽培和深水栽培为主，也可旱地栽培。

栽培 蕹菜耐热，喜湿润，20℃以下生长缓慢，30℃左右生长迅速，能忍受40℃左右的高温。属短日照作物，长日照下生长良好，短日照促进开花结实。春季繁殖，夏季收获。抗性强，产量高。进行多次收割的，蔓长在30厘米左右时第1次采收，留基部2～3节采摘；环境适宜条件下每隔15～20天可采收一次，每次采收后应及时追肥。

用途 蕹菜含有丰富的维生素C、胡萝卜素及钙、磷等营养物质。除作蔬菜食用外，蕹菜还有药用价值，有消暑祛热、凉血、利尿解毒等功效。

（别之龙）

莴苣 lettuce; *Lactuca sativa* 菊科莴苣属一年生或二年生草本植物。以绿叶或肉质茎供食用。莴苣原产于地中海沿岸。埃及古墓出土的文物证明公元前4500年已有长叶型莴苣栽培。结球莴苣是在地中海一带演变而成，汉代或唐太宗时从西亚传入中国；后演变成茎用莴苣，因其肉质茎肥嫩如笋，故通称莴笋。9世纪传到日本。茎用莴苣和叶用莴苣在中国南北各地均有

栽培。

形态和类型 根垂直直伸。茎直立，单生，上部圆锥状花序分枝，全部茎枝白色。基生叶及下部茎叶大，不分裂，倒披针形、椭圆形或椭圆状倒披针形，长6～15厘米，宽1.5～6.5厘米，顶端急尖、短渐尖或圆形，无柄，基部心形或箭头状半抱茎，边缘波状或有细锯齿；向上的叶渐小，与基生叶及下部茎叶同形或披针形；圆锥花序分枝下部的叶及圆锥花序分枝上部的叶极小，卵状心形，无柄，基部心形或箭头状抱茎，边缘全缘，全部叶两面无毛。叶和茎有淡绿、绿和紫红等色，叶面平展或皱缩，全缘或缺刻。圆锥形头状花序，花黄色，自花授粉。

图1 茎用莴苣

图2 莴苣的茎和叶

图3 莴苣的花

图4 莴苣的种子

分为叶用和茎用两个类型。叶用莴苣可分为：①结球莴苣（*L. sativa* var. *capitata*）。叶片较大，叶片光滑或微皱缩，生长后期心叶形成叶球，呈圆球形或扁圆形。②直立莴苣（*L. sativa* var. *longifolia*）。叶狭长而直立，一般不结球或心叶抱合成圆筒状。③皱叶莴苣（*L. sativa* var. *crispa*）。叶深裂，叶面皱缩，不结球或心叶结成松散叶球。茎用莴苣（*L. sativa* var. *asparagina*）叶片较狭，先端尖或圆，幼苗叶片着生于短缩茎上；生长后期茎伸长、肥大；食用部分由茎和花茎两部分组成。

栽培 喜冷凉，较耐寒。种子在4℃时即可发芽，以15～20℃为宜，30℃以上发芽受阻。多采用育苗移植。叶用莴苣在中国长江流域及其以北地区以春播和秋播为主，华南地区多在秋冬播种；茎用莴苣主要在春、秋栽培。病害有霜霉病、软腐病、菌核病等，害虫有蚜虫、蓟马等。

用途 莴苣叶、茎组织中乳管分泌的乳状液含有多种有机化合物，如糖、橡胶物质、有机酸、树脂、甘露醇、蛋白质及莴苣素等。莴苣素有苦味，具催眠镇痛作用。叶用莴苣多生食；茎用莴苣除鲜食外，还可腌制或干制。

（王德槟 巩振辉）

乌榄 Chinese black olive; *Canarium pimela*

橄榄科橄榄属常绿乔木。又称黑榄。乌榄原产于中国南部，主要栽培地有中国广东省、广西壮族自治区、海南省、云南省。在越南、老挝、柬埔寨也有分布。

形态特征 树形高大，植株高10～16米，主干端直。奇数羽状复叶互生，小叶对生或近对生，通常略偏斜，椭圆状卵形，全缘，深绿色，叶面叶脉凸起成网状，叶背平滑。聚伞圆锥花序腋生，花白色，雄花花萼较短，明显浅裂，长2毫米，花瓣6毫米，无雌蕊；两性花花萼长4毫米，浅裂或近平，花瓣长8毫米，雄蕊退化。核果卵圆形至长卵圆形，紫黑色，长3～4厘米。5～6月开花，8～11月果熟。

栽培技术 喜光，稍耐阴。喜高温湿润气候，不耐低温，适宜年均温21～22℃，冬季极端温度≥－1.8℃。种植以土层深厚肥沃、排水良好的砂壤土最为适宜，忌积水。

乌榄根系发达，种植株行距为6米，

图1 乌榄

图2 乌榄的茎

图3 乌榄的叶和果实

图4 乌榄的果实

种植穴挖好后放入绿肥、生石灰，晒土1～2个月。定植时分3～4层填入碎土、踩实，上层土以碎土与过磷酸钙、腐熟鸡粪拌匀为宜。树盘比地表略高约30厘米，避免因回填的松土下沉造成积水烂根。嫁接苗定植成活后一般在离地面1米处短截，等长出分枝后，在不同方位选留3～4条分枝作为主枝培养，以后分枝逐级按此方法处理。修剪以冬剪为主，夏剪为辅。短截徒长枝，疏除病虫枝、内膛枝和重叠枝，对夏梢短截打顶，促分枝和充实秋梢。乌榄嫁接苗种植后2～3年即可结果。采收期在8～11月，当果实生长停止17天左右，全树有九成以上果实呈紫黑色时，即可采收。采收时尽量避免损伤果实，避免日光暴晒。

用途 乌榄果实富含钙质和维生素C，且钙质易被人体吸收，维生素C的含量是苹果的10倍。果肉腌制作菜称为榄角。榄仁为饼食及菜肴配料，种子可榨油，榄核是活性炭或雕刻工艺品的原料。

（陈 华）

乌龙茶初制 oolong tea primary processing 鲜叶经萎凋（晒青）、做青（摇青、晾青）、杀青、揉捻（包揉）和干燥等工序制成乌龙茶毛茶的过程。又称乌龙茶初加工、青茶初制、青茶初加工。

加工类型 乌龙茶属于半发酵茶，花香浓郁，滋味醇厚甘爽，耐冲泡是其显著特点。不同乌龙茶的初制工艺流程如下：①闽北乌龙茶。萎凋→做青→杀青→揉捻（趁热）→烘焙。②闽南乌龙茶。萎凋→做青→杀青→包揉→烘焙。③广东乌龙茶。萎凋→做青→杀青→揉捻→烘焙。④台湾乌龙茶（包种茶）。萎凋→做青→杀青→揉捻或包揉→烘焙。⑤台湾乌龙茶（椪风茶）。萎凋→做青→杀青→回软→揉捻→烘焙。

加工工艺 乌龙茶初制包括以下工序：

萎凋 包括晒青和晾青两个过程。晒青对乌龙茶品质的形成具有重要作用，首先可使鲜叶快速轻度失水，扩大叶片与茎梗之间含水量的差异，为做青加速“走水”准备条件；其次是激发光化学反应、酶促反应等，为提高香气和除去苦涩味奠定基础。晒青通常在阳光较弱的早晚进行，早春的中午气温低时也可进行，室外气温在20～35℃时较适宜。晒青时间10～60分钟，视阳光强弱、气温高低、空气湿度、鲜叶含水量多少而灵活掌握。晾青即是把晒青后的鲜叶移入室内摊放和散热的过程，历时约60分钟。其目的一是降低叶温，避免叶片变红“死青”，继续促使叶表水分蒸发和叶内水分平衡；二是继续促进多酚类、色素类等内含物和香气组分发生转化；三是使茎梗中水分和内含成分往叶肉细胞输送，使晒青叶的萎软状态消失，转现复苏现象。

做青 乌龙茶品质形成的关键工艺，全过程由摇青和晾青交替进行组成。摇青即是将萎凋叶放在水筛或摇青机等设备中使之转动，促使叶缘摩擦损伤，诱发酶促反应，产生花果香和形成“绿叶红镶边”的过程。方法有手工摇青和机械摇青两种。晾青是将摇青后的叶子置于阴凉通风处摊开，促进水分蒸发，使叶呈萎软状态。晾青的时间视气温、湿度和摇青叶的状态而不同。闽南乌龙茶一般摇青4次，做青历时长达16～18小时。闽北乌龙茶摇青一般6～8次，最多可达12次。做青的原则是：摇青时间（转数）逐次增加，晾青时间逐次增长，摊叶厚度逐次增厚；最后一次摇青后叶子要厚堆，以提高叶温，促进发酵。

杀青 与绿茶基本一致。即利用高温在较短时间内破坏多酚氧化酶活性，终止酶促氧化反应，防止做青叶继续氧化，巩固做青形成的品质；同时，加速低沸点芳香物质的挥发与高沸点芳香物质的显露，以及茶多酚、氨基酸、叶绿素、蛋白质、糖类等内含物质的转化，形成乌龙茶特有的色香味品质；此外，进一步蒸发水分，使叶片变柔软，便于揉捻造形。杀青方式分手工杀青和机械杀青两种，机械杀青主要采用滚筒或锅式杀青机。

揉捻（包揉） 条形乌龙茶一般采用揉捻工艺，原理与绿茶揉捻一致。球形或半球形乌龙茶采用包揉工艺，其原理是利用茶坯的柔软性和可塑性，在机械力的作用下，通过高强度的滚、转、揉、压而使杀青叶形成球形或半球形；同时促使更多叶肉细胞破损，挤出茶汁，利于条索紧结成形。包揉全过程中包揉和松包需交替进行多次，其间逐次加热除去水分，茶叶逐渐成形。包揉分手工包揉与机械包揉两种方式。生产上主要使用专用包揉机和松包机进行包揉作业。

干燥 乌龙茶干燥又称烘焙，其原理与绿茶干燥基本一致。传统烘焙包括初焙（毛火）、复焙（复火）和足干（足火）。方式有手工焙笼烘焙和烘干机烘焙两种。干燥的技术要点是：①揉捻叶（或包揉叶）解散后应马上烘焙，不宜放置过久，否则会使干茶产生闷味，降低茶叶品质。②毛火要温度高、时间短，足火要温度低、时间长，烘焙的温度和时间因乌龙茶的类型不同而不同。

（林 智）

乌牛早茶 Wuniuzao tea 产于中国浙江省温州市永嘉县茶区的扁形绿茶。1985年，乌牛早茶在浙江省温州市永嘉县试制成功。乌牛早茶鲜叶采摘期为每年2月25日～4月5日，所有茶叶均为明前茶。上市早、品质佳是乌牛早茶在早茶市场的优势。

自然环境 乌牛早茶是中国国家地理标志保护产品。根据原产地域保护条例，乌牛早茶产区为浙江省温州市永嘉县所辖行政区域，地处括苍山南麓，位于东经120°19′～120°59′，北纬27°58′～28°36′。产区属典型的亚热带海洋性季风气候，四季分明，雨量充沛。年平均气温18℃左右，10℃以上的活动积温5700℃，无霜期280天左右，年均降水量1700毫米，年均空气相对湿度77%，年均光照时数1939.2±120.8小时。茶园主要分布在海拔30～500米的丘陵山区，茶园土壤多属红黄壤及其变种，土壤pH5.35～5.69。2016年生产茶园面积3000多公顷，分布在永嘉县22个乡镇。其中，瓯北镇、乌牛镇、上塘镇三镇是重点分布地区，茶园面积1700公顷，从事乌牛早茶生产的农户约有1.5万户。

技术标准　1998年，制定了商品茶、苗木、茶树良种繁育、栽培管理、鲜叶与加工技术等5个乌牛早茶县级农业标准规范；2003年，浙江省质量技术监督局批准发布了乌牛早茶苗木、茶树良种繁育、栽培管理、鲜叶与加工技术、商品茶等5个浙江省地方标准；2004年，国家质量监督检验检疫总局批准对乌牛早茶实施原产地域保护（2004年第188号公告）；2006年，国家质量监督检验检疫总局发布了国家标准GB/T 20360—2006《地理标志产品　乌牛早茶》。

图1　乌牛早茶

图2　乌牛早茶茶汤

加工工艺　乌牛早茶的加工工艺流程为：鲜叶摊放→青锅→回潮→辉锅→整理。①鲜叶摊放。鲜叶采摘后立即摊放。鲜叶摊放在竹匾或簸垫上，厚度视天气和老嫩程度而定，一般为2厘米左右，使鲜叶失水均匀。摊放地点要求阴凉，不受阳光直射，清洁卫生，空气流通，无异味。不同等级的鲜叶要分别摊放，雨水叶和上、下午的鲜叶应分别摊放，分别付制。摊放时间为4～12小时。②青锅。手工青锅锅温160～180℃，锅温先高后低，特级茶投叶量为100～200克，一、二级茶投叶量为200～300克，历时12～14分钟；机械青锅投叶量，要根据滚筒杀青机具体要求操作。手工青锅运用带、抖、捺、搭等手法使茶叶逐步包拢，成扁条，用力先轻后重。青锅叶身骨挺直，互不黏结，色泽翠绿或嫩绿一致，约七成干时起锅。③回潮。簸去叶片碎末后，及时匀摊于竹匾上，厚度不超过2厘米，摊放1～4小时。回潮后辉锅前应先筛分，使茶叶匀齐，便于辉锅做形。④辉锅。锅温100～120℃，两锅青锅叶并作一锅，历时15～20分钟，运用磨、抓、压等手法使茶叶达到扁平、挺直、光滑、足干。温度控制遵循低—高—低的原则；在起锅前，略提高锅温。用力遵循轻—重—轻原则，要与锅温有机配合。⑤整理。出锅的茶叶散热后，立即用相应的号筛进行筛分，并结合簸、拣等手法割去碎末、黄片，拣梗剔杂，分级包装贮存。

品质特征　成品茶外形扁平光滑，挺秀，匀齐，芽锋显露，微显毫，色泽嫩绿光润；内质汤色清澈明亮，香气高鲜，滋味甘醇爽口，叶底幼嫩肥壮，匀齐成朵，叶色嫩绿明亮。理化指标为氨基酸4.3%～5.3%，茶多酚20.1%～29.5%。

（俞燎远）

乌塌菜　savoy; *Brassica campestris* var. *rosularis*　十字花科芸薹属芸薹种白菜亚种二年生或栽培成一年生草本植物。又称塌菜、塌棵菜、塌地松、黑菜。以墨绿色叶片供食用。乌塌菜原产于中国，主要分布在长江流域。

形态特征　高30～40厘米，全株无毛，或基生叶下面偶有极疏生刺毛。根粗大，顶端有短根颈。茎丛生，上部有分枝。基生叶莲座状、圆卵形或倒卵形，长10～20厘米，墨绿色，有光泽，不裂或基部有1～2对不显著裂片，显著皱缩，全缘或有疏生圆齿，中脉宽，有纵条纹，侧脉扇形；叶柄白色，宽8～20毫米，稍有边缘，有时具小裂片；上部叶近圆形或长圆状卵形，长4～10厘米，全缘，抱茎。总状花序顶生；花淡黄色，直径6～8毫米；花梗长1～1.5厘米；萼片长圆形，长3～4毫米，顶端圆钝；花瓣倒卵形或近圆形，长5～7毫米，多脉纹，有短爪。长角果长圆形，长2～4厘米，宽4～5毫米，扁平，果瓣具显明中脉及网状侧脉；喙宽且粗，长4～8毫米；果梗粗壮，长1～1.5厘米，伸展或上部弯曲。种子球形，直径约1毫米，深棕色，有细网状窠穴，种脐显著。花期3～4月，果期5月。

栽培　乌塌菜在不同的季节选用适宜的品种可基本实现周年生产。冬春栽培可选用冬性强晚抽薹品种，春季可选用冬性弱的品种，高温多雨季节可选用多抗性、适应性广的品种，秋冬栽培可选用耐低温的塌地型品种栽培。

乌塌菜生育期需要较强的光照和凉爽的气候。在长江流域一般于9月播种育苗，10月移栽，12月至翌年2月可随时收获。利用塑料大、小棚等保护栽培时，可于10月初播种育苗，11月定植，元旦至春节前后收获上市。华北地区秋季栽培于8月播种育苗，9月移栽，11月上市。利用塑料大、中、小棚进行越冬栽培时，于9月播种育苗，10月移栽，12月收获上市；利用日光温室栽培时，10月播种育苗，11月定植，翌年1月收获上市。华北地区进行乌塌菜秋季露地栽培的季节与大白菜相似，其生长发育良好，产量高，品质好。

乌塌菜根群分布浅，吸收能力弱，生长期间应不断供给肥水，多次追施速效氮肥是加强生长、保证丰产优质的主要环节。定植后3～5天不能缺水，多在定植后施稀粪水，3～4天一次，以促进幼苗发根成活。幼苗转青后，施较浓的人粪尿。开始发生新叶时应中耕，增加施肥量。施肥的原则是幼株时、天气干热时在早上或傍晚浇泼，用量较少，浓度较稀；天气冷凉湿润时采用行间条施，浓度较大，次数可少。

乌塌菜经常发生的病害有病毒病、霜

图1　乌塌菜

图2 乌塌菜保护地栽培

霉病、软腐病等，虫害有菜青虫、菜螟、黄条跳甲等。

用途 乌塌菜叶片肥嫩，可炒食、做汤、凉拌，色美味鲜，营养丰富，被称为“维他命菜”，备受人们青睐。每100克乌塌菜的可食部分含蛋白质1.5～3.0克、还原糖0.80克、脂肪0.4克、纤维素2.63克、维生素C43～75毫克、胡萝卜素1.5～3.5毫克、维生素$B_1$0.02毫克、维生素$B_2$0.14毫克、钾382.6毫克、钠42.6毫克、钙154～241毫克、磷46.3毫克、铜0.111毫克、锰0.319毫克、硒2.39毫克、铁1.25～3.30毫克、锌0.306毫克、锶1.03毫克。《食物本草》中载“乌塌菜甘、平、无毒”，能“滑肠、疏肝、利五脏”。常吃乌塌菜可防止便秘，增强人体防病抗病能力，泽肤健美。

（王德槟 郭仰东）

无核 seedless 果实不形成种子的现象。又称**无籽**。果实无核是一个优良的经济性状，越来越受到广大消费者的青睐，并给生产者和加工者带来显著的经济效益。

主要类型 广义上讲，果实无核包括纯无核、少核、软核和**焦核**。①纯无核果的类型包括葡萄、柿子、香蕉、柑橘等果树种类中的某些品种。②少核果指一些果树种类中的某些品种所含的种子比一般品种少，如柑橘中的金选一号。③软核果指核果类果实的内果皮不能正常发育成坚硬的核壳，如一些枣的品种（无核小枣、淇县无核枣，其果核退化为革质或膜质，可食），以及一些无核桃、李、杧果品种。④焦核果如一些荔枝与龙眼果实内的核大小如蚕豆，但不饱满，呈扁平空瘪状态。

形成原因 无核果实形成的内因有单性结实、雄性不育、雌性器官不孕、授粉受精不良、胚中途败育、奇数倍多倍体、基因突变等，外因主要涉及环境胁迫、花期高温干旱或连续阴雨、赤霉素等生长调节剂大量应用等。

获得途径 无核果实的获得一般有四条途径：①其本身为无核品种。②通过杂交育种培育奇数倍多倍体。③有核品种的无核化处理。④遗传改良与转化。自然选择形成的无核品种品质优良，可作为良好的育种材料，但这种材料的数量有限。不同倍性之间的有性杂交，特别是四倍体与二倍体杂交形成三倍体，是获得商品化无核或少核最有效的途径。植物生长调节剂的使用可有效改变果实种子内的激素水平，致使种子败育，但由于不同树种甚至同一树种的不同品种具有不同的生物属性和遗传特性，故使用浓度、使用时期和使用次数也不尽相同。柑橘体细胞杂交，为果树无核育种提供了成熟且适用的生物技术手段。此外，还可充分利用各种分子生物学手段研究并克隆无核基因，将其应用于无核果实的生产中。

（梁国鲁）

无花果 fig; *Ficus carica* 桑科无花果属多年生乔木、小乔木或灌木。又称阿驿、底称实、底珍树、阿驵、映日果、优昙钵、奶浆果、蜜果、树地瓜。属亚热带**落叶果树**。无花果起源于伊朗、沙特阿拉伯、也门等国。无花果传入中国大约是在汉代，最早在新疆各地栽培。唐代段成式《酉阳

图1 无花果

图2 无花果的叶

图3 无花果的果实

图4 无花果果实剖面

杂俎》中记载为“底称实”，唐代《救荒木草》中首次提出“无花果”这一名称。19世纪，从海路又传入一批无花果品种在青岛、烟台、上海等地种植。中国主要种植地区在新疆、江苏、上海、山东、浙江、福建、广东、湖北、四川、广西等地。

形态特征 无花果树冠开张，自然生长为圆头形或广圆形。1～2年生枝条褐色或灰白色，成熟枝条灰白色。根、茎、叶和果中都有乳汁管，受伤后流出白色浆液。叶片大，掌状开裂。叶柄长，叶面粗糙，深绿或浓绿色。花为雌雄异花，埋藏于隐头花序内。果实为聚合果，单果重一般为35～150克，夏果比秋果大，二年生单株可结50～200个果。

繁殖与栽培 无花果主要以扦插繁殖为主，也可采用压条和分株繁殖。早果，丰产，7～10月是无花果主要采收期。隐芽寿命长，经济寿命40～50年。无花果不耐涝，喜含钙量高的砂壤土。常用树形有丛状形、开心形、一字形、杯状形和X形。

价值与用途 无花果是药食兼用的果品，含丰富的糖、蛋白质、微量元素、维生素A、维生素B_1、维生素B_2和18种氨基酸等，其中类黄酮、芸香苷、酮糖、醛

酸和佛手柑内酯等有抑制癌细胞生长的作用。

无花果属在全世界共有600余种，中国有120个种，仅普通无花果具有经济栽培价值。中国还以天仙果（*F. erecta*）、薜荔（*F. pumila*）和树地瓜（*F. tikoua*）3个种生产清凉饮料。无花果除供鲜食外，还可加工成果干、果酒、果酱、果脯、饮料、罐头、果粉和果茶等产品。另外，一些高档化妆品利用无花果浆液作原料。

（马　凯）

无融合生殖　apomixis　园艺作物的某些品种或类型，不经过精卵结合即可产生胚并发育成种子，从而形成后代个体的生殖现象。常有无融合生殖现象的园艺作物为苹果属的小金海棠、平邑甜茶，柑橘属的椪柑，以及早熟禾的一些品种等。无融合生殖分为三种类型：①**孤雌生殖**。由未受精的卵细胞直接发育成胚，并能形成种子和后代个体。孤雌生殖的自然发生频率低，正常减数分裂产生的卵细胞孤雌生殖产生单倍体后代，而未减数卵孤雌生殖后代的染色体倍性与母本相同。②无配子生殖。由成熟胚囊中除卵细胞（雌配子）之外的细胞发育成胚，并形成种子和后代个体。反足细胞、助细胞或极核均有可能发育成胚。③不定胚。由珠心或珠被细胞发育成胚，并形成种子和后代个体。芸香科果树常发生不定胚现象，又称多胚性。

无融合生殖常与合子胚生殖平行发生，导致可育种子中既包含合子胚发育而来的正常种子，也包含无融合生殖形成的种子。无融合生殖性状受遗传控制，例如柑橘*CitRWP*（Cg4g018970）启动区域有MITE转座子插入，激活*CitRWP*及下游基因而产生**珠心胚**。多倍体发生无融合生殖的频率高于简单二倍体。

（张新忠）

无土栽培　soilless culture　不用天然土壤种植作物，而用固体基质或营养液代替天然土壤向作物提供良好的水、肥、气、热等根际环境条件，使作物完成从苗期开始的整个生命周期的种植技术。无土栽培不用天然土壤，而用人工基质，或仅育苗时用基质定植，之后不用基质；利用含有植物生长发育必需元素的营养液或仅用清水灌溉作物，直接应用固态肥为作物提供营养，并使植物正常完成整个生命周期。

19世纪20年代以前，营养液栽培主要用于植物营养生理的研究。德国的J.von萨克斯首创营养液配方并培养植物成功，被公认为无土栽培技术的奠基人。但无土栽培技术用于生产则始于美国的W.F.格里克，他于1929年用此法生产番茄，获得高7.5米、单株产量达14千克的植株。但因当时所用营养液以硫化铁作铁源，沉淀快，溶解氧供应不足，加之植株固定花费劳力太多，故难以同传统土壤栽培法竞争。20世纪40年代，美国中西部出现砂培和砾培技术。1945年，英国空军在伊拉克的哈巴尼亚和波斯湾的巴林群岛进行无土栽培，解决了这个群岛的蔬菜空运问题。50年代末期，荷兰学者提出用螯合铁代替硫化铁，用营养液自由流动和强制通气解决供氧问题。70年代初，英国开创营养膜技术，使无土栽培技术获得突破性进展。同时还相继出现了袋培、雾培或气培等。无土栽培在中国于20世纪40年代中后期仅有小规模应用，70年代后才在**蔬菜**、**花卉**、林木、农作物的育苗和生产中逐步推广。

分类　依栽培床是否使用固体基质材料，无土栽培可分为非固体基质栽培和固体基质栽培两大类型；根据栽培技术、设施构造和固定植株根系材料的不同，进而又可分为多种类型。

非固体基质栽培　指根系直接生长在营养液或含有营养成分的潮湿空气中，根际环境中除了育苗时用固体基质外，一般不使用固体基质。又可分为水培和雾培两种类型。

水培　指作物根系直接生长在营养液液层中的无土栽培方法。根据营养液液层的深度不同分为多种形式：以1～2厘米的浅层流动营养液来种植作物的营养液膜技术（NFT）；液层深度6～8厘米的深液流水培技术（DFT）；在5～6厘米深的营养液液层中放置一块上铺无纺布的泡沫板，根系生长在湿润的无纺布上的浮板毛管水培技术（FCH）；还有以早期格里克开发应用的“水培植物设施”为代表的半基质栽培，实际上为水培的一种形式。

雾培　又称喷雾培或气培，是将营养液用喷雾的方法直接喷到作物根系上。根系悬空在一个容器中，容器内部装有自动定时喷雾装置，每隔一段时间将营养液从喷头中以雾状的形式喷洒到植物根系表面，同时解决根系对养分、水分和氧气的需求。由于雾培设备投资大，管理不甚方便，而且根系温度易受气温影响，变幅较大，对控制设备要求较高，生产上很少应用。雾培中还有一种类型是一部分根系生长在浅层的营养液层中，另一部分根系生长在雾状营养液空间中，称为半雾培。也可把半雾培看作是水培的一种。

固体基质栽培　简称基质培，指作物根系生长在各种天然或人工合成的固体基质环境中，通过固体基质固定根系，并向作物供应营养和氧气的方法。基质培可以很好地协调根际环境的水、气矛盾，且投资较少，便于就地取材进行生产。

基质培根据选用的基质不同可分为不同类型，例如以泥炭、秸秆基质、椰糠等有机基质为栽培基质的基质培称为有机基质培，还有岩棉培、砂培、砾培等无机基质培。

基质培根据栽培形式的不同可分为槽式基质培、袋式基质培和立体基质培。①槽式基质培。将栽培用的固体基质装入一定容器的种植槽中以栽培作物的方法，一般有机基质培和容重较大的重基质多采用槽式基质培。②袋式基质培。把栽培用的固体基质装入塑料袋中，排列放置于地面上以种植作物的方法。③立体基质培。将固体基质装入长形袋状或柱状的立体容器中，竖立排列于温室中，容器四周螺旋状开孔，以种植小株型作物的方法。一般容重较小的轻基质可采用袋式基质培和立体基质培，如岩棉基质、蛭石基质、椰糠基质、秸秆基质等。

优点　无土栽培优点：①节约用水和肥料。无土栽培省水、省肥，一般统计认为土壤栽培养分损失比率约50%，无土栽培中作物所需要的各种营养元素是人为配制成营养液施用的，不仅不会损失，而且保持平衡；可根据作物种类以及同一作物的不同生育阶段科学地供应养分，所以作物生长发育健壮，生长势强，增产潜力可充分发挥出来。②清洁卫生。无土栽培施用的是无机肥料或经过充分腐熟发酵和消毒的商品有机肥，没有臭味，也不需要堆肥场地。土壤栽培施用的有机肥往往没有充分腐熟，种植过程中肥料分解发酵，产生臭味污染环境，还会使很多害虫的卵滋生，危害作物，无土栽培则不存在这些问题。③省力省工，易于管理。无土栽培不需要中耕、翻地、锄草等作业，省力省工。浇水、追肥同时解决，由供液系统定时定量供给，管理十分方便。④克服土壤连作障碍。设施栽培中土壤盐分积聚，以及多年栽培相同作物造成土壤养分失衡，发生连作障碍，一直是难以解决的问题。而应用无土栽培特别是水培后，则从根本上解决了此问题。土传病害也是设施栽培的难点，土壤消毒不仅困难而且消耗大量能源，成本高且难以消毒彻底。无土栽培则是避免或从根本上杜绝土传病害的有效方法。⑤不受地区限制，充分利用空间。无土栽培使作物彻底脱离了土壤环境，摆脱了土地的约束，可以在沙漠、戈壁等地进行无土栽培作物生产。⑥有利于实现农业现代化。无土栽培使农业生产摆脱了自然环境的制约，可以按照人的意志进行生产，是一种受控农业的生产方式，可以规模应用现代设施和装备进行作物生产。

（蒋卫杰）

无性多倍化　asexual polyploidization　果树作物在自然条件下或经诱变剂处理，通过体细胞染色体加倍产生多倍体的过程。又称体细胞染色体加倍。利用秋水仙素处理植物的分生组织，即可获得**同源多倍体**（autopolyploid）或C-多倍体。自然界有些多倍体品种或基因型来源于无性多倍化，如四倍体大鸭梨、沈阳玫瑰葡萄。无性多倍化是多倍体育种常用的诱变育种方法，迅速分裂的顶端分生组织、愈伤组织和刚萌芽的种子为常用的染色体加倍材料。但无性多倍化常导致多倍体的同质性增加，甚至造成衰退。诱变剂处理诱导产生的多倍体常会出现倍性嵌合体或混倍体现象。

（张新忠）

无性系品种　clonal variety　不同个体之间具有相同的基因型，性状表现一致性程度很高的营养繁殖（嫁接、圈枝、扦插、压条或组培快繁等）的果树品种。又称营养系品种。果树无性系品种的特点，是所有营养繁殖后代与母体具有高度一致性的基因型和性状表现。无性系品种在果树育种上具有很高的应用价值，容易为广大生产者所接受。例如，无籽砂糖橘是华南农业大学园艺学院柑橘育种课题组从有籽砂糖橘原种中选育出的无性系品种，其嫁接繁殖后代的无籽性、早结、丰产、稳产、优质性等性状表现非常一致，高峰时在广东省的种植面积超过10万公顷。在此基础上，课题组又从无籽砂糖橘中选育出新的无性系品种——华晚无籽砂糖橘，该无性系品种嫁接繁殖后代除了能保持原来无籽砂糖橘的无籽、早结、丰产、稳产、优质等优良性状之外，晚熟性状也十分稳定，在广东北部和广西中北部有一定的推广应用。

（胡桂兵）

无籽　seedless　果实不形成种子的现象。见**无核**。

无籽果　seedless fruit　成熟时没有种子的果实。无籽果一般通过两种方式产生。一种是通过单性结实（parthenocarpy）方式，也就是不通过受精而产生无种子的果实。另一种方式则是因为一些植物的三倍体植株不能产生可育的配子从而不能产生种子而形成无籽果实。有些学者也将这种三倍体产生无籽果实的现象归为单性结实。无籽果由于食用率高和食用方便受到消费者的欢迎，有较高的商业价值。

单性结实是指在自然或人工诱导下，子房中的胚珠不经过受精就能坐果从而发育成无种子果实的现象，分为自然单性结实和人工单性结实。

自然单性结实　指不经过授粉或任何人为刺激而产生无种子果实的现象，又称自发单性结实。在自然界中有很多植物具有自发单性结实的能力，常见的果树有温州蜜柑、甜橙、柠檬、菠萝、葡萄、无花果以及苹果和西洋梨的个别品种等。不同植物自发单性结实的机理有差异，但总体来说，都是因为在子房中积累一定的植物激素，如生长素和赤霉素从而刺激子房生长而坐果，最终发育为无籽果实。

人工单性结实　有些植物的单性结实需要授粉或其他刺激才能完成，称为刺激性单性结实。除了授粉刺激外，人为刺激还包括物理刺激和化学刺激。①常用的物理刺激主要是高温或低温和高光强。温度和光照刺激在蔬菜作物上应用较多，在果树上低温可以导致枣椰单性结实。②常用的化学刺激物主要有植物激素或生长调节剂如赤霉素类（GA_3, GA_4, GA_7）、细胞分裂素类（CPPU, BA）、生长素类（IAA）、乙烯抑制剂（PZA），主要在花期施用。一定浓度的GA_3可以诱导葡萄和枇杷产生无籽果实、GA_{4+7}可以诱导梨和苹果单性结实、生长素类物质可以诱导猕猴桃单性结实、CPPU可以诱导多种果树产生无籽果实。但这种激素诱导的无籽果实往往体积较小，对于像苹果和梨这类由萼筒发育成果肉的果实，诱导的无籽果实往往萼片宿存变大且果实形状发生了变化。因此人工培育自发单性结实的品种可以克服诱导单性结实的缺点。

随着对单性结实分子机制研究的揭示，已经通过转基因技术培育出能单性结实的草莓、树莓和甜橙等果树。另外与单性结实很相似的种子败育（stenospermocarpy）也可以产生无籽果实，这种现象也称为伪单性结实。种子败育是指有正常的授粉受精但胚中途夭折，从而产生类似单性结实的果实。这种果实并不是真正的无籽果实，可以在成熟的果实中发现败育种子的残存，只是食用时口感不明显。葡萄的很多无籽品种如无核白就属于典型的种子败育型。无籽果实的另一个重要来源就是三倍体植物所结的果实。无籽西瓜是人为通过四倍体和二倍体西瓜杂交培育出的三倍体。而栽培的香蕉是自然演化的三倍体。

（滕元文）

芜菁　turnip; *Brassica campestris* var. *rapifera*　十字花科芸薹属芸薹种芜菁亚种两年生草本植物。又称蔓菁、圆根、盘菜。以肉质根为食用器官。芜菁起源于地中海沿岸和阿富汗、巴基斯坦等国以及外高加索等地，由油用亚种演化而来。中国芜菁来自西伯利亚，在华北、西北、云南、贵州、江苏、浙江等地栽培历史较长。

形态特征　直根系，下胚轴与主根上部膨大形成肉质根；肉质根扁圆形、圆形、长圆形或圆锥形；外皮白色、淡金黄色、黄色或红色，根肉质白色或黄色。营养茎短缩，花茎直立，下部稍有毛，上部无毛。基生叶有裂叶和板叶两种，叶柄有叶翼，叶面多刺毛；中部及上部茎生叶长圆披针形，无毛，带粉霜；下部茎生叶像基生叶，基部抱茎或有叶柄。总状花序，完全花；花萼、花瓣均为4枚，花瓣鲜黄色，十字形排列；4强雄蕊（共6枚雄蕊，其中2枚退化），雌蕊1枚。长角果，种子近圆形，浅黄棕色或褐色，近种脐处为黑色，千粒重2.9～4.6克。

栽培　喜冷凉气候，耐低温能力较强，在2～3℃下种子可发芽，幼苗可耐2～3℃低温，成株可耐轻霜，肉质根最适生长温度为15～18℃。喜湿润的砂壤土，较耐酸，土壤pH5.5条件下生长良好。第一年主要为营养生长，形成产品器官。低温春化后，于长日照和较高温度下抽薹开花。中国多在秋季露地栽培，高海拔地区可春季栽培；江淮流域常于8～9月播种，向北可适当提早，向南可适当推迟；但因其适应性强，耐贮藏，在新疆地区可春、夏、秋三季种植。植株茎叶枯黄，根头部由绿转黄色，叶腋间发生小叶卷缩变黄时及时采收。主要病害为病毒病。主要害虫有菜青虫、蚜虫和菜螟等。

用途　肉质根富含维生素A、维生素C、维生素K和叶酸，可煮食、炒食、腌渍。

（申书兴）

五星花　pentas; *Pentas lanceolata*　茜草科五星花属植物。又称雨伞花、繁星花、星形花、埃及众星花、草本仙丹花等。五星花原产于非洲热带和阿拉伯地区。中国南部有栽培。常因花的颜色不同而分为多个变种。

直立或外倾的亚灌木。高30～70厘

图1 五星花

图2 五星花的叶

图3 五星花的花

米。叶卵形、椭圆形或披针状长圆形，被毛，长可达15厘米，有时仅3厘米，宽达5厘米，有时不及1厘米，顶端短尖，基部渐狭成短柄。聚伞花序密集，顶生。花无梗，二型。花柱异长，长约2.5厘米。花冠淡紫色，喉部被密毛，冠檐开展，直径约1.2厘米。花期夏秋。

五星花是热带园林重要的花卉之一，花小，星状别致，且花色丰富，有粉红、绯红、桃红、白色等，多花聚生成球，花期持久。既可作为夏、秋季花境填空补缺的材料，也可布置庭院、走廊、亭、台、花坛。群植于花坛能获得美丽的景观，其中绯红色在造园中应用较为普遍。一般花期3～10月，在南方甚至可延长开花至元旦和春节。（王 雁）

五针松 five-needle pine; *Pinus parviflora* 松科松属乔木。五针松原产于日本。中国长江流域各大城市及山东青岛等地普遍引种栽培。

图1 五针松

图2 五针松的叶和球果

高10～30米，胸径0.6～1.5米。树冠圆锥状。树皮灰黑色，呈不规则鳞片状剥落。一年生枝幼绿色，后呈黄褐色，密被淡黄色柔毛。冬芽卵圆状，黄褐色无树脂。叶较细，5针一束，微曲，长3.5～5.5厘米，内侧两面有3～6条白色气孔线，横切面三角形，背面树脂道2，边生，腹面1个中生或无树脂道。球果卵圆状或卵状椭圆形，长4.0～7.5厘米，径3.5～4.5厘米。中部种鳞宽倒卵状斜方形或长方状倒卵形。种子倒卵圆状，近褐色，具黑色斑纹，长8～10毫米，径约7毫米，种翅宽6～8毫米。

喜光，喜生于排水良好、适当湿润的深厚土壤，在阴湿土壤中生长不良。生长速度缓慢。采用种子、嫁接或扦插方式繁殖。

可作庭园树或制作盆景用，也可与山石配植形成园景。（于晓南）

武当山茶 Wudangshan tea 产于中国湖北省十堰市的条形绿茶。又称武当道茶。武当山茶是中国国家地理标志保护产品，产地范围为十堰市全境，包括竹溪县、竹山县、房县、郧西县、张湾区、茅箭区、郧阳区和丹江口市，以“竹房百公里茶叶长廊”和环丹江口库区茶叶乡镇为茶叶主产区。

生产简史 据中国最早的中药经典著作《神农本草经》记载，早在远古时代，神农炎帝在秦巴武当山一带搭架采药时最早发现并利用了茶。《道经·天皇至道太清玉册》记载，2000多年前，老子令其弟子尹喜在武当山首创茶道，武当山茶由此而生。唐代产于十堰山区的梅子贡茶就是朝廷贡品。明代时由武当道人制作的“骞林茶”一直是朝廷贡品。数千年来，武当山茶与道文化相伴相生，交相辉映，茶叶生产源远流长，文化内涵丰富。

加工工艺 武当山茶主要初制加工工序为：鲜叶采摘→摊放→杀青→冷却回潮→揉捻→解块→杀二青→做形（理条、搓条）→烘毛火→烘足火。①鲜叶采摘。一般3月中下旬开采。根据茶叶产品级别从高到低分别采摘单芽、一芽一叶初展、一芽二叶初展、对夹叶。一般为手工采摘，大宗茶叶产品也使用小型采茶机采制。②摊放。经过验收后的鲜叶，一般摊放至无直射光且通风的地方，摊放厚度一般为3～5厘米，以芽叶水分散失10%～15%为适度。③杀青。一般采用滚筒杀青机，电加热滚筒筒内进叶口1米处空气温度控制在180～220℃，热风滚筒杀青机的热风温度控制在300～350℃。杀青至手握叶质稍有刺手感，折梗不断，杀青叶失去光泽，由鲜绿变为暗绿，青草气散尽，香气显露，含水量55%～60%为适度。④冷却回潮。杀青后及时将杀青叶冷却回潮，采用风扇通风散热，摊凉厚度一般不超过2厘米。以叶温冷却至室温，手握芽叶柔软为适度。⑤揉捻。将摊晾后的芽叶投入揉捻机揉捻。根据鲜叶级别由高到低分别选用35型、40型、45型和55型揉捻机。揉捻时间一般控制在25～45分钟。加压压力采取轻—重—轻的原则，揉捻后产生的团块用解块机解散，成条率须达到80%以上。⑥解块。揉捻后须将茶叶团块解开打散，不得出现团块。⑦杀二青。一般采用链板式烘干机、滚筒杀青机、110型瓶式炒干机进行二青作业。链板式烘干机进风口温度120～150℃，摊叶厚度0.8～1.5厘米；滚筒杀青机进叶口1米处空气温度80～120℃；110型瓶式炒干机筒内温度160～180℃，投叶量2.5～3.5千克。

在制叶达到芽叶松散，手握有刺手感，茶条色泽变暗，含水量降至45%～50%即可。二青叶下机后应及时摊凉至室温。⑧做形。根据生产量，一般采用往复式振动理条机理条和手工搓条。一般在理条机槽体铁壁温度160～180℃时投叶，单槽投叶量100～150克，振动速度以使在制叶翻转为适度，理至茶条紧结。搓条一般在烘干平台上进行，平台进风口温度须达到160～220℃，要求条索紧细，有锋苗，显毫。⑨烘毛火。链板式烘干机进风口温度100～120℃，叶层厚度1.0～1.5厘米；烘干平台进风口温度110～130℃，叶层厚度1.5～2.0厘米；烘箱温度95～105℃，叶层厚度0.5～1.5厘米。至茶叶含水量10%～15%时，下机摊凉回潮。⑩烘足火。链板式烘干机进风口温度90～100℃，叶层厚度1.5～2.0厘米；烘干平台进风口温度90～110℃，叶层厚度2.5～3.5厘米；烘箱温度75～85℃，叶层厚度1.0～2.0厘米。至茶叶含水量降至5%以下时即可。

品质特征 武当山茶形似拂尘，干茶条索自然弯曲，白毫显露，翠绿油润；汤色嫩绿明亮；花香馥郁，香气高长持久；滋味鲜爽浓厚，内含物质丰富，耐冲泡；叶底嫩绿匀齐。

主销地区 主销湖北本地市场，其次是北京、上海、武汉，以及俄罗斯、东南亚及欧盟。 （郑鹏程 张小福）

《武夷茶歌》 *A Poetry about Wuyi Rock Tea* 七言古诗。中国清代释超全作。释超全（1627～1712），清代茶僧，俗名阮旻锡，字畴生，号梦庵，自称“轮山遗衲”，祖居金陵，明洪武（1368～1398）年间移居福建厦门同安。

诗为：“建州团茶始丁谓，贡小龙团君谟制。元丰敕献密云龙，品比小团更为贵。元人特设御茶园，山民终岁修贡事。明兴茶贡永革除，玉食岂为遐方累。相传老人初献茶，死为山神享庙祀。景泰年间茶久荒，喊山岁犹供祭费。输官茶购自他山，郭公青螺除其弊。嗣后岩茶亦渐生，山中借此少为利。往年荐新苦黄冠，遍采春芽三日内。搜尺深山粟粒空，官令禁绝民蒙惠。种茶辛苦甚种田，耘锄采摘与烘焙。谷雨届期处处忙，两旬昼夜眠餐废。道人山客资为粮，春作秋成如望岁。凡茶之产准地利，溪北地厚溪南次。平洲浅渚土膏轻，幽谷高崖烟雨腻。凡茶之候视天时，最喜天晴北风吹。苦遭阴雨风南来，色香顿减淡无味。近时制法重清漳，漳芽漳片标名异。如梅斯馥兰斯馨，大抵焙时候香气。鼎中笼上炉火温，心闲手敏工夫细。岩阿宋树无多丛，雀舌吐红霜叶醉。终朝采采不盈掬，漳人好事自珍秘。积雨山楼苦昼间，一宵茶话留千载。重烹山茗沃枯肠，雨声杂沓松涛沸。”

释超全的《武夷茶歌》概述了武夷茶的历史、地理环境与茶叶的采制等，是一首系统呈现武夷茶文化的诗，是记录乌龙茶制作工艺的第一手资料。诗中呈现了武夷茶从远古时期到清朝的发展历程，展现了武夷茶的采摘到制作工艺、武夷茶丰富的种类，以及武夷山特有的祭祀和喊山茶俗等丰富的茶文化信息。证明了武夷茶始于唐，盛于宋元，衰于明而复兴于清的事实，对武夷山茶文化的研究极具文献价值。 （刘伟华）

武夷肉桂茶 Wuyi Rougui tea 采摘肉桂品种茶树的鲜叶制作而成的乌龙茶。闽北乌龙茶中的主要种类之一。肉桂又称玉桂，原产于中国福建武夷山马枕峰，被发现已有100多年历史。肉桂茶其品质优异，在多次国家级名优茶评比中，作为岩茶典型代表参评，均获金奖。90年代后武夷岩茶跻身于中国十大名茶之列。

植物特征 肉桂属灌木，中叶，晚生种。树姿半开张，分枝较密。叶片呈长椭圆形，叶色深绿，叶身内折，叶尖钝尖，叶齿较钝浅稀，叶质较厚软，亩产茶150千克以上；品质优异，具有桂皮香或花果香，味醇厚，抗旱、抗寒性强，适合制作乌龙茶。

产地环境 武夷山春潮、夏湿、秋爽、冬润，有三十六名峰、九十九岩，肉桂因武夷山产地不同及微域环境条件差异，其品质特点有所不同，武夷肉桂茶已成为武夷岩茶中的主要品种之一。武夷肉桂茶采用武夷耕作法，一是客土回园；二是深耕晒园；三是施用有机肥（饼肥、农家肥、绿肥等），特别推崇施用油菜籽或黄豆经榨油后的剩余物——饼肥。

加工工艺 肉桂的加工工艺流程为：采摘→晒青→做青→杀青→揉捻→初烘→整形（去黄片、茶梗等）→复焙。鲜叶一般每年采摘时间是5月1～10日，要求中开面至大开面3～4叶。晒青至第一、二叶下垂，叶色变暗，青气减退，香气显露。做青要求“看天做青、看青做青”。焙火根据初干茶叶情况分2～4次，文火慢焙。

品质特征 成品茶外形条索匀整卷曲，色泽褐绿，油润有光；干茶嗅之有甜香；冲泡后茶汤香气辛锐持久和“霸气”，有桂皮香味，入口醇厚回甘，咽后齿颊留香，茶汤橙黄清澈；叶底匀亮，呈淡绿底红镶边，冲泡六七次仍有“岩韵”的肉桂香。肉桂有特点的香气，可通过鉴赏干香、盖香、水香和底香来综合品鉴，肉桂以橙花叔醇含量最高。武夷肉茶依据桂国家标准分特级、一级、二级3个级别。 （李远华 叶江华）

武夷肉桂茶

武夷岩茶 Wuyi rock tea 在中国福建武夷山独特的自然生态环境条件下，选用适宜的茶树品种，采用传统加工工艺制作而成的具有岩韵（岩骨花香）品种特征的乌龙茶。武夷岩茶制作工艺的最早记载，始于明末，形成于清朝。康熙十五年（1676），武夷岩茶制作工艺的见证人王草堂撰写了《茶说》一文，真实地记述了当时武夷茶的制作技艺。2002年，武夷岩茶被列为中国国家地理标志保护产品。

分布范围 中国国家标准GB/T 18745—2002《武夷岩茶》将武夷岩茶产区划分为名岩区和丹岩区。武夷岩茶名岩产区为武夷山风景区范围，区内面积70平方千米，即东至崇阳溪，南至南星公路，西至高星公路，北至黄柏溪的景区范围。丹岩产区为武夷岩茶原产地域范围内除名岩产区的其他地区。2006年，新版标准GB/T 18745—2006《武夷岩茶》将武夷岩茶地理标志保护范围限于武夷山市所辖行政区域范围，不再划分产区。

主要种类 武夷岩茶主要栽种大红袍、水仙、肉桂等品种，水金龟、白鸡冠、铁罗汉、半天妖四大名丛，以及玉麒麟、向天梅、大红梅、正太阳、正太阴、正柳条、醉贵妃、红鸡冠、金罗汉、素心兰、玉井流香、红孩儿等单丛。还有一些外来品种，如从福建省农业科学院茶叶研究所引进的105、204、303、304、305等品种。

武夷岩茶按产区不同划分为正岩茶、半岩茶和洲茶。①正岩茶。产于海拔高的慧苑坑、牛栏坑、大坑口、流香涧和悟源涧等地，称“三坑两涧”。②半岩茶。又称小岩茶，产于“三大坑”以下海拔低的青狮岩、碧石岩、马头岩、狮子口以及九曲溪一带，略逊于正岩茶。③洲茶。崇溪、黄柏溪，靠武夷岩两岸在砂土茶园中所产的茶叶为洲茶。

加工工艺　一年采制两次，即春茶和冬片（冬茶）。茶叶制作主要特点是鲜叶中开面采摘（形成驻芽的嫩梢三、四叶），然后经萎凋→做青→炒青→揉捻→烘焙等加工工序制作而成。不同品种、不同品质的成茶拼配也是武夷岩茶增质提效的重要环节。

品质特征　武夷岩茶的品质特点是香气馥郁，胜似兰花而深沉持久，滋味浓醇清活，生津回甘，虽浓饮而不见苦涩；茶条壮结、匀整，色泽青褐润亮呈"宝光"；叶面呈蛙皮状沙粒白点，俗称"蛤蟆背"；泡汤后叶底"绿叶镶红边"，呈三分红七分绿。（李远华　叶江华）

物候期　phenological phase　果树器官的生长发育动态与季节性气候相吻合的时期。通过观测和记录一年中植物的生长荣枯，动物的迁徙繁殖和环境的变化等，比较其时空分布的差异，探索动植物发育和活动过程的周期性规律及其对周围环境条件的依赖关系，进而了解气候的变化规律及其对动植物的影响。

物候是生物在进化过程中由于长期适应这种周期变化的环境，形成与之相适应的生态和生理机能有规律性变化的习性。人们可以通过其生命活动的动态变化来认识气候的变化，所以称为生物气候学时期，简称物候期。

中国最早的物候记载，见于公元前1000年以前的《诗经·豳风·七月》，在西汉，著名的农学著作《氾胜之书》有以物候为指标来确定耕种时期的记载。明代，李时珍的《本草纲目》中记载了极为丰富的植物物候资料。在欧洲，英国从1736年起到20世纪40年代，对27种动植物进行了长期观测和记录。18世纪中叶，瑞典植物学家C.林奈所著《植物学哲学》一书中，概述了物候学的任务、物候的观测和分析方法。在德国，植物学家H.霍夫曼从19世纪90年代起建立了一个物候观测网。在美国，森林昆虫学家A.D.霍普金斯于1918年提出了北美温带地区物候现象陆空间分布的生物气候定律。在中国，现代物候学研究的奠基者是竺可桢。他在1934年组织建立的物候观测网，是中国现代物候观测的开端。1962年，组织建立了全国性的物候观测网，进行系统的物候学研究。

对于落叶果树，物候分为以下几个时期。

休眠转入生长期　这一时期处于树木将要萌芽前，即当日平均气温稳定在3℃以上时起，到芽膨大待萌时止。树木休眠的解除，通常以芽的萌发作为形态标志，而生理活动则更早。树木由休眠转入生长，要求一定的温度、水分和营养物质。

生长期　从树木萌芽生长至落叶，即包括整个生长期。这一时期在一年中所占的时间较长。在此期间，树木随季节变化，地上部器官会发生极为明显的变化，如萌芽、抽枝、展叶、开花、结实等，并形成许多新器官（如叶芽或花芽等）。

生长转入休眠期　秋季叶片自然脱落是树木进入休眠的重要标志。在正常落叶前，新梢必须经过组织成熟过程才能顺利越冬。早在新梢开始自下而上加粗生长时，就逐渐开始木质化，并在组织内贮藏营养物质。这些营养物质绝大部分是淀粉、可溶性糖类等碳水化合物，有少部分含氮化合物。

相对休眠期　秋季正常落叶到次春树体开始生长（通常以萌芽为准）为止是落叶树木的休眠期，局部的枝芽休眠出现则更早。在树木休眠期，短期内虽看不出有生长现象，但体内仍进行着各种生命活动，如呼吸、蒸腾、芽的分化、根的吸收、养分合成和转化等，只是这些活动进行得较缓慢而已，所以确切地说，休眠只是个相对概念。（由春香）

婺源绿茶　Wuyuan green tea　以中国江西省婺源县行政区域内的茶园采摘的细嫩芽叶为原料加工制成的绿茶。简称婺绿。婺源产茶始于汉盛于唐，唐代陆羽《茶经》中有茶生"婺源山谷"的记载。婺源绿茶素以"颜色碧而天然，口味香而浓郁，水色清而润厚"三绝著称。清代婺源县溪头梨园茶、砚山桂花树底茶、大畈灵山茶、济溪上坦园茶，统称婺源"四大名家"，岁贡朝廷，并减茶税。因历史上曾集中于安徽屯溪（今属黄山市）加工销售，故亦属"屯绿"珍品。2008年10月，成为中国国家地理标志保护产品。主产区为婺源县行政区域内及与其相邻山区县。

主要类型　婺源绿茶分为婺绿名茶和出口炒青绿茶。以婺绿名茶为代表，包括眉形名茶、针形名茶、螺旋形名茶、颗粒形名茶、扁形名茶、花朵形名茶等。

眉形名茶（以婺源茗眉为代表）：是以单芽或一芽一叶初展为原料，经摊青、杀青、揉捻、理条（炒坯和整形）、烘干等工艺制作而成。外形微弯似眉，紧细，白毫披露，色泽翠绿光润；内质香气鲜浓持久或有兰花香，滋味鲜爽醇厚甘冽，汤色黄绿明亮，叶底匀嫩明亮。

针形名茶（以婺源仙枝为代表）：以单芽或一芽一叶初展为原料，经摊青→杀青→揉捻→理条（做形）→烘干等工艺制作而成。外形紧细圆直挺秀，色泽翠绿油润；内质香气鲜浓持久或有花香，滋味鲜爽回甘，汤色嫩（黄）绿明亮，叶底匀嫩明亮。

螺旋形名茶（以文公银毫为代表）：以单芽或一芽一叶初展为原料，经摊青→杀青→揉捻→炒坯→做形→烘干等工艺制作而成。外形螺旋弯曲，白毫披露，色泽柔嫩油润；内质香气浓郁纯正，滋味鲜醇回甘，汤色绿而明亮，叶底匀嫩、黄绿明亮。

颗粒形名茶（以星江龙珠为代表）：以单芽或一芽一叶初展为原料，经摊青→杀青→揉捻→炒坯→初烘→做形→烘干等工艺制作而成。外形圆结似珠，色泽翠绿显毫；内质香高持久，滋味醇厚，汤色清澈绿亮，叶底嫩绿明亮。

扁形名茶（以灵岩剑峰茶为代表）：以单芽为原料，经摊青→杀青→做形（压条和整形）→烘干等工艺制作而成。外形扁平匀直，色泽黄绿光润；内质香高持久或栗香显，滋味鲜爽，汤色绿而明亮，叶底匀嫩明亮。

花朵形名茶（以婺源墨菊为代表）：以一芽一叶和一芽二叶为原料，经摊青→杀青→揉捻→炒坯→理条→做形（扎花和压花）→烘干等工艺制作而成。外形如雏菊，色泽墨绿；内质香高持久，滋味甘醇鲜爽，汤色黄绿明亮，叶底花朵完整。

销售区域　主销欧盟、非洲、美国、加拿大、日本等国家和地区，以及中国北京、上海、南昌、石家庄等大中城市。（杨普香）

X

西番莲　passion fruit; *Passiflora edulis* 西番莲科西番莲属草质藤本植物。俗称百香果、鸡蛋果、巴西果。西番莲原产于南美洲的巴西至阿根廷一带，广植于热带和亚热带地区。中国适宜生长区域有福建、广东、海南、广西、云南、贵州、台湾等地。主要有紫果和黄果两大类。

形态特征　草质藤本，茎具细条纹，无毛。叶纸质，长6～13厘米，宽8～13厘米，基部楔形或心形，掌状3深裂，中间裂片卵形，两侧裂片卵状长圆形，裂片边缘有内弯腺尖细锯齿，近裂片缺弯的基部有1～2个杯状小腺体，无毛。聚伞花序退化仅存1花，与卷须对生。花芳香，

图1　西番莲

图2　西番莲的叶

图3　西番莲的卷须

图4　西番莲的花

图5　西番莲的果实

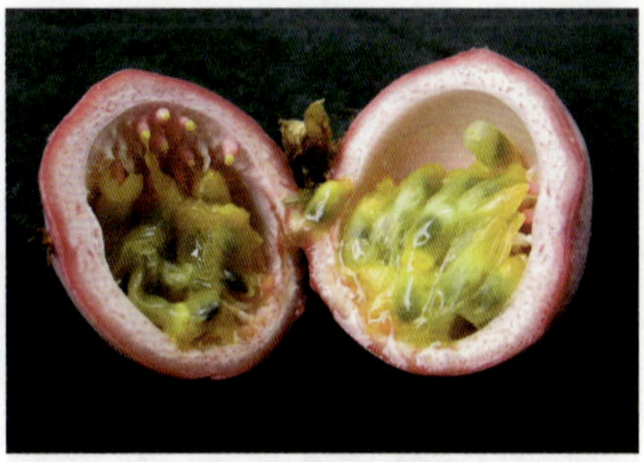
图6　西番莲的种子

直径约4厘米，花梗长4～4.5厘米。苞片绿色，宽卵形或菱形，长1～1.2厘米，边缘有不规则细锯齿。萼片5枚，外面绿色，内面绿白色，长2.5～3厘米，外面顶端具一角状附属器。花瓣5枚，与萼片等长。外副花冠裂片4～5轮，外2轮裂片丝状，约与花瓣近等长，基部淡绿色，中部紫色，顶部白色，内3轮裂片窄三角形，长约2毫米；内副花冠非褶状，顶端全缘或为不规则撕裂状，高1～1.2毫米。花盘膜质，高约4毫米。雌雄蕊柄长1～1.2厘米。雄蕊5枚，花丝分离，基部合生，长5～6毫米，扁平；花药长圆形，长5～6毫米，淡黄绿色。子房倒卵球形，长约8毫米，被短柔毛；花柱3枚，扁棒状，柱头肾形。浆果卵球形，直径3～4厘米，无毛，熟时紫色、黄色。种子多数，卵形，长5～6毫米。花期4～10月，果期7～12月。

生长习性　西番莲为喜温、喜光、喜湿润气候的亚热带果树，适合在背风向阳的平地或缓坡地、有水源、排灌方便、土层50厘米以上、土壤疏松透气、有机质含量高、土壤pH 5.5～6.5、交通便捷的地方种植。最适宜的生长温度为25～32℃，−2℃时植株严重受害，年平均气温18℃以上的地区适宜露地种植。

繁殖和栽培　繁殖方式包括种子繁殖、扦插繁殖、嫁接繁殖、组培繁殖。种植西番莲，要求种植带宽、穴大、表土充足、根圈大、架高和密度合理。

西番莲为**攀缘植物**，必须搭架栽培。架式主要有棚架、篱壁架、门架、垂帘式和T形架。平地水田要高畦种植，以防积水。可用镀锌管、水泥柱或竹子等搭水平棚架，柱高约2.0米，以塑钢线或尼龙线成方格搭架。

养护管理　西番莲养护管理包括土壤管理、施肥、整枝修剪和病虫害防治等措施。①土壤管理。种植当年要勤松土除草，保持土壤湿润而不积水。②施肥。生长量大，周年都在开花结果，属高需肥果树。施肥应以有机肥为主，配合复合肥，结合微量元素肥。③整枝修剪。幼苗定植成活后留1条主蔓上架，抹去过多侧芽。主蔓上架后打顶摘心，留4～6条侧蔓，并分布均匀，及时绑缚。④病虫害防治。病害主要有花叶病、根腐病、茎基腐病、炭疽病等。抗病性中等。要保持田间湿润度，做好排水工作，尤其是低洼地果园，以防止土壤过湿积水诱发病害。远离瓜类和茄果类蔬菜，冬季用石硫合剂等清园处理，及时清除烧毁病枝病叶。

作用　西番莲的果汁色、香、味、营养极佳，富含人体必需的17种氨基酸及多种维生素、微量元素等，适合生产果汁、果冻、果露、果酱等产品，具有消除疲劳、提神醒酒、降脂降压、消炎祛斑、护肤养颜等功效。果可生食或制作果汁，有果汁之王的美称。果瓤多汁液，可制成芳香可口的饮料，还可添加在其他饮料中以提高饮料的品质。种子榨油，可供食用和制皂、制油漆等。花大而美丽，没有香味，可作庭园**观赏植物**。入药具有兴奋、强壮之效。

（曾黎辉）

西府海棠　midget crabapple; *Malus×micromalus*　蔷薇科苹果属落叶小乔木。西府海棠主要分布于辽宁、河北、山西、山东、陕西、甘肃、云南和内蒙古等地。

高达2～8米，树冠自然半圆形，树枝直立性强。小枝细弱圆柱形，嫩时被短柔毛，老时脱落，紫红色或暗褐色，具稀疏皮孔。冬芽卵形，先端急尖，无毛或仅边缘有绒毛，暗紫色。叶片长椭圆形或椭圆形，长5～10厘米，宽2.5～5厘米，先端急尖或渐尖，基部楔形稀近圆形，边缘

图1 西府海棠

图2 西府海棠的枝

有尖锐锯齿，嫩叶被短柔毛，下面较密，老时脱落；叶柄长2～3.5厘米；托叶膜质，线状披针形，先端渐尖，边缘有疏生腺齿，近于无毛，早落。伞形总状花序，有小花4～7朵，集生于小枝顶端，花梗长2～3厘米，嫩时被长柔毛，逐渐脱落；苞片膜质，线状披针形，早落；花直径约4厘米；萼筒外面密被白色长绒毛；萼片三角卵形，三角披针形至长卵形，先端急尖或渐尖，全缘，长5～8毫米，内面被白色绒毛，外面较稀疏，萼片与萼筒等长或稍长；花瓣近圆形或长椭圆形，长约1.5厘米，基部有短爪，白色或粉红色；雄蕊20～28，花丝长短不等，比花瓣稍短；花柱5，基部具绒毛，约与雄蕊等长。果实近球形，

图3 西府海棠的叶

图4 西府海棠的花

图5 西府海棠的果实

直径1～1.5厘米，红色，萼洼梗洼均下陷，萼片多数脱落，少数宿存。花期4～5月，果期8～10月。

可播种、分株和嫁接繁殖。适应性广，抗逆性强，对立地条件要求不严。

西府海棠是常见栽培的果树及观赏树，树姿直立，花朵密集。果味酸甜，可供鲜食及加工用。栽培品种很多，果实形状、大小、颜色和成熟期均有差别，因此有热花红、冷花红、铁花红、紫海棠、红海棠、老海红、八棱海棠等名称。华北有些地区用作苹果或花红的砧木，生长良好。

（肖建忠）

西瓜 watermelon; *Citrullus lanatus* 葫芦科西瓜属一年生蔓性草本植物。主要以果实和种子供食用。西瓜原产于非洲，埃及有四五千年的栽培历史。宋范成大《西瓜园》注云，西瓜“本燕北种，今河南皆种之”，说明南宋时已有关于西瓜种植的记载。中国普遍栽培，总产量居世界首位。

形态和类型 根系发达，入土深、分布广。茎蔓生，叶腋生分歧性卷须，茎、叶上密生绒毛。叶片深缺刻。单性花，雌雄同株。花冠黄色，子房下位，3室。瓠果，多胚；胎座（通称瓤）多汁，为食用部分。果圆形或椭圆形，皮色浓绿、绿白或绿带蛇纹。瓤富含糖分，瓤色深红、淡红、黄或白色。中国栽培的西瓜包括果实用和种子用两大类型。前者为普通西瓜，瓜形大，瓤味甜；后者为瓜子西瓜（通称打瓜），果小，皮厚，瓤味淡，种子大。

按西瓜的生态型可分为：西北生态型、华北生态型、华南生态型和华东生态型。前两个类型要求干燥、强光，瓜形较大；后两个类型较耐湿润，瓜形较小。新疆吐鲁番，甘肃兰州，河南开封，山东德州，河北保定，浙江平湖，广西武鸣、藤县，广东番禺，江西抚州等为传统著名产区。三倍体西瓜是利用人工诱变形成的四倍体西瓜与普通二倍体西瓜配成的杂种一代，高度不孕，不结种子，瓤味更甜。

生长习性 西瓜性喜高温干燥气候。生长适宜温度为25～30℃，6～10℃时易受寒害。全年月平均气温在19℃以上的月份多于3个的地区才可进行露地栽培。属长日照植物，喜强光，光饱和点为8万勒克斯。适宜干热气候，耐旱力强，要求排水良好、土层深厚的砂质壤土。土壤pH以5～7为宜。

栽培 中国的西瓜栽培方式多种多样。属于露地的有西北的旱塘栽培和砂田栽培，华北的平畦栽培，长江以南的高畦

图1 西瓜

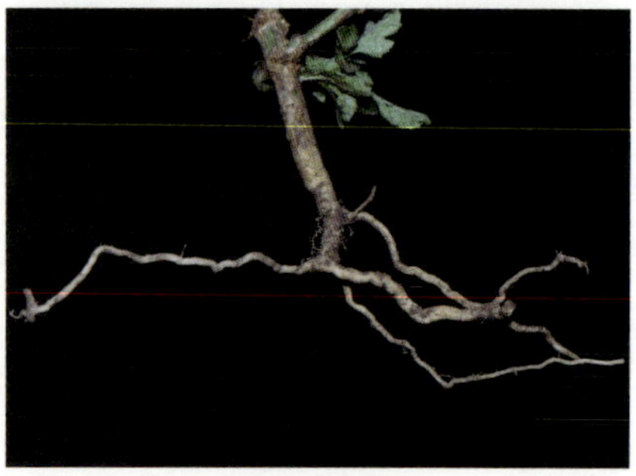

图2 西瓜的根

图3 西瓜的卷须

图4 西瓜的叶

图5 西瓜的花

图6 西瓜的果实

栽培等；属于保护地的有地膜覆盖栽培、塑料大棚栽培、温室栽培等。不论露地或保护地栽培，均于春季先行保护地育苗，然后定植。基肥以有机肥为主，配合过磷酸钙和硫酸钾可提高果实的含糖量。种植密度一般为亩栽500～600株。通常进行整枝，一株一蔓一瓜；也有不行整枝，一株多蔓多瓜。自播种至收获需80～120天，

图7 西瓜的种子

从雌花开放到果实成熟需30～50天。主要病害有枯萎病、炭疽病、白粉病等。主要虫害有蚜虫、种蝇、守瓜等。

用途 西瓜果实为夏季主要水果。成熟果实除含有大量水分外，瓤肉含糖量一般为5%～12%，包括葡萄糖、果糖和蔗糖。甜度随成熟后期蔗糖的增加而增加。几乎不含淀粉，采后贮藏期间甜度会因双糖水解为单糖而降低。瓜子可作茶食，瓜皮可加工制成西瓜酱。

（叶志彪）

西葫芦 summer squash; *Cucurbita pepo* 葫芦科南瓜属一年生草质藤本植物。又称美洲南瓜、小瓜、菜瓜。以嫩果供食。西葫芦原产于北美洲南部，世界各地均有分布。中国于19世纪中叶开始从欧洲引入，南北各地普遍栽培。

形态和类型 从生长习性上，可分为矮生、半蔓生、蔓生三种类型。多数品种主蔓优势明显，侧蔓少而弱。蔓长0.5～2.5米，茎有棱沟，有短刚毛和半透明的糙毛。卷须分多叉，具柔毛。叶质硬，直立，轮廓三角形或卵状三角形，叶面粗糙，有些品种有白斑。花单生，雌雄异花同株。瓠果，形状有圆筒形、椭圆形和长圆柱形等多种。果面平滑，嫩果白、黄、浅绿至墨绿色或伴有绿色花纹。果梗粗壮，有明显的棱沟。种子扁平，灰白或黄褐色，千粒重140克左右。

生长习性 喜温作物，为瓜类蔬菜中较耐寒而不耐高温的种类。种子13℃开始发芽，适宜发芽温度为25～30℃；生长期最适温度为20～25℃，15℃以下生长缓慢，8℃以下停止生长；30℃以上生长缓慢并极易发生疾病。短日照植物，长日照条件下有利于茎叶生长，短日照条件下结瓜期较早。耐弱光，但光照不足时易引起徒长。对土壤要求不严格，砂土、壤土、黏土均可栽培，土层深厚的壤土易获高产。喜湿润，不耐干旱，特别在结瓜期土壤应保持湿润才能获得高产。高温干旱条件下易发生病毒病，高温高湿易发

图1 西葫芦

图2 西葫芦的叶

图3 西葫芦的花

图4 西葫芦的瓠果

生白粉病。

栽培 保护地可越冬栽培，一般早春保温设施育苗，苗龄30～50天，终霜后定植，也可直播。主要采收嫩瓜，开花后10天左右即可采收。

用途 西葫芦含有较多维生素C、葡萄糖等营养物质，皮薄、肉厚、汁多，可荤可素，可菜可馅。具有清热利尿、除烦止渴、润肺止咳、消肿散结的功效。

（张应华）

西蓝薹 broccolini; *Brassica oleracea* var. *italica*×*B. oleracea* var. *chinensis* 青花菜

与芥蓝杂交后代选育而成的蔬菜。又称小小西蓝花、青花笋、芦笋青花菜。以肥嫩的花薹供食用。西蓝薹于1993年由日本的坂田公司在美国加州育成，1996年开始在美国市场上销售，1998年命名为broccolini。中国广州市白云区蔬菜研究所于2006年开始引进试种。

形态特征　植物学形态介于青花菜与芥蓝之间，侧花薹比较多且比青花菜的长，小花蕾比青花菜的大，但比芥蓝的小。幼嫩期更像芥蓝，后期更像青花菜。成熟植株高50厘米，开展度45厘米，主茎粗5厘米。叶片椭圆形，叶缘波曲，颜色淡绿，披蜡粉。主薹较小，直径6～8厘米，花粒在成熟时较普通西蓝花要大，如麦粒大小；侧薹多而发达，以采收侧薹为主，侧薹花蕾直径4～6厘米，茎长15～18厘米，直径1～1.5厘米，单重40～50克。

栽培　喜温和气候，耐热，要求充足光照。不耐旱，较耐肥，适于在湿润、肥沃、富含有机质的壤土种植。采用种子繁殖。多选择气温在15～25℃的季节栽培。广州地区一般于7月中旬至11月播种，株距40～45厘米，行距50厘米，每亩定植2500～3000株。播种至初收约90天。亩产量600～700千克。常有小菜蛾、菜青虫、斜纹夜蛾和黑腐病为害。

用途　西蓝薹色绿翠美，肉质脆嫩，风味香甜，营养丰富，且富含抗癌硫苷，比青花菜高3倍。另外，西蓝薹性温，有健胃助消化之效，是集美味和保健于一体的功能型蔬菜，在中国台湾地区被称为“黄金青花笋”。烹调方法既简易又独具特色，常见的菜式有白灼冰凉西蓝薹、色拉西蓝薹、凉拌西蓝薹、酥炸虾球西蓝薹、枸杞皮蛋西蓝薹、蚝油干贝西蓝薹等。

（雷建军）

西南茶区　tea area in southwest China　中国西南部茶叶生产区域。北到米仓山、大巴山，南至红水河、南盘江和盈江，东起神农架、巫山、方斗山和武陵山，西抵大渡河，包括贵州省、重庆市、四川省、云南省中北部以及西藏自治区的东南部等。这是中国最古老的茶区，也是世界茶叶的原产地之一。

西南茶区属亚热带季风气候，地形复杂，地势高，垂直变化大，各地气候和土壤差异较大，但大部分地区水热条件良好，适宜种植茶树。年均气温四川盆地17℃，云贵高原14～15℃，西藏高原11.6℃；1月份平均气温4℃以上，极端最低气温一般在−3℃以上，但有时低至−8℃；大于10℃的活动积温为4200～5800℃，无霜期220～340天；年降水量1000～1700毫米，分布极不均衡，多集中在夏季，易引起土壤冲刷，冬季小于10%，常有冬春干旱。日照较少、雾多、相对湿度大是该区气候条件的最重要特点。有的地区雨雾日多达170天，日照时数仅为1000～1200小时。土壤在滇中北为赤红壤、山地红壤和棕壤，川、黔及西藏东南部以黄壤为主，土壤质地黏重，有机质含量一般较低。植被以常绿或落叶阔叶林为主。

西南茶区茶树品种资源十分丰富，既有小乔木、灌木型品种，也有乔木型品种，还有众多的野生大茶树。南部以云南大叶种为主，但北部种植的茶树基本为灌木型中小叶品种，如湄潭苔茶、崇庆枇杷茶，无性系良种有名山131、巴渝特早、龙井43、中茶108、福鼎大白茶、黔湄601和南江1号等。生产茶类众多，有红茶、绿茶、普洱茶、沱茶及花茶等。名茶有蒙顶甘露茶、都匀毛尖茶、昆明十里香和青城雪芽等。由于秦岭大巴山屏障对冬季寒潮的阻挡，茶树冬季一般不会发生冻害，夏季旱热害也较少发生，但夏季暴雨、冬春季季节性干旱明显。茶树种植过程中，应特别注意水土保持，建设灌溉设施和提高土壤的有机质含量。

（韩文炎）

西山茶　Xishancha　山茶科山茶属植物。茶树有性系品种。又称棋盘石桂平西山茶、棋盘仙茗、乳泉春。为始植于唐代的有性系茶树品种，因原产于广西桂平西山山脉及周边山区而得名。灌木型，小叶类，早生种。植株适中，树姿开张，分枝密，叶片呈上斜或者水平状着生；叶椭圆形，叶色绿或深绿，叶面微隆，叶缘平，叶身稍内折或平，叶尖钝尖，叶齿钝浅，叶质中等；芽叶淡绿色，茸毛多。其春茶一芽二叶干样约含氨基酸3.2%、茶多酚27.5%、咖啡碱3.9%。

西山茶芽叶生长力强，发芽密度大，持嫩性好。开采期在3月下旬至4月初，产量高。抗逆性较强，结实性强，适制绿茶。

栽培时间宜选择冬季或早春进行。采用双行双株方法种植，按设定的密度定植（种植前茶苗根系要沾黄泥浆），回填土压紧至根茎处离土表距离3～4厘米，根系离底肥10厘米以上。浇足定根水，再覆一层松土。种植后茶苗应有防晒措施。

（韦静峰）

《西山兰若试茶歌》 *A Poem of Having Tea in Xishan Temple*　七言古诗。中国唐代刘禹锡作。刘禹锡（772～842），唐代文学家、哲学家。字梦得。洛阳人。和柳宗元交往很深，人称“刘柳”。常与白居易唱和往还，又称“刘白”。

诗为：“山僧后檐茶数丛，春来映竹抽新茸。宛然为客振衣起，自傍芳丛摘鹰觜。斯须炒成满室香，便酌砌下金沙水。骤雨松声入鼎来，白云满碗花徘徊。悠扬喷鼻宿酲散，清峭彻骨烦襟开。阳崖阴岭各殊气，未若竹下莓苔地。炎帝虽尝未解煎，桐君有箓那知味。新芽连拳半未舒，自摘至煎俄顷余。木兰坠露香微似，瑶草临波色不如。僧言灵味宜幽寂，采采翘英为嘉客。不辞缄封寄郡斋，砖井铜炉损标格。何况蒙山顾渚春，白泥赤印走风尘。欲知花乳清冷味，须是眠云跂石人。”

这首诗详细描述在西山寺内饮茶的情景，包括从采茶、炒青、汲水、煎茶，到观茶色、品茶香的全过程，细腻生动。诗中对茶树栽培环境除肯定“阳崖阴岭各殊气”外，还提出“未若竹下莓苔地”之说；对茶的香型指出“木兰堕露香微似”；对茶效指出要使“宿酲散”靠的是茶香悠扬喷鼻，要使“烦襟开”靠的是茶味“清峭彻骨”。尤其是诗中“斯须炒成满室香”“自摘至煎俄顷余”之句，是关于绿茶炒青工艺最早的记载。诗人认为只有用新茶、活水在幽寂的自然环境中烹制的茶，才能得茶之本真“清冷味”。

（刘伟华）

《西域从王君玉乞茶因其韵七首》 *Seven Poems about Begging for Good Tea from a Nice Friend Wang Junyu while Far Away in West*　七律组诗。中国元代耶律楚材作。耶律楚材（1190～1244），元代政治家、文学家。字晋卿，号玉泉老人，法号湛然居士。

共七首：①“积年不啜建溪茶，心窍黄尘塞五车。碧玉瓯中思雪浪，黄金碾畔忆雷芽。卢仝七碗诗难得，谂老三瓯梦亦赊。敢乞君侯分数饼，暂教清兴绕烟霞。”②“厚意江洪绝品茶，先生分出蒲轮车。雪花艳艳浮金蕊，玉屑纷纷碎白芽。破梦一杯非易得，搜肠三碗不能赊。琼瓯啜罢酬平昔，饱看西山插翠霞。”③“高人惠我岭南茶，烂赏飞花雪没车。玉屑三瓯烹嫩蕊，青旗一叶碾新芽。顿令衰叟诗魂爽，便觉红尘客梦赊。两腋清风生坐榻，幽欢远胜泛流霞。”④“酒仙飘逸不知茶，可笑流涎见曲车。玉杵和云舂素月，金刀带雨剪黄芽。试将绮语求茶饮，特胜春衫把酒赊。啜罢神清淡无寐，尘嚣身世便云霞。”⑤“长笑刘伶不识茶，胡为买锸谩随车。萧萧暮雨云千顷，礧礧春雷玉一芽。建郡深瓯吴地远，金山佳水楚江赊。红炉石鼎烹团月，一碗和香吸碧霞。”⑥“枯肠搜尽数杯茶，千卷胸中到几车。汤响松风三昧手，雪香雷震一枪芽。满囊垂赐情何厚，万里携来路更赊。清兴无涯腾八表，骑鲸踏破赤城霞。”⑦“啜罢江南一碗茶，枯肠历历走雷车。黄金小碾飞琼屑，碧玉深瓯点雪芽。笔阵陈兵诗思勇，睡魔卷甲梦魂赊。精神爽逸无余事，卧看残阳补断霞。”

七首诗均以“茶、车、芽、赊、霞”为韵，从向王君玉乞茶到王君玉赠茶再到自己谢茶、吃茶品饮，反复描述了渴求佳茗、煎烹名茶、品饮新芽的乐趣，以及才啜数杯，精神爽逸，品饮方毕，思若泉涌的绝妙感受。（刘伟华）

吸收根 absorbing root　根系末端少数几级具有初生结构、负责物质吸收的根。吸收根长度较短且被根毛覆盖，主要吸收营养和水分，是非木质化根的最后分支，也是须根的末端部分。吸收根是须根中的一种，须根按其功能与结构不同分为生长根、吸收根、过渡根和输导根四种。果树的生长根、过渡根和输导根在生长轴线上是连续的，它们都有扩展分布空间、着生和分生吸收根以及贮藏和输导营养和水分的功能，且最后都能演化为永久根，因此生长根、过渡根和输导根有时合称为运输根（群）。须根可以分为两大部分：吸收根（群）和运输根（群）。吸收根的结构通常为白色的非木质化的初生结构，其菌根侵染率较高，最外一层细胞排列紧密，细胞壁薄，许多表皮细胞的外壁向外突起形成根毛，根毛主要起吸收作用，兼有固定作用。吸收根的主要功能是吸收矿物质和水分，以及将吸收的物质转化为有机物或将物质往地上部方向运输。

吸收根虽然也具有根冠、分生区、伸长区和根毛区，但不能木栓化和次生加粗，这与生长根有明显的区别。吸收根（群）由低级根组成，是资源吸收的主体，寿命短而周转快，这与运输根（群）有明显区别；运输根（群）由高级根组成，主要负责运输与存储，寿命长而周转慢。例如，苹果的吸收根长度小于1厘米（细短如网状），无次生结构，主要行使吸收功能，15～20天后自疏死亡；生长根长度大于1厘米，寿命比较长，有次生加长加粗生长的新根。（张　燕）

溪荪 Japanese iris; *Iris sanguinea*　鸢尾科鸢尾属多年生草本植物。溪荪产于中国黑龙江、吉林、辽宁、内蒙古。也产于日本、朝鲜。生长于沼泽地、湿草地或向阳坡地。

图1　溪荪

图2　溪荪的叶

图3　溪荪的花茎

根状茎粗壮，斜伸，外包有棕褐色老叶残留的纤维。须根绳索状，灰白色，有皱缩的横纹。叶条形，长20～60厘米，宽0.5～1.3厘米，顶端渐尖，基部鞘状，中脉不明显。花茎光滑，实心，高40～60厘米，具1～2枚茎生叶。苞片3枚，膜质，绿色，披针形，长5～7厘米，宽约1厘米，顶端渐尖，内包含有2朵花。花为天蓝色，直径6～7厘米；花被管短而粗，长0.8～1厘米，直径约4毫米。外花被裂片倒卵形，长4.5～5厘米，宽约1.8厘米，基部有黑褐色的网纹及黄色的斑纹，爪部楔形，中央下陷呈沟状，无附属物；内花被裂片直立，狭倒卵形，长约4.5厘米，宽约1.5厘米。雄蕊长约3厘米，花

图4　溪荪的花

药黄色；花丝白色，丝状。花柱分枝扁平，长约3.5厘米，宽约5毫米，顶端裂片钝三角形，有细齿。子房三棱状圆柱形，长1.5～2.0厘米，直径3～4毫米。果实长卵

状圆柱形，长3.5～5.0厘米，直径1.2～1.5厘米，长为宽的3～4倍，有6条明显的肋，成熟时自顶端向下开裂至1/3处。花期5～6月，果期7～9月。溪荪是鸢尾属植物中喜水湿的种类，根状茎可在－30℃的冻土中越冬，有较强的抗病、抗寒及耐湿能力。

溪荪花大色浓、端庄秀雅，观赏价值高。茎、叶可用作造纸原料。亦是一种名贵的中草药，以根茎入药，清热解毒，捣烂外敷可治疗疔疮肿毒。是一种集观赏、药用为一体且具较高经济价值的野生花卉。

（王 雁）

《喜得建茶》 *A Poem about Receiving Jian Tea Surprisingly* 七律。中国南宋陆游作。陆游（1125～1210），南宋爱国词人、诗人。字务观，号放翁，山阴（今浙江绍兴）人。

诗为："玉食何由到草莱，重奁初喜坼封开。雪霏庾岭红丝硙，乳泛闽溪绿地材。舌本常留甘尽日，鼻端无复鼾如雷。故应不负朋游意，自挈风炉竹下来。"

陆游非常爱茶，常常亲取泉水自烹煎。"雪液清甘涨井泉，自携茶灶就烹煎。一毫无复关心事，不枉人间住百年。"（《雪后煎茶》）写尽了诗人对茶的热爱与痴迷。

建茶，是福建建溪流域所产之茶的总称。北宋时，建溪流域多有北苑御茶园，所产茶亦称北苑茶。除北苑所辖茶园，其他茶园所产茶品有别于龙凤官茶。

宋代茶道大开，文人墨客嗜茶极盛，"越芽远寄入都时，酬唱珍夸互见诗"（赵抃）。《喜得建茶》写陆游得到朋友赠送的只供高官权贵可享的"建茶"，欣喜万分地打开重重匣盒，用红丝小硙碾出的茶，茶末就像大庾岭上的白雪（宋时团茶尚白），煎煮好的茶汤上面浮起乳白色沫饽，香甘的茶味整日留在舌根，让人再无睡意。为不辜负朋友交往的好意，便又提着风炉到竹林里去品饮香茶。

关于茶的滋味，陆游在他的许多诗里曾有过各种描写，如："舌根茶味永"（《懒趣》），"茶味森森留齿颊"（《饭后忽邻父来戏作》），"茶甘半日如新啜"（《初秋杂咏》），"瓯聚茶香爽齿牙"（《杂兴》），"客散茶甘留舌本"（《晚兴》）等。

（刘伟华）

细胞工程育种 cell engineering breeding 利用花粉和花药培养、幼胚培养、细胞培养及其突变体筛选、原生质体培养与融合、试管授精等技术进行育种的方法。

花粉和花药培养 花药培养包括材料的选取、灭菌、接种培养、再生单倍体植株等步骤。材料选取的最佳时期大多为单核中、晚期；采集的花蕾通常先用70%的酒精浸泡，再用0.1%升汞进行表面灭菌，然后用无菌水冲洗，在无菌条件下将花药从花蕾中取出并及时接种到培养基上，有些果树在培养初期需要黑暗培养。花粉培养的全过程除了材料的选取和材料的灭菌与花药培养基本相同外，还包括花粉的分离和培养两个步骤。

幼胚培养 大致可分为材料的选取、灭菌、胚的剥离和培养等几个步骤。材料的选取很重要，一般情况下取授粉后14～18天的胚进行培养效果较好。按照花药培养的灭菌方法把整个胚珠进行灭菌，然后在无菌条件下把胚剥离出来，选用合适的培养基进行培养。胚培养可以克服胚败育和远缘杂交的一些障碍。

细胞培养 是从植物组织器官或愈伤组织游离出单细胞，在无菌培养条件下使其再生完整植株。分离单细胞的方法有物理方法、化学方法、酶法，单细胞培养方法有液体浅层培养、微滴培养、平板培养、看护培养等。在培养过程中使用物理和化学的诱发突变处理，可获得稳定的突变细胞系。

原生质体培养与融合 大致可分为原生质体的分离、培养和融合等步骤。从植物体的各个部位几乎均能分离出原生质体，最常用的是叶肉组织、无菌苗的子叶、愈伤组织及悬浮细胞。无菌材料捣碎后，与一定比例的果胶酶和纤维素酶混合液混合，在室温、微光或黑暗下的摇床上培养，再将酶与原生质体混合液在无菌条件下过滤。过滤后离心纯化原生质体，按10^5个原生质体/毫升左右的密度培养原生质体，原生质体形成细胞壁，分裂并形成愈伤组织后，进行器官分化和形成小植株。不同来源的原生质体融合后形成杂种细胞，再分裂、分化，形成杂种植株。原生质体是基因转化的理想受体，原生质体融合技术可部分克服种间有性杂交障碍，获得体细胞杂种。

（彭建营）

下关沱茶 Xiaguan tuo tea 产于中国云南省下关的沱茶。下关沱茶是云南茶中古老的茶品，因创制于云南下关而得名。现代形状的云南沱茶创制于清光绪二十八年（1902），是由思茅地区景谷傣族彝族自治县的"姑娘茶"（又称私房茶）演变而成。下关沱茶是云南沱茶的典型代表，属于普洱茶的紧压茶类，分为普洱（生茶）沱茶和普洱（熟茶）沱茶两个类别。

形态作用 饼形紧压茶能使团茶在有限的空间内尽可能地增大表面积，其精巧设计既保证了紧压团茶良好的透气性，防止团茶过厚而内生霉变，又增大了团茶凹凸面与空气的接触，能有效地促进其缓慢地有氧自然发酵过程，对生料团茶的后发酵十分有利，能使其长期贮藏，历久弥珍。

加工工艺 选用云南大叶种青毛茶一级和二级各50%，经拼配、筛分、拣剔、拼堆、蒸揉、压制成型、干燥等工序制成。形如碗状，下有凹窝，外径8.3厘米，高4.3厘米。每个茶饼重100克，分甲沱、乙沱。

品质特征 茶外形紧结端正，造型优美。色泽乌润，外披白毫，香气清纯馥郁，汤色橙黄明亮，滋味醇爽回甜。下关沱茶具有明目清心、提神养颜、抑菌治病之保健作用。下关沱茶与云南白药、云烟被誉为"滇中三宝"。

（吕才有）

夏堇 wishbone flower; *Torenia fournieri* 玄参科蝴蝶草属一年生直立草本植物。又称蓝猪耳。夏堇原产于越南。中国南方常见栽培，偶有逸生的发现。因外形酷似堇菜科的草花，而且又是在夏天开花，所以被称为夏堇。又因整朵花蓝紫色的斑块格外显眼，极似猪头上的双耳，故又被称为蓝猪耳。

形态与种类 株高15～30厘米，宽幅12～22厘米。茎4窄棱无毛。单叶对生或近对生，（2～5）厘米×（1.5～2.5）厘米长卵形或卵形，无毛，边缘具带短尖的粗锯齿，叶脉明显微凹。花簇生枝顶，排列成总状花序。唇形花冠，喇叭形，上面2片花瓣完全融合，底部3个花瓣部分融合，底部中央花瓣形成一个带有黄色小斑块的"舌头"。花萼膨大，萼筒上有5条棱状翼。花色丰富，有蓝色、紫色、白色、粉红色、黄色等，带有黄色的斑纹。蒴果长椭圆形。种子细小，黄色。6～12月开花结果。

常见的为紫色原种，亦有白色栽培变种。市场上生产和流行应用的有三个系列：①小丑系列。平均株高15～20厘米，花大，色彩活泼。②浅吻系列。共有5个花色，开花早，整齐一致。③公爵夫人系列。生长势强健，冠幅大，花量大。

图1 夏堇

图2　夏堇的叶和花

图3　夏堇的花

栽培与管理　不耐寒，性喜温暖湿润，喜阳光，不畏炎热，对土壤适应性较强，但以湿润且排水良好的中性或微碱性壤土为佳。栽培前需要施用有机肥作基肥，生长期施2～3次化肥或有机肥，以保持土壤的肥力。播种是夏堇最常用的种植方法，以春播为主。室内栽培时，全年都可以播种。发芽适温20～30℃，播种后10～15天发芽。从播种到开花约需12周。种子粉末状，播种时要注意保湿。苗高10厘米时移植。常见病虫害有立枯病、枯萎病、叶斑病、丛枝病、白粉病、炭疽病、病毒病、蓟马、蜗牛、红蜘蛛、蚜虫、斑潜蝇、螟虫等。防治方法是加大株行距，控制浇水次数，加强排水，降低湿度，根据病情喷洒有针对性的药物。栽培管理粗放，是广受欢迎的观赏花卉。

用途　夏堇姿色柔美，花色多为冷色调，在酷热的盛夏给人带来些许凉意，适合**花坛**或盆栽，是理想的花坛、**花境**镶边材料。花期从夏季至秋季，尤其耐高温，很适合屋顶、阳台、花台栽培。

（吴沙沙）

夏蜡梅　Chinese sweetshrub; *Sinocalycanthus chinensis*　蜡梅科夏蜡梅属落叶灌木。夏蜡梅产于中国浙江省天台县，分布在海拔600～900米的溪谷和山坡林间，属国家二级重点保护植物。

图1　夏蜡梅

图2　夏蜡梅的叶

图3　夏蜡梅的花

图4　夏蜡梅的果实

株高1～2.5米，树皮灰白色，枝干粗壮。当年生枝黄褐色，有光泽；叶对生，椭圆状卵形或卵圆形，叶缘上部浅波状，近基部具钝细齿。花单生当年枝顶，花被片二型，外被片大而薄，色白，缘具红晕，9～14片，螺旋状排列，呈坛状，内被片9～12片，乳黄色，质厚，腹面基部散生淡紫色细斑纹，呈副冠状，花期5月下旬。假果由花托膨大而成，呈磬状，顶部收缩为平面，内含瘦果2个以上，矩圆形，9～10月果熟。

性喜阴湿环境，较耐寒，喜富含腐殖质的微酸性土壤。通过播种方式繁殖。

在园林绿地中宜植于偏阴环境。花形奇特，色彩鲜艳，可作为花灌木应用。

（赵世伟）

仙湖茶　Xianhu tea　产于中国广东省河源市东源县上莞镇仙湖村的**炒青绿茶**。仙湖茶以仙湖客家群体种、金萱等品种的芽叶为原料，采用传统的杀青、揉捻、炒干等工序加工而成。

仙湖茶鲜叶原料标准为对夹二叶、三叶及少量一芽二三叶。初制工艺及手工加工工艺见**客家炒茶**。仙湖茶外形紧实，颜色黄绿，有少量马蹄幼果夹杂物，香气炒香持久，滋味醇、滑、甘，汤色黄亮，叶底黄亮。

（苗爱清）

仙客来　florist's cyclamen; *Cyclamen persicum*　报春花科仙客来属多年生草本植物。仙客来原产于南欧及地中海一带，世界各地广泛栽培。

肉质球茎扁圆形，根散生在球茎下方。叶着生于球茎顶端的中心部，叶基生，莲座状，叶片心形，肉质，有褐红色柄，表面深绿色，有不同的花纹，背面紫红色，

图1　仙客来

图2　仙客来的叶

图3 仙客来的果实

边缘全缘或有细齿或波状。花单生，花瓣蕾期先端下垂，开花时上翻，形似兔耳，有紫红、玫红、绯红、淡红、雪青及白色等，基部常有深红色斑；花瓣边缘有全缘、缺刻、波状或皱褶之分。花期从每年10月到翌年4月。园艺栽培种经杂交育成，品种繁多，除颜色外还有大花型、中花型、小花型，以及皱瓣型和平瓣型等。

仙客来喜凉爽、湿润及阳光充足的环境。生长和花芽分化的适温为15～20℃，冬季室温低于10℃时花易凋谢，花色暗淡；夏季气温达到30℃时植株进入休眠状态，35℃以上植株易腐烂、死亡。为中日照植物。宜在疏松肥沃、排水良好、富含腐殖质的微酸性砂质壤土中种植。以播种繁殖为主，一般在9～10月播种。

仙客来花色艳丽，花形别致，烂漫多姿，有的品种有香气，观赏价值很高，是冬、春季节的优良**盆花**，也是世界盆花生产中的主要种类。花期长达6个月，适逢圣诞节、元旦、春节等传统节日，市场需求量大。 （葛 红）

仙人掌 cactus; *Opuntia dillenii* 仙人掌科缩刺仙人掌的变种。仙人掌原产于墨西哥

图1 仙人掌

图2 仙人掌的枝和刺

图3 仙人掌的花

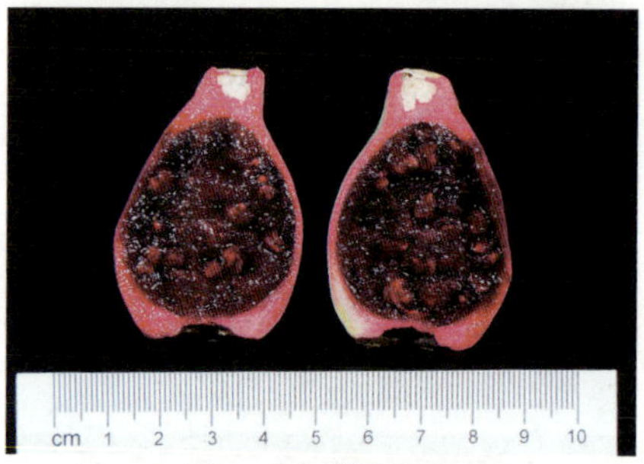

图4 仙人掌的果实

东海岸、美国南部及东南部沿海地区、西印度群岛、百慕大群岛和南美洲北部。中国于明末引种，在广东省、广西壮族自治区南部和海南省沿海地区逸为野生。北方作温室栽培或阳台栽培。

丛生肉质灌木，高1.5～3米。上部分枝宽倒卵形、倒卵状椭圆形或近圆形，绿色至蓝绿色，无毛；刺黄色，有淡褐色横纹，坚硬；倒刺直立。叶钻形，绿色，早落。花辐状，直径5～6.5厘米；花托倒卵形，长3.3～3.5厘米，基部渐狭，绿色；萼状花被黄色，具绿色中肋；花丝淡黄色，花药黄色，花柱淡黄色，柱头黄白色。浆果倒卵球形，顶端凹陷，表面平滑无毛，紫红色，倒刺刚毛和钻形刺。种子多数扁圆形，边缘稍不规则，无毛，淡黄褐色。花期6～10月，有的是6～12月。

性喜阳光、温暖、耐旱的环境，适合在中性、微碱性土壤生长，pH7.0～7.5。多用分株法、扦插法和嫁接法繁殖。

（赵世伟）

鲜切花 fresh cut flowers 从活体植株上切取的具有观赏价值的花朵或枝叶。又称切花。花卉装饰艺术中体现色彩和生命力的重要物质材料，用途十分广泛，可用于制作**花篮**、**花束**、花环、花圈、瓶插花、壁花，以及胸饰花等花卉装饰。

鲜切花根据使用情况，分为切花、切叶和切枝三类。①切花类是以花（花朵、花序或花枝）作为离体植物材料的主体，因其色彩艳丽、花姿优美以及香气诱人，是**插花**和其他花卉装置的主要色彩来源，如月季、非洲菊、百合、唐菖蒲、鹤望兰等。②切叶类是以绿色或彩色的叶片作为离体植物材料的主体，因叶色多彩或叶形奇特，多用作插花和花卉装饰的配材，起烘托主体的作用，如龟背竹、绿萝、针葵、肾蕨、变叶木等。③切枝类是以具观赏价值木本枝条作为离体植物材料的主体，常作为插花和花卉装饰的主体（东方式插花）

鲜切花

或衬托，如银芽柳、连翘、海棠、牡丹、雪柳、绣线菊、红瑞木等。

鲜切花属极娇嫩、易腐烂产品，鲜切花脱离植株根系后，依赖花枝上的叶片、茎（枝）、花托等器官，通过呼吸作用，其生命力仍能维持一段时间，若人工保鲜措施得当，便可进一步延长鲜活期，因此采收、预处理、包装、贮运等环节就显得尤为重要。一般要求和做法是：在能保证开花和使用要求的前提下，应尽早采收，尽快放入水中以防花萎蔫；依据花柄的长度，花朵质量和大小、开放程度，小花数目，叶片状态等进行分级；包装贮运前，可进行预冷处理；依花卉品种、贮藏及运输方法的不同，采用不同的包装设施和包

装方法；最后根据鲜切花种类和需求，选择干藏或湿藏等贮藏方法。

随着花卉业的发展，中国鲜切花生产也在迅速兴起。日益便利的交通条件已使切花生产可不受产销距离的限制，因而适地适花，以便充分发挥产区自然环境和技术设备条件的优势，已成为现代切花生产发展的基本趋势。组织培养技术的应用和发展，不仅可以防止由病毒引起的品种退化，而且可在短期内获取大量规格一致的优良苗株，从而有力地促进切花栽培的大规模工厂化。（王 雁）

鲜切蔬菜 fresh-cut vegetable 新鲜蔬菜经分级、修整、清洗、去皮去核等加工处理，根据可食部分的形态进行切分后称量、包装，供消费者立即鲜食或烹饪以及供餐饮业使用的蔬菜加工产品。又称切分蔬菜、轻度加工蔬菜或半加工蔬菜。是净菜的一个种类。鲜切蔬菜具备新鲜、营养保持好、使用便捷、干净卫生等特点，是21世纪以来国际上发展最快的一种蔬菜加工产品，在超市和净菜配送中心的需求量逐年增大，其加工技术水平的发展也很快。

鲜切蔬菜产品主要有大白菜、甘蓝、洋葱、菠菜、芹菜、胡萝卜等。鲜切蔬菜由于切断面较多，导致组织受伤、生理活性增大和易受微生物侵染等，极易腐败变质，因此要求从原料采收到加工处理、售出的时间尽量短。须按照良好生产规范（GMP）或者危害分析与关键控制点（HACCP）规范要求，严格控制加工、保藏过程的温度和卫生条件。同时，为了防止呼吸等生理活动产生异臭，包装袋应使用透气性高的聚乙烯薄膜或有微细孔的薄膜。加工后的成品通常在低温下的冷藏时间仅为3～21天。（余小林）

鲜切叶 fresh cut leaves 从活体植株上切取的具有观赏价值的叶。又称衬叶。鲜切花的一种。用作切叶的植物材料有的叶色多彩，有的叶形美丽、奇特。

图1 散尾葵

图2 龟背竹

图3 肾蕨

图4 变叶木

在插花作品中，鲜切叶主要起到陪衬、烘托、掩饰的作用。鲜切叶多采用常绿植物的叶片，特别是叶片呈革质的种类，如棕榈、苏铁、散尾葵等，其叶片大型，形态各具特色，造型奇特。鲜切叶多用于遮掩花泥、花插及其他不美观的部位，也可用于造型。园艺上主要的切叶植物有散尾葵、巴西木、龟背竹、绿萝、肾蕨、变叶木等。（张敬丽 刘云礼）

苋菜 amaranth; *Amaranthus tricolor* 苋科苋属一年生草本植物。又称雁来红、老少年、老来少、三色苋、青香苋、玉米菜、红苋菜、千菜谷、红菜、荇菜、寒菜、汉菜。以嫩茎和叶作蔬菜食用，花可供观赏。苋菜原产于中美洲和亚洲热带、亚热带地区。苋属植物有50多个种。中国是苋菜原产地之一，甲骨文中有“苋”字。此外，还在墨西哥发现了公元前4000年印第安人食用的苋菜的种子。栽培历史悠久，是世界最古老的农作物之一。栽培苋菜可按用途分为菜用苋（*A. tricolor*）和粒用苋（*A. hypochondriacus*）两类。

形态特征 根较发达，分布深广。茎高80～150厘米，有分枝。叶互生，卵形、菱状卵形或披针形，长4～10厘米，宽2～7厘米，绿色或红色，紫色或黄色，或部分绿色夹杂其他颜色，顶端圆钝或尖凹，具凸尖，基部楔形，全缘或波状缘，无毛；叶柄长2～6厘米，绿色或红色。叶色多样，分为绿苋、红苋和彩色苋3个类型。

栽培 喜高温，耐热力强，较其他绿叶菜耐旱，但不耐低温，生长适温为23～27℃。适应性强，中国及世界各地都有分布。有的地区育苗移栽，以采收肥大茎为目的。苋菜生长期30～60天，在中国各地的无霜期内可分期播种，陆续采收。主要病害有白锈病、茎基腐烂病和根结线虫病。

用途 苋菜植株与种子内蛋白质含量

图1 苋菜

图2 苋菜的叶

图3 采收的苋菜

较高，分别占叶片鲜重的4.6%和种子重量的12%～18%，其中人体必需氨基酸的含量平衡，生理价值较高；大部分植物中含量偏低的蛋氨酸和丝氨酸在苋菜蛋白质中含量都较丰富。味鲜美，多作蔬菜鲜食，也可取肥大肉质茎腌食。粒用苋又称千穗谷，种子可磨粉作粮食。

（王德槟　巩振辉）

现代果业经济 modern fruit industry economy　以产业经济学为理论基础，以果树产业为研究对象的经济学科分支。属于部门经济学范畴。现代果业是用现代工业、现代科学技术和现代管理方法来改造和装备果树产业，其发展目标是提高果树产业的综合生产率和可持续发展水平，实现果业绿色高质量发展，获得显著的经济效益、生态效益和社会效益。现代果业的特征主要体现在生产的集约化、产业化和标准化，以及果业产业链的绿色化、智能化、数字化等。

现代果业经济研究立足于现代果业发展实际和需求，重点研究果树产业的结构、组织、关联、布局、发展和政策等经典产业经济学内容，关注现代果业的生产、流通、销售、消费、贸易、服务等全产业链上的经济问题。目的是利用经济学分析方法对现代果业发展的经济状况进行系统分析，使生产者、销售者和农业产业管理机构快速、准确获取果业技术和经济信息，为产业发展提供经济方面的决策建议和服务。现代果业经济的主要内容有果业生产与农村经济发展、生产成本与收益分析、果业投资效率分析、果品消费与市场、果品及加工品进出口贸易研究、技术成果应用经济效益评价等。

现代果业建立在现代科学技术支撑的基础上，因此现代果业经济研究还涉及大量技术经济学的内容和方法，探索现代科学技术进步与水果产业发展之间的相关关系，包括技术资源配置、技术效果评价、技术创新、技术扩散等。现代果业的数字化、智能化发展需要物联网、人工智能、大数据等信息科学支撑，因此现代果业经济的研究内容可扩展至果业经济信息管理、信息技术/装备对水果产业的影响等，在研究手段上引入数据挖掘、机器学习等数据分析技术，以适应现代果业产生的丰富经济数据分析需求、挖掘规律与价值、服务现代果业发展。

（刘凤之）

香椿芽 Chinese toon; *Toona sinensis*　楝科香椿属多年生木本植物香椿的叶芽。又称香椿、椿芽。以嫩芽、嫩叶供食用。香椿芽具有香味浓郁、脆嫩甘美、营养丰富的特点，被视为蔬菜珍品，是一种木本蔬菜。香椿原产于中国，分布于长江南北的广泛地区。

形态特征　香椿是楝科落叶乔木，雌雄异株，偶数羽状复叶，圆锥花序，白色两性花，椭圆形蒴果，翅状种子，种子可以繁殖。树体高大，除椿芽供食用外，也是园林绿化优选树种。

栽培　香椿性喜光，适应性强，在年均气温18～20℃的地区均能生长，一年生幼树在−10℃下易受冻。随树龄增大，抗寒、耐旱性逐渐增强。香椿在最适生长温度20℃条件下生长较快；当最高温度达到35℃时，植株停止生长。对土壤要求不严，pH5.5～5.8的土壤均可生长，但以土层深厚、肥沃，保水、排水良好的砂质壤土最为适宜。

栽培类型　香椿主要有两个栽培类型：一个是绿香椿，其幼芽呈绿色，香味较淡，油脂较少，但较耐低温；另一个是紫香椿，其幼芽呈绛红色，富有光泽，香味浓，油脂含量高。早春的香椿芽香气浓郁，尤以山村农家小院中的头茬香椿芽为最佳。后有大棚高产新法种植香椿，经济效益可观。

图1　香椿芽

繁殖方法　香椿的繁殖方法包括种子育苗、基杆扦插、侧根繁殖以及根蘖繁殖。①种子育苗法。香椿种子籽粒坚硬且带有翅膜，直接播种吸水慢，发芽困难。故播种前须进行种子催芽处理，方可获得齐苗、全苗。②基杆扦插法。秋季落叶后至翌年4～5月，选1～2年生成熟枝条剪成20厘米长的插条，按行株距25厘米×15厘米插入整好的苗床，地上露条1/2即可。③侧根繁殖法。在移栽定植时，将植株的侧根剪下，截成15～20厘米的小段，按25厘米宽开沟，深7厘米左右，将根段横栽于沟中，间距10厘米，然后覆土压实，浇足底水。④根蘖繁殖法。香椿根部具有许多不定芽，早春萌芽前在树冠外缘挖50～60厘米的沟，切断树根末梢，然后用土回填，根端即可形成大量蘖苗，萌发新株，翌年即可移栽。

幼苗管理　播种出苗后，于傍晚揭膜，浇水1次，注意保持畦面湿润。及时间苗、匀苗，除去过密苗、病苗、弱苗，保持株距3～5厘米。结合拔除杂草进行浅松土，并每亩追施磷酸二铵10千克，浇水1次。当幼苗长到4～6片真叶、高8～10厘米时，及时间苗移栽，以改善幼苗间的光照及土壤营养条件，掌握留苗距10～15厘米，间出的壮苗按行株距25厘米×15厘米进行移栽，浇足定根水。移栽活棵后，结合中耕除草及时追施肥水，以促进幼苗生长。以后视苗情采取喷施多效唑或人工摘心打头等措施控制株高，调整株形，使其形成肥满顶芽。

采收　香椿芽以谷雨前采收为佳，应吃早、吃鲜。谷雨后的香椿芽膳食纤维老化，口感涩硬，营养价值也大大降低。通常，露地的香椿每年可采收2～3次，保护地栽培的香椿每年可采收3～5次。香椿主芽长20厘米时即可采芽，用剪刀剪芽，并在基部保留1～2枚叶片，以利侧芽萌发，中间间隔10～15天。采收宜在早晨进行，此时芽鲜嫩，气温也低，采后不易失水萎蔫。贮藏用的香椿芽最好为主芽香椿，因为主芽体粗壮、长势强、抗性强，较耐贮藏。

图2　采收的香椿芽

用途　香椿芽每年农历三月前后上市，可鲜食、炒食、凉拌、油炒或腌制。不仅能烹调出各种特色菜肴，还具有防病治病的作用，是一种药食同源的天然绿色保健食品。作为一种木本蔬菜，香椿芽的叶脆嫩多汁，风味独特，营养丰富，富含蛋白质、氨基酸、各种挥发油、多种维生素和微量元素，一般每千克鲜嫩芽含蛋白质98克、脂肪8克、糖类72克、胡萝卜素90毫克、维生素$B_1$21毫克、维生素$B_2$1.3毫克、维生素C1.15克、钙1.1克、磷1.2克、铁34毫克。香椿芽所含蛋白质和磷高居各种蔬菜的首位，营养价值极高。中医认为，香椿味苦、性平、无毒，有开胃爽神、祛风除湿、止血利气、消火解毒等功效，故民间有常食香椿芽不染病的说法。现代医学及临床经验也表明，香椿芽有保肝、利肺、健脾、补血、舒筋等作用，如香椿煎剂对肺炎球菌、伤寒杆菌、痢疾杆菌等有抑制作用，用鲜椿芽、蒜瓣、盐捣烂外敷能治疮痈肿毒，用香椿煮水服用还可治疗高烧头晕等疾病。

（郭仰东）

香榧 Chinese torreya; *Torreya grandis* 红豆杉科榧属植物榧树中选育出的优良栽培类型。香榧种子是中国特有的珍贵坚果。香榧原产于浙江会稽山脉，在浙江诸暨、东阳等地已有千余年栽培历史。安徽南部、福建北部、贵州等地亦有少量栽培。全世界榧属植物共7种，其中原产于中国的有4种。

形态特征　乔木。树皮浅黄灰色、深灰色或灰褐色，不规则纵裂。一年生枝绿色无毛，二、三年生枝黄绿色、淡褐黄色或暗绿黄色，稀淡褐色。叶条形，通常直，长1.1～2.5厘米，宽2.5～3.5毫米，先端凸尖，上面光绿色，无隆起的中脉，下面淡绿色，气孔带常与中脉带等宽，绿色边带与气孔带等宽或稍宽。叶两列互生。初生叶三角状鳞形。雄球花圆柱状，长约8毫米，基部的苞片有明显的背脊。雄蕊多数，各有4个花药，药隔先端宽圆有缺齿。种子椭圆形、卵圆形、倒卵圆形或长椭圆形，长2～4.5厘米，直径1.5～2.5厘米，熟时假种皮淡紫褐色，有白粉，顶端微凸，基部具宿存的苞片，胚乳微皱。4月开花，种子次年10月成熟。

生长习性　香榧生长慢而寿命长。童期长，实生树需10～15年才陆续开花结实。雌雄异株，雄球花原基于6月初形成，次年4月中下旬开花，风媒传粉。雌花芽为混合芽，雌球花原基于11月中旬开始分化，次年4月中下旬开花。授粉后种实次年8月底至9月中旬成熟，历时约17个月，种子需后熟。因此，每年5～9月在同株树上既能看到当年开花授粉的幼果，又能看到上年形成、当年膨大的“二代果”。香榧雌球花坐果率可达50%以上，但因树体营养等因素，落果现象较为严重；每年5～6月的种实膨大期，落果量甚至

图1　香榧

图2　香榧的茎

图3　香榧的叶

图4　香榧的雄花

高达80%～90%，对产量影响极大。

香榧适宜种植在亚热带地区海拔1000米以下湿润、弱光、凉爽的山腰谷地。最

图5　香榧的雌花

图6　香榧的果实

图7　香榧的种子

适产区降水量丰沛，年平均降水量不小于1200毫米，年平均气温14～18℃，无霜期不少于210天。具有一定耐寒性，能忍受－15℃极端低温。浅根性树种，主根不发达，根系皮层厚，不耐积水，适宜透气排水性好的土壤。

栽培技术　香榧主产区位于浙江会稽山脉的诸暨、东阳、绍兴、嵊州一带，种植面积600多平方千米，产量约8000吨，产值约15亿元。由于香榧营养价值高、栽培效益好，在安徽、江西、福建、湖南、湖北、贵州等地均有推广栽培。常见的栽培品种有细榧、象牙榧、珍珠榧等。

香榧主要采用嫁接繁殖，春季2月中旬至3月下旬采用劈接或切接，秋季8月下旬至10月中旬采用切接。嫁接后及时遮阴，去除萌蘖条。栽培最适宜海拔为200～800米。土层应疏松肥沃，pH 5.0～6.8。块状或带状整地，大规模开发推荐带状整地。种植穴规格不低于0.8米（长）×0.8米（宽）×0.6米（深）。栽植时选用良种

大苗造林，推荐种植密度为4米（行距）×5米（株距），同时按照有效授粉距离30米左右配置雄株。适合3～4主枝开心形，种植前进行整形修剪，修剪下垂、细密、竞争枝。种植当年应遮阴，注意根腐病、绿藻病等病虫害的预防。进入开花期后，以自然授粉为主；遇到阴雨等天气影响雄花散粉时，应人工辅助加强授粉。采用2+2容器苗造林，一般2～4年进入始果期，6～8年初具一定产量，10～12年进入丰产期。经济效益可达百年以上。

用途　香榧的种子常用于加工炒货或制取高档木本油料，风味独特。种蒲可用于提取精油和制造面膜、眼霜等日化用品。香榧种仁富含角鲨烯等萜类化合物和金松酸等多不饱和脂肪酸，可用于开发功能保健产品。

（宋丽丽）

图1　香菇

图2　采收的香菇

香菇　shiitake; *Lentinus edodes*　伞菌目口蘑科香菇属菌类。又称香蕈、香菌、香信、冬菇。香菇栽培始于中国，已有800多年的历史，是世界上最著名的**食用菌**之一，为世界第二大食用菌。香菇的香味成分主要是香菇酸分解生成的香菇精。中国已成为最大的香菇生产国。

形态特征　香菇子实体单生、丛生或群生。菌盖圆形，通常5～10厘米，有时达20厘米，表面茶褐色、暗褐色，有深色的鳞片。幼时边缘内卷，有白色或黄白色的绒毛，随着生长而消失。菌盖下面有菌幕，破裂后形成不完整的菌环。菌褶弯生，白色。菌柄中生或偏生，内实，纤维质，（3～16）厘米×（1.0～1.5）厘米。菌环以上部分白色，菌环以下部分褐色。

生长习性　香菇是木腐性菌。菌丝生长的温度为5～32℃，最适温度为24～27℃。子实体分化的温度一般为8～21℃，以10～15℃最为适宜。子实体生长发育的温度一般为5～26℃，适宜温度为10～20℃，最适温度为15℃左右。以代料栽培的培养料含水量为50%～60%，以段木栽培的段木含水量为35%～40%，出菇时要求空气相对湿度为80%～90%。香菇好气，菌丝生长阶段和子实体生长阶段都需要进行良好的通风透气。香菇属于喜光性食用菌，在菌丝生长阶段不需要光线，但子实体的分化和发育需要一定的散射光。香菇是喜酸性食用菌，适宜的pH一般为3～7，最适pH在5左右。

栽培　香菇的栽培有段木栽培法、代料栽培法和露地畦床栽培法，以代料栽培法为主。以代料栽培法为例，选择适合当地的优良品种和栽培原料（如棉籽壳、玉米芯、阔叶树木屑等）。将准备好的原料按确定的比例进行混合，然后装袋灭菌。灭菌后的菌袋温度下降至28℃以下即可播种，播种后的菌袋在培养室内井字形堆放，控温发菌。发菌时一定要注意防湿遮阳、通风换气并及时翻堆检查。一般刚播种5天内不搬动，以免影响菌丝萌发，也不利于菌丝定植。第一次翻堆在播种后6～7天，以后每隔7～10天翻堆一次。培养室的温度宜控制在22～26℃，不要超过28℃。当菌龄达到60天，菌丝生长成熟、符合脱袋标准后，进行脱袋排场；脱袋应在晴天或阴天上午进行，其时气温应在16～23℃。菌袋脱袋后12天左右，每天冲洗菌棒吐出的黄水1～2次并给予一定的散射光和直射光，通风换气，至少每天2次，每次30分钟。一定的温差、散射光和新鲜空气，有利于香菇子实体原基的形成，此时应控制温度在10～22℃，昼夜温差5～10℃，空气湿度维持在90%左右。当香菇子实体达到七八分成熟，菌盖尚未完全展开，边缘稍内卷呈铜锣边状，菌膜刚破裂，菌褶伸直时，应适时采收。

用途　香菇营养丰富，可以鲜食，其干制品更深受人们喜欢。香菇也是一种著名的药用食用菌，是抗肿瘤的医疗保健食物之一。从香菇中提取的香菇多糖可诱导体内产生干扰素，增强机体免疫力，从而抑制癌细胞的生长，对预防肠癌和直肠癌有效。香菇含有丰富的麦角甾醇，为抗佝偻病的食物之一。此外，香菇还对糖尿病及其诱发的动脉硬化、视网膜炎、坐骨神经痛有一定的食疗作用。

（杨　暹）

香蕉　banana; *Musa nana*　芭蕉科芭蕉属植物。又称甘蕉。香蕉是典型的热带、南亚热带**果树**，世界上有130多个国家栽培香蕉，其中印度、中国、菲律宾、厄瓜多尔、巴西和哥斯达黎加6个国家栽培最多。一些非洲国家以香蕉为主要食物来源。中国的主要产地是云南、广西、广东、海南、福建和台湾等地。香蕉果肉软滑，风味佳美，且富含多种营养物质，深受消费者欢迎。

栽培历史　香蕉（栽培蕉）一般泛指可食用的蕉类植物。香蕉的野生亲本至少包含4个种，即*M. acuminata*（提供A基因组），*M. balbisiana*（提供B基因组），*M. schizocarpa*（提供S基因组）和*M. textilis*（提供T基因组）。栽培蕉大概在5000～7000年前起源于东南亚和巴布亚新几内亚，先由染色体结构改变后的父、母本杂交导致子代出现不育性，再通过人工选择这些无籽果实的营养繁殖后代优良单株，从而获得单性结实的栽培种。这些栽培种以吸芽形式在5～15世纪传播到印度洋沿岸地区；16～19世纪葡萄牙人和西班牙人把栽培蕉带往美洲热带地区。在非洲的雨林深处生长着上百种煮食蕉（plantains; cooking bananas），其可能是3000多年前从南亚或东南亚引种。

中国是香蕉的原产地之一，在云南南部、广西南部、广东中西部及海南有野生蕉林分布，国内外主栽品种矮香蕉即原产于中国华南地区。中国有3000多年的香蕉栽培历史。战国时期的《庄子》和屈原（约前343～前277）的《九歌》中就记载了香蕉茎秆可以用于纺织。汉武帝时期，香蕉已有栽培，据汉代《三辅黄图》记载，武帝元鼎六年（前111）建扶荔宫，"以植所得奇草异木，有甘蕉十二本"。由此可知，中国南方早在公元前100多年已栽培有香蕉。魏晋时署名嵇含的《南方草木状》中记载芭蕉有3种，分别为羊角蕉（品种最好，果最小）、牛乳蕉、正方形蕉（品种最差、果最大）。因此，三国魏晋时期香蕉的品种就有所划分。1500年前中国的香蕉栽培已达到相当高的水平。另外，印度也是香蕉起源地之一，神话说佛教始祖释迦牟尼（约公元前6世纪）吃下香蕉后获得智慧，因此将香蕉尊称为智慧之果。由此可知，香蕉在印度的栽培历史至少已有2500多年。

通过人类迁徙和人工引种，香蕉已传遍世界。然而，由于其喜温不耐寒，主产地主要分布在南北纬约22°范围内的热带、亚热带地区。

种质资源　香蕉有两个重要的祖先，

图1 香蕉

即尖苞片蕉（*M. acuminata*）和长梗蕉（*M. balbisiana*）。香蕉多数栽培品种是由这两个原始野生蕉种内突变和种内或种间杂交进化而成。根据香蕉的倍性水平分类，可将香蕉分为二倍体（2n=2x=22）、三倍体（2n=3x=33）和四倍体（2n=4x=44）等。绝大多数食用品种是三倍体，其余极少品种是无籽的二倍体和四倍体。

N.W.西蒙兹于1955年提出香蕉植物学性状记分法，将栽培蕉分为AA、AAA、AB、AAB、ABB、AAAA、AAAB、AABB等基因型（组）。后来，B.西拉伊和N.乔姆查洛于1987年对西蒙兹法进行了修改，增加了BB、BBB栽培种。2002年R.V.巴尔马约尔建议把野生的尖苞片蕉和长梗蕉分别定名为AAw和BBw，把栽培的二倍体尖苞片蕉和长梗蕉分别定名AAcv和BBcv，三倍体尖苞片蕉和长梗蕉分别定名为AAA和BBB。在国际生产贸易上，根据用途常将香蕉作物分为香蕉(banana)和粮蕉(plantain，也常译为大蕉)，联合国粮农组织和国际植物遗传资源研究所（IPGRI）通常把香蕉和粮蕉分开，但有些国家并未分开。在中国，香蕉作物常分为香蕉、龙牙蕉、粉蕉、大蕉等。香蕉分类尚未有一个完美的方法，植物学上分类主要参照西蒙兹的分类法。

一直以来，世界各香蕉主产国对蕉类种质资源的收集和保存都非常重视，一些国家如巴西、澳大利亚、菲律宾、越南、印度尼西亚等国家都建立了国家种质圃。国际上，2006年国际植物遗传资源研究所和国际香（大）蕉改良网络组织（INIBAP）共同组成了国际生物多样性中心，其工作任务之一是负责全球香蕉种质资源的收集、保存、研究、改良、评价与新品种的推广。国际生物多样性中心建立了香蕉基因组数据中心网站，其子网站之一是香蕉种质资源信息系统，该系统包括世界上大约60个香蕉收集机构中的25个机构共4518（含重复）份香蕉种质资源信息；中国在广东农科院果树所建立的国家香蕉种质圃（GDAAS）在该系统中注册了217份。国际生物多样性中心不仅对蕉类资源进行大田种植保存和离体（组培）保存，还利用液氮对香蕉植株细胞进行超低温保存。

香蕉栽培品种主要是三倍体或多倍体，或者是不育的二倍体，均不结种子，长期以来以无性繁殖方式生存，且以单一品种种植为主，导致栽培品种的遗传多样性损失严重，品质和抗逆性变劣，因此香蕉育种的两大目标为生产性状改良和抗性改良。采用常规杂交育种或生物技术方法或两者相结合的办法已育成大批新品种，但在生产上推广较多的大部分品种是通过无性系选育和杂交等常规手段获得的。古巴热带淀粉作物研究所选育的SH-3436-9（AAAA)对香蕉黑叶条斑病具有高度抗性，成绩最突出的是FHIA。他们采用杂交和选育的方法获得一系列新种质，其中7个优质、抗（或耐）病香蕉品种（FHIA-01、FHIA-02、FHIA-03、FHIA-17、FHIA-18、FHIA-23、FHIA-25）在多个国家得到推广。中国大陆主栽培种巴西蕉和桂蕉6号是通过无性系引进选育而成，台湾地区则通过香蕉组培变异筛选选育出抗枯萎病4号生理小种的台蕉1号、台蕉2号、台蕉3号和宝岛蕉（GCTCV-119）等系列品系。

形态特征 香蕉是多年生常绿大型草本单子叶植物，植株为大型草本，植株丛生，从根状茎发出，由叶鞘下部形成假茎，一般植株高度在2～5米，假茎多数为浓绿而带黑斑，被白粉，尤以上部为多。叶片长圆形，长2～2.2米，宽60～70厘米，先端钝圆，基部近圆形，两侧对称，叶面深绿色，无白粉，叶背浅绿色，被白粉。叶柄短粗，通常长在30厘米以下，叶翼显著，张开，边缘褐红色或鲜红色。穗状花序下垂，花序轴密被褐色绒毛，苞片外面紫红色，被白粉，里面深红色，但基部略淡，有光泽，雄花苞片不脱落，每苞片内有花2列。花乳白色或略带浅紫色，离生花被片近圆形，全缘，先端有锥状急尖，合生花被片的中间二侧生小裂片，长约为中央裂片的1/2。一般果穗有8～10梳果，果指150～200个，有的多达360个。果指弯曲，略为浅弓形，幼果向上，直立，成熟后逐渐趋于平伸，长12～30厘米，直径3.4～3.8厘米，果棱明显，有4～5棱，先端渐狭，非显著缩小，果柄短，果皮青绿色，在高温下催熟，果皮呈绿色带黄，在低温下催熟，果皮则由青变为黄色，并且生麻黑点(梅花点)。果肉松软，黄白色，味甜，无种子，香味特浓。

栽培与管理 香蕉为无性繁殖，传统种苗繁育采取吸芽分株法。随着组织培养技术的不断发展和广泛应用，香蕉组织培养技术迅速发展。由香蕉吸芽茎扩繁的香蕉试管苗具有生长快、病虫害少、高产优质和成熟期一致等优点，逐渐替代了传统的吸芽留苗。

香蕉种植应选择光照充足、排灌条件好、土质疏松、土层深厚、土壤肥沃、避风避寒、地下水位较低的壤土、黏壤或砂壤土。香蕉根群细嫩，对土壤的选择较严，通气不良结构差的黏重土或排水不良的土壤都极不利于根系的发育，以黏土含量小于40%、地下水位在1米以下的砂壤土，尤其是冲积壤土或腐殖质壤土最为适宜。水田宜选择排水良好的肥沃田地。确定蕉园种植地后，应进行40厘米的深耕，翻起底土并晒白。起畦种植应用于平原地区，挖沟种植则应用于干旱坡地。一般高中秆型香蕉及水肥条件好、栽培水平高的地方，宜种植1500～1650株/公顷；矮秆型香蕉及肥水较差、栽培管理较粗放的地方，宜种植1800～2250株/公顷。

图2 香蕉的苞片

香蕉速生高产，需肥量大，且根系浅，对肥料特别敏感，植株的营养状况能迅速地反映在叶片的色泽、大小、厚薄、生长势上，施肥应根据土壤肥力情况而定。施肥要以有机质肥为主，化肥为辅；化肥以钾、氮肥为主，配合磷、镁肥。在种植15～20天抽出第一张新叶时开始追肥，以后每隔5～7天追施一次。第一个月以每桶水加50克尿素或极淡的腐熟粪水为宜；第二个月视苗势可以逐步加大追肥浓度；植后第三个月，结合水肥适当撒施或穴施少量化肥，但忌重肥或浓肥。花芽分化期是决定果指数、果梳数的时期，需肥量占全年肥量的60%～70%，应重施肥2～3次，以钾肥、复合肥为主，同时适当增施锰、硫等中微量肥料。

香蕉一般留8梳左右，具体看树势强弱而定。尾梳不足10厘米以上的要割去。断蕾必须在阳光下蕉蕾干时进行，不能在早上、晚上或阴雨天进行，以防穗轴感病腐烂。断蕾后立即对果梳喷一次800倍托布津液或1000倍百菌清液，喷药后立即套袋防止黑斑。可用套袋纸捆扎好，既防机械损伤，又可防止病虫害侵袭，提高品质。

贮运与加工　香蕉一年四季都有鲜果采收。采用套袋技术可防病、防虫和防寒，次果较少。香蕉果实饱满度约为80%时采收，经过催熟或自然后熟才能食用。香蕉果实充分成熟后容易腐烂和品质劣变。香蕉果实对低温敏感，田间温度或贮运温度过低，香蕉发生冷害，果皮暗褐色，光泽差，严重者果皮变黑褐色，果实不能正常后熟。香蕉采收后应尽快进行清洗和杀菌处理，用塑料袋和纸箱包装后贮运。加工制品主要包括香蕉干燥制品、香蕉焙烤制品、香蕉饮料制品和香蕉罐装制品等。香蕉果皮和果肉均富含多种活性成分，这些活性成分具有抗氧化性、降血糖、抗抑郁和抗肿瘤等功效，因此香蕉果实可作为功能性食品的原料。

价值与用途　香蕉是国际性大宗水果，是世界贸易第四大农产品，在世界鲜果贸易量中占有很大比重，仅次于柑橘位居第二，被联合国粮农组织认定为第四大粮食经济作物，是全球市场上经济效益显著的水果产品之一。香蕉速生快长，投产年限短，产量高，经济效益好，深受各香蕉生产国及蕉农的重视。中国华南地区香蕉栽培面积正不断增加，产量正逐步提高，已成为中国华南地区各省（自治区）大宗的栽培果树。在良好的栽培条件下，每亩蕉园产量可达4500千克，单株最高产量可达78千克。在正常管理下，每亩蕉园产量可达2000～3000千克，产值5000～10 000元，是蕉农的重要经济来源。

香蕉的营养物质丰富，每100克果肉

图3　香蕉的果实

中含碳水化合物20克、蛋白质1.2克、无机酸0.7克、脂肪0.6克、粗纤维0.4克，以及维生素和微量元素等人体所需的营养物质。香蕉除直接鲜食外，也可制成各种香蕉制品，如香蕉炸片、香蕉粉、香蕉面、香蕉汁、香蕉酒和香蕉酱等。有些香蕉的花蕾和细嫩的茎心可作为蔬菜食用，幼嫩的吸芽和花蕾也可用作动物饲料。香蕉假茎纤维可用作造纸或纺织材料。香蕉还具有重要的药用价值，其性寒、味甘，有清热润肠和促进肠胃蠕动的作用，但脾虚泄泻者不宜食用。香蕉果实含有丰富的多酚类物质和果胶，有助于抗氧化衰老和预防便秘；含有丰富的钾离子、镁离子和较低的钠离子，可预防高压血；特别是含有色氨酸、褪黑素，具有抗抑郁和安眠的功效。另外，香蕉果柄具有降低血清胆固醇的作用，香蕉皮能治疗皮肤瘙痒症。

新业态　随着社会经济的发展，一些新的香蕉业态不断涌现。主要有香蕉生态循环农业生产模式、香蕉＋休闲农业模式和香蕉＋互联网模式。香蕉生态循环农业模式主要是在生产中引入生态、绿色理念，同时将副产物全值化利用，如利用香蕉精深加工技术、副产物饲料化与肥料化加工技术，将香蕉废弃物（茎、叶、花、果皮和果轴）制成香蕉加工新产品；利用香蕉秸秆还田部分替代化肥技术，可使香蕉产业实现资源节约、环境友好和可持续发展。香蕉＋休闲农业模式主要是挖掘香蕉生产的生态功能、文化内涵等，把香蕉种植与旅游休闲结合，吸引游客来休闲、体验，使产区变景区、产品变礼品。香蕉＋互联网模式是利用互联网媒介构建香蕉产品流通模式，促进香蕉鲜果的销售，同时结合香蕉加工业（香蕉产品丰富化、附加值提高），可很好地解决香蕉产业中丰产不丰收的问题。这些将传统香蕉种植业与其他行业结合在一起形成的新业态将促进香蕉产业健康发展。

（谢江辉　金志强）

香蕉青皮熟　banana green ripening　香蕉果实在25℃及更高的环境温度下后熟时，

香蕉青皮熟对比图

果肉能正常后熟软化变甜，而果皮不能正常褪绿转黄的现象。香蕉青皮熟大大降低了香蕉的外观品质和销售价格，限制了华南地区夏季高温条件下香蕉的贮运。梨、油梨、番茄、柑橘类等大多数果实，甚至与香蕉同为芭蕉属的大蕉果实，在15～35℃时随着温度的升高果皮褪绿转黄速度逐渐加快，而香蕉果实褪绿在25℃及以上的温度时则受到抑制。这个温度范围远远低于正常的酶活性或蛋白质合成受到抑制的温度（35℃以上），因此香蕉青皮熟是一种生理失调现象。

研究表明，较高的环境温度并不影响香蕉果实呼吸跃变、乙烯释放和软化等后熟过程，但抑制了果皮的叶绿素降解过程。高温显著抑制了编码叶绿素降解关键酶基因的表达，包括滞绿蛋白1（*MaSGR1*）、脱镁叶绿酸a氧化酶（*MaPaO*）、叶绿素b还原酶（*MaNYC*）等基因的表达，导致叶绿素降解受阻而出现青皮熟现象。

采用冷藏条件（13～20℃）进行夏秋高温季节的香蕉运输，将香蕉果实的催熟温度控制在16～22℃，是防止香蕉青皮熟的重要措施。

（庞学群）

香石竹　carnation; *Dianthus caryophyllus*　石竹科石竹属多年生常绿草本植物。又称康乃馨。香石竹株高可达70厘米，全株无毛，茎直立丛生，叶片线状披针形，顶端长渐尖，基部稍成短鞘，中脉明显。花单生枝端、2～3朵簇生或成聚伞花序，有香气；花梗短于花萼；苞片宽卵形，花萼圆筒形，瓣片倒卵形，顶缘蒴果卵球形。花瓣不规则，边缘有齿，单瓣或重瓣，有红色、粉色、黄色、白色等颜色。

性喜光，喜冷凉气候，不喜夏季高温，喜疏松、潮湿、排水良好富含有机质的土壤。不耐寒，喜肥。繁殖方式有播种、压条、扦插繁殖法，以扦插繁殖法为主。扦插时间除炎夏外均可进行，但在生产中多以1～3月为宜，尤以1月下旬至2月

图1 香石竹的叶

图2 香石竹的花

上旬扦插效果最好，成活率最高，生长健壮。

栽培品种丰富，促成栽培容易。有很多园艺品种，耐瓶插，因其花色丰富、花型多变而成为世界著名四大切花之一。人工栽培条件下，可周年开花。按用途又可分为花坛香石竹和切花香石竹。花坛香石竹可作为**一二年生花卉**使用，可用于**花境**布置或作**盆花**。 （赵世伟）

香竹箐大茶树 Xiangzhuqing Dachashu 生长于中国云南省凤庆县小湾镇锦秀村海拔1980米处的**野生茶树**。属大理茶（*Camellia taliensis*），野生型，乔木。树姿开张，树高9.3米，树幅8.1米，基部干径185厘米，最低分枝高0.35米，无明显主干，从根颈部形成12个分枝。该树芽叶绿色，无毛。中叶，平均叶长宽8.3厘米×3.7厘米，叶色绿，叶身平，叶面稍隆起，叶尖渐尖或钝尖，叶脉7～9对，叶柄和叶背主脉无毛，叶柄呈紫红色。萼片5片，无毛。花冠直径5.5厘米，花瓣7～9枚，白色，子房多毛、5室，花柱5裂。

（马春雷）

湘红茶 Hunan black tea 中国湖南省生产的中小叶类型**红茶**。又称湖南红茶。湘红茶是中国历史悠久的红茶名品之一，有数百年的历史，文化底蕴深厚，曾对中国红茶产业的发展起到重要作用。1915年，荣获巴拿马万国博览会金质奖章。主要包括湘红工夫茶和湘红碎茶。

湘红茶

湘红工夫茶 主产于湖南省安化、桃源、邵阳、平江、浏阳、长沙等县市，可细分为桃源工夫、安化工夫、平江工夫和浏阳工夫等，是中国历史悠久的**工夫红茶**之一。清咸丰四年（1854），首先在安化改制红茶，临湘继之。湘红工夫茶以安化红茶为代表，其做工精细、品质独特，在全世界享有盛誉，1915年湖南安化县昆记梁征辑红茶、浏阳分商会红茶荣获巴拿马万国博览会金奖。

湘红工夫茶初制工艺流程为：鲜叶采摘→萎凋→揉捻→发酵→干燥。其品质特点是：外形条索紧细，色泽乌润，香高持久，滋味醇厚，汤色、叶底红亮。

湘红碎茶 20世纪50年代末开始试制，70年代多为国营茶场（厂）和个别社队茶场集中生产，并实行初、精制联合加工，产品称为分级红茶。

其初制工艺流程为：鲜叶采摘→萎凋→揉切→发酵→干燥，毛茶再经筛分、风选、拣剔制成各个不同的花色。品质特点是：外形色泽乌润或棕褐，颗粒紧结重实；汤色红亮，香气纯正，滋味浓厚鲜爽，叶底红匀。由于大部分是以中小叶种鲜叶为原料加工，香气和鲜爽度较好，浓、强度不及大叶种**红碎茶**。

（郑红发）

象窝红茶 Xiangwo black tea 产于中国广东省云浮市新兴县太平镇、稔村镇区域内天露山山脉的**红茶**。象窝红茶以云南大叶群体品种、凤凰水仙群体种、金萱等主要品种的芽叶为原料，采用传统的萎凋、揉捻、发酵、干燥等工艺加工而成。鲜叶原料分级标准：特级为单芽，一级为一芽一叶初展，二级为一芽二叶及其同等嫩度**对夹叶**。加工工艺见**英德红茶**。象窝红茶外形条索紧实、匀整，香气鲜爽持久，滋味较浓醇爽口，汤色红亮，叶底红亮。

（苗爱清）

肖竹芋 pin-stripe calathea; *Calathea ornata* 竹芋科肖竹芋属多年生草本植物。又称大花兰花蕉。肖竹芋原产于南非。

形态特征 植株直立，高可达3米；室内栽培的株高和冠幅通常不会超过70厘米。叶1～4片，呈椭圆形，顶端急尖，基部多少心形，分为幼叶和成长叶。幼叶具美丽的玫瑰红或粉红色条纹，后变白，至叶片成熟颜色消失；成长叶叶面亮绿色，叶背紫红色。叶柄随植株的生长而伸长变粗，长可达1.2米。叶枕圆柱形，是小叶昼开夜合节律性运动的运动部位。叶鞘占总长的1/3～1/2。穗状花序卵形，长7.5～8厘米，宽5厘米，苞片排列紧密。萼片膜质，长圆形，长2.2厘米。花冠管与萼等长，白色，裂片长圆形，紫堇色。外轮退化雄蕊小，硬革质的退化雄蕊2瓣裂，黄色；总花梗长35厘米。室内栽培时通常不开花。

生长习性 喜半阴和高温多湿的环境，7～9月为生长期，适宜温度为15～30℃，

图1 肖竹芋

图2 肖竹芋的叶

图3 肖竹芋的花

越冬温度不低于10℃。要求疏松肥沃、通透性好的栽培基质。以分株繁殖为主，可在3～4月结合翻盆换土进行，也可在初夏日温20℃左右时进行。生长季节须保持盆土和周围空气湿润，高温干燥时除浇水外，还须进行叶面喷水2～3次来增加空气湿度。

用途　肖竹芋叶色丰富、观赏性强，为阴生植物，可片植或丛植在庭园、公园的树荫下，是阴生植物园中常见的花境植物、地被植物。还可用作盆栽，放置于宾馆、大型会场、客厅、阳台等室内场所及庭院、门厅等处。由于其叶色丰富且具有好看的斑纹，还是高档的切叶材料，可用于插花。（吴沙沙）

小布岩茶　Xiaobu rock tea　产于中国江西省宁都县小布镇一带的弯曲形炒青绿茶。1982年研制。主产区为宁都县小布镇。茶区年降水量1721毫米，相对湿度80%～90%；无霜期260天，年均日照时数1300～1350小时；土壤为冲积的酸性紫色壤土，土层深厚，pH5.5～6.5，有机质含量丰富。

小布岩茶采摘单芽、一芽一叶、二叶初展，芽叶长不超过3厘米的鲜叶，经杀青→揉捻→炒二青→复揉→初干→理条→摊晾→提毫→烘干等加工工艺制作而成。分特级、一级、二级。茶叶外形弯眉显毫，锋苗秀丽，嫩香持久，兰花香味，滋味醇厚鲜爽，汤色黄绿明亮，茶叶品质甚好。主销中国江西各大中城市，部分销往中国北京、上海、广州。（李文金）

小苍兰　common freesia; *Freesia refracta*　鸢尾科香雪兰属多年生球根花卉。又称香雪兰。小苍兰原产于非洲南部。

球茎狭卵形或卵圆形，有薄膜质包被，包被上有网纹及暗红色的斑点。叶剑形或条形，略弯曲，长15～40厘米，宽0.5～1.4厘米，黄绿色，中脉明显。花茎直立，上部有2～3个弯曲的分枝，下部有数枚叶。花无梗。每朵花基部有2枚膜质苞片，苞片宽卵形或卵圆形，顶端略凹或2尖头，长0.6～1厘米，宽约8毫米。花直立，淡黄色或黄绿色，有香味，直径2～3厘米。花被管喇叭形，长约4厘米，直径约1厘米，基部变细。花被裂片6，2轮排列，外轮花被裂片卵圆形或椭圆形，长1.8～2厘米，宽约6毫米；内轮花被较外轮花被裂片略短而狭。雄蕊3，着生于花被管上，长2～2.5厘米。花柱1，柱头6裂，子房绿色，近球形，直径约3毫米。蒴果近卵圆形，室背开裂。花期4～5月，果期6～9月。

中国南方各地多露天栽培，北方各地多盆栽。小苍兰因花色丰富和香味浓郁而

图1 小苍兰

图2 小苍兰的叶

图3 小苍兰的花

深受园艺爱好者的欢迎，栽培种类众多。可提取香精，其香精油是沐浴乳、身体保养乳液的原料。（王　雁）

小叶黄杨　boxwood; *Buxus sinica* var. *parvifolia*　黄杨科黄杨属常绿灌木或小乔木。小叶黄杨产于中国安徽黄山、浙

图1 小叶黄杨

图2 小叶黄杨的叶

图3 小叶黄杨的花序

图 4　小叶黄杨的果实

江龙塘山、江西庐山、湖北神农架及兴山等地。

高1～6米。枝圆柱形，有纵棱，灰白色。小枝四棱形，全面被短柔毛或外方相对两侧面无毛。节间长0.5～2.0厘米。叶为薄革质，阔椭圆形或阔卵形，长7～10毫米，宽5～7毫米。叶面无光或光亮，侧脉明显凸出。蒴果长6～7毫米。

小叶黄杨枝叶茂密，叶光亮、常青，是常用的观叶树种，在园林中主要用作绿篱。能吸收空气中的二氧化硫等有毒气体，对大气有净化作用。

（吕　彤）

小种红茶　souchong black tea　产于中国福建省武夷山市星村镇桐木村及武夷山国家级自然保护区的红茶。原产地为东经117°38′～117°44′，北纬27°41′～27°49′。产地面积565平方千米，东至麻粟，西至挂墩，南至皮坑、古王坑，北至桐木关。产地仍以桐木关为中心，另外武夷山市、南平市建阳区、光泽县交界处及江西武夷山国家级自然保护区（铅山县西坑、黄碧村等村落）的高地茶园亦有生产。

产地环境　产区四面群山环抱，山高谷深，海拔1200～1500米。茶树生长在气温低、降水多、湿度大、雾日长的环境中；年降水量达2300毫米以上，相对湿度80%～85%，大气中的二氧化碳含量仅为0.026%；雾日多达100天以上，春夏之间终日云雾缭绕，冬暖夏凉，昼夜温差大，年均气温18℃，日照时间短，霜期较长。土壤水分充足，肥沃疏松，有机物质含量高。

加工工艺　采摘鲜叶一芽二、三叶为原料，小种红茶的加工工艺流程为：萎凋→揉捻→转色→过红锅→复揉→熏焙→复火。

品质特征　成品茶外形条索粗壮长直，身骨重实，色泽乌黑油润有光；内质香高，具松烟香；汤色呈糖浆状的深金黄色，滋味醇厚，似桂圆汤味；叶底厚实光滑，呈古铜色。

（李远华　叶江华）

新品种审定　new cultivar registration　对新选育或新引进的品种，由权威性专门机构做出能否推广和在什么范围内推广的决定。2016年1月1日施行的《中华人民共和国种子法》第十五条规定："国家对主要农作物和主要林木实行品种审定制度。主要农作物品种和主要林木品种在推广前应当通过国家级或者省级审定。由省、自治区、直辖市人民政府林业主管部门确定的主要林木品种实行省级审定。申请审定的品种应当符合特异性、一致性、稳定性要求。主要农作物品种和主要林木品种的审定办法由国务院农业、林业主管部门规定。审定办法应当体现公正、公开、科学、效率的原则，有利于产量、品质、抗性等的提高与协调，有利于适应市场和生活消费需要的品种的推广。在制定、修改审定办法时，应当充分听取育种者、种子使用者、生产经营者和相关行业代表意见。"

（胡桂兵）

新型茶加工　new-type tea primary processing　对茶树鲜叶、花、果等原料进行特定工艺加工制成新型茶的过程。新型茶包括低咖啡碱茶、高γ-氨基丁酸茶、香味茶、冷水冲泡型茶等。

低咖啡碱茶加工　主要有超临界二氧化碳（CO_2）萃取法和热水浸渍法两种方法。超临界CO_2萃取法的工艺过程为：先将待处理的茶叶粉碎（通常0.8～1.2毫米），均匀加湿后投入萃取釜中，在设定一定温度和压力后，用超临界CO_2流体进行萃取，然后将萃取物咖啡碱与CO_2一起送入分离釜，通过温水洗涤，将溶解在CO_2中的咖啡碱洗脱出来，CO_2则返回萃取釜继续进行循环萃取，脱完咖啡碱的茶叶则从萃取釜中取出后进行烘干，恢复原来状态。热水浸渍法主要生产低咖啡碱绿茶，其加工工序主要为鲜叶热水浸渍、冷却、脱水、揉捻和干燥。关键工序是鲜叶热水浸渍，浸渍水温一般为85～95℃，时间2～3分钟，咖啡碱脱除率在50%以上。

高γ-氨基丁酸茶加工　其原理是首先将茶鲜叶进行处理，使茶鲜叶中L-谷氨酸在谷氨酸脱羧酶（GDC）作用下脱去羧基，生成γ-氨基丁酸（GABA），然后按正常的制茶工艺加工成品茶，产品要求GABA含量在1.5毫克/克以上。高γ-氨基丁酸茶加工的鲜叶处理方法主要有厌氧处理、厌氧/好气交替处理、红外线照射、微波照射、谷氨酸钠溶液综合处理等方法，生产上主要采用厌氧处理法，鲜叶厌氧处理的时间一般夏季不超过6小时，春季和秋季8小时左右。

香味茶加工　以各种茶叶为原料，采用混合或微胶囊包埋等技术，添加鲜花、水果香料或植物香料窨制成的具有花果香味的茶叶产品。香味茶的种类虽然很多，但主要加工工艺流程基本一致（见图）。

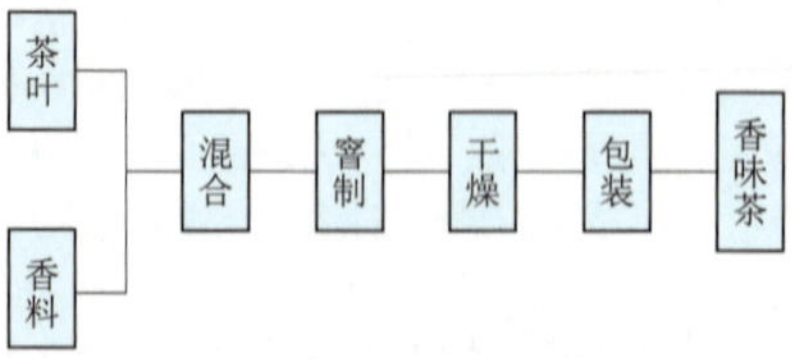

香味茶的加工工艺流程图

冷水冲泡型茶加工　其加工原理是采用物理、化学或酶处理等方法，使茶叶细胞进一步破碎或细胞膜的通透性进一步提高，从而使茶叶内含物能在冷水中很快溶出。物理方法：通常采用深度蒸汽杀青、延长揉捻时间和增加切碎等方法，如日本的深蒸绿茶。化学方法：英国联合利华公司公开了一种化学方法加工冷水型红茶的专利技术。具体步骤为：鲜叶采摘→萎凋→碎茶（crush tear curl; CTC制法）四切→添加0.5%～10%抗坏血酸、异抗坏血酸、5-苯基-3,4二酮-γ-丁内酯或它们的盐类→发酵→干燥。采用这种方法加工的红碎茶在15℃冷水中浸泡5分钟后汤色的红度是普通红碎茶的3～4倍。生物酶处理方法：在绿茶加工过程中，采用相同酶活力单位的纤维素酶、果胶酶和蛋白酶分别处理揉捻叶，成品茶的冷水浸出物含量提高59.5%、25.5%和19.1%。

（林　智）

信阳红茶　Xinyang black tea　产于中国河南省信阳市的条形红茶。信阳红茶是以信阳市当地传统的茶树群体种或优良品种茶树的幼嫩芽叶为原料，经萎凋、揉捻、发酵、干燥和精制加工工艺制成的具有特定品质的条形红茶。信阳市有8个主要产茶区（县），包括浉河区、平桥区、罗山县、潢川县、光山县、商城县、新县、固始县。2010年，信阳市浉河区开发试制出信阳红茶，基本解决了夏秋茶利用问题，使种茶效益加倍增长。2010年，信阳市30余家企业生产红茶达50多万千克。

信阳红茶生产加工技术在沿袭中国传统工夫红茶生产技术的基础上进行了创新，加工工艺流程为：鲜叶分级→摊放→萎凋→揉捻→解块→发酵→初烘→复烘→毛茶整理→提香。信阳红茶外形条索紧细，色泽棕润多金毫；内质汤色红亮，香气甜香持久，滋味醇厚甘爽；叶底嫩匀红亮。根据中华人民共和国供销合作行业标准GH/T 1248—2019《信阳红茶》，信阳红茶产品级别依据感官品质分为金芽、特级、一级、二级、三级。

（郭桂义）

信阳毛尖茶　Xinyang Maojian tea　产于中国河南省信阳市的针形炒青绿茶。信阳毛尖茶创制于清末，因其外形紧细圆直有峰尖、色泽翠绿、油润、白毫满披而得名"毛尖"，又因产地在信阳，故名信阳毛尖茶。

生产简史　信阳种茶始于东周，名于唐朝，兴于宋，盛于清。1987年，考古学家在信阳固始县出土的古墓中发掘出茶叶，经考证距今已有2300多年。信阳茶的发展在唐代开始进入兴盛时期，唐茶圣陆羽著《茶经》载有："淮南（茶）以光州（今信阳市潢川县、光山县一带）上，义阳郡（今信阳市浉河区、平桥区一带）、舒州次……"唐《地理志》载："义阳（今信阳市浉河区、平桥区）土贡品有茶。"信阳茶区在宋代不断扩大，茶叶质量也不断提升，宋代苏东坡曾有"淮南茶，信阳第一"的赞誉。

分布地区　历史上信阳毛尖茶主产于今信阳市浉河区、平桥区和罗山县，曾以"五云"（车云山、集云山、连云山、天云山、云雾山）、"两潭"（黑龙潭、白龙潭）、"一寨"（何家寨）、"一山"（震雷山）、"一寺"（灵山寺）所产茶叶最为闻名，2004年产区扩大到信阳市八个县区。信阳是中国北方最大的名优茶产销基地，茶园面积居全国产茶地级市第二位。信阳毛尖茶区的茶树品种除信阳群体种外，还先后引进无性系良种福鼎大白、白毫早、龙井43等。

加工工艺　20世纪初形成信阳毛尖茶手工加工工艺，经学习借鉴瓜片茶分生锅和熟锅炒制的方法，并融入龙井茶抓条、理条的手法后，形成信阳毛尖茶手工炒制方法的雏形，发展为信阳毛尖茶的制作技艺。随着加工技术的发展，在传统手工炒制的基础上不断与时俱进，又产生了半手工半机械化加工和机械化加工方式。信阳毛尖茶制作技艺于2014年入选国家级非物质文化遗产代表性项目。

手工加工工艺　手工加工制茶过程分别在生锅和熟锅中进行，制法分生锅→熟锅→理条→烘焙四个环节。①生锅。主要完成杀青和初揉过程，特级、一级锅温160～180℃，二、三级锅温180～200℃，每锅投叶500克左右，用长约80厘米的茶把子（用竹茅扎成的扫把）炒制。②熟锅。主要完成理条整形和水分散失的过程，是形成毛尖外形细、圆、紧、直的关键环节。③理条。包括抓条和甩条两种手法，要抓得匀，甩得开，摆得直而不乱，手炒时锅温80～100℃，历时7～9分钟，待含水量33%～35%时出锅摊凉30～40分钟，再行烘焙。④烘焙。分初烘、复烘，烘至含水量6%以下时，拣去梗、片、杂质，即为毛茶成品。

半手工半机械化加工工艺　半手工半机械炒制信阳毛尖茶的流程：小型滚筒连续杀青→名优茶揉捻机揉捻→生锅小型信阳毛尖炒制机热揉→手工熟锅理条→烘干。

机械化加工工艺　机械炒制信阳毛尖茶的流程：鲜叶筛分→摊放→杀青→揉捻→解块分筛→理条→初烘→摊晾→复烘。

信阳毛尖茶

品质特征　信阳毛尖茶外形细圆紧直，色泽翠绿，白毫显露；内质汤色嫩绿明亮，滋味鲜爽回甘，香气馥郁持久；叶底匀整。独特的加工工艺形成形美、色翠、香高、味浓的独特品质，深受国内外消费者的青睐。根据中华人民共和国国家标准GB/T 22737—2008《地理标志产品　信阳毛尖茶》，以其鲜叶采摘期和质量分为珍品、特级、一级、二级、三级、四级。

（郭桂义）

行道树　street tree　以一定规律栽植于道路两侧，具有遮阴、防尘、护路、绿化环境等多种作用的树木。

种类　行道树的种类有很多，可以分别按照行道树所处位置和行道树的生物学特征进行划分。

根据所处位置划分　可分为：①市街行道树，市区街道两旁的行道树。②公路行道树，高速公路及省道、县道、乡镇道路两旁的行道树。③景观行道树，公园、景区、校园、居住区等应用的行道树。

根据生物学特征划分　可分为：①针叶树行道树类，如白皮松（*Pinus bungeana*）、雪松（*Cedrus deodara*）、落叶松（*Larix gmelinii*）、云杉（*Picea asperata*）等。②阔叶行道树类，包括常绿类和落叶类。常绿类有广玉兰、樟树（*Cinnamomum camphora*）、大叶冬青（*Ilex latifolia*）、杨梅、紫楠（*Phoebe sheareri*）等，落叶类有垂柳、银杏、

图1　白皮松

图2　雪松

图3　落叶松

图4　云杉

图5　银杏

刺槐（*Robinia pseudoacacia*）、悬铃木（*Platanus orientalis*）、枫杨（*Pterocarya stenoptera*）等。

作用　行道树作为园林绿化中的骨干树种，在创造优美环境和改善生态环境方面发挥重要作用。中国行道树应用“一块板”“两块板”“三块板”和“花园林荫道”等形式，大都在道路的两侧以整齐的行列式进行种植。在创造优美环境方面，行道树具备美化街景、体现地方特色等作用；在改善生态环境方面，行道树具备遮阳降温、滞尘、制氧、降噪、杀菌、防风固沙等作用。行道树的选择应遵循适地适树、因地制宜，乡土树种与外来树种相结合，近、远期规划

图6　枫杨

相结合，生态效益与经济效益相结合的原则。

管理　行道树在应用中应注意保持树形的完整优美，充分发挥美化街景、遮阴及保持树木的正常生长发育的功能。每年应及时修除干基萌蘖，修剪树冠中的病枯枝、杂乱枝，注意与电线的安全距离，预防病虫害，大风前后做好保护措施，适时进行水肥管理，涂白，做好越冬前的管理等。在灰尘多的城市应定期喷洗树冠，在冬季多雪地区应及时对常绿树进行除雪。

（于晓南）

杏 apricot; *Prunus* spp.　蔷薇科李属李杏亚属杏组植物。蔷薇科（Rosaceae）李属（*Prunus*）李杏亚属（*Prunophora*）杏组（*Armeniaca*）有8～10个种，包括普通杏（*P. armeniaca*）、西伯利亚杏（*P. sibirica*）、东北杏（*P. mandshurica*）和梅（*P. mume*）等。原产于中国，栽培于世界各地温带地区，主要栽培种是普通杏。

图1　杏树

图2　杏的叶和果实

图3　杏果实剖面

普通杏属落叶乔木，主要分布于中国秦岭—淮河以北地区。树冠圆头形，树姿开张。叶宽卵圆形，花单生，花瓣白色或略带粉红色。核果球形，果皮黄色、白色或红色，果肉黄色或乳白色，种子扁卵圆形，味苦或甜。分为欧洲品种群、中亚品种群、中国华北品种群、中国东北品种群等不同生态地理品种群。其中，欧洲品种群部分品种自花结实，中国华北或东北品种群多数自花不结实。品种按用途分为肉用、仁用、仁肉兼用和观赏四类。肉用杏用于鲜食或制干，品种大多属于普通杏；仁用杏分为甜仁杏和苦仁杏两种，其中甜仁杏多为普通杏或普通杏与西伯利亚杏种间杂种，苦仁杏一般指西伯利亚杏；观赏杏包括普通杏或西伯利亚杏的垂枝、重瓣、粉红色花的不同变异类型。

杏树适应性强，耐干旱而不抗涝。能在各类土壤上生长，以排水良好的砂壤土最为适宜。喜光，耐寒力强，但在北方地区花期易受晚霜危害。常采用嫁接繁殖，主要砧木是本砧和西伯利亚杏。

果实富含铁和维生素A，肉用杏味甜多汁。杏仁可食用、榨油、入药。新疆南疆的杏干、河北张家口的杏仁和承德的杏仁露、北京的杏脯是中国著名特产。杏树木材坚硬，适于制作抗断和抗压的物品。杏树也是中国“三北”地区重要的防护林和水土保持树种。

（刘威生）

杏鲍菇 boletus of the steppes; *Pleurotus eryngii* 无隔担子菌亚纲伞菌目侧耳科侧耳属菌类。野生杏鲍菇主要分布在中国的新疆、四川北部和青海等地。中国自20世纪90年代开始引种杏鲍菇，取得了较大成功，已实现工厂化周年栽培生产。杏鲍菇是东亚地区种植最广泛的**食用菌**之一，尤以中国产销量为最高。

形态特征 杏鲍菇子实体单生或群生，菌盖初球形，渐平展，浅黄白色，直径2.5～6.5厘米，厚度2.0～4.5厘米。菌褶延生，密集，乳白色。菌柄偏生至侧生，中实，棒状至球茎状，表面光滑，浅黄白色，无菌环，直径3.5～5.5厘米，长度7.5～13厘米。孢子椭圆至纺锤形。

生长习性 杏鲍菇属于恒温结实性菌类，菌丝在6～32℃时均能生长，适温22～26℃，子实体生长的适温为14～15℃。代料栽培时，培养料含水量控制在64%～66%，菌丝生长阶段空气相对湿度为65%～70%，子实体生长发育阶段空气相对湿度应保持在75%～92%；菌丝阶段对空气要求不严，子实体生长阶段要适当通风。杏鲍菇菌丝在黑暗条件下生长良好，但营养生长后期适当增加散射光有利于子实体发生。子实体生长发育阶段也要求有一定的散射光，杏鲍菇还具有趋光性。杏鲍菇菌丝生长适宜pH为6.0～6.5。

栽培 中国杏鲍菇栽培分为自然季节性栽培和工厂化周年设施栽培。自然季节性栽培一般利用闲置蔬菜大棚进行季节性栽培；工厂化周年设施栽培则须建筑专门的适合杏鲍菇的培养室和出菇房。栽培上可结合当地具体情况选用适宜的培养料配方进行袋栽。培养料装袋后灭菌，当灭菌好的料袋温度降到30℃左右后，即可在无菌条件下进行播种。播种好的菌袋放置于24℃的培养室进行培养，培养室内相对湿度控制在70%以下。一般在24℃条件下培养20～25天，菌丝可长满栽培包，长满后还需要10～12天的后熟期。将后熟好的菌袋搬入出菇室，温度保持在13～15℃，利用温差促进菌丝体转入子实体生长，空气湿度控制在85%～95%。菇蕾出现后，保持二氧化碳浓度在0.4%左右；菌蕾伸长期，维持二氧化碳浓度在0.5%，适当减少通风；当菌柄伸长至12厘米左右时，将二氧化碳浓度下降到0.2%左右，菇帽会逐渐展开。杏鲍菇的采收标准应根据市场需要而定。出口菇要求菌盖和菌柄的粗度相近，柄长12～15厘米；中国市场一般以菌盖平整、孢子尚未弹射时作为采收适宜时期。杏鲍菇整个栽培周期为55～60天，采收后及时对出菇房进行彻底清扫、消毒，通风3～5天再使用。

图1 杏鲍菇

图2 袋栽杏鲍菇

图3 采收的杏鲍菇

用途 杏鲍菇质地脆嫩，肉质肥厚，味道鲜美，风味独特，具有杏仁香味和鲍鱼味，故称“杏仁鲍鱼菇”，有“平菇王”或“草原上的美味牛肝菌”之称。杏鲍菇营养丰富，含有多种氨基酸和微量元素，具有抗氧化、抗病毒等活性功效，是一种营养价值和保健价值极高的珍贵食用菌。中医认为，杏鲍菇有益气、杀虫和美容的作用，可促进人体对脂类物质的消化吸收和胆固醇的溶解，对肿瘤也有一定的预防和抑制作用，是老年人预防心血管疾病以及肥胖症患者的理想保健食品。杏鲍菇可鲜食；也可加工切片后进行干制，干制后密封包装远销；还可切片制成罐头销售。

（杨 暹）

性状 character 生物体在形态、行为、生理、生态、遗传、生化等某一方面的特征或多方面特征的综合。性状是生物体可以观察到、检测到或通过实验得到的属性，例如花的颜色、果实的形状等。根据生物体属性，性状可以分为质量性状和数量性状。①质量性状。由一对或少数几对基因控制，其表现不易受环境条件的影响，在杂种后代或自然群体里可以将一个性状的表型分为两组或多组。②数量性状。由多基因控制，其表现易受环境条件的影响，在杂种后代或自然群体里表现为连续变异。作物的多数经济性状为数量性状，如产量、种子/果实大小等。

（杨福生 撰 张志宏 修订）

雄鸥蒸青绿茶 Xiongou steamed green tea 产于中国广东省湛江市徐闻县的**蒸青绿茶**。雄鸥蒸青绿茶以云南大叶群体种的芽叶为原料，采用传统的摊青、高温蒸汽杀青、槽式杀青机脱水、揉捻、烘干、车色等工艺加工而成。

加工工艺 雄鸥蒸青绿茶鲜叶原料的分级标准：一级为一芽二叶初展大于70%，同等嫩度**对夹叶**小于30%；二级为一芽二叶、一芽三叶初展大于70%，同等嫩度对夹叶小于30%；三级为一芽三叶、一芽四叶初展大于70%，同等嫩度对夹叶小于30%。

雄鸥蒸青绿茶的初制工艺有摊放→蒸汽杀青→槽式脱水→揉捻→烘干→车色→平面圆筛割末等工序，这些工序前后衔接，相辅相成。①摊放。采用萎凋槽摊放，一般厚度不超过15厘米，雨水青鼓风吹干表面水后再鼓风2～3小时，摊放时间10～18小时，不超过24小时。②蒸汽杀青。杀青采用自制蒸汽杀青机（蒸汽二次加热），温度170～220℃，时间1～1.5分钟。③槽式脱水。蒸青叶下机后过槽式杀青机脱水，温度280～320℃。④揉捻。脱水叶摊凉后进揉捻机，揉捻用65型揉捻机，投叶量50千克，时间25～35分钟，采用轻—重—轻方式加压。⑤烘干。揉捻叶解块后上烘干机干燥，毛火温度在进风口测量应为110～120℃，不超过130℃，足火温度100～110℃，不超过120℃。⑥车色和平面圆筛割末。足火后趁热立刻进八角车色机车色40～60分钟，待绿润起霜后下机过平面圆筛机割末。雄鸥蒸青绿茶产品不分级。

品质特征　外形紧实，绿润起霜，香气清香持久，滋味醇和，汤色黄绿明亮，叶底黄绿明亮。（苗爱清）

休宁松萝茶　Xiuning Songluo tea　产于中国安徽省黄山市休宁县休歙边界黄山余脉松萝山的绿茶。为历史名茶，创于明初。松萝茶的采制技术，早在四五百年前已达到精湛娴熟的程度，明代高僧大方和尚到松萝山让福寺结庵期间，首创绿茶炒制工艺，一鸣而起，以色香形传制天下，因而松萝山被誉为中国炒青茶发祥地。为中国国家地理标志保护产品。

分布范围　松萝茶产地范围为安徽省休宁县海阳镇、万安镇、齐云山镇、蓝田镇、渭桥乡、五城镇、山斗乡、岭南乡、商山镇、东临溪镇、源芳乡、榆树乡、璜尖乡、白际乡、龙田乡、溪口镇、陈霞乡、板桥乡、流口镇、汪村镇、鹤城乡21个乡镇现辖行政区域。

自然环境　松萝山位于休宁城北约15千米处，与琅源山、天宝山、金佛山相望，最高峰海拔882米。茶园多分布于海拔600～700米，山势险峻，悬崖峭壁，松萝交映，连绵数里。气候温和，雨量充沛；土壤肥沃，土层深厚，土壤为杂有风化成片状碎石的乌砂土，微量元素及有机质丰富，生态环境适宜茶树生长。

加工工艺　加工工艺流程为：鲜叶采摘→摊青→杀青→回潮→揉捻→灭菌→烘干→做形→炒干→去杂→提香→挑拣→封装十三道工序。

品质特征　具有色绿、香高、味浓等特点。碧若翡翠，嫩如柔脂。产品色泽绿润，卷曲匀整。冲泡后汤色明亮，叶底嫩绿，滋味醇厚，七泡味不减，是浓香型绿茶典范。

销售区域　主销售区域为黄山市本地、北京、河北、河南、合肥等中国20多个省市。（宁井铭　孙长应）

绣线菊　meadow sweets; *Spiraea salicifolia*　蔷薇科绣线菊属落叶直立灌木。绣线菊产于黑龙江、吉林、辽宁、内蒙古、河北等地。蒙古国、日本、朝鲜、俄罗斯西伯利亚以及欧洲东南部均有分布。生长于海拔200～900米的河流沿岸、空旷地和山沟中。

高1～5米。枝条密集，小枝稍有棱角，黄褐色，嫩枝具短柔毛，老时脱落。冬芽卵形或长圆卵形，先端急尖，有数个褐色外露鳞片，外被稀疏细短柔毛。叶片长圆披针形至披针形，长4～8厘米，宽1～2.5厘米，先端急尖或渐尖，基部楔形，边缘

图1　绣线菊

图2　绣线菊的枝和叶

图3　绣线菊的花

密生锐锯齿，有时为重锯齿，两面无毛；叶柄长1～5毫米，无毛。花序为长圆形或金字塔形的圆锥花序，长6～13厘米，直径3～5厘米，被细短柔毛，花朵密集；花梗长4～7毫米；苞片披针形至线状披针形，全缘或有少数锯齿，微被细短柔毛；花直径5～7毫米；萼筒钟状；萼片三角形，内面微被短柔毛；花瓣卵形，先端通常圆钝，长2～3毫米，宽2～2.5毫米，粉红色；雄蕊50，约长于花瓣2倍；花盘圆环形，裂片呈细圆锯齿状；子房有稀疏短柔毛，花柱短于雄蕊。蓇葖果直立，无毛或沿腹缝有短柔毛，花柱顶生，倾斜开展，常具反折萼片，宿存。花期6～8月，果期8～9月。

可播种、扦插或分株繁殖。喜光、怕涝，耐修剪。夏季盛开粉红色花朵，花朵鲜艳，栽培供观赏用。亦为蜜源植物。（肖建忠）

萱草　daylily; *Hemerocallis fulva*　萱草亚科萱草属多年生草本单子叶植物。又称谖草、忘忧草、川草花等。萱草英文名为“daylily”，即“一日之花”，指其单朵花仅开放一日即凋萎。萱草花在中国被誉为“母亲花”，食用种类被称为“金针”或“黄花菜”，其花蕾可供观赏、食用及药用，具有很高的文化、观赏和经济价值。中国自古栽培萱草，最早的记载见于2500年前《诗经》中“焉得谖草，言树之背”，宋代《嘉祐本草》记载“萱草根凉，无毒，治沙淋，下水气”，《群芳谱》描述萱草花色“有黄、白、红、紫、麝香数种，然皆以黄色分深浅”。

萱草属植物有15～18种，主要分布在温带及亚热带的亚洲地区，多位于山区、草原栖息地和海崖。中国分布11种，各省均有分布。

叶线形，基生于短缩根状茎上呈二列排列。短缩根状茎和肉质纺锤根是其主要的营养贮藏器官，在营养初期和秋苗期贮

图1　萱草

图2　萱草的根

图3 萱草的叶

图4 萱草的花

图5 萱草的果实

存营养。花葶直立，为单歧聚伞花序或顶生聚伞花序。花近漏斗状，6～15朵着生于短花梗上，花色多为橘红或橘黄，无香味或微香，苞片卵状披针形。花被片6，雄蕊6，在花冠基部连生，雌蕊3深裂。群体花期集中于5～8月，单花花期1天。蒴果钝三棱状椭圆形或倒卵形，室背开裂，每个果实内有种子3～7粒，种子黑色，果期集中于6～9月。

萱草植株的分蘖能力较强，可在春、秋季进行分株繁殖。兼有地被和观花效果，适应性强，管理成本低，适用于多种类型的园林绿化栽植。（吕英民）

选种圃 selection nursery 用于保存育种材料的圃地。选种圃内可种植杂种实生苗群体、辐射诱变群体、初选优株、复选优株、决选优株及对照品种等相关育种材料，观测比较参试品种间生育期、产量、品质和抗逆性等方面的差异，实现优株的初选、复选和决选。选种圃一般需要较大的面积以便容纳一定数量的育种材料，也需要完善的水、电、路等基础设施以利于育种材料生长发育和系统观察记载。选种圃中的育种材料根据试验需要按一定密度种植，以利于植株生长并达到育种圃的高效利用。在优株决选阶段，试验小区内测试品种需要一定数量，以便降低误差和统计分析。株行距依据不同树种生长特性、不同种植方式或不同树形而异，但须满足试验树的正常生长发育。试验树宜采用当地果树生产上相同的栽培管理措施，试验区内各项管理措施要求一致。

（郑少泉）

穴盘育苗 plug seedling 将蔬菜等作物种子直接播入装有草炭、蛭石等轻型基质的塑料穴盘内，在穴盘内直接培育成苗的育苗方法。穴盘是带孔的塑料或聚苯乙烯泡沫盘状体，穴孔呈上大下小的倒金字塔形，四边为方形，底部有小孔（图1）。

穴盘育苗播种时一孔（穴）一粒种子，成苗时一孔一株，根系与基质紧密缠绕，根坨呈上大下小的塞子形（图2）。穴盘育苗是育苗技术发展的较高层次，是**蔬菜工厂化育苗**的主要方式，可采用机械化自动精量播种生产线完成基质装填、播种、覆土、镇压和浇水等系列作业，然后在催芽室和**温室**等设施内进行有效的管理，属于一次培育成苗的现代化育苗技术体系。

穴盘育苗的优点：①省资材，节能。穴盘育苗每平方米苗床可培育500～1000株幼苗，为传统营养钵育苗的5～10倍。穴盘苗每株只需要基质约50克，而塑料钵苗每株需要基质500～700克。穴盘育苗可节省电能2/3以上。②省工省力，生产效率高。穴盘育苗可采用精量播种生产线装置，每小时可播种700～1000盘（育苗量7万～10万株），从播种到成苗实行机械化和自动化管理。穴盘苗便于机械化移栽，极大地提高了生产效率。③幼苗质量好。一次播种、一次成苗，实行优化的标准化管理，幼苗根系发达且与基质紧密黏着，幼苗生活力强，定植时不伤根系，容易成活，缓苗快，能保证壮苗。④便于长距离运输和商品化供应。穴盘苗体积小、重量轻，可装箱成批长距离运输，有利于集约化、规模化育苗，分散供应基地和农户，适合大批量、商品化幼苗生产和销售。（郭世荣）

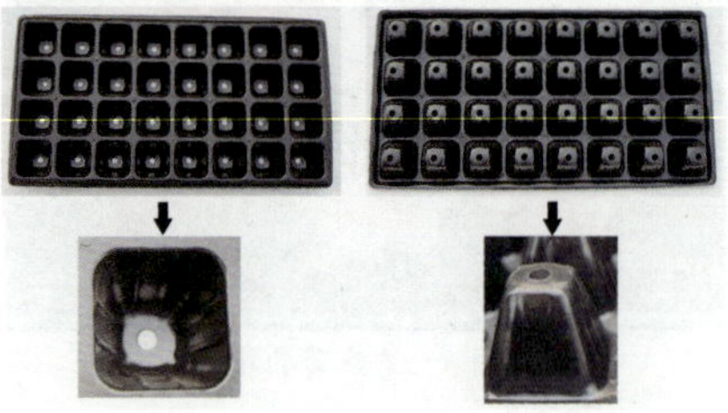
穴盘正面　穴盘倒置

图1 塑料穴盘

番茄苗　辣椒苗

图2 穴盘育苗育成的蔬菜苗

血苋 bloodleaf; *Iresine herbstii* 苋科血苋属多年生常色叶草本。又称红叶苋、红洋苋。血苋原产于巴西、厄瓜多尔、尼加拉瓜、洪都拉斯、秘鲁等地。中国南方地区广泛栽培。

形态特征 高70～150厘米。茎粗壮，常带红色，有分枝，初有柔毛，后除节部外几无毛，具纵棱及沟。叶片宽卵形至近圆形，直径2～6厘米，顶端凹缺或2浅裂，基部近截形，全缘，两面有贴生毛，紫红色，具淡色中脉及5～6对弧状侧脉（如叶为绿色或淡绿色，则有黄色叶脉）。叶柄长2～3厘米。雌雄异株，花成顶生及腋生圆锥花序，由多数穗状花序形成。苞片及小苞片卵形，长1.0～1.5毫米，绿白色或黄白色，宿存，无毛，无脉。花微小不明显，长约1毫米，有极短花梗。雌花的花被片矩圆形，长约1毫米，绿白色或黄白色，外面基部疏生白色柔毛。不育雄蕊微小。子房球形，侧扁，花柱极短。

栽培与管理 喜全日照至半阴环境，栽培在阴凉处叶色更浓艳，但植株不健壮。喜潮湿排水良好的土壤。生长期间注意修剪，高度宜控制在10～60厘米。每月少量施氮、磷、钾肥1次，但要注意肥水过多则叶色暗淡，追施磷肥可促进叶片清新鲜艳。栽培过程中很少有病虫害发生，但在高温多雨和通风不良的环境下易发生茎腐病，可每周喷70%的甲基托布津800倍液进行防治。多于夏季进行扦插繁殖，温室中四季均可扦插，湿度保持在15%～25%易生根。也可播种繁殖。

图1 血苋

图2 血苋的茎

图3 血苋的叶

图4 血苋的花

用途 叶色浓艳，适宜与五色苋类或浅色花卉配置**花坛**、**花境**，也可盆栽作为室内观叶植物，或在花园中作为一年生植物栽培观赏。茎、叶可入药，治吐血。也可用于食品染料。（吴沙沙）

栒子 cotoneaster; *Cotoneaster* spp. 蔷薇科栒子属落叶、常绿或半常绿灌木。有时为小乔木状。栒子属有90余种，分布在亚洲（日本除外）、欧洲和北非的温带地区。主要产地在中国西部和西南部，共50余种。

图1 栒子的叶

图2 栒子的花

图3 栒子的果实

冬芽小型，具数个覆瓦状鳞片。单叶互生，有时呈两列状，柄短，全缘；托叶细小，早落。花单生，2～3朵或多朵成聚伞花序，腋生或着生在短枝顶端；萼筒钟状、筒状或陀螺状，有短萼片5；花瓣5，白色、粉红色或红色，直立或开张，在花芽中覆瓦状排列；雄蕊常20，稀5～25；花柱2～5，离生，心皮背面与萼筒连合，腹面分离，每心皮具2胚珠；子房下位或半下位。果实小形梨果状，红色、褐红色至紫黑色，先端有宿存萼片，内含1～5小核；小核骨质，常具1种子；种子扁平，子叶平凸。花期5～6月，果期8～9月。

可采用播种、扦插或嫁接方式进行繁殖。

夏季开放密集的小型花朵，秋季结成累累成束红色或黑色的果实，在庭园中可作为观赏灌木或剪成绿篱。有些匍匐散生的种类是点缀**岩石园**和保护堤岸的良好植物材料。（肖建忠）

驯化引种 domesticated introduction 果树从原来的分布范围引入新地区过程中发生适应性遗传变异的实践活动。驯化引种包括两种情况，一是外地植物引入新地区后，对新地区气候、土壤等生态条件适应的乡土化变异；二是野生植物引种到栽培条件下后，适应人们栽培方式的家养化变异。

果树驯化引种是以有性繁殖的种子为引种材料。驯化引种过程，发生适应性遗传变异的基础是有性繁殖过程中的遗传重组。在驯化引种过程中，必须加强生态意识，杜绝盲目引种，防止引种对象变成外来入侵种。（张志宏）

Y

压条 layering 在植株枝条不离开母体的情况下将其埋入土中或其他的湿润基质中，诱导产生不定根后再与母株分离，形成一个新的独立植株进行繁殖的技术措施。压条过程中，母株能为发根部位提供必要的水分、养分，生根相对容易。但压条繁殖系数低，对母株有伤害，多用于扦插不易生根或其他繁殖方法比较困难的物种。

压条繁殖可以分为地面压条和空中压条两种。①地面压条。将植物枝条压入潮湿的泥土中，诱导产生不定根，然后将枝条连根系一起剪离母体，从而成为一个独立的新植株。根据压入土中的方式不同，又可将其分为直立压条和曲枝压条。其中，直立压条又称培土压条，常用于梨的矮化砧木、樱桃、石榴、栀子花等分蘖多、丛生性强的木本植物；曲枝压条主要用于枝条离地面较近且易弯曲的树种，如苹果矮化砧木、木兰、迎春等。②空中压条。又称高空压条，简称高压。通常选择2～3年生的枝条，在拟生根部位环状剥去2～4厘米宽的皮层，然后用塑料薄膜在环剥处包裹，在空隙处填上苔藓、培养土、珍珠岩等生根基质，待生根后，剪离母树，假植或移入育苗容器内培育一段时间后，栽入土中。主要用于中国南方常绿植物如荔枝、桂花等树种，成活率高，技术简易。广东广西在荔枝嫁接技术尚未突破时，习惯用空中压条，称为圈枝。

压条时间因植物种类而异，一般常绿树种以春季为宜，此时气温合适，雨水充足，有较长的生长时期以满足压条伤口愈合、发根和成长；落叶花木压条时期以冬季休眠期末期至早春刚开始萌动生长时进行为宜，因该时期枝条发育成熟而未发芽，贮存养分较多，易生根；压条藤本花木多于春分节令和梅雨初期进行。

压条后须随时检查埋入土中的枝条是否弹出地面，如已露出须重压。压条生根后切离母株的时间由其树种和生长快慢而定，有些种类如梅花、蜡梅等生长较慢，翌年才可将压条枝条切离母株；有些花卉种类如月季、忍冬等生长较快、适应性较强，当年即可切离。压条切离母树移栽时要尽量多带土，以保护新根。

（佘文琴）

牙己茶 Yajicha 茶树有性系品种。牙己茶因原产于中国广西壮族自治区柳州市三江侗族自治县林溪乡牙己村而得名。20世纪50年代，被列为中国国家级优良茶叶种质资源。根据有关史书和三江县县志记载，唐代柳宗元任柳州刺史期间，三江县“牙己茶”等茶叶的年产量已有30担，距今有1200多年的历史。牙己茶主要分布在三江县林溪乡、八江乡和独峒乡。茶园分布于海拔在400～700米高的中低山，坡度不大，土地肥沃，森林茂密，终年云雾缭绕。

牙己茶属小乔木型，中叶类，中生种。现存最老的茶树树龄在150年以上，其株高4.5米，基部周径75.0厘米。树姿半开张，分枝较密。叶形长椭圆，叶色绿，叶面微隆，叶质厚硬，叶身内折。芽叶黄绿或淡绿色，多毛，持嫩性较差，一芽三叶百芽重60.0克。花萼有毛，花冠直径3.0～3.6厘米，花瓣5～7瓣，多毛，子房多毛，花柱3（2）裂。果径1.9～3.0厘米，种径1.0～1.4厘米。产量高，抗寒性强。

春季3月中旬萌芽，4月上旬可开采。春茶一芽二叶，含氨基酸2.8%、茶多酚29.2%、咖啡碱4.9%、儿茶素总量12.2%。牙己茶具有独特浓郁的茶香，是侗族打油茶使用的优质、典型的代表茶种，以香高持久、滋味醇和、鲜爽回甘为特色。其适制性广，最宜制绿茶和红茶，也可做乌龙茶。

（韦静峰）

芽变选种 bud sport selection 对由芽变发生的变异进行选择，从而育成新品种的选择育种方法。果树芽的分生组织体细胞发生突变，当芽萌发成枝条，并在性状上表现出与原类型不同时，即为芽变。

在营养系品种内，除由遗传物质变异引发芽变外，还普遍存在由环境因素造成的不能遗传的变异（饰变）。芽变选种的一个重要问题就是正确区分这两类变异，选出真正的优良芽变。

芽变经常发生且变异丰富，成为无性繁殖植物产生新变异的重要来源。芽变选种的突出优点是可对优良品种的个别缺点进行改善，同时基本上保持其原有综合优良性状，一经选出即可通过无性繁殖实现生产利用。对于苹果、柑橘等果树的生产，芽变选种发挥着巨大的作用。

芽变选种分两个阶段进行。第一阶段是从生产园（栽培圃）内选出芽变优系；第二阶段是对初选出的优系无性繁殖后代进行比较筛选，包括复选和决选。

（李　贺）

芽菜 sprout vegetable 用植物种子或其他营养贮存器官直接培育出的可供食用的嫩芽、芽苗、芽球、幼梢或幼茎等芽苗类蔬菜。又称活体蔬菜。芽菜栽培源于中国，黄豆芽、绿豆芽、蚕豆芽等是民间传统的芽菜。最早的记载见于秦汉时期的《神农本草经》。后传至东南亚各国。20世纪40年代美国也开始生产。60年代后随着植物激素的应用和农业机械化的发展，推广了无根豆芽和豆芽机培育技术。80～90年代，日本、中国相继研究推广了豌豆苗、萝卜芽、荞麦芽、香椿芽等几十种新型芽苗菜苗盘纸床、立体无土栽培规范化生产技术，从而使芽苗菜的种类、品种和培育技术取得开拓性进展。

种类　常见的芽苗菜有香椿芽苗菜、荞麦芽苗菜、苜蓿芽苗菜、花椒芽苗菜、绿色黑豆芽苗菜、相思豆芽苗菜、葵花籽芽苗菜、萝卜芽苗菜、龙须豆芽苗菜、花生芽苗菜、蚕豆芽苗菜等30多个品种。品种丰富，营养全面，是常见的蔬菜。食用的主要部分为下胚轴。

图1　芽菜

培育　生长适宜温度在15～32℃，气温超过30℃时生长最快，对水分需求也大，应每天喷2次或以上的水；气温在20～30℃时，也须早晨和傍晚各喷水1次。苗高10厘米左右时，要保持沙壤湿润，空气湿度适中，并合理喷水（后期喷水水雾状可稍大），使种芽健康快速生长并让未净壳的芽苗基本都脱壳。如果湿度不够，空气干燥，芽苗一整天未沾水汽，种壳与芽苗就会干缩粘连，直接影响产品品质。苗高12厘米时，视温度情况做好放绿准备。

用途　芽菜营养丰富，在发芽过程中形成的大量活性植物蛋白有助于消化，易被人体吸收。芽苗蔬菜为碱性食品，有特殊医疗保健功能，食用后消化水解产生的碱基可以中和体内多余的酸，调节酸碱平衡，因此经常食用芽苗菜会感到精神饱满。另外，芽苗蔬菜中还含有丰富的膳食

图2 采收的芽菜

纤维，能帮助胃肠蠕动，防止便秘；芽苗菜属低能量高营养的绿色食品，经常食用能降低血脂血糖，并有减肥效果；发芽的种子含有大量的维生素C，可提高人体免疫力，预防坏血病。

（蒋卫杰）

芽自剪 bud self-pruning 新梢伸长停止后几天，嫩梢先端自行脱落的现象。芽自剪是柑橘类果树上的一个特有现象。由于顶芽的脱落，顶端优势被削弱，使得枝梢顶端的几个芽同时萌发、伸长，成为生长势大致相同的新梢，导致柑橘具有较强的丛生性。

在柑橘上，芽自剪所引起的枝条顶端新梢丛生不利于树体的枝梢管理和花果发育，需要进行合理的夏季修剪。以砂糖橘为例，由于春梢或者早夏梢上的芽自剪现象，通常会抽生很多丛生的夏梢，而这个时期正是谢花后的幼果发育期，大量抽生夏梢消耗大量养分，导致幼果脱落，大大降低坐果率，严重减少产量。因此，砂糖橘的夏季管理需要抹夏梢，以保证幼果的正常发育。此外，芽自剪所引起的枝条顶端抽生多个新梢，其生长势仍然较强，而下部的新梢或芽的生长势则依次递减，甚至下部芽的萌发受到抑制，导致树体的枝梢分布不平衡，需要采取合理的夏季修剪加以纠正。通常可以对枝条进行短截，直接去除枝条顶端的丛生新梢，或者把直立性枝条弯曲，缓和枝条的生长势，促进下部芽的萌发，抽生下部新梢，达到平衡顶端新梢、削弱其生长的目的。

（姚 青）

腌制蔬菜 salted vegetable 将蔬菜用食盐进行腌制后的产品。又称腌菜、咸菜。腌制蔬菜是人类自古发明的传统加工蔬菜，加工简易，成本低廉，产品易于保存。有些更是地方传统名菜，如糖醋大蒜、榨菜、雪菜等。

按照生产工艺和口感，腌制蔬菜可分为盐渍类（湿态、半干态和干态）、酱渍类、糖醋渍类、盐水渍类、清水渍类和菜酱类等。根据加工过程中是否产生发酵，可分为发酵和非发酵两大类，其中发酵类常因变酸而被称为酸菜或泡菜。

腌制蔬菜的一般工艺包括挑选、除杂、分级、凋萎、盐腌、压实等。盐腌有干腌与湿腌两种，前者采用一层盐一层菜的方法进行，有时还须踏实；后者则将蔬菜浸泡在盐水中。腌制蔬菜也强调品种的适应性，如萝卜等并非所有的品种都适于腌制，一般质地致密、水分含量少、肉质细腻的较好。

腌制蔬菜具有独特的色、香、味，是传统的佐餐食品。蔬菜经腌制后，原料菜所具有的一些辛辣、苦、涩等令人不快的气味消失，同时形成各种腌菜制品所特有的鲜香气味。腌制蔬菜还可与其他调味方法结合，进一步开发成各种产品，如糖醋味、酱渍、酸辣味等。

传统腌制的目的在于保存蔬菜，咸度往往太高。现代腌菜常与真空包装与杀菌相结合，制成小包装腌菜。冷链普及后，腌制蔬菜可在低盐的前提下低温流通，感官品质和保质期均有很大提高。腌制菜的亚硝酸盐含量是消费者关注的问题之一，研究表明，腌制成熟的蔬菜亚硝酸盐含量较低，而暴腌的产品则相对较高。

（叶兴乾）

芫荽 coriander; *Coriandrum sativum* 伞形科芫荽属一年生或二年生草本植物。又称胡荽、香菜、香荽。以嫩叶作调料蔬菜食用。芫荽原产于地中海沿岸及中亚地区。汉代张骞出使西域时引入中国，8～12世纪传入日本。中国南北地区都有栽培。

形态特征 植株高20～100厘米。根纺锤形，细长，白色，主根较粗大，侧根发生不规则。根生叶长5～40厘米，叶片一或三回羽状全裂，羽片广卵形或扇形半裂，长1～2厘米，宽1～1.5厘米，边缘有钝锯齿、缺刻或深裂；上部的茎生叶三回至多回羽状分裂，末回裂片狭线形，长5～10毫米，宽0.5～1毫米，顶端钝，全缘。伞形花序顶生或与叶对生，花序梗长2～8厘米；伞辐3～7，长1～2.5厘米；小总苞片2～5，线形，全缘；小伞形花序有孕花3～9，花白色或带淡紫色。果实圆球形，背面主棱及相邻的次棱明显；胚乳腹面内凹；油管不明显，或有1个位于次棱的下方。

图1 芫荽

图2 芫荽的根

图3 芫荽的叶

图4 芫荽的花

图5 芫荽的果实

栽培 性喜冷凉，能耐-1～2℃的低温，但也能耐热。生长适温17～20℃，超过20℃生长缓慢，30℃则停止生长。芫荽对土壤要求不严，但土壤结构好、保肥保水性强、有机质含量高的土壤有利于芫荽生长。长日照能促进发育。在短日照条件下，须经月平均气温13～14℃以下的较低温度才能抽薹开花，故在日照较短、天气凉爽的秋季（南方是秋末冬初）栽培时，茎、叶的产量高、品质好。中国多数地区以秋播为主，一般是作畦种植。苗高3～4厘米时除草疏苗，保持苗距5～8厘米。出苗后50～60天收获。主要病害有菌核病、叶枯病、斑枯病、根腐病和白粉病。

用途　芫荽具特殊香味，是中国生熟菜肴的调味品。营养丰富，含维生素C、胡萝卜素、维生素B_1、维生素B_2等，其中胡萝卜素含量在蔬菜中名列前茅；含有丰富的矿物质，如钙、铁、磷、镁等；其挥发油含有甘露糖醇、正葵醛、壬醛和芳樟醇等，可开胃醒脾；此外还含有苹果酸钾等。中医学上以果实入药，有祛风、透疹、健胃及祛痰等功效。种子含油量达20%～30%，可提炼芳香油。

（王德槟　巩振辉）

岩生植物　rock plant　适宜在岩石园中种植的植物。理想的岩生植物多喜旱或耐旱、耐瘠薄土，适宜在岩石缝隙中生长。一般为生长缓慢、生活期长、抗性强的多年生植物，能长期保持低矮而优美的姿态。包括各种**高山花卉**以及人工培育的低矮的花卉品种，如白头翁、报春花等。

图1　白头翁

图2　报春花

类型　世界上已应用的岩生植物有2000～3000种，主要包括以下几大类：①苔藓植物。大多为阴生、湿生植物。②蕨类植物。是一类观叶植物，如石松、卷柏、紫萁、铁线蕨、石韦、凤尾蕨等。③裸子植物。主要包括其中低矮的灌木及一些矮生或匍地的品种。④被子植物。主要包括高山岩生植物和低矮型的非高山植物。其中典型的高山植物科属如石蒜科、百合科、鸢尾科、天南星科、酢浆草科、秋海棠科、野牡丹科、马兜铃科的细辛属、虎耳草科、堇菜科、石竹科、花荵科、桔梗科、十字花科的屈曲花属、菊科的部分属、龙胆科的龙胆属、报春花科的报春花属、毛茛科、景天科、苦苣苔科、小檗科、黄杨科、忍冬科的六道木属和荚蒾属、杜鹃花科、紫金牛科的紫金牛属、金丝桃科的金丝桃属，以及蔷薇科的栒子属、火棘属、蔷薇属和绣线菊属等。

图3　石松

生长习性　通常岩生植物对土壤有较强的适应性，因其自然生境土壤较薄，大部分为浅根性植物。配置岩生植物要根据其不同种类的生长习性与观赏特点进行。一般在较大岩石之侧，可植矮生松柏类植物、常绿灌木或其他观赏灌木。在岩石缝隙与洞穴处可植石韦、书带蕨、铁线蕨、虎耳草、景天等。在阴湿面可植苔藓、卷柏、苦苣苔、斑叶兰等，旱阳面可植垂盆

图4　虎耳草

图5　垂盆草

草、红景天、百里香等。在较大石隙间可种植匍地与藤本植物。

（董　丽　曹　钰）

岩石园　rock garden　以岩石和**岩生植物**为主体，经过合理构筑与配置，模拟自然界中高山草甸、岩崖、碎石陡坡、峰峦溪流等自然景观和植物群落的专类园。岩石园常作为公园或植物园的园中园存在。承载着岩生植物和**高山花卉**的引种、栽培、育种和物种多样性等方面的科学研究以及科普教育、观光游赏等功能。

16世纪，英国开始引种、驯化高山植物作为园林观赏植物应用。17世纪中叶，欧洲的植物学家为了引种阿尔卑斯山的高山植物而修建了高山园。18世纪末，高山植物引种的热潮几乎席卷了整个欧洲，在欧洲某些园林出版物中首次出现了高山植物的图鉴，一些植物园中开辟了高山植物区，成为现在岩石园的前身。如1774年在伦敦的药用植物园里用冰岛的熔岩堆成岩山，并栽种阿尔卑斯山引种的高山植物。至19世纪，岩石园逐渐在世界各国发展起来。1860年，英国爱丁堡皇家植物园在其东南部创建了岩石园，历经100余年的改建和不断完善，占地1公顷，其景观举世闻名。1882年英国邱园植物园建立了岩石园，模拟比利牛斯山谷的景观，其中高山植物以墙园的形式展示，呈现出植物造景与叠石的高度协调，成为西方岩石园的典范。此后，欧美的许多植物园、公园中相继建设岩石园。1916年，美国布鲁克林植物园将原来一座垃圾场改建为展示春花植物以及彩叶植物的岩石园。与此同时，还出现相关组织和研究团体，如英国的高山植物园学会及苏格兰岩石园俱乐部、美国岩石园学会等。20世纪30年代在中国庐山植物园中创建了中国第一个现代意义的岩石园，模拟自然地形，依山叠石，展示高山植物景观。2007年建设的中国上海辰山植物园也创建了岩石和药用植物园，占地2公顷，由废弃的采石矿坑遗迹改造而成，创造适合岩生、旱生植物生长的地形地势，结合药用植物展示和收集，集中展示华东适生性药用植物、岩生植物和芳香植物。

岩石园主要分为自然式岩石园、规则式岩石园、墙园式岩石园、容器式微型岩石园、高山植物展览室五种类型。①自然式岩石园。一般有丰富的地形，模拟自然界中的山峰、山脊、碎石坡等，可孤置、散置或组合布置山石，再结合植物景观，营造自然景观。②规则式岩石园。多做成一层或多层台地，在规则的种植床上种植

岩生植物。③墙园式岩石园。常利用各种挡土墙和分隔空间的墙面或构筑墙垣，在墙体的岩石缝隙中种植岩生植物。④容器式岩石园。常采用石槽、石碗等多种容器并搭配各种砾石，种植岩生植物。⑤高山植物展览室。在冷室或温室条件下配置岩石、沙砾等种植岩生植物。

岩石园的设计宗旨是师法自然，力图再现自然界的高山岩石与岩生植物和谐共生的景观。岩石的布置要能为植物提供可以生存的环境，应便于排水并适于植物根系伸展。植物选择主要以高山植物及生长缓慢、抗逆性强的低矮植物为主，并配合修剪控制植株的高度和保持优美的姿态。

（王美仙　董　丽）

雁来红　Joseph's coat; *Amaranthus tricolor* 苋科苋属一年生草本植物。又称老来少、三色苋、叶鸡冠、老来娇、老少年。雁来红原产于亚洲热带地区。分布于中国及印度、日本、中亚等地。雁来红幼苗很像苋菜，但到深秋时其基部叶转为深紫色，而顶叶则变得猩红如染、鲜艳异常，叶片变色正值大雁南飞之时，由此得名雁来红。

图1　雁来红

株高60～100厘米，茎直立，粗壮，绿色或红色，分枝少。单叶互生，卵形或菱状卵形，有长柄。初秋时上部叶片变色，普通品种变为红、黄、绿三色相间，优良品种则呈鲜黄或鲜红色，顶生叶尤为鲜红耀眼，观赏期6～10月，其中8～10月为最佳观赏期。花小，单性或杂性，簇生叶腋或呈顶生穗状花序。花序小而不明显，单性花或两性花，雌雄同株。浆果卵形。种子细小，亮黑色。花期7～9月，成熟期9～10月。

图2　雁来红的茎

图3　雁来红的叶

图4　雁来红的花序

图5　雁来红的种子

雁来红是优良的观叶植物，可作花坛背景、篱垣或在路边丛植，也可大片种植于草坪之中，与各色花草组成绚丽的图案，亦可作盆栽、切花之用。可入药，治痢疾、吐血、血崩、目翳。

（王　雁）

羊艾毛峰茶　Yang'ai Maofeng tea　产于中国贵州省贵阳市西南远郊区的卷曲形绿茶。羊艾毛峰茶创制于1960年，1984年被评为贵州省地方四大名茶之一，1988年获全国首届食品博览会金奖。产地海拔1150～1300米，年平均降水量1125毫米，全年约有290天是阴天或雨天，空气较湿润，适宜的自然环境为茶芽的持嫩性及优异品质提供了良好的条件。

制作羊艾毛峰茶的适宜时间是每年3月中旬左右，选择幼嫩初展的一芽一叶为原料，通过杀青→揉捻→初烘做形→足干等加工工序制作而成。羊艾毛峰茶成品外形细嫩匀整，条索紧结卷曲成鱼钩状，银毫满披、锋苗毕露、色泽鲜绿油润，气味清香、馥郁，汤色碧绿，滋味清纯、鲜爽，叶底嫩绿、匀亮、鲜活、完整。

（郑文佳）

羊蹄甲　orchid tree; *Bauhinia* spp.　豆科羊蹄甲属植物。羊蹄甲主要分布于热带和亚热带地区。中国产50余种。

叶全缘，先端凹缺或分裂为2裂片，有时深裂达基部而成2片离生的小叶；基出脉3至多条，中脉常伸出于2裂片间形成一小芒尖，叶形酷似羊蹄的脚印。花两性，很少为单性，苞片和小苞片通常早落；花瓣5片，雄蕊10，有时退化为5～3或1枚。荚果长圆形、带状或线形。种子圆形或卵形、扁平。

有藤本、灌木、乔木三种类型。乔木型羊蹄甲是华南地区重要的园林景观树种，主要有香港紫荆花（*Bauhinia* × *blakeana*）、羊蹄甲（*B. purpurea*）、洋紫荆（*B. variegata*）。其中香港紫荆花为自然杂交种，不结实，花期长，可达4个月，香港特别行政区区旗上的花朵图案就是该种花。洋紫荆又称宫粉羊蹄甲，在云南西双版纳少数民族地区有食用其花蕾的习俗，也有将羊蹄甲嫩枝尖作为野生蔬菜食用的习俗。上述三种羊蹄甲叶子也可作为青贮饲料进行开发利用。

图1　羊蹄甲

图2　羊蹄甲的叶和花

图3　羊蹄甲的果实

图4　羊蹄甲的种子

羊蹄甲属很多植物在中国作为药用，它的根皮、茎皮及叶的提取物可治疗腹泻、风湿病和糖尿病，以及镇痛等。

（吴福川）

羊岩勾青茶　Yangyan Gouqing tea　产于中国浙江省临海市河头镇羊岩茶场的绿茶。羊岩勾青茶产于浙江省临海市西北30千米处、主峰海拔780米的羊岩山区，于20世纪90年代初创制而成。

产地环境　产地位于东经121°3′～121°13′，北纬28°57′～29°2′。属亚热带季风气候，年平均气温17.1℃，年平均降水量1602.7毫米；10℃以上年均积温5370.3℃，相对湿度80%以上，无霜期长达243天，年日照时数1866.6小时。土壤pH4.6～6.4。常年浓雾弥漫。羊岩山区大部分茶园分布在海拔250～600米的大山之中，空气清新，生物多样性，植被丰富，土壤理化性状较好，有机质和氮、磷、钾含量高，茶树在这种优越的生态条件下，芽叶肥壮，持嫩性好，有利于含氮化合物的合成和积累。

加工工艺　按产品级别高低，采摘标准从一芽一叶初展至一芽三叶不等。加工工艺流程为：鲜叶摊青→杀青→揉捻→初烘→造形→复烘→整理等工序。①鲜叶摊青。经验收后的鲜叶，立即摊青在竹匾上，摊青厚度一般在2～10厘米，摊青时间为4～12小时。②杀青。在杀青机中进行。投叶温高200℃左右，出叶温高90℃左右。时间1.5～2.5分钟。杀青叶失重率15%～20%。③揉捻。用6CR-55型、6CR-45型揉捻机。投叶量分别为30～40千克和15～20千克。视不同级别鲜叶进行空揉、轻压，揉时5～15分钟。当芽叶卷成条索，略有茶汁溢出，成条率80%，有粘手感时下桶或经过解块筛分。④初烘。用茶叶自动烘干机。烘干机上叶时温度80～120℃，时间4～10分钟，至稍有触手感出叶，经过振动风送冷却。⑤造形。在勾青造形机中进行。造形前先将在制品摊放回潮和筛分。温度先高后低，投叶温度90～120℃，每次投入初烘叶10～12千克，经40～60分钟炒制后出锅、筛分。再并锅炒制。造形叶达到条索勾曲。⑥复烘。用茶叶自动烘干机。复烘前须将造形叶回潮摊凉。烘干温度在100～120℃。烘时5～10分钟。待手捻茶叶成粉末状即可下烘。⑦整理。在茶叶散热后进行筛分、分选，并结合簸、拣等割去碎末，簸去黄片，拣梗剔杂。经抽样评审合格后定级匀堆，入库。

品质特征　外形勾曲，色泽绿润；香高持久，滋味醇爽，汤色黄绿明亮，叶底细嫩成朵，耐冲泡、耐储藏。水浸出物48.6%、茶多酚21.0%、儿茶素总量14.9%、氨基酸5.0%、咖啡碱3.6%。成品茶共分8个级别：精品、精品A、特优、特级、一级、一级（A）、二级（C）、三级（D）。其感官要求见表。

（陆德彪　朱朝安）

阳羡雪芽茶　Yangxian Xueya tea　产于中国江苏省宜兴市（古称阳羡）的绿茶。阳羡雪芽茶产于国家级太湖风景旅游区内，其茶名是根据苏轼“雪芽我为求阳羡”诗句而得之。为中国农产品地理标志产品，保护范围位于宜兴市丘陵山区，包括张渚、太华、丁蜀、湖父、徐舍、宜城、环科园等镇（街道、园区）。

生产简史　宜兴产茶历史悠久，据邵晋涵著《尔雅正义》中“汉人有阳羡买茶之语，则西汉已尚茗饮矣”一语，推测宜兴产茶应在西汉或汉前。5世纪，《桐君录》中载：“晋陵皆出好茗”，晋陵即今常州，常州辖治之内自古仅宜兴多山产茶。1984年，为恢复宜兴茶叶历史盛名，在茶叶界学者倡议、主持下，根据苏轼“雪芽我为求阳羡，乳水君应饷惠山”之句，重新定型、定工艺，于1985年创制成功阳羡雪芽茶。其后逐步改进工艺，改单一手工制作为半机械化生产。为在全市范围内规范生产，1988年制定了阳羡雪芽茶标准试行草案，登记注册了商标。

加工工艺　鲜叶采摘标准为早春的一芽一叶或单芽，不采鱼叶、鳞片、病虫芽叶和受损芽叶。若夏季和秋季有符合鲜叶原料要求的，也可以适当采制，机械加工工艺流程为：鲜叶采摘→摊晾→杀青→揉捻→初烘→复揉→理条→整形→贮藏。①鲜叶采摘。鲜叶采摘应做到提手采，鲜叶原料以一芽一叶初展，半展为主。芽梢长度掌握在2.0～3.0厘米，每500克鲜叶含6万～10万个芽梢，不带鱼叶、紫芽、单张、夹叶老片和非茶类夹杂物。盛装鲜叶的器具应用清洁卫生、通风性能良好的竹编茶篮或篓筐，不得使用布袋、塑料袋等软包装。采下的芽叶应及时运抵茶厂，在运输过程中，应轻放、轻压，

羊岩勾青茶感官要求表（《羊岩勾青茶》Q/LYC 0002S—2016）

项目		级别							
		精品	精品A	特优	特级	一级	一级（A）	二级（C）	三级（D）
外形	条索	肥嫩、勾曲、露毫	肥嫩、勾曲、露毫	细嫩、勾曲、显毫	细嫩、勾曲、显毫	紧实、勾曲、有毫	紧实、勾曲	紧结、勾曲	尚紧、勾曲
	色泽	嫩绿、鲜润	嫩绿、鲜润	绿润	绿润	尚绿润	绿尚润	深绿	绿
	整碎	匀整、重实	匀整、重实	匀整	匀整	尚匀整	尚匀	尚匀	略匀整
	净度	匀净	匀净	匀净	净	净	净	尚净	尚净
内质	香气	馥郁	嫩香、持久	嫩香、持久	香高、持久	清香、持久	清香	纯正	醇和
	滋味	鲜醇、甘爽	鲜醇、嫩爽	鲜爽	鲜醇	醇厚	醇正	醇正	尚醇和
	汤色	绿、艳	嫩绿、清澈	黄绿、清澈	黄绿、清澈	清澈	明亮	明亮	明亮
	叶底	成朵、鲜嫩	成朵、鲜嫩	成朵、黄绿、鲜亮	成朵、黄绿、鲜亮	尚成朵、黄绿、明亮	尚成朵、黄绿、明亮	尚成朵、明亮	尚成朵、明亮

减少机械损伤。切忌紧压、日晒、雨淋，防止鲜叶质变和混入有毒有害物质。②摊晾。鲜叶及时分清级别摊放在竹匾或竹帘上，厚度2～3厘米，摊放时间4～6小时，失重5%～9%，含水率72%，鲜叶散发出清香。③杀青。杀青一般使用滚筒杀青机。滚筒杀青机的温度为110℃，转速为30转/分钟。芽叶要杀匀、杀透，叶色变暗、叶质变软、略有黏性，青气消失、茶香溢出，含水量56%～58%为杀青适度。杀青结束后用风扇吹凉，散发水分、降低叶温、保持翠绿。④揉捻。杀青叶完全冷却后进行初揉，可采用手工或机械。一般使用揉捻机。初揉时需空揉3～5分钟，然后加压3～5分钟，再松压空揉2分钟。⑤初烘。初揉叶及时解块后进行初烘，可采用微型茶叶烘干机。初烘温度掌握在90～110℃，时间5分钟，失重20%，含水量45%，手握茶叶不易成团，松手茶叶自然散开有弹性为初烘适度，初烘叶应及时在竹匾内摊凉。⑥复揉。初烘叶充分冷却后再次揉捻。先空揉2～3分钟，逐渐加压4～5分钟，再空揉2～3分钟。反复二次后出桶下机。⑦理条。复揉叶及时解块后进行理条。理条选用振动理条机。槽锅温度80～100℃，时间5～8分钟，茶条紧直、香气外溢，含水量30%出锅摊凉。⑧整形。理条叶冷却回软后，在炒锅或烘焙机上整形干燥。温度70～80℃，将理条叶直接投入铺开，边理边搓条，到略有触手时，可加重揉条，直到紧直显毫八成干时停止搓条，时间5～8分钟，含水量15%下机。⑨贮藏。选用名茶烘干机足干，温度70～80℃，时间10～15分钟，干茶含水量在6.5%以下，下机后及时摊凉，冷却后去片割末贮藏或包装。

品质特征　产品分特级、一级、二级3个级别。外形特征：外观条索紧细，挺直形如针，显锋苗，翠绿显毫，造型秀美。内质特征：香气嫩香清鲜，滋味清鲜甘醇，汤色嫩绿明亮，叶底幼嫩多芽，明亮匀整。

（王润贤）

杨梅　Chinese bayberry; *Morella rubra*

杨梅科杨梅属植物。是杨梅属唯一栽培种。杨梅得名于“其形如水杨子而味似梅”（《本草纲目》），为亚热带**常绿果树**，栽培于长江流域及其以南、海南岛以北各地。杨梅因其独特的果实外观和风味被誉为江南珍果之一。

栽培历史　杨梅原产于中国，其中野生杨梅发源于中国西南地区，栽培杨梅则可能分别从浙江、福建和江西野生杨梅群体中选育驯化而来。20世纪80年代中期，浙江省博物馆在浙江余姚河姆渡文化遗址中发掘出杨梅种子，表明早在新石器时代人们就已经食用野生杨梅。“杨梅村”“杨梅岭”等地名在中国南方各地广泛分布也印证了早在远古时期，杨梅就已经为人们所熟悉和利用。公元前2世纪西汉司马相如在所著的《上林赋》中，描绘上林苑盛况时提及了引种的各种植物，其中就包括杨梅。此后，汉代陆贾的《南越行纪》、晋代嵇含的《南方草木状》、明李时珍的《本草纲目》和王象晋的《群芳谱》等均记载了杨梅。这些考古证据和古籍记载均表明，早在7000年前古人就开始采摘野生杨梅，早在2000年前就开始栽培杨梅。

杨梅主要分布在中国，在其他国家分布极少。日本是除中国外栽培杨梅最多的国家，主要分布在千叶县及福井县以南的沿海地带，尤其集中于高知和德岛两县。基于分子标记的证据表明，日本的杨梅很有可能从中国引入。澳大利亚也从中国引入杨梅，并已于2012年供应市场。意大利和美国加州也已成功引种杨梅进行栽培。此外，印度、越南、缅甸、泰国及欧美一些国家也有引种，但一般仅作观赏或药用，未作为林木或**果树**进行大规模栽培。

图1　杨梅

形态特征　杨梅雌雄异株，雄株仅开花不结果，树冠高大，雌株较矮小。杨梅从砧木播种、嫁接至幼树结果需5～7年，15年左右达盛果期，60～70年后衰退，寿命可达百年以上。杨梅根浅，主根不明显，垂直分布以5～40厘米居多，水平分布约为树冠直径的2倍。杨梅具菌根，有放线菌共生形成根瘤，因而可生长于贫瘠土壤而无须多施氮肥。长江流域一带种植的杨梅其根系的生长活动开始于2月下旬至3月上旬，在5月、7月和9～10月形成活动高峰。杨梅的芽为单芽，顶芽均为叶芽。杨梅幼树每年抽梢3～4次，成年树可抽2～3次。全年新梢以夏梢为主，约占总梢量60%～70%，为翌年的主要结果枝。长江流域一带种植的杨梅的展叶期为3月下旬至4月上旬，寿命为12～14个月。春梢或夏梢停止生长后当年腋芽分化为花芽，翌年在雌株发育为结果枝，在雄株发育为雄花枝。杨梅花小，单性，无花被，风媒花。雄花为复柔荑花序，雌花为柔荑花序，均自花序上部渐次向下开放，全树花期长40～50天，在雌花序上往往出现花果相间现象。在长江流域一带，杨梅盛花期为3月初至4月上旬。杨梅果实结构就其种子而论与桃和梅类似，在果树栽培学上划属核果类。果实可食部分由外果皮、中果皮及内果皮外侧几层细胞发育而成的细长肉柱组成。杨梅果实发育及成熟所经历的时间为60～70天。在长江流域一带，杨梅果实多成熟于5月底至7月初。

图2　杨梅的叶和果实

主要种群　杨梅属包括35～50种植物，在亚洲、非洲、欧洲、北美洲和南美洲均有广泛分布。中国原产的杨梅属植物主要有杨梅、青杨梅、毛杨梅、云南杨梅（又称矮杨梅）、大杨梅和全缘叶杨梅。在引入的杨梅属植物中，以蜡杨梅最为常见，主要作为杨梅的砧木或园林绿化树种利用。

根据果实色泽和栽培性状常将杨梅分为野杨梅、红杨梅、乌杨梅、白杨梅、早性梅和大叶杨梅6个品种群。栽培品种多出自红杨梅、乌杨梅、白杨梅，果实色泽深浅因所含的花青苷含量而不同。杨梅为二倍体，2n=2x=16，基因组大小为313兆碱基对（Mb）。杨梅杂交育种较为困难，生产上的品种均来自**实生选种**和**芽变选种**。

繁殖与栽培　杨梅多采用嫁接繁殖，砧木以实生本砧为主，选择杨梅种中的野生杨梅一类为砧木。砧木种子从壮年树上采集后常以湿沙层积至春季2～3月播，播后约一二年可达嫁接要求。接穗通常采自10年生以上的健壮、稳产、优质的杨梅树外围1～2年生的枝条，去叶后裁成7厘米左右的枝段用于嫁接。杨梅嫁接多用切接法。长江流域一带大多在3月下旬到4月上旬嫁接，过迟则砧木切断后伤流多，影响成活。杨梅嫁接常采用掘接，即将砧木苗从苗地挖出，嫁接接穗后再种到新的苗地上进行统一管理。

以往杨梅栽培一般比较粗放，栽植时往往不整地，而是根据山形掘穴栽种，导

图3 白杨梅

致管理很不方便；后来大多修筑标准化梯田和水土保持工程，在坡度不大的山地亦实行等高线栽植。杨梅忌连作，种过杨梅的园地最好在栽植松树10～20年后再改回杨梅园。长江流域一带通常在春季定植以避免冻害，南方省份可采取秋植或春植。杨梅雌雄异株，风媒，栽植时宜配置授粉用的雄株1%～2%，但老产区通常多野生雄株，一般不必另行栽植。以往杨梅树形多采用自然圆头形和主干形，但这两种树冠对操作管理和采收都较不方便。大力推行的杨梅树形为自然开心形和疏散分层形，可以矮化树体并促使提早结果。因杨梅本身有丰富的菌根，能合成并提供自身一部分氮素，所以杨梅施肥以钾肥为主，如草木灰在生产上常有应用。杨梅一般一年施两次肥，分别在萌芽抽梢前和果实采收后。杨梅大小年现象比较严重，可通过适宜的肥水管理、修剪、大年疏花疏果和小年保花保果等措施进行调控。多效唑在控制树体徒长并促进成花上有应用，但连年应用易导致树势衰弱。

长江流域一带杨梅果实成熟时适逢梅雨季节，过多的雨水导致一部分甚至大部分果实不能及时采下而造成损失，且所采果实也不耐贮运。为避免梅雨影响，浙江和福建等主产区大力推行设施避雨栽培模式，不仅保障了采下的产量，也是优质杨梅生产的重要举措。

采收及贮运　同一株杨梅树上的果实成熟时间先后不一，所以杨梅采收要分期分批随熟随采。杨梅采收期也因品种不同而有差异，成熟与否可依据果实是否表现出成熟时应有的色泽特征加以判断。用于当地或近距离销售的果实可在完熟时采收，用于物流至中远地区的果实可在八成熟时采收。杨梅采收以清晨或傍晚为宜，避免在雨天或降雨初晴时采收。杨梅果实无果皮保护，采收时要轻采、轻放、轻运，以免受伤。

杨梅果实成熟于高温多雨季节，加之缺乏外果皮保护，因而货架期极短，有"一日味变，二日色变，三日色味皆变"之说。为延长杨梅物流期限，果实采收后宜迅速进行预冷至10℃以下，然后以保冷方式进行贮运，运至目的地后宜置于低温货架进行销售。预冷后的果实常按1～2千克不等装入小筐，再将2个小筐装入一个泡沫箱，泡沫箱封口前在筐之间放入一定量的经−18℃预先冰冻的蓄冷冰袋以维持运输过程的适宜温度。同时，为避免泡沫箱内湿度过高导致果面带水，可在泡沫箱内放置一定量的吸湿剂。采用上述措施，杨梅物流期限常可达7～10天。

病虫害　杨梅是病虫害较少的果树之一，以凋萎病和果蝇造成的危害相对较大。凋萎病主要表现为枝梢枯死，其病原已被鉴定为异色拟盘多毛孢和小孢拟盘多毛孢这两种真菌。对于发病严重的树体宜及时拔除烧毁，而对于发病较轻的树体可采取药剂防控并加强树体管理综合防治。此外，对修剪造成的伤口及时进行涂抹保护药剂处理可减少该病发生。果蝇是杨梅的主要害虫之一，它不携带病菌，对人体无害，但可影响消费者的食用感受。生产上大多采用覆盖防虫网、杀虫灯诱杀和生物防治等手段进行控制。

主要用途　杨梅具有较高的营养与药用价值，《本草纲目》等古籍记载了杨梅果实有生津去痰、止咳、和胃消食，治霍乱和心胃气痛，益肾利尿及解暑等功效。食用杨梅保健的做法也在民间广为流传，如江浙居民习惯吃几颗烧酒浸的杨梅以防中暑。现代研究表明，杨梅果实富含花青苷等活性物质，其中花青苷具有抗多种肿瘤和保护胰岛细胞等作用。

木材纹理细密，质地坚硬，可作细工用材。杨梅为常绿果树，寿命长，是优良的绿化和观赏树种。杨梅树性强健，根部有放线菌共生，是保持水土、改良土壤的良种，还是一种清除大气污染作用较为明显的树种。杨梅可鲜食，也可加工成果汁、果酒、蜜饯等产品。果仁含油率达40%，可供食用或榨油。民间广泛采用杨梅泡酒的方式制作杨梅烧酒。杨梅烧酒不仅风味

图4 果实可食部分由外果皮、中果皮及内果皮外侧几层细胞发育而成的细长肉柱组成

图5 杨梅果酒

佳良，而且具有止咳生津、消食、止呕，以及夏季消暑、治痢疾等功能，因而广受欢迎。

杨梅成熟于初夏季节，可填补一年中的水果淡季，且果色艳丽，风味独特，深受消费者青睐，售价较高，具有较高的经济效益。杨梅相对较耐瘠薄和粗放管理，长江流域以南广袤的山地和丘陵均为发展杨梅的适宜区，杨梅栽培规模得到迅速发展。杨梅是兼具经济和观赏的果树，以杨梅为主题的观光旅游产业在产区得到蓬勃发展，成为杨梅生产收入的重要组成部分。

（徐昌杰）

杨桃　carambola; *Averrhoa carambola*　酢浆草科阳桃属小乔木。又称阳桃、洋桃、五敛子。杨桃是热带常绿果树。该属还有一种多叶高酸杨桃（*A. bilimbi*），仅中国台湾地区有少量试栽。

栽培历史　杨桃原产于印度或越南。中国已有2000多年的栽培历史，东汉时（1世纪）粤人杨孚撰《南裔异物志》已有帘（杨桃古称帘）的记载，其后在《广志》《南方草木状》《广州记》《齐民要术》《本草纲目》《广东新语》《南越笔记》等历代古农书和地方物产志中均有记述。

中国杨桃分布于广东、广西、福建、台湾、海南及云南等地。广东以广州市郊栽培多而集中，此外高州、湛江、江门、佛山、潮汕、惠阳等地栽培也很普遍。台湾地区主要分布在中南部平地，以彰化县最多，次为南投及苗栗县。广西桂平、平南、南宁市郊，福建漳浦、云霄、诏安、平和、长泰，以及海南琼山、文昌等地栽培较多。栽培杨桃较多的国家除中国外，还有泰国、印度、马来西亚、印度尼西亚、越南、菲律宾、澳大利亚、巴西等国。美国佛罗里达州南部，太平洋岛屿中的关岛、夏威夷等地也有少量栽培。

品种类型　普通杨桃有酸杨桃和甜杨桃两个类型。①酸杨桃。一般树形高大，枝条略向上举，小叶比甜杨桃多，达12对；花序稍大，花色较浓紫；果形瘦削，果顶部稍尖，肉质较粗而味酸；但抗逆性

较强，丰产，常作砧木或加工用。②甜杨桃。为主要栽培种。中国广东产区的品种有崛督、尖督、刘十杨桃、周家种、林泉嘴、金钱杨桃、马来西亚B17、马来西亚B10等，崛督甜杨桃丰产优质，尖督甜杨桃抗逆性较强，刘十杨桃果大、早熟。台湾地区品种有蜜丝种、二林种、白丝种及南洋种等，品质以蜜丝种最佳，栽培以二林种最广。广西和福建的品种大都由广东引进。福建主要种植香蜜、台湾软枝、马来西亚B17、马来西亚B10、台农1号、红龙（或红藤）、泰国种等优良品种。

图1 杨桃

形态特征 杨桃为常绿小乔木，南亚热带为半常绿。高5～12米，树冠开张。主根入土1米以上，侧根粗壮，须根多，吸收根通常分布于10～20厘米的土层中。春暖后连续抽5～6次新梢，枝条软垂；春梢及2年生的下垂枝是主要结果枝，老枝和树干也能抽出花穗结果。叶为奇数羽状复叶，互生，长10～20厘米，小叶5～13片，7～11片居多，卵形至椭圆形，长3～7厘米，宽2～4厘米，不对称，具短柄，先端渐尖，基部偏斜，背面有疏毛或无毛。花为总状花序，花小，近钟形，浅紫红色，萼、瓣均5片；雄蕊5～10枚；雌蕊1枚，子房上位，5室，柱头5裂，离生。花期4～12月，持续开花4～5次，花果重叠，花梗及花蕾初始呈暗红色，盛开时粉红色或白色，略向背卷。果期7～12月，肉质浆果，卵状或长椭圆状，纵径6.3～9.1厘米，横径4.6～6.2厘米，通常5棱，很少6或3棱，横切面呈五角星状。果皮薄而光滑，未熟时青绿色，完熟后淡绿色、蜡黄色或红黄色，有时带暗红色。种子褐色或黑褐色。

生长习性 杨桃为热带亚热带果树，喜高温多湿，不耐寒，0℃以下幼树会冻死，4℃以下嫩枝受冷害，10℃以下生长不良，但阴雨过多易引起烂根，新叶黄落。喜阴，怕强烈日晒，易受风害，建园时应适当荫蔽防风，忌强烈日光直射，土壤以微酸性至中性、土层深厚疏松的壤土或砂壤土为宜。

栽培技术 杨桃繁殖一般用嫁接法育苗，采用靠接、切接、劈接和补片芽接均可。砧木宜采酸杨桃的种子，洗去胶质，阴干，于10月前秋播或保存至次年2～3月春播。秋播要护苗越冬，春季分床，当苗高50厘米以上、茎粗1厘米左右即可嫁接，每年3～8月均可进行，以清明至小满最为合适。选用生长充实、已木质化的一年生枝条，截取带有2～3个饱满芽的短枝作为接穗。种植方式每一大畦种单行、双行或三行，株行距5～6米，每公顷种300～360株，于3～4月栽植。成年树施肥宜于春梢前、小果期、采果后及越冬前进行。幼树着重整形，青壮年树宜疏除树冠上层营养枝以抑制生长，老弱树则培养树冠上部枝条以荫蔽树干，并充分利用徒长枝填补树冠空位和更新老枝。修剪时一般留1～2厘米长的枝桩，使其抽枝结果。为提高坐果率，每小枝留2～3个花穗，每花穗留1～2果。

自然灾害 结果期应在树冠四周采用竹木支撑结果枝群，预防风害。为防止果面病虫伤害，可对果实进行套袋保护。主要虫害有鸟羽蛾幼虫为害花果，酷热天气危害最重；黑点褐卷叶蛾幼虫蛀食果肉；果实蝇及毒蛾幼虫等为害果实。冬季清园是防治病虫害的关键性措施。病害有危害叶片的赤斑病和危害果实的炭疽病。

贮藏与加工 杨桃成熟期一年有3～4次，除远销的杨桃在果实由青绿色转变为浅绿色时采收外，一般应在果实呈红黄色时采收。由于杨桃皮薄肉脆，具棱角，容易损伤，因此在采收、加工及贮藏过程中要注意轻采、轻放，避免机械损伤。酸杨桃果大而味酸，俗称三捻；较少生吃，多加工成干果或作烹调配料；甜杨桃供鲜食，也可制蜜饯、果脯、果膏、罐头、果汁、果酱、果酒或果醋等。

图2 杨桃的叶和花

图3 杨桃的幼果

图4 杨桃的果实

主要用途 杨桃经济价值高、营养丰富、鲜食加工均可，且具有一定的药用价值。每百克杨桃含糖10～11.6克、酸0.73～0.78克、蛋白质0.71～0.72克、脂肪0.73～0.75克、纤维1.28克，还含有大量的维生素、胡萝卜素、硫胺素、核黄素、烟酸、抗坏血酸及微量的钙、磷、铁等元素。叶、果、花、根和树皮均可入药，《本草纲目》记载："杨桃可去风热、生津止渴、解酒毒、治黄胆、赤痢。"杨桃性寒，有利尿、止痛、拔毒生肌的功效，杨桃汁对咽喉炎有独特疗效。

（陈清西）

洋葱 onion; *Allium cepa* 百合科葱属二至三年生草本植物。又称葱头、圆葱。以鳞茎作蔬菜食用。洋葱起源于亚洲西部阿富汗、伊朗至中亚一带，后传至世界各地。公元前3200～前2780年，埃及古冢中发现关于金字塔建筑工人购买洋葱和大蒜作蔬菜的碑文。以美国、日本、印度、俄罗斯、中国栽培最多，西班牙、土耳其、埃及和巴西等国也有种植。

形态和类型 株高80～100厘米。根弦状，无主根。茎极度短缩，呈扁平盘状，即鳞茎盘。叶筒状，中空，横切面近长方形，叶面披蜡粉，多层叶鞘相互抱合而成假茎。叶鞘基部随生长而逐渐增厚，形成肉质鳞茎，内生幼芽。花序柄从鳞茎中央抽出，顶端着生球状花序，外包总苞。开花时总苞裂开长出许多小花，聚成伞房花序。

可分为3个类型：①普通洋葱（*A. cepa*）。每株通常只形成一个鳞茎，用种子繁殖，品种较多。按鳞茎颜色可分为白皮种、红皮种和黄皮种；按其对光照及温度的要求不同，还可分为早熟种、中熟种和晚熟种。②分蘖洋葱（*A. cepa* var. *agrogatum*）。分蘖基部形成一个小鳞茎，通常不结种子，用小鳞茎繁殖。③顶球洋葱（*A. cepa* var. *viviparum*）。在花序上着生许多气生小鳞茎，不结种子。主要作腌渍用。

生长习性　洋葱性耐寒。种子和鳞茎可在3～5℃低温下缓慢发芽，12℃以上发芽迅速，幼苗生长适温为12～20℃，鳞茎膨大适温为20～26℃。开花和鳞茎膨大均需较长的光照，但品种之间有很大差别，故又可按鳞茎形成所需日照长短分为短日型、长日型和中间型。

图1　洋葱

图2　洋葱的鳞茎

图3　洋葱鳞茎剖面

图4　洋葱的花

栽培　一般秋季育苗。中国北方冬前假植于背阴处或埋入菜窖，翌年早春定植。江淮以南地区冬前露地定植。栽植不宜过深，以埋土至茎盘上为度。当植株下部叶子变黄、颈部变软、上部向下弯曲时即可收获，晾晒收藏。

用途　洋葱含有植物杀菌素，以及无机盐、挥发油、糖、蛋白质和维生素等。除以新鲜鳞茎作蔬菜外，也可脱水加工。

（侯喜林　张昌伟）

洋桔梗　prairie gentian; *Eustoma grandiflorum*　龙胆科洋桔梗属多年生草本植物。洋桔梗原产于美国科罗拉多州、内布拉斯加州、得克萨斯州至新墨西哥州一带。洋桔梗作为切花，在日本和朝鲜等地栽培已有70多年的历史。因清新多变的花色、优美的花型和株形而广受人们的喜爱，是常见的园艺盆花和切花材料，常作一二年生栽培。

图1　洋桔梗

形态特征　株高30～100厘米，茎直立。叶对生，阔椭圆形至披针形，全缘，灰绿色，蜡质，叶基微微抱茎。苞片披针形。花钟状，依品种不同有单瓣和重瓣之分，重瓣品种花型似月季花。花色丰富，有红、粉红、紫、淡紫、白、黄等纯色花及具有复色花边的品种。每个花茎可产生10～20朵花。自然花期5～7月，通过花期调控可实现周年开花。

图2　洋桔梗的茎和叶

图3　洋桔梗的花

栽培与管理　喜全日照及冷凉环境，不耐热，生长适温15℃。喜潮湿、肥沃疏松、排水性好的土壤，一般选用加入草炭土、稻糠及少量石灰的改良园土。基质需要经高温蒸汽或溴化甲醇处理，土壤pH维持在6.5。对肥料的需求量较大，每隔5～7天施一次薄肥。种子小，多采用播种形式，也可进行扦插。从播种至开花需120～140天，切花品种需150～180天。主要病害有茎枯病、根腐病、灰斑病等，主要虫害有潜叶蝇和蚜虫等。药物防治的同时结合栽培措施的改进来达到降低病虫害的目的，如降低植株种植密度、合理施氮肥、适当增加磷钾肥、提高植株抗病能力等。

用途　洋桔梗花大美丽，花型奇特，其矮生品种盆栽用于点缀居室、阳台或窗台，也可用于布置花境、花坛、花台等，也是常用的切花材料。

（吴沙沙）

椰子　coconut; *Cocos nucifera*　棕榈科椰子属植物。是椰子属唯一的种。又称胥余、越王头。约在公元前1世纪中国就有椰子种植的记载。中国椰子主要种植于海南，台湾、云南、广东、广西等地也有少量栽培。世界椰子主要分布于东南亚、南太平洋、非洲和印度洋、拉丁美洲和加勒比海地区。椰子起源尚无定论。

形态和类型　椰子属于须根系植物，树干独立无分枝，叶羽状全裂。佛焰花序。果实由外果皮、中果皮（椰衣）、内果皮（椰壳）、种皮、固体胚乳（椰肉）、液体胚乳（椰子水）和胚组成。椰子单株年产50～200个果。

世界上有记录的椰子种质资源超过1400份，中国种质相对较少。椰子按树体形态可分为高种、矮种两个类型，按颜色可分为绿色、红色、黄色、棕色等。椰子为二倍体，2n=32。椰子育种以选择育种、杂交育种为主。

栽培技术　椰子苗主要用种果进行繁

图1 椰子

图2 椰子的果实

育。椰子对土壤要求不严，但忌旱忌涝。椰子结果晚，定植后3～7年投产。椰子管理粗放，种植劳动力投入较低。

用途和价值 椰子嫩果（7～9个月龄的果）采摘后保鲜期约为10天，多用于鲜食消费。嫩果椰子水是一种健康饮品。由于成熟果会自行发芽，故应及时进行处理。成熟果的椰肉可加工生产椰干、椰子油、椰子糖等产品，成熟椰肉中月桂酸含量高。椰壳可生产活性炭或制作椰雕，椰衣主要用于生产椰棕、椰衣纤维等，椰子花序汁液可发酵制备果酒、果醋等，椰木可用于雕刻和装饰、建材，椰子叶可作手工艺品原料。椰子树是重要的海防植物，生态价值显著。

图3 椰子果实剖面

新业态 中国椰子栽培面积小、产量少，供不应求。椰子由于具有劳动力投入低的优势而受到青睐，随着矮种椰子的推广，多地建立了椰子采摘、观光园，成为海南旅游的新业态。

（刘 蕊）

野牡丹 common melastoma; *Melastoma candidum* 野牡丹科野牡丹属灌木。野牡丹产于中国云南、广西、广东、福建、台湾等地，广泛分布于江南大部分省区的旷野山坡、山路旁的灌丛林中、疏林下。

高0.5～1.5米，分枝多。茎钝四棱形或近圆柱形，密被紧贴的鳞片状糙伏毛，毛扁平，边缘流苏状。叶片纸质，卵形或广卵形，顶端急尖，基部浅心形或近圆形，全缘，7基出脉，两面被糙伏毛及短柔毛，背面基出脉隆起；叶柄长5～15毫米，密被鳞片状糙伏毛。伞房花序生于分枝顶端，近头状，有花3～5朵，稀单生，基部具叶状总苞，苞片披针形或狭披针形；花萼长约2.2厘米，裂片卵形或略宽，与萼管等长或略长，顶端渐尖，具细尖头，两面均被毛；花瓣玫瑰红色或粉红色，倒卵形，顶端圆形，密被缘毛。蒴果坛状球形，与宿存花萼贴生，长1～1.5厘米，直径8～12毫米，密被鳞片状糙伏毛；种子镶于肉质胎座内。花期5～7月，果期10～12月。

图1 野牡丹

图2 野牡丹的茎和叶

图3 野牡丹的花

图4 野牡丹的果实

图5 野牡丹的种子

适用播种、扦插的繁殖方法。适宜在酸性土壤中生长，喜温暖湿润的气候，稍耐旱和耐瘠，以向阳、疏松且含腐殖质多的土壤栽培为好。具有很好的抗病虫害能力，可粗放管理。

野牡丹是美丽的观花植物，可孤植、片植或丛植参与园林景观布置。花苞陆续开放，花期较长，具有很高的观赏价值。另外，野牡丹植株的形态甚佳，管理较易，在园林绿化中逐渐被推广利用，适合花坛绿化种植或盆栽。

（王 雁）

野蔷薇 baby rose; *Rosa multiflora* 蔷薇科蔷薇属落叶灌木或攀缘灌木。又称多花蔷薇。蔷薇原产于中国，主要分布于江苏、山东、河南等黄河流域以南各省区。朝鲜半岛、日本也有分布。

小枝圆柱形，无毛，有短、粗稍弯的皮刺。小叶5～9，小叶片倒卵形、长圆形或卵形，边缘有尖锐单锯齿，上面无毛，下面有柔毛。圆锥状花序，花多朵，花直径1.5～2厘米。花瓣白色，宽倒卵形，先端微凹，基部楔形，雄蕊多数。果近球形，直径6～8毫米，红褐色或紫褐色，有光泽，无毛。花期5～6月。

野蔷薇性强健，喜光，耐半阴，耐寒。对土壤要求不严，耐瘠薄，忌低洼积水，以肥沃、疏松的微酸性土壤为宜。在光照比较充足的环境中生长良好，而在荫蔽环境中生长不正常，开花少。常扦插或嫁接繁殖。

此种是重要的砧木资源，也是培育大型植株、蔓性、耐寒月季品种的优良种质资源。变种和变型有粉团蔷薇（var.

图1 野蔷薇

图2 野蔷薇的枝

图3 野蔷薇的叶

图4 野蔷薇的花

图5 野蔷薇的果实

图6 野蔷薇的种子

cathayensis)、七姊妹(var.*platyphylla*)、荷花蔷薇(f.*carnea*)、白玉堂(var.*alboplena*)、无刺野蔷薇(var.*inermis*)等。品种甚多,有单瓣、半重瓣、重瓣,花色有白、粉、浅红、深桃红等色。庭园多见栽培。

(葛　红)

野生茶树 wild tea plant 生长在自然环境中,非人工栽培状态下的茶树资源。野生茶树通常是经过自然繁衍而生存下来的一个类群,在系统发育过程中多呈现较为原始的形态及生化特征,如树形多为乔木或小乔木,树姿直立,树体高大;叶片大,叶质厚且富含革质,叶背主脉无毛或稀毛;花大瓣多,质厚如绢,柱头多为4~5裂;氨基酸、茶多酚及酯型儿茶素含量偏低,萜烯指数较高。

野生茶树能够最大程度地保存和反映物种的本质属性,是**茶树种质资源**收集保存的重点。此外,野生茶树大多生长在环境复杂的深山老林里,抗逆性强,遗传多样性丰富,具有很强的潜在利用价值。

(马春雷)

野生果树 wild fruit tree 在自然界处于野生状态,未经人类驯化改良的**果树**物种。野生果树与栽培果树在起源、进化方面有亲缘关系,是大多数栽培果树的祖先。远在原始农业诞生前,野生果树曾作为人类主要食物来源,支撑着人类的生存与繁衍发展。由于多年生野生果树木本植物散生、难以集约管理,它的栽培起源无疑要比一二年生草本植物晚得多。栽培果树的产生与出现是人类通过采集野生果实与种子、管理野生果树、栽培驯化野生果树这一过程而来。当今许多栽培果树驯化的模式大体相似,这在某些偏远山区还可以看到一些踪迹。如西亚和俄罗斯高加索、中国天山山脉一带的山地居民,将林地辟为麦田,在挖出树木、灌丛时,把其中品质较好的西洋梨、苹果、樱桃、李等在原地保留下来。有证据表明,葡萄就是首先被圈进人们的居留地,受到保护,使它攀缘在树上,最终发展成现在的栽培果树。由于发展不平衡,有些果树至今还停留在采集野生或管理野生的阶段,比如椰子在非洲仍大部分处于半野生状态。许多坚果类果树也是如此。

野生果树与栽培果树的区分　野生物种是包括自然生态系统中所有非人为控制环境下生存的各种生物种类。野生物种经历了各种自然选择,不同程度地具备适应恶劣环境的能力,是培育新品种不可缺少的原材料,人类迄今利用的物种仅仅是自然界所有物种的极小部分,有大量的"无用"种类尚待人们去研究、开发。尤其是那些珍贵、濒危的野生植物和有益的或者有重要经济、科学研究价值的野生植物需要去保护和研究。相对野生果树,栽培种在植物分类学上有着作为一个种的分类依据,在一个栽培种中可以包括许多栽培品种,例如苹果属的栽培种苹果在人类长期栽培过程中培育出很多栽培品种,如金冠、红星、红富士等。栽培果树品种是按人类需要选育出的具有一定经济价值的果树作物群体,是可以清楚地以某些形态学、生理学、细胞学或其他特点来区分的栽培植物群体。果树栽培品种是人类为满足本身不同需要而创造的农业生产资料;而一般野生果树的果实经济价值较低,未经改良前食用品质远较栽培品种差,大多不直接用于果品生产。因此,对于野生种来说,只有不同的变种、类型,而无品种可言。

野生果树的用途与研究利用　野生果树作为人类主要食物来源的时代虽然早已成为过去,但野生果树固有的特征及其潜在的基因与特殊形状,在更广泛的领域发挥着越来越重要的作用。具体是:①野生果树是研究栽培果树起源、演变、分类不可缺少的材料与特有种质资源。②野生果树是现代栽培果树及其生产栽培上很重要的砧木资源,许多野生果树是栽培果树的直接优良砧木资源和砧木育种的重要材料。③野生物种长期生存在一定的自然环境中,形成了对当地环境条件高度的适应性,对不良环境具有一般栽培种所没有的抗逆性与抗性。这些遗传基因特性经过长期自然选择而形成且表现稳定,在杂交的情况下可传递给后代。所以,野生果树既是栽培果树抗逆性与抗性育种基础材料和不可替代的种质资源,又是栽培果树培育新品种的宝贵遗传资源。野生果树由于风土条件的差异、异花授粉造成后代的分离,形成许多不同的生态型和变异类型。此外,野生果树也是重要的观赏、蜜源、药用、香料、油蜡和用材的重要材料来源,还被一些区域直接用作水土保持树种。野生果树除直接提供可食果品和食品加工原料外,还以其庞大的数量、丰富的遗传多样性、突出的抗性和适应性、显著的食疗价值、新颖的风味、广泛的作用,以及纯天然、无污染、富含营养等独特优势,成为果树、食品加工以及山区资源开发的重点领域之一。

野生果树的保存　国际上尤其是发达国家对野生果树资源非常重视,不仅收集、保存、研究、利用这些野生果树,而且还进行重点保护并保存这些资源，用于进一步的挖掘利用。

野生果树保护保存可分为植株保存和离体保存，植株保存又分为就地保存和迁地保存。①就地保存。是在野生果树原来所处的生态环境中不经迁移，采取措施加以保护，如划定各级自然保护区、国家公园等保存成片或濒危的野生资源。对于野生果树而言，这是最重要的保护与保存方式。②迁地保存。能够收集和保存丰富的遗传资源，但却无法替代能够包含自然进化信息的原生境保护。

野生果树的历史贡献与研究方向　中国是世界上最大的野生果树与栽培果树起源中心之一，古今中外的许多植物学家和果树学家曾对中国的果树资源进行过调查和研究，但全国性的**果树种质资源**调查、收集和利用始于20世纪50年代。在历次的调查中发现了大量具有重要利用价值的野生果树，这些优异种质资源为中国乃至世界近代果树的发展做出了重要贡献。如新疆野核桃的发现就为中国是核桃原产地之一提供了强有力的证据。中国山葡萄酒和刺梨汁的开发，苹果矮化砧锡金海棠、梨抗寒抗旱砧木杜梨、美国抗胴枯病板栗和抗火疫病的梨、新西兰猕猴桃的选育等世界近代果树史上的许多重大进展，都与利用中国的野生果树种质资源密切相关。

随着科学与技术的手段不断改进，未来对野生果树的研究方向有：①如何有效提高保护保存野生果树，避免种质遗失与流失。②全面系统搞清栽培果树的起源、分布、演化与传播，对栽培果树育种有科学与理论意义。③野生果树的特殊基因高效利用，以及定向改良栽培果树缺少的基因与性状。④从野生果树果实中分离提取特殊天然有效功能成分用于人类的医疗与健康。⑤有效扩繁野生果树并发挥其在生态建设中的作用。

（王跃进）

《叶嘉传》 *Biography of Ye Jia*　茶事文学作品。中国宋代苏轼撰。苏轼（1037～1101），北宋文学家、书画家。字子瞻，又字和仲，号铁冠道人、东坡居士，世称苏东坡、苏仙。眉州眉山（今属四川省眉山市）人，祖籍河北栾城。苏轼对茶事颇为精通，在煮茶用水、用火和用器上深得茶理，品茶赏茶之论发人所未发，对后世茶事影响较大。《叶嘉传》是一篇以拟人化手法所写的散文，主要以闽茶为对象，称赞茶“风味恬淡，清白可爱”，并论述了榷茶以利经济的方略，也可视为研究中国**茶史**的重要文献。　（于良子）

液态茶饮料　tea drinks　以茶叶的水提液或**茶浓缩汁**、**速溶茶**、超微茶粉等为主要原料，添加或不添加糖、甜味剂、酸味剂、食用香精等食品添加剂及果汁、乳制品、植（谷）物提取物等其他食品原辅料，经加工而成的液体饮料。液态茶饮料可即开即饮，具有使用方便、时尚、快捷、健康等特点，是国际市场重要的饮料品类。

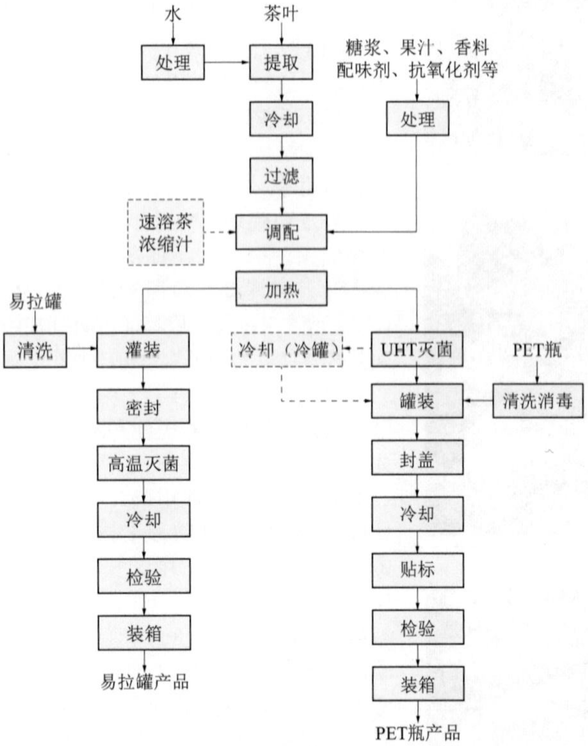

果汁果味茶饮料工艺流程图

简史　现代罐装茶饮料，最早出现在20世纪70年代的美国市场，主要采用速溶茶以及香精香料开发生产瓶装或罐装充气冰茶饮料。80年代初，日本首先开发成功以茶叶为主要原料的罐装乌龙茶饮料，随后茶饮料在中国台湾地区、东南亚及欧美等地逐渐得到发展，各种纯茶型、调味型、保健型的茶饮料产品不断被开发出来。中国大陆茶饮料的开发生产始于80年代初，试产了茶可乐、橘茗、桃茗等瓶装碳酸型茶饮料，但直到90年代中后期才得到快速发展，2000年后开始成为中国饮料市场的主要产品类型，2008年后中国成为国际上最大的茶饮料产销国。

产品　不同国家和地区及其不同发展时期的茶饮料产品类型和包装方式存在较大差异。一般根据所选原料和功能定位的不同，茶饮料主要包括纯味茶饮料、**调味茶饮料**、保健茶饮料等几大类，但花色品种众多。中国茶饮料主要包括茶饮料（茶汤）、调味茶饮料、复（混）合茶饮料等多种产品类型，其中调味茶饮料又包括果汁茶饮料、果味茶饮料、奶茶饮料、奶味茶饮料、碳酸茶饮料和其他调味茶饮料。包装方式主要有塑料瓶装、金属罐装、玻璃瓶装、复合纸包装等多种包装形式。

加工方法　罐装（瓶装）茶饮料一般通过提取→过滤（澄清）→调配→灭菌→包装等工艺流程加工而成。①提取。大多采用静态罐提或动态逆流提取方法，静态罐提的茶水比一般为1:（50～100），温度40～90℃，时间10～30分钟。②过滤（澄清）。一般采用高速离心或膜过滤进行，高速离心的转速一般大于8000转/秒，膜过滤的孔径一般在0.1～0.3微米。③调配。按产品标准要求对感官和品质成分指标进行调配。④灭菌。塑料瓶或玻璃瓶装一般采用超高温瞬时灭菌（135℃，15秒左右），易拉罐包装一般采用高温高压（121℃，20分钟左右）。⑤包装。易拉罐包装一般在灭菌前进行包装，塑料瓶或玻璃瓶装一般采用90℃左右热灌装或采用无菌冷灌装。果汁果味茶饮料典型工艺流程见图。

（尹军峰）

一串红　scarlet sage; *Salvia splendens*　唇形科鼠尾草属多年生草本或亚灌木植物。常作一年生栽培。一串红原产于南美洲，世界各地广泛栽培。该属其他常见种类还有红花鼠尾草（朱唇，*S. coccinea*）、蓝花鼠尾草（一串蓝，*S. farinacea*）、紫花鼠尾草（*S. viridis*）、墨西哥鼠尾草（紫绒鼠尾草，*S. leucantha*）。

植株高30～100厘米。茎四棱，叶片对生，有长柄。总状花序顶生，被红色绒毛，小花轮生，花萼钟状，与花瓣同色；花冠唇形，伸出萼外，花谢后花冠脱落，花萼宿存，仍可观赏。常见的变种有一串白（var. *alba*）、一串紫（var. *atropurpura*）、矮一串红（var. *nana*）、丛生一串红（var. *compacta*）等，园艺品种丰富。

一串红性喜阳，也耐半阴，适宜在肥沃疏松土壤中种植。耐寒性差，也不甚耐

图1　一串红

图2　一串红的叶

图3　一串红的花

热，生长适温20～25℃，10℃以下叶色发黄甚至脱落，30℃以上则花、叶变小。通常采用播种和扦插繁殖，播种在2～3月于室内或阳畦内进行，夏初可在露地播种。扦插于6～7月取12～15厘米长嫩枝进行，20℃环境下7天生根，14天后即可上盆。如需10月1日开花，应于9月5日前进行最后一次摘心；如需5月1日开花，则应于4月5日前进行最后一次摘心。可利用调整播种期和摘心时间达到调节花期的目的。

栽培用一串红常用红花品种，色彩鲜艳纯正。园林中常作花丛、花坛、花境种植，亦可盆栽。（葛　红）

一二年生花卉　annual and biennial flowers　在当地栽培条件下，春播后当年能完成整个生长发育过程的草本观赏植物为一年生花卉；秋播后次年完成整个生长发育过程的草本观赏植物为二年生花卉。由于各地气候及栽培条件不同，二者常无明显的界限，园艺上常将二者通称为一二年生花卉。简称草花。有时也把一些作一二年生花卉栽培的多年生花卉包括在内。中国除《群芳谱》《花镜》等古籍中早有相关记载外，记录一二年生花卉的专著有明代高濂的《草花谱》和清代赵子敏的《凤仙谱》等。中国原产的一二年生花卉如凤仙、石竹、翠菊等，在全世界广泛栽培。

繁殖和栽培　一二年生花卉主要用播种繁殖。一年生花卉多不耐霜冻，为春播草花。其春化阶段要求温度为5～12℃，经5～15天。故其播种时间在中国南方为2月下旬至3月上旬，中部地区为3月中下旬，北方为4月上中旬。严寒地区无霜期过短，则需提前在温室内播种，才能于初秋结子。种子发芽温度为20～25℃。二年生花卉能耐0℃以下低温，为秋播草花。其春化阶段要求温度为0～10℃，经30～70天。中国长江流域秋播期为9月下旬至10月上旬，幼苗可露地越冬。华北秋播期为8月中下旬至9月初，幼苗需温床越冬。东北地区可在早春温室内选春化阶段要求低温不严格的种类播种，待露地断霜后再移至室外。华南地区因冬季温度较高，一般不适宜栽种喜冷凉的秋播草花。二年生花卉种子发芽温度为15～20℃。对不耐移植的直根性种类可直播露地花坛或催芽后播在容器中。凡作商品出售、盆栽或寒冷地区需温室越冬的花苗，都宜采用容器育苗。培养土要有良好的通气、保水和排水性能，混入少量的完全肥料，pH以6～7为宜。盆播后宜将播种盆置水盆中浸灌，以湿润盆土。上面覆盖薄膜等以保持空气湿度，发芽后将覆盖物去掉。长出真叶后及时分苗移栽定植。栽植距离，花坛和切花生产地宜较密，留种地应稍稀。花谢后剪去花梗，可促生新的花枝，延长观赏期。

种子采收须待籽粒充分成熟后进行。但对一些果实容易弹裂的种类，则应及时逐个采收。

主要种类　一二年生花卉主要包括以下种类：

矮牵牛（*Petunia hybrida*）　茄科碧冬茄属多年生草本，常作一二年生栽培。高20～45厘米。茎匍地生长，被有黏质柔毛。叶质柔软，卵形，全缘，互生，上部叶对生。花单生，呈漏斗状，重瓣花球形，花白、紫或各种红色，并镶有它色边，非常美丽，花期4月至降霜。蒴果，种子细小。产于南美洲，各国广为流行。

三色堇（*Viola tricolor*）　堇菜科堇菜属多年生草本，多作二年生花卉栽培。俗称蝴蝶花、鬼脸花。花两侧对称，每花中部有黑斑，花色蓝、紫或黄、红等。性耐寒，在积雪下能安全越冬。

石竹（*Dianthus chinensis*）　石竹科石竹属多年生草本，高30～50厘米。全株无毛，带粉绿色。茎由根颈生出，疏丛生，直立，上部分枝。叶片线状披针形，顶端渐尖，基部稍狭，全缘或有细小齿，中脉较显。花单生枝端或数花集成聚伞花序。紫红色、粉红色、鲜红色或白色，顶缘不整齐齿裂，喉部有斑纹，疏生髯毛。雄蕊露出喉部外，花药蓝色。子房长圆形，花柱线形。蒴果圆筒形，包于宿存萼内，种子黑色，扁圆形。花期5～6月，果期7～9月。

一串红（*Salvia splendens*）　唇形科鼠尾草属多年生草本或亚灌木，常作一年生草花栽培。花萼和花冠同色，鲜红，并有白色、紫色等栽培种。原产于巴西，广布世界各地。通常在2～3月间于温室内播种，中国长江流域以南可在春季断霜后播于露地。也可扦插繁殖。小苗经多次摘心可形成丛株。

鸡冠花（*Celosia cristata*）　苋科青葙属一年生花卉。穗状花序，顶生，扁平如鸡冠状或圆锥形。花色淡黄、橙黄至粉红、紫红等。原产于亚洲热带，广布世界各地。

凤仙花（*Impatiens balsamina*）　凤仙花科凤仙花属一年生花卉。俗称指甲花。花有白、淡青莲、玫瑰紫、粉红至大红等色。原产于亚洲热带，广布世界各地。不耐酷热。春季播种繁殖，也能自播。在半阴和给水充足条件下，花期可延续至秋季。

大花马齿苋（*Portulaca grandiflora*）　马齿苋科马齿苋属一年生花卉。俗称龙须牡丹、太阳花、洋马齿苋、松叶牡丹、半支莲等。花有白、红、紫、黄等色，在日光下开放，黄昏即闭，次日又开。原产于巴西，广布世界各地。耐干旱，但在过于干热的情况下容易落叶。

紫茉莉（*Mirabilis jalapa*）　紫茉莉科紫茉莉属多年生块根植物，通常作一年生花卉栽培。俗称胭脂花、夜晚花。花有白、黄、红、紫等色，傍晚至清晨开放。原产于美洲热带，广泛栽培于世界各地。能自播。霜前掘取块根窖藏，来春可栽植。耐半阴，栽培管理粗放，可作花坛材料。

翠菊（*Callistephus chinensis*） 菊科翠菊属一年生或二年生花卉。俗称蓝菊。花色白、红或蓝紫。原产于中国，世界各地广泛栽培。能耐轻霜，忌酷热。

金盏花（*Calendula officinalis*） 菊科金盏花属二年生花卉。俗称金盏菊、长生菊等。花色淡黄至橙红。原产于南欧，世界各地广为栽培。耐寒性不强，如作温室盆花或冬季切花，可于8月播种。

其他观赏价值较高的常见一二年生花卉还有千日红、紫罗兰、月见草、虞美人、旱金莲、百日草等。

用途　一二年生花卉是园林布置的重要材料，常栽植于花坛、花境等处，也可与建筑物配合种植于围墙、栏杆四周。其繁殖系数大且生长迅速，见效较快，花期集中，整体效果好。多样的株型使这类花卉能适应各种栽培方式。不少种类还能自播繁衍。（包满珠　傅小鹏）

一品红　common poinsettia; *Euphorbia pulcherrima*　大戟科大戟属常绿灌木。一品红原产于美洲，广泛栽培于热带和亚热带。中国绝大部分省区市均有栽培。

有轻微毒性。根圆柱状，极多分枝。茎直立，高1～3米。叶互生，卵状椭圆形、长椭圆形或披针形，绿色，边缘全缘或浅裂或波状浅裂，叶面被短柔毛或无毛，叶背被柔毛。杯状花序多数聚伞排列于枝顶。花小，无花被，着生于总苞内；总苞坛状，淡绿色，边缘齿状5裂，裂片三角形，无毛。下具披针形苞叶10～15枚，通常全缘，有红、黄、白等色。花期11月至次年3月。常见栽培品种有重瓣一品红、一品黄、一品粉、球状一品红、三倍体一品红等。

一品红是短日照植物，喜温暖湿润、阳光充足的环境。生长适温为25～30℃，冬季温度不低于15℃。要求肥沃湿润的微酸性土壤。一品红的扦插繁殖主要有半硬枝扦插和嫩枝扦插两种方式，在清晨剪取10厘米长的插穗，插穗切口切成平口或斜面，切口在芽基部节下0.5厘米处。用清水清洗干净流出的白色胶质乳液并涂以新鲜黏土或草木灰，或者蘸一下生根粉，以促其生根。插穗插入基质的深度一般不超过2.5厘米，扦插的株行距为4厘米×4厘米，15～18天生根。定植3周后进行摘心，以促进植株丰满并降低高度，摘心时留4～6个叶节。清明节前后将休眠老株换盆，剪除老根及病弱枝条，在生长过程中须摘心两次，第一次在6月下旬，第二次在8月中旬。栽培过程中控制大肥大水。待枝条长20～30厘米时开始整形做弯，使株形矮小，花头整齐，分布均匀，提高观赏性。

图1　一品红

图2　一品红的叶

图3　一品红的花

图4　一品红的果实

一品红花色鲜艳，花期长，正值圣诞、元旦、春节开花，盆栽布置室内环境可增加喜庆气氛；也适宜布置会议室等公共场所。南方暖地可露地栽培，美化庭园，也可作切花。全株可入药。

（孙宪芝）

一枝黄花　Asian goldenrod; *Solidago decurrens*　菊科一枝黄花属植物。一枝黄花原产于中国华东、中南及西南等地。生于海拔565～2850米的山坡、阔叶林缘、林下、路旁及草丛之中。此种植物在中国别名极多，江浙通名金锁钥、满山黄，福建名为百根草、百条根、千根癀，江西、湖南称一支枪、一支箭、一枝香、朝天一

图1　一枝黄花

图2　一枝黄花的花序

图3　一枝黄花的花

炷香等，广东、广西通称黄花草、六叶七星剑、蛇头黄等，桂黔又称竹叶柴胡、金柴胡、钓鱼竿柴胡等。

多年生草本，高（9）35～100厘米。茎直立，通常细弱，单生或少数簇生，不分枝或中部以上有分枝。中部茎叶椭圆形、长椭圆形、卵形或宽披针形，长2～5厘米，宽1～1.5（2）厘米，下部楔形渐窄，有具翅的柄，仅中部以上边缘有细齿或全缘；向上叶渐小；下部叶与中部茎叶同形，有长2～4厘米或更长的翅柄。全部叶质地较厚，叶两面、沿脉及叶缘有短柔毛或下面无毛。头状花序较小，长6～8毫米，宽6～9毫米，多数在茎上部排列成紧密或疏松的长6～25厘米的总状花序或伞房圆锥花序，少有排列成复头状花序。总苞片4～6层，披针形或披狭针形，顶端急尖或渐尖，中内层长5～6毫米。舌状花舌片椭圆形，长6毫米。瘦果长3毫米，无毛，极少在顶端被稀疏柔毛。花果期4～11月。

一枝黄花在园林中作花境、花丛、切花用。全草入药，性味辛、苦，微温，具有疏风解毒、退热行血、消肿止痛的功效，主治毒蛇咬伤、痈、疖等。全草含皂苷，家畜误食中毒会引起麻痹及运动障碍。

（王　雁）

沂蒙绿茶 Yimeng green tea　产于中国山东省临沂市的绿茶。1965年，临沂市引进皖南槠叶群体种进行“南茶北引”试验，获得成功。临沂临港区，是中国北方茶区最早实施南茶北引并试种成功的区域。为中国农产品地理标志产品。生产地域范围是临沂市现辖行政区，地理坐标为东经117°24′～119°11′，北纬34°22′～36°22′。

自然环境　临沂俗称沂蒙山区，地处鲁中南丘陵区东南部和鲁东丘陵区南部；属于典型的暖温带大陆性季风气候，光照充足，雨量充沛，四季分明，茶树越冬期长，昼夜温差大，光合产物积累多；土壤以棕壤、褐土为主，含有丰富的有机质和矿物质元素，适宜优质绿茶生长，生产的沂蒙绿茶也因此而得名。

沂蒙绿茶是中国最北方产的茶，茶树生长期长，越冬期比南方长1～2个月；昼夜温差大，利于内含物的积累，独特的地理位置、优良的土壤质地和适宜的气候条件，使生产的沂蒙绿茶具有芽叶肥厚、栗香高爽、滋味醇浓、极耐冲泡等品质。

加工工艺　卷曲形沂蒙绿茶的加工工艺流程为：鲜叶摊放→杀青→摊凉→揉捻→干燥（做形、足干）。针形沂蒙绿茶的加工工艺流程为：鲜叶摊放→杀青→摊凉→干燥。扁形沂蒙绿茶的加工工艺流程为：鲜叶摊放→青锅→摊凉→辉锅（辉干）。

品质特征　根据不同加工工艺加工出的茶叶形状不同，可分为卷曲形沂蒙绿茶、针形沂蒙绿茶、扁形沂蒙绿茶。①卷曲形沂蒙绿茶。外形条索卷曲、紧结、匀整；不同级别茶叶色泽从翠绿到墨绿；香气高，从嫩栗香到纯正；汤色从嫩绿明亮到黄绿明亮，不浑浊；滋味浓醇、无异味；叶底从嫩绿明亮到黄绿明亮。②针形沂蒙绿茶。外形扁平挺直，绿润匀齐；栗香高而持久，汤色嫩绿清澈；滋味鲜醇爽口；叶底嫩绿明亮均匀。③扁形沂蒙绿茶。外形光扁平直，不同级别茶叶从光滑到扁平；色泽从嫩绿到黄绿，匀整洁净；栗香浓郁，从嫩香到纯正，滋味醇厚，无异味；汤色从嫩绿明亮到黄绿明亮；叶底从嫩绿明亮到黄亮。

（丁仕波）

宜红茶 Yichang black tea　原产于中国武陵山区、大巴山区的湖北宜昌、恩施，湖南常德、湘西等地的红茶。因历史上主要在宜昌地区精制加工、集散、外运，故称宜红工夫茶。宜红茶产区遍布湖北省60多个产茶县，但主产区仍为宜昌市下辖的宜都市、五峰县、长阳县、夷陵区，恩施州下辖的利川市、恩施市、鹤峰县、宣恩县、咸丰县、巴东县、建始县等。

生产简史　宜红茶创制于19世纪中叶。据五峰县志记载，清道光（1821～1850）年间，先由广东茶商钧大福带领技工到五峰渔洋关传授红茶采制技术，设庄收购精制红茶。后因汉口、宜昌开埠，促进了宜茶产业兴旺发展。19世纪80年代至第一次世界大战前期，其出口量常年保持在15万担（1担等于50千克）以上，主销英国、俄国及西欧等国家和地区，品质稳定，声誉极高，是该时期中国茶叶出口的重要组成部分。近百年间，宜红茶产业呈波动式发展。21世纪，随着中国经济快速发展，茶叶消费趋于多元化，以内销为主体的红茶产业快速复苏发展。在新的发展阶段，宜红茶产业模式也在逐步改变，内销需求成为产业发展主动力，出口外销亦在恢复提高，边销红茶被重新重视，2020年宜红茶产量为4.2万吨。

加工工艺　宜红茶加工分为初制和精制两个部分。

初制加工工艺　宜红茶初制工艺流程：鲜叶采摘→萎凋→揉捻→解块→发酵→初烘（毛火）→摊凉→复烘（足火）。①萎凋。宜红茶萎凋采用自然萎凋和萎凋槽萎凋。自然萎凋是在室内利用自然气候条件进行萎凋。鲜叶进厂后，按不同品种、级别分别摊放于篾制水筛或竹垫上，摊叶厚度不超过2厘米，时间一般控制24小时以内。萎凋槽萎凋摊叶厚度15～20厘米，鼓自然风萎凋时间10～12小时，加温热风萎凋时间4～6小时。萎凋至含水率56%～60%为适度。萎凋槽萎凋是宜红茶加工最常用的萎凋方式。②揉捻。宜红茶揉捻采用揉捻机作业。揉捻加压应遵循“不加压、轻压、重压、轻压”的原则，一般揉捻时间70～90分钟，揉至成条率达85%，叶组织破碎率达80%为适度。③解块。工夫红茶揉捻程度较重，茶条多有结团，不解块会影响发酵。解块采用解块机作业，要求98%以上团块散开。④发酵。发酵在发酵室、发酵柜、发酵房中进行。发酵室温度控制在26～30℃，相对湿度保持在90%以上，且要保持新鲜空气流通，发酵摊叶厚度以8～12厘米为宜，发酵3～5小时。发酵适度叶呈现新鲜的花香或果香，叶色呈铜红色。⑤初烘。又称毛火。宜红工夫茶初烘采用烘干机作业，进风口温度控制在120～130℃，摊叶厚度1～2厘米，烘干时间10～15分钟，初烘程度为茶条基本干硬，嫩茎稍软，含水量达到20%～30%。⑥摊凉。初烘后的茶坯需要薄摊散热摊凉40分钟以上，使其内外水分均匀。⑦复烘。又称足火。复烘采用烘干机作业，进风口温度控制在100～110℃，摊叶厚度2～4厘米，时间15～20分钟。复烘适度的标准为茶坯足干，茶梗一折即断，用手捻茶条即成细碎粉末，含水量7%以下。

图1　宜红茶

图2　宜红茶茶汤

随着制茶工艺的发展和新装备的应用，宜红工夫茶初制加工已实现连续化加工生产线生产。其主要设备配置为：自动上叶、匀叶装置→自动萎凋机→输送、分配、称量装置→自动揉捻机组→振动槽、输送装置→立式解块机→输送、匀叶装置→控温控湿连续化发酵机→输送、匀叶装置→链板式烘干机→输送、匀叶装置→摊凉回潮机→输送、匀叶装置→链板式烘干机→输送、摊凉装置→毛茶。

精制加工工艺　宜红茶精制工艺流程：毛茶定级→复火滚条→筛分→风选→色选拣剔→拼配、匀堆和提香→包装。①毛茶验收、定级、归堆。宜红茶精制第一步是毛茶验收。各地区、厂家、季节加工的毛茶质量参差不齐，需要验收、定级后根据质量分类归堆，以利于后续加工。毛茶付制多采用“单级付制、多级回收”等方法，付制顺序从高级别到低级别。精制过程中精提细取，做足本身路，提高正品茶制率，以充分发挥毛茶经济价值。②复火滚条。复火滚条的目的是使茶的外形紧结光滑，便于后续加工。在生产中，特级、一级、二级高档毛茶采用生做，即不复火先制本身茶，头子茶再复火熟做，以保护锋苗、减少断碎；三级及以下毛茶采用先复火紧条，再后续加工的熟做。③筛分。筛分是宜红茶精制的核心工序，采用滚筒圆筛、平圆筛、抖筛组合反复进行。④风选。风选采用吸风式风选机作业。第一次风选称为初风，风选时力度宜偏轻，应确保正子口不含正茶，防止走料；第二次风选称为复风，风选时风力略大，以尽量扇去茶片及其他轻质物，使品质合格。⑤色选拣剔。采用光电色选机拣剔。⑥拼配、匀堆和提香。经拣剔后的各筛号茶，准确扦取有代表性的茶样，组织专业审评人员评审，预拼小样，对照产品标准样的品质规格选择各筛号茶，按比例拼和，务求拼和小样各项因子与标准样一致。经认真评审符合标准后，按小样各筛号茶比例采用匀堆机进行匀堆作业，匀堆完成并经烘干机提香后入库。⑦包装。按照茶叶色泽、条索、匀整度、净度等标准，将符合质量标准的茶挑选出来，封装在茶叶专用包装品中。包装品应符合牢固、简洁、防潮要求，且能保护茶品，便于装卸、仓储和运输。

品质特征　宜红茶外形紧细、乌黑多金毫；汤色红艳有金边，多有“冷后浑”现象，香气甜醇高持久，滋味浓醇常回甘；叶底红匀明亮。宜红茶是中国高品质工夫红茶之一，性温和，适合所有消费人群，四季饮用俱佳。品饮方式既能清饮，又可调饮。

主销地区　宜红茶主销区为长江中游及下游区域，以及北京、广州、西安、郑州、济南等城市。　（郑鹏程）

乙烯响应因子　ethylene response factor; ERF　乙烯信号转导途径中的重要元件。乙烯响应因子是植物中最大的转录因子家族之一。

主要类别　ERF家族主要特征为60～70个保守氨基酸组成的AP2/ERF结构域，根据结构域，AP2/ERF可以分为AP2（APETALA2）、ERF、RAV（ABI3/VP1相关基因）和soloist（孤儿基因）4个亚类。其中，AP2亚类的成员主要含2个AP2/ERF结构域，少量仅含1个；ERF蛋白质含有1个AP2/ERF结构域，也是成员最多的亚类；RAV蛋白家族含有1个AP2/ERF和1个B3结构域；soloist与其他成员间的进化关系最远，成员数较少。ERF亚类是AP2/ERF家族中主要组成部分，ERF亚类又可分为多个亚家族，存在多种不同的分类系统。根据ERF识别的结构域可进一步分为CBF/DREB和ERF亚家族，CBF/DREB亚家族可识别DRE顺式作用元件TACCGACAT或A/GCCGAC，对脱落酸、干旱和冷害相关的基因有响应；ERF亚家族可识别GCC-box元件AGCCGCC，对乙烯、病原体和伤害引起的相关基因有响应。根据ERF自身结构域类型和数量，还可分为12个亚家族，包括从I到X亚族以及VI-L（VI-Like）和Xb-L（Xb-Like），这一聚类分析已被广泛接受。

基本功能　AP2/ERF结构域包含3个反平行的β折叠和1个平行的α螺旋，该结构域具有脱氧核糖核酸（DNA）结合功能。

生长发育调控　AP2/ERF基因在植物中的功能广泛，且不同成员具有功能特异性。AP2/ERF家族成员可调控植物生长发育过程，如种子的萌发、根的生长、叶的展露、花的发育、果实的成熟和组织器官的衰老。同时，它们也响应不同植物激素或植物生长调节物质，如乙烯、生长素、茉莉酸和水杨酸等。在拟南芥中，过量表达*EBE*（ERF-Xa亚家族）能促进细胞增生、腋芽萌发和分枝发育；过量表达*HRE1a*促进根细胞分裂，表现出初生根增长。在杨树中，过量表达*ERF139*引起植物矮化，而过量表达*ERF18*、*ERF34*和*ERF35*，茎的直径增大。

抗性调控　与生长发育相比，AP2/ERF家族成员更多被报道参与各种生物和非生物胁迫，如拟南芥DREB家族，多数成员被报道受冷胁迫诱导。逆境相关的AP2/ERF在不同植物中亦被报道，小麦*TaERF3*与干旱抗性相关，拟南芥*MPK6*与高光胁迫相关，水稻*OsERF922*与盐胁迫相关，大豆*GmERF5*与病原菌胁迫相关等。

相对而言，更多的AP2/ERF成员被报道参与植物低氧胁迫和耐淹性等非生物胁迫。在拟南芥和水稻中，*RAP2.2*、*AtERF73/HRE1*、*AtERF71/HRE2*和*SUB1A*等基因被报道参与无氧应答。AP2/ERF调控低氧胁迫机制研究方面，发现AP2/ERF通过对*ADH*和*PDC*的调控参与无氧呼吸，从而确保植株在厌氧条件下可以产生能量。同时研究表明，AP2/ERF参与无氧呼吸的N端途径被认为是植物低氧抗性研究里程碑式的发展。

影响叶绿素降解　AP2/ERF呈现一些调控效应的同时，还伴随着叶绿素含量变化，如衰老相关的*GmRAV*、*CBF2*、*RAV1*和*AtERF4/AtERF8*；盐胁迫相关的*FaDREB2*和*LchERF*；干旱相关的*AP22/ERF-N22*；以及柑橘中的*CitERF13*等。

对果实的调控　由于乙烯对果实成熟衰老和品质的重要调控效应，AP2/ERF与果实成熟衰老的关系也备受重视。AP2/ERF的表达与果实成熟密切相关，如苹果*MdERF1*和*MdERF2*在成熟果实中特异表达，而木瓜*CpERF2*和*CpERF3*基因在果实发育早期高度表达，并伴随着果实成熟表达急剧降低。

（殷学仁　陈昆松）

异源多倍体　allopolyploid　染色体组来源于不同物种的多倍体。一般由不同种属间的杂交种经染色体加倍形成。根据异源多倍体染色体组数目的奇偶性，可以将其分为偶倍数的异源多倍体和奇倍数的异源多倍体。①偶倍数的异源多倍体。能产生正常的配子，受精后产生正常的合子，表现出与二倍体相同的遗传规律，能保证物种的生存和繁衍。②奇倍数的异源多倍体。很难在自然界存在，除非可以无性繁殖。果树中异源多倍体比较少，栽培草莓（*Fragaria×ananassa*）是异源八倍体，但是其起源尚无定论。

（程祝宽　撰　张志宏　修订）

银合欢　white popinac; *Leucaena leucocephala*　豆科银合欢属常绿无刺灌木或乔木。银合欢幼枝被短柔毛，老枝无毛，具褐色皮孔。二回偶数羽状复叶，羽片4～8对，长5～9（～16）厘米，叶轴被柔毛，在最下一对羽片着生处有黑色腺体1枚。

图1 银合欢

图2 银合欢的叶

图3 银合欢的花

图4 银合欢的果实

图5 银合欢的种子

小叶5～15对，线状长圆形，先端急尖，基部楔形，边缘被短柔毛，中脉偏向小叶上缘，两侧不等宽。头状花序，花白色，单序或数序簇生叶腋。苞片常2。萼管钟状，具短齿裂。花瓣分离，雄蕊10枚，分离，突出花冠外，花药顶端无腺体。荚果薄带状，2裂。种子扁平，横生，卵圆状。花期4～7月，果期8～10月。

喜光和暖热气候，不耐阴，耐干旱瘠薄土地，抗风能力强。

可作荒山造林树种，亦可作咖啡或可可的荫蔽树种或作绿篱。木质坚硬，是良好之薪炭材。嫩荚和种子可食，嫩枝及叶可作饲料用。（于晓南）

银杏 ginkgo; *Ginkgo biloba* 银杏科银杏属单种植物。银杏孑遗于中国，被称为活化石。银杏适应性强，在中国广泛种植，朝鲜、日本及欧美各国也均有栽培。

形态特征 落叶乔木，寿命长，树高可达40米，胸径达4米。树皮幼时光滑，浅灰色，老时纵裂，灰褐色，树皮较厚。树干具隐芽，萌蘖能力强。叶多为扇形，多呈不裂或二裂状，叶基部呈楔形，有长柄，叶脉为二叉状分枝，直达叶缘。长枝上单叶互生，短枝上4～14片叶簇生。叶色浅绿，秋季转为金黄色。雌雄异株，雄球花柔荑花序状，4月散粉；雌球花为裸露的胚珠，传粉期产生传粉滴以完成授粉。8月下旬或9月初发生受精作用，种子9～10月成熟。

图1 银杏

图2 银杏的茎

图3 银杏的叶

用途 银杏是具备食用、药用、材用和观赏等多种用途的重要经济树种。树形

图4 银杏的雄花

图5 银杏的雌花

图6 银杏的果实

优美，叶形独特，叶色靓丽，可作庭园树及行道树，也常种植于寺庙园林中。银杏叶含有类黄酮、萜内酯等多种有效成分，是重要的医药和保健品原料，可用于治疗高血压、心脑血管疾病、老年痴呆症等多种疾病。种子胚乳中含有大量淀粉和蛋白质等营养成分，具有镇咳、平喘、抗菌等功效。外种皮不可食用，但含多糖、内酯类化合物、银杏酚酸等成分，具有抗菌、抗病毒、驱虫等多种用途。银杏木材结构细、质轻软、富弹性，可供建筑、家具、雕刻等使用。（王　莉）

银芽柳 Japanese pussy willow; *Salix*×*leucopithecia* 杨柳科柳属落叶灌木。又称棉花柳。银芽柳分布于中国江南一带，上海、南京、杭州均有栽培。

图1 银芽柳

图2 银芽柳的雄花序

高2～3米，枝条绿褐色，有红晕。冬芽红褐色，有光泽。单叶互生，叶为长椭圆形，长9～15厘米，具羽状脉，边缘具有细锯齿，深绿色，叶背密被白毛，半革质。雄花序椭圆状圆柱形，长3～6厘米，早春先叶开放，盛开时密被银白色绢毛，基部具有红色芽鳞。喜光，喜湿润，较耐寒，北京可露地越冬。

银芽柳是重要的冬春季切花材料，叶可在庭院中栽培观赏。有团聚、财源兴旺的象征意义。（于晓南）

《饮茶歌诮崔石使君》 *A Tea Poem to Deride Messenger Cuishi* 七言古诗。中国唐代皎然作。皎然(720～？)，唐代诗僧、茶僧。俗姓谢，湖州（今浙江湖州市）人，南朝宋山水写实诗人谢灵运十世孙。自号茶事上人。

诗为："越人遗我剡溪茗，采得金牙爨金鼎。素瓷雪色缥沫香，何似诸仙琼蕊浆。一饮涤昏寐，情来朗爽满天地。再饮清我神，忽如飞雨洒轻尘。三饮便得道，何须苦心破烦恼。此物清高世莫知，世人饮酒多自欺。愁看毕卓瓮间夜，笑向陶潜篱下时。崔侯啜之意不已，狂歌一曲惊人耳。孰知茶道全尔真，唯有丹丘得如此。"

这首古体茶歌，是皎然同友人崔石刺史共品茶时即兴之作。题中虽冠以"诮"字，微含讥嘲之意，乃为诙谐之言。其意在倡导以茶代酒，探讨茗饮艺术境界。皎然在茶诗中探索品茗意境的鲜明艺术风格，对唐代中后期中国咏茶诗歌的创作和发展产生了潜移默化的积极影响。诗人在本诗中赞誉剡溪茶清郁隽永的香气、甘露琼浆的滋味，并生动描述了品饮剡溪茗的感受：第一饮达到"涤昏寐"，第二饮达到"清我神"，第三饮达到最高境界——"得道"。同时，提出品茶是最清高的，而饮酒则是一种"自欺"。

皎然此诗在茶文化史上的最大贡献，是他将品茶的境界归纳为三个层次。最高层次便是"三饮便得道，何须苦心破烦恼"。这是真正的品茶悟道，达此境界，心中不留芥蒂，一切烦恼愁苦皆烟消云散。皎然在诗中将这一境界概括为"茶道"，其含义与现代对"茶道"的界定较为接近，远比陆羽《茶经》中所谓"为饮，最宜精行俭德之人"更为明确、更富哲理。皎然与陆羽是忘年的诗友兼茶友，过从甚密，又比陆羽年长13岁，其关于茶道的见识陆羽定然了解。但为何《茶经》及其他诗文中都不见有关"茶道"的记述？其中原因可能是他们两人对茶事活动的思考角度不同：陆羽偏重茶艺，皎然侧重茶道。如《茶经》对茶具的实用性和艺术美非常重视，对煮茶过程的技艺和程式美也要求得很具体，但没有从"形而上学"的角度来思考茶道的问题；而皎然的茶诗对煮茶过程往往一笔带过，却愿意花更多的笔墨去描述品茶之道的不同境界和层次，并在中国历史上首先提出"茶道"的概念。皎然是位诗僧，平常就是以传经布道为业，经常会从教化的角度来观照事物，从禅学角度来对待品茶活动，并将之提高到哲理的高度。可以说，皎然是以哲人的身份来品茶。

（刘伟华）

饮茶习俗 tea custom 在长期社会生活中逐渐形成的以茶为主题或以茶为媒的风俗、习惯、礼仪。简称茶俗。在漫长的历史发展进程中，茶的饮用方式由生煮、羹饮向煮饮、撮泡等方向发展，出现清饮和调饮两大饮用类别，饮茶活动也变得更加生活化、习俗化、区域化、艺术化和多样化。茶在对外传播及民族迁移中实现了融合及文化碰撞，不同国家、不同民族衍生出各具特色的饮茶习俗和茶文化。

中国的饮茶习俗　中国由56个民族构成，少数民族分布的地域十分广阔。西北、西南及东北地区是中国少数民族分布最集中的地区，各民族呈现大杂居、小聚居、相互交错居住的特点。全国各省、自治区、直辖市及港澳台地区都有少数民族居住，其中云南省是中国民族成分最多的省，居住着26个民族。各民族将茶融入民族传统生活中，形成丰富多彩的饮茶习俗，例如侗族打油茶、白族三道茶、土家族擂茶、藏族酥油茶、回族八宝盖碗茶、蒙古族奶茶和傣族竹筒香茶等。许多少数民族根据自己的生活环境、生活习惯，创造出别具一格的饮茶习俗。例如，"吃烤茶"是彝族、白族、佤族、拉祜族等少数民族习惯的饮茶方式，烤茶的烤炙方法有罐烤、竹筒烤、铁板烤等。地方饮茶习俗中以江南青豆茶、四川长嘴壶茶艺、潮汕工夫茶等最具代表性。

其他国家的饮茶习俗　中国古代的饮茶文化自西汉张骞（前164～前114）出使西域，开辟陆上丝绸之路开始，通过与各国之间进行商贸往来、宗教文化交流、互通使节等多种方式向其他国家传播。世界上有80多个国家，直接或间接吸收中国元素的茶文化后，结合本民族的文化特点，通过社会饮茶生活的长期实践，形成各具特色的饮茶风俗。世界范围的多种饮茶文化既融合共通，又异彩纷呈。

唐代（618～907）时，中国茶作为先

进文化传入日本、韩国，经几百年的融合与发展，形成富有当地民族特色的日本茶道与韩国茶礼。

16世纪开始，随着欧洲航海时代的到来，中国饮茶文化被引入欧洲。最先流行于贵族阶层，与欧洲饮食习俗和生活习惯融合后逐渐普及到普通民众。19世纪中后期，“下午茶”成为流行风尚。下午茶使用的茶叶主要是红茶，以热饮为主，有清饮，也有调饮，以加牛奶和糖的奶茶居多。大多数欧洲国家都有自己风格的下午茶时光，比如浪漫优雅的法式下午茶、闲适的爱尔兰下午茶等，其中传统英式维多利亚下午茶有着浓郁的古典气息。17～18世纪的英国人从饮用咖啡逐渐转为饮茶的原因是多元的，既有两种饮料属性差异的因素，又有二者在传播领域变迁、贸易历史格局变化等多方面的原因。英式下午茶在形成过程中带有皇室贵族气质，综合了茶的品饮文化与舞会的审美价值和实用价值，从而成为优雅、精致的休闲文化以及社会娱乐的重要方式之一。

此外，俄罗斯的甜茶、马来西亚的拉茶、印度奶茶、土耳其的煮茶、摩洛哥的薄荷绿茶等都是具有代表性的饮茶习俗。

（周智修）

英德红茶 Yingde black tea 产于中国广东省清远市英德市的红茶的统称。英德红茶以云南大叶群体种、英红九号、金萱、黄棪等主要品种的芽叶为原料，采用传统的萎凋、揉捻、发酵、干燥等工艺加工而成。英德红茶创制于1955年，以生产出口红碎茶为主；进入21世纪后，则以生产工夫红茶为主，几乎无红碎茶生产。

加工工艺 英德红茶鲜叶原料分级标准：特级为单芽，一级为一芽一叶初展，二级为一芽二叶及其同等嫩度对夹叶。

英德红茶的初制工艺有萎凋→初揉捻→解块复揉捻→解块→发酵→干燥→筛分割末等工序，各工序前后衔接，相辅相成。①萎凋。采用标准萎凋槽（宽1.2～1.5米，长10～15米），每槽摊放鲜叶100～250千克、厚度15～20厘米。萎凋时间10～12小时，若加温鼓风萎凋，风温勿超过35℃；萎凋时间勿超过20小时，勿低于10小时。叶片有皱褶后严禁翻动叶子，若要翻，则应在鼓风萎凋前期的4小时内，可适度翻动1～2次。待鲜叶减重48%～50%，含水量达到60%±2%（叶色变暗绿，叶质软绵，一叶至二叶间的嫩茎梗软绵起皱）左右即可。②揉捻。一般采用65型揉捻机，萎凋叶投叶量约50千克（55型揉捻机投叶量25千克，40型揉捻机投叶量10～12千克），揉90分钟（分2次揉，每次45分钟）。③发酵。采用竹编发酵筐（长65厘米，宽40厘米，高12厘米），揉捻叶解块后均匀铺开，每2～3小时翻一遍，发酵4～10小时。发酵叶温以保持在30℃以下为宜，室温控制在22～25℃为佳。空气相对湿度对发酵具有间接影响，为维持叶内水分，避免表层叶失水而干硬，导致正常发酵受阻，一般要求发酵保持在高湿状态，相对湿度在95%以上。摊叶厚度影响通气和叶温，摊叶过厚进气不良，叶温增高快且不易散失，给品质带来极大的不利影响；摊叶过薄则叶温不易保蓄，发酵难进行。摊叶厚度一般为8～12厘米。当发酵适度叶具有新鲜的花香或果香，叶色呈铜红色或棕褐色即可干燥。④干燥。干燥是决定英德红茶品质的关键环节。采用链板式烘干机干燥，一般分毛火和足火两次，中间摊放一段时间。烘干过程中掌握的原则是毛火高温快速，足火低温长焙。采用烘笼、焙橱、提香机干燥，以毛火90～110℃，足火80～90℃为宜；采用链板式烘干机烘干，毛火温度在进风口测量应为110～120℃，不超过130℃；足火温度85～95℃，不超过110℃。不论是采用提香机烘干还是链板式烘干机烘干，毛火与足火之间都需要进行摊放，以利于茶叶中的水分重新分布。特别是梗中的水分较高，须通过叶来蒸发，摊放可促进梗中水分向叶片转移，达到均匀。摊放一般为40分钟，不超过1小时。⑤筛分割末。英德红茶一般不精制分级，仅使用平面圆筛机割末、拼配。

品质特征 英德红茶外形条索紧实、匀整，香气甜香持久，滋味浓醇爽口，汤色红亮，叶底红亮。

（苗爱清）

英红九号（茶产品） Yinghong Jiuhao black tea 以英红九号茶树品种芽叶为原料创制的红茶。英红九号由中国广东省农业科学院茶叶研究所创制。所有用英红九号品种芽叶加工而成的红茶均称作英红九号。英红九号主产区在广东省清远市英德市，广东省内各地均有分布，湖南、广西、福建等地有少量分布。

英红九号采用传统的萎凋、揉捻、发酵、干燥等工艺加工而成。鲜叶原料分级标准：特级为单芽，一级为一芽一叶初展，二级为一芽二叶及其同等嫩度对夹叶。加工工艺见英德红茶。英红九号外形条索紧实、匀整，香气甜香浓郁持久，滋味浓醇爽口，汤色红亮，叶底红亮。

（苗爱清）

英红九号（茶树品种） Yinghong 9; *Camellia sinensis* var. *assamica* cv. *Yinghong* 9 中国广东省农业科学院茶叶研究所于1961～1986年从云南省大叶群体中采用单株育种法育成的茶树无性系品种。1988年由广东省农作物品种审定委员会认定为省级品种。在广东韶关、清远、江门、广州、肇庆、云浮和湛江等地有较大面积栽培。广西、四川、福建和湖南等省、自治区有少量引种。

无性系，乔木型，大叶类，早生种。植株高大，树姿半开张，分枝尚密。叶片呈稍上斜状着生，特大，椭圆形，叶色淡绿，富光泽，叶面隆起，叶身稍内折，叶缘波状，叶尖渐尖，叶齿深锐，叶质厚软。花瓣白色、7瓣，子房有茸毛，花柱3裂。

原产地一芽三叶期在3月下旬。芽叶生育力和持嫩性强，芽叶黄绿色，茸毛少。产量高，品质优良。是适制红茶的茶树品种。制红条茶，色泽油润，香气高锐持久，汤色红明透亮，滋味浓醇滑口。制金毫茶，茸毛密披，香气清幽如兰，滋味鲜浓。抗寒性较弱，扦插繁殖力较强。

（成 浩）

英式下午茶 English afternoon tea 英国人下午喝茶吃点心的传统。又称英国下午茶。英国人有300多年饮红茶历史，是爱好红茶的国家，往往将红茶加糖或牛奶后作为餐后的必备饮料。起源于英国维多利亚时代（1840）。

英国下午茶三部曲：第一部，享用美味点心；第二部，欣赏精致的茶器；第三部，品茶。喝下午茶时间一般是下午4时至5时30分之间，下午茶的专用茶为祁门红茶、大吉岭、伯爵茶、锡兰红茶。若喝奶茶，则先加牛奶再加茶。

下午茶的点心用三层点心瓷盘装盛，第一层放三明治，第二层放传统英式点心，第三层放蛋糕和水果塔。茶点的食用顺序应遵从味道由淡而重、由咸而甜的法则。

（段文华）

樱花 flowering cherries; *Prunus* subg. *Cerasus* sp. 蔷薇科李属樱亚属观花树木的统称。樱花广泛分布于北半球的温带与亚热带地区，亚洲、欧洲至北美洲均有分布，但主要集中在东亚地区。中国西部、西南部及日本、朝鲜一带集中了世界樱亚属植物的大部分种类。同亚属植物全世界有150多种，中国拥有该亚属植物44种。樱花在中国栽培观赏已久。据《广群芳谱》记载，晋朝时，宫廷中已有樱花树栽植；中晚唐时，樱花已成为重要的观赏花木，

图1 染井吉野

图2 关山樱

图3 八重寒绯樱

图4 八重红枝垂

图5 云南冬樱花

图6 迎春樱

图7 尾叶樱

图8 初美人

图9 福建山樱花

图10 河津樱

图11 普贤象

图12 松前红绯衣

图13 郁金

开始普遍作为歌咏对象出现在诗文中。

形态特征 樱花为落叶乔木。树皮灰或黑褐色、棕色，具皮孔，皮横裂或纵裂。叶柄有腺点，叶卵形、卵状椭圆形、矩圆形，叶缘常具锯齿。花先叶开放或与叶同时开放，数朵花形成伞形、伞房或短总状花序，花白色、粉红色、红色、绿色或黄色，花期2～5月。核果成熟时肉质多汁，红色、紫红色或黑色，不开裂；核球形或卵球形，表面平滑或有棱纹。

种类 樱花种类繁多，根据花期不同（以当地东京樱花为参照），可分为早樱、中樱、晚樱；根据花瓣数量不同，可分为单瓣（5～10瓣）、半重瓣（11～20瓣）、重瓣（21～50瓣）、菊瓣（51瓣以上）；根据花色不同，可分为白色、红色、粉红色、深红色、黄色、绿色等。中国樱花主要栽培品种为东京樱花（染井吉野）、关山樱、寒绯樱、椿寒樱、阳光樱、八重红枝垂、云南冬樱花、山樱花、迎春樱、尾叶樱、初美人、福建山樱花、河津樱、普贤象、松前红绯衣、郁金等。樱花在日本栽培较为普遍，品种有300多个。

繁殖与栽培　樱花繁殖主要采用播种、扦插、嫁接、压条等方法。砧木可采用播种或压条繁殖，栽培品种需要嫁接繁殖，嫁接砧木可用山樱花、寒绯樱、华中樱、尾叶樱、草樱等。喜光，根系浅，不耐涝，喜深厚肥沃且排水良好的土壤。

用途　樱花是早春著名的观花树种，早春伊始，繁花竞放，轻盈娇艳，如云似霞，引人入胜。宜成片群植，也可丛植于草坪、林缘、路旁、溪边、坡地等处，或在居住区、公园道路两侧列植形成夹道景观。福建、云南等地将寒绯樱或高盆樱种植在茶园内形成绿茶红樱的绯红景观，尤为壮观。（吕英民）

樱桃　cherry; *Prunus* spp.　蔷薇科李属植物。在中国，樱桃主要栽培种有甜樱桃（*P. avium*）、中国樱桃（*P. pseudocerasus*）、酸樱桃（*P. cerasus*）、毛樱桃（*P. tomentosa*）、

图1　樱桃树

图2　樱桃的茎

图3　樱桃的叶

图4　樱桃的花

图5　樱桃的果实

草原樱桃（*P. fruticosa*）、欧李等。其中，甜樱桃栽培面积约300万亩，中国樱桃栽培面积约50万亩，其他种仅零星栽培。

甜樱桃　甜樱桃又称大樱桃，乔木。果实5月初成熟，可溶性固形物含量一般在15%以上，可溶性糖中果糖比例高。适宜种植在年平均气温9～15℃的地区。春季气温10℃时萌芽，15℃开花，20℃果实成熟。休眠期7.2℃条件下的需冷量为800～1200小时。冬季气温在−20～−18℃时发生冻害，−25℃时可造成树干冻裂，大枝死亡。晚秋地温在−8℃以下、冬季地温在−10℃以下、早春地温在−7℃以下时，根系遭受冻害。栽培区集中在渤海湾及华北地区、陇海铁路线周边，以及西北地区、云贵川高海拔地区等。主要栽培品种有红灯、早大果、美早、先锋、砂蜜特、斯坦拉、拉宾斯、雷尼、艳阳、布鲁克斯、雷吉娜、桑提娜、晚红珠等。主要砧木品种有大青叶、吉塞拉、马哈利、山樱桃、兰丁系列等。

中国樱桃　中国樱桃又称小樱桃，小乔木。起源于中国长江流域，栽培历史可追溯到3000年前。中国四川、安徽、江苏、浙江、江西、山东、陕西、甘肃、河南、河北、北京等地均有栽培。核果近球形，直径1～2厘米，红色或黄色，果皮薄，肉软多汁，风味甜，不耐贮运。采用扦插、压条、分株或播种的方式繁殖。（张开春）

迎春　winter jasmine; *Jasminum nudiflorum*　木犀科素馨属落叶灌木。又称迎春花、金

图1　迎春

图2　迎春的枝

图3　迎春的叶

图4　迎春的花

腰带。迎春原产于中国，园林中普遍栽培。

枝直立，顶端弯曲下垂成拱形，小枝绿色，四棱形。三出复叶对生。花单生，先花后叶，花冠黄色，裂片6。浆果紫黑色。花期2～4月。

喜光，稍耐阴。喜温暖，较耐寒。喜湿润，也耐干旱，忌水涝，对土壤的适应性强。用扦插、压条、分株繁殖。根部萌蘖力强，枝条着地部分极易生根。

迎春小枝细长，呈拱垂状，枝条鲜绿，

早春黄花满枝，引人注目，是中国北方常用的园林花木，可与山桃、山杏同植。花枝可用作切花材料。

（陈龙清　赵凯歌）

营养品质 nutritional quality 蔬菜能提供人体必需营养物质的种类和数量的特性。蔬菜能够为人体提供的必需营养物质包括碳水化合物、蛋白质和氨基酸、脂肪、矿物质、维生素等。此外，一些有害物质如亚硝酸盐等会影响营养品质。

碳水化合物　包括单糖、双糖、寡糖、多糖。单糖主要有葡萄糖、果糖、半乳糖、核糖、脱氧核糖、阿拉伯糖和木糖等。双糖是由两个分子单糖缩合而成的糖，主要有蔗糖、乳糖、麦芽糖、海藻糖。寡糖是由3～10个单糖构成的一类小分子多糖，主要有棉子糖和水苏糖。多糖是由10个以上单糖组成的大分子糖，主要有糖原、淀粉、直链淀粉、支链淀粉、纤维。

蔬菜含有可溶性和不溶性两种纤维，它们不能被人体直接吸收，并影响消化和营养吸收，但不同的膳食纤维可调节肠道微生物种群。

蛋白质和氨基酸　蛋白质主要由C、H、O、N组成，这些元素组合形成氨基酸，氨基酸进而构成蛋白质。因氨基酸的组合连接方式不同而形成不同的蛋白质。蛋白质既是人体组织的构成成分，也是体内重要的生理活性物质（酶），还可供给能量。人体所需氨基酸约20种，其中有9种不能自身合成或合成速度不能满足机体需要，需要从各种食物中获得，被称为“必需氨基酸”。

脂肪　脂类主要包括甘油三酯、磷脂、植物固醇。①甘油三酯。其功能主要是体内贮存和提供能量，维持体温正常，具有保护作用、内分泌作用、帮助机体更有效地利用碳水化合物和节约蛋白质作用等。②磷脂。是甘油三酯中一个或两个脂肪酸被含磷酸的其他基团取代的一类脂类物质，其中最重要的磷脂是卵磷脂。磷脂的功能主要是提供能量、作为细胞膜的构成成分、促进细胞内外的物质交流等。③植物固醇。是以游离状态或与脂肪酸和糖等结合的状态存在的一种功能性成分，广泛存在于蔬菜、水果等各种植物的细胞膜中，主要成分为β-谷固醇、豆固醇和菜籽固醇，总称为植物固醇。植物固醇是植物中的一种活性成分，对人体健康有很多益处，具有降低血液胆固醇、防治前列腺肥大、抑制肿瘤、抑制乳腺增生和调节免疫等作用。

矿物质　是人身体组织的成分，也是酶系统的组成部分，其存在至关重要。蔬菜中的矿物质元素包括常量元素（钙、磷、钠、钾、氯、镁、硫等）、微量元素（铜、钴、铬、铁、氟、碘、锰、钼、硒、锌、硅、镍、硼和钒等）。

维生素　是维持机体生命活动过程所必需的一类微量的低分子有机化合物。维生素是酶和酶系统的重要组成部分，参与细胞能量的产生以及许多化合物的转移和生物合成。虽然需要量少，但它们对人体的正常生长、发育和健康至关重要。几乎所有维生素都是从食物中获得或补充的，因为除了生物素、叶酸和维生素K是由肠道细菌合成的外，大多数维生素不是由身体合成的。

维生素可根据脂肪或水溶性进行分类。脂溶性维生素包括维生素A、维生素D、维生素E和维生素K，水溶性维生素包括维生素C（抗坏血酸）和B族维生素（生物素、胆碱、叶酸、烟酸、泛酸、核黄素、维生素B）。水溶性维生素B_{12}存在于许多叶类蔬菜和豆类中。维生素主要依据其发现的历史顺序（如维生素A、B、C、D、E等）、生理功能（如抗坏血酸、抗凝血维生素等）以及化学结构（如视黄醇、硫胺素和核黄素等）来命名。

维生素A类是含有视黄醇结构，并具有其生物活性的一大类物质；对上皮组织的完整和上皮细胞的正常生长，以及骨骼、牙齿和正常视力的发育具有重要作用。维生素B类是由一个嘧啶结构，通过一个亚甲基连接在一个噻唑环上所组成；具有参与某些神经递质的合成和代谢以及调控某些离子通道等功能。维生素C是含有6个碳原子的α-酮基内酯的酸性多羟基化合物，具有抗氧化、维持骨骼和牙齿正常生长、促进伤口愈合、增加机体内抗体形成、提高白细胞吞噬作用、防治心血管疾病、增强对疾病的抵抗力以及降低胃癌等癌症的危险性等功能。维生素D类是含环戊氢烯菲环结构并具有钙化醇生物活性的一大类物质，以维生素D_2、维生素D_3最为常见；具有促进小肠钙吸收转运，促进肾小管对钙、磷的重吸收，调节细胞的分化、增殖和生长等功能。维生素E类是含苯并二氢吡喃结构，且具有α-生育酚生物活性的一类物质；具有抗氧化、预防衰老、调节血小板的黏附力和聚集作用、降低血浆胆固醇水平以及抑制肿瘤细胞的生长和增殖等功能。

有害物质　由于生物、环境或加工等因素，蔬菜中常含有一些有害成分，包括有毒蛋白及氨基酸、毒苷（如苦杏仁苷、皂苷、硫代葡萄糖苷衍生物）、毒有机酸、血球凝集素、硫苷、生物碱（如秋水仙碱、茄碱）、硝酸盐及亚硝酸盐、生物病原体、残留农药、重金属、不当使用的食品添加剂及污染的包装材料等。

（叶志彪）

营养枝 vegetative branch 果树上只有叶芽、没有花芽，主要进行光合作用的当年生枝条。又称直立枝、临时枝、辅养枝。营养枝生长快速，直立，本身不会开花，必须在第二年新生的枝条上才能正常开花，起增加枝叶量、积累营养与扩大树冠的作用。处在童期营养生长、尚未结果的果树，所有新枝都是营养枝；已结果的果树，营养枝可发生或转化成结果枝，结果枝也可发生或转化成营养枝。营养枝是果树营养生长的基础，有一定数量健壮的营养枝，才有可能产生结果能力强和数量多的结果枝。由于生长时会消耗养分，同时又会破坏树形，故已结果果树不能留过多的营养枝，但把营养枝拉至水平甚至下垂，可有效停止其生长并令其生长出花枝。营养枝根据生长势强弱和发育充实程度又分为发育枝、徒长枝、纤细枝、叶丛枝。

在葡萄上，营养枝也称发育枝，枝条上无花芽或分布极少或不准备用于结果，主要作用是为植株提供营养，也可培养成第二年的结果枝。单枝更新修剪方式是在一个枝条上同时培养结果枝和预备枝，春季萌芽后让结果母枝上部抽生的枝条结果，而将靠近基部抽生的枝条疏去花序培养成预备枝；当年冬剪时去掉上部已结过果的枝条，而将基部发育好的1～2个预备枝均留2～3个芽短截作为新的结果母枝，以后每年均按此方法剪留结果枝和预备枝。营养枝摘心应延迟到10～12片叶时进行，幼龄植株或架面空间大时可延迟至14～16片叶再进行；若营养枝生长势很强或架面空间大，可采用培养结果母枝的方法，即第一次留6～8叶摘心，待顶端发出副梢后再留4～6叶摘心，其余副梢可采取“隔一抹除法”和“留单叶绝后”摘心。

（由春香）

映山红 Sim's azalea; *Rhododendron simsii* 杜鹃花科杜鹃花属植物。相传古有杜鹃鸟，日夜哀鸣而咯血，染红遍山的花朵，因而得名。分布非常广泛，在中国江苏、安徽、浙江、江西、福建、台湾、湖北、湖南、广东、广西、四川、贵州和云南境内均有分布，生于海拔500～1200米的山地疏灌丛或松林下，为中国中南及西南典型的酸

图1 映山红

图2 映山红的花

性土指示植物。

栽培 映山红及其园艺品种喜酸性土壤，在钙质土中生长得不好，甚至不生长。性喜凉爽、湿润、通风的半阴环境，既怕酷热又怕严寒，生长适温为12～25℃，夏季气温超过35℃，则新梢、新叶生长缓慢，处于半休眠状态。夏季要防晒遮阴，冬季应注意保暖防寒。忌烈日暴晒，适宜在光照强度不大的散射光下生长，光照过强，嫩叶易被灼伤，新叶老叶焦边，严重时会导致植株死亡。园艺品种中，西鹃抗寒力最弱，气温降至0℃以下容易发生冻害。

用途 映山红花期4～5月，每簇花2～6朵，花繁茂艳丽，花冠鲜红色，具有很高的观赏价值。映山红及其园艺品种枝繁叶茂，绮丽多姿，萌发力强，耐修剪。园林中最宜在林缘、溪边、池畔及岩石旁成丛成片栽植，可以效仿自然生长；将杜鹃花密植于山岗坡麓，可形成杜鹃山、杜鹃岭、杜鹃谷等景观；也可于疏林下散植。亦是**盆花**、**盆景**、花篱的良好材料，西鹃适合作盆花，利用花期调控周年生产，东鹃可以制作造型盆景，春鹃可修剪培育成各种形态。同时，杜鹃专类园也独具特色。该物种全株供药用，有行气活血、补虚作用，治疗内伤咳嗽、肾虚耳聋、月经不调、风湿等疾病。（赵宏波）

永川秀芽茶 Yongchuan Xiuya tea 产于中国重庆市永川区的针形绿茶。永川秀芽茶由重庆市农业科学院茶叶研究所于1959年研制生产，1964年正式命名为永川秀芽。主要产于重庆市永川区云雾山、阴山、巴岳山、箕山、黄瓜山五大山脉的茶区。

产地环境 永川秀芽茶产区位于重庆西南部，长江上游北岸。地理纬度为东经105°37′31″～106°05′06″，北纬28°56′16″～29°34′23″。位于海拔500～1050米的永川区内云雾山、阴山等五大山脉的丘陵地区，年降水量1000～1200毫米，年平均温度17.9℃，10℃以上有效温度5600℃，相对湿度80%，全年无霜期在320天以上，日照大于1320小时。土质系三叠系须家河组砂页岩黄壤，土壤pH4.6～5.3，土壤肥力好、团粒结构合理。茶区空气洁净清新，生态环境优异。

加工工艺 永川秀芽茶的鲜叶以**巴渝特早**、**福鼎大白茶**、早白尖5号、南江1号、碧香早等中小叶茶树良种为优。

传统手工制法采用捞、翻、抖、团、滚、压、抓、理、搓九大手法，逐步形成其形秀色绿、香高味爽的独特品质，全程约6小时。除高端产品仍保留手工制作外，已研制开发出机制工艺，实现了标准化、规模化生产。基本工艺流程为：鲜叶采摘→摊放→杀青→摊凉→初揉→烘二青→复揉→解块→做形→干燥。①鲜叶采摘。鲜叶采摘标准为一芽一叶，要求芽叶完整、新鲜匀净、清洁卫生。②摊放。鲜叶采摘后，分级分批依次摊放在通风、洁净、无异味的摊晾网、摊晾平台或摊晾机，摊放厚度3～10厘米，每隔2小时左右轻翻一次，一般摊放4～8小时后开始炒制。③杀青。鲜叶杀青可采用滚筒杀青机、汽热杀青机或热风杀青机。滚筒杀青机筒体进口中心温度为120～140℃，出口温度80～100℃，杀青时间根据投叶量而定，约75～200秒。汽热杀青机蒸汽温度为120～140℃，杀青时间40～60秒，热风温度150～180℃，杀青时间55～70秒。热风杀青机进口处温度250～350℃，出口温度80～90℃，杀青时间80～150秒。杀青适度的标准为叶色暗绿，折梗不断，手握成团，抛之即散，茶香明显，无焦边煳叶。④摊凉。杀青完成后采用冷却输送机、风扇等及时冷却杀青叶。⑤初揉。一般选用盘式揉捻机进行揉捻，揉捻时先慢后快、轻重结合、用力均匀，时间15～35分钟，至茶叶成条、圆实紧结即可。⑥烘二青。一般采用烘干机，上烘厚度1～3厘米，上烘温度100～120℃，上烘时间5～10秒。也可采用动态烘干机，温度90～110℃，时间5～7分钟，投叶量10～20千克/分。可根据选择特性及品质要求选择是否烘二青。⑦复揉。方法同初揉，比初揉时间长，为20～45分钟。⑧解块。采用茶叶解块机、解块筛分机对复揉叶进行解块。⑨做形。是制作永川秀芽茶紧圆细直独特外形的关键工艺，传统手工制法采用抓、理、搓等手法，逐步成形。机制工艺可采用茶叶振动理条机，槽温80～110℃，时间9～13分钟。⑩干燥。采用连续烘干机，温度100～115℃，分2～3次烘干至含水量低于7%取出摊凉。经拣剔去杂后，即为成品茶。

品质特征 永川秀芽茶外形紧圆细直，色泽鲜润翠绿；汤色清澈绿亮，香气鲜嫩高长，滋味鲜醇回甘；叶底嫩匀明亮。（童华荣）

咏茶歌舞 songs and dances for tea 咏茶的茶歌、茶舞。咏茶歌舞是由**茶叶**生产、饮用这一主体文化派生出来的一种**茶文化**现象。这些茶歌茶舞最早来源于茶农的生活，鲜活在田间地头、茶园山坡，后来逐渐演变成一种文艺形式。

中国茶歌的来源有：①由诗为歌，即由文人的作品变成民间歌词。②由谣而歌，民谣经文人的整理配曲再返回民间。③完全由茶农和茶工自己创作的民歌或山歌。随着经济上的日渐富足，文化水平的不断提高，当代茶歌民谣内容与形式更加丰富。与此同时，广大文艺工作者深入生活，到茶乡采风，创作了更多新时代的茶歌，使茶叶民歌由山乡登上舞台，走进剧场，传遍大江南北。

关于以茶事为内容的舞蹈可能发轫甚早，但元代和明清期间是中国舞蹈的一个中衰阶段，所以史籍中有关中国茶叶舞蹈的具体记载很少。现在已知的只是流行于中国南方各省的“茶灯”或“采茶灯”。

茶灯、马灯、霸王鞭等，是过去汉族比较常见的一种民间舞蹈形式。茶灯，是福建、广西、江西和安徽“采茶灯”的简称。在江西，它还有“茶篮灯”和“灯歌”等名字；在湖南、湖北，则被称为“采茶”和“茶歌”；在广西，又被称为“壮采茶”和“唱采舞”。这一舞蹈不仅各地名字不一，跳法也不尽相同。但是，一般基本上是由一男一女或一男二女（也可三人以上）参加表演。舞者腰系绸带，男的持一钱尺（鞭）作为扁担、锄头等，女的左手提茶篮、右手拿扇，边歌边舞，主要表现姑娘们在茶园的劳动生活。

除汉族和壮族的“茶灯”民间舞蹈外，中国有些民族盛行的盘舞、打歌往往也以敬茶和饮茶的茶事为内容，也可以说是一种茶叶舞蹈，如彝族、白族的打歌。中华人民共和国成立以来，中国文艺工作者在“采茶灯”的基础上，先后又创作出“采茶扑蝶舞”“采茶舞”等一系列茶叶舞蹈，使“采茶灯”这一原先流行于山乡的民间舞蹈直接迈进了世界舞蹈艺术的殿堂。

（刘伟华）

咏茶诗词 poetry of singing tea 以茶为主题或吟及茶事的诗词。中国既是“茶的祖国”，又是“诗的国家”，茶很早就渗透进诗词之中。从最早出现的茶诗（如左思《娇女诗》）到现在，历时1700余年，为数众多的诗人、文学家创作了不少优美的咏茶诗词。

咏茶诗词大体上可分为两类：一类是专题“咏茶”的，即诗词的主题是茶；一类是诗词的主题不是茶，但是咏及茶。以上两类咏茶诗词，据已有资料统计，唐代有茶诗620首，《全宋诗》中有茶诗5315首，《全宋词》中有茶词283首，再加上金、元、明、清以及近当代，累计达12 600多首。

中国咏茶诗词具有五大特点：①年代久远。茶诗最迟在西晋就已出现，根据唐陆羽《茶经》所辑，至南北朝时已有4首涉及茶的诗，包括孙楚《出歌》、左思《娇女诗》、张载《登成都楼》（《登成都白菟楼》）及南朝宋王微《杂诗》。②作者众，诗词多。历代著名诗人、文学家大多写过茶诗或茶词，从西晋到当代，茶诗茶词作者约900人。③体裁多样。有古诗、律诗、试帖诗、绝句、宫词、联句、竹枝词、偈颂、俳句、新体诗歌、词、曲以及宝塔诗、回文诗、顶真诗等趣味诗。④题材广泛。涉及名茶、茶人、煎茶、饮茶、名泉、茶具、采茶、造茶、茶园、祭祀、庆贺、哀悼等，尤多赞扬茶的破睡、疗疾、饮用、解渴、清脑、涤烦、消食、醒酒、联谊、衣食之功等。⑤含义深刻。茶诗词中的警句逐渐形成特有的喻茶成语和喻茶单字。

（刘伟华）

咏茶书画 calligraphy and paintings about tea 茶事艺文形式。咏茶书画包括有关茶的书法、篆刻、绘画艺术。这些形式中，大多是历史遗留下来的珍贵作品，各种时代的作品反映了相应时期茶饮的文化生态，也反映了作者的情感与志趣。与此同时，在某些看似不经意的作品中，对茶文化来说，却包含着举足轻重的价值，既是艺术品，同时也是宝贵的茶文化历史的资料。如中国唐代的《调琴啜茗图》和《宫乐图》，反映了如唐代诗人张文规《湖州贡焙新茶》诗所写的：“凤辇寻春半醉回，仙娥进水御帘开。牡丹花笑金钿动，传奏吴兴紫笋来。”这样的环境，也反映了茶饮在当时宫廷等上层社会仕女们文化生活中的方式与美感。唐代的《苦笋帖》虽是佛门茶饮生活的片段，却是最早的一件反映佛门茶事的真迹，多少反映了茶与佛教的关系。宋代刘松年的《斗茶图》和赵佶的《文会图》，反映了宋代茶事中典型的艺术形式在民间和宫廷中的表现方式及应用场合。而明代如文徵明《惠山茶会图》这样写实的大场面的文人艺术家的雅集，徜徉山水、吟咏花木，真切地表现了当时的审美特点。清代不少书画家在涉及茶文化的内容时，大多采用了具有生活气息的题材，表现得生动平常而富含深意。茶饮是文人书画的常用题材。

（于良子）

咏茶文赋 works of literature on tea 茶事艺文形式。有关茶的赋、散文和小说等文学作品的合称。赋是一种独特的文学体裁，兼具诗歌和散文性质。赋起于中国的战国时期，盛于两汉。它讲究文采与用典，侧重于写景，借景抒情。多用铺陈叙事的手法，赋必须押韵，这是有别于其他文体的一个主要特征。魏晋以后，赋向骈文方向发展，即为“骈赋”；唐代又转为律体，称“律赋”；宋代用散文的形式写赋，称“文赋”。反映茶事之赋，最早且较著名的有晋代杜育的《荈赋》。

笔记小说泛指一切用文言写的志怪、传奇、杂录、传记、随笔等著作，内容广泛驳杂，举凡天文地理、朝章典制、草木虫鱼、风俗民情、学术考证、鬼怪神仙、艳情传奇、笑话奇谈、逸事琐闻等。《茶经·七之事》中记载、引用涉茶内容的笔记小说不少，著名的有《搜神记》《司隶教》《神异记》《世说新语》《异苑》《艺术传》等，其中内容活泼简约，言简意赅，充分表现出笔记小说的灵动特色，对表现茶的性格与内涵具有特定的优势。

散文是一种抒发作者真情实感、写作方式灵活的记叙类文学体裁。“散文”一词约出现在北宋时期，但茶事散文作品却在唐代已有出现，如王敷《茶酒论》、张又新的《煎茶水记》《新唐书》所载的《陆羽传》。此后有宋代苏轼的《叶嘉传》、元代杨维桢的《煮茶梦记》、明代张岱的《闵老子茶》、清代程淯的《龙井访茶记》。因散文形式轻松灵活，可长可短，可论事可抒情，散文记茶之作更为盛行，如鲁迅、周作人、梁实秋、苏雪林、钟敬文、冰心、老舍、林语堂、秦牧、萧乾、秦瘦鸥、陆文夫、李国文、汪曾祺、陈香梅、董桥等均有这类作品。

现当代以茶为内容的小说创作逐渐多了起来，与古人不同的是突出了鸿篇巨制与宏大壮阔的叙事性，对故事人物及茶的历史文化有深度的挖掘和塑造，对现代茶事有着真切的形象描写。典型的如陈学昭的《春茶》、王旭烽的《茶人三部曲》等。

（于良子）

涌溪火青茶 Yongxi Huoqing tea 产于中国安徽省泾县榔桥镇涌溪村、黄田村等地的炒青类椭圆形特种绿茶。涌溪火青茶产于泾县城东70千米涌溪山的丰坑、盘坑、石井坑湾头山一带，创制于明末清初，清代已是贡品。涌溪火青茶主要销售区为安徽省各地及北京、南京等城市。

生产简史 据清代《泾县志》记载，清顺治二年（1645）“涌溪山在黄芷山南，距县南七十里，涌溪山其上多杉木多茶”。又载：“由磨盘山南起至涌溪，广阔三十余里，多产美茶并杉木。”可见约400年前，磨盘山即涌溪村的盘坑至湾头山一带，涌溪火青茶就已经很有名气了。涌溪火青名称中的“涌溪”为其主产区的地名；“火青”则来源于过去当地方言“炒青”的谐音字。

分布范围 涌溪火青茶是中国农产品地理标志产品。产于安徽省泾县榔桥镇境内黄田、涌溪、浙溪等12个行政村一带。榔桥镇位于泾县东南，地理坐标为东经118°15′18″～118°38′18″，北纬30°25′07″～30°37′52″。东到汀溪乡桃岭村，南到旌德县云乐乡、三溪镇，西到茂林镇铜山村，北到黄村镇平垣村。

加工工艺 加工工艺流程为：鲜叶摊晾→杀青→揉捻→抖坯→摊凉→做形→炒干→筛分→包装。①鲜叶摊晾。鲜叶原料主要采自当地茶园中的涌溪中柳叶种茶树，采摘标准为一芽二叶初展，芽叶肥壮完好。鲜叶采回后立即薄摊于阴凉处5～8小时，并按要求拣剔。②杀青。一般采用50型滚筒连续杀青机，筒内温度150℃左右（机械温度显示300℃以上），时间1～2分钟。③揉捻。机械无压揉捻5～8分钟，也可手工揉捻20次左右。④抖坯。采用滚筒杀青（理条）机，筒温为100～70℃（先高后低），滚炒10～20分钟，至茶叶呈弯条形、失水过半为合适。⑤摊凉。茶叶出锅摊凉1～4小时。⑥做形。采用火青炒干做形机（曲毫炒干机），锅温80～60℃，炒板摆速50～60次/分钟，时间50～60分钟，至茶叶多为卷曲形，含水率降为20%～30%时并锅炒干。⑦炒干。俗称掰老锅。仍采用火青炒干做形机，锅温70～50℃。炒板摆速40～50次/分钟。时间5～6小时，中间再并锅1～2次，到茶叶接近足干（含水率7%～10%）时出锅，再烘至足干（含水率5%左右），以减少碎末。⑧筛分。采用孔径分别为0.6厘米和0.3厘米的两只手筛，“撩头除末”，筛取中段正品，然后分别包装贮存。

品质特征　茶品外形腰圆、紧结重实；色泽墨绿、油润显毫；香气馥郁持久，多呈栗香，精品带花香；滋味醇厚，甘爽耐泡；汤色黄绿，清澈明亮；叶底嫩黄，匀整成朵。（宁井铭　董永泓）

优系　elite accession　育种过程中表现较好、经过品种比较试验、已有一定繁殖群体，但还未进行区域试验和生产性试验的变异类型。又称优良株系。选育优系是**果树**育种过程中的重要步骤。例如华南农业大学园艺学院荔枝育种课题组在特早熟荔枝新品种选育过程中，通过实生选种途径，从‘991’特早熟优株收获种子并播种后形成的实生群体中选育出‘9918’‘9919’‘99112’‘99133’‘99149’等优系。在大果晚熟优质荔枝新品种选育过程中，通过有性杂交育种途径，从“马贵荔（特晚熟品种）×三月红（特早熟品种）”杂交群体中选育出‘MS08’‘MS12’‘MS48’‘MS56’‘MS78’等大果晚熟优质优系。在大果优质荔枝新品种选育过程中，通过有性杂交育种途径，从“紫娘喜（经济栽培最大果品种）×无核荔（完全无核的珍稀品种）”杂交群体中选育出‘ZW005’‘ZW006’‘ZW007’‘ZW016’‘ZW026’‘ZW027’‘ZW029’‘ZW036’‘ZW038’‘ZW040’‘ZW042’‘ZW044’‘ZW046’‘ZW050’‘ZW051’‘ZW055’等大果优质优系。（胡桂兵）

有机茶园　organic tea garden　生产环境未受污染，茶叶生产过程按照有机农业的基本原则和要求，遵循自然规律和生态学原理，协调种植业和养殖业的平衡，采取有利于生态和环境可持续发展的农业生产技术，不使用化学合成的农药、肥料、生长调节剂、基因工程技术及产品，按照国内外有关标准经专业机构认证的茶园。有机茶园遵循国际有机农业运动联盟（IFOAM）规定的健康、生态、公平和关爱四项基本原则。对使用的肥料有较高的要求，最好是茶场生产体系内自制并充分腐熟的堆肥、沤肥和沼液或认证机构许可的从茶场外购买的农家肥，如菜籽饼、树皮、锯屑、蘑菇培养废料、鱼粉、骨粉等没有受到化学物质污染的有机物。除动植物来源的有机肥外，有机茶园也允许使用一些天然的矿物肥料，如磷矿粉、钾矿粉、硼砂、镁矿粉、硫黄、白云石粉和窑灰等，但这些物质必须未经化学处理、未添加任何化学合成物质。一些微量元素肥料，如硫酸铜、硫酸锌、钼酸铵和硼砂等在缺素条件下也可使用，但只能作为叶面肥有限制地喷施。有机茶园严格禁止使用化学合成的肥料，包括尿素、硫酸铵、磷胺、过磷酸钙、氯化钾、磷酸二氢钾和普通复合肥等。城市垃圾、工矿废水、污泥等重金属元素含量较高，或含有化学污染物质，禁止在茶园中使用。

不能使用化学农药，病虫草害综合治理的基本原则是从农业生态系统整体出发，综合运用各种防治措施，创造不利于病虫草害滋生和有利于各类天敌繁衍的环境条件，保持农业生态系统的平衡和生物多样化。优先采用农业措施，通过选用抗病抗虫品种、加强栽培管理、合理采剪、中耕除草、间作套种等一系列措施，增强**茶树**生长势，减少病虫草害。在此基础上，利用灯光、色板诱杀害虫。在农业和物理机械措施无法奏效时，有机茶园允许使用部分植物、动物和矿物源植保产品，如茶尺蠖和茶毛虫核型多角体病毒、白僵菌、苏云金芽孢杆菌，以及印楝素、苦参碱、鱼藤酮、石硫合剂、波尔多液、矿物油等。（韩文炎）

有性多倍化　sexual polyploidization　由2n配子参与受精，通过有性生殖途径产生多倍体后代的过程。自然条件下或诱导条件下，**果树**作物减数分裂异常导致其产生染色体数与体细胞相同的雌配子或雄配子，称为未减数配子或2n配子。如果2n配子能够参与受精，则产生多倍体的有性后代。有性多倍化是自然界多倍体产生的主要途径，其中2n雌配子参与有性多倍化的概率更高。苹果栽培品种乔纳金和陆奥等即为有性多倍化途径产生的三倍体品种。父母本一方提供2n配子产生多倍体后代的过程称为单亲多倍化（unilateral polyploidization），而双亲均提供2n配子产生多倍体后代的过程称为双亲多倍化（bilateral polyploidization）。（张新忠）

余甘　emblic leafflower fruit; *Phyllanthus emblica*　大戟科叶下珠属乔木或灌木。又称油甘子、油甘、滇橄榄。余甘是较耐寒、耐旱、耐瘠薄的热带**落叶果树**，也是一种先锋植物。中国民间将其作为中药已有近2000年历史，汉章帝时（公元75～88）杨孚著《异物志》记载：“余甘，大小如弹丸；视之，理如定陶瓜。初入口，苦涩；咽之口中，乃更甜美足味。盐蒸之尤美，可多食。”初食其果，味酸涩，食后则回甘生津，故名。

图1　余甘的叶

图2　余甘的花序

图3　余甘的果实

分布地区　在中国主要分布于福建、广东、广西、云南、海南、四川等地，在国外主要分布于印度、巴基斯坦、马来西亚、缅甸、斯里兰卡、印度尼西亚，以及南美洲一些国家。生于海拔200～2300米的山地疏林、灌丛、荒地或山沟向阳处。

形态特征　树高1～7米，根群发达。树皮浅褐色，枝条具纵细条纹，被黄褐色短柔毛。叶片纸质至革质，线状长圆形，浅黄绿色，二列互生于小枝两侧，20余对，似羽状复叶。花小，单性，雌雄同株；多朵雄花和1朵雌花或雄花3～7朵簇生于叶腋，形成花序。蒴果呈核果状，圆球形，果径1～3厘米，外果皮肉质，淡绿或淡黄色，被薄蜡，光滑半透明，有5条稍凹陷的棱线。种子略带红色，长5～6毫米，宽2～3毫米。余甘花期和果实成熟期因品种与地区不同而有显著差异，花期有春开一次花、春秋开两次花和四季开花等情况：春花2～4月，花期1～1.5个月；夏花6～8月，秋花9～10月，开花时间分别只有10天左右。果实成熟期为7月至翌年2月，一般早熟品种7月成熟，中熟品种8～9月成熟，晚熟品种10～12月成熟，二次开花的则翌年2月陆续成熟。

栽培技术　繁殖采用实生、嫁接、扦插及根蘖苗等方式。余甘性喜酸性红壤土，多为野生、半野生栽培。福建栽培有粉甘、六月白、扁甘、枣甘、玻璃甘、皇帝甘、兰丰1号等品种，广东栽培有狮头、青皮、软枝、人仔面、算盘子、饼甘、甜种2号等品种。

主要用途　余甘鲜果维生素C含量甚高，每百克鲜果含维生素C500～1814毫克，高于柑橘30～50倍、苹果60～130倍。超氧化物歧化酶（SOD）含量亦高，具有抗菌、抗氧化、降血压和血脂、化痰清血热、防治肝胆病等作用。血虚者忌食。除鲜食外，还可腌制、制蜜饯或作为提取余甘多糖、黄酮的原料。

（陈清西　叶清华）

余甘氏　Yuganshi　中国茶的别称。据宋陶谷著《茗荈录》载："五代胡峤《饮茶诗》有云：'沾牙旧姓余甘氏，破睡当封不夜侯。'"因茶味有回甘，最早称为余甘子，但橄榄也有余甘子之称，容易混淆，故将茶改称余甘氏，以示区别。宋李郛著《纬文琐语》载："世称橄榄为余甘子，亦称茶为余甘子。因易一字，改称茶为余甘氏，免含混故也。"

（于良子）

余杭径山茶　Yuhang Jingshan tea　产于中国浙江省杭州市余杭区的毛峰形绿茶。又称径山香茗。径山茶生产始于唐，盛于宋，已有1200多年历史。是传统历史名茶，亦为中国国家地理标志保护产品。

产地环境　径山茶生产地域范围以东北天目山脉，东、南、中、北苕溪流域为限，范围涉及浙江省杭州市余杭区的径山、余杭、闲林、中泰、黄湖、鸬鸟、百丈、瓶窑、良渚等乡（镇）及临安区的横畈、高虹等镇乡。径山茶区属于浙北茶区，受纬度和山地海拔等综合影响，总体气温较低，全年平均气温15℃左右。年降水量大于1400毫米，适合茶树喜湿润的特点。径山茶区位处东天目山余脉，主峰窑头山海拔1095.2米，其余山体均在千米以下。茶园土壤主要是红壤中的黄红壤亚类，土质疏松深厚，矿物质和微量元素丰富，pH5.6～5.7，为茶树栽培的最佳土壤条件。径山茶区所处的地理纬度、山体特征、气候因子和土壤条件，是形成径山茶独特品

图1　余杭径山茶

图2　余杭径山茶茶汤

质特点的物质基础。

加工工艺　径山茶的加工工艺流程为：鲜叶摊放→杀青→理条→揉捻→烘焙。①鲜叶摊放。鲜叶应及时均匀地薄摊在篾垫上，置于阴凉通风处。摊放厚度随鲜叶的级别而定，特级鲜叶以芽叶之间互不重叠为度，一级以下厚度可适当增加。摊放时间为6～12小时。摊放过程要适当轻翻，以利于均匀散发水分。摊放程度以含水率降至70%，显清香，叶子变软时为适度。②杀青。手工杀青在直径64厘米的炒锅中进行，锅温120～130℃，投叶量200～250克，鲜叶下锅后应迅速用手翻炒，双手进行，要求翻得快、扬得高、捞得净、撒得开，以杀匀、杀透，保持绿翠为原则，整个杀青时间掌握在10～15分钟。机械杀青选用滚筒杀青机，转速20～25转/分钟，出叶口处筒腔内气温90℃，投叶量15～20千克/小时，杀青时间从进叶到出叶调节在1分钟左右。滚筒杀青机出叶口应配装有排气扇。杀青以叶质变软、叶色转暗、略卷成条、折梗不断、清香显露为适度。③理条。杀青叶出锅摊凉后进行理条。理条采用斜锅，锅温80～90℃，手法为先抛后理，抛理结合，继续散发一部分水分，理直条形。④揉捻。理条叶经摊凉后及时揉捻。投叶量以揉桶九成满为度，加压以轻压为原则，特1级、特2级基本不加压，特3级揉捻中间阶段略加轻压，1～3级茶加轻压5～8分钟，揉捻时间20～25分钟。⑤烘焙。烘焙工序分毛火和足火两道。毛火叶以八成干为度，足火叶应足干至含水量5.5%以下为度。手工烘焙采用炭火烘焙，选用竹编烘笼，笼上垫一层白棉纱布，以优质木炭为燃料。毛火摊叶厚度1厘米左右，以旺火快烘为原则，笼顶温度70～90℃，先高后低；毛火过程要勤翻，2～3分钟翻动一次，翻时动作要轻；先手提纱布四角收拢茶叶，然后再轻轻摊开。足火以8～10笼毛火叶拼一笼，以文火慢烘、发展茶香为原则，笼顶温度60℃左右。机械烘焙采用鼓热风的单层式烘床名茶烘干机，烘干机毛火风温70～80℃，摊叶厚度2～3厘米。足火风温50～60℃，摊叶厚度8～10厘米。待干茶温度降至室温时，剔去黄、朴片，筛去茶末，装入茶箱，密封保存。

品质特征　径山茶属毛峰形绿茶，成品茶外形条索细嫩，色泽绿翠；香气嫩香持久，滋味鲜爽；汤色嫩绿明亮，叶底细嫩成朵、嫩绿明亮。

（俞燎远）

余庆小叶苦丁茶　Yuqing Xiaoye Kuding tea　由产于中国贵州省余庆县的木犀科粗壮女贞幼嫩芽叶加工而成，不含咖啡碱的代用茶。余庆小叶苦丁茶主要生长在海拔400～800米地区。适宜生长条件为年降水量1050～1250毫米，年平均温度14～17℃，空气相对湿度为80%，无霜期约300天；土壤形成化过程为黄壤化过程，以第四纪黏土母质形成的黄壤和石灰岩分化形成的石灰土分布较广，土壤pH5～7。

采摘下来的茶青，经过摊青→杀青→揉捻→烘干加工工序制作而成。外形条索紧结，色泽嫩绿，香气清香高长。汤色翠绿明亮，入口微苦，回味甘甜。嫩芽叶底翠绿、鲜活嫩匀。

（郑文佳）

鱼鳞坑　fish scale pit　为改善果树生长条件，在坡面上修筑呈鱼鳞状、交错排列的半圆形坑穴。鱼鳞坑是山地果树栽培和水土流失治理的典型整地方式，通过改变坡面地表微地形，在坡面上形成具有蓄水、蓄土作用的定植坑，显著改善局地的土壤厚度和土壤水分条件，有利于果树和经济林树种的存活与生长。

鱼鳞坑的设计与施工：在一般情况下，等高线上鱼鳞坑的间距（株距）为1.50～3.50米（约坑径的2倍），上下两排坑距为1.50米，月牙形半径为0.40～0.50米，坑深为0.40～0.60米。挖坑取出的土在坑的外沿筑成半圆形拦水埂，埂高一般为0.15～0.40米，埂中间高两边低，使水从两边流入下一个鱼鳞坑，须考虑土壤的抗冲流速。可将表土和肥料填入挖成的坑内，也可采用客土的方式改善坑内的土壤

质量。坑内种树，有条件的地方可以布设滴灌管线。鱼鳞坑的设计规格可根据降水、果树品种、种植密度等的要求和小地形的变化来确定，一般每平方千米鱼鳞坑的数量为23～30个。鱼鳞坑的施工包括沿等高线定基线、放线、挖坑筑埂、表土回填等步骤，栽培时每树一坑。

（齐 实 撰 程从刚 修订）

鱼尾葵 Chinese fishtail palm; *Caryota ochlandra* 棕榈科鱼尾葵属乔木状植物。又称假桄榔、青棕、假桄榔。鱼尾葵产于中国福建、广东、海南、广西、云南等省区海拔450～700米的山坡或沟谷林中。

茎干直立，高10～20米，直径15～35厘米。茎绿色，被白色毡状绒毛，具环状叶痕。叶大型，二回羽状全裂，叶片厚，大而粗壮，上部有不规则齿状缺刻，先端下垂，酷似鱼尾。花序最长可达3米，花3朵簇生，肉穗花序下垂，小花黄色。果球形，成熟后紫红色。花期7月。

图1 鱼尾葵

图2 鱼尾葵的茎

图3 鱼尾葵的叶

图4 鱼尾葵的果实

图5 鱼尾葵的种子

播种繁殖，采种后即播，2～3个月可出苗。苗期须增加空气湿度并遮阴。鱼尾葵喜疏松、肥沃、富含腐殖质的中性土壤，不耐盐碱，也不耐强酸；不耐干旱瘠薄，也不耐水涝。喜温暖，喜湿，生长适温为25～30℃，越冬温度要在10℃以上。耐阴性强，忌阳光直射，否则叶面会变成黑褐色，并逐渐枯黄；夏季在荫棚下养护，生长良好。

树形美丽，可作为庭园绿化植物。茎髓含淀粉，可作桄榔粉的代用品。

（蔡邦平）

鱼腥草 herba houttuyniae; *Houttuynia cordata* 三白草科蕺菜属多年生宿根草本植物。又称蕺菜、侧耳根、折耳根、狗贴耳、臭菜。以嫩茎叶作蔬菜或调味品。鱼腥草广泛分布于亚洲东部和东南部。中国中部、东南至西南部各省区，东起台湾地区，西南至云南、西藏，北达陕西、甘肃等地均有野生分布，生于沟边、溪边或林下湿地。人工栽培主要在长江流域以南，尤其在西南地区栽培较多。全株均可食用，

图1 鱼腥草

图2 鱼腥草的匍匐茎

图3 鱼腥草的叶

图4 鱼腥草的花

搓碎有鱼腥气味，是一种药食兼用的保健型蔬菜。

形态特征　高20～50厘米。茎上部直立，常呈紫红色，下部匍匐，节上轮生小根。单叶互生，心形、卵形或阔卵形，长4～10厘米，宽2.5～5厘米，叶柄细长，基部与托叶合生成鞘状；嫩时绿色，老时微带紫，背面常呈紫红色。穗状花序顶生，白色或黄棕色，长约2厘米。雄蕊长于子房，花丝长为花药的3倍。蒴果卵圆形，长2～3毫米，顶端有宿存的花柱。

生长习性　适应温度范围广，地下茎

耐寒性强，−5℃可安全越冬，12℃时地下茎开始生长并出苗；生长前期适温16～20℃，地下根茎成熟期适温20～25℃。阴性植物，怕强光，忌干旱，喜温暖潮湿环境。对土壤要求不严格，以砂质壤土、砂土为宜，在微酸性砂质壤土或腐殖质丰富的土壤条件下生长较好。在长江中下游地区可以正常越冬。

栽培　野生鱼腥草可周年分批采收，春、夏季采摘嫩茎叶，秋冬挖掘地下茎。人工栽培多采用无性繁殖。冬季挖取地下茎，用湿沙分层掩埋越冬；春季发芽前，将种茎剪成5～10厘米长的小段，每段带2～3芽，条栽，开沟深8～12厘米，宽13～15厘米，按10厘米×30厘米株行距将茎段平放于沟中，覆土2～3厘米；也可春季即挖即栽。以后每年秋、冬季挖掘地下茎时不要捡净，留下一部分，翌年气温回升时即萌发出苗。及时进行拔草、松土、间苗、追肥等管理，可连续采收多年。

用途　鱼腥草常凉拌，地下根茎可炒或炖汤。全株入药，是鱼腥草注射液的主要原料药。有清热、解毒、利水之效，可治肠炎、痢疾、肾炎水肿及乳腺炎、中耳炎等。　（张应华）

榆叶梅　flowering almond; *Prunus triloba*　蔷薇科李属落叶灌木。榆叶梅原产于中国北部，分布于黑龙江、吉林、辽宁、内蒙古、河北、山西、陕西、甘肃、山东、江西、江苏、浙江等省（自治区）。

高2～5米。枝无刺，小枝无毛或幼时微被柔毛。单叶互生，叶宽椭圆形至倒卵形，长2～6厘米，先端短渐尖，常3裂，基部宽楔形，上面具疏柔毛或无毛，下面被柔毛，具粗锯齿或重锯齿。花1～2朵，先叶开放，径2～3厘米。花瓣近圆形或宽倒卵形，长0.6～1.0厘米，粉红色，生于萼筒口，覆瓦状排列。萼片及花瓣均为5。雄蕊多数，雌蕊1。萼筒宽钟形，萼片卵形或卵状披针形。核果近球形，顶端钝圆，具不整齐网纹，熟时红色，被柔毛。核果熟时干燥无汁，开裂。花期4～5月，果期5～7月。性喜光，耐寒，耐旱，对轻碱土也能适应，不耐水涝。对土壤环境要求不严格，以中性至微碱性、肥沃、疏松的土壤为宜。

图1　榆叶梅

图2　榆叶梅的叶

图3　榆叶梅的花

图4　榆叶梅的果实

在园林或庭院中常以苍松翠柏作背景丛植，或与连翘配植，是一种重要的园林造景树种。此外，还可作盆栽、切花或催花材料。　（于晓南）

虞美人　corn poppy; *Papaver rhoeas*　罂粟科罂粟属一二年生草本植物。常作一年生栽培。虞美人原产于欧洲和亚洲。同属植物约100种，主产于欧洲、亚洲、美洲温带地区。中国有6～7种。

图1　虞美人

图2　虞美人的花苞

图3　虞美人的花

图4　虞美人的果实

高30～80厘米。全株被柔毛，茎细长，分枝细弱，有乳汁。叶不整齐羽裂。花单生长梗上，未开时苞常下垂，花瓣4，大型，有紫红、大红、朱砂红、白或具深色斑纹等花色。花期春夏，每朵花开一二天，每株花蕾众多，观赏期较长。蒴果成熟时孔裂。

虞美人喜温暖、阳光充足和通风良好的环境，宜在疏松肥沃、排水良好的砂壤土生长，忌炎热、高湿。播种繁殖，种子细小，播种要求精细，种子发芽适宜温度为20℃。

虞美人适宜在**花坛**、**花境**、篱边、路边条植或片植，亦可盆栽。花与果实可入药，种子含油量40%，具香味。

（葛　红）

《与赵莒茶宴》 *A Poem of a Tea Party with Zhaoju*　七言绝句。中国唐代钱起作。钱起，唐代诗人。字仲文，吴兴（今浙江湖州市）人，唐天宝十载赐进士第一人，曾任考功郎中，故世称钱考功。翰林学士，与韩翃、李端、卢纶等号称“大历十才子”。

诗为：“竹下忘言对紫茶，全胜羽客醉流霞。尘心洗尽兴难尽，一树蝉声片影斜。”

全诗用白描手法，写作者与赵莒一道举行**茶宴**，地点在竹林之中，饮用的是紫笋茶，茶味比流霞仙酒还要美好。饮过之后，俗念全消，兴致更浓，所以直到夕阳西下才依依散去。**茶人**认为品茗是高人雅事，宜伴以琴韵、花香和诗章，在幽幽竹篁丛中、清清山泉之旁，尽享幽静的自然环境和难得的身心沉醉。

诗里描绘的是一幅雅境啜茗图，除了令人神往的竹林外，诗人还以蝉为意象，使全诗所烘托的娴雅志趣愈加强烈。蝉与竹一样是古人用以象征峻洁高志的意象之一，蝉与竹、松等自然之物构成的自然意境是许多文人穷其一生追求的目标，人们试图在自然山水的幽静清雅中拂去心灵的尘土，舍弃一切尘世的浮华，与清风明月、浮云流水、静野幽林相伴，求得心灵的净化与升华。

探索品茗意境，是这一时期茶诗创作的主要特色和重要内容。唐代饮茶风日炽，上自权贵，下至百姓，皆崇尚以茶当酒，认为茶道精神早已超过仙人酒醉的境界。这首诗也可证明茶宴的正式记载见于中唐。

（刘伟华）

羽扇豆 lupine; *Lupinus micranthus*　豆科羽扇豆属一年生草本植物。又称鲁冰花。羽扇豆原产于北美洲。

高20～70厘米。茎基部分枝，掌状复叶，小叶5～8枚。小叶披针形至倒披针形，叶质厚，叶柄远长于小叶。总状花序顶生，花序轴纤细，花梗甚短，萼二唇形，被硬毛，花冠蓝色，旗瓣和龙骨瓣具白色斑纹。3～5月开花，4～7月结果。常见栽培品种有窄叶羽扇豆、画廊羽扇豆、美丽鲁冰花、绶带羽扇豆等。

图1　羽扇豆（红色）

图2　羽扇豆（粉色）

图3　羽扇豆（黄色）

图4　羽扇豆的果实

羽扇豆喜气候凉爽、阳光充足的环境，耐旱，忌炎热，略耐阴，温度低于−4℃时冻死。需肥沃、排水良好的砂质土壤，主根发达，须根少，不耐移植。利用磷酸盐中难溶性磷的能力较强。在多雨、易涝地区和其他植物难以生长的酸性土壤中仍能生长；但在石灰性土壤或排水不良的条件下，常生长不良。

羽扇豆花序挺拔、丰硕，花色艳丽多彩，有白、红、蓝、紫等色，且花期长，可用于片植或在带状**花坛**群体配植，同时也是切花生产的材料。

（孙宪芝）

羽衣甘蓝 collard; *Brassica oleracea* var. *acephala*　十字花科芸薹属甘蓝种两年生草本植物。又称绿叶甘蓝、牡丹菜、海甘蓝、无头甘蓝。以羽状嫩叶为食用器官。羽衣甘蓝为栽培甘蓝的原始种形态，欧洲种植最早、最普遍。

形态特征　主根粗大，根系发达。营

图1　羽衣甘蓝

图2　羽衣甘蓝的叶

图5　羽衣甘蓝可作蔬菜食用

图3　羽衣甘蓝的花

图6　羽衣甘蓝可作观赏花卉

养茎短缩，坚硬，叶片紧密互生；花茎高大，直立无分枝。叶片形态美观多变，叶长椭圆形，卷皱多，叶缘羽状分裂；根据叶片形态，有光叶、皱叶、裂叶、波浪叶之分；根据外部叶片颜色，可分为紫红、鲜红、翠绿、黄绿、蓝绿或红中间绿等类型；内部叶叶色极为丰富，有黄、白、粉红、红、玫瑰红、紫红、青灰和杂色等。有观赏用羽衣甘蓝，亦有菜用羽衣甘蓝。总状花序，异花授粉。角果呈扁圆柱形，种子球形或扁球形，黄褐色、红褐色或黑褐色，千粒重约4克。

生长习性　喜冷凉温和的气候，生长适温为20～25℃；但其耐寒、耐热能力也强，可耐−6～−4℃的低温和35℃的高温。属长日照植物，较耐阴，但阳光充足时叶片生长快、品质佳。对土壤适应性强，pH5.5～6.8的砂壤土和黏壤土最适，喜土壤湿润，但不耐涝。温暖、长日照条件下抽薹开花。

栽培　华南地区宜秋季露地栽培，冬春收获；长江流域春季设施栽培，可在3月上旬定植；秋季种植多在7～8月育苗。每亩种植密度为2500～3000株。外叶长至10～20片时，可陆续采收心部展开的15～20厘米的嫩叶，每次单株可采3～5片。病害主要有霜霉病、软腐病和黑斑病等。害虫主要有蚜虫、菜青虫、小青虫、甜菜夜蛾等。

用途　可用作蔬菜、饲料或观赏植物。嫩叶维生素C、胡萝卜素等营养物质含量较高，矿物质丰富，其中钙、铁和钾含量高于结球甘蓝，可炒食、凉拌、做汤，在欧美国家多用其配上各色蔬菜制成色拉。风味清鲜，烹调后保持鲜美的碧绿色。也可作为观赏花卉，观赏期长，叶色极为鲜艳，公园、街头、花坛常用羽衣甘蓝镶边和组成各种美丽的图案，具有很高的观赏价值。其叶色多样，有淡红、紫红、白、黄等，是盆栽观叶的佳品。

（申书兴）

图4　羽衣甘蓝露地栽培

玉兰　Mulan magnolia; *Yulania denudata*

木兰科木兰属玉兰亚组落叶乔木。又称应春花、白玉兰、望春花、迎春花、玉堂春、木兰。玉兰产于中国江西（庐山）、浙江（天目山）、湖南（衡山）、贵州。

高达25米，胸径1米，枝广展形成宽

图1　玉兰

图2　玉兰的茎

图3 玉兰的花

图4 玉兰的果实

阔的树冠。树皮深灰色，粗糙开裂。小枝稍粗壮，灰褐色。冬芽及花梗密被淡灰黄色长绢毛。叶纸质，倒卵形、宽倒卵形或倒卵状椭圆形，长10～18厘米，宽6～12厘米，先端具短突尖，基部楔形，上面深绿色，嫩时被柔毛，下面淡绿色，沿脉上被柔毛。叶柄被柔毛，上面具狭纵沟。花蕾卵圆形，花先叶开放，直立，芳香。花梗显著膨大，密被淡黄色长绢毛。花被片9片，白色，基部常带粉红色，近相似，长圆状倒卵形，长6～10厘米，宽2.5～6.5厘米。雄蕊顶端伸出成短尖头，雌蕊群淡绿色，无毛。聚合果圆柱形（在庭园栽培种常因部分心皮不育而弯曲）。蓇葖厚木质，褐色，具白色皮孔。种子心形，侧扁，外种皮红色，内种皮黑色。花期2～3月（亦常于7～9月再开一次花），果期8～9月。

喜光，稍耐阴，颇耐寒，北京地区于背风向阳处能露地过冬。喜肥沃、适当湿润且排水良好的弱酸性土壤，但亦能生长于碱性土中。根肉质，畏水淹。

玉兰最宜列植堂前，点缀中庭，为驰名中外的庭园观赏树种。材质优良，纹理直，结构细，供家具、图板、细木工等利用。花蕾入药与“辛夷”功效相同；花含芳香油，可提取配制香精或制浸膏；花被片食用或用以熏茶。种子榨油供工业用。

（于晓南）

玉簪 hosta; *Hosta plantaginea* 百合科玉簪属多年生宿根植物。又称白萼、白鹤仙。玉簪原产于中国及日本。

叶基生，成簇，卵状心形、卵形或卵圆形。花葶高40～80厘米，具几朵至十几朵花；花单生或2～3朵簇生，长10～13厘米，白色，芳香。蒴果圆柱状，有三棱。花果期8～10月。

玉簪多采用分株繁殖，亦可播种。玉簪属于典型的阴性植物，喜阴湿环境，受强光照射则叶片变黄，生长不良，喜肥沃、湿润的砂壤土，性极耐寒，中国大部分地区均能在露地越冬，地上部分经霜后枯萎，翌春宿萌发新芽。生长适宜温度为15～25℃，冬季温度不低于5℃。入冬后地上部枯萎，休眠芽露地越冬。

可用于树下作**地被植物**，或植于岩石

图1 玉簪

图2 玉簪的花葶

图3 玉簪的花

园或建筑物北侧，也可在林缘、石头旁、水边种植，具有较高的观赏效果，常用于湿地及水岸边绿化。

（陈己任）

芋 taro; *Colocasia esculenta* 天南星科芋属多年生（在温带和亚热带常作一年生栽培）湿生草本植物。又称芋艿、芋头、毛芋。古称蹲鸱、莒、土芝。主要以球茎供食用。芋起源于中国、印度和马来西亚等亚洲热带地区。在世界上的栽培面积以中国为最大，主要分布于珠江流域及台湾地区，其次是长江及淮河流域。

形态和类型 芋的根为白色肉质纤维根，根毛少，吸收力较弱。叶互生于茎基部，叶长25～90厘米，宽20～60厘米，多为盾状长心形，叶柄长40～180厘米。芋多为无性繁殖，很少开花。鲜有开花品种，其花序柄常单生，短于叶柄。

中国栽培的芋有两个变种：叶柄用变种（*C. esculenta* var. *petiolatus*）的叶柄细嫩可供食用，球茎不发达或品质低劣不可食，如水芋类型的广东省红柄水芋、旱芋类型的四川武隆叶菜芋等；球茎用变种

图1 芋的根

图2 芋的球茎

图3 芋的叶

图4 芋旱地栽培

图2 郁金香的叶和花

(*C. esculenta* var. *cormosus*)的球茎肥大，地下球茎圆形、椭圆形或圆筒形，节上腋芽可发育成新的球茎，母芋上可长出子芋，再长出孙芋、曾孙芋等。依母芋和子芋的发达程度以及子芋的着生习性分为3个类型：①魁芋类型。食用部分以母芋为主，质地为粉质，香味浓。②多子芋类型。子芋大而多，质优于母芋，质地一般为黏质。可分水芋及旱芋两个副型。③多头芋类型。母芋与子芋及孙芋无明显差别，质地介于粉质与黏质之间，一般为旱芋。有的品种也可发育成匍匐茎，在其顶端膨大成球茎。

栽培　芋喜高温多湿环境，不耐旱，较耐阴，并具有水生植物的特性。种芋在13～15℃开始发芽，生长适温20℃以上。球茎在短日照条件下形成，发育最适温为27～30℃。水田或旱地均可栽培。水芋多栽于水田、低洼地或水沟，旱芋多栽于土层深厚、湿润的土壤中。播种时，选母芋中部着生的饱满子芋作种，多头芋则切成小块。旱芋可直播，水芋必须育苗。主要病害有软腐病、疫病、污斑病，害虫有斜纹夜蛾、芋单线天蛾、朱砂叶螨等。

用途　球茎富含淀粉（10%～25%）及蛋白质（2%～3%），可作蔬菜，也可代粮；还可晒成芋干食用，做芋泥罐头；也是淀粉和酒精的原料。芋叶柄和花（柄）亦可作为蔬菜或饲料。此外，芋的块茎、叶及叶柄、花均可入药。

（李锡香）

郁金香　tulip; *Tulipa gesneriana*　百合科郁金香属多年生**宿根花卉**。郁金香属有150多个种，产于亚洲、欧洲及北非，以地中海至中亚地区最为丰富。中国有18个种（包含1个变种），主要分布于新疆、长江流域及中国东北地区。郁金香原产于欧洲，中国引种栽培。土耳其最早栽培郁金香，16世纪引种到荷兰后经不断的杂交与选育，19世纪培育出达尔文品系，20世纪相继培育出孟德尔品系和凯旋品系，之后通过原种杂交又培育出达尔文杂种系。因栽培历史悠久，郁金香的栽培品种已超过8000个，常用品种有200多个。

图3 郁金香的花蕾

图1 郁金香

鳞茎皮纸质，内面顶端和基部有少数伏毛。叶3～5枚，条状披针形至卵状披针形。花单朵顶生，大型而艳丽，花期4～5月。现代郁金香是经过近百年的人工杂交获得的杂种，在花期、花色、花型和株型上变化很大，如花期有早花类、中花类、晚花类，花色有白、红、黄、紫、粉、橙等，花型有碗型、杯型、重瓣型、百合型、鹦鹉型等。

以分球繁殖为主，更新鳞茎由母球鳞片基部的腋芽形成。性喜阳或半阴，忌光照直射，适合生长于冬季温暖湿润、夏季干燥凉爽的地区。有较强的适应性，在高寒地区冻土、微酸性砂质壤土以及滨海地区含盐量较低的盐碱土中都能生长。病害主要有青霉腐烂病、基腐病和软腐病；虫害主要有蚜虫和线虫。

郁金香绚丽多姿，高贵典雅，是最具观赏应用价值的宿根花卉之一，被誉为“花卉王国中的皇后”。在园林绿化中常大面积种植形成花海，也常配植于**花坛**、**花境**中，还常作为切花、**盆花**观赏。

（吕英民）

郁李　dwarf flowering cherry; *Prunus japonica*　蔷薇科李属落叶灌木。郁李分布于中国华北、华中至华南地区。

高达1.5米。枝细密，腋芽3。单叶互生，叶卵形至卵状披针形，长3～7厘米，先端长尾状，基部圆形，有缺刻状尖锐重锯齿，无毛或脉有稀疏柔毛。花粉红或近白色，倒卵状椭圆形，簇生，花叶同放或先叶开放。萼片及花瓣均为5。雄蕊多数，雌蕊1。萼筒陀螺形，萼片椭圆形。核果近球形，熟时深红色，肉质多汁，不裂。

图1　郁李的枝和花

图2　郁李的核果

花期5月，果期7～8月。

郁李性喜光，耐寒、耐干旱、耐水湿。不择土壤，耐瘠薄，在排水良好、中性、肥沃疏松的砂壤土生长较好，在石灰性土壤中生长最旺。是花果俱美的观赏花木，多丛植于庭院，宜配植在屋旁或山坡上，也可作花篱**花境**。其果实可生食，核仁可供药用，有健胃润肠、利水消肿之效。

（于晓南）

鸢尾　iris; *Iris* spp.　鸢尾科鸢尾属植物的泛称。全世界鸢尾原种约有300种，主要分布在北温带地区。中国有鸢尾属植物60种、13变种及5变型，以西南地区为主要分布中心。中国对鸢尾的栽培和应用均早于西方。药学古籍《神农本草经》《唐本草》《蜀本草》《本草图经》《本草纲目》等对鸢尾类药用价值、生长习性均有记载，主要是鸢尾（*I. tectorum*）、蝴蝶花（*I. japonica*）和马蔺（*I. lactea* var. *chinensis*）等几个广布种。

形态和种类　鸢尾普遍具有较高观赏价值。花被片通常由3枚垂瓣和3枚旗瓣组成，花色极其丰富，有白色、粉色、黄色、橘色、深浅不一的蓝色、紫色甚至黑色或多种颜色组成的混合色。叶片呈剑型或带状，平行叶脉，叶色有深绿色、浅绿色、黄绿色、灰绿色和花叶等。根据地下根茎是否膨大可分为球根鸢尾和根茎鸢尾两大类。大多数鸢尾在温带地区表现为冬季落叶，花期集中在春末夏初，而少数种类可常绿越冬。

根茎鸢尾的生长适应性较强。根据其对水分的适应性，可分为水生、湿生和旱生三大类。其中黄菖蒲（*I. pseudacorus*）、路易斯安娜鸢尾（*I. fulva* ‘Louisiana Hybrids’）、花菖蒲（*I. ensata* var. *hortensis*）和西伯利亚鸢尾（*I. sibirica*）是最常见的水湿生类鸢尾。德国鸢尾（*I. germanica*）、香根鸢尾（*I. pallida*）是典型的旱生种类，因其垂瓣上有髯毛附属物，称为有髯鸢尾，适宜种植于排水良好的砂质壤土。鸢尾属植物多具有阳性植物的特征，能耐一定程度的弱光，但不同种类对光照的需求不尽相同，例如蝴蝶花耐阴性较好，可作林下地被，而有髯鸢尾则相对喜光，在全光照条件下开花繁盛。水湿生类鸢尾如黄菖蒲、花菖蒲等往往具有净化水质的生态功能。马蔺、喜盐鸢尾（*I. halophila*）、德国鸢尾和黄花鸢尾（*I. wilsonii*）等具有不同程度的耐盐性。而分布于寒冷地区的落叶鸢尾如溪荪（*I. sanguinea*）、玉蝉花（*I. ensata*）、北陵鸢尾（*I. typhifolia*）等，则具有较强的抗寒性。

图1　鸢尾

图2　鸢尾的花

图3　鸢尾的果实

图4　鸢尾的种子

繁殖　鸢尾类繁殖通常以分株为主，在秋季或早春新根萌发前，将根状茎切割分栽即可；也可进行播种繁殖，春秋都可进行；球根鸢尾则以分球繁殖为主。

用途　鸢尾属植物花型奇特、色彩丰富、生态类型多样，广泛应用于滨水绿地、水体驳岸、湿地公园等，可营造专类园，亦可片植于林下或配置**岩石园**、**花境**。球根鸢尾常用于切花。

（夏宜平　李丹青）

元宝枫　purple blow maple; *Acer truncatum*　槭树科槭树属落叶乔木。元宝枫原产于中国，因翅果形状像中国古代的“金锭元宝”而得名，是中国的特有树种。

图1 元宝枫

图2 元宝枫的叶

图3 元宝枫的花

图4 元宝枫的果实

高可达10米，树皮纵裂。单叶对生，掌状5裂，叶柄长3～5厘米。裂片先端渐尖，有时中裂片又3裂，叶基通常截形，最下部两裂片有时向下开展。花小呈黄绿色，花成顶生聚伞花序，4月花与叶同放。果期9月，翅果扁平，翅较宽而略长于果核，形似元宝。

元宝枫属深根性树种，萌蘖力强，生长缓慢，寿命较长；弱阳性，耐半阴，耐寒，较抗风，不耐干热和强烈日晒。对土壤要求不严，在酸性土、中性土及石灰性土中均能生长，但以在湿润、肥沃、土层深厚的土中生长最好。深根性，生长速度中等，病虫害较少。对二氧化硫、氟化氢的抗性较强，吸附粉尘的能力较强。

元宝枫树姿优美，叶形秀丽，嫩叶红色，秋叶变成黄色或红色，为著名秋季观红叶树种。（房伟民）

元泰红茶 Yuantai black tea 产自中国福建省福州市永泰县、福安市的红茶。元泰红茶生态茶园主要分布在福建省海拔600米以上的山区。种植的茶树主要为金观音和金牡丹，是福建省农业科学院推荐的优良茶树品种。加工工艺流程为：鲜叶采摘→萎凋→揉捻→发酵→干燥→包装。元泰红茶品质稳定，口感有层次和饱满度。茶品外形条索紧结，色泽乌润，汤色明澈红艳，香气悠长带花香，滋味醇厚鲜爽，回甘阵阵，叶底红匀软亮。清饮最佳。（李远华 叶江华）

图1 元泰红茶

图2 元泰红茶茶汤

园景树 landscape tree 园林绿化中作为园林局部的中心景物形成特殊景观的树木。园景树应用种类繁多，形态丰富，景观作用显著。适宜作园景树的树种一般需要树木高大雄伟，树形优美，具有特色，且寿命较长；其树冠应开阔宽大，呈圆锥状、扩卵形、垂枝形或圆柱形等，可以是常绿树，也可以是落叶树；通常选用花、果、树皮、叶色等具备较高观赏价值的树种。常见的园景树有雪松（*Cedrus deodara*）、南洋杉、银杏、玉兰、凤凰木（*Delonix regia*）、槐、垂柳、樟等。

园景树的配植多采用孤植的形式，偶有2～3株合栽成一个整体树冠的。园景树的栽植位置以在大草坪上为最佳，或栽植于广场中心、道路交叉口或坡路转角处。在园景树的周围应有开阔的空间，以草坪为基底、天空为背景的园景树位置为最佳。

在栽培管理上应注意保持自然树冠的完整，如有较大损伤应及时采取保护措施；注意树冠下的土面勿践踏过实，纪念树或古树名木应竖立说明牌，在人流过多处应

图1 玉兰

图2　垂柳

在树干周围留出保护距离，其范围的大小视树种、根盘及树冠的直径而定。

（于晓南）

园林大苗培育　large landscape seedling cultivation　培育专供城市绿化用的大规格苗木的技术措施。常见园林大苗培育方法有以下几种。

落叶乔木大苗培育　将一年生苗移植，株行距为60厘米×60厘米，加强肥水，促进根生长，地上部分不修剪。到第3年地面平剪截，只保留1个壮芽，当年可长到2.5米以上，成为树干通直的苗木。第4年不动，第5年隔行去行，隔株去株，变成120厘米×120厘米的株行距。第6年速长1年，第7～8年即可长成大苗成圃。

落叶小乔木大苗培育　第1年培育时，当苗木长至80～100厘米时摘心定干，留20厘米整形带，促生分枝，增加干粗。整形带中多余的萌芽和整形带以下的萌芽全部清除，或进行摘心控制其生长。第2年按50厘米×60厘米的株行距定植，移植后注意除萌，并加强肥水管理。第一层留主枝3～5个，相互成120°角，其余枝条多次摘心控制其生长。第3年不动，第4年隔行去行，隔株去株，变成100厘米×120厘米的株行距，移出的苗木也以同去年一样的株行距定植。再培养1～2年即可养成定干处直径3～5厘米的大苗。

落叶灌木大苗培育　播种和扦插苗一般第2年应留床保养1年，第3年以60厘米×60厘米的株行距移植，再培育1～2年即成大苗。分株苗直接以60厘米×60厘米的株行距移植，直至出圃。但要注意每丛所留主枝数量不可太多，否则会造成主枝过细。对多余的丛生枝要从基部清除，高度为1.2～1.5米即可。

落叶垂枝类大苗培育　首先是繁殖嫁接砧木。砧木常用播种繁殖，用实生苗作砧木，一般先把砧木培养到一定程度，然后才开始嫁接。接口粗度3厘米以上最为适宜，这样操作起来比较容易，嫁接成活率高。由于砧木较粗，接穗生长势很强，接穗生长快，树冠形成迅速，嫁接后2～3年即可出圃。嫁接接口的高度要根据树种、树形而定，嫁接方法可用插皮接、劈接，插皮接操作方便，快捷，成活率高。对培养多层冠形可采用腹接和插皮腹接。

常绿乔木大苗培育　一年生播种苗再留床保养1年。第3年开始移植，株行距为50厘米×50厘米，第4～6年速长，第7年以120厘米×120厘米的株行距进行移植。第8～10年再速长3年，第11年以3米×4米的株行距进行第3次移植。第12～15年速长4年不移植，此时苗高已达到3.5～4.0米。从第11年开始，每年从树干基部剪除一轮分枝，以促进生长。

常绿灌木大苗培育　这类苗木以扦插和播种繁殖为主。一年生长高约10厘米，第2年按株行距30厘米×50厘米移植，第3～4年速长不动，第5年以100厘米×100厘米的株行距进行第2次移植。第6～7年养冠2年或造型，并注意生长季剪截冠枝，以增加分枝数量，这时株高和冠幅均可在60厘米以上。

攀缘植物大苗培育　先做立架，按80厘米的行距栽水泥桩，深60厘米，上露150厘米，桩距300厘米。桩之间横径3道铁丝连接各水泥柱，每行两端用粗铁丝斜拉固定。把一年生苗栽于立架之下，株距为15～20厘米。当爬蔓能上架时全部上架，随枝蔓生长，再向上放一层，直至第2层为止。培养3年即成大苗。

（吕英民）

园林苗木培育　garden seedling cultivation　繁殖并培育苗木使之符合园林绿化要求的技术措施。园林苗木常用的培育方法有：①容器育苗。在各种容器中装入配制好的营养土进行繁育的一种方法。由于幼苗带有营养土，幼苗期生长良好，成活率颇高（一般成活率在90%以上），在园林苗木培育时广泛应用。②塑料大棚育苗。又称温室育苗。具有结构简单、耐用、性能良好、建造容易、拆卸方便等优点。棚内可保温、保湿，有利于种子的萌发和苗木的生长，并能减少风、霜、干旱、杂草和病虫的危害，苗木生长整齐、健壮，是培育园林苗木最常用的方法。③移植育苗。移植可以增大苗木的营养面积，改善苗木的养分、水分、光照和通气状况，促进侧根和须根生长，提高苗木质量，减少苗木留原床时间，提高出圃苗的质量和成活率。培育大苗时，通过移植可以节约用地，提高土地利用率，降低抚育管理费用。对于种子稀少或插穗来源少的珍贵树种，采用密播、密插，集中管理，待其长到一定高度后再行移植，可提高成苗率，节约种子和插条。

（吕英民）

园林苗圃　garden nursery　专门为城市园林绿化定向繁殖和培育各种优质绿化材料的基地。园林苗圃是城市园林绿化的重要基础，通过培育苗木，引种、驯化苗木以及推广苗木等措施来推动城市园林绿化的发展。同时，园林苗圃本身也是城市绿地系统的一部分，具有公园功能，可形成亮丽的风景线，丰富城市园林绿化功能。园林苗圃在城市园林绿化、美化和环境保护中有非常突出的地位和作用，其任务是用先进的科学技术，在较短的时间内，以较低的成本，根据市场需求，培育各种类型、各种规格、各种用途的优质苗木，以满足城乡绿化所需。

园林苗圃地须选择交通便捷的地方，以便苗木和生产资料的运输；保证充足的劳力、电力，如建设在村镇旁边，在春秋苗圃工作繁忙时，可以补充临时劳动力；开在相关的科研单位、大专院校等邻近地方，则有利于采用先进的生产技术，提高产品的科技含量；苗圃的选址应远离污染源，否则会影响苗木正常生长发育。除此之外，苗圃地还应具备良好的自然条件，建在地势较高的开阔平坦地带，便于机械耕作和灌溉，也有利于排水防涝；苗木生长所需要的水分和养分主要来源于土壤，根系生长所需要的氧气等也来自土壤，须保证良好的土壤条件；培育园林苗木对水分的供应条件要求较高，建立园林苗圃必须具备良好的供水条件。同时，应选择气象条件比较稳定、灾害性天气很少的地区；在选择苗圃地时须进行专门的病虫害调查，了解苗圃地及周边的植被感染病害和发生虫害情况。

（吕英民）

园林植物规划 landscape plants planning 根据所在地区的生态条件、现状和发展需要，在植物资源调查的基础上，对能满足当地绿化综合功能要求的植物种类所做的选择和栽植配置安排。园林植物规划是城市园林绿地系统规划的组成部分，也包含风景名胜区的植物计划。

原则　园林植物规划一般遵循下列原则：①基调树种、骨干树种与一般树种和其他植物全面合理安排。基调树种是整个城市和风景区植物的基础和代表，每一城市和风景区应有经过审慎选择的基调树种1～4种。在每一城市、风景区中，又应根据园林、绿地的不同类型分别选定骨干树种。而在基调树种、骨干树种之外，则宜种类繁多，既重点突出，又丰富多彩。基调树种与骨干树种以乔木为主，一般树种则包括乔木、亚乔木、灌木和木本地被植物等；此外，还可配置草坪植物、露地花卉等。②按不同的生态条件和自然植被物种的生长规律，合理安排植物种类。一般宜以乔、灌木与草本植物相结合，常绿树与落叶树相搭配，被子植物与裸子植物相配合，并在不同植被区确定不同的比例。③适地适树，以乡土植物为主，适当选用经过长期栽培的外来植物。乡土植物可以体现民族特点和地方风格，适应当地风土条件。同时，要求所选的植物对病虫害有较强的抵抗能力，或能吸收有害气体，易于繁殖、移栽，栽培管理简便。④慢长树与速生树相配合，并注意发展珍贵、长寿树种，同时在实现园林综合功能的前提下因地制宜地适当选用一些经济植物。

制订规划的步骤和内容　规划制订前的准备工作包括通过调查了解当地气候、土壤和植被等特点，掌握主要自然环境因素的极限数据，明确原有植物种类（包括品种）的全面情况和应用植物材料方面的有利与不利条件等。规划一般可按年限分为几个阶段，也可按性质分为普遍绿化阶段、重点园林化阶段和园林化阶段等。规划中除列出植物的种类、明确重要性次序外，还要规定各种植物的数量及各类植物之间的比例关系。一个完整的园林植物规划，还应包括育苗规划、施工规划和养护规划等。

（车代弟）

园林植物育种 landscape plants breeding 通过引种、杂交育种、选种或良种繁育等途径改良观赏植物固有类型从而创造新品种的技术与过程。园林植物育种是以遗传学理论为指导，将天然存在的或人工创造的变异类型通过一定的方法和程序，选育出形状基本一致、遗传性相对稳定、符合育种目标与要求的新类型、新品种，并繁育良种苗。

发展概况　早期的园林植物育种多从天然授粉实生后代中选择观赏价值较高的自然变异植株来培育新品种；也有一些观赏植物直接从野生状态引种驯化为栽培观赏品种；而另一部分最初则作为经济植物引种栽培，在社会经济发展至一定阶段后，才继续演化为观赏植物。据考证，中国很早便开始植物的引种驯化工作，在春秋时期就已栽植茶、海棠等植物。在唐、宋时选育了重瓣、大花的菊花、牡丹、芍药新品种。多种中国兰（*Cymbidium* spp.）在唐代末期、五代始便有栽培，至宋代而兴盛。到明、清时期，中国园林植物育种已达相当高的水平。明代选育出蔷薇、月季品种类型约20个，清初选育出凤仙花品种多达233个，内有很多奇品，为18世纪中国花卉育种的里程碑。中国自汉、晋时已从西方及东南亚等地引入葡萄、石榴等；近现代引入的品种更多，如君子兰、现代月季、非洲紫罗兰等。

中国观赏植物种质资源对外输出时间也很早，约在初唐，梅花、牡丹、菊花等名花就先后传到日本、朝鲜等国家。18世纪初叶后，大量观赏植物资源外流至西方，被欧美国家引种并大量利用作为育种的原始材料，从而使世界园林植物的栽培种类和品种在数量上大大增加，在质量上显著提高。中国的山茶、珙桐、木兰、栒子、丁香、杜鹃花、萱草、菊花、翠菊、百合、报春花、绿绒蒿等，在近百年内通过多种途径传至欧美国家乃至全世界，对世界园林植物育种做出了历史性贡献。

自18世纪起，进入观赏植物育种的新阶段。月季、杜鹃花、山茶、木兰、百合、报春花、萱草、翠雀花、落新妇、红鹤芋，以及多种气生兰、一二年生花卉和草坪植物等，在世界各地进行现代育种试验，取得了显著成绩。20世纪60～70年代以来，除引种、选种及杂交育种外，花卉杂种优势利用、多倍体育种、辐射育种与抗逆性育种，尤其是抗病育种大范围开展，体细胞杂交和基因工程等新技术也开始应用于花卉育种。

自20世纪60年代起，中国在各地开展观赏植物种类和地方品种资源的搜集、整理工作。1960年中国园艺学会首次召开了全国花卉会议，随后梅花学术讨论会、唐菖蒲品种鉴定会、牡丹学术讨论会、全国花卉种质资源座谈会等学术会议的举行，以及各种花卉协会的成立，起到推动花卉育种工作的作用。除常规育种外，中国在远缘杂交（如百合、菊花、梅花、月季、荷花、兰花、金花茶等）上取得较大成绩；在辐射育种（如菊花、豆瓣绿、非洲紫罗兰、悬铃木等）、多倍体育种（如多种一二年生花卉、荷花、悬铃木等）、抗逆性育种（如地被菊、梅花、月季、金花茶等）方面也有相当出色的成果。

育种方法　以改进株形、花色、花型、花香、花期、花朵大小与繁密度，以及叶、果等的性状为目标的育种工作，均与园林植物的观赏功能有关。而园林植物的防护功能则促进了抗性育种，尤其是抗病、抗寒、抗污染育种的发展。此外，为节约能源，适宜在低温、弱光条件下栽培的温室花卉也逐渐成为园林植物育种新的目标。园林植物育种方法有多种，可单独进行，也可综合应用。园林植物育种首先要获得大量遗传性变异，然后选育出新品种、新类型，再经良种繁育后加以推广、开发。育种方法包括引种、选种、杂交育种、倍性育种、多组学育种。

引种　将外地（含外国）及本国野生与栽培观赏植物引入本地，通过一定栽培技术措施使之生长、开花，即驯化，这是迅速丰富本地观赏植物种类和品种的捷径之一。中国自西汉起便开始引种工作，如汉初修上林苑，从南方地区引种大量奇花嘉木；张骞通西域，引入不少园艺植物等。1949年以后，陆续从欧、美一些国家和日本等引入现代月季、杂种海棠、山茶、郁金香、唐菖蒲、切花菊、一二年生花卉、温室花卉，以及草坪植物新品种。在世界范围内，尤其近二三百年来西方国家从中国引入大量花卉种质资源，取得巨大实效。

选种　在园林植物育种中应用普遍，根据目的和种类不同分为混合选择和纯系育种。一二年生花卉中，对天然异花授粉植物如鸡冠花等，要进行混合选择；而对天然自花授粉草花如凤仙花等，以及常异花授粉草花如单瓣翠菊等，则多实行一次单株选择。对于多年生花草及园林树木，由于多数可用营养繁殖方式使优良性状保持较长时期不变，只需经过一次选择，即可将优良变异植株固定下来。很多名花品种，如梅花、牡丹、山茶、菊花、兰花、莲等，都通过此法育成。此外，园林植物的芽变频率较高，很多月季、梅花、茶花、杜鹃花、大丽花等品种即通过选择优良的芽变育成。

杂交育种　包括有性杂交育种和杂交优势育种。杂交育种用于各类观赏植物，其中远缘杂交育种一直是创造园林植物新品种的基本途径。20世纪60年代以来，中国在百合、早菊、岩菊、丁香、荷花、唐菖蒲等杂交育种方面取得了较好成绩。

倍性育种　通过天然或人工方式诱导单倍体或多倍体新品种的方法。其中多倍体育种利用了多倍体新品种花大、色艳、瓣厚、耐贮运等优点，已应用于生产及园林中，如百合、萱草、金鱼草、水仙、凤仙花、杨树等的育种。美国育种家通过诱变培育的麝香百合、金鱼草和萱草等的四倍体品种已投入切花生产和园林应用。园林植物的诱变育种包括辐射诱变、化学诱变等。

多组学育种　随着遗传学、分子生物学、分子遗传学、生物化学和生物物理学等基础学科的深入发展，以及组织培养、显微操作等技术的发展，观赏植物体细胞杂交、基因工程等方面均取得进展与突破，并从实验室研究开始进入实用阶段。如D.M.沙阿等1986年将抗除草剂基因转入矮牵牛细胞，获得转基因植株；在紫色矮牵牛植株基因中引入一个类黄酮酶的基因，使紫花矮牵牛变成开白色和紫白条纹的花。此外，在菊花、月季、香石竹、非洲菊等观赏植物中，部分种类已成功获得转基因植株，并已有将分子指纹图谱技术应用于月季等品种鉴定和家谱演化分析的。多组学育种技术开辟了花卉育种的新途径，有着广阔的发展前景。

扩展阅读

戴思兰.园林植物育种学.2版.北京：中国林业出版社，2022.

（包满珠　傅小鹏）

园林植物栽培养护　landscape plants cultivation and maintenance　为使园林植物生长良好，提高其观赏效果而采取的技术措施。园林植物的栽培养护从园林植物定植起即须进行。主要包括不良气候防御、适时适量浇水、土壤改良、修剪等措施，园林植物养护还包括中耕除草和病虫害防治等措施。树木特别是**古树名木**的树干和粗根受伤出现空洞时，须进行树体保护。在工厂或人口密集、尘土较多、污染严重的地区，还须定期给树木喷水洗尘。

不良气候防御　气温过低时，可在地面覆盖落叶或腐殖质、马粪等保护宿根花卉。在寒冷地区，可在入冬前用稻草包扎树干或设立风障对树木进行保护；可施放烟雾以减轻霜害或寒流危害；在降雪量较大时，可用绳索将主枝吊扎或将树枝上的积雪与冰挂打落，以防枝条折断或受冻害。在高温季节或炎热地区，可在地面覆盖枯草、设置荫棚、喷水和喷雾。常有大风吹袭的地区，可设立支柱或架设风障等对树木进行保护。

适时适量浇水　在干旱地区，针对根系较浅的灌木，须浇几次透水，及时封堰保墒，并常辅以喷雾。采用喷灌或滴灌浇水，不仅可增加空气湿度，还有洗尘效果。雨季水分过多时应及时排水，以防烂根。

土壤改良　一般园林植物要求富含腐殖质、疏松且排水良好的壤土，在建筑废墟或石块瓦砾较多的地段栽植时要进行换土。在土壤透气不良时，可在园地开沟，埋入残枝、碎砖、富含腐殖质的肥料，或打洞注入石子，以改良土壤透气条件。土壤酸度以中性为宜，但也有茶花、杜鹃花等喜酸性土植物，而侧柏、圆柏、柽柳等则有较强的耐碱性。土壤酸度不适时应采取调节措施。土壤养分不足时须补充肥料。在植物休眠期多用有机肥，也可加入过磷酸钙、硫酸钾等无机肥。生长季节可追施尿素、硫酸铵等。补充的微量元素可混入基肥施用，或作追肥喷于叶面。

修剪　修剪的目的是调节水分、养分的供应，均衡树势，使生长健壮、花繁叶茂，并按观赏要求剪成特殊的树形。一般落叶植物在秋末落叶后至次年发芽前进行，常绿针叶树在初秋进行，常绿阔叶植物在春季进行，有伤流的树种应避开伤流期。定形之后要经常修剪，以保持树形。主轴中心干明显的树种，要保护中心干的生长优势。花灌木应根据花芽着生的部位进行修剪，其方法主要为：花芽着生在当年枝条上的，可在冬季短截修剪；花芽着生在上年枝条上的，可在花后进行短截；花芽着生在多年生枝条上的，除剪去过密枝、半枯枝等外，一般不进行修剪。

（包满珠　傅小鹏）

园林植物整形与修剪　landscape plants shaping and pruning　为形成栽培者所需的、树体自然生长难以形成的树体结构和外形而对园林植物施行的技术措施。整形通过修剪完成。修剪是服从整形的要求，对树木的干、枝、叶、花、果、芽和根等进行的剪截、疏除、造伤等操作。整形与修剪是园林植物种植过程中一项不可缺少的园艺实践措施，必须在土、水、肥管理的基础上进行。栽培养护中，不仅要保证园林植物的健康生长，还要通过整形修剪技术调控园林植物的形状、结构及大小尺寸，使之与周围的空间相互协调，构成各类园林景观。在进行整形修剪的过程中，必须服从园林植物在园林绿化中的用途和功能，还应根据树龄及生长发育习性，结合生长地实际的环境条件，做到主从分明、树势均衡的整形修剪，切忌违背植物生长发育的自然规律。

修剪方法主要有以下几种：①短截。即剪去枝上的一部分梢段和芽，使养分集中供应，保证剪口芽处于优势，萌发为强壮的分枝。②摘心。即摘除正在生长的新梢的幼嫩部分，作用是抑制该枝继续生长，促使养分转向其下部各芽或邻近部位。③疏剪。即将部分枝、芽从基部疏除，有助于改善通风透光和营养分配，促使花芽分化和果实着色。生长季节的除芽、抹梢等作业也属疏枝，在常绿树中较为常用。④缓放。是对营养枝不加剪截，任其自然延长，逐步减缓、削弱其顶端优势，从而提高该枝芽的萌发率，促生短枝，诱导成花。⑤其他。如通过刻伤、环割（环剥）、扭梢或拿枝软化等手段，伤及器官或输导组织的一部分，使营养物质暂时改变输送方向或速度，对于缓和旺长、促使成花也有较好的效果。应综合应用以上修剪技术手段，培育合乎要求的树形。

（吕英民）

园林植物种质资源　germplasm resources of landscape plants　对植物品种改良和栽培有利用价值的遗传物质总体。即具有一定遗传物质、表现一定优良性状并能将其特定的遗传信息传递给后代的园林植物资源总和。又称园林植物遗传资源。园林植物种质资源主要包括以下几类：①具有优良性状的野生种、变种和变型。②具有优良性状的栽培品种和品系。③在一项或数项重要性状上表现优异的杂交系或供试中间材料。④具有潜在用途的野生种类和栽培类型等。园林植物种质资源是发现植物新种类和改良与创造园艺品种的物质基础。

园林植物是一切适用于园林绿化（从室内花卉装饰到风景名胜区绿化）的植物材料。中国是园林植物种质资源大国，拥有丰富的园林植物种质资源。由于中国地形地貌复杂、气候多样、历史悠久、文化丰富等原因，形成了几个鲜明的特点：

①种类繁多。中国原产的乔灌木有8000余种，在国际上名列前茅。②分布集中。很多著名的园林植物及其科、属都以中国为其世界分布中心；其中有些在国内一定范围内也有集中分布，形成中心的中心。③特产突出。国产园林植物包括若干特产科、属、种，在世界上居于突出地位，或全系中国特有，或全球占有总数近半或过半，更有很多为珍贵的“活化石”孑遗植物。④变异丰富，品质突出。如特殊旱花资源，连续开花资源，香花资源，独特花色（金黄色、蓝色等）、叶色资源，以及抗逆性资源（抗旱、抗寒、耐热、耐瘠薄、耐盐碱、抗病虫害）等。

（张启翔　罗　乐）

沅陵碣滩茶　Yuanling Jietan tea　产于中国湖南省沅陵县，选用当地群体品种及适制良种加工而成的条形烘炒青绿茶。碣滩茶因产于沅江北岸沅陵县境内碣滩山坡而得名。沅陵县古时属辰州府管辖，明清时称为辰州碣滩茶。2011年9月，成为中国国家地理标志保护产品。

生产简史　据《沅陵县志·唐陆贽翰苑集序言》载有：“邑中出茶处多，先以碣滩产者为最。”相传盛唐时期，唐睿宗李旦的皇后胡凤娇将家乡沅陵地区的碣滩茶带回京都，睿宗赏赐大臣品尝，无不称赞。此后，碣滩被指令为茶园，官府派人督造监制朝贡。随着文化交流，碣滩茶被传入日本。1972年日本首相田中角荣访华，向周恩来总理提及碣滩茶，称其为中日友好茶。1991年，碣滩茶被评为国际文化名茶，并授予金奖，载入了《中国名茶录》。2010年5月，在中国（上海）国际茶博会上获得茶类的最高奖项“特别金奖”。

产地环境　沅陵碣滩茶地理标志保护范围是湖南省沅陵县现辖行政区域内。产区位于雪峰山脉和武陵山脉之间，年平均气温16℃，年平均降水量1400毫米以上，年平均日照1300小时，年平均无霜期280天，为库区和高山平湖独特的小气候环境，常年云雾缭绕。茶树生长的生态环境要求在土层厚度超过80厘米，pH4.5～6.5，有机质含量丰富的红壤、黄壤或紫砂土上种植。其核心产区为北溶乡、官庄镇，主产区为肖家桥乡、马底驿乡、五强溪镇、清浪乡、杜家坪乡等地；延伸产区为沅陵镇、凉水井镇、七甲坪镇、麻溪铺镇、筲箕湾镇、明溪口镇、盘古乡、二酉苗族乡、荔溪乡、楠木铺乡、大合坪乡、火场土家族乡、陈家滩乡等地。

加工工艺　沅陵碣滩茶加工工艺为：摊青→杀青→清风→揉捻→初烘→复炒整形→烘焙足干。

品质特征　成品茶外形细紧卷曲、锋苗细秀，白毫显露、色泽翠绿，汤色浅绿有毫浑，香气鲜嫩毫香持久，滋味鲜醇毫味重；叶底鲜绿匀嫩。

（郑红发）

原始栽培类型　original cultivars type　具有原始农业性状的作物类型。原始栽培类型经数千年的驯化发展而产生，是介于野生种与栽培种之间的中间类型。大多数原始栽培类型是现代栽培作物的原始种或参与种，一般不能称为品种。原始栽培类型的形成是随着原始农业的出现和发展而产生的。考古资料表明，距今大约1万年前人类发明了自己种植作物的生存方式，于是农业这种生产方式应运而生，逐渐形成了作物的栽培类型。

中国是世界上三大农业起源地之一。中国先民在原始时代首先驯化栽培了粟、黍、菽、稻、麻和许多果树、蔬菜等，成为世界上重要的栽培植物起源中心之一。据估计，人类曾经栽培过3000种左右的植物，经过淘汰、筛选、传播和交流，其中遍布全球的有150多种，而世界人口的主要衣食来源仅依靠15种左右的农作物。这些遍及全球与人类生活息息相关的农作物都是原始农业时期驯化栽培的。原始农业时期，祖先们为人类选择驯化并传承下来的农作物资源是后来农业发展不可替代的物质基础。

到了夏商周时期，人们在长期实践中懂得了种子不同，成熟早晚、产量和品质也有不同。再加上社会需求的多样化（例如祭祀、酿造、嗜好、人与人之间的交往等方面的需求），人们对农作物的类型和特性更加关注，并进行有意识的选择，出现了原始农业时期所没有的选种效果，促成了一批栽培类型的出现。其中，一些主要经济性状不太优良的栽培类型未得到进一步改良，它们的性状仍停留在原始栽培状态时期并保留至今，即为原始栽培类型。品种选择技术的发明是原始栽培类型出现的直接原因，品种选择技术的进步则推进了农业生产的发展。

受数千年人类活动和环境变迁的影响，不少果树原始栽培类型已经灭绝，存在的原始栽培类型已经很少，且多与其他野生植物生长在一起组成天然植物群落，在不容易到达的地区才能搜集到。果树原始栽培类型基因库丰富，对当地的气候条件适应性更强，不仅是难得的育种材料，也可为研究果树起源提供重要依据。

（何业华）

远缘杂交　distant hybridization　在植物分类学的种间、属间甚至更远的亲缘关系之间发生的杂交。远缘杂交是通过有性生殖把不同种、属的特征、特性结合起来，突破常规种属生殖隔离，创造新的类型或新物种，获得独特的杂种优势。远缘杂交由于亲本的遗传背景差异大，杂交成功率低，成苗率低。远缘杂交获得的后代为远缘杂种，自然或人工筛选出的远缘杂种具有双亲的优良特性，如抗性强、独特的果实外观与内在品质性状等。优良的远缘杂交果树可以获得良好的产量，但子代种子往往败育率高、萌芽率低，后代分离幅度大。

多种方法有助于克服生殖隔离，提高远缘杂交的成功率，如使用混合花粉、反交、切除雌蕊柱头后授粉、使用植物生长调节剂等。对于胚发育不良的情况，可以通过组培胚挽救提高胚的成活率。对于染色体数量不同的亲本，可以通过染色体加倍的方法提高后代的育性。此外，还可以尝试通过两亲本的原生质体融合克服远缘杂交的不亲和性。

远缘杂交根据亲本之间染色体数量和同源性差异的大小，其自然后代大致分为可育、半可育和完全败育三种类型。属间杂交后代全部是败育的，种间杂交的育性根据两个亲本的亲缘关系处于完全可育和完全败育之间。由于果树无性繁殖的特点，远缘杂交在果树育种中应用较多。果树的远缘杂交可以自然发生或通过人工杂交产生。在果树中，柑橘属最早的5个种通过自然发生的远缘杂交等方式，产生了复杂多样的现代柑橘种和品种；苹果和梨、中华猕猴桃和毛花猕猴桃、李和杏等，也都通过人工种间杂交选育出多个商业化栽培的新类型、新品种。

（马锋旺）

月季　modern rose; *Rosa* spp.　蔷薇科蔷薇属落叶灌木或藤本植物。又称现代月季。月季是通过蔷薇属内种间杂交和长期选育而形成的杂交品种群。蔷薇属全世界约200种。中国有95种，是世界蔷薇属的分布中心，具有悠久的栽培历史。中国是月季花（月月红，*R. chinensis*）、香水月季（*R. odorata*）、巨花蔷薇（*R. gigantea*）、野蔷薇（*R. multiflora*）、玫瑰（*R. rugosa*）、光叶蔷薇（*R. wichuraiana*）及其变种的故乡。这些种质是月季的重要亲本资源。

汉武帝时宫廷花园中就盛栽蔷薇植物。月季花于北宋始见记载，并出现很多形色各异的品种，至明代栽培则更为普

图1 月季

图2 月季的叶和花

遍，品种更多。清代时，中国月季、蔷薇类型与品种数量之多已居世界前列。18世纪末至19世纪初，中国月季、蔷薇的多种珍贵品种传入欧洲，经反复杂交，在1867年育成第一个杂种香水月季品种，并创造了现代月季的一个新系统，其优点主要是花大丰满、四季开花、重瓣、花色丰富、具芳香等。这一系统至今仍是现代月季的主体，名优品种很多。之后又培育出聚花月季、壮花月季等多个现代月季新系统。

茎有皮刺，叶为奇数羽状复叶，小叶常3～9片。花单生或几朵集生成伞房花序或复伞房花序，单瓣、半重瓣或重瓣，花直径从小到大，花色丰富多样，有些品种具有香味。花瓣形状丰富，花型多样，具多季开花性。花托老熟即变为肉质的浆果状假果，称为蔷薇果，果内包含有多数瘦果。

月季喜阳光，喜肥，较耐旱，最忌积水，宜栽于背风向阳且空气流通的环境。较耐寒，能忍受−15～−10℃的低温，最适生长温度为15～25℃。喜富含有机质、通气良好、pH为6.5～6.8的微酸性土壤。生长期的相对湿度以75%～80%为宜。常用扦插或嫁接繁殖，培育新品种时用播种繁殖。

在园艺应用方面分为藤本月季、大花庭园月季、丰花月季等。月季形姿俱佳，四季开花不绝，花色丰富，花香浓郁，可种植于花坛、花境或草坪边缘，或作常绿树的前景，也常按类型、品种布置成月季园。攀缘月季可作棚架、篱笆、拱门、墙垣的装饰材料。盆栽月季及切花月季可用于室内装饰等。此外，月季花可入药，有些品种的花可食用、茶用，还可提取香精。

（葛　红）

岳西翠兰茶 Yuexi Cuilan tea　产于中国安徽省岳西县的直条形烘青绿茶。1983～1985年，在原有地方名茶皖西小兰花基础上研创成岳西翠兰茶。岳西产茶历史悠久，始于秦汉，兴于唐宋，一直是贡茶、官茶、名茶、优质茶之乡。岳西翠兰茶四次作为国礼，由中国国家领导人赠送给俄罗斯、柬埔寨、丹麦及圣彼得堡国际经济论坛外国元首。是中国国家地理标志保护产品。

加工工艺　岳西翠兰茶系选用岳西县境内栽培的适制岳西翠兰的茶树良种鲜叶，采用特定的加工工艺制作而成。岳西翠兰茶的手工制作技艺，是安徽省非物质文化遗产。手工制作工艺流程为：鲜叶采摘→摊放→头锅→二锅→摊凉→毛火→摊凉→足火→包装。机械制作工艺流程为：鲜叶采摘→摊放→杀青→整形→摊凉→初烘→摊凉→复烘→包装。

品质特征　色泽翠绿、形似兰花，故名岳西翠兰。岳西翠兰茶外形翠绿鲜活，芽叶相连，舒展匀整；其汤翠绿明亮、清香持久，其味鲜醇爽口。品质特点突出在“三绿”，即干茶色泽翠绿，汤色碧绿，叶底嫩绿。岳西翠兰茶品质优异，风格独特，分为特一级、特二级、一级、二级。

销售区域　主销售区为中国华东地区，安庆、合肥市场占比较大，中国华南、华北、西南、西北地区均有销售。

（宁井铭　焦宝丰）

越橘 blueberry; *Vaccinium* spp.　杜鹃花科越橘属多年生落叶或常绿灌木或蔓生植物。属浆果类果树。越橘分布于北半球，以美国和加拿大的资源最为丰富。野生越橘在美国从1906年开始，通过选种、育种及栽培研究，已发展为重要的栽培果树。全世界有40多个国家先后开始商业化栽培。中国自1983年开始引进国外栽培品种，在东北的黑龙江、吉林，华南地区的广东、广西，西南地区的云南等大部分地区都有栽培。

主要类型　越橘属植物全世界约有400种。中国已记载的有约91种、28个变种，分布于东北和西南地区。越橘染色体倍性较复杂，有二倍体、四倍体和六倍体（2n=24, 48, 72）。①高丛越橘（*V. corymbosum*）。树高1～3米，果实大，喜温暖湿润气候和强酸性土壤，其中北高丛越橘抗寒力强，南高丛越橘耐旱能力差。②兔眼越橘（*V. ashei*）。树高可达10米，常绿，较抗热耐旱。③矮丛越橘（*V. angustifolium*）。高度不过50厘米，极抗寒。④大果蔓越橘（*V. macrocarpon*）。匍匐生长，常绿，果大、红色。⑤红豆越橘（*V. vitis-idaea*）。高15～30厘米，常绿，果红色。⑥欧洲越橘（*V. myrtillus*）。果暗红色或蓝色，含丰富的花青素。⑦笃斯越橘（*V. uliginosum*）。高0.1～1.2米，极抗寒，喜湿，抗涝能力很强，果蓝黑色。⑧乌饭树（*V. bracteatum*）。为常绿小乔木，果球形，黑色稍被白粉。

图1 越橘

图2 越橘的叶和花（粉红色）

图3 越橘的花（白色）

图4 越橘的果实

根据越橘树体特征、果实特点及区域分布，果树学将越橘品种划分为兔眼越橘品种群、南高丛越橘品种群、北高丛越橘品种群、半高丛越橘品种群、矮丛越橘品种群、红豆越橘品种群和蔓越橘品种群7个品种群。

形态特征 越橘的种类繁多，形态特征、适应性差异较大。栽培品种树高0.1～3.0米。根纤细，无根毛，具菌根，分布浅，矮丛越橘和北高丛越橘喜酸性土壤，最适pH4.3～4.8，兔眼越橘最适pH4.5～5.3。生长季节内新梢可多次生长。在一年生枝上形成花芽，为混合芽，第二年抽枝后开花结果。单叶互生，椭圆形，有短柄，全缘或有锯齿。花腋生或顶生，单生或成总状花序，两性花。单花钟状或管状，白色或粉红色。果近球形，直径0.5～2.5厘米，蓝色、蓝黑色或红色。内含多数种子。果顶常有宿萼。在中国长春生长的矮丛越橘和北高丛越橘于7～8月成熟。

栽培技术 越橘通常采用绿枝（或硬枝）扦插繁殖，或组织培养无性繁殖苗木。宜选土壤有机质含量高、酸性较强、疏松、排水性能好的地带建园。栽植株距因品种类型而异。兔眼越橘和部分南高丛越橘自花不孕，须配置授粉品种。通常于冬季修剪，剪去细弱枝、衰老枝、低矮下垂枝和内堂过密枝。常采用清耕或行间生草法。根据土壤肥力和树体生长结果情况，确定施肥量，以及氮、磷、钾的施肥比例（常采用1∶1∶1）。

病虫害 随着越橘引种规模的不断扩大，越橘病害也随之发生，已发现的越橘病害主要分为侵染性病害和生理性病害两大类，常见且危害比较严重的有真菌、细菌和病毒病。鞘翅目和鳞翅目害虫主要为害越橘的根、叶、花和果实，严重影响越橘的生长发育及果实的质量。注意防治为害花和叶片的金龟子、刺蛾、果蝇等，以及为害根系的蛴螬等害虫。

用途 鲜食越橘果实多采用人工采摘，分装在塑料小盒内，冷藏储运。加工用如美国则常由机械采收。越橘果实为蓝色或红色，其中的蓝果类型俗称蓝莓。蓝莓果实中花青素含量高，果实可鲜食或加工果汁、果酒、果干、果酱等。秋季树叶变红色，或常绿，可用于园林绿化美化。在大城市周边也作为观光休闲果园，供市民自采体验。 （李亚东）

云龙绿茶 Yunlong green tea 产于中国云南省大理白族自治州云龙县宝丰乡的大叶种烘青绿茶。云龙绿茶以云龙大栗树茶厂生产的为典型代表。产地大栗树大山头海拔2200～2500米，年平均气温在4.9℃以上，极端最低气温在－6℃以上，大于10℃的积温可达3500℃以上，年降水量1000毫米以上，年平均相对湿度75%。土壤为黄棕壤，土层深厚，土壤湿润，排水良好，结构疏松，有机质含量丰富。大山头自然环境颇适宜茶树的生长发育和优良品质的形成。

云龙绿茶春茶于清明节刚过时采摘，鲜叶用竹篓盛装，标准为一芽二叶、一芽三叶，要求芽叶大小均匀，比例适中，不采鱼叶、雨水叶、对夹叶，不采病虫芽、冻伤芽、花青紫芽和单芽等。加工工艺为：鲜叶采摘→摊晾→杀青→回潮→辉锅。云龙绿茶鲜叶原料采于大山头茶园，属于大叶种，发芽较平地茶树少而迟，但芽叶粗壮，叶质柔软，嫩度好。优质的鲜叶配上与烘炒相结合的加工工艺，形成了云龙绿茶优异的品质。茶品外形条索紧结壮实，光滑匀整、上霜；汤色淡绿、清澈明亮，滋味浓醇，鲜爽回甘，具有熟板栗香，香高持久，叶底完整的特点。

（吕才有）

云南红茶 Yunnan black tea 产于中国云南省南部与西南部的临沧、保山、凤庆、西双版纳、德宏等地的红茶。又称滇红。滇红包括滇红工夫茶与滇红碎茶两种。制作采用优良的云南大叶种茶树鲜叶，经萎凋、揉捻或揉切、发酵、烘烤等工序制成成品茶。红茶所含的茶黄素与茶红素决定了红茶的质量，二者含量越高，风味越佳。决定茶黄素、茶红素含量的因素是茶树的品种及鲜叶的嫩度。滇红选用的是嫩度适宜的云南大叶种茶树鲜叶作质料，大叶种茶树鲜叶内含多酚类物质相比其他茶树丰富，咖啡碱、水浸出物等的含量均较高。

以大叶种红碎茶拼配形成，定型产品有叶茶、碎茶、片茶、茶末四类11个花色。毛茶分为六级12等。成品茶分为特级、一至六级。外形各有特定规格，条索重实，色泽调匀；冲泡后汤色红鲜明亮，金圈突出，香气鲜爽，滋味浓强，富有刺激性；叶底红匀鲜亮，呈棕色、粉红或姜黄鲜亮，以浓、强、鲜为其特色。主要销往中国广东、辽宁、内蒙古、北京、上海、新疆、西藏等地，外销俄罗斯和东欧、西欧、北美等30多个国家和地区。

（吕才有）

云南绿茶 Yunnan green tea 产于中国云南省各茶区的绿茶。主要有晒青、炒青、烘青、蒸青四种类别。又称滇绿。云南绿茶是以大叶种茶叶为原料加工为主，辅之以地方特色品种加工的地方名优绿茶。毛茶分三级六等，成品茶分一至三级、滇绿碎茶、滇绿片茶五个花色级别。

选用大叶茶为原料，精选细嫩的一芽二叶开展、一芽三叶初展和同叶质嫩度的单叶、对夹叶鲜叶，经过杀青→揉捻→干燥制成毛茶。杀青，可以抑制酶的活动和多酚类的氧化，保持茶叶原色；揉捻，可使茶叶成形；经晒干、烘干或炒干制成绿茶。再经筛分→拣剔→匀摊→复火→撩头割脚→清风→成品装箱包装，制成成品茶。

茶品具有色泽绿润、条索肥实、回味甘甜、饮后回味悠长等特点，有生津解热、润喉止渴的作用，盛夏饮用倍感凉爽。主销华北、中南和云南省各地。

（吕才有）

云南晒青茶 Yunnan sun-dried green tea 产于中国云南省的绿茶。又称滇青。云南主要传统绿茶之一，主要作为普洱茶加工的原料。以普洱茶地理标准保护范围的云南大叶种为原料，经过摊放、杀青、揉捻、解块、日光干燥、包装等工序制成，是具有独特品质特征的茶叶。

加工工艺 晒青茶初制分杀青→揉捻（初揉→堆积→复揉）→晒干三道工序。①杀青。多用锅炒杀青，锅温200℃左右，锅径80厘米，投叶量2.0～3.5千克，要翻匀炒透，防止翻叶不匀，产生茎叶夹生和烟焦现象。云南大叶种芽叶肥大，含水率高，在杀青时要注意闷抖结合，杀透杀匀。②揉捻。主要使用中、小型揉捻机，也有用手揉的。机揉投叶量因机型而异，机揉时间20～30分钟；手揉须5分钟以上。揉捻是传统的滇茶初制技术，是提高茶叶品质的主要环节，一般分初揉、堆积、复揉三步进行。较老的原料应趁热揉捻，揉后不抖散，适当堆积，以形成醇厚的滋味和橙黄的汤色、消除粗老茶的粗青气。一般第一天揉捻的叶，堆到第二天晒；晒至四五成干，叶质还较柔时再复揉一次，使条索紧结、色泽油亮。③晒干。把茶叶薄摊在篾笆或水泥晒场上，用阳光晒干，中间翻叶2～3次，要求晒干至毛茶含水量10%左右。

品质特征　外形条索粗壮肥硕，白毫显露，色泽深绿油润，香味浓醇，极具收敛性，耐冲泡，汤色黄绿、明亮，叶底肥硕。干茶色泽为墨绿色，白毫较显。由传统手工制作，条索一般较松，由于晒青干燥后含水分较多（10%左右），故茸毛一般不会飘散。冲泡后汤色显橙黄色，略带水味，苦味较重，香气较持久；叶底一般为暗绿色，部分叶底上会出现黄斑。晒青茶按原料老嫩可分为10级。

（吕才有）

云南蓍　Wilson's yarrow; *Achillea wilsoniana*　菊科蓍属多年生草本植物。又称蓍草、一支蒿、飞天蜈蚣。云南蓍分布于中国云南、四川、贵州、湖南、湖北、河南等地。生于山坡草地或灌木丛中。

有短的根状茎。茎直立，高35～100厘米。叶无柄，二回羽状全裂，一回裂片多数。叶轴宽约1.5毫米。数个头状花序集成复伞房花序。总苞宽钟形或半球形，直径4～6毫米。总苞片3层，覆瓦状排列。托片披针形，具稍带褐色的膜质透明边缘。边花6～16朵。舌片白色，偶有淡粉红色边沿，顶端具深或浅的3齿，管部与舌片近等长，翅状压扁，具少数腺点。管状花淡黄色或白色，长约3毫米。瘦果矩圆状楔形，长2.5毫米，宽约1.1毫米，具翅。花果期7～9月。

云南蓍全草可药用，具解毒消肿、止血止痛、健胃等功效。

（包满珠　傅小鹏）

Z

再加工茶产品 tea of re-processing 以绿茶、红茶、青茶（乌龙茶）、白茶、黄茶、黑茶等基本茶类的初加工产品为原料，经再加工技术手段（压制、窨制、超微粉碎、拼配等），改变原料茶的外形或风味而制成的茶叶新产品的统称。

加工技术 茶叶再加工技术主要包括压制、窨制、超微粉碎和拼配技术。①压制技术。利用茶叶汽蒸后变柔软，能够进行压制塑形的原理，将茶叶进行一定时间的汽蒸处理，然后按一定形状进行压制，冷却定型后再将茶叶缓慢干燥，制成紧压茶。茶叶经过压制后改变了原来的外形，最终产品有片状、块状、饼状、圆柱状或其他紧压形状。②窨制技术。利用茶叶所具备的较强的吸附性能和鲜花的吐香能力，将茶坯与鲜花进行多次混合或密接，使茶坯吸收鲜花的香气物质，然后再除去茶坯中吐过香的鲜花。③超微粉碎。将去梗的原料茶进行超微粉碎处理，使茶叶颗粒度达到200目以上。④拼配技术。将两种以上品质特性互补的原料茶按一定比例混合，实现总体品质提升的加工技术。

主要产品 ①紧压茶。原料茶通过压制处理而制成的具有一定形状的茶产品。紧压茶加工的基本工序为：蒸茶→装料→紧压定型→干燥→包装等。根据原料茶类的不同，可分为紧压绿茶、紧压红茶、紧压黑茶、紧压白茶和紧压乌龙茶。多数紧压茶产品所用的原料比较粗老，使其具有便于运输和储藏、茶味醇厚等特点。②花茶。茶叶通过窨制处理吸收鲜花的香气而制成的茶产品。花茶加工的基本工序为：茶坯与鲜花拼和窨花→复火干燥→匀堆装箱等。根据所用香花品种的不同，可分为茉莉花茶、玉兰花茶、桂花花茶、珠兰花茶、玫瑰花茶等。花茶既具有茶叶的纯正滋味，又具有鲜花馥郁芬芳的香气，别具风韵。加工花茶所用的茶叶原料主要是绿茶，也有少量红茶。③超微粉茶。以茶叶初加工产品为原料，经过超微粉碎处理而制成的颗粒度在200目以上的粉茶。超微粉茶加工的基本工序为：原料茶脱茎梗→超微粉碎→包装。超微粉茶以超微绿茶为主，对加工技术及原料的要求较高，不仅要求原料内质优，而且要求其叶绿素含量高、纤维素含量低。超微绿茶的原料宜采用蒸青绿茶，最好用碾茶。抹茶是超微绿茶的一种特色产品。超微粉茶既可以直接饮用，也可以作为含茶食品的原料。

（郑红发 林 智）

早期选择 pre-selection 在果树育种实践中，按照育种计划在育种材料进入结果期之前对育种目标性状进行选择的方法。又称预先选择。早期选择包括性状的苗期选择、果实性状的相关选择和分子标记辅助选择。①性状的苗期选择。针对苗期即可表现出的育种目标性状，对育种材料进行性状鉴定并进行表型选择，如生长习性、抗病性、抗逆性、砧木的生根能力、嫁接亲和性等。性状鉴定既可采用相关鉴定，如葡萄叶背绒毛厚度与抗病性强相关；也可采用直接鉴定，如通过叶片接种病原对苹果褐斑病抗病性进行鉴定。②果实性状的相关选择。利用与果实性状相关的苗期性状对育种材料进行选择，如叶片的花青素积累与果实红色相关，叶形指数与果形指数相关等。③分子标记辅助选择。通过与目标性状紧密连锁的分子标记对目标性状进行相关选择，或者依据性状的基因标记对性状进行基因型选择。

（张新忠）

枣 Chinese jujube; *Ziziphus jujuba* 鼠李科枣属落叶小乔木。又称红枣、中国枣。枣是枣属植物中栽培最多、最具经济价值的一种，也是中国最具代表性的果树之一，是中国产量最大的干果树种，并与油茶、核桃、板栗、仁用杏一起成为中国五大优势经济林树种。

栽培历史 枣树起源于野生酸枣，其最早的栽培中心为晋陕黄河峡谷一带。枣与桃、杏、李、栗一起并称为中国古代的五果，是中国最古老的栽培果树之一。中国古代诗歌《诗经·豳风·七月》中有“八月剥枣”的记载，说明枣在中国至少有3000年的栽培历史；据河南新密市莪沟北岗新石器时代出土的碳化枣核推测，中国先民至少在7000多年前就已经开始采摘和利用枣果，并将其作为珍贵果品。

枣的发展先后经历了引种驯化期（新石器晚期至商朝）、传统产区形成期（周朝至汉朝）、传统生产技术发展期（汉末至北魏）、传统生产技术成熟应用期（北魏末年至中华人民共和国成立）和现代枣业形成发展期（中华人民共和国成立以来）五个阶段。

地理分布 枣从中国很早就已传入韩国等邻国，并于约公元1世纪经叙利亚传至地中海沿岸和西欧，19世纪由欧洲传入美洲，进而传入大洋洲、非洲等地。枣树已引种到五大洲的近50个国家，并在韩国、伊朗、澳大利亚等地形成商品化栽培。在中国，除黑龙江等极少数地区外，其他各地均有栽培，分布范围在北纬23°～42.5°、东经76°～124°，以河北、河南、山西、山东、新疆栽培最多。根据地理、气候、土壤及枣树品种特点等，《中国果树志·枣卷》以淮河、秦岭和年均温15℃等温线为界，把中国枣区划分为南北两大区系。其中，北方栽培区细分为黄河、海河中下游流域冲积土栽培亚区，黄土高原丘陵栽培亚区，西北干旱地带河谷丘陵栽培亚区；南方栽培区细分为江淮河流冲积土栽培亚区，南方丘陵栽培亚区和四川、云南、贵州栽培亚区，其中北方栽培区的枣树面积和产量约占到全国的95%。

近缘种与变型 世界枣属植物约有170种，中国枣属中最重要的枣树近缘种为毛叶枣（印度枣、台湾大青枣）和酸枣（棘、野枣、山枣等），其中毛叶枣为常绿果树，主要栽培于中国海南、广东、台湾、云南、广西等地，以及印度、巴基斯坦、伊朗等国。酸枣（*Z. acidojujuba*）为枣树的直系祖先种，主要野生于中国北方的山区，是枣树的主要砧木，已开始栽培化。

在中国，枣树种下还有6个变型，分别为：①龙爪枣〔*Z. jujuba* f. *tortuosa*（*Z. jujuba* var. *tortuosa*）〕。又称龙须枣、龙枣、蟠龙枣。树体矮小，枝扭曲生长。②变色枣（*Z. jujuba* f. *allochroa*）。又称胎里红、三变红、三变色、三变丑。新生枝、叶、花和果最初均呈紫红色。③宿萼枣〔*Z. jujuba* f. *carnosicalycis*（*Z. jujuba* var. *carnosicalycis*）〕。又称柿蒂枣、柿顶枣、留花枣。果实基部具增大、肉质肥厚或革质化的宿存花萼。④变形枣（*Z. jujuba* f. *heteroformis*）。又称茶壶枣、五花枣、怪枣。同一株树上果形变化大，果实中下部常具一至多个纵向凸起，凸起的中央有浅沟，形似茶壶，核具棱，结果枝常具次生分枝。⑤葫芦枣〔*Z. jujuba* f. *lageniformis*（*Z. sativa* var. *lageniformis*, *Z. jujuba* var. *lageniformis*）〕。又称磨盘枣、羊奶枣、乳头枣、妈妈枣、坛子枣、缢痕枣。果实中上部具一圈缢缩。⑥无核枣（*Z. jujuba* f. *apyrena*）。又称虚心枣。内果皮软膜质、可食。

形态特征 树干和老枝灰色或深灰

图1 枣树

图2 枣的叶

图3 枣的花

图4 枣的果实

色，树皮条裂、片裂或龟裂。自然生长的树冠多卵圆形或圆头形。根系由水平根和垂直根组成，水平根较发达、且易萌发根蘖，垂直根进而深达数米。枝系结构和生长方式独特，基本枝系称为枣头，上有四枝两芽。枣头一次枝（发育枝、延长枝）呈之字形弯曲，节部有两个通常向后弯曲的托叶刺，主芽着生在各个节部，可发育成新枣头或枣股；枣头一次枝随着生长，在其各节部主芽上方形成副芽（为早熟性芽）并萌发成之字形弯曲的枣头二次枝（结果基枝），节部的两个托叶刺一个细长前伸、一个短粗后弯；枣头二次枝各节部的主芽形成枣股（结果母枝），为极度短缩性枝条；枣股的副芽及一年生枣头二次枝上的副芽萌发后形成枣吊（结果枝），因细弱、结果后下垂得名。叶片光滑，卵圆至卵状披针形，基生三出脉。花小，生于叶腋，多成二歧聚伞花序。拟核果，属于非典型的核果，其花托和密盘参与果实构建、发育成果实基部的一部分。果形多样，圆形、长圆形、扁圆形、柱形、卵形、倒卵形等，外果皮红色至紫红色，中果皮厚、肉质、味甜，内果皮发育成硬核，核多为纺锤形。无种仁或有1～2个种仁。

植物学特征　枣树具有独特的植物学特征，主要表现为四个方面。①枣树具有果树甚至木本植物上罕见的“落枝归根”和“自我修剪枝条体系”。在枣树的4种枝条中，只有枣头一次枝的顶芽可以正常延长生长，形成新的枣头（包括一次枝、二次枝、枣股和枣吊），扩大树冠；枣头二次枝在发生的当年顶端自然枯死，以后不再延长生长；枣股极度短缩，年生长量只有1毫米左右；枣吊则与叶片一起在秋后自然脱落。由于成枝力弱、枝叶稀疏，加之成花和结果容易，使得枣树的整形修剪相对简单，并且较一般果树更适合与多种粮油作物长期间作。②枣树花芽分化速度极快、花期持续时间很长。枣树是花芽分化速度最快的果树之一，其花芽是在开花的当年进行分化，而且一年中可以随着新生枣吊的出现和生长不断分化新的花芽和花序，单花的分化时间只有1周左右，全树的花芽分化期可以持续2～3个月。由于当年形成的花芽陆续开放，使得枣树的开花期也长达2～3个月。③枣树的童期极短、早果速丰、生命周期很长。枣树如果栽培管理得当，栽后或嫁接当年即可开花结果，故俗语有“桃三杏四梨五年，枣树当年就还钱”的说法。枣树的花芽分化特点还决定了其成花容易、早果速丰、稳产性强，在新疆南疆高密度条件下，利用酸枣仁直播就地嫁接建园，当年就可实现产鲜枣达5000～8000千克/公顷。此外，枣树的隐芽寿命很长，自我更新能力极强，经济寿命可达1000年以上，在山东庆云、陕西清涧、山西五台等地，上千年的古枣树仍能正常开花结果。④枣树抗逆性强，适生区域广泛。枣树的气候和土壤适应性均很强，自古被称为“铁杆庄稼”。枣树的抗旱性尤为突出，其根系深广、吸水能力强，枝疏叶小，枝叶厚被蜡质、蒸腾少、保水能力强，在干旱条件下能正常生长结果。枣树的耐盐碱、耐瘠薄和抗风沙能力也很强。

分类与分布　枣树的栽培品种资源极为丰富，中国约有900个。枣的品种分类方法多样，按地理分布（年平均温度15℃等温线为界），可分为南枣和北枣两大系统；按枣的大小，可分为大枣、小枣；按枣果形状，可分为长枣、圆枣、扁圆枣和葫芦枣等；按枣的用途，可分为制干、鲜食、蜜枣、兼用枣及观赏枣五类；按成熟期，可分为极早熟、早熟、中熟、晚熟和极晚熟五类。中国起主导作用的传统主栽品种，主要有主产于河北和山东交界环渤海黄河故道盐碱区的金丝小枣、主产于河北太行山旱薄山区的婆枣和赞皇大枣、主产于山西和陕西黄河峡谷两岸黄土高原的中阳木枣、主产于河南中部和东北部平原黄河故道区的扁核酸、主产于山东中南部山区的长红枣、主产于山东西北部和河北西南部平原黄河故道区的圆铃枣、主产于新疆和河南的灰枣、主产于新疆和山西的壶瓶枣（骏枣）、主产于河北沧州和山东滨州环渤海黄河故道盐碱区的冬枣。其中前九种枣均为制干或兼用品种，最后一种枣为鲜食品种，其产量之和占全国总产量的80%以上。育成并得到规模化发展的新品种主要有金丝4号、月光、曙光、七月鲜、临黄1号等。

繁殖方法　枣树的繁殖方式多样。传统上主要利用其易产生根蘖的习性，采用分株和基于分株的归圃育苗方法。新发展的方法有绿枝扦插、硬枝扦插、组织培养等，生产上用得最多的是嫁接法。嫁接最常用的砧木是酸枣，也可用本砧，在南方还可用铜钱树为砧木。

主要价值　枣具有很高的营养、食用、医疗、生态、观赏、文化和基因价值。①营养价值。枣果富含糖、维生素C、环核苷酸、黄铜、三萜酸、脯氨酸、钾、钙、铁、锌等营养成分。②食用价值。枣果除鲜食和制干外，还可加工成蜜枣、乌枣、南枣、醉枣、罐头、枣泥、枣酱、枣粉、枣汁、枣片、枣茶、枣酒、滋补精、烟用香精、食用红色素，以及膳食纤维、多糖和环核苷酸糖浆等众多的功能性食品。③医疗价值。得益于其丰富的营养和独特的功能成分，枣果是中国传统滋补佳品、本草上品、常用中药和中国首批药食同源果品。现代中医认为，枣能健脾和胃、养心安神、活血调经、消炎止血、生津止泻、调和药性，适用于脾胃虚弱、气虚不足、倦怠乏力及癔症、失眠、心悸、盗汗、肠炎、痢疾、血小板减少性紫癜、崩漏、外伤出血、月经不调、白带、体虚感冒、脏躁症等。除枣果外，枣树皮、花、核甚至枣刺均可入药。④生态价值。枣树有极强的气候和土壤适应性，是果树上山下滩的先锋树种和理想的生态经济兼用树种，中国现有的各大枣区均在山、沙、碱、旱或土壤贫瘠地区。在各种果树中，枣树萌芽最晚，落叶最早，加之根稀叶疏，与主要粮油作物物候期交错，适宜与小麦、谷子和花生等作物长期间作，可实现枣粮（油）双丰收，兼顾经济效益、生态效益和社会效益。枣粮间作被公认为农林复合经营高效利用土地资源的成功典范。⑤观赏价值。在枣树的五大类品种中，有专门的观赏品种类，如以观树形为主的龙爪枣，以观颜色为主的胎里红、三变色，以观果为主的茶壶枣、磨盘枣、葫芦枣、柿蒂枣、辣椒枣、牛奶枣等。⑥文化价值。多数枣品种的成熟期恰逢中国中秋节和国庆节两个重大节日，适于休闲观光采摘。枣树有很高的文化价值，枣的红色厚重深沉，被专门定义为“枣红色”，为典型的“中国红”颜色，寓意吉祥，红红火火。加之“枣”与“早”谐音，婚庆时常以大枣、花生、栗子相陪，寓意“早生贵子”，婚姻美满。中国几乎所有的主要传统节日中，枣都是不可或缺的节庆食品，如春节吃带枣的年糕，元宵节吃枣泥馅的元宵，端午节吃枣粽子，中秋节吃鲜红枣和枣泥月饼等。古今华人写枣、诵枣、唱枣、画枣，传承至今已形成极其丰厚的枣文化积淀，枣文化已经成为中华文化的一个重要组成部分。⑦基因价值。枣树拥有独特的抗干旱、耐瘠薄、耐盐碱、高营养、短童期、长寿命、易成花及自修剪等方面的优异基因。深入发掘这些优异基因资源，对枣树的遗传改良、其他果树的基因工程改造及研究植物的系统进化等，具有十分重要的学术价值和广阔应用前景。

病虫害　有记录的病虫害种类达100多种，其中发生普遍、危害严重的主要有枣疯病、裂果、缩果病、枣锈病、桃小食心虫、绿盲椿象、红蜘蛛、枣步曲、枣黏虫、日本龟蜡蚧、黄刺蛾等。

采收　枣果的采收因果实用途不同，可分为白熟、半红、脆熟和完熟四个时期。其中白熟期采收适于加工蜜枣，半红期采收适于鲜食品种长期贮藏保鲜，脆熟期采收适于短期销售的鲜食枣及加工南枣和乌枣等，完熟期采收适于制干。用于加工和制干的枣果可采用乙烯利催落、人工摇落或机械振落采收，鲜食用的枣果须人工采摘。

（刘孟军）

皂荚　Chinese honey locust; *Gleditsia sinensis*　豆科皂荚属落叶乔木或小乔木。皂荚分布极广，中国北部至南部以及西南部均有分布。

高15～30米。枝灰色至深褐色，刺粗壮，圆柱状。一回羽状复叶，小叶（2）3～9对，纸质，卵状披针形至长圆形，长3～8厘米，先端急尖或渐尖，顶端圆钝，具小尖头，基部圆形或楔形，边缘具细锯齿，叶背网脉明显，在两面凸起。小叶柄被短柔毛。总状花序腋生或顶生，被短柔毛。萼、瓣均4枚。荚果带状，长12～37厘米，宽2～4厘米，劲直或扭曲，果肉

图1　皂荚

图2　皂荚的茎和刺

图3　皂荚的叶

图4　皂荚的花序

图5　皂荚的果实

稍厚。果瓣革质，褐棕色或红褐色，常被白色粉霜。种子多颗，长圆形或椭圆形，棕色，光亮。花期3～5月，果期5～12月。

喜光，稍耐阴，喜温暖湿润气候及深厚肥沃适当湿润土壤。深根性使其在石灰质及盐碱性土壤甚至黏土或砂土中也能正常生长。常用播种法繁殖。

常栽培于庭院或宅旁用于绿化，也可作造林树种。果荚富含肥皂质，可煎汁作肥皂用。种子可榨油，作润滑剂，且种子有治痢及通便的功效。木材坚硬耐腐蚀，可做家具。（于晓南）

漳平水仙茶 Zhangping Shuixian tea 产于中国福建省漳平市的乌龙茶。漳平水仙茶创制于1934年前后。以福建水仙茶树鲜叶为原料，经特定工艺制成。属历史名茶。依照干茶外形，可分为漳平水仙茶饼（紧压四方形）和漳平水仙茶（散茶）。漳平水仙茶饼填补了乌龙茶类紧压茶的空白，较耐存放，畅销中国闽西各地及广东、厦门一带，亦远销东南亚国家和地区。

漳平水仙茶的制作工艺综合了*闽北乌龙茶*与*闽南乌龙茶*的初制技术，做青前期使用水筛摇青，做青后期则使用摇青机摇青，前后各两次；晾青掌握薄摊多晾原则；经炒青、揉捻后，采用木模压制造形、白纸定型独有工序；再经精细烘焙，遂成就其独特而优异的品质。紧压四方形漳平水仙茶的工艺流程为鲜叶采摘→晒青→晾青→做青→杀青→揉捻→拣剔与保鲜→造形→烘焙等；而条形（散茶）漳平水仙茶的工艺中做青程度稍重一些，不需要在揉捻之后进行拣剔、保鲜和造形等工序。漳平水仙茶还可根据做青程度和后期烘焙工艺的差异分为清香型和浓香型。在初制工艺中，以文火烘干等特定工艺过程制成的茶叶产品称为清香型漳平水仙茶；在初制工艺后，以烘焙（复焙）等特定工艺过程制成的茶叶产品称为浓香型漳平水仙茶。

漳平水仙茶的干茶外形扁平四方似小方块，色泽砂绿间蜜黄或乌褐油润；花香显、清高细长，馥郁；滋味浓醇甘爽，品种特征显，汤色金黄明亮；叶底肥厚软亮、红边鲜明、匀齐。（孙威江）

漳平水仙茶

樟 camphor tree; *Cinnamomum camphora* 樟科樟属常绿大乔木。又称香樟、芳樟、油樟、樟木、乌樟、瑶人柴、栳樟、臭樟。樟产于中国秦岭及淮河以南各省，北起河南、山东，东至台湾地区，西至四川、云南及西藏，南至广东。亦见于越南北部、老挝及朝鲜南部。

形态特征 高可达30米，直径可达3米。树冠广卵形，枝、叶及木材均有樟脑气味。树皮黄褐色，有不规则的纵裂。顶芽广卵形或圆球形，鳞片宽卵形或近圆形，外面略被绢状毛。枝条圆柱形，淡褐色，无毛。叶互生，卵状椭圆形，长6～12厘米，宽2.5～5.5厘米，先端急尖，基部宽楔形至近圆形，边缘全缘，软骨质，有时呈微波状，上面绿色或黄绿色，有光泽，下面黄绿色或灰绿色，晦暗，两面无毛或下面幼时略被微柔毛，具离基三出脉，有时过渡到基部具不显的5脉，中脉两面明显，上部每边有侧脉1～3～5（7）条，基生侧脉向叶缘一侧有少数支脉，侧脉及支脉脉腋上面明显隆起，下面有明显腺窝，窝内常被柔毛。叶柄纤细，长2～3厘米，腹凹背凸，无毛。圆锥花序腋生，长3.5～7厘米，具梗，总梗长2.5～4.5厘米，与各级序轴均无毛或被灰白至黄褐

图1 樟树

图2 樟的茎

色微柔毛，被毛时往往在节上尤为明显。花绿白或带黄色，长约3毫米。花梗长1～2毫米，无毛。花被外面无毛或被微柔毛，内面密被短柔毛，花被筒倒锥形，长约1毫米，花被裂片椭圆形，长约2毫米。能育雄蕊9，长约2毫米，花丝被短柔毛。退化雄蕊3，位于最内轮，箭头形，长约1毫米，被短柔毛。子房球形，长约1毫米，无毛，花柱长约1毫米。果卵球形或近球形，直径6～8毫米，紫黑色。果托杯状，长约5毫米，顶端截平，宽达4毫米，基部宽约1毫米，具纵向沟纹。花期4～5月，果期8～11月。

生长习性 性喜阳光，多生于平地、村落附近及低山的次生林。在海南岛常组成次生林的优势种，性耐火烧，萌生力极强。

用途 木材及根、枝、叶可提取樟脑和樟油，樟脑和樟油供医药及香料工业用。果核含脂肪，含油量约40%，油供工

图3 樟的叶和果实

图4 樟的花

业用。根、果、枝和叶可入药，有祛风散寒、强心镇痉和杀虫等功能。木材为造船、橱箱和建筑等用材。

（包满珠 傅小鹏）

昭平红茶 Zhaoping black tea 中国广西壮族自治区昭平县研制出的红茶。昭平县地处广西东部，漓江下游，是“全国生态示范县”“中国长寿之乡”和“全国绿化模范县”。昭平县属亚热带季风性气候，相对湿润，常见多雾，冬旱不明显，具有典型的山区小地形气候特点。茶树主要种植在海拔800米以上的丘陵和低山地带，自然条件优良。茶园土壤类型为砂页岩母质和冲积土、洪积土母质发育而成的山地红黄壤土、黄壤土，土壤排水透气性能好，土层肥沃深厚，矿物质元素丰富，有机质含量高。

昭平红茶以福云6号为原料，沿袭中国传统的工夫红茶生产技术制作而成。加工工艺流程为：萎凋→揉捻→发酵→干燥。成品茶外形条索紧细，色泽油润，金毫显露；汤色红艳显金圈，香气鲜纯浓郁，滋味醇厚甜润，叶底嫩匀红亮，堪称红茶上品。主销中国市场。

（韦静峰）

昭平银杉茶 Zhaoping Yinshan tea 产于中国广西壮族自治区昭平县的名优绿茶。因其成品身披银毫、外形微扁似杉树叶片而得名。20世纪90年代，由广西壮族自治区昭平县将军峰茶场采用无性系优良茶树新梢为原料，采用特定的加工工艺研制成功。是中国农产品地理标志产品。主销国内。

产地环境 昭平县地处广西东部，漓江下游，是“全国生态示范县”“中国长寿之乡”和“全国绿化模范县”。属亚热带季风气候，相对湿润，雾天常见，冬旱不明显，具有典型的山区小地形气候特点。昭平银杉茶树主要种植在海拔800米以上的丘陵和低山，茶园土壤类型为砂页岩母质和冲积土、洪积土母质发育而成的山地红黄壤土、黄壤土，土壤排水透气性能好，土层肥沃深厚，矿物质元素丰富，有机质含量高，环境条件优良。

加工工艺 每年2月开采，采摘时间至11月，分春茶和秋茶。制作昭平银杉茶对鲜叶的采摘有严格要求：珍品银杉茶采摘单芽的茶树鲜叶；特级银杉茶采摘一芽一叶初展的茶树鲜叶；银杉茶采摘一芽一叶的茶树鲜叶。采下的鲜叶要求嫩度、匀度、净度基本一致，芽叶粉嫩、匀整、多茸毛，无损伤。昭平银杉茶的加工工艺流程为：鲜叶摊放→杀青→摊凉→初炒理条→复干做形→烘足干→精选→包装。

品质特征 成品茶外形肥壮，条直微扁，隐绿润泽；汤色嫩绿明亮，香气清高，滋味鲜醇，叶底肥嫩显芽。昭平银杉茶按等级分为珍品银杉茶、特制银杉茶、银杉茶。

（韦静峰）

折砧 lopping of rootstock 采用芽接法嫁接成活后，在接芽上方将砧木苗干折倒，促进接芽萌发生长的过程。折砧时将砧木木质部及大部分皮层折断，保留一部分韧皮部相连，可使部分养分继续往下供应，但限制了折砧部位以上部分的生长，进而促进了接穗芽的萌发。折砧处理既改变了砧木的生长极性，又保留了其上的叶片，使接芽处于顶端优势地位，并得到更多的营养供给，充分利用夏秋季节生长，提高了当年嫁接当年出圃苗木的质量。折砧后，待嫁接苗长到10多个叶片后，剪除嫁接口以上砧木苗干，留存砧木嫁接口以下老叶，以进一步提高嫁接苗的成活率。该方法于20世纪50～60年代中期曾在缩短苹果苗木培育周期中广泛应用，随后在柑橘、枇杷、桃树育苗或高接换种中经常使用。

折砧时，一般先在接芽上方5～8厘米处横切一刀，深达苗干粗的1/3～1/2；之后一手捏住切口下部的砧木，并以拇指保护好接芽，另一手的拇指顶住切口背面向上用力，其余四指握住切口上部的砧梢慢慢用力向下弯曲，使砧木苗干在切口上方折劈，斜倒于地面。

为使苗木生长健壮充实，折砧必须在秋季苗木缓慢生长之前90天进行。折砧时不能完全折断苗干，折后可将梢部埋土固定，以防风折。运用折砧方法处理砧干时，应适当加大育苗的株行距。

（陈清西 叶清华）

浙农117 Zhenong 117; *Camellia sinensis* cv. *Zhenong* 117 由浙江农业大学茶学系（今浙江大学茶叶研究所）于1963～1999年从福鼎大白茶与云南大叶茶自然杂交后代中采用单株育种法育成的茶树无性系品种。2010年由中国茶树品种鉴定委员会鉴定为茶树国家级品种。在浙江、重庆等省、直辖市有引种。

无性系，小乔木型，中叶类，早生种。植株较高大，树姿半开张，分枝较密。叶片呈水平状着生，长椭圆形，叶色深绿，叶面微隆起，叶身平或稍内折，叶缘平，叶尖骤尖，叶齿较密，叶质柔软。花瓣6～8瓣，子房茸毛中等，花柱3裂。结实性弱。

春季萌发中等，芽叶生育力强，持嫩性好，色绿，肥壮，茸毛中等偏少。是红茶、绿茶兼制的茶树国家级优良品种。制绿茶，外形细嫩紧结、深绿显芽，汤色嫩绿明亮，花香浓，滋味鲜爽，叶底柔软明亮，尤宜制针形或单芽名优绿茶。制红碎茶，香高且带甜香，味鲜浓强。抗寒性强，特别对倒春寒有较强的抗性，抗旱性强，抗螨、蚜虫和象甲能力较强，抗小绿叶蝉能力稍弱，抗病性强。扦插繁殖力强。

（成 浩）

贞丰坡柳茶 Zhenfeng Poliu tea 主产于中国贵州省贞丰县的黄茶。又称状元茶、娘娘茶。贞丰坡柳茶为贵州历史名茶。因当地姑娘出嫁时将自己采制的坡柳茶带到婆家，故又称娘娘茶。产地属于亚热带季风湿润气候，气候温和，冬无严寒，夏天无酷暑；年平均气温16.6℃，年降水量1000～1400毫米，全年无霜期290天左右，年平均日照时数1563小时。加工工艺流程为：茶青→摊青→杀青→揉捻→做形→烘干。成品茶外形圆柱状或圆锥状，色泽绿润；香气醇郁，滋味醇厚鲜爽；汤色绿黄明亮，叶底黄绿。

（郑文佳）

针垫花 pincushion flower; *Leucospermum* spp. 山龙眼科针垫花属落叶灌木。又称银宝树、风铃花。针垫花主要分布于南

图1 针垫花

图2 针垫花的茎和叶

图3 针垫花的花（橙色）

图4 针垫花的花（黄色）

非和津巴布韦。

常绿蔓性灌木，少数为小乔木。叶轮生，硬质，多为针状、心形或矛尖状，边缘或叶尖有锯齿。花序密集，头状花序，单生或少数聚生。花冠小，针状。喜湿暖、阳光充足、通风良好的环境，对土壤要求不高，肥沃、排水良好即可。生长期宜充分浇水，冬季不耐寒。采用播种和扦插繁殖，一般在春季进行。

针垫花形如其名，花朵开放时像大头针插在球形的针垫上，且颜色多种多样，常见的有红色、黄色、橙色等，是理想的花艺材料。可用于园林绿化盆栽、作高档切花和干花，主要用于**鲜切花**，是非常流行的园艺品种。

（张敬丽　刘云礼）

珍珠菜 lysimachia; *Artemisia lactiflora* 菊科蒿属多年生宿根草本植物。又称珍珠花菜、珍珠菊、角菜、甜菜子、白苞蒿。以嫩绿叶片和嫩梢供食用。珍珠菜原产于中国南部，主要分布于中国广东、广西、云南、台湾等地区。在温带和寒区常作一年生栽培，为夏季绿叶**蔬菜**的一种。

形态特征　植株高30～90厘米，主根粗壮，根系发达，为浅根性，主要分布在10～25厘米土层中。植株直立，茎紫色或青绿色，通常无毛，茎直径0.5～0.8厘米，分枝能力极强，在一定条件下每个腋芽均可抽出侧枝，适宜多次采收嫩叶。茎基部有很强的不定根形成能力，扦插易成活。叶互生，叶片深绿色，呈羽状分裂，叶缘锯齿状，叶柄绿色或暗红色且较长。头状花序，腋生，花序着生小花一至数十朵不等；花冠白色，线状，径

图1 珍珠菜

图2 珍珠菜的花序

0.2～0.3厘米，花柄极短，白花外观形似珍珠，故名“珍珠菜”“珍珠花菜”；子房下位。瘦果，灰色或褐色，较小，种子千粒重0.2～0.25克。

生长习性　喜温，但对温度要求不严格。适宜的生长温度为15～28℃，当温度在−5℃以下时叶片严重受冻，但根茎仍具生活力，在35～38℃高温下仍可良好生长，具有很强的耐低温和耐高温能力。适宜在土层疏松肥厚、排水良好的土壤中生长。属于短日照作物，但在较高光强度下仍能良好生长。采摘适期为植株开展度20～30厘米，叶片长15～20厘米，在离地3厘米处收割，以保证主茎生长并抹去全部侧芽为宜。以后每隔15～20天进行再次收割。

用途　可采摘嫩梢、嫩叶食用，适于炒制、做汤、凉拌、做馅等烹饪方法。富含维生素、矿物质、氨基酸及特殊的芳香物质，具有清热、凉血、解毒、调经等功效，有助于增强人体免疫力。

（巩振辉）

砧木归圃 stock replanting in nursery 将不符合嫁接标准的砧木苗集中栽植于苗圃进行养护的措施。在培育实生苗过程中，由于单位面积播种密度较大，造成部分实生苗生长不良，无法进行嫁接。这样的苗需要挖出后重新按照要求栽植，培养促长后方可嫁接。

扦插、**压条**、分株、组培等方法得到的苗木往往根系发育不良，园地直接栽植成活率低，缓苗期长，生长不良，需要归圃集中养护健壮后再用于建园。如**荔枝**等**常绿果树**的空中压条繁育的苗木，根系多卷曲生长，细根较少，不宜直接定植，最好带生根材料养护管理一年，待根系发育强大后再定植。分株繁殖（不论是根蘖分株法还是吸芽分株法）得到的苗木根系往往不强壮，直接栽植成活率较差。草莓等匍匐茎繁殖的小苗集中养护管理也属于归圃的范畴。

生产上过于细弱的实生苗和无性繁殖得到的根系发育不良的苗木均需要归圃抚育。归圃的苗木经过抚育管理达到嫁接要求后，可进行育苗利用。苗木归圃前要按照育苗要求整地，对苗木根系进行修剪，尤其分株苗要剪去根系先端的毛茬伤口、断裂根，有条件的可以用生根剂溶液浸根或蘸泥浆栽植，并灌透水，进行正常管理即可。

（吕德国）

砧木园 rootstock nursery 果树育苗中用于培育砧木的苗圃。砧木是**果树嫁接繁殖**中承受接穗的部分。在果树育苗中，砧木通常在特定的苗圃中进行培育，达到嫁接的标准后才能用于嫁接繁殖。砧木园的选址应确保水源和交通方便，距离生产性果园较远，或者有自然屏障隔开，以减少病虫害的侵染。砧木园的土壤要求土层深厚、疏松肥沃、排灌良好，地势平坦或为缓坡地，背风向阳，避免低洼地、积水地，以防出现冻害。砧木种子在播种前应进行消毒处理，以减少种传病害的发生；砧木苗的培育可采用苗床或营养钵两种方式。

砧木园需要进行精细管理，主要包括肥水管理和病虫害管理。砧木苗需要达到一定的粗度才能用于嫁接。以枳砧嫁接甜橙为例，一级砧木苗要求粗度≥0.8厘米、高度≥60厘米。因此，砧木园的肥水管

理目标是促进砧木苗快速生长，通过薄肥勤施使苗木尽早达到嫁接标准，缩短育苗周期。砧木园的病虫害管理不仅影响砧木苗的生长势，而且影响嫁接苗定植到果园后的病虫害防治。砧木园的病虫害防治效果好，没有发生病虫害，则砧木苗长势好、育苗周期短，嫁接苗定植到果园后发生病虫害的概率也低。在病毒性病害大量发生的时期或区域，砧木园应利用网室培育砧木苗，以减少媒介昆虫传播病毒的机会，生产无病毒苗木。

由于砧木苗生长期短，且管理精细，通常种植密度较高；在达到嫁接标准后，即可用于嫁接。成活的嫁接苗继续在砧木园中生长，达到出圃标准后即可起苗销售，定植到果园。以枳砧甜橙苗为例，一级嫁接苗要求粗度≥0.8厘米、高度≥55厘米、主枝数≥3、主枝长度≥20厘米、主根长度≥20厘米、侧根数≥3。

砧木苗的成本远低于嫁接苗，在现代果树栽培实践中也可进行砧木建园，即直接将砧木（种子或砧木苗）种植在果园中，待苗木生长达到嫁接要求后再嫁接栽培品种的接穗。这种栽培方式中，苗木在苗圃中的育苗周期短，对砧木园的管理要求不高（仅提供砧木苗即可），甚至不需要砧木园，嫁接过程和嫁接苗的培育在果园中完成。与在砧木园中培育砧木苗和嫁接苗，再移植到果园的常规栽培方式相比，砧木建园具有一定的优势：能够确保砧木对果园土壤的适应性；可以控制嫁接过程，保证嫁接品种的纯正。

（姚　青）

榛子　hazelnut; *Corylus* spp.　榛科榛属植物。榛属植物资源丰富，全世界约有16种，分布于亚洲、欧洲和北美洲。原产于中国的有平榛、毛榛、川榛、华榛、刺榛、绒苞榛、滇榛、维西榛8个种和藏刺榛、短柄川榛2个变种。

野生资源类型　中国野生榛属植物的分布经纬跨度较大，北起黑龙江省呼玛县，南至云南省安宁市，西起西藏的聂拉木县，东达黑龙江省东部宝清县，从东北—华北山区、秦岭和甘肃南部至河南—华中—西南呈斜带状分布，海拔100～4000米都分布有榛属种质资源。在甘肃南部和秦岭沿线，榛属植物种质资源较集中分布在海拔1000～3000米。

在榛属植物资源中，最具有经济利用价值的是平榛和毛榛，其他种类有川榛、华榛、绒苞榛、刺榛、滇榛和维西榛。①平榛和毛榛。主要分布在辽宁、吉林、黑龙江、内蒙古、河北、山东、山西、陕西渭河以北地区、宁夏、甘肃东北部等北方地区，集中分布在大兴安岭、小兴安岭、燕山山脉、太行山脉等地区。在东北三省、内蒙古地区分布在海拔100～1200米，而在太行山区的河北、山西地界则分布在海拔1000米以上。②川榛、华榛、绒苞榛、刺榛。主要分布在黄河、秦岭以南（包括秦岭）到长江以北，包括陕西南部秦岭地区、四川北部、河南、安徽、江苏、湖北西部、甘肃南部。③滇榛和维西榛。主要分布在云南等西南部地区。滇榛主要分布在四川和云南1500米以上的高海拔区；维西榛主要分布在滇西北海拔3000～4000米的深山林地。

中国劳动人民素有采食野生榛子的习惯，通过人工垦复管理可提高产量，如辽宁省铁岭市人工垦复管理的榛林面积有150万亩左右，成为当地经济的重要产业。

人工栽培品种　中国原产平榛（*C. heterophylla*）的缺点是果个小、果壳厚、产量低，但平榛具有抗寒、抗旱、耐瘠薄、适应性强的优点。世界上其他国家栽培的基本都是欧洲榛（*C. avellana*），欧洲榛具有果个大、壳薄、产量高的优点，但不抗寒，适应性差。20世纪80年代，中国科技工作者以平榛作母本、欧洲榛作父本开展了种间杂交工作。经过20年的育种研究，从平榛×欧洲榛种间杂交后代中选出平欧杂种榛（*C. heterophylla*×*C. avellana*）优良品种，又称大果榛子。

平欧杂种榛为大灌木或小乔木，树高3.5～5米，6～7年进入盛果期。平欧杂种榛适应性强，适于年平均3.2～15℃的气温范围，土壤pH5.5～8.5均可种植。平欧杂种榛除作为坚果食用外，还可榨油（含油率60%左右），生产糖果、饮料、榛子酱、糕点等各类食品。平欧杂种榛的选育成功，使中国榛子产业实现两大转变，一是由野生资源利用向人工园艺化栽培转变，二是由传统的“小零食”向现代化产业转变，从而开启了中国榛子产业快速发展的新阶段。

（王贵禧）

图1　平欧杂种榛的枝和叶

图2　平欧杂种榛的雌花

图3　平欧杂种榛的雄花序

图4　平欧杂种榛的果实

镇安象园茶　Zhen'an Xiangyuan tea　产于中国陕西省镇安县象园村的绿茶。因产地得名。又称象园雾芽。象园茶已有300多年的历史。以其色泽墨绿、栗香浓郁、甘味悠长、形态优美而著称。地处秦岭腹地的镇安县，得天独厚的自然生态环境造就了象园茶与众不同的内在品质特点。

加工工艺　多选用清明前后一芽二叶为原料。加工工艺流程为：杀青→揉捻→干燥→包装。①杀青。传统用手工杀青，现用30型滚筒连续名茶杀青机。杀青时间控制在1分钟左右。滚筒温度达到180℃时投叶，开始要多投一些鲜叶，以免炒焦，随后均匀投叶即可。杀青时应随时观察出叶的杀青程度，并以此调节投叶量和温度。杀青叶需及时摊凉。②揉捻。可采用手工揉捻或机械揉捻。常用的是30型名茶揉捻机。投叶量不超过4千克，揉捻时间以15～20分为宜，加压采用轻压揉5～8分钟，稍重压揉8～10分钟，再无压揉3～5分钟。③干燥。可采用烘笼或烘干机烘干。当烘顶温度达到80℃时摊叶，摊叶厚度以2～3厘米为宜，中间翻动3～4次，温度要先高后低，后期为60℃，低温长焙，使水分缓慢蒸发，充分透发香气。④包装。拣剔精选，包装贮藏。

品质特征　成品茶外形美观，嫩绿光润，肉厚而鲜，香气清幽；冲泡后，汤色嫩绿，清澈明亮，叶底柔嫩，栗香味浓，回甘持久，耐冲泡。产品分为特级(极品)、一级、二级3个等级，特级（极品）标准为：一芽初展，扁平光滑；一级标准为：一芽一叶开展，含一芽二叶初展，较扁平光洁；二级标准为：一芽二叶开展，较扁平，含少量二叶**对夹叶**，尚扁平。

（纪昌中）

蒸青绿茶　steam-fixed green tea　茶鲜叶经过摊放、蒸汽杀青、揉捻、炒干等工序制成的茶产品。因采用蒸汽进行杀青而得名。蒸青是中国**绿茶**最早的制作方法，始于唐代。据《茶经》记载，其制法为：“晴，采之。蒸之，捣之，拍之，焙之，穿之，封之，茶之干矣。”中国蒸青绿茶的主产区在台湾地区和湖北恩施，主要有玉露茶和煎茶两种。

加工工艺　初制的加工工艺流程为：蒸青→粗揉→揉捻→中揉→精揉→烘干。①蒸青。采用高温蒸汽对茶鲜叶进行杀青处理。蒸汽的穿透力强，可彻底钝化叶内酶活性，同时高湿的环境利于绿润色泽的形成，是蒸青绿茶风味品质形成的关键工序。蒸汽杀青要掌握“高温快速”的原则，蒸青时间80～100秒，具体根据投叶量、蒸汽压和茶鲜叶嫩度等条件而定。蒸汽杀青完的叶子温度较高，含水率较鲜叶会有所提高，为避免叶子互相黏叠，需对叶子进行快速散叶和除湿。以外形色泽鲜绿，无红梗红叶、无团块，清香持久为适度。②粗揉。在粗揉机内的热风和机械力的作用下，茶在制品发生搅拌和揉压，使茶叶各部分的水分均匀分布并不断蒸发，同时挤出茶汁，形成蒸青绿茶特有的深绿油光色泽和紧圆挺直的条索。粗揉茶叶叶温保持在36℃左右，利于保持叶内水分蒸发速度和内部扩散速度的平衡，减重率在20%～30%。③揉捻。揉捻能弥补粗揉的不足，促使叶质柔软、色泽和水分均匀，进一步收紧茶条，便于后续揉捻和干燥工序的进行。老叶易揉碎，揉捻时间应短，为10～15分钟；嫩叶揉捻时间稍长，为15～20分钟。④中揉。中揉的作用在于进一步去除叶内水分，解散团块，并整形，便于下一步精揉操作。中揉时茶在制品时一边搅拌一边揉压，叶表温度保持在35℃左右，时间20～25分钟，含水率达到30%～35%为适度，中揉叶以叶色青黑有光泽，条索精细匀整为适度。⑤精揉。精揉是蒸青绿茶品质形成的关键工序，作用在于进一步整形，使条索圆结紧直，并进一步去除水分。在精揉机的机械力作用下，茶叶在制品揉盘上前后往复揉搓，形成细长紧直的外形，同时将叶内水分揉至表面，通过揉筒的加热促使水分蒸发，进而形成蒸青特有的外形和香气。精揉时嫩叶叶温保持在34～38℃，老叶叶温保持在38～40℃，时间30～40分钟，含水率达到13%左右为适度，精揉叶以茶条圆紧挺直，有尖峰、少断碎，色泽深绿或鲜绿有油光为宜。⑥烘干。干燥茶样、固定茶条外形，挥发青草气，促进香气形成。蒸青烘干以低温慢速为宜，嫩叶在65℃烘干，普通叶70～75℃烘干，老叶75～80℃烘干，时间20～25分钟，含水率达到3%～4%为适度。

品质特征　因茶叶制作工艺不同，形成了色泽翠绿、汤色嫩绿、叶底青绿的独特“三绿”品质特征。成品茶外形条索紧细、匀称挺直，清香较长，滋味醇和。

（袁海波）

正安白茶　Zheng'an white tea　产于中国贵州省正安县的**绿茶**。贵州引进特异茶树品种开发的绿茶。产地海拔500～1100米，土壤类型为红壤或黄壤，土壤pH5.0～6.5，土层厚度超过50厘米，有机质含量大于1.0%。中国国家地理标志保护产品。3月上旬～5月上旬，采摘一芽一叶初展至一芽二叶。加工工艺流程为：茶青采摘→摊青→杀青→做形→焙干。成品茶外形自然匀净，色泽黄绿亮，高香持久；汤色绿亮，滋味鲜爽，叶底嫩匀亮。

（郑文佳）

正交　cross　与**反交**相对的一种杂交方式。不同基因型的个体之间交配产生杂种，称为杂交。杂交是生物遗传变异的重要来源，也是育种的主要技术。如果参加杂交的亲本只有两个，而且只杂交一次，则称作单交。如A和B分别代表参与杂交的两个亲本，则A×B表示两者之间杂交，“×”前面的为母本，后面的为父本。单交有正交和反交之分，而且正交和反交是相对而言的，例如A×B为正交，则B×A为反交。

（张志宏）

郑宅茶　Zhengzhai tea　产于中国福建省莆田市仙游县的乌龙茶。郑宅茶是福建莆田的特产。郑宅茶具有悠久厚重的历史和文化底蕴，郑宅茶传统制作技艺入选福建省第七批非物质文化遗产代表性项目名录、莆田市首批老字号，获评国家地理标志证明商标。

历史记载　郑宅茶历史悠久，南宋著名史学家郑樵《采茶行》载有：“龙团佳制自往昔，我今未酌神行怿。安得龟蒙地百尺，前种武夷后郑宅。”郑樵将武夷茶和郑宅茶相提并论，并将饮郑宅茶视为上

图1　郑宅茶茶园

图2　郑宅茶茶芽

图3　郑宅茶

图4　郑宅茶茶汤

品之饮。到清朝，郑宅茶在民间被视为珍品，许多文人墨客纷纷赋诗歌咏，其中清汪士慎的《郑宅茶》载有："闽茶今有郑园良，细玩封题清昼长。云雾冥蒙春放紫，枪旗浮动夏生凉。杯中皎月一分碧，舌上灵苗尽日香。未必龙团能胜此，好加护惜待人尝。"清曹庭枢诗作《钱唐相国分饷上赐郑宅茶寄奉老母》中有："谷雨新晴后，头纲驿递初。绿接双掌细，香进一旗舒。玉盎梅花喷，银瓶薤叶储。赐先黄阁老，波及大君余。竹里泉声沸，窗间午睡徐。当筵思笋蕨，奉母忆篮舆。旅食经年别，平安数寄书。缄题将远问，借以慰门闾。"诗中，作者将郑宅茶视为珍品，专门寄奉回去孝顺母亲。郑宅茶作为贡品也深为皇室所珍爱，据乾隆（1736～1795）年间《内务府奏销档案》记载："云南年进贡普茶400小圆，普洱女儿茶、珠茶各1000圆，普洱芽茶、蕊茶各100瓶，郑宅茶二匣，普洱茶膏100匣。"乾隆御制《郑宅茶》咏诗云："榴枕桃笙午昼赊，红兰香细透窗纱，梦回石鼎松风沸，先试冰瓯郑宅茶。水递何须古辣泉，满杯香露侍儿煎，浮瓜沉李浑无事，为咏卢仝七碗篇。"

产地环境　仙游县属于南亚热带海洋性季风气候，年平均气温20.6℃，年平均降水量1300～2300毫米，年平均相对湿度76.4%；年平均无霜期318.4天；年均日照时数1832.7小时，年平均风速1.7米/秒，冬季多偏北风，夏季多偏南风。得天独厚的自然环境适宜茶树生长。

加工工艺　郑宅茶采用开面采，采摘一芽三、四叶，经过萎凋→摇青→炒青→揉捻→初焙→包揉→再干等加工工艺制成。

品质特征　郑宅茶外形紧实，色泽青褐油润；花香浓郁，滋味醇厚甘爽；叶底绿叶红镶边。（李远华　叶江华）

政和白茶　Zhenghe white tea　中国福建省政和县特产的**白茶**。政和县产茶历史悠久。在宋代，政和县已成为重要的北苑贡茶主产区，生产的白毫银针备受推崇，被文人誉为"北苑灵芽天下精"。宋政和五年（1115），关隶县因进献贡茶银针"喜动龙颜"，获赐年号，遂改县名为政和。政和白茶是中国国家地理标志保护产品。2008年3月，政和县被命名为"中国白茶之乡"。

政和白茶

政和白茶以国家级优良茶树品种**政和大白茶**品种为原料，经政和县茶农特有的制茶技艺生产而成，加工工艺流程为：鲜叶采摘→萎凋→干燥。其中萎凋是白茶加工的关键工序。成品茶外形粗壮，芽长，滋味醇厚，具有鲜纯、毫香、凉爽的品质特征，并以此为原料制出白毫银针、白牡丹、贡眉、寿眉、白毛猴、莲心等多个白茶品种。生产制作颇具规模，生产的**白牡丹茶**除在中国国内销售外，部分产品外销日本及欧美市场。（李远华　叶江华）

政和大白茶　Zhenghe Dabaicha　原产于中国福建省政和县的茶树无性系品种。简称政大。政和大白茶在政和县的主要产区有东平镇、石屯镇、星溪乡、铁山镇，其他乡镇也有少量生产。原产于福建省政和县铁山镇，现主要分布于福建省政和、建阳、武夷山、周宁、福安等地。20世纪60年代后，浙、皖、苏、赣、湘、川、粤等省有少量引种。

茶树为小乔木型，大叶类，晚生种，自然三倍体。1984年，被全国茶树良种审定委员会认定为国家良种。植株高大，树姿直立，分枝较稀；叶色深绿，富光泽，叶形椭圆，叶面隆起，叶质较厚；芽叶肥壮，茸毛特多；一芽三叶，百芽重约123.0克；花冠直径4.3～6.2厘米，花瓣6～8瓣，子房多毛，花柱3裂，开花不结实；抗寒性较强。春茶一芽二叶，鲜叶含茶多酚24.9%，氨基酸2.4%，咖啡碱4.0%，儿茶素总量14.9%。适制**红茶**和**白茶**，品质优。适宜在长江以南红茶区和白茶区推广。（李远华　叶江华）

政和工夫红茶　Zhenghe Congou black tea　产于中国福建省政和县的**红茶**。福建三大工夫茶之一。原产于福建省北部，以政和县为主产区。政和县境内山岭重叠，雨量充沛，茶园多开辟在缓坡处的森林旧地，土层肥沃，茶树生长繁茂。

生产历史　政和茶业的历史悠久。早在北宋时代，政和的茶园就属当时北苑御茶园，所产茶与武夷茶同称为"建茶"。政和茶业的全盛时期是清康熙（1662～1722）年间，当时中国红茶外贸兴旺，正山小种红茶供不应求。有人从武夷山引进红茶制法，专门生产用于外销的红茶。政和工夫红茶原产于政和县岭腰乡锦屏村（古称遂应场）的仙岩山，所产的茶叶曾称"仙岩茶"。同治十三年（1874），江西客商赵某到遂应场倡制工夫茶，时称"遂应场仙岩工夫"，远销英国。光绪二十二年（1896），政和发现大白茶茶树品种并以"压条法"繁育成功，锦屏茶商叶之翔用**政和大白茶**鲜叶制作工夫红茶，品质异于一般红茶，于是正式定名"政和工夫"，成为闽红三大工夫茶（另有坦洋工夫茶、白琳工夫茶）之首。

加工工艺　政和工夫红茶选用政和大白茶和小叶种两个树种。以大白茶树鲜叶制成的大茶，毫多味浓，为闽北工夫之上品；以小叶种制成的小茶，香气高似祁红茶。基本制法源于武夷山正山小种而又有

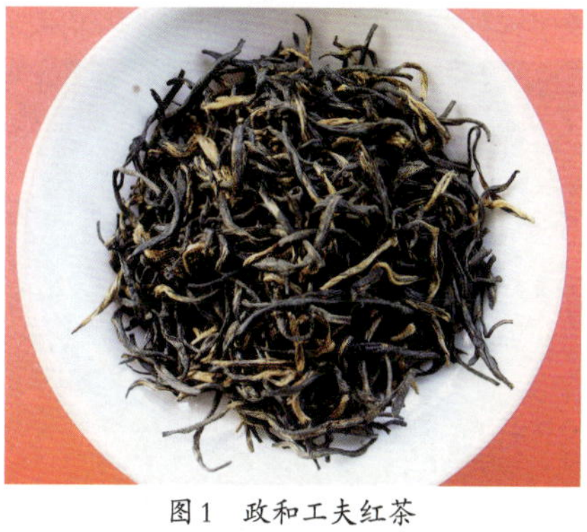
图1　政和工夫红茶

图2 政和工夫红茶茶汤

所改进，无论自然环境还是茶树品种，政和工夫红茶都与武夷山正山小种不同，再加不用烟熏工艺，因而形成自身的独特风格。政和工夫红茶主要采用政和大白茶为原料，经萎凋、揉捻、发酵、烘干、精制和拼配等工序加工制成。

品质特征　外形条索结实，呈紫黑色或金黄色，以大白茶制作的有金色细毫。冲泡后有一股浓郁的似玫瑰或紫罗兰的花香，茶汤色如红葡萄酒，杯沿有一圈金色，滋味圆醇，甘鲜感强，既宜清饮，又宜掺和砂糖、牛奶调饮。叶底肥壮。

（李远华　叶江华）

栀子　cape jasmine; *Gardenia jasminoides* 茜草科栀子属常绿灌木。又称栀子花、黄栀子。栀子主要分布在中国贵州、四川、江苏、浙江、安徽、江西、广东、云南、福建、台湾、湖南、湖北等地。

高0.3～3米。嫩枝常被短毛，枝圆柱形，灰色。叶对生，革质，稀为纸质，少为3枚轮生，叶形多样。花芳香，通常单朵生于枝顶，花梗长3～5毫米。浆果卵形，黄色或橙色，有翅状纵棱5～9条，顶部宿存萼片。花期5～7月，果期5月至翌年2月。有重瓣的变种大花栀子。

栀子可采用扦插、压条、分株或播种繁殖。喜光照充足且通风良好的环境，但忌强光暴晒。宜用疏松肥沃、排水良好的酸性土壤种植。

栀子枝叶繁茂，叶色四季常绿，花芳香，是重要的庭院**观赏植物**和优良的芳香**花卉**。除观赏外，其花、果实、叶和根可入药，有泻火除烦、清热利尿、凉血解毒之功效。此外，花可作茶之香料，果实可作绘画的涂料。

（蔡邦平）

图1 栀子

图2 栀子的花

图3 栀子的果（橙色）

图4 栀子的果（黄色）

图5 栀子的种子

脂氧合酶　lipoxygenase; LOX　与植物代谢密切相关的一种酶，来源于大豆。又称脂肪氧化酶、脂肪加氧酶或脂肪氧合酶。脂氧合酶广泛存在于各种高等植物中，是一种含非血红素铁蛋白的氧化还原酶，分子质量一般在90 000～100 000。

催化机理　LOX在生物体内专一催化含有顺，顺-1,4-戊二烯结构的多元不饱和脂肪酸（亚油酸、亚麻酸、花生四烯酸）双键处的加氧反应，生成具有共轭双键的多元不饱和脂肪酸的氢过氧化物，其与破坏维生素A的胡萝卜素加氧酶是同一物。在植物体内，LOX主要以十八碳酸如亚油酸、亚麻酸等为底物，由LOX启动合成的一系列环状或脂肪族化合物统称氧脂，此代谢过程称为LOX途径或十八碳酸途径。根据LOX底物氧化反应发生的位置分为9-LOX和13-LOX，分别催化亚油酸或亚麻酸碳氢链第9个或第13个碳原子上发生氧化反应。不同植物中LOX的最适pH和最适温度存在较大差异，但多数植物的LOX在偏酸性或中性条件下有最高活性，如猕猴桃最适pH为5.0～5.5，最适温度30℃；葡萄最适pH为6.2和7.0，最适温度40℃；黄瓜最适pH为7.0，最适温度40℃。

生物作用　LOX能直接或间接参与植物的多种代谢反应，在植物的生长、发育、成熟衰老、种子萌发及抵御机械损伤和病虫侵染等逆境过程中具有重要的调控作用。

影响植物细胞膜降解　LOX的作用受到细胞膜结构和脂类中脂肪酸组分的影响，对植物的生长发育起到调节作用，且与植物的成熟、衰老密切相关。LOX参与果实成熟衰老的机制概括为：①启动细胞内膜系统脂质过氧化，导致细胞膜透性增加，加剧细胞膜的降解。②脂质过氧化产物对酶、DNA等有活性的生物大分子有毒害作用，导致细胞功能丧失。③LOX及其脂质过氧化产物参与茉莉酸、脱落酸和乙烯等的生物合成，促进组织衰老。多数果实的LOX活性随着成熟和衰老进程逐渐升高。在苹果果实发育与后熟过程中，其幼果期的LOX活性较高，之后下降，至成熟后果实的LOX活性再次提高。

影响植物生长　植物种子中储藏脂的转运和降解是种子萌发过程中重要的生理生化代谢，高活性的LOX在种子萌发过程中促使细胞膜破裂，具有加速贮藏物质转化和定向运输的作用。植物从萌发到长成的过程中，LOX的种类和活性存在较大差异，生长快速的植物组织中LOX活性较高。

与植物抗逆性密切相关　LOX通常处于静止状态，只有当生物体发育到一定阶段或受到环境胁迫时LOX才启动。植物在生长过程中受到机械伤害和病虫侵染时能产生信号分子进行调节，诱导植物中的LOX活性和代谢产物增加，抗性品系植株的LOX活性显著高于敏感植株。

影响果实风味　LOX能催化果实中的不饱和脂肪酸过氧化形成脂肪酸氢过氧化物，对果实的风味产生影响，是部分果蔬形成特有香气成分的关键酶。例如，LOX途径形成的己醛和己烯醛等物质，是黄瓜、草莓、苹果和茶叶等清香型香气的重要来源。草莓果实成熟期间内部花青素含量增加，果实外部色泽加深，其花青素积累增强是LOX活性的提高促进了果实内源乙烯的积累，进而促进了叶绿素的降解和花青素的合成。

LOX活性　LOX活性的高低与外界条件密切相关，在植物生长期间，温度、水分、光照、盐浓度、抑制剂等均会影响LOX的活性，在果实成熟与贮藏期间表现更为明显。常温下植物果实软化衰老加快，LOX活性较高，低温可显著抑制贮藏前期的LOX活性且在一定程度上延迟衰老。外施水杨酸处理豌豆叶片和猕猴桃果实可有效抑制LOX活性，延缓植物组织的衰老。因此，可通过有效调控LOX活性的影响因素进而调控植物的生长发育等过程。

（马艳萍　饶景萍）

蜘蛛抱蛋　aspidistra; *Aspidistra elatior*　天门冬科蜘蛛抱蛋属多年生常绿草本植物。又称一叶兰、一帆青、箬叶、万年青、大叶万年青、土蜈蚣、飞天蜈蚣、苞米兰、铁梗万年青等。全世界已知该属植物有150余种，多分布在亚洲的亚热带和热带山地，喜生于茂密阴湿、土壤肥沃的常绿阔叶林下。常集中分布于酸性土山谷距离溪边5～20米林下湿度很大的区域或石灰岩山谷圆洼地和山坡中下部山槽等阴湿处，极少见于山脊。中国约97种，主要分布于长江以南的广西、贵州、云南、四川、重庆、湖南等地。

高50～80厘米。具横走具节的根状茎，根状茎的每个节向下生细长的纤维根伸入土中，向上长出叶。叶单生和2～4枚簇生。蒴果球形，绿色，结果后果皮油亮发光，恰如蜘蛛卵，靠近根状茎生长，故称蜘蛛抱蛋。一般采用分株繁殖。

图1　蜘蛛抱蛋

图2　蜘蛛抱蛋的花

除了普通的青叶蜘蛛抱蛋外，常见栽培的还有两个变种：①条斑蜘蛛抱蛋，叶片上有纵向的黄色或白色条斑。②金点蜘蛛抱蛋，叶片上有或稀或密的黄色或白色斑点。

叶子挺拔，四季翠绿，姿态优美，淡雅而有风度，是南方栽植最普遍的观叶植物之一。常散植于园林和庭院树下，也常栽植于**花坛**中，既是理想的室内盆栽观叶植物，也是良好的切叶，且是一味中药。以根状茎入药，有活血通络、消暑祛湿、安神和胃、退热利尿等功能，主治热咳、中暑、头疼、失眠、肠胃炎、呕吐、急性肾炎、腰痛、关节痛、牙痛、跌打损伤等。

（赵惠恩）

植物离体培养保存　in vitro culture preservation of plants　用植物体的器官、组织、细胞和原生质体等作为种质材料，通过无菌操作接种于人工配制的培养基上，在人工控制条件下进行培养保存，使其保持生命力和遗传性的技术。植物种质资源离体培养保存不易受自然灾害（包括病虫害）的侵袭，节省大量的人力、物力、财力和空间，又便于种质资源交流和随时大量繁殖，克服了传统植物种质资源原地保存和异地保存的局限性，尤其适合于常规无性繁殖的作物，如**果树**、茶和**观赏植物**。

原理及方法　离体培养保存的理论基础是植物细胞全能性，即植物的每个细胞都包含着该物种的全部遗传信息，在一定的条件下具有发育形成一个胚胎和完整植株的能力。离体培养保存通过植物组织培养技术来实现，按照该技术原理和手段，离体培养保存方法可分为常温继代保存法、限制与缓慢生长保存法。

常温继代保存法　指在常温条件下，每隔一段时间，将植物细胞或组织进行新一轮的继代培养，以达到保存种质的目的。一些植物种质资源的离体保存仍采用这种方式。该方法的优势是方便随时进行扩繁，不足是需要不断继代，易造成材料的污染、混淆、丢失和遗传变异，只适合植物种质材料的短期保存。

限制与缓慢生长保存法　指通过调节培养条件，抑制保存材料的生长速度，减少继代次数和延长继代间隔时间，从而减少操作和劳力的保存方法，以实现植物种质资源中长期保存的目的。主要措施有：①营养控制。采用降低培养基中的营养来限制植物材料的生长，以达到延长保存时间的目的。②降低培养温度。通过控制温度来抑制植物材料生长，是中长期离体培养保存最常用的方法。在植物可以忍受的温度内，温度越低，保存时间将会越长。但不同植物种类对最佳温度的要求不尽相同，耐寒物种一般在0～5℃下进行保存，亚热带物种一般在10℃左右，热带物种一般在15℃以上。③提高培养基渗透压。在培养基中加入甘露醇、蔗糖或山梨醇等添加物来提高培养基的渗透压，从而抑制材料的生长。④培养基中添加植物生长调节剂。添加适宜浓度的植物生长抑制剂能延长植物材料在试管中的保存时间，适合非生产季节的种质保存。最常用的生长抑制剂有脱落酸（ABA）、多效唑（PP333）和矮壮素（CCC）等。⑤降低培养环境氧气含量。创造低氧环境，可抑制外植体的细胞生理活动，减慢植物材料的生长速度，从而达到种质保存的目的。缺点是植物材料易坏死和发生玻璃化现象，恢复再生慢。⑥复合限制生长。将多种限制和缓慢生长措施相结合，以得到更长的保存时间。事实上，一些作物的离体培养保存往往是采用多种措施复合处理。

应用　离体培养保存的主要目的是最大限度地延长保存时间，同时保持遗传完整性和生命力。运用离体培养技术保存种质已在1000多种植物上获得成功，许多不能用常规种质保存的植物已采用这种方法得以保存。在果树种质的离体培养保存上有许多成功的报道，如苹果、葡萄、李、梨、猕猴桃、草莓、樱桃、枣椰、柑橘、香蕉、树莓、枇杷等。在不同的植物中，可能需要选择适当类型和生理状态的外植体，例如柑橘用**珠心胚**、香蕉用丛芽或胚性愈伤组织等。适宜中长期离体培养保存的外植体类型有愈伤组织、离体小苗、茎尖、茎段等。（刘义存）

植物品种贸易 plant varieties trade 在平等互愿的情况下进行植物的交易。进行贸易的植物是获得植物新品种权、专利、品种审定证书或登记证书的植物（作物）。从范围来讲，有国内贸易和国际贸易。从贸易方式来讲，主要有转让和许可两种形式。

植物新品种权转让 依据各国的农作物种子种苗法律法规和专利法，植物新品种的申请权和品种权、植物专利的专利申请权和专利权可以依法转让。植物新品种权转让的形式按权利转让的内容分为所有权转让和使用权转让。

植物新品种权所有权转让 指品种权人通过法律手段将品种权证书中权利人的名称变更为受让人的行为。品种权转让后，品种权的主体发生变更，这种变更可以是因为自愿转让而发生，例如买卖、交换或赠予；也可以由于法定的原因而发生，例如品种权人死亡或法人终止等。转让后，受让方成为新的品种权所有人，享有法律规定的相关权利。可以自由支配该新品种。

植物新品种权使用权转让 指植物新品种在获得品种权后，许可他人在品种审定区域内进行种子生产、销售。

植物品种权许可 许可实施是植物品种权实施的主要模式之一。植物品种权许可实施不同于品种权转让，在植物品种权许可实施过程中，许可双方签订书面合同，按合同规定，许可方（品种权所有者）将新品种权许可给被许可方，交付有关技术资料，提供必要的技术指导；被许可方支付品种权使用费，取得新品种的使用权，在规定范围内使用该品种，并不发生植物新品种权的所有权转移。与品种权转让不同，植物品种权许可实施时，品种权主体不发生变更。品种权许可是许可双方的市场交易行为，许可方让渡品种权的全部或部分使用权，品种权人不变更。品种权人的收益权利也可通过自己生产和销售或入股等方式实现。

由于植物品种权尚属新兴农业知识产权，许可实践处于探索阶段，所采用的许可实施模式主要是植物品种权独占许可、独家许可和普通许可。也可采用植物品种权联盟许可这种全新许可实施模式。2010年11月，中国种业知识产权联盟成立。（何新华）

植物迁地保存 ex situ conservation of plants 当物种原有的生境遭到破坏严重，或原有生境消失，或物种数量下降到极低水平，种内难以进行繁殖或物种的生存条件突然恶化时进行异地保护的方法。又称迁地保护、非原生境保护、异地保护。迁地保存是珍稀濒危植物和特有植物物种的有效保护方式之一，也是**果树种质资源**保存的重要手段。珍稀濒危植物指对人类经济活动或在学术上具有特殊重要价值，而且分布区域有一定局限性，种群数量又很少的植物。特有植物指分布范围被局限在某一自然地区或生境植物区系，具有特殊性的一类植物。

意义 植物迁地保存是生物多样性保护的一个重要措施，扮演着越来越重要的角色。对那些生存环境遭到破坏的珍稀动植物，全部直接恢复它们的生存环境进行就地保护，对于多数国家均不现实，不得不采用的一个可供选择的办法，即迁地保存。迁地保存是对就地保护的补充，建立种质资源圃、植物园或树木园是中国现阶段对珍稀植物物种迁地保存最主要的措施。迁地保存不仅为保护植物本身的存在形式，更为保护珍贵植物的DNA组成序列；无论在为杂交育种选择亲本还是为基因工程提供样品等方面，都有极大价值。

作用 迁地保存挽救了许多濒危物种，而且在迁地保存中，通过病虫防治、树体管理乃至遗传改良等人工措施，减弱了随机因素对小种群的影响，使其有效种群扩大甚至调整了种群结构。并且，通过迁地保存的种群可以作为野生种群的代用材料，特别是那些具有特殊经济用途的物种，人们通过大量利用人工种群，客观上可减少对野生种群的破坏。还可通过野生种生物学特征和生态学特征的深入研究取得管理野生种群的经验，一旦发生类似自然灾害引起的种群生存危机，即可有效而迅速地对物种进行保护，特别是使濒危物种在生境完全丧失后不会立即灭绝。迁地保存也为在新的生境中创造新的生物群落提供种源，可作为补充野生种群的后备基因库。迁地保存还能为开展公众保护意识教育提供场所。通过迁地保存，可以深入认识被保护生物的形态学特征、生长发育等生物学规律，从而为系统和进化关系研究、就地保护的管理和检测提供依据。

保存方式 迁地保存应遵守国家重点保护植物及珍稀植物保护相关法律法规以及相应的国际法规；遵循生态学原理和适地适树的原则；坚持珍稀植物保护与合理利用相结合原则；坚持生态效益、经济效益和社会效益相平衡的原则。

自1993年《生物多样性公约》《粮食和农业植物遗传资源国际条约》和《名古屋议定书》等国际公约生效以来，国际社会积极建设生物遗传资源迁地保护体系。野生植物遗传资源迁地保存主要是通过种植保存、种子保存、离体培养、低温冷藏等方式，将其活体个体、离体材料、基因、DNA、化合物等进行保护和保存。迁地保存通过引种和繁殖等手段把珍稀植物迁植引种到其他自然条件优越、适合生长和繁殖后代的地区加以保护，将保护的野生植株从自然分布区迁移种植到保护园圃，或利用野生植株的种子或营养体进行人工繁育，乃至大量栽培，进行特殊的保护和管理，并建立植物基因库，保护生物的多样性，为行将灭绝的生物提供生存的最后机会。全球共迁地收集保存了30%的受威胁植物物种。粮食与农业植物遗传资源的迁地保护以种质资源库和种质资源圃为主，试管苗库、超低温保存设施等为替代措施。全球共有1750多个种质资源库和种质资源圃，共保存了740多万份收集品，包括作物野生近缘种、**地方品种**、**品系**、育成品种等。截至2021年底，中国长期保存的农作物种质资源为52.8万份，其中国家长期库保存总数为45.8万余份，43个国家级种质资源圃保存近7万份。国家级果树种质资源圃共22个，分布在16个省（自治区、直辖市）。

（高志红）

植物生产性试验 production acceptance test of plants 植物新品种、新技术、新药剂等在商品化应用之前，在田间进行的较大规模的试验验证。生产性试验是对植物品种表现，技术和药剂的有效性、稳产性等进行分析和测试，具有接受型测试的特点，是品种、产品、技术规模化应用和投放市场之前的放大测试步骤，以发现和评估受试品种、产品、技术的特征。生产性试验不同于科学研究和小型测试，其具有规模的要求，必须在生产规模上测试受试品种、产品和技术的实际表现。生产性试验的环境条件应尽可能与实际生产环境相一致，以便进一步了解受试品种、产品、技术的可靠性、优缺点、可能的应用风险及风险控制方式，提出规模化生产的技术指南。生产性试验包括一系列预先设定的评价指标，测试结果将用于判断受试品种、技术、药剂等在各项相关指标上是否均达到预期要求，能否投入大规模生产和商业市场。生产性试验经常有最终用户或具体使用者的参与和意见反馈，生产性试验也可能是产品和技术展示推广的环节。除常规品种、产品、技术的生产性试验外，在中国生产性试验还是转基因植物环境释放试验之后、申报获得安全证书之前重要和必需的试验步骤。

（张新忠）

植物新品种保护 plant variety protection 知识产权保护的一种形式。又称植物育种者权利。任何单位或者个人未经植物品种权所有人许可，不得为商业目的生产或者销售该授权品种的繁殖材料，不得为商业目的将该授权品种的繁殖材料重复使用于生产另一品种的繁殖材料。植物新品种是经过人工培育的或者对发现的野生植物加以开发，具备新颖性、特异性、一致性和稳定性并有适当命名的植物品种。完成育种的单位或者个人对其授权品种享有排他的独占权。

1997年10月1日，中国政府颁布实施《中华人民共和国植物新品种保护条例》。标志着中国植物新品种保护的法律体系框架已基本建立。与之配套的《中华人民共和国植物新品种保护条例实施细则》农业部分（1999年6月16日发布）和林业部分（1999年8月10日发布）也已实施，使这一法律制度日臻完善。1999年4月23日，中国正式加入国际植物新品种保护联盟（UPOV），成为第39个成员国，依照1978年文本加入UPOV公约，标志着中国正式开始植物新品种保护工作。

中国政府高度重视植物新品种保护工作，成立了专门机构分工负责植物新品种保护。按照职责分工，国家林业和草原局以及农业农村部共同负责植物新品种权申请的受理和审查工作，并对符合规定的植物新品种授予植物新品种权。其中，国家林业和草原局主要负责受理和审查的植物新品种种类包括：林木、竹、木质藤本、木本观赏植物、果树（干果）及木本油料、饮料、调料、木本药材等。农业农村部主要负责受理和审查的植物新品种种类包括：粮、棉、油、麻、糖、菜、烟、草、绿肥、食用菌、果树（水果）、草本花卉、桑、茶、草本药材、橡胶等。

（吕英民）

植物雄性不育 plant male sterility 雄蕊发育不正常，不能产生具有正常功能的花粉，而雌蕊发育正常，能接受其他正常花粉而结实的现象。雄性不育是高等植物中较为常见的生物学特征。根据表现型，植物雄性不育可以划分为三种类型：①结构性雄性不育。雄蕊结构显著异常，从而导致小孢子组织不能发育或者小孢子的发生不能正常进行和完成。这种雄蕊结构异常包括没有花药、花药畸形、雄蕊群发育和分化异常。②孢子发生性雄性不育。雄蕊正常发育，但小孢子发生出现缺陷，从而导致花粉不能产生或者产生异常、畸形，在花粉完全成熟前花粉败育。这也是植物雄性不育的主要类型。③功能性雄性不育。能形成花粉，但是由于某种障碍（如花药不开裂、花粉壁发育不完全或不具备外壁等）使花粉不能到达柱头。

植物雄性不育在遗传上有核不育型和质核不育型两种类型。根据雄性不育的稳定性，又可分为稳定不育型和环境敏感不育型两种类型。环境敏感型雄性不育主要有光敏型不育和温敏型不育两种类型，诱导育性转换的主导因子是光照长度和温度。利用植物雄性不育的特性可以选育雄性不育系。对于一二年生有性繁殖植物，雄性不育系用作杂交种制种的母本，可以极大地提高制种效率。对于多年生无性繁殖的果树而言，雄性不育系的利用价值不大。

（张志宏）

植物驯化 plant domestication 通过人工选择使野生植物逐渐适应本地的自然环境和栽培条件，成为可以人工种植的作物的过程。人类对植物的最早驯化出现在中东地区，是伴随着人们从采集野生植物、管理野生植物到栽培植物这一农业诞生的过程发生的。粮食作物大约于公元前10000～前9000年在新月沃地被驯化。首先被驯化的作物通常为一年生，而且具有比较大的种子或果实，如豆类的豌豆和扁豆、谷物类的小麦和大麦等。与一年生作物自交亲和、种子繁殖不同的是，多年生的果树大多自交不亲和，因此遗传上高度杂合，而且童期长。只有通过营养繁殖才能将人类需要的性状比较快地固定下来，所以果树的驯化需要人类掌握营养繁殖的方法。这也导致很多果树的驯化晚于农作物，但也有一些果树的驯化早于粮食作物。有证据表明，公元前11400～前11200年在约旦河谷已有驯化的无花果，比小麦等作物的驯化早1000多年，因此无花果可能是人类最早驯化的植物。之后在中东地区先后驯化了其他果树，如枣椰（*Phoenix dactylifera*）、油橄榄（*Olea europaea*）、欧亚种葡萄（*Vitis vinifera*）、石榴、阿月浑子和巴旦杏（*Prunus dulcis*）。早期驯化的这些果树的一个共同特点是都可以通过扦插或压条等简单的方法进行繁殖，后代结果也早。之后在大约3000年前，人类掌握了嫁接技术，柑橘类、苹果、梨、桃、樱桃等不容易通过简单扦插繁殖的果树也相继在欧亚大陆的一些地方被驯化。而有些果树的驯化则是20世纪以来发生的事情，如猕猴桃、蓝莓、树莓类。

驯化遗传学的研究表明，植物驯化的实质是对控制植物性状（如种子或果实大小、果实的风味、生殖方式、植物的结构、成熟时是否落果或掉粒等）以及植物生理过程（如成熟期等）的基因的选择。如栽培的欧亚种葡萄的生殖方式由野生种的雌雄异株变为雌雄同花。另外一些果树的驯化还伴随着其他近缘植物的基因渐渗。现代栽培苹果（*Malus domestica*）是以塞威氏苹果（*M. sieversii*）为基础驯化的，但有数个近缘种特别是欧洲森林苹果（*M. sylvestris*）的基因渐渗；中国南方的砂梨驯化过程中有川梨的基因渐渗。

（滕元文）

植物种质创新 plant germplasm innovation 利用常规育种（如有性杂交、辐射和化学诱变）或生物技术（如转基因）手段创制新物种、新类型和新材料的过程。创制的新物种、新类型和新材料与原种质相比较，既要有遗传物质的差异，又要有遗传研究、育种或产业发展利用价值。种质创新有狭义和广义之分。狭义的种质创新是对已利用于产业发展中的种质进行较大难度的改造，如通过种属间或亲缘关系更远的远缘杂交和辐射或化学诱变对种质进行较大难度的改造，实现优异基因导入或造成基因突变甚至染色体结构和数目变异，形成具有特殊基因源或染色体和倍性的材料。广义的种质创新除了上述内容外，还包含不同遗传型品种之间杂交形成的不同遗传组合的杂交后代类型和品系，或利用分子生物技术等方法手段进行的遗传改良。

种质创新根据设计目标不同分为两类：①以遗传学工具材料为主要目标的种质创新，例如非整倍体材料、近等基因系的创建等，通常针对狭义的种质创新。②以现有栽培品种综合性状进行遗传改良为主要目标的种质创新，如利用高产和优质不同遗传型品种杂交，创制高产优质综合性状优良的新品种（品系），或利用转基因导入抗病抗虫等外源基因，创制抗病抗虫新品种。

种质创新涉及的方法技术主要包括：

自然突变体的筛选利用；利用野生种改良果树；物理化学方法创造新种质；通过细胞工程创建新种质材料；转基因技术，利用农杆菌介导质粒等方法技术将有利基因（如抗病、抗虫、耐盐碱基因）整合到现有种质染色体上，从而创新种质。有影响力的种质创新类型的获得常是以上方法技术的综合运用。（王小蓉）

植物种质扩展 plant germplasm development 为丰富现有的种质资源而开展的所有科学研究工作的统称。植物种植扩展包括自然条件下、人工干预下，以及通过生物技术开展的各类工作，具体有：①自然条件下的种质资源调查、引种、实生选种和芽变选种等。②人工干预下的有性杂交、物理化学方法诱发基因突变和染色体倍性变异等。③生物技术基因工程（包括基因编辑）等。

种质扩展的根本是生物遗传变异，其变异的物质基础是脱氧核糖核酸（DNA）。种质扩展可以有效地为育种服务，丰富研究对象的杂种后代和变种资源，获得具有优质的株型、产量、外观、品质风味，较高的抗生物胁迫（抗病、抗虫）和抗非生物胁迫（抗寒、抗高温、抗旱、抗盐碱等）能力，以及更好的贮藏加工特性等的新种质。（高用顺）

植物种质资源收集 plant germplasm resources collection 对植物的种质资源进行收集和保存的活动。植物种质资源收集是整个种质资源研究应用的首要环节。中国资源收集有三个不同的层次：①国家级资源收集工作机构。其主要任务是全面收集和保存国内外重要的种质资源，包括特殊种质的作物原生种、近缘野生种及半野生种。②省级资源收集工作机构。主要负责本省内种质资源的收集和保存工作，在向省外提供资源服务的同时，也向国家级资源机构提供本省重要的种质资源。③育种单位及工作机构。根据本单位承担的育种任务，收集保存与育种对象、育种目标有关的种质资源。

资源收集的植物种类主要有以下几类：起源于中国的栽培植物的近缘野生种，中国特有的作物或特有的类型，新驯化和开发的植物种质资源，历史上因种种原因流失到国外的种质资源。

资源收集必须要有明确的计划，包括目的、要求、方法和步骤。方法主要有两类：①野外收集。这类收集主要集中在收集对象的多样性中心，如某种作物的发源地及栽培历史较久的生产区。在收集资源时应尽可能争取收集对象的多样性，可根据收集对象的不同采取不同的收集策略。②向各级资源机构或单位进行征集。主要作物的种质资源已不同程度地被各级资源机构或单位收集和保存，可以通过交换或付费的方式向其进行征集。

资源收集要求细致周到，做好登记核对，防止错误、混杂、遗漏及不必要的重复，并制作资源收集登记卡。资源收集登记卡应详细记录有关资源收集场所信息、资源本身信息和有关收集的其他信息。（杨向晖）

质地 texture 果实的特性及综合品质。质地直接影响园艺产品（不含花卉）的感官品质，质地通常可被描述为脆、硬、软、绵、沙等消费者口感特性。是园艺产品品质的重要指标，影响园艺产品的耐运性、抗病性和货架期。质地研究主要在多年生果树果实和番茄果实中展开，在其他蔬菜和切花的采后保鲜过程中也有少量报道。

质地变化 果实采后质地变化主要可分为两类：软化（如番茄、猕猴桃等）和木质化（如枇杷、山竹等）。

软化 大部分的果实采后易发生软化，这主要是由于细胞壁降解和细胞间黏附力降低，但部分果实（如猕猴桃和香蕉）软化起始阶段有一个明显的淀粉降解过程。采后果实软化启动是一个自然且不可逆的过程。大量采后损耗多为果实过度软化后，受轻微压迫、病原菌侵染等快速腐败变质。不同园艺产品的软化速度和程度的差异是由果实内部固有成分以及细胞壁多糖和其他结构成分的性质决定的。一般认为，软化是细胞壁成分不断地解聚和水解以及细胞结构丧失的必然结果，因此软化及其调控机制研究主要关注于细胞壁组分的变化。果实细胞壁由复杂的多糖和蛋白质的网状结构所组成，相关组分及比例与不同种类/品种和不同发育阶段密切相关。细胞壁的改变包括脱脂、解聚和寡聚糖水解后的中性糖和半乳糖醛酸的大量损失，最终留下糖残基，导致果实的软化。这些改变导致细胞壁聚合物的不断降解和胞间层完整性的不断损失，而胞间层含有大量的果胶控制细胞间的黏附，进而影响质地。

木质化 表现为采后贮藏过程中果实硬度增加，常伴随着次生细胞壁木质素积累。相比于果实软化，果实木质化仅在少数果实或逆境胁迫下发生，如机械伤山竹果皮、病害苹果果实组织、梨果实的石细胞。与上述果实不同的是，红肉类型枇杷果实（与之对应的是白肉类型的枇杷果实）在采后贮藏过程中易出现木质化的现象，造成果实硬度上升、风味变淡、粗糙少汁等，呈衰老木质化现象，且在果实的可食部位（果肉）发生，严重影响果实品质与经济价值；低温（0～1℃）贮藏条件下，可进一步加速红肉枇杷果实的木质素积累，呈现为果实冷害木质化。木质化现象也可发生在其他园艺作物中，如芦笋、竹笋等蔬菜以及菊花、矮牵牛、鹅掌楸等的茎干组织。

果实成熟过程中质地变化的调控 主要包括物理调控和生物化学调控两类。

物理调控 主要采用温度、湿度、气体调控。

温度 一般而言，低温能抑制果实成熟和衰老并延迟果实的软化与木质化，其影响表现在抑制与成熟起始、调控相关的众多酶的活性上，包括与乙烯生物合成和信号传导相关的酶，以及很多参与成熟的酶。而果实的热处理是通过诱导相关酶的活性来诱导果实质地的变化。

湿度 在众多果实成熟的研究中，温度往往能被有效控制，但相对湿度却不能，而贮藏期间的相对湿度水平对果实成熟有很大的影响。果实贮藏在低相对湿度（RH）环境下时，极易导致水分丧失、萎蔫现象的产生，由低RH导致的水分丧失（质量）能加速许多果实的成熟，包括鳄梨、杧果、香蕉、大蕉及梨，由此保持RH这一概念在许多果实中得到了确立。另外，低RH下贮藏果实可能导致与乙烯应激相关的生物合成、增加许多生理失调的发生率。总而言之，除了质量损失、萎蔫症状现象外，由低RH引起的水分亏缺(后期将通过应激乙烯而导致生理失调)不利于保持果实品质。

气调 气调主要涉及氧气（O_2）和二氧化碳（CO_2）的控制，一般分为气调（CA）或限气（MA）贮藏。由氮气的输入或由于果实的呼吸作用而导致的低浓度O_2，能减缓许多果实的成熟过程。而高浓度CO_2对果实质地变化的影响也有所报道，不同果实变现出不同的质地变化性状。不同气体条件下的贮藏对果实的成熟产生不同的效应，取决于果实种类、贮藏时间和其他条件。因此，果实贮藏过程中气体成分的调控应根据果实的种类来设定，从而保证果实的贮藏品质。

生物化学调控 主要采用乙烯、水杨酸、钙离子和其他化合物调控。

乙烯 乙烯促进果实成熟。已经有广泛的报道关于采后乙烯（或类似物）、其生物合成抑制剂氨基乙氧基乙烯甘氨酸

（AVG）以及类似物1-甲基环丙烯（1-MCP）处理来调控果实的成熟软化。乙烯或1-MCP调控果实质地变化在苹果、鳄梨、李、番荔枝和鲜切猕猴桃、杧果和柿子切片等果实中有报道。乙烯在每一种果实中均存在剂量效应。截至2018年，乙烯或1-MCP调控果实木质化的研究只在枇杷果实中有报道。

水杨酸　水杨酸（SA）是一种自然的酚类化合物，参与调控植物生长和发育的许多过程，包括果实成熟与衰老。SA和它的衍生物乙酰基水杨酸（ASA）被报道能够延迟成熟香蕉和猕猴桃果实的软化。这可能是通过抑制乙烯的生物合成或乙烯的效应实现的。同时SA可能作为一种内源信号分子影响细胞外和细胞内活性氧（ROS）的产生，从而调控果实的成熟或者逆境相关的生理现象。

钙离子和其他化合物　在许多水果中均有钙离子处理能够抑制果实软化和增强果肉硬度效应的报道，如樱桃、番茄、苹果等果实，采后钙离子处理均能延缓果实的软化。

质地受多种因素调控，包括遗传因素和环境条件。由于遗传信息不同，不同种果实质地各不相同，甚至同一种果实也有不同类型的表现。质地变化与多种细胞壁降解/木质化相关酶的活性显著相关，这些酶的生化活性及其编码基因的研究已在多种果实中广泛开展。同一基因型果实的质地也受不同的采前栽培措施和采后贮藏物流方式调控，这些调控措施的相关分子生理机制也在逐渐明晰。

（殷学仁　陈昆松）

中茶108　Zhongcha 108; *Camellia sinensis* cv. *Zhongcha* 108　由中国农业科学院茶叶研究所于1986～2010年从龙井43辐射诱变后代中经单株选择选育而成的茶树无性系品种。2010年由中国茶树品种鉴定委员会鉴定为茶树国家级品种。在浙江、四川、湖北、江西、江苏、陕西、山东等省栽培。

无性系，灌木型，中叶类，特早生种。植株中等，树姿半开张，分枝较密。叶片呈上斜状着生，长椭圆形，叶色绿，叶面微隆起，叶身平，叶缘微波，叶尖渐尖，叶齿稀浅，叶质中。花瓣白色6～8瓣，子房茸毛中等，花柱3裂。

春季萌发期特早，芽叶生育力强，持嫩性强，芽叶黄绿色，茸毛较少。产量高，品质优。是适制龙井、烘青等名优绿茶的茶树国家级优良品种。制烘青绿茶，外形绿润紧结，茶汤嫩绿明亮，清香浓馥，滋味鲜爽，叶底绿亮显毫。制扁形茶，外形光扁，挺直匀整，翠绿鲜艳，滋味清爽，叶底嫩绿。抗寒、抗旱性较强，较抗病虫，尤抗炭疽病。扦插成活率高。

（成　浩）

《中国茶经》 *China Tea Classics*　中国茶书。陈宗懋主编，程启坤、俞永明、王存礼副主编，邀请全国有关专家编著而成。何康、金善宝分别作序。1992年5月由上海文化出版社出版。2011年，集全国数十位茶学专家对原版进行了全面修订，仍由上海文化出版社出版。主编陈宗懋、杨亚军，副主编俞永明、王存礼。新版重点充实了茶叶新产品，无公害有机茶的栽培、设施农业和茶叶质量安全与检测；强化了茶文化内容，增补了茶叶经济篇；对茶史、茶具等有关章节做了更正和调整，使内容更加适应时代的需要。由于内容的扩充，全书字数增加了30%以上。

该书是茶叶领域总结前人成果和介绍近代茶科学、茶文化学研究进展的一部专著，涵盖了茶的起源、茶性、茶类、茶技等茶学的多个领域，同时也包括了茶史、茶饮、茶诗、茶画、茶歌、茶舞、茶事典故等茶文化学的多项内容，既属于自然科学，又涵盖人文和社会科学。该书阐述了中国各个主要历史时期茶叶生产技术和茶叶文化的发生和发展过程，介绍了中国六大茶类的形成和演变，尤其是对名优茶、特种茶的历史背景和品质特点做了详尽的说明；通过对茶的属性、品种、栽培、加工、贮运、饮茶，以及茶与人类健康关系的叙述，表明了中国对茶叶科学的认识和利用过程；对各种茶的饮用方式，特别是具有浓郁地方或民族特色的饮茶方法和礼仪，以及茶与文学艺术的关系作了剖析，进一步反映了中国丰富多彩的茶文化风貌。该书1998年荣获中国国家科技进步奖三等奖。

（于良子）

中国茶树区试试验　national tea variety regional experiment　根据《全国茶树品种区试技术规程》在中国茶叶主产省设置区试点，设立品质、抗性专业鉴定点，鉴定茶树新品种的丰产性、稳产性、适应性、抗逆性及其他重要品种特性，筛选适合不同地区种植的高产、优质茶树新品种，客观评价其应用价值，为茶树新品种鉴定和推广提供依据的活动。中国茶树品种区域试验每轮进行6～7年。每隔3～4年，如有10个以上品种申请区试，经主管部门批准，即可启动新一轮试验。每个品种安排3个试验点，每个试验点承试品种最多不超过17个（含对照种）。

（韦　康）

《中国茶叶大辞典》 *China Tea Dictionary*　中国茶书。陈宗懋主编，卢良恕、金善宝分别作序。2000年12月由中国轻工业出版社出版。国家“八五”（1991～1995）重点图书。是一部融多学科知识的大型工具书，是横跨自然科学、社会科学，知识系统、门类齐全的专科辞典。全书收条目9972条，共326.6万字，并附有彩图198幅、随文插图216幅。

该书采用基础研究与应用技术相结合的方法，对中国茶叶的历史、文化、科技、经贸等方面进行了全方位的总结，包括茶叶历史、育种、栽培、植保、茶叶品类、生物学、化学、加工制作、检验、茶叶机械、综合利用、茶叶经济贸易、茶具、茶俗、艺文、茶人、茶学著作、茶业机构、国外情况等19个方面的内容，还有11个包含大量实用信息的附录，编织出了茶叶科技、茶叶文化密集的知识体系。既反映了茶业科技的最新研究成果，又展现了中国茶学厚重的历史传统文化。正文按专业知识体系编排，书后附笔画、汉语拼音和外文索引，检索方便。

（于良子）

中国园林植物种质中心　germplasm resources center of landscape plants, China　中国具有一定代表性并具备一定种类、数量和技术基础，用于搜集和保存园林植物种质资源的组织或机构及其种质保存场所。由于各种原因，野生或栽培的园林植物种质资源均面临种类散失和濒于绝灭等威胁，保护工作极为迫切。主要保护工作是制定严格的政策法规和采取科学而强有力的保护措施，如集中于种质资源库（种质保存圃）、专类园、基因库等，把野生和栽培种质资源妥善地保存下来。对种质资源的保存主要分为离体保存、就地保存和迁地保存。

离体保存是将园林植物的种子和其他繁殖材料脱离母体保存起来的方法。广义的离体保存包括种子、无性繁殖体、组织三种保存方式。种子保存即建立“种子库”，通过一定的取样方式和贮藏条件，用少量的种子保存该种尽可能多的遗传多样性。根据温度和贮藏期的不同，可分为长期库（30年以上）、中期库（15年）、短期库（1～2年）。无性繁殖体保存是利用植物营养繁殖所用的球茎、块茎、鳞茎、根茎等进行保存。组织保存则是利用试管技术对愈伤组织、丛生芽等离体培养的植物组织进行保存。

就地保存是在自然保护区、森林公园等自然环境中保存野生园林植物种质资源，这种种质资源保存方式费用较低，可以最大限度地保护物种的多样性，但保护区内的一些濒危物种仍然有流失的可能，而且容易遭受自然灾害威胁。

迁地保存是将园林植物引种栽培，在异地建立种质保存基地，这对于无性繁殖的园林植物种类尤其重要。各地植物园的专类园也是园林植物迁地保存的重要基地。（张启翔　罗　乐）

《中华茶叶五千年》 *China Tea Five Thousand Years* 中国茶书。中华茶人联谊会、中国茶叶股份有限公司编著，陈爽文主编。2001年12月由人民出版社出版。该书是一部按编年体编写的记述中国茶叶历史大事的工具书，其记事条目上起史前的神农时代，下迄20世纪末的1999年。以年为经，以事为纬，涵盖了茶的自然和社会的诸方面，展示出中国茶叶事业悠久历史的发展概貌和步履轨迹。内容选取了具有代表性或影响较大的茶叶生产科技成果、获奖名茶、茶界名人、茶业著作、茶事活动。全书收条目2270条，共69.2万字，图片720幅。附录有《明代历年课茶和折色钞数额汇辑》《清初三朝历年中茶数额汇辑》《公元1868～1999年中国茶叶出口统计》。（于良子）

种质鉴定 germplasm identification 利用一定的方法技术对收集保存的特定种质进行遗传分析，明晰其分类地位，界定与其相关类群亲缘关系的过程。种质是决定生物种性（遗传性）并能将其遗传信息从亲代传递给子代的遗传物质的总称，可以是种子或其他器官，可以是个体，也可以是群体。它包含或存在于古老的地方品种（类型）、新培育的品种（品系）、野生近缘种、变种和类型。

由于果树多为遗传上高度杂合性的多年生木本植物，且在生产上重要的品种一般都以嫁接等方式进行无性繁殖，因此果树种质的鉴定，尤其是优良类型和品种的鉴定已成为育种计划制订的重要参考依据或育种工作的重要内容。随着科技的快速发展，新材料、新类型和新品种在不断地被发掘、创制和育成，种质甄别和鉴定对育种者、生产经营部门和企业以及消费者都具有重要的意义。

传统的种质鉴定方法是通过形态学、生物学、孢粉学、细胞学等知识鉴定。随着遗传学和分子生物学的发展，更为精细的种质鉴定方法——基于DNA遗传信息的分子标记（指纹图谱）已成为种质鉴定的重要方法，特别是基于全基因组的DNA遗传信息的分子标记结合传统的形态学和细胞学方法综合鉴定，是未来种质鉴定的重要方向。

形态学和生物学鉴定　形态学是果树种质鉴定最经典的传统方法。主要以种质的植物学性状特别是花、果、枝、叶等器官为主要鉴定对象。如果是品种（新材料和品系）鉴定，除了形态学鉴定着重经济性状如果实（果肉）颜色、大小、形状和数量之外，生物学鉴定如物候（萌芽、开花和熟期等）以及内在品质（甜、酸以及生物活性物质含量）等的观测和比较也是必需的。由于生物学性状易受环境影响，很多时候不能反映真实的遗传变异，常为种质鉴定带来矛盾和争议。

孢粉学鉴定　是利用扫描电镜对花粉的外壁纹饰差异进行分析比较的种质鉴定方法。花粉的形态特征受植物基因型控制而不受外界条件影响，是重要的种质鉴定方法之一。但由于它的较大保守性，在种下特别是亲缘关系很近的品种（品系）和类型之间的甄别和鉴定不适合采用此方法。

细胞学鉴定　主要是利用细胞遗传学的方法手段对种质染色体数目、倍性水平和核型特征进行分析。有时也通过染色体带型（C带、N带、G带等）分析以及减数分裂行为（如中期染色体配对情况，以及前期构型有无异常等）检测鉴定。随着荧光原位杂交技术的发展，有的种质也采用合适的荧光探针（如45S rDNA, 5S rDNA或寡核苷酸探针）通过分子细胞遗传学方法鉴定。此外，采用倍性仪鉴定种质材料倍性的工作也越来越普及。由于种质染色体数目、倍性水平和核型能反映种质在细胞学水平的遗传特征，因此是种质鉴定的重要内容。随着对种质鉴定涉及内容的丰富，细胞遗传学方法技术在种质鉴定中更加凸显其重要作用。

生化鉴定　主要包括同工酶和等位酶鉴定。同工酶是指一个以上基因座位编码的酶的不同形式，而等位酶是指一个基因座位的不同等位基因编码的酶的不同分子形式。分析方法是电泳和组织化学染色法将酶的多种形式转变成肉眼可辨的酶谱带型。生化鉴定具有两个方面的优点：一是表现近中性，对生物经济性状一般没有大的不良影响；二是直接反映基因产物差异，受环境影响较小。生化鉴定的应用有限：一是可用标记数量少，二是染色方法和电泳技术有一定难度。此技术在20世纪80～90年代较多应用，随着分子生物学技术发展，同工酶和等位酶等生化技术在种质鉴定中的应用渐少。

基于DNA信息差异的分子鉴定　随着分子生物学技术发展和研究水平的深入，基于DNA信息差异的分子鉴定开始在种质鉴定中得到越来越多应用。由于它是生物个体或种群间基因组中某种差异特征的DNA片段，能直接反映基因组DNA间的差异。用于鉴定种质的优点表现为：①直接以DNA的形式表现，在生物体的各个组织、各个发育阶段均可检测到，且不受季节、环境限制，不存在表达与否等问题。②数量极多，遍布整个基因组，可检测座位几乎无限。③多态性高，自然界存在许多等位变异，无须人为创造。④表现为中性，不影响目标性状的表达。⑤许多标记表现为共显性的特点，能区分纯合体和杂合体。

在种质鉴定中，考虑成本、操作难易以及可靠性，常用的利用DNA信息差异进行种质鉴定的显性DNA分子标记有RAPD、ISSR，共显标记有SSR。SSR标记具有变异率高、以孟德尔方式遗传、呈共显性、两端序列保守、结果的重复性好、成本低等优点，兼具了RFLP和RAPD的优点的同时又克服了它们的缺点。

随着DNA测序技术成本大幅降低，基于种质全基因组的单核苷酸多态性（SNP，含单碱基的缺失、插入、转换及颠换等）标记因其在基因组中数量众多、分布广且在基因分析过程中不需要根据片段大小将DNA分带，即可实现大规模高自动化，适合于数量较大的种质鉴定，是迄今种质鉴定准确性最高的鉴定方法，它已逐渐成为种质鉴定最具发展潜力的方法技术。

现代育种对种质材料的研究和鉴定，已不再满足于单纯对表征性状的描述及分类学、生态学的研究，而是要求深入到植物内部，研究有关生理、生化指标和细胞遗传学特征以及DNA水平的差异。因此，果树种质鉴定的总的趋势是上述各个层次的方法技术手段的复合应用，且向快速、高精度、超微量、自动化、连续化和高效率方向发展。（王小蓉）

种质资源分类 classification of genetic resources 按照果树种质资源的特点及其相互关系进行的类别划分。包括植物学分类、园艺学分类等方法。种质指能决定遗传性状并将遗传信息传递给子代的遗传物质。种质资源即遗传物质的载体，一切具有一定种质并能繁殖的生物体均可归入种质资源。现代**果树种质资源**包括所有商业栽培品种、农家品种及其砧木，以及近缘野生种的个体、器官、组织、细胞、原生质体；携带遗传信息的核酸片段也被列入种质资源的范畴。

中国疆域辽阔，气候、土壤、地形、地貌多样，果树种质资源丰富。N.I.瓦维洛夫（1930）和P.M.茹科夫斯基（1970）均认为中国是世界最大的果树植物起源中心。据俞德浚（1979）统计，中国分布的**果树**涉及59科158属670余种，尤以蔷薇科、芸香科、葡萄科、鼠李科、无患子科、桑科等种类多、经济价值较高。

植物学分类　物种是具有一定自然分布区域和一定生理、形态特征的生物类群，是植物学分类的基本单位。除形态学物种概念之外，生物学物种概念认为物种是繁殖单元、生态单元和遗传单元，种和种间在形态特征上有明显差别，通常存在“生殖隔离”现象，即异种之间不能杂交或杂交后代不具备正常生殖能力。系统发育物种概念强调物种间的系统发育关系，以共有衍征作为区分物种的标准。由于物种界定标准和方法不同，对同一类群的分类结果也不一致。基于分子系统学研究结果的被子植物APG（Angiosperm Phylogeny Group，被子植物种系发生学组）分类体系获得较多的支持。该体系1998年推出第一版（APG Ⅰ）后，已升级到第四版（APG Ⅳ，2016）。下图是基于APG Ⅲ的果树植物系统树，大部分物种的分类学处理与经典分类学基本一致。在该类研究中，对蔷薇亚科和柑橘类果树的分类提出了新的观点。

园艺学分类　根据冬季叶幕特性、植株形态特征、果实结构以及原产地或分布地的气候条件等进行分类称为园艺学分类，是果树种质资源分类的主流。

按冬季叶幕特性分类　分为**落叶果树**和**常绿果树**。

落叶果树　指每年秋冬时叶片全部脱落的果树，在年生命周期中有明显的生长期和休眠期。中国北方栽培的一般是落叶果树，如苹果、梨、桃、李、杏、柿（涩柿）等。

常绿果树　指终年具有绿叶的果树，没有明显的休眠期。中国南方栽培的果树多是常绿果树，如柑橘、荔枝、龙眼、杨梅等；但也有南方特产的落叶果树，如果梅、无花果等；还有一些南北兼种的果树，如桃、梨、柿（甜柿）、枣、猕猴桃等。

按植株形态特征分类　分为**多年生草本果树**和**木本果树**。

多年生草本果树　该类果树茎内木质部不发达，一般其地上部在生长季结束后死亡。常见的有草莓、香蕉、菠萝等。

木本果树　该类果树茎内木质部发达，枝干有次生结构。按其主干生长特性通常细分为三类：①乔木果树。主干明显而直立。常见的有苹果、梨、柿、核桃、荔枝、龙眼等。②灌木果树。主干矮小、不明显，枝干丛生。常见的有树莓、醋栗、榛、刺梨、番荔枝等。③**藤本果树**。茎具有缠绕和攀缘特性。常见的有葡萄、猕猴桃、罗汉果、西番莲等。

按果实结构分类　一般把温带果树分为仁果类、核果类、坚果类和浆果类四大类。仁果类果树包括苹果、梨、木瓜、榅桲、山楂等，核果类果树包括桃、李、杏、梅、樱桃等，坚果类果树包括核桃、板栗、榛子、香榧、扁桃等，浆果类果树包括葡萄、猕猴桃、无花果等。树莓、草莓、醋栗、穗醋栗、越橘等在苏联的文献中均列入浆果类，但欧美则另立为小果类。在形态学上，草莓、树莓等称为聚合果或多心皮果，无花果和菠萝称为复果或聚花果，这些果实的结构不同，不易用一个名称概括。柿、枣、枇杷和杨梅主要在亚洲栽培，日本学者曾将柿和枇杷归为仁（准仁）果类，把枣和杨梅归为核果类。

按适宜气候条件分类　分为寒带果树、温带果树、亚热带果树和热带果树。

寒带果树　能耐−40℃以下低温，适宜在寒冷地区栽培的果树。如榛子、树莓、秋子梨、山葡萄等。

温带果树　适宜在温带地区栽培的果树，一般秋冬落叶，通常需要一段时期的低温才能度过休眠期。如苹果、梨、桃、杏、樱桃、李、柿（北方生态型）、枣、核桃等。

亚热带果树　适宜在亚热带地区栽培的常绿和落叶果树，通常需要短时期的冷凉气候（10～13℃）以促进开花结果。如柑橘、荔枝、龙眼、杨梅、无花果、柿（南方生态型）等。

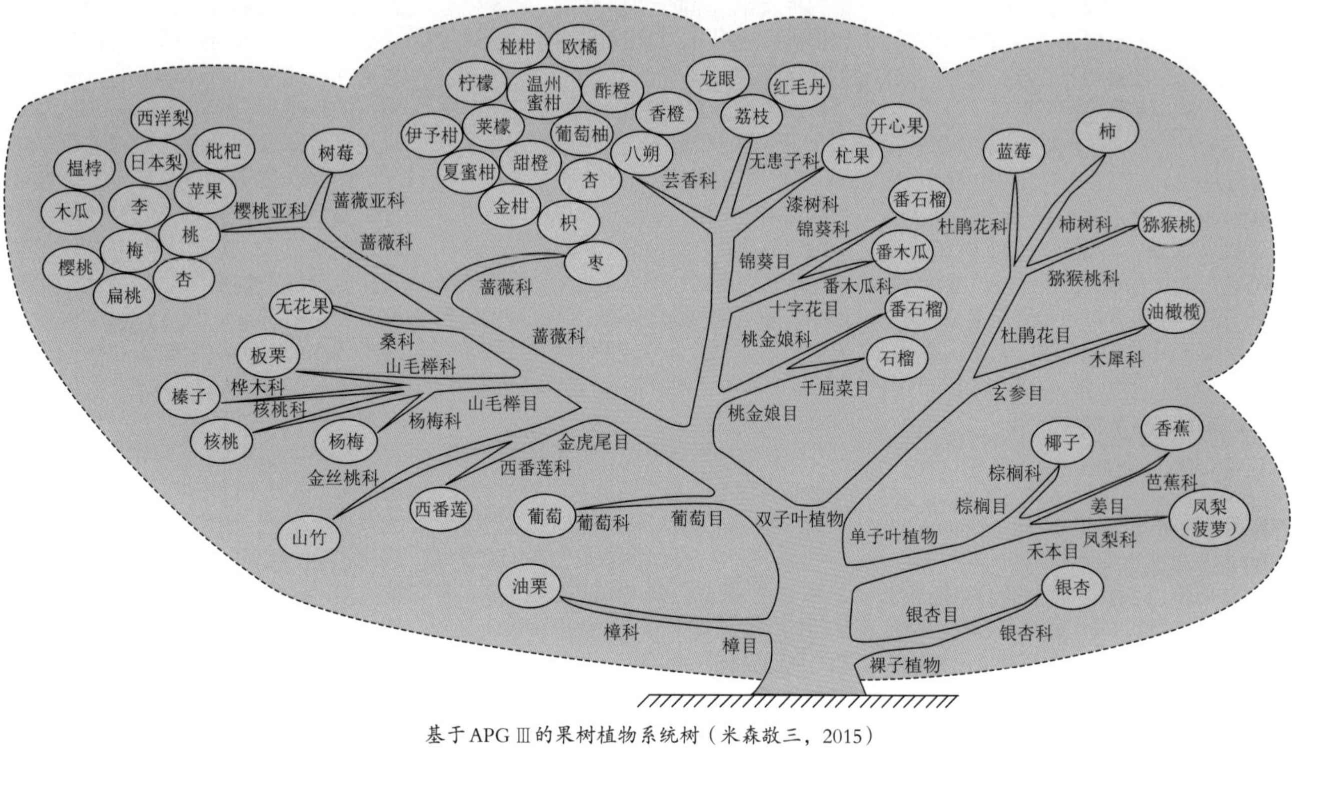

基于APG Ⅲ的果树植物系统树（米森敬三，2015）

热带果树 适宜在热带地区栽培的常绿果树。如香蕉、菠萝、杧果、榴莲、槟榔等。

综合分类 俞德浚1979年根据果实结构和利用特征，将中国果树分为六大类。其中，柿归入浆果类，枣归入核果类，杨梅、枇杷、油橄榄等归入亚热带和热带果树。

仁果类 果实多数为子房下位，食用部分主要由肉质的花托发育而成，其子房壁和心室形成果心，果心内有数粒小型种子。属于此类的果树有苹果、梨、榅桲、山楂、木瓜等。枇杷在植物形态学上归为仁果类，但在园艺学上多归入亚热带果树。

核果类 果实多为子房上位，食用部分主要为肉质的中果皮，其内果皮硬化为坚硬的核。典型的核果类果树有桃、李、杏、梅、樱桃等。

浆果类 果实具有丰富的浆液，种子小而多，散布在果肉内。此类果树常见的有葡萄、猕猴桃、无花果、醋栗和穗醋栗、树莓和黑莓、越橘、石榴等。

坚果类 果实均被坚硬的外壳。属于此类的果树有核桃、板栗、榛子、香榧、银杏、阿月浑子等。扁桃在植物分类学上属核果类，但根据果实结构和食用特点常被归入坚果类。

柑果类 果实由多心皮上位子房形成，食用部分为汁囊（含汁液和色素），是由囊瓣（橘瓣）中内表皮层突起形成的多细胞棒状结构。属于此类的果树包括芸香科中的真正柑橘果树组（共6属），经济栽培的主要是柑橘属、金柑属和枳属，栽培柑果类主要有宽皮柑橘、甜橙、柚、柠檬、枸橼、佛手、金弹等。

其他亚热带和热带果树 亚热带果树一般需要年平均气温11～21℃和年降水量1500毫米。亚热带果树除柑果类外，还有荔枝、龙眼、枇杷、杨梅、黄皮、油橄榄等。热带果树仅在年平均气温20℃、年降水量1500毫米以上的地区经济栽培，属于热带果树的有面包果、菠萝、香蕉、杧果、番木瓜、番石榴、番荔枝、树菠萝、杨桃、油梨、海枣、椰子等。

（罗正荣）

种质资源描述符 germplasm resource descriptors 由种质资源评价的内容和项目、统一的描述、鉴定项目及评价分级标准组成的系统。又称种质资源评价系统。种质资源描述符是果树种质资源研究的方法学基础。编制规范化、标准化的种质资源描述符是果树种质资源描述系统一项重要的、基本的综合性技术工作。一个科学的、先进的、切实可行的评价系统有利于提高种质资源研究工作的质量和水平，促进全球的交流与协作，更有效地供育种家和其他研究者利用。

国际植物遗传资源研究所（IPGRI）自1974年成立以来就致力于资源描述评价内容、项目和方法、标准的规范化，编制出版了苹果、柑橘、葡萄、桃、李、杏、草莓、椰子等16种果树种质资源描述符。为实现资源描述评价的标准化、规范化和编码化，IPGRI编制出版的描述符对多数项目都规定了比较具体的方法和标准，但都有着共同的框架和体系，基本上都由前言（preface）、术语定义及使用说明（definitions and use of the descriptors）、登记卡（passport）、初评资料（characterization and preliminary evaluation）和再评资料（further characterization and evaluation）五个部分组成。修订后个别物种在初评资料和再评资料的内容上有所调整，但前三部分内容大体上保持不变，如修订的葡萄描述符保留了前三部分（前言、术语定义及使用说明、登记卡），但将原来的第四和第五两个部分调整为种质库管理、环境及场所、性状描述和特性评价四个部分。

1990年，农业出版社出版了蒲富慎主编的《果树种质资源描述符》，规定了苹果、梨、桃等18种果树种质资源鉴定评价过程中的记载项目及评价标准，包括基本情况和描述及评价两部分内容，基本情况栏目适用于各树种，描述及评价栏目则因树种而异。为便于输入电脑、贮存信息以提供检索利用，每栏目的各条项一律用数字编码。

2003年以来，在国家自然科技资源共享平台项目资助下，先后编制出版了苹果、梨、桃、荔枝、龙眼、枇杷等果树种质资源描述规范，规定了各果树种质资源的描述符及其分级标准。种质资源描述符规范制定的原则：①应优先采用现有数据库中的描述符和描述标准。②以种质资源研究和育种需求为主，兼顾生产与市场需要。③立足中国现有基础，考虑将来发展，尽量与国际接轨。

中国编制的果树种质资源描述符类别包括基本信息、形态特征和生物学特性、品质特性、抗逆性、抗病虫性及其他特征等六类。描述符代号由描述符类别加两位顺序号组成，如“110”“210”等。描述符的代码是有序的，如数量性状从细到粗、从低到高、从小到大、从少到多排列，颜色从浅到深，抗性从强到弱等。每个描述符都有一个基本的定义或说明，数量性状标有计量单位；重要的数量性状以数值表示，不用数量分级；质量性状有评价标准和等级划分，植物学形态描述符则附有模式图。描述符的性质分为三类：①必选描述符。即所有种质必须鉴定评价的描述符。用大写字母“M”表示。②可选描述符。即可选择鉴定评价的描述符，用大写字母“O”表示。③条件描述符。只对特定种质进行鉴定评价的描述符，用大写字母“C”表示，如“采集号”只对野生资源和地方品种进行描述。

（郑少泉 陈秀萍）

种质资源评价 germplasm resource evaluation 对植物种质资源的植物学性状、生物学特性、非生物胁迫、生物胁迫敏感性、综合性状等方面进行的客观评定。种质资源评价是种质资源工作的中心环节，离开客观评价就谈不上对种质资源的有效利用。20世纪80年代以来，国际植物遗传资源委员会（International Board for Plant Genetic Resources; IBPGR）组织各国有经验的专家参照各国关于资源特性记载项目和有关说明，先后编制和发表了苹果、梨、桃、李、杏、葡萄、柑橘和草莓等树种的种质资源评价系统，为各国资源工作者提供了一个作为性状评价的国际版本。中国也在1990年出版了包括18个树种的《果树种质资源描述符》，反映了中国现行的评价项目和分级标准，有一定的参考价值。

基本原则 资源评价能真实反映特定资源的遗传差异，而非表型差异。为此在评价内容和项目选择上主要以农艺和经济性状为主，同时兼顾用于资源分类鉴别的形态解剖学、细胞学方面的项目及用于资源管理方面的记载项目。资源评价的基本原则为：①应选用或编制各种主要作物的规范化种质资源评价系统，以适应多层次、多学科协作评价的需要。②充分理解和运用国际植物遗传资源研究所（International Plant Genetic Resources Institute; IPGRI）编制的描述符、资源评价系统，并在此基础上做进一步的改进和完善。③不同地区或单位的评价内容和项目，除有共性内容外，可结合具体情况有所增减，各具不同特点。④评价方法和标准应不断改进，使其具备数量化、分级编码化、简便化和规范化，尽可能采用先进的技术，如分子标记、计算机技术等，使评价结果更加标准。

IPGRI先后出版了80多种园艺作物的资源描述符，包括苹果、柑橘、葡萄、萝卜、番茄、豇豆等园艺植物30多种，可作为资源评价的参照。不同种类描述符在具体项目上可能有不同，但都有着共同的框架和体系，除了前言、术语定义及使用说明和登记卡外，还包括初评和再评资料共五部分。

内容、方法和标准 包括植物学性状评价、生物学特性评价、非生物胁迫评价、生物胁迫敏感性评价和综合性状评价。

植物学性状评价 包括：①质量性状的评价。由主基因控制的只有两种表型的质量性状，如番茄茎色的紫和绿，桃果皮的有毛和无毛等，可用二型编码法评价，以“－”和“＋”分别表示隐性和显性类型。也可采用三型编码，以“－”“M”和“＋”分别表示隐性类型、中间类型和显性类型。②数量性状的评价。由多基因控制的数量性状的评价，根据数量性状的特点可采用不同的评价方式。

对于容易计数和测量的性状如果径、叶长、节间长以及比值性状如果形指数、叶形指数等，多采用级差评价法，可以9级为基础分成1～9级或0～9级，或分成1、3、5、7、9等5级。

有些性状连续变异，如葡萄新梢姿态，难以计算或测量或用文字准确描述，可用参照品种典型评价法，采取示意图的形式，并列出常见典型品种以资参照。

有些比较复杂的性状难以根据单一因素排成有序级次，可根据资源变异的多样性分成若干个类别，以便评价时选择最接近的类别编码，如茄子果实在成熟时颜色可分为九类：绿、深黄、橙黄、深橙、火红、罂粟红、鲜红、浅棕、黑。

生物学特性评价 包括一系列与经济性状和农艺性状有密切关系的生物学特性，多采用级差评价法及参照品种典型评价法。

葡萄果实的出汁量是一个可制定明确分级的性状，可用级差评价法进行评价。以100克无梗果实在3000转/分钟粉碎和离心条件下的出汁量分为5级，各级标准分别为：1级很少，小于50毫升；2级少，50～65毫升；3级中多，66～75毫升；4级多，76～90毫升；5级很多，大于90毫升。

非生物胁迫评价 指资源在自然情况下或人工环境下，对某种非生物因素的敏感性，一般用反应程度分级和参照品种相结合的评价方法。如葡萄对缺铁黄化敏感性的分级标准和参照品种见表1。

表1 葡萄对缺铁黄化的敏感性分级

级次	敏感性	参照砧木品种	参照接穗品种
1	很低（叶色浓绿）	Fercal	Grenache noir-N
3	低（叶色淡绿，但叶脉正常绿色）	140 Ruggeri	Sangiovese-N
5	中等（叶色黄，主脉绿色）	Kober 5BB	Ugni blanc-B
7	高（叶色黄，坏死不足10%）	3309C	Dolcetto-N
9	很高（叶色黄，10%以上坏死，新梢发育受阻）	Riparia Gloire de Montpellier	Pinot Blanc-B

生物胁迫敏感性评价 主要指资源对病虫危害的敏感程度，资源对病虫害敏感性评价因种类和病虫害的种类、为害部位等情况，其方法和标准有很大不同。现以荔枝炭疽病为例，简单说明两种生物胁迫敏感性评价方法和标准。

表2 荔枝炭疽病抗性水平划分标准

抗性级别	抗性水平	病情指数
1	免疫（I）	0
2	抗（R）	0.1～10.0
3	中抗（MR）	10.1～30.0
4	中感（MS）	30.1～40.0
5	感（S）	40.1～50.0
6	高感（HS）	50.0以上

定性分级评价法（人工接种鉴定） 接种体为荔枝炭疽病病菌（*Colletotrichum gloeosporioides*）分生孢子悬浮液，浓度约5×10^5个孢子/毫升。待测和对照植物应取自苗圃培育的，无病虫害，无损伤，叶片浓绿、正常、生长整齐一致的嫁接苗，苗数30株，苗高约35厘米，茎粗约0.7厘米。接种方法采取喷雾接种，以每10株苗喷35毫升接种体为宜，在26～28℃条件下，黑暗保湿（RH＝95%）24小时，然后将盆苗移至25～30℃、RH＞95%的高温环境下培育。评价标准为：①0级，无病。②1级，为害面积占叶片面积的2.0%以下，叶尖或叶缘只有针尖大小的淡褐色小斑。③3级，为害面积占叶片面积的3.0%～10.0%，圆形或不规则形黄褐色斑点。④5级，为害面积占叶片面积的11.0%～25.0%，褐色的椭圆形或不规则形的凹陷病斑，直径为2～5毫米，轮纹明显，病部和健部有界线。⑤7级，为害面积占叶片面积的26.0%～50.0%，病斑向叶基部扩展，呈烫伤状干枯。⑥9级，为害面积占叶片面积的51.0%～80.0%，呈褐色的大斑块，健部和病部界线分明；病叶向内纵卷，呈黑褐色，病部易破裂脱落，最后叶片大部分干枯、脱落。

病情指数评价法 是一种将普遍率和严重度综合成一个指标的评价方法，应用较为普遍。如荔枝的炭疽病病情指数的计算如下式：

病情指数＝

$$\frac{\sum[\text{各级病花穗(果)数}\times\text{病级数}]}{\text{调查花穗(果)数}\times\text{最高病级数}}\times100$$

荔枝炭疽病抗性水平划分标准见表2。

综合性状评价 资源评价系统中除了单一性状评价外，还涉及多个单项性状的综合评价，如果实品质评价就包含果实的大小、形状、色泽，果肉的质地、风味、汁液多少等很多单项性状。评价方法常根据不同种类组成性状的相对重要性给以不同的权重，以感官为主进行百分制评定。比如1976年中国柑橘良种鉴评会提出的品质鉴评标准中内质权重占60分、外观占40分，然后按构成外观和内质的因素，制定适当的评分标准。

采用“合理–满意度”和多维价值理论的合并规则对品质进行综合评价，已在许多果树如梨、桃、菠萝、猕猴桃、葡萄柚等的果实上有过报道。“合理–满意度”是品种所表现出来的特性满足人们需要的合理或满意的程度。若品种的某一特性完全符合“规律”，则其合理度为1；若肯定不合乎“规律”，则其合理度用0～1的某一实数表示相应的合理度。利用一定的公式计算所有因素的合理度，再采用“合理–满意度”与多维价值合并规则，将单因素满意度合并成品质的合成“合理–满意度”。

（杨向晖）

种质资源野外调查 field investigation of germplasm resources 通过对一定范围种质资源的实地考察，摸清该范围内种质资源的储量和利用情况的活动。在种质资源研究领域有各种各样的野外调查。大致可分为两类：一类为公共调查，另一类为单独调查。

公共调查 指国家或地区组织的调查，如中国对三峡库区的植物种质资源进行调查。这类调查往往旨在摸清种质资源的储量和利用情况，为发展规划提供依据，为编写志书积累素材等，需要制订考察计划、申报经费、组建考察队、进行物资设备准备等。

单独调查 是相对于公共调查而言的，大多是课题组为某个研究目的而进行的调查。这种调查包括三个阶段：准备阶段、实施阶段和后续阶段。①准备阶段。包括评估为什么要进行此项调查，准备必要的工具和设备（可能涉及数十项大小设备，例如卫星定位仪、笔记本、标本夹、望远镜、地图等），以及调查组选择什么时间集合和出发等。②实施阶段。在野外植物调查的实施阶段中，经常采用的一个方法是样方法。样方通常是一些比较小的区域，根据所记录的植物特征和相关的环境变量来设计其大小。在采用样方法之前，首先要确定样方的数量、位置、大小、形状和记录的内容等指标。这些指标的确定取决于工作的具体目的、取样的难易程度、取样时间以及其他可利用的资源。③后续阶段。包括确保调查结果得到正确的分析和处理，对整个活动的结果进行准确的总结并形成调查报告。

（林顺权）

种子播前处理 presowing treatment of seed 针对有些种子在自然条件下萌发率极低，出现出苗不齐、病苗和缺苗等现象，为促进种子顺利萌发，提高出苗率和种苗质量，在播种前对其所采取的技术措施。在生产中常采用种子精选、消毒处理、浸种处理、破皮处理、层积处理、药剂处理等播前处理方法。

种子精选 为获得粒大饱满、生活力强的健康种子，需要在播前对种子精选，清除小粒、秕粒、病虫粒、破碎粒等，为出苗质量提供保障。种子精选有水选、风选、粒选、活力鉴定等方法。

消毒处理 为消灭种子表面所带病菌，减少苗木病害，在催芽、播种之前要对种子进行消毒灭菌。主要有物理消毒和药剂消毒，如晒种，杀虫剂或杀菌剂拌种、浸种和熏蒸等处理方法。常用药剂有敌克松、退菌特、高锰酸钾、福尔马林、硫酸铜、石灰水等，按规定时间消毒后用清水冲洗即可催芽或播种。

浸种处理 在播种前把种子浸泡在一定温度的水中，经过一定时间后捞出。浸种可软化种皮或使种壳胀裂，改善种子吸水性与透气性，排出种子萌发的抑制物，提高种子的新陈代谢水平，加速萌发。浸种水温和时间因树种不同而异，如核桃、山杏等带有硬壳的大粒种子，可用冷水浸种5～6天即可播种。小粒种子如山定子、海棠、杜梨等可先经温水浸泡5分钟后在冷水中浸泡2～3天，再经短期沙藏后播种。

破皮处理 果皮或种皮坚硬或含有蜡质或革质化，使水、气不易通过，是造成种子休眠的主要原因之一。可用生石灰水或碳酸氢钠溶液浸种进行脱蜡处理，而杨梅、橄榄等种壳特别坚硬的种子可采用浓硫酸浸种或机械破皮处理，有些也可采用干湿交替、冷热交替和冻融交替的方法破皮，以满足种子萌发对水分和氧气的需求，打破休眠。

层积处理 促进落叶果树如山楂、银杏等种子完成后熟作用，解除休眠的一项措施。处理前常先浸种1～3天，再混以5～6倍于种子量的湿沙，置于瓦罐、木箱等容器内1～4个月（温度控制在2～7℃）；有时也采用低温存放种子，或进行秋播（温润气候区及冷凉湿润气候区）利用自然界冬季的低温、雨雪促进种子完成后熟。待种子露白、胚根伸出时即可播种。

药剂处理 利用植物激素或化学试剂处理种子，如用赤霉酸处理杏和猕猴桃的种子、用硫脲处理板栗种子、用石灰氮处理葡萄种子，都可使休眠种子发芽，刺激幼苗生长。

播前处理应根据种子特性选择适宜方法才能达到好的效果。某些种子有时需要使用两种或两种以上的方法进行处理，如山楂、桃等种壳坚硬而胚又需经过后熟作用的种子，在层积处理或秋播前，结合使用机械、药剂或变温处理等方法，破坏种壳，才能更好地促进种子的后熟和萌发。

（吴锦程）

种子生活力鉴定 evaluation of seed viability 利用种子繁殖果树砧木及种苗前必须对种子的生活力进行评价的检测措施。种子生活力鉴定结果可用于评价种子质量、种子贮藏效果、计算播种量等工作。种子生活力主要通过种子发芽率和发芽势两个方面进行评价。①种子发芽率。是一批种子在最适宜发芽的环境条件下，规定时间内（时间长短依不同植物种类而异）正常发芽的种子占供检种子总数的百分比。反映种子的生命力。②种子发芽势。是种子自开始发芽至发芽最高峰时的粒数占供试种子总数的百分比。反映种子萌发的速度、萌芽的整齐度。

种子生活力的测定方法有目测法、染色法、发芽实验法等。

目测法 直接观察种子的外部形态，凡种粒饱满、种皮有光泽、粒重，剥皮后胚及子叶乳白色、不透明，并具弹性的为有生活力的种子。若种子皮皱发暗、粒轻，剥皮后胚呈透明状甚至变为褐色，则是失去生活力的种子。

染色法 常用于种子生活力鉴定的染色法有氯化三苯基四氮唑（TTC）染色法和靛蓝染色法。①TTC染色法。取种子100粒剥皮，剖为两半，取胚完整的部分放在器皿中，倒入0.5%TTC溶液淹没种子，置于30～35℃黑暗条件下3～5小时。具有生活力的种子，其胚芽及子叶背面均能染色，子叶腹面染色较轻，周缘部分色深。无生活力的种子，其腹面、周缘不着色，或腹面中心部分染成不规则交错的斑块。②靛蓝染色法。先将种子浸水数小时，待种子吸胀后小心剥去种皮，浸入0.1%～0.2%的靛蓝溶液（亦可用0.1%曙红或5%的红墨水）中染色2～4小时。取出用清水洗净后观察种子上色情况，凡不上色者为有生活力的种子，凡全部上色或胚着色者表明种子或胚已失去生活力。

发芽实验法 用十字区分法或其他随机取样的方法从待测种子样本中选取100粒种子，重复取样4次。根据待测种子的特性，用温水、清水或变温处理种子，然后将种子放在发芽床上。发芽床可用滤纸、纱布或细沙放在培养皿中做成，也可直接将种子播种在湿润的滤纸或草纸上。将发芽床放入指定的恒温箱内，采用变温或恒温培养。经过特定时间（视树种而异）后取出发芽床，统计萌发种子数，计算发芽率及发芽势。

在种子质量鉴定中，除种子生活力外，种子净度和种子纯度也是重要的鉴定内容。①种子净度指一定量的种子中，正常种子的重量占总重量（包含正常种子之外的杂质）的百分比。常用种子总重量减去所包括杂质的重量再除以种子总重量来计算。②种子纯度指一定量的种子中，具有该品种特征特性的种子重量占总重量的百分比。造成种子纯度较低的原因主要有人为掺假、混杂制种用亲本种子、混入其他品种种子、混入非F_1代种子等。

（李映志）

皱叶荚蒾 wrinkled viburnum; *Viburnum rhytidophyllum* 忍冬科荚蒾属常绿灌木或小乔木。皱叶荚蒾主要分布于中国陕西省南部、湖北省西部、四川省东部和东南部以及贵州省等地。

株高可达4米。叶片革质，卵顶端稍尖或略钝，基部圆形或微心形，长8～25厘米，全缘或有不明显小齿，上面深绿色

图1 皱叶荚蒾

图2 皱叶荚蒾的叶

图3 皱叶荚蒾的花

图4 皱叶荚蒾的果实

有光泽，下面有凸起网纹，叶柄粗壮。聚伞花序稠密，直径7～12厘米，总花梗粗壮，花生于第三级辐射枝上，无柄。萼筒筒状钟形，萼齿微小，宽三角状卵形，花冠白色，辐状，裂片圆卵形，果实红色。4～5月开花，9～10月结果。

性喜温暖、湿润环境，喜光，亦较耐阴，喜湿润但不耐涝。对土壤要求不严，在砂质壤土、素砂土中均能正常生长，但以在深厚肥沃、排水良好的砂质土壤中生长最好。繁殖可采取播种、扦插、压条、分株等方法。

易栽培，耐修剪。树姿优美，叶色浓绿，秋果累累。适于设计栽植在园区小气候条件或大树下，其绿叶之美尽展于经冬雪而不变，在中国北方园林景观中是不可多得的常绿灌木。（赵世伟）

朱顶红 barbadoslily; *Hippeastrum vittatum* 石蒜科孤挺花属多年生草本植物。朱顶红原产于秘鲁，世界各地广泛栽培。中国南北各省都有栽培，尤以云南、四川、贵州、山东和东北地区为多。

朱顶红有肥大的球状鳞茎，外皮黄褐色或淡绿色，褐色的鳞皮常开红色花，淡绿色的鳞皮多开白色上具条纹的花。叶片6～8枚，花后伸长，鲜绿色，长约30厘米，宽约2.5厘米，叶两侧对生，阔带状。花总梗中空，高与叶长相近，稍扁，具白粉，着花2～4朵，伞形花序。花大，花被裂片6枚，倒卵形，有白、红、黄、紫等色。

朱顶红喜温暖，生长适温18～25℃，冬季休眠期要求凉爽干燥，适温5～10℃。喜阳光，但光线不宜过强。喜湿润，畏涝，要求富含有机质的砂质壤土环境。常用分球、播种、切鳞茎块和组织培养繁殖。可露地栽培，也可盆栽或无土栽培。同属观赏植物还有美丽孤挺花（*H. aulicum*）、短筒孤挺花（*H. reginae*）、网纹孤挺花（*H. reticulatum*）。

朱顶红花朵硕大，花色鲜艳，适宜盆栽或作室内外装饰用，也可配置花坛或作切花。（葛 红）

图1 朱顶红

图2 朱顶红的花

朱蕉 cabbage palm; *Cordyline fruticosa* 龙舌兰科朱蕉属直立灌木。又称朱竹、铁树、红叶铁树。朱蕉原产于亚洲、大洋洲热带地区。中国南部热带地区有分布。

图1 朱蕉

图2 朱蕉的花序

图3 朱蕉的花

图4 朱蕉的果实

高1～3米。茎粗1～3厘米，有时稍分枝。叶聚生于茎或枝的上端，绿色或带紫红色，叶柄有槽，抱茎。圆锥花序侧枝基部有大的苞片。花淡红色、青紫色至黄色；花梗通常很短；外轮花被片下半部紧贴内轮而形成花被筒，上半部在盛开时外弯或反折；雄蕊生于筒的喉部，稍短于花被；花柱细长。花期11月至次年3月。

朱蕉株形美观，色彩华丽高雅，具有较好的观赏性。用于庭园栽培，为观叶植物。（陈己任）

珠茶 gunpowder tea 炒青绿茶中“圆炒青”的一种。又称圆茶。主要产于中国浙江省绍兴、余姚、嵊州、新昌等地。产区山岭盘结、林木益翠、土壤肥沃、气候温湿，自然条件得天独厚。

珠茶主要采用一芽二、三叶鲜叶为原料，经摊青→杀青→揉捻→干燥等工序制作而成。珠茶制作工艺关键在于揉捻和干燥，摊青、杀青等工序则与传统绿茶类似。揉捻时压力较眉茶轻，为保持叶质柔软，杀青叶不经摊凉直接揉捻。一般嫩叶揉10～15分钟，老叶15～20分钟，至成条率85%～90%即可。干燥过程包括炒二青、小锅、对锅与大锅4个程序，均在珠茶炒干机内完成。其中，炒二青主要用于蒸发部分水分，至含水率40%～45%为适度；炒小锅时锅温120～160℃，时间45分钟左右；炒对锅是珠茶成圆的关键，锅温60℃左右，时间3小时左右，至含水率15%～20%为适度；炒大锅时锅温由低到高调控，一般在60～80℃，时间2.5～3小时，炒到含水率6%～7%为宜。成品茶外形细圆紧结，颗粒重实，色泽乌绿油润，宛如绿色的珍珠；香醇味浓；汤色黄绿明亮，经久耐泡。根据感官品质的高低，珠茶可分为5个等级和不列级。珠茶除部分在中国内销外，还出口美国、法国等国家。（汪用文）

珠心胚 nucellar embryo 由珠心细胞分裂形成的胚。有些被子植物的胚珠受精后，珠孔端的一些珠心细胞特化，细胞质变浓、液泡变小、细胞核增大。这些特化的珠心细胞分裂分化后形成胚状结构，进一步发育为成熟种子中的胚，这种胚又称不定胚。珠心细胞属于体细胞，这种不经过胚囊而由孢子体细胞直接发育形成胚的生殖方式属于**无融合生殖**。不定胚与合子胚同时发育，形态特征相似，常难以区分。不定胚也常常是种子中形成多胚现象的原因之一。通常柑橘的一粒种子中可产生4～5个胚，除1个为合子胚外，其余均为不定胚，有时则全部为不定胚。（刘宁 撰 张志宏 修订）

株系选优 strain optimization 按照育种目标，从群体中评定和选择具有优良性状株系或单株的方法。株系选优是果树育种过程中的重要环节，也是果树品种提纯复壮的主要方法。经评选确定的优株才能进行比较、鉴定和繁殖，从而形成一个具有优良性状的群体。

选优原则 根据育种目标明确入选类型，确定哪些优良性状是要保持或提高的，哪些不良性状是要改进或克服的；在突出主要目标性状的同时，还要考虑综合性状整体优良。针对品种提纯复壮，则要以保持原品种的主要特征为准，确定哪些优良性状需要复壮。

选优标准 在制定株系评选标准时，首先应明确主要育种目标性状，其次应兼顾次要目标性状，最后适度确定株系选优标准。标准不能过高，也不能过低。标准过高，一些具有优良性状的单株会因不合格而被淘汰；标准过低，则会增加育种工作量。

选优方法 有单一性状选优法和综合性状选优法两大类。①单一性状选优法。是根据育种目标性状的重要性或出现的先后逐步淘汰的一种方法，包括分项累进淘汰法和分次分期淘汰法。分项累进淘汰法是根据性状的相对重要性顺序排列，把重要性状排在前面，先评选最重要性状；再在入选株系内进行第二性状评选，然后顺次进行。分次分期淘汰法是按育种目标出现先后进行评选。在第一个目标性状显现时进行首次选优；待第二个目标性状显现时，将已选优株群体内第二性状不合格的株系淘汰，然后再依次进行。②综合性状选优法。是根据果树育种目标性状进行综合评定的一种方法。（郑少泉）

诸城绿茶 Zhucheng green tea 产于中国山东省诸城市的绿茶。诸城绿茶是中国最北端茶叶生产基地的优质产品，已有800多年的种植历史。为中国国家地理标志保护产品。

分布范围 诸城绿茶生产地域在诸城市行政辖区内，地理坐标为东经119°0′19″～119°43′56″，北纬35°42′23″～36°21′05″。保护产地范围为山东省诸城市桃林镇、皇华镇、林家村镇等地所辖行政区域。

加工工艺 诸城绿茶的鲜叶必须进行摊晾，摊放厚度不超过5厘米，鲜叶失水率应控制在15%～20%。杀青温度控制在350～410℃。做形时按照先高后低的原则调整温度，进行理条、整形。辉干温度控制在120℃左右，在半小时内完成。卷曲形绿茶的加工工艺流程为：采摘→摊青→杀青→揉捻→二青→做形烘干→提香→包装→入库。扁形绿茶的加工工艺流程为：采摘→摊青→杀青→理条→做形（压扁）→辉干→包装→入库。

品质特征 叶片肥厚嫩绿，含多种微量元素，具有汤鲜绿、味鲜醇、豌豆香浓郁、微苦涩感、回味甘甜、耐冲泡的品质特征，有中国“最北端茗茶”之誉。

根据加工工艺的不同，诸城绿茶分为卷曲形绿茶和扁形绿茶。①卷曲形绿茶。外形条索细紧、卷曲、匀整，叶片肥厚；不同级别茶叶色泽从翠绿到墨绿；栗香浓郁而清爽，从鲜嫩到尚纯；汤色从嫩绿明亮到黄尚亮，滋味醇；叶底从明亮到尚亮。②扁形绿茶。外形扁平，叶片肥厚，不同级别茶叶从光滑到尚平；色泽从嫩绿到深绿；匀整洁净；栗香浓郁而清爽，从栗香到清香；汤色从黄绿明亮到黄绿尚亮。

销售区域 主要销售区域为山东省境内，同时辐射到北京、上海、天津、重庆、浙江等地。销售模式为设立专卖店、大中型超市与电子商务销售模式。（丁仕波）

槠叶齐 Zhuyeqi; *Camellia sinensis* cv. *Zhuyeqi* 由中国湖南省农业科学院茶叶研究所从安化群体种中采用单株育种法育成的茶树无性系品种。1987年由中国茶树良种审定委员会认定为茶树国家级品种。湖南、湖北、四川茶区有较大面积栽培，安徽、云南、贵州、江西、福建、浙江等省有较大面积引种。

植株较高大，树姿半开张，分枝较密，

分支部位较高，基部主干较明显。叶片呈上斜状着生，叶色绿或黄绿，富光泽，叶片平或微隆，叶身平或稍内折，叶尖渐尖，叶齿细浅。花瓣7瓣，子房茸毛中等，花柱3裂。

春季萌发期较早，芽叶生育力和持嫩性强，绿色或黄绿色，肥壮，茸毛中等。是适制红茶、绿茶的茶树国家级优良品种。制得的绿茶外形绿润，汤色绿明，叶底嫩绿，香味高醇，尤其适合制作高桥银峰；制**红碎茶**可达到二套样标准。抗寒性较强。扦插繁殖力强。

（成　浩）

竹荪　bamboo mushroom; *Dictyophora indusiata*　鬼笔目鬼笔科竹荪属菌类。又称竹笙、面纱菌、网纱菌、仙人伞。中国民间自古采食竹荪，主要分布于西南及东南沿海地区潮湿竹林中。20世纪80年代开始人工栽培。

形态特征　竹荪子实体由菌盖、菌柄、菌裙、菌托组成。菌盖像一顶钟形的小帽，在菌裙和菌柄的顶端。菌盖高4～5厘米，直径4～6厘米，厚0.1～0.3厘米。菌盖表面布满多角形小孔，小孔内布满墨绿色孢子液。菌裙像一把撑开在菌盖之下的伞，有很多网孔，网孔多角形。菌裙与菌柄等长或超过菌柄。菌裙半边短些，另半边长些。菌柄位于菌盖之下，由白色柔软的海绵状组织构成。菌柄长15～38厘米，中空，圆形，上小下粗。菌托位于菌柄基部，杯状，底部着生数根粗壮的索状菌丝。由于竹荪的子实体形态优美，故有“真菌之花”“菌中皇后”等美称。

生长习性　竹荪是一种草腐性菌类，生长需要的营养主要来自植物残体。菌丝生长温度为15～33℃，最适温度为26～30℃。子实体形成的温度是22～32℃，最适温度为27～29℃。培养料适宜的含水量为65%～70%，菌丝生长阶段要求空气相对湿度为75%～80%，子实体发育阶段要求空气相对湿度为90%～95%。菌丝生长对培养料透气性要求严格，覆土材料也要透气性好。菌丝对光照不敏感，子实体生长发育阶段适当的散射光有利于原基形成。菌丝生长阶段要求培养料的pH为5.5～6.5，出菇阶段要求培养料的pH为5～6。

竹荪

栽培　栽培的竹荪有长裙竹荪、短裙竹荪、棘托竹荪和红托竹荪，其中棘托竹荪因具有抗逆性强、栽培原料广泛、生产周期短、管理粗放、产量高、技术易于推广等特点，成为中国的主要栽培品种。棘托竹荪是高温型菌类，适宜的出菇温度为27～29℃，一般采用室外栽培，其栽培场所要求水源方便，阴湿背风，土壤疏松不易板结并呈酸性或中性。棘托竹荪的室外栽培可与果树或作物套种，其栽培原料非常丰富，可用竹头、竹枝、竹叶、树头、树枝、树叶，还可利用甘蔗头、甘蔗叶、黄豆秆等。通常采用三层培养料夹播两层菌种或两层培养料夹播一层菌种的播种方式。播种后将料面稍压平即可覆土。播种后的管理主要是做好保温保湿及通风换气工作，每天通风换气30分钟。菌球发育要求空气相对湿度为85%，温度不宜超过32℃，每日午后注意通风，每天通气30～60分钟。当菌球由近扁形发育进入蛋形期时，管理重点是维持畦面上下区空气的相对湿度在85%～90%，同时增加光照，以利于诱导菌球破口，土壤含水量控制在20%～25%。当竹荪菌裙达到最大开张度时，应及时采收，否则半小时就开始萎蔫、倒伏。采收时，用小刀割菌托基部索状菌丝，切勿用手强拉硬扯，否则菌柄易断。

用途　竹荪是珍贵**食用菌**，筵席之佳肴，俗称“山珍之王”，富含蛋白质、碳水化合物及多种氨基酸、维生素等。采收后多用于加工制干上市，也可鲜食。经常食用可降低高血压、减少血液中胆固醇含量、抗过敏、治疗痢疾，特别是对肥胖者有减少腹壁脂肪积累之功效。

（杨　暹）

竹笋　bamboo shoot　竹的幼芽。又称笋。竹是禾本科多年生常绿植物，约有6属21个种的种群能形成食用笋。竹原产于中国，喜温怕冷，南方竹林茂盛，北方竹林稀少。食用笋竹主要分布在长江中下游及珠江流域。

形态特征　食用部分竹笋是竹子短缩肥大的芽，竹笋外表包坚韧的笋箨（笋壳），内部有柔嫩的笋肉。在出土前笋体生长慢，出土后迅速长高，并展开枝叶成为新竹。竹笋的纵切面可见中部有紧密重叠的横隔，相当于竹秆的节隔，两隔之间就是竹秆的节间。包裹在横隔周围的是肥厚的笋肉，相当于竹秆的秆壁。包裹在笋肉外围的竹箨是一种变态叶。

图1　竹笋

图2　竹笋纵切面

生长习性　毛竹生长的最适温度为年均16～17℃，夏季平均在30℃以下，冬季平均在4℃左右。麻竹和绿竹要求年平均温度在18～20℃，1月平均温度在10℃以上。慈竹要求年平均温度16～18℃，1月平均温度2～4℃。竹的枝叶茂盛，水分蒸腾量大，而根系不深，抗旱力弱，要求较湿润的环境。竹需要土层深厚、土质疏松、肥沃、湿润、排水和通气良好的土壤。土壤的酸碱度以pH4.5～7为宜。

用途　竹笋中除含有纤维和糖等碳水化合物外，还含有维生素、矿物质和较多蛋白质，特别是富含天冬氨酸，对人体有滋补作用。

（周艳虹）

竹筒茶　bamboo cylinder tea　主产于中国云南少数民族地区的特色茶。主要以傣族和壮族竹筒茶为典型代表，多属普洱茶。因其具有竹筒香味而得名。傣语称为“腊跺”。为圆柱形**紧压绿茶**之一。已有200多年的产制历史。

加工工艺　竹筒茶的加工过程一般分为装茶、烤茶和取茶三步进行：①装茶。先将鲜叶杀青，揉出茶汁，或用晒干的春茶装入刚刚砍回的生长期为一年左右的嫩香竹筒中，边装边捣实，装满，并在竹筒体上打孔，以利于散发水分。②烤茶。放在40℃左右炭火上慢慢烘烤，6～7分钟后竹筒内的茶便软化，用木棒将竹筒内的茶压紧，然后再填满茶烘烤。如此边填、边烤、边压，直至竹筒内的茶叶填满压紧为止。继续烘烤，随时转动，直至足干。③取茶。冷却后剖开竹筒，取出圆柱形的竹筒茶，用印有规格商标的牛皮纸包装，以待冲泡。

品质特征　深褐色圆柱状，外形柱体光滑，色绿润显毫，汤色黄绿明亮，香气清醇独特，滋味鲜爽甘醇，耐泡，回味深长。冲泡后既有浓郁的茶香，又有清新的竹香，清凉解渴。

用法　竹筒茶既可以泡饮，也可以食用。①泡饮。先掰下少许竹筒茶，放在茶碗中，冲入沸水至七八分满，3～5分钟后就可开始饮茶。竹筒茶饮起来，既有茶的醇厚滋味又有竹的浓郁清香，非常可口，令人有耳目一新之感。②食用。居住在云南南部的傣族、哈尼族、景颇族，以及湖南中部的瑶族人民，有用竹筒茶当菜的食用方法。先将采下的新鲜茶，用锅蒸煮，当叶子柔软时，放在竹帘上搓揉，然后把它装入竹筒里，用棒捣实，封口，让它缓慢发酵。经过2～3个月后，筒内茶叶发黄，劈开竹筒，取出紧压的茶叶晾干，装入瓦罐中，加香油浸腌，随时可以取出作蔬菜食用。（吕才有）

竹叶青茶 Zhuyeqing tea　主产于中国四川省乐山市峨眉山海拔600～1500米高山茶区的绿茶。创制于1964年，由陈毅元帅在峨眉山万年寺与老僧人对弈品茗时命名。峨眉茶区云雾多、日照少、雨量充沛（位于当地的“华西雨屏”）；茶区年平均气温17.2℃，年平均降水量1555.3毫米，年平均相对湿度80%，年平均日照951.8小时，具有适宜茶树生长的山地气候特点。

产品等级　根据竹叶青茶原料的生长区域和茶芽的精选程度，由高到低分为特级论道、特级静心、特级品味3个等级。①特级论道。产于峨眉山万年寺等特定产区，100%明前茶，100%手工采摘，智能选型＋手工精选，1000颗茶芽仅能精选1克论道竹叶青。②特级静心。产于峨眉山600～1500米高山茶区，100%明前茶，100%手工采摘，以鲜嫩茶芽为原料，原料品质标准比品味级高。③特级品味。产于峨眉山600～1500米高山茶区，100%明前茶，100%手工采摘，以鲜嫩茶芽为原料。

采制技术　原料品种主要有福鼎大白、福选9号、川茶2号等优质特色品种。鲜叶的采摘方式为人工手采。鲜叶标准为鳞片脱落，鱼叶初展的独芽，要求芽头大小匀整，净度高，不带鳞片或其他杂物，新鲜度高，不带空心芽；不采雨水叶、露水叶，不采病虫叶、紫色叶。采用透气的竹兜采摘鲜叶，使用专用的房间和器具摊

竹叶青茶

晾鲜叶，使用专用的运输车辆和器具运输鲜叶，以确保鲜叶采摘、摊晾和运输时鲜活度不受影响。竹叶青茶鲜叶要求采自峨眉山高山茶区，明前、晴天的单芽或少量初展的一芽一叶。

加工工艺　竹叶青茶采摘的新叶经过杀青、揉捻、烘焙等工艺制作而成。

传统加工工艺　传统加工工艺流程为：鲜叶摊放→杀青理条→辉锅干燥→初产品→精制→产品包装入库。①鲜芽摊放。采摘回的鲜嫩茶芽要放在竹筛或纱筛里摊放，使水分蒸发、芽叶轻度萎凋，以便于加工造形。②杀青理条。杀青锅温约160℃，每锅投芽叶约300克（不可过多），以便抖闷理条。杀匀杀透变熟约5分钟后，将锅温降至80℃左右进行初步理条；手法是用一只手循环往复地抓、抖、压、带条，先轻后重，随水分蒸发逐渐加压。待芽叶6～7成干时进行整形，锅温不可过高，仍保持80℃；手法是四指并拢在锅里做钩、压、磨、挡、吐的顺时针往复运动，直到八成干后起锅摊凉在筛里，待集中辉干定型。③辉锅干燥。将摊凉的茶芽重入锅内进行辉锅，每锅投茶量300～500克，锅温80℃。手势压力逐步加重，主要采用抓、扣、磨、压、推等手法；其要领是手不离茶，茶不离锅；炒至茸毛脱落，扁平光滑，茶香透出，折之即断，含水量5%～6%为适度，即可起锅，然后精制。④精制。竹叶青茶精制工艺为半成品→匀堆→筛分→风选、静电选别→金检→异物选别Ⅰ→烘干提香→冷却→异物选别Ⅱ→风选、静电选别→包装入库。

现代加工工艺　现代加工工艺流程为：鲜叶摊放→杀青→理条→压扁→筛分→金检→异物选别→烘干提香。①杀青。竹叶青类独芽及一芽一叶初展原料鲜叶要经适度（减重约10%且花香显露时）摊晾后开始杀青。杀青环节控制参数为蒸汽流量10～60升/时，热风温度280～320℃，风量50%～100%，鲜叶流量220～380千克/小时，三组燃烧器温度280～500℃，筒体转速50～80转/分，筒倾斜度0.5～3.5。杀青程度以杀透、不红变、不焦边、略有熟甜香为度。②理条。理条环节控制参数为时间10～18分钟/锅，投叶量3～4千克/锅，理条时摆动频率190～215转/分，火温120～180℃，茶温与人体温度相当，以不烫手为度。③压扁。理条时间5～8分钟/锅，压扁时间3～5分钟/锅，投叶量2～3.5千克/锅，摆动频率150～185转/分，火温100～150℃。茶温与人体温度相当，以不烫手为度，茶芽适当扁平即可。④筛分。根据竹叶青茶半成品的外形品质配置合理的筛网，对各筛口筛出的号茶进行验证，确认是否合理。筛分、排出、投茶时间可根据茶叶及运行实际情况灵活调整，以保证茶叶筛分效果最佳为度。⑤金检。有效调整铁类和非铁类感度值，以确保去除金属类杂物。每批茶开始检测前和检测中途，应利用铁及非铁类物质验证一次金检设备是否工作正常。⑥异物选别。有效调整异物选别机前后两段异物感度值70～90，以确保在茶叶烘前将异物尽量捡剔干净，烘后再度确认，达到非茶类异物完全选别。⑦烘干提香。茶温Ⅰ 60～90℃，输送带速度0.8～1.5米/分，茶温Ⅱ 120～135℃，火温450～650℃，筒体转速65～75转/分。根据竹叶青茶各级别的特点和提香效果设定相应的温度及转速参数，在茶温Ⅱ稳定后每半小时查验各参数值，使茶叶品质及水分达到规定要求。若出现偏差，应立即隔离相应产品并调整相应系统参数。

各级别竹叶青茶的品质特点

级别	外形（条索、色泽、整碎、净度）	内质			
		香气	汤色	滋味	叶底
特级论道	光扁、挺直，嫩绿、油润，调匀，匀整，匀净	嫩栗香、持久	嫩绿、清澈	鲜爽	全芽肥厚、嫩匀、明亮
特级静心	扁平、挺直，嫩绿、油润，匀整，净	嫩栗香、持久	嫩绿、明亮	鲜爽	芽头肥厚、嫩绿、明亮
特级品味	扁平、挺直，嫩绿润，匀整，净	嫩栗香	嫩绿、明亮	鲜醇	芽头肥厚、嫩绿、明亮

品质特征　外形扁平光滑、挺直秀丽，色泽嫩绿油润，香气嫩栗香、浓郁持久，汤色嫩绿明亮，滋味鲜嫩醇爽，芽叶完整，叶底黄绿明亮。各级别竹叶青茶品质差异较大（见表）。（王　云）

主根 main root 由胚根的顶端分生组织发育形成的根。由主根与其各级分枝侧根组成的根系，称为主根系。果树根系有实生根系、茎源根系、根蘖根系三种类型。实生根系是由种子发育形成的根系，主根发达，生活力强，分布深而远；茎源根系是扦插或压条繁殖时茎（枝）上的不定根发育形成的根系，无主根或不明显，根浅，生活力相对弱；根蘖根系是果树根系上的不定芽发育形成的根系。

（韩振海）

《煮茶图》 *Making Tea* 茶事绘画。中国明代丁云鹏作。丁云鹏（1547～1628），字南羽，号圣华居士、黄山老樵，安徽休宁人。明代画家，兼工书法，书学钟繇、王羲之。善白描人物、佛像，兼工山水、花卉。白描似李公麟，设色学钱选。在师法宋元基础上，自具风格。与陈洪绶、崔子忠成鼎足之势。早年人物画工整秀雅，晚期趋于沉着古朴。

丁云鹏的人物、佛像作品最负盛名，佛祖、菩萨、罗汉在他笔下既栩栩如生，又庄严肃穆。中年用笔细秀，略近文徵明、仇英画法，晚年风格朴厚苍劲，自成一家。与董其昌、陈继儒、詹景凤诸人交游，故流传作品多有董其昌等人的题赞。

《煮茶图》纸本设色，纵140.5厘米，横57.6厘米，藏于无锡博物馆。作品线条细劲，敷色自然。玉兰一树，其花茂盛，生机勃勃。太湖石一座，玲珑剔透，缀以红花绿草，艳丽而雅致。中间设一榻，边置竹炉，炉上茶壶正在煮水。卢仝盘坐榻上，双手置膝，静待汤沸。榻旁有一赤脚红衣老婢，双手捧果盘。榻前石几上有茶罐、茶壶、托盏、古玩、山石盆景等，右侧有一长须男仆正蹲地从缸中取水。器物比例适当，描绘细致。人物须发毕具，面容平和而有神态呼应，气氛宁静幽雅。全幅非常详尽地描绘了煮茶情景，俯仰向背中，完美地体现了煮茶的细节与境界。作品虽以唐代卢仝煮茶故事为题材，但从所用器具看，当属明代的煮茶之法。

除上述外，丁云鹏还画有《玉川煮茶图》，纸本设色，纵137.3厘米，横64.4厘米，藏于北京故宫博物院。此画左上角有丁云鹏自题的款识："玉川煮茶图。壬子冬日为逊之先生写于虎丘僧寮。"此图是明万历四十年（1612）冬在苏州虎丘僧寮所画。清代曹寅有题画诗云："风流玉川子，磊落月蚀诗。想见煮茶处，颀然麈扇时。风泉逐俯仰，蕉竹映参差。兴致黄农上，僮奴若个知。"内容与《煮茶图》大致一样，但场景有所变化。湖石后面增加修竹几竿，一旁的芭蕉树上绽放数朵红花，使整个画面平添绚丽色彩，充满勃勃生机。画中卢仝神态安详地闲坐于青石上，背依蕉林修篁，头戴发巾，身着素袍，手执羽扇，正聚精会神地凝视着置于座前树墩上的茶炉，仿佛在静谧中可听到水的沸声。茶炉为唐代制式，颇具古意，更切合时代特征。身后蕉叶铺石，上置汤壶、茶壶、茶罐、茶盏等。右边一长须男仆持壶而行，似是汲泉而来；左边一赤脚老婢，双手捧果盘而来。全图所表现当为卢仝七碗茶诗之意境。

（于良子）

转基因育种 transgenic breeding 利用生物技术将目的基因有针对性地导入和整合到受体生物的基因组中，使其具有目的基因预期性状的品种遗传改良方法。目的基因既可以是相同物种的基因，也可以是不同物种的基因，还可以是人工合成或改造的基因。转基因育种具有高效、目的性强、耗时短的优点，且能突破因种属界限而产生的生殖隔离。相对于传统的育种方法而言，转基因育种具有以下优势：①可以利用的基因资源大大拓宽。②可对植物的目标性状进行定向变异和定向选择。③提高了效率，加快了育种进程。

1983年，当人类首次用外源基因转化植物获得成功后，转基因育种的概念被提出。20世纪90年代中期，转基因作物首先在美国被批准商业化种植，之后转基因大豆、玉米、棉花、油菜每年的种植面积已经达到约2亿公顷。转基因技术在果树育种中已有应用，通过转基因育种技术培育的抗病毒番木瓜品种已大规模种植。

（卢宝荣 黄业超 撰 张志宏 修订）

资溪白茶 Zixi white tea 产于中国江西省资溪县的尖形或扁形白化绿茶。资溪白茶最早记载于清同治（1862～1874）年间的《资溪县志》中，时称"白毫"，属资溪特产。为中国国家地理标志保护产品。主产区为资溪县行政区域内。

据《资溪县志》记载，资溪白茶的传统造茶法为："三月谷雨前采最嫩者一叶一枪（芽）摊干，用锅烧热入叶炒之，乘热搓揉炭火焙干，泡色淡而香味较胜。"现代加工工艺为：采摘单芽、一芽一叶、二叶初展的新鲜芽叶，经摊放→杀青→理条→烘干等加工工艺制作而成。分特级、一至三级4个等级。茶品形状条形紧秀，芽叶色如玉霜，形似玉兰，冲泡后叶张玉白，茎脉翠绿，汤色嫩黄明亮，香气清香，滋味鲜醇回甘，叶底嫩绿。主销中国各大中城市。

（李文金）

梓树 Chinese catalpa; *Catalpa ovata* 紫葳科梓属落叶乔木。梓树分布于中国华北、东北、西北、华东、华中、西南各地。

树高10米，树皮灰色，小枝黄褐色。叶宽卵形或近圆形，长10～25厘米，3～5裂或不裂，先端突尖，基部心形或圆形，掌状5出脉，脉腋有紫黑色腺斑，叶柄5～15厘米。花多数组成圆锥花序，长10～25厘米，花冠乳黄色内有黄色条纹及紫色斑点，长2厘米，直径2.5厘米，花期5～6月。蒴果20～35厘米，细长如筷子，经冬不落。

梓树性喜光，根深，在土壤深厚湿润的条件下生长良好。为阳性树种，喜欢光照，稍耐半阴，比较耐严寒，适应性强，

图1 梓树

图2 梓树的茎

图3 梓树的叶和果实

图4　梓树的花

为深根性树种，喜深厚肥沃且湿润的砂质土壤。可以耐轻度盐碱，不耐干旱和瘠薄。抵抗污染能力很强，对二氧化硫等有毒有害气体抗性较强。采用播种方式繁殖。

梓树是优良观花赏叶乔木树种，可作行道树或庭荫树。（赵世伟）

紫背天葵　gynura; *Gynura bicolor*　菊科菊三七属宿根性多年生常绿草本植物。又称血皮菜、紫背菜、红凤菜、观音苋、双色三七草。以嫩茎叶作**蔬菜**食用。紫背天葵原产于中国，在中国台湾、四川等南方地区多有栽培，20世纪末北方开始引种。是补充蔬菜春淡季和夏、秋淡季的主要叶菜。

形态和类型　株高约45厘米，茎肉质，带有紫红色，植株生长势和分枝性强，常半直立生长，茎节易生不定根。叶长卵形，长约16厘米，宽约14厘米，边缘有锯齿，叶面绿色略带紫色，背面紫红色，具蜡质，有光泽。头状花序，伞房状着生于花梗，花筒状、橙黄色。瘦果，矩圆形、扁平，但不易结实。以叶片是否带有紫色分为绿色和紫色两个品种：绿色紫背天葵（白凤菜）比较柔嫩，品质好，但抗逆性差；紫色紫背天葵（红凤菜）口感略显粗糙，但抗逆性很强。

栽培　耐湿热，怕霜冻，只能耐3℃左右低温。适应性广，喜温暖湿润气候条件，耐高温多雨，也较耐干旱，在夏季高温下生长良好，生长适温为20～25℃，10℃以下时生长停滞。主要采用扦插或分根繁殖，多于早春或秋初分根、扦插，春季和夏秋季陆续采收。露地栽培应在无霜期进行。北方不能在露地越冬，冬春季可在温室等保护地内栽培。较少病虫害，偶有蚜虫为害。

紫背天葵

用途　富含维生素A、钙、钾、镁以及黄酮类物质。有减少血管紫癜、解毒消肿等药效和保健功能。可凉拌、炒食、做汤或涮食。（周艳虹）

紫荆　Chinese redbud; *Cercis chinensis*　豆科紫荆属落叶乔木或丛生、单生灌木。紫荆在中国湖北西部、辽宁南部、河北、陕西、河南、甘肃、广东、云南、四川等地均有分布。

树皮和小枝灰白色。叶纸质，近圆形或三角状圆形，先端急尖，基部浅至深心形，两面无毛。花紫红色或粉红色，4～10余簇生于老枝上，通常先于叶开放，嫩枝或幼株上的花则与叶同时开放。荚果扁狭长状，绿色，长5～14厘米，先端急尖或短渐尖，喙细而弯曲，基部长渐尖，沿腹缝线有窄翅。花期3～4月，果期8～10月。

喜光，有一定耐寒性。喜肥沃、排水良好土壤，不耐淹。萌蘖性强，耐修剪。

图1　紫荆

图2　紫荆的叶

图3　紫荆的花

图4　紫荆的果实

图5　紫荆的种子

常以播种、分株、扦插、压条等方法繁殖。

宜丛植于庭园、建筑旁或草坪边缘。因花先叶开放，也常与常绿松柏配植为前景。树皮及花梗可入药，有解毒消肿的功效。种子可制农药，有驱虫功效。木材纹理通直，结构细，可供建筑、家具等用。（于晓南）

紫罗兰　common stock; *Matthiola incana*　十字花科紫罗兰属二年生或多年生草本植物。又称草桂花。紫罗兰原产于地中海沿岸。同属植物约60种。

茎直立，多分枝，高30～60厘米，全株具灰色星状柔毛。叶互生，长圆形至倒披针形，基部呈叶翼状，先端钝圆，全缘。总状花序，两侧萼片基垂囊状，花瓣4枚，具长爪，有紫红、淡红、淡黄、白色等，微香。长角果，种子具翅。可因栽培季节不同而有春、夏、秋、冬紫罗兰之分。

紫罗兰喜冷凉的气候，忌燥热。喜通

图1 紫罗兰

图2 紫罗兰的花（粉色）

图3 紫罗兰的花（紫色）

风良好的环境，冬季喜温和气候，但也能耐短暂的−5℃低温。生长适温白天15～18℃，夜间10℃左右。对土壤要求不严，但在排水良好、中性偏碱的土壤中生长较好，忌过酸性土壤。它适生于位置较高的地带，在梅雨天气炎热而通风不良时则易受病虫危害；施肥不宜过多，否则对开花不利；光照和通风如果不充分，易患病虫害。播种繁殖，常见栽培的还有夜香紫罗兰（*M. bicornis*），花淡紫色，浓香，傍晚开放，次日闭合。

紫罗兰花朵茂盛，花色鲜艳，香气浓郁，花期长，为众多爱花者所喜爱，适宜作切花和盆栽观赏，也适宜布置花坛、台阶、花境。是欧洲名花。

（房伟民）

紫藤 Chinese wisteria; *Wisteria sinensis* 豆科紫藤属落叶藤本。紫藤分布于中国辽宁、内蒙古、河北、河南、江西、山东、江苏、浙江、湖北、湖南、陕西、甘肃、四川、广东等地。

长可达20米，茎左旋，枝较粗壮。冬芽卵状。奇数羽状复叶长15～25厘米，托叶线形，早落。小叶3～6对，纸质，卵状椭圆形至卵状披针形，先端渐尖至尾尖，基部钝圆或楔形，或歪斜。小托叶刺毛状，宿存。总状花序发自去年短枝的腋芽或顶芽，花序轴被白色柔毛。苞片披针形，早落。花芳香，花梗细，长2～3厘米。花萼杯状，密被细绢毛，花冠紫色，被细绢毛。荚果倒披针状，长10～15厘米，宽1.5～2.0厘米，密被绒毛。种子褐色，具光泽，圆形，扁平。花期4月中旬

图1 紫藤

图2 紫藤的茎

图3 紫藤的花序

图4 紫藤的果实

至5月上旬，果期5～8月。

喜光，略耐阴，较耐寒，喜深厚肥沃而排水良好的土壤，较耐干旱、瘠薄和水湿。可用播种、分株、压条、扦插、嫁接等方法繁殖。

紫藤枝叶繁密，庇荫效果强，春天先叶开花，是优良的棚架、门廊植物，也可作盆景或盆栽供室内装饰。

（于晓南）

紫薇 crape myrtle; *Lagerstroemia indica* 千屈菜科紫薇属落叶灌木或小乔木。又称痒痒花、痒痒树、紫金花、紫兰花、蚊子花、西洋水杨梅、百日红、无皮树。紫薇高可达7米。树皮平滑，灰色或灰褐色。枝干多扭曲，小枝纤细。叶互生或有时对生，纸质，椭圆形、阔矩圆形或倒卵形。花色玫红、大红、深粉红、淡红色或紫色、白色，直径3～4厘米，常组成7～20厘米的顶生圆锥花序。花梗长3～15毫米，中轴及花梗均被柔毛。花萼长7～10毫米，外面平滑无棱，但鲜时萼筒有微突起短棱，两面无毛，裂片6，三角形，直立，无附属体。花瓣6，皱缩，长12～20毫米，具长爪。雄蕊36～42，外面6枚着生于花萼上，比其余的长得多。子房3～6室，无毛。蒴果椭圆状球形或阔椭圆形，

长1～1.3厘米，幼时绿色至黄色，成熟时或干燥时呈紫黑色，室背开裂。种子有翅，长约8毫米。花期6～9月，果期9～12月。

图1 紫薇

图2 紫薇的叶

图3 紫薇的花

图4 紫薇的果实

紫薇树姿优美，树干光滑洁净，花色艳丽。开花时正当夏秋少花季节，花期长，故有"百日红"之称，又有"盛夏绿遮眼，此花红满堂"的赞语，是观花、观干、观根的盆景良材。根、皮、叶、花皆可入药。

（陈己任）

紫芽 purple bud 有别于常规的黄绿色而呈紫色的茶树新梢芽叶。紫芽的产生主要有以下两种情况：①由环境因子造成。如夏秋季节花青素含量累积增加，细胞液pH升高，使芽叶呈现紫色。与绿色芽叶相比，紫色芽叶中花色素含量明显要高。有研究表明，紫色芽叶芽下第一、二、三叶花青素含量达到3.5、0.7和0.4毫克/克（干重，按75%含水量由鲜重折算），分别是绿色芽叶的27倍、28倍和7.5倍。紫色芽叶中的花青素主要有矢车菊花色素、天竺葵花色素、牵牛花色素和芍药花色素等。强光、紫外光等诱导茶树花青苷代谢关键酶基因上调表达，增强花青素积累。②特殊品种所特有的特性。如中国的紫娟和紫嫣、日本的Sunrouge、肯尼亚的TRFK306/1等。紫娟鲜叶的花青素含量可高达4.6毫克/克（干重），制成烘青绿茶花青素总量可达1.8毫克/克，而正常绿色芽叶中花青素总量一般低于0.1毫克/克。日本Sunrouge茶花青素含量可达2.1毫克/克，为薮北种的8.4倍。这类品种的紫芽特性受内部基因控制，虽受环境影响但并不会改变紫芽特性。一般认为，紫色芽叶制成绿茶品质较差，汤色发褐，滋味苦涩，叶底靛青。紫芽茶具有比较突出的抗氧化和清除自由基能力，具有抗炎和抗肿瘤活性、预防心血管疾病、控制肥胖和缓解糖尿病等功能。因此，中国、日本和肯尼亚等国家把紫芽品种的茶叶作为功能性饮品加以深度利用。

（阮建云）

紫阳富硒茶 Ziyang selenium-rich tea 中国陕西省紫阳县特产的富硒茶。属紫阳毛尖茶系列。产区位于汉江上游，大巴山北麓，夏无酷暑、冬无严寒、降水适中，气候宜茶。境内产销茶叶历史悠久，且为天然富硒区，所产茶叶硒元素含量高，具有特种保健功效。2004年，紫阳富硒茶被认定为中国国家地理标志保护产品；2005年，紫阳富硒茶被认定为国家地理标志证明商标；2011年，紫阳毛尖茶传统手工制作技艺被列入陕西省第三批非物质文化遗产名录。

加工工艺 加工工艺流程为：鲜叶分级摊晾→杀青→揉捻→烘（炒）坯→造形→足干焙香→拣剔精选→包装入库。①鲜叶分级摊晾。紫阳富硒茶最佳采摘时间是每年的3月中旬至10月上旬。将采回来的鲜叶进行摊拣，拣去鲜叶中的杂质，并对鲜叶进行等级挑选。②杀青。采用传统手工杀青，或采用30型滚筒连续名茶杀青机机械杀青。杀青时，先加热，并使滚筒空转，同时调节筒体倾斜度，使杀青时间（进料至出料的历时）控制在1.5分钟左右。筒温达120℃时用手工投叶，开始要多投一些鲜叶，以免炒焦，随后均匀投叶即可。杀青时应随时观察出叶的杀青程度，并以此调节投叶量和温度。杀青叶及时摊凉。③揉捻。其方法是采用手工揉捻，或采用30型名茶揉捻机机械揉捻。投叶量不超过4千克，揉捻时间以5～6分为宜，加压采用无压揉1分钟→轻压揉2.5～3分钟→稍重压揉1分钟→无压揉0.5～1.0分钟。④烘（炒）坯。在龙井锅内进行。当锅温达90℃时，历时10～15分钟，茶坯炒至干湿爽手，出锅摊凉。⑤造形。其方法与揉捻做形相同，中后期用力要轻，速度宜慢，时间5～7分钟。待茶条充分卷紧，白毫显露即可。用机揉则揉3～5分钟即可。⑥足干焙香。可采用烘笼或烘干机烘干。当烘顶温度达到80℃时摊叶，摊叶厚度以2～3厘米为宜，中间翻动3～4次，温度要先高后低，后期为60℃，低温长焙，使水分缓慢蒸发，充分透发香气。烘至含水量6%左右，即手搓捻茶条成粉末。⑦拣剔精选。⑧包装入库。成品茶包装好后，送入仓库贮藏。

品质特征 成品茶芽叶嫩壮匀整，白毫显露，色泽翠绿，香气高长带花香；汤色嫩绿明亮，滋味鲜美、回甘，叶底嫩匀成朵。天然紫阳富硒茶的珍品为紫阳毛尖系列，分翠峰、银针、翠芽等。

（纪昌中）

紫阳毛尖茶 Ziyang Maojian tea 产于中国陕西省汉江上游、大巴山麓的紫阳县近山峡谷地区的绿茶。紫阳县属汉江两岸的近山峡谷地区，具备层峦叠嶂、云雾缭绕、冬暖夏凉、土壤有机质含量高等自然条件，是茶树生长的适宜地区。

生产简史 紫阳毛尖茶系历史名茶，唐前属巴蜀茶。唐陕南茶叶作为金州（今安康）"土贡"，是进献给朝廷的山珍。明制定与实施《茶法》，实行以茶易马巩固边防，刺激和促进了茶叶生产的发展，出现了"其民昼夜沼茶不休，男废耕，女废织"的繁忙景象。清兴安（今安康）知府叶世卓为紫阳茶写下了"自昔岭南春独早，清明已煮紫阳茶"的诗句，再次印证了紫阳茶的辉煌。清《西乡县志》中载："陕南惟紫阳茶有名"，紫阳茶已是当时全国十大名茶之一。中华人民共和国成立后，通过改晒干、阴干为烘干、炒干为主等技术革新，极大地提高了紫阳毛尖茶的品质。

工艺流程　加工工艺流程为：鲜叶分级摊晾→杀青→初揉→炒坯→复揉提毫（理条做形）→烘干→拣剔精选→包装贮藏。①鲜叶分级摊晾。以紫阳群体种中的紫阳大叶泡和紫阳槠叶种为主。开采期一般在清明前15天左右，当地茶园有15%的顶芽达到一芽一叶初展叶开采，鲜叶分特级、一级、二级、三级4个级别。其中，特级鲜叶为纯芽头，匀、齐、新鲜无损伤；一级鲜叶为一芽一叶初展，匀、齐、新鲜无损伤；二级鲜叶为一芽一叶初展占40%，一芽一叶占60%，鲜活；三级鲜叶为一芽一叶占20%，一芽二叶占60%，一芽三叶初展占20%，鲜活。②杀青。传统用手工杀青，现用30型滚筒连续名茶杀青机。杀青时，先加热，并使滚筒空转，同时调节筒体倾斜度，使杀青时间（进料至出料的历时）控制在1.5分钟左右。筒温达120℃时，用手工投叶，开始要多投一些鲜叶，以免炒焦，随后均匀投叶即可。杀青时应随时观察出叶的杀青程度，并以此调节投叶量和温度。杀青叶及时摊凉。③初揉。可采用手工揉捻或机械揉捻。常用的是30型名茶揉捻机。投叶量不超过4千克，揉捻时间以5～6分为宜，加压采用无压揉1分钟→轻压揉2.5～3.0分钟→稍重压揉1分钟→无压揉0.5～1.0分钟。④炒坯。在龙井锅内进行。当锅温达90℃时，历时10～15分钟，茶坯炒至干湿爽手，出锅摊凉。⑤复揉提毫。其方法与初揉相同。中后期用力要轻，速度宜慢，时间为5～7分钟；待茶条充分卷紧，白毫显露即可。用机揉则揉3～5分钟即可。⑥烘干。可采用烘笼或烘干机烘干。当烘顶温度达到80℃时摊叶，摊叶厚度以2～3厘米为宜，中间翻动3～4次，温度要先高后低，后期为60℃，低温长焙，使水分缓慢蒸发，充分透发香气。足干焙香，烘至含水量6%左右，即手搓捻茶条成粉末。⑦拣剔精选。⑧包装贮藏。

品质特征　成品茶条索紧细匀齐挺直，白毫显露，色泽绿润；栗香浓郁高长，滋味鲜醇回甜；汤色嫩绿，清澈明亮；叶底绿明，肥壮匀齐。

（纪昌中）

紫叶小檗　purple Japanese barberry; *Berberis thunbergii* var. *atropurpurea*　小檗科小檗属落叶灌木。又称红叶小檗。是小檗（日本小檗）的栽培变种。紫叶小檗原产于日本和中国的东北、华北及秦岭。中国各大城市均有栽培。

枝丛生，嫩枝紫红色，无毛，老枝暗红色具条棱，表皮具刺。节间长1～1.5厘米。叶菱状卵形，长5～20（35）毫米，宽3～15毫米，先端钝，基部下延成短柄，全缘，簇生于短枝上。花2～5朵，形成具短总梗或无总梗近簇生的伞形花序。花瓣红色边缘有红色的纹晕，长圆状倒卵形，长5.5～6毫米，宽约3.5毫米，先端微缺，基部以上腺体靠近。小苞片带红色，长约2毫米，急尖。外轮萼片卵形，长4～5毫米，宽约2.5毫米，内轮萼片稍大于外轮萼片。雄蕊长3～3.5毫米，花药先端截形。花期4～6月，果熟期7～10月，浆果红色，椭圆体形，含种子1～2颗。

图1　紫叶小檗

图2　紫叶小檗的叶

图3　紫叶小檗的花

图4　紫叶小檗的果实

紫叶小檗的适应性强，喜阳光，耐半阴。在光线稍差的环境中或植株密度过大时，部分叶片会返绿。耐寒，耐修剪，但不畏炎热高温。

紫叶小檗是很好的园林观赏灌木，常用其与常绿树种作块面色彩布置，可用来布置花坛、花境，是园林绿化中色块组合的重要树种。　（包满珠　傅小鹏）

自发气调贮藏　modified atmosphere storage　主要依靠园艺产品自身的呼吸作用降低环境中的氧气浓度、提高二氧化碳浓度的贮藏方法。简称MA贮藏。自发气调贮藏储藏成本低、操作简单，但达到设定氧气（O_2）和二氧化碳（CO_2）浓度水平所需的时间较长，操作上对维持氧气和二氧化碳浓度要求较高。

气体成分调控方法　塑料的材质及厚度影响袋内气体成分和湿度，应用较多的是低密度聚乙烯和聚氯乙烯塑料薄膜。聚氯乙烯塑料薄膜的透湿性较好，在袋内结露较少，在生产上的应用越来越广泛。

自发气调贮藏过程中须定期检测袋内的气体成分，在O_2达到低限或CO_2达到高限时要开袋换气。这种方法费时费力，而且会造成病原菌交叉感染。硅橡胶具有良好的选择透过性，可对CO_2和O_2进行选择性透吸，维持袋内相对稳定的气体成分。利用硅橡胶的这一特性制成的硅窗塑料袋、硅窗塑料大帐已得到广泛应用。例如，在蒜薹贮藏中使用的聚氯乙烯硅窗袋，袋内的气体成分和湿度稳定在一定的范围内，基本实现贮藏过程不开袋，取得了理想的保鲜效果。

自发气调贮藏方式　自发气调贮藏包括自发气调包装贮藏和塑料大帐气调贮藏等方式。有的添加硅橡胶窗辅助气体成分调节，有的塑料大帐采用充氮气的方式降低O_2或清除CO_2。其环境的气体成分不太稳定，波动幅度较大。

自发气调包装贮藏　使用的塑料厚度一般在0.02～0.06毫米，有完全密封、袋口折叠、袋上打孔等形式。管理上除与**气调贮藏**一样要求适时采收、尽早入库外，自发气调包装贮藏还需要注意以下几点：①库内温度稳定降到设定温度后，才能封袋开始自发气调。②在贮藏过程中，要保持温度的稳定。③在库内不同位置设置样品袋，定期检测气体成分变化和贮藏品质，发现问题及时解决。

塑料大帐气调贮藏　塑料大帐一般使用0.2毫米厚的聚氯乙烯制成。在库内先铺一层与帐底大小相同的彩条布，在其上铺帐底，帐底上放垫木，将园艺产品的包装堆码在垫木上，用大帐罩住码好的果垛，将帐底和帐子的四边互相重叠卷起，用土或砖埋压好。为避免帐顶的凝结水滴在园艺产品上，一般将帐顶做成屋架形，或在果垛顶上加一层草帘、海绵之类的吸水性物质。大帐做成长方体，在其两端各有一个袖口，一个进气，一个出气，是人工气调的进气口和出气口。帐顶也留一个袖口，作为定期检查贮藏质量的取样口。

冷库中使用的大帐在气调方面有两种形式：①采用人工换气或硅窗大帐的形式，没有气调设备，是一种简易形式。②在进气口和出气口安装管道并与降O_2设备连接，用充氮的方法降O_2和CO_2；气体成分的变化幅度相对较小，保鲜效果介于气调贮藏和自发气调包装贮藏之间。

（惠　伟）

自根繁殖　self-rooted propagation　利用优良品种植株的枝、芽、叶等营养器官的再生能力发生不定根，并可能续发不定芽，进而形成独立植株的繁殖方法。自根繁殖的苗木通常称作自根苗。自根繁殖的方法有**扦插**、**压条**、分株、组织培养等。中国早在东汉时期就有压条繁殖自根苗的记载。苹果、梨等的矮化砧木繁殖亦常用自根繁殖的方法。自根繁殖成功的关键在于茎上能否发生不定根以及后续根上能否发出不定芽。自根苗的根系是由不定根发育而成的。多年生果树的不定根通常在枝条的次生木质部产生，也有从形成层和髓射线交界处或从中柱鞘与髓射线交界处的细胞分裂而产生。不同果树的自根苗可用的繁殖方法不同，如葡萄、榅桲、无花果、石榴等果树常用硬枝扦插，荔枝等常用高空压条，苹果矮化砧木采用直立或水平压条，香蕉、菠萝、银杏、枣、草莓等用分株方法繁殖。

自根苗的发育阶段是母株发育阶段的继续，能保持母株的优良经济性状。自根苗繁殖方法简便，没有主根，也没有真正的根颈，变异小，进入结果期较早，但一般根系较浅，不如实生苗和嫁接苗发达，其抗性、适应性亦低于实生苗和嫁接苗，易早衰，寿命较短；繁殖系数也相对较低，育苗时须用大量的繁殖材料。

20世纪70年代以来，通过离体培养手段大量培育自根苗的方法日益受到重视。利用离体（组培）技术繁殖果树自根苗已在香蕉、草莓、番木瓜、葡萄等草本或藤本果树上广泛应用，也在苹果和柑橘等木本果树上有一定程度地应用。此法繁殖速度快，繁殖系数高，占用空间小，且可以培养脱毒种苗。

（郑诚乐）

自花授粉　self-pollination　果树作物一个无性系品种（或基因型）的雌蕊接受同一品种的花粉并完成受精结实的生殖现象。对于具有完全花的果树作物，如桃、草莓、欧亚种葡萄等，雌蕊在自然条件下接受同一花朵的花粉，属于典型的自花授粉，而接受同一植株的其他花朵或同一品种其他植株的花粉也属于自花授粉。对于雌雄同株异花的**果树**作物，如板栗等，雌蕊接受同一植株或者同一品种其他植株的花粉，均属于自花授粉。

育种实践中，具有自花授粉生殖习性的果树作物或品种，如欧亚种葡萄、桃等，可以利用自然的自花授粉或人工辅助自交获得自花授粉后代构建自交分离群体选育新品种。

对于一个实生群体中的实生单株，仅当雌蕊接受同一花朵或同一植株其他花朵的花粉并完成受精结实才属于自花授粉。实生单株之间相互授粉则属于异花授粉。

（张新忠）

自交　selfing　来源于同一个体的雌雄配子受精结合的过程。自交的“自”不仅指自花，也指同株，即自交既包括雄蕊的花粉授到同一朵花雌蕊的柱头上，也包括雄蕊的花粉授到同株雌蕊的柱头上，是同一植株上的雌、雄花间及同一基因型不同植株间的授粉。自交可使后代群体的遗传组成迅速趋于纯合化，也使隐性性状得以表现出来。对于多年生无性繁殖的果树，自交主要用于遗传研究，很少用于直接培育品种。

（张志宏）

自交不亲和　self-incompatibility　**自花授粉**时花粉不能在柱头上萌发，或萌发后花粉管生长受限、胚珠无法受精、胚的发育受到抑制，导致无法产生种子和坐果率极低的现象。自交不亲和是园艺植物普遍存在的一种防止近亲繁殖、维持遗传多样性的机制。在许多蔷薇科果树的种植中，由于自交不亲和而需要配置**授粉树**或人工授粉，增加了生产成本。

自交不亲和的基本类型包括：①配子体型自交不亲和。花粉的自交不亲和表型由其自身的配子体单倍体基因型决定，是最常见的自交不亲和类型。在分子水平上，其机制又包括基于S-核酸酶（S-RNase）型和S-糖蛋白型的自交不亲和。大部分主栽果树如苹果、柑橘、梨等都表现典型的基于S-RNase型的配子体自交不亲和。果树这一特性促进了品种间遗传信息的交流，生物学上有利于其自身的进化。②孢子体型自交不亲和。花粉的自交不亲和表型由产生花粉的二倍体基因型决定，主要存在于十字花科芸薹属、菊科、旋花科、桦树科、石竹科等植物中。

利用自交不亲和系作母本，与其他自交不亲和系、自交系或正常品系进行杂交，可以避免去雄操作，省时省工。但是在苹果、梨等果树上，育种者往往希望培养自交亲和性强的品种，以提高单一品种坐果率，降低生产成本。

（张绍铃）

棕榈　Chusan palm; *Trachycarpus fortunei*　棕榈科棕榈属单干小乔木。又称棕树、山棕。棕榈原产于中国，日本、印度、缅甸也有分布。棕榈是世界上最耐寒的**棕榈科植物**之一，除西藏外中国黄河以南地区均有分布，北起山东，南到广东、广西和云南，西达西藏边界，东至上海。由于栽培应用历史悠久，现在野外的植株基本是栽培的，难以找到野生自然居群。

高可达7米，干圆柱形。叶片近圆形，叶柄两侧具细圆齿。花序粗壮，雌雄异株；花黄绿色，卵球形。果实阔肾形，有脐，成熟时由黄色变为淡蓝色，有白粉，种子胚乳角质。花期4月，果期12月。

图1　棕榈

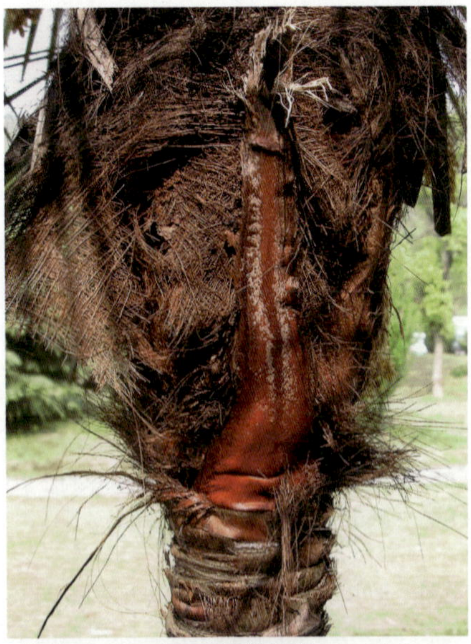
图2 棕榈的茎

图3 棕榈的叶

图4 棕榈的花序

图5 棕榈的果实（未成熟时）

图6 棕榈的果实（成熟时）

图7 棕榈的种子

播种繁殖，在原产地可自播繁衍。栽培土壤要求排水良好、肥沃。棕榈根系较浅，无主根，种时不宜过深，栽后穴面要保持盘子状。棕榈幼年阶段生长十分缓慢，且要求适当的荫蔽。其茎长出土壤表面需3～5年，形成掌状有皱褶的正常叶片需3～4年。

棕榈树栽于庭院、路边及花坛之中，树势挺拔，叶色葱茏，适于四季观赏。木材可以制器具。棕榈叶鞘为扇子形，有棕纤维，叶可制扇、帽等工艺品，根入药。

（蔡邦平）

棕榈科植物 palm trees; Arecaceae 世界三大重要经济植物类群之一，是具有浓郁热带风光的重要园林观赏植物。棕榈科植物属于单子叶植物，没有形成层，树干外表没有通常意义上的树皮，树干横截面上也没有年轮。全世界约有210属2800种，分布于热带、亚热带地区。原产于中国的有18属77种，主要分布在云南、广西、广东、台湾等地。

棕榈科植物有乔木、灌木、藤本三种基本形态，具有独立不分枝的主干，有刺或无刺。大型叶片集中生长在树干顶部，为掌状分裂或羽状复叶两种类型，叶鞘通常扩大而成纤维状。雌雄同株或异株，花序外常有佛焰苞包围，花小，大多为黄绿色，单性或两性。花被片离生或合生。雄蕊多数。子房上位。果为浆果或核果，外果皮常有纤维状或覆瓦状鳞片。胚乳均匀或嚼烂状。

在植物中，棕榈科植物独特的形态创造了多项世界之最。南美洲的亚马逊棕榈，一片叶子长20米以上（连柄带叶），是世界最长的植物叶片之一。安第斯蜡椰是世界上最高的单子叶植物，高可达60米左右。在森林中缠绕穿越的省藤，藤茎长达200～300米，是陆生植物长度之最。双椰子的巨型核果一粒可重达15～25千克，是世界最大的植物种子。

（刘 勐）

棕竹 lady palm; *Rhapis excelsa* 棕榈科棕竹属丛生灌木。又称筋头竹、棕榈竹。棕竹主要分布于东南亚和中国南部至西南部，日本亦有分布。生长在山坡、沟旁荫蔽潮湿的灌木丛中。

高2～3米。茎干直立圆柱形，有节，直径1.5～3厘米，茎纤细如手指，不分枝，有叶节，上部被叶鞘，但分解成稍松散的马尾状淡黑色粗糙且硬的网状纤维。叶集生茎顶，掌状深裂，裂片4～10片，不均等，具2～5条肋脉，长20～32厘米或更

图1 棕竹

图2 棕竹的花序

图3 棕竹的花

图4 棕竹的果实

长，宽1.5～5厘米，宽线形或线状椭圆形，先端宽，截状而具多对稍深裂的小裂片，边缘及肋脉上具稍锐利的锯齿，横小脉多而明显。肉穗花序腋生，长约30厘米，花小，淡黄色，极多，单性，雌雄异株。果实球状倒卵形，直径8～10毫米。种子球形，胚位于种脊对面近基部。花期4～5月，果期10～12月。

棕竹可用播种和分株繁殖，家庭种植多以分株繁殖为主。喜温暖湿润及通风良好的半阴环境，不耐积水，极耐阴，畏烈日，稍耐寒，可耐0℃左右低温。株形小，生长缓慢，要求疏松肥沃的酸性土壤，不耐瘠薄和盐碱，要求较高的土壤湿度和空气温度。

树形优美，可作庭园绿化**观赏植物**。

（蔡邦平）

《走笔谢孟谏议寄新茶》 *A Quickly Written Poetry to Thanks to Mr. Meng Jianyi for Sending New Tea* 七言古诗。中国唐代卢仝作。又称《七碗茶歌》。卢仝（? ～835），唐代诗人。号玉川子。河南济源玉川人。祖籍范阳（今河北涿州）。

诗为：“日高丈五睡正浓，军将打门惊周公。口云谏议送书信，白绢斜封三道印。开缄宛见谏议面，手阅月团三百片。闻道新年入山里，蛰虫惊动春风起。天子须尝阳羡茶，百草不敢先开花。仁风暗结珠琲瓃，先春抽出黄金芽。摘鲜焙芳旋封裹，至精至好且不奢。至尊之余合王公，何事便到山人家？柴门反关无俗客，纱帽笼头自煎吃。碧云引风吹不断，白花浮光凝碗面。一碗喉吻润，两碗破孤闷。三碗搜枯肠，唯有文字五千卷。四碗发轻汗，平生不平事，尽向毛孔散。五碗肌骨清，六碗通仙灵。七碗吃不得也，唯觉两腋习习清风生。蓬莱山，在何处？玉川子，乘此清风欲归去。山上群仙司下土，地位清高隔风雨。安得知百万亿苍生命，堕在巅崖受辛苦！便为谏议问苍生，到头还得苏息否？”

此诗是作者为了感谢好友孟谏议寄新茶而作，作者用优美诗句表达对茶的深切感受。从品茶艺术的角度看，卢仝在诗中所描写的“一碗”至“七碗”的境界，把饮茶从“喉吻润”（解渴）、“破孤闷”（去烦）到心境逐渐空灵、渐入佳境，最后飘逸欲仙、进入禅的境界的深切感受几乎推到极致。在卢仝眼里，饮茶已经成为一种寄托和理想。这首诗拓展了饮茶文化的精神世界，对后世饮茶诗词创作产生了深远影响，传为千古绝唱。“玉川子”成为茶人的自称，“七碗茶”“两腋清风”也成为饮茶的代称，被后代诗人文士广为引用。如宋苏轼“何须魏帝一丸药，且尽卢仝七碗茶”，宋杨万里“不待清风生两腋，清风先向舌端生”，清汪巢材“一瓯瑟瑟散轻蕊，品题谁比玉川子”等。卢仝最先把茶饼喻为月（“手阅月团三百片”），于是后代茶诗也常把茶饼比喻为月。同时，诗人在品尝了原为皇帝享用的阳羡新茶后，想到茶农的艰辛与危险，便借孟谏议之口为天下苍生请命，万般艰辛之后能否得到休养生息呢？表现出诗人关注民生的人文情怀。

该诗对后世的影响主要表现在以下几个方面：①开拓了品茶的意境，使品茶成为修身的一种方式。②在茗饮活动中，率先表现了古代儒士茶人的忧患意识。③流传至今，成为文人茶诗的经典楷模之作，在茶文化史上有着崇高的地位。

（刘伟华）

遵义红茶 Zunyi black tea 产自中国贵州省遵义市的**工夫红茶**。遵义红茶为贵州省遵义市特产，中国国家地理标志保护产品。主要选用优良的小乔木型**茶树**品种。生长的地理条件为海拔700～1600米。土壤类型为黄壤或黄棕壤，土壤pH4.5～6.5，土壤有机质含量不小于1.0%，土层厚度不小于50厘米。产地范围为贵州省遵义市湄潭县、凤冈县、余庆县、道真仡佬族苗族自治县、正安县、务川仡佬族苗族自治县和习水县所辖行政区域。

于清明前采摘，采摘标准为单芽或一芽一叶的鲜叶。加工工艺流程为：茶青→萎凋→揉捻→发酵→做形→干燥→提香等工序。遵义红茶外形紧细，金毫显，色泽

遵义红茶

褐黄；内质香气纯正高长，花香显，滋味甜爽；汤色橙红明亮，叶底匀嫩，黄红明亮。

（郑文佳）

遵义毛峰茶 Zunyi Maofeng tea 产于中国贵州省湄潭县一带的直条型名优**绿茶**。1974年贵州省茶叶研究所为纪念著名的遵义会议而创制。采摘一芽一叶初展的茶青，经摊青→杀青→揉捻→抖撒失水→搓条造形（裹条、搓圆、理直）→提毫足干等加工工序制作而成。成品茶条索紧细圆直，锋苗完整挺秀，色泽翠绿，白毫显露，嫩香持久；汤色嫩绿明亮，滋味鲜醇；叶底嫩绿鲜活。

（郑文佳）

坐果 fruit set 果树开花后子房膨大并发育为幼果而不脱落的现象。除单性结果外，凡是坐果都必须以授粉受精为前提。大部分树种的坐果依赖于授粉过程中花粉管萌发产生的生长素和受精胚囊早期发育（种子形成）产生的生长素。有些树种的坐果只依赖授粉，而不依赖受精，这种单性结果称为授粉刺激性单性结果，如无籽砂糖橘。部分树种的坐果甚至不需要授粉刺激，这种结果现象称为天然单性结实、营养性单性结实或自动单性结实。这类果树包括菠萝、番木瓜、无花果、三倍体香蕉、葡萄等。

最新的研究结果表明，开花之前胚珠的生长素/吲哚乙酸（AUX/IAA）调控蛋白与生长素响应因子（ARFs）形成二聚体，从而抑制IAA信号传递和子房生长。受精后IAA合成，IAA与受体蛋白F-box结合，促使AUX/IAA通过泛素蛋白酶途径释放ARFs。游离的ARFs调控IAA响应基因，直接或间接促进赤霉素（GA）合成，刺激子房膨大，进而坐果。受精子房生长促进物迅速上升，生长抑制物（如脱落酸）下降。授粉后，明显的生化特征是蛋白质的加速合成，这甚至在花粉管进入雌蕊但未发生受精时便已开始。与此相联系的是核酸加快合成，磷酸戊糖途径（PPP）上调，生成戊糖以合成核酸，同时产生更多的还原型辅酶Ⅱ（NADPH）。

坐果是形成产量的前提。生产上一般用坐果率，即自然状态下果树实际坐果数量占开（雌）花数量的百分率来评价坐果能力。坐果率过低，树结实太少，产量也低；坐果率高，果实小，品质差，且容易出现大小年结果和树势削弱。坐果的影响因素有树种或品种特性、树体营养状况、花质量，以及影响授粉受精的各种内外因素等。

（王惠聪）

数字

1-甲基环丙烯　1-methylcyclopropene　一种乙烯作用抑制剂。简称1-MCP。1-MCP可阻断乙烯与受体的结合而抑制乙烯生理效应的发挥，已广泛应用在果实、蔬菜和观赏园艺植物的保鲜，可有效延长产品的贮藏期和货架期，维持良好的商品品质。

化学结构与性质　1-MCP是一种环丙烯类的小分子化合物，分子式为C_4H_6，其整个分子呈平面结构，具有比乙烯更高的双键张力和化合能。1-MCP在常温常压下以气态形式存在，无异味，无毒，沸点为12℃，难溶于水。

作用机制及生理效应　1997年，美国北卡罗来纳州立大学的E.C.西斯勒与加州大学戴维斯分校的M.塞雷克共同提出1-MCP可能的作用模式，即在正常情况下，乙烯能与植物细胞内受体蛋白中的金属铜离子相结合并接受电子，同时受体对面的配基离开金属部位且被另一个配基所取代，引起受体结构发生改变；随后，乙烯从受体上解脱下来，乙烯受体被激活（即形成活化的乙烯受体复合体），进而引发乙烯信号传导并产生乙烯生理效应。然而，1-MCP是一种高应变分子，其分子1号碳位上的氢离子被甲基取代，使得整个分子呈平面结构，形成比乙烯更大的双键张力和化合能。因此，1-MCP可通过自身双键与受体金属离子紧密结合，使受体中电子云密度和配体进行重排，并在较长时间内封锁受体而不发生解离，从而阻碍乙烯与受体的正常结合，抑制乙烯生理效应的发挥。

1-MCP对采后园艺作物的主要生理效应有：①抑制乙烯生物效应并反馈抑制其生物合成，从而延缓后熟进程，抑制组织衰老。②减缓质地、色泽、风味及营养组分劣变，有效维持产品品质。③减轻采后病害，提高产品的抗逆能力。

商业制剂及其应用　美国科学家将1-MCP与环糊精混合制成稳定的粉剂，其溶解在水中（或湿度增加）时，便可快速释放出1-MCP气体。该项成果在1996年获得发明专利。之后，美国花之寿公司和罗门哈斯公司相继开发出可用在观赏植物和果蔬作物上的1-MCP商业制剂，由于1-MCP具有高效、无毒和环保的优点，美国环境保护署已免除1-MCP的应用限制。1-MCP商业制剂现已在美国、中国、澳大利亚、奥地利、巴西、加拿大、法国、瑞士、以色列、土耳其、墨西哥、智利、阿根廷、危地马拉、尼加拉瓜、哥斯达黎加、南非等30多个国家注册使用，在苹果、杏、鳄梨、香蕉、杧果、甜瓜、油桃、番木瓜、桃、李、梨、柿、菠萝、南瓜、番茄、黄瓜、郁金香、康乃馨等园艺作物中成功应用。中国一些生物技术公司也相继研发出几种1-MCP商业制剂，且产品已在中国商业化果蔬保鲜中广泛应用。

使用方法及用量：1-MCP的商业制剂为粉剂或泡腾片剂，使用方法通常是采用气态熏蒸方式。首先根据所处理的园艺产品种类及品种确定所需气态1-MCP的有效浓度，再根据熏蒸时所用密闭容器的容积计算出1-MCP商业制剂的用量，将其溶解于定量好的缓释溶液或水中，此时1-MCP则以气体形式快速释放出来，立即封闭容器对产品进行熏蒸处理，时间通常为6～24小时，环境中的有效1-MCP浓度为0.1～3微升/升。此外，部分产品也可用液态1-MCP进行处理，即将产品浸泡于1-MCP水溶液中，有效浓度为50～1000微克/升，处理时间为1～3分钟。

应用效果的影响因素：1-MCP应用于园艺产品时应注意影响处理效果的一些重要因子，其中包括产品的种类与品种、成熟度、处理温度、处理浓度、持续时间及作用次数等。同时，在部分园艺产品中，已经出现关于1-MCP超剂量使用所引起的生理病害的报道。

（张正科　蒋跃明）

大 事 年 表

约前 9000～前 8000 年	·西亚两河流域出现无花果的种植
前 5000～前 4000 年	·中国陕西半坡村已有芥菜或白菜一类种子
前 3100 年左右	·古埃及已种植黄瓜和胡萝卜等，葡萄培植也较发达
前 2350 年	·印度河流域已栽培蔬菜、瓜果作物
前 2000 年	·古巴比伦人第一次用石刻永久地记录了他们和亚述人千年以来一直沿用的，为获得枣椰丰收而每年进行一次人工传粉的仪式
前 11 世纪	·古希腊种植业以橄榄和葡萄为盛
前 11～前 6 世纪	·中国第一部诗歌总集《诗经》中，记载了韭菜、芹菜、葫芦、桃、李、梅、兰、竹、菊、山茶等蔬菜、瓜果和观赏植物的种植。有些技艺已相当普及，如播种前的选种和播种时的株行距
前 10 世纪左右	·美洲玛雅人已在墨西哥、危地马拉等地培育了番茄、南瓜、辣椒等
前 500 年左右	·古希腊土地肥沃的地区开始谷物和蔬菜的轮种
前 200～前 100 年	·中国果树桃和杏先后经波斯、亚美尼亚传入欧洲的希腊和罗马
前 138 年	·中国汉武帝时期张骞出使西域，开辟了著名的“丝绸之路”。经“丝绸之路”，中国的桃、梅、杏、茶、芥菜、萝卜、甜瓜、白菜和百合等传到国外，并从国外引进了葡萄、无花果、苹果、石榴、黄瓜、西瓜、芹菜等大量园艺作物
前 59 年	·中国西汉王褒订立《僮约》，为中国最早记载茶叶集市的文字史料
约前 33 年	·中国汉元帝时汉宫太官园中建屋，“昼夜然蕴火”，栽种“葱韭菜茹”，为中国温室栽培的开端
前 32～前 7 年	·中国黄河流域使用溲种法，为中国使用包衣种子的滥觞。葫芦栽培采取靠接技术，是中国使用嫁接技术的开端。此外，还创造渗灌技术，利用陶罐渗水灌溉蔬菜
公元前后	·南美洲印加人培植了芋类、菠萝等
533～544 年	·中国北魏贾思勰在《齐民要术》里介绍了园艺作物的栽培方法
6 世纪前期	·中国出现种子保存技术和韭菜种子新陈鉴别法。葡萄、梨、蔬菜等已采用窖藏保鲜
6 世纪末	·中国隋文帝时，四川贡柑采用涂蜡保鲜技术
714～770 年	·中国唐代时，猕猴桃已在庭院中栽培
780 年	·中国唐代陆羽撰《茶经》，是世界上第一部茶叶专著
805 年	·日本高僧最澄和弟子义真来中国天台山国清寺学佛回国时带去茶籽，种于日本近江的台麓山

1059 年	· 中国北宋蔡襄著《荔枝谱》，为中国最早的果树学专著
1061 年	· 中国出现豆芽生产技术
11 世纪 80 年代	· 中国制造出碾制饼茶的水转磨，为最早的制茶机械
11 世纪后期	· 中国利用治竹挖洞贮藏樱桃；用“石首鲞（黄鱼）骨插蒂”，催熟甜瓜
1178 年	· 中国南宋韩彦直撰《橘录》，为世界最早的柑橘专著
1186 年	· 中国宋代范成大著《梅谱》，为世界第一部梅花专著
1256 年	· 中国南宋陈景沂撰《全芳备祖》，是一部以诗词咏述花卉为主的专著
1379 年	· 中国明代俞贞木撰写完成《种树书》，按照 12 个月的顺序列出了应该从事的农业生产活动，并以花果竹木为主介绍了大量栽培经验
1391 年	· 中国明太祖朱元璋下诏废团茶兴叶茶，自此蒸青散叶茶大为盛行
1490～1540 年	· 中国明代学者黄省曾一生著述颇丰，其中包括《艺菊书》《芋经》等多种农书
1506～1521 年	· 中国明代王磐撰《野菜谱》，均有附图，流传颇广
1559 年	· 欧洲威尼斯作家 G. 帕穆西奥著《中国茶》一书，为最早将中国茶叶介绍到欧洲的文献
1621 年	· 中国明代王象晋完成《群芳谱》，记述了大量园艺植物，并辑录了许多与之相关的栽培技术。“原叙”中出现“园”和“艺”这两个单字，前者指“园圃”，后者指“种艺”
1708 年	· 中国清代汪灏等奉诏将明代王象晋所著《群芳谱》改编、扩大成《广群芳谱》
1849～1926 年	· 美国 L. 伯班克从事植物育种 50 年，培育出许多果树、蔬菜、观赏植物和其他作物品种。著作有《如何培育植物为人类服务》
1855～1935 年	· 苏联 I.V. 米丘林从事植物育种 60 年，培育出 300 多个果树新品种，并提出定向培育、远缘杂交、无性杂交和驯化等改变植物遗传性的原则和方法。著作有《米丘林全集》
1866 年	· 德国传教士 W. 罗存德编纂《英华字典》，收入“园艺”一词，解释为“种园之艺”，这是汉语典籍中首次出现“园艺”一词
1902 年	· 德国植物学家 G. 哈伯兰特首次提出细胞培养的概念，他也是第一个用人工培养基对分离的植物细胞进行培养的人
1915 年	· 中国北洋政府时期祁门茶业改良场建立，为中国最早的茶叶专业机构
1929 年	· 英国植物学家 E.H. 威尔逊出版专著《中国，园林之母》（*China, Mother of Gardens*）
	· 美国科学家 W.F. 格里克用营养液栽培番茄、萝卜、胡萝卜等获得成功，被认为是无土栽培技术实用化的开端
1930 年	· 中国园艺学会成立
1935 年	· 美国学者 W.H. 尤克斯编著了世界茶史巨著《茶叶全书》
1936 年	· 中国福建安溪发明茶树短穗扦插技术

1948 年	·国际园艺生产者协会（International Association of Horticultural Producers; IAHP）成立，总部设在荷兰。世界园艺博览会（World Horticultural Exposition）由国际园艺生产者协会批准举办
1951 年	·日本木原均育成品质优良的三倍体无籽西瓜
1958 年	·中国农业科学院蔬菜研究所、果树研究所、茶叶研究所成立
	·塑料薄膜覆盖栽培在中国蔬菜生产上成功应用
	·美国康奈尔大学的 F.C. 斯图尔德等利用悬浮培养的胡萝卜细胞再生出完整植株，证明了植物细胞具有“全能性”
1959 年	·中国“南茶北引”工程拉开序幕
	·国际园艺学会正式成立
1960 年	·法国 G.M. 莫雷尔在《美国兰花学会通讯》上发表题为《生产无病毒兰花》的论文，开启兰花离体繁殖的工业化生产
1962 年	·中国园艺学会主办的《园艺学报》创刊出版
1964 年	·中国茶叶学会成立
1984 年	·中国花卉协会在北京成立
20 世纪 80 年代中后期	·中国发明节能型日光温室
1989 年	·世界性盆景组织——“世界盆栽友好联盟”成立
1992 年	·美国卡尔京（Calgene）公司育成耐贮运转基因番茄品种佳味（Flavr Savr），是世界上第一个商业化的转基因作物品种
1998～2005 年	·1998 年美国批准转番木瓜环斑病毒外壳蛋白基因的番木瓜商业化种植。2005 年中国批准转基因番木瓜进行生产性试验，经过 6 年安全性评价试验，在获得生态环境安全性评价和食用安全性评价后批准进行大田生产
1998～2014 年	·1998 年中国花卉协会梅花蜡梅分会被国际园艺学会命名与登录委员会和国际园艺学执行委员会及其理事会授权，成为中国第一个园艺作物国际登录权威。此后，中国相继于 2004 年、2010 年、2013 年和 2014 年取得木犀属植物品种、莲属植物品种、竹栽培品种、观赏海棠栽培品种的品种国际登录权威
1999 年	·中国首次举办 A1 类世界园艺博览会“1999 昆明世界园艺博览会”。2019 年中国第 2 次举办 A1 类世界园艺博览会“2019 北京世界园艺博览会”
2000 年	·第一届国际荔枝龙眼学术研讨会于 6 月 19～23 日在中国广州举行
2006 年	·中国茶叶产量超过印度，成为世界最大产茶国
	·比利时根特大学（Ghent University）的科学家完成毛果杨（*Populus trichocarpa*）基因组测序，是第一个完成测序的观赏植物
2007 年	·法国科学家 O. 雅永等完成葡萄全基因组测序，获得果树上第一个全基因组序列
2008 年	·中华人民共和国农业部、财政部启动现代农业产业技术体系建设，2009 年组建完成柑橘、苹果、梨、桃、葡萄、香蕉、荔枝、大宗蔬菜、西甜瓜、食用菌和茶等 11 个属于园艺产业的技术体系。“十三五”期间增加了特色蔬菜产业技术体系

2009 年 · 中国完成黄瓜基因组测序，是世界上第一个蔬菜作物基因组测序

2012 年 · 中国完成梅花全基因组测序，构建完成首张梅花全基因组精细图谱，是中国第一个花卉基因组测序

2013 年 · 中国完成甜橙基因组测序，是中国完成的第一个果树基因组测序

2015 年 · 中国第一种园艺学英文期刊《园艺学报》英文版（*Horticultural Plant Journal*）出版发行。中国园艺学会、中国农业科学院蔬菜花卉研究所和中国农业科学技术出版社为主办单位

2016 年 · “第二届亚洲园艺大会”于 9 月 26～28 日在中国成都召开。亚洲园艺大会由中国园艺学会、日本园艺学会和韩国园艺学会共同主办

· 第一届世界苹果大会于 10 月 10～16 日在中国陕西杨凌和延安举办

· 美国宇航员 S. 凯利在国际空间站培育出第一朵在外太空绽放的花朵——百日菊

2017 年 · 中国完成茶树基因组测序，在国际上率先获得高质量的茶树基因组序列

· 首届中国国际茶叶博览会于 5 月 18～21 日在杭州举办

2019 年 · 联合国大会第 74 届会议于 12 月 19 日通过决议，将每年 5 月 21 日确定为国际茶日，是中国成功推动设立的首个农业领域国际性节日

条目标题汉字笔画索引

说 明

1. 本索引供读者按条目标题的汉字笔画查检条目。

2. 条目标题按第一字的笔画由少到多的顺序排列。笔画数相同的，按起笔笔形横(一)、竖(丨)、撇(丿)、点(丶)、折(乛，包括㇆、乚、𡿨等)的顺序排列。第一字相同的，依次按后面各字的笔画数和起笔笔形顺序排列。

3. 以外文字母、罗马数字和阿拉伯数字开头的条目标题，依次排在汉字条目标题的后面。

一画

二画

三画

四画

五画

六画

七画

八画

九画

十画

十一画

十二画

十三画

十四画

十五画

十六画

十七画

十八画

十九画

二十画

二十一画

二十三画

数字

条目标题外文索引

(Index of Articles)

说 明

1. 本索引按照条目标题外文的逐词排列法顺序排列。无论是单词条目，还是多词条目，均以单词为单位，按字母顺序、单词在条目标题外文中所处的先后位置，顺序排列。如果第一个单词相同，再依次按第二个、第三个排列，余类推。

2. 条目标题外文中英文以外的字母，按与其对应形式的英文字母顺序排列。

3. 为便于检索，部分条目标题外文将人名中的姓放在最前面，用逗号与其他词分开。

4. 条目标题外文中有罗马数字和阿拉伯数字的，排列时分为两种情况：

①数字前有拉丁字母，先按字母顺序再按数字顺序排列；英文字母相同时，含有罗马数字的排在阿拉伯数字前。

②以数字开头的条目标题外文，排在条目标题外文索引的最后。

A

B

C

D

E

F

G

H

I

J

M

N

T

U

V

W

X

Y

Z

Others

内容索引

说明

1. 本索引是全书条目和条目内容的主题分析索引。索引主题按汉语拼音字母的顺序并辅以汉字笔画、起笔笔形顺序排列。同音时，按汉字笔画由少到多的顺序排列，笔画数相同的按起笔笔形横(一)、竖(丨)、撇(丿)、点(丶)、折(乛，包括亅、乚、く等)的顺序排列。第一字相同时按第二字排列，余类推。索引主题中夹有外文字母、罗马数字和阿拉伯数字的，依次排在相应的汉字索引主题之后。索引主题以外文字母、罗马数字和阿拉伯数字开头的，依次排在全部汉字索引主题之后。

2. 设有条目的主题用黑体字，未设条目的主题用宋体字。

3. 不同概念(含人物)具有同一主题名称时，分别设置索引主题；未设条目的同名索引主题后括注简单说明或所属类别，以利检索。

4. 索引主题之后的阿拉伯数字是主题内容所在的页码，数字之后的小写拉丁字母表示索引内容所在的版面区域。本书正文的版面区域划分如右图。

a	c	e
b	d	f

C

E

F

H

J

K

L

Q

T

W

Y

Z

字母 数字

外国人名译名对照表

说　明

1. 本表收录的人名包括外国人物条目的条目标题和在释文中涉及的部分外国人名（包括本名、简称、习称和笔名等）。按照外国人名的逐段（即人名中的姓、教名、名、父名、夫名、母家姓以及其他各种独立成分）排列法顺序排列，以段为单位，按字母顺序排列。如果第一段相同，则按第二段字母顺序排列，余类推。

2. 人名中英文以外的字母，按与其对应形式的英文字母顺序排列。

例如：ë ě é——e　　ö ø ō ó——o

3. 为便于检索，本表按习惯将某些人名中的姓放在最前面，用逗号与其他部分分开。

例如：Burbank, L.　　伯班克，L.

A

Allison, A.	艾利森，A.
Ammal, E.K.J.	阿马尔，E.K.J.

B

Bailey, L.H.	贝利，L.H.
Barlow, C.	巴洛，C.
Brown, A.H.D.	布朗，A.H.D.
Burbank, L.	伯班克，L.
Burg, S.P.	伯格，S.P.
Burkill, I.H.	伯基尔，I.H.

C

Candolle, A.P.de	康多尔，A.P.de
Chomchalow, N.	乔姆查洛，N.

D

Dahl, A.	达尔，A.
Darlington, C.D.	达林顿，C.D.
Dobzhansky, T.	多布然斯基，T.

E

Eden, T.	艾登，T.

F

Frankel, O.H.	弗兰克尔，O.H.
Fraser, K.	弗雷泽，K.
Fraser, M.I.	弗雷泽，M.I.

G

Gericke, W.F.	格里克，W.F.

H

Haberlandt, G.	哈伯兰特，G.
Haenke, T.	亨克，T.
Herbert, W.	赫伯特，W.
Hoffmann, H.	霍夫曼，H.
Hogg, R.	霍格，R.
Hopkins, A.D.	霍普金斯，A.D.

J

Jaillon, O.	雅永，O.

K

Kelly, S.	凯利，S.
Knight, T.A.	奈特，T.A.

L

Lindley, J.	林德利，J.
Linnaeus, C.	林奈，C.
Lobscheid, W.	罗存德，W.

M

Meuwissen, T.H.E.	穆维森，T.H.E.
Michurin, I.V.	米丘林，I.V.
Mons, J.-B.van	蒙斯，J.-B.van
Morel, G.M.	莫雷尔，G.M.

N

Negroul, A.M.	涅格鲁里，A.M.

P

Pliny the Elder	普林尼（老）

R

Roberts, E.H.	罗伯茨，E.H.

S

Sachs, J.von	萨克斯，J.von
Schleiden，M.J.	施莱登，M.J.
Serebrovskii, A.S.	塞瑞布罗夫斯基，A.S.
Serek, M.	塞雷克，M.
Shah, D.M.	沙阿，D.M.
Silayoi, B.	西拉伊，B.
Simmonds, N.W.	西蒙兹，N.W.
Sisler, E.C.	西斯勒，E.C.
Steward, F.C.	斯图尔德，F.C.
Swingle, W.T.	斯温格尔，W.T.

T

Theophrastus	特奥夫拉斯图斯
Thunberg, C.P.	通贝里，C.P.

U

Ukers, W.H.	尤克斯，W.H.

V

Valmayor, R.V.	巴尔马约尔，R.V.
Vavilov, N.I.	瓦维洛夫，N.I.

W

Z

二十四节气观赏植物

立春

蜡梅

春兰

春兰品种——翠一品

春兰品种——三圣

雨水

金缕梅

戴安娜金缕梅

榆树

惊蛰

山桃

迎春

毛白杨

迎红杜鹃

春分

柳树

玉兰

连翘

山茱萸

清 明

樱花品种

火焰海棠

西府海棠

白丁香

紫丁香

欧丁香系品种——晚花紫

欧丁香系品种——婷婷

欧丁香系品种——罗蓝紫

欧丁香系品种——香雪

碧桃品种

山杏

谷雨

牡丹品种

郁金香品种

风信子及其品种

泡桐

马蔺

鸢尾

鸢尾品种

立夏

流苏

蝟实

紫藤品种

欧洲荚蒾

鸡树条（天目琼花）

芍药（原种）

芍药品种

小满

月季品种

四照花

锦带花

夏蜡梅

美国夏蜡梅

虞美人及其品种

芒种

石榴品种

淡粉七姊妹

茉莉花

多花蔷薇

百合品种

睡莲品种

夏至

蜀葵

合欢

萱草

大苞萱草

金娃娃萱草

大花萱草品种

宿根福禄考及其品种

小暑

美国凌霄

美人蕉

凤仙花

荆条

大暑

荷花

紫薇

银薇

国槐

凤尾兰

立秋

栾树

千屈菜

玉簪

紫萼玉簪

大卫醉鱼草

皇红大卫醉鱼草

石蒜属植物

稻草石蒜

红花石蒜

忽地笑

长筒石蒜

处暑

玫瑰木槿

木槿

海州常山

平枝栒子

小叶栒子

八宝景天

白露

核桃

秤锤树

芦苇

秋分

菊花品种

金银忍冬

寒露

山楂

桂花

板栗

霜降

柿

黄栌

鸡爪槭

元宝枫

爬山虎

立冬

银杏

桧柏

小雪

白皮松

旱园竹

红瑞木

大雪

油松

菊花芦荟

马氏芦荟

冬至

白扦

青扦

青海云杉

一品红品种

仙客来品种

山茶花

山茶花品种

小寒

雪松

君子兰

金橘

朱顶红品种

大寒

侧柏

水仙

蝴蝶兰品种

大花蕙兰品种

摄　影／邢　全　李敬涛　K.G. 特卡琴科　唐宇丹　卢思聪　林秦文　崔洪霞

本卷主要编辑、出版人员

总　主　编　杨牧之

副总主编
社　　长　刘祚臣

副总编辑　刘　杭

主任编辑　郭继艳　张宝军　马　蕴

责任编辑　齐　敏

特约编审（按姓氏笔画顺序）

朱杰军　朱明秀　刘东风　李　文
李　静　林建敏　周雅娟　傅祚华

索引编辑（按姓氏笔画顺序）

马　蕴　王　烽　李秀坤　林建敏
梁嫵曦

美术编辑　冯　薇　李　雯

责任校对　王　丽　窦红娟

校　　对（按姓氏笔画顺序）

谷玥昕　狄　爽　闵　娇　张燕凤
邵桄炜　徐怀谦　梁嫵曦

责任印制　李　鹏　魏　婷

中国大百科全书

第三版·网络版

网址

www.zgbk.com

国家社会科学基金

特别委托项目